农村经济史研究
——以近代黄河上游区域为中心

黄正林 著

2015年·北京

图书在版编目(CIP)数据

农村经济史研究:以近代黄河上游区域为中心/黄正林著.—北京:商务印书馆,2015
ISBN 978-7-100-11838-5

Ⅰ.①农⋯ Ⅱ.①黄⋯ Ⅲ.①黄河流域-上游-农村经济-经济史-研究-近代 Ⅳ.①F329.4

中国版本图书馆 CIP 数据核字(2015)第 292791 号

所有权利保留。
未经许可,不得以任何方式使用。

农村经济史研究
——以近代黄河上游区域为中心
黄正林 著

商 务 印 书 馆 出 版
(北京王府井大街 36 号 邮政编码 100710)
商 务 印 书 馆 发 行
北京市艺辉印刷有限公司印刷
ISBN 978-7-100-11838-5

2015年12月第1版　　　开本 787×1092　1/16
2015年12月北京第1次印刷　印张 43 3/4
定价:98.00元

2006年国家社科基金项目最终成果
2012年度陕西师范大学优秀著作出版基金资助

序

曾业英

黄正林教授费时近10年独立完成的著作《农村经济史研究——以近代黄河上游区域为中心》，即将由商务印书馆出版面世。作为多年的朋友，我感到很高兴，在此表示衷心的祝贺。

正林在《致谢》中提到，六年前已约我为他这部当时还在写作中的著作作序，我也"欣然答应"了。的确有这么一回事。不过，需要稍作说明的是，其实我当时并不那么"欣然"，就内心来说，也是有所犹豫的。原因有二，一是明代大儒顾炎武说过："人之患在好为人序。"自知学识浅陋，怎敢不以此自警？二是正林所研究的近代黄河上游地区的农村经济问题，对我而言，知之甚少，可说纯属外行。外行作序，自然写不出什么门道，只好泛泛空谈。而泛泛空谈，由此招来方家见笑，犹可自我克制，淡然以对，因为是自找的，怨不得别人。但若城门失火，殃及池鱼，由此引发读者的反感，而对本书也失去了继续读下去的兴趣和耐心，岂能一点犹豫也没有？换了谁，恐怕都是不可能的。

不过，我最终还是"欣然答应"了。主要是我与正林相识多年，相交无间，他的待人接物、处世态度、治学精神，让我佩服。我与正林本不相识，最初知道他这个人，是我任《近代史研究》杂志主编时的事。大概是1998年吧，他给刊物寄来一篇研究陕甘宁边区金融事业的论文，有关编辑看过后，觉得史料比较扎实，论述也算充分，虽然只是甘肃庆阳师范专科学校历史系的一名讲师，无论他本人还是所在学校都还没什么"名气"，但刊物用稿，历来不问英雄出处，大家一讨论，还是采用了。此后，他信心大增，又投了几次稿，也采用了。后来就听说他被河北大学相中，调往该校历史系任教了。再后来又听说他被选为河南大学的"黄河学者"。他调入保定河北大学后，来北京方便了，机会也多了，我也终于有缘识荆，并有了较多的交往。在交往中，我感到他为人坦诚、耿直、宽厚，一点不势利。而为学又勤奋、严谨、踏实，从善如流。对学术界一些不端行为，常露感慨之叹，愤懑之情。无论做人、做学问，都是值得信赖的人。此时既有为序之约，也就不便推辞了。而且，我当时还提了两个要求，一是希望他给我留出必要的阅读时间，不能要得太急，走个过场，十天八日就让我交稿；二是要允许我说真话，有什么想法说什么。他很清楚我的言外之意，但他都一一答应了，我便更没有不欣然接受的理由了。再说，1964年10月至1965年5月，我还曾在甘肃张掖乌江人民公社茨滩大队参加过一期"社会主义教育运动"，对当地农村的现状有所了解，但是历史的状况是怎样的呢？对我这个历史研究者来说也是很有吸引力的。因为张掖这个地方恰好就在他设定的"黄河上游区域"研究范围之内，我正可借此机会，通过阅读本书，获取这方面的知识。

读完《农村经济史研究——以近代黄河上游区域为中心》，应该说我的目的基本达到了，不仅获得了丰富的张掖地区的近代农村经济方面的知识，而且对整个黄河上游地区的近代农村经济史也有了较为深入的了解。我以为本书有以下几点是值得介绍的。

第一，这是一部较为严格意义上的区域史研究著作。区域史研究源自美国的中国史研究学者，20世纪八九十年代开始传入中国大陆史学界。随即被不少历史研究者特别是社会史研究者视为学术创新的有效途径而受到广泛关注，由此催生了一批在地区研究方面范围大小不一的所谓"区域史"研究著作。对于我们这样一个幅员辽阔，民族众多，各地发展水平因自然、社会、历史条件的不同而呈现不平衡状态的大国来说，开展深入细致的"区域史"研究，可以帮助我们更加全面系统地了解中国历史，为撰写更具整体性、科学性和权威性的中国通史奠定坚实的基础，的确有其必要性和现实价值。然而，迄今的研究成果，虽不能说根本没有面世过严格意义上的"区域史"研究著作，但若认定它们均如一些著者自己所说皆是"区域史"的研究成果的话，则未免有些言过其实了。因为已有的研究成果，大多只是在"区域史"的旗号下，简单地以行政区划为取舍标准的一个省、一个县，甚至一个小小的村庄为研究对象的"地方史"而已，并不是真正的"区域史"。个人以为，"区域史"研究与"地方史"研究是不能完全等同的两个概念，"区域史"研究可以在一定条件下涵盖"地方史"研究，而"地方史"研究则不能代替"区域史"研究。"地方史"研究是从历史和现实的行政管理角度为标准划分的，而"区域史"研究则应另立标准，个人以为首先要顾及地形、气候、土壤、作物种类、矿产资源等自然条件的同一性，其次还要考虑语言、民族、风俗习惯、宗教信仰、历史沿革等人文环境的类似性，只有对同时兼备以上两个条件的地区进行的历史研究，方可称为"区域史"研究。一般说来，"区域史"研究的范围应大于"地方史"研究的范围，有的学者所热衷的一个村、一个县，甚至一个省的研究是不能或者难以列入"区域史"研究范畴的。本书摒弃了不少学者那种仅以一省、一县，甚至一村的取舍标准，从自然、人文环境两个条件出发,认为黄河上游地区的甘肃、宁夏、青海三省区具有一定的同一性和类似性,而将其选定为研究对象,是比较符合"区域史"研究要求的,可说是一部较为严格意义上的区域史研究著作。

第二,这也是一部力求充分占有史料,言必有据,论之成理,不轻信任何现成观念的实证性力作。历史学是一门实证学科,任何纪事和立论都须有史料为证,都须尊重历史实际,否则就不是真正的科学研究。因此,作为一部历史学著作,充分占有史料有着特别重要的意义。本书作者著书立论,历来十分重视充分占有史料,不作无根之谈。虽然经济史特别是农村经济史的史料,相对于政治、军事、文化思想史而言,显得更加稀少、零碎和分散,搜集难度更大,要做到这一点并非易事。但作者还是以惊人的毅力,克服重重困难,尽其所能地查阅了150种近代报刊,119种清代、民国时期和当代中国所编纂的地方志,98种近现代各个时期编辑出版的"资料汇编",33种青海、甘肃、宁夏各地政协文史资料委员会编辑出版的"文史资料",259种近人、今人的相关论著,149篇今人研究论文,14种古籍和为数不少的未刊档案史料,从中搜得大量鲜为人知的史料。然后依据这些史料,从地理与生态环境、人文环境、土地利用与农作物栽培、农业技术的继承与变化、土地制度与地权及租佃关系、农田水利、赋税与农家生活乡村手工业、畜牧业和草场权属与牲畜租佃关系、农村金融业与借贷关系的演变和农村市场的兴衰等十个方面,对自己所以把黄河上游地区当作"区域史"来研究以及该区域的近代农村经济变迁历史进行了深入、细致的论述。综观这些论述,不难发现一个明显的共同点,这就是所据史料极为丰富,任何纪事和立论都有史料支撑,几乎字字有根据,句句有来源,给人以沉甸甸的厚实之感,真可谓是"文章不写一句空"了。值得一提的是,本书所据史料,大多可说是真实可靠的,有的还为我亲眼见到的事实所证实。如所说20世纪40年代张掖产稻区施用的肥料是一种称之为"黄茅土"的绿肥(228页),就在我的亲身经历中得到了证实。1964年冬天,我曾亲眼看到当地农民利用冬闲时间,带着干粮,顶风冒雪,赶着大轱辘牛车,前往内蒙古草原去采集这种肥料,以备来年春天种稻之用。来回一次就得个把月,相当辛苦。当地农民称其为打"黄柴"。他们打的这种"黄柴",其实就是上述的所谓"黄茅土"。更为难得的是本书所引大部分史料均属首次使用,不仅保障了本书的学术价值,也为此后的研究者的进一步研究提供了方便。

第三,这还是一部学风严谨、诚实,力求以理性、实事求是态度观察、分析、解读历史的佳作。多年来,随着商品经济的发展,学界的商品化倾向也日趋严重。浮躁之风,劲吹难遏,独立思考,几为所淹。平庸之作,充斥书肆,抄袭事件,时有所闻。

学风问题,成了腐蚀学术事业、世人诟病的热门话题。但是,本书却丝毫未受此风的影响,因为作者选择了一条反其道而行之的特立独行的路。其一,他高度重视前人的研究成果。虽然此前尚无学者对近代黄河上游地区的农村经济进行长时段的整体性研究,但已有不少各时段的个别研究成果。本书作者对这些成果的得失进行了分门别类的细致研究,取其精华,补其不足,正其所误,详其所略,略其所详,将此问题的研究大大推进了一步。其二,他对学问之事,与做人一样,严守诚信原则。知之为知之,不知为不知。宁肯留下缺失,也不故弄玄虚,借以蒙人。凡是暂时说不清楚的问题,均明确交代须待后研究。如在论及藏族部落中所谓"协"与"其美"两种牲畜租佃形式的比例关系时就公开承认:"因资料缺乏,尚不清楚,还需要进一步研究。"(314页)在论及清代当铺问题时也坦诚交代:"由于资料的限制,笔者无法对本区域典当数量(做)精确的考证,仅从典当业的一些事例来反映典当业在乡村借贷关系中的地位。"(427页)等等。其三,他论证问题,始终坚持有几分证据说几分话,不硬写,不武断,不想当然。因而在书中常有如下之类的表述:"在笔者看到的材料中,地主给佃户提供耕牛、种子、农具的情况很少,五五分成在甘肃所占比例极小。"(146页)"表3—15是笔者根据许道夫等人的资料,对1932—1945年甘肃主要粮食产量进行的统计。"(188页)"表2—10中关于纳谷租法的统计数据,笔者曾根据各地农作物的亩产量进行地租率的计算,但所得结果无法说明地租轻重的真相。"(143页)等等。其四,他评价历史,臧否人物,无论所论对象的阶级属性、政治立场如何不同,在朝还是在野,皆严守不以个人情绪,而以理性、实事求是的态度公允对待的原则。如在论及清代同治朝回民事变期间水利灌溉设施遭受严重破坏的责任时,他指出朝廷与起事回民双方皆有责任,因为"双方都曾利用渠水灌决敌人"(258页)。其他如对南京国民政府所办农事试验场(189页)、左宗棠陕甘任上所兴修的水利工程(260页)、冯玉祥所创办的西北银行(364页)、近代黄河上游大部分地区手工业的发展程度(457页)、南京国民政府时期少数民族地区的保甲制度(88页)、新中国对藏区的民主改革(318页)等褒贬不一的问题,也都无不秉承此旨,赞其所当赞,否其所当否,给予了较为客观、公正的评价。其五,他研究问题,绝不以描述事件过程、人物表现、工程方案、建设计划之类的一般表象为满足,而力求深入考察这类表象发生的社会历史原因,有关计划的实际效果及其深远影响等深层次的内容。如对民国典当业的考察,他不仅考察了典当业趋于"衰落"的现象,还同时考察了它趋于衰落的种种原因(431—433页)。这类事例,书中随处可见,恕不一一列举。所有这些,皆说明作者在学风方面为学界树立了一个很好的榜样。也正是他坚持了这种优良的学风,才使本书的学术质量有了切实的保证。

总之，本书的出版，为近代黄河上游地区农村经济的研究开了个好头，也是现阶段面世的有关这个问题的最为系统、全面的研究成果，因而是值得欢迎的。

但是，学术研究是无止境的，任何历史问题的研究，都不是仅仅通过一二次研究就能顺利完成的。因此，从继续对这一问题进行深入研究，以及如何使这一问题的研究成果更受读者喜爱，得以在更大的范围内传播、普及的目的出发，我还想在此谈点个人的不成熟意见。不过，需要说明的是其中大多数都不仅仅是本书独有的问题，而是学界较为普遍存在，需要研究者共同关注和讨论的问题。

首先是有些理论问题尚可以、也应该继续深入研究和探讨。如在中国"近代化"历史的研究中，所谓"近代化"的标准和性质问题，就是个值得特别注意的问题。作者在《绪论》中明确交代本书的研究旨趣在探讨黄河上游地区农村经济的"近代化"变迁(3页)。这就有一个"近代化"的标准问题，即农村经济怎么才算"近代化"了？虽然作者没有集中一处正面回答这个问题，但似乎还是在论述交通运输、行政管理、土地利用、作物栽培、农业技术、乡村手工业、畜牧业、金融借贷、农村市场等问题的过程中分散地涉及了这个问题。如果我理解不错的话，似可归纳为以下五点：一是有了邮政、航空、汽车等"近代"交通工具；二是有了分工细致的专业行政管理部门；三是打破了传统社会的封闭状态，即"开放"了；四是"商品化"程度提高了；五是推进了"城市化"的进程。这些似乎是目前学界比较一致认可的标准，但除此之外就没有其他标准了吗？个人以为上述"近代化"标准，基本上是社会管理、物质生产和流通方面的，至少还有两个重要标准没有引起学者的足够重视：一是分配方式的"近代化"，即谁能享受和享受多少"近代化"成果的问题，是多数人平等享受，还是少数人特殊享受？是只限于上层权势人物享受，还是下层百姓也能普遍享受？[①] 二是人的"近代化"问题，即人是否具备或具备多少"近代化"素质的问题，如有无"近代化"人格、权利、运用意识和能力，等等。这是关系黄河上游地区这一时期农村经济"近代化"性质的重要问题，理应引起我们的高度重视。又如本书提出：近代黄河上游地区乡村手工业的发展，为否定"近代中国随着通商口岸的开放，外国商品的输入，农业与家庭手工业相结合的自然经济开始瓦解，手工业也随着工业品的输入而开始衰落"的传统观点，"提供了一个很好的例证"(346页)，似乎也是可以继续研究和讨论的。因为：1. 黄河上游地区只是一个局部地区，并不能代表全

[①] 有个别学者提出过所谓"均富化"、"福利化"的标准问题(王笛：《跨出封闭的世界——长江上游区域社会研究·导言》(1644—1911年)，中华书局1993年1月第1版，第7页)，但恕我孤陋寡闻，迄今未见有结合中国历史实际对此进行具体考察的先例。

局;2.所据事实并不是整个"近代"110年的事实,而仅仅是1937—1945年抗战八年的事实;3.抗战八年是这个地区成为反侵略战争大后方、未受列强侵略的特殊时期,不能以这种特殊历史条件下的发展,作为否定带有普遍规律性质的"传统观点"。

其次是有些史事和史料的可信度似乎也还有进一步深入研究的必要。如有关金融借贷、拨款之类的论述,本书与其他同类论著一样,也基本以列举某些史料所提供的金额数据为满足,而未对这些数据所占当局全部支出预算的比例及其实际价值作进一步的深入研究。举例来说,本书在论述抗战时期甘肃省的农田水利贷款时,依据当时的档案资料,列表指出该省抗战期间用于兴修大型水利工程的贷款共计四亿两千多万元,省政府配套五千多万元,合计近四亿八千万元。另据统计,从1941年甘肃水利林牧公司成立到1946年,甘肃省共获得水利贷款七亿七千多万元,获得拨款四亿两千多万元(271页)。表面看,1941—1946年甘肃所获水利贷款、拨款近12个亿,投入资金的确很大了,但一未与该省全部工程投资金额作比较研究,不知此项投资所占其中比例为何,二又未与当时的物价指数挂钩,抗战时期物价飞涨,不研究物价指数的变化,就无法了解此项投资金额的真正含金量,就无法知道这笔投资金额到底能办多大的事,多少事。因此,单纯以这笔投资金额作为"抗战时期国民政府对甘肃水利投资比较大"的证据,并由此推定其作用,说服力似乎还是有限的,只有同时对上述问题加以研究之后,才能得出较为准确而富有说服力的结论。又如,对于农牧民的租税负担问题,本书虽然安排了两章讨论土地制度、草场权属、地租、牲畜租等问题,尽管这是比较精彩的两章,但却未安排应有的篇幅讨论田赋、捐税、摊派问题,不能不说是一大欠缺(虽然个别章节中有些零星的抽象的说明)。其实,这同样是影响农村经济的重要因素,很有深入研究的必要。否则,就无法全面理解这一地区农村经济变迁的原因。再如,对于史料的可信度问题,虽然如上所述,本书所据史料,大多准确可靠,本书对一些"解放后土地改革时期的资料"(126页)和个别国民政府的"调查统计"资料(610页)也做过可信度的分析,但也还有一些是应做而未做这种分析的。如本书在论述抗战时期国民政府的农贷放款对象时,曾引用一些资料证明"放款的主要对象是农户",而且还主要是自耕农和佃农,地主"仅占4%"或"5%",有的地方甚至只占"0.45%","颇少发现土劣之操纵"(482—483页)。其实,这些资料的可信度是值得分析的,或者说是有水分的,因为它们均来源于当时报刊发表的宣传性文章,而这些报刊又多为各级政府及其附属部门所创办(《绪论》,22页),可说是它们的喉舌,文章作者更是政府创办的对放款负有直接责任的中国农民银行,或者像孙友农这样的该行农贷员(188

页)。其言论倾向,也就可想而知了。当事人公开谈论自己的工作,没有不拣好的说的,何况本来就是为了宣传,怎能没有水分!可见,这也是可以而且应该进一步研究的问题。

再次就是如何提高学术论著的可读性问题了。近年来,随着实证性研究的提倡和加强,越来越多的读者感到,史学文章,越写越长,书则越出越厚,让人难以卒读,已不是个别现象。因此,如何提高史学论著的可读性问题,便成了读者普遍关心的问题。个人以为,除了提高写作素养,力求文字通俗化、大众化并富有科学性与艺术性之外,史料运用似乎也是个关键因素。大致说来,可从以下几方面入手,一是在叙事方面,尽量不直接引用资料原文,而将其改写为不失原意的现代白话释文。二是在求证事实,非引用资料原文不可时,也要于引用之后,给以恰当的现代白话文解释。三是史料搜集,固然越多越好,但引用就不一定了,而应以足可说明问题为原则,并非引用越多越好。引用一条史料足以说清楚的,就不要引用第二条,更不要引用第三条。否则,就成了史料堆砌和罗列,既增加了不必要的篇幅,又让读者乏味。四是不要重复引用同一条史料。对照本书似也有诸如此类尚可完善之处。其中不少叙事中的引文,皆可改写成现代白话释文,或干脆删去,代之以注释号,表示有史料为据即可。如此处理既可节省篇幅,又便于读者阅读,岂不更好。

本书再版之时,如能锦上添花,在以上几方面作些增补、调整和完善,我敢肯定将会更加得到读者的欢迎。

说了这些话,算是我的读后感,不知是否也可当作序,向正林交差?

2012 年 10 月于中国社科院近代史研究所

附言:以上是一年多以前,我在拜读正林即将出版的《农村经济史研究——以近代黄河上游区域为中心》一书之后写下的读后感,没想到其中关于"增补、调整和完善"方面的几点个人浅见竟引起正林的高度重视,他随即要求商务印书馆推迟出版,表示要对书稿再作一次全面修改,并得到了商务印书馆的积极支持。一年之后,当我再次读到这部书稿时,我惊喜地发现它已今非昔比,去年读时提出的如重复使用资料、田赋、捐税、摊派欠缺等问题,经过正林的精心修改与补写,大多已不复存在了。正林这种海纳百川的胸怀和对科学研究事业的敬畏之心着实令人感佩。谨此说明。

又及　2013 年 12 月 20 日

目 录

绪论 …………………………………………………………… 1
  一、研究范围 ………………………………………………… 1
  二、学术史回顾 ……………………………………………… 4
  三、资料运用 ………………………………………………… 22
  四、研究方法的借鉴 ………………………………………… 25

第一章 黄河上游区域的自然与人文环境 ……………………… 27
  一、农村经济的地理基础 …………………………………… 27
  二、民族与宗教 ……………………………………………… 44
  三、交通状况 ………………………………………………… 62
  四、行政区划与基层政权 …………………………………… 78

第二章 土地制度、地权与租佃关系 …………………………… 89
  一、土地所有制及其演变 …………………………………… 89
  二、地权分配问题 …………………………………………… 108
  三、土地租佃关系 …………………………………………… 129

第三章 土地利用与农作物栽培 ………………………………… 152
  一、农业经济区与土地利用 ………………………………… 152
  二、农业耕作制度 …………………………………………… 172
  三、粮食作物种植结构的变化 ……………………………… 179
  四、粮食产量 ………………………………………………… 186
  五、经济作物的栽培 ………………………………………… 200

第四章 农业技术的传承与变革 ………………………………… 219
  一、砂田改良 ………………………………………………… 220

二、肥料问题 226
三、农事试验与推广 232
四、农作物病虫害的防治 245

第五章 农田水利的废兴 252
一、清代中期的灌溉系统 252
二、晚清灌溉系统的破坏与重建 257
三、民国前期的农田水利 260
四、抗战时期的农田水利 268
五、水车灌溉 280
六、水利与农村经济 285

第六章 畜牧业、草场权属与牲畜租佃关系 289
一、草场与牲畜 289
二、游牧区的畜牧业 305
三、农业区的畜牧业 318
四、畜牧业的现代化 332
五、畜牧业与社会经济变迁 342

第七章 社会变革中的乡村手工业 346
一、手工业概况 346
二、传统手工业的延续与发展 356
三、新兴手工业 390
四、手工业的经营方式 398
五、手工业与农村经济变迁 410

第八章 传统金融业与借贷关系 415
一、农家借贷的一般情形 415
二、传统借贷之一：典当业 427
三、传统借贷之二：钱庄与民间借贷 439
四、借贷利率 447

第九章　新式金融业与农村借贷 …………………………………… 456
　　一、新式银行的建立与普及 ………………………………… 456
　　二、合作社的兴起与普及 …………………………………… 465
　　三、合作金库 ………………………………………………… 475
　　四、农村新借贷关系 ………………………………………… 479
　　五、新式借贷的绩效与问题 ………………………………… 490

第十章　田赋、捐税与农家生活 ……………………………………… 500
　　一、田赋与农民负担 ………………………………………… 500
　　二、名目繁多的捐税 ………………………………………… 515
　　三、烟禁大开与烟亩罚款 …………………………………… 532
　　四、农家收支与生活 ………………………………………… 539
　　五、农家贫困的根源 ………………………………………… 556

第十一章　农村市场及其演变 ………………………………………… 564
　　一、市场类型 ………………………………………………… 564
　　二、市场开放的周期 ………………………………………… 574
　　三、市场层级问题 …………………………………………… 580
　　四、晚清以降市场的发展趋势 ……………………………… 602

结语 ……………………………………………………………………… 617

征引文献 ………………………………………………………………… 621

致谢 ……………………………………………………………………… 675

表　目　录

表 1—1　本区域各地年平均降水量记录表 ……………………………………… 35
表 1—2　本区域霜期调查表 ……………………………………………………… 37
表 2—1　1931—1944 年甘肃佃农、半自耕农、自耕农占农户比例统计表 … 110
表 2—2　1930 年代宁夏土地所有权分配统计表 ……………………………… 118
表 2—3　宁夏土地所有权分配概况表（1940 年调查）………………………… 119
表 2—4　1937—1944 年宁夏农户变化统计表 ………………………………… 119
表 2—5　青海省各县农家类别调查（1933 年调查）…………………………… 121
表 2—6　青海省各县农家耕地分配表（1933 年调查）………………………… 122
表 2—7　1937—1944 年青海农户变化统计表 ………………………………… 122
表 2—8　甘肃西南边区地权状况调查表 ………………………………………… 125
表 2—9　1935 年甘宁青地租及其与地价的比率 ……………………………… 143
表 2—10　甘肃 12 县地租率统计表 ……………………………………………… 143
表 3—1　民国时期不同农业区土地利用比较统计表 …………………………… 159
表 3—2　本区域 5 县有生产荒地面积估计表 …………………………………… 161
表 3—3　1945 年甘肃省各河流域农林地比较表 ……………………………… 162
表 3—4　1936 年河西走廊农家田场面积调查表 ……………………………… 166
表 3—5　平凉、天水、武威 155 户每农家的农地面积 ………………………… 167
表 3—6　榆中县 36 户农家经营面积大小之分布 ……………………………… 167
表 3—7　西宁农家田场面积统计表 ……………………………………………… 168
表 3—8　宁夏各县农家田场面积统计表 ………………………………………… 169
表 3—9　1940 年宁夏各县农场面积调查表 …………………………………… 169
表 3—10　甘肃与全国每农家平均利用土地面积之比较 ……………………… 170
表 3—11　平均每农家之地块数目、大小及最远距离 ………………………… 171
表 3—12　1930 年代青海马铃薯种植、产量统计表 ………………………… 183
表 3—13　1940 年代黄河上游区域农作物结构统计表 ……………………… 184

表3—14	1916年甘肃主要粮食种植面积及产量统计表	186
表3—15	1932—1945年甘肃主要粮食作物产量统计表	188
表3—16	1940—1941年宁夏粮食作物面积、产量统计表	191
表3—17	宁夏各县农作物亩产量调查表	192
表3—18	1934年青海主要农作物种植面积、产量调查表	193
表3—19	1929—1932年西宁粮食输出统计表	194
表3—20	1940年12月至1941年4月春耕贷款统计表	197
表3—21	1941—1943年甘肃农业增产工作成效统计表	198
表3—22	宁夏1941年督导秋粮增产估计表	199
表3—23	1931—1934年甘肃棉花种植面积	202
表3—24	甘肃烟草调查表	211
表3—25	民国时期甘肃烟草栽培统计表	211
表3—26	1932—1941年甘肃药材出口贸易统计表	214
表3—27	甘肃麻业调查表	216
表4—1	1945年甘肃各县贷款铺砂统计表	224
表4—2	甘肃各县市贷款铺砂土地作物面积统计表(截至1945年6月)	225
表4—3	宁夏各荒区肥料种类及使用方数量表	229
表4—4	1941年皋兰等9县采选健全麦种统计表	238
表4—5	泾阳302麦与本省优良冬麦三年试验产量比较表	240
表4—6	1944—1945年度特约示范农家小麦繁殖数量统计表	241
表4—7	1941年宁夏农林试验场工作状况统计	245
表4—8	1941年甘肃防治小麦病虫害统计表	246
表5—1	宁夏建设厅新开渠道一览表	262
表5—2	1920—1936年宁夏平原十大渠灌溉面积统计表	264
表5—3	甘肃省兴办大型水利工程贷款一览表	270
表5—4	1941年8月至1946年甘肃兴办大型农田水利工程统计表	272
表5—5	抗战时期宁夏省渠道灌溉情形统计表	276
表5—6	抗战时期甘肃小型农田水利贷款统计表	278
表5—7	抗战时期甘肃水车工程统计表	284
表5—8	民国时期河西走廊水利、耕地、人口统计表	286
表6—1	本区域牲畜数量统计表	300

表6—2	甘肃河西走廊各县家畜统计表	319
表6—3	1934年陇海铁路甘肃段各县畜产量调查表	321
表6—4	宁夏畜牧业概况统计表	323
表6—5	1946年宁夏农区各县牲畜数量统计表	325
表6—6	青海农村副业农户每年畜产价值统计表	328
表6—7	抗战期间西北兽疫防治处工作成绩统计	334
表6—8	甘肃各县推进畜牧实业概况(截至1944年10月)	341
表7—1	1930年代调查青海手工业种类统计	349
表7—2	青海互助县烧酒产量调查表	367
表7—3	甘肃省榨油业工厂调查(1944年5月)	370
表7—4	民国时期甘肃、青海食盐产量调查表	384
表8—1	1933年、1937年青海省各县农家借贷情形统计表	416
表8—2	礼县农家负债额调查表	419
表8—3	甘宁青农家借贷调查	420
表8—4	甘肃农家借贷来源调查表	421
表8—5	1942年甘宁青农村放款机关统计	423
表8—6	甘肃各地农家借贷用途调查表	426
表8—7	清末本区域典当期限调查表	434
表8—8	民国初年甘肃钱庄统计表	439
表8—9	1930—1940年代甘肃钱庄数量统计表	440
表8—10	黄河上游区域不动产抵押期限调查表	446
表8—11	甘宁青三省农家借款月息比例统计表	447
表8—12	青海农村借贷利率统计表	449
表8—13	20世纪30年代甘宁青利率调查统计表	450
表9—1	宁夏各县各种合作社统计表(截至1943年底)	474
表9—2	1940年甘肃各县合作金库状况统计表	476
表9—3	宁夏中国农民银行历年各类贷款统计表(截至1944年6月10日)	481
表9—4	甘肃皋兰等7县合作社社员土地调查表	484
表9—5	甘肃各县合作社社员借款用途统计表	486
表9—6	1942年宁夏信用合作社贷款用途统计表	487
表9—7	1945年青海省4县合作社贷款用途分配统计表	487

表 10—1	皋兰田赋附加税一览表	507
表 10—2	清末甘肃国家地方税项简表	516
表 10—3	1928—1930 年国民军在甘肃的征兵与摊派	524
表 10—4	1931—1932 年甘肃驻军调查表	527
表 10—5	1933 年甘肃 10 县驻军临时借款及征发粮草统计表	529
表 10—6	甘肃 10 县临时摊派维持费调查表	530
表 10—7	青海每亩耕地正税与附加税比较表	532
表 10—8	1932—1937 年甘肃财政收入统计表	538
表 10—9	甘肃农田使用工本与收益比较表	541
表 10—10	岷县、临潭、卓尼、夏河农户收支统计表	542
表 10—11	青海蒙古族牧民家庭产业与年收支状况估计	543
表 10—12	河西地区农家收支状况统计表	545
表 10—13	武威县南乡一农家收支统计表	545
表 10—14	宁夏平罗农家收支统计表	546
表 10—15	河西金塔大坝村、敦煌南湖村、临泽县沙河村农家负担统计表	559
表 11—1	民国时期甘宁青集市数量分布表	567
表 11—2	民国时期各县集市分布统计表	568
表 11—3	民国时期甘宁青农村集镇的集期分布	575
表 11—4	民国时期庆阳、张掖传统庙会会期分布统计	577
表 11—5	甘肃 6 县传统花儿会会期分布统计	578
表 11—6	玉树寺院会集地点日期(旧历)表	578
表 11—7	1939—1940 年碧口输出入货物统计表	591
表 11—8	清朝中期和民国时期 12 县集市数量变化表	608
表 11—9	清末和民国时期 8 县集市数量变化表	608

绪　　论

一、研究范围

自20世纪60—70年代美国学者在中国史研究方面以区域研究为取向以来，区域研究对中国史的研究产生了深刻的影响，尤其是20世纪80年代至今，国内外学者在中国史研究方面形成了若干个区域进行研究，而且取得了很大的成就。这些成果有的以大区为区域，如东北、华南、华北、西北等，有的以河流为区域，如长江流域、长三角地区，有的以行政区划为区域，如省、市（地区）、县，有的以城市为区域，有的还进行了区域比较研究。[①] 同时这些成果的取得为区域史的研究树立了典范，也提供了可资借鉴的理论与方法。本文就是借鉴以往区域史研究成果的经验，对近代黄河上游区域农村经济史进行研究。

本文的研究范围包括两个层面的意思，一是指"区域"范围，一是指学术范围。

"区域"先是作为地理学的概念，后来被其他学科所借用。地理学家从地理学角度赋予了区域的地理学含义。如美国地理学家惠特尔西（D. Whittlesey）指出："区域是选取并研究地球上存在的复杂现象的地区分类的一种方法"，"地球表面的任何部分，如果它在某种指标的地区分类中是均质的话，即为一个区域"。[②] 区域是地球表面的一个具有地理学意义上的空间单元。理查德·哈特向说："地球上一

[①] 如从翰香等人的《近代冀鲁豫乡村》（中国社会科学出版社1995年版），王笛的《跨出封闭的世界——长江上游区域社会研究（1644—1911年）》（中华书局2001年版），张佩国的《地权分配·农村家庭·村落社区 1900—1945年的山东农村》（齐鲁书社2000年版），唐致卿的《近代山东农村社会经济研究》（人民出版社2004年版），李金铮的《借贷关系与乡村变动——民国时期华北乡村借贷之研究》（河北大学出版社2000年版）和《民国乡村借贷关系研究》（人民出版社2003年版），任放的《明清长江中游市镇经济研究》（武汉大学出版社2003年版）等都堪称国内区域农村社会经济史研究的代表性著作。国外一些汉学者对中国农村社会经济研究也做出了突出的贡献，如黄宗智的《华北小农经济与社会变迁》（中华书局2000年版）和《长江三角洲小农家庭与乡村发展》（中华书局2000年版），杨懋春的《一个中国村庄：山东台头》（张雄、沈炜、秦美珠等译，江苏人民出版社2001年版），施坚雅的《中国农村的市场和社会结构》（史建云、徐秀丽译，中国社会科学出版社1998年版）等。

[②] 转引自彭震伟主编：《区域研究与区域规划》，同济大学出版社1998年版，第1页。

个大地区,如果其中相当一部分存在于同一类或数类小地区中,而毗邻地区在这一点上却不同,那么在我们找到这样地区的地方,我们把它作为整体来研究,就可以了解各个大区——亦即区域——的性质(实际上即使在考虑像单个谷地那样的小单元时,就已有某种程度的综合了)……对研究中的区域,我们不得不把它的界限任意划得稍为明确一点,将现实加以简化。但我们不应忘记,这固然是区域本身,但这些界限基本上是我们想要了解的实际上的复杂事物的任意简化而已。"①这段话虽然说的是地理学中的"区域",但为我们解决了作为历史研究中关于"区域"的各种烦恼。也就是说历史研究也可以选择"区域"来进行,而且为了研究方便,可以给区域划定一个"明确的界限"。正如沃尔特·艾萨德(Walter Isard)所言:"一个有意义的区域概念,取决于外面要研究的社会问题,而这一问题,又取决于我们认为重要的社会和个人的面貌特征。"②

尽管如此,一个不可回避的问题是,历史学如何选择一个区域作为研究对象?不同学者研究的出发点不同,对于区域的划分不同。如冀朝鼎的《中国历史上的基本经济区与水利事业的发展》被称之为最早一部区域经济史,按照中国古代各王朝的断代时期,考察了水利投资的密度及其分类变化,揭示以水利为媒介的资源利用向黄土高原、黄河流域、长江流域拓展的过程,论述水利及水运提供的经济、政治方面的统合力,指出了其在经济地理领域内向核心地域转移的历史性变迁。③ 著名史学家吴承明先生指出:冀氏所称"基本经济区"为 key economic areas 乃关键核心区之意,指历代王朝据此兴修水利以控制其"附属区域",建立大一统的帝国。④ 美国学者施坚雅对中国四川进行了考察(1949—1950 年),研究中国农村经济与农村市场问题,1960 年代发表了系列论文,形成了中国农村经济与市场研究的独有范式,对中国近代史研究,尤其是区域农村市场研究产生了深刻的影响。⑤ 这些著作的译介,也使区域经济史成为国内学者谈论的主要话题。

近些年来,大陆学者对如何选择区域也进行了研究。如王先明指出:"区域史并不是研究主题的地方化,而是立足于文化、民族语言、地理、气候、资源等结构的要素,从整体上探讨影响一定区域内的历史进程的力量及其原因或区域史发展共

---

① 〔美〕理查德·哈特向:《地理学的性质——当前地理学思想述评》,商务印书馆 1996 年版,第 352—353 页。
② 〔美〕沃尔特·艾萨德:《区域科学导论》,陈兴宗等译,高等教育出版社 1991 年版,第 16 页。
③ 〔日〕斯波义信著,方健、何忠礼译:《宋代江南经济史研究》,江苏人民出版社 2001 年版,第 9 页。
④ 吴承明:《经济史:历史观与方法论》,上海财经大学出版社 2006 年版,第 266 页。
⑤ 任放:《施坚雅模式与中国近代史研究》,《近代史研究》2004 年第 4 期,第 90—122 页。

性特征的一种视野或方法。"① 李金铮认为：一个社会区域的选择，主要受四种因素的制约。其一，这个区域是一个内在联系紧密的社会经济综合体。其二，这个区域要体现时代特色。其三，研究者对该区域的当代社会经济有较为充分的认识。其四，有丰富可信的史料做保证。② 朱金瑞指出选择区域要符合两个原则：一是必须是一个有必然联系、有系统的整体，经过长期历史积淀形成的整体性与共同性；二是必须体现历史发展的内在逻辑性和一致性。③ 笔者认为，区域是一个相对概念，不是绝对概念，有的区域选择与行政区划重叠，有的则不重叠。就地理意义而言，区域是指有相对独立的地理单元，某一方面有地理指标上的共同特点；就政治、经济、文化而言，该区域有共同的特性，在其共同特性的支持下，该区域的政治、经济、文化具有整体性。就甘宁青而言，尽管甘肃陇南、青海玉树的部分地区，柴达木盆地和河西走廊并不属于黄河流域，但传统上这些地区在政治、经济、文化等方面形成了紧密的联系，成为一个不可分割的有机整体。因此，早在20世纪30年代就有学者指出将甘宁青作为一个整体进行研究。④ 同世纪90年代，王劲教授提出把甘宁青作为一个整体进行研究的构想，他解释说：甘宁青地区在地理、生态、人文条件等方面构成了一个独特区域，经济发展水平相近并有着比较密切的联系；政治方面更呈紧密联系、互相影响的状况。⑤ 这些研究成果对本课题有很大的借鉴意义。

基于人们对区域的界定与前人的研究，笔者借用"黄河上游区域"（下文某些行文简称"本区域"）的概念，对近代以来甘肃、宁夏、青海三省区的农村经济进行研究。在本书的研究中，也涉及这流经或位于三省区的长江上游的青海玉树地区以及甘肃的陇南，也包括内流河流域的柴达木盆地与河西走廊地区，与当今甘肃、宁夏、青海的行政区划大部分是重叠的。不同的是在本研究课题中，所提到的行政区以民国时期为依据，如今宁夏固原等县在民国时期属于甘肃省，在当时必然受甘肃政治、经济等制度的影响，本文行文中所提到的固原皆是"甘肃固原"；再如涉及今内蒙古的西蒙两旗在本文的行文中也称之为"宁夏阿拉善旗"、"宁夏额济纳旗"等。这样既尊重民国历史事实，也便于对当时历史场景的认识。

就学术范围而言，本文主要研究近代黄河上游区域农村经济变迁的问题。所谓农村经济是指农村中的各项经济活动及由此产生的经济关系，包括农业、农村土

---

① 王先明：《"区域化"取向与近代史研究》，《学术月刊》2006年第3期，第127—128页。
② 李金铮：《近代中国乡村社会经济探微》，人民出版社2004年版，第37页。
③ 朱金瑞：《区域性历史研究中的几个理论问题》，《中州学刊》1995年第3期，第99页。
④ 杨劲支：《建设甘宁青三省刍议》，京华印书馆1931年版，第1—2页。
⑤ 王劲：《甘宁青民国人物·前言》，兰州大学出版社1995年版，第4页。

地占有关系与租佃关系、农村工业和手工业、交通运输、商业、信贷、生产和生活服务等部门经济。农村经济的特点是,农村中的各部门经济活动同农业都有直接和间接的关系。近代以来,我国经历了一个由传统社会向近代社会转型的过程,尽管这个过程没有完成,但引起了农村经济的变迁,即自然经济逐步解体,在农村经济中孕育了某些现代化的因素。本文正是在农村经济的框架和社会转型的大背景下,本着问题意识,在现代化视野下,对近代黄河上游区域农村经济变迁等问题进行研究。同时,为了说明农村经济的继承性与延续性,对许多问题的论述并不限于近代,而是追溯到了明清时期。另外,限于篇幅,在本书的研究内容中,并不涉及20世纪30年代后期到40年代期间这一区域中共政权下的农村经济问题。[①]

二、学术史回顾

对本区域农村经济的关注始于近代以来,特别是20世纪30年代以降,中央政府和普通学者将关注的目光投向了西北,一直到本世纪初大致经历了80余年。从学术史的角度来看,可以把对本区域农村社会经济史的考察与研究划分为三个阶段。

第一阶段,20世纪30—40年代。不论是学界还是政界,对本区域的关注和研究与中国面临日本的侵略有相当的关系,1931年日本帝国主义发动了蓄谋已久的"九一八"事变,占领了中国东北三省后,"国人对于西北之开发倍加注意",[②]即在中国面临着新的民族危机情况下,西北遂成为国人关注的焦点。国民政府也揭橥开发西北的口号,先后派遣西北科学考察团、西北实业考察团等,前往实地考察,作为开发的准备。抗日战争爆发后,西北的战略地位愈显重要,它不仅是国家支持抗战的后方,也成为苏联援华物资的运输线。特别是甘宁青三省,"居西北版图之中心,为通达边陲之孔道,中原与外藩往来之枢纽,亦一切政治、文化、经济之过站

[①] 20世纪30年代早期,共产党人刘志丹在甘肃东部(习惯上称为陇东)建立了南梁苏维埃政权,中共中央和红军长征到达陕北后,1936年6月进行了西征,使根据地扩大到陕甘宁三省。抗战时期,甘肃的庆阳、镇原、宁县、正宁的一部分,合水、华池、环县的全部和宁夏的盐池县属于中共领导下的陕甘宁边区政府管辖。另外,关于这一区域农村经济问题笔者已经作了比较系统的研究(参看黄正林《陕甘宁边区社会经济史(1937—1945年)》,人民出版社2006年版)。

[②] 秦孝仪主编:《革命文献》第89辑《抗战前国家建设——西北建设(二)》,中国国民党中央委员会党史史料编纂委员会1981年版,第143页。

也。"①由于本区域的枢纽地位,备受学界、政界等方面的重视。正是在这样的背景下,一些政府官员、历史学家、社会学家、考察家、旅行家和新闻记者开始关注这一区域的经济和社会问题。有学者统计,国民政府时期到西北考察的考察家共有100多人,著作有85种之多,②如果加上发表在各种报刊上的相关文章,数量就更多。

在20世纪30—40年代,主要是政府部门与学者对本区域农村经济做了调查与研究。如1931年,国民政府实业部农村署技正安汉组织西北实业考察团,写成了《西北农业考察》,③论述了20世纪30年代甘肃、宁夏、青海三省的农田水利、农业经济、园艺、畜牧、肥料、垦务等问题。1934年夏,国民政府国防设计委员会派汤慧苏前往陕西、甘肃、宁夏、青海等考察农村经济,与雷男、董涵荣、陆青年等完成了《甘肃省农业调查》《宁夏省农业调查》《青海省农业调查》,④该项调查对各省及部分县的农业地理、政治生态、农业中的农家人口、土地、作物、园艺、家畜、农产加工、农舍、农具、肥料、经营、水利、灾害、赋税、借贷等做了比较全面的调查,成为研究当时本区域农村经济最主要的成果。1935年4月,民国政府铁道部组织陇海铁路西(安)兰(州)线经济调查队,对陇海铁路兰州至天水三岔镇段沿线15个县、6个镇的农村社会经济情况进行了调查,完成了《陇海铁路甘肃段经济调查报告书》,⑤该调查包括沿线各县的人口、农业、工业、矿产、商业、物产、交通等方面,内容十分翔实。20世纪30年代,中央政治学校地政学院组织学生对各地农村经济进行了调查,其中涉及本区域的有陆亭林的《青海省帐幕经济与农村经济之研究》、何让的《甘肃田赋之研究》、施忠允的《西北屯垦研究》、李扩清的《甘肃河西农村经济之研究》等。⑥国民党青海省党务特派员办事处组织各县宣传视察队,分赴各县各乡进行调查。在此基础上,丘咸初完成了《青海的农村经济》。⑦该书以县为单位进行研究,包括贵德、大通、循化、门源、互助、湟源、西宁、化隆、民和、乐都、共和等11县。内容涉及农村耕地面积、地价、户口及有无耕地者户数的分析,地主、自

---

① 杨劲支:《建设甘宁青三省刍议》,第2页。
② 尚季芳:《国民政府时期的西北考察家及其著作述评》,《中国边疆史地研究》2003年第3期,第107页。
③ 安汉、李自发:《西北农业考察》,国立西北农林专科学校丛书1936年。
④ 刊《资源委员会季刊》第2卷第2期,西北专号,1942年6月。
⑤ 铁道部商业司商务科编:《陇海铁路甘肃段经济调查报告书》,1935年印行。
⑥ 均见萧铮主编:《民国二十年代中国大陆土地问题资料》,成文出版社有限公司、(美国)中文资料中心1977年版。
⑦ 丘咸初:《青海的农村经济》,青海省党务特派员办事处1934年11月印行。

耕农、半自耕农、佃农、雇农等户数与人数,耕地每亩产值价格、畜产价格、雇农工资、地租及纳租方法、赋税及附加税数目、农民借贷利率及增减情形等都有比较详尽的调查与论述。

除了国民政府各部门、国民党部门、学校等调查外,一些政府官员、学者也对本区域的农村经济做了深入的调查与研究。如1933年,傅作霖应国民政府派遣,服务于宁夏。傅氏对宁夏进行了比较深入的考察,"凡各林场、各盐湖、各牧区、各大渠堤",都是傅氏考察对象,积累了丰富的第一手资料,写成了《宁夏考察记》。[①] 1938年至1940年,叶祖灏在宁夏进行了为期三年的旅居,"足迹所至,遍及全省,采风问俗,旁及于草木鸟兽之名。巨细靡遗,积久成帙,复参证中西典籍、报章、杂志等数十种",于抗战末期完成《宁夏纪要》[②]。陈泽湘也通过调查,完成了《宁夏省经济概要》[③]。上述3种著作涉及的内容包括宁夏地理、民族、人口、社会、物产、交通、盐务、农田与水利、工商业、财政与金融等经济问题。

抗战时期,一些学者深入到西北少数民族地区进行了调查与研究。1941年9月,王志文深入到甘肃西南临潭、卓尼、夏河藏区进行了一个多月的考察,写成《甘肃省西南部边区考察记》。[④] 内容包括八个方面:自然环境、民族历史与宗教、各县人口与藏民分布、藏民的习俗及经济生活、农业与农村经济、林牧业、工业、商业与金融,是一部内容翔实的研究3县农村经济的专著。俞湘文的《西北游牧藏区之社会调查》,[⑤]是作者在1941年下半年深入到甘肃、青海、四川、西康四省边界的游牧藏区进行社会调查完成的,全书共10章,对藏区的历史、地理、政权、人口、家庭、经济、教育、卫生、宗教、风俗习惯进行了全面的调查和研究,是研究20世纪20—40年代甘青藏族基层社会经济最主要的著作之一。

1949年初,西北师范学院李化方对甘肃农村进行了调查,完成《甘肃农村调查》[⑥],本书"用两个观点来贯彻全书:一是阶级的观点,一是革命的观点"。在阶级与革命观点的支持下,研究了本身农村经济的一系列问题,如农村阶级、农家人口与劳动力、土地占有形态与租佃关系、农村借贷与高利贷、农村手工业与商业资本、农村雇工与农民生活等问题。另外,慕寿祺、许公武、马石霄、潘益民、张人鉴、谷

---

① 傅作霖:《宁夏考察记》,正中书局1935年版。
② 叶祖灏:《宁夏纪要》,正论出版社1947年版。
③ 陈泽湘:《宁夏省经济概要》,中国殖边社1934年版。
④ 王志文:《甘肃省西南部边区考察记》,甘肃省银行经济研究室1942年印行。
⑤ 俞湘文:《西北游牧藏区之社会调查》,商务印书馆1947年版。
⑥ 李化方:《甘肃农村调查》,西北新华书店1950年版。

苞、克拉米息夫(W. Karamisheff)等人的著作也涉及本区域的农村经济问题。这些著作除了《甘宁青史略》外,几乎都属于社会学或经济学的范畴,但对今天我们研究本区域农村经济史的学术意义是不言而喻的。

第二阶段,20世纪50年代到60年代。新中国成立不长时间,"五朵金花"成为史学研究的主流,国内区域史研究尚未兴起,地方史研究刚刚起步。因此,对于本区域的研究,取得的成就并不多。1959年甘肃师范大学(即今西北师范大学)在当时"重视乡土教材"的形势下,历史系教师集体撰写了《甘肃史稿》,①作为国庆十周年的献礼,尽管学术性不是很强,但称之为本区域史研究的创始之作是不为过的。这一时期,对本区域史研究可圈可点的是对少数民族地区的社会历史调查与研究。1956年,全国人大民族委员会和国务院民族事务委员会秉承中共中央指示,组织了若干调查组,对各少数民族的社会和历史进行了大规模的调查研究。1958年,在国务院民族事务委员会和中国科学院哲学社会科学部的领导下,民族研究所、中央民族学院和各少数民族地区的相关单位编写了《少数民族简史》、《少数民族简志》等丛书。在这次全国规模的民族地区社会历史调查研究中,涉及本区域蒙古族和藏族社会历史调查研究报告19个,②土族社会历史、经济、文化调查报告13个(包括20世纪80年代的调查),③青海回族、撒拉族、哈萨克族社会历史调查报告8个,④甘肃哈萨克族、裕固族、东乡族、保安族、回族的社会历史调查等。⑤在这次大规模调查的基础上,编写了一批少数民族简史,在20世纪80年代陆续出版,这些著作在本世纪初由民族出版社修订再版,使其内容更加丰富,学术含量有了很大的提升。这些具有研究性质的调查报告和简史,在民族史和社会经济史研究方面都具有较高的学术价值。

第三阶段,20世纪80年代至今,本区域经济史研究取得了较多的成果。甘肃、宁夏、青海三省区分别出版了通史著作,⑥不同程度涉猎本省的农村经济问题。20世纪90年代,甘肃、宁夏、青海都出版了以研究本省或西北地区为对象的经济

---

① 金宝祥主编:《甘肃史稿》,甘肃师范大学1964年印行。
② 青海省编辑组:《青海省藏族蒙古族社会历史调查》,青海人民出版社1985年版。
③ 青海省编辑组:《青海土族社会历史调查》,青海人民出版社1985年版。
④ 青海省编辑组:《青海省回族撒拉族哈萨克族社会历史调查》,青海人民出版社1985年版。
⑤ 新疆维吾尔自治区编写组:《哈萨克族社会历史调查》,新疆人民出版社1986年版;甘肃省编辑组:《裕固族东乡族保安族社会历史调查》,甘肃民族出版社1987年版;中国科学院民族研究所、甘肃少数民族社会历史调查组《甘肃回族调查资料汇集》,1964年印行。
⑥ 郭厚安、陈守忠主编:《甘肃古代史》,兰州大学出版社1989年版;丁焕章主编:《甘肃近现代史》,兰州大学出版社1989年版;陈育宁主编:《宁夏通史》(古代卷、近现代卷),宁夏人民出版社1993年版;崔永红、张得祖、杜常顺主编:《青海通史》,青海人民出版社1999年版。

通史,有李清凌的《西北经济通史》、《甘肃经济史》①,王致中、魏丽英的《中国西北社会经济史研究》和《明清西北社会经济史研究》②,崔永红的《青海经济史》(古代卷)③,翟松天的《青海经济史》(近代卷)④,杨新才的《宁夏农业史》⑤,徐安伦等的《宁夏经济史》⑥对西北区域经济史或省区经济史做了研究。此外,《西北通史》第4、5卷⑦、《甘肃通史·中华民国卷》⑧、马啸的《左宗棠在甘肃》⑨、陈舜卿的《陕甘近代经济研究》⑩、闫丽娟的《民国时期西北少数民族社会变迁及其问题研究》⑪、方行等主编的《中国经济通史·清代经济卷》⑫也涉及本区域农村经济的一些问题。

  社会经济专史方面也出现了一些成果。如萧正洪对清代中国西部历史农业技术地理进行了理论和实证研究,涉及黄河区域如青藏高原、宁夏平原、河西走廊、黄土高原丘陵沟壑区的农业经济和技术问题。⑬ 勉卫忠以青海民间商贸与地方民族社会经济扩展的互动关系为主线,对近代晚期(1895—1949年)青海民间商贸兴起的历史基础、嬗变动因、各级城镇商贸市场变迁和由各族商人为主导的民间商贸变迁过程及运行机制进行了比较深入的讨论。⑭ 20世纪90年代,中共中央制定西部大开发政策前后,在学术界兴起了研究历代王朝开发西北的热潮,西北开发史成为学术界研究的热点之一,马敏、王玉德、⑮魏永理⑯、吴廷桢⑰、戴逸、张世明⑱等学者

---

  ① 李清凌:《西北经济史》,人民出版社1997年版;李清凌主编:《甘肃经济史》,兰州大学出版社1996年版。
  ② 王致中等:《中国西北社会经济史研究》(上、下),三秦出版社1992年版;王致中等:《明清西北社会经济史研究》,三秦出版社1989年版。
  ③ 崔永红:《青海经济史》(古代卷),青海人民出版社1998年版。
  ④ 翟松天:《青海经济史》(近代卷),青海人民出版社1998年版。
  ⑤ 杨新才:《宁夏农业史》,中国农业出版社1998年版。
  ⑥ 徐安伦、杨旭东:《宁夏经济史》,宁夏人民出版社1998年版。
  ⑦ 尹伟宪、宋仲福分别主编:《西北通史》第4、5卷,兰州大学出版社2005年版。
  ⑧ 刘光华主编,宋忠福、邓慧君:《甘肃通史·中华民国卷》,甘肃人民出版社2009年版。
  ⑨ 马啸:《左宗棠在甘肃》,甘肃人民出版社2005年版。
  ⑩ 陈舜卿:《陕甘近代经济研究》,西北大学出版社1994年版。
  ⑪ 闫丽娟:《民国时期西北少数民族社会变迁及其问题研究》,中国社会科学出版社2012年3月版。
  ⑫ 方行、经君健、魏金玉主编:《中国经济通史·清代经济卷》,经济日报出版社2000年版。
  ⑬ 萧正洪:《环境与技术选择——清代中国西部地区农业技术地理研究》,中国社会科学出版社1998年版。
  ⑭ 勉卫忠:《近代青海民间商贸与社会经济扩展研究》,人民出版社2012年版。
  ⑮ 马敏、王玉德:《中国西部开发的历史审视》,湖北人民出版社2001年版。
  ⑯ 魏永理:《中国西北近代开发史》,甘肃人民出版社1993年版。
  ⑰ 吴廷桢主编:《河西开发研究》,甘肃教育出版社1993年版。
  ⑱ 戴逸、张世明主编:《中国西部开发与现代化》,广东教育出版社2006年版。

的研究具有代表性。

本区域是一个多民族聚居的地区,民族地区社会经济史也受到学人关注。如林永匡[①]、党诚恩[②]等人研究了西北地区民族贸易问题;有的是在少数民族社会制度的研究中涉及经济制度问题,如陈玮对青海藏族游牧社会的研究、星全成、马连龙对藏族社会制度的研究、张济民等对藏族部落习惯法的研究等。[③]

在这个阶段,台湾学者也开始关注这一地区的社会经济问题。胡平生的《民国时期的宁夏省(1929—1949)》是一部比较系统研究民国时期宁夏历史的专著,征引文献达三百余种,这是大陆同类研究著作难以企及的。涉及的内容包括军事与政治、经济建设、社会情态、教育发展等问题。经济建设是本书的主要组成部分,在财政、金融、农业、工业、商业、水利、交通等方面有较深入的论述。[④] 张力的《近代国人的开发西北观》认为两次西北开发均与国家安全和国防建设相关,与中国现代化的进程密切相关。[⑤] 这篇论文给我们提供了审视近代本区域社会经济发展变化的背景。在关于经济建设的具体研究中,王聿均就抗战时期西北经济开发做了研究。[⑥] 在对本区域的历史研究中,许多学者从不同侧面研究了这一区域的经济史,发表了一些专题论文。

下面就20世纪80年代以来,关于本区域经济史研究的主要观点进行简单梳理。

——**关于农业经济研究**。主要涉及青海、河西走廊的屯田,地区性农业开发和农业经济的恢复,农业与生态环境的关系,以及农田水利、畜牧业和土地制度等。在农业开发方面,雍际春认为清代陇中的农业开发以嘉庆年间为界分为前后两个阶段。前期以康雍乾三朝为代表,社会比较稳定,又实行了一系列促进经济发展的措施,陇中的农垦和经济发展呈上升趋势。嘉庆之后,陇中兵祸连接,保障经济发展的大环境已不复存在,经济走向衰退。[⑦] 戴鞍钢认为清末民初西部农业经济面临严峻的困顿,尤其是罂粟的种植,成为农产品商品化的一种畸形现象,对当地农

[①] 林永匡等:《清代西北民族贸易史》,中央民族学院出版社1991年版。
[②] 党诚恩:《甘肃民族贸易史稿》,甘肃人民出版社1988年版。
[③] 陈玮:《青海藏族游牧部落社会研究》,青海民族出版社1998年版;星全成、马连龙:《藏族社会制度研究》,青海民族出版社2000年版;张济民主编:《渊源流近——藏族部落习惯法规及案例辑录》、《诸说求真——藏族部落习惯法专论》、《寻根理枝——藏族部落习惯法通论》,青海人民出版社2002年版。
[④] 胡平生:《民国时期的宁夏省(1929—1949)》,台湾学生书局1988年版。
[⑤] 张力:《近代国人的开发西北观》,(台北)"中央研究院"近代史研究所集刊第18期,1989年6月。
[⑥] 王聿均:《抗战时期西北经济开发问题》,《中华民国建设史讨论集》,(台北)中华民国建设史讨论集编辑委员会1981年10月版。
[⑦] 雍际春:《论明清时期陇中地区的经济开发》,《中国历史地理论丛》1992年第4辑,第29—55页。

村经济并无助益。① 姚兆余认为清代在西北实施农业开发主要采取移民实边、兴修水利、调拨生产工具、推广农业生产技术和农作物优良品种等措施,使西北地区农牧业经济结构发生了重大变化,农业生产区域不断扩大和增加,农业经济日趋兴盛,村庄聚落日益密集,市镇经济日益繁荣。与之相反,西北地区农牧业经济日渐衰落,民族畜牧业逐渐向农业转化。这些变化表明,清代后期农业经济已经逐渐代替牧业经济,在西北地区社会经济生活中占主导地位。② 崔永红对晚清至民国时期青海举办垦务做了总体评价,认为青海垦务总体上是不成功的,原因包括资金不足,缺乏和平与稳定的政治社会环境,政府缺乏优惠和扶助的政策。③ 霍丽娜认为民国时期宁夏农业发展呈现出不平衡的发展状态,一方面,农业人口的增长和耕地面积大幅增加,新品种的引进丰富了宁夏农产品的内容,使农业的耕种方式发生了变化;另一方面受自然灾害与政府税收等的影响,农民生活并未改善。④ 笔者研究了民国时期宁夏农村经济问题,考察了耕地、粮食作物产量、地权与租佃关系和农村市场等问题。⑤

地权与租佃关系是研究农村经济比较重要的问题,也是学术界热议不休的话题,随着时代的变化,人们的认识也在不断变化。司俊认为近代以来西北少数民族地区土地所有制结构发展趋势是地权更加集中,以西北少数民族地主、富农和牧主为主体的土地所有制结构的形成和发展而表现出来。形成的原因包括三个方面:一是继续废除封建农奴制和封建特权,为地权更加集中营造了体制环境;二是近代市场经济的发展,为地权更加集中奠定了经济基础;三是土地进一步商品化,为地权更加集中创造了条件。⑥ 向达之认为由于农村土地高度集中,导致整个近代"租佃关系一直都是西北农村社会经济关系的主体"。⑦ 但笔者研究认为,本区域是一个多民族的地区,地权状况与生态环境、宗教等有密切的关系,同时生态环境优越的地区地权比较集中,而生态环境脆弱的地区地权较分散;在宗教势力占绝对优势的地区地权主要集中在寺院和高级僧侣手中。就整体情形而言,该区域部分地区

---

① 戴鞍钢:《清末民初西部农业困顿探析》,《云南大学学报》2006年第3期,第48—60页。
② 姚兆余:《清代西北地区农业开发与农牧业经济结构的变迁》,《南京农业大学学报》2004年第2期,第75—82页。
③ 崔永红:《近代青海举办垦务的经过及意义》,《青海民族学院学报》2007年第2期,第98—104页。
④ 霍丽娜:《民国时期宁夏的农业发展和措施》,《宁夏社会科学》2010年第6期,第107—113页。
⑤ 黄正林:《民国时期宁夏农村经济研究》,《中国农史》2006年第2期,第78—89页。
⑥ 司俊:《近代西北少数民族土地所有制结构的发展趋势》,《甘肃社会科学》2001年第5期,第86—98页。
⑦ 向达之:《论近代西北地区的土地租佃制度》,《甘肃社会科学》1991年第4期,第77—84页。

近代以来地权有分散的趋势。占人口10%—20%的地主、富农约占耕地的30%—40%,而占农村人口80%的自耕农和贫雇农占有土地约60%—70%。和全国相比,本区域的地权相对比较分散。[①]

有学者对近代西北地区农村经济做了整体研究。魏宏运从宏观上考察了抗战时期西北地区的社会经济。认为由于自然灾害和军阀的剥削压迫,西北地区农业在20世纪20年代末到30年代中期遭到严重破坏。抗战全面爆发后,被人忽视的西北地区遇到了开发良契而获得生机。水利的兴修,良种的推广,因地制宜地发展农业、林业、畜牧业和水果业等,使国统区农业经济得到发展。[②] 慈鸿飞比较全面地论述了1912—1949年西北地区的农业资源开发,认为以耕地大面积开发最为显著,水利和林业方面也取得了较好的成效。[③] 罗舒群认为抗战时期,甘肃在农林水利畜牧实业方面的诸多努力,其积极意义在于对传统农业经营方法进行改革,使农作物单位面积产量有所提高,从而使军粮民食正常供应,在一定程度上增加了抗战的物质力量,并为本省准备了一点现代农业经济建设基础。[④] 笔者考察了民国时期甘肃农家的田场面积、农家副业、土地租佃关系、农家收支与生活等问题,认为甘肃农家虽然土地广袤,地广人稀,但农家田场面积依然狭小,而且土地十分散碎,成为制约甘肃农家经济的主要因素之一;农家副业成为分解剩余劳力和补充家庭生活不足的主要手段;民国时期甘肃农村社会的主要矛盾并不是地主与农民之间的矛盾,而地方政府、军阀与农民的矛盾才是当时农村社会的主要矛盾。[⑤] 这些研究改变了学界传统观点,深化了本区域农村经济史的研究。

农田水利方面也发表了不少论文。宁夏平原农田水利兴起较早,也是本区域水利问题研究的重点。王致中、魏丽英对清代这一区域的水利做了比较全面的论述,认为清代河陇中部黄河沿线水利开发的重心仍在宁夏府属地区,但与明代格局不同的是,康雍之际出现了一批新的重要水利工程,其中最主要的是大清、惠农、昌润三渠的开创,不仅与唐徕、汉延并重西河,而且促进了原有水利工程的重修和扩建,从而使西北黄河水利的规模与效益达到了汉唐以来的最高水平。通过对清代宁夏平原水利工程的梳理,作者指出到乾隆中后期,宁夏黄河水利开发已经达到有

[①] 黄正林:《近代黄河上游区域地权问题研究》,《青海民族研究》2010年第3期,第101—106页。
[②] 魏宏运:《抗日战争时期中国西北地区的农业开发》,《史学月刊》2001年第1期,第72—78页。
[③] 慈鸿飞:《1912—1949年西北地区农业资源开发》,《中国经济史研究》2004年第2期,第61—68页。
[④] 罗舒群:《民国时期甘肃农林水牧事业开发状况研究》,《社会科学》(甘肃)1986年第3期,第96—104页。
[⑤] 黄正林:《民国时期甘肃农家经济研究》,《中国农史》2009年第1期,第31—46页;第2期,第47—55页。

史以来之最高水平,宁夏黄河沿岸各干渠总长达 2161 里,灌溉近 2 万顷。到清代后期,宁夏黄河水利仍维持在较高的水平,总灌溉面积达 2 万 1 千余顷。① 艾冲对清代雍正、乾隆时期甘肃陇中地区水利资源的开发做了详细的考证。认为陇中水利资源的开发方式分为提水灌溉和自流灌溉两种,水利工程分为农田灌溉、防洪和人畜饮水三种。据不完全统计这期间兴建的大小水利工程 136 项,灌溉面积扩大到 3641.5 顷,从而直接影响着本区域土地利用方式的变化。② 王培华从分水制度、分水技术方法、分水原则等方面对清代河西走廊的水资源分配制度进行了研究,认为为了解决水利纷争,建立了不同层次的分水制度,在技术方法方面确立了水期、水额,分水以公平和效率为原则。③ 萧正洪从地理环境的角度对宁夏平原、河西走廊的农田水利做了论述,认为依据不同的环境条件,这一地区农田水利主要分三种类型,即引雪水灌溉、引河水灌溉、引泉水灌溉。④ 钟萍认为近代西北水利以恢复和建成多处大型农田排灌工程最为显著,在保证农业生产顺利进行,提高粮食产量上发挥了重要作用。⑤ 裴庚辛等认为河西农田水利建设主要集中在抗战时期,这个阶段国家银行提供了大量的资金支持,在水利建设上取得较好的成绩,促进了地方经济的发展。⑥ 李凤岐、张波讨论了陇中黄河谷地砂田的起源与在农田保墒方面的意义。⑦ 罗舒群论述了民国时期甘宁青的水利问题,对水利工程进行了考察,政府的水利作为和水利发展迟缓的原因做了比较客观的评价。⑧ 笔者论述了民国时期甘肃农田水利问题,认为通过对农田水利设施的修复,农村经济才得以缓慢地恢复。⑨ 达惠中对甘肃水利林牧公司的成立及其成就做了评价,认为对甘肃水利建设做了不少的贡献。⑩

随着人类活动的加剧,尤其是农业开发给生态环境带来了比较大的影响。近几年来,人们在研究这一区域农业开发的同时,注意到了农业开发与生态环境、人

---

① 王致中、魏丽英:《明清西北社会经济史研究》,第 142、146 页。
② 艾冲:《清代雍乾时期陇中地区的水利开发与土地利用》,《中国历史地理论丛》2002 年第 3 辑,第 32—38 页。
③ 王培华:《清代河西走廊的水资源分配制度》,《北京师范大学学报》2004 年第 3 期,第 91—97 页。
④ 萧正洪:《环境与技术选择——清代中国西部地区农业技术地理研究》,第 62 页。
⑤ 钟萍:《近代西北的农田水利》,《古今农业》1999 年第 1 期,第 35—41 页。
⑥ 裴庚辛、郭旭红:《民国时期甘肃河西地区的水利建设》,《北方民族大学学报》2008 年第 2 期,第 88—94 页。
⑦ 李凤岐、张波:《陇中砂田之探讨》,《中国农史》1982 年第 1 期,第 33—39 页。
⑧ 罗舒群:《民国时期甘宁青三省水利建设论略》,《社会科学》(甘肃)1987 年第 2 期,第 117—126 页。
⑨ 黄正林:《民国时期甘肃农田水利研究》,《宁夏大学学报》2011 年第 2 期,第 48—56 页。
⑩ 达惠中:《甘肃水利林牧公司始末》,《水利史志专刊》1988 年第 4 期,第 14—16 页。

地关系等问题。赵珍研究了清代西北地区农业垦殖对环境的影响的问题,认为清代不同阶段管理层采取的具有传统延续性的发展农业经济的垦殖政策及其实施,使这一地区农牧经济有了较大的发展,但也导致了生态环境失衡,沙漠化加剧,水土流失加重,生产成本提高,投入加大,恶性循环,经济再度陷入贫困。[1] 姚兆余认为明清时期,西北地区农业开发对生态环境之所以造成巨大破坏,与农业开发的技术路径息息相关,大规模的移民造成了人地关系恶化,水资源过量开发导致水资源萎缩,大规模的垦殖造成了地表生态系统的失调。[2] 石志新对清代后期甘宁青区域的人口与耕地变量做了论述,认为嘉庆时期这一区域人稠地狭的矛盾十分突出,经过同治回民事变后,形成了近代甘宁青人口的最低谷,仅有 350 万人口,比嘉庆末减少相对比为 77%,同时耕地减少了一半,约有 1700 万余亩土地被抛荒,出现了地旷人稀的特征,这种现象到光绪时期没有多大改变。[3] 郑传斌认为左宗棠镇压西北回民反清后,将大量的人口移至固原南部山区,"人口迅速增加,超过了生态系统的负载力,进一步决定了居住人口对自然环境中能量资源的不合理利用,从而形成了人与环境之间的恶性循环"。[4]

张保见、郭声波对近代青海的农业垦殖和环境问题做了论述,认为近代是青海大规模农业垦殖的起始阶段,对环境带来了局部的影响。[5] 崔永红、张生寅《明代以来黄河上游地区生态环境与社会变迁研究》[6]是关于该区域环境史研究比较有分量的著作,从环境史的角度考察了该地区社会经济的各个方面。

农业技术方面的研究不多,萧正洪应用历史地理学、农学、经济学等学科的研究方法,从历史地理学与农业技术史跨学科结合的角度,对清代西部地区历史农业技术地理进行研究,发表了一系列颇有见地的论文,对清代本区域农业技术问题进行了比较深入的探讨。[7]

---

[1] 赵珍:《清代西北地区的农业垦殖政策与生态环境变迁》,《清史研究》2004 年第 1 期,第 76—83 页。
[2] 姚兆余:《明清时期西北地区农业开发的技术路径与生态效应》,《中国农史》2003 年第 4 期,第 102—111 页;《明清时期河湟地区人地关系述论》,《开发研究》2003 年第 3 期,第 63—65 页。
[3] 石志新:《清代后期甘宁青地区人口与耕地变量分析》,《中国农史》2000 年第 1 期,第 72—79 页。
[4] 郑传斌:《清代西北回民起义中的人地关系》,《文史哲》2003 年第 6 期,第 87—91 页。
[5] 张保见、郭声波:《青海近代的农业垦殖与环境变迁》,《中国历史地理论丛》2008 年第 4 期,第 67—75 页。
[6] 青海人民出版社 2008 年版。
[7] 萧正洪:《清代青藏高原农业技术的地域类型与空间特征》,《中央民族大学学报》2003 年第 6 期,第 38—45 页;《清代西部地区的人口与农业技术选择》,《陕西师范大学学报》1999 年第 1 期,第 95—104 页;《清代西部地区的农业技术选择与自然生态环境》,《中国历史地理论丛》1999 年第 1 辑,第 51—71 页;《论清代西部农业技术的区域不平衡性》,《中国历史地理论丛》1998 年第 2 辑,第 129—157 页。

明清以来,玉米、马铃薯等在本区域开始种植,学界就此问题也有探讨。玉米是明朝时期从中亚传入甘肃、陕西等地①,再传入中原地区。即甘肃是种植玉米较早的地方,但推广比较缓慢,到清朝嘉庆、道光年间,甘肃才有13个州县种植玉米。北方广大地区,要到清末和民国初年,玉米种植才有较大的发展。② 蔡培川通过考证认为马铃薯在天水种植应在1764—1863年,开始种植的地方在天水以东渭河流域的吴砦,是由陕西传入吴砦,再逐渐遍及天水各地。③ 在此基础上,李鹏旭对马铃薯传入甘肃进行了考察,认为马铃薯在甘肃的种植应在19世纪六七十年代,先从陕西与川陕鄂边境传入陇东南地区,随之缓慢扩散,至民国时期已成居民口粮大宗。④

——**关于畜牧业研究**。畜牧业经济是本区域经济结构的主体,而其地位的变化是研究者关注的话题。杜常顺从少数民族游牧业、官营畜牧业和农村畜牧业三个方面对本区域的畜牧业进行了论述,认为明清时期,在本区域经济中畜牧业仍然保持了与农业平分秋色的地位,从经济地理的角度看,以黄河及其支流洮河为大体分界线将黄河区域明显地划分为农牧两大区。即使在农业区,农村经济亦有鲜明的"耕牧并重"的特色,畜牧业是农村重要产业之一,不仅如此,在内外经济联系中,畜牧业发挥了主导作用。同时,他认为明清时期,本区域经济发展的一个显著趋势是畜牧业的萎缩和与此相应的农业的增长。⑤ 随着清代农业的开发,使这一区域农牧业经济结构和空间结构发生了比较大的变化。

萧正洪讨论了传统农牧界限的问题,认为"清代西部地区农业垦殖的发展在空间上具有跳跃性或者说不连续性的特点,以往相对明确的农牧分界线变得不那么清晰了。换言之,在传统农业区中,有时也有牧业的提倡;而在过去单一性很强的牧区中,由于农业垦殖更为显著的发展和规模并不很小的种植业区域以点状或片状存在,使得亦农亦牧区的面积更大,且不再像以往那样主要分布于农区和牧区的交界地带。你中有我,我中有你,乃是清代黄土高原以及更为偏西的地区中农牧业空间分布的重要特征。"⑥这也是近代以来本区域农牧业空间结构的重要特征。

---

① 曹树基:《玉米和番薯传入中国路线新探》,《中国社会经济史研究》1988年第4期,第62—66页。
② 方行、经君健、魏金玉主编:《中国经济通史·清代经济卷》,第355、365页。
③ 蔡培川:《甘肃天水马铃薯种植历史初考》,《中国农史》1989年第3期,第65—66页。
④ 李鹏旭:《马铃薯传入甘肃初探》,《古今农业》2012年第2期,第105—110页。
⑤ 杜常顺:《明清时期黄河上游地区的畜牧业》,《青海师范大学学报》1994年第3期,第109—113页。
⑥ 萧正洪:《环境与技术选择:清代中国西部地区农业技术地理研究》,第23页。

樊如森论述近代畜牧业外向化的问题,认为近代以来,随着沿海、沿边口岸的开放,西北畜牧产品的商品化、市场化、外向化程度有了空前迅速的提高,从而改变了该地区相对封闭与落后的状态。外向型畜牧业的发展"是西北经济走上现代化之路的先导和主要驱动力"。① 尽管评价过高,但也不失为思考西北畜牧业问题的一个角度。

关于民国时期的畜牧业也有所论述。毛光远发表了一系列关于民国时期甘宁青畜牧业的论文,对这一问题进行了比较深入的研究。认为畜牧业作为西北地区传统优势产业,受到国民政府的重视。他从畜种改良、兽疫防治、畜产品开发等角度论述了20世纪三四十年代甘宁青畜牧业现代化的问题,认为上述措施在一定程度上有利于当地经济的发展,促进了畜牧业的开发进程,增强了后方的经济实力。② 张天政从政府筹建畜牧行政管理、建立畜疫防治机构、制定保护畜牧生产措施等方面论述了民国时期宁夏的畜牧业。③ 笔者主要从牲畜分配与租佃关系的角度考察了甘肃、青海藏族地区的畜牧业。④ 张保见论述了民国时期青海畜牧业的分布与变迁、产量估计与技术等问题。⑤ 瘟疫是困扰西北畜牧业发展的主要问题,近代以来曾经发生过几次比较大的瘟疫,其中杨智友对1942年青海牛瘟的发生、疫情状况和国民的赈济与善后做了论述。⑥

——**关于工商业经济研究**。农村手工业是本区域传统经济的主要组成部分,也是学者讨论比较集中的话题。王致中对清代甘肃的矿业的种类、规模以及在社会经济生活中的作用做了考察⑦。朱立芸论述了近代甘肃、宁夏、青海等省的金属矿业开发的问题,认为近代西北金属矿产资源的开发以金、银、铜、铁等矿种为要,尤以金、铜为最。⑧ 房建昌对近代青海、宁夏的盐业做了论述。⑨ 夏阳认为康、乾两

---

① 樊如森:《开埠通商与西北畜牧业的外向化》,《云南大学学报》2006年第6期,第64—72页。
② 毛光远:《论20世纪40年代西北羊毛改进处》,《中国农史》2008年第3期,第58—67页;《20世纪三四十年代民国政府对甘宁青畜牧业的开发述论》,《开发研究》2007年第2期,第158—161页;《抗战时期甘南藏区畜牧业开发刍议》,《西藏研究》2008年第3期,第27—34页;《20世纪40年代甘宁青畜疫防治析评》,《中国农史》2009年第4期,第23—35页。
③ 张天政:《20世纪三四十年代宁夏畜牧业经济述论》,《中国农史》2004年第3期,第69—73页。
④ 黄正林:《民主改革前安多藏族部落的草山权属与牲畜租佃关系》,《中国农史》2008年第2期,第69—78页。
⑤ 张保见:《民国时期(1912—1949)青海畜牧业发展述论》,《古今农业》2011年第3期,第91—100页。
⑥ 杨智友:《1942年青海牛瘟案述评》,《中国藏学》2006年第3期,第92—96页。
⑦ 王致中:《明清时期甘肃矿业考》,《社会科学》(甘肃)1985年第6期,第112—120页。
⑧ 朱立芸:《近代西北金属矿业开发简论》,《开发研究》2000年第5期,第61—63页。
⑨ 房建昌:《历史上青海省的盐业》,《盐业史研究》1996年第4期,第46—49页;《历史上柴达木的盐业》,《柴达木开发研究》1996年第1期,第55—58页;《近代宁夏盐业小史》,《盐业史研究》1997年第1期,第31—46页。

朝毛褐是甘肃普通民众不可缺少的必需品。①刘景华从农产品加工、畜产品加工、小五金制作、石工和建筑材料、酿造业以及木器制作等方面论述了清代青海的手工业。②肖遥的研究涉及清代西北城市手工业,如兵器制造、栽绒业、皮毛加工及制革业、棉纺织业、丝织业、烟茶加工业、酿酒业、石砚业、造纸业等。③裴庚辛考察了民国时期甘肃手工纺织业问题,在经营方式上家庭手工业、以交换为目的的家庭手工业、商业资本支配下的家庭手工业与工场手工业并存。④

商业贸易方面,刘景华对清代青海的商业做了研究,认为清代随着社会的稳定和经济的发展,人口增长、农田面积扩大,传统手工业和畜牧业有了进一步发展,商业也得到了空前的发展。因此,青海的一些交通要道和农牧区交界地点遂发育成重要的商品集散地和贸易中心。⑤张羽新用了很大的篇幅对清代肃州(1913年废肃州,改为酒泉县)的贸易始末、历年贸易的数量、通过肃州输入内地的货物、内地通过肃州输出的货物等问题进行了严密的考论,认为肃州贸易是雍正末年至乾隆二十年(1755年)清军初定伊犁之前,准噶尔地方政权与清中央政府之间最主要的经济贸易活动,是当时新疆与中原地区经济联系的主要渠道,也是准噶尔地方政权与清中央政府关系的主流。⑥勉卫忠认为近代青海农村商业贸易中,不同交易级别有不同的交易方式,在农牧区以以物易物为主,在中心市镇以现金、赊销、借贷销售为主。⑦何一民对甘宁青商业贸易与城市的兴衰做了论述,认为随着三省贸易的不断发展与变迁,从而带来资金、商品、人口向原有城镇居民点的聚集,推动了城市经济的发展,并形成了一系列的商业贸易中心城市。⑧

市场史方面,王致中从地方贸易市场、民族贸易市场、国内贸易市场、外贸市场等几个方面对清代本区域市场进行了考察。⑨魏丽英对晚清时期西北市场的地理格局与商路做了论述,涉及兰州、宁夏、西宁、丹噶尔(1913年改名湟源县)、玉树、

---

① 夏阳:《甘肃毛纺织业史略》,《社会科学》(甘肃)1985年第5期,第79—85页。
② 刘景华:《清代青海的手工业》,《青海社会科学》1997年第6期,第77—81页。
③ 肖遥:《明清西北城市手工业制造丛考》,《兰州学刊》1987年第4期。
④ 裴庚辛:《民国甘肃手工纺织业研究》,《西北民族大学学报》2010年第6期,第57—63页。
⑤ 刘景华:《清代青海的商业》,《青海社会科学》1995年第3期,第94—98页。
⑥ 张羽新:《肃州贸易考略》,《新疆大学学报》1986年第3期,第24—32页;1986年第4期,第48—54页;1987年第1期,第67—76页。
⑦ 勉卫忠:《近代青海商业贸易中的交易方式》,《青海民族大学学报》2013年第1期,第79—83页。
⑧ 何一民:《20世纪中国西部中等城市与区域发展》,四川出版集团、巴蜀书社2005年版,第161页。
⑨ 王致中:《清代甘宁青市场地理考》,《西北史地》1986年第2期,第54—62页。

河州(1913年改名导河县,1928年改名临夏县)、拉卜楞、酒泉等中心市场,认为清代进入本区域市场的商路有六条,即大北路、东路(即甘新路)、甘京水路、青藏路、甘川路和甘陕路。① 笔者对近代甘宁青农村市场的类型、特点以及发展趋势与原因进行了研究。② 夏阳对近代甘肃市场发育的条件、基本状况及时代特征做了论述。③

在近代西北商业贸易中,传统的"歇家"贸易模式发生了较大的变化,胡铁球认为随着近代沿海商埠的开辟,洋行开始以"歇家"或栈商为连接点大规模进入西北地区收购皮毛,促使西北出口贸易大发展,加上晚清及民国时期民族"边地"贸易政策和环境的变化,"歇家牙行"经营开始大规模淡化其服务贸易的内容,走上了直接贸易及混合经营的模式,这种嬗变也构成了我国西北地区现代化过程的一个重要内容。④ 李刚论述了明清时期山陕商人与青海"歇家"的关系,"山陕商人作为青海歇家的始作俑者,对歇家的形成起了重要作用"。⑤ 马明忠、何佩龙、王致中对青海市场上的"歇家"也有论述。⑥

随着近代西北外向型经济的兴起,皮毛贸易成为研究本区域经济的主要内容。钟银梅认为西北皮毛贸易是西北特殊资源环境在国际市场需求刺激下的直接结果,推动了西北从封闭落后的区域性自然经济向初步繁荣的商品经济方向转变,也带动了其他行业的产生和兴旺,甚至给这里的民族和社会都带来了诸多新气象。⑦ 最近几年,胡铁球在皮毛贸易与市场方面做了许多有益的探讨,如把近代青海羊毛的输出划分为大规模扩张、平稳发展、繁盛、急剧衰退、恢复性繁盛、萎靡等6个阶段,年输出量在250万斤到2000万斤之间波动。⑧ 他在另一篇论文中认为近代以来皮毛贸易逐渐成为整个西北商业、金融运行的"发动机",皮毛贸易引起西北社会的较大变化。⑨ 李晓英考察了甘宁青的羊毛市场,认为甘宁青羊毛市场的形成和发展,是在甘宁青独特资源和国际市场需求的内外双重因素的影响下的产物,而国

---

① 魏丽英:《论近代西北市场的地理格局与商路》,《甘肃社会科学》1996年第4期,第91—95页。
② 黄正林:《近代甘宁青农村市场研究》,《近代史研究》2004年第4期,第123—156页。
③ 夏阳:《近代甘肃市场的初步发育及时代特征》,《甘肃社会科学》1994年第6期,第80—84页。
④ 胡铁球:《"歇家牙行"经营模式在近代西北地区的沿袭与嬗变》,《史林》2008年第1期,第88—106页。
⑤ 李刚:《明清时期山陕商人与青海歇家关系探微》,《青海民族研究》2004年第2期,第69页。
⑥ 马明忠、何佩龙:《青海地区的"歇家"》,《青海民族学院学报》1994年第4期;王致中:《"歇家"考》,《青海社会科学》1987年第2期,第77—84页。
⑦ 钟银梅:《近代甘宁青民间皮毛贸易的发展》,《宁夏社会科学》2007年第3期,第89—93页。
⑧ 胡铁球:《近代青海羊毛对外输出量考述》,《青海社会科学》2007年第3期,第172—177页。
⑨ 胡铁球:《近代西北皮毛贸易与社会变迁》,《近代史研究》2007年第4期,第91—108页。

际市场的需求是构建这一市场网络的核心动力,因此这一市场是以外向型经济为主导的市场网。① 笔者讨论了近代西北皮毛市场的兴起、市场系统等问题,认为在西北皮毛市场链中,以产地市场为基础,以中转市场为枢纽,以出口市场为尾闾,形成了比较完整的市场体系。②

有学者还对近代晚期本区域工商业经济发展的趋势做了研究,认为近代后期这一地区工商业经济处于严重萎缩状态。如向达之认为西北近代工商业经济由于抗战时期后方的有利条件,曾一度发展繁荣。但是随着通货膨胀及财政危机的日趋恶化,至 20 世纪 40 年代后期,由于政治腐败、战乱、天灾频仍、农村经济彻底破产,超经济剥夺的极端发展等诸多因素,西北地区工商业经济出现极度萎缩的趋势。③ 谢亮认为近代灾荒与战乱频发,导致了西北商路与市场的衰落。④

——少数民族地区经济史研究。本区域是一个多民族聚居的地区,因此少数民族地区经济史的研究成为学术界关注的一个重要问题。杜常顺对明清时期本区域少数民族经济史研究颇有建树,发表了一系列相关论文。他指出,研究明清时期本区域经济史,少数民族经济是重要内容。"而研究少数民族经济史,既可就每一民族分别进行,也可将其纳入到区域经济史的框架内进行,即从区域经济史的角度来考察少数民族经济发展的状况。"他认为清代本区域少数民族经济结构是多种经济类型并存,即游牧型;农业为主,牧业为辅型;半农半牧型;狩猎型四种类型。⑤

在对本区域民族贸易市场的研究中,杜常顺认为本区域民族贸易市场由茶马贸易市场、边界互市市场、城镇民族民间贸易市场和寺集 4 种类型构成,并指出这种划分是相对的,各类型的市场之间互有交叉和粘连,甚至有前后之间的连续性。从贸易市场的实质内容上看,各种类型市场都是以传统的农牧产品交换为主,普遍存在着以物易物的原始交换形式。尽管不同类型各有特点,"但反映了一种趋势,即在明清时期高度发展的封建商品经济的推动下,内地与少数民族地区的经济联

---

① 李晓英:《民国时期甘宁青的羊毛市场》,《兰州大学学报》2010 年第 1 期,第 105—111 页。
② 黄正林:《近代西北皮毛产地及流通市场研究》,《史学月刊》2007 年第 3 期,第 103—113 页。
③ 向达之:《近代后期西北地区工商业经济的严重萎缩》,《甘肃社会科学》1993 年第 6 期,第 133—138 页。
④ 谢亮:《西北商路衰败之灾荒、战乱因素考察》,《兰州交通大学学报》2012 年第 5 期,第 33—36 页。
⑤ 杜常顺:《明清时期黄河上游地区少数民族经济浅论》,《青海社会科学》1995 年第 4 期,第 80—84 页。

系日益密切,而商业贸易的形成和渠道也相应多样化,封建国家对这一领域的干预亦渐趋弱化。"①杜氏还研究了丹噶尔市场的兴起和发展的过程,认为农牧产品的集散转运是丹噶尔市场的主要功能,其贸易主体结构为畜产品、粮茶、布匹、药材和各类手工业品贸易等。对活跃在丹噶尔市场上的"歇家",杜氏认为:1.丹噶尔"歇家"充当着蒙藏商人贸易代理人的角色;2."歇家"在贸易活动中为蒙藏商人提供贸易担保;3."歇家"的活动体现着封建国家对丹噶尔民族贸易所施加的干预。嘉、道时期,许多"歇家"的身份发生了变化,由蒙藏商人代理人发展成为直接经营的商人。②

在清代青海蒙旗人口和经济关系方面,杜氏认为青海的蒙旗自建立始,就面临着严重且持续的人口耗减与经济凋敝问题。即使在清朝所谓的"康乾盛世"时代,蒙旗社会经济也呈全面衰退之势,人口直线下降。"清代青海蒙旗社会衰败和人口减耗的根本原因是蒙旗封建领主对广大牧民惨重的经济榨取和政治压迫造成的,但长期持续的过程当中,经济衰敝和人口减耗两者之间构成了一种互为动因的恶性循环;而蒙旗政治上的涣散萎靡和内部阶级矛盾的激化与藏族游牧部落同蒙旗争夺牧场的斗争互为交织,则进一步强化了这种恶性循环的程度。"③杜氏的系列研究成果,对民族经济史的研究具有方法论意义。

本区域是我国回族聚居区,回民是商业贸易的主要力量,学界对回族经济及商人团体进行了一些有益的探索与研究。张克非认为回民在经营农业的同时兼营商业和畜牧业,这种复合型经济结构的形成,给回族经济找到了一条新的发展道路,带来了巨大的活力。④马志荣认为在清代中前期,回族在开发西北农业经济的过程中,使河湟、嘉峪关外等地区大片荒地变成了良田,有力地促进了农业经济的进一步发展。⑤高占福认为清代回族的商业经济,更多地表现在与回族群众的生活相关联以及社会需要的一些行业上,如饮食、皮货、牛羊、制革、贩马、贩卖山货及油盐米炭业等。⑥李晓英认为回族商人发挥了商业上的优势,利用其特有的穆斯林社会资源,在很大程度上垄断了当时的羊毛贸易。⑦刘斌、胡铁球认为同治以来,

---

① 杜常顺:《明清时期黄河上游地区的民族贸易市场》,《民族研究》1998年第3期,第66—72页。
② 杜常顺:《清代丹噶尔民族贸易的兴起和发展》,《民族研究》1995年第1期,第61—68页。
③ 杜常顺:《清代青海蒙旗人口与经济问题探析》,《青海师范大学学报》1996年第3期,第116—120页。
④ 张克非:《清代西北回族经济结构初探》,《西北史地》1987年第1期,第38—45页。
⑤ 马志荣:《论元、明、清时期回族对西北农业的开发》,《兰州大学学报》2000年第6期,第92—97页。
⑥ 高占福:《回族商业经济的历史变迁与发展》,《宁夏社会科学》1994年第4期,第51—57页。
⑦ 李晓英:《近代甘宁青羊毛贸易中的回族商人及其贸易网络》,《西北师大学报》2008年第4期,第69—72页。

西北回族商业势力受到了沉重的打击,但甘南藏区回族商业却得到了发展,并从回商势力、财富和服务范围对这种发展做了论述。①

寺院经济是本区域经济史研究的重要内容,也是学者关注的主要问题。况浩林对近代藏族地区寺庙的土地、牧场、牲畜占有和主要剥削方式、寺庙高利贷、商业等收入进行了研究,认为寺庙经济对藏区社会经济有很强的阻碍作用,导致社会投入生产的资金减少,制约经济发展;宗教的影响使藏区经济关系超稳定发展,很少产生新的积极因素,导致封建经济关系发展停滞。寺院经济对当地社会经济的导向作用是很明显的,如土地集中于寺庙,高利贷资本猖獗,商业资本脱离生产孤立存在,人口减少和集镇呈畸形发展等。② 李海英等研究了近代青海地区清真寺寺院商品货币经济。认为在近代,清真寺形成了教职人员的私有资产与寺院公有资产并存的特点,这些资产来源于地租收入、"外格夫"收入、募捐与征收以及统治阶级的扶持。清真寺在货币经济经营方式上包括土地出租、房屋出租、从事商业活动和借贷等几个方面。③ 陈新海考察了清朝青海市镇建设以及商业问题,认为牲畜贸易、皮毛粮食贸易是青海市镇经济的特色,优厚的利润吸引了大批山陕商人定居在各个市镇。④

另外,王平研究了民国时期河州回族牛帮商队,考察了牛帮商队的类型、组织形式、经商线路及特点。⑤ 王正儒考察了甘宁青回族的皮毛运输线路与运输方式。⑥ 另外,孙滔、马平、王永亮、结古乃·桑杰等人的研究也涉及本区域民族经济问题。⑦

——**关于农村金融与借贷关系研究**。最近几年,一些研究者开始关注农村金融问题,发表了一些关于新式金融与农村借贷关系的论文。王颖研究了近代西北

---

① 刘斌、胡铁球:《失之东隅收之桑榆——近代以来中国西北地区回族商业发展述略》,《青海民族研究》2008 年第 1 期。
② 况浩林:《近代藏族地区的寺庙经济》,《中国社会科学》1990 年第 3 期,第 133—153 页。
③ 李海英等:《近现代青海地区清真寺寺院商品货币经济形态浅析》,《青海师范大学学报》2003 年第 3 期,第 58—63 页。
④ 陈新海:《清代青海的城市建设与商业经济》,《青海民族学院学报》1997 年第 2 期,第 63—68 页。
⑤ 王平:《论民国时期的河州牛帮商队》,《西北第二民族学院学报》2008 年第 6 期,第 47—51 页。
⑥ 王正儒:《论民国时期甘宁青回族的皮毛运输》,《回族研究》2010 年第 4 期,第 113—118 页。
⑦ 孙滔:《封建社会回族经济初探》,《宁夏社会科学》1986 年第 6 期,第 76—84 页;马平:《近代甘青川康边藏区与内地贸易的回族中间商》,《回族研究》1996 年第 4 期,第 63—71 页;王永亮:《西北回族经济活动史略》,《回族研究》1996 年第 2 期,第 31—40 页;结古乃·桑杰:《甘肃藏区寺院经济探析》,《西藏研究》1997 年第 2 期,第 17—23 页。

农村金融问题,认为近代做了农村金融现代化的尝试,但没有达到金融现代化的目的。[①] 罗舒群介绍了抗战时期甘宁青农村合作社与农村借贷。[②] 高石钢论述了民国时期西北高利贷问题,认为高利借贷盛行的原因是农村现代金融机构少、资金缺乏,农民负担沉重及灾荒的影响。[③] 高石钢认为新式金融对于缓解该地区农村资金市场的压力、减轻农户所受传统高利贷的剥削等方面有一定程度的积极作用。但农贷活动并未对该地区传统借贷关系产生根本性的冲击,西北农村金融现代化的目标并未实现。[④] 裴庚辛利用档案资料对甘肃农贷进行了论述,认为民国时期甘肃小额农贷对农业生产起到了一定的作用,同时又认为小额农贷大多数被地主劣绅所获得,部分农贷又转化为高利贷,而真正需要贷款的贫民却因不能担保得不到贷款,使农贷没有发挥应有的作用。[⑤] 张天政等研究了抗战时期到20世纪40年代末青海少数民族贷款的问题,认为新式农贷使青海的农贷市场结构发生了变化,新式金融机构确立了在农贷市场上的地位,农贷在青海农牧业生产区有了明显的经济效益。[⑥] 笔者认为20世纪三四十年代,在开发西北和建设抗日后方基地的背景下,国民政府在甘肃推行农贷政策,建立了以新式银行、合作社和合作金库为核心的金融网络,形成了"政府—银行—合作社(合作金库)—农户"的农贷模式。甘肃农贷以1941年为界分为两个阶段,1941年之前以救济农村为主,之后以国民经济建设为主,发放农田水利、农业推广、土地改良、农村副业和畜牧业等贷款,取得了比较好的成效。农贷的发放,使甘肃农业和农村经济总体呈上升趋势,也使抗战时期成为近代以来甘肃农业和农村经济发展状况最好的一个时期。[⑦]

通过对学术史的梳理来看,自20世纪80年代以来,学人在西北地方史或西部开发的背景下,对清代以来本区域经济做了比较多的研究,取得了一些成果。但就目前研究现状来看,关于本区域农村经济史的研究还存在着不足。第一,以往的研

[①] 王颖:《近代西北农村金融现代化转型初论》,《史林》2007年第2期,第36—43页。
[②] 罗舒群:《抗日战争时期甘宁青三省农村合作社运动述略》,《开发研究》1987年第3期,第56—58页。
[③] 高石钢:《民国时期西北农村地区农户高利借贷行为分析》,《宁夏师范学院学报》2007年第1期,第89—94页。
[④] 高石钢:《民国时期新式金融在西北的农贷活动绩效评价》,《中国农史》2009年第3期,第81—93页。
[⑤] 裴庚辛:《民国时期甘肃小额农贷与农业生产》,《甘肃社会科学》2009年第3期,第222—225页。
[⑥] 张天政等:《20世纪40年代青海少数民族聚居区的新式农贷》,《青海民族研究》2013年第3期,第106—117页。
[⑦] 黄正林:《农贷与甘肃农村经济的复苏(1935—1945年)》,《近代史研究》2012年第4期,第96页。

究多偏重对清朝社会经济史的研究,而对近代以来本区域经济研究不够;特别是通史著作注重于政治史的研究,对社会经济和社会变迁关注不够,最主要的是缺乏对近代农村经济问题的综合性和系统性的研究。第二,资料挖掘不够。尽管近几年来出版的一些专著开始注意到报刊资料和档案文献,但仍有很大的不足。第三,研究视野不够,方法老化。相当部分论文停留在对历史事件的描述上,缺乏翔实的考证和应有的解释。因此,本课题在前人研究的基础上,主要利用报刊资料、地方志和文史资料、社会调查、碑刻和档案等文献,采取多学科综合研究方法,对近代黄河上游区域农村经济史进行研究。

三、资料运用

史学研究一方面要有科学的理论为指导,一方面必须要掌握大量的真实的史料做基础,只有这样才能得出符合客观真实的结论,史学研究才能变为真正的科学研究。作为对本区域农村经济史的研究,本文运用的资料归纳起来包括:

(一)近代报刊是构成本课题的主体资料

自20世纪30年代,南京国民政府开发西北以来,从中央到地方政府创办的刊物开始关注西北,发表了大量的关于西北与农村经济调查的文章,不同学者从不同角度调查和研究本区域各省社会经济问题,这些调查与研究资料为我们研究当时社会经济史提供了丰富的资料。本书征引近代报刊可以分为几大类:

其一,甘肃、宁夏、青海省政府及机关与学会等创办的各种刊物。如《甘肃省政府公报》《青海省政府公报》《宁夏省政府公报》《甘肃省建设年刊》《甘肃建设季刊》《甘肃贸易季刊》《甘肃地政》《甘肃农推通讯》《新甘肃》《新青海》《青海评论》《西北经济通讯》《新西北》《甘肃统计季报》《甘肃科学教育馆学报》等。

其二,国民政府在开发西北过程中,一些研究机构、大专院校、学会创办的与西北相关的刊物。如《西北问题论丛》《西北论衡》《新亚细亚》《陇铎》《西北专刊》《西北论坛》《西北通讯》《西北导报》《西北资源》《开发西北》《西北杂志》《西北问题》《西北工合》《西北农牧》《西北农林》等。

其三,国民政府及其附属部门以及一些研究机构、学术团体创办的刊物。如《工业合作》《中央银行月报》《农友》《农本》《中农月刊》《经济研究》《经济汇报》《农村经济》《农学》《中国工业》《资源委员会季刊》《中国农村》《建设评论》《乡村建设》《中国建设》《农业经济季刊》《农业推广通讯》《农村合作月报》《财政评论月刊》《实业部月刊》《农情报告》《农业周报》《中农经济统计》《新经济》《人与地》《新中华》《建设》《地理》《地理学报》《地学集刊》《气象学报》《银行周报》《经济建设季刊》《中华农学会通讯》《农业推广》《金融知识》等。这些刊物有的发表了大量关于西北社会经济的专题文章,有的是研究者关于该地区社会经济某个部门的调查与研究,如《资源委员会季刊》"西北专号"发表了关于西北农业、牧业调查,对研究西北农村经济有较高的史料价值。

其四,边疆管理与研究机构创办的刊物。如《蒙藏月报》《边政公论》《边事研究》《边疆通讯》《中国边疆建设集刊》《西陲宣化公署月刊》《边疆半月刊》《安多月刊》等,这些刊物发表了大量的关于本区域少数民族经济的文章,也有参考价值。

除了上述刊物外,还查阅了《东方杂志》《方志》《和平日报》《西京日报》《工商青年月刊》《西康经济季刊》《服务月刊》《陕行会刊》《旅行杂志》《申报》《解放日报》《文化建设月刊》《晨报》《瀚海潮》《土壤》《行总农渔》等报刊,从中获得了一些相关资料。

(二) 地方志资料

对于区域经济史研究的课题来说,地方志资料是不可缺少的。地方志作为"一地之百科全书"(章学诚语)有着其他资料不可替代的价值和作用,本文研究也重视地方志资料。主要包括了三个时段所编撰的地方志,一是清朝时期,主要集中在康熙、乾隆、道光与光绪时期,为了溯源有些问题的来龙去脉,比较重视这个时段地方志资料。二是民国时期,出了部分地方志,当时为了修志进行地方调查,保留了一些采访录、风土概况调查等,也在参考之列。三是当代编纂的地方志,尽管时下对此褒贬不一,但还是少量地使用了一些资料,作为补充。

(三) 调查资料

关于本区域的调查资料主要有三部分:一是清末的调查资料,如《甘肃省民事习惯问题报告集》集中地反映了本区域农村经济中的一些问题。二是20世纪30—40年代民间人士(如人类学家、地学家、记者、旅行家)、政府官员和高校对本区域的调查,如俞湘文的《西北游牧藏区之社会调查》,王志文的《甘肃省西南部边区考察记》,马鹤天的《甘青藏边区考察记》,陈鸿胪的《甘肃省之固有手工业及新兴工业》,叶祖灏的《宁夏纪要》,傅作霖的《宁夏考察记》,李化方的《甘肃农村调查》等;政府部门的调查有:铁道部业务司商务科的《陇海铁路甘肃段经济调查报告书》,西北军政委员会财经委员会的《西北土特产概况》等;高校的调查有:西北农林专科学校的《西北农业考察》,暨南大学的《西北教育考察报告书》等。三是20世纪50年代对本区域少数民族地区的调查,主要由中国科学院民族研究所与各省联合进行的,如《保安族调查资料汇集》《裕固族专题调查报告汇集》《裕固族东乡族保安族社会历史调查》《青海土族社会历史调查》《青海省回族撒拉族哈萨克族社会历史调查》《青海省藏族蒙古族社会历史调查》等。

(四) 档案、碑刻资料

中国第二历史档案馆[①]、甘肃省档案馆、庆阳市档案馆的馆藏档案文书,为本课题增色不少。还运用了档案馆编纂出版的一些档案资料,如彭雨新编的《清代土地开垦史资料汇编》、中国第二历史档案馆编的《中华民国史档案资料汇编》等收集了一些关于本区域农村经济的档案资料,《历史档案》和《民国档案》公布的相关档案资料,在研究中也给予关注。台湾"中央研究院"近代史所档案馆所藏资料也为本书的研究与撰写提供了极有参考价值的文献。本文参考的碑刻资料主要是今人收集整理的如陈庆英、马林编译的《青海藏传佛教碑文集释》,吴景山的《甘南藏族自治州金石录》,余振贵、雷晓静主编的《中国回族金石录》等,其中有一部分是反映本区域农村经济的资料。

(五) 文史资料

在本课题研究期间,笔者查阅了甘肃、宁夏、青海三省区各级政协主办的文史资料,这些资料有的是当事人写的回忆文章,有的是亲历者撰写的所见所闻,更多的是地方文史者撰写关于本地社会经济的研究文章,给本课题很大的帮助,弥补了某些问题研究中资料不足的缺憾。

除了以上具有一定特色的资料外,各种官书、政书、文集、笔记等,都包含着本文研究范围的资料和信息,如《清实录》《清史稿》《清朝通典》《清朝文献通考》《敦煌随笔》《广阳杂记》《清稗类钞》《左宗棠文集》等都有反映本区域农村经济的内容,成为本文研究和写作的参考资料。

在资料的使用过程中,参照多种资料讨论一些问题,尽量使所研究的问题更加客观。在使用有些文史资料文献时采取了比较谨慎的态度,如一些地方文史资料在记述民国时期农贷,农业与畜牧改良以及经济建设时,很多持否定态度,认为没

---

① 中国第二历史档案馆的资料是鲍梦隐同学提供的,在此深表感谢。

有多大成绩。但通过一些档案资料、民国时期的报刊资料和目前学界的一些研究成果,反映出在这些方面还是取得了不错的成就。故引用新资料,摈弃陈说,是本研究课题的一个主要方面。总之,本文在研究和写作的过程中,尽量扩大史料搜索的视野,使研究成果有一定数量和质量的资料做基础,也力图使研究成果有所创新。

四、研究方法的借鉴

本书主要用历史学的方法,即文献与考证的方法做本课题的研究,注重第一手资料的收集,有档案资料、报纸杂志、地方志、口述资料等多种文献,在占有大量资料后进行实证研究。"治史的唯一依据是你认为可以代表史实的史料,结论只能由实证得出"。[1] 本课题主要通过历史学实证的方法进行研究。同时,历史上的经济现象是复杂多变的,"社会现象通常并不是单一因果关系的或始终如一的,几乎没有任何一种理论框架能够提供一套全面的解释"。[2] 因此,本课题在运用历史学研究方法的同时,还注意借鉴其他学科的研究方法。

在近些年的中国农村经济史研究中,有一些比较流行的研究模式可资借鉴,如研究农村经济与市场的"施坚雅模式"、黄宗智的中国农业"内卷化"模式、刘易斯的不发达国家"二元经济"模式,以及年鉴学派的第二代宗师布罗代尔的"长时段"理论等。在本课题所涉猎的一些问题中都有借鉴,有些是直接的,如研究农村市场中借鉴了施坚雅思想;有的是受这些思想和方法启发的间接影响,如"内卷化"、"二元经济"等。

经济史研究离不开经济学、社会学理论与方法的指导。在研究本课题时阅读了一些经济学与社会学著作,以及当下运用这些理论做出的比较好的研究成果,吸收了其中的一些思想,在课题研究中注重经济制度与经济组织对农村经济发展所带来的影响,如宁夏水利制度的变革、银行、合作社等新金融机构的建立、农业机关的建立和农事试验与推广等的研究,都有借鉴经济学理论和新研究成果的烙印。

著名经济史学家吴承明先生指出:"经济史是研究历史上各时期的经济是怎样运行的,以及它运行的机制与绩效。以此定义,我们的研究视野就不能限于经济本身,因为自然环境、国家、社会和文化都制约着经济的运行,而经济运行的绩效也在

---

[1] 吴承明:《中国的现代化:市场与社会》,生活·读书·新知三联书店2001年版,第13页。
[2] 〔美〕李丹著,张天虹等译:《理解农民中国》,江苏人民出版社2009年版,第27页。

自然环境、国家、社会和文化上表现出来。"①费尔南·布罗代尔的说法是"地理能够帮助人们重新找到最缓慢的结构性的真实事物,并且帮助人们根据最长时段的流逝路线展望未来"。② 本课题选择的研究对象是一个多民族、多文化、地理环境十分复杂的区域,对研究对象的自然环境、民族文化等知识必须有一定的了解。借鉴了"长时段"理论、一些研究本区域的民族学理论和民族学研究成果、经济地理和历史地理学的研究成果,尤其参考和征引了大量的民国时期研究本区域的民族学和地理学著作,对完成本课题的研究大有裨益。

现代化既是近代中国的发展趋向,也是历史研究的主要内容,而现代化理论则为我们研究近代中国社会经济史提供了分析视角和分析工具。③ 本书在研究中,对农业、手工业、畜牧业、金融业等部门现代经营与管理制度的建立,农产品、手工业产品、畜牧产品商品化程度等问题的解释等,均借鉴了现代化理论的视角和方法。

总之,本课题在研究过程中,除了运用历史学方法外,试图借鉴当下研究社会经济史"流行"的理论与模式作为分析工具,用多学科综合研究的方法考察近代100余年黄河上游区域农村经济的传承与变迁问题。当然,由于本人资质愚陋,学养欠佳,阅读不够,对一些理论与模式的理解似是而非,终难做到周全,成为缺憾。

---

① 吴承明:《经济史:历史观与方法论》,第179页。
② 〔法〕费尔南·布罗代尔:《地中海与菲利普二世时期的地中海世界》第1卷,商务印书馆2013年版,第20页。
③ 关于现代化不同学科有不同看法,"在社会学家看来,现代化是一个传统社会的变化过程,也就是欠发达社会获得较发达社会共有特征的过程。在经济学家看来,现代化就是经济由不发达到发达的发展过程,社会消费由低级向高级上升的过程。在政治学家看来,现代化是传统政体向现代化政体的转变过程,政权的合理集中化和科层化(制度化)的过程。在历史学家看来,现代化是随着人类科学技术水平的提高,从历史上发展而来的各种体制适应客观环境的过程。在人类文化学家看来,现代化是促使社会、文化、个人各自获得科学知识,并把它运用于生产和生活的过程"。(虞和平主编:《中国现代化历程》第1卷,江苏人民出版社2001年版,第6页)

第一章 黄河上游区域的自然与人文环境

著名学者黄宗智指出:"研究朝廷政治、士绅意识形态或城市发展的史学家,不一定要考察气候、地形、水利等因素。研究农村人民的史学家,却不可以忽略这些因素,因为农民生活是受自然环境支配的。要写农村社会史,就得注意环境与社会政治经济的相互关系"。[1] 本区域位于中国的西北部,有着独特的自然环境,如绿洲、草原、森林、沙漠、戈壁、黄土高原及高山等,这里远离海岸,属于典型的大陆性气候,干旱少雨。这种环境对农业生产有着很大的影响,如清朝甘肃布政使徐杞所言:"甘省山地十居八九,川地止及一二。川地有渠流泉水灌溉,雨泽即少犹可有收。至于山坡地亩全赖时雨,稍或愆期,既[即]忧歉薄。而甘省雨泽又向来稀少,是以山川种植颇难尽获丰收"。[2] 徐氏之言道出了本区域地理环境对农业的影响。

这里也有独特的人文环境,是少数民族活动的大舞台,生活在这里的民族有汉族、藏族、回族、蒙古族、撒拉族、东乡族、保安族、土族、裕固族等。不同民族有不同的历史传统,生产、生活方式和宗教信仰。近代以来,随着中国社会转型与现代化的开启,本区域政治、经济、文化也随之发生变化,如国家政权开始向基层社会和少数民族地区渗透,传统的土司制度逐渐被县、乡体制所取代;公路、航空、邮政也随之出现。所有这些,都成为影响本区域农村经济的基础和因素。

一、农村经济的地理基础

(一)地形

本区域包含了青藏高原的一部分、黄土高原的主体部分以及内蒙古高原的边缘部分,从全国地形来看,该区域是我国地形从第一级到第二级的过渡地带。

青藏高原是黄河的发源地,其主体部分是以广阔的高原为基础,随着总的地势从西北向东南逐渐倾斜,海拔由 5000 米渐次递降到 4000 米左右,由低山、丘陵和

---

[1] 黄宗智:《华北的小农经济与社会变迁》,中华书局 2000 年版,第 51 页。
[2] 葛全胜主编:《清代奏折汇编——农业·环境》,商务印书馆 2005 年版,第 6—7 页。

宽谷盆地组合而成。青海高原东部的湟中谷地,是青藏高原向黄土高原的过渡地带,川原相间,平均海拔约 2000 米,是一个农牧皆宜的地区,农业开发较早;南部谷地雨量比较充足,植物茂盛,也适宜农牧;西南部因有科勒尔乌兰达布逊山、祁连山脉、巴颜喀拉及唐古拉等山脉,平均海拔在 5000—6000 米左右,终年积雪不化,所谓"夐隆枯脊,不适耕稼"。这样罕见的海拔,起伏剧烈与变化多端的地表形态,垂直与水平变化的生物气候环境,强烈地制约着农业生产的发展。① 西北柴达木盆地是青藏高原地势最低的地方,海拔在二三千米之间,属于典型的封闭高原盆地,盆地从边缘到中心依次为戈壁—丘陵—平原—沼泽—湖泊,呈带状分布,周围有阿尔金山、祁连山、昆仑山环绕。青海湖东北部夐科滩一带,"山岭环抱,河水中流,可辟农田;海北则草湖淤滩,一望无际,为天然之牧场"。② 该盆地以南是青南高原,自然条件较好,雨雪丰富,多湖泊、沼泽和湿地,是长江、黄河、澜沧江的发源地,有"江河源"之称,地势起伏小、坡度平缓,河流切割不显著。青藏高原上的积雪也给山脚下的牧场带来了较为丰富的水源,使这里水草丰茂,成为天然牧场。

青海湖东面的日月山以东,长城以南,太行山以西,秦岭以北是黄土高原,③海拔在 1000—3000 米,是我国地形的第二级。青海日月山以东、黄河以北、祁连山东段以南的湟水流域地区,海拔在 2000—3000 米,河湟谷地地势低平,农牧皆宜。④ 甘肃是黄土高原的主体组成部分,西北接新疆高原,西南倚青海高原,南临岷山台地,北拱宁夏平原,海拔 1000—2000 米。⑤ 在流水、风力和人类活动的影响下,黄土高原形成了塬面、残塬、梁峁、沟坡、沟谷、河川等地貌单元。塬是黄土覆盖较高的平地,在黄河支流泾河与马莲河之间的董志塬面积 910km²,⑥是黄土高原保持比较完整的塬面,也是主要农业区,素有"陇东粮仓"之称;梁是由沟谷分割成条状的黄土丘陵,顶部平坦而狭长;峁是被沟谷割成穹状或馒头状的黄土丘陵,顶部圆浑,面积较小,其边坡面积较大。梁、峁地貌在本区域分布比较普遍,也比较典型。

---

① 周三立:《中国农业地理》,科学出版社 2000 年版,第 424 页。
② 汤惠荪等:《青海省农业调查》,《资源委员会季刊》第 2 卷第 2 期,1942 年 6 月,第 266 页。
③ 关于黄土高原的范围,不同学科有不同的划分标准和范围:地质学家以黄土分布的连续性与厚度作为划分的依据,吕梁山与太行山之间的区域,因黄土分布不连续,而且土层薄,未划入(张宗祜:《我国黄土高原区域地质地貌特征及现代侵蚀作用》,《地质学报》1981 年第 4 期);水土保持专家则主要着眼于水系流域及产水产沙过程的完整性,把黄土高原北部界线划到大青山、阴山与贺兰山一线,把内蒙古高原的河套平原也划入黄土高原(朱显谟:《黄土高原水蚀的主要类型及其有关因素》,《水土保持学报》1981 年第 3 期);地理学家则主要从自然地理的角度进行划分。本文采取了自然地理学的划分范围。
④ 侯丕勋、刘再聪主编:《西北边疆历史地理概论》,甘肃人民出版社 2007 年版,第 52 页。
⑤ 汤惠荪等:《甘肃省农业调查》,《资源委员会季刊》第 2 卷第 2 期,1942 年 6 月,第 125 页。
⑥ 邓振镛等:《陇东气候与农业开发》,气象出版社 2000 年版,第 2 页。

由于河流切割，在黄土高原上地势最低处，形成了谷地或盆地。

黄土高原西北部边缘地带属于内蒙古高原，因黄河冲击形成的宁夏平原，跨黄河两岸，地势平坦，平均海拔1000米以上，南北约300里，面积2.8万平方里。因黄河灌溉而农业发达，有"天下黄河富宁夏"，"南京北京都不收，黄河两岸报春秋"之说。① 黄河两岸除了农田外，分布着大量草场，是宁夏畜牧业的主要产地。

戈壁也是本区域主要地貌形态，分布在河西走廊和青藏高原的广大地区，不赘述。

不同的地貌，都留下了人类征服自然的痕迹和不同的生活方式，如居住、种植、副业乃至生活习性都与这些特殊的地貌紧密联系在一起。如地势的海拔与农业种植有密切的关系，据有关专家研究，就农业生产而言，"土地最有利于人生的高度，是在五百公尺以下，五百公尺至一千公尺间可利用，至一千公尺就不很好了，一千公尺至二三千公尺的高地，能否开发还成问题，三千公尺以上的土地就等于石田。"② 在黄河上游区域，绝大多数的土地都在海拔1000米以上，属于"不很好"的土地。因地域广袤，各地地形、地势具体情况各有不同。据民国时期农业专家研究，青海西宁向西渐高至2500米以上，无小米种植；海拔2700米以上无糜子、蚕豆、亚麻及马铃薯等种植；2900米以上无小麦、豌豆等种植；至3300米以上为耕种的最高线，此线"边界气候寒冷，变化剧烈，作物生长不可靠"。③ 也就是说海拔在3000米以上的地方不适合种植粮食作物，只能从事畜牧业。本区域有大量的高山草地，地势高于3500米以上，雪线以下的寒冷地带，林木不能生长，农作物难以栽培，只有比较茂盛的杂草，"除畜牧外几无可经营之其他事业。"④ 这些地方环境适合畜牧业的生产，也是游牧民族繁衍生息的地方，尤其一些难以在环境优越的草原生存的少数民族迁徙到这里一些高山草原游牧。畜牧经济发达，这里也成为最主要的皮毛和畜产品出产地。

黄河上游区域的农田大概可以分为3类，在高原上称为原田，在斜坡上称为山地（或坡田），在两山之间的河谷地称为川田。黄土高原是本区域丘陵、河谷地形的主要分布区，"两岭之间例有一小谷，谷地有沟，小则为涧，大则为河，两旁略有平地，而广狭不等，最广之处亦不过十余公里而已"。⑤ 黄河其支流湟水、大通河、大

---

① 王金绂：《西北地理》，立达书局1932年版，第44页。
② 王新之：《甘肃粮食产销之研究》，《粮政季刊》1947年第4期，第81页。
③ 蒋得麒：《西北水土保持事业考察报告》，载《三年来之天水水土保持试验区》，1946年2月印行，第19页。
④ 沙凤苞：《地形气候与西北畜牧事业》，《西北论衡》第8卷第21期，1940年11月，第146页。
⑤ 铁道部业务司商务科编：《陇海铁路甘肃段经济调查报告书》，第3页。

兰州附近的黄河河谷

图片来源:张其昀《中国本国地图集》下册,南京钟山书局1934年版,第5页

黄土高原的梯田

图片来源:张其昀《中国本国地图集》下册,第4页

夏河、洮河、祖厉河等,冲积平原之上有显著的台地,高出河谷约40—100米不等,黄河河谷宽度不足10里,[1]尽管宽度不大,但是本区域主要的农业区。这些大大小小的河谷,有的地方气候湿润,有的地方利于灌溉,适宜农业生产,是主要的农业区,如皋兰县附近干燥苦瘠,"唯黄河之谷独称膏美,居民构木为翻车,引水灌田,以资深耕"。[2] 其他河流谷地也是如此,"泾水于泾川,马莲河于庆阳、宁县,葫芦河于秦安及渭河于天水等地每有数十里之沃野平原,田畴栉比,水渠纵横,不惟盛产谷类及各蔬果类,即水稻之田,亦颇不少,一般人多谓稻为南方农产物,以秦岭与淮河为最北界限,实则此区亦能栽稻……本区域地面除峻谷深豁外,率为堆积地形,坡度小,土质肥,《禹贡》所云:'厥图为黄壤,其田上上'者是也。"[3]祖厉河由会宁县城往北流,冲积为一开阔川地,"广阔百余里,土地肥沃,人民富庶。五谷蔬菜之类,种

---

[1] 任美锷:《中国北部之黄土与人生》,《中国建设》第12卷第4期,1935年10月,第97页。
[2] 〔美〕克兰普著,张其昀译:《黄河游记》,《史地学报》第1卷第4期,1922年8月,第98页。
[3] 冯绳武:《甘肃省地形概述》,《西北论衡》第8卷第2期,1940年1月30日,第38页。

类繁杂,产额丰饶。若雨量充足,则一年之收成,可供数年之用,故有会宁仓房之名"。① 陇东马莲河流域的"谷地底部大多是精耕细作的汉麻、小米的良田,有时也种有荞麦"。② 陇南武都、成县等地"有较大之河谷平原,适耕种,宜于人生。本区域山岳之坡度稍小处,多被利用,开成梯田,农产以玉蜀黍为主,因受北部秦岭之掩护,雨量较多,树林茂密,农产易收,生活较易"。③ 渭河"对于农业补益甚大,两岸平川数百里,农业茂盛,气候和暖,物产丰富"。④ 大通河谷宽阔,牧地丰美,自门源以下,"河谷开阔,农产风度,亦为森林区之所在地"。⑤ 有的地方干旱少雨,农业和农村经济相对滞后,如洮沙"东南高而北面下,洮河自东南而西北,沿河滩地较肥,东北沿马衔山大脉□地带,平地甚少,不易聚水,农作物甚不易"。"沿河地带经过淤泥成田,故较肥美,山坡地平则差甚,至涧坪一带之白土层地,最不适于农作物,有十种九不收之谚。"⑥陇中的部分河谷地区、青海东北部的大通河和湟水流域,具有较好的农业环境条件。这些地方人口较为稠密,地形平坦、土地肥沃、水源较为充裕而便于引流灌溉。由于农业历史较久,农业技术水平也较高。它们构成了黄土高原区主要的精耕细作或较为精细的农业技术分布区域。⑦

河谷、平原集中了本区域的绝大部分村庄,在平原和较大的平川地带农家村庄星罗棋布。以湟水谷地为例,聚落大部分集中在第三级阶地上,城镇位于小型盆地中部,如民和、乐都、西宁等就是这样。河谷的谷口聚落多在交通线要冲,为物产的集散地,如享堂、下川口、上川口等就是如此。⑧ 而山区居民分散地居住在山坡上或河谷地带,由于战乱人口大量减少,许多山坡地变成荒地。黄土高原沟壑纵横,交通不便,有的道路"从高原上穿行,绕来绕去,以避开台塬间的裂隙、沟壑以及深沟、峡谷和谷地的沟头";⑨有的道路"会沿着一条沟谷向前延伸"。⑩ 除了集市和庙

---

① 白眉初:《秦陇羌蜀四省区域志》第4卷《甘肃省志》,中央地学社1926年版,第35页。
② 〔美〕罗伯特·斯特林·克拉克等著,史红帅译:《穿越陕甘——1908—1909年克拉克考察队华北行纪》,上海科学技术文献出版社2010年版,第83页。
③ 冯绳武:《甘肃省地形概述》,第38页。
④ 陈希平:《甘肃之农业》,《西北问题论丛》第3辑,1943年12月,第298页。
⑤ 李承三、周廷儒:《甘肃青海地理考察纪要》,《地理》第4卷第1—2期合刊,1944年6月1日,第9页。
⑥ 张慎微:《洮沙县志》卷3《经济部门·农矿志》,1943年油印本。
⑦ 萧正洪:《环境与技术选择:清代中国西部地区农业技术地理研究》,第21页。
⑧ 李承三、周廷儒:《甘肃青海地理考察纪要》,第5页。
⑨ 〔英〕台克满著,史红帅译:《领事官在中国西北的旅行》,上海科学技术文献出版社2013年版,第93页。
⑩ 〔美〕罗伯特·斯特林·克拉克等著,史红帅译:《穿越陕甘——1908—1909年克拉克考察队华北行纪》,第65页。

会,山里人几乎没有与外界交往的机会。这里的居民过着靠山吃山的日子,如陇南山地生长着许多灌木和草药,砍柴到集市上换钱和采集草药成为农家主要的副业。居住在这里的农家,为了生存,把有限的土地分成若干块,种植不同的作物,如粮食、油料、各种蔬菜和饲料作物,或满足自家的需求,或拿到集市上换取现金,以便缴纳赋税和购买自己不能生产的日用品。

2月6日 泾州(今甘肃省泾川县)河谷。
View down the river valley at Chingchow (Jingchuan county of Gansu province today). Feb. 6.

泾河河谷,两岸为可耕种的农田

图片来源:《1910,莫理循中国西北行》下册,福建教育出版社 2008 年版,第 23 页

宁夏平原是因黄河灌溉而成为主要的农业耕作区,"土地肥美,沟渠数十道,皆引河水以资灌溉,岁用丰穰"。① 也是中国秦岭以北著名产米之区,是本区域灌溉农业最发达的地方。祁连山上的冰雪融水在河西走廊形成了许多绿洲,被人们称之为沃野,近人将其分为张掖沃野、酒泉沃野、敦煌沃野、武威沃野、山丹沃野、民乐沃野、高台沃野、金塔沃野、鼎新沃野、玉门沃野。② 这些沃野是河西农村经济的精华所在,也是甘肃最主要的粮食生产基地,故 1929 年西北大旱,河西地区农业生产未受影响,原因是"河西一带,因雪山之赐,不仅仍为丰收,并能供给其他灾民食粮,实为甘肃之大粮库"。③ 足见,河西走廊因绿洲平原而成为甘肃最主要的粮食产

---

① 王金绂:《西北地理》,第 44 页。
② 陈正祥:《西北区域地理》,商务印书馆 1946 年版,第 27—33 页。
③ 《甘肃粮库剪影》,《经济研究》第 1 卷第 8 期,1940 年 4 月 1 日,第 1 页。

区,为历代中原王朝经营西北边疆地区提供了粮食保障。

3月15日 黑泉郊外的农舍。
Farm house on outskirts of Heichuan. March 15.

1910 年春季河西走廊的农舍与耕地

图片来源:《1910,莫理循中国西北行》下册,第 81 页

山地、河谷与高原因纬度、高度、气候等不同,蕴藏着不同的资源,对农村经济产生着深刻的影响,各地经济发达与落后、交通方便与否、农民生活贫困与富裕等都与所处的地形地貌有很大的关系,有的地方宜农,有的地方宜牧,有的地方宜林,有的地方居民还过着狩猎生活①。宁夏平原的山坡沙岭中产"发菜",农家除从事农业生产外,以捡拾发菜为副业;中卫盛产枸杞,占全县利源的大部分。② 宁夏平原、河西绿洲、河湟谷地,灌溉便利,土地肥沃,适宜农业,是本区域的主要农业区。而大多数地方适宜畜牧,如近人所言:由于地形地势的影响,大部分地方农田分布,仅"限于狭谷削壁,非人力所能扩充,此一也;黄土高原分布虽广,而土松地干,不适种植。台地高举,既难灌溉,雨水稀少,恐人力终难旋天,此二也;山区之宽谷角田,素称富庶,惟亦限于水利所及,可耕面积不能任意推广,以全体观之,此类农田面积实亦极

---

① 如青海玛沁雪山东接东山滂马山,西接哈尔吉岭山及德什巴岭拉安族一带,高岭林木无际,有麇、鹿、犀、狐、狼、猞猁狲、猴、豹、野马、野牛、羚羊、黄羊等近 20 种动物。因此当地居民围猎者较多,春夏秋三季主要是散猎,各人自己打猎所得为各人所有;冬季则打"大围",即纠合数十人或十余人进行围猎,猎获动物由参加者均分。(黎小苏:《青海之经济概况(续)》,《新亚细亚》第 8 卷第 2 期,1934 年 8 月 1 日,第 17—18 页)

② 张君实:《西北的经济现状(中)》,《中国公论》第 4 卷第 2 期,1940 年 11 月 1 日,第 9 页。

小部分,此三也。牧畜则远易于农田,山陬谷角,斜坡低滩,均有牧草,山区沙漠尤宜畜牧,是牧场之面积远过于农田数倍不止也。且牧畜之利,未减于农,就自然所宜,因而倡之,当可有益"。① 正因为这样,造就了数千年来农牧相错的传统经济结构。

(二) 气候

1930年代,气象学家把中国大陆分为满洲、蒙古、华北、华中、华西、华南、西藏、西藏高原东南部等几个类型。本区域地处北纬31°—52°,属于蒙古、华西与西藏类型,②属于典型的大陆性气候。但各地因地形地势的不同而气候迥异,青海"因地势崇高,四周又围以山脉,完全为大陆性气候。少暑多寒,且寒暑变迁甚剧,夏日午热而早晚仍寒,冬夏两季多烈风。因冬季寒冷,空气密集,形成最高气压,风势遂烈。春季空气渐疏。至夏季改变低气压,风力绝猛,沙石飞舞,昼晦日冥,即为黑飙。雨量极少,夏季始有,冬季绝无。六月多雨雹。惟因境内地势高低不一,各地气候亦因之而殊异。西宁附近、黄河上流及海东一带气候温和,寒暑适中,雨量亦较多。柴达木一带夏季非常干燥,其热甚于江南秋季,温度较海东为高;严冬始有积雪,十一月方始结冰,来春即释;夏多雨雹,其大如卵,或有黑霜,厚积如毡,草木皆枯。黄河上源及西部一带,四月仍有积雪不消,河流多被冰封,五月始释;秋季空气干燥,七月即雪,时时亦沙砾飞扬,黄尘蔽天;严冬坠指裂肤,即在六月盛暑早晚仍须衣。东南谷及玉树一带,因据横断山脉之北段端,得由滇康引入南海之水气,夏季降雨稍多,惟亦多冰雹。"③

宁夏属典型的大陆性气候,其气候特征有三:"祁寒盛暑,温度相差极大;风暴频繁,天气变化无常;雨量少,日照长,蒸发量高。然分别言之,本省东部气候,实较温和,且渠洫纵横,借以调节水量及气温,大陆性之大陆度(Continentality)较低,至西部沙漠地带之大陆性自甚为显著"。④

甘肃各地气候又有所不同,如"六盘山与陇山纵贯于东,叠山与潘家山横亘于南,祁连山与合黎山分踞于河西走廊之南北,均属气候上之障壁,甘肃气候之所以干燥,不仅由于其地位距海之遥远,而尤在于其周围之高山之屏蔽。"⑤河西走廊气候与其他地区又有差异,地处沙漠中的民勤"气候变化很剧烈,温度最高时为

---

① 侯德封、孙健初:《黄河上游之地质与人生》,《地理学报》第1卷第2期,1934年12月。
② 涂长望著,卢鋈译:《中国气候区域》,《地理学报》第3卷第3期,1936年9月,第2—5页。
③ 康敷镕:《青海记》,台湾成文出版社1968年影印本,第76—78页。
④ 叶祖灏:《宁夏纪要》,第14页。
⑤ 陈正祥:《甘肃之气候》,"国立中央大学"理科研究所地理学部专刊第五号,1943年4月,第1页。

35℃，最低时为－10℃，全年平均为 20℃……雨量平均仅一百余公厘，故异常干燥"。① 酒泉地处沙碛草原之中，"其降水年总量与各月分配为沙碛草原气候之典型。每年总量不及一百五十毫米，百分之八十五降于七、八、九三月……不仅雨量稀少，足以限制人类之经济活动，而丰歉不一，为祸尤烈。一年降雨或甚丰沛，翌年或竟无滴雨。"② 东部庆阳"山高水深，寒暑均形酷烈，惟南部董字原西峰镇、赤城等处，地多平原，其气散缓，寒暑平和；北部二将、白豹、二道等川，岭壑高峻，其气寒烈，多寒少热，不宜种麦，即秋禾亦须早种、早收，盛夏晨曦，必著棉服，天气然也"。③ 地势与海拔高度对气温影响巨大，如天水与临潭"所处纬度大致相同，而高度相差甚大，天水海拔仅 1170 公尺，临潭则达 2700 公尺。故天水一带，夏日和暖，临潭则'六月炎暑尚著棉，终年多半是寒天'"。④

黄土高原限制农作物生长的主要因素，一是雨水，二是温度。下面主要从降水和气温两个方面来看气候与农村经济的关系。

据民国时期测量，本区域各地年平均降水量分布十分不均衡。如表 1—1。

表 1—1　本区域各地年平均降水量记录表（以公厘计）

地点	敦煌	张掖	武威	湟源	西宁	兰州	榆中	庆阳	平凉	天水	岷县
1 月	0.6	0.3	0.3	2.8	1.2	8.4	0.8	1.1	1.1	2.1	1.6
2 月	1.4	2.4	4.5	1.2	2.3	3.1	4.9	10.5	0.8	5.8	8.9
3 月	0.3	1.5	5.5	12.9	4.1	4.8	6.6	10.0	3.6	13.9	19.0
4 月	3.9	1.6	2.3	32.2	16.7	12.1	13.4	19.4	13.8	30.4	37.2
5 月	4.9	3.2	10.5	43.1	31.2	32.2	73.0	49.2	47.4	65.4	75.6
6 月	6.1	13.8	6.2	82.5	49.9	28.1	23.5	55.3	59.2	65.4	78.5
7 月	5.5	18.3	9.3	92.0	69.9	63.6	44.5	118.0	110.5	90.3	139.7
8 月	13.9	23.5	54.2	111.7	89.5	93.4	88.8	94.8	75.7	85.9	85.8
9 月	2.1	13.8	30.6	61.7	84.2	48.9	87.1	92.9	92.4	95.9	99.1
10 月	0.1	0.9	6.7	34.6	24.1	14.5	55.5	17.5	18.8	27.3	54.1
11 月	0.1	3.7	2.6	0.0	7.4	4.6	8.7	18.8	3.7	12.6	8.4
12 月	0.1	1.3	1.0	4.6	1.5	1.9	6.1	1.7	1.7	3.4	1.0
年雨量	39.0	84.3	133.7	479.3	382.3	315.6	412.9	489.2	428.2	498.8	608.9
记录年	1937—1942	1937—1941	1940—1942	1942	1937—1942	1935—1942	1941—1942	1937—1942	1937—1942	1936—1942	1939—1942

资料来源：章元羲《陕甘青等省保水保土及水利视察报告》（1943 年 11 月），油印本，藏中国第二历史档案馆，277/56/(2)。

---

① 《民勤县自然环境及其改造问题》，甘肃省档案馆藏，馆藏号 38/1/36。
② 涂长望著，卢鋈译：《中国气候区域》，《地理学报》第 3 卷第 3 期，1936 年 9 月，第 7 页。
③ 刘郁芬、杨思：《甘肃通志稿》卷 13《舆地十三·气候》，中华全国图书馆文献缩微中心 1994 年影印本。
④ 陈正祥：《甘肃之气候》，第 4 页。

从表1—1来看,本区域降水量分布从南向北依次减少,南部岷县600多毫米,到渭河流域及泾河流域降雨量在400—500毫米,兰州黄河谷地300—400毫米,河西走廊100毫米左右,敦煌仅39毫米,降水量分布严重不均衡。受地形的影响,六盘山一带多发生地形雨,雨量较多,为泾渭两河提供了水源,也形成了雨养农业。① 本区域大部分地区蒸发量远远超过降水量,尤其是河西走廊地区,如酒泉"平均雨量及蒸发量两相比较,蒸发量大于雨量者十四倍强。"②从季节上看,冬季降水最少,仅占年降水量的2%—5%;春季稍高,约占15%—20%;夏季降水量最多,占55%—65%;秋季比春季略多,占20%左右。每年6—9月为多雨期,往往占全年降水量的约65%—80%。本区域各地夏季降水量占全年降水量的比例为:肃州为76.4%,安西为68%,敦煌为64.2%,甘州(1913年废甘州府,原州治仍为张掖县治)为79.2%,宁夏为74.9%,兰州为78.9%,西宁为79.8%,都兰为74.2%,天水为74.6%,平凉为65%。③ 可以看出,降水量主要集中在农作物和牧草的生长期内,对农牧业生产是比较有利的。

暴雨是造成水土流失的主要因素,按照气象学规定日降水量≥50毫米时为暴雨,甘肃、宁夏平均每年有0.6天。④ 尽管暴雨天气较少,但这里植被稀少,裸露的黄土极易被冲刷,是我国水土流失最严重的地区。对于宁夏平原来说,降水量少未必是坏事,如徐珂所言:"甘肃各处,以得雨为利,惟宁夏不惟不望雨,且惧雨,缘地多卤气,雨过日蒸,则卤气上升,弥望如雪,植物皆萎,故终岁不雨绝不为意。然宁夏稻田最多,专恃黄河水灌注"。⑤ 因此,黄河流经宁夏平原,这里虽降水量稀少,并不影响农业生产。

气温对农业生产影响的几个主要指标是农业界限温度、无霜期、最热月与最冷月平均温度、年极端最低气温等。本区域大致位于蒙古高原之南,秦岭之北,"冬季因受西伯利亚高气压之影响,故风向多自北来,因此温度乃异常低下"。⑥ 一月平均温度渭河流域的天水和泾河流域的平凉为-3℃,宁夏平原为-9.7℃,河西走廊的肃州、安西分别为-8.8℃和-7.1℃,青藏高原的都兰为-9.3℃;绝对最低温度在-25℃与-14.5℃之间。七月平均温度渭河流域的天水和泾河流域的平凉分别为22.9℃和21.3℃,而宁夏平原为23.3℃,河西走廊的肃州、安西分别为23.7℃和

---

① 胡焕庸:《黄河流域之气候》,《地理学报》第3卷第1期,1936年3月,第59页;卜凤贤、李智:《清代宁夏南部山区雨养农业发展述略》,《古今农业》1996年第1期,第13—17页。
② 胡振铎:《酒泉之气候概况》,《气象学报》第19卷,1—4期合刊,1947年8月,第76页。
③ 程纯枢:《黄土高原及西北之气候》。
④ 程纯枢主编:《中国的气候与农业》,气象出版社1991年版,第485页。
⑤ 徐珂:《清稗类钞》第1册,中华书局1984年版,第93页。
⑥ 胡焕庸:《黄河流域之气候》,第51页。

26.3℃,青藏高原的都兰为18.1℃,绝对最高温度在3℃与44℃之间。从绝对最高温度和绝对最低温度来看,年较差可达60—66℃,使本区域气候冬有严寒,夏有酷暑,冷暖变化剧烈。该区域各地气温日较差也很大,一月在12.4—16.6℃之间,七月在12.4—17.6℃之间,年平均差在11.5—16.8℃之间,最大日较差达24—28℃。从地区分布上来看,由东南向西北气温年较差与日较差愈大,如岷县年较差为11.5℃,河西走廊的敦煌、甘州、安西达到了15℃以上。从季节上看,春季和秋季日较差最大。[1]
6—9月是多雨季节,也是气温最高、热量最丰富的季节,"雨热同期,有利于农作物与林草的生长",[2]具备经营农业和牧业最基本的气候条件。

霜是影响农作物生长最有害的天气之一,"凡秋冬第一次见霜,谓之早霜;春季最后一次见霜,谓之晚霜"。[3] 植物学家以6℃为植物可能生长的开始温度,故平均温度在6℃以上的日数作为植物的生长季长(即生长期)[4]。有关研究表明:"无霜期之长短,影响农业甚巨,大致无霜期在200天以上者作物可一年两熟,150—200天者岁止一熟,150天以下者则仅能栽培早熟之青稞。"[5]在气候的影响下,本区域冬麦带与春麦带的分界线大致与200天无霜期线相吻合。表1—2是民国时期本区域霜期调查表。

表1—2 本区域霜期调查表

省别	区别	秋霜降期	春霜止期
甘肃[1]	兰山区	8月下旬—9月中旬	5月上旬—中旬
	陇东区	8月下旬—9月中旬	5月上旬—中旬
	陇南区	9月下旬—10月中旬	5月上旬—下旬
	洮西区	9月中旬	5月下旬
	河西区	9月上旬—中旬	4月中旬—5月中旬
青海[2]	互助	8月	5月下旬
	大通	7—10月	5月上旬
	门源	—	5月
	乐都	10月中旬	5月下旬
	民和	9月	5月下旬
	循化	9月	5月下旬
	化隆	9月	6月下旬
	贵得	8月	5月下旬
	共和	8月	5月下旬

资料来源:[1]汤惠荪、雷男、董涵荣《甘肃省农业调查》,《资源委员会季刊》第2卷第2期,1942年6月,第127页;[2]汤惠荪等《青海省农业调查》,《资源委员会季刊》第2卷第2期,1942年6月,第269页。

---

① 程纯枢:《黄土高原及西北之气候》。
② 史念海、曹尔琴、朱士光:《黄土高原森林与草原的变迁》,陕西人民出版社1985年版,第21页。
③ 胡焕庸:《黄河流域之气候》,第67—74页。
④ 程纯枢:《黄土高原及西北之气候》。
⑤ 陈正祥:《甘肃之气候》,第9页。

从表1—2来看,本区域的霜期差异很大。甘肃东部的平凉、固原、庆阳、泾川以及陇南的天水、清水、甘谷、渭源、武山各县,霜期平均由9月至次年的3月,农作物的生长期比较长。陇南全年平均有霜期110日左右,无霜期250日左右;[①]陇东华家岭以西,陇南鸟鼠山以北,以兰州为中心的地区,地势较高,霜期由9月至次年4月,农作物生长期仅有5个月余[②]。又据1933年至1941年测定,兰州的无霜期平均为205天,靖远为194天,临洮为164天。[③]青海各地霜期随地势不同而不同,如"都兰之德令哈,约在8月至翌年5月,大通、门源约在7月至翌年4—5月,民和、循化则在9月至翌年5—6月。霜之最可怕者,即本地人所称之黑霜,厚积如毡,草木皆可冻死"。[④]甘肃"地处边隅,风高气冷,禾苗生发最迟。至河西一带,地处极边,农功更晚,而降霜又最早"。[⑤] 意思是甘肃北部地区因霜期长而生长季比较短。河西除武威、张掖霜期从9月至次年的4月外,其他地区如古浪、永昌、山丹及酒泉地处山口风道上,气候比较寒冷,生长期比较短,如永昌有"七月陨霜"的记载。[⑥] 大多数地方霜期长而生长季短,严重影响了土地的利用率。一方面,很多地方只能种植耐寒、耐旱的农作物,影响了农作物种植结构的调整,一些新的作物品种在这一地区推广缓慢。另一方面,对农作制度的改进影响很大,使大多数地方以一年一耕为主,有的地方甚至三年两耕,只有陇东、陇南一带两年三作,小部分地区一年两作。

气候特点决定了本区域大部分地区全年的降水日数少,太阳辐射强,日照充足。黄土高原大部分地区"全年降水日数在100天以下,少者仅50—60天,故气候晴朗,云量少,日照时间长,太阳辐射量相应也高。据观测,高原各地全年日照时数为2100—3100小时,北部在2800小时以上,比同纬度的华北地区多200—300小时。年总辐射量为120—160千卡/厘米^2,其中西北部和北部在140千卡/厘米^{2}以上,比同纬度的华北地区也多20—30千卡/厘米^2。"[⑦]青海青藏高原"全年日照时数在2300—3600小时之间,较同纬度的华北平原、黄土高原相对偏多400—700小时。"太阳辐射总量在140—177千卡/厘米^2,仅次于西藏,东南和东北部深谷地带

---

① 陈通哉:《陇南物产志略》,《西北论衡》第10卷第6期,1942年6月,第16页。
② 安汉、李自发编著:《西北农业考察》,第5—6页。
③ 张宗汉:《甘肃中部之砂田》,中国农民银行土地金融处1947年印行,第4页。
④ 汤惠荪等:《青海省农业调查》,第268页。
⑤ 葛全胜主编:《清代奏折汇编——农业·环境》,第24页。
⑥ 张之浚、张珆美:《五凉考治六德集全志》卷3《永昌县志》,《风俗志·农工商贾执业》,乾隆十四年刻本。
⑦ 史念海、曹尔琴、朱士光:《黄土高原森林与草原的变迁》,第21页。

大都在 145 千卡/厘米² 以下,柴达木盆地在 165 千卡/厘米² 以上,其中盆地中部在 170 千卡/厘米² 以上。① 说明本区域光能资源颇为丰富,对形成区域性特色经济是很有利的。

由于本区域广袤,地形复杂,气候类型多样,不同地域有不同的降水量、不同的生长期和气候区域,形成了不同的农业种植结构。在北部黄土高原,自六盘山以北,"为农作物地理中之一重要过渡区,在此区以北无冬作物之可能,盖可供植物生长之期不及 200 日,且雨量稀少而不可靠(雨量变率大),故仅在春季施种小米、玉蜀黍等杂粮。此区不仅气候不佳,地形上之缺憾亦甚,剥蚀深切之狭沟深谷甚多,有效率之灌溉难以成功,此部分有耕地之区,不过土地面积之 30％,畜牧占农业之大部。"而渭河流域则有所不同,"以气候论,因处半干旱性草原气候之南限,冬季温和而雨量亦尚可观,加以黄土肥沃,故收冬(小麦)夏(杂粮或棉)两作之利。然其气候仍未脱草原之特质,雨水总量甚不可靠(尤以春季为甚),故因亢旱而造成饥荒年屡见不鲜。渭河盆地之农民,以人口尚不甚密,且生活水准甚低,故一年丰收可足供三年之歉收。"② 陇南山地"各地降水量概在 600—800 公厘之间,无霜期在 200 天以上,农事无须灌溉,作物年可两熟,稻米栽培普遍,玉米分布亦广,他若竹林、橘树等副热带植物,甘肃仅本区域可以生长。"中部及东部黄土高原沟壑区"雨量概在 300—600 公厘之间,冬季严寒,无霜期约为 150—200 天,作物年仅一熟,平均雨量勉可维持作物生长,灌溉十分困难,例如陇东一带,旱农之制盛行,平时为产粮之处,然雨水一有不济,则饥馑立见,为甘肃重要之灾区。"甘肃西南地区"地高气寒,六月亦可飞雪,无霜期不足 150 天,大部分成为草原,水草佳茂,人民多以牧畜为生,农作仅为副业,作物以青稞为大宗,燕麦豆类次之,小麦则绝少栽培。"河西走廊"雨量均不足 100 公厘,实为沙漠性区域,农业端赖雪水灌溉,有水之处即为沃野,无水之地便成弃壤,其地冬日严寒,夏日温暖,除西部疏勒河下游谷地外,无霜期概在 150—200 天之间,作物以小麦、小米为主,大米、青稞、豆类、荞麦次之,大概大麦、小麦、青稞、豆类为夏禾,小米、荞麦则为秋禾。河西虽有夏秋两禾,但每年多止一熟"。③ 各种气候条件对农业耕作制度也有较大的影响。种植制度不仅取决于该地区热量的累积数能否达到作物全生育期的需要,而且温度的季节变化也影响作物的组成、熟制及种植类型。在热量保证的条件下,"年降水量小于 600 毫米只

---

① 青海省情编委会:《青海省情》,青海人民出版社 1986 年版,第 26 页。
② 程纯枢:《黄土高原及内地西北之气候》。
③ 陈正祥:《甘肃之气候》,第 13—14 页。

能一年一熟或两年三熟,年降水量大于800毫米才可稻麦两熟。"① 从这些不同地域作物的种植结构可以看出,气候对本区域农村经济有着深刻的影响。

地形、地势、气候等对农事季节的选择和农民对日常生活的安排有很大的影响。日常的农事活动最紧张和忙碌的时期就是播种与收割,霜期长短不一,播种和收割的季节不一。清朝时期,在甘肃任职的官员多次提到粮食作物播种与收割的时间,如"甘肃地气寒冷,惟平凉、庆阳等属间有播种冬麦之处,其余各属俱于二三月间方得播种"②;"小麦登场以立秋为期,秋粮布种至夏至始毕"③;乾隆十九年农历六月初五日(7月21日),陕甘总督福康安进入甘肃沿途察看,所过泾州(今泾川)、平凉时,小麦、大麦、豌豆等"收获者十之七八",但此时河西小麦、大麦、豌豆才"升浆结籽"。④ 这些均反映出气候对农事安排的影响。气候是影响社会经济的长期因素,民国时期这种农事安排仍无改变,如著名农业经济学家张心一⑤对本区域小麦播种与收割期进行的调查,一是秋季播种,次年夏天收获,主要是在无霜期较长的冬小麦区,如甘肃陇南小麦水稻区、陇东南小麦玉米区和陇东冬小麦小米区,但各地因霜期差异又有区别。如泾河流域、渭河流域播种时间约在9月5日至15日,陇山东南地区约在9月5日至25日之间,嘉陵江流域约在9月15日至25日之间,越向南无霜期越长,播种期越晚。一是春季种植,本区域的春麦区大部分都是春季播种,时间大约在3月15日至4月15日之间,前后相差有一个多月。地势较低气候较暖之地,播种较早;地势较高,气候较寒之地播种较晚。如华家岭以西,乌鞘岭以东谷地,以及河西绿洲平原一些低地,都是在3月15日至25日之间播种。各地收获时间虽不像播种时间那样大的差异,但也受地理环境的影响,以小麦为例,冬小麦在本区域内最南的地方如嘉陵江流域收获期约在6月5日至20日之间,泾河、渭河下游在6月15日至25日之间,其上游则在6月25日至7月5日前后;冬麦与春麦混杂的地带约在7月5日至7月15日之间收获;大部分春麦地区在7月15日至25日之间收获,河西大部分地方收获季节在7月25日至8月15

---

① 程纯枢主编:《中国的气候与农业》,第130页。
② 葛全胜主编:《清代奏折汇编——农业·环境》,第281页。
③ 同前书,第12页。
④ 同前书,第291页。
⑤ 张心一(1897—1992年),甘肃永靖县人,1922年毕业于清华学堂,1925年毕业于美国依阿华农学院畜牧系,次年获美国康奈尔大学农业经济学硕士学位。曾任金陵大学教授兼农业推广系主任、中国银行农村贷款主任、甘肃省建设厅厅长。解放后历任中央财经委员会计划局农业计划处处长,农业部土地利用局副局长、中国农学会专职副理事长、第三届顾问,中国水土保持学会名誉会长,中国土地学会名誉理事长。1990年被国际农业经济学会誉为终生会员。

日前后。① 小麦收获时间最早在冬麦区,最迟在春麦区,前后相差大致3个多月的时间。

在黄河上游区域,影响农业生产和农村经济发展的不良气候现象主要是旱灾、水灾、冻灾、风灾、雹灾等以及因气候变化而引起的虫灾、鼠害等。如青海每年自11月至次年1月为最冷,"冬末常起大风,每二三日不停,风起时天昏地暗,飞沙走石,在风季中,草木即次第而生,风止即为夏季。夏末又起风,风止则草木枯,即入冬季,故有'刮死刮活'之谚"。② 本区域地属内陆,旱灾频发而且严重,如1908年,甘肃春夏季节发生旱灾,秋季到次年春季"亦无雨雪",兰州、凉州、平番(1928年改为永登县)、安定、巩昌(1913年裁府设陇西县)等数十州县"被灾尤重"。③ 此次大旱,导致黄河水位严重下降,"水车不能动,难以灌田";山沟河流"水小者断流,大者水难接济,田中谷米、烟叶均不能栽种,即秋田亦有失望之象"。④ 黄土土质疏松,气候干燥,大风很容易引起沙尘天气,黄河流域是沙尘天气多发区。⑤ 雹灾是常见的灾害,"无年不有",据统计1932年至1935年,甘肃发生雹灾221次,而且每次雹灾都伴随着水灾发生,形成灾害。如1932年6月,礼县发生雹灾,"平地水深四尺,田苗淹没净尽,房屋毁塌无算,牛羊淹毙一百余只,水磨冲至三十里外,溺死居民数人……降雹二日后尚未融化,灾民麇集,啼饥号寒"。⑥ 霜灾是对农业生产影响极大的灾害性天气,1935年9月11—13日,甘肃金塔(原王子庄州同,1913年改为金塔县)、酒泉、张掖、固原、通渭、华亭、临泽等县,先后见早霜,"秋禾未收,乃被严霜摧残殆尽"。⑦ 可见,本区域是一个灾害性天气多发地区。

灾害性天气对农村经济影响甚大。冯绳武对1647年(顺治四年)到1947年300年间祁连山及其周围地区的各种影响农业生产和农村经济的气候现象作了统计,依其性质归纳为以下几类:

  1. 以反映"风调雨顺"的丰收年(方志特名"大稔","大有"或"岁大熟")最多,占全资料的18.8%……2. 以干旱为主的饥馑年次之,占全资料的18.2%。

---

① 张心一:《甘肃农业概况估计》1945年9月,甘肃省档案馆藏,馆藏号38/1/10。
② 易海阳:《青海概况》,《边事研究》第1卷第6期,1935年5月,第57页。
③ 《沪上同仁济善堂叩募甘肃旱灾急赈捐启》,《广益丛报》第210期,1909年,第3页。
④ 《甘肃荒乱之现象》,《广益丛报》第178期,1908年,第7页。
⑤ 王社教:《历史时期我国沙尘天气时空分布特点及成因研究》,《陕西师范大学学报》2001年第3期,第81—87页。
⑥ 秦化行:《近四年来甘肃之雹》,《气象杂志》第11卷第1期,1935年7月,第234、236页。
⑦ 胡焕庸:《黄河流域之气候》,《地理学报》第3卷第1期,1936年3月,第19页。

如将反映干暖年份的蝗灾、鼠害(占6%)、疫病(占3.2%)与旱灾合并,占全资料的27.4%,则饥荒年又多于丰年(18.8%)。3. 大风占全资料的13.7%。其记载特点是在近三百年间,前一半时间几无大风记录,自18世纪中叶以后,大风开始增多,愈至近代,频率愈高而风力愈强。洪水与冰雹的记载次数与强度,也有类似现象。4. 具有异常气象前兆与后果的地震,占全资料的10%,特点是从十九世纪下半期开始,本区域地震记载的频率与强度,均有增高。5. 此外,占全资料10%以下的依次有冰雹(9.6%)、洪水(7.3%)、霜雪严寒与连阴雨(各占3.2%)。6. 还有热异常(例如秋冬果树开花),天空星象(如陨星、彗星)与声光现象(例如"天鼓"、日珥、极光)等,合占全资料的6.4%。①

从冯绳武的总结来看,就祁连山及周围地区而言因气候原因给农业及农村经济带来的影响是很大的,丰年仅有18.8%,其他因气候而引起的天气现象或灾害占到81.2%。灾害频繁也影响农业耕作制度,如冬季温度过低(1月平均温度零下8℃—零下6℃)地区不能种植冬小麦,春夏干旱是影响复种最主要的灾害,难以形成两熟等。② 1771年发生春旱,乾隆皇帝曾在上谕中说:"甘肃土瘠而寒早,岁止一收。"③霜期比较早,也是影响农业的熟制的因素。即使有的地方具备一年两熟的气候条件,也会在第二季往往因霜降太早而无法收获。各种气候所形成的灾害,成为影响农村经济的主要因素。

(三) 水资源

黄河上游区域的地表水系主要分为外流河、内流河两大区域。黄河、长江、澜沧江发源于青藏高原,构成了本区域的外流河水系。黄河是本区域最主要的河流,源出青海省巴颜喀拉山脉的嘎达素齐老峰下,在东经96度稍西,北纬35度上下,海拔4350米。④ 黄河上游"自青海中部卡日曲正源经青海的贵德、甘肃兰州、宁夏银川至绥远包头,终止托克托县的河口镇,干流长达3472公里,落差为3846米,黄河上游上、中段多为高山草原,中、下段为峡谷地区和河套及土默川平原,流域面积

---

① 冯绳武:《祁连山及周围地区历史气候资料的整理》,《西北史地》1982年第1期,第16—17页。
② 程纯枢主编:《中国的气候与农业》,第130页。
③ 《清实录·高宗实录》卷886,中华书局1986年版。
④ 张其昀、李玉林:《青海省人文地理志》,《资源委员会月刊》第1卷第5期,1939年8月,第346页。

385966平方公里"。① 据1935—1940年水文记载,黄河最大径流量不及1万立方米每秒(1935年最大径流量12024.87立方米每秒),最小径流量为532.97立方米每秒,含沙量为7.91%。② 黄河夹带着大量的泥沙,宁夏平原除了灌溉,还给农田提供了充足的养分,但同时水渠常常因泥沙淤积需要挑浚。

黄河上游注入干流的较大支流有7条:①庄浪河,由乌鞘岭向东南经永登,在河口入黄河;②湟水与大通河,湟水源于祁连山南麓,流经湟源县、西宁、乐都,于民和县与浩亹河汇合;大通河发源于祁连山,东南流经西宁大通县南,又东南经乐都县东北享堂与湟水汇合,然后注入黄河;③大夏河,发源于西倾山向北流经夏河、临夏,在永靖入黄河;④洮河,发源西倾山东南流入甘肃省境内,经岷县、临潭、康乐、临洮、洮沙,在永靖入黄河;⑤祖历河,有三个源头,一出自定西县东南的南河,一出自会宁县东南的南玉河,一出自会宁县东北的十字川,三条河流汇合后称祖历河,由会宁向北,从靖远入黄河;⑥清水河,由固原经同心,从中卫入黄河;⑦泾河,由流经环县、庆阳的马莲河、镇原的蒲河和平凉、泾川的泾河汇合后,在陕西泾阳入渭水后注入黄河。③ 另外渭河虽然不在上游注入黄河,但发源于渭源,是本区域一条比较重要的河流,流经天水地区,在陕西潼关注入黄河。黄河在本区域有着重要的地位,有学者称:"黄河迁决之频,世为华患,然潼关以上,若绥宁之灌溉,甘青之水车,壶口龙门之水力,皮筏水排之运输,莫不利国利民"。④ 在黄河及支流流域,形成了一些平原、谷地,成为本区域的主要灌溉农业区。如宁夏"因有黄河之利,渠道纵横,分布于平原地带各县,密集有如蛛网。灌溉之盛,为华北各省之冠,虽气候如同后套,有全季无春之感,而作物生长,因地制宜,其利之溥,出人意外。事实夏秋两季,均有适宜环境之作物生长。"⑤ 此外,湟水、渭河、泾河等河流的谷地也具备发展灌溉农业的条件。

内流河主要分布在青藏高原的柴达木盆地、青海湖盆地、可可西里盆地和河西走廊地区。在青藏高原,柴达木河、格尔木河、台吉乃尔河、布恰河等,分别发源于昆仑山、祁连山脉,流向内陆盆地,形成向心状水系,河流短,水量小,大多数消失于荒漠中,个别则流向湖泊(如布恰河流入青海湖)。河西走廊地区的内流河均发源于祁连山脉,主要有石羊河、黑河、疏勒河、哈尔腾河四大水系。各河在流出祁连山地后,大部分渗入戈壁滩而形成潜流,小部分被利用灌溉绿洲,仅有较大河流下游,汇为内陆终端湖。各河流水源由祁连山的冰雪融水和雨水补给,流程短(除黑河、

---

① 陈琦主编:《黄河上游航运史》,人民交通出版社1999年版,第179页。
② 李祖宪:《甘宁青之水利建设(续)》,《新西北》第6卷第1—3期,1942年11月15日,第15页。
③ 参看慕寿祺:《甘肃水调查记》,《拓荒》第2卷4—5期合刊,1934年7月,第84—87页;丛天生:《西北知识讲话·西北的河流》,《西北导向》1936年第4期,第25页。
④ 沈百先:《考察西北水利报告》,《导淮委员会半年刊》1941年第6—7期合刊。
⑤ 秦晋:《宁夏到何处去》,天津益世报1947年版,第8页。

疏勒河外，一般长度<150公里），流量小，平均流量最大的黑河为 49.9(43.8)m³/秒，一般在 10m³/秒，冬季普遍结冰，年径流量稳定，水能蕴藏量大。① 这些河流"所经之地即为人畜生息之所"②，造就了绿洲牧场和灌溉农业。

湖泊主要分布在青藏高原。青藏高原的三江源地区雨雪较多，蒸发量较弱，地面平缓不易排水，形成了许多湖泊、沼泽。据统计，水面积大于 1 平方公里的湖泊有 266 个，湖水总面积 1.26 万平方公里。从流域区域来分可分为外流区和内流区，其中外流区湖泊 128 个，流域面积 2199.2 平方公里；内流区湖泊 138 个，流域面积 10411.3 平方公里。从湖水矿化度分类，可分为淡水湖、咸水湖和盐水湖，其中淡水湖（矿化度＜1 克/升）151 个，面积 0.28 万平方公里，占湖泊总面积的 22.1%；咸水湖（矿化度 1—35 克/升）85 个，面积 0.83 万平方公里，占湖泊总面积的 66.1%；盐湖（矿化度＞35 克/升）30 个，面积 0.15 万平方公里，占湖泊总面积的 11.8%③。这些湖泊为发展灌溉农业、渔业和盐业提供了有利条件。

历史上，河西走廊也有一些河流的终端湖，有都野泽、居延海、冥泽、渔泽等。在这些湖泊的周边形成绿洲，是宜农宜牧的地区，但自清代以来随着上游农田的开垦，下游干涸，这些终端湖先后都消失了。④

二、民族与宗教

（一）民族及分布

本区域是一个多民族聚居的地区，形成的原因有两个方面，一是历史传统形成的，从历史来看，本区域自古以来就是各民族活动的大舞台，现在的民族"有许多便是当初那些边疆民族的后裔。"二是地理环境的因素造成的，这里有适合各民族生活的地理条件，生活在这里的藏族、蒙古族等少数民族从事游牧经济，汉族从事农业经济。正如民族学家谷苞先生论及甘肃民族经济环境时所言："目前甘肃边民所居住的两个边区——西南边区和祁连山边区——大体上只能适应畜牧经济生活的要求，不能适应农业生活的条件。所以依畜牧为主要生计的边民能适应于上述两个边区，而以农业为生活的汉族，要想立足于这些区域，反又变为很困难的事了。"⑤

---

① 冯绳武：《甘肃地理概论》，甘肃教育出版社 1989 年版，第 98 页。
② 甘肃省第七区行政专员兼保安司令公署：《甘肃七区纪要》，1946 年 10 月印行，第 8 页。
③ 青海省情编委会：《青海省情》，第 52—53 页。
④ 侯丕勋、刘再聪主编：《西北边疆历史地理概论》，第 42—45 页。
⑤ 谷苞：《甘肃藏民的支派》，《新甘肃》第 2 卷第 1 期，1947 年 11 月，第 32 页。

明清以降是本区域地区多民族聚居格局的形成时期,生活在这里的民族主要有汉族、藏族、回族、蒙古族、撒拉族、东乡族、保安族、土族、裕固族等。

1. 汉族

汉族是生活在本区域人口最多的民族之一。西汉时期,随着西北边疆的不断开拓,西汉王朝采取"移民实边"和"屯田"的政策,将中原汉民移入本区域。"移民实边"和"移民屯田"政策为历代中原王朝所效法,魏晋北朝、隋唐、宋金、元明时期,中央王朝都向本区域进行规模大小不等的移民和屯田[①],使汉族成为这一区域的世居民族,而且其聚落范围不断扩大。清朝时期,"随着屯田民地化和屯田者身份的变更,汉族分布也呈现出新的特点。这就是汉族人口分布由明代的点的集中转为清代面的扩散,人口逐渐分散居住于各州县,散布于村庄田野,分布由明代的军事边防据点型,转为清代的农村分散型,且渐趋稳定。"[②]经过康、乾、雍三朝的移民与屯垦,本区域的耕地面积不断扩大,人口剧增,各地呈现出"田野日辟,民力日裕,生齿繁盛,庶而且富"的景象,[③]本区域的农业区布满了汉族的村庄,使汉民族由本区域的"少数民族"逐渐成为主体民族。以青海为例,清乾隆十一年(1746年),青海农牧区总人口为716000人,汉族为222000人,占31%;咸丰同治时期,青海汉民已有46万以上,占总人口40%;1949年,全省总人口148万,其中汉族74万,占50%。[④] 近代以降,又有大量的内地汉族因经商或从事垦殖移民于本区域,近人研究表明:"因经商而居于青海者原籍多为山西、陕西、北平、天津等地。此外,四川、甘肃、宁夏之贫民,以上或无着,亦有以手工或垦牧职业迁移青海久居者"。[⑤] 本区域汉族,主要分布在适宜农业的地区从事农业生产。

2. 回族

回族先祖定居到本区域最早可以追溯到唐朝时期,一些来自大食的穆斯林商人定居在河西、河湟地区[⑥],唐朝末期,回族的先祖已散布在本区域从事农业、商业活动,即"终唐之世,惟甘、凉、灵州有回族"[⑦]。13世纪以降,迁移到本区域的回族

[①] 参看赵俪生主编:《古代西北屯田开发史》,甘肃文化出版社1997年版。

[②] 赵珍:《清代黄河上游地区民族格局演变浅探》,《青海民族研究》1997年第4期,第20—25、47页。

[③] 许容、李迪编纂:《甘肃通志》卷13,贡赋,乾隆元年刻本。

[④] 芈一之:《青海汉族的来源、变化和发展(下)》,《青海民族研究》1996年第3期,第11、12页。

[⑤] 孙翰文:《青海民族概观(下)》,《西北论衡》第5卷第5期,1937年5月,第27页。

[⑥] 高占富:《丝绸之路上的甘肃回族》,《宁夏社会科学》1986年第2期;马学贤:《回族在青海》,《宁夏社会科学》1987年第4期,第30页。

[⑦] 慕寿祺:《甘宁青史略副编》卷3,兰州俊华印书馆1936年印行。

人日益增多,各市镇都有回族人经商,在一些屯垦地有回族人从事农业生产。元朝时期,本区域成为回族人居住最集中的地区,"元时回族遍天下,及是居甘肃者甚多"。① 清代前期回族人口和社会经济继续发展,聚居范围也在不断扩大。清初甘肃已经形成了大片回族聚居区,河西的肃州、甘州、凉州和兰州等地,陇右的巩昌、狄道(1913年改狄道州为狄道县,1928年改为临洮县)、河州、西宁等地,陇南的徽(县)成(县)、盐官、莲花、龙山、张家川等地,陇东的环(县)庆(阳)、平(凉)固(原)以及灵州(今宁夏灵武)等地,已是"回汉杂处",每地都有万户左右的回族聚居。② 清朝中叶,回族社会经济得到比较快的发展,回民商户、农户已遍及各市镇和农村,在大小市镇上都可见到回族商人的身影。如"西宁城内外皆辐辏,而城东为最。黑番强半食力为人役,回回皆拥资为商贾,以及马贩、屠宰之类"。③ 甘肃的河州、张家川、龙山镇、平凉等市镇形成以回商为主体的皮毛集散市场。④ 乾隆时期,甘肃东部"宁夏至平凉千里,尽系回庄"(乾隆四十六年陕西巡抚毕沅奏稿语),自天水、秦安、通渭、渭源、临洮、临夏、西宁,以至甘肃西部的张掖、酒泉也都是回民聚居的地方。⑤ 清朝同治时期发生的西北回民事变,改变了本区域回民分布的格局。一方面,由于清政府对陕甘回民实施了强制性的编管政策,使西北地区的回族分布格局发生了根本性的变化,即河西地区的回民基本上绝迹⑥,原来生活在宁夏平原的回民被强迫迁移到西海固山区,陕西、甘肃部分回民被安置在临夏、张家川和化平等地。另一方面,通过对回民重新迁移和安置,形成了以宁夏、临夏、青海河湟地区和张家川为中心的回民聚居区。⑦ 民国时期依然是这种格局,即以临夏为中心的洮河流域,以西宁为中心的湟水谷地,以固原和以宁夏为中心的宁夏平原地区。⑧

回民是一个勤劳而善于经营的民族,在都市以经营屠宰业、牛羊、皮革、药铺、旅馆、饮食等为主,在农村主要从事农牧业及手工业为主,"最可瞩目的交通运输事业,黄河上游重要运输机关之皮筏运输业,就有完全为回民独占之势。"回民善于经

---

① 张廷玉:《明史》卷332《西域传二》。
② 喇秉德、马文慧、马小琴等:《青海回族史》,民族出版社2009年版,第34页。
③ (清)梁份著,赵世盛等校注:《秦边纪略》卷1,西宁边堡,第58页。
④ 高占福:《回族商业经济的历史变迁与发展》,《宁夏社会科学》1994年第4期,第55页。
⑤ 本书编写组:《回族简史》,第22页。
⑥ 秦翰才:《左文襄公在西北》,第78页。
⑦ 黄正林:《同治回民事变后黄河上游区域的人口与社会经济》,《史学月刊》2008年第10期,第83—84页。
⑧ 沙学浚:《甘肃省之历史地理的背景》,《西北文化》创刊号,1947年5月15日,第7—8页。

商，在全国各地有很大的影响，"青海为我国著名产马之区，运送此种青海马至外省特别是至西藏之拉萨者，即为甘回之马商。而陕西省西部产马地马鹿镇之马市，亦全为甘回马商所独占。"①

3. 藏族

藏族主要分布在青藏高原及其边缘地区，是一个历史悠久的民族。清初，藏族主要分布如下：巴燕戎 15 族，西宁县 22 族，碾伯县（1929 年改名乐都县）30 余族，大通卫 6 族，贵德所 12 族，玉树 38 族等②；甘州、凉州、庄浪（今永登县境内）、河州边外，"皆系西番人居住牧养之地"。雍正年间，年羹尧平定了罗卜藏丹津叛乱后，蒙古族在青海的力量衰退，黄河以北牧场空旷，藏族又开始向河北迁移，逐渐移牧到环青海湖周围地区，"到清咸丰年间就已经形成了环海地区八个大部落"。③ 据 1930 年代初期粗略调查，甘肃的藏族主要分布在夏河、卓尼、岷县、临潭、武都、永昌、永登、张掖、民乐、高台、临泽、酒泉等地。④

居住在河西走廊祁连山麓的部分藏民，汉化程度较高，被称之为"粮草番"，以畜牧业为主要生活方式，但已知道从事农业生产；但居住在祁连山深处的藏民，被称之为"茶马番"，完全以畜牧业为生。⑤ 夏河、临潭、卓尼的藏民，按照生产方式、生活习惯和汉化程度分为"熟番"、"半番"和"南番"。所谓"熟番"就是汉化程度高，以农业种植为主的藏民，大多数居住在洮河两岸及从拉卜楞沿大夏河向东北到与临夏接壤的土门关一带，这里自然条件较好，河流两岸土地肥沃，灌溉便利。受农耕文化的影响，这里的藏民过着定居农业的生活，"至于畜牧不过是一种副业而已，他们整个生活的情形，已经逐渐汉化了，这是为了他们多半已和汉人通婚或杂居而是然"。所谓"半番"是过着半牧半农或定牧的生活，大多数居住在黑错（今合作市）和拉卜楞寺一带，由于气候寒冷，有可以从事农耕的土地，但还不能全部放弃牧业生活，"因为只靠那些一熟或只能轮种的农业生产，是无法维持他们的生活的。半番的妇女从事农耕，男子多从事牧业，为了半农耕地的关系，所以也就成了定牧型的生活了。"所谓"南番"是指居住在川甘交界的藏民，自然环境较差，海拔在3500—4000 米，气候寒冷，山间分布着"开阔的草地大滩，无法耕种农作物，而为牧

---

① 向浩然：《甘肃回民纵横谈》，《申报月刊》复刊第 2 卷第 5 号，1944 年 5 月 16 日，第 176 页。
② 杨应琚：《西宁府新志》卷 19《武备·番族》，根据第 482—507 页统计。
③ 青海省编辑组：《青海省藏族蒙古族社会历史调查》，第 3 页。
④ 本刊资料室：《甘肃之藏族》，《新甘肃》第 1 卷第 2 期，1947 年 7 月，第 48—49 页。
⑤ 张丕介、徐书琴：《河西之经济状况及社会情形》，《西北论衡》第 12 卷第 1 期，1944 年 2 月 15 日，第 7 页。

畜之场地。"①生活在这里的藏民过着居无定所的游牧生活。

拉卜楞寺以西农业居民的帐幕生活

图片来源:《良友》第 123 期,1936 年 12 月 15 日

4. 蒙古族

蒙古族定居到青海一带可以追溯到 13 世纪中叶②,明清之际是蒙古族向本区域迁徙的重要时期,到 17 世纪中叶,青海的蒙古族人口已发展到 20 多万③,从黄河沿岸到青海湖、柴达木盆地、祁连山的广大地区"部落散处其间,谓之西海诸台吉"。④ 自雍正朝后,青海的蒙古族不论政治、经济都开始衰落,人口锐减。有学者研究,雍正三年(1725 年),青海蒙古族有 17775 户,88875 口;到嘉庆十五年(1810 年),青海 29 旗总户数只有 6216 户,28963 口,比雍正三年初编时分别减少了 65%和 67%。⑤ 同时,蒙古族的牧地范围也在缩小,游牧在河南的藏族部落不断迁移到河北及青海湖周围住牧。1929 年,青海建省时,蒙古族户口在 2.7 万户左右。⑥ 居住地区依然沿袭以往的盟旗制度,分为左右二翼,左翼包括和硕特及土尔扈特两部,右翼包括和硕特、绰罗斯、辉特、喀尔喀等四部,另有察罕诺门汗旗,由喇嘛承袭,旗

---

① 徐旭:《甘肃藏区畜牧社会的建设问题》,《新中华》复刊第 1 卷第 9 期,1943 年 9 月,第 43 页。
② 青海省编辑组:《青海省藏族蒙古族社会历史调查》,第 139 页。
③ 同前书,第 139—140 页。
④ 赵尔巽等:《清史稿》卷 78,《地理志二十五》,中华书局 1977 年版,第 2456—2467 页。
⑤ 杜常顺:《清代青海的盟旗制度与蒙古族社会的衰败》,《青海社会科学》2003 年第 3 期,第 87 页。
⑥ 汪公亮:《西北地理》,正中书局 1936 年版,第 415—420 页的统计。

民已全部为藏族。① 厄鲁特蒙古和硕特一部迁移到贺兰山以西的阿拉善高原②,直至民国时期,阿拉善、额济那两旗的蒙古族居住地没有多大变化。河西走廊嘉峪关以西为蒙古族游牧区,分布在马鬃山、敦煌西北部和南山一带,据民国时期调查有1200余帐。③ 蒙古族主要从事游牧业。

5. 撒拉族

撒拉族是在明朝初年从中亚迁移来到青海循化④,后来随着人口增加,街子住不下了,开始向外发展,逐渐形成十三工,即循化内八工和化隆外五工。"工"是比村庄大的地域组织,相当于乡一级的行政区划单位,下属若干自然村。循化撒拉族主要分布在县城外河边山麓居住,称为"撒拉八工",⑤黄河北岸化隆县境内的撒拉族居住地称为外五工。⑥ 另外,甘肃夏河也有小部分撒拉族居住。据1949年统计,甘青地区撒拉族居民27604人,其中青海占91.23%;甘肃占8.77%。⑦ 撒拉族以从事农业生产为主,少数人口从事商业和畜牧业。

6. 东乡族

东乡族是元代以来就活动在甘肃临夏地区的一个民族⑧,据解放后调查,东乡族居住在西邻大夏河,北邻黄河,东邻洮河,东西宽约50公里,南北长约55公里,总面积约2650平方公里的一个狭小地区。⑨ 这里自然环境恶劣,气候干旱,山岭重叠,沟涧纵横,居住环境十分封闭。

7. 保安族

保安族是"以蒙古民族为主并在发展中与其他回、汉、土等民族长期往来,自然融合形成的一个民族"⑩,被称之为"保安回",原居住在青海同仁县隆务河边的保安城,晚清时期从循化进入积石关,在大河家积石山边一带定居下来。⑪ 新中国成

---

① 《青海蒙古族社会调查》,青海省编辑组:《青海省藏族蒙古族社会历史调查》,第144页。
② 赵尔巽等:《清史稿》卷78《地理志二十五》,第2445页。
③ 甘肃省图书馆:《西北民族宗教史料文摘·甘肃分册》1984年印行,第145—153页。
④ 中国科学院少数民族研究所、青海少数民族社会历史调查组编:《撒拉族简史简志合编》(初稿),1963年印行,第6—7页。
⑤ 黎小苏:《青海之民族状况(续)》,《新亚细亚》第7卷第2期,1934年2月,第17页。
⑥ 青海省编辑组:《青海省回族撒拉族哈萨克族社会历史调查》,第74—75页。
⑦ 杨魁孚:《中国少数民族人口》,中国人口出版社1995年版,第264页。
⑧ 本书编写组:《东乡族简史》,甘肃人民出版社1983年版,第15页。
⑨ 中国科学院少数民族研究所、甘肃少数民族社会历史调查组合编:《东乡族简史简志合编》,1963年印行,第1页。
⑩ 本书编写组:《保安族简史》,甘肃人民出版社1984年版,第15页。
⑪ 中国科学院少数民族研究所、甘肃少数民族社会历史调查组合编:《保安族简史简志合编》,1963年印行,第8页。

立后,1952年3月25日中华人民共和国政务院正式确认为保安族。①

8. 土族

土族是一个古老的民族,其先祖可以追溯到东胡,其族源主要是吐谷浑②,经过数百年的民族融合,元、明时期土族已是一个单一的民族③,主要分布在西北地区。清朝时期土族分布区域逐渐缩小,即"由明代几乎遍布陕西全境缩小到河湟及洮岷一隅,东部中心区仅存残余。"④民国时期,土人是一个弱小民族,尤其在土人分布比较少的地方,"势力薄弱,系由西宁一带迁移而来者,散居于恰不恰、上郭密一带者最多……多半为番族作佃农、雇工,故一切行动,全受蒙古、番民之指挥"。⑤1949年后,根据该民族的意愿,正式确立为土族。土族早期经营畜牧业,元明以来逐渐转向经营农业。

互助县的土人

图片来源:青海省政府民政厅《最近之青海》,新亚细亚学会1934年印行

---

① 马少青:《保安族文化形态与古籍文存》,甘肃人民出版社2001年版,第5页。
② 民国时期,有学者从历史、老人们的传说、言语、宗教与风俗、妇女的装饰、教育等6个方面对土族进行了考证,认为"土人的来源,固然是蒙族,至今变成特种民族"(罗藏三旦:《青海土族的来源》,《边事研究》第6卷第2期,1937年7月20日,第46页)著名学者周伟洲教授也认为:"吐谷浑自南北朝始至北宋止都有一部分聚居在今青海土族聚居的地区,这是土族主要族源系吐谷浑的有力证据之一"。(《关于土族族源诸问题之管见——兼评〈土族简史〉的有关论述》,载《西北民族文丛》,西北民族学院历史系民族研究所1983年印行,第58页。)
③ 本书编写组:《土族简史》,青海人民出版社1982年版,第32页。
④ 吕建福:《土族史》,中国社会科学出版社2002年版,第459页。
⑤ 《青海共和县土汉回三族性情生活之调查》,《西北专刊》1932年第10期,第21页。

9. 裕固族

裕固族是甘肃独有的民族,其族源可以追溯到我国北方民族回纥人(又称回鹘),从唐初算起至今已有一千多年的悠久历史。① 裕固族是甘肃人口比较少的民族,解放前没有人口统计,1953年第一次全国人口普查时,仅有3860人。② 估计民国时期不会超过这个数量。

10. 哈萨克族

哈萨克族最早游牧在中亚地区,主要是由古代乌孙、突厥、契丹和蒙古人的一部分长期聚居在一起融合发展而成的。③ 20世纪二三十年代,由于民族、宗教、政治、人口等方面的原因,驻牧在新疆的哈萨克族人开始向甘肃、青海迁移。据统计,1934年居住在甘肃、青海、新疆交界地区的哈萨克族人,大约有500余户,其中200户迁居酒泉,100户迁居到酒泉南部的山里,200户迁居青海的茶卡。④ 从1936年至1939年,4年中有4批哈萨克族7000多户,3万余人迁移到祁连山下,疏勒河两岸游牧。⑤

总之,从明清到民国时期是本区域多民族聚居格局的形成时期,在这种格局形成的过程中,多民族共同杂居,尤其在农业区和农牧交错的区域,以一种民族为主,其他民族共居共生的局面,如据1930年代中期调查,甘肃临夏县人口约9万人,其中汉民4.9万人,占55%;回民4.1万人,占45%。循化县约1.3万人,回民占65%,藏民占30%,汉民占5%。同仁县约2.6万人,藏民占95%,回民占4%,汉民占1%。夏河县约3.4万人,县城为典型的杂居外,其余均为藏民,"县城又分二部,一为市场,一为寺院,各有二千六百人,共五千二百人,居全县人口百分之十五"。在市民之中,藏民占45%,回民占36%,汉民占19%。⑥ 由于地理环境、生活和生产方式、宗教信仰以及习俗的不同,在经济、文化交流的过程中,各民族保持了自身的民族性,这种民族聚居地的布局基本上奠定了现代这一区域民族分布的格局。同时,这种多民族格局的形成,又对这一区域政治、经济、文化产生了很大的影响,也形成了本区域社会经济发展的特色。

---

① 本书编写组:《肃南裕固族自治县概况》,甘肃民族出版社1984年版,第26—29页。
② 杨琰、杨小通:《甘肃裕固族人口发展研究》,《民族研究》1998年第4期。
③ 本书编写组:《阿克塞哈萨克族自治县概况》,甘肃民族出版社1986年版,第23页。
④ 新疆维吾尔自治区编辑组:《哈萨克族社会历史调查》,新疆人民出版社1987年版,第35页。
⑤ 同前书,第22页。
⑥ 张其昀:《洮西区域调查简报》,《地理学报》第2卷第1期,1935年3月,第3—4页。

（二）宗教及其影响

黄河上游区域是一个多民族地区，也是一个多宗教信仰的地区，主要有佛教、伊斯兰教，其次天主教、基督教等西方宗教也在近代传入这一地区。

1. 佛教及其影响

生活在本区域的藏族和蒙古族信仰佛教，部分汉民和土民也信仰佛教。历史上，藏传佛教在国家政治生活与民众生活中都占有重要地位，如有学者所言："青海地域广袤，民国之前，境内居民以藏族为主，蒙古族次之，僧团众多，寺院遍布，乃是藏传佛教盛行地区，尤以章嘉、土观、敏珠尔、阿嘉、拉科、赛赤、东科尔等驻京呼图克图活佛所在的贡笼寺、塔尔寺、赛科寺、拉莫德钦寺、东科寺和宗喀巴早年学经的夏琼寺等在格鲁派教法史上享有较高的荣誉，在蒙藏民众的精神生活中占有一定的位置，因而也被历朝中央政府列入重点统战对象而作为稳定边疆的政策措施。"[①]

由于佛教在蒙藏民族生活中成为不可分离的一部分，"它与人们的生产、生活是紧密相结合着，对宗教信仰之虔诚，已成为普遍的情况"。[②] 玉树25族人民"笃信佛教，牢不可破，其虔诚供奉之意，每饭不忘。故社会之风尚习俗，人民之言行动作，靡不染有宗教色彩，人有疾病，则祈求喇嘛设坛念经，家人死后，则将土地一部或全部捐送寺院。藏俗每庄必有塔，塔旁堆白石片为墙，石片上刻有藏文六字真言之类，土饰五彩，谓之嘛呢。藏民富者以出资镌嘛呢为功德，贫者以转嘛呢为功德，男女老幼，每值朔望令节，相率绕行嘛呢，口念佛经，且拜且转，或手持嘛呢轮，且行且摇，关山路口遇有嘛呢堆或湖泊大石，亦必绕行一周，以为功德。"[③]佛教及从事佛事活动是藏族民众生活不可缺少的一部分。蒙古族也笃信佛教，如马鬃山的蒙古族"皆唯喇嘛是尊……如有疾病或重大事件，即请彼辈念经，以冀护佑。"[④]

佛教喇嘛在社会上有特殊地位，因此，蒙藏地区民众把做喇嘛当作一件无上光荣的事情。在蒙藏民族习俗中，"社会上普通优秀的男子，都到寺院做喇嘛"。[⑤] 一般情况下，"家有二男，则一男为僧，甚至有男女各一，则男子为僧，女子继产，且女

[①] 扎扎：《拉卜楞寺的社会政教关系》，青海民族出版社2002年版，第260—261页。
[②] 青海省编辑组：《青海省藏族蒙古族社会历史调查》，第54页。
[③] 蒙藏委员会调查室：《青海玉树囊谦称多三县调查报告书》，1941年12月印行，第41页。
[④] 蒙藏委员会调查室：《马鬃山调查报告书》，1938年6月印行，第74—75页。
[⑤] 潘凌云：《拉卜楞寺与喇嘛生活》，《西北民族宗教史料文摘·甘肃分册》，1984年印行，第422页。

子为尼者亦甚多。"①甚至有的男孩"全数为僧,而以女子赘婿者"。② 藏民去寺院当喇嘛的原因是:①犹如前文所言,喇嘛受人尊重,有社会地位;②当喇嘛可以免去各种差役及派粮、派款等各种经济上的负担;③因家中有先人当喇嘛,家中财物存在寺院,当喇嘛可以继承先人的房屋及财产。③ 因此在藏区僧人所占比例极大,如玉树 25 族,男女 3 万余口,壮丁不过万余,而僧徒至 9000 余人,占 2/3。④ 大量的藏民出家当喇嘛,一方面造成了从事农牧业生产的劳动力减少,另一方面对藏族人口的增长产生了影响。

蒙藏民族笃信佛教,寺院是传播佛教和信众聚会的主要场所,故蒙藏民集聚的地区寺院林立。在藏区每部落必有寺院,至少 1 处,多则数处或十余处。据有学者考证,1949 年以前青海省境内较正规的藏传佛教寺院有约 650 座,甘肃省境内有藏传佛教寺院约 300 座。⑤ 藏族寺院的影响力往往超出了行政区划的范围,如拉卜楞寺影响和势力范围达到四川、青海、甘肃等地,仅在甘肃藏区的属寺就有 95 座,其中夏河 47 座,卓尼 1 座,碌曲 5 座,玛曲 8 座,舟曲 34 座。⑥

寺院对居民生活有很大的影响,左右着蒙藏民族的生活。如近人所言:"藏民因信仰喇嘛教关系,其生活全部,皆由寺院所掌握,自衣食住行以至医药、卫生、教育、贸易、婚嫁、丧葬,无不取决于喇嘛。"⑦"各寺喇嘛凭着蒙藏人民对于宗教信仰的诚笃,运用着他们的思想手腕和经济活动,直接或间接地支配着蒙藏各部落的政治和游牧社会的一切活动。"⑧寺院是蒙藏民族精神寄托所在,也是藏区经济中心。一个地区的寺院同样是这一地区的经济中心,起着主导该地区经济的作用,许多寺院从事放债、经商,出租土地,把持一方经济命脉。⑨"寺院不独为藏民信仰之目标,抑且为经济金融之中心"。⑩ 农作物的种植与收割时间也听命于寺庙喇嘛,如"扎武三族,种收田禾,皆听命于活佛喇嘛,彼言何时种收,即何时种收。又收获时,

---

① 马鹤天:《西北考察记(续)》,《西北开发》第 4 卷第 6 期,1935 年 12 月 30 日,第 41 页。
② 杨友墨:《甘肃藏民民情述略》,《开发西北》第 3 卷第 5 期,1935 年 5 月 31 日,第 78 页。
③ 绳景信:《甘南藏区纪行》,《甘肃文史资料选辑》第 31 辑,甘肃人民出版社 1989 年版,第 8 页。
④ 周希武:《玉树调查记》卷下,青海人民出版社 1986 年版,第 73 页。
⑤ 蒲文成:《甘青藏传佛教寺院》,青海人民出版社 1990 年版,前言,第 2 页。
⑥ 甘肃民族研究所:《拉卜楞寺与黄氏家族》,甘肃民族出版社 1995 年版,第 29—33 页。
⑦ 贡曲哲喜:《河曲藏区概况小志》,《西北论衡》第 10 卷第 5 期,1942 年 5 月,第 37 页。
⑧ 张元彬:《青海蒙藏两族的生活(续)》,《新青海》第 1 卷第 3 期,1933 年 1 月,第 72 页。
⑨ 丹珠昂奔:《藏区寺院的社会功能及其改造》,《中央民族学院学报》1992 年第 6 期,第 41 页。
⑩ 王志文:《甘肃省西南部边区考察记》,甘肃省银行经济研究室 1942 年印行,第 42 页。

只按次序,不按生熟。如自东而西收获,虽东方尚青,西方早熟,亦须先东后西"。①因此,寺院及贵族僧侣在藏区有着特殊的政治、经济地位,是藏区最大的财富所有者。寺院势力的大小与喇嘛数量、蒙藏民信众的多少有关,一些势力较大的寺院,"资产辄不可以数计。"②

寺院资产主要来源于属民和信众的布施。寺院统属下的部落和属民必须向寺院布施,"蒙藏人常以积储之财物,跋山涉水,履险越阻,贡献于各寺院,以求僧众之讽经祈祷,及活佛之一哂一摸,而获精神之欣慰"。③不仅如此,蒙藏民族还要给寺院承担各种差役,寺院在其"所辖的势力范围以内,同为土地与人民不同其来源,所以对寺院的义务也不一样,如夏河县治的村子,上下化哇,房具及耕种的地段,所有权大半在寺院手里。现在寺院的所有权,当占附近'十三庄'所有土地的百分之九十以上。此外,老百姓对于寺院的差事,主要是寺上出门时,轮派牛马伙役等运输(乌拉),寺院总机关的差事,老百姓自备一切。"④青海藏民"除供给自己出家人用费外,遇着新年或一定的节气会期,每部落、每帐房还要轮流预备清茶、油食、米饭等食品,背负送往寺院,供给全体僧众饱吃、饱喝,长年积蓄,为之一空。以后再积再输,终身世世,无有已时。更有奉献金条,来求活佛摸顶赐福禳灾者。所以,青海一百卅四的寺院,盛传都很富有。"⑤几乎每个寺院都装饰得富丽堂皇,而这种富丽堂皇是建立在藏区民众贫困之上的,正如谷苞所言:"说到番民对于喇嘛教在经济及精神上的负担,至为沉重,在贫苦的番区里,有如许多的寺院,而且又建筑得极其富丽堂皇……这种寺院的庄严富丽,与番民生活的穷困,太不相称。"⑥因此,寺院利用在经济上的特权,无偿侵占属民的劳动及劳动果实,是造成藏族民众贫穷的原因之一。

由于藏族民众笃信佛教和佛教寺院至高无上的权威,因此,传统藏族部落形成了政教合一政治制度,这一制度一直延续到 20 世纪 50 年代民主改革时期。如甘南夏河拉卜楞寺势力范围内"有六个部落是在寺院统治之下,这六个部落是桑科、科才、作格尼玛、欧拉、郭门寺和格尔底。以上六个,除最后的格尔底归格尔底寺院派一'郭哇'终身而并不世袭的管理以外,其他五处均归拉卜楞寺院统治。由拉卜

---

① 马鹤天:《青海产业之现状与其将来》,《新亚细亚》第 1 卷第 2 期,1931 年 2 月,第 11 页。
② 西北实业调查团:《青海调查报告》,西北实业调查团 1940 年 6 月印行,第 7—8 页。
③ 周振鹤:《青海》,第 180 页。
④ 李安宅:《拉卜楞寺概况》,《边政公论》第 1 卷第 2 期,1941 年 9 月,第 35 页。
⑤ 意芬:《青海人的迷信喇嘛》,《申报月刊》第 4 卷第 6 号,1935 年 6 月 15 日,第 88 页。
⑥ 谷苞:《甘肃番民的宗教生活》,《和平日报》1948 年 7 月 25 日。

青海佛教圣地塔尔寺

图片来源:《新亚细亚》第 7 卷第 6 期,1934 年 6 月

拉卜楞寺的佛事活动(右为拉卜楞寺主持嘉木样五世)

图片来源:《开发西北》第 2 卷第 5 期,1934 年 11 月

楞寺院派喇嘛管理,每三年一任。所以这些部落形成政教不分的状态。"[1]其属民有三种:一曰"德拉",即所谓"神民",由嘉木样大佛直接治理,拉卜楞附近十三庄[2]居民即为神民,"不向县政府纳税";二曰"黑得",即所谓"政民",由世袭土司治理,约三四万户,五分之一在夏河县境内,对嘉木样大佛奉命唯谨;三曰"厥德",即所谓"教民",散居各地,因宗教关系而受嘉木样活佛领导。[3]

---

  [1] 俞湘文:《西北游牧藏区之社会调查》,第 19—20 页。
  [2] 十三庄,在藏语中原无此名,称为佛属四处。所谓十三庄,是汉民命名的庄共有十三处,因而有十三庄之称谓,但随着住民渐次增多,亦不止十三庄,而有十七庄,名称如下:上他哇、下他哇、满克日、日渣、福地、洒桑麻、夷群塘、萨衣囊、奥曲、唐纳荷、来日节荷、酒尕日、来周、嘉伍、浪何日、浪克日塘、孟那贺。
  [3] 张其昀:《洮西区域调查简报》,《地理学报》第 2 卷第 1 期,1935 年 3 月,第 6 页。

藏族部落有独立于国家政权之外的专政机器,这便是教权,即所谓"藏民区域的政权,是操纵在寺院的佛爷手里,所谓政教合一是也。活佛等于法王,神权高于一切"。① 政教合一是藏族部落的传统和特点,各部落都有自己一整套管理系统,如果洛藏区的莫坝部落"设有军队、法庭、监牢,政教合体程度较高,宗教为部落主的统治服务,部落政权保护宗教活动和寺院特权"。② 形成了部落贵族和寺院高级僧侣阶层相结合,即政权与教权纠合在一起,成为支配藏区社会的政治力量,而这种政治体制是独立于国家权力之外的。即使在建立了国家基层政权的地方,宗教权力仍然是很大的,如夏河县政府设在拉卜楞,但县政府的权威十分有限,其政令"不能直接达于本邑之藏民,而嘉木样(现为第五世)之力反能远达于夏河以外之藏民"。③ 可见,在夏河教权比国家政权在藏民中分量和范围要大得多。"拉卜楞是代表拉卜楞寺院教权的范围,夏河是代表夏河县行政范围,这两个范围不是同样大小,教权的范围比行政范围大得多。"即夏河县全县面积大约三千二百余方里,"在偌大面积以内,县府的政令,只能达到拉卜楞的半条街和黑错、陌务一带,县府临近的十三庄,政令都达不到。因为在夏河县范围以内,居民大都是番民,番民大都只是认识寺院,不认识政府,只认识活佛,土司,列里瓦(藏语音译,是土司的一种,比土司略高一些——引者注),不认识行政长官。所以,番民尽是向寺院纳税,不曾有分文纳到国家机关,所有一切案件,都是喇嘛土司、列里瓦解决,而没有片纸只字请政府予以裁判的。所以县政府每年的丁粮,不过二千元,每月常费则定七百元,全是藉着牲畜屠宰两税维持的。"④ 总之,在政教合一的体制下,民众对宗教的虔诚和政教合一的政治体制的形成,使寺院在政治上和经济上成为一个特权集团,控制着藏族地区政治、经济和社会生活的方方面面,广大藏族民众没有人权、财权,国家政策、法令难以在藏区实施,在很大程度上制约了藏区的经济发展和社会进步。

2. 伊斯兰教及其影响

回族、撒拉族、东乡族、保安族、裕固族、哈萨克族信仰伊斯兰教。伊斯兰教有许多派别,有老派、新派和新新派之分。老派是伊斯兰教历史最悠久的教派,宗教信仰维持着传统的"五功"(伊斯兰教五项基本功课的总称,即念功、礼功、斋功、课功、朝功)、"六信"(伊斯兰教的六个基本信条的总称,即信安拉、信使者、信天使、信

---

① 徐旭:《甘肃藏区畜牧社会的建设问题》,《新中华》复刊第1卷第9期,1943年9月,第50页。
② 张济民:《渊源流近——藏族部落习惯法法规及案例辑录》,第14页。
③ 张其昀:《洮西区域调查简报》,第3页。
④ 顾执中、陆怡:《到青海去》,商务印书馆1934年版,第109—110页。

经典、信前定、信末日)的伊斯兰教规范。新派形成了四大门宦①,即折赫林耶、虎菲耶、格底林耶、库布林耶。折赫林耶门宦主要分布在陇南、陇东一带;虎菲耶主要分布在临夏、皋兰、和政(1929年新设县)、会宁、康乐、临洮、宁定、山丹等地;格底林耶主要分布在临夏、皋兰、临潭等地;库布林耶主要分布在临夏、皋兰、康乐、海源、平凉、静宁、会宁以及河西地区。新新派即伊黑瓦尼派,自称遵经派,创始人是马万福,提倡凭经典传教,批评门宦制度某些礼仪不合经典,因此倡导"遵经革俗",主张"一切回到《古兰经》去"。② 这些教派对本地区的政治和社会产生很大的影响,一些社会矛盾在很大程度上是由教派纷争引起的③。

清真寺是伊斯兰教徒进行宗教活动、教育活动的主要场所,凡是伊斯兰教徒"聚居之处,必设有清真寺,除每日民众赴寺礼拜外,并请阿訇开学授徒,其重视教育到处皆然,惟仅读阿拉伯文及经典,并无其他科学书也,大抵在五十家以下之乡村,设小寺;五十家以上者,设中寺;至八十家者,即设大寺。"④据20世纪30年代统计,青海有清真寺364座,其中西宁县58座,化隆县86座,大通县63座,循化县86座,互助县9座,乐都县53座,湟源县1座,其他地方8座。⑤ 据中国伊斯兰教协会宁夏分会统计,20世纪40年代宁夏有清真寺500方。⑥

在传统穆斯林社会,清真寺是宗教、政治、司法、教育等一切活动的中心。"千百年来的经堂教育,是有着维护宗教的功劳的,而这种教育,不论大学、小学都是设在清真寺内。穆民间犯了教法,或是彼此间发生了纠纷,那么就到寺上由阿衡'蒿空'(审理)或调解;为了应付或推行国家的一切政令,和决定自己应取的途径,大家更有到寺里开会商讨的必要;至于每日五课,七日一聚,一年两会的各种礼拜仪式,更是离不开寺的。而寺内设备齐全,随时可供教胞们洗澡沐浴,一切婚姻丧葬都是

---

① 门宦是"门宦制度"的简称,是回族伊斯兰教的一种教派形式与宗教制度,其形成于明末清初,是伊斯兰教苏菲派神秘主义与中国封建制度相结合的产物。门宦创始人或首领被尊称为"老人家"或"教主"、"卧里"、"道祖"等;其身份、地位、权力大多世袭,对教众享有高度神权和世俗权力。在保持伊斯兰教基本信仰的前提下,重视崇拜"老人家"、"教主"及其"拱北"(即圣墓)。强调在教律、教法上进行修持,放弃尘世安逸,反对享乐主义。在教权组织方面,各有行教区,重视道统谱系的世袭,教主直接或委派"热衣斯"(即代理人)管辖所属教坊。门宦最初流行于甘肃河州、狄道一带,后发展到甘、宁、青、新及内地各回民居住地区。
② 牟钟鉴、张践:《中国宗教通史》,社会科学文献出版社2003年版,第836页。
③ 参看李兴华等:《中国伊斯兰教史》,中国社会科学出版社1998年版,第779—789页。
④ 陆亭林:《青海省帐幕经济与农村经济之研究》,萧铮主编:《民国二十年代中国大陆土地问题资料》,成文出版社有限公司,(美国)中文资料中心1977年印行,第20576页。
⑤ 青海省政府民政厅:《最近之青海》,新亚细亚学会1934年版,第333—360页。
⑥ 宁夏分社:《中国回教协会宁夏省分会会务概况》,《新西北》第7卷第10—11期合刊,1944年11月,第39页。

由阿衡作证致词,诵经祈祷,始得成功。所以,穆民的宗教活动,实际上,没有一样是离开清真寺的。"①可见,清真寺在伊斯兰教及其信徒中有着重要的地位。

信仰伊斯兰教的撒拉族人在举行祭祀活动
图片来源:《良友》第 130 期,1937 年 7 月 15 日

  伊斯兰教与当地的政治紧密地联系在一起。清末民初宁夏兴起的伊斯兰教教派"伊赫瓦尼",意思是同教兄弟,或按"真主的意志结为兄弟",认为凡尊经的人都是兄弟。它的产生是近代回族伊斯兰教发展史上的一个重大事件,被称之为回族伊斯兰教的维新运动。这个教派对宁夏政治产生了深刻影响,特别是马鸿逵任宁夏省主席后,"企图把伊赫瓦尼的教义,作为统一宁夏地区伊斯兰教的旗帜,以巩固其统治。但因他母亲是'格迪目'(旧派、新派)的狂热信徒,其兄马鸿宾则笃信洪门门宦,同时又慑于门宦和格迪目的势力,而不敢公开支持伊赫瓦尼派。(马鸿逵)却采取了一种两面手法,一方面宣布自己对各教派一视同仁,不偏袒任何一个教派,讨好门宦和格迪目;一方面通过'中国伊斯兰教协会宁夏分会'组织实行了一系列的改良措施,大力推动和发展伊赫瓦尼维新运动。"②由于马鸿逵的支持,伊赫瓦尼逐渐成为在宁夏具有一定政治地位的教派。不仅上层社会如此,基层社会也受宗教实力派的影响很大,如临夏地方上"老人家"威势甚重,"保甲长与之相勾结,神志

---

① 马福龙:《伊斯兰在宁夏》,《西北通讯》1948 年第 2 卷第 8 期,1948 年 4 月 30 日,第 10 页。
② 胡平生:《民国时期的宁夏省(1929—1949)》,第 348—349 页。

政令之推行亦假若辈之手方达民间也"。①

3. 基督教、天主教及其影响

近代随着西北与口岸城市经济联系的加强和不平等条约的影响,基督教、天主教在西北开始传播。据《古浪县志》记载:"天主教始于清道光时,先是发过神甫游于土门堡及元土沟演说、传教,二处土人信之,入教者八十余户,嗣设天珠教堂二所"。② 光绪四年(1878年),罗马教皇派比利时韩主教率司铎等驻甘肃传教,立学堂于凉州。1895年,基督教美国协同会差会派遣瑞典籍牧师多宝在平凉创办了基督教中华协同会平凉教会,先后在市区购买地皮,建立了西堂与东堂③,作为活动场所。19世纪70—80年代,庆阳三十里铺、马岭和灵台等地就有四川、山东等地的天主教徒在此活动,有比利时传教士来陇东看望教友,开始了在陇东的传教活动。1879年,甘肃天主教由陕西长安教区划出,在武威设立主教坐堂,使甘肃的天主教很快发展起来。随后,庆阳三十里铺、马岭、镇原三岔、华池柳树河、泾川荔堡、宁县早胜等地也建立了教堂。④ 1879年,天主教开始在宁夏活动,1901年,平罗"下营子教案"后逐步在宁夏全境传播开来。⑤ 1905年,甘肃教务分两个区,为甘南以秦州(1913年改为天水县)为总堂,甘北以凉州为总堂。⑥ 清末,基督教在本区域有三个布道区,即皋兰、宁夏和西宁。⑦

民国建立后,西方传教士活动在本区域的各个角落,进行布道活动。⑧ 在陇东南,20世纪30年代,天主教在天水设有教堂、医院、学校(其中男校3所,女校2所),教徒800余人;基督教在天水城内设有福音堂1所,各乡有分堂7所,男校1所,教徒约200人。⑨ 在陇东,不断有比利时、德国、西班牙籍的传教士来传教,特别是1928年至1932年先后有四批西班牙籍传教士到平凉,其中有16名传教士和修士,7名修女。1930年7月,天主教平凉监牧区成立后,平凉成为陇东天主教活动的中心。白水镇、华亭、泾川、玉都镇、镇原、西峰、平泉、庆阳及三十里铺等9个天主堂,教徒1930年为2600多人,1947年发展到5000人。⑩ 在宁夏,1928年,中宁已发展教友

---

① 王树民:《游陇日记》,《甘肃文史资料选辑》第28辑,甘肃人民出版社1988年版,第286页。
② 李培清、唐海云:《古浪县志》卷5《风俗志·天主教俗》,1939年河西印刷局铅印本。
③ 高森:《基督教在平凉的传入与演变》,《平凉文史资料》第3辑,1993年4月印行,第104页。
④ 马骥:《天主教在陇东的发展》,《平凉文史资料》第1辑,1989年印行,第73—76页。
⑤ 陈育宁主编:《宁夏通史·近现代卷》,第318—319页。
⑥ 刘郁芬、杨思:《甘肃通志稿》卷26《民族六·宗教》。
⑦ 青海省志编纂委员会:《青海历史纪要》,青海人民出版社1987年版,第236页。
⑧ Mildredcanble,Francesca French:《西北边荒布道记》,文海出版社有限公司1988年。
⑨ 士升:《甘肃天水概况》,《西北开发》第1卷第2期,1934年2月,第71页。
⑩ 马骥:《天主教在陇东的发展》,第73—76页。

3月12日 甘州的天主堂。
Kanchow——the Tien Chu Tang, March 12.

张掖天主教教堂(1910 年 3 月 12 日)

图片来源:《1910,莫理循中国西北行》下册,第 75 页

33 人,望教者 40 人;1931 年该县鸣沙州分堂有 116 人洗礼。① 1934 年基督教传入平罗县,并建有"福音堂"。② 在青海,据 20 世纪 30 年代调查,青海各县耶稣教堂 8 处,教徒大通县男 48 人,女 28 人;西宁县男 33 人,女 3 人。其他各县数 10 人,共计 197 人;③有天主教堂 31 处,信教的男女有 3000 人左右。④ 随着西教的传播,越来越多的民众信仰了基督教与天主教。

民众加入基督教或天主教,对该区域的政治、经济都产生着深刻的影响。据 20 世纪 30 年代调查,甘肃基督教堂"散布于各地者有十余所之多,每所教徒竟有数十或达百。外人以传教为借口,深入腹地,摄制要隘照片,测绘山川地形,且包庇匪盗,离间汉藏间感情,无恶不作,士民呼神父牧师之不暇,使由知其为国际之间谍也。"⑤在青海"各县天主教徒甚多,其神父包揽诉讼,偏袒教民,无恶不作。教民又借神父之势力以欺侮乡民,甚至干涉地方行政。"⑥传教士不仅离间本地各民族之间的情感,制造和引发社会矛盾,而且有的还在做间谍活动,损害国家利益。天主

---

① 刘静山、张崇:《天主教传入中宁及发展》,《中宁文史资料》第 3 辑,1990 年印行,第 95—96 页。
② 杨占玉:《平罗县基督教概况》,《平罗县文史资料》第 8 辑,1997 年印行,第 45 页。
③ 马鹤天:《西北考察记(续)》,《西北开发》第 4 卷第 6 期,1935 年 12 月,第 57 页。
④ 丁逢白:《青海概况》,《蒙藏月报》第 6 卷第 2 期,1936 年 11 月,第 9 页。
⑤ 陈言:《陕甘调查记》(下),北方杂志社 1937 年版,第 10 页。
⑥ 黎小苏:《青海现状之一斑》,《新亚细亚》第 5 卷第 4 期,1934 年 4 月,第 51 页。

教和基督教在青海的传播,引起了有识之士的担忧:"近年以来,耶稣教之势力,已深入青海腹心。不时煽惑我民族间之斗争,借收渔人之利。阳假传教之名,阴行侵略之实,调查测量,无微不至。今日吾人欲得青海省之精确地图,反须求之于彼英籍牧师之手,言之殊为痛心。教会在各县均设置蒙番招待所,以传播福音为手段,笼络各族之喇嘛、王公、台吉、千百户等,各族人民多乐于信从之,势力蔓延甚广,已遂渐渐深入民间,实我青海腹心最大之忧患也。"① 说明西教已经危害到乡村社会的稳定和国家的安全。

天主教在宁夏也很有势力,著名的三盛公教堂,为西北天主教的大本营。该"教区所辖为宁夏、绥西、陕北三地,共有教徒四万余人。大概宁夏、绥西一带,只要有相当整齐的堡子,及繁茂的林木所在,就必有天主教堂。三盛公教堂在磴口北一百二十里,附近土地原属阿拉善旗王公辖境,庚子之乱,亦曾受相当骚扰,和约缔成后,此间教堂亦要求赔偿,遂定由阿拉善旗赔偿损失银五万两。当时阿旗王爷是现在达王之祖父,遂交现银二万两,尚欠三万两,于是遂将三盛公一带土地作抵,美其名曰租赁,租与比籍教堂,年收租金二千元。"拥有三盛公土地后,开始"招募人民,开渠道,垦荒地,筑城寨,植树木,设学校,立医院,迄今阡陌纵横,绿荫蔽野,且因禁种罂粟,田原不见毒卉,成为沙漠中乐园。"② 三盛公以占有的土地来扩充势力,即教堂开垦的土地,"非教民不得领地耕种,无异以经济势力迫民入教,已失自由信教之意义"。不仅如此,教民还受到教堂的各种庇护,"教民因事涉讼,神父可代官方开脱,遇有匪患或军队过境征发骚扰,教民可安全避入教堂,由神父保护,甚至凭其深沟高垒之城池对抗。至于疾病、借贷及子女之保育、教养,凡为当地政府无暇顾及者,教堂悉一一为之解决,卒致教堂代政府取得人民之信仰而后已"。③ 天主教以学校教育为依托,大力发展其势力,"三盛公堡内居民百余户,教堂规模颇大,教士男女各八九人,均为此籍,有自设之中小学教育教民,并设有各季夜校,利用余暇,课人读书。现宁夏及绥西一带,所有识字的人民,除少数外来'移民'外,泰半是教徒及其子弟。"由于天主教在宁夏很有势力,信教的群众达到了 4000 余人。④ 天主教堂不仅有土地所有权,而且兼有行政权与司法权,居民"遇有争讼之事,亦由神父为理曲直",⑤ 形成了一种政治与宗教糅合的畸形机构。因此,这里被称之为"塞

---

① 孙翰文:《青海民族概观(下)》,《西北论衡》第 5 卷第 5 期,1937 年 5 月,第 33 页。
② 叶祖灏:《宁夏纪要》,第 45 页。
③ 张中微:《阿拉善旗之概观》,《边政公论》第 1 卷第 3—4 期合刊,1941 年 11 月 10 日,第 83 页。
④ 叶祖灏:《宁夏纪要》,第 45 页。
⑤ 梁敬錞:《宁夏牺轩录》,《东方杂志》第 31 卷第 10 号,1934 年 5 月 16 日,第 72 页。

上教国"(City State),"结果居住在这些教区的教民,只知教堂而不知国家,只知主教或神父而不悉有所谓中央与国家之元首"。① 从宁夏三盛公的情形来看,天主教对西北乡村社会影响是深刻的。

三、交通状况

民国时期,有学者对甘青地区的交通状况做了这样的描述:"本区域地面辽阔,山岳纵横,流沙千里,崎岖险阻,交通向称不便。所有河流,仅湟水下游,可行皮筏,其余皆不通航运,故商旅转运,均遵陆行。昔日交通工具,东部平川,以骡车大车为主,牛马驴驮运次之。西部沙漠地带,以骆驼为主,马牛次之。自兰州经嘉峪关,或自西宁经都兰至敦煌,往返动需数月,自近年一部分公路筑成后,由皋兰至星星峡,二千五百里间,一周可达,由兰州至都兰,一千三百里间,亦三四日可达。"② 一方面反映了近代以来,本区域仍然沿袭了传统的交通方式;另一方面现代交通也在这里开始出现,有了公路和汽车运输。说明民国时期,本区域的交通仍以传统交通设施为主,现代交通设施尚在起步阶段。

(一)以皮筏为主的水路交通

在新式交通建立前,黄河及其支流是对外交通的主要渠道。黄河"自出贵德与化隆交界之李家峡后,通过本省产粮区域,而湟水两岸,在本省亦有谷仓之称,故每年赖皮筏运输赴甘肃、宁夏之麦,恒以万计,此外木材亦多借水运出口。"③ 黄河上游的支流如永登的大通河、庄浪河,临潭的洮河,甘南、临夏的大夏河,其上游均产林木,这几条河流以运输木材为主,编成木排,顺流集中到兰州,然后沿黄河运输到宁夏和包头。④ 青海的水上运输是木排、皮筏,"顺湟水而下,经西宁以迄享堂,过此与北大通河相会,至甘省而入黄河",当地所产的食粮、皮毛、药材、木料的运输,主要依靠这两种水上运输工具。⑤ 宁夏也是一样,所产皮毛、粮食、木材"几完全恃

---

① 瑛梦:《甘宁青绥农村经济背景的特点》,《西北论衡》第5卷第1期,1937年1月,第87页。
② 周昌芸:《青海北部及甘肃河西之土壤与农业》,《土壤》第1卷第4期,1941年4月,第7页。
③ 汤惠荪等:《青海省农业调查》,第271页。
④ 汤惠荪等:《甘肃省农业调查》,第132页;李静斋:《临夏黄河筏运业简述》,《临夏文史资料》第2辑,1986年8月印行,第13—18页。
⑤ 章元义:《陕、甘、青保水保土及水利视察报告》,《行政院水利委员会月刊》第1卷第2期,1944年2月,第45页。

黄河运输……加以自甘肃出口之物产,下水航运颇有相当数量。"①黄河及其支流,成为沟通本地区域市场与全国市场和国际市场的大动脉,据20世纪20年代统计,西北各省由黄河运输的皮革,每年约值洋250万元。② 在西北各省外运的货物中,70%的货物是通过黄河运输出去,即"水运约占全数货物的十分之七,其余由车驼起运。"③黄河沿岸也形成了一些水运码头,如青海川口、兰州、五方寺、中卫、宁安堡、横城堡、石嘴子、磴口等。各码头成为货物的主要输出口岸,这些市镇或为区域性都市,或为中心市场,或为集散市场。

为了便于水上运输,居民发明了一种适合在黄河上进行运输的交通工具——皮筏子。皮筏子分牛皮和羊皮两种,制作方法是将牛羊皮去毛后将整皮密缝,放入清油与盐水中浸泡数日后,取出吹气使其膨胀,绑于木架之上做成皮筏。"皮为油浸,入水不腐,轻浮坚韧,顺流而下,殊觉利捷,其载重视皮筏多寡而殊,重者可至万斤左右,实为黄河上游交通之唯一利器。"④牛皮筏分大、小两种,大型载重约20吨,以128个皮囊制成;小型载重约10吨,由64个皮囊制成。羊皮筏分大、中、小3种,大型载重约15吨,有41排,约460个皮囊;中型载重约10吨,有30排,约396个皮囊;小型载重5吨,有27排,约330个皮囊。⑤ 皮筏在水上行驶,每小时可达三四十里,到达目的地后,若距离过远"常以筏与货同时出售,短距则放气折叠,驮载背负而归"。⑥ 皮筏子既可当做皮货卖掉,又可重复使用。

皮筏运输在黄河上游的羊毛贸易中发挥着重要作用。西北"羊毛之运输,除铁道外,则以皮筏为较经济而敏速,为西北特有之运输法。经营此种事业者,多甘肃之皋兰人及导河人,每届春末秋初,即开始活动,西宁城北,湟水两岸,羊毛堆积如山,每岁羊毛之借皮筏运出者,占最大部分。"⑦因此,20世纪20年代以前,民和县川口就出现了筏户,专门从事筏运业。⑧ 在新式交通未兴起之前,筏运为远距离长途贩运提供了方便。

但受气候与环境的影响,皮筏运输也有很大的弊端,黄河上游在冬季结冰,皮筏运售受到了很大的限制。即每年立冬前后结冰至次年清明前后开河,这段时间

---

① 张含英编:《黄河志》第3编《水文工程》,国立编译馆1936年版,第214页。
② 《西北各省区所产皮革概况》,《云南实业公报》1923年第22期。
③ 林竞:《西北丛编》,神州国光社1931年版,第412页。
④ 汤惠荪等:《青海省农业调查》,第271页。
⑤ 许宗舜:《黄河上游的皮筏》,《旅行杂志》第18卷第9期,1944年9月,第30页。
⑥ 沈百先:《考察西北水利报告》,《导淮委员会半年刊》1941年第6—7期,第12页。
⑦ 《青海羊毛事业之现在及将来(续)》,《新青海》第1卷第5期,1933年3月,第72页。
⑧ 张仕全:《川口的筏运行业》,《青海文史资料》第13辑,1985年印行,第147页。

不能行筏,故有"立冬半月不行船","立冬流浚,小雪封河"的谚语,①也就是说黄河每年开河期约有 8 个月时间,但实际上在开河期也不是全部可以通航,结冰不能通航,洪水季节也不能通航。一般情况下,黄河兰州段冰期约 4 个月,包头段约 5 个月,七八两月是雨季,"山洪暴发,流势湍急,行业亦常停顿"。因此黄河水运最盛时期,为春季 4—5 月,秋季 8 月底至 10 月中旬。② 在结冰期和洪水期,皮筏运输完全停顿,故黄河皮筏运输每年只有 6 个月时间。

黄河水上运输的主要工具——皮筏

图片来源:邵元冲主编《西北揽胜》,正中书局 1936 年版,第 73 页

黄河仅有宁夏至包头一段水流平缓,适宜帆船航行。宁夏石嘴山是黄河木船运输的中心,"自宁夏北经平罗至石嘴子一段,为民船航运之中心,青海、甘肃及阿拉善旗之羊毛、药材皆集中于石嘴子运往包头,以销内地。由石嘴子北经磴口以达五原、包头,均可通行民船,航行之日程,石嘴子至包头约七八日,宁夏至包头约十日,中卫至包头约半月。"③即使宁夏至包头之间行驶的木船,也受到黄河封冻和冰凌的影响,"每年四月间解冻,春冰初解,水尚阴冷,且有冰凌。下水船于冰解后十数或二十日,即可由宁夏、五原等处来包(头)。惟西下来包者,多系羊绒、皮革、水烟、红盐等,此时非交易季节,故其数甚少,若逆水由包西去,或由石河河曲托克托等县来包,则须船夫涉水拉行,春水严寒,船夫多待至旧历端午节前后,始敢西去。

---

① 张含英编:《黄河志》第 3 编《水文工程》,第 206 页。
② 汤惠荪等:《甘肃省农业调查》,第 132 页。
③ 孙翰文:《宁夏地理志》,《西北论衡》第 5 卷第 6 期,1937 年 6 月,第 21 页。

由阴历五月至十月,为普通行船期,计六个月,过十月后渐有冰凌"。① 也就是说在初冬冰凌开始到初春冰凌结束期间,宁夏到包头河段,木船难以行驶。

近代以来,地方政府也寻求开发黄河航运,光绪末年,甘肃总督升允与比利时人罗比杰曾洽谈共同开发黄河航运,计划成立"飞龙轮船公司",开辟兰州到托克托县河口镇的航运,但由于留日学生组成的陕甘同乡会呼吁"争黄河航运权"而作罢。宣统三年(1911年)秋,黄河河口镇至兰州段首次试航,试航船只行至甘肃景泰五佛寺。② 这次试航是黄河上游行驶轮船的首创。民国建立以后,也多次对黄河上游进行河道勘测并试图建立航运,但均因黄河上游地质环境复杂而成效不大。

民国时期,由中卫、宁夏至包头"仍通行木船"。③ 宁夏建省后,设立了官督民办的河运公司,购置及装制小汽艇2艘,沿黄河各县制造木帆船40余艘。④ 抗战时期,宁夏河运又有了比较快的发展,从中卫经中宁、古城湾、横城、石嘴山、磴口、临河等埠,至五原,全长615公里,行驶木船170艘。⑤ 在本区域,利用黄河发展轮船运输,在当时条件下唯独宁夏有此便利。黄河水运的发展,沟通了宁夏与包头之间的商贸往来,把天津港口与宁夏连接起来,有利于宁夏与西北社会经济的发展。

(二) 大道与单行道

在现代公路兴起前,陆路交通主要依靠大道。近代大道是在传统官道(驿道)上建立起来的。兰州为本区域最大的政治、经济中心,陆路交通以兰州为中心,有4条干线,即"东至平凉以通陕西,南至天水以通川陕,西至嘉峪关以通新疆,北至宁夏以通绥远"。⑥ 即兰州建有通往西安、新疆、青海、宁夏、四川的官道。西兰驿道是北京通向西北的重要官道,从北京到西安后,向西北行至咸阳、彬县、长武,从泾州(今甘肃泾川)境内进入甘肃,经平凉、隆德、静宁、会宁、陇西、榆中到达兰州,全长500余公里。官员进入西北、西北土产运到中原,大部分使用这条道路。民国初年一英国考察队就是从这条道路进入甘肃的,他们看到"一辆接一辆的大车在这条路上川流不息……大部分车上都满载着远近闻名的兰州水烟,从甘肃输往中国

---

① 《包头宁夏间河运概况》,《中央银行月报》第3卷第8号,1934年8月,第1760页。
② 陈琦主编:《黄河上游航运史》,第174—175页。
③ 孙翰文:《宁夏地理志》,第21页。
④ 张天政:《20世纪三四十年代宁夏水利建设述论》,《宁夏社会科学》2004年第6期,第95页。
⑤ 中国第二历史档案馆:《经济部西北工业考察通讯(上)》(胡元民,1943年),《民国档案》1995第4期,第61页。
⑥ 《甘肃建设新交通》,《道路月刊》第35卷第2号,1931年11月15日,第4页。

各地"。① 兰州到陕西的另外一条驿道是从兰州经榆中县境内的摩云驿、渭源、漳县、秦州、西和、成县,由两当进入陕西凤县。

以兰州为中心,有通往新疆、四川、青海、宁夏、陕西的驿道。通至新疆的驿道沿河西走廊古丝绸之路到达安西后,分南北两条路线:一条从兰州出发,经过永登、古浪、武威、张掖、高台、酒泉、安西等地,由星星峡进入新疆;一条是沿着上述道路到安西,西南行经敦煌、南安坝到新疆和阗(今和田)。通青海西宁的驿道有两条,一条是兰州经定羌驿(今甘肃广河)、河州进入青海循化到达西宁;一条是经平番,由大通到西宁。通四川的驿道是从兰州南行经榆中摩云驿、沙泥驿、定羌驿、狄道、酒店驿(今岷县境内)、岷州、阶州(1913年改为武都县)、文县、碧口进入四川境内。通宁夏有三条驿道,一条是由兰州西北行,沿甘新驿道至大通驿北行,经白墩子、营盘水入宁夏至银川;一条是由兰州沿西兰驿道至瓦亭驿(平凉境内)北行至固原,达到银川;一条是由兰州北行经蔡家河、靖远,由兴仁堡进入宁夏。上述道路是清朝时期本区域相互联系和通向外部的主要通道。

同(治)光(绪)年间,左宗棠在西北用兵时,为了"调动大队人马"、"转运军食"和"传递文报"的需要,对本区域的主要官道进行了一次较大规模的修治。在甘肃修筑的大车道包括一条东西主干道和支线。主干道是西兰大道和兰新大道,把沿途难行的道路或新修或加宽或架桥,如平凉三关口,从前路是从山上经过,"异常危险",就在山脚下另修一路,长约20里;从蒿店到瓦亭,修筑石路40多里;翻越六盘山上山与下山,修筑20余里;从瞿家所到会宁城东,新修43里;在平番境内烂泥湾修筑石路一条。沿途修筑了大量的木石桥,如泾州(今泾川)境内大小木石桥9座,平凉境内29座,固原境内10座,会宁境内19座,安定(1914年改为定西县)境内8座,金县(1919年10月改为榆中县)境内3座,皋兰境内1座,平番境内1座。在西兰大道甘肃段修建木桥、石桥80座。②

在此次整修中,也对通往干线两侧的支线道路进行了修整。如在陇东,对庆阳、泾州、平凉、固原府州通往县城的道路,从平凉经固原通往惠安堡的道路,"都重加平治"。在甘肃西南,在狄道州西门外通往河州与巩昌府的要津上修建了永宁桥;从岚关坪到白林口,修筑道路160里,建木桥两座;在西宁府,从碾伯县的响堂到老鸦堡,修筑道路240里;在大通县境内修筑道路300余里;在丹噶尔厅境内,修筑东路西石峡峡道10里和南路药水峡峡道30里。这次修筑主要是加宽和平整路

---

① 〔英〕台克满著,史红帅译:《领事官在中国西北的旅行》,第93页。
② 秦翰才:《左文襄公在西北》,第128页。

2月25日 大道。
The avenue. Feb. 25.

兰州附近的大车道

图片来源:《1910,莫理循中国西北行》下册,第 38 页

面以及路边植树,路的宽度"大抵为三丈至十丈,至少可供两辆大车来往并行,最阔之处则有三十丈,随地形为转移。路旁植树一行两行,乃至四五行。"[1]这是晚清时期对西北官道的一次大修整,通过这次修治,官道和道路环境有了比较好的改善。

民国时期,驿站制度废除以后,原来的驿道变为大道。甘肃大道以省城兰州为中心,大部分线路与原来的驿道是重叠的,主要有 6 条:①向东翻越六盘山沿泾河至陕西长武县,即今西兰路之原道,自平凉分一支北行逾固原以达宁夏。②向东南翻越鸟鼠山沿渭河至陕西陇县,自天水分支南行经碧口以达四川,惟山路崎岖仅能行走骡马及轿窝子。③向南经过岷县,沿白龙江合阴平道入四川,这段比较崎岖难行。④向东北沿黄河经靖远通往宁夏。⑤向西北翻越乌鞘岭经武威、张掖、酒泉、安西,出星星峡以入新疆,自安西分支西南经敦煌(达)新疆之和阗,为阳关故道。⑥向西过黄河沿湟水,经青海西宁进入西藏,为旧时陇藏驿道。[2] 这些驿道是西北对外交流的主要通道,而且十分繁忙,如兰州至四川经过岷县的道路上,不断有大车、驼队和骡队经过,"反映出这是一条地位重要的贸易要道"。[3] 在 20 世纪二三十年代继续发挥着作用,如果要行驶汽车还需要修整与加宽。如时人所言:"中国

---

[1] 秦翰才:《左文襄公在西北》,第 128—131 页。
[2] 汤惠荪等:《甘肃省农业调查》,第 132 页。
[3] 〔美〕罗伯特·斯特林·克拉克等著,史红帅译:《穿越陕甘——1908—1909 年克拉克考察队华北行纪》,第 75 页。

西部道路,本古代军事道路之遗迹,现在仅合于二轮车之通行。有几段可以通行汽车,但全体言之,若不经过重修与改筑,则不适于汽车之通行。如满足汽车事业,至少有三分之一道路须重加修筑"。① 因此,汽车运输业兴起后,西北公路大部分都是在原有的大车道的基础上修建起来的。

晚清时期河西走廊的传统交通工具——牛车

图片来源:《1910,莫理循中国西北行》下册,第 79 页

近代以来,随着外向型经济的发展,尤其是京包铁路通车后,本区域成为包头的商业腹地,以包头为中心的商道延伸到西北地区。其中比较有影响的有 4 条。①包头至定远营、大靖堡、平番、西宁路。"此道自大靖堡以北,均行蒙古草地。大靖以南,即入民地,为旧日驿道,沿途平坦,逐水草而居,阿拉善蒙古一带多流沙,故只行驼,不宜行车",全长 2350 里,是包头连接青海的主要商路。②包头至镇番(1928 年改为民勤县)、凉州、甘州、肃州、安西、敦煌路。"此道自镇番前必经阿拉善蒙古地,镇番以后或行内地驿道,或行边城之北,西行经阿拉善及额济纳蒙古均可,道路平坦",全长 4013 里,是河西走廊通往包头的主要商路。③包头至河州、秦州路。由包头至兰州,再向西南行至河州,东南至秦州,全长 3000 余里,是陇南与陇右连接包头的主要商路。④包头经五原、宁夏至兰州路,是本区域通往包头的商

---

① 余天休:《西北情形讲义》,1933 年朝阳农学院讲义,第 34 页。

业大动脉,全长2070里。① 青海的大车路以西宁为中心,东通乐都县的老鸭城,长165里;西通湟源县的东科寺,长180里;北至大通县120里,南至化隆县180里,"均可通行骡马牛车,其余各路,则多用单头畜力负运"。②

抗战时期,我国铁路、航运等因东部沿海地区沦陷而停顿,加之口岸被封锁,物资输入受到限制,而且汽车运输因配件、燃油、道路等难以发挥作用。国民政府决定举办驿运,在各省设立驿运机构,驿运再次兴盛。1939年甘肃省成立了车驮管理局,次年2月,交通部特设立兰星线车驮运输所,"主办甘肃驿运事项"。由于驿运的再次兴起,大道成为驿运的主要道路,形成了7条以兰州为中心的驿运道路,即兰星干线、兰天干线、兰西支线、兰青支线、兰宁支线、平青支线、甘川支线。行驶在驿运线上的交通工具主要是胶轮车、铁轮车、人力车、骆驼、骡马等。③ 宁夏也开办起宁绥、宁陕、宁甘三道驿运线路,运输主业依靠传统的大车和畜力,宁夏驿运有农用大车660辆,商用大车6549辆,牲畜骆驼、马、骡、驴、牛等3.9万余头。④ 驿运在抗战时期的短暂兴盛,反映出本区域公路、航运难以适应战时运输的需要,必须再次启动传统的交通运输方式作为弥补。

近代时期,"单行道"仍然是山区的主要交通道路,尤其在青海境内,"重山叠峦,交通极感不便,且游牧区域较广,交通工具,只借畜力,已足敷用,故通汽车大车之道路,为数甚少,而驼、马、牛、骡,负载货物,辄数十头连贯而由单行路来往者,往往需二三月行程,故西北可通新疆,西南可通西藏,北达宁绥,南达川康,虽羊肠鸟道,无往不利。"据20世纪30年代调查,青海的"单行路"包括11条:①宁兰路,由西宁至兰州,6骡站(每日约行七八十里),440里;②宁张路,由西宁至甘肃张掖,12马站(每日约行七八十里),670里;③宁肃路,由西宁至甘肃肃州,24马站,1300里;④宁敦路,由西宁至甘肃敦煌,31马站,1900里;⑤青新路,由西宁经都兰至新疆且末,82牛站(每日约行五六十里),4300里;⑥青藏路,由西宁经玉树至西藏拉萨,99牛站,4100里;⑦青康路,由西宁至西康邓柯,48马站;⑧青绥路,由西宁经甘肃、宁夏至包头,56驼站(每日行六七十里);⑨玉洮路,由青海玉树至甘肃洮州(1913年改名为临潭县),46牛站;⑩贵夏路,由青海贵德至甘肃夏河,12马站;⑪贵松路,由青海贵德至四川松潘,28马站。⑤ 单行道是青海通往西北各地的主要

---

① 林竞:《西北丛编》,第425—427页。
② 陆亭林:《青海省帐幕经济与农村经济之研究》,第20515页。
③ 洪文湘:《甘肃驿运之今昔》,《建设评论》,第1卷第4期,1948年1月1日,第37页。
④ 中国第二历史档案馆:《经济部西北工业考察通讯(上)》(胡元民,1943年),第61页。
⑤ 陆亭林:《青海省帐幕经济与农村经济之研究》,第20515—20517页。

商路。在铁路、公路等现代化交通工具没有完全占领运输市场前,这些大道和单行路在沟通本区域与全国乃至国际市场中发挥了重要的作用。

传统的大道和单行道上的运输工具主要依靠畜力,马、牛、骆驼、驴以及简陋的牛车、架窝等是近代本区域的主要运力。如克拉米息夫所言:"马及驴大半为旅客之用,在中国西部亦有用以运货者;牛用以运货,骆驼则用以乘旅客及运货。蒙古马及牛仅仅于夏秋间,从六月至十月工作,其他数月间,即从十月至(次年)六月,各种货物皆由骆驼运输。"① 近人亦云:"甘省多山,土人运物,常用骡、马、驴以代劳。物少则使驴负之而趋,多则载以大车,驾骡马三四匹或五六匹不等。"② 除了官员,一般富人多用骡马代步,比较豪华的代步工具是骡车、骡轿——架窝——络绳于两木杆间,上用芦席做卷棚,人可坐卧其中,旁施两辕,以二骡或三骡挽行,亦称骡车,每日可行百里左右。人坐卧其中,虽算不上舒服,但可阅读与写作,近代到西北的旅行家很多人的日记、游记就是在架窝上写的。在大车道上行走"多用骡车骡轿",在山谷间行走多用马。牦牛是青藏高原上最主要的运输工具,"甘肃、青海两省各地多用之,色黑毛长,性强耐劳,行动活泼,为运输所必需"。③ 河州传统的商队运输主业依靠牛,因此形成了牛帮商队,往返于河州与四川的松潘、阿坝、黑水、马尔康等地。④ 即使在抗战时期,西北公路有了较快的发展,传统的交通运输工具仍占主要地位,如河西走廊"公路汽车班次每周两班,容量有限,且票价至高(每公里二角六分),客运亦属不便,至有商运,则不能不仰赖旧有工具,即铁轮大车、驼、骡、马、驴,最近数年有胶轮大车,载重较多,行驶亦较快,每日平均九十里"。⑤ 传统运输方式仍在发挥作用,而且以传统交通工具为主。

各种陆地传统工具,主要依靠畜力,运输能力十分有限。马每日通常可行百里左右,若短程旅行,一日能行一百六七十里,其最快之马可行 300 里。骡每驮可载 240 斤,乘人则只载行李 120 斤,每日行 90 里左右。驴每驮可载 120 斤,乘人则只载 40 斤,每日行六十里左右。牛每驮可载 60 斤,每日行 60 里左右。骆驼每驮可载 240 斤或 280 斤,每日行六七十里,"驼夫牵驼逐水草而居,惯于野宿,任意停留,初不计货物之缓急,日久已成习惯,牢不可破"。西北的大车形状粗笨,行速迟缓,

---

① 克拉米息夫:《中国西北部之经济状况》,商务印书馆 1933 年版,第 39 页。
② 智珠:《甘凉采风记》,《地学杂志》1914 年第 1 期,第 67 页。
③ 王金绂:《西北地理》,第 223 页。
④ 王平:《论民国时期的河州牛帮商队》,《西北第二民族学院学报》2008 年第 6 期,第 48—49 页。
⑤ 张丕介等:《甘肃河西荒地区域调查报告》,农林部垦务总局 1942 年 5 月印行,第 16 页;又见张丕介、徐书琴:《河西之经济状况及社会情形》,《西北论衡》第 12 卷第 1 期,1944 年 2 月 15 日,第 3 页。

每日只能行驶七八十里;如果用来运货,可载 800—1000 斤。比较豪华的大车是"用四骡挽行,以一骡驾辕,余则拉罄,车系木制,辅以两轮,上覆以毡为篷,长七尺,宽八尺,可容三四人,行李箱箧装置车后及车底,上即铺其被褥"。牛车构造和大车一样,不同的是以牛驾车,可载 400 斤,每日行 50 里左右。驼车构造亦同大车,只是比大车高,"用驼驾之,颇为平稳"。① 传统的运输工具简陋,运输能力有限,成为制约近代本地社会经济发展的主要因素之一。

3月13日 骆驼队(由11匹骆驼组成)行进在高台县东10英里处的盐碱地。
Train of eleven camels in the soda encrusted spongy plain ten miles east of Kaotai hsien. rch 13.

骆驼是西北戈壁滩和草地上的主要运输工具

图片来源:《1910,莫理循中国西北行》下册,第 79 页

(三) 新兴道路——公路

20 世纪 20 年代,黄河上游区域开始修建公路。② 冯玉祥任西北边防督办时,倡导西北开发,"尤以汽车为救急之方",修筑从包头延伸到宁夏长途汽车路,设计为 20 站,1925 年通车。③ 这是西北第一条通向华北地区的公路。南京政府建立后,提出了建设西北公路计划,其中甘肃有 5 条:①兰长公路,从皋兰(今兰州市)起到达陕西长武,途经清水镇、定西、会宁、静宁、隆德、安国镇、平凉、泾川等市镇,与

---

① 黎小苏:《青海之经济概况(续)》,《新亚细亚》第 8 卷第 2 期,1934 年 8 月 1 日,第 29—30 页。
② 甘肃公路交通史编写委员会:《甘肃公路交通史》第 1 册,第 193 页;胡平生:《民国时期的宁夏(1929—1949)》,第 305 页。
③ 《包宁汽车路通车》,《益世主日报》第 14 卷第 38 期。

西长(西安、长武)路连接;②兰文公路,从皋兰起到达文县,经过狄道、临潭、岷县、西固(1954年更名为宕昌)、武都等市镇,与四川公路连接;③兰湟公路,从皋兰起西行至湟源,达到西宁;④兰星公路,从皋兰起至星星峡,途经平番、古浪、武威、永昌、山丹、东乐(1933年改名为民乐)、张掖、高台、酒泉、玉门、安西等市镇,与新疆公路连接;⑤兰石公路,从皋兰到宁夏石嘴山,途经靖远、中卫、金积(今吴忠)、灵武、宁夏(今银川)、宁朔、平罗等市镇,与绥远公路连接。青海有4条:①屯湟公路,由屯月起东行至湟源,与兰湟公路连接进入甘肃,途经木什克深、都兰寺等市镇;②湟拜公路,由湟源起西南行至拜都岭进入西藏;③屯干公路,从屯月起至西北行至干辛怀图水泉进入新疆,途经主要城镇有托克托运、哈雅阿鲁等;④屯敦公路,从屯月起西北行至甘肃敦煌。在宁夏的有宁西公路,从宁夏(今银川)起西北行至昔拉乌素进入蒙古。① 这是一个把主要都市和中心市镇都能够联通起来的公路建设计划,但当时没有落到实处。

甘肃通往陕西的主要公路——西兰公路(公路两旁为"左公柳")

图片来源:邵元冲主编《西北揽胜》,第51页

1930年代,甘肃省开始修建以兰州为中心,修筑通向周边的公路干线和支线。据1935年12月建设报告,已经完成的有:①兰(州)西(安)公路干线,从兰州至窑店进入陕西,全长532公里,1934年4月,全国经济委员会设立工务所负责修筑,1935年8月基本通车;②兰(州)秦(天水)公路,与西兰公路在华家岭分岔,至天水甘新干线,1934年10月动工,次年10月试行通车;③天(水)马(鹿镇)公路,接兰秦公路从云山集分岔,经张家川至陕甘交界处的马鹿镇,长114公里;④兰(州)(临)洮公路,从兰州经洮沙,至临洮,为甘川公路的第二条支线,长94公里。尚在

---

① 洪坤、李辑祥:《西北交通初步计划》,《建设》(西北专号)第11期,1931年4月,第5—6页。

建设中的公路有:①甘(兰州)青(西宁)公路,长 232 公里;②甘川公路秦(天水)碧(口)段,自天水经成县、武都至碧口镇,全长 370 公里;③兰(州)临(夏)公路,兰州经永靖至临夏,全长 138 公里;④洮(临洮)秦(天水)公路,自临洮经陇西、武山、甘谷至天水,全长 259 公里;⑤修补兰(州)新(乌鲁木齐)公路兰(州)肃(酒泉)段,从兰州经永登、古浪、武威、永昌、山丹、张掖、临泽、高台至酒泉,全长 754 公里。① 另外,还有兰(州)宁(银川)干线,从兰州经靖远、中卫、叶升堡至银川,全长 497.5 公里,与包(头)宁(夏)线连接。② 抗战前夕调查,甘肃完成的公路干线有甘陕线,甘川第一线兰州至天水已通车,甘川第二线兰州至临洮段已通车,甘宁、甘青、甘新尚在建设中。③ 在 20 世纪 30 年代的公路建设中,甘肃修建了同周边陕西、宁夏、新疆、青海等省的公路,并通过这些省公路与全国公路连接起来。在西北各省中,甘肃公路里数仅次于陕西省,居第二位。④

宁夏兴修公路始于 1925 年,但因"沟渠纵横,湖沼交错,又因款绌力微,未著成效"。⑤ 宁夏建省后,公路建设开始受到重视,1933 年,宁夏省政府主席马鸿逵"鉴于宁夏交通梗塞,公路建设重要,乃先拨军用车二十余辆,并设立省道管理处,直属省政府,专司修筑道路与管理运输,由前宁省建设厅长魏鸿发主持。然宁省地方凋敝,民力薄弱,马鸿逵遂命其第十五路军,拨调兵工数团,将全省公路同时兴工,彻底修筑。于是自二十三年起,宁夏各线公路次第修筑竣工通车。"⑥宁夏公路以银川为中心,有 3 条主干线通向内蒙古、甘肃和陕西:①宁包(宁夏、包头)路,自省城起至绥远的包头,从省城到平罗石嘴渡子河,全长 390 里,绕鄂尔多斯地后,复渡河后至廿里柳子,计至绥属临河县共长 640 里;②宁兰(宁夏、兰州)路,在省内至中卫 390 里,至兰州 995 里;③宁平(宁夏、平凉)路,由宁兰路之石空堡分岔渡河经中宁县之野猪沟等地,至甘肃固原县境共长 230 里。⑦ 另外宁夏还有 9 条支线公路,连接省内各县城和主要市镇。金灵(金积、灵武)路,45 里;宁灵(宁朔、灵武)路,40 里;宁盐(银川、盐池)路,350 里;金豫(金积、豫旺)路,220 里;宁定(银川、定远营)路,150 里;盐豫(盐池、豫旺)路,300 里;金宁(金积、中宁)路,100 里;灵豫(灵

---

① 许显时:《两年来甘肃建设之概观》,《中国建设》第 13 卷第 1 期,1936 年 1 月,第 131—132 页。
② 《甘肃汽车公路调查》,《新青海》第 2 卷第 6 期,1934 年 6 月,第 51 页。
③ 国民经济建设运动委员会总会:《中央暨各省市经济建设事业一览》,1937 年 2 月印行,第 40 页。
④ 刘正美:《抗战前的西北交通建设》,《民国档案》1999 年第 2 期,第 93 页。
⑤ 《宁夏之公路》,《中国建设》第 11 卷第 6 期,1935 年 6 月,第 151 页。
⑥ 胡平生:《民国时期的宁夏省(1929—1949)》,第 304 页。
⑦ 魏铭涵:《宁夏省公路修筑之实况》,《中国建设》第 6 卷第 5 期,1932 年 11 月,第 73—74 页;汤惠荪等:《宁夏省农业调查》,1942 年 6 月,第 352 页。

武、豫旺、韦州)路,200里;清洪(清水堡、洪广营)路,40里。① 据1935年《申报年鉴》记载,宁夏公路里程已达到1697.9公里。抗战前宁夏境内主要市镇都通车了。

青海建省以后,开始在全省修建公路,也取得了不小的成绩。全省15个县中,1930年代通公路的有10个县,即西宁、化隆、循化、乐都、湟源、大通、门源、互助、民和、都兰。南京国民政府10年间,在公路建设方面规划和动工修筑以西宁为中心的宁民(乐)线、宁循(化)线、宁亹(源)线、宁玉(树)线、宁互(助)线、宁同(仁)线、宁都(兰)线、宁贵(德)线。有的已经通车,有的尚在修建当中,如工程浩大的宁玉线长940公里,"因路途遥远,山脉迂回,支流纵横,限于财力,以故不能完成",当时只通到大河坝。②

20世纪20—30年代,本区域公路建设中,形成了两条主要公路,一条是兰新公路和兰西公路,以兰州为纽带成为贯通内地与边疆的交通大动脉;一条是青海至兰州、兰州至宁夏、宁夏至包头三条公路连接起来后成为本区域通往天津口岸的主要通道。该区域的其他公路直接或间接地与这两条公路相连接,从而把这一区域的主要市镇与都市和港口联系在一起。从公路的空间分布来看,1公里公路的密度甘肃是350平方里,宁夏是583平方里,青海是987平方里。③ 从公路密度来看,本区域公路交通相对滞后。

抗日战争爆发后,华北、华东大片国土沦陷,西北的地理位置显得尤为重要,国民政府十分重视西北的公路建设。如青海与周边地区通车的公路有6条:1. 甘青路,西宁至兰州,此路原为兰州与西宁间的大车道,全长222公里;2. 兰宁路,由西宁经甘青交界的冰沟山,经永登至兰州,全长320公里;3. 宁临路,西宁至临夏,全长270公里;4. 宁敦路,西宁至甘肃敦煌,全长1442公里,抗战初期修筑至都兰;5. 宁张路,西宁至张掖,全长408公里,抗战初期修筑到大通县广惠寺,此路与兰新公路衔接,可直达新疆;6. 宁武路,西宁至甘肃武威,全长460公里。④ 通过进一步设计与修筑,逐渐形成了青海与内地的公路系统。西北地区的公路也成倍增加,全国经济委员会直接拨款修筑了西兰、甘新等公路,最终形成了以兰州为中心的西北

---

① 汤惠荪等:《宁夏省农业调查》,第353页。
② 秦孝仪主编:《十年来之中国经济建设》第22章《青海省之经济建设》,第1页,中国国民党党史委员会1976年影印。
③ 王永飞:《民国时期西北地区交通建设与分布》,《中国历史地理论丛》2007年第4期,第134页。
④ 高长柱:《边疆问题论文集》,正中书局1941年版,第283—284页。

公路网和西北各省区的公路网。①

西北公路成为抗战时期西北地区的主要运输线,尤其是天津、上海被日军占领后,苏联及国际援华物资,还有陕、甘、宁、青、绥的农牧产品以及江南的丝、茶、桐油和金属矿都是通过兰新公路运输出口的②,甘新公路被人称之为"震惊寰宇之西北通道,"足见其重要。③ 由于该路承担着国际交通运输的艰巨任务,国民政府交通部与中国旅行社商定,委托代办沿路各站招待所,从 1938 年 6 月起先后在兰州、平凉、庙台子、华家岭等建立招待所,"来往行旅,均感便利"。还开通了重庆经宁夏至绥远、重庆经兰州至新疆的公路,加强了甘宁青与四川、湖北、陕西、新疆的联系,对"农村经济亦大有裨益。"④一些公路的修筑便利了运输,促进了公路沿线各地社会经济的发展,如兰秦公路开通后,经过通渭,"线路由城北经过,毛衣毛线之出产,随之勃兴……通渭经济由枯竭而顿趋活跃者,全赖此耳";秦安"商业久已发达,益自兰秦公路开辟后,商业更趋进步,纺纱织布,本属普遍,毛褐出产,尤为著名"。⑤ 可见,抗战时期,本区域部分地方商业、农村手工业发展状态较好,与公路修建有很大关系。

但黄河上游区域又深受地理环境的影响,黄土松软,容易造成塌陷,"地形变化多端,沟壑纵横,丘陵陂陀,一遇阴雨,道路泥泞难行,故陆路交通,至为困难。至于水路,因河流均位于黄土区域,下蚀作用特别发达,故谷深水急,滩险甚多。其仅有航行之利者,为自皋兰至河曲之黄河……以及临洮下至洮河而已"。⑥ 这样的环境也迟滞了本区域铁路的修建,南京国民政府时期,就有京包铁路、陇海铁路向宁夏、甘肃延伸的计划,也在沿线做了线路勘察。1939 年陇海铁路宝鸡至天水段动工,1945 年 12 月竣工,但通车后,线路塌方不断发生,被称为铁路运输上的"盲肠",在本区域交通中不占多大地位。

(四) 航空与邮政

西北航空起步较晚,1930 年 2 月,国民政府交通部与德国汉莎航空公司签订协议,共同组织欧亚航空公司⑦,经营以上海为中心的 3 条国际航线,其中的一条

---

① 李云峰、曹敏:《抗日战争时期的国民政府与西北开发》,《抗日战争研究》2003 年第 3 期,第 61 页。
② 徐万民:《八年抗战时期的中苏贸易》,《近代史研究》1988 年第 6 期,第 207 页。
③ 王勤堉:《民国以来之中国公路建设》,出版时间、出版者不详,第 176 页。
④ 龚学遂:《中国战时交通史》,(上海)商务印书馆 1947 年版,第 132 页。
⑤ 杨志宇:《通渭秦安天水甘谷四县手工纺织业概况》,《甘肃贸易季刊》第 10—11 期,1944 年 12 月,第 69 页。
⑥ 谭文印:《西北之黄土与人生》,《西北论衡》第 10 卷第 9—10 期合刊,1942 年 10 月,第 29 页。
⑦ 1941 年 12 月,太平洋战争爆发,中德绝交后,欧亚航空公司由交通部接受,改组为中央航空运输公司。

就是上海至新疆的沪新航线,以上海为起点,中经南京、洛阳、西安、兰州、肃州、哈密、迪化(今新疆乌鲁木齐)等处,到达塔城,全程航路为4050公里。由沪(上海)至兰(州)一段,先于1932年5月正式开航,由兰(州)至新(疆)一段,于同年12月通航;兰(州)包(头)交通间隔,又于1934年6月20日,由兰州辟往宁夏,同年11月展至包头,成为兰包线,作为沪新航线的支线,全程820公里,兰州成为西北航空的核心。① 兰州至上海航线,每周二、五开航2次,全程1850公里。② 兰州至包头支线开通后,形成以宁夏为中心的升降据点,"不仅行旅称便,邮件加速,货亦得畅其流,较诸木船、皮筏固迅捷百数十倍,即较汽车,亦便捷多多。"抗战开始后,"宁包线首先停航,兰宁线亦于二十八年后停航",此后,宁夏除了军用机飞行外,"民用航空,已全部停顿",一直未恢复。③ 另外,欧亚公司为了开辟上海到新疆航线,在肃州建立了航空站。④ 抗战期间随着玉门油矿的开办,"业务亦稍有进展。"⑤青海也开始在距离西宁5公里的罗家湾修建机场,面积256万平方米。⑥ 可见,抗战时期是西北航空业发展的主要时期。

兰州航线开通后,主要业务为客运、邮运和货运。客运方面,"乘客以政界居多,商界亦颇不少。至于兰包航线,因宁夏商旅多由北平经平绥铁路至包头,故包(头)宁(夏)关系较切,而与兰州则次之。"邮运方面,自沪新线开航以来,"往来邮件十之八九交机寄递,两日即达上海,盖取其迅捷故也。每班出发飞机,邮件重辄在三四十公斤以上。"货运方面,兰州运往上海的主要是瓜果与皮货,"夏令水果成熟,如醉瓜杏果均此间名产,盈筐盈篓交机运送。殆初冬皮季发达,则代以皮货。"⑦航空的开辟不仅为人的出行提供了快捷和便利,也便利了商业贸易。抗战时期,华北被日军占领后,兰包航线停飞,上海经南京、郑州、西安的航线也停飞。但西安经兰州、酒泉至哈密的航线继续飞行;同时又开辟了重庆经兰州、酒泉至哈密的航线。⑧

光绪二十二年(1896年)中国正式开办新式邮政,将全国划为24个邮区,光绪三十年(1904年),兰州设立邮政分局,下设信柜代办局12个,隶属西安邮政副总

---

① 黄贤俊:《兰州之航空交通》,欧亚航空公司编:《欧亚航空公司开航四周年纪念特刊》,1935年印行,第108页。
② 汤惠荪等:《甘肃省农业调查》,第133页。
③ 叶祖灏:《宁夏纪要》,第69页。
④ 刘学松:《肃州航空站之建设》,《欧亚航空公司开航四周年纪念特刊》,第111—112页。
⑤ 甘肃省地方志编纂委员会:《甘肃省志》第41卷《民航志》,甘肃人民出版社2003年版,第3页。
⑥ 汤惠荪等:《青海省农业调查》,第271页。
⑦ 黄贤俊:《兰州之航空交通》,第109页。
⑧ 龚学遂:《中国战时交通史》,第264页。

局,归汉口邮区管辖。① 之后,各府州县相继设立分局,如光绪三十二年(1906年),秦州及所属5县同时设立邮局,"四乡由大镇商人包办"。② 次年(1907年)6月至7月,陕甘副邮务司英国人希乐思到青海地区视察业务,筹设邮政机构,8月17日,西宁邮政分局正式成立。民国建立后,1912年,兰州邮政分局改归北京邮政区管辖。1914年1月1日,兰州邮务管理局成立,直隶北京全国邮政总局。③ 据1922年调查,全省有二等邮局22处,三等邮局20处,代办所106处。④ 各地邮政网络逐步建立,如青海建省时已经成立西宁、乐都、湟源、贵德、大通、循化、都兰、民和等8个邮局,以及上五庄(邦巴)、威远堡、享堂、高庙、北大通等邮政代办所。⑤ 西宁邮政"西南通西藏的拉萨,西北通都兰县"。⑥ 到抗战前夕,基本系统已经建立起来,一等乙级邮局1处:西宁;二等甲级邮局2处:湟源、贵德;三等乙级邮局5处:大通、乐都、民和、都兰、循化;另外有邮政代办所15处,村镇信柜11处,村镇邮差经过地12处(即村镇邮差经过时,摇铃为号,该地居民将信交邮差收集后,再分别转送)。⑦ 当时因交通原因,发送班次十分稀疏,如20世纪30年代调查,青海各县均设邮局或代办所,"惟僻远之处,三日一班,或一星期一班不定,更远如都兰、玉树,约需一月,始开一班。而至都兰者,需时十八日,至玉树者,需时一月。"商业比较发达的市镇之间,邮班相对较多,如"西宁、湟源二县,因皮商包件甚多,邮务特为发达",西宁至东部的邮件比较迅速,西宁至兰州4日可达,至北京2周可达。⑧

宁夏、青海建省后,两省仍属于甘肃邮政系统。1934年9月,交通部召开全国邮政会议,加大了甘宁青地区邮政机构的设立和线路的发展,在宁夏、西宁各设立一等乙级邮局,在大通、会宁、礼县、榆中、定远营设立三等邮局,并扩充宁夏及陇南邮路9条,"以资发展邮务,既获开发西北之实效"。⑨ 民国时期,甘肃邮政局下设二等分局20个,其中甘肃16个(安西、酒泉、张掖、武威、临洮、定西、陇西、岷县、秦安、天水、武都、固原、平凉、靖远、永登、夏河)、宁夏2个(宁夏、中卫)、青海2个(西宁、湟源);三等局33个,其中甘肃21个,宁夏、西宁各6个;代办所127处,其中甘

---

① 刘郁芬、杨思:《甘肃通志稿》卷61《交通·邮电》。
② 姚展、任承允:《秦州直隶州新志续编》卷1《建置志》,兰州国民印刷局1939年铅印本。
③ 刘郁芬、杨思:《甘肃通志稿》卷61《交通·邮电》。
④ 白眉初:《秦陇羌蜀四省区域志》第4卷《甘肃省志》。
⑤ 青海省志编纂委员会:《青海省历史纪要》,青海人民出版社1987年版,第248—249页。
⑥ 朱允明:《新青海省之鸟瞰》,《新亚细亚》第2卷第4期,1931年7月,第19页。
⑦ 马鹤天:《甘青藏边区考察记》第2编,商务印书馆1947年版,第187页。
⑧ 陆亭林:《青海省帐幕经济与农村经济之研究》,第20522页。
⑨ 李进禄:《甘肃邮区邮政事务概况》,《中华邮工》第2卷第4期,1936年4月30日,第24页。

肃 98 处,宁夏 18 处,青海 11 处。① 到 20 世纪 30 年代中期,甘宁青三省从省城到县城、主要市镇均设有邮政机构,邮政网络已基本形成了。

如前文所言,随着航空线路的开通,邮件可搭载航班运输,本区域也开始了航空邮政。至抗战时期和抗战胜利后,西北汽车、航空邮路逐渐完善,形成了四条汽车邮路:包宁北线,从包头经临河、磴口至宁夏;包宁南线,从包头经东胜、石嘴山至宁夏;甘川线,从兰州经临洮、岷县、武都、碧口至四川广元;兰州、都兰线,从兰州经西宁、湟源至都兰。1939 年中央航空公司(欧亚航空公司改组)开通了重庆经兰州、武威、酒泉至哈密的航线,随之邮运也开通;每月重庆与哈密之间行邮往返四次,其中 6 日、13 日、20 日、28 日由酒泉飞兰州,5 日、12 日、19 日、27 日飞往哈密。② 1947 年 2 月,邮运部门在指定的 27 处"航空邮运中心局"中,兰州列居其中。③

邮路的拓展和运输方式的现代化,加速了信息传递的速度和数量。据 1928 年统计,甘肃邮局发送信函 189.7 万件,明信片 2.6 万件,报纸 9.3 万件,印刷物及书籍 16.5 万件,贸易货物 1100 万件,包裹重量 35.3 万斤,各种汇票 2.6 万余张。④ 说明邮政对当地社会经济的发展会起到良好的作用。

四、行政区划与基层政权

(一)青海、宁夏建省

民国建立后,本区域行政区划发生了比较大的变化。就省级行政区划而言,民国时期进行了重构,即将包括原甘肃行省管辖的地区以及青海办事大臣辖区、内蒙古阿拉善旗和额济纳旗划分为甘肃、青海、宁夏三省。

清朝时期宁夏属甘肃宁夏府(明朝为宁夏卫,顺治十五年裁卫设道,雍正三年裁道设府),包括宁夏、宁朔、中卫、平罗、灵州、花马池、平远、宁灵等州、县、厅;民国初年,改设朔方道,辖宁夏、宁朔、中卫、平罗、灵武(1913 年灵州改置)、金积(1913 年宁灵厅改置)、镇戎(1913 年由平远县改名,1928 年改名豫旺县,1938 年改名同心县)等 7 县。⑤ 1925 年,冯玉祥国民军入甘后,开始酝酿甘肃分省的问题,试图

---

① 汤惠荪等:《甘肃省农业调查》、《宁夏省农业调查》、《青海省农业调查》,分别见第 133、353、271—272 页。
② 陇行:《甘肃酒泉概况调查》,《交通银行月刊》1941 年第 1 期,第 62 页。
③ 蒋耘:《民国时期西部的邮路建设》,《民国档案》2003 年第 1 期,第 101 页。
④ 刘郁芬、杨思:《甘肃通志稿》卷 61《交通·邮电》。
⑤ 马福祥等修:《朔方道志》卷 2《地理志上·沿革》,天津泰华书馆 1927 年铅印本。

"通过将宁夏、青海地区从甘肃省分出,划为两个独立行省的办法,这样就可以有中央政府重新任命省主席等官员,从而合法地把西北军势力打进去,取马家势力而代之。"①1928年,冯玉祥派系薛笃弼(南京政府内政部长)向国民党中央政治会议提交了分省提案:

> 甘肃面积过广,北部阿拉善额努特旗,及额济纳土尔扈特旗地方,汉、蒙杂处,凤号难治。从前设有宁夏护军使管辖。宁夏护军使改为镇守使,该地方仍归宁夏镇守使辖治。现时镇守使既不设立,该两旗地方遂致无所管属。甘肃省政府鞭长莫及,难以控制,长此以往,殊非所宜。况该处地广人稀,尚待开发,听其自然,亦属可惜。查甘肃宁夏地方东濒黄河,土地肥沃,若将旧宁夏道属各县与阿拉善、额济纳两旗地合并为一,划设成省,先就宁夏附近之地,从事屯垦,一面向阿拉善、额济纳地方逐渐开发,不十年间,亦可与内地各省相埒。至于宁夏物产丰富,关于省之经费,较之青海等省,尚有余裕,亦无虞财政之困难也。②

1928年10月17日,国民党中央政治会议第159次会议,决定将甘肃宁夏道属8县(即宁夏、宁朔、平罗、中卫、灵武、金积、盐池和平远县)以及宁夏护军使辖地(即阿拉善、额济纳二旗)合并建为宁夏省。11月1日,南京国民政府正式颁布命令,任命门致中等7人组成宁夏省首届政府委员,筹备成立省政府;甘肃、宁夏、青海根据国民政府第170号训令,商定了《甘肃、宁夏、青海三省划界实施办法草案》,着手划分界限。1929年1月1日,宁夏省正式宣告成立。新宁夏省领9县2旗,面积27.5万平方公里,约占全国面积2.38%,总人口为70万人。③ 冯系将领门致中任第一任主席。

清朝时期的青海分为两部分,一部分属于青海办事大臣管辖,一部分属甘肃西宁府。民国成立后,就有学者提出青海建省的问题,建议将甘肃西宁府所辖的西宁、碾伯、大通3县和贵德、丹噶尔、循化、巴燕戎格(1913年改名巴戎县,1931年改名化隆县)4厅,改隶青海省,"使其东陲幅员稍广,借足回旋"。④ 尽管该项建议未被采纳,但北洋政府裁撤青海办事大臣,设置青海办事长官,"以管理青海区内之蒙番等族事务。"1915年,在西姆拉会议上,英国人提出了中、印、藏界限的问题,企图

---

① 吴忠礼:《宁夏建省溯源》,《宁夏大学学报》1984年第2期,第69页。
② 胡平生:《民国时期的宁夏省(1929—1949)》,第2—3页。
③ 吴忠礼:《宁夏建省溯源》,第68页。
④ 张德馨:《青海改建行省刍议》,《中国地学杂志》1912年第3—4期合刊,第4页。

把西藏(包括青海藏区)从中国分裂出去。1919年,北京政府外交部通电各省区,征求关于西姆拉会议英国提出的"昆仑山以南当拉岭及三十九族察木多德格土司以北及青海南部之地,划为内藏,中国不设官不驻兵"的问题,甘边宁海镇守使马麒通电反对。① 1922年,马麒、黎丹、朱绣等人以英国人侵略藏区日急,向北京政府提出了经营青海的计划,呈请北京政府将镇守使改为特别行政区,没有引起北京政府的重视。1925年冯玉祥国民军入甘后,开始注意青海藏区问题,"设拉卜楞治局隶于西宁道,十五年改置青海护军使,乃以马麒充任,驻于西宁。"并以"西宁以边区关系,改置西宁区行政长以监视县政。"南京国民政府建立后,因青海关系到国防建设至为重要,1928年9月5日,南京国民党中央政治会议第153次会议,通过了国民政府内政部长薛笃弼提出的甘肃省分治案,建立青海省。10月17日,中央政治会议第159次会议决议"将甘肃旧西宁道属之西宁、大通、乐都(碾伯)、巴戎、循化、湟源、贵德七县划归青海省,定西宁为青海省治"。② 1929年元旦,青海省政府宣告成立,孙仲连、马麒、黎丹、林竞、郭立志、班禅额尔德尼6人为青海省政府委员,冯系将领孙仲连为主席。

通过新的行政区划,本区域由清朝和北京政府时期的一行省一办事大臣演变为民国时期的甘肃、宁夏、青海3省的政区结构。需要强调的是,如无特别说明,本书1928年以前所言甘肃,包括甘宁青三省。根据国民政府内政部1947年统计,甘肃有69个县,1个市,2个设治局;宁夏13个县,1个市,2个设治局,3个旗;青海19个县,1个市,1个设治局。③ 尽管甘宁青分省,是冯系为了安插亲信,掌控西北,但从客观效果来看,政区的重新构建,有利于国家对地方的控制和国家政策的推行。

(二) 民族地区的行政系统

在本区域的蒙藏民族地区,实行不同于农业地区的管理体制,简单地说,在蒙古族游牧地"以旗为界",在藏族游牧地"以族为界"。蒙古族实行盟旗制度,青海蒙古族分为左右两翼,6部29旗,以旗为单位,"一切行政组织,完全自由平等,不相统属,不能节制。所谓各部者,仅留部落之名称,而左右两翼正副盟长,亦仅为各旗间发生纠纷时之调解人。"即蒙古族的行政权力不在盟,而在旗的王府。蒙古族王

---

① 樊前锋:《马麒传》,青海人民出版社2013年版,第67—71页。
② 黎小苏:《青海建省之经过》,《新亚细亚》第8卷第3期,1934年9月,第33—34页。
③ 内政部编:《中华民国行政区域简表》(第11版),商务印书馆1947年版,第145—158页。

公贵族实行世袭的分封制,封爵有亲王、郡王、贝勒、贝子公爵及札萨克等名称,"札萨克为职,执行政务,其余皆爵位",总称为王公。王府内分札萨克、默勒、章京等官职,"除札萨克为王公外,余皆由王公任免,掌理本旗事务。此为一旗最高机关,等于现行政制度县政府所辖之区,名之曰当,意为千户;区下分乡,名之曰五加,意为百户;乡下分村,名之曰阿举,意为五十户;村下分间,名之曰举,意为十户;间下分邻,名之曰阿,意为五户。"王府以下,各乡、村等负责人沿袭清朝旧制,称为红牌、乡老等,"乡老等于乡长,红牌等于村长。"① 在保甲制度推行前,蒙古族民众隶属于各王公及千百户之下,"一切事宜,均听各旗族头目之指挥,并无区镇乡村之组织"。②

罗卜藏丹津叛乱③平定后,加强了对藏族地区的统治,实行千百户统治体制。"人民在千户以上者,委一千户;百户以上者,委一百户;不及百户者,委一百长。"千百户受政府之命,管理本族一切行政事务,千百户之下,又有百长,五十户、十户、五户等名称。民国建立初年,继续沿袭清朝的管理体制,"千户所辖及其组织,即等于县以下至区域,千户即等于区长;区下分乡,百户即等于乡长;乡下分村,百长或五十户等于村长;村下分间,十户即等于间长;间下分邻,五户即等于邻长。惟其千户或百户,虽须经政府之委任,但仍为世袭,不过施行一种加委之手续。"④民国时期,蒙藏少数民族地区基层政权仍然控制在少数民族头人手中。

同时,不论是北京政府还是南京政府,为了加强对民族地区的管理,在这里推行县制,使国家政权向民族地区延伸。推行县制的方法有两种:一种是把清朝设立在各地的州、厅改为县。如民国初年,将丹噶尔厅改为湟源县、巴燕戎格厅改为巴戎县、贵德厅改为贵德县、循化厅改为循化县、⑤灵州改为灵武县、宁夏厅改为金积县、花马池分州改为盐池县等。⑥ 一种是先在蒙、藏民族聚居地区建立设治局或理事,在条件成熟后建立县制。北洋政府时期,甘肃省政府在青海蒙藏游牧部落集聚

---

① 陆亭林:《青海省帐幕经济与农村经济之研究》,第20626—20628页。

② 梁炳麟:《现在的都兰》,《新青海》第1卷第5期,1933年3月,第92页。

③ 清朝雍正元年(1723年)青海和硕特蒙古贵族首领罗卜藏丹津发动的叛乱。罗卜藏丹津是顾实汗之孙,康熙五十三年(1714年)承袭其父的亲王爵位,成为青海和硕特部蒙古贵族的最高首领。康熙五十九年(1720年),罗卜藏丹津作为和硕特贵族的代表,参加了清军护送达赖喇嘛入藏的军事行动。雍正元年,罗卜藏丹津胁迫青海蒙古各部贵族于察罕托罗海会盟,发动武装割据叛乱。清政府闻变后,立即命年羹尧、岳钟琪等率军镇压,很快将叛乱平定。清政府平定叛乱后,对青海地区的行政建制作了重大改革,使青海完全置于清朝中央政府直接管辖之下。

④ 陆亭林:《青海省帐幕经济与农村经济之研究》,第20647—20648页。

⑤ 陈秉渊:《青海历史之演变》,《新西北》第2卷第1期,1939年8月,第45—46页。

⑥ 叶祖灏:《宁夏纪要》,第3页。

巴仑头目办事人员全体会议合影

图片来源:青海省政府民政厅《最近之青海》,新亚细亚学会 1934 年印行

的地区设立理事,逐渐将中央政权向这些地方推行。如"玉树等二十五族,民国以来以其地扼青康藏交通之咽喉,为海南政治经济之中心,特设玉防司令部,七年(1918年)又设理事委员会于结古,掌理二十五族民刑事宜,十五年(1926年),置玉树垦务分局"。① 蒙古族聚居比较集中的都兰,1918 年设理事署,1920 年设都兰县。② 在此基础上,再设立县级行政机关。

青海建省后,加快了在蒙藏游牧民族地区建立县级政权的步伐。青海省民政厅在给南京国民政府呈文中指出:"青海固系五族杂居之广漠荒区,地虽肥沃,人尚质朴。而天寒山峻,交通不便,俗尚各殊。昔自秦汉间开辟以来,历代相沿,或置或弃。有清之初,虽锐意经营,然仍属远方怀柔观念,并无开发具体办法。迨至乾隆间,虽遣将派使,坐镇边城,以资慑服。而于行政区划,除海内蒙番各族,以所居地酌设王公千百户等名目统制外,亦无一定界畔。故其管辖多系属人主义。百姓游牧所到之处,即其头目行政权限所达之地,因之各族间时有交涉。至前西宁道属原有七县,系由旧有州郡卫所先后分别改建。或取其交通便利,或因其气候和暖,或顺其民情所欲,随意设置,关于各县区域面积、人口、财赋等主要条件均未深加注意,遂致流弊滋多。今查各县区域旧图,其面积有达三四百里者,有达一二百里者,地方广狭不同,人民文野各异,政令敷施,亦因而有间。其在昔年,时局清平,边疆

---

① 蒙藏委员会调查室:《青海玉树囊谦称多三县调查报告》,1941 年 12 月印行,第 17 页。
② 竟凡:《青海之政治区域》,《开发西北》第 4 卷第 1 期,1935 年 8 月,第 33 页。

无忧,人口稀少,风气固陋,去官虽远,尚可相安无事。迨至近季,人口渐多,天时不变,思乱分子,乘间时起,滋扰闾阎。劣绅土豪,恶霸一方,鱼肉百姓。官府一切政令,等于具文。一言统制,实有鞭长莫及之虑。去岁奉令青海改建行省,各处边远民众,及一般人士,金谓青海开发,行政方面,宜先从原有七县着手整顿,渐及内部,以定基础。"因此,建议一方面将原有7县政区进行重新划分,建立新县,"于乐都、巴燕两县之东,划设民和县。西宁县东北,划设互助县。大通县以北,划设门源县。贵德县西北,划设共和县,东南划设同仁县。以期区域均匀,便于统治。"一方面将原有"都兰、玉树两理事,亦请改设县治,以为内部开发根据地点。"① 南京政府内政部同意了青海省政府的建议,拟增设共和、门源、同仁、玉树、民和、互助、都兰等7县。② 1929年4月,分循化县保安堡设同仁县,县治在隆务寺;分碾伯上下川口等地设民和县,县治在上川口;7月,分大通县北大通等地方设门源县;8月,分西宁县一部分设互助县,县治威远堡;11月,分湟源县西南恰布恰、贵德县属上下郭密设共和县。③ 互助县设立后,原由四世达赖云丹嘉措所封的土官(其中土族11名,藏族2名)所辖百姓、土地直接交县政府管理,并向县政府交纳赋税,④由此土族的土官制度被废除了。1932年,青海省民政厅计划在大河坝、称多、囊谦、可鲁、八宝、鲁仓等6处增设县治,"使游牧民族进而业农,以便实施移民垦殖"。⑤ 次年10月,因玉树西部辖境土地空旷,为便于治理起见,划玉树的囊谦族、苏尔莽族、蛟蜡族等地设立囊谦县,以香达为县治。1937年3月,划玉树之蒙古尔津族、永夏族、称多族、娘嗟族、固察族、拉布族等,设立称多县,以周均为县治。1938年,青海省政府以结古设立青海第六行政督察专员公署,以总三县行政。⑥

宁夏也在少数民族地区推行国家政权。新宁夏省建立后,为了便于管理,一方面,将一些面积较大的县析置新县,1929年2月由平罗县析置磴口县,1933年由中卫县析置中宁县。⑦ 一方面,在蒙古族地区建立设治局,1930年,在阿拉善旗定远营建立紫湖设治局,在额济纳旗威远堡建立居延设治局,在绥远鄂托克旗西南陶乐

---

① 青海省政府民政厅:《最近之青海》,第19—20页。
② 同前书,第26页。
③ 竟凡:《青海之政治区域》,《开发西北》第4卷第1期,1935年8月,第34—39页。
④ 司俊:《近代西北少数民族土地所有制结构的发展趋势》,《甘肃社会科学》2001年第5期,第88页。
⑤ 《青海将增设六县治》,《西北专刊》1932年第3期,第12页。
⑥ 蒙藏委员会调查室:《青海玉树囊谦称多三县调查报告》,第17页。
⑦ 魏慎:《宁夏省地方行政概况》,《边疆半月刊》第2卷第10期,1937年5月31日,第50页。

湖滩建立陶乐设治局。①

清朝时期,甘南夏河藏区名义上属于西宁府循化厅管理,实际上一切政教大权完全由拉卜楞寺主持嘉木样活佛操纵。国民军入甘后,1927年6月2日建立了拉卜楞寺设治局,1928年1月改为夏河县。② 设治局是民国时期蒙藏等少数民族地区建立县级政权前的一种过渡性政权机构。到1947年,本区域尚有5个设治局,其中甘肃2个,宁夏2个,青海1个。

县制的推行改变了中国传统时期国家政权对民族地区的管理方式,目的在于将这些长期游离于国家政权之外的民族地区纳入国家的权力网络,以改变这些地区传统的政治模式和权力结构,便于国家各项政策的推行,但在推行的过程中却不尽如人意。青海省在藏区为推行政令,曾没收民间武器,分驻军队,使原来土官的权势也受到削弱。但在藏族集居的县份,行政制度仍难推行,如玉树地区各地仍按旧的称呼,地方治安也由各族"分担维持";都兰县境内"蒙民均相沿往日之王公制度",藏族居地仍以族为界,"分区自治,现尚不易谈到"。③ 囊谦、称多、玉树三县自"设治以来,既感地方财政困难,复以封建积习甚深,更张匪易,故推行行政县政,目前尚无若何成绩可言"。④ 宁夏推行县制也是阻力重重,尤其是额济纳、阿拉善两旗,名义上属于宁夏省,"但一切管辖行政之权,省府仍不得与问"。⑤ 因此,两旗名义上归宁夏省,实际上一直处于半独立状态。换句话说,因民族习惯与传统势力的影响,国民政府在蒙藏地区推行国家权力遇到了巨大的阻力。在游牧区设立的县政府,设施极为简陋,如都兰属游牧区,除了寺院僧众外,均居无定所,导致"政府一切县政设施,极为困难,县府组织简单,连县长仅四五人"。⑥ 这样廉价的县政府,在游牧区有多大权威可想而知了。

1931年,国民政府宣布改土归流,试图将土司辖区纳入国家政权的管理之下,但王公千百户制度根深蒂固,推行结果却十分不理想。即使设立了县级行政机构,却难发挥实质性作用,在蒙藏民众的眼里,他们的政治领袖依然是王公和千百户,不但向王公贵族缴纳贡赋,而且在政治上唯命是从,"蒙藏人民按时将应时之牛马匹羊、奶油、皮毛,及一切应用事物,献于王公千百户,一切政令动作,亦惟王公千百

---

① 《宁夏建省增设县治之困难》,《边疆半月刊》第2卷第6期,1937年3月31日,第62页。
② 夏河县志编纂委员会:《夏河县志》,甘肃文化出版社1999年版,第124—125页。
③ 孙福康:《青海省县行政概况》,《边疆半月刊》第2卷第10期,1937年5月31日,第47页。
④ 蒙藏委员会调查室:《青海玉树囊谦称多三县调查报告》,第22页。
⑤ 傅作霖:《宁夏省考察记》,南京中正书局1935年版,第1页。
⑥ 新西北通讯社南京总社:《边疆异俗漫谈》,1935年印行,第41页。

户是从"。① 即使在改土归流四五年之后,青海蒙藏二族,虽名义上受省政府的管辖,但"其政治仍然未脱离王公制度,蒙藏人民泥于旧习,知有王公不知有政府,政府的势力究不能深入……直到于今,蒙藏民族的最高政治长官,依然是王公,其次是千百户……土司权力也极大,土民畏之如虎,视为唯一长官,其对汉人或其他民族的政令,都漠然视之"。② 即使政府的行政人员和安排在基层区村长发挥一些作用,也是与原来的王公千百户共同处理事务。如青海共和县"未设县治以前,所属均系部落,设县治后,全县共划分为六区二十五村,每区委任区长一名,惟因县治初设,区长仍由各千户王公兼任,每村委村长一名,牌长若干名,会同各区千百户王爷,秉承县政府命令办理全县自治事宜"。都兰设县后,"依然太古部落时代之景象,区村制度,尚谈不到"。③ 玉树县似乎一切民刑诉讼,皆由县长办理,但"事实上各族设有千百户,一切权柄悉操于伊等手,实为番人之领袖"。④ 共和设县后,"县政府处理蒙藏民刑案件,多依番例番规办理,其他距县治较远之地方,其人民诉讼,亦间由当地蒙藏头目千百户直接处理者"。⑤ 可见,传统的千百户王公在改土归流后,依然掌握着乡村权力,犹如时人针对青海少数民族地区政治情形所言:"民众们绝对的拥戴着他们的王公千百户的统治权威。现在省当局虽有都兰、玉树等新县的设施,不过还是官样文章,实际上举凡民事、刑事、负差、纳税等司法、行政权衡,为王公千百户之马首是瞻。行政要领,诉讼法规,无论蒙藏旗族都延续着原有的陈规,或由旗族会议所议定,若是比较属于永久性的法规,则必聘请高级喇嘛,根据宗教规律,从长计议,慎审讨研以后,才能决定施行,其他属于宗教的事务,则由喇嘛负责掌管,关于民间诉讼,也是归王公千百户负责行施"。⑥ 在蒙古族聚居中心地区设立都兰县,"惟尚无统治权力"。⑦ 也就是说,尽管经过行政改革,在蒙藏民族集聚的基层社会,仍然是王公千百户的天下。

甘肃土司也像原来一样统治着自己的属民,卓尼的杨土司最为典型。在抗战前,随着改土归流和农业文化的渗透,卓尼杨土司所辖藏民"民刑诉讼送临潭县受理,但权限时有冲突",为了解决此问题,在 20 世纪 30 年代甘肃省政府拟设卓尼设

---

① 朱允明:《新青海省之鸟瞰》,《新亚细亚》第 2 卷第 4 期,1931 年 7 月,第 18—19 页。
② 王克明:《青海省的政治组织、政治机构、财政、教育》,《西北向导》第 16 期,1936 年 9 月 1 日,第 8 页。
③ 《青海各县之区村自治概况》,《新青海》第 1 卷第 9 期,1933 年 9 月,第 50 页。
④ 《玉树之行》,《青海评论》第 6 期,1933 年 11 月 11 日,第 9 页。
⑤ 《青海共和金矿》,《新青海》第 3 卷第 4 期,1935 年 4 月出版,第 60 页。
⑥ 张元彬:《青海蒙藏两族的经济政治及教育》,《新青海》第 1 卷第 10 期,1933 年 10 月,第 141 页。
⑦ 陆亭林:《青海帐幕经济与农村经济之研究》,第 20627 页。

治局管理藏民事务,通过这种形式将国家权力渗入杨土司势力范围,但"杨土司尚未同意",①甘肃省政府的这种尝试失败了。抗战开始后,在"统一政令、军令,全面抗战"的口号下,甘肃军政当局多次命令卓尼杨土司取消土司制度,成立卓尼设治局,推行新政,编制保甲,但无法实施。直到"卓尼事变"杨土司被杀后,甘肃省政府才撤销了卓尼"世袭土司"的名义,由其子杨复兴承袭其父"洮岷路保安司令"的职务,成立了卓尼设治局。②即便如此,卓尼的军政大权仍集中在卓尼保安司令部,如时人所言:"表面上看起来,这里最大部分的地方,已经建立了县或设治局的正常地方行政制度,但因为本区域藏民原来政教合一的传统很深,所以很多去处如今是一种双重的政治型态,新旧制度并行不驳"。③国家权力仍然难以渗入,土司与国家政权之间的冲突时有发生。

可见,南京国民政府时期,县级政权在蒙藏地区推行之困难。寺院、部落土官掌握着部落的政治、经济大权,不利于国家新经济政策的推行,进而影响了本区域民族地区社会经济的发展和现代化的进程。

拉卜楞寺的藏兵

图片来源:《方志》第9卷第3—4期合刊,1936年7月

(三) 保甲制度

保甲制度是中国传统乡村社会管理的一种方式。南京国民政府建立后,1928年10月,国民党第二届中央常务委员会第179次会议通过了《下层工作纲要案》,

---

① 张其昀:《洮西区域调查简报》,《地理学报》第2卷第1期,1935年3月,第5页。
② 甘南州地方志编纂委员会:《甘南州志》,民族出版社1999年版,第1095页。
③ 奇客:《黄正清与杨复兴分治下的"安多藏民区"》,《西北通讯》1947年第5期,第24页。

将"保甲运动——安定地方秩序"作为国民党中下层党部地方工作自治运动的主要纲领之一。① 随着中共武装割据政权的建立,国民党为了"剿共"和控制乡村民众,大力推行保甲制度。保甲组织,以户为单位,户设户长,十户为甲,甲设甲长,十甲为保,保设保长,甲属于保,保属于区。甘肃省保甲制度开始于 1934 年 11 月,到 1937 年基本完成,共计 1076 个联保,10399 保,101957 甲;其中受训的保长占全部保长的 81.2%,受训的甲长占全部甲长的 17.92%。② 1934 年 10 月,宁夏省在平罗县进行保甲试点工作。根据平罗试验结果,"颁定宁夏等九县查编户口保甲办法,委定保甲指导员,并将平罗户口调查队,编为九组,每县一组,每组设委员四人,二十四年一月,分赴各县实行查编。"次年 3 月全省编查完毕,全省编为 642 保,8471 甲。③ 为了加强对乡村社会的控制,宁夏省政府制定了一系列的法规和制度,如重新厘定了户籍管理办法,通过该办法使宁夏形成了省政府—县政府—区公所—联保主任—保长—甲长等管理模式。④ 1940 年,随着新县制的推行,宁夏将各区公署一律取消,改为乡镇保甲制度,确定乡镇为县以下的自治单位,其编制方法"以十进位为原则,有少数多至十六甲,少至六甲之保者。有时甲亦有少至六户,多至十五户者"。以此为原则,将全省分为 140 乡,1057 保,100572 甲。⑤ 青海省的保甲编制完成于 1943 年,计 837 保,9005 甲。⑥ 保甲制度是民国时期国家权力下移的主要手段之一,试图通过保甲制度控制乡村社会,如时人所言:"保甲制度已由民众的军事组织进而为国家内政之设施,再进而为社会事业、经济建设运用之枢纽。"⑦ 但这只是一种美好的愿望,实际操作过程中并没有达到预期的效果。

蒙藏民族聚居地保甲制度推行比较晚。1941 年 6 月 25 日,甘肃省第一行政公署专员胡公冕在黑错召集临潭、夏河、卓尼 3 县(局)党政军首脑和寺院主持、重要土官、总管、头人参加的保安会议,决定推行保甲制度,并制定了 7 条实施办法。这次会议后,三县开始编查户口,推行保甲制度。⑧ 1942 年,马步芳在青海夏卜浪部落推行保甲制度,在承认千百户制度继续存在的条件下,组织保甲,全部落编了

---

① 《中国国民党中央执行委员会通令》(1928 年 10 月 26 日),《中央党务月刊》第 5 期,1928 年 12 月,第 2 页。
② 内政部统计处:《战时内务行政应用统计专刊》第二种《保甲统计》,1938 年印行,第 25—26 页。
③ 宁夏省政府秘书处:《十年来宁夏省政要览》第 2 册,1942 年印行,第 93、117 页。
④ 宁夏省政府秘书处:《宁夏省政府行政报告》,1936 年 12 月,第 13 页。
⑤ 秦晋:《宁夏到何处去》,第 10 页。
⑥ 冉棉惠、李慧宇:《民国时期保甲制度研究》,四川大学出版社 2005 年版,第 117 页。
⑦ 闻钧天:《中国保甲制度》,商务印书馆 1935 年版,第 55 页。
⑧ 甘南州志编纂委员会:《甘南州志》,第 1097—1098 页。

3个保,36个甲。保、甲长由牧民推选,千百户同意,报马步芳政权批准。担任保、甲长,对于牧民来说是一很大负担,只招待一项就要付出巨大的开支。由于很多人付不起此一款项,后来干脆由牧民轮流担任。保甲制度只是"应付马步芳政权各种差役杂税的形式,对内一切行政事务仍然由千百户处理。"①在推行保甲制度的过程中,有的王公、千百户担任保甲长,如青海汪什代海部落1945年建立保甲制度,成立了5个保,50个甲,千百户分别担任保长、甲长。② 甘肃宕昌马土司在改土归流后,担任第六联保主任,"管辖第六联保西番沟一带之番民"。③ 他们的身份虽然发生了变化,但仍然掌握着这些地方的实际权力,控制着乡村社会。因此,藏区的保甲制度,在某种程度上只是换汤不换药而已。

通过推行保甲制度,动摇了传统的土司制度。原来的"晓化"(部落)演变为乡,"郭哇"(村落)为保,青海土司地区"各千户各昂□均定为区长,各百户均定为保长",④以保甲制度中的乡、保、甲制度取代了部落制度。在藏区推行保甲制度,无疑有利于国家权力延伸到基层社会,政教合一的统治体制开始动摇,如拉卜楞寺"所属部落纳入了政府的行政轨道",其所属部落土司、头人按原有地位和实力的大小相应地被委任为乡长、保长、甲长。⑤ 尽管由于传统力量的影响,国民政府在民族地区推行保甲制度后,乡村权力仍然控制在部落土官和寺院上层僧侣手中,但其统治体制已经发生了一定的变化,对国家政策在这里的推行有重要的意义。

---

① 《同德县夏卜浪千户部落基本情况》,青海省编辑组:《青海省藏族蒙古族社会历史调查》,第36页。
② 张济民:《青海藏区部落习惯法资料集》,青海人民出版社1993年版,第85页。
③ 《宕昌商业调查》,甘肃省档案馆藏,56/1/42。
④ 西北实业调查团:《青海调查报告》,1946年6月印行,第10页。
⑤ 刘继华:《民国时期甘肃土司制度变迁研究》,《甘肃教育学院学报》2003年第2期,第11页。

第二章 土地制度、地权与租佃关系

近代本区域的土地制度、地权与租佃关系是从清朝时期延续下来的,在数百年的历史发展过程中,延续与变化共生。就土地所有制而言,在农业区有官田,包括屯田、学田、监田、旗地等,这些官田随着清朝各种体制的变化逐渐私有化了,到近代特别是民国时期逐渐成为原来屯民的私有土地。据《甘肃通志》记载,甘肃田地大致可分为民赋田、屯田、监牧地、更名田、番地等五类。民赋田是指所有权,"继承买卖,悉听自由";屯田本为官田性质,由戍兵垦殖升科,"所有权应不在人民,但事实已与民赋田无异,不过课则不同",负担较重;监牧地主要是开城七监马厂土地;更名田为旧藩王的土地,改归民有的土地;番地是指"归化番民与革除番族土司"的土地。① 蒙藏少数民族地区,是寺院土地所有制和土司土地所有制,如近人所言:"甘肃藏区的土地,是集中在两种人手里。一部分是属于寺院的,像拉卜楞寺所属的十三庄,及其他的地;一部分是属于世袭的土司的,例如卓尼设治局之下的四十八旗地,都是杨土司的。有些地方的头目、老人,或者老百姓,亦有私地的名分……但考其究竟,土地的所有权,还是永久属于寺院或土司的。"② 随着改土归流和国家政权的渗入,土司辖区的地权也发生了变化。本区域是一个多民族、多经济结构的地区,地权、租佃关系等方面既有共性也有其特殊性。

一、土地所有制及其演变

(一) 官田及其演变

民国时期的部分官田可以追溯到清朝时期。当时的官田"一般包括屯田、未开垦的田土、河海水流域退后形成的滩田,以及绝产、逃户的遗田,罪犯被没收的田地

---

① 何让:《甘肃田赋之研究》,见萧铮主编《民国二十年代中国大陆土地问题资料》,成文出版社有限公司,(美国)中文资料中心1977年版,第10126页。
② 徐旭:《甘肃藏区畜牧社会的建设问题》,《新中华》复刊第1卷第9期,1943年9月,第45页。

等等,内容庞杂"。① 有的县则只有两三类,如镇番包括屯科、学粮、更名田三类。②本区域属于官田的土地有屯田、监田和学田、旗地等。

1. 屯田。屯田是本区域所占数量最大的官田。③ 关于屯田的性质,王希隆认为"军屯以军队作为劳动者,国家以军律将士兵固着在土地上从事屯田生产。屯兵使用的土地、耕畜、农具、籽种等生产资料,都由国家授予,屯兵对这些生产资料只有使用权,而无所有权"。"大凡徙民的迁徙费用、屯地、农具、籽种、耕畜、住房等都由国家授予或贷予,并在一定时期内由国家给徙民提供粮食,即实行供给制。徙民到达屯区的最初几年,其生产、生活资料还不完全属于私人所有。""历史上的屯田,无论其为军屯还是民屯,首先都应是与军事目的或统治需要紧密相联系的国有制经济"。④ 因此,在屯田民地化过程完成以前,无论是军屯还是民屯,其土地都是国家所有制。

清朝时期,黄河上游区域的屯田主要分布在河西走廊,如肃州的九家窑、三清湾、柔远堡、毛目城、双树墩、九坝,张掖的平川堡,武威的柳林湖、昌宁湖以及安西、柳沟、靖逆、赤金、瓜州、沙州等地;青海的大通、额色尔津和哈尔海图以及宁夏平原等地。如西宁府官田在 160 万—200 万亩之间。一种为屯科粮地,即明朝的军屯地,清代转为官田,由民户垦种,田赋起课最重;一种为番贡粮地,即罗卜藏丹津叛乱被平定后,清政府整饬西宁田赋,把原属于寺院的一部分土地、被革除称号的原土司的土地以及新归附的少数民族部落民户耕种的土地收归地方政府,转交民户耕种,国家征收田赋。⑤ 有学者统计清朝嘉庆时期甘肃的屯田数为 9641243 亩⑥,嘉庆十七年(1812 年)甘肃的耕地面积为 23684135 亩,⑦据此计算,甘肃的屯田占耕地总面积的 40.7%。仅从屯田数量来看,清朝中期本区域国有制土地占有很高的比例。

2. 监田。监田即国有牧场,也是国有土地的一种。西北地区向来是我国马匹生产的重要基地,清政府为了满足马匹的需要,沿袭明朝旧制,在本区域设监牧马,顺治初年"设洮岷、河州、西宁、庄浪、甘州五茶马司及开城、安定、广宁、黑水、清平、

---

① 方行、经君健、魏金玉主编:《中国经济通史·清代经济卷(下)》,第 1461 页。
② 周树清、卢殿元:《续修镇番县志》卷 3《田赋考》。
③ 根据《大清律例》卷 9《户律田宅》中,"盗卖田宅"条辑注:"屯田系给卫军耕种之业,各有定额,亦官田也。"(《大清律例汇辑便览》卷 9,道光十一年刻本)
④ 王希隆:《清代西北屯田研究》,兰州大学出版社 1990 年版,第 14、16 页。
⑤ 赵珍:《清代西宁府田赋考略》,《青海师范大学学报》1991 年第 4 期,第 110 页。
⑥ 方行、经君健、魏金玉主编:《中国经济通史·清代经济卷(下)》,第 1481 页。
⑦ 梁方仲:《中国历代户口、田地、田赋统计》,上海人民出版社 1980 年版,第 380 页。

万安、武安七监,岁遣御史一人经理",①七监牧场荒熟地原额共177161顷62亩。随着清政府在全国取得政权和社会的逐渐稳定,马匹需求量的减少,原来的牧地逐渐被开垦。这类土地被开垦后称为监田,开垦之初也属于国有土地。顺治九年(1652年)陕西茶马监御史姜图南向清政府上奏了七监土地开垦之事:"顺治三年先差御史廖攀、龙有恭报苑监一疏,备列原额,内开见种熟地",包括开城监263顷62亩,广宁监1223顷82亩,黑水监117顷,安定监2416顷15亩,清平监171顷35亩,万安监43顷80亩,武安监356顷16亩。七监共计熟地459190亩。后来,又据固原知州郭之培册报各监开垦及新丈熟地数量为:广宁监129511亩,开城监48686亩,黑水监26785亩,武安监43929亩,清平监39026亩,万安监12080亩,安定监268898亩,②共计568915亩,比顺治九年增加10万余亩。又据《甘肃通志》记载,甘肃境内有满营未垦监牧地2处,一处在永昌县皇城子,东西阔60里,南北长30里;一处在永登县属龙滩河,夏厂周围33里,冬厂周围70里,"土地肥沃,水草丰美"。③ 另外,青海罗卜藏丹津叛乱被平定后,其所辖部分牧地被没收入官,成为国有牧地。

3. 学田。学田包括各地儒学、书院、义学所属的耕地,专供修学及赡给贫士之用。顺治元年(1644年),"置各县学田,凡贫生均于学田内酌给学米",学田免征赋税,租给佃农耕种。④ 学田作为官田的一部分,是禁止买卖的。据统计清朝时甘肃学田的数量为:雍正二年(1724年)31126亩,乾隆十八年(1753年)31125亩,乾隆六十年(1795年)31125亩,占甘肃耕地总面积的0.13%。⑤ 从雍正二年到乾隆六十年共计约70年时间,甘肃学田数量几乎无变化。同时,大部分县都有一定数量的学田⑥,如西宁府各县的学田数量是:西宁县"在城西杨家寨,计一顷三十七亩";碾伯县学田由知县何泽著捐俸购买当地居民水地共计80亩,"俱坐落小古城,佃人承耕认纳,岁交租粮小麦一色市斗四石九斗"。⑦ 清光绪年间西宁县学田分布在城郊四周,共可下籽2石;大通县学田可下籽14.2石;贵德县水旱学田可下籽10.5石;巴燕戎格厅水旱学田下籽近3石;丹噶尔厅设立后,知府邓承伟、厅同知蒋顺章

---

① 《清朝文献通考》卷193《兵考·马政》。
② 方裕谨选编:《顺治年间有关垦荒劝耕的题奏本章·监察御史姜图南题酌议开垦监地以利牧政事本,顺治九年十月二十九日》,《历史档案》1981年第2期,第16—17页。
③ 何让:《甘肃田赋之研究》,第10127页。
④ 《清朝通典》卷3《食货三》。
⑤ 方行、经君健、魏金玉主编:《中国经济通史·清代经济卷(下)》,第1484页。
⑥ 参看允升、长庚:《甘肃全省新通志》卷32《学校志·学田》。
⑦ 杨应琚:《西宁府新志》卷11《建置·学校》。

先后筹银1500两,本地绅民又捐银1000两,购置可下籽种53石的山旱地,每年约收租53石。① 甘州府学田由两部分构成,一部分为各渠租粮田60顷63亩1分和未招户地478亩,年收仓斗麦147石4斗7升,市斗小麦41石7斗2升;一部分为城外草湖地291亩7分和城内外苇池地约124分,年分别收租银14两9钱和25两。② 酒泉书院学田"前州牧童君华,捐俸四百五十金,购得兔儿坝崔姓之田,种九石,勒输以襄是举,余复捐资百金,筑坝通渠,制牛具籽种,择老成人以司佃种……复析民人刘芳,承垦王子庄东坝之田,种五石,岁可得京斗粮五十石余"。③ 成县学田由县令曹增彬"捐俸七两,置地一十五亩"。④ 伏羌县(1928年改为甘谷县)学田原有熟地6顷40亩,后陆续垦殖12顷37亩。⑤ 平凉县学田地包括川中地483.91亩,川下地375亩,原中地7.72亩,原上地351.66亩。⑥ 从以上论述中可以看出,各地儒学、义学都有一定数量的学田,学田有水地、旱地、山地、湖地等。学田来源有三种途径:一是由地方政府出资购买土地,一是地方政府官员捐资购买,一是绅民捐资购买。关于学田的性质也有两种情形,一是包括在民田之内,一是在民田之外,清代甘肃的学田属于民田之外的官田。

除了以上几种官田外,还有旗地、营田、更名田、没收归公的土地和官荒,均属官田。旗地主要分布在定远营一带,"阿拉善山下,远隔民田,水草甚好,请为满洲牧厂,并派兵出牧"。⑦ 据近人估计阿拉善旗地约有56.3万平方里,约居宁夏省面积的9/10,其中可耕地9700余万亩(主要是牧地,民国时期开垦的农地只有5万余亩),多在定远营一带;⑧ 凉州、庄浪、宁夏也有一些旗地。⑨ 营田属于兵丁子弟开垦之地,如雍正十一年(1733年),镇番县"部堂蒋刘会题,在屯田处所外,纸碾子湖准给营田,营中备籽种一百京石,令兵丁子弟耕种,收获粮石,营中平分,不在水利通判管辖之内。"⑩ 更名田原属明朝藩王的耕地,如庆王(洪武二十四年封,建藩于庆阳,洪武二十六年迁宁夏)、安王(洪武二十四年封,建藩于平凉)、韩王(永乐二十

---

① 邓承伟等:《西宁府续志》卷3《建置志·学校》,青海印刷局1938年铅印本。
② 钟庚起纂修:《甘州府志》卷7《学校·书院公业考》,乾隆四十四年刻本。
③ 黄文炜:《酒泉书院记》,黄文炜、沈青崖《重修肃州新志》第13册《肃州·文》。
④ 黄泳第纂修:《成县新志》卷4《艺文志·杂记》,乾隆六年刊本。
⑤ 周铣、叶芝:《伏羌县志》卷3《建置志·学田》,乾隆三十五年刊本。
⑥ 郑惠文、朱离明:《平凉县志》卷3《教育》,1944年5月新陇日报印行。
⑦ 《清高宗实录》卷14,乾隆元年三月丁酉。
⑧ 白云:《宁夏的地政与农垦》,《西北论衡》第9卷第1期,1941年1月,第30页。
⑨ 司俊:《清前期西北少数民族封建土地所有制结构的大转换》,《甘肃社会科学》2000年第6期,第36页。
⑩ 张之浚、张珆美:《镇番县志》卷2《地理志·田亩》,乾隆十四年刻本。

二年自辽东开原迁至平凉)、肃王(洪武二十四年封,建藩于甘州,后迁至兰州)、岷王(洪武二十四年封,建藩于岷州,后迁云南),这些藩王占有大面积的耕地和草场,仅在凉州、甘州、肃州一带就占有耕地11.3万余亩。① 明代庆王(封地在今宁夏同心、下马关、韦州)、韩王(封地在固原境内)、楚王(封地在今宁夏海原)等拥有一百多万亩田庄,②藩王占有的耕地在清朝初年也属于官田。清初,本区域多次发生反清的回民事变,清政府镇压后将其土地的财产收为国有,成为官田。③ 据统计,清末民初,除了屯田,其他具有官田性质的土地数量是:更名田4637顷30亩,养廉地778顷62亩,牧地6978顷62亩,兰州、巩昌、西宁、凉州4府有番地408顷17亩又215559段,学田255顷24亩。④ 一些无主荒地也是作为官田而存在,顺治时期甘肃有"官荒地七千四百零二顷八十四亩零"。⑤ 荒地在开垦之前也属于官地的一种。

官田并不是一成不变的,乾隆时期不论是屯田还是国有牧地都开始逐渐向私田转化。清朝实行屯田之初,就开始了官荒民地化的过程。如清政府为了鼓励民众开垦荒地,规定开垦的公荒地"永准为业"。⑥ 顺治十年至十一年(1653—1654年)共开垦1764顷67亩。⑦ 清朝政府鼓励开垦荒地,因此这些"无主土地只要能开发的都会开发出来,当然,被开垦的土地有不少编入了民地"。⑧ 即根据清朝的土地政策,这些官荒地因开垦而变为民田,开垦官荒是本区域自耕农土地的主要来源之一。康熙时期将明朝各藩王的土地即更名田归耕种者所有,"与民田一例输粮,免其纳租",⑨根据这一规定,原来更名田上的耕种者变为自耕农。嘉庆、道光时期旗屯制度破坏,租佃关系的建立,闲散余丁不再屯田,大量旗屯地租给民人耕种,⑩推动了旗地逐渐转化为民地,即旗地逐渐成为私有土地。

尽管清政府有法律明令禁止屯田买卖,但乾嘉时期"经常有军户不顾法律的规

---

① 李清凌主编:《甘肃经济史》,第45页。
② 徐安伦、杨旭东:《宁夏经济史》,第125页。
③ 《清高宗实录》卷1221,乾隆四十九年十二月戊戌。
④ 马大英等:《田赋会要第2编《田赋史(下)》,正中书局1944年,第377页;又见贾士毅:《民国财政史》上,第232页。
⑤ 《户部抄档:地丁题本——甘肃(四)》,彭雨新:《清代土地开垦史资料汇编》,武汉大学出版社1992年版,第49页。
⑥ 《清世宗实录》卷43,顺治六年四月壬子。
⑦ 《户部抄档:地丁题本——甘肃(四)》,彭雨新:《清代土地开垦史资料汇编》,第49页。
⑧ 〔日〕森田成满:《清代中国土地法研究》,法律出版社2012年版,第6页。
⑨ 《清通典》卷1《食货·田制·民田》。
⑩ 司俊:《清前期西北少数民族封建土地所有制结构的大转换》,第36页。

定将土地转给普通百姓。为此,官府屡次进行调查并颁布法律,令百姓归还这些违法交易的土地。由于不能根绝军户对屯田的典卖,后来放弃了屯田设置和管理的原则,军户典卖土地的行为逐渐得到承认"。① 清朝乾嘉以来,甘肃屯田数量呈下降趋势,据民初调查,屯田已经从嘉庆时期的 9641243 亩下降至 6272956 亩,②说明有大量屯田转化为民地。

如前文所述,屯田在本区域的耕地中占有很大的份额,是最大的官田,但到清中后期逐渐民地化。清朝时期屯地民地化实现主要有三个途径:

第一,允许屯地自由买卖。雍正五年,清政府就规定:"令军田照民田给契上税。时以黔省所有军田每亩上税五钱,报司给契,许照民田一体买卖,所收税银年底造册送部核查。并通行直省,悉照此例"。③ 这里虽然只允许贵州、直隶军田可以买卖,但实际上发出了一个信号,即清政府将开启不准军屯土地买卖的禁例,这对本区域私自公开买卖屯田起了引导作用,加速了屯地民田化的进程。雍正十三年(1735 年)十一月,总理青海事宜的湖北巡抚德龄在《敬陈民隐仰请圣鉴事》的奏折中说:

> 臣查甘属河西各州县卫所每岁额征草粮向系全估次年各标营马之需,嗣因完纳不前,兵马又难缓待,于雍正七年经署陕西督臣查郎阿将军将河西应拨粮草题请估七留三,诚以抒民力而敷兵食也。臣现奉差驻宁,颇闻……折估七分之数民户仍不能完……臣思西宁数年以来秋收并未荒歉,何至频岁拖欠?若非顽户之刁抗,即系官役之侵挪。留心密查,乃悉其故。缘河西各属明代均系屯田,例不准其佃卖。而民每有私相售易,因其违例,不便推收。地以[已]售出,粮名仍在原人,积习相沿,其来已久。自雍正五年定例以后,民、屯通为一体,准其互相售卖,照例输税,诚属便民裕课。但前项隐累迄今犹未剔除,有比[彼]时原主图多价值而情愿认粮者,有买主乘其窘迫勒令认粮者,及其地已数易而粮仍在原主名下完纳,因而富者田连阡陌输纳无几,贫者家无寸土,额征如旧。甚至原户逃亡,波及宗族亲邻,辗转受累。其地方官止知按册征粮,未能悉其隐患。且或自顾考成,日事催比,凡此无业贫民,申诉无由,惟有甘受敲扑,究于粮赋无补……类此者未必西宁一处……将来新赋务在实征,所有前

---

① 〔日〕森田成满:《清代中国土地法研究》,第 4—5 页。
② 马大英等:《田赋会要》第 2 编《田赋史(下)》,正中书局 1944 年版,第 377 页。
③ 《清朝文献通考》卷 10《屯田》。

项民累正当及此厘整,予以昭苏……仰恳……赦令抚臣选委廉能实心任事道员清查,并令民户各自呈首,确核更正,按地承粮,造册存案。嗣后遇有转卖,即将粮额载入印契,随地推收。既于积习永可剔除,而于国课民生均有裨益矣。①

崔永红认为德龄奏文反映的问题是:①屯田例不准买卖,但事实上河西地区存在售易屯田的情况为时已久;②西宁等地存在地已售出,粮名仍在原人的隐累,妨碍额征粮草的完纳;③奏请重新登记屯地,按实际耕种屯地情况承纳粮草;④重申屯地可以自由转卖,但必须将该屯地应纳粮额写进地契,由买者承纳。② 从上述材料和崔永红的分析来看,违犯禁例,私自买卖屯地在雍正时期或者更早已经不是什么秘密了。在德龄的奏折中,最关键的问题是请求清政府开启屯地自由买卖的禁例,只有这样才能保证政府的财政收入。屯地准许买卖反映了屯地的性质已经发生了根本性的变化,即通过买卖,由国有土地变为私有土地,正如崔氏所言:"屯田是封建国家组织劳动力,垦种荒地和边远土地以及其他国家所有的土地,以满足军队给养为主要目的的农业生产形式。屯地最本质的特征是属于国有,个人不得买卖。既然政府明令屯田可以像民田一样买卖,那么国有土地这一本质特征已经丧失,这一部分屯田本质上与民田无异了。"③

第二,为了减轻国家财政负担,政府主动把屯田土地转让给民户耕种,并"发给印照永为世业"。清朝对新疆准噶尔部用兵的时候,屯田在供应军粮和解决士兵家属吃饭方面起了很好的作用,但屯田的耕种从籽种、耕牛、农具等一应由政府提供,因此许多屯地"入不敷出",成为国家的负担。为减轻国家负担,清政府逐渐将屯田"改归民户承种"。乾隆八年(1743年),高台县"三清湾屯田地亩,碱重砂多,历岁收成未能丰稔,是以屯种平分,户民终岁力作,除还春借籽种口粮之外,所剩无几,常年日用倍及艰难;而官收平分之粮,如遇年岁丰登,收粮七八百石;尚值收成歉薄,仅止三四百石,核计每年所设渠长工食及渠道岁修等项约需五六百金,主薄官役俸工养廉又需百金有零,实属所收不敷所用,既有累于屯户,复有糜于国帑。"于是将三清湾屯地12469亩改归屯民承种,并交纳租赋及地丁银,纳粮312石,征耗

---

① 中国第一历史档案馆藏军机处录付奏折民族类,第77胶片,2272号。转引自崔永红:《清初青海东部的兴屯开荒和屯田民地化问题》,《青海社会科学》1991年第4期,第88页。
② 崔永红:《清初青海东部的兴屯开荒和屯田民地化问题》,《青海社会科学》1991年第4期,第88—89页。
③ 同前书,第89页。

粮 47 石,征草 3117 束,"其应输丁银,均摊征收"。① 柳沟、布隆吉等处"原招屯民渠夫二百四十户,原种屯田七千零二十五亩,又加余垦地八千三百五十四亩,二共地一万五千三百七十九亩",因"每岁所收粮石,除扣还籽种口粮并官分之外,所余无几"。因此清地方政府决定"自乾隆二十八年(1763 年)入额起科征收,给发印照永为世业"。② 瓜州一带"屯田地亩,先于乾隆二十五年(1760 年)据调任甘肃巡抚明德题请改为民地"。③ 肃州、瓜州等地回屯地在回民返回新疆后招民垦种,"肃州回民迁移后,所遗熟地,丈明共一万零二十一亩,经肃州民人认种升科;其从前瓜州回民所遗熟地二万四百六十四亩,改为民地,给种升科"。④ 随着土地所有关系的变化,引起了一系列关系的变动,如三清湾"屯田既议归民,则主薄一缺、并额设屯长渠长口食及岁修银两,自应一并裁汰",并将水渠交由民间管理,仿照"宁夏渠工之例,按照水渠浇灌地亩,扣贮粮石,以备岁修……每亩每年各出仓升小麦一升二合……在于屯民内遴选殷实谨慎农民二人充当渠长,督民运至县城公所收藏,以为岁修之费;仍于渠工近处雇募土夫,尚有渠道壅崩,随时引筑。"⑤ 随着土地性质的变化,屯民的身份也发生了变化,即由原来固着在国家屯田土地上的屯民,成为给国家交纳赋税的自耕农。这种土地所有关系的变化,应该说是社会的一个进步,从国家利益层面上来说,减轻了财政负担;从农民利益的层面上来说,也减轻了农民的负担,并且屯民转变为自耕农后人身更加自由。

第三,本区域的屯田主要因军事而兴起,随着军事意义的消减而加速了屯田的民地化进程。清初,本区域的河湟谷地、河西走廊地区等地沿袭了明朝的卫、所制度,这是一种带有明显军事性质的基层组织。雍正、乾隆时期随着罗卜藏丹津叛乱和准噶尔部的平定,原来设立在本区域的卫、所在雍正、乾隆时期逐渐撤并,建立属于行政系统的管理机构,这种管理体制上的变化是社会经济发展需求的结果。取消卫所管理体制,实行县制,同时也加速了屯地民地化的进程。总之,从雍正到乾隆时期,本区域屯田由官田变为民田,原来耕作在屯田上的屯民也逐渐成为自耕农了。需要说明的是,"屯地"概念一直从清朝延续到民国,但实际上大部分屯地已经不具备清初"屯地"的性质,"只是某种特定科则的代名词而已"。⑥

---

① 《户部抄档:地丁题本——甘肃(四)》,彭雨新:《清代土地开垦史资料汇编》,第 627 页。
② 同前书,第 629—630 页。
③ 同前书,第 630 页。
④ 《清高宗实录》卷 643,乾隆二十六年八月壬午。
⑤ 《户部抄档:地丁题本——甘肃(四)》,彭雨新:《清代土地开垦史资料汇编》,第 627 页。
⑥ 崔永红:《清初青海东部的兴屯开荒和屯田民地化问题》,第 90 页。

随着清朝在西北战事的结束,战马需要数量的下降,国有牧地和监田也逐渐被开垦成为私有土地。雍正时期在平定青海后,将罗卜藏丹津的牧地没收入官。乾隆二十七年(1762年),"陕甘总督杨应琚奏称,前青海办事大臣多尔济,请将青海入官旷地,拨给该札萨克等游牧。查罗卜藏丹津入官之地,系于西宁、甘肃等处地界毗连。原奏所指察罕鄂博、伯勒齐尔庙、洮赉郭勒等处,现系西宁、甘肃等镇牧放官马厂地。其巴尔敦郭勒、特尔恩达坂等处,现有黄、黑番族驻牧,安插日久,且每岁贡马纳粮,均未便移拨。唯素拉郭勒、西尔噶勒金二处,东西五百余里,南北三十余里,现闲旷,且与该札萨克等游牧相近,勘以赏给……应指明定界,饬交该札萨克就近看守,应如所请。并划定北以山梁为界,西以河为界,河东听其驻牧。"①把没收入官的罗卜藏丹津牧地归还给了蒙古族"听其驻牧",实际上是承认了这部分牧地为蒙古族贵族所有。宁夏、平罗两县黄河沿岸一带的满洲旗牧地,也转变为民田,乾隆四十一年(1776年)宁夏将军三全、陕甘总督勒尔谨奏称:"宁夏、平罗两县,黄河沿一带有宁夏满兵牧厂。查满兵从前每名拴马二匹,经前任将军傅良奏准,照西安、凉州例,每兵实拴马一匹。此项厂地多有间旷,应将平罗厂地仍留牧马,其宁夏厂地丈勘定界,听民认垦"。② 宁夏国有牧马场"听民认垦",一方面反映出国有牧地的私有化过程,同时也反映出清代宁夏平原农村经济结构的变化。特别是清朝雍、乾时期黄河西北岸平罗、宁夏两县水利系统的完善,灌溉面积的扩大,牧地逐渐开垦成为农田。也就是说,宁夏平原国有牧地私有化的过程,也是农村经济结构调整的过程。

由于同治回民事变的破坏,大量屯地荒芜,重新招垦时变成民田。如渭源县原有屯地525顷98亩,民田4341顷71亩。经过此次事变,土著居民逃亡十九,所有耕地均为荒地。事变结束后,"历任县官召集流亡,占地耕种,并迁移阶(州)礼(县)河(州)狄(道)各地人民,实居四境,拨地开垦,降及清末,荒芜民地均经完全领开成熟,规复旧额。而屯荒地亩,后亦改为民地,招领垦种"。③ 该调查表明,一些县经过回民事变后,在重新招民开垦时,原来的屯田变成为民田。

南京国民政府建立后,在政府的主导下,通过拍卖的形式,完成了屯田民地化的转变。近代以来,经历兵燹后,屯民逃亡和人口减少,尤其在赋税征收中,屯地重于民地,如岷县"由于屯粮很重,加之赋役繁杂,人民为避重就轻,买屯田,认民粮,

---

① 《清高宗实录》卷655,乾隆二十七年二月壬子。
② 《清高宗实录》卷1003,乾隆四十一年二月庚申。
③ 文廷美、高光寿:《渭源风土调查录》,1926年12月印行,第43页。

遂使屯户有粮无地，兼之兵燹之后，户口逃亡，报垦升考，皆认民粮而不认屯粮，屯户日渐减少"。① 一些官员也认为"报垦升科者，皆认民粮，而不认屯粮，嗣以屯粮日渐减少，不得不加以整理"。由此，为了增加赋税，1929 年 12 月，甘肃省政府颁布《甘肃改土为民暂行章程》，屯地分水、川、旱三等，"屯水地每亩缴地价洋二元，屯川地每亩缴地价洋一元，屯旱地每亩缴地价洋五角"。② 根据该项政策，甘肃各县进行了屯地的拍卖，如 1929 年，临泽县政府决定将原屯田改为民田，方法是采用拍卖的方法，每亩水地 2 元，旱地 1.5 元。③ 但这项政策实行比较缓慢，特别是 1930 年中原大战爆发后，冯系国民军离甘并失败，"甘政紊乱，改屯为民一案，无形停顿"。④ 又如灵台县"改屯为民一案，前于十八年奉令先行……此案虚悬数年，迨至二十二年五月间，潜山张县长东野到任巡视各区，视察民情，深知新顺里各甲所种屯粮花户，因粮重民逃，鞠为茂草。县长备悉此案，回县调阅卷宗，见前已解过地价，多数下欠尾数无几，实系功亏一篑，深为可惜。县长以减轻屯民负担为怀，即召集在城各机关以及新顺里各排助理员开会，表决商议继续续办，以期实行。但因该排助理员迁延推诿，办事不力"，仍未实行。⑤ 在此情形下，1934 年 9 月，朱镜宙任甘肃省财政厅长，坚决主张屯改为民，该项工作于 1935 年完成后⑥，最终"将屯粮名目取消"⑦，颁发改屯为民执照，承认民田，并按照民田征收田赋。如静宁县"查改屯为民执照，早经财政厅于元月二十一日印发该县前县长徐俊岑转发，乃迟至二月，尚未填发，殊属不合，该县长甫经任事，即令主办员司无分昼夜，缮填执照，赶造征册，于五月一日照改民科目，实行开征"。⑧ 政府通过拍卖的办法，完成了屯田民地化，也就是说原来属于官田的屯田成为私有土地。实现民屯的过程，也是农民负担加重的过程，如清朝时期临泽县"以粮载丁"，每粮 1 石载丁银 1 分 5 厘，全县

---

① 乔高：《民国时期岷县田赋概况》，《岷县文史资料选辑》第 2 辑，1990 年印行，第 220 页。
② 朱镜宙：《甘肃财政之过去、现在与将来》，《西北问题》第 1 卷第 3 期，1935 年 5 月 15 日，第 54 页。
③ 马丰林：《历史上临泽的农业概况》，《临泽文史资料》第 1 辑，1991 年印行，第 95 页。
④ 固原县地方志办公室：《民国固原县志》上册，宁夏人民出版社 1992 年版，第 573 页。
⑤ 杨渠统、王朝俊：《重修灵台县志》卷 3《风土志》。
⑥ 《一年来之甘肃财政》，《四川经济月刊》第 5 卷第 1 期，1936 年 1 月，第 18 页。另外，有研究者说该项工作至 1939 年止，原有屯粮县份共计 50 县，已有 41 县办理完竣。其余 9 县，则自 1939 年起，将应减之粮先行停征，未交地价，分作 5 年平均征清，至此所谓"改屯为民"始告一段落（党家驹：《从清末到国民党统治时期甘肃田赋概况》，《甘肃文史资料选辑》第 8 辑，甘肃人民出版社 1980 年版，第 210 页）。
⑦ 固原县地方志办公室：《民国固原县志》上册，第 574 页。
⑧ 《甘肃省政府指令》（财二辰第 3292 号），《甘肃省政府公报》第 67—68 期合刊，1936 年 5 月 21 日，第 13 页。

共征丁银 119 两 3 钱,1936 年改屯为民后,新增地丁银 1782 两,①就地丁一项农民负担比前清时期增加了近 15 倍。

随着屯田民地化,地主、自耕农、半自耕农土地占有制成为本区域农业经济区占主导地位的土地制度。在屯田民地化的过程中也出现了拥有一定数量土地的大地主,如前文所引德龄《敬陈民隐仰请圣鉴事》奏折中提到在屯田买卖过程中出现了"富者田连阡陌"的情形。又如高台县三清湾屯田改归民户承种时,陈献猷于乾隆四年已升科 1483 亩,②也就是说只要给国家交纳赋税,将 1000 余亩国有屯田变为私产,清政府是认可的。民国时期也是如此,如岷县在改屯过程中,"由于贫穷屯户,积欠未消,无力缴纳地价,所购屯地大多转入富豪之手"。③ 说明在屯田向民地转化的过程中,出现了土地集中的趋势。因此,屯田私有化之后,土地买卖的数量也多起来,同时也开始了土地兼并,一些自耕农因贫困开始出卖土地,个别自耕农因买进土地而成为拥有一定数量的地主。同时,随着土地流转,一些自耕农将土地、场院、庄窠出卖或典当后,有的由自耕农变为半自耕农,有的则完全沦落为佃农,不得不依靠出卖劳动力维持生计。如敦煌县"农民自迁户屯田以来,各种地一分。近来户口殷繁,贫富不一,富者种地至十余分及五六分地不等,贫者或一分而析为五厘、或析为七厘五毫、或析为二厘五毫,甚至一厘之地而无之,为人佣工,日计其值,以养妻、子。每日清晨,无业贫民皆集东关外,候人佣雇,谓之人市。"④反映了在屯田民地化的过程中,部分地方土地占有关系逐渐趋于集中,许多农民因失去土地而成为雇工。

(二) 土司土地制度及演化

土司制度是中央王朝对西北、西南少数民族的"羁縻政策"发展演变而来的。"羁縻政策"始于秦、汉,发展于三国、两晋、南北朝,盛行于唐,延续于宋,计约 1500 年,是自秦迄宋封建王朝对民族地区治理很有成效的政策。⑤ 元朝正式形成土司制度,明朝时期土司制度趋于完善,清代沿袭了土司制度。清朝本区域土司的来源有两种:一是在清朝统一的过程中"安抚西宁暨河西各土司"⑥,一些明朝的土司归

---

① 王存德等:《创修临泽县志》卷 7《财赋志·田赋》,兰州俊华印书馆 1943 年铅印本。
② 《户部抄档:地丁题本——甘肃(四)》,彭雨新:《清代土地开垦史资料汇编》,第 627 页。
③ 乔高:《民国时期岷县田赋概况》,《岷县文史资料选辑》第 2 辑,第 220 页。
④ 苏履吉、曾诚:《敦煌县志》卷 7《杂类志·风俗》。
⑤ 龚荫:《中国土司制度》,云南民族出版社 1992 年版,第 22 页。
⑥ 杨应琚:《西宁府新志》卷 31《纲领下》。

降后仍袭旧职,如乾隆时期西宁"诸土司计十六家,皆自前明洪武时授于世职,安置于西、碾二属。是时地广人稀,城池左近水地给民树艺,边远旱地赐各土司,各领所部耕牧……迨至圣朝,俱就招抚。孟总督乔芳奏请仍锡(袭)以原职世袭,今已百年,输粮供役,与民无异";①一是清朝前期新封的土司,如康熙六十年(1721年),果洛(清政府文书称之为"郭罗克")归顺清朝后,"授中郭罗克头人丹增土千户,上郭罗克头人噶顿、下郭(罗)克头人彭错为土百户。"②雍正十年(1732年),西宁办事大臣参照历史上的土司制度和玉树各族的实际情况,委任了千百户。雍正十二年(1734年),清政府在玉树委任千户1员,百户25员;西宁办事大臣委任的独立百户长和千百户属下的散百长有102员。③有学者统计,明清时期本区域土司主要分布在以下各地:兰州府设置土司6家,巩昌府设置土司12家,凉州府设置土司13家,西宁府设置土司24家,西宁办事大臣辖区环海八族设置土司89家,果洛藏族设置土司7家,玉树藏族先后设置土司184家。④

土司在其辖区拥有大量的土地。如卓尼杨土司所属的土地大致分为4类,即"兵马田",所有权在理论上是属于土司的,永久使用权却始于持有"尕书"的种户;"衙门田",所有权属于土司,租与藏民收租或换取一定的劳力;"草珠田",所有权属于喇嘛寺院,种户按一定比例将收获物分给寺院;"丈尕田",是属于可以自由买卖的土地,情形与内地相同。在上述四种土地中,"以兵马田的数量最多",所有权属于土司,"不许民间私相买卖"。⑤

土司的土地主要有两个来源:一是朝廷在授予土官时赐予了大量土地。如循化县"土司之县,以归附有功,赐以安插之地。明初开创,旷土本多,招募番回开垦,遂据为己有。汉人无田者,亦从之佃种"。⑥即朝廷在授予土官时连同辖区的土地、草场、山林一同划归土司所有,所谓土司"世官其地,世有其土",土民"世耕其地,世为其民"。⑦朝廷在授予土司头衔时,就连同土地和居民一起划归土司。因此,土司不但占有土地,还与土地上的居民建立了很强的人身依附关系。卓尼土地归杨土司辖区,人民"所耕之田,主权属于土司,人民耕其田而服其役,准耕不准卖,不续耕者则还之于土司,另授他人,粮额每户年纳一斗半,麻钱五百。供寺院用者

---

① 杨应琚:《西宁府新志》卷24《官师·土司附》。
② 青海省编辑组:《青海省藏族蒙古族社会历史调查》,第74页。
③ 本书编写组:《玉树藏族自治州概况》,青海人民出版社1985年版,第31—32页。
④ 龚荫:《中国土司制度》,第1285、1293、1306、1322、1351、1359、1363页。
⑤ 谷苞:《卓尼番区的土司制度》,《西北论坛》1948年第3期,第15页。
⑥ 龚景翰:《循化志》卷4《管内族寨工屯》,青海人民出版社1981年排印本。
⑦ 本书编写组:《土族简史》,第48页。

曰'香火田',供土司用者曰'兵马田'。"①"兵马田"和"香火田"制度,成为土司衙门和寺院收入的主要来源,"每一住民都需当兵才可领种一份兵田,或是舍身喇嘛寺院,才可领得一份僧田,每份均在十亩左右,视土质肥瘠增损之,僧田只准转佃不准典卖。人死了,土地就应还给土司"。②

二是土司利用职权强占或掠夺其他部落或他人的土地。如在康熙时期河州有"土司、国师十九族",这些土司、国师"各有衙门,各设刑具,虎踞一方。其地与汉民犬牙交错,附近居民,有畏其欺凌窜入者,有被其引诱窜入者,有犯法惧罪窜入者,有避荒抗赋窜入者,有佃种番地遂成部落者,有卖产土司遂成番地者。种种弊端,难以枚举。如撒拉头目韩大用、韩炳,巢穴在积石关外,最为豪强,近关居民屡受侵害,田房尽被霸占,甚且擅准汉民词讼。窥视一人稍可聊生,即商同地棍捏词诬控,差役锁拿被告之家,不致破产不止"。③ 临潭土司昝庆荣依仗私家武装,经常"以强凌弱,以众暴寡,逆行争夺"周围居民草山土地,反而于咸丰六年(1856年)"控告刘旗什人等以强霸草山,不令牧牲",当地官员亲临草山调查时,"昝土司番兵数百,犹如猛虎出山,驰赴草山之境,将无作有,原将名叫黑马家坟滩蔽□□□厅扫,即将无影无像之草滩,假充祖宗祭奠拜扫,实乃藉此争夺草山之意。那时什人心血,难甘于伊,争斗一场,伊恃土司之声□,□压百姓,如浮云遮日,蒙蔽厅主……",④土司强夺民地是十分嚣张的。因此,在土司管辖地区,土司几乎拥有全部土地、草山的所有权。

土司辖区的政治制度和经济制度都带有浓厚的农奴制残余,既不利于国家政令的统一,也不利于当地社会经济的发展。清朝曾经进行过"改土归流",但青海、甘肃的土司被保留下来,原因一是本区域的土司"惟是生息蕃庶,所分田土,多鬻民间,与民厝杂而居,联姻结社,并有不习土语者。故土官易制,绝不类蜀、黔诸土司桀骜难驯也。第彼官民多空乏,惟事耕耨,虽有额设军马,有名无实,调遣无济,不逮宁兵远矣"。⑤ 也就是说西北的土司对清王朝的统治不构成威胁。二是由本区域土司居住区的生态环境造成的。土司居住地区多是高寒地区,以游牧经济为主,生产方式和生活方式比较落后,加之宗教影响等因素,给土司制度的存在提供了条

---

① 王树民:《陇岷日记》,《甘肃文史资料选辑》第 28 辑,甘肃人民出版社 1988 年版,第 174 页。
② 明驼:《卓尼之过去与未来》,《边政公论》第 1 卷第 1 期,1941 年 8 月 10 日,第 92 页。
③ 龚景翰:《循化志》卷 4《管内族寨工屯》。
④ 《临潭刘旗咸丰八年划定草山界碑》,吴景山:《甘南藏族自治州金石录》,甘肃人民出版社 2001 年版,第 114 页。
⑤ 杨应琚:《西宁府新志》卷 24《官师·土司附》。

件。因此,这种落后的制度一直保留到了民国时期。其土地制度也随之延续下来,即所谓"土司制度,可谓十足的土地官有制度,凡领域内山川以及地面物之所有权,皆归土司,其对居民,授之以田,使其耕耘,按例课粮应差,而不准变卖或转移"。①

玉树、囊谦、称多三县地权关系有其特殊性。据调查该地"对于地权,向无明确观念,其千百户制成立后,族民均可就其属区,自由放牧,土地视为本族公有,而千百户每将其所属土地,分给各族及其属区寺院,其土地权亦逐渐确定,但并无契约之根据,三县设治之后,政府仍以其习惯,予以承认,族民承受千百户之土地,开垦种植,须则按律纳赋,但无自由处分之权,如因特殊原因,千百户可给以长期使用权。至由千百户作价卖出之土地,则归私有,即可自由处分。又藏俗家人死亡,常将其土地之一部或全部捐送寺院,又耕种不良,或受刑事处分之佃民,千百户得将其租借权收回,或没收其私产。此玉树等二十五族人民对于地权习惯及其转移之情形"。② 从该调查看出,玉树藏区地权关系可分为三种,一种是牧场土地是族民公共所有,一种是开垦为农地的土地为土司和寺院所有,属民只有永佃权;一种是经过买卖的土地属于私人所有,但土司仍有一定的处分权力。

民国建立后,随着县级行政制度在土司辖区的建立,土司的权力开始式微,地权关系也随之发生变化。1926年西宁县农会会长蔡有渊等"以土、汉人民义务不均,汉民负担偏重"等情,向甘肃省政府将该县土司李沛霖等呈控。在甘肃省政府的指示下,西宁道林竞建议"一面令饬西宁县布告土民对于国家应尽义务,以后与回、汉人民一律平等负担;一面选派员绅指导土民不再受土司之重叠压迫,以为自动请求改土归流之计划"。在地方政府和各界的压力下,1931年李承襄等土司分别呈请国民政府蒙藏委员会和青海省政府,"将土司制度另易其名,并将土兵改编"。同年8月,南京国民政府将青海土司撤消。③

随着土司制度的衰落,其土地关系也发生了变化。1935年,青海省政府在原土司辖区清丈田亩,换发地契,"有的土司(如祁土司等)原先土地甚多,出不起丈地款,便放弃地权,改为由谁种地谁出丈地款并领地契。于是,原先租种土司土地的广大属民,由此取得了地权,成为有耕地的自耕农民"。④ 互助县大东沟大庄一带土地,在民国以前属于李土司,民国时期改土归流后,土地逐渐转为私人所有,原李

---

① 陈宝全:《甘肃的一角》,《西北论衡》第9卷第6期,1941年6月,第57页。
② 蒙藏委员会调查室:《青海玉树囊谦称多三县调查报告书》,1941年12月,第27—28页。
③ 青海省志编纂委员会:《青海历史纪要》,第329—330页。
④ 本书编写组:《土族简史》,第70—71页。

土司的属民不再给李土司纳粮,成为自耕农。① 有的地方土地归县政府所有,如共和县"荒地原属王公及千百户私有,设县以后,划归县有,人民须向县政府领照,始得垦殖。领照税每张大洋一元,有照者即有土地所有权"。② 原来土司的土地或为私有,或为地方政府所有。

卓尼杨土司的兵马田也发生了流转。随着土司衙门的衰微和藏民的日益贫困化,卓尼土司的兵马田"私厢买卖的事,也就层出不穷"。③ 此地土地流转大致始于清朝同治之后,据记载:"汉人之入居自同治以后始,其方式均为和平转让",可以分为两类:一为藏人因贫困而出售其田产;一为藏人绝后(因男子出家为僧,极易绝后),招汉人为婿或养子,藏人死后为其送终,即承袭田产,照样为土司纳粮当差。两者之中,以后者较多。④ 又有记载,卓尼土司"田地虽有禁止买卖之制,然年久令弛,又以藏人多出家为僧,人口不殖,故私让与汉、回人者,所在多有,土司方面,因赋役无缺,遂亦任其自然。"⑤ 在这种情况下,1940年8月,卓尼设治局呈省政府并会同岷洮路保安司令出示布告,就兵马田买卖的事情做出了两项规定:一是凡在1937年博略事变(卓尼土司杨积庆被刺杀)以前已经买卖的土地,"一概不追既往";一是凡在博略事变以后,"有买卖行为者,仍在禁止之列"。⑥ 这些都说明土司辖区地权关系开始发生变化。

有的土司随着其政治地位日益没落,通过变卖土地改变了土地所有制结构。甘肃永登连成的鲁土司,在清朝乾隆时期辖区包括以平番为中心的甘肃、青海大致9000平方公里;乾隆时期,鲁土司属民3698户,24051口,相当于当时平番全县人口的26.8%,据民国时期调查,鲁土司仍有辖民1300余户;鲁土司家族仍有大型租户庄园30多处,大通河两岸的森林和草原60万亩,大小山场72处(俗称72道沟)。⑦ 20世纪三四十年代随着改土归流和土司地位的式微,鲁氏不得不变卖家产,如1935年,十九世土司鲁承基将祖产吐鲁草原出售给阿老九;1937年,将部分土地出卖给高星三、养元堂、万和成等商号;1941年3月,鲁承基将连城一带较好

---

① 青海省编辑组:《青海土族社会历史调查》,第70、101页。
② 李自发:《青海共和县考察记》,《新青海》第2卷第12期,1934年12月,第45页。
③ 王匡一:《甘肃西南边区之农业》,《西北经济通讯》第1卷第7—8期合刊,1942年2月,第17页。
④ 王树民:《陇岷日记》,《甘肃文史资料选辑》第28辑,第184页。
⑤ 同前书,第175页。
⑥ 王匡一:《甘肃西南边区之农业》,《西北经济通讯》第1卷第7—8期合刊,1942年2月,第17页。
⑦ 赵鹏翥:《连成鲁土司》,甘肃人民出版社1994年版,第57—58、62页。

的耕地、山林以及土司衙门周围的房屋、山林低价卖给了马步青名下。① 通过土地流转,鲁土司的土地占有制逐渐瓦解了。

当然,由于土司制度的根深蒂固,即使在新中国成立初期,有一部分土司仍然占有大量土地和广阔的草场。②

（三）寺庙土地所有制

寺院是蒙藏地区最大的土地所有者,诚如民国时期学者所言:"西北土地的垄断,除了私人的独占及荒芜未垦的土地,还有一个特色,就是寺院占有土地数字之庞大,数百年来,已形成西北各省中农村经济之特有现象"。③ 寺院土地的来源包括三种:

一是中央和地方政府的赐赠、土司贵族的布施。甘肃藏族最早获得中央政府赏赐土地的是宋元丰初年修建的岷州广仁禅院。④ 这种给寺院赏赐制度一直延续到明清时期,如瞿昙寺内存《宣德二年皇帝敕谕匾》记载了该寺土地的来源:"今西宁瞿昙寺,乃我太祖高皇帝、太宗文皇帝及朕相继创建,壮观一方。东至虎狼沟,西至补端观音堂,南至大雪山,北至总处大河,各立牌楼为界,随诸善信办纳钱粮,以充供养。"⑤ 故有学者指出:"黄教寺庙的土地,主要是明末清初达赖五世与蒙古固始汗联合夺取卫藏地方政权后由达赖五世封赐的,以后由于地方政府及贵族施主不断封赠和布施土地给寺庙,寺庙的土地愈来愈多。其余各教派的土地除了部分来自贵族施主布施外,主要为原来萨迦、帕竹（噶举派）政权的封赐。"⑥

二是寺院肆意圈占和剥夺的耕地和草山。如隆务寺主持被明宣德皇帝封为大国师后,"把上下热贡等地纳入属下,征收僧差"⑦,也就是说圈占了热贡地区⑧的土地作为寺院的财产。阿曲乎寺在香生木任寺主时,"兼并了夏塘、羊曲的大片农田,

---

① 郭永利:《甘肃永登连城蒙古族土司鲁氏家族的衰落及其原因》,《青海民族研究》2004年第3期,第63页。
② 黄正林:《民主改革前后甘川青藏族地区社会变迁研究》,《中共党史研究》2009年第10期,第112—113页。
③ 瑛梦:《甘宁青绥农村经济背景的特点》,《西北论衡》第5卷第1期,1937年1月,第86页。
④ 结古乃·桑杰:《甘肃藏区寺院经济探析》,《西藏研究》1997年第2期,第17页。
⑤ 转引自谢佐:《瞿昙寺》,青海人民出版社1982年版,第30页。
⑥ 况浩林:《近代藏族地区的寺庙经济》,《中国社会科学》1990年第3期,第137页。
⑦ 智观巴·贡却乎丹巴绕吉著,吴均等译:《安多政教史》,甘肃民族出版社1989年版,第293页。
⑧ "热贡"广义包括青海循化、贵德、同德和贵南等地部分地区;狭义的热贡仅指隆务河流域。但据解放前热贡十二族的游牧地及其所属寺院,则其范围超出隆务河流域,而包括两汉时代之大小榆谷,榆谷即热贡之古译音(见《安多政教史》,第292页脚注)。

先后招留佃农二百六十多户,经营土地三千四百多亩,每户佃农交纳租粮约二百斤,年收租粮四万多斤"①。佑宁寺土地的一部分是直接霸占而得到的,"最常见的是用打官司的办法,如佑宁寺附近柳家寨的许多土地就是这样被佑宁寺霸占去的。又有的人家因过于迷信,每年给活佛送去定量的粮食,数年以后,即以之为规定,把这块土地算作寺院所有,送粮的人成了寺院的佃户。"有的是"因借寺院的高利贷,到期还不起,土地被寺院收去"。② 据《塔尔寺花寺汉文碑》记载,塔尔寺圈占的牧场和耕地的范围是:"卑寺地方,中系塔尔寺院,临近寺南,有卑寺嘉牙滩牧畜阴坡荒地一所,海玛沟、蛤蟆台牧坡二所,蛤蟆台内有卑寺所辖番佃五六十户。寺西有大小阶模沟牧坡一处,又连净房牧坡一处……其寺及周围牧坡总四至,东至东阁门、红山嘴,南至石山,西至丹卜地土墩,北至鲁沙尔、土阁门及嘉牙滩阁门,各为界,碑记总照内均载明可查。"③1925年,青海阿曲乎寺院香木生为了兼并夏塘(临黄河的一块农业区)的土地,挑起阿曲乎部落与夏塘部落的械斗,1929年,夏塘部落不支,其头人带领外逃,阿曲乎寺院占据了夏塘。④

三是私人赠予或剃度喇嘛带入寺院的土地。在藏传佛教区,有一些信徒的习惯是死后将部分财产(包括土地)布施给寺院,"番、土人死,则以产业布施于寺,求其诵经,子孙不能有。故番、土益穷,而寺僧益富。"⑤又如20世纪30年代末,青海军阀马步芳之子马继援一次就将800亩土地赠送给佑宁寺的僧侣。⑥ 进入寺院的喇嘛带土地入寺是寺院土地的一个主要来源。如河州"俗生有二子,必将一子披剃为喇嘛。其父置田产一概均分。以自来纳粮之民产与为僧之子带入寺内,名为香田"。⑦ 寺院的土地分为两种:一种是"香蜡田地",收取酥油和肉类;一种是宗教上层的私田,"这一种田地数量大,地租重,而且是死租,无论收成好坏,甚至歇地,都要按规定的数量交租。"⑧

由于土地来源甚广,蒙藏地区没有一座寺院不占有大量的土地。寺院附近的土地,多数属于寺院所有,如西宁县南川区的土地属于塔尔寺,湟源县南乡农田的一部分属于东科寺,其他如"隆务寺、拉卜楞寺、文都寺……附近的农田完全属于寺

---

① 青海省编辑组:《青海省藏族蒙古族社会历史调查》,第14页。
② 青海省编辑组:《青海土族社会历史调查》,第102页。
③ 陈庆英、马林:《青海藏传佛教寺院碑文集释》,抄本,兰州古籍书店1990影印本,第420—421页。
④ 青海省编辑组:《青海省藏族蒙古族社会历史调查》,第21页。
⑤ 杨应琚:《西宁府新志》卷15《祠祀·番寺》。
⑥ 青海省编辑组:《青海土族社会历史调查》,第102页。
⑦ 王全臣:《河州志》卷2《河州卫田赋》,康熙四十六年刻本。
⑧ 本书编写组:《土族简史》,第49页。

院所有。这些寺田为各寺财产的一部分,耕种寺田的农民,都是每年向寺院纳租粮,不归县政府田赋收入的,因之各县政府不能过问寺田"。① 寺院土地所有制完全在政权体制之外,不受所在地政府的约束。寺院占有土地少者数百亩,多者达数万亩。据 20 世纪 30 年代中期调查,甘肃、青海的寺院都占有大量的耕地。如"大通县之广惠、却藏、平安、祁家、张家等寺,耕地约占八百余石(约三万二三千亩),全为寺院所有,而附近居民,大半为寺中佃农;再如门源县之仙朱、朱固二寺,拥有耕地约一万三千六百余亩。"② 玉树结古寺是以马氏家族为靠山的地方实力派头人扎武百户的直辖寺院,占有耕地 4128 亩,占全县耕地的 11.97%。③ 青海湟源县的东科寺"地土之广,田租之多,佃户之众,凡青海蒙旗、番族,皆无其富庶"④;《丹噶尔厅志》也记载:"东科寺则地土之广,田租之多,遍丹邑皆是也,且毗接于西宁县迆西各庄。"⑤ 1930 年代调查,东科寺占"全县肥沃土地十分之三四,如哈拉辉兔、上脖项、兔儿干等地,均为该寺之庙产"。⑥ 有学者根据《塔尔寺花寺汉文碑》推算,雍正年间塔尔寺至少拥有耕地 11900 亩之多。⑦ 解放后,中共湟中县委对塔尔寺的土地进行了调查登记,"仅从其旧册及群众租种寺院土地亩数统计已达九万零四百五十八亩。但确知此数远较其实有土地数为少,估计实有土地数至少在十万亩以上。"⑧ 200 余年时间,塔尔寺占有的土地扩大了近 9 倍。据 1957 年调查,塔尔寺共有耕地 102321 亩,按当时全寺喇嘛 1600 余人计算,平均每个喇嘛占有耕地 50 多亩,全县 35 个乡,每个乡都有它的土地和穆德(属民)。⑨ 广惠寺领地范围"东西长 200 里,南北宽 30 里,耕地达四万亩,牲畜有马 120 匹,牛 300 余头,羊 1500 余只,森林约 3.5 万多亩"。⑩ 据民主改革前调查,青海全省农业区的寺庙拥有土地约 34.8 万亩,占全省耕地总面积的 5% 以上,每僧侣占有土地 26 亩多。⑪ 寺院的土地主要为上层喇嘛所拥有,塔尔寺的噶勒丹锡勒活佛、广惠寺的敏珠尔活佛等都

---

① 张元彬:《青海蒙藏两族的生活(续)》,《新青海》第 1 卷第 3 期,1933 年 1 月,第 71 页。
② 瑛梦:《甘宁青绥农村经济背景的特点》,《西北论衡》第 5 卷第 1 期,1937 年 1 月,第 86—87 页。
③ 翟松天:《青海经济史(近代卷)》,青海人民出版社 1998 年版,第 278 页。
④ 徐珂:《清稗类钞》第 1 册,中华书局 1984 年版,第 224 页。
⑤ 张廷武、杨景升:《丹噶尔厅志》卷 5《宗教·按语》。
⑥ 瑛梦:《甘宁青绥农村经济背景的特点》,第 87 页。
⑦ 崔永红:《青海经济史》(古代卷),第 261 页。
⑧ 青海省编辑组:《青海省藏族蒙古族社会历史调查》,第 163 页。
⑨ 况浩林:《近代藏族地区的寺庙经济》,《中国社会科学》1990 年第 3 期,第 138 页。
⑩ 蒲文成:《甘青藏传佛教寺院》,第 11 页。
⑪ 王岩松:《藏语系佛教对青海地区的社会影响》,《青海文史资料选辑》第 10—12 辑合订本,1988 年 10 月印行,第 67 页。

是拥有万亩以上的良田。如大通县城内的房产四分之三属于松布昂；在互助县，寺院拥有土地三万七千多亩，"其中土观昂有一万四千多亩；众僧约有一万亩；章嘉昂约有五千亩；松布昂约有四千多亩；王昂约有七八百亩；却藏昂约有一万多亩；如登昂约有八、九十亩；五十昂约有四、五十亩；林家昂也有几十亩。"①据1950年代调查，东科寺的土地，上层喇嘛私人占有46%，由昂欠（寺庙最高管理机构）管理的"寺庙共产"占49%，普通喇嘛只占有4%。塔尔寺99.9%的土地被喇嘛私人占有或被上层喇嘛组成的管理机构占有，只有千分之一的土地属于普通喇嘛所有。②即使寺庙土地所有制，大部分土地也被上层喇嘛私人所占有。

夏河的土地几乎全部属于拉卜楞寺。据记载夏河"土地权系嘉木样一世由西藏回来之时，由统治拉卜楞土地之黄河南亲王献于嘉木样管辖。所以拉卜楞寺之土地权，全归寺院所有。"③这种地权关系在近代以来也没有多大改变，拉卜楞寺在"夏河县治的村子，上下化哇，房居及耕种的地段，所有大权半在寺院手里"。因地权是寺院的，所以居民只要使用土地，就要向寺院付费，如"老百姓自己盖房子，当建筑时每间出租五元，以后每年每间出铜元百廿五枚"；耕种土地，也要向寺院缴纳地租，"租寺院地耕种的每五升青稞的种子，拿五升的租子；若为寺院开垦荒地，十升种子拿五升至二十升的租子不等"。④夏河方志也记载："夏河农民均耕种寺院土地，每年按期纳租，并无土地所有权，故所有农家悉为佃农。"⑤

不仅甘青交界的藏区寺院占有大量的土地，其他地方寺庙也占有一定数量的土地。1930年以前，宁夏的石空寺占有土地200余亩，一部分是在明朝的时候，中宁黄河北岸开挖一条水渠，从寺前通过，使其南侧约150亩旱荒地变成了自流灌溉的水浇地；一部分是寺庙附近的农民，凡是绝户的土地都变成石空寺的庙田。其土地经营也分两种，一种是雇工经营，一种是出租给附近的农民。⑥

天主教堂也占有大量的土地。宁夏磴口三盛公一带土地原属蒙古王爷所有，近代以来由绥远商人租垦，"自清末义和团驱杀教士后，教堂要求赔偿损失银

---

① 青海省编辑组：《青海土族社会历史调查》，第52页。
② 四川民族调查组·青甘小组：《甘青两省藏族地区社会调查综合材料汇编》，1960年6月油印本，第8页。
③ 马无忌：《甘肃夏河藏民调查记》，文通书局1947年版，第42页。
④ 李宅安：《拉卜楞寺概况》，《边政公论》1941年第1卷第2期，1941年9月，第35页。
⑤ 张其昀：《夏河县志》卷4《农业》，台湾成文出版社有限公司1970年影印本；任承宪：《拉卜楞之农业》，《方志》第9卷第3—4期，1936年7月，第194页。
⑥ 蒋若芝、王文举：《石空大佛寺土地占有情况》，《中宁文史资料》第2辑，1989年印行，第42页。

两万元,蒙王虽先后以牛羊抵债,然仍不敷甚多,遂于光绪二十六年,将三盛公、渡口堂、捕隆淖等处之地,租给教堂做抵,故该处地权,虽名为蒙有,而实则操天主堂之手"。① 天主教在宁夏控制的土地范围较大,"由宁夏磴口县二十里柳子巷起,东北直抵绥远东境,在阿拉善蒙旗所属后套一带,密布着若干天主教堂,因为庚子赔款与阿旗缔约的一点余波,数十年来他们在那里兴教立学,筑城设寨,并占有偌大的土地,如三盛公、补隆淖、天兴泉、渡口塘、安良台诸天主教堂,教田约有四千顷左右,分区立治。凡属耕种的佃农,大部均为教民,这些教民除负担着租税缴纳的义务与其他新捐,而受着教堂的挟制,凡属有悖教义或触怒教堂的教民,可随时收回其所耕田地,而驱逐出境"。② 足见天主教堂对这里的土地有绝对的支配权。另据调查,宁夏"自磴口以东,乌拉河以西,黄河以北,除沙漠渠道外,面积约有千余方里,合五十余万亩,向归阿拉善直辖,自庚子变动,教堂赔款未清,竟归外人整理,开渠放垦,已得良田十余万亩,每年仅向阿旗王府纳包租银一万余元,而收入达四万元左右"。③ 天主教堂在这片土地上获得了巨额的利润。

由于寺庙占有大量的土地,出租耕地是寺院及僧侣阶层的主要经济收入来源之一,而且对地方财政收入也产生了极大的影响,"寺院附近之土地,大概属于寺院,除一部由寺院自耕外,余皆放租于农民耕种;每年各寺所收之租粮实供寺院僧众全年食用而有余;如西宁之塔尔寺,湟源之东科寺,其最大者也。此种寺田,既为各寺财产之一部;耕种寺田之农民,每年仅须向寺院纳租粮,大都不归县政府征收;此种封建余型,对青海之财政收入影响极大。"④ 寺院土地所有制,不仅影响了政府的财政收入,而且对蒙藏地区农村经济与社会发展不利。

二、地权分配问题

在近代关于农民的分类中,一般分为自耕农、半自耕农、佃农和雇农四种。在本区域,由于经济结构、文化背景的不同,地权关系有一定的差别。我们分别从不同地区来看本区域地权关系的情况。

---

① 胡希平等:《宁夏省荒地区域调查报告》,第14页。
② 瑛梦:《甘宁青绥农村经济背景的特点》,《西北论衡》第5卷第1期,1937年1月,第87页。
③ 陈赓雅:《西北视察记》上册,第108页。
④ 周振鹤:《青海》,第181页。

（一）甘肃农业区的地权关系

黄河上游区域的冬麦区和春麦区包括陇南、陇东和河西地区，是甘肃的主要农业区，居民以汉族为主体。其地权状况如何？如果从不同阶段的调查和统计来看，能够看到其中的一些变化。

北洋政府时期，农商部对全国佃农所占比例进行过调查，1917年、1918年的调查均为35.8%；1919年的调查，甘肃总户数906855户，其中自耕农580147户，占64%；租种户168409户，占18.6%；自种兼租种158299户，占17.5%。① 同时期调查显示："甘肃农民中，中小农民为最多。若阡陌相连，一邑之中，不过六七户；数十顷至数百顷者，一道之中不过二三户而已"。② 甘肃是大土地所有者比较少的地区。有的县调查中，也能看出自耕农占有很高的比例。如陇南一带的农民，"家种一千亩或七八百亩的是少有的，大概一二百亩以下三四十亩以上的农户占多数，其中尤以二三十亩的地主占极多数。这二三十亩的小地主，家有人口十余，便足供农事之用，不过为经济上便利起见，雇工一人或兼童工一人，以饲牲畜或代任田间的一切事务罢了。"③陇南占有二三十亩土地的自耕农占多数。又如渭源县"人民多自田自耕，用工尤少，有三四十亩之家，常年佣工者只一二人，每工年薪至多者仅三十余元，少或十余二十元耳。不过本县人民均注重自耕自食主义"。④ 根据这条资料，渭源县是一个无地主的县份，地权分配比较分散。

南京国民政府建立后，对甘肃进行过多次调查，这些调查从不同角度反映了甘肃农家土地分配的问题。1934年，汤惠荪等对甘肃13县农家调查，陇中区自耕农占58.15%，自耕农兼佃农占29.79%，佃农占12.06%；陇东区自耕农占59.21%，自耕农兼佃农占31.58%，佃农占9.21%；陇南自耕农占44.0%，自耕农兼佃农占34.0%，佃农占22.0%；河西自耕农占62.86%，自耕农兼佃农占17.14%，佃农占20.0%。⑤ 从这份调查中来看，陇南、河西佃农所占比例比较高，而冬小麦向春小麦过渡地带的佃农比例则比较低，两者相差10个百分点左右。实业部1935年3月调查，全省自耕农占53%，半自耕农占19%，佃农占20%。⑥

---

① 〔日〕长野朗：《支那土地制度研究》，北京学艺社1942年印行，第336页；又见《甘肃省农商统计调查表》，1920年印行，甘肃省图书馆西北地方文献阅览室藏。
② 谢学霖：《甘肃实业调查报告》，《劝业丛报》第1卷第4期，1921年4月，第21页。
③ 雷仕俊：《陇南农民状况调查》，《东方杂志》第24卷第16号，1927年8月，第101页。
④ 文廷美、高光寿：《渭源风土调查录》，第35页。
⑤ 汤惠荪等：《甘肃省农业调查》，第166页。
⑥ 王达文：《甘肃省农产畜牧概况》，《国际贸易导报》第8卷第12号，1936年12月15日，第165页。

20世纪40年代,李中舒对天水、武威、平凉3县的155户农家调查,自耕农平凉占94.5%,武威占82.4%,天水占12.2%;半自耕农天水占75.5%,武威次之,平凉最少;佃农以天水最多,武威次之;就3县平均而言,自耕农占63%,半自耕农占32.2%,佃农占4.7%。① 湟惠渠特种乡地广人稀,全乡共有716户农家(包括在乡与不在乡农户),按照在灌溉区域内占有土地的多寡来划分农民阶层,占地10市亩以下者为贫农,有148户,占20.7%;占地10市亩至30市亩者为半自耕农,有186户,占26%;占地30市亩至80市亩者为自耕农,有137户,占19.1%;占地80市亩以上者为富农,有62户,占8.6%;占地300市亩以上者为地主,有8户,占1.1%;无地农家175户,占24.4%。② 各种调查显示,一方面自耕农所占比例较大,佃农所占比例较小;另一方面各地自耕农与佃农的比例不均衡,一般是自然环境比较好的地方佃农所占比例较高。

再来看本地区各种农户的发展趋势,先看表2—1。

表2—1　1931—1944年甘肃佃农、半自耕农、自耕农占农户比例统计表

年　　份	1931年	1932年	1933年	1934年	1935年	1936年	1937年	1944年
报告县数	13	13	15	21	23	29	28	67
佃农(%)	21	24	28	20	19	18	19	12.06
半自耕农(%)	20	20	19	18	20	18	20	14.31
自耕农(%)	59	56	53	62	61	64	61	73.63

资料来源:[1]1931—1935年资料来源《农情报告》第5卷第1期,1937年1月15日出版,第8页;[2]1936—1937年资料来源国民政府主计处统计局《中国租佃制度之统计分析》,正中书局1946年沪版,第6—7页;[3]1944年资料来源《甘肃统计年鉴》,甘肃省政府1946年印行,第95页。

表2—1表明,1931—1933年佃农所占比例较高,在20%—25%之间。究其原因:第一,自然灾害导致自耕农出售土地,变为佃农。1928—1930年大旱期间,土地每亩价格从原来百余元跌至两三元,甚至七八角,而粮价反而上涨了十数倍,③引诱一般地主、商人及高利贷者投资于土地,投资的方法是以土地抵押借贷的方法从自耕农手中掠夺土地。"自民国十七八年凶荒而后,地方富户,利用地价之低落,巧为金钱之操纵,廉价收买,遂使坐食之人,变为地主,力田啬夫,大多转为佃农。"④"从民国十七年灾乱以来,人民逃离四方,迄未回庄。宁定南乡一带之难民

---

① 李中舒:《甘肃农村经济之研究》,《西北问题论丛》第3辑,1943年12月,第46页。
② 《甘肃省湟惠渠特种乡公所土地整理报告》,1946年3月油印本,甘肃省图书馆西北地方文献阅览室藏。
③ 南作宾:《建设甘肃农村经济的途径》,《陇铎》1940年第5期,第23页。
④ 汤惠荪等:《甘肃省农业调查》,第164页。

田地难应弃,有土豪何腰哥儿等率其族属,分散占据。遇有难民上探询者,则仅予贱价,勒索写卖约以为据……每垧竟以一元或三四元买得。何腰哥儿又恃其子在宁定(甘肃)充当差弁,借为护符……县长张庆云亦置若罔闻。"①农民无法生活的情形下,农民只得以土地作抵押借贷,结果"人民负了债,押了田,日积月累,难以恢复,只得放弃土地所有权而没落为佃农"。② 也就是说,1928—1929 年西北大旱和马仲英事件③,造成甘肃社会动荡不安的局面,农民流离失所,一些富户乘机廉价购买土地,增加了佃农的比例。

第二,苛捐杂税导致农家出卖土地。如皋兰县是全省的经济中心,"通货不感缺乏,金融比较流通,农民于不能偿付赋税罚款时,可以将土地售于商人、官吏以及少数地主之手,但仍旧可以保存其耕种权"。武威县"政繁赋重,无田地之穷民,早已专死沟壑,而有田之富民,因地多款重(以公款即烟亩罚款均按地亩摊派),此[无]法缴纳,近纷纷向教育局申请,愿将自己之田地,捐作教育基金,以卸公款。而教育局以田地收归局有,既要按照惯例,给公家出款,亦不敢接收,于是田地累人,成为武民普遍之痛"。这种现象不仅武威如此,"全省境况,莫不如此"。④ 这些因赋税罚款逼迫出卖或捐出土地的农民,成为佃农的主要来源。

第三,中原大战期间,冯玉祥在甘肃大量征兵导致自耕农减少,"各地征兵抽丁之事实,自耕农百分比急剧降低,虽无可靠之统计数字为证,然亦意中事也"。⑤ 这种情形没有更多的数据资料,但作为导致地权集中的原因是存在的。

20 世纪 30 年代中期至抗战时期,甘肃各种农户比例又发生了一些变化,佃农呈降低趋势(如表 2—1)。20 世纪 80 年代,有学者曾指出,自 1934 年以后,甘肃灾害频繁,自耕农比例急剧降低,佃农比例急剧上升,"两极分化,日趋严重"。⑥ 但笔者的研究却是另外一种情形,即从 1934 年开始佃农比例呈下降趋势,1934 年 20%,1935 年 19%,1936 年 18%,1937 年 19%,1944 年 14.31%。1930—1940 年代的一些调查资料也反映了甘肃佃农变化的趋势。铁道部业务司商务科对陇海铁

---

① 冯和法:《中国农村经济资料》,上海黎明书店 1935 年版,第 784 页。
② 南作宾:《建设甘肃农村经济的途径》,第 21 页。
③ 1928 年,回族青年军官马仲英为了反对冯玉祥国民军在甘肃的统治,建立了"黑虎吸冯军"自称司令。在反冯战争中,马仲英率攻城略地,烧杀掠抢,给甘肃、宁夏等地经济带来了严重的摧残。
④ 王智:《甘肃农村经济现状的解剖(续)》,《拓荒》第 2 卷 4—5 期,1934 年 7 月,第 20—22 页。
⑤ 钟圭一:《抗战期中甘肃省狭义的经济设施之管见》,《新西北》第 1 卷第 5—6 期合刊,1939 年 7 月,第 115 页。
⑥ 罗舒群:《民国时期甘肃农林水牧事业开发状况研究》,《社会科学》(甘肃)1986 年第 3 期,第 97 页。

路甘肃段的调查,"沿线十五县地方平均计之,自耕农约占百分之六十六强,半自耕农约占百分之九强,两(项)共占百分之七十五强,至于佃农仅占百分之十七弱,雇农仅占百分之八弱,两项共占百分之二十五弱"。该调查的县份分布在兰州以东的陇中和陇东南地区,是甘肃的冬小麦区和春小麦区,佃农占17%。甘肃东部一些地区,佃农比例低于10%,如渭源8%,岷县3%,定西7%,榆中4%。① 据对155户农家调查,"就各类农户所占比例来看,与各种地权之分配大致相同",三县平均,自耕农占63%,半自耕农占23.2%,佃农占4.7%;在155户农家耕种的土地中,自有的土地占76.8%,租进的土地占16.5%,当进的土地占6.7%。② 又据1944年对全省67县的统计,佃农比例超过20%的有6县,占8.96%;佃农比例在10%—20%的有27县,占40.30%;佃农比例低于10%的有31县,占46.27%。③ 有约半数县的佃农比例低于10%。又据1944年调查,全国的情形是佃农的分布平均较1937年略高,但甘肃的比例有所降低。④ 从上述调查来看,1944年甘肃佃农比抗战初期降低近7个百分点,比20世纪30年代初降低了8—13个百分点,说明甘肃地权分配趋于分散。

与全国相比,甘肃地权相对比较分散。如1931年中央农业试验所调查,全国自耕农占53.0%,半自耕农占19.7%,佃农占23.3%,⑤甘肃佃农比例为21%,低于全国水平。1935年时,全国佃农占29%⑥,甘肃为19%,与全国相比,佃农低于全国平均水平10个百分点。为什么甘肃传统农业区大部分地区地权比较分散?为什么1930年代中期以后到1940年代甘肃地权又呈分散趋势?

第一,从农业生态环境来看,甘肃是一个雨量稀少,土地贫瘠,农家租种或出租土地所获得的报酬很低,故地权分配比较分散。有学者指出:"甘肃地旷人稀,所有村庄,都是二三十户零星住户,因此农民在农村里,不怕没有地可耕,只怕没有人力去耕。普通农家都有七八垧地(每垧等于二亩半),至有二三十垧者很多,百余垧者也不少"。⑦ 越是自然条件差的地方,地权越分散,如甘肃湟惠渠一带的土地,过去

---

① 铁道部业务司商务科:《陇海铁路甘肃段经济调查报告书》,第15页。
② 李中舒:《甘肃农村经济之研究》,第46页。
③ 《农佃百分比》(1944年),甘肃省政府:《甘肃省统计年鉴》,第95—96页。
④ 薛维宁:《我国战时后方之佃农概况》,《农业推广通讯》第7卷第12期,1945年12月,第41页。
⑤ 转引自李中舒:《甘肃农村经济之研究》,《西北问题论丛》第3辑,第46页。
⑥ 《民国二十四年各省佃农之分布及其近年来之变化》,《农情报告》第5卷第1期,1937年1月,第8页。
⑦ 李只仁:《目击甘肃农村之现状及救济办法》,《农业周报》第4卷第11期,1935年3月23日,第364页。

可供灌溉的水地较少,不能利用之地较多,而每亩生产能力又比较小,"是以硕富土豪,并不以之为积财对象,因而农民多能保有一部分土地,不致完全沦为佃农,租佃问题,亦不如他地之较重"。① 据对榆中县 36 户农家调查,共有耕地 11290 亩,其中农家自有土地 9775 亩,占 86.6%;租进土地 1515 亩,即租地占经营总面积的 13.4%,"故土地分配问题,尚不觉十分严重。惟每户经营面积不甚大,且旱地较多,所以收入亦甚有限"。② 甘肃中部榆中县干旱少雨,农业生态环境不是太好,故地权与土地出租比较少。也就是说困扰榆中农家的问题并不是地权分配不均,而是已耕地面积不足。1948 年对会宁县韩家集调查,该村 142 户农家,其中地主 18 户,占总农户的 12.7%;自耕农 61 户,占 43%;半自耕农 28 户,占 19.7%;佃农 16 户,占 11.3%,雇农 15 户,占 10.6%,佃农比例比较低。当时的调查者认为:"大凡土地生产力低的地方,除开了工作者的消费外,土地的生产剩余有限,既养活了佃农,便再没多的剩余去养活地主……既然会宁县的地理条件,适合于自耕农的存在,于是自耕农的比例上占最多数,佃农居于少数,便是一个很自然的现象了。"③ 陇海铁路沿线调查者也认为甘肃除了"利益优厚之水田以外,大都不适宜于地主佃户合作分利之制。故各地自耕农及半自耕农之比例较高,而佃农与雇农之比例较低。"④皋兰县一些村庄出现了既无地主也无佃农的现象。抗战时期的一份调查反映,皋兰"地分砂田与土田两种,各居一半,富有之家,至多四五十坰,贫民亦有三四坰或七八坰。总之,均系中农与小农,自耕农约占百分之六十,半自耕农约占百分之三十五,半地主约占百分之五,地主与佃农绝无"。⑤ 在河西玉门农民"获田较易,自耕农占绝对多数,约当农户百分之八十五,其余多是半自耕农,纯佃农则寥寥无几"。⑥ 山丹县的调查中,甲村 126 户农家,只有 1 户为佃农;乙村 64 户农家"全为自耕农"。因此,随着河西农业生态环境恶化(表现在森林砍伐、水利失修等方面),"由于土地报酬太低微,以土地作为剥削工具的租佃关系并不太占重要地位。"⑦生态环境恶劣,地价降低,地权呈分散趋势。

相应地,在甘肃生态环境好的地方,地权相对比较集中。如清水县小泉峡两

---

① 黄汉泽:《湟惠渠灌溉区域扶植自耕农之实施》,《甘肃地政》第 2 卷,1944 年 9 月,第 28 页。
② 陈景山:《甘肃榆中农家田场经营调查之分析》,《西北经济通讯月刊》第 1 卷第 2 期,1941 年 2 月,第 12 页。
③ 谷苞:《会宁县农家经济概述》,《西北论坛》第 1 卷第 7 期,1949 年 3 月,第 9 页。
④ 铁道部业务司商务科:《陇海铁路甘肃段经济调查报告书》,第 15 页。
⑤ 赵维梅:《调整皋兰合作社第二期工作报告》1940 年 9 月,甘肃省档案馆藏,63/1/47。
⑥ 宋荣昌:《玉门农村经济概况》,《中农月刊》第 5 卷第 11 期,1944 年 11 月,第 62 页。
⑦ 高杰:《河西农村一角》,《西北论坛》第 1 卷第 7 期,1949 年 3 月。

岸,地势较低,气候温暖,土地肥沃,"村民大半佃种稻田,熟田则佃户业主不论丰歉,两方均分其利。如系沙滩初坝,首次利归佃户,业主无与;次岁或二八或三七,佃户所得较多;三年之后,佃户始交地于业主,利率以递增至平分而止。通例开坝三年之后,佃户始行交地于业主,照交情继续佃耕,均分其利。大约是段稻田共有二三百亩,佃耕者多,自耕农少。因为此段旱田太少,村户多半缺田之故。"①据抗战时期对礼县1952家农户调查,有10—24亩土地的农户占35%,这部分农户只占有全部土地的21%;有25—40亩土地的农户占34.4%,占有全部土地的56.5%;占地100亩以上的农户占3.8%,占有全部土地的18%;有10亩以下土地的农户占20%,仅占有全部土地的3.7%;将近7%的农户没有土地。还有一些占有千亩土地以上的大地主,如居住县城的陈某有地1800亩,张、林、马等各家地主占有土地1500亩,两河口何某有3000亩,崖城何某、湫由杜某、向化王某各占有土地1500亩以上。② 礼县地理环境相对较好,地权集中程度较高。河西地区的党河流域一些地方,自耕农所占比例是55.52%,半自耕农占25.69%,佃农占18.79%。与河西其他地区相比,半自耕农与佃农所占比例较高,主要原因是"一些地方水渠失修,不能灌溉,作物不能生长,农民不能生活,陆续逃亡到有水灌溉的地方去,租种别人的田地,原来的自耕农,现在变成佃户了。因此这一流域的佃农比较多"。③ 说明灌溉条件较好的地方地权比较集中。

距离市镇较近、自然条件较好的地方,地权集中程度相对较高。抗战时期银行系统的调查,秦安"多佃农与半自耕农,而自耕农很少"。④ 至1940年后期调查,秦安土地集中的情况仍无改变,"绕着秦安县城三十华里以内,所有的土地都为县城地主所有,所以这个地方租佃关系特别发达"。⑤ 该县的辛家沟、雒家川有农户196户,耕地1490.42亩,户均耕地7.6亩。其中失去土地者31户,包括雇农、摊贩甚至乞丐,"他们也许还保存一栋房屋,尚未出卖,但他们的佃农资格已被取消",这部分农户占15.81%。佃农74户,占37.75%,有耕地428.17亩,占28.72%,户均耕地5.87亩;半自耕农59户,占30.1%,有耕地656.32亩,占44.03%,户均耕地11.12亩;自耕农28户,占14.28%,有耕地137.81亩,占9.24%,户均4.92亩;富农

---

① 刘福祥等:《清水县志》卷4《民政志·禁政》。
② 李甲忠:《礼县西和县之农村经济实况》,《新西北》第1卷第5—6期合刊,1939年7月,第27页。
③ 张心一:《甘肃农业概况估计》1945年9月,甘肃省档案馆藏,38/1/10。
④ 秦安办事处:《秦安经济概况》,《甘行月刊》第6期,1941年12月,第41页。
⑤ 李化方:《甘肃农村调查》,第46页。

或地主4户,占2.04%,有耕地268.12亩,占17.98%,户均耕地67.03亩。以上数据说明这两个村子地权分配是比较集中的,"因为有肥沃的水田,可种蔬菜,收益较大;且又靠近县城,与县城只有一河之隔,水田的几乎全部,旱田(川田、山田)的半数,都为城内地主所占有了"。因此,这两个村庄"百分之六八的农家,都是靠佃耕地来维持生活,这不是吃了土地肥沃的亏吗?"①地权集中的现象在陇南比较普遍,如1940年代后期调查,陇南距离县城很近的某个村子(调查者隐去了村名)以水地与川地为主,雨量充足,土地肥沃,"就是河北大平原上的土地,与之相较,也有逊色……这个地方距县城甚近,县城的寄生阶级最易伸其魔手,用自由买卖的方式,来攫取土地,以满足其贪婪。每经一次灾荒,就有大量的土地将所有权转移到县城。首先转移的,当然是最好的水田,现在的水田已被县城几大家完全占有。以后又波及川田、山田。农民只有卖出,不易买回,所以这个地区的农民就逐渐沦为县城人的佃户,永远沦为佃户。我们所调查的这个村庄,有做了两三辈佃户的人,是一个最典型的佃户区域"。该村有85户农家,自耕农占21.42%,半自耕农占28.57%,佃农占29.76%,赤贫无产者占20.23%。其中"半自耕农中,自己仅有小额的山田,所租佃的土地是较好的水田或川田,且其数量比自己所有者为多,与纯粹佃户,并无多大区别"。②

上述事例均说明,从农业生态环境的角度和土地报酬的多少解释甘肃地权集中与不集中是比较合理的。

第二,1935年到抗战时期,国民政府在甘肃施行农贷,一部分农家的农贷用于购买土地,也是地权趋于分散的一个原因。从政策上来看,扶持自耕农是农贷的一个主要内容。1943年1月21日四联总处第159次理事会议通过的《三十二年土地金融业务计划大纲》规定:土地金融业务推进,以奉行平均地权政策为原则,"使土地得以合理分配,达成耕者有其田的目的,故以本项业务之重心,为促进土地利用,扶(持)自耕农,期土地之生产分配,咸获适当之解决"。因此四联总处决定发放扶持自耕农贷款。分为两种:一种为甲种放款,即1.协助政府建立扶植自耕农示范区;2.配合大型农田水利及垦殖,协助政府实施征购土地,创设自耕农;3.协助政府为创设自耕农的土地征购。一种为乙种放款,即1.扶助农民购赎或呈准征收土地自耕,并试办解除土地负债的放款;2.以贷款土地信

---

① 李化方:《甘肃农村调查》,第32—33页。
② 李化方:《陇南一隅的佃农》,《经济周报》第7卷第21期,1948年11月25日,第12页。

用合作组织为主,并附带对农民个人放款。① 这些政策的出台,无疑有利于解决地权问题。

从农贷用途来看,一部分用于购买土地,如定西"农民借得款项,多用之于购买田地或农具"。② 临潭1937—1940年的农贷用于购买土地34355元,占全部农贷的24.8%。③ 有一项调查表明,1940年农贷用于购买土地占全部贷款的5.72%,④ 说明农贷用于购买土地比较普遍。随着农贷政策的转变,扶持自耕农贷款成为农行土地金融业务的主要内容之一,用于政府为创设自耕农征购土地、农民购买或赎回土地等。⑤ 1941年,甘肃省政府决定将湟惠渠灌区划为扶持自耕农示范区,办法是由政府征收土地,划分若干农场,供给自耕农耕种。⑥ 由省政府与农民银行商贷1600万元(其中现金1280万元,土地债券320万元),利率月息2分3厘至2分5厘,期限为4年或5年。⑦ 截至1945年8月,该项工作共进行三期,第一期1944年11月完成,征购不在地主及未依法登记土地5036亩;第二期1945年1月完成,征购荒地、老砂地和公用地5822亩;第三期1945年8月完成,征购水地及新砂地14786亩。共计土地25644亩,其中500亩分配农业改进所使用,256亩举办合作农场,新住宅地382亩,其余土地划分为1162个自耕农农场。⑧ 另外,靖丰渠建成后,淤地10858亩,共放给无地农户1383户,"农场地价,视筑渠放淤总工程费而定,分五年由承领人缴清"。⑨ 通过扶持自耕农贷款,湟惠渠灌区地权集中的问题得到解决。1940年湟惠渠有541户,其中占有100亩以上的农家有65户,占总户数的12%;有土地13500亩,占全部土地的55.1%。显然地权比较集中。建立扶持自耕农示范区后,灌区有农户1162户,有土地5—10亩有4户,占0.3%;10—15亩367户,占31.6%;15—30亩791户,占68.1%。说明通过农贷扶持自耕农,对分散地权是有意义的。

---

① 郭荣生:《我国近年来之农贷》,《经济汇报》第10卷第9期,1944年11月,第80页。
② 甘肃省银行经济研究室:《甘肃省各县经济概况》,1942年印行,第27页。
③ 陆俊光:《临潭之生产概况与合作事业》,《新西北》第6卷第1—3期合刊,1942年11月,第202页。
④ 李中舒:《甘肃合作事业之过去、现在和将来》,《西北经济通讯》第1卷第4—5期合刊,1941年12月,第19页。
⑤ 《中国农民银行兼办土地金融业务条例》(1941年9月5日),《经济汇报》第4卷第7期,1941年10月,第129页。
⑥ 魏宝珏:《湟惠渠灌溉区之扶持自耕农》,《人与地》第3卷第7—8期合刊,1943年8月,第64页。
⑦ 甘肃省政府:《甘肃省统计年鉴》,第45页。
⑧ 甘肃省政府:《甘肃省试办扶植自耕农初步成效报告》,1946年6月印行,第9—11页。
⑨ 同前书,第16页。

即便是自耕农占多数,地权处于分散的状态,农家仍然存在耕地不足的问题。据 1920 年调查,全省耕地不足 10 亩的有 287763 户,占 31.7%;10 亩以上的有 221960 户,占 24.5%;30 亩以上的有 181925 户,占 20.1%;50 亩以上的有 145252 户,占 16%;百亩以上的有 69955 户,占 7.7%。① 如果按照中国传统说法,以养活 1 口人需要 5 亩耕地,5 口之家至少需要 25 亩耕地计算,② 而甘肃土地与华北等地相比,十分硗薄,养活 5 口之家至少应该需要 50 亩耕地。③ 以此计算,耕地不足 50 亩的农户占 76.3%,从户数来看有 69.2 万户农民不能完全依靠自耕土地养活自己,需要租种他人土地或从事其他劳动来维持生计。

(二) 宁夏平原地权关系

1888 年 7 月,牧师 W. E. Burnett 的报告反映了晚清时期宁夏的地权分配问题。他说:"1. 本县农业经营的平均面积为 250 亩至 300 亩,有少数为 500 亩。2. 这些经营的土地,十分之七为耕种者自有,一小部分是租地经营的。[农业经营中]有雇工的,有的是全年雇工,有的只在收割时雇工。常年雇工,每月的工资为制钱 1600 文、1700 文至二千文,并供给伙食。收割时的临时雇工,每日工资为制钱 170 文至 180 文,也供给伙食。3. ……最大的地主,占地四百亩至五百亩;占地一千亩或一万亩的一个也没有"。④ 这是晚清刚刚经历过西北回民事变之后的宁夏平原的地权分配情况,经历了此次事变,人口减少,故每家田场面积较大,大多数属于自耕农。因宁夏平原土地肥沃,有的退职官僚在此广置田产,如甘军将领董福祥被免职后,"治塞上名田,连亘百余里,牛、羊、驴、马、橐驼以万计,岁入三百万,大起第宅,后房妇女数十人"。⑤

上述情形到 20 世纪二三十年代发生了变化。1934 年,汤惠荪等人对中卫、金积、宁朔、平罗 4 县的调查中,自耕农占 89.74%,半自耕农兼佃农占 7.69%,佃农占 2.57%。⑥ 表 2—2 是同时期关于宁夏地权分配的调查。

---

① 《甘肃省农商统计调查表》,1920 年印行,甘肃省图书馆西北地方文献阅览室藏。
② 关于这一问题的各种讨论,见李金铮:《也论近代人口压力:冀中定县人地比例关系考》,《近代史研究》2008 年第 4 期,第 143—145 页。
③ 李化方:《甘肃农村调查》,第 37 页。
④ 见李文治:《中国近代农业史资料》第 1 辑,生活·读书·新知三联书店 1957 年版,第 650 页。
⑤ 李希圣:《庚子国变记》,见翦伯赞、荣孟源等:《义和团》第 1 册,上海人民出版社 1957 年版,第 38 页。
⑥ 汤惠荪等:《宁夏省农业调查》,第 364 页。

表 2—2　1930 年代宁夏土地所有权分配统计表

耕地面积	户口数量									百分比	土地数量（亩）[注]	百分比
	宁夏	宁朔	中卫	平罗	灵武	金积	盐池	豫旺	合计			
10 亩以下	3138	2994	4459	3325	2235	1594	1129	1119	19993	25.60%	87457	4.51%
10 亩以上	3766	3593	2973	3950	2682	1913	903	896	20676	26.50%	150000	7.74%
20 亩以上	3264	3114	4310	3457	2324	1658	1626	1612	21365	27.40%	350000	18.06%
50 亩以上	2197	2096	2678	2327	2564	1116	813	806	14597	18.70%	450000	23.23%
100 亩以上	188	180	446	239	134	97	45	45	1374	1.80%	900000	46.45%
合计	12553	11977	14866	13298	9939	6378	4516	4478	78005	100%	1937457	100%

说明：表中的百分比由笔者计算。
[注] 此表耕地的分配统计是指熟地，实额地内的荒芜淤冲田在外。
资料来源：徐西农：《宁夏农村经济之现状》，《文化建设月刊》第 1 卷第 2 期，1934 年 11 月，第 109 页。

从表 2—2 所反映的内容来看，1.20 世纪 30 年代宁夏地权分配存在着不均衡的问题，不足 20 亩土地的农户占农户总数的 52.1%，只占有全部耕地的 12.25%，而拥有 100 亩以上土地的大中地主，仅占农户总数的 1.8%，却占有全部耕地的 46.65%。2.宁夏的地主主要分布在中卫、平罗、宁夏、宁朔、灵武一带灌溉农业发达的地方。即灌溉农业比较发达的地方，半自耕农和佃农所占比重较大，如中卫、中宁自耕农占 63.41%，半自耕农兼佃农占 31.71%，佃农占 4.88%。[1] 尤其在中卫，百亩以上耕地的农户有 446 家，占宁夏全部地主的 32.45%，"自然其中不一定都是纯农，也许兼商人，或更兼高利贷主。"[2] 有的地主占有土地达数千亩，中卫有一大地主王成绩，在鸣沙、白马一带占有土地约 3000 亩。[3] 而灌溉农业不发达的盐池、豫旺地主较少。3.宁夏小农经济占绝对优势，100 亩以下耕地的小农占全部农户的 98.2%，占全部耕地的 92%。此外，磴口是宁夏租佃关系较为发达的地方，原因是"该区因原系蒙民游牧之所，虽经开辟，地权全操阿拉善旗旗政府之手，故该县农民全系长期佃农，资额极轻，每顷纳三九砖茶（即湘鄂产茶于羊楼洞、羊楼司厘制砖茶，每箱三十九块，每块老秤五十九两——原文注）四块，粮一石，租金四十元"。[4] 我们再看 1940 年关于宁夏地权关系的调查，如表 2—3。

---

[1] 汤惠荪等：《宁夏省农业调查》，第 364 页。
[2] 徐西农：《宁夏农村经济之现状》，《文化建设月刊》第 1 卷第 2 期，1934 年 11 月，第 109 页。
[3] 阎福寿、秦鹏生：《压砂棉花与压砂西瓜》，《中宁文史资料》第 2 辑，1989 年印行，第 113 页。
[4] 董正钧：《宁夏农业经济概况（上）》，《中农月刊》第 8 卷第 2 期，1947 年 2 月，第 41 页。

表 2—3　宁夏土地所有权分配概况表（1940 年调查）

田地数（亩）	户数（户）	百分比	备　　考
10 亩以下	46149	45.70%	—
10—30	33607	33.30%	
30—50	16662	16.50%	30 亩以下者占 79%
50—100	3387	3.80%	50 亩以下者占 95.5%
100—200	606	0.60%	100 亩以上者占 0.7%
200—300	50	0.05%	
300—400	16	0.015%	
400—500	20	0.02%	
500 亩以上	16	0.015%	

资料来源：董正钧：《宁夏农业经济概况（上）》，《中农月刊》第 8 卷第 2 期，1947 年 2 月，第 43 页。

通过表 2—2 和 2—3 的比较，我们看出宁夏的地权关系发生了较大的变化。1930 年代初期，有 10 亩以下土地的农家只占 25.6%，到 1940 年占到了 45.7%，户数由原来的 1.9 万户增加到 4.6 万户，几占全部农户的半数；10—50 亩 1930 年代为 53.9%，1940 年为 49.8%，变化不是很大，户数由 4.2 万户增加到 5 万户；50—100 亩土地的农户 1930 年代占 18.7%，1940 年下降为 3.8%，由原来的 1.5 万户减少到 0.3 万户；100 亩以上的农户 1930 年代占 1.8%，1940 年代下降为 0.7%，由原来的 1374 户减少到 708 户。1942 年对永宁、贺兰两县的调查也反映了同样的问题。永宁县自耕农占 82.93%，半自耕农占 9.69%，佃农占 7.38%；贺兰县自耕农占 92.80%，半自耕农占 3.1%，佃农占 4.4%。另一调查也表明地权逐渐趋于分散，"宁夏全省农田共约二百五十万亩，农民约四十九万，平均每人五亩，多系自耕农，佃农多在省会近郊，磴口教田与阿（拉善）、额（济纳）两旗局部旗地也有佃农，都为数不多。故土地分配与租佃状况没有发生分配不均的畸形现象"。[①] 表 2—4 是 1937—1944 年宁夏各种农户变化统计表。

表 2—4　1937—1944 年宁夏农户变化统计表

年　份	1937 年	1938 年	1939 年	1940 年	1941 年	1942 年	1943 年	1944 年
自耕农	68%	66%	65%	74%	74%	74%	78%	68%
半自耕农	14%	13%	19%	16%	11%	12%	7%	19%
佃农	18%	21%	16%	10%	15%	14%	15%	13%

资料来源：《历年各省佃农分布》，《中农月刊》第 8 卷第 1 期，1947 年 1 月。

---

①　白云：《宁夏的地政与农垦》，《西北论衡》第 9 卷第 1 期，1941 年 1 月，第 33 页。

从上面的论述中可以看出宁夏地权逐渐趋于分散。地权趋于分散的原因,包括两个方面:一方面,政府从法律上限制大土地所有者的发展。1939年,宁夏省政府制定了限制土地使用办法,规定:"1.五口之家有田十亩以下者承领田地时,不收地价,但限制其变卖租赁。2.五口之家耕地在十亩以上,五十亩以下者,承领时照章收价(每亩二十八年之定价为八角)。3.五十亩以上之农家承领时,地价按五十亩累进增加。4.五百亩之农户停止其承领权。5.土地买卖转移时,新业主原有田亩在一百亩以上者,以百四税契率为标准,按累进办法,附征农贷基金。6.地政局筹设小农贷种子牛犋资本机关,由地政专款内拨发基金,俾无力贫农亦有承领机会。"①这些措施从制度上限制了地主对土地的兼并。

另一方面,更为重要的是农产品价格过低,导致土地贬值,地权分散。尤其是1940年以来,"农产价格落后之剪形差过巨,致经营农业入不敷出,自有农田土质稍差者,因耕种收入不够成本,多弃植不种,即较肥良田,亦因人力畜力及资本投入土地,不如经营他业,而听其荒废者,亦数见不鲜,衡之李嘉图地租原理,宁省耕地大都在边际以下,自然地租已无存在之余地,契约地租自无容身之所,故宁夏原有之少数租佃事实久已悄然匿迹矣,今在乡间可能见其遗迹者,即少数无地或地少农民,无他业可营,则向地多农家借地经营,仅代地主缴纳租税,外无负担,即有地租亦极微。复有少数贫农选地主特肥土地数亩,种植西瓜,经营收入均分者,凡此种种为量既微又皆为经营一季之临时口约,在租佃制度立场观之,殊不足重视。"正因为这样,一些有土地的"地主因入不敷出而放弃多余之土地",而没有土地的农民,以经营其他为业,"殊少大量购买土地者。"②这也是抗战以来,宁夏地权趋于分散的主要原因。

(三) 少数民族地区的地权分配

青海和甘肃西南是青稞畜牧区,是多民族、农牧交错的地区,土司、寺院在社会经济中有很大的影响,因此,地权关系表现出不同的特点。

在青海农耕地区,地广人稀,地价低廉,"农民均能取得土地而耕之,故以自耕农为多,佃户及地主,尚不发达,仅于城市附近处则有之"。③ 据对青海农户的调查,自耕农32397户,占绝对多数为56.6%;半自耕农14748户,占25.77%;佃农

---

① 白云:《宁夏的地政与农垦》,《西北论衡》第9卷第1期,1941年1月,第33页。
② 董正钧:《宁夏农业经济概况(上)》,《中农月刊》第8卷第2期,1947年2月,第43、44页。
③ 陆亭林:《青海省帐幕经济与农村经济之研究》,第20765页。

7925 户,占 13.85%;地主 2163 户,占 3.78%。如表 2—5。

表 2—5 青海省各县农家类别调查(1933 年调查)

户别 县别	地主 户数	比例	自耕农 户数	比例	半自耕农 户数	比例	佃农 户数	比例	总计
贵德	29	0.67%	2379	55.3%	989	23%	903	21%	4300
大通	58	0.56%	9847	94.3%	176	1.7%	361	3.5%	10442
循化	—	—	1798	33.9%	2960	55.8%	548	10.3%	5306
门源	57	3.1%	1202	64.8%	467	25.2%	128	6.9%	1854
互助	15	1%	697	46.3%	310	20.6%	484	32.1%	1506
湟源	—	—	199	12.6%	523	33.2%	852	54.1%	1574
西宁	5	0.1%	3188	63.9%	1282	25.7%	512	10.3%	4987
化隆	1197	14.1%	3877	45.8%	1920	22.7%	1469	17.4%	8463
民和	490	5.5%	3735	41.6%	3533	39.4%	1212	13.5%	8970
乐都	17	0.2%	4238	54.6%	2268	29.2%	1238	16%	7761
共和	295	14.3%	1237	59.6%	320	14.5%	218	10.5%	2070
合计	2163	3.8%	32397	56.6%	14748	25.8%	7925	13.8%	57233

说明:表中百分比由笔者计算。

资料来源:陆亭林:《青海省帐幕经济与农村经济之研究》,萧铮主编:《民国二十年代中国大陆土地问题资料》,第 20766—20767 页。

就各县而言(见表 2—5),地主所占比例超过 5% 的县有 3 个,也就是说青海省的 2163 户地主中,其中 91.6% 分布在化隆、共和、民和。尽管全省佃户只占 13.85% 的比例,但湟源、互助、贵德、化隆等县佃户比例较高。又据 1934 年汤惠荪等人对互助、循化、化隆、贵德、湟源 5 县调查,自耕农占 47.62%,自耕农兼佃农占 40.95%,佃农占 11.43%[①],佃农比例相对比较低。抗战前夕对贵德、大通、循化、门源、互助、西宁、化隆、民和、湟源、乐都、共和 11 县 436 个村庄的调查,占地在 50 亩以上至 4000 亩的地主总数为 2163 户,占 4.87%;占地在 50 亩以下至 20 亩以上的自耕农为 32397 户,占 56.6%;占地在 20 亩以下的半自耕农 22772 户,占 39.62%。[②] 从上面的各种数据来看,青海是一个自耕农占多数的地区。

但是,自耕农占多数,并不意味着地权完全分散,农家有足够的土地耕种。如表 2—6。

---

① 汤惠荪等:《青海省农业调查》,第 288 页。
② 张菊生:《青海的经济现状》,《边事研究》第 7 卷第 5 期,1938 年 7 月,第 27 页。

表 2—6 青海省各县农家耕地分配表(1933 年调查)

项目 县份	5亩以下	5亩以上	10亩以上	20亩以上	50亩以上	100亩以上	200亩以上	500亩以上	1000亩以上	合计（户）
贵德	283	860	1218	884	609	206	—	—	—	4060
大通	176	1014	874	571	3642	2660	484	43	91	9555
循化	1300	1482	1642	602	258	13	—	—	—	5297
门源	—	104	571	362	294	257	200	73	29	1890
西宁	275	454	820	1455	1150	476	212	58	2	4902
化隆	693	899	1162	1219	1592	1354	200	61	9	7189
民和	2177	2533	2736	2186	661	41	3	—	—	10337
乐都	759	1122	1411	1900	1628	678	226	68	20	7812
互助	1041	1730	1299	2613	2236	1014	238	44	9	10224
湟源	130	224	374	434	348	154	53	4	2	1723
合计	6834	10422	12107	12226	12418	6853	1616	351	162	62989
百分比	10.85%	16.55%	19.23%	19.42%	19.71%	10.88%	2.57%	0.57%	0.26%	100%

资料来源:陆亭林:《青海省帐幕经济与农村经济之研究》;萧铮主编《民国二十年代中国大陆土地问题资料》,第20769—20770页。

近代以来关于人均有多少耕地才能维持生活有比较多的讨论,如1904年《东方杂志》有篇社论认为"约以四亩供一人之食"。[①] 也有学者估计北方农家人均需要5亩,或者需要七八亩等。[②] 据有学者研究,1931年甘青区家庭规模约为6人(5.85),[③]维持一家人所需要的土地在24—48亩之间。通过表2—6来看,在青海的农家中,耕地不足20亩的农家占到46.63%,不足50亩的农家占65.85%。[④] 因此,大部分农家耕地存在不足的问题。

我们再来看20世纪三四十年代青海农户变化状况,如表2—7。

表 2—7 1937—1944 年青海农户变化统计表

年份	1937年	1938年	1939年	1940年	1941年	1942年	1943年	1944年
自耕农	51%	61%	58%	61%	51%	51%	55%	58%
半自耕农	30%	21%	24%	18%	25%	21%	27%	21%
佃农	19%	18%	18%	21%	24%	28%	18%	21%

资料来源:《历年各省佃农分布》,《中农月刊》第8卷第1期,1947年1月。

---

① 《论中国治乱由于人口之众寡》,《东方杂志》第1卷第6期,1904年8月,第170页。
② 李金铮:《也论近代人口压力:冀中定县人地比例关系考》,《近代史研究》2008年第4期,第143—145页。
③ 葛剑雄主编,侯杨方著:《中国人口史》第6卷,1910—1953年,复旦大学出版社2001年版,第134页。
④ 丘咸:《青海农村经济概观》,《新青海》第3卷第9期,1935年9月,第7页。

表 2—7 反映出,从 1937 年到 1944 年青海的自耕农有所提高,但幅度不是很大,半自耕农有所降低,但佃农保持在 18—21% 之间,甚至有的年份还比较高,说明青海有的地方地权相对比较集中。

青海地权分配形成两种类型,一种是寺院势力较强的地区,地权比较集中。各种调查显示,贵德自耕农占 40% 强,半自耕农占 10% 强,雇农占 50% 弱。① 通过对互助县部分农村调查,地主占 0.99%,自耕农占 46.28%,半自耕农占 19.99%,佃农占 33.14%。② 湟源的佃农比例较高,占到 54.13%。③ 循化自耕农 1798 户,占 33.9%;半自耕农 2910 户,占 55.97%;佃农 548 户,占 10.31%,雇农 1006 人。④ 之所以出现这样的情形,与传统和宗教土地占有量有较大的关系,这些县的土地"多系寺产或为蒙古王公及藏族千百户所有,故从产权言之,自耕农并不甚多"。⑤ 即在土司、寺院土地所有制占统治地位的地区,自耕农比较较低。如佑宁寺占有大量的土地,据土改前调查,佑宁寺占有土地 77251 亩,其中旱地约 48670 亩,水地 28581 亩。一些高级僧侣不仅在互助县占有大量土地,而且在其他县也有土地,如土观昂共占有山旱地 16749 亩,水地 262 亩,土地分布遍及附近以及乐都、大通和湟中一带;松布昂在互助、乐都有土地 3267 亩,在大通有耕地 300 余石(约合 12000 亩以上)。⑥ 门源仙米、朱固二寺,共有耕地 13600 余亩,全部为寺院所有,该处农户 590 余家,皆为寺院佃农与雇农。⑦ 湟源全县十分之三的土地归东科寺,如拉拉库兔(此城系清朝乾隆时为防御藏民所建,住户纯系屯垦的营兵,所租的田地全部为东科寺,每年纳寺院租粮外,对田地各种附加及摊款,照数缴纳)、窝乐、小高陵(本庄的租额多少,不以土地肥瘠为标准,完全以与该寺僧侣的交情而定)、上脖项、兔儿干等,全都是东科寺的寺产,佃户除每年缴纳 60% 的寺租外,各地租附加、营买粮草等,"全由佃户支给"。⑧ 因此,在寺院势力占主导地位的地方,地权基本上集中在寺院,农民占有土地数量十分有限,大多为寺院或土司的佃农。

另一种是寺院与宗教势力比较薄弱的地方,地权比较分散。如民和县,自耕农

---

① 《青海贵德县之社会概况》,《新青海》第 2 卷第 5 期,1934 年 5 月。
② 鲁鲁:《本省的农村经济·互助县的农村经济》,《青海评论》1934 年第 21 期,第 4 页。
③ 鲁鲁:《本省的农村经济·湟源县的农村经济》,《青海评论》1934 年第 24 期,第 4 页。另有调查显示,湟源佃农占 12%(董涵荣:《青海湟源县》,《新青海》第 4 卷,第 1—2 期合刊,1936 年 2 月,第 49 页)。
④ 鲁鲁:《本省的农村经济·循化县的农村经济》,《青海评论》1934 年第 16 期,第 4 页。
⑤ 汤惠荪:《青海省农业调查》,《资源委员会季刊》第 2 卷第 2 期,1942 年 6 月,第 289 页。
⑥ 青海省编辑组:《青海土族社会历史调查》,第 101 页。
⑦ 鲁鲁:《本省的农村经济·门源县的农村经济》,《青海评论》1934 年第 19 期,第 7 页。
⑧ 鲁鲁:《本省的农村经济·湟源县的农村经济》,第 4 页。

占80%,半自耕农占10%,佃农占5%,雇农占5%。① 该县三川土族居住区,"土地集中程度不如互助县土族区。寺院占有土地也不突出,并且多属个别喇嘛所有,这和在外地(如塔尔寺)擅长经商的三川喇嘛可能有关系。三川的土族喇嘛寺规模都很小,远不及互助县佑宁寺,因而经济力量并不突出。三川土族地主也不多,共约二十余户,最大的地主占地不过二三百亩,普通的不过百亩。一般土民都有几亩或十几亩地,十亩左右的最多,尚可维持生活,因此佃农不多。"② 显然,三川地权分配没有其他土族区集中,普通地主占有土地每户不过百亩,实际上和自耕农没有多大区别。

甘肃西南区的岷县、卓尼、临潭属于杨土司的辖区,地权又是另外一种景象。"地权属于杨土司,由土司衙门发给各番民耕种,没有租税,惟每家平常备一兵一马,听候调遣,作战时粮草亦由士兵自备"。临潭藏民耕种的土地,"也是分属于几个土司的,除了西仓、双岔一带外,其他临潭属藏民,均向土司租佃而种"。③ 表面上土司的属民不交租,但实质上耕种土司土地的属民与土司有比较强的人身依附关系。20世纪30—40年代,随着农业区汉族人口大量迁移到卓尼,居住在洮河干流与支流两岸各村落的"尕房子"。这些汉人"不但对土司没有任何力役与财赋的义务,而且还是吃番民兵马田地的等候人……汉人吃番民的兵马田地,表面上虽很简单,但是背后却有两套不同文化背景在主使着,一方面使番民放弃兵马田地,一方面又使汉人由尕房子取得兵马田地。"④ 也就是说,土司土地的租户开始发生了变化,即"佃户以藏民为主,但回汉人民亦有,因为土司只求佃农按期纳租,没有民族的歧视"。⑤ 这些汉民、回民主要是来吃兵马田的。这些初来住在"尕房子"的汉人取得藏民不允许买卖的兵马田地的过程,实质上是土司土地私有化的过程。随着土地私有化的加剧,自耕农的比例逐渐提高,据抗战时期对岷县、临潭、卓尼、夏河等县370户农家经济调查之结果,自耕农占34.55%,半自耕农占24.7%,租耕农占31.75%。⑥ 说明随着土司制度的衰微,地权也在发生变化,地权分配呈分散状态。

表2—8是对岷县、临潭、卓尼、夏河各县农户状况的调查统计。

---

① 《青海民和县之社会概况》,《新青海》第2卷第5期,1934年5月,第51页。
② 青海省编辑组:《青海土族社会历史调查》,第19页。
③ 王匡一:《甘肃西南边区之农业》,《西北经济通讯》第1卷第7—8期合刊,1942年2月,第17页。
④ 谷苞:《汉人是怎样定居于卓尼番区》,《西北论坛》创刊号,1947年7月,第14页。
⑤ 王匡一:《甘肃西南边区之农业》,第17页。
⑥ 王志文:《甘肃省西南部边区考察记》,第54页。

表 2—8　甘肃西南边区地权状况调查表

县别	自耕农比例	半自耕农比例	租耕农比例
岷县	42.0%	37.5%	20.5%
临潭	72.2%	25.3%	2.5%
卓尼	57.3%	32.9%	9.8%
夏河	2.7%	3.1%	94.2%

资料来源:王志文:《甘肃省西南部边区考察记》,第 54 页。

表 2—8 反映出夏河的佃农占到 94%,这在本区域是十分特殊的。"其所以致此者,实以当地土地,悉为寺院所有(拉卜楞原为黄河南亲王牧地,康熙四十七年,黄河南既迎嘉木样建寺弘法,乃将属地布施,故当地土地所有权,均归寺院统辖)。农民自力开垦而不归寺院者,仅属少数。"[1]拉卜楞寺所在地夏河"土地很少一部分是土官头目所有外,其余概为寺院所有"。[2] 即便是地方头目老人或居民有私有土地的名义,或每部落有共有放牧的草原,"但考其究竟,土地的所有权,还是永久属于寺院或土司,因之也就无所谓土地买卖的事情",如在大夏河流域的藏民中,"偶尔有土地买卖的行为,但也只是转让耕种的地面权而已"。[3] 也就是说田地权仍然属于土司或寺院。

另外,依附寺院的民众的私人土地,"死后无嗣,布施给寺院的,所以寺院的土地一年比一年多起来,老百姓的土地一年比一年少下去。现在寺院的所有权,当占附近'十三庄'所有土地的百分之九十以上。"[4]即寺院的教民如死后无继承人,就将土地财物布施给寺院,成为地权向寺院集中的原因之一。从以上的分析中我们看出,近代本区域地权关系表现出来的特征是:原属土司辖区的地权开始表现出分散的趋势,而寺院直接统治的地方地权依然是比较集中的。岷县、临潭、卓尼三地大多为杨土司统治范围,土司制度被废除后,自耕农和半自耕农占有一定的比例,而租耕农比例相对较小一些。如调查者所言,"各地农田分配,往往视其环境而异……如人烟较为稠密之区,自耕农最少,租耕农则居多。反之,人烟稀少之地区,自耕农较多,租耕农较少",[5]表 2—8 正反映了这一问题,临潭自耕农占到 72.2%,租耕农只有 2.5%,这是"该地人烟稀少所致"。从上述四县的调查来看,民国时期土司制度衰微的地区地权趋于分散,而寺院与宗教势力占统治地位的地区,地权依

---

[1] 王志文:《甘肃省西南部边区考察记》,第 54—55 页。
[2] 王匡一:《甘肃西南边区之农业》,第 16 页。
[3] 徐旭:《甘肃藏区畜牧社会的建设问题》,《新中华》复刊第 1 卷第 9 期,1943 年 9 月,第 45 页。
[4] 李宅安:《拉卜楞寺概况》,《边政公论》第 1 卷第 2 期,1941 年 9 月,第 35 页。
[5] 王志文:《甘肃省西南部边区考察记》,第 54 页。

然比较集中。

回民聚居区和信仰伊斯兰教民族居住地区的地权状况如何？我们选择青海民和、化隆、门源和临夏解放后土改时期的调查资料进行分析。

民和的地权状况。地主98户，占总人口的0.79%，人均占有土地10.82亩；富农370户，占总人口的2.88%，人均占有耕地9.5亩；中农5184户，占总人口的43.78%，人均耕地4.7亩；贫农7651户，占总人口的46.72%，人均耕地3.2亩；雇农1094户，占总人口的5.82%，人均耕地1.6亩。占总人口3.67%的地主、富农，占耕地总面积的71.14%；而占总人口96.33%的中农和贫雇农，只占总耕地面积的28.86%。① 单从各阶层土地占有比例来看，似乎耕地的集中程度很高。但从人均占有耕地的状况来看，土地的集中程度并不高。因为该调查是解放后土地改革时期的资料，可能把一部分中农划为富农或地主成分，或把富农划为地主成分。在那个特定的时期，这是完全可能的。

化隆的地权状况。地主占人口的1.04%，占土地的7%，人均耕地24.5亩；富农占人口的3.78%，占耕地的13.5%，人均耕地13.8亩；中农占人口的36.46%，占耕地的46.83%，人均耕地4.7亩；贫农占人口的47.77%，占耕地的28.92%，人均耕地2.2亩；雇农占人口的4.5%，占耕地的0.47%，人均耕地0.38亩②。地主、富农占总人口的4.82%，占有耕地20.5%；中农、贫农、雇农占总人口的88.73%，占耕地的76.22%。地权相对比较分散。

门源的地权状况。1930年代调查，该县地主57户，占3.07%；自耕农1202户，占64.83%，半自耕农467户，占25.19%；佃农128户，占6.9%；雇农5300人。③ 据解放后第一期土改八个乡的统计，人均占有土地状况是：地主34.3亩，富农19.54亩，中农7.68亩，贫农3.15亩，雇农0.46亩。不同阶层占有人口（指农业人口）和耕地的比例是：地主占人口的12.9%，占耕地的38.8%；富农占人口的4.6%，占耕地的6%；中农占人口的38.6%，占耕地的30%，贫农占人口的22.4%；占耕地的7.3%；雇农占人口的17.8%，占耕地的7.2%；其他（包括工商业者、小土地出租者、半地主式富农、寺庙等）占10.7%。④ 地主富农占总人口的17.5%，而占有总耕地面积的44.8%；中农、贫农和雇农占总人口的78.8%，仅占总耕地的44.5%，也就是说，中农、贫农、雇农的人口是地主、富农的4.5倍，只占

---

① 本书编写组:《民和回族土族自治县概况》,青海人民出版社1986年版,第61页。
② 青海省编辑组:《青海省回族撒拉族哈萨克族社会历史调查》,第32页。
③ 鲁鲁:《本省的农村经济·门源县的农村经济》,第8页。
④ 青海省编辑组:《青海省回族撒拉族哈萨克族社会历史调查》,第19页,百分比为笔者计算。

有和地主、富农大致相等的土地。青海回族集中的地区,门源地权比较集中,民和、化隆地权相对分散一些。

临夏是回民聚居区,也是西北马氏军阀的发源地,先后出任国民党政府西北行政长官1人,省主席6人,军长9人,师旅长39人,厅长、专员、县长22人,官僚地主有很强的势力。临夏的地权状况是:"占全县总户数0.86%的地主,即占有全县耕地的29.3%。在抱罕乡,占总户数0.8%的地主,即占有全乡耕地的87%,而占总户数89%的贫雇中农,却只占有8%的耕地。"①这里的大多数农民是马家官僚地主的佃户和雇工。在门宦制度下,权力掌握在"老人家"(乡绅)手中,有政治和经济上的特权,"包揽词讼,支配地方武力,群众惟仰其鼻息而已。又多放高利贷,利率一般为月息五分。贫富悬殊尤为严重,一般人民生活极苦,而大河家某氏竟有地三四万亩,窖藏现银达三四万两,富者在经济上既居绝对优势地位,在政治上亦有取得为霸一方之便利,于是小民生活乃陷于绝境矣。"②在宗教和官僚势力统治比较强的地区,地权比较集中。

保安族、东乡族、撒拉族信仰伊斯兰教,这些民族集聚地的地权也有其特殊性。

保安族主要居住在临夏大河家一带,保安三庄地主18户,占总户数的2.7%,占总耕地的20.8%;富农27户,占总户数的4%,占总耕地的12.6%;中农247户,占总户数的36.3%,占总耕地的41%;贫雇农占总户数的56%,仅占总耕地的17.5%;清真寺占有耕地6.7%,寺院、小土地出租者(5户)和工商者(2户)占耕地的1.2%。从人均土地来看,地主10.94亩,中农1.98亩,贫雇农0.78亩。③ 就总体而言,在保安三庄,地主、富农占总户数的6.7%,而占全部耕地的33.4%;中农、贫雇农占总户数的92.3%,仅占全部耕地的58.5%。

东乡族主要分布在临夏的东部,土地占有状况是:地主、富农占总人口的2.3%,占有9%的耕地;中农占总人口的54.2%,占有69.4%的耕地;贫、雇农占总人口的42.5%,占有20%的土地。④ 从东乡族的整体情况来看,土地集中程度不高,自耕农在东乡族中占有很大的优势。但就个别乡村而言,特别是自然条件比较好的村子,地主占有土地的份额还是很大的,如东乡那勒寺村占总户数6%的地主、富农,占有60%以上的土地;范家村、金杨庄、王家庄三村的土地,90%以上都

---

① 中国科学院民族研究所等:《甘肃回族调查资料汇集》,第25页。
② 王树民:《游陇日记》,载《甘肃文史资料选辑》第28辑,第282页。
③ 中国科学院民族研究所等:《保安族简史简志合编》,第10页。
④ 中国科学院民族研究所等:《东乡族简史简志合编》,第30页。

为地主占有。① 因此,东乡族聚居区地权分配关系与生态环境有很大的关系,生态环境好的村子,地权高度集中;生态环境差的村子,地权比较分散。

撒拉族分布在循化县、化隆县甘都乡和临夏县的大河家。循化县占农村人口7.87%的地主、富农,占有43.98%的土地(以水地计算);全县人均耕地占有状况是:地主10.7亩,富农3.36亩,中农1.94亩,贫农0.9亩。街子村地主韩热木赞占有土地246亩,等于全村64户贫农拥有土地的总数。临夏大河家四堡子村有"八大家"地主,人口只占全村总人口的2.35%,而占有全村土地的91.6%。② 可见,撒拉族居住区的土地集中程度比较高。为什么会产生这样的情形?马步芳吸收信仰伊斯兰教的撒拉族地主和宗教领袖参加到马家军队和政权机关中,成为中下级军官或地方政权官员,因此,在撒拉族区大土地所有者的特点是地主、官僚和宗教上层分子"一身兼三任","在土地兼并过程中,官僚地主土地集中最为迅速。"③即军事官僚体制,导致了撒拉族地区地权比较集中。

有学者指出,近代以来西北少数民族地区土地所有制结构发展趋势是"地权更加集中于地主富农和牧主手中"。④ 但从本文的论述来看,事实上并非完全这样。少数民族地区,不同地区的历史文化背景不同,地权分配各有差别,尤其是随着土司制度的废除,土司土地所有制也随之动摇,地权有分散的趋势。因此,研究少数民族地区地权状况时,要具体问题具体分析,才符合历史的客观真实。

通过对本区域各地地权状况的分析,我们可以得出这样的结论:本区域的地权状况与生态环境、宗教等有密切的关系,生态环境优越的地区地权比较集中,而生态环境不好的地区地权较分散;在宗教势力占绝对优势的地区地权主要集中在寺院和高级僧侣手中。另外,近代本区域地权关系表现出一定的不平衡,占人口10%—20%的地主、富农占耕地的30%—40%左右,而占农村人口80%的自耕农和贫雇农占有土地60%—70%左右。大致5%—10%的人口没有耕地,10%—20%的人口耕地不足,需要租种土地维持生活。因此,虽然地权关系表现出土地不是十分集中,但广大农村有20%—30%的人口没有耕地或者耕地不足,仍然是农村经济发展面临的根本问题。

---

① 中国科学院民族研究所等:《东乡族简史简志合编》,第29页。
② 中国科学院民族研究所等:《撒拉族简史简志合编》(初稿),第42页。
③ 同上。
④ 司俊:《近代西北少数民族土地所有制结构的发展趋势》,《甘肃社会科学》2001年第5期,第86页。

三、土地租佃关系

(一) 租佃关系的种类

1. 永佃制。永佃权是物权的一种,根据《民法》规定永佃权是支付田租后,在"他人之地上为耕作或畜牧之权"。[①] 这种租佃制度又称为"世袭佃制",即在承佃之后,佃户和地主之间的租佃依附关系可以延续数代而不撤佃,即土地所有权属于地主,使用权属于农民。永佃权是保证农民耕种土地的一种权利,"对于有永佃权的佃农来说,已不是纯粹的超经济的强制,而主要是通过经济手段所争取到的一种'权利'。一方面佃农租种地主的土地,受地主的地租剥削;另一方面佃农又把佃耕土地当作'权利'来争取。"[②]

清朝以降,本区域的永佃权主要是通过清初开垦荒地取得的。如平凉佃农王杰佃种赵姓地主土地"三顷五十五亩",又开出较多荒地,赵氏地主见王杰"父子耕熟,就想夺回去",但王杰不允,理由是他们在土地上"费了多少工本才耕成熟地"的;故"霸耕"不退。[③] 王杰父子为何敢于"霸耕"?按照清朝的垦荒政策,王杰父子的"霸耕"是有根据的,因为他们有永佃权。乾隆七年(1742年)九月,甘肃巡抚黄廷桂在一份奏折中说:土地"开垦之时,小民畏惧差徭,必藉绅衿出名报垦承种,自居佃户,比岁交租;又恐地亩开熟,日后无凭,一朝见夺,复立'永远承耕,不许夺佃'团约为据。迨相传数世,忘其所自,或租粮偶欠,或口角微嫌,业主子孙即以夺田换佃告官驱逐,而原佃之家又以团约为柄据,忿争越控。臣查各省业主之田,出资财而认买,招力作以承耕,佃户之去留凭于业主,非若甘省佃户,其祖父则芟刈草莱,辟治荒芜,筑土建庄,辛勤百倍,而子孙求为佃户而不可得,实于情理未协。应请将当日垦荒之原佃子孙,止令业主收租,果有拖欠,告官押追,不许夺佃。倘立意抗欠粮租至三年者,方许呈明地方官,讯实驱逐,田回业主。若业主贫乏,将田另售,契内注明,佃户系原垦人之子孙,照旧承种,不许易田。若业主子孙有欲自种者,准将肥瘠地亩各分一半,立明合同,报官存案。不得以业主另租与人,长佃户告讦之风。"[④]黄廷桂的奏折反映了关于永佃权的几个要点:第一,永佃权来自农民对荒地

[①] 郑康模:《浙江二五减租之研究》,萧铮主编《民国二十年代中国大陆土地问题资料》,第33917页。
[②] 韩恒煜:《试论清代前期佃农永佃权的由来及性质》,《清史论丛》第1辑,中华书局1979年版,第37—53页。
[③] 见刘永成:《中国租佃制度史》,文津出版社1997年版,第263页。
[④] 《清高宗实录》卷175,乾隆七年九月乙酉。

的开垦。清初开垦荒地时曾鼓励缙绅、地主"出给牛种、搭盖房屋,招募贫民开地"①,被招募的贫民就成为缙绅、地主的佃户。为了拥有永佃权,贫民与缙绅、地主订立"永远承耕,不许夺佃"的契约,这些贫民便有了永佃权。第二,发生了业主与佃户在佃权上的纠纷,政府应该保护佃户的佃权。这些具有永佃权人的先祖在清朝初年垦荒中是有过贡献的,因此请求清政府明确规定缙绅、地主收租,"不许夺佃"。在佃权问题上,清朝政府"保护了原垦人子孙的利益,是对佃农永佃权的公开承认"。② 永佃制是一种受清政府保护的租佃关系。尽管如此,主佃双方为此而发生争讼的事情也不鲜见。③

在清朝屯田民地化的过程中,永佃权得到清地方政府的保护,使这种租佃制度在河西地区一直保留到近代。④ 在近代的民事习惯中,一些地区租佃习惯只要佃户按期缴纳地租,地主不得夺佃。如陇西习惯规定:"凡租种田地者,所纳之租名曰'团租'。按年送纳团租,或秋或夏,必有一定之时,且有一定之色,均[均之色]注明于约据内,佃户不得稍有更移。其纳团租能年年如约者,业主不得夺回其田,佃户之退与否,则可自由;若佃户有拖欠等事,业主始得夺之。其习惯已久,不能更易。"⑤这种"不能更易"的习惯实际上保护了农民的佃权,即农民在按时交纳租子的情况下对土地有长期使用权。这是一种在甘肃各地通行的习惯,如民初甘肃民商事习惯调查中就有"佃户对于业主如无欠租情事,即可永远耕种,不许业主随便解约"。⑥ 宁夏阿拉善、额济纳两旗的土地"系由内地汉人直接向两旗王府承领,只有永佃权而无所有权"。⑦ 以上说明,永佃制是从清朝的租佃制度沿袭下来的,也是一种比较普遍的租佃关系。

寺院的租佃制度也属于永佃制。如青海东科寺的土地租佃有两种情形,一种是死业,一种是活业。所谓死业,就是佃户有永久耕种或者暗卖明租的权力,人员卖地时契约上写着租典等字样,并不写出卖,实际上"永远出卖"。所谓活业,就是佃户虽耕种多年,但寺院有收回地亩另租给他人。⑧ 其中,死业应属于永佃权。

---

① 彭雨新编:《清代土地开垦史资料汇编》,第111页。
② 刘永成:《中国租佃制度史》,第275—276页。
③ 《大清会典事例》称:"陕西、甘肃所属,地处边徼。从前开垦时,小民畏惧差徭,借绅衿报垦,自居佃户。迨至相传数世,忘其所自,或年岁偶歉,拖欠租粮;或邑使不从,口角嫌隙。业主之子孙既欲夺田换佃,而原佃之家忿争越控,靡有底止"(卷141,嘉庆朝,第16页)。
④ 向达之:《论近代西北地区的土地租佃制度》,《甘肃社会科学》1991年第4期,第77页。
⑤ 南京国民政府司法行政部:《民事习惯调查报告录》上册,第401页。
⑥ 《甘肃民商事习惯调查会第二期报告》,《司法公报》第176期,1923年4月30日,第59页。
⑦ 白云:《宁夏的地政与农垦》,《西北论衡》第9卷第1期,1941年1月,第34页。
⑧ 鲁鲁:《本省的农村经济·湟源县的农村经济》,第4页。

"夏河的土地除很少一部分是土官头目所有外,其余概为寺院所有。这些土地都是祖辈相传,鲜有买卖转让。凡是耕种这种土地的人,只要能按期交租,便可长期使用,至于对土地如何利用,土地所有者概不过问,此属永佃制。"①陈圣哲认为"拉卜楞寺所有土地悉为寺院所有,只准农民租种,但无买卖之权。惟定租后,即可永久耕种,倘能按期交租则土地永不收回。故拉卜楞之土地,若以地权论,是为寺院所有,若以制度而言,实为永佃制。"②汤惠荪等人的调查也认为:"寺院或蒙古王公及藏族千百户之土地,佃于农民耕种,每年收岁租若干,惟此种租佃权无时间上之限制,故佃农得传给子孙,视为永佃权利,甚而再转佃他人,自为第二地主"。③又如上下塔娃(藏语,意思是寺院周围的村庄)的30户农家,只要每年按时交纳地租,负担兵马差役和其他徭役,就有对土地长期的租种使用权。④各种调查和研究都表明拉卜楞寺院的租佃制度属于永佃制,寺院和土司的永佃制与汉族农业地区的永佃制有所不同,汉族农业地区的永佃制有农民争取"佃权"的成分,求得土地的使用权;而土司和寺院的租佃关系有很强的人身依附性,佃农是土司和寺院的"农奴",佃户的社会地位、政治地位和经济都受寺院、土司的束缚,更接近于佃仆制。

2. 佃仆制。"佃仆制是一种最原始的、最落后的封建租佃制度。处在这种制度下的直接生产者,乃是社会地位、政治地位、经济地位最为低下的一个佃农阶层。"⑤该区域的土司和寺院统治区的租佃关系就属于佃仆制租佃关系,承租者主要是依附于土司和寺院的农民,即教民与属民。卓尼土司的"兵马田"制度和"僧田"制度规定,"所耕之田,主权属于土司,人民耕其田而服其役,准耕不准卖,不续耕者则还之于土司,另授他人。"⑥从制度上来说,这种"兵马田"和"僧田"亦是永佃制的一种形式。临潭土司实行的租佃制度实际上也是佃仆制,只要佃户按期纳租,不主动退佃或死亡绝户,佃权一般是不会取消的,"临潭境内的几个土司所属佃户的数目,历代鲜有变动,原来的佃户退佃或死而无后,另招一家来承租。每户的农场面积,不再分割或合并。多少年来他们就维持着这种制度,并靠着这种制度维持

---

① 王匡一:《甘肃西南边区之农业》,第17页。
② 陈圣哲:《拉卜楞经济概况》,《甘肃贸易季刊》第2—3期合刊,1943年1月,第61页;又见任承宪:《拉卜楞之农业》,《方志》第9卷第3—4期,1936年7月,第195页。
③ 汤惠荪等:《青海省农业调查》,第289页。
④ 王琦:《拉卜楞上下塔娃解放前经济结构和政治状况》,《西北史地》1986年第3期,第65页;又见贡保草:《拉卜楞"塔娃"的社会文化变迁》,民族出版社2009年版,第90—91页。
⑤ 刘永成:《中国租佃制度史》,第217页。
⑥ 王树民:《游陇日记》《甘肃文史资料选辑》第28辑,1938年5月19日,第174页。

他们(土司)的生活"。① 民国时期随着土司制度的衰落,土司地区的永佃制开始发生了动摇,在卓尼杨土司的辖地,一些从农业区迁移到土司地区的汉人时刻等待时机"吃"藏民的兵马田,"汉人吃田的方式是这样的,如果有困于地布(藏民向寺院举债——引者注)而出让兵马田地的番家时,该村或者别村住尕房子的汉人,就会出面同他接洽,商议出让地代议价,出让地代议价由三十元至两百元不等。代价议定后,出让者村中的十人(即公共)同意时,便可以举行出让的手续了。一般来说,只要吃田者有不好的名誉,十人总是会同意,因为如果不同意,因负债而陷于困苦中的村户,在官差与神差上会带累十人的。十人同意后,吃田者便至土司署领取印就之尕书……尕书领回后,吃田者以酒食招待十人,请人当众于尕书上写明让吃两方,均出自愿,上面并书明吃田者所出的代价数目等。这中尕书以后便握在吃田者手中,为永久耕种吃来的兵马田地的凭据。"② 也就是说,随着兵马田的转让,预示着土司地区的佃仆制也快走到尽头了。

3. 押租。武都县"以租金之多寡,定押租之成数,每年租清者,届退租时,押租如数归还,倘有拖欠,即按数扣除,作为租金,如拖欠年久,押租消尽,业主即将田亩收回,改佃自种,佃户俱不得有异言"。③ 河西永昌也有押租,一庄户向地主缴纳250千文,"即可获一昼夜水之地……迨租至十年二十年之定期,地主将押租钱250千文,如数退还庄户,即行解约。"④ 青海也有押租的情况,地主"往往对于租佃期间较长之土地,须向佃户索取保证金(押金),以为不履行契约之担保"。⑤ 这种租制比较少。

4. 转租。民国时期青海省政府组织农民开荒,"三年后收租,土地即为马步芳集团的军政官吏霸占。二地主将土地租到手后,又转租给农民,从中剥削。"⑥ 佑宁寺附近的寺滩社"共一百零二户人家,全部种寺院众僧土地,计四千九百三十余亩。在这一百零二户中有三户地主,这三户地主都是最早来承租寺院土地开垦的,叫作'揽头',每石地交十元钱,自己再招来佃户开垦,这些佃户称为'庄头'。头三年不交租,以后交租,租额是一石地一石租,但实际上因揽头也要剥削,故六至七斗地就要一石租,庄头交租均通过揽头"。⑦ 拉卜楞寺也有转租的现象,租种寺院的土地

---

① 王匡一:《甘肃西南边区之农业》,第18页。
② 谷苞:《汉人是怎样定居于卓尼番区》,第14页。
③ 施沛生:《中国民事习惯大全》第2编第5类,上海书店出版社2002年版,第28页。
④ 陈赓雅:《西北视察记》上册,第239页。
⑤ 汤惠荪等:《青海省农业调查》,《资源委员会季刊》第2卷第2期,1942年6月,第289页。
⑥ 青海省编辑组:《青海省回族撒拉族哈萨克族社会历史调查》,第34页。
⑦ 青海省编辑组:《青海土族社会历史调查》,第106页。

因各种原因无法耕种时,由农户物色新的承租人,并收取一定的转租价款。如上塔娃农民沙可,以 80 银元的转租金将 60 升土地转租给罗布藏;丹科以 70 银元的转租金将 60 升土地转租给完玛。① 这种转租,藏语称之为"通仔",获得寺院认可后,办理转租登记手续。拉卜楞的转租土地不同于农业区的转租,只一次性付清转租金后,不再向前农户交纳地租。

5. 伙种制、托耕制。 青海的伙种制是在"种子由地主供给,劳力、耕牛及其他生产工具,均系佃户自备,生产结果,除去种子,两方平分,至于田赋捐税,由地主负担,差徭则由佃户支应"。② 托耕制是"地主缺乏劳动力时,可择村中有信用而体力强壮者,招为庄头,给予田地作为经营,所有农具、种子、畜力、肥料及一切生产成本,以及田赋、差捐,均由地主负担,而经营方法,悉尊地主旨意办理",产品分配采取分成制。③

租佃关系通过主佃双方约定而形成,一种是口头约定,一种是形成契约,各地习惯有所不同。青海的口约制在"租佃时地主与佃户口头约定租期、租额、赋税负担以及肥料、种子、牲畜之供给等,如双方认为合意,则口约成立,反之即解约,又此制于农业区各县,流行甚广。"契约制"租佃时凭中说合,订立文契由地主收存,契约中应载之双方权利义务大致与口约制同"。④ 青海口约制与契约制没有本质的区别,订立契约时口头约定无须中人,而书面契约则需要中人。

宁夏租佃关系建立的习惯是在"田地佃人之前,书立契约,订定租额及粮差、公款之负担额,缴纳时期与方法等,并请中人画押,租佃始能成立。退租须于秋收后通告地主,叙明原因,然后收还租约,将租佃关系解除。惟亦有凭口头商定,不立契约者。"⑤

甘肃一些地方,地租手续与地租期限长短有关,"大概租期在三年以上者,多觅保立约,短期租户,则只需请人作口头担保而已。如佃户诚实可靠,不荒废田地,则可年复一年,无形中变为长期佃户,亦不取立约手续。若就土地而言,水地多短期,旱地多长期,故履行立约手续者,多在旱地。"⑥ 即租期比较长的写书面契约,租期短的用口头契约,一般旱地租期较长,订立书面契约,一些诚实的佃户即使长期租

---

① 王琦:《拉卜楞上下塔娃解放前经济结构和政治状况》,《西北史地》1986 年第 3 期,第 65 页。
② 陆亭林:《青海省帐幕经济与农村经济之研究》,第 20777 页。
③ 汤惠荪等:《青海省农业调查》,第 289 页。
④ 同前书,第 289 页。
⑤ 汤惠荪等:《宁夏省农业调查》,第 364 页。
⑥ 王智:《甘肃农村经济现状的解剖(续)》,《西北杂志》第 1 卷 4 期,1936 年 1 月,第 41 页。王智的《甘肃农村经济现状的解剖》一文曾在《拓荒》杂志连载,后因该杂志停刊,将续稿在《西北杂志》上发表。

种,也不用写书面契约。河西"由业佃双方预先以书面契约或口头契约,言明缴纳生产物之种类与数量,按契约规定交租。"张掖"农民向地主租种田地,或为永久或系年限者,必须预先同人书写契约,以为凭据"。① 即使业佃双方要解除租佃关系,事先必须告知对方,告知时间一般均在夏田收获之后,"普通短期租户每年于秋天请地主分租田地若干,得允许后,即行翻犁,翌年下种。如地主不愿继续出租时,应于夏末通知佃户,如佃户不愿继续耕种时,亦须于夏末通知地主"。② 从这些习惯来看,佃户与地主之间完全是一种契约关系,而无强迫之事,甚至有的习惯对佃户长期租种土地是有利的。总的看来,在民国时期甘肃的租佃关系中,佃户对地主的人身依附关系十分淡薄,与章有义对徽州、史建云对华北地区租佃关系的研究所得出的结论十分相似,佃户对地主只有"单纯纳租义务",租佃关系基本上契约化了。③ 说明民国时期传统农业区的租佃关系已经摆脱了地主与佃农之间人身依附关系的因素。

近代以来天主教在宁夏有很大的势力,其土地也是租种给当地民众。磴口三盛公天主教堂的土地,教会为了扩大势力,规定承领人须先取得教徒资格,承领的地权属于教堂,耕种方法也要受教堂限制。"磴口县之人民,纯属佃户,其田均租自教堂,租率自行规定,其耕作及施种,须受教堂之限制,而租佃权人之取得,已须该堂之教民,苟非教民,即方丈之地,亦不可租得。"④农民租种教堂土地,"收获按七三比例分配,教堂不劳而得七成,佃农终岁勤劳,仅得一饱。"⑤宗教势力对租佃关系有很大的影响。

(二) 地租分配方法

1. 分成制地租

清代前期,本区域屯田实行的就是分成制地租。在招募民众到河西等地屯田时,国家为屯民提供了土地、耕牛、农具、籽种等生产资料,屯民承种屯地,即成为国家佃户,政府与屯民就形成了一种租佃关系,这种租佃关系以分成制为主。关于屯

---

① 李扩清:《甘肃省县实习调查日记》,见萧铮主编:《民国二十年代中国大陆土地问题调查资料》,第 93490 页。
② 王智:《甘肃农村经济现状的解剖》(续)。
③ 章有义:《近代徽州租佃关系案例研究》,中国社会科学出版社 1988 年版,第 320 页;史建云:《近代华北平原地租形态研究——近代华北平原租佃关系探索之一》,《近代史研究》1997 年第 3 期,第 166—182 页。
④ 宁夏省政府秘书处:《十年来宁夏省政述要·地政篇》第 6 册,第 172 页。
⑤ 白云:《宁夏的地政与农垦》,第 34 页。

民承种屯田的分成比例,各地稍有所不同,有的官三民七,有的官四民六,有的则对半分成。《敦煌随笔》中关于屯地分成有这样一段记载:

> 赤金所属之鸦儿河、白杨河开渠筑坝,新垦上赤金溜泥泉等处地一千七百五十亩,因招户不及,即令赤金所试种,兵屯原地官收四分粮石,听候估发兵粮。近屯余地,照兵屯原地官民四六分收。佛家营新地因开种之时,工力较多,本年秋收官得三分,民得七分,次年四六分粮。赤金官屯新地试种三年,至癸亥年招民承种,一体四六分收……屯户借过籽种于秋收后,官民尚未分粮之时先行扣还,借过口粮、料草于屯民分得粮内自行交仓。①

这段资料反映了当时嘉峪关外民屯中的官民按照四六分成的办法进行,而在具体分配中视最初垦地成本、大小有所不同,如成本较高的在第一年实行官三民七分成。雍正年间肃州的《屯田条例》规定:"招募屯户既定之后,所需籽种和州县存仓之粮或不敷,方行采买。总系在官借给,秋成后,先行扣还。然后将余粮,官民各半平分。"②在收获物分配过程中,先将政府出资部分扣除,剩余部分官民均分。关于屯田的分成,有学者指出:"嘉峪关内外屯区屯租分成比例不同,大概是由于关内各方面条件较关外为好的原因。"③事实上并非如此,该学者只断取了《敦煌随笔》中"民得六分,官得四分"的资料,没有继续往下读笔者上文所引的这段资料,因此得出了这样对分成比例不同的解释。政府在规定屯田地租的分成时,考虑的主要因素是屯田成本的大小,关外赤金所的"官四民六"分成的前提是要求屯民在分成后将"借过口粮、料草"等自行交仓;而关内肃州屯田分成的前提是把政府借给的口粮、籽种等"先行扣还",余粮官民五五分成。因此,关外是分成后政府再收回成本,而关内是政府先扣除成本再将余粮官民平分。

这种在政府与屯民间建立起来的分成地租办法,随着屯地民田化,对民间地租征收习惯也有一定程度的影响。据清末民事习惯调查,有20余县实行分成制地租。实行分成制地租的地方和分成的比例如下:

---

① 常钧:《敦煌随笔》下卷《屯田》,1937年铅印本。
② 黄文炜、沈青崖:《重修肃州新志》第4册《肃州·屯田》。
③ 王希隆:《清代西北屯田研究》,第160页。

安定,业主二分半或三分。西和,各分一半或四六分或三七分不等。岷州,伙种主佃各分一半。秦安,业主得十分之三。徽县,主佃各半。阶州,同上。文县,同上。循化厅,收获十成得交业主十成之三,或照收获之额主佃各分一半。西宁,主六佃四。红水县丞,以收获物之捆束计算,每十束地主三束佃户七束,亦有二八分,或四六分者。靖远,主六佃四,按亩则每亩一斗或七八升。渭源,主三佃七。狄道,同上。沙泥州判,多则四六分,少则三七分。正宁,主佃各半。环县,四六分。海城,主三佃七。通渭,主佃各半。永昌,业主得三分之一。余如抚彝厅、敦煌各处皆系主佃均分。①

从民事习惯调查来看,分成制地租的分成比例大致有三种,即三七分成,四六分成,对半分成,只有个别地方实行二八分成。一般是土地质量不同分成方法也有所不同,如甘肃"川水地佃农分6成,地主分4成;山旱地则多以佃7地3比例分之。"②土地质量越差,报酬越低的地方,佃户的分成比例越高。尽管各地有不同分成的民事习惯,但与主佃双方的投资多少有很大的关系,如果地主不仅投资了土地,而且还投资了籽种等部分生产资料,分成比例一般是对半分;如果地主只投资了土地,其他生产资料由佃户投资,其分成的比例大多数是佃六主四或佃七主三。北洋时期的调查显示,"甘肃佃田规则,凡籽种、农具、肥料由承佃者自备,地主于收获之后按四六或三七分算。无论山田、原田、水田,佃规皆同"。③ 这种地租分配形式中,"田赋以地主完纳为主",如果佃农租田过多,也"负担一部分田赋"。④

伙种制、托耕制、佃仆制主要采取分成地租。如西和"伙种田地,或已业或当地招人耕种,业户与种地人按亩出籽种之半,至收获时,业主与种地人均分,称曰伙种。"⑤通常的分发是将种子除外,主佃各分半数,"每届收获后,地主由地里分去或佃户收场脱粒后,地主分精谷"。⑥ 定西县的分租,"租额由主佃预先议定,按若干成数分取粮食,多为主三佃七,间亦有主四佃六者。每届收获之时,佃户约同地主

---

① 佚名:《甘肃全省调查民事习惯问题报告册》,见《中国西北文献丛书》总120册,第136页。
② 汤惠荪等:《甘肃省农业调查》,第165页。
③ 谢学霖:《甘肃实业调查报告》,《劝业丛报》第1卷第4期,1921年4月,第21页。
④ 王达文:《甘肃省农产畜牧概况》,《国际贸易导报》第8卷第12号,1936年12月15日,第166页。
⑤ 邱大英:《西和县志》卷2《风俗》。
⑥ 李甲忠:《礼县西和县之农村经济实况》,《新西北》第1卷第5—6期合刊,1939年7月,第30页。

当场分用"。① 庆阳县各种租佃关系状况是:"活租,地主只出土地,收获按当年收成比例分配,一般是四比六或各半。伙种,地主出土地、牛羊、籽种、肥料,按议定比例分配。一般是四比六分成(地主占六成)。包山租,在地广人稀的山区,地主给承包户划山头,确定每年应交租额,有的粮草均分。按庄稼,出租人除出土地及全部牲畜农具外,并借给承租人粮食、住房等,收获按双方协议分配。"② 陇南一些地方的分成情况是在收获的时候,"有在田中当面与地主均分的,有上场后与地主只分种子的。其分配方法:有四六的,就是佃户得六而地主得四,也有均分的,地主与佃户各得二分之一,这完全视地主的宽吝为正比例。至于田赋的负纳,大概由地主代纳,与佃户是无涉的。但也有因佃户种的田太多,或因特殊的原因而两家分纳的"。③ 宁夏中卫的砂田也是实行分成制地租,按照土地报酬实行三七分成,地主三佃农七。④ 地主与农民对土地获益的分配,不同地区有不同的情形,有的地方剥削重一些,有的地方剥削稍轻一些,剥削的轻重与主佃之间关系、传统习惯、土地肥瘠、租种土地的多少以及双方的投入有很大的关系。

青海的伙种制"种子由地主供给,劳力、耕牛及其他生产工具,均归佃户自备,所收产品,除去种子外,余由双方平分,至田赋由地主负担,差徭则由佃户供应"。托耕制的分成主要有三种办法:"①于生产额内除去种子、农具、畜力及赋税等费,各半平分。②以业七佃三或业六佃四比例分配,但地主得负担生产费用及赋税等。③以田场之大小,事先言定,给一定数量之正产品及多量之副产品,以作酬劳"。⑤ 撒拉族的分成制地租有三种,即分庄稼、伙种和分捆子,"地主至多出一半种子,耕种和粮食款全由农民负担,收获物与地主对分,农民实际只能得到百分之三十至四十。"⑥ 民和"地主无人力耕种,租地于他人,至秋收后分捆者,有四六、三七两种分法,俗谓分伙种"。⑦ 东乡族分成条件和分成比例是:"地主出一半籽种,剩下的一半籽种以及牲畜、农具、肥料等皆由佃户负担。收获后,粮食、柴草等一切产品双方平分。"⑧ 湟中大寺沟回民的租佃方法为按亩分粮,"所用种子由地主租户分摊,一

---

① 甘肃省银行经济研究室:《甘肃省各县经济概况》第1集,第22页。
② 庆阳县志编纂委员会:《庆阳县志》,甘肃人民出版社1993年版,第99页。
③ 雷仕俊:《陇南农民状况调查》,《东方杂志》第24卷第16号,1927年8月,第103页。
④ 阎福寿、秦鹏生:《压砂棉花与压砂西瓜》,《中宁文史资料》第2辑,第113页。
⑤ 汤惠荪等:《青海省农业调查》,第289页。
⑥ 本书编写组:《循化撒拉族自治县概况》,青海人民出版社1984年版,第56页。
⑦ 《青海民和县之社会概况》,《新青海》第2卷第5期,1934年5月,第51页。
⑧ 甘肃省编辑组:《裕固族东乡族保安族社会历史调查》,第102页。

切差徭杂款均由地主负担"。① 化隆回族地区的租佃关系中,实行三七分,即70%的收获物归佃户,30%归地主,但土地上所承担的差徭由佃户承担,因当时国民党苛捐杂税比较多,地主一般多采用这种方法。② 门源回族地区的分成制地租主要有两种:一是伙种,"地主出土地、耕畜、种子,由佃农耕种,秋收后,扣除种子和耕畜饲料,余下的捆子由租佃双方对半分",伙种的形式在当地很流行;一是借种,"农民有自己的土地和耕畜,但播种时没有种子,因此由地主出种子,等秋收后,先扣除种子,然后再对半分",③这种租佃关系的剥削程度比伙种更高。从收获物的分成比例来看,少数民族地区的分成制地租是主佃对半平分,但各地有一定的区别。在分成时,地主所出一半种子的除与不除,地租率是不一样的。除去种子后再平分,佃户所受剥削比不除去种子平分要重一些。

甘南藏区的寺院与佃户之间按照成数分割地租。根据寺院与佃户在耕种时投资的不同,其分成的方法主要有三种:一种是寺院地主只出土地,佃户出劳力、肥料、种子等,在分成时佃户扣除种子与寺院平分;一种是由寺院出种子,作物收获后先将种子还给寺院,然后佃户与寺院均分;一种是佃户与寺院各出一半种子,收获物双方均分。在上述三种分成关系中,第一种最为普遍。④ 拉卜楞寺的另外一种分成制是将土地分成两份,一份收获物归寺院,一份收获物归农户。如下塔娃全村共租种寺院土地480升(土地面积单位,指能下种480升的土地),其中240升均分给6家农户,每户40升,成为份地,全部收获物归农户;其余240升是寺院的自营地,由6家农户承担全部劳动,收获物全部归寺院。⑤ 这种制度表现在地租分配方法上,属于分成制地租,分配方法类似于五五制;表现在地租形态上,有属于劳役地租与实物地租相结合的形式。夏河土地租佃关系之所以与藏区其他寺院有所不同,主要因为夏河接近农业区,寺院的土地租佃习惯受农业文化的影响较大而形成的。

宁夏天主教堂出租的土地也实行分成制地租。三盛公农民租种教堂的土地,"纳税不论丰歉,以三盛公渠所灌溉之田亩,按照教堂三成,佃户七成计算;渡口堂渠按教堂二点五成,佃户七点五成,补隆淖渠按教堂二成,佃户八成之标准公平分

---

① 似旭:《各县巡回宣传视察队日记(七)》,《青海评论》第12期,1934年1月11日,第12页。
② 青海省编辑组:《青海省回族撒拉族哈萨克族社会历史调查》,第34页。
③ 同前书,第20页。
④ 徐旭:《甘肃藏区畜牧社会的建设问题》,《新中华》复刊第1卷第9期,1943年9月,第46页。
⑤ 王琦:《拉卜楞上下塔娃解放前经济结构和政治状况》,《西北史地》1986年第3期,第64—65页。

之"。① 就单从地租而言,不论三七还是二八分成表面看似公允,但租种教堂土地的前提是加入教会,教民要为教堂承担其他更多的义务,其中的不公平就可想而知了。

2. 定额制地租

据清末民事习惯调查,定额制地租在本区域大部分地方存在,有的是实物地租,有的是货币地租。据清末调查,各地定额制地租征收情况如下:

> 皋兰,每亩计租钱二串或三串不等,如照收获物计算则主三分佃七分。张掖,每亩一斗。河州,按下籽种之数并分别水旱地计算,下籽种一斗,水地认租三斗或二斗五升,旱地认租二斗或一斗五升,如照收额则主佃各半。平凉,每亩租三升至五升不等,如按收额主三佃七。静宁州,每坰租麦一斗或一斗二升(坰系甘肃俗用之字,土人云二亩半为一坰)。华亭,每亩五升,折钱则二百文。隆德,每亩五升,照收额则主佃平分。董字县丞,每亩七八升至一斗。宁州,每亩一斗至二斗。合水,每亩麦一斗。泾州,认租之法有三:其领牛种而所收均分者曰伙租,按亩起科而不问丰歉者曰租种,折钱交纳者曰佃种。灵台,同泾州。崇信,分山地、川地,山地每亩三升,川地每亩一斗。固原州,每亩二三升不等,抑有农器、耕牛系业主资助,获时均分者。陇西县丞,每坰一斗五升。会宁,川地每亩租二分,山地每亩一分五厘,有以收获之数计算者,每石租二斗。伏羌,地有厚薄,按亩分等,上等每亩纳钱二串,次等一串五百,下等一串。如系川沙山坡,承认租粮亦分等次,上等出市斗麦一斗,次等八升,又次等五升或三升。抑有照收获之额计算者,主佃各半或主四佃六剖分。洮州厅,每亩租八九斗,亦有五六斗者。秦州,每亩二三斗不等,亦有主典平分者。清水,分租课、伙务两项:租课照地肥瘠计坰,课算山地每坰四五升,川地一斗;伙务则于收获打碾后,按所得之数两半均分。礼县,川田每亩五升,山田三升。宁夏,每亩三斗或二斗不等。宁朔,每亩租钱一二串或三四串不等,亦有按收获之物平分者。中卫,每亩租钱一二串不等。碾伯,每亩租一斗三升。武威,每亩四斗或二三斗不等。镇番,分上中下三等,上等每亩三分,中等二分,下等一分。平番,水地以亩计算,旱地以籽种计算,下籽三升约地一亩,认租一斗。肃州,按亩计算,不过十分之二。毛目县丞,每亩一斗。安西州,每田一块,出租一斗五升。玉门,每亩租银二两。②

---

① 马成浩:《阿拉善旗农业概况》,《边疆通讯》第4卷第1期,1947年1月,第17页。
② 佚名:《甘肃全省调查民事习惯问题报告册》,见《中国西北文献丛书》总120册,第135—136页。

从民事习惯调查来看,定额制租额的多少与土地质量有很大关系,一般地,平地、水地租额较高,山地、旱地租额较低。本区域的定额制地租既有实物,也有货币,但是由于农业生产的商品化程度非常低,以实物地租为主,只有个别地方尤其是城市郊区的菜园、果园等土地征收货币地租。甘肃"纳租方式,以物租最为普遍,钱租次之。"在实行定额制地租中,"以陇东区最低,兰山区最高,普通川水地每亩须纳麦豆或秋禾 0.3—0.9 石(市石),山旱地 0.2—0.3 石,钱租川地每亩稻田有纳 12 元者,山旱地 1—2 元,而以附廓之地为最多"。① 定西县的定额制既有谷租,也有钱租。定额规定"佃户向地主缴纳定额之租谷,无论年岁丰歉,不得短少,普通每垧纳租谷二斗(一垧合二亩半)";钱租"主佃事先约定不论粮价高低,每垧纳钱若干,采用此种办法者,多因地主离土地遥远,或系庙田、学田与同类性质之公田,按地之好坏,每垧五角至二三元不等,县城内外菜园,每垧纳十元至十五元不等。"② 城市郊区的种植蔬菜等园艺之地的地租最高。

学田一般都是定额制地租,既征收货币地租,也征收实物地租。华亭"学田共三顷四十五亩,征租银十两三钱五分……又有刘家磨学地三十二亩,收租粮七斗一升,系华亭市斗;又收麻三十五斤,新归学内。仪山书院学田在皇甫山,生员贾必明捐地七十五亩,租钱一千二百文;又有更名里、圣女、化平共地二百三十七亩,租钱六千零"。③

少数民族地区也实行定额制地租。化隆的定租的租额"一般以种子多少确定,山旱地 1 升地(下种一升的土地,下同)租子 2 升租,平旱地 1 升地租子交 2.5 升至 3 升。按:当地一般每亩下种 2.5 升,产量约 1 斗 3 升(1 斗 150 斤)。以此计算,每亩需交租 5 升至 7.5 升,但也有一亩交 1 斗 2 升的。所以剥削量一般为 50%—75%"。④ 门源的定额租有两种,一是交实物,"每一石地(33 亩)交一石租粮(1500 斤)";一是货币地租,"一石地交四钱银子",这种地租形式多半是寺院的土地。⑤ 湟中上五庄租额按亩征收,最高者 5 升,中等者 4 升,最低者 3 升,"遇有荒年则按情形轻重酌量减租"。⑥

---

① 汤惠荪等:《甘肃省农业调查》,第 164 页。
② 甘肃省银行经济研究室:《甘肃省各县经济概况》第 1 集,第 22 页。
③ 赵先甲:《华亭县志》第四《田赋》,嘉庆元年刻本。
④ 青海省编辑组:《青海省回族撒拉族哈萨克族社会历史调查》,第 33 页。
⑤ 同前书,第 20 页。
⑥ 似旭:《各县巡回宣传视察队日记(七)》,《青海评论》第 12 期,1934 年 1 月 11 日,第 11 页。关于上五庄的租额,解放后有调查说"每亩地约收七八升至一二斗之间"(青海省编辑组:《青海省回族撒拉族哈萨克族社会历史调查》,第 40 页),与当时的调查相比,显然有所夸大,因为当地当时的生产水平,亩产量达到 2 斗的不多。

清真寺也实行定额制地租,如清朝咸丰十一年(1861年)广和县三甲集西大寺"捐资碑"记载了清真寺土地出租地租情况,"每垧议定租,干净粮食三斗,照种交租"。① 所谓干净粮食是指脱壳的粮食,按照当地的收成,地租率是属于双方都能接受的范围。

　　青海藏区的寺院和土司统治区的地租大多数属于定额地租,不同于以汉族为主的农业区,实物的种类也有所不同。寺院土地大部分出租给"塔哇"(农奴)、"拉德"(神庄、香火地)和"穆德"(属民),"租率一般占总产量的百分之二十至三十以上,并按地亩附加柴草、酥油及送礼等,连同租率总额即达总产量的百分之五十左右"。② 佑宁寺"每一石种子地(约合四十亩,一亩地种二升半种子)要收五斗地租。一升种子地要收四两清油,即每亩地要收十两清油。每亩地还要收十斤草。每石地的租户还要给寺院砍柴两天,不够五斗的至少也得替寺院砍柴一天。每石地的租户要给寺院送十袋土,作为上房泥之用。至于昂里的地租,一般是每一石种子收五斗租,每亩地交清油三斤,草三十斤。每一石地还要交猪肉七八十斤,租户要替寺院砍柴两天,另外再送馍若干。"③在土司辖区,也以定额制为主,如夏河通常是种1斗(约合6亩)地交1斗租,当地每斗约等于15市斗,若以亩计算,每亩地的租子约合2斗5升;临潭"每斗地租额三市斗青稞"。④ 在以汉族为主的农业区,实物地租只征收土地收获物,但青海寺院出租土地,征收的地租有粮食、清油、柴草、猪肉、馒头等,甚至修建寺院所需要的土都在征收范围之内。寺院地租征收的物品,是佃仆制租佃关系的典型反映,也反映出寺院对佃农的剥削是很沉重的。

　　分成制地租和定额制地租并不是绝对的,一些地方,既有分成制地租,也有定额制地租。如会宁县韩家集的地租有两种形式,"一为'死租子',一为'分份头'。所谓死租子是不论年成的好坏,均照双方议定的租额交付地租,小麦与糜谷各半。所谓分份头,是按照一定的比例分成。"在会宁的28户半自耕农建立的31个租佃关系中,"分份头"24个,"死租子"7个。在16户佃农建立的17个租佃关系中,"分份头"15个,"死租子"2个,⑤分别占88.2%和11.8%。在河西地区,张掖定租占80%,分租占20%;酒泉定租占20%,分租占80%。⑥ 有学者研究认为,本区域实

---

① 余振贵、雷晓静:《中国回族金石录》,宁夏人民出版社2001年版,第418页。
② 王岩松:《藏语系佛教对青海地区的社会影响》,《青海文史资料选辑》第10辑,第68页。
③ 王剑萍:《互助佑宁寺概况》,《青海文史资料选辑》第10辑,第95页。
④ 王匡一:《甘肃西南边区之农业》,第17页。
⑤ 谷苞:《会宁县农家经济概述》,《西北论坛》第1卷第7期,1949年3月,第12页。
⑥ 徐书琴:《河西垦区之土地问题》,《人与地》第3卷第2—3期合刊,1943年,第18页。

行分成制地租的地方约占37%,实行定额制地租的地方约占63%。乾隆刑科题本的分成租与定额租总件数为881件,其中分成租97件,占11%;定额租784件,占89%。而甘肃总共有6件,其中分成租2件,占33.3%;定额租4件,占66.7%。① 这个比例和清末甘肃民事习惯调查的比例基本吻合。

(三) 地租率

地租率不仅反映在租佃关系中业佃双方所获得的报酬,也反映出地主对农民的剥削程度。晚清时期,在宁夏平原每亩平均产量为稻米七八斗或大麦六七斗,1斗米约合40斤,1斗大麦约合35斤。当地好米售价为制钱450—550文。每亩收获量换算成制钱大约3150—3600文,每亩钱租为1700文。② 依此计算,宁夏平原的地租率为47%—54%。北洋时期调查,甘肃"山田、原田之租率,上地每垧三四串文,中地二三串文,下地一串或数百文;水田每垧六七串"。③ 20世纪30年代调查甘肃普通规例,"山地一亩年缴租子一斗至二斗,原地约三斗,川地约四斗至六斗(水田较多,每垧不过二石)。尚有三七成或四六成分束捆者,即收获后将根茎叶颗束为小捆,地主分三成或四成,佃农占七成或六成。"④全省如此,各地又有很大的差别,如泾川"佃农对于地主每年每亩纳租麦一斗二斗不等";平凉"佃农每年纳租夏禾一斗,秋禾二斗。"⑤金塔"佃农租种地主之地,视地之肥瘠为出租之多寡,普通每年每亩地租麦二斗至三斗不等,粮草由佃户承纳,其他一切款项由地主承纳,与佃户无涉。"⑥固原"全系谷租,每亩麦或豌豆,最高纳8斤,最低纳4斤,普通纳6斤。荞麦或莜、燕麦,最高纳6斤,最低纳3斤,普通4.5斤。以上系平原旱地,若山坡旱地,则普通每亩麦或豆纳4斤,荞麦或莜麦纳3斤。"⑦渭源没有土地的向有土地农家"团租"土地,"每年收粮输田主以十分之二三,余粮即为赡养之资"。⑧ 海原县"贫者租种人田,仝人立约,言明年期,并十中之二分或三分租息,至收获后,照段[价]归还"。⑨ 从上述各县地租情况来看,甘肃地租普遍比较低。如果遇到自然

---

① 刘永成:《中国租佃制度史》,第237—238页。
② 李文治:《中国近代农业史资料》第1辑,第650页。
③ 谢学霖:《甘肃实业调查报告》,《劝业丛报》第1卷第4期,1921年4月,第21页。
④ 甘肃省政府建设厅:《甘肃省建设季刊·调查》1934年7月至12月会刊。
⑤ 陈言:《陕甘调查》(下),北方杂志社1937年版,第77—79页。
⑥ 周志拯:《甘肃金塔县概况》,《开发西北》第2卷第4期,1934年10月,第65页。
⑦ 固原县地方志办公室:《民国固原县志》上册,第198—199页。
⑧ 文廷美、高光寿:《渭源风土调查录》,第35页。
⑨ 《甘肃海原县风俗调查纲要》,1932年11月手抄本,甘肃省图书馆西北文献阅览室藏。

灾害,业主还要酌情减租,如"天水田地,每年亦止收获一次,其租种之法,佃户与业主,各半分租。倘遇天灾流行,由业主视察确实,酌量减让"。① 表2—9是1935年关于甘宁青地租及其与地价的比率。

表2—9 1935年甘宁青地租及其与地价的比率

项目省份	每亩之普通租额(元)			普通水旱地平均价格(元)	每亩普通租额占每亩地价的百分比		
	钱租	谷租	分租		钱租	谷租	分租
宁夏	4.6	6.1	4.2	—	—	—	—
青海	1.2	1.1	1.8	—	—	—	—
甘肃	2.0	2.1	2.4	17.5	11.4	12.0	13.7
全国平均	3.6	4.2	4.6	32.6	16.0	12.9	14.1

资料来源:张渭渔:《一九三五年之中国农事概况》,《农村经济》第3卷第10期,1936年9月1日,第16页。

表2—9中的钱租、谷租与分租均折合为银元数,并按照每亩普通地价求得每亩租额与每亩地价的百分比。在甘宁青三省宁夏租额最高,甘肃次之,青海最低,究其原因主要是三省耕地生态环境不同所致。甘肃水旱平均地价为17.5元,钱租、谷租、分租三种地租分别占地价的11.4%、12%和13.7%。以全国平均地价每亩为32.6元,则地主投资所得之周年利润,用钱租为16%,谷租为约13%,分租为约14%。相关研究表明:"我国南部各省,佃农之百分率较大,租率亦较重,故每亩租额大部超过地价百分之十以上;北部各省则以地力瘠薄,故每亩租率亦较轻"。② 尽管如此,甘肃每亩租率均超过10%。再看表2—10。

表2—10 甘肃12县地租率统计表 （单位:斗）

项目 \ 县名	皋兰	隆德	化平		平凉		静宁	固原	榆中	景泰	靖远	定西	秦安	徽县	平均
			川	山	夏	秋									
纳租谷法地主所得	3	0.5	1.5	0.5	1	2	1	0.1	—	—	—	—	—	—	—
分租法地主所得%	75	12.5	—	—	—	—	—	—	30	20	40	30	30	50	35.3
分租法佃户所得%	25	87.5	—	—	—	—	—	—	70	80	60	70	70	50	64.7

资料来源:王智:《甘肃农村经济现状的解剖(续)》,《西北杂志》第1卷4期,1936年1月,第42页。

表2—10中关于纳谷租法的统计数据,笔者曾根据各地农作物的亩产量进行地租率的计算,但所得结果无法说明地租轻重的真相。诚如前人所言:"在纳谷租法下,地租高低似相差甚大。但如云轻重,尚须明了土地之类别,升斗之大小及生

---

① 施沛生:《中国民事习惯大全》第2编第5类,第28页。
② 张渭渔:《一九三五年之中国农事概况》,《农村经济》第3卷第10期,1936年9月1日,第16页。

产量等等。否则轻率从事,错误殊多。"①但从表2—10及前面的论述来看,纳租谷的地租率显然低于分租法的地租率。而至于分租法的地租率,皋兰地租率最高,地主要获得收获物的75%,隆德最低,地主只获得收获物的12.5%,各地平均地租率为35.3%。由此可以看出,甘肃的分租法的地租率平均水平略低于卜凯所调查的11处40.5%的平均线。②这也说明甘肃大部分地区地主对佃农的剥削程度比中国东部地区稍轻一些。由于地租较轻,甘肃个别地方少数农民因租佃或雇用而置产,成为自耕农,如"固原西乡有自静宁来者,初为人佣,数年之后,即自开垦,又数年即成富有……此间有一租佃习惯,乡间大地主,往往招致丁壮,使其力耕,将来分给田地,以酬其劳"。③如果地主对佃户剥削很重,收取高额地租,这些佃农就没有机会转变成自耕农。

  少数民族地区土地面积计算方法不同,地租率也不同。有的地方以"斗"来计算,如拉卜楞寺的1斗地就是可以下1斗(当地每斗约合15市斗)种子的土地,约合6市亩。地租是"斗地斗粮"或"斗地半斗粮",④即租1斗地交1斗粮或半斗粮的租子。青海的谷租制度也是"租地一斗,于收获后纳租一斗,其地较劣者,尚可减少"。⑤有的地方农作物产量以种子的倍数来计算,几种重要的作物种子与产量的倍数是青稞5倍,马铃薯7倍,小麦3倍,豆类2倍,平均为4.25倍。⑥因此,如以斗地斗粮计算,地租率为23.5%;如以斗地半斗粮来计算,地租率为11.8%。另据马鹤天1936年5月25日与夏河喳喳滩寺(音)附近数家回汉民交谈,"据云系由河州避难而来,所种之田,系租自寺中,每斗地每年可收青稞三四斗,纳租青稞面二十斤(每斗可得面六十斤)。"⑦如果以斗地产量3—4斗计算,可磨青稞面180—240斤,而纳租只有20斤,每斗地的租率只有11.1%—18.33%。单从地租来看,寺院对佃户的剥削率是很低的。但凡租种寺院土地的佃户,还要为寺院负担各种劳役,寺院的修建、喇嘛的出行等都是由佃农当差。如果是寺院公差,佃农要自备一切;如果是昂欠与活佛的私差,"可管老百姓的吃食"。⑧在以寺院经济为核心的地区,佃农不仅要缴纳实物地租,而且还有劳役地租。

---

① 王智:《甘肃农村经济现状的解剖(续)》,《西北杂志》第1卷4期,1936年1月,第42页。
② 卜凯:《中国农家经济》,商务印书馆1937年3月版,第198页。
③ 甘肃省银行经济研究室:《甘肃省各县经济概况》,第47页。
④ 陈圣哲:《拉卜楞经济概况》,《甘肃贸易季刊》第2—3期合刊,1943年1月,第61页。
⑤ 农林部垦务总局:《青海中部荒地调查报告》,1942年12月印行,第11页。
⑥ 王匡一:《甘肃西南边区之农业》,第19页。
⑦ 马鹤天:《甘青藏边区考察记》第1编,第22页。
⑧ 李宅安:《拉卜楞寺概况》,《边政公论》第1卷第2期,1941年9月,第35页。

地租率的高低与许多因素有关,卜凯指出:"各地地租率的高低,大都由于风俗习惯的不同,地价的高低,土地的肥瘠,栽培作物的种类,耕耘方法的精粗,歉年减租的规定,地主供给资本的多寡,及地主能否因土地所有权而增高社会上的地位等,而大有区别。"①在卜凯列举的这些因素中,对甘肃地租率影响最大的因素包括两个方面:

一是与土地肥瘠有关系。在甘肃各地的租佃分配中,地力肥沃则租额较高,地力瘠薄则地租较低。甘肃习惯是"上地地主六成佃户四成,中地地主与佃户各得五成,下地地主三成佃户七成。"②表2—10 分租法中"仅景泰一县,因土地过瘠,尚行二八制外"③,其他各县分别为三七制、四六制或五五制。又如会宁县的分租制中川地"四六分是最普遍的","租山地的个案共有四十二个",其中35个是分租制,"三七分者占十八个,二八分者占十一个,超过三七分者五个。"④在城市郊区土地收益较高,地价也高,地租率也比较高。宁夏"省会附廓良田,多为鲁人租佃,地主对租金常任意增加,对租期常任意缩短,所以佃农的经济状况也不见佳"。但在其他县份,"因地广人稀,经营粗放,出租者多,承租者少,租额尚未超过定额,大概多为'现物地租',约合地租生产物总额的十分之三至百分之五十"。⑤从宁夏的例子就能看出土地肥瘠与租率之间的关系。

二是与业佃双方对土地的投资多少有关。如果业主不仅投资了土地,而且还投资了种子等部分生产资料,分成比例一般是对半分;如果业主只投资了土地,其他生产资料由佃户投资,其分成的比例大多数是主四佃六。平凉和武威的一般情况是"农具、肥料、种子等均由佃种者自行负担,由佃方承地主完粮者,亦极多,庄家收获后,按收获量分给地主三分之一。"天水是农具、肥料等由佃户承担,种子由业佃双方均摊,"租额按收获量平分。"⑥固原"佃农多系外县客民佃田耕种,年租多寡不等,由地主给牛及种子,收获粮食,各半均分。"⑦河西分租的方法是"地主供给土地,负担田赋及捐税,佃户供给耕牛、劳力、种子及生产工具,并无额外差徭,生产结

---

① 卜凯:《中国农家经济》,第200页。
② 南京国民政府司法行政部:《民事习惯调查报告录》上册,第401页。
③ 王智:《甘肃农村经济现状的解剖(续)》,第43页。
④ 谷苞:《会宁县农家经济概述》,《西北论坛》第1卷第7期,1949年3月。
⑤ 白云:《宁夏的地政与农垦》,《西北论衡》第9卷第1期,1941年1月,第34页。
⑥ 李中舒:《甘肃农村经济之研究》,《西北问题论丛》第3辑,1943年12月,第46页。
⑦ 陈言:《陕甘调查》(下),第78页。

果除去种子其余对分,或主四佃六之分配,亦无押租及其他之苛扰。"①正如卜凯所言:"对于分成租的制度,在中国北部,最为普通,但有时亦因地主是否借给种子肥料或房屋等而稍有差异。"②在笔者看到的材料中,地主给佃户提供耕牛、种子、农具的情况很少,五五分成在甘肃所占比例极小。因此,我们可以得出这样的结论,如果地主没有投资种子、耕牛、农具等生产资料,地租率大约在 30%;如果地主投资了种子、耕牛和农具等,地租率则达到 40% 以上,超过 50% 的极少。

在近代租佃关系中,有一个问题不能忽视,即苛捐杂税由谁来承担的问题。由于苛捐杂税所占份额很大,因此,在佃户承租土地时,当面要议定杂差由谁来负担,一般是以租额的名义由佃户为地主负担部分或全部差役。由于近代的苛捐杂税比田赋还重,因此,表面上地租率不高,使"地主在名义上获得轻租的美名,但实际是把自己应有的负担,名正言顺地转到佃户身上,而佃户并没有得到轻租的便宜,或有时比重租还要重些"。③ 因此在考察租佃关系中的地租率时,还要对田赋及其附加税、差役等进行考察,才能对农民负担做出清晰的判断。

(四) 地租形态

从上面的论述中来看,本区域的地租主要有实物地租、货币地租和劳役地租三种形态。

在传统农业经济地区,实物地租与货币地租兼而有之,而以实行实物地租为主。据 1934 年对甘肃 31 县的租佃形态统计表明,谷租占 51.2%,钱租占 14.3%,分租占 34.5%。④ 各地租佃习惯不同,地租的形态不一,如河西地区主要是实物地租,"无钱租"。⑤ 陇东、陇南、洮河流域及旧兰山道属一带,"纳租谷法与粮食分租法相埒,皋兰一县,间有纳租金法者,但除城郊外,他处无之。"⑥ 皋兰、临洮城郊"最好水地亦有每年纳租洋十元至十五元者。"⑦ 即在城郊种植蔬菜等上好的土地出租时,才实行钱租。又如对 155 户农家调查中,"地租形态,及全部为物租,虽有钱租

---

① 施忠允:《西北屯垦研究》(上),见萧铮主编《民国二十年代中国大陆土地问题资料》,成文出版社有限公司,(美国)中文资料中心 1977 年印行,第 36528 页。
② 卜凯:《中国农家经济》,第 197 页。
③ 李化方:《甘肃农村调查》,第 50 页。
④ 实业部中央农业试验所:《农情报告》第 3 卷第 4 期,1935 年 4 月。
⑤ 张丕介等:《甘肃河西荒地区域调查报告》,第 30 页。
⑥ 王智:《甘肃农村经济现状的解剖(续)》,第 40 页。
⑦ 《甘肃农业概况》,甘肃省政府建设厅:《甘肃省建设季刊》1934 年 7 月至 12 月会刊,调查。

但所占成数微不足道。"① 秦安县货币地租只占 3.58%,实物地租占 96.4%。主要是县城周围种植蔬菜的佃农缴纳货币地租,为定额地租,"且系预缴,地主可以不负风险"。② 陇南包租、分租(实物地租)最为普遍,钱租占少数,力租逐渐衰落。西和、礼县称钱租为"干租",每亩 4—5 元,租户不仅要缴纳"干租",还要"供应地主所需要的蔬菜"。力租的方式比较特殊,有一种"招搬家"的力租方式,即人力单薄的,招留租户供给小屋一二间,佃户寄住在地主家,薄田数亩,免租种地,地内收获物全部归佃户,但"其劳力供给地主无代价使用,以作交换条件"。③ 陇南也有力役存在,表现形式与其他各县差不多,佃户向地主缴纳地租外,尚有特别劳役,即"地主家里冠婚丧祭等大典,不消说佃户须去帮忙,做最笨重的工作;即地主修建房屋,佃户也须去帮忙"。④ 在甘肃各县这种现象比较普遍,中国是一个典型的人情社会,因此"农民们并不知道计算劳力与时间,由于传统观念的欺蒙,认为这是应该的。借此混个饱肚子,农民已觉满意了"。⑤ 可以看出,在租佃形态方面,甘肃以物租为主,劳役地租是一种特殊的表现形式,钱租所占比重不大,除了城市郊区土地肥沃的菜地,而其他土地很少有钱租。

宁夏平原农业环境比较优越,农业耕作以水田为主,钱租占有重要地位。如晚清时期,宁夏平原"地主一般是按货币收租,每年每亩约为制钱 1700 文。但是也有些地方,地主出租土地要收取收成的半数,作为实物地租"。⑥ 据民国时期调查,宁夏县佃农交纳实物地租和货币地租各占一半,货币地租水地每亩一般 4 元,最高 5 元,最低 3 元;旱地每亩一般 6 元,最高 8 元,最低 4 元。实物地租水地一般每亩纳大米 2 斗,最高 3 斗,最低 1 斗;旱地每亩纳小麦一般 3 斗,最高 4 斗,最低 2 斗。宁朔县主要有包租制和收获分成两种,以货币地租为主,约占 7 成,实物地租约占 2 成,粮食分租约占 1 成。货币地租水旱地每亩一般为 4 元,最高 7 元,最低 3 元。实物地租水地每亩一般纳大米 2 斗,最高 4 斗,最低 1 斗;旱地每亩一般纳小麦 2 斗,最高 3 斗,最低 1 斗。平罗县实行包租制,货币地租占 3 成,实物地租占 7 成。货币地租旱地每亩一般 4 元,最高 6 元,最低 3 元;实物地租旱地每亩一般纳大麦或小麦 2 斗,最高 3 斗,最低 1 斗。金积县实行包租制,实物地租占 7 成,货币地租

---

① 李中舒:《甘肃农村经济之研究》,《西北问题论丛》第 3 辑,1943 年 12 月,第 47 页。
② 李化方:《甘肃农村调查》,第 47 页。
③ 李甲忠:《礼县西和县之农村经济实况》,第 30—31 页。
④ 李化方:《陇南一隅的佃农》,《经济周报》第 7 卷第 21 期,1948 年 11 月 25 日,第 12 页。
⑤ 同前书,第 12 页。
⑥ 李文治:《中国近代农业史资料》第 1 辑,第 650 页。

占3成。货币地租水地每亩一般4元,最高6元,最低3元;旱地每亩一般5元,最高7元,最低4元。实物地租每亩一般纳租大米3斗,最高4斗,最低2斗;旱地每亩一般纳租小麦4斗,最高5斗,最低2斗。灵武县包租制和收获物分成制各占半数。货币地租每亩一般4元,最高7元,最低3元;旱地每亩一般5元,最高8元,最低4元。实物地租水地每亩一般纳租大米3斗,最高5斗,最低2斗;旱地每亩一般纳租小麦4斗,最高6斗,最低3斗。中卫县主要是包租制,货币地租占8成,实物地租占2成。货币地租水地每亩一般3元,最高4元,最低2元;旱地每亩一般4元,最高5元,最低3元。实物地租水地每亩一般纳租大米2斗,最高4斗,最低1斗;旱地纳租小麦数量与水地同。中宁县主要实行包租制,交纳实物地租占55.5%,交纳货币地租占3.7%,二者兼而有之者占40.8%。实物地租水地纳租大米一般2斗,最高4斗,最低1斗;旱地每亩纳租小麦一般1斗5升,最高3斗,最低1斗。货币地租水地、旱地每亩一般4元,最高6元,最低3元。[①]另一调查也反映了同样的问题,宁夏、朔宁、平罗等县,有钱租、谷租和分租3类,"维常多采用钱租"。如灵武河忠堡钱租占70%,分租占30%;每亩钱租4.8元,分租主二佃八。贺兰立岗堡钱租占80%,谷租占10%,分租占10%;每亩谷租2—3斗,钱租3.85元,分租主佃平分。平罗县城钱租占70%,分租占30%;每亩钱租14.5元,分租主四佃六。磴口四坝钱租占40%,分租占60%;每亩钱租5元,分租主三佃七。[②]从宁夏平原的情况看,在生态环境比较好的地方,实物地租与货币地租兼而有之,且钱租占有很大的比例。

青海地租情形相对比较复杂,在汉族农业区以货币地租与实物地租为主。货币地租,是按照当时的粮价定纳租标准,钱租通常水地每亩3—5元,旱地1—3元;谷租水地每亩纳租2斗,旱地每亩纳租5升。[③]互助县租佃关系的建立,"须有素日深交感情,而地主对于佃户待遇,甚为苛刻"。纳租方式有三种:一是纳租金,每亩最高者1元5角,中等者1元,低者6角,多于秋后缴纳,如提前缴纳,当可减少十分之一或五六;二是纳租谷,每亩最高者5升,中等者3升,低者2升余;三是分租,水地多均分,旱地均为四六分,涝地均为三七分。[④]

在少数民族聚居的地方除了货币、实物地租外,还有劳役地租。青海互助土族地区的劳役地租有两种:"一种称为'过差'。解放前,马家军阀的差役非常繁重,一

[①] 宁夏省政府秘书处:《十年来宁夏省政述要·地政篇》第6册,第234—243页。
[②] 胡希平等:《宁夏省荒地区域调查报告》,第19页。
[③] 陆亭林:《青海省帐幕经济与农村经济之研究》,第20777页。
[④] 《青海互助县之社会概况》,《新青海》第2卷第8期,1934年8月,第57页。

些和马家军阀关系较少的地主为避免差役,就把部分土地租出去,不收租谷,但承租者得根据所租土地的数量,替地主承担一部分或全部差役……一种是地主租给农民一两亩或两三亩地,不要租谷,但农民得经常替地主做活,随叫随到,不给工资,只管饭吃,闲时才能种自己的地,这是地主直接剥削农民的劳动力的办法。"① 保安三庄高赵李村"当地主与佃农发生租佃关系时,其字据上便规定佃户一年中须有一人为地主无偿劳动15日。还有少数佃户用2/3的时间为地主劳动,地主不给报酬(工资)……当庄稼三忙时,首先要为地主劳动,种庄稼首先要把地主的土地种好后,才能耕种自己的土地。除成年男女为地主做农活外,家中之女儿还为地主做家务劳动,如地主家中之'丫鬟'一样。"② 互助县红崖子沟合尔邦社"租种地主一斗山旱地(约合四亩),每年需给地主服劳役二十天左右,劳役形式为割田二十天或割田十天加拔草十天……也有以劳役十到十五天为限的"。③ 湟中上五庄"租子以实物为主,也有以钱和劳力折算的,如在虬纳村,劳动一天抵一升粮"。④ 东乡族地区"残存有劳役地租现象,如在耕种季节,附近的佃农首先为地主无偿劳役数日。在平时,佃户也常被地主叫去做零活"。⑤ 传统农业区,个别地方也有劳役,如清水县地主"多为不劳而获之人,粮食燃料,皆为佃农供给,劳役亦由佃农代行,若有婚丧建筑之事,佃农则携猪带羊,担米挑柴,疾趋而至,供其驱使。"⑥ 在笔者翻检的关于民国时期甘肃租佃资料中,在汉族农业区地主额外役使佃农,像清水的情况比较少见。

寺院和土司的租佃方式是建立在劳役、实物地租以及对佃户经济超经济剥削等基础之上的。寺院的实物地租"通常每斗(一百斤)籽种地(约合四亩)纳租谷五升,以好地、坏地每亩平均产量一百五十斤计算,四亩地合六百斤,纳租谷不及十分之一,光计算实物地租,则寺院比一般地主的剥削量轻。但超经济剥削和劳役地租却很重"。⑦ 寺院交纳的实物地租包括粮食、清油、草、柴、猪肉,甚至有馒头等。如租种佑宁寺滩土地的"庄头"除了通过"揽头"给寺院交纳地租外,还要"每升地要交四斤草,四两油,另外还要为寺院出劳役——磨面、碾场、晒麦、背柴及其他各项杂

---

① 青海省编辑组:《青海土族社会历史调查》,第20页。
② 甘肃省编辑组:《裕固族东乡族保安族社会历史调查》,第176页。
③ 青海省编辑组:《青海土族社会历史调查》,第104页。
④ 青海省编辑组:《青海省回族撒拉族哈萨克族社会历史调查》,第40页。
⑤ 甘肃省编辑组:《裕固族东乡族保安族社会历史调查》,第102页。
⑥ 甘肃省银行经济研究室:《甘肃省各县经济概况》第1集,第160页。
⑦ 青海省编辑组:《青海土族社会历史调查》,第20页。

活。据估计每年不论种地多少,每户都要做无偿劳役约一百个工日以上"①。互助县"霍尔郡村农民李文生,解放前租佑宁寺章嘉昂的土地,每石籽种地租纳谷五斗,青稞、麦子、豌豆均可。又规定每亩地交清油三斤,草三十斤。一石籽种地约合四十亩,就须交清油一百二十斤,草一千二百斤。此外又须交猪肉七八十斤。每年还得送馍一次,一二口袋不等。昂中叫去砍柴服役,随叫随到,天数不限"②。佑宁寺土观昂"一般地租是斗地五升租(歇地也要交)。额外剥削有:每年十月佃户要给土观昂送油炸馍馍,每石地送十背斗,每个油炸馍馍均有规定尺寸(长方形,约长一尺),不合格要罚一倍。另外,每斗地交草一百斤。劳役每年五至十天,主要是驮木头、驮土、修房等"③。夏河农民"所耕土地,所有权均属寺院,每年按期纳租。农民租田多寡无定,二三斗地者有之,一石地者亦有之,普通五六斗地。每斗约合六亩余,每斗地租仅青稞一斗,每斗约合十五市斗。"④租种拉卜楞寺的农民主要交纳实物地租,"每斗地之地租,只稞麦一斗,每斗约合十五市斗,若以亩论,每亩租子二斗五升。每年交租一次,农民多于作物收成后,赴寺院交纳之。"⑤

　　土司统治地区以实物地租和劳役地租为主。玉树部落习惯法规定,属民耕种土官的土地要承担各种实物和力役,如囊谦千户直辖的香达百户属民一年耕种10亩份地,必须为千百户承担的义务有:①给囊谦千户、香达百户、彩九寺冲尼活佛应支近30个日人工,30个日畜工耕种庄园农田。②向囊谦千户、香达百户、甘达寺送礼品和缴税钱。③春秋两季负责支应千户和冲尼活佛庄头所需要的食物、马料和薪俸。④负责甘达寺收税人员的食物、马料和薪俸。⑤承担千户委派过境庄头的食物、马料所需。⑥在春秋两季为千户及冲尼活佛放债管理人员缴纳佣金和供应生活费用。⑦向初一寺缴纳防雹费用。⑧负担千户放马人的肉食。⑨支付千户家念"格里经"的花费。合计为每户缴纳75斤青稞,15斤酥油,3只羊,1包大茶,240斤草。⑥耕种卓尼杨土司兵马田的人家,"对土司负责有力役与财赋上的种种义务,比如纳粮、纳钱、纳柴草、当兵、当乌拉等。"⑦纳粮、纳柴草属于实物地租,纳钱属于货币地租,"依照传统规定,每户每年应交土司青稞卓尼斗1.5斗,合公斗

---

① 青海省编辑组:《青海土族社会历史调查》,第107页。
② 同前书,第20页。
③ 同前书,第107页。
④ 马鹤天:《甘肃西南边区考察记》第1编,第159页。
⑤ 陈圣哲:《拉卜楞经济概况》,《甘肃贸易季刊》第2—3期合刊,1943年1月,第61页。
⑥ 张济民:《青海藏区部落习惯法资料集》,第48页。
⑦ 谷苞:《汉人是怎样定居于卓尼番区》,第13页。

4.5 斗(约 45 老斤,每老斤 600 克),制钱 300 文,及草一背或柴一背",①这种"乌拉"属于劳役地租。乌拉汉语是"公差"的意思,"乌拉的种类,以服役者的品类分:有所谓乌拉(仅指人)、乌拉牛、乌拉马、乌拉车等等。以服役的时间久暂分,又有所谓长乌拉与短乌拉二种。大致讲来,服役十日左右及以上的长乌拉,每户数年间可轮流一次,至于服役两日的短乌拉,则每户每年可着数次。"②租种兵马田的佃农,一是要自己准备兵马,随时"以供调遣服役",这是力租形态的表现;二是每农户要缴纳 1 斗粮 1 车草,这是物租形态的表现;三是每户缴纳 300 文制钱,这是钱租形态的表现。因此,在卓尼的租佃关系中,"是具备了地租的各种形态——力租、物租与钱租。"③

从以上论述中我们看出,在上述三种地租形态中,实物地租占主要地位,各地都有实行;货币地租主要在商品经济比较发达的地区实行,有的地方货币地租和实物地租兼而有之;劳役地租主要在经济欠发达的地区实行,以少数民族地区、土司和寺院劳役地租为多。从地租形态的分布情形来看,民族地区农民所受到的地租剥削比以汉民族为主的农业区更重、更残酷。仅从地权关系与剥削程度来看,20 世纪 50 年代中共在藏区发动的民主改革是必要的,对藏区社会改革是有进步意义的。

---

① 谷苞:《民族研究文选》(三),兰州大学出版社 2005 年版,第 302 页。
② 谷苞:《卓尼番区的土司制度》,《西北论坛》第 1 卷第 3 期,1947 年 10 月,第 15 页。
③ 王匡一:《甘肃西南边区之农业》,第 17 页。

第三章 土地利用与农作物栽培

土地是最基本的生产资料,土地利用能力的大小与利用率的高低是农业地区社会经济发展的主要指标。为了提高土地利用率,近代以来农业经济学家对我国的农业区域进行了划分。根据前人的研究,本区域可以划分为陇南小麦水稻区、陇东南小麦玉米区、陇东小麦小米区、陇东北春小麦杂粮区、陇中春小麦杂粮烟草区、陇西南青稞林牧区、河西春麦畜牧区、宁夏春麦水稻区和西宁青稞畜牧区。不同地区土地利用率、农家土地、作物种植结构等有很大的不同。近代以来,随着经济作物的推广,传统农作物种植结构开始发生变化,商品化程度也有了进一步提高。抗战时期,政府建立了较好的激励机制和农贷发放、水利兴修、农业技术改良,成为近代以来农村经济发展比较好的时期。

一、农业经济区与土地利用

(一) 农业区的划分

农业生产主要以利用土地为中心,而土地利用又受地理环境的影响颇大,如地形高低(海拔超过 3000 米不宜农耕)、土壤肥瘠、雨量多少、气温高低、日照长短、霜期迟早等都与农业有密切关系,正因为这样,一些农业经济学家把农业区划研究引入农业经济研究中。对中国农业区域划分最为详尽的是在南京金陵大学农业经济系任教的美国农业经济学家卜凯,他根据 1929 年至 1936 年的调查进行的研究,依据中国气候、地势、土壤、天然植物、栽培作物及家畜、土地利用状况、作物平均产量、农民生活程度及土地所有权等资料,将中国农业划分为华北小麦地带和华南水稻地带。[1] 在这两个地带中,又划分为八大农区,即春麦区、冬麦小米区、冬麦高粱区、扬子水稻小麦区、水稻茶区、四川水稻区、水稻两获区、西南水稻区。[2]

---

[1] 布瑞:《中国农业史》上册,台湾商务印书馆股份有限公司 1994 年版,第 13—14 页。
[2] 卜凯主编:《中国土地利用》,商务印书馆 1937 年版,第 23 页。

在卜凯的划分中,甘肃陇东及陇东南划分为冬小麦区,陇东北及河西划分为春麦区,其中春麦区 30 个县,冬麦小米区 31 个县。春小麦区位于农牧交错地带,北部为蒙古草原,地势高寒,气候不适宜于冬小麦栽培。影响作物产量的自然因子为雨量,故农田分布于易于灌溉的河谷、平原地带,农作物除春麦外,小米及黍子是主要作物,燕麦、豌豆、苜蓿分布广泛;农作物一年一熟,畜牧产品丰富,农家多牧羊,饲养牛、驴、骡、马为耕作、运载之用。冬小麦小米区位于标准的黄土地区,主要作物除冬麦及小米外,尚有高粱及棉花,棉花种植于渭河谷地及沿河较温暖地带,小米及高粱种植于山坡地带,本地小麦收获后,可种植秋作物,可一年二熟,牲畜不如春麦区多,仅有牛、羊及役用之骡、驴。① 在此基础上,民国时期一些农学家对甘宁青也进行了农业区划分。

孙友农按照气候条件和地势的不同,将甘肃划分为 6 个农业区,即以兰州为中心的黄河盆地区,以临洮、临潭为中心的洮西高寒区,以通渭、定西、会宁、海源、静宁、隆德为中心的黄土高寒区,以平凉、庆阳、固原、宁县为中心的黄土高原区,以陇南为中心的温润丘陵区,以河西走廊为中心的平原灌溉区。②

李仲舒根据气候和农作物种植结构将甘肃划分为 7 个农业区,即陇南水稻小麦区、陇东南冬麦玉米区、陇东小麦小米区、陇东北春小麦小米区、陇中春麦烟草区、陇西南春麦林牧区、河西春麦畜牧区。③

陈希平根据地势将甘肃划分为五个农业区,即:①中部兰州区,位于黄河盆地,以烟草著名;②东部陇东区,西依六盘山,东控泾水,为豆麦区域;③西南部洮西区(临洮附近)为农牧兼营地带,农牧业都比较发达;④南部陇南区(天水一带),农业繁盛,产棉颇宜,为麦棉区域;⑤西部河西区(张掖、武威、酒泉一带),农田多赖雪水灌溉,为稻麦区域,畜牧事业比较发达。④

陈正祥把甘肃划分为 4 个农业区,即:①陇中陇东旱农区,地属笼坂高原,雨量在 200—500 毫米,适宜耐旱作物生长,作物以小麦、小米为主,荞麦、大麦、菜籽种植较普遍。②陇南稻棉杂粮区,雨量在 500—800 毫米,生长季长,可两熟,河谷地种植水稻,小麦在稻米收获之后下种,山坡地带栽培大麦、玉米。③洮西高原寒农区,海拔多在 3000 米以上,生长季不足 150 天,以种植青稞为主。④河西灌溉区,气候极为干燥,河渠水仰赖于高山融水,有水即为沃野,农作物以小麦、小

---

① 布瑞:《中国农业史》上册,第 16—17 页。
② 孙友农:《甘肃农业问题回顾》,《农业推广通讯》第 5 卷第 3 期,1943 年 3 月,第 65—67 页。
③ 李中舒:《甘肃农村经济之研究》,《西北问题论丛》第 3 辑,1943 年 12 月,第 19—20 页。
④ 陈希平:《甘肃之农业》,《西北问题论丛》第 3 辑,1943 年 12 月,第 309 页。

米为主。①

沈学年将甘宁青划分为9个不同类型的经济区:①陇东豆麦区,以大麦、小麦及豆类为主要作物,烟叶、糜、粟、马铃薯等次之。②陇南麦作区,以小麦为主要作物,糜、谷、粟、玉蜀黍、豌豆、荞麦等次之。③河西稻麦区,张掖、武威、酒泉一带种植麦、豆以外,兼种稻米。④洮西农牧区,以大麦、小麦、糜、粟、青稞、荞麦及畜养马、牛、羊为主要事业。⑤宁夏农业区,以稻麦为主要作物。⑥阿拉善牧区,以畜牧为主要事业。⑦湟水流域区,以青稞、大麦、燕麦为主要作物,小麦次之,豌豆、马铃薯又次之,其他如油菜、胡麻、糜、粟、大麻、高粱、玉蜀黍等,向有栽培。⑧疏勒河区,以畜牧为中心事业。⑨西南区,如柴达木流域及长江流域,土壤瘠薄,不宜耕种,仅宜畜牧。②

还有学者根据地理和经济结构,将西北划分为陇西高原农耕区、青海游牧区、南疆沙漠沃洲区和北疆河西草原沃洲区等四个不同的农业区域,本文研究的范围在陇西高原农耕区和青海游牧区。并认为,不同农业区,社会经济有不同的特点:"1.以农业为主,畜牧仅为副业。该区人民以农耕的汉族为主,相对于贫瘠的耕地,人口已呈现过剩的现象,所以土地的利用不得不专注供养人口较多的农耕方式。过剩人口过度压榨在自然条件上不大适宜于农耕的坡地和原地,结果只有加深人民之贫瘠程度,现在已经很明显地看出人口大量减少以求再适应(To adapt)地理环境的趋向了……2.旱农制的存在。所谓旱农制(Dry Farming)即在干旱地域恃雨量以生长抗旱作物(如大麦、小麦、荞麦、糜谷)的农作制度。人民为了适应地理条件,雨量尚不过分缺乏,而举办灌溉工程又多困难,因而采用旱农制。兰州雨量,全年计三九〇公厘,已不算充足,而且历年变率又很大,所以收获不可靠,陇西一带不乏六年一收的农田,以一年的丰收,应付五年的生活。大量边际下土地的存在,劳力边际产值(Marginal Product of labour)远在工值以下,只表明人口对土地的压力已经到严重的关头了。"③

此外,本区域还有两个重要的农业区,一个是宁夏平原,一个是河湟谷地,这两个地方都是西北农业开发很早的地区。宁夏平原在秦汉时期就开始了灌溉农业,④河湟谷地在西汉时期赵充国就开始屯田,开始了农业生产。⑤不仅农业经济

---

① 陈正祥:《甘肃之地理环境与农业区域》,《边政公论》第2卷第6—8期合刊,1943年8月,第38—39页。
② 沈学年:《怎样使西北农业科学化》,《甘肃教育科学馆学报》第2期,1940年5月,第15—16页。
③ 张之毅:《西北农业的区域研究》,《农业经济季刊》创刊号,1944年7月,第53—54页。
④ 徐安伦、杨旭东:《宁夏经济史》,第23—42页。
⑤ 青海省志编纂委员会:《青海历史纪要》,第13页。

历史悠久,而且自然环境独特,成为相对独立的农业区。前人对农业经济区的划分,对本文提供了可资借鉴的现成经验。

关于农业区的划分,有学者指出要有四个原则:第一,农业生产的相对一致性原则。主要包括自然条件和经济条件。在自然条件方面,着重依据地貌、气候,以及水土资源条件;在经济方面,着重依据生产技术水平。第二,农业生产的特点与发展方向的一致性。第三,农业生产中关键性问题及重大措施的相对一致性。第四,保持行政区界的一定完整性。① 根据这些原则和前辈学者的划分,笔者将所研究的区域划分为 9 个农业区。

1. 陇南小麦水稻区。以文县为中心,包括康县、武都和西固各县的一部分。该区地形属于陇南山地,岷山山脉横贯其中,海拔 1700—3000 米,为嘉陵江支流白龙江及白水江流域。该区北有山岭阻隔,寒流不易南侵,南部无高山大岭,海洋水汽得以循谷北上,故成为甘肃雨量最富、气候最暖之区,各地雨量大概为 600—800 毫米,无霜期在 200 天以上,②"土性柔腻,岁凡两收",③稻米栽培普遍,玉米分布亦广,是甘肃唯一可生长如竹林、橘子树等副热带植物的地区。耕地约为四种,即水地、川地、半山地、山谷地。文县是该区域的典型县,耕地 2.5 万亩,"均引用山沟流出之水,浚渠灌溉",每年水田大都收获两次,小麦收获后栽种稻子,稻子收获后仍种小麦,循环种植。其他可耕山地以栽种马铃薯、玉米、谷、豆、荞麦等杂粮为主。④ 该县碧口镇土地分为山顶田、山腰田、河边田 3 种,"河边田多种稻,山腰田多种杂粮,山顶则种药材。山顶常有雾,不虞旱灾,河边半数可以灌溉,山腰则全恃天雨得时,以此农作物无全丰亦无全歉。"⑤这里是环境比较优越的农业区。

2. 陇东南冬麦玉米区。以天水为中心,包括两当、徽县、成县、西和、礼县、武山、漳县、甘谷、秦安、清水、庄浪、通渭、陇西以及静宁、岷县、西固、武都、康县的一部分。本区域山脉与秦岭相连,海拔在 1500 米左右,为丘陵地带。北部为渭水,南部为嘉陵江支流西汉水流域,年降雨量为 500—600 毫米。渭河与西汉水流域支流纵横,"河谷地带为农产最丰富之区域,以小麦为第一,玉米(即玉蜀黍)为第二,再次为高粱、小豆、马铃薯等。"⑥是小麦、玉米主要产区,如天水的小麦、玉米占总产

---

① 唐致卿:《近代山东农村社会经济研究》,第 126 页。
② 陈正祥:《甘肃之气候》(国立中央大学理科研究所地理学部专刊第五号),第 13 页。
③ 黄泳第纂修:《成县新志》卷 2《风俗》。
④ 甘肃省银行经济研究室:《文县经济概况》,《甘肃各县经济概况》第 1 集,第 143 页。
⑤ 甘肃省银行经济研究室:《碧口经济概况》,《甘肃各县经济概况》第 1 集,第 138 页。
⑥ 李中舒:《甘肃农村经济之研究》,第 19 页。

量的52.3%；①清水县小麦、玉米产量37万石，占44.1%，"食粮除供自食外，尚可向邻县输出十余万石"。②

3. 陇东冬麦小米区。位于泾河上游地区，以泾川、平凉为中心，包括华亭、崇信、灵台、宁县、正宁、庆阳、镇原、化平及隆德、静宁县的一部分，均为黄土高原地带，黄土堆积在数十至数百米之间，海拔1500—2000米，年均降水量约480毫米，南以六盘山及龙山为界是陇东南冬麦玉米区，西以六盘山为界是春麦各区，包括平凉、泾川的全部，作物以小麦为主，其他杂粮次之。1942年调查，平凉种植小麦、大麦、小米、黄米、豌豆等，其中小麦、小米产量占81.8%。③华亭耕地中山地约占2/3，平地（川地）约占1/3，除蔬菜种植为水地外，其余均为旱地，"全恃雨水以维持作物之成活"。全县粮食作物种植总面积91万亩，小麦只有15万亩，仅占16.5%；玉米20万亩，占22%；黑豆10万亩，占11%。④作为传统的小麦、小米种植区，杂粮占有大量的份额，而小麦所占比例较小，主要原因在于农民种植小麦收成没有把握，为了稳妥起见，种植杂粮以保证收成，以便维持温饱。随着人口的增加，传统种植模式发生了变化。

4. 陇东北春小麦杂粮区。在泾河流域以北和马莲河流域的上游地区，包括海源、固原、环县以及隆德、会宁、定西、景泰各县的一部分。海拔2500米左右，雨量稀少，水资源稀缺，无灌溉农业，完全靠天吃饭。粮食种植以春小麦和小米、荞麦等杂粮作物为主。以固原为例，"夏禾仅有春麦，产量不丰，秋禾则多为耐旱作物，如荞麦、高粱、糜子、谷子及其他五谷杂粮。其中尤以糜子为大宗。每一农家一年可种植数百亩……又因地面广阔，荒山荒野，到处绵延，形成天然的大牧场，故农民兼营大规模的畜牧业，尤以东西诸山地，丘陵起伏，林木稀疏，牧草丰富，畜牧最宜。"⑤据抗战时期调查，固原年产粮食中，杂粮占77.9%，小麦仅占22.1%。⑥说明杂粮种植在该区农业生产中占有重要地位。此外，牧畜作为主要副业，在农家经济中占有重要地位。

---

① 根据士升的《甘肃天水县概况》(《开发西北》第1卷第2期，1934年2月，第67页)有关数据计算。
② 统计组：《甘肃各县局物产初步调查》，《甘肃贸易季刊》第5—6期合刊，1943年9月，第41页。
③ 《平凉经济调查》(1942年9月)，《陕行汇刊》第7卷第3期，1943年6月，第56页。
④ 王从中：《华亭经济概况》，《甘肃贸易季刊》第2—3期合刊，1943年1月，根据68—69页有关统计计算。
⑤ 梁好仁：《甘肃固原概况及其发展之途径》，《西北论衡》第8卷第19—20期合刊，1940年10月，第40页。
⑥ 统计组：《甘肃各县局物产初步调查》，第52页。

5. 陇中春麦杂粮烟草区。以皋兰为中心,包括洮沙、榆中、永靖及景泰、永登、定西、会宁、渭源、宁定、临夏各县的一部分。海拔 1500—2700 米,降水量在 350 毫米左右,作物以春小麦为主,烟草驰名全国。[1] 如皋兰农作物种植面积小麦、小米各占 20%,大麦、大豆、豌豆、洋芋、菜籽各占 10%,烟草、棉花分别占全县生产面积的 5% 和 3%。[2] 各种农作物均春种夏收或夏种秋收,极少越冬作物。由于降水量较少,农业环境恶劣,粮食生产不能满足本地需求,如榆中"全县每年出产农作物除食粮及金家崖一带绿烟外,其他鲜有余粮,丰收之年,谨足本县之用,稍歉的仰给于外境"。[3]

6. 陇西南青稞林牧区。该区以夏河、卓尼、临洮为中心,还包括和政、康乐、临夏、渭源、岷县、西固各县的一部分,系岷山、西倾山脉所成之高原地带,大夏河、洮河由南而北,白龙江则由西北而东南。故其地势自东北而西南,越来越高。平均温度以岷县为例约 9℃,雨量则由北而南,由 400 毫米渐增至 600 毫米。[4] 地气高寒,生长季甚短,平均不足 150 天,农牧并重,耕作粗放,唯以土壤颇肥,附近河流及高山雪水可资灌溉,故生产量尚佳,作物以青稞大宗,燕麦豆类次之。如洮州青稞占种植面积的 40%;春小麦占 20%,马铃薯和油菜各占 10%,其他作物占 20%。[5] 夏河、临潭一带,青稞几乎是唯一作物,约占全部耕地 2/3 以上。[6] 林业资源丰富,农村经济除了农业、牧畜外,还有狩猎经济。

7. 河西春麦畜牧区。乌鞘岭以西,祁连山以北的河西走廊地区,包括武威、永昌、民勤、古浪、张掖、民乐、山丹、临泽、酒泉、金塔、高台、鼎新(1956 年合并入金塔)、安西、敦煌、玉门和肃北设治局。[7] 地势自北向南约由 1500 米渐高至 3000 米,干旱少雨,年均降水量约为 150 毫米,走廊的西端敦煌、安西一带降水量不足 100 毫米。尽管降水量不足,但"凡能灌溉之地,均为农作,余则皆成牧区"。[8] 绿洲灌溉农业是河西区的主要特色,农作物以小麦、大麦、青稞普遍种植,小米、荞麦为

---

[1] 李中舒:《甘肃农村经济之研究》,第 20 页。
[2] 《皋兰农业之概况》,《农村经济》第 2 卷第 6 期,1935 年 4 月,第 103 页。
[3] 甘肃省银行经济研究室:《榆中县经济概况》,《甘肃各县经济概况》第 1 集,第 113 页。
[4] 李中舒:《甘肃农村经济之研究》,第 20 页。
[5] 陆泰安:《洮州农业及其歌谣》,《西北通讯》第 10 期,1947 年 12 月 15 日,第 29 页。
[6] 严重敏:《西北地理》,上海大东书局 1946 年版,第 86 页。
[7] 地理学家称为"河西绿洲灌溉农业区",范围东起黄河,西至甘、新交界,主要由河西走廊的绿洲灌溉农业区、走廊南山与走廊北山之间的戈壁、沙漠等荒漠区构成(余绳武:《甘肃地理概论》,第 152 页)。
[8] 李中舒:《甘肃农村经济之研究》,第 21 页。

秋季作物,稻米产于张掖、临泽、高台,高粱以敦煌较多。马铃薯栽培面积仅次于小麦与玉米,经济作物以棉花及胡麻为主。① 河西走廊南北二山有良好的草场,是主要畜牧产地。

8. 宁夏春麦水稻区。宁夏平原是一个独立的农业经济区,包括宁夏、宁朔、平罗、中卫、中宁、金积(今吴忠)、灵武、盐池、豫旺、磴口等县,气候干旱少雨,全年降水量仅有150—200毫米,最多年份也难超过300毫米。② 因有赖于黄河水利资源,形成了比较严密的灌溉系统,1940年代灌溉农田面积占全部面积的59.3%。③ 农作物以小麦、水稻、大麦、谷子、高粱、豆类等为主,其中小麦占30%,水稻占29%,黍稷占12%,豆类占19%。④ 另据1944年农林部宁夏农业调查团调查,小麦占30%,糜子占23%,水稻占12%,以上3种作物占65%。⑤ 其气候特点决定了粮食作物春种秋收种植模式,如水稻"大抵于芒种(六月初)播种……至秋分前后(九月终),即可收获";小麦"清明前下种,夏至后收获";秋禾以荞麦为主,"夏至下种,秋分收获"。⑥

9. 西宁青稞春小麦畜牧区。西宁农业区主要分布在河湟谷地,包括西宁、互助、大通、门源、湟源、民和、化隆等县。从地势来看河湟谷地平均海拔3000米左右,湟水流域地势在2000米以下,全年平均降水量在540毫米左右。⑦ 农作物以青稞、春小麦为主,其次为燕麦、豌豆、马铃薯、芸苔等。海拔3000米以上的许多地区农作物难以生长,成为我国主要的游牧经济区。

因地貌、气候等自然条件和人文环境的复杂,本区域呈现出不同的经济结构和农业产品结构,在历史上形成了9个不同类型的农业经济区,从生产方式、经济结构、种植结构等都呈现出多样性的特征。上述9个农业区中,大多数地方属于中国传统的"农业中心",⑧农业历史比较悠久,如天水、平凉、庆阳等冬小麦小米区,不

---

① 陈正祥:《西北的沃野农业》,《中农月刊》第5卷第5—6期合刊,1944年6月,第25页;严重敏:《西北地理》,上海大东书局1946年版,第86页。
② 宁夏省政府:《宁夏资源志》,第14页。
③ 王成敬:《西北的农田水利》,第79页。
④ 宁夏省政府秘书处:《十年来宁夏省政述要·建设篇》第5册,第299页。
⑤ 《农林部宁夏农业调查团工作概况》,《中华农学会通讯》第47—48期合刊,1945年4月,第14页。
⑥ 宁夏省建设厅:《宁夏省建设汇刊》第1期,第9—12页。
⑦ 周振鹤:《青海》,商务印书馆1938年版,第12—16页。
⑧ "所谓'农业中心'并非仅指起源最早而已,真实含义只是反映在此地区已有长时期农耕之成就。"(布瑞:《中国农业史》上册,第49页)

仅人类活动比较早,而且是原始农业起源之地。[1]

(二) 土地利用问题

土地利用是人类根据土地的自然特点,按一定的经济、社会目的,采取一系列生物技术手段对土地进行长期性和周期性的经营管理和治理改造活动。土地利用与地形、气候等多种自然环境关系密切。如"甘南徽县一带,山清水秀,宛若江南,河西各县,良田阡陌,产稻甚丰,洮河以北,丘陵起伏,宜农宜牧,夏河草地,地高天寒,六月飞雪,仅宜畜牧,甘省极北,遍地沙砾,类似戈壁,农牧皆非所宜,即兰垣近郊,亦为不毛之地。故甘省一省,包括各种土地利用方式",有农地、林地、牧地等。[2] 生长作物的土地称为农地或耕地,培植树木的土地称为林地,放牧牲畜的土地称为草原或牧地,这三类土地一般称之为生产面积。土地利用率的高低主要反映在土地中有生产土地所占比例的多少。笔者主要分两个方面来看本区域土地利用的情况,一是整体土地利用问题,一是农家土地利用问题。因笔者收集资料所限,本文主要讨论民国时期土地利用状况。

表3—1是西北地区与全国土地利用情形的比较统计。

表3—1 民国时期不同农业区土地利用比较统计表

类别 地区	有生产地							无生产地	合计
	耕地	森林	灌木	草地	芦苇	牧场	其他	小计		
全国平均	25%	9.1%	2.0%	9.4%	2.0%	4.7%	3.2%	55%	45%	100%
小麦地带	39%	4.0%	5.0%	3.7%	1.4%	2.7%	1.9%	58%	42%	100%
水稻地带	18%	12.0%	14.8%	13.4%	1.8%	5.2%	3.7%	69%	31.1%	100%
春麦地	18%	3.7%	4.1%	6.9%	—	11.7%	7.9%	52%	48%	100%
冬麦小米区	22%	5.5%	4.4%	4.7%	1.9%	1.3%	0.8%	41%	59%	100%

资料来源:刘世超《西北经济建设与土地利用》,《西北经济通讯》创刊号,1941年1月,第11页。

从表3—1看,土地利用类型主要有耕地、森林、灌木(包括树林)、草地、芦苇(湿地)、牧场等。西北地区以春麦区为主,只有小部分冬小麦区,就此而言,西北耕地比例在全国平均数以下,分别只占18%和22%;各种有生产地也在全国平均数以下,全国为55%,而上述两区分别为52%和41%。牧场面积春麦区在全国平均

---

[1] 如在新石器时代早期和中期,甘肃"从农业方面说,由刀耕火种的原始粗放农业,演进到农业生产已经成为经济主体,已有广泛种植的作物品种,且已达到居处普遍的储粮窖穴,有的储量估算可达2立方米"(祝中熹:《甘肃通史·先秦卷》(刘光华主编)甘肃人民出版社2009年版,第55页)。
[2] 张松荫:《甘肃西南之畜牧》,《地理学报》第9卷,1942年,第67页。

数以上,在春麦区森林、芦苇面积最小。西北的无生产之土地(即真正的荒地)较全国各地为多,如全国无生产地仅占总面积45%,小麦地带平均占42%,水稻地带平均占31%,而春麦区平均占48%,冬麦小米区平均占59%。

本区域大部分属于春麦区和冬麦小米区,土壤大部分为黄土高地,春麦区则有一部分深入草原及荒漠,雨量稀少,土地干燥,农业可利用土地少之又少。如民国时期的学者指出"甘肃全境的海拔高度,几乎没有一千公尺以下的地方,大部分的土地,都在两千公尺以上,还有不少地方的海拔在三千公尺以上,再加上其他气候寒冷,雨量稀少,位置偏远,土质瘠薄及农业上的天然灾害等,可供农业上利用的土地,实为数无几。"① 农业土地利用比较高的主要分布在灌溉条件较好、海拔较低和雨量比较好的地区,河西走廊也属于干旱少雨地区,"农地灌溉纯仰于祁连山脉每年夏季融化之雪水",因依赖于雪水灌溉,农业耕地比兰州、靖远略高,武威、张掖等县占9%—14%。冬麦小米区主要分布在陇东南的渭河流域和陇东的泾河流域,其中"在渭河流域者,约三千方公里,在泾河流域者约三千四百方公里,二者合占耕地面积百分之六十"。② 除了渭河、泾河流域,有生产地占总土地面积十分有限。又据1934年调查,甘肃"可耕之地,估计之约59600089亩,平均约占总面积9.12%",各个农业区因自然环境不同而有很大的差别,陇南水稻小麦区和陇东南小麦玉米区最高,占24.91%,陇东小麦小米区次之,占13.60%,陇中春麦区占12.57%,陇西南春麦林牧区占10.13%,河西春麦区占2.74%。③ 西宁区的可耕地主要集中于湟中区及都兰县,约为5934487亩,约占总面积的1.09%;④ 宁夏区的可耕地主要集中在宁夏平原各县,约为5236777亩,平均占各县总面积的8.22%。⑤ 与表3—1比较,不管是春麦区还是冬小麦小米区有生产地都低于全国平均水平。

农业耕地是有生产地利用的主要组成部分,从表3—1来看,耕地占总土地面积的比例中春麦区是18%,冬小麦区是22%。据1934年调查,可耕地中已耕地甘肃"据全省农家调查推算约4000万亩,占可耕地66.18%",其中陇南(包括陇东南)占76%,河西占73.87%,陇东占68.32%,陇中占59.04%,陇西南区占35%。⑥ 青海已耕地约1816159亩,平均占可耕地31.13%,⑦ 抗战时期调查,该省

---

① 王新之:《甘肃粮食产销之研究》,《粮政季刊》1947年第4期,第81页。
② 刘世超:《西北经济建设与土地利用》,《西北经济通讯》创刊号,1941年1月,第9页。
③ 汤惠荪等:《甘肃省农业调查》,第138页。
④ 汤惠荪等:《青海省农业调查》,第276页。
⑤ 汤惠荪等:《宁夏省农业调查》,第357页。
⑥ 汤惠荪等:《甘肃省农业调查》,第139页。
⑦ 汤惠荪等:《青海省农业调查》,第276页。

可耕地仅占全部面积的7.8%,其中已耕地占可耕地的36.25%,已耕地仅占河湟一带面积的2.9%。[①]

土地利用除了农业耕地外,还包括对未耕地的利用,如森林、牧场等。据1929—1933年金陵大学对全国155县进行土地利用调查,在春麦区未耕地中,有生产土地面积平均占43%,而生产地中森林面积占13%,树木与灌木地占17%,草地占14%,牧场占32%,其他占22%。在冬小麦小米区,土地以栽培谷物为主,未耕地中有生产的土地很少,占24%,大部分为森林,占生产地中的30%,树木与灌木占24%,草原占25%,芦苇占10%。[②] 其中涉及本区域的皋兰、武威、宁夏、湟源、西宁5县,如表3—2。

表3—2 本区域5县有生产荒地面积估计表

用　途		春麦、青稞区					冬麦区	
		皋兰	武威	宁夏	湟源	西宁	平凉	天水
有生产之荒地面积占荒地总面积的百分比		45%	—	40%	70%	60%	60%	—
有生产荒地利用比例	森林	0%	33%	0%	2%	5%	20%	12%
	树木与灌木	1%	20%	23.3%	10%	10%	80%	10%
	草地	15%	0%	76.7%	3%	0%	0%	78%
	牧场	0%	47%	0%	85%	85%	0%	0%
	其他	84%	0%	0%	0%	0%	0%	0%

资料来源:卜凯主编:《中国土地利用统计资料》,商务印书馆1937年版,第33页。

表3—2在反映本区域未耕地利用方面具有一定的典型性。皋兰县代表了陇中春麦区的情形,有生产地占未耕地45%,草地占15%,树木与灌木占1%,因此这里的80%以上的未耕地属于不能利用状态。武威因依赖于祁连山雪水,森林占33%,树木与灌木占20%,牧场占47%;宁夏有生产地占未耕地的40%,全部为树木与灌木和草场;湟源有生产地占未耕地的70%,西宁占60%,两县85%以上为牧场,其余为树木与灌木和森林、草场。可见,河西区、宁夏区、西宁区在未耕地利用方面比较充分。这种情形说明地理环境对土地利用产生着重要的影响,河西走廊虽然干旱少雨,但仰赖于祁连山冰雪融化获得了大量的水资源,不仅灌溉农业发达,而且形成了大片森林和牧场;宁夏因赖黄河之利,有丰富的草地和树木与灌木。西宁区是农牧结合的地带,牧业发达,因此在有生产地中85%是牧场。平凉和天

[①] 张其昀、李玉林:《青海省人文地理志》,《资源委员会月刊》第1卷第5期,1939年8月。
[②] 刘世超:《西北经济建设与土地利用》,第10页。

水代表了冬小麦小米区的一般状况,有生产地占60%,其中平凉森林占20%,树林与灌木占80%;天水森林占12%,树林与灌木占10%,草地占78%。冬小麦小米区的土地利用比春麦区要高一些。因此,民国时期就有学者指出:甘肃"大部分土地之利用应以造林及栽种牧草(即经营畜牧)为最理想之出路"。①

在黄河上游区域甘肃的土地利用具有一定的典型性。关于甘肃土地利用的问题,民国时期有多种调查,其结果有所不同。抗战时期,学者在研究甘肃土地利用时分为四种类型,即耕地、林地、牧地和可耕地,耕地面积为3944.1万市亩,约占全省面积的7%;林地3427.8万市亩,占全省面积的6%;牧地为11805万市亩,约占全省面积的20%;可耕荒地733.4万市亩,约占全省面积1%。四项合计为19910.3万市亩,共占全省面积的34%。② 另外一项调查表明,甘肃的有生产土地8700万市亩(这里的生产面积并未包括卓尼、夏河的藏族游牧区和河西肃北的游牧区),占土地总面积的15%,其中农地约3800万亩,占生产面积的44%;牧地3700万亩,占42%;林地约1200万亩,占14%。就分区而言,黄河流域(包括黄河的干流和支流)生产面积中,农地占49%,牧地占43%,林地占8%;嘉陵江流域中,农地占37%,牧地占9%,林地占54%,林地占到可生产面积的半数以上,"这一区域内的农民,可说在森林中耕地";内陆河流域中,农地占31%,牧地占56%,林地占13%。③ 1945年,张心一对甘肃各河流域土地利用的状况做了调查和估计,如表3—3。

表3—3　1945年甘肃省各河流域农林地比较表　　　(单位:千亩)

区　　域	土地总面积	耕地亩数	耕地百分比	放牧地亩数	放牧地百分比	森林地亩数	森林地百分比	未调查及未利用亩数	未调查及未利用百分比
总计或平均	571708	38141	6.7%	36547	6.4%	11953	2.1%	485067	84.8%
黄河流域区	222277	29640	13.3%	26432	11.9%	4788	2.2%	161417	72.6%
大夏河区	12155	1039	8.5%	5601	46.1%	1237	10.2%	4278	35.2%
洮河区	42960	3385	7.9%	3180	7.4%	691	1.6%	35704	83.1%
黄河区	110241	9435	8.6%	15857	14.4%	328	0.3%	84621	76.8%
泾河区	40673	5968	14.7%	1111	2.7%	676	1.7%	32918	80.9%

---

① 汪国舆:《甘肃畜牧事业之前途》,《中央畜牧兽疫汇报》第1卷第2期,1942年10月,第135页。

② 陈正祥:《甘肃之地理环境与农业区域》,《边政公论》第2卷第6—8期合刊,1943年8月,第31页。

③ 赵从显:《甘肃经济建设原则之商榷》,《新甘肃》第2卷第1期,1947年11月,第22页;张心一:《甘肃农业概况估计》1945年9月,甘肃省档案馆藏,38/1/10。

续表

区 域	土地总面积	耕地 亩数	耕地 百分比	放牧地 亩数	放牧地 百分比	森林地 亩数	森林地 百分比	未调查及未利用 亩数	未调查及未利用 百分比
渭河区	16248	9813	60.4%	683	4.2%	1856	11.4%	3896	24.0%
长江流域区	52520	3455	6.6%	870	1.7%	5078	9.7%	43117	82.1%
嘉陵江区	52520	3455	6.6%	870	1.7%	5078	9.7%	43117	82.1%
内陆流域区	296911	5046	1.7%	9245	3.1%	2087	0.7%	280533	94.5%
石羊河区	46620	2152	4.6%	3448	7.4%	824	1.8%	40196	86.2%
黑河区	57501	1800	3.1%	3029	6.3%	198	0.3%	51874	90.2%
讨赖河区	33258	675	2.0%	99	0.3%	8	0.03%	32477	97.6%
疏勒河区	123462	275	1.7%	2633	16.5%	1057	6.6%	119496	75.1%
党河区	36670	144	0.4%	36	0.1%	—	—	36490	99.5%

说明:原表中一些数据计算错误,笔者进行了修正。
资料来源:张心一:《甘肃农业概况估计》1945 年 9 月,甘肃省档案馆藏,38/1/10。

从张心一的调查来看,甘肃耕地 38191 千亩,只占全部土地的 6.7%;牧地 36547 千亩,占 6.4%;森林 11953 千亩,地占 2.1%,合计 86691 千亩,占 15.2%。未调查和利用土地 485127 千亩,占 84%。甘肃省土地利用率比较低。就全省而言,不同地理环境条件下,土地利用率不同。土地利用率比较高的是渭河区,农业耕地占 60%,森林占 11%,未利用土地占 23%,大大低于全国水平,这里是甘肃最主要的农业区。其次是大夏河区,农业耕地占 8.5%,牧地占 46.1%,森林地占 10.2%,未利用地占 35.2%。从 1945 年的调查来看,甘肃土地利用比较高的是冬小麦玉米区,其次是陇西南春麦林牧区,再次是陇东小麦小米区,土地利用率比较低的是河西春麦畜牧区,平均 94% 的土地未能利用。通过土地利用的调查,我们还可以看出,民国时期渭河流域、泾河流域是主要的农业区,大夏河区、黄河流经区、疏勒河区是主要的畜牧区,森林主要分布在渭河流域、大夏河流域、嘉陵江流域和疏勒河流域。

在农业生产技术水平过低的情况下,增加农业耕地面积成为解决粮食问题的最主要的途径。大量可耕地被开垦为农地的过程中,也伴随着环境的破坏。如祁连山东麓古浪县的黑松山林"昔多松",由于土地开垦,到乾隆时期已经没有了,出现的景况是"田半"。[1] 靖远"自屈吴山迤北,沿蒯团、宝积各岭……以至韦精山分支之尖山、雪山、石门、太和诸峰,古代皆系森林,今则蒯团、宝积久成枯岭,尖山及石门山阳根株亦尽,雪山寥寥数株,不复为林"。[2] 定西"清代以前,森林极盛。乾

---

[1] 乾隆《古浪县志》卷 1《地理志》,台湾成文出版社公司 1976 年影印本。
[2] 范振绪:《靖远县新志》第 4 编《森林略》,见《靖远旧志集校》,甘肃文化出版社 2004 年版。

隆以后,东南二区,砍伐殆尽;西北两区,尤多大树,地方建筑,实利赖焉。咸丰以后,西区一带,仅存毛林(俗名黑酸刺),供居民燃料"。[1] 森林的大面积砍伐,又严重地影响了农业生产,如河西各地灌溉农田主要利用祁连山冰雪融化的雪水,"近年来祁连山上的树木,过度砍伐,因之雪线提高,雪水减少,有些肥沃的农田,业已得不到灌溉便利"。[2] 又如武威"往昔年林木茂密,厚藏冬雪,滋山泉,故常逢夏水盛行。今则林损雪微,泉减水弱,而浇灌渐难,岁唯一获,且多间歇种者"。[3] 即使在陇南自然条件比较好的地区,土地过分开垦也带来了环境问题。该地"平原面积,一般狭小,可耕农田不多,并已经全部垦殖无遗,当地食粮仍感不足,复因交通不便,粮食输入困难,农人不得不于河谷之外,在山坡上或高原上耕种农作,高山林地和草原牧地受到农地排挤,林区和牧区,被农区侵占,面积日益缩小,致整个陇南的土地利用,呈现出不平衡状态。农田面积的扩展,就是森林和草地面积的减少,森林和草地有调节雨水和保持土壤的极大功用。森林被砍伐,草地被焚毁,结果是土壤侵蚀加速,雨水失其调节,致农无可耕之土,无可灌之水,农事本身也受到严重的打击。这种超过环境所允许的垦殖,漠视地形限制的土地利用,只顾目前,不顾将来,结果当是得不偿失。"[4] 尤其是上游森林过度砍伐,给下游带来的灾害更为深重。

土地过度开垦,引起了水土流失和环境的恶化,甚至增加了无生产土地。如黄土高原地区"土壤侵蚀过甚,以及雨量不均,多数土地,浸成荒废。据土壤专家意见,西北大部分地方根本不应耕锄,而宜专植牧草,以免侵蚀之发生。不幸因为本区域黄土,遮盖一切地面,耕地亦跟着扩展到山边和山坡上,原有的森林和牧草,都被尽量摧残,结果使水源缺乏,干旱时不能保持水分,雨量过多时又将土壤冲刷,形成黄土区域种种片状、沟状、陷穴、瀑布、崩塌等侵蚀状态。这是自给自足的西北农民所未曾想到的。"[5] 也使得土地变得瘠薄,生产面积逐渐减少,抗战时期天水水土保持实验区对各地考察的情形就能说明问题。傅焕光在考察中指出:"余等足迹所经,常见土地利用之失当。如陇东陇南以及华家岭等处,黄土区域,自山麓至山巅,有土之处,无地不开垦,故沟壑纵横,倒塌时见。又非黄土区域,如少龙山、秦岭,凡有土之峡谷陡坡,从事烧垦,不数年间,变林地为岩石,水源不能涵养,良好土壤冲

---

[1] 民国《重修定西县志》卷4《树木》,见《甘肃中部干旱地区物产资料汇编》,第299页。
[2] 王新之:《甘肃粮食产销之研究》,第89页。
[3] 刘郁芬、杨思:《甘肃通志稿》卷29《民族九·风俗》。
[4] 李旭旦:《陇南之地理环境与土地利用》,《新西北》甲刊第6卷第1—3期合刊,1942年11月。
[5] 刘世超:《西北经济建设与土地利用》,第10—11页。

去,酿成水灾。"①清水县山坡地垦殖面积"因肥土逐渐为雨水所冲刷而瘠薄,现时因垦种而荒弃之面积,已达沿途查勘面积十分之一,河漕两岸之川地,于每年雨季山洪暴发时,必有一部分为山洪所冲刷而成河漕,更多淤以砂砾而成不毛之地"。天水县渭河两岸、牛头河、藉河与渭河交汇之地,均有数十方里的大片荒滩,这里大部分原来是上好农田,因 1933 年雨季渭河水涨,将渭河与藉河交汇处三千余垧水地"完全化为盐碱沙滩,而致不毛"。甘谷、武山、陇西、渭源等县境内,无论山坡地平原地,"现时之土地生产面积,均较十余年前减小,而且有继续减小之趋势"。②这些问题的出现,均是森林滥伐、土地不合理开发和利用所引起的。

(三) 农家田场规模

关于民国时期黄河上游一些地方的农家田场面积的大小,1930—1940 年代曾经有多次调查和统计,有的调查是局部的,有的调查是个案的;有的是学术单位或学者进行的,有的是政府部门做出的统计。下面我们根据不同调查来看该区域农家田场的问题。

我们先来看冬麦玉米区和春麦小米区,主要是指甘肃陇南、陇东、陇中和河西地区。国民政府主计处 1932 年统计,甘肃每户农家田场面积为 30 亩③;1936 年李扩清调查河西每农家田场面积平均为 28.59 亩;④1941 年国立西北技艺专科学校农林经济科对平凉、天水、武威三县 155 户农家调查(下文称 155 户农家调查),每农家平均田场面积为 28.72 市亩,作物面积为 25.91 市亩,作物亩面积为 26.71 市亩⑤;1940 年代陈景山对榆中 36 户农家调查,每农家田场面积平均为 31.4 亩。⑥据李化方调查,山丹县卢家铺、魏机寨农家户均耕地 38.03 亩,会宁韩家集农家户均耕地 45.91 亩。⑦ 孙友农分 6 个不同区域估计甘肃每户的耕地,黄河盆地区 20.86 亩,洮西高寒区 40.92 亩,黄土高寒区 48.3 亩,黄土高原区 40.26 亩,温润

---

① 傅焕光:《西北水土保持考察记》,《农业推广通讯》第 6 卷第 3 期,1944 年 3 月,第 52—53 页。
② 任承统:《甘肃水土保持实验区之勘察》,《西北研究》第 3 卷第 6 期,1941 年 2 月 1 日,第 4 页。
③ 从天生:《西北知识讲话》,《西北向导》第 16 期,1936 年 9 月 1 日;又见实业部中国经济年鉴编纂委员会:《中国经济年鉴》第 1 册,商务印书馆 1935 年版,(F)第 2 页;朱其华:《中国农村经济的透视》,中国研究书店 1936 年 6 月印行,第 303 页;朱壮梅:《中国土地问题的现状(续)》,《农村经济》第 1 卷第 12 期,1934 年 10 月 1 日,第 69 页。
④ 李扩清:《甘肃河西农村经济之研究》,第 26445 页。
⑤ 卜宪基:《甘肃农家土地利用之分析》,《西北问题论丛》第 2 辑,1942 年 12 月,第 108 页。
⑥ 陈景山:《甘肃榆中农家田场经营调查之分析》,《西北经济通讯》第 1 卷第 2 期,1941 年 2 月,第 12 页。
⑦ 李化方:《甘肃农村调查》,第 29、31 页。

丘陵区21.48亩,平原灌溉区21亩,平均每户为土地30.32亩。① 根据这些调查,民国时期甘肃农家田场面积各地有所不同,大致在21—48亩。

各地生态环境不同,农家户均耕地有较大的差异。据《甘肃乡土志稿》记载:户均耕地在百亩以上者2县,50亩以上者9县,40亩以上者18县,30亩以上者28县,20亩以上者7县,10亩以上者2县,不足10亩者1县。② 各县户均土地多寡与当地的自然环境有较大的关系。下面通过李扩清对河西的调查、国立西北技艺专科学校农林经济科对155户农家的调查和陈景山对榆中36户农家的调查来分析民国时期不同农业区农家的田场面积。表3—4是1936年李扩清对河西16县农家田场面积的调查。

表3—4　1936年河西走廊农家田场面积调查表　　　　（单位:亩）

县名	农田总亩数	农户总数	平均每农户所占亩数
永登	304030	22059	13.78
古浪	372485	6865	54.26
武威	1878627	31825	59.03
永昌	311867	9789	31.86
民勤	139506	14833	9.41
山丹	269572	5694	47.34
民乐	128942	9722	13.26
张掖	532746	14916	35.72
临泽	120077	7317	16.41
高台	148117	6603	22.43
酒泉	146813	15831	9.27
鼎新	5445	1216	4.48
玉门	34456	3380	10.19
金塔	60844	4849	12.55
安西	36996	2605	14.2
敦煌	103600	3150	32.89
总计	4594123	160654	28.60

说明:原资料平均数武威、民勤、民乐、鼎新、金塔、敦煌计算有误差,笔者经重新计算后更正。
资料来源:李扩清:《甘肃河西农村经济之研究》,见前书,第26444—26445页。

河西16县农家田场面积最大的是武威,平均每农户为59.03亩,最小的是鼎新仅有4.48亩。该调查中,农家平均田场面积在35亩以上者有4县,占25%;农

---

① 孙友农:《甘肃农业问题回顾（一）》,《农业推广通讯》第5卷第3期,1943年3月,第71页。
② 朱允明:《甘肃乡土志稿》,第5章《甘肃省之农业》,1961年抄本,甘肃省图书馆藏。

家 59300 户,占 36.9%。面积在 20—35 亩者有 3 县,占 18.8%;农家 19542 户,占 12.2%。面积在 10—20 亩者 6 县,占 37.5%;农家 49932 户,占 31.1%。面积不足 10 亩者 3 县,占 18.8%;农家 31880 户,占 19.8%。

1941 年,对 155 户农家经济的调查,涉及农家农地面积的三个指标,即农场面积(将农家所有土地完全包括在内)、作物面积(专指农家栽培作物所占面积)和作物亩面积(全年所栽培各种作物的总亩数)。155 户农家的农地面积如表 3—5。

表 3—5 平凉、天水、武威 155 户每农家的农地面积　　　（单位:亩）

名　　称	平凉	天水	武威	平均
农场面积	41.79	20.17	25.5	29.15
作物面积	38.87	19.2	19.64	25.90
作物亩面积	38.36	21.79	19.97	26.71

资料来源:卜宪基:《甘肃农家土地利用之分析》,《西北问题论丛》第 2 辑,1942 年 12 月,第 107—109 页。

表 3—5 的三县,天水代表了陇南区,平凉代表了陇东区,武威代表了河西区。从作物亩面积的大小来看,因气候和地理环境的因素,冬小麦区的复种指数比冬小麦小米区和春小麦小米区都高。表 3—4、表 3—5 反映的是各县的农家田场面积的平均情况,但反映在具体农家又有很大的差别。如对上述 155 户农家的调查中,农场面积在 25 亩以下者,占总数的 56.8%;25—50 亩者,占 29.3%;50 亩以上者,仅占 13.9%。若以各县分别来看,田场面积在 25 亩以下者,平凉占 30.9%,天水占 71.4%,武威占 70.6%;25—50 亩者,平凉占 41.8%,天水占 24.5%,武威占 19.6%;50 亩以上者,平凉占 27.3%,天水占 4.1%,武威占 9.8%。①

榆中代表了陇中春麦区农家田场的情形。表 3—6 是 1940 年代对该县 36 户农家调查的情况。

表 3—6 榆中县 36 户农家经营面积大小之分布　　　（单位:亩）

耕地亩数	户数	百分比
5 亩以下者	4	11.1
5—9.9	3	8.33
10—14.9	1	2.78
15—19.9	8	22.22
20—24.9	3	8.33
25—29.9	3	8.33

---

① 卜宪基:《甘肃农家土地利用之分析》,《西北问题论丛》第 2 辑,1942 年 12 月,第 108 页。

续表

耕地亩数	户数	百分比
30—34.9	3	8.33
35—39.9	2	5.55
40—49.9	1	2.78
50—59.9	2	5.55
60—69.9	1	2.78
70—79.9	2	5.55
80—89.9	1	2.78
90—99.9	1	2.78
100亩以上	1	2.78
合计	36	100

资料来源：陈景山：《甘肃榆中农家田场经营调查之分析》，《西北经济通讯》第1卷第2期，1941年2月，第13页。

在表3—6的36户农家中，其中土地不足25亩的有19家，占52.8%；25—50亩的有9家，占25%；50—90亩的有6家，占16.7%；90亩以上的有2家，占5.6%。说明该县农村耕地存在不足的问题。

我们再看青稞畜牧区的农家田场的大小。表3—7是西宁区农家田场面积的统计。

表3—7　西宁农家田场面积统计表　　　　　　　　　（单位：亩）

县　别	互助	民和	循化	化隆	贵德	湟源	平均
耕地面积	22.24	20.69	23.51	34.6	21.68	49.2	28.65
作物面积	20.48	19.92	23.48	31.1	21.57	47.03	27.26

资料来源：汤惠荪等：《青海省农业调查》，《资源委员会季刊》第2卷第2期，1942年6月，第277页。

表3—7反映的是西宁等6县农家土地面积调查的情形。在6县中，湟源的户均耕地面积最大为49.20亩，民和最少为20.69亩，平均为28.65亩。而且西宁各县的作物面积均小于耕地面积，说明有一部分土地处于休闲状态。甘肃西南青稞畜牧区的农场面积也不大，民国时期有学者对佃户租种寺院与土司的土地做了调查，最多的有七八块地，最少的有三四块地，"块之大小不等，自三五亩至十四五亩都有，若以夏河县属的土门关、清水、桥沟、王家堂、陌务、黑错等处的耕地，总面积约一万五千亩，农户有四百家来计算，则每农家平均有耕地三十七八亩。"①另有调查也表明夏河农场面积最大50—60亩，最小10余亩，②普通约35.45亩。③ 这些

---

① 徐旭：《甘肃藏区畜牧社会的建设问题》，《新中华》复刊第1卷第9期，1943年9月，第46页。
② 马鹤天：《甘青藏边区考察记》第1编，商务印书馆1947年版，第159页。
③ 陈圣哲：《拉卜楞经济概况》，《甘肃贸易季刊》第2—3期合刊，1943年1月，第61页。

都说明在半农半牧区,农家田场的面积也比较小。

20世纪30—40年代,不同机构对宁夏的农家田场进行了调查。国民政府统计局1930—1931年的调查,宁夏农家田场平均面积为37亩。① 表3—8是对宁夏各县的调查。

表3—8 宁夏各县农家田场面积统计表   (单位:亩)

县别	中卫	中宁	金积	灵武	宁朔	宁夏	平罗	磴口	豫旺	盐池	平均
耕地面积	31.69	23.98	26.3	23.37	45.75	50.02	37.02	36.64	27.28	20.12	32.22
作物面积	33.55	25.56	26.57	24.27	46.08	51.86	37.65	36.63	27.49	20.28	32.99

资料来源:汤惠荪等:《宁夏省农业调查》,《资源委员会季刊》第2卷第2期,1942年6月,第358页。

通过表3—8来看,宁夏各县农家每户平均之耕地面积以宁夏50.02亩为最大,盐池20.12亩为最小,平均则为32.22亩;各县的作物面积均略大于耕地面积,说明宁夏农业的复种指数较青海高。宁夏灌溉农业比较发达的县份,农场面积比豫旺、盐池农牧兼营地区的田场面积大一些,说明非灌溉农业区土地利用不足。1940年代宁夏农家田场面积大小有了一些变化,表3—9是对灌溉农业比较发达的7县的调查。

表3—9 1940年宁夏各县农场面积调查表   (单位:亩)

项　　目	宁夏	宁朔	平罗	金积	灵武	中卫	中宁	平均
最小面积	5	5	3	3	3	3	3	3.6
最大面积	200	300	100	200	200	100	200	185.7
普通面积	30	30	30	20	30	20	20	25.7

说明:永宁、惠农2县包括在宁夏、宁朔及平罗境内。
资料来源:董正钧:《宁夏农业经营概况(上)》,《中农月刊》第8卷第2期,1947年2月,第39页。

表3—9是宁夏地政局1940年的调查,宁夏农场面积最小者3亩,最大者300亩,以20—30亩为最多,最大农场面积平均185.7亩,最小平均3.6亩,普通25.7亩。又据1942年宁夏农林处对永宁、贺兰两县23乡调查,农场面积最大贺兰为325亩,永宁为394亩;最小者贺兰为4亩,永宁为3亩。② 从20世纪30至40年代的各种调查来看,1934年的调查每户农场面积平均为34.2亩,1940年的调查平均为23.1亩,说明宁夏农家田场面积有缩小的趋势。这种情形的出现,表明宁夏的小土地所有者比抗战前有了比较多的增加。

---

① 朱其华:《中国农村经济的透视》,中国研究书店1936年6月印行,第303页。
② 董正钧:《宁夏农业经济概况(上)》,《中农月刊》第8卷第2期,1947年2月,第39页。

通过对黄河上游各地农家田场的论述，我们可以得出以下两点基本认识。第一，农家田场面积狭小，耕地严重不足。在农业生态环境比较差的地方，耕地显得尤为不足，由于环境的关系，这里的土地往往耕作一年或两三年需要轮休一年，限制了农家对土地的利用，更显得耕地不足。青海耕地每年只收一次，"大半又为靠天吃饭的山地等，开冻迟、霜降早的地方，每户即有五十亩亦并不多"。① 夏河"一佃户有近四十亩的耕地，总面积算不错了"，但是如果计算一下收获量和耕种成本，耕地不足的情形就凸显出来。藏区农地"每亩平均只收一石，则一家佃户，即使有四十亩，每年全部耕种，亦不过年收四十石，以一半还地主，尚余二十石，供五口之家，每人年需三石粮外，则所余不过四五石，以此抵人工、肥料及农具、耕牛等费尚不够吧……每佃户要年种三四十亩，据调查结果，实在是稀少得很，何况有许多土地必须休闲轮种呢？"②通过这样的计算和分析，就能够看出在农业生态环境比较差的地区，每农家耕种40亩土地，是远远不够的。

即使在农业生态环境比较好的农业区，农家的田场也显得不足。表3—10是甘肃与冬小麦地带、春麦地带及北方的比较。

表3—10　甘肃与全国每农家平均利用土地面积之比较　　（单位:亩）

项目	小麦地带	春麦地带	中国北部	河北26县51村	甘肃
农场面积	34.20	48.75	53.55	26.9	28.72
作物面积	30.75	44.40	50.70	—	25.91
作物亩面积	36.75	41.40	70.65	—	26.71

资料来源：[1]卜宪基：《甘肃农家土地利用之分析》，《西北问题论丛》第2辑，1942年12月，第107—109页；[2]杨汝南：《河北省二十六县五十一村农地概况调查》，《农学月刊》第1卷第5期，1936年2月，第99页。

通过表3—10的比较，可以看出甘肃每户农家田场的面积低于小麦地带和春麦地带，更远远低于中国北部农家面积，仅仅略高于河北。一般认为本区域地广人稀，农家耕地比较充足，但事实不是这样。为何出现这样的情形？主要是地理环境限制了土地的利用。因此，甘肃"每农家所利用之土地面积，无论就绝对或相对的意义上说，实属过小。"③如表3—4中河西16县，农家平均田场面积不足20亩的有9县，占56.3%；农户占50.9%。155户农家调查中，土地不足25市亩的农家占56.8%。榆中36户农家调查中，不足25亩的农家占52.8%。内政部1932年调

---

① 丘咸：《青海农村经济概观》，《新青海》第3卷第9期，1935年9月，第7页。
② 徐旭：《甘肃藏区畜牧社会的建设问题》，第46页。
③ 卜宪基：《甘肃农家土地利用之分析》，第108页。

查,甘肃耕地在 30 亩以下的农户占 62.67%[1]。表明甘肃有半数以上农家存在耕地不足的问题。

第二,农家田场土地散碎。除了自然环境因素外,在私有制下土地可以自由买卖和多子继承制,造成土地分割,形成散碎的现象。如卜凯所言:"土地散碎为中国农业最重要之特征。每田场平均有田五六块,每田场有田一至五块者,占所有田场三分之二,每田场有五至十块者,超过五分之一。"[2]在黄土高原沟壑地区,农家所耕种的山地(或称山坡地),都是一小块一小块的倾斜坡面,每一田块的面积通常仅十数方公尺,[3]这样就造成了土地碎化的问题。如在对 155 户农家调查中,"每农家所利用之土地面积,非但过小,而且更零碎分散"[4],如表 3—11。

表 3—11 平均每农家之地块数目、大小及最远距离

项目	地块数目	地块大小(亩) 平均	最小	最大	距离农舍最远里数
平凉	9.5	4.4	4.1	8.9	3.3
天水	6.4	3.2	2.3	5.5	2.9
武威	8.3	2.9	1.6	4.9	1.2
平均	8.1	3.5	2.7	6.4	2.5

资料来源:卜宪基:《甘肃农家土地利用之分析》,《西北问题论丛》第 2 辑,1942 年 12 月,第 109 页。

通过表 3—11 来看,甘肃农家田场平均由 8.1 块组成,每块平均大小 3.5 亩,平均最大 6.4 亩,最小 2.7 亩。在 1944 年对宁夏的调查中,平均每农场分割成 6.7 块,平均每农场分坵数为 16.4 坵。[5] 在其他相关的调查中,中国 22 省每农家平均 5.6 块,小麦地带 5.7 块,中国北部 6.6 块,江苏无锡 5.6 块,均少于甘肃、宁夏。地块的大小在中国 22 省平均为 5.7 市亩,小麦地带为 7.1 市亩,中国北部为 6.6 市亩,无锡 1.7 市亩,甘肃仅高于无锡,而低于其他各处的平均数。[6]

伴随土地碎化的是土地与住宅距离的问题。表 3—11 反映出距离农舍最远达到 3.3 里,平均距离为 2.5 里。另一调查也反映出,甘肃田场与农舍之间的距离 1 公里至 1.7 公里,所有田地与农舍之间的距离约在 0.4 公里至 1 公里;每田块平均

---

[1] 国民政府主计处统计局:《中国土地问题之统计分析》,正中书局印行 1946 年沪版,第 72—74 页。
[2] 卜凯主编:《中国土地利用》,第 216 页。
[3] 王新之:《甘肃粮食产销之研究》,第 87 页。
[4] 卜宪基:《甘肃农家土地利用之分析》,第 108 页。
[5] 董正钧:《宁夏农业经济概况(上)》,第 40 页。
[6] 卜宪基:《甘肃农家土地利用之分析》,第 108 页。

为 0.2 至 0.56 公顷之间。①永登县农民"勤于耕耨,虽相距数十里或百里外之旱地,不惮劳苦。"②尽管这里渲染的是永登农民的勤劳,但也反映了土地与住家距离比较远。陇南农家的住宅与他们所种的农田距离较远,"比如有三十亩田地的地主,就有十亩不到的田是比较近些,余二十亩是很远的,有的距离二里或三里不等。竟有些住在山上的种户,因为人家稀少的原因,所种的田有在二十里以外的,车子是不通的,又因习惯上的关系,虽住在平原上的种户,车路是极少的,他们来往田间,运载肥料以及收获禾麦的唯一方法,是饲养驴骡牛马等来代替人力。远在二十里以外的田户,雇农每天从一点钟起来,虽在严冬,风霜凛冽之中,他们至天明为止,须得来去运两回的肥料,每天二十四点钟,他们只睡六个钟头罢了"。③在平原地区,住宅与田地距离比山区近一些,田地距离农舍最远为 180 丈(约合 594 米),最近为 5 丈(约合 16.5 米),平均距离为 55 丈(约合 181.1 米)。④农田碎化和距离住宅过远,不仅增加了农家的生产成本,也增加了农民的劳动强度。

土地散碎对农家经济负面影响极大,诚如卜凯所言,"限制改良农具使用之范围,且田场四散,管理困难,盖以各种作物须防迷途牲畜、小偷及践踏等损害。中国田场围篱少见者,以土地散碎,灌溉极感困难,尤以引用私井或私有水源为最,灌溉水道必须经过邻田,经行甚远,各田块间狭条田地,任其荒废者也不少。"⑤土地散碎增加了农家生产成本,如甘肃习惯规定:"土地所有权人为灌溉便利,欲由他人地内经过者,须得其地主之允许,并须予以相当之报酬。"而且是"甘肃通省所公认之惯例,亦为法律之当然。"⑥又据对 155 户农家调查,农家田场面积大小和土地块数的大小与土地收益、工作报酬、家庭收益等的多少成正向关系。⑦黄河上游区域农家不仅土地少,而且过于分散,严重制约了农家经济的发展。

二、农业耕作制度

农业耕作制度是"种植农作物的土地利用方式以及有关的技术措施总称。其

---

① 汪惠波:《甘肃省经济之检讨》,《新亚细亚》第 11 卷第 5 期,1936 年 5 月,第 22 页。
② 张珩美、曾钧:《平番县志·风俗志·士农工商执业》,乾隆十四年刻本。
③ 雷仕俊:《陇南农民状况调查》,《东方杂志》第 26 卷第 16 号,1927 年 8 月,第 102 页。
④ 董正钧:《宁夏农业经济概况(上)》,第 40 页。
⑤ 卜凯主编:《中国土地利用》,第 223—224 页。
⑥ 国民政府司法行政部:《民事习惯调查报告录》上册,中国政法大学出版社 2000 年版,第 387—388 页。
⑦ 李中舒:《甘肃农村经济之研究》,《西北问题论丛》第 3 辑,1943 年 12 月,第 44 页。

核心内容是作物种植制度,即根据作物的生态适应性与生产条件,确定作物的结构与布局、复种与休闲、种植方式(包括间作、套作、单作、混作)、种植顺序(轮作、连作等)。作物种植制度诸种内容的组合,形成了土地连种制、轮作复种制和间作套种制等土地利用方式"。① 近代本区域基本上保持了传统的耕作制度,没有多大的改进。

(一) 农作物的熟制

植物生长以6℃为其最低临界温度,依此为据,黄河上游区域大部分地区的生长季都在半年以上。但因纬度与海拔都比较高,受年积温、无霜期和降水量等因素的影响,耕作制度有很大的差异。除渭河流域及甘肃南部,因气候情形较为优越,一年可二熟外,自六盘山地以西到河西走廊的广大区域皆为一熟区,"因其可供植物的生长期年在二百日以下,且雨量稀少,变率又大,故仅可在春季施种小麦、小米、玉蜀黍等旱粮。"② 即除陇南冬小麦玉米区和陇东冬小麦小米区外,其他农区均为一年一熟。清朝文献中就有"甘肃边徼气寒,地土硗薄,民间种植,止就地土所宜,分种夏秋两禾。一地之内,既种夏禾,则不能复种秋禾;播种秋禾,则不能先种夏禾"的记载。③

春麦区和青稞区是典型的一年一熟制。临夏"气候寒冷,冰期有四五月之久,故每年只能收获一次,而气候又很干燥,故只长旱作物,如小麦、大麦、马铃薯之类"。④ 固原"位于六盘山西北的高原上,为纯粹大陆性气候,雨量稀少,冬日奇寒,农作物一年只能收获一次。"⑤ 河西的"生长季,至少有半年以上,自四月起至十月止,约有二百日,故河西之农作,大抵通行一年一熟制。虽前后两种作物可以种植生长期特别短速之作物,或在夏禾收割后即行播种早熟性之粟、黍及荞麦,惟以霜降期早,常有遭遇秋霜打击而损害之危险"。⑥ 安西"田禾以小麦、青稞为主,岁止一收"。⑦ 民勤"二月先种青稞,次大小麦为夏种,四五月种糜谷为秋种……六月夏

---

① 徐秀丽:《近代华北平原的农业耕作制度》,《近代史研究》1995年第3期,第112页。
② 严重敏:《西北地理》,第81页。
③ 《清实录·高宗实录》卷146,中华书局1986年版;葛全胜主编:《清代奏折汇编——农业·环境》,第87页。
④ 李式金:《甘肃临夏地理志(下)》,《西北论衡》第7卷第13期,1940年7月,第11页。
⑤ 梁好仁:《甘肃固原概况及其发展之途径》,《西北论衡》第8卷第19—20期合刊,1940年10月,第40页。
⑥ 施之元:《甘肃河西农业环境概况》,《西北论衡》第10卷第9—10期合刊,1942年10月,第20页。
⑦ 常钧:《敦煌随笔》上卷《安西》,1937年铅印本。

禾具收,八月西成告竣,边地寒冷,田不两收"。① 武威等地"无霜期约六个月左右,南部约四个月左右,故作物每年只能收获一次"。② 清朝文献记载:循化、岷州(1913年改名为岷县)、洮州、巴燕戎格、西宁、大通7厅州县"地气早寒,岁止麦收,向不种秋禾"。③ 民国的调查也指出青海"庄稼一年出一季,因为当地的气候很冷,寒季长,暑季短,夏季又多冰雹,八九月就下霜,所以庄稼在立夏下种,立秋收获"。④ 宁夏"农民耕种,只于春暖时,将田土翻犁耙平,引渠水灌注,于芒种(6月初)时,将稻种播散田中,使其自行苗苗生长以至收获,从无分秧者。又以气候关系,各种农作物类只收一季,农民耕作全凭时令经验。"⑤小麦3月播种,6月收获;糜子、谷子5月播种,9月收获;黄豆3月下旬播种,8月收获;高粱4月下旬播种,8月收获;水稻5月播种,9月收获。⑥ 南部山区地势高寒,冬麦种植面积很少,秋季作物占地面积很大,形成一熟制。⑦ 春麦区尤其是地势高寒的地方大部分是一年一熟制度,要么种夏粮,要么种秋粮,是典型的单作一熟制的种植模式。

冬小麦玉米区和冬小麦小米区可以获得一年二熟或两年三熟。"陇南年可二熟,有冬小麦之栽培。陇东区六盘山以东,亦可种植冬小麦"。⑧ 礼县耕作以"一年一熟或一年二熟"为主。⑨ 泾川"个别川原地区,土质肥沃,肥料充足,劳畜力强的也实行两熟种植,即麦收后种秋,秋收后再种麦。但一般都不连续种植,以免地力消耗过大。"⑩即便可以一年两熟,但为了恢复地力,不进行连作。春麦小米区、青稞区畜牧区水利比较发达的地方,通过复种的方式,可获得一年两熟的收成。如循化黄河谷地,"气候温和,各种谷类,多能成熟,上等水田,一年且有收获二次者。"⑪ 陇中"河谷低地,黄河与洮河两岸,有灌溉之利,故可以年两收,冬麦收割后,继之以小秋作物"。⑫ 宁夏平原以一年一熟制为主,业有小麦或夏作收获后复种小糜子、

---

① 马福祥、王之臣:《民勤县志·风俗志·士农工商执业》,台湾成文出版社1970年影印本。
② 汪时中:《河西地理概要》,《西北论衡》第9卷第4期,1941年4月,第31页。
③ 葛全胜主编:《清代奏折汇编——农业·环境》,第374、421页。
④ 庄学本:《青海考察记(二)》,《西陲宣化使公署月刊》第1卷第6期,1936年4月。
⑤ 叶祖灏:《宁夏纪要》,第47页。
⑥ 安汉、李自发:《西北农业考察》,第92页。
⑦ 卜凤贤、李智:《清代宁夏南部山区雨养农业发展述略》,《古今农业》1996年第1期,第13—17页。
⑧ 汤惠荪等:《甘肃省农业调查》,第150页。
⑨ 王志轩:《民国时期礼县的行业》,第117页。
⑩ 许恒丰、焦宏明:《解放前的泾川农业耕作制简述》,《泾川县文史资料选辑》第4辑,1997年印行,第69—70页。
⑪ 丘咸初:《青海农村经济》,第13页。
⑫ 甘肃省地方志编纂委员会:《甘肃省志》第18卷《农业志》,甘肃文化出版社1995年版,第693页。

荞麦或小麦套种黄豆可达到一年二熟。①

在热量处于一年两熟不足,一熟有余的地方采取二年三熟的种植制度。一年二熟或二年三熟主要是小麦与小秋作物、粮食作物与经济作物和饲料作物组合而成的种植方式。

河西走廊冬季闲置的农田(高台县)

图片来源:《1910,莫理循中国西北行》下册,福建教育出版社2008年版,第83页

(二) 轮作制度

轮作(Crop Rotation)是在同一块田地上在不同年之间有顺序地轮换种植不同种类作物的种植方式。通过轮作一方面可以增加土壤中的肥料,尤其栽植豆科植物及绿肥以增进粮食产量;一方面具有水土保持、防除病虫害,控制杂草,保持作物品种纯洁,节省人工,调节农忙,以及最经济地利用土地。这种耕作制度是农民长期经验的总结,张掖有"种地不倒茬,十年九年瞎。重茬三年有一丢,倒茬三年有一收"的农谚②,真切地反映了轮作在农业生产上的意义。

轮作的原理一般是"浅根作物和深根作物轮栽,豆科作物和经济作物轮栽,生季短的作物和生季长的作物轮栽"。③ 据民国时期调查,本区域不同农业区、不同的土地类型有不同的轮作模式。平凉农田有平旱地、高原地、山坡地3种,平旱地

---

① 宁夏农业志编纂委员会:《宁夏农业志》,宁夏人民出版社1999年版,第161页。
② 王海峰、潘金生:《张掖的农谚》,《张掖文史资料》第4辑,1994年印行,第74页。
③ 沈学年:《怎样使西北农业科学化》,《甘肃科学教育馆学报》第2期,1940年5月,第22页。

一田之中第一年种冬麦,夏种黑豆;第二年夏种高粱,行间种黄豆;第三年夏种高粱;第四年冬种冬麦,夏种糜子,通过轮作和套种达到一年两熟或两年三熟。高原地连种冬麦3年或4年,休闲1年,次年种豌豆或黄豆,以后又连种冬麦三四年,又休闲1年,或种荞麦、燕麦及糜、谷等,以后又连作冬麦。山坡地大多是冬麦—豆类轮作,即第一年种冬麦,第二年种豆,第三年种冬麦,第四年种豆。平凉代表了冬小麦小米区的轮作模式。

兰州耕地分灌溉地和平旱地,西固城及费家营等处,"灌溉地为二熟,春种小麦、扁豆、青稞、大麦、鸦片、豌豆等,秋种糜、粟、烟草、黄豆等,本年曾种青稞、大豆之地,收获后复种小糜、小粟,以其生长期较短,约六十日即可成熟。如种小麦、鸦片后则种烟草。至于黄豆,多于四五月点播于小麦、大麦、青稞等行间,麦收后豆即代之而生。"可以看出,春麦区主要通过小麦与速熟作物组合达到一年两熟,以提高土地的利用效率。平旱地主要是一年一熟,第一年玉米,第二年马铃薯,第三年小麦,第四年扁豆。陇西的轮作模式是麦(第一年)—豆(第二年)—麦(第三年)—豆(第四年)。① 宁夏南部山区以豆科作物为主,适当安排小麦、粟、油料等作物,形成豆—春小麦—粟谷、糜子—油料作物的倒茬轮种。② 在冬小麦和陇中春麦区大多采取麦、豆轮作的方法,据作物学家研究,这种方法"目的都是以豆科作物倒茬恢复地力,保证小麦、高粱、玉米、谷子等的稳产。豆科作物收获后可以进行夏季休闲耕作,保蓄雨水。因之不但是冬小麦的优良前作,而且是整个轮作体系中的转折点;而冬小麦又是秋作物的优良前作。"③代表了陇中的轮作模式。

河西区轮作方式三种,一是春种小麦,秋收后泡水,次年再种小麦。二是春种小麦,秋收后泡水,次年春视天气情形改种粟或亚麻,第三年再种马铃薯或豌豆,第四年改种大豆,稍晚则种荞麦;三是因某种耕地种植年数过多,产量减少,则休耕以恢复地力。④ 具体到各县又有所不同:①古浪轮作法,一种是灌溉地,第一年种春麦,次年连作或种大麦,第三年种豌豆或糜、粟,第四年种小麦,以后又连作或种大麦。也有种大麦后,夏秋二季休耕。一种是旱地通常种小麦或青稞,次年休耕,以后复种小麦或青稞一二年,有改种豌豆、油菜一二年,又复种小麦、青稞。②永登轮作法,灌溉地连作春麦三四年,以后复种小麦、青稞等。③永昌轮作法,第一年种春麦,第二年种青稞、扁豆、豌豆等混种一田,第三年种胡麻,第四年种小麦或休闲;休

---

① 安汉、李自发:《西北农业考察》,第94—96页。
② 卜凤贤、李智:《清代宁夏南部山区雨养农业发展述略》,《古今农业》1996年第1期,第15页。
③ 雷清溶等:《黄河中游甘肃中部农作物生产技术》,科学出版社1957年版,第23页。
④ 施忠允:《西北屯垦研究》(上),第36541页。

闲地次年必种小麦,以后种糜粟一二年,再将豌豆、青稞混种一次。④武威轮作法,鸦片—小麦轮作,第一年种罂粟,再种小麦一二年。⑤酒泉轮作法,"小麦种后种豌豆,豌豆种后种小麦或鸦片。小麦后又种糜粟,糜粟收后必种豌豆,豌豆收后复种小麦或鸦片。"①

青海地形和气候都比较复杂,轮作的技术选择也复杂多样,如湟源县有四种轮作制,即2年制、3年制、4年制和5年制。互助县有2年制、3年制和4年制。② 据民国时期农学专家调查,青海各地的轮作制度是:①西宁高山地,第一年种小麦,第二年种豌豆,第三年休闲,第四年又种小麦,或第一年种燕麦,次年种豌豆,第三年种胡麻,第四年休闲,第五年种青稞或小麦。②西宁灌溉地,有两种轮作方式,一种是4年轮作制,第一年种小麦,次年种燕麦,第三年种豌豆,第四年又种小麦;另一种是5年轮作制,第一年种胡麻,第二年种青稞,第三年种小麦,第四年种豌豆,第五年复种豌豆或青稞。③湟源地势比西宁略高,轮作模式也有所不同。第一种是4年轮作制,第一年种小麦,第二年种豌豆,第三年休闲,第四年又种小麦;第二种是7年轮作制,第一年种青稞,第二年种小麦,第三年种燕麦,第四年种豌豆,第五年种小麦,第六休闲,第七年种青稞。湟源不论灌溉地还是旱地都有一年休闲。④共和新垦地,也有两种,一是小麦连种,一般为四五年比较普遍;二是轮作模式是马铃薯(第一年)—小麦(第二年)—胡麻(第三年)—大麻(第四年)。⑤贵德灌溉地,"其轮作次序为豌豆收后种青稞,青稞收后种小麦(六月黄)一二年。藏青稞或青稞种后,又种精麦、小血麦等。或第一年种大麦收后,当年夏季则种糜粟等。次年种豌豆,第三年种青稞,第四年种小麦。"⑥贵德新垦地,轮作次序为"豌豆地种小麦,小麦地种青稞,青稞地种油菜,油菜地种小麦"。③ 不难看出,青海气候寒冷,加之粗放耕作,不论哪种轮作方式,土地都需要一年休闲,以便地力得到足够的恢复。

休耕在西北是一种比较普遍的耕作制度,不论在冬小麦区、春麦小米区还是青稞畜牧区,都有休闲的土地。冬麦区的川地一般连续耕作,山旱地需要轮休,如华亭"川地大半为连年耕种,山地则多有休闲,小麦播种多为种二年休闲一年,俗称耕而不种之地为'铺地'。故小麦种植面积为十五万亩,实则占地二十二万亩,即休闲轮种达二分之一"。④ 泾川"种植面积大的山区,由于欠缺肥料,还实行轮歇制,即

---

① 安汉、李自发:《西北农业考察》,第96—97页。
② 陈恩凤等:《青海省中部荒区调查报告》,农林部垦务总局1942年印行,第14—15页。
③ 安汉、李自发:《西北农业考察》,第93、97页。
④ 王从中:《华亭经济概况》,《甘肃贸易季刊》第2—3期合刊,1943年1月,第69页。

种一年,停一年,少数还有撂荒现象。"①宁夏南部山区采用撂荒的办法,耕种一年后休闲一至二年再耕种。②平原地区休闲办法是"如有田十八亩,在第一年小麦收获后,以五亩种荞麦,其余十三亩休闲。第二年在小麦收获后,将去年休闲之地,与曾种荞者互易"。③在冬小麦区,因肥料缺乏,把有限的肥料施于川地和平地,对缺乏肥料的山地主要采取休闲的办法恢复地力。

在地广人稀的地方,居民耕地选择余地比较大,没有施肥的习惯,一块土地耕作数年后,地力消耗殆尽,再换一块耕地。如青海"新垦之地,于三年中可不施肥料,因土壤结构疏松、富养分,尤以水草丰茂,久为畜粪及腐草所堆积之地更佳;三年后肥力减退,正值休田时期,可在春间犁土,以保温度及肥力,或任其生长杂草,俟至初秋犁入土中,以作绿肥,补偿地力。至已垦熟地,均须施以肥料,但因一般肥料之不足,每经二三年,应休田,以求地力之苏复。"④玉树"种植不知施肥,故土地需间年耕种一次,使地力恢复后,而再利用"。⑤据民国时期调查,青海"休闲荒弃之熟田,常及总数三分之一以上"⑥,兴海县夏塘区占25%,湟源县占10%,共和县占20%—26%(该县切吉区占30%),"都兰甚至达百分之五十,半耕半闲"。⑦河西走廊绿洲边缘土地也采取休闲制,玉门"因水量、资本及人力之不足,田地实行休闲制,尤以边远之处为最,约三年休闲一次,也有隔年休闲者"。⑧宁夏"地广人稀,农民每可择地而耕,易年而耕"。⑨据1949年统计,甘肃全省耕地面积5045.51万亩,播种面积4275.43万亩,复种指数为84.72%,扣除124.74万亩的复种面积,耕地实际利用率为82.3%,即有893.1万亩耕地休闲。⑩

大多数地方土地休闲时间间隔为3年,只有少数地方为1—2年,有的地方休耕周期为5年。休闲周期的长短与地理环境有很大关系,环境越差休闲的周期越短,如临潭、卓尼"气候严寒,不能充分风化,故栽种植物,每经五年之后,即须休闲

---

① 许恒丰、焦宏明:《解放前的泾川农业耕作制简述》,《泾川县文史资料选辑》第4辑,第70页。
② 卜凤贤、李智:《清代宁夏南部山区雨养农业发展述略》,《古今农业》1996年第1期,第15页。
③ 胡希平:《宁夏省荒地区域调查报告》,农林部垦务总局1942年12月印行,第23页。
④ 张翁艳娟:《青海省志资料》,台北"国防研究院"1961年版,第30页。
⑤ 蒙藏委员会调查室:《青海玉树囊谦称多三县调查报告》,第27页。
⑥ 沈百先:《考察西北水利报告》,《导淮委员会半年刊》1941年第6—7期合刊,第44页。
⑦ 陈恩凤等:《青海省中部荒区调查报告》,第12—15页。
⑧ 宋荣昌:《玉门农村经济概况》,《中农月刊》第5卷第11期,1944年11月,第62页。
⑨ 叶祖灏:《宁夏纪要》,第47页。
⑩ 甘肃省地方志编纂委员会:《甘肃省志》第18卷《农业志》,第697页。

一次"。① 休闲的耕地占全部耕地的 17.7%。在传统农业经济中,土地休闲是一种比较普遍的耕作方式。从休闲地所占比例可以看出,近代本区域土地利用率比较低,是一种粗放的经营方式。

三、粮食作物种植结构的变化

农作物种植与环境选择有很大的关系,不同环境条件下选择不同的农作物进行栽培。黄河上游区域大多数"土瘠气寒,岁止一熟,青稞、大豆、大麦易种易成,故其为数较多"②,传统粮食作物种植以杂粮作物为主,除小麦外,主要有青稞、黑麦、水稻、莜麦、荞麦、高粱、谷子、糜子,豆类主要有扁豆、豌豆、蚕豆、黄豆、黑豆、绿豆。经济作物主要有胡麻、烟草等。笔者已经对本区域的传统农作物及其分布做了论述,③除了传统作物外,明清以来高产作物玉米、马铃薯开始在本区域引种,到民国时期普遍种植,使本区域农作物结构发生了变化。

(一) 玉米的种植

16世纪,玉米和薯类作物开始传入中国。在地方志的记载中,玉米名称不一,有玉麦、玉谷、观音粟、珍珠米、番麦、西天麦等。④ 玉米传入甘肃是在明朝时期。明朝嘉靖《平凉府志》记载:"番麦,一曰西天麦,苗叶如蜀秫而肥短,末有穗如稻而非实,实如塔,如桐子大,生节开花,垂红绒在塔末,长五六寸,三月种,八月收。"⑤ 酒泉地方志记载:"回回大麦,肃州昔无,近来西夷带种,方树之,亦不多。形大而圆,色白而黄,茎穗异于他麦,又名西天麦。"⑥据有学者研究,这种"西天麦"就是玉米,被认为是玉米传入我国的较早记录。⑦ 尽管玉米传入酒泉、平凉比较早,但并没有在本区域大面积推广,直到清朝道光以前也只有个别地方种植玉米,隆德、甘谷县、秦安、敦煌等地方志中有玉米种植的记载。⑧ 有学者统计,道光以前本区域

---

① 王志文:《甘肃西南部边区考察记》,第 48 页。
② 葛全胜主编:《清代奏折汇编——农业·环境》,第 105 页。
③ 黄正林:《清至民国时期黄河上游农作物分布与种植结构变迁研究》,《古今农业》2007 年第 1 期,第 84—99 页。
④ 郭松义:《古籍所载有关玉米别称的几点辩证》,《中国农史》1986 年第 2 期。
⑤ 赵时春:《平凉府志》卷 4《平凉县》;卷 11《华亭县》,明万历年间刻本。
⑥ 黄文炜、沈清崖:《重修肃州新志》第 6 册《肃州·物产》,乾隆二十七年刻本。
⑦ 佟屏亚:《试论玉米传入我国的途径及其发展》,《古今农业》1989 年第 1 期,第 41 页。
⑧ 分别见常星景等:《隆德县志》卷 1,隆德地方史志编纂委员会 1987 年印行,第 28 页;甘肃省中心图书馆委员会:《甘肃陇南地区暨天水市物产资源资料汇编》,1987 年印行,第 212 页;严长宦、刘德熙:《秦安县志》卷 4《食货》,道光十八年刻本;苏履吉、曾诚:《敦煌县志》卷 7《杂类志·物产》,道光十一年刊本。

有 13 个州县种植玉米。① 晚清时期,陇西、皋兰、等地也开始了玉米的种植。

玉米的主要长处是能够在贫瘠的山区土地中种植和生长。② 民国时期,玉米得到了普遍认可,因此得以大面积种植。地方志中大量出现关于玉米种植与用途的记载,如高台"玉蜀黍,俗呼包谷,一名玉米,又称珍珠米……多植于园圃中,嫩者蒸而食之,味极甘,亦可磨面充食。张掖产者实大而味劣,仅供饲猪之用"。③ 此外,定西、古浪、成县、徽县、天水、清水、民乐、临泽等县地方志中都有关于玉米的记载,宁夏平原也有玉米种植。④

根据民国初年的统计,甘肃种植玉米 106.9 万亩,产量 68.3 万石,平均亩产量 0.639 石。⑤ 1935 年 10 月的调查说明,玉米种植已经比较普遍。甘肃有 36 个县种植玉米⑥,占总数的 50%;甘肃玉米种植占农田总面积的 5.73%,其中陇南达到 19.7%,⑦玉米种植面积仅次于小麦,已经成为主要粮食作物。宁夏 10 县之中种植玉米的有 6 个县,占 60%,总面积 1.2 万亩,占宁夏全省农作物种植面积的 0.7%。⑧ 除了青稞春畜牧区不能种植外,其他地方几乎都有种植。

玉米大面积种植和产量的增加,使其成为居民的主要食粮。天水"河流交错,土地肥沃,农作物易于生长,故农产丰富,尤以小麦、玉蜀黍、高粱等为出产大宗",玉米年产 15 万石,占农作物总产量的 15.6%。⑨ 岷县玉米种植 7459 亩,占农作物总面积(91594 亩)的 8.1%;产量 55943 市石,占总产量(163042 市石)的 34.3%。⑩ 华亭年种植 20 万亩,年产量达 15 万石,向陕西、平凉输出 5 万石,已经超过了小麦的种植面积和产量。华亭农民大量种植玉米,主要原因在于"小麦产量不佳,近年收获更少把握,农民为求生活之安定计,多改种杂粮,普通农民食用以玉蜀

---

① 方行等主编:《中国经济通史・清代经济卷》(上),第 355 页。
② 〔美〕珀金斯著,宋海文等译:《中国农业的发展,1368—1968》,上海译文出版社 1984 年版,第 58 页。
③ 徐家瑞:《新纂高台县志》卷 2《舆地・物产》,1925 年铅印本。
④ 分别见李培清,唐海云:《重修古浪县志》卷 6《实业志・物产》甘肃省中心图书馆委员会:《甘肃陇南地区暨天水市物产资源资料汇编》,1986 年印行,第 6 页,第 138—139 页,第 291 页;庄以绥,贾缵续:《天水县志》卷 1《物产》,兰州国民印刷局 1939 年铅印本;刘福祥等:《清水县志》卷 1《物产》,1948 年石印本;徐传钧,张著常:《民乐县志》卷 1《地理・物产》,1923 年石印本;王存德:《创修临泽县志》卷 1《舆地志・物产》;马福祥等:《朔方道志》卷 3《舆地志下・物产》。
⑤ 农商部总务厅统计科:《中华民国五年第五次农商统计》,中华书局 1919 年版,第 54 页。
⑥ 陈言:《陕甘调查》(下),第 46—51 页。
⑦ 汤惠荪等:《甘肃省农业调查》,第 142—143 页间之附表。
⑧ 《宁夏省普通农作物产量统计表》,《宁夏省建设汇刊》,"统计",第 9—12 页。
⑨ 甘肃省银行:《甘肃省各县经济概况》,第 3 页。
⑩ 同前书,第 11 页。

黍为主"。① 康县玉米成为"第一主要食品,亦能造酒"。② 玉米在青海各县均产,"土人用为食料"。③ 总之,民国时期,玉米因其高产在本区域得到了普遍的种植,而且一些地方玉米在农作物结构中占有很重要的地位,成为农民的食物来源之一。

(二) 马铃薯的种植

马铃薯与玉米有着同样的特性,适合在贫瘠的旱地里生长。乾隆时期,本区域就有马铃薯种植的记载,如中卫宣和堡试种取得成功,乾隆中卫知县黄恩锡有诗:"山药初栽历几年,培成蔬品味清鲜。从此不必矜淮产,种遍宣和百亩田"。④ 康熙岷州方志中蔬菜类里的"芋"也可能是马铃薯。⑤ 马铃薯的大面积引种和推广可能是在嘉庆和道光之际,主要作为蔬菜引种,一些地方志把马铃薯记载在"蔬之类"里。有学者通过考证认为天水很可能在19世纪初期或稍早开始种植马铃薯,始种的地方在天水以东渭河流域的吴砦。⑥ 马铃薯传入陇东南后,逐渐在甘肃各地推广。道光时期金县⑦、两当⑧等县有马铃薯种植的记载,但可以肯定的是道光时期马铃薯种植还不十分广泛,原因是"吃薯类被认为(是)一桩不得已的事情,只有在饥荒中才肯吃"。⑨ 也许正是这样,经历了同治回民反清斗争和光绪"丁戊奇荒"后,马铃薯扩大了种植。晚清大部分地方志中有关于马铃薯的记载,如《肃州新志》、《洮州厅志》、《陇西分县武阳志》、《金县志》、《甘肃新通志》等都有马铃薯的记载。⑩ 光绪十六年(1890年)陕甘总督杨昌浚在奏折里称:"甘省阶州、文县二处,山内洋芋因雨多霉烂失败"。⑪ 这些均说明晚清时期马铃薯种植区域迅速扩大。

民国时期马铃薯种植已经相当普遍,各地方志均有记载,而且成为主食。如敦

---

① 王从中:《华亭经济概况》,《甘肃贸易季刊》第2、3期,1943年1月,第68—69页。
② 王仕敏、吕重祥:《新纂康县县志》卷14《物产》,1936年石印本。
③ 黎小苏:《青海之经济概况》,《新亚细亚》第8卷第1期,1934年7月1日,第45页。
④ 黄恩锡:《中卫竹枝词》,郑元吉、徐懋官:《中卫县志》卷10《艺文编》,道光二十一年刻本。
⑤ 康熙《岷州卫志》卷2《物产》,上海书店1984年影印本。
⑥ 蔡培川:《甘肃天水马铃薯种植历史初考》,《中国农史》1989年第3期,第66页。
⑦ 恩福、冒蘗:《重修金县志》卷7《食货志》,道光二十四年刻本。
⑧ 德俊等纂修:《重修两当县志》卷4《食货》,道光二十年抄本。
⑨ 〔美〕珀金斯著,宋海文等译:《中国农业的发展,1368—1968》,第59页。
⑩ 李鹏旭:《马铃薯传入甘肃初探》,《古今农业》2010年第2期,第106—107页。
⑪ 葛全胜主编:《清代奏折汇编——农业·环境》,第563页。

煌"洋芋,先年无,今始见"①;镇番"比户多种,足以佐食"②;高台马铃薯"可作蔬,亦可代粮"③;康县"分数种,各地产"④。河西走廊"马铃薯栽培面积仅次于小麦与玉米"。⑤临夏马铃薯种植面积14.4万亩,占耕地面积的13.7%。⑥据1936年对甘肃32县马铃薯的统计,种植521892亩,产量2986059担,平均亩产量572.2斤。⑦马铃薯属于高产作物,既可作为蔬菜,也可作为食品,又可作饲料,因用途多而推广范围大。1942年7月,甘肃农改所对全省50县调查,种植面积为198.3万亩,占全省农作物种植面积的5.2%,仅次于小麦、玉米、小米,平均亩产量5.57市担。并成为甘肃当时增粮的重点,一是省农改所以蛮洋芋作为在洮岷区推广的优良品种,如1943年推广99255亩;二是改良储藏条件,推广窖藏(见第四章)。⑧据20世纪40年代调查,甘肃各县马铃薯不仅种植普遍,而且产量较高。年产量超过10万石的有13县,占19.1%;年产量在5万—10万石(不含)的有9县,占13.2%;年产量在1万—5万石(不含)的有16县,占23.5%。⑨在该项调查中,有些县份虽然没有马铃薯的具体产量,但在粮食作物的种植中包括了马铃薯。

在清朝以前的青海文献中不见关于马铃薯的记载,民国时期地方志才有关于马铃薯的记载。如《大通县志》中有土芋,"俗名洋芋";"生山坡地,可作谷食"。⑩1930年代,关于青海经济的各种调查中,马铃薯的种植已经比较普遍,如循化年产30余石,门源年产3500余石,互助年产600余石,化隆年产3000余石。⑪1934年的调查中,除了都兰外,各县均种植马铃薯。表3—12是青海各县马铃薯种植面积、产量统计表。

---

① 吕光:《重修敦煌县志·物产》,甘肃人民出版社2001年标点本。
② 甘肃省中心图书馆委员会:《甘肃河西地区物产资源资料汇编》,1986年印行,第18页。
③ 徐家瑞:《新纂高台县志》卷2《舆地·物产》。
④ 王仕敏、吕重祥:《新纂康县县志》卷14《物产》。
⑤ 陈正祥:《西北的沃野农业》,《中农月刊》第5卷第5—6期合刊,1944年6月,第25页。
⑥ 李式金:《甘肃临夏地理志(下)》,《西北论衡》第7卷第13期,1940年7月,第12页。
⑦ 《甘肃省西和等三十二县马铃薯产量统计表》,《甘肃统计季报》第2卷第1—4期合刊,1938年11月,建设,第12页。
⑧ 陈希平:《甘肃之农业》,《西北问题论丛》第3辑,1943年12月,第309、319页。
⑨ 统计组:《甘肃各县局物产初步调查》,根据各县数据统计。
⑩ 吴钧:《贵德志稿》卷2《地理志·物产》,见《青海地方旧志五种》,青海人民出版社1989年版。
⑪ 鲁鲁:《本省的农村经济》,分别见《青海评论》1934年第16期第3页,第19期第7页,第21期第3页,第27期第6页。

表 3—12　1930 年代青海马铃薯种植、产量统计表

项　目	西宁	互助	大通	门源	乐都	民和	循化	化隆	贵德	共和	湟源	全省
面积(亩)	5035	6824	17447	48186	7339	21067	1131	10485	9564	1247	4761	133086
占农田比例(%)	1.25	2.59	7.59	5.51	4.58	12.56	1.11	8.29	13.04	2.70	3.02	5.66
产量(石)	26016	35353	101105	24258	41686	119661	2748	24136	46404	6050	27590	455007

资料来源:汤惠荪等:《青海省农业调查》,《资源委员会季刊》第 2 卷第 2 号,1942 年 6 月,第 279、280 页。

1930 年代青海 11 个县种植马铃薯,种植面积 13.3 万亩,占全省农田面积的 5.66%,种植面积仅次于青稞、小麦。其中民和占 12.56%,贵德占 13.04%,是该地区马铃薯种植最多的县份。全省马铃薯产量 45.5 万石,占全省粮食总产量的 38.9%。①

大量资料表明,在 20 世纪三四十年代,马铃薯不仅在各县普遍种植,而且成为居民食品的主要来源。1943 年,因河西走廊粮食缺乏,美国农业专家接踵到河西考察,建议大量种植美国品种马铃薯,以补救粮食缺乏的问题。② 因此,甘肃"全省产粮而外,各县生产洋芋,穷民生活,半赖以维持"。③ 皋兰"马铃薯年产约 640000 石,帮助食料非浅";靖远"洋芋年产约 15000 石,为贫民之辅助食品";固原"马铃薯年产 98000 石,可为贫民之辅助食料";静宁马铃薯年产约 156.4 万斤,"可为人民之辅助食料";华亭马铃薯年产 4 万石,"为贫民辅助食料"。④ 岷县年产 10 万公担,"为食粮中之一大补助物"。⑤《贵德简志》:"洋芋……产量甚大。煮食、炒食均佳,农村以此为主要食品"。⑥ 这些均说明马铃薯大面积种植有重要的意义,也就是说马铃薯种植面积在 20 世纪迅速扩展,与防止发生"可能性的灾难"有很大的关系。⑦

(三) 粮食作物结构的变化

按照粮食地理学的划分,黄河上游区域应该属于黄土高原杂作区,由于气候和土质等条件的限制,粮食作物以小麦、小米和高粱为主,均是抗旱力最强的作物,另

---

① 据汤惠荪等的《青海省农业调查》中第 278、280 页有关数据计算。
② 施忠允:《西北屯垦研究》(上),见萧铮主编《民国二十年代中国大陆土地问题调查资料》,第 36544 页。
③ 廖兆骏:《复兴甘肃农村经济问题》,《新亚细亚》第 10 卷第 4 期,1935 年 10 月 1 日,第 67 页。
④ 统计组:《甘肃各县局物产初步调查》,第 43、47、52、58、60 页。
⑤ 李茂:《岷县农业调查报告》,《甘肃科学教育馆学报》第 2 期,1940 年 5 月,第 57 页。
⑥ 王昱主编:《青海方志资料类编》上册,青海人民出版社 1987 年版,第 325、327 页。
⑦ 〔美〕珀金斯著,宋海文等译:《中国农业的发展,1368—1968》,第 59 页。

外在一些温润的地方有一些玉米种植。① 近代以来,本区域的粮食作物结构,一方面,传统粮食作物还在延续,而且仍然是主要种植的作物;另一方面,一些高产作物玉米、马铃薯得到大面积的推广,改变了传统的农业种植结构。

不同农业区因气候、降水量和海拔等不同,作物布局和结构有一定的差异。据笔者研究,1930年代,宁夏农作物种植中小麦占26.2%,水稻占12.5%,谷子占12.1%,大麦占8.4%,其次豌豆占5.8%,山药占4.7%。② 1934年调查,小麦占30%,水稻29%,黍稷12%,豆类19%。③ 青海粮食作物以青稞、小麦、豌豆等为主,种植面积青稞占34.1%,小麦占28.23%,豌豆占8.71%,马铃薯占5.18%,芸苔占4.35%。④ 陇西南区"作物仅小麦、青稞(即稞麦)、燕麦、豌豆、蚕豆、芸苔(即菜籽)及马铃薯(即洋芋)等数种,而以青稞与豌豆栽培最广,盖此二种性耐寒湿,最适环境。"⑤ 河西种植结构以春小麦、糜谷、青稞为主,"小麦之产量为最多,全境北部为其主要产区。产量武威最多,永登次之,张掖、酒泉更次之,其所占之比例,虽逐年不定,然就普通情形言,全境小麦产量占各种粮食总和七分之三左右。其次产量较多者当推黄米(包括小米在内),其主要产地亦在北部,民勤产量最多,武威、酒泉次之,产量占粮食总量四分之一左右。再次为青稞,生产于南部祁连山麓之丘陵地带,盖其地高寒,麦与黍皆难生长,故有耕地大半种植此种作物。武威盛产较多,张掖、酒泉、民勤次之,产量占粮食总量十分之一左右"。⑥ 又据蒋德麒1943年调查,本区域各地农作物种植结构如表3—13。

表3—13　1940年代黄河上游区域农作物结构统计表

区　域	县份	小麦	高粱	玉米	荞麦	糜子	谷子	燕麦	胡麻	青稞	油菜
渭河上游区域 (冬小麦玉米区)	天水	39%	16%	20%	—	—	—	—	—	—	—
	通渭	20%	—	—	20%	20%	18%	—	—	—	—
泾河流域区 (冬小麦小米区)	平凉	40%	15%	—	—	25%	10%	—	—	—	—
	庆阳	40%	—	—	—	20%	10%	—	—	—	—
黄土高原地区 (春小麦小米区)	华家岭	30%	—	—	—	20%	—	20%	10%	—	—
	静宁	30%	20%	—	—	15%	15%	—	—	—	—
	皋兰	25%	—	—	—	40%	15%	—	—	—	—

---

① 吴传钧:《中国粮食地理》,商务印书馆1946年版,第127页。
② 黄正林:《民国时期宁夏农村经济研究》,《中国农史》2006年第2期,第82页。
③ 宁夏省政府秘书处:《十年来宁夏省政述要·建设篇》第5册,第299页。
④ 汤惠荪等:《青海省农业调查》,第280页。
⑤ 张其昀:《夏河县志》卷4《农业》,民国抄本,台湾成文出版社有限公司1970年影印本。
⑥ 汪时中:《河西地理概要》,《西北论衡》第9卷第4期,1941年4月,第32页。

续表

区　　域	县份	小麦	高粱	玉米	荞麦	糜子	谷子	燕麦	胡麻	青稞	油菜
湟水流域区（青稞畜牧区）	西宁	25%	—	—	—	—	—	20%	—	20%	15%
	湟源	20%	—	—	—	—	—	—	—	20%	10%
	三角城	—	—	—	—	—	—	—	—	60%	20%
	共和	35%	—	—	—	—	15%	—	—	—	15%
河西走廊区	永昌	40%	—	—	25%	15%	—	10%	—	—	—

资料来源：此表根据蒋德麒：《西北水土保持事业考察报告》有关数据统计制作（载《三年来之天水水土保持试验区》，第17页）。

从上述调查来看，陇南区以小麦、玉米、高粱为主，陇东区以小麦、糜子为主，陇中、河西区以春小麦、糜子为主。种植结构对农家经济、农民生活都有十分重要的影响。如青海"农作物以青稞为大宗，藏民日常所食糌粑，即由青稞炒熟所磨成，其次为圆根，亦为藏民主要食品"。[①] 这种结构的形成与地理环境的关系十分密切，这里的气候干旱而寒冷，生长季比较短，比较适合耐寒、生长季比较短的作物；另外，即使一些适合种植冬小麦的地方，为了保证收成，冬小麦种植较少，而杂粮种植较多。从作物的种植结构来看，本区域居民的食物以粗粮为主。

因玉米、马铃薯产量较高，受到农家的欢迎而得到大面积推广，由此改变了本地农作物结构和居民的食物结构。从地方志的记载来看，玉米、马铃薯的大面积推广是在晚清之后，在民国时期成为本区域的主要农作物，一些地方玉米、马铃薯的产量超过了传统农作物。如据20世纪30年代调查，渭源县年产小麦3375石，而年产玉米12000石，马铃薯16900石；西和县年产小麦10500石，而年产玉米达22000石[②]，玉米年产量是小麦的2倍多。抗战时期，张掖县的马铃薯年种植面积达8000亩，产量达2000万斤，除了全县自用外，尚输出到外县。[③] 因此，玉米和马铃薯的种植是近代本区域农业史上最大的事情，不仅改变了农业种植结构，也改变了居民的食物结构，玉米、马铃薯成为许多地方居民的主要食物来源。这两种作物之所以大面积种植，一是本区域的大部分地区地理环境适合玉米、马铃薯的种植；二是与传统的小麦和其他杂粮作物相比，玉米、马铃薯属于高产作物，能够满足居民对食物的需求。

---

① 蒙藏委员会调查室：《青海玉树囊谦称多三县调查报告》，第27页。
② 陈言：《甘肃调查》，第50页。
③ 王兴荣：《张掖经济概况》，《甘肃贸易季刊》第2—3期合刊，1943年1月，第53页。

四、粮食产量

(一) 甘宁青分省前的粮食产量

近代黄河上游区域粮食产量是一个比较复杂的问题,不同机构因统计方法和统计内容不同,其产量均不一致。尽管如此,我们仍可根据现有资料对其粮食产量状况进行评估。表3—14是北京政府时期1916年甘肃主要粮食种植面积及产量统计表。

表3—14 1916年甘肃主要粮食种植面积及产量统计表

粮食名称	水稻	大麦	小麦	黍	玉蜀黍	高粱	马铃薯	豆类	合计
面积(亩)	448039	968635	13452740	916780	1068679	617843	71398	2593572	20137686
产额(石)	362266	419735	4976372	398615	683492	401579	2837965	972319	11052343
折合万市斤	5651.3	4827	57228.3	5979.2	10252.4	6023.7	—	14973.7	104935.6

说明:石与市斤之间换算关系是:大米1石=156市斤;玉米、小米、高粱、黍子、糜子=150市斤;小麦、大麦=115市斤;豆类=154市斤。见许道夫:《中国近代农业生产及贸易统计资料》,第344页。本表根据以上标准换算,如果本文没有特殊说明,均以此为标准。

资料来源:农商部总务厅统计科:《中华民国五年第五次农商统计》,第44—58页。

表3—14统计了甘肃(包括青海、宁夏)的水稻、大麦、小麦、黍、玉蜀黍、高粱、马铃薯、豆类8类粮食作物,共计种植面积2013.8万亩,总产量为1105.2万石,如果除去马铃薯,粮食总产量为821.4万石。以1914年甘肃农田2176.8万亩计算[①],粮食种植面积占总耕地面积的92.5%;以1921年甘肃人口594.6万计,[②]人均粮食1.9石。除马铃薯外,上述7种粮食折合为104935.6万市斤,人均粮食仅为176.48市斤。又据1925年调查,甘肃产小麦5666831石,大麦680649石,豆类(豌豆、大豆)1064184石,黄米708229石,白米95271石。[③] 这是一次不完整的调查,从中看出小麦、豆类、大麦、黄米(黍)产量均高于1916年。

又根据张心一估计,1924—1928年,"甘肃各种农产品每年平均产量以小麦为最多,达一千四百八十万市担;小米及糜子(原文为小麦,根据前后文应为糜子——引者注)次之,各约四五百万市担;高粱及玉蜀黍皆在二百万市担以上,大豆、籼粳

---

① 许道夫:《中国近代农业生产及贸易统计资料》,上海人民出版社1983年版,第9页。
② 葛剑雄主编,侯杨方著:《中国人口史》第6卷,1910—1953年,第134页。
③ 《甘肃农业概况》,《甘肃建设季刊》,1934年7—12月汇刊,"调查"。

稻、甘薯皆在一百万市担以上；糯米约产三十余万市担；油菜籽约七万余市担。"①共计各种粮食作物2300余万市担。《甘肃通志稿》记载甘肃年产大米12千市担，糯米31千市担，小麦4109千市担，大麦206千市担，豌豆、扁豆2203千市担，糜子、谷子16075千市担，高粱69千市担，玉米58千市担，荞麦、燕麦、青稞、蚕豆43千市担，合计22806千市担，折合228065.3万市斤。②张心一的调查和《甘肃通志稿》的记载，粮食产量是1916年的2.8倍；人口以640.3万计③，人均粮食产量356.2市斤。以上四组数字，均说明北京政府时期本区域粮食产量处于上升状态，但还需要进一步研究。④

(二) 1930—1940年代甘肃粮食产量

关于1930—1940年代甘肃粮食产量，民国时期有一些调查，不同的是有的调查了全部粮食作物，有的只调查了主要粮食作物，有的则把豌豆算作饲料，因此各种调查数据有比较大的差距。据张心一研究，甘肃粮食产量1931年为2518万石，1932年为2195万石，1933年为2418万石。⑤ 据《中国经济年鉴》记载，1934年，甘肃粮食总产量为2000万石；资源委员会调查为2700万石；中央农业试验所统计，1937年粮食总产量为1433.8万石，1938年为1586万石，1939年为1466.3万石；《西北月刊》1942年第6卷第1期刊载某专家估计甘肃年产粮食2087.1万石。⑥ 据《甘肃统计年鉴》统计，1944年小麦、大麦、青稞、谷子、糜子、豌豆、扁豆、燕麦、玉麦、荞麦、高粱、玉米、黄豆、蚕豆、黑豆、水稻等17种粮食总产量为2747.8万市石。另外马铃薯产量为760.4万市石。⑦ 1948年，有学者综合了各种调查，认为甘肃省粮食常年总产量"当在三千七百万市担左右"。⑧ 这些不同统计资料，反映出不同年份甘肃的粮食产量有增有减，但总趋势是在增长。表3—15是笔者根据许道夫等人的资料，对1930—1940年代甘肃主要粮食产量进行的统计。

---

① 张心一：《甘肃农业概况估计》1945年9月，甘肃省档案馆藏，38/1/10。
② 转引自宋仲福主编：《西北通史》第5卷，第321页。
③ 侯杨方：《中国人口史》第6卷，1910—1953年，第134页。
④ 曾业英先生在审读拙稿时提出：北洋时期，粮食产量增加，用什么手段增长的？这是本书必须回答的问题，但笔者就现有的资料无法解释从当时统计资料看北洋政府时期甘肃粮食增长的问题，留待做进一步研究。
⑤ 张心一：《一九三三年中国农业经济概况》，《中行月刊》第8卷第1—2期合刊，1934年2月，第41页。
⑥ 甘肃省政府：《甘肃省经济概况》，1944年印行，第30页。
⑦ 甘肃省政府：《甘肃省统计年鉴》，1946年印行，第100—102页。
⑧ 朱允明：《甘肃乡土志稿》第5章《甘肃省之农业》。

表 3—15 1932—1945 年甘肃主要粮食作物产量统计表

(单位:千市石)

年份	小麦	玉米	大麦	高粱	谷子	糜子	水稻	燕麦	蚕豆	豌豆	合计	指数1	指数2
1916	4976	684	420	402	—	399	523	718	970	—	9092	100	—
1932	5744	1310	815	1411	3863	3963	143	731	208	1163	19351	212.8	100.0
1933	5799	3099	894	2195	4497	5062	169	831	229	809	23584	259.4	121.9
1934	9761	2487	1586	2534	3985	4721	131	685	173	1236	27299	300.3	141.1
1935	8918	3015	1740	2706	4426	4833	132	678	223	1444	28115	309.2	145.3
1936	7887	3079	2006	2484	4327	5505	130	504	441	1591	27954	307.5	144.5
1937	8328	2706	1939	1989	3297	4517	135	674	434	1465	25484	280.3	131.7
1938	10331	3039	1823	2583	3667	5419	146	724	520	1539	29791	327.7	154.0
1942	9077	2889	1922	1980	2888	5348	170	601	430	1264	26569	292.2	137.3
1944	10830	3217	1988	2062	3072	5262	170	714	417	1162	28894	317.8	149.3
1945	7580	2292	1282	1502	2263	4808	178	465	271	769	21410	235.5	110.6

资料来源:1916 年总产量数据来源于农商部总务厅统计科《中华民国第五次农商统计》,第 44—58 页。其余数据来自许道夫《中国近代农业生产及贸易统计资料》,第 66—69 页;1934—1938 年产量,见国民政府主计处统计局《中华民国统计提要》,1940 年印行,第 35—44 页;1932 年水稻、豌豆、蚕豆、燕麦的产量,见宋仲福主编《西北通史》第 5 卷,兰州大学出版社 2005 年版,第 322 页。指数为笔者所加,指数 1 以 1916 年为 100,指数 2 以 1932 年为 100 进行计算。

说明:[1]1916 年产量中蚕豆 970 千市担指的是豆类的产量;[2]在许道夫的统计中,1939 年至 1941 年缺玉米、水稻、燕麦的产量;1943 年缺大麦、燕麦、蚕豆、豌豆的产量。故将上述年份未列入表内。

抗战时期,对甘肃粮食产量有过两次调查,一次是 1938 年夏秋之交,调查区域包括全省 66 个县,227 个区,4239 个村庄,是农行"组社贷款后直接向社员们询问出来的,他们的关系相当密切,瞒报的地方比较少"。① 说明这次调查是可信的。农行农贷员孙友农对这次调查做了细致的研究,15 种粮食作物产量是 509870.2 万斤,其中马铃薯 149322.5 万斤,其余粮食产量是 360547.7 万斤②,折合 2842.6 万市担,与表 3—15 中 1938 年的粮食产量基本接近。另一次调查是在 1943 年秋至 1944 年 3 月,在调查前"各县建设人员 103 人在兰(州)受训之便,将调查方法讲授各员,并由主办人员领导实习后,令其回县后亲履各县每保,切实调查。"从调查方法上看,这次调查基本可信。通过对调查的 17 种粮食作物统计,总产量为 3422.3 万担③,折合 391507.1 万市斤。其中马铃薯产量为 760.4 万担,剩余粮食产量为 2661.9 万担,接近表 3—15 中 1942 年的统计。另有民国时期的学者统计,抗战时期甘肃主要粮食产量分别为:小麦 8328000 市担,玉米 3079000 市担,小米 4327000 市担,糜子 5505000 市担,大麦 1939000 市担,大米 154000 市担,高粱

---

① 孙友农:《甘肃农业问题回顾(一)》,《农业推广通讯》第 5 卷第 3 期,1943 年 3 月,第 64 页。
② 孙友农:《甘肃农业问题回顾(三)》,《农业推广通讯》第 5 卷第 5 期,1943 年 5 月,第 42 页。
③ 张心一:《甘肃农业概况估计》(1945 年 9 月),甘肃省档案馆藏,38/1/10。

2505 市担,大豆 783000 市担,燕麦 674000 市担,①合计 2729.4 万市担,合 371522.1 万市斤。② 上述两次调查和民国学者的研究彼此接近,均印证表3—15 的统计能够反映甘肃粮食产量的真实水平。

通过表3—15 指数1 看出,20 世纪30—40 年代,甘肃粮食生产总量超过了民国初期1916 年的水平。指数2 说明,1932 年至1945 年甘肃的粮食产量有增有减,但总趋势呈上升状态,1938 年与1944 年超过了抗战前的总产量。1941—1943 年是北方发生灾害比较频繁的时期,甘肃1941 年受灾47 县,1942 年和1943 年受灾均为57 县③,粮食有比较大的减产,但还是超过20 世纪30 年代早期的产量。就人均粮食产量而言,在1938 年的调查中,人均粮食产量为761.2 斤;在1943 年至1944 年调查的粮食总量中,以1943 年甘肃655.4 万人口计算④,人均生产粮食597.4 斤;另外一组调查数据也反映出甘肃人均粮食产量为4.45 担,⑤如果按照上文标准进行换算,人均粮食产量为553 斤。这些都说明1930 年代至抗战时期,人均粮食产量已远远超过民国初年的水平。

因粮食产量有了增加,一些县份粮食除够本地消费外,还有剩余输出到邻近的县份。如武威"小麦大麦除供给本县食用外,尚向民勤输出,小麦5500 石,大麦40000 石,惟小麦输出,实际数字并不止此";⑥酒泉"本县食粮生产,足敷全县消费,且每年小麦可供金塔一部分";⑦渭源"除供本县食用外,尚余粮一六九一二〇石,销邻县";⑧清水"食粮除供自食外,尚可向邻县输出十余万石";⑨镇原"除供本县食用外,尚可输往平凉、西峰镇、固原等地",约小麦3.2 万石,大米1200 石,小米200 石,高粱1.5 万石,燕麦1000 石,黑豆5800 石,豌豆5400 石,糜子3000 石;⑩固原年产粮食72.9 万石,除马铃薯9.8 万石外,小麦杂粮共计63.1 万石,"麦子杂粮本

---

① 邬瀚芳:《西北经济全貌》,《陕行汇刊》第7 卷第5 期,1943 年10 月,第7 页。
② 根据许道夫列出的换算标准计算所得。其中:大米1 市担=156 市斤,稻谷1 市担=108 市斤,玉米、小米、高粱、黍子、糜子等1 市担=150 市斤,小麦及其他麦类1 市担=115 市斤,豆类1 市担=154 市斤(许道夫:《中国近代农业生产及贸易统计资料》,上海人民出版社1983 年版,第344 页)。
③ 甘肃省政府:《甘肃省政府三年来重要工作报告》(1940 年12 月6 日—1944 年4 月15 日),1944 年5 月印行,第51 页。
④ 侯杨方:《中国人口史》第6 卷,1910—1953 年,第134 页。
⑤ 邬瀚芳:《西北经济全貌》,《陕行汇刊》第7 卷第5 期,1943 年10 月,第7 页。
⑥ 统计组:《甘肃各县局物产初步调查》,《甘肃贸易季刊》第5—6 期合刊,1933 年9 月,第11 页。
⑦ 同前书,第25 页。
⑧ 同前书,第32 页。
⑨ 同前书,第41 页。
⑩ 同前书,第53 页。

县消费者约需五十万石,每年可剩余十余万石,多数为杂粮,麦子最多能余三万余石。[①] 华亭以生产杂粮为主,每年有玉米 5.6 万石运销陕西、平凉等地,黑豆 1400 石运销平凉,黄豆 600 石运销平凉、陕西,大豆 1 万石运销陕西、平凉;[②]临夏"食粮颇有剩余,俗有'一年丰收三年足'之谚,每年销兰州、夏河之小麦,皆有数万石";[③]临洮"食粮生产足敷全县需要而有余,每年小麦、青稞、豌豆、大豆等向兰州及附近各县输出不下一百万石左右";[④]康县"食粮生产尚丰,除供本地需要外,每年尚向陕南输出小麦 10000 市石,大米 800 市石,玉蜀黍 5240 市石,黄豆 1500 市石"。[⑤]天水每年约产"各种杂粮 81 万石,本县人口现有 28 万人,平均每人每年食用二石半,共需 70 万石,故尚有 11 万石可以外销"。[⑥] 张掖 1942 年粮食产量 185.4 万石,每人每年平均食用 4 石,年须食用 68.5 万石,此外饲养畜、播种以及消耗等年需 40 万石,尚可输往外县 76.9 万石。[⑦] 就连苦甲天下的定西,粮食"除供自给外,尚可输出一部分至兰州",[⑧]1940 年代调查,年产各种主要食粮约 589030 石,除供本县食用外,年可销往兰州及甘草店小麦 9 万石,糜子 2 万石,豌豆 3.2 万石,扁豆 3.5 万石,[⑨]共计 17.7 万石,占总产量的 30.1%。这些都说明,抗战时期甘肃农业有了比较好的发展。

(三) 宁夏粮食产量

关于宁夏粮食产量,1930 年代初期,据陈泽湉的调查,宁夏年产大米 12.95 万石,谷米 3.52 万石,糜子 5.42 万石,春麦 14.3 万石,豆类 3.2 万石,马铃薯 50 万石。[⑩] 除马铃薯外,合计为 39.4 万石,以每石 300 斤(宁夏每斗 30 余斤)计算,合 11820 万斤。以 1931 年 40.3 万人口计,[⑪]人均粮食 293.3 市斤。如时人所言"年产粮食,较之过去,只十分之六七"。[⑫] 说明宁夏粮食产量比过去有较多的下降。

---

① 固原分行:《固原经济概况》,《甘行月刊》第 1 卷第 3 期,1941 年 5 月,第 45 页。
② 统计组:《甘肃各县局物产初步调查》,《甘肃贸易季刊》第 5—6 期合刊,1933 年 9 月,第 59 页。
③ 同前书,第 66 页。
④ 同前书,第 73 页。
⑤ 同前书,第 87 页。
⑥ 天水分行:《天水县经济概况》,《甘行月刊》第 1 卷第 3 期,1941 年 5 月,第 33 页。
⑦ 王兴荣:《张掖经济概况》,《甘肃贸易季刊》第 2—3 期合刊,1943 年 1 月,第 52 页。
⑧ 《甘肃省定西县金融市场调查》,甘肃省档案馆藏,27/3/284。
⑨ 甘肃省银行经济研究室:《甘肃各县经济概况》,第 19 页。
⑩ 陈泽湉:《宁夏省经济概要》,第 19 页。
⑪ 侯杨方:《中国人口史》第 6 卷,1910—1953 年,第 134 页;下文宁夏人口均来源于此。
⑫ 宁夏省建设厅:《宁夏省建设汇刊》第 1 期,1936 年 12 月,呈文,第 17 页。

1934年,汤惠荪等对宁夏农业进行了调查,各县农作物栽培指数推算为219.3万亩,占耕地面积的102.58%,种植的粮食有小麦、糜子、水稻、粟、高粱、大麦、裸麦、玉米、豆类(包括豌豆、扁豆、蚕豆、黄豆、黑豆)、马铃薯和荞麦等,种植面积为192.5万亩,占87.8%;粮食总产量达到172.2万石(马铃薯未计算在内),①比1930年代初期有了大幅度的增加。又据《宁夏省建设汇刊》1935年公布,宁夏粮食总产量556.8万担(每担100市斤),其中几种主要作物的产量占到总产量的93.8%。在主要粮食产量中,山药产量146.8万担,占26.4%;小麦142.5万担,占25.6%;水稻67.2万担,占12.1%;粟60.8万担,占10.9%;大麦37.5万担,占6.7%;高粱36.4万担,占6.5%;豌豆31.3万担,占5.6%。②上述各种记载说明,宁夏粮食产量比1930年代初期有较多的增加,时人所言宁夏"每年所产,足供本省食用",③应当不假。但也有学者认为:宁夏粮食"是有点剩余,因为人口比较少的缘故"。④但事实上,从1931年到1936年宁夏人口有较大幅度的增长。⑤人口在增长,粮食仍有剩余,说明粮食产量是在增加。

抗战时期,宁夏的粮食产量继续增加,表3—16是1940—1941年农作物种植面积及产量统计表。

表3—16 1940—1941年宁夏粮食作物面积、产量统计表

年份与项目		小麦	水稻	黍稷	胡麻	豆类	糜谷	高粱	其他	合计
面积	1940年	699600	647280	267840	178560	245520	66960	44640	111600	2262000
(亩)	1941年	715650	745500	298200	173590	213350	99400	49700	124200	2419590
产量	1940年	458720	323640	120530	89320	110450	30130	26780	50220	1209790
(石)	1941年	644080	521850	193830	121760	138670	64610	34790	74520	1794110

资料来源:秦晋《宁夏到何处去》,天津益世报1947年2月印行,第45—46页。

从表3—16来看,抗战时期宁夏的粮食种植面积、产量均有了较大幅度的提高。1940年粮食作物总产量约120余万宁石(1宁石为480斤),共计57600万市斤,以宁夏当时人口72.2万计算,人均粮食产量797.8市斤;1941年的粮食总产达到179万宁石,计85920万市斤,人均产量达到1190市斤。抗战时期宁夏农业有了比较快的发展,成为近代以降宁夏农业发展的高峰时期。

民国时期宁夏农业因赖黄河之利,农作物种植颇具特色,即使是粗放经营,也

---

① 汤惠荪等:《宁夏省农业调查》,《资源委员会季刊》第2卷第2号,1942年6月,第358与359页之间表格。
② 宁夏省建设厅:《宁夏省建设汇刊》第1期《统计》,据第9—12页有关表格计算。
③ 孙翰文:《宁夏地理志》,《西北论衡》第5卷第6期,1937年6月,第22页。
④ 张心一:《战时中国农业问题》,《是非公论》第26期,1936年12月15日,第6页。
⑤ 参看侯杨方《中国人口史》第6卷,第134页。

可获得较高亩产量。如时人所言，宁夏"农作物之生产，向极丰富，盖黄河水中挟有多量油沙，肥沃异常，灌田一次，不但可抵降落一次极适当之及时甘霖，并无异于田禾之下加肥一遍，……故土地之肥，尤异寻常，虽不施人工，而产量仍可丰稔。小麦每亩约产三百余斤，豌豆、高粱、大米、谷子每亩约产三百至四百斤之谱。"①表3—17是民国时期宁夏省粮食作物的亩产量统计。

表3—17　宁夏各县农作物亩产量调查表　　（单位：斤）

种类	水稻	小麦	大麦	莜麦	粟	高粱	黍	稷	玉米	大豆	蚕豆	豌豆	黑豆	黄豆	马铃薯
宁夏	320	240	240	—	320	400	300	—	240	240	200	—	200	200	400
宁朔	300	400	300	300	400	400	300	—	400	400	—	400	250	180	1000
平罗	—	370	270	—	300	540	250	—	390	280	—	370	200	200	2400
中卫	260	240	150	—	220	300	—	—	170	240	—	360	200	200	—
中宁	300	400	300	—	300	400	400	400	—	400	—	400	300	250	700
金积	300	350	290	—	200	300	—	—	300	250	—	350	250	200	500
灵武	480	240	240	—	200	240	240	240	240	240	240	480	300	250	—
盐池	—	300	—	—	—	—	300	300	—	—	—	300	—	100	600
豫旺	—	130	200	100	50	—	—	—	—	—	—	60	150	80	300
磴口	—	160	—	—	—	200	—	—	—	—	—	160	160	—	320
平均	326.7	283	248.8	200	248.8	368.6	276.7	313.3	290	292.9	246.7	320	223.3	184.4	777.5

资料来源：宁夏省建设厅《宁夏省建设汇刊》第1期，中华书局1936年版，《统计》，第12—18页。

表3—17比较全面地反映了民国时期宁夏省各地的粮食亩产量，几种主要粮食作物的亩产量的情况是：水稻260—480斤，小麦130—400斤，大麦150—300斤，粟50—400斤，高粱240—540斤，黍200—400斤，豌豆60—480斤，马铃薯300—2400斤。一般地，灌溉比较发达地区的粮食亩产量比干旱地区亩产量要高出许多。即使和邻近地区相比，宁夏的粮食亩产量也是比较高的，如1935年调查甘肃几种主要粮食作物平均亩产量是：糜子250斤，高粱300斤，粟213斤，豌豆275斤，水稻125斤，小麦300斤②。比宁夏亩产：糜子低26.7斤，高粱低68.6斤，粟低35.8斤，豌豆低45斤，水稻低201.7斤，只有小麦高出17斤。但是在1935年的调查中甘肃小麦只统计了河西走廊灌溉农业区的亩产量，如果和宁夏灌溉农业区小麦亩产量（宁夏、宁朔、中卫、中宁、金积、灵武的平均亩产量为326.7斤）比较，仍然低26.7斤。民国时期，黄河上游各地宁夏粮食亩产量是比较高的，可见，宁夏有着良好的农业生产条件和农业发展前景。

---

① 宁夏省建设厅：《宁夏省建设汇刊》第1期《统计》，第9页。
② 安汉、李自发：《西北农业考察》，第85页。

（四）青海粮食产量

青海粮食作物栽培以青稞、小麦、燕麦、豌豆等为主，据西北农林学校安汉、李自发的调查估计，全省年产粮食100万石左右（麦豆每升重量约七八斤），其中青稞约30万石，小麦20万石，豌豆10万石，大麦8万石，油菜籽7万石，燕麦6万石，蚕豆5万石，马铃薯4万石，胡麻3万石，莜麦2万石，谷子2万石。[①] 1934年调查，青海农作物种植178.1万亩，占耕地面积的98.1%（余1.9%，计3.5万亩为休闲地），各种粮食作物种植情况如表3—18。

表3—18　1934年青海主要农作物种植面积、产量调查表

类别	小麦	青稞	燕麦	豌豆	蚕豆	马铃薯	大麦	其他杂粮
种植面积（亩）	514833	536968	185074	95843	53518	89054	32151	54313
占耕地面积（%）	28.90	30	10.40	5.40	3	5	1.80	3.10
产量（石）	408876	427200	155610	126152	54546	455007	28596	34683

说明：其他杂粮包括莜麦、粟、糜子、荞麦、扁豆。
资料来源：汤惠荪等：《青海省农业调查》，《资源委员会季刊》第2卷第2号，1942年6月，第278—279页。

从表3—18来看，各种粮食作物种植面积为156.2万亩，占农作物种植面积的87.7%。其中栽培数量最多为青稞54万亩，占30.3%；小麦51万亩，占28.9%；豌豆9.6万亩，占5.4%；燕麦18.5万亩，占10.4%；马铃薯8.9万亩，占5%。各种粮食总产量为169.1万石，在粮食作物中，豌豆属于饲料作物，马铃薯属于辅助食粮，除这两项外，青海的粮食总产量为111万石。以当时青海56.7万人口计算，人均粮食产量为1.96石。以每石600斤计算，[②]人均粮食产量达到1176斤。可见青海农业在抗战前夕有了比较好的发展。一般人们认为青海农业不发达，粮食不足供应，但事实上不然，据调查显示："西宁、乐都、互助、民和、化隆诸县粮食年有盈余，可以输出至兰州销售，并供给本省粮食不足之县"。[③] 表3—19是20世纪二三十年代之交西宁粮食输出统计。

---

① 安汉、李自发：《西北农业考察》，第81页。
② 青海每石的重量比内地要大得多，陆亭林调查每斗60斤，每石600斤（陆亭林：《青海帐幕经济与农村经济之研究》，萧铮主编：《民国二十年代中国大陆土地问题资料》，第20731页）；马鹤天说"每石重七百斤"（马鹤天：《甘青藏边区考察记》第2编，第201页）。本文采取每石600斤的说法。
③ 张其昀、李玉林：《青海省人文地理志（续）》，《资源委员会月刊》第1卷第6期，1939年9月，第419页。

表 3—19　1929—1932 年西宁粮食输出统计表

年　份	输出数量	每石价值	每石运费	每石赢利	备　　注
1929 年	5800 石	60 元	6 元	60 元	是年甘肃大旱,粮价大涨
1930 年	7800 石	40 元	4.5 元	8 元	运销兰州
1931 年	7800 石	40 元	4.5 元	8 元	
1932 年	2000 石	20 元	5 元	13 元	

注:1 石=600 斤。

资料来源:陆亭林:《青海帐幕经济与农村经济之研究》,萧铮主编《民国二十年代中国大陆土地问题资料》,第 20752 页。

1928—1929 年陕甘大旱灾时期,西宁粮食依然有剩余,四年间共计输出粮食 23400 石,合 1404 万斤。互助县盛产青稞与油菜籽,"为数极多,稞麦可以造酒,菜籽可以榨油",故该县以出产酒和油而著名。据 1932 年调查,该县输出稞麦 6000 石,小麦 4000 石,清油 60000 担。[①] 化隆县在黄河北岸,"耕地广大,灌溉亦良,故农产颇为旺甚[盛],产量最大者为稞麦及小麦,每年输出于西宁、兰州等处,为数甚多"。如 1932 年调查年输出西宁 500 石,兰州 3500 石,循化、同仁 2000 石,[②]合计 6000 石,折合 3600000 斤。

青海玉树县藏族民众收割小麦的情形

图片来源:青海省政府民政厅《最近之青海》,新亚细亚学会 1934 年印行

通过对本区域各地粮食生产的论述来看,20 世纪三四十年代本区域农业得到了较好的发展。关于近代以来中国农村经济发展与不发展的问题,吴承明指出,

---

① 陆亭林:《青海帐幕经济与农村经济之研究》,萧铮主编《民国二十年代中国大陆土地问题资料》,第 20754 页。
② 同前书,第 20756 页。

20世纪以来中国粮食总产量是增长的,到 1936 年达于高峰。① 抗战爆发后,本区域农业和农村经济在此基础上继续发展,成为农业继续增长的一个范例,抗战时期是近代以降黄河上游区域粮食产量最高的时期。

(五) 抗战时期粮食产量增加的原因

如前文所述,抗战时期是本区域粮食产量最好的时期,这种情形的出现与国民政府在抗战时期的农业政策是分不开的。

第一,国民政府继续推行开发西北的政策,把西北建设成为长期抗战的基地,给农业发展带来了契机。20 世纪 20—30 年代之交由于旱灾和社会动荡不安,社会经济出现了难以为继的局面。同时自 1931 年日本发动"九一八"事变之后,东三省沦落,华北腹地危急,沿海门户洞开的形势下,西北成为有识之士关注的重点,"以今日之国势而论,东北已藩篱尽撤,东南则警号频传,一有非常,动侵堂奥,故持长期奋斗之说者,力主西北之建设,以保持民族之生命线"。② "东北业已版图变色,西北又岌岌可危,为免使西北为东北续,故急宜从事开发,巩固西防,即为收回东北各地计,西北之开发亦为当务之急"。③ 正是在这种背景下,国民政府开始了西北开发。"此热浪由战前开发西北始,到战时西南建设终,历时十数年"。④ 抗战爆发后,中国沿海地区和东部经济比较发达的地区相继沦陷,为了建设长期抗战基地,国民政府继续实施开发西北的政策,尤其在农田水利、农业推广等方面做出了较大的努力。尽管学术界认为国民政府对西北开发的效果不是十分理想,但是毕竟开启了西北现代化的历程,促进了本区域农田水利、农业科技的进步,成为当时本地农业处于上升阶段的主要因素之一。

第二,国民政府农贷政策的实施。1935 年 5 月,农民银行兰州分行建立后,在皋兰、榆中发放贷款 35976 元(法币,下同)。⑤ 这是农行在甘肃发放的第一批农业贷款。1936 年甘肃发生旱灾后,农村备受灾害,在 10 个县发放农贷 25.2 万元,这是发放的第二批救济贷款。1937 年,国民政府决定扩大救济贷款额度和范围,分三期发放,获得贷款的地区也逐渐由局部扩大到全省。第一期拨款 50 万元⑥,实

---

① 吴承明:《中国近代农业生产力的考察》,《中国经济史研究》1989 年第 2 期,第 63 页。
② 邵元冲:《西北建设之前提》,《革命文献》第 88 辑,台北"中国国民党中央党史委员会"1981 年版,第 158 页。
③ 周宪文:《东北与西北》,《新中华》1933 年第 11 期,第 6 页。
④ 申晓云:《三十年代国民政府西北开发模式考论》,台北《近代中国》第 156 期,2004 年 3 月。
⑤ 成治田:《甘肃农贷之回顾与前瞻》,《中农月刊》第 6 卷第 10 期,1945 年 10 月,第 30 页。
⑥ 林嵘:《七年来中国农民银行之农贷》,《中农月刊》创刊号,1940 年 1 月,第 97 页。

际放出农贷 49.5 万元,有 15 个县获得了救济贷款①,占全省总县数的 22%。第二期救济农贷始于 1938 年 1 月,拨付农贷 100 万元,次年 3 月结束,实际贷款 98.8 万元。② 农贷覆盖全省 41 县,占总县数的 58%。第三期始于 1938 年 5 月,发放农贷 350 万元,③分两次放贷,年底结束,实际贷款额 340.9 万元,受益社员 13.3 万户,占全省总农户的 15.8%。1939 年发放农贷 710.7 万元。④ 1935 年至 1939 年,农贷的主旨在于救济农村社会,为进一步推行国民经济建设贷款奠定了基础。国民政府迁都重庆后,改变了以往农村救济为主的农贷政策,开始转向国民救济建设。1940 年 1 月 4 日,四联总处规定农贷包括 8 种:农业生产贷款、农业供销贷款、农产储押贷款、农田水利贷款、农村运输工具贷款、佃农购置耕地贷款、农村副业贷款、农业推广贷款。⑤ 农贷重点已转至国民经济建设方面,标志着"我国农贷事业遂步入统一正规"。⑥ 1941 年,太平洋战争爆发后,国民政府颁布的《政府对日宣战后处理金融办法》规定:"农业贷款,以举办农田水利工程,及能直接增加必需农产者为主,对于农村之一般信用贷款,应切实紧缩"。⑦ 据此,1942 年,农贷政策为"紧缩放款"与"直接增加农业生产"为原则,取消"农村消费"、"农村公用"两种贷款。⑧ 1943 年的农贷政策是"注重农田水利及农业推广贷款,以增加粮食生产及战时所需各种为中心"。⑨ 1944 年农贷以农田水利和农业推广贷款为中心。⑩ 从各年政策来看,增加粮食生产成为 1941 年以后农贷的中心,农田水利、农村副业、农业推广等贷款都是围绕这个中心进行的。

尤其是 1941 年农贷转为以国民经济建设为中心后,增进粮食生产成为农贷的主要目的,各省都采取了相应的措施。如 3 月 19 日颁布了《甘肃省增进粮产贷款计划大纲》,规定本年的贷款总额为 2000 万元,有各银行组织增进粮产贷款团贷放;增加耕地面积 230 万亩,预计增加粮食 115 万市担;本期增粮贷款暂定为

---

① 成治田:《甘肃农贷之回顾与前瞻》,第 51 页。
② 顾祖德:《甘肃省合作事业与农业金融》,《中农月刊》第 1 卷第 4 期,1940 年 4 月,第 127—128 页。
③ 林嵘:《七年来中国农民银行之农贷》,《中农月刊》创刊号,1940 年 1 月,第 97 页。
④ 成治田:《甘肃农贷之回顾与前瞻》,第 51—52 页。
⑤ 《各种农贷暂行准则》,《中农月刊》第 1 卷第 4 期,1940 年 4 月。
⑥ 翟克:《中国农贷之发展与问题》,《中农月刊》第 7 卷第 9—10 期合刊,1946 年 9 月,第 89 页。
⑦ 四联总处秘书处:《四联总处文献选辑》,1948 年印行,第 54 页。
⑧ 《中中交农四行局三十一年办理农贷方针》,《中中交农四行联合办事处三十年度农贷报告》附件,1942 年印行。
⑨ 《四联总处三十二年农贷方针》,《农贷消息》第 6 卷第 9—10 期合刊,1943 年 1 月 15 日,第 87 页。
⑩ 郭荣生:《我国近年来之农贷》,《经济汇报》第 10 卷第 9 期,1944 年 11 月,第 76 页。

36县,其中兰州附近20县,天水附近9县,该项贷款以增进粮食为限,对象以合作社社员为限;按亩核定贷款数额,每亩可贷款5—10元,贷款期限为1年,秋收后以粮食归还,月息1分。[1] 在农业推广中,银行资本也起了重要作用。1943年,甘肃增粮团贷给岷县、皋兰、天水、榆中、临洮、靖远、张掖、武威、永登实物贷麦种1369石,值86.3万余元,种植面积10576亩;同年又在武威、张掖、陇西、定西、临洮、酒泉、敦煌等7县贷款244.6万元,收购小麦籽种3251石,播种面积3.1万亩。[2] 这些对粮食产量的增加都是有意义的。

为配合增产运动,每当春耕前宁夏都要发放春耕贷款,1940年12月—1941年4月的春耕贷款如表3—20。

表3—20　1940年12月至1941年4月春耕贷款统计表

县 别	贺兰	宁翔	永宁	平罗	惠农	金积	灵武	中卫	中宁	合计
全部贷款	160130	121690	229130	133640	77650	119570	136920	283670	201050	1463450
春耕贷款	68770	57220	78200	114430	77650	173740	91930	83720	78640	824300
所占比例	42.9%	47%	34.13%	85.62%	100%		67.14%	29.51%	39.1%	56.33%

说明:[1]磴口县因春耕贷款开办较晚,尚未放贷。[2]金积县春耕贷款高于全年贷款,原资料可能有误。

资料来源:朱耀初:《宁夏省三十年度推行合作事业概况》,《经济汇报》第6卷第6期,1942年9月16日,第39页。

从上表看,除了磴口县外,宁夏1940年12月至1941年4月发放春耕贷款82.4万元,占全省全年贷款的56.31%。在青黄不接,农民最需要农业生产资料时发放春耕贷款,至少从不误农时上来说是有利于农业生产的。总之,抗战期间,甘肃、宁夏获得了大量的农贷,为农业的发展注入了资金,在一定程度上也促进了当地农业生产的发展。

第三,地方政府为了增加粮食生产,采取了一定的增粮措施。一是采取措施,减少粮食损失,主要工作是防治粮食病虫害。黑穗病是本区域粮食的主要病虫害,在这方面做了大量的工作,1943年宁夏普遍发生黑穗病,该省农林处会同粮食增产督导团指导换种和浸种,指导农民拔除病苗。[3] 关于病虫害的防治及成效见本书有关章节内容。

二是改善粮食仓储方法。如马铃薯在甘省种植普遍,也是民食的主要来源,但马铃薯易腐烂,"每年损失,为数甚巨"。为此,1941年,甘省粮产增进委员会派人

---

[1]　王新之:《甘肃粮食产销之研究》,《粮政季刊》1947年第4期,第117—118页。
[2]　成治田:《甘肃农贷之回顾与前瞻》,《中农月刊》第6卷第10期,1945年10月,第46—47页。
[3]　罗时宁:《一年来之宁夏农林建设》,《农业推广通讯》第6卷第1期,1944年1月,第36页。

在岷县试行马铃薯选种及改建储藏窖,指导农民建筑示范窖 77 所,每窖补助 5 元。各示范窖附近农户仿照修建或改建 1871 所,每窖平均可储藏 20 担,共可储藏 37420 担。①

三是发放农贷,其他章节已经有述及,此处主要看增粮贷款问题。甘肃省增产的方向是:①扩充食粮作物面积,如垦殖荒隙地,利用冬夏季休闲田地种植小麦杂粮,限制非必要的作物增种食粮作物;②增加单位面积之产量,如推广改良品种,增施肥料与兴修水利以及各种农业技术改良;③防除灾害以减少损耗,如防治病虫害、防除水患,推广防旱作物等。② 抗战时期,甘肃增粮普及全省 66 县(局),占全省总县数的 94%。如渭源县 1941 年 2 月奉令举办增粮贷款后,进行动员,有 61 社办理该项贷款共计 33.1 万元;同年 10 月 1 日起开始办理储粮工作,于 11 月 30 日完成,共计储粮 3454.1 石。③ 表 3—21 是根据有关资料对本省增粮成效的估算。

表 3—21　1941—1943 年甘肃农业增产工作成效统计表

年度项目	1941年 面积(亩)	1941年 增产(担)	1942年 面积(亩)	1942年 增产(担)	1943年 面积(亩)	1943年 增产(担)	备 考
推广优良麦种	49949	14985	17371	5211	51673	11502	每亩增产 3 市斗
鉴定各县优良麦种	13 种	—	14 种	—	3 种	—	
利用休闲地	8000	8000	108465	108465	712285	712285	每亩增产 1 市担
利用隙地、荒地	—	—	11216	11216	34075	34075	每亩增产 1 市担
减少非必需作物	—	—	52871	79306.5	20862	31023	每亩增产 1.5 市担
推广杂粮良种	1600	1600	24466	7340	99255	29776	每亩增产 3 市斗
防治麦类黑穗病	2736109	820833	2188422	656526	2168693	650608	每亩减少损失 3 市斗
改良马铃薯储藏窖	1948 个	1948	2980 个	2980	960 个	960	每窖减少损失 1 市担
防治杂粮病害	—	—	1172523	251757	1590853	477256	每亩减少损失 3 市斗
增施肥料	—	—	32942	16471	26016	13008	每亩增产 5 市斗
兴修农田水利	—	—	1400	1400	3679	3679	每亩增产 1 市担
繁殖耕牛	—	—	332 头	—	—	—	
防治牛瘟	—	—	2273 头	11365	5082 头	25410	每头增产 5 市担
推广优良农具	—	—	71	—	—	—	
扩大冬耕	—	—	319348	—	—	—	

资料来源:[1]李中舒:《甘肃农村经济之研究》,《西北问题论丛》第 3 辑,1943 年 12 月,第 104—105 页;[2]朱允明:《甘肃乡土志稿》第 5 章《甘肃省之农业》。

---

① 王新之:《甘肃粮食产销之研究》,《粮政季刊》1947 年第 4 期,第 116 页。
② 孙福绥:《陕甘豫三省之粮食增产》,《农业推广通讯》第 6 卷第 12 期,1944 年 12 月,第 17 页。
③ 《渭源县政府合作指导室指导员郭其浍工作报告》1943 年 8 月,手抄本,甘肃省图书馆西北地方历史文献阅览室藏。

从表 3—21 看,1941 年推广 279.6 万亩,可增粮 84.7 万担;1942 年推广 392.9 万亩,可增粮 115.2 万担;1943 年推广 470.7 万亩,可增粮 199 万担。另 1944 年(截至 8 月)推广 203 万亩,增产 82.5 万担。① 可见 1941—1944 年农贷增粮工作取得了比较好的成绩。

抗战时期,宁夏增加粮食产量主要在充分利用土地上下功夫。一是减少休闲地。宁夏在传统农作中,在春小麦收获后,农家为保持地力,调节劳力,耕种土地施行秋季休闲制,故土地利用不足,"减收粮食甚多"。宁夏农林局为增加粮食生产起见,制订了"督导秋耕办法",即在麦作收获后,"积极督导农民继种荞麦、小糜子及各种秋菜,以增粮产"。② 这个办法自施行后,取得了显著成效,据统计从 1941 年起提倡"秋期作物之种植,规定此后每年于春田收获后,凡所有麦田,一律须种秋禾如荞麦、糜子等",这样做的结果,粮食产量逐年"略增八至十万石",截至 1945 年已增至 40 万石。二是放垦荒地。从 1941 年至 1946 年,宁夏共放垦公有荒地 42 万亩,各县农民组织合作农场垦荒约 12.3 万亩,共计抗战期间开荒 54.3 万亩,"以平均产量五斗计算,每年可收获增粗粮约二十万石"。③ 表 3—22 是 1941 年各县估计增粮成绩统计。

表 3—22　宁夏 1941 年督导秋粮增产估计表

县别	耕种亩数(亩)	续种秋粮亩数估计(亩)	增产亩数占耕地(%)	增产秋粮估计(石)
永宁	306027	22952	7.06	13771
贺兰	249169	18589	7.46	11153
平罗	247359	18582	7.78	11149
惠农	216473	16235	7.49	9741
金积	161960	12147	7.49	7288
灵武	209411	15691	7.49	9415
中卫	215073	16128	7.50	9677
中宁	185841	12938	7.93	7763
宁朔	219374	16453	7.49	9872
盐池	29122	2184	7.50	1310
同心	192191	14414	7.64	8648
合计	2232000	166313	7.54	99787

资料来源:秦孝仪主编:《革命文献》第 105 辑《抗战建国史料——农林建设(四)》,第 328—329 页。

---

① 孙福绥:《陕甘豫三省之粮食增产》,第 18 页。
② 秦孝仪主编:《革命文献》第 105 辑《抗战建国史料——农林建设(四)》,中国国民党中央委员会党史委员会 1986 年版,第 328 页。
③ 秦晋:《宁夏到何处去》,第 46—47 页。

在1941年的增粮生产中,宁夏11县在夏收后续种秋粮16.6万亩,占全省耕种面积的7.54%,估计可增收粮食约10万石,约合4790万市斤。足见通过督导农民续种秋粮,增加土地利用率,在增加粮食生产方面有不小的成绩。

第四,社会政治趋于稳定,农民能够安心从事农业生产。中原大战结束后,因国民军在甘宁青统治造成的混乱局面逐渐得到了控制,特别是国民党中央政府开始经营甘宁青三省,"控制甘肃,羁縻诸马,基本上保持了甘宁青的稳定局面,较之以往地方实力派割据自雄,社会失范,生灵涂炭的情形为好",[①]抗战时期,西北属大后方,社会也相对比较稳定。正是这种相对稳定的社会局面,对促进本地区社会经济的发展是有意义的。

五、经济作物的栽培

(一) 棉花的推广

1. 甘肃棉花推广过程及绩效

民国时期,学者根据棉花生长所需要的气候、土壤条件,认为甘肃省"除洮岷等极冷之地质外,其东之平凉、泾川、庆阳、灵台,西之敦煌、酒泉、武威,南之武都、天水、文县、徽县,以及中部之皋兰、榆中、靖远,为宜棉之地"。[②]也就是说黄河上游区域除了西南青藏高原和宁夏西蒙两旗外,大部分地区具备棉花生长条件。敦煌是黄河上游区域植棉比较早的地方,到清朝时期,敦煌"地多种棉,妇女能纺织"。[③]乾隆九年(1744年),甘肃巡抚黄廷桂曾在宁夏府的中卫、宁朔、灵州、宁夏,兰州府的靖远,巩昌府的宁远(1914年改名武山县),平凉府的崇信,秦州的两当、秦安,阶州的成县、文县等地推广棉花,每亩收花多者20余斤,少者10余斤不等。[④] 地方志记载,皋兰"东岗镇、陈官营、一条城皆有之";[⑤]文县"近西蜀,尤宜棉";[⑥]靖远"棉花至道光年始试种";[⑦]"新产棉花,色白丝长,以之织布,光泽细密"。[⑧] 康县在清代中

---

① 刘进:《中心与边缘——国民党政权与甘宁青社会》,天津古籍出版社2004年版,第348页。
② 黎小苏:《甘肃棉业概况》,《经济汇报》第8卷第3期,1943年8月,第64页。
③ 苏履吉、曾诚:《敦煌县志》卷7《杂类志·风俗》。
④ 葛全胜主编:《清代奏折汇编——农业·环境》,第85页。
⑤ 甘肃省中心图书馆委员会:《甘肃中部干旱地区物产资源资料汇编》,1986年印行,第6页。
⑥ 长赟、刘健:《文县新志》卷2《物产》,政协文县委员会1988年印行。
⑦ 范振绪:《靖远县新志》第3编《物产考》。
⑧ 张之骥:《靖远县志》卷5《物产》,道光十三年刻本。

叶后从成县引种棉花,"当清代初,康邑本无产棉之可言。及清之中叶,镡家河以北毗连成县,该地始有试种者。"①另外,西和、两当②也有种植棉花的记载。

但大多数地方不植棉,棉布来自中原地区。如清朝文献记载:"甘省河东、河西多不种棉,民间所用棉絮俱自西安转贩而来"。③ 地方志也有同样的记载,如张掖"布絮,其来自中州,帛其来自荆、扬,其值昂";④山丹"甘人用线皆市买,不自绩"。⑤榆中"蚕丝弗产,男不晓经商,女不纺织,此衣食艰难大逊中原膏腴之民也";⑥酒泉"人亦不知种法,布皆来自中土,衣甚艰难"。⑦ 清朝前期许多地方既不种植,妇女也不织布,居民穿衣主要依靠毛褐,少量的布也是依靠外地输入。

同、光时期,清政府镇压了西北回民事变后,左宗棠开始在西北推广植棉。"文襄公认为只要向阳肥暖之地,培种得法,必能获利。于是他又编印《棉书》和《种棉十要》,普遍介绍……同治十二年,文襄公赴肃州,路过山丹、抚彝、东乐各处,见到田间已有种棉的,白花累累,恰值成熟,他停车和父老谈话,都认(为)利益不下种罂粟,很为高兴。而宁州和正宁两处,经地方官劝教兼施,民间对于种棉一事,也着实踊跃,由文襄公奏准奖励。"⑧左氏的这项政策对各县有影响。⑨ 通过左氏推广植棉,不仅棉花开始在甘肃较大范围种植,而且改变了甘肃民众穿衣习惯,所谓"甘省当数十年前,民犹衣褐……左文襄公度陇,始申命将吏,开道路,徕商旅,劝种棉,习织布。且自携南方百蔬之种,移植金城,于是甘人始得啖南蔬之味,而衣布絮矣"。⑩

民国建立至 20 世纪二三十年代,一方面大量棉布和棉花的输入,影响了棉花种植,陇东、陇南各县从陕西输入,河西从新疆输入。1930 年 9 月至 1931 年 6 月

---

① 王仕敏、吕重祥:《新纂康县县志》卷 14《物产》。
② 邱大英:《西和县志》卷 2《物产》,乾隆三十九年刻本;德俊等:《两当县新志》卷 4《食货》,《中国地方志集成·甘肃府县志辑》第 23 册,凤凰出版社 2008 年版。
③ 葛全胜主编:《清代奏折汇编——农业·环境》,第 85 页。
④ 钟庚起纂修:《甘州府志》卷 6《食货·市易》,乾隆四十四年刻本。
⑤ 黄璟、谢述孔:《山丹县续志》卷 9《食货·市易》,道光十五年刻本。
⑥ 恩福、冒葇:《重修金县志》卷 7《食货志》。
⑦ 光绪《肃州新志·物产》。
⑧ 秦翰才:《左文襄公在西北》,第 196 页。
⑨ 如光绪《肃州新志》记载:"同治十年爵督相左帅剿回,见贫民多赤衣,发给寒衣十万,颁种棉十要,购棉种数十万斤,饬地方官教民拔除罂粟,改种草棉。数年间,衣被蒸谷。肃地不宜,惟金塔所属自同治十二年以来,种棉者十有二三。"又载:"金(塔)王(子庄)一带,近颇种棉,丝细而柔,纺织之利兴焉。变后道路梗塞,外布殊少,全赖土布蔽体,而种者渐多。近又蒙相国左公刊发《棉书》,布散乡里,果能如法播种,则以后享利无穷矣。"
⑩ 智珠:《甘凉采风记》,《地学杂志》1914 年第 1 期,第 67—68 页。

仅平凉市场就输入河南土布166.2万匹，陕西土布44.5万匹；1933年统计，全省棉花输入9000余担，总值36万余元。另一方面，罂粟的种植占用了大量耕地，1933年以前，因各地竞种鸦片，挤占了大量的耕地。① 上述因素的影响，导致了甘肃棉花种植面积和产量呈递减趋势。据1920年代调查，甘肃只有文县、武都、成县、天水、秦安、西固、皋兰、靖远、毛目、抚彝、镇番、高台、敦煌等13县种植棉花。② 1930年代前期甘肃棉花种植状况如表3—23。

表3—23　1931—1934年甘肃棉花种植面积

项目	常年量	1931年	1932年	1933年	1934年
种植面积（千亩）	159	64	64	42	306
指数	100	40.3	40.3	26.4	192.5
产量（千担）	36	24	12	12	—
指数	100	66.7	33.3	33.3	—

资料来源：王达文：《甘肃省农产畜牧概况》，《国际贸易导报》第8卷第12号，1936年12月15日，第166页。

从表3—23来看甘肃1930年代早期棉花种植面积呈递减趋势，1933年的种植面积只有常年的26.4%，收获量仅有常年的33.3%。③ 1933年5月，朱绍良主政甘肃后，提出了一系列禁烟措施，④推广植棉成为禁烟后第一要务，"本省民田，经禁绝种植罂粟后，众民顿失耕种方针，非迅筹宜于替代作物，不足以苏民困，以现在需要情形而论，莫如种棉"。向金陵大学农学院"函购美国脱字棉、百万棉、爱字棉等优良种子，发交省立第一农场试验育种，借资推广"。⑤ 1935年1月，甘肃省成立棉业指导员办公处，全省划分为四个棉区，即兰州区、天水区、平凉区和河西区。同时商请棉业统制委员会（下文简称棉统会）拨脱字棉籽200担，分发于12县试行推广，其中皋兰40担，靖远6担，天水25担，徽县30担，成县20担，两当15担，平

---

① 黎小苏：《甘肃棉业概况》《经济汇报》第8卷第3期，1943年8月，第86页。
② 谢学霖：《甘肃实业调查报告》，《劝业丛报》第1卷第4期，1921年4月，第61页。
③ 关于甘肃棉花种植面积和产量各种统计数据不一，十分杂乱，难以反映实际状况。如《甘肃棉业概况调查》(《拓荒》第2卷第2期，1934年4月10日，第96页)中反映1933年甘肃仅有正宁、文县、武山、高台、徽县、敦煌、两当、靖远、皋兰等9县种植棉花，种植面积31.3万亩。又据许道夫统计（《中国近代农业生产及贸易统计资料》第208页），1924年至1945年，甘肃棉花种植面积时多时少，很不稳定。如1924—1929年为15.9万亩，1931—1932年为31.2万亩，1933年—1944年面积没有超过30万亩，其中1935年仅仅9.7万亩。而1935年至抗战时期，正是甘肃省政府禁种鸦片，推广植棉时期，种棉面积仍赶不上旱灾之后的1931—1932年的面积，似乎不合情理。笔者目前也没有检索到关于甘肃棉花种植面积比较详细可靠的资料，故只能存疑。
④ 刘进：《中心与边缘——国民党政权与甘宁青社会》，第106—110页。
⑤ 许显时：《两年来甘肃建设之概观》，《中国建设》第13卷第1期，1936年1月，第137页。

凉 8 担,泾川 12 担,灵台 5 担,高台 19 担,临泽 12 担,金塔 8 担,"甘肃植棉事业,实发轫于此"。根据天水报告,"该县原种中棉每亩平均收花衣仅十数斤,所发脱字棉籽每亩收花衣三十斤之谱"。① 当年全省棉花种植取得了比较好的成绩,上述 12 县种植棉花 25.8 万亩,在植棉区占耕地总面积的 4.64%,其中徽县占 7%,皋兰、成县、正宁占 5%;平均每亩产籽棉 79.4 斤,共产净棉 70408 担。② 1936 年,甘肃省向中央棉统会请拨棉种 5 万斤,"为避免工作散漫,集中推广棉田以便管理起见,除发给请拨之少数县份五千余斤俾资试种外,余皆交指导员散放于皋兰之盐提堡、东岗堡、西柳沟,榆中之条城等处,指导农户试种。所有领种棉农,均经列册登记,共推广棉田为四千八百四十五亩九分,播种发芽后,遇有虫病害发生,即由指导员巡回指导防治,因之成绩颇佳,每亩可产净花三十斤,为利尚大,现正拟收买棉籽一千五百担,备为明年推广之用。"③ 是年,棉花播种面积达到 473500 亩,"因天时顺利及该处竭力指导,除虫工作周到,故收获丰满,每亩有收益四十元以上者,农民始悉植棉之有益"。④ 甘肃植棉面积从 1932 年不足 1 万亩增加到 1936 年的 47 万亩,应当说是有成效的。

抗战爆发后,除河南豫西、陕西关中外,我国其他主要棉田均被日本军队所占领,原棉供应减少,但需要急剧增加。原来依赖于外面进口棉布和棉花的西北地区,棉布、棉花、棉货来源减少,价格猛涨,"人民之衣被不全者,到处皆是"。⑤ 因此,推广植棉成为西北面临的主要问题。

1938 年,甘肃省农产改进所先后在天水、成县、徽县发放棉籽 1.7 万斤,种植 1300 余亩,每亩产棉可达 55 斤以上。次年,又于甘谷、武山等 10 县发放棉籽 4000 余斤,"令其试种,成绩尚佳"。该年陇南区有上好棉田 1500 余亩,总产量 9 万余斤。⑥

1939 年甘肃省农业改进所在皋兰区、陇南区、陇东区进行植棉试验,取得了较好成绩。皋兰试验的脱字棉、斯字棉、德字棉等 3 种,"试验结果,以成熟较早之脱字棉生长最佳,每亩产量约皮棉 35 斤";在天水等 13 县发放棉籽 17000 斤,"成绩较佳之棉田,天水约 600 亩,徽县约 500 亩,成县约 200 亩,平均每亩产棉可达 55 斤以上"。⑦

---

① 季云:《甘肃植棉之展望》,《新西北》第 1 卷第 4 期,1939 年 5 月,第 12 页。
② 黎小苏:《甘肃棉业概况》,第 86 页。
③ 许显时:《甘肃省经济建设实施概况》,《实业部月刊》第 2 卷第 2 期,1937 年 2 月,第 196 页。
④ 季云:《甘肃植棉之展望》,《新西北》第 1 卷第 4 期,1939 年 5 月,第 12 页。
⑤ 罗时宁、张圻:《宁夏植棉之展望》,《新西北》第 7 卷第 10—11 期合刊,1944 年 11 月,第 27 页。
⑥ 陈通哉:《陇南物产志略》,《西北论衡》第 10 卷第 6 期,1942 年 6 月,第 20 页。
⑦ 《农业改进所植棉工作报告》(1939 年度),《甘肃建设年刊》,1940 年印行,第 106 页。

1940年,甘肃省在农业促进委员会、中国银行和合作委员会的努力下,在陇东、陇南推广棉种8.3万余斤,植棉0.92万亩。① 这次推广植棉面积地域虽广,有的地方效果不好,如武山县"试种结果,未获成棉一斤,故乡人十分疑惑,大部乃改种他物,棉田顿减"。②

1941年3月,全国经济委员会(简称经委会)与甘肃省政府建设厅会商,由双方共同投资,成立甘肃省棉业推广委员会,并邀请省农业改进所、合作事业管理局、四联办事处兰州分处等机关参加甘肃棉业推广事宜,分全省为河西、陇南、陇东三大推广区域,需要经费44万元,由经委会担任半数。在天水、泾川、徽县、成县、武都、靖远、灵台、张掖、临泽、高台等12县区设立推广植棉办事处,共植棉6.5万亩。③

1942年,甘肃省在各重要棉区,"分别设置特约示范棉田,依规定条件,选约适当棉农,从事栽培美棉示范及繁殖良种"。本年度植棉推广以"集中人力、集中区域"为原则,选定天水、徽县、成县、武都、泾川、靖远为推广区域,直接发放棉种推广4119亩,指导棉农自留种推广18984亩,共计24103亩。其中天水4274亩,徽县3681亩,成县1652亩,武都650亩,泾川544亩,靖远13302亩。④ 为了不误农时,各区农业推广指导员发挥了应有的作用。如天水县3月6日,农推员周景濂在伯阳镇等9乡推广植棉,经过半月时间完成了收发棉种和登记棉田的工作;3月15日,石指导员在距县城50里的北乡三阳川镇办理棉种收发和棉田登记工作。在办理中,农民积极性不高,配合不好,所谓"棉农的延误真急得人要死"。在这种情形下,天水县政府要求各乡镇长尽力协助推广植棉,于是4月18日,农推员又分别到北乡、东乡指导种棉事宜,直到4月底结束。这次天水中心农业推广所共约定特约农户9家,收发棉籽2.2万余斤,登记棉田2200余亩,连同棉农自留斯字棉籽者,合计本年全县可推广斯字棉4000余亩。⑤ 从天水植棉推广的情况来看,一方面,农推员在植棉推广中发挥了重要的作用;另一方面,农家种植棉花的积极性并不是很高。究其原因,主要是农家植棉有后顾之忧,如皮棉加工、销售等难以解决。

1943年,甘肃省农业改进所与合作管理处共同推广植棉,推广范围为天水、武

---

① 《农业改进所植棉推广报告》(1940年度),《甘肃省建设年刊》1940年,第112—113页。
② 统计组:《甘肃各县局物产初步调查》,《甘肃贸易季刊》第5—6期合刊,1943年9月,第35页。
③ 黎小苏:《甘肃棉业概况》,第88—89页。
④ 刘犁青:《半年来甘肃农推工作掠影(上)》,《甘肃农推通讯》创刊号,1942年7月,第11页。
⑤ 郭普:《天水农推工作的"新攻势"》,《甘肃农推通讯》创刊号,1942年7月,第13页。

都、徽县、成县、靖远、泾川、张掖等7县,主要方法是在推广区指导棉农组织棉花生产合作社,同时办理棉花加工、运销业务。棉花生产合作社组建后,发放植棉贷款,天水、武都分别为20万元,徽县、成县、靖远分别为15万元,张掖10万元,泾川5万元。① 植棉贷款的发放,对提高棉农的积极性发挥了一定的作用。

甘肃推广的棉花品种有亚洲棉、美洲棉与非洲棉。如"皋兰、榆中等沿黄河各县,多植脱字棉,系由前甘肃省植棉推广指导所推广者。天水、秦安、陇南产棉各县,多脱字棉或退化洋棉。高台、临泽等县,为一矮形之亚洲棉。至敦煌县种植之洋棉,系新疆吐鲁番输入,康县之洋棉系陕西输入。"② 河西以亚洲棉最占优势,东至民勤,西至敦煌,都有种植;非洲棉在金塔县有纯种植区,在安西、鼎新、敦煌等县与中棉混种;美洲棉是抗战时期引进,在金塔、安西郊区有种植。③

通过推广和种植,甘肃形成了河西、陇南、靖远等棉花主要产地。河西棉花主要产于敦煌、高台、张掖等县,据调查敦煌"棉花产于黑河中游,敦煌县城附近,此流域约占河西棉田之半数,故敦煌统称全国第三产棉区,虽系谤言,然亦可知敦煌棉花在县经济上之地位。"全县棉区共有5400亩,年产棉花52.1万斤。④ 高台"棉花产于城周附近及四维乡",年产50万斤,在河西各县棉产中处于第二位。⑤ 陇南棉花主要产于武都、成县、天水、两当等地,如武都"棉花生产,不但在甘南首屈一指,即在全省亦有相当地位,棉田约21000市亩,每年可产棉800000市斤,纤维细长,光泽洁白,多脱字棉和斯字棉,品质不亚于陕棉";⑥ 成县在抗战时期棉花种植普及全县,1942年统计棉田9600亩,年产棉花28.8万斤。⑦ 另外,天水年产49万斤⑧,徽县年产18.8万斤⑨,靖远年植棉1.3万亩,年产棉39万斤,除供本县纺织用外,输出凉州、宁夏等县13万斤。⑩ 陇东也有棉花出产,但数量比较少,如崇信棉田约120亩,产额2400斤;灵台植棉700亩,产额1.4万斤。⑪ 民国《靖远县志》记载年

---

① 《甘肃省农业改进所、合作管理处三十二年度办理棉花推广合作办法》,甘肃省档案馆藏,27/1/118。
② 农林部棉产改进咨询委员会:《中国棉产统计》,1947年印行,第15页。
③ 俞启葆:《河西植棉考察记(二)》,《农业推广通讯》第2卷第10期,1940年10月,第20页。
④ 统计组:《甘肃各县局物产初步调查》,《甘肃贸易季刊》第5—6期合刊,1943年9月,第30页。
⑤ 同前书,第23页。
⑥ 同前书,第85页。
⑦ 同前书,第92页。
⑧ 同前书,第39页。
⑨ 同前书,第90页。
⑩ 同前书,第47页。
⑪ 同前书,第63页。

种植棉花 1.6 万亩,产棉 50 万斤。① 又据甘肃省贸易公司、甘肃省农业改进所对全省 28 县植棉调查,植棉面积 17.7 万亩,年产棉花 422.3 万斤,"棉田数目,以敦煌为最大,武都、高台、天水、靖远、金塔、临泽、成县、徽县、泾川等县亦属可观。"② 说明抗战时期甘肃推广植棉收到了一定的效果。

2. 宁夏棉花推广的过程及绩效

清朝乾隆年间,宁夏平原就有植棉推广,宁夏县、灵州等地棉花,每亩收花十余斤至四五十斤不等。③ 说明宁夏平原有种植棉花的条件,曾获得比较可观的收成。

1919 年甘肃靖远条城发生旱灾,灾民到中宁县白马滩一带,种植棉花,"此后附近农民乃于田角隙地试种之,惟产量甚少,无注意者。后种植者虽增多,亦年仅数十亩,所产棉花均农家自用,了无社会经济意义。"④1931 年,宁夏植棉 3000 亩,产棉 8.3 万斤。⑤ 1936 年宁夏省政府制订了植棉计划,"颁布棉作培育方法,委专门人才赴各县指导视察,规定种棉地亩"。⑥ 省政府建设厅还印发了"种棉简法,并购发大批棉种,令饬卫、宁、金、灵、夏、朔、平、磴各县政府及本厅示范农场,依法试种。"各地都取得了不错的成绩,尤其试验农场的成绩颇好,可收籽花 80 斤,中卫也有收获,但金积、灵武、平罗、磴口 4 县,"因土质与气候不宜,几无成绩可言"。⑦ 1937 年,宁夏省政府颁布了禁烟提倡植棉的布告,次年建设厅派员赴甘肃购买棉籽 1.8 万余斤,"散发农民,并令各县农场所有田亩一律种棉,以资提倡。"这次推广因农民缺乏棉作知识,"大部未有收成"。1939 年继续推广,原计划种植 1 万亩,实际种植 4000 亩,但结果依然是"栽培不得其法,棉铃不能吐絮,收成欠佳"。⑧ 又据记载,1939 年,宁夏引种美国的斯字棉、达字棉、脱字棉及国内的吐鲁番棉、灵宝棉和靖远棉在省内试验栽培,结果靖远棉最适合宁夏水土,尤以中宁县的鸣沙、彰恩堡和白马滩一带种植效果最佳。次年遂在上述地区集中示范种植,结果连续 3 年

---

① 范振绪:《靖远县新志》第 4 编《农业略》。
② 王兴荣:《甘肃的棉麻生产》,《甘肃贸易季刊》第 5—6 期合刊,1943 年 9 月,第 145 页。
③ 杨新才:《宁夏农业史》,第 203 页。
④ 宁夏省政府:《宁夏资源志》,第 96 页。
⑤ 实业部中国经济年鉴编纂委员会:《中国经济年鉴》(上),(F)第 102—105 页。
⑥ 宁夏省政府秘书处:《宁夏省政府行政报告》,1936 年 3—4 月,第 28 页。
⑦ 宁夏省政府秘书处:《宁夏省政府行政报告》,1936 年 10 月,第 31 页。
⑧ 罗时宁:《宁夏植棉问题》,《陕行会刊》第 9 卷第 2 期,1945 年 6 月。笔者另看到一组数据说:据该省 1939 年报告,宁夏、宁朔、平罗、金积、灵武、中卫、中宁等 7 县,共有棉田 10393 亩,收获净棉 311811 斤。(朱耀初《宁夏水利事业概况》,《经济汇报》第 7 卷第 10 期,1943 年 6 月 16 日,第 78 页)这则资料与其他资料关于 1939 年宁夏植棉资料相比,出入较大,故存疑。

的试验示范,终于获得成功。①

通过植棉试验,只有中卫、中宁适合种棉,于是1941年改变推广方针,以中卫、中宁两县为植棉推广区,扩大棉田面积,"其棉籽不足之数,由前农业改进所自西安购运来省分别补充"。在农林局的督导之下,中卫植棉4145亩,补发棉籽2321斤;中卫植棉3954亩,补发棉籽1500斤,共计推广棉田8099亩②,以平均每亩产量30斤,估计产棉大约2400担。③ 1943年,宁夏又设立为卫宁植棉办事处,专门负责推广棉花种植。中国农民银行在宁夏发放农业推广贷款后,宁夏农林处向农行借款7万元,在甘肃靖远购买脱籽棉种2.8万余市斤,转贷给棉业生产合作社,共计推广植棉3130亩,效果良好,每亩平均收皮花30斤。次年,继续推广植棉,贷款20万元,④推广棉田增至1万余亩,"进步异常迅速",原因是除了棉农上年所产棉籽外,"由靖远购买优良棉种五万余斤贷放棉农,棉花收获后按卖价还款"。⑤ 宁夏两年合计推广棉田"一万三千余亩,每亩以出产皮棉二十市斤计,所得增产二六〇〇市担,以每担价值一万八千元计,总值当在四千六百八十万元以上。"⑥抗战时期,宁夏植棉区取得了较好的成绩,截至1945年,中宁的棉田面积由1941年2588亩扩大到9982亩;平均亩产皮棉由1940年的20斤增加到55斤。⑦

从上面论述来看,通过抗战时期的推广,本区域棉花种植主要分布在陇南区、陇东区、陇中区、河西区和宁夏的卫宁(中卫、中宁)5个地区。通过推广和种植,棉花的种植面积和产量都有了一定程度的提高,对推动当地手工业和农村副业,解决棉花供应不足的问题起到了较好的作用。

(二) 蚕桑的扩大

由于地理环境的因素,黄河上游区域植桑养蚕作为农村的一种副业,零星地分布在陇南、陇东、河西和宁夏等地。明嘉靖《秦安县志》仅有"蚕,蛾"的记录。清代地方志有了较多的植桑养蚕的记载,如《阶州直隶州续志》:"蚕,出阶州,植桑养蚕

---

① 张尚武:《中宁植棉》,《中宁文史资料》第2辑,1989年印行,第107页。
② 秦孝仪主编:《革命文献》第105辑《抗战建国史料——农林建设(四)》,第345页。
③ 贺知新:《西北农业现况及其发展》,《经济汇报》第8卷第5期,1943年9月,第71页。
④ 南秉方:《宁夏省之农业金融与农贷》,《新西北》第7卷第10—11期合刊,1944年11月,第36页。
⑤ 罗时宁、张圻:《宁夏植棉之展望》,《新西北》第7卷第10—11期合刊,1944年11月,第28页。
⑥ 罗时宁:《宁夏植棉问题》,《陕行会刊》第9卷第2期,1945年6月。
⑦ 张尚武:《中宁植棉》,第108页。

有悠久历史"。① 清朝时中卫"有养蚕之家,东城之李生、永康之阎明经及西南乡宁安、枣园、广武等堡皆有养蚕成效,曾岁获蚕丝,已织成茧绸、绵绸者,或纺丝绳及织成幅巾系蒂者。特已种桑不广,育蚕亦少,眠蚕煮茧抽丝、纺丝之法未尽娴习,是以织袄不克大兴"。② 在镇压陕甘回民事变之后,植桑养蚕是左氏重建甘宁青农村秩序的主要组成部分,他在《札陕甘各州县试种稻谷桑棉》说:"查桑树最易长成,村堡沟坑墙头屋角一隙之地,皆可种植……各州县奉札之后,即当各察所属地方,何者宜桑,何者宜棉,逐一禀明。"③ 由于左氏的积极推广,近代以来甘肃一些地方开始植桑。

陇南气候适宜植桑养蚕,明清时期一些地方志就有记载,但仅仅是作为农村副业,没有大面积植桑的记载。晚清以降,对于植桑养蚕记载较多,如文县"地近西蜀,大宜棉桑,故县东北比户多机杼声,然所织绡布质甚劣"。④ 成县桑树种植比较普遍,"但养蚕者,不知修剪,任其滋生,遂致杆老枝繁,叶片甚小,影响蚕业发展前途"。⑤ 康县"蚕丝,全县皆有之,故每年当清明时,即孵化为蚕,村庄妇女皆育之。经期四旬,即得丝焉。但每家育蚕不多,所得丝料仅够本地机房织丝帕之需。所制花线,并生丝绸等,皆牢守旧法,未加改良,兼之出品不多,不知推广,以致销场仅在兰州及陇东、陇南各地"。⑥ 光绪四年(1878年),经左宗棠提倡,天水在汉中购桑籽数千斤,桑秧十余万株,分交农家栽种;随后,又购买浙江桑蚕秧子,雇江南人饲蚕缫丝,并在"州城四乡租地栽桑,令民就近移植,喻乡绅经理,前后四五年",但效果并不明显,及至民初"桑树虽存,养蚕者未闻也"。⑦ 尽管陇南地区适宜植桑养蚕,但养殖并不很多,只是农村家庭副业之一,而且市场拥有量极小。民国初年,成县地方士绅汪时懋发起成立"蚕桑会",提倡栽桑、养蚕、植棉、种茶等事业。县令刘朝陛推荐其随从雷高升以镰刀和剪刀修剪桑树作为示范,"并令养蚕人家参观学习,以修剪自己的桑树"。⑧ 因士绅参与推广,成县植桑有所发展。

---

① 叶恩沛、吕震南:《阶州直隶州续志》卷14《物产》,兰州大学出版社1987年版。
② 黄恩锡:《中卫县志》卷1《地理考·物产·附蚕桑》,乾隆二十六年刻本。
③ 左宗棠:《左宗棠全集·札件》第14册,岳麓书社1986年版,第528—529页。
④ 长赟、刘健:《文县新志》卷2《物产》。
⑤ 汪左炎:《民初成县蚕桑会之概述》,《成县文史资料选辑》第1辑,1994年印行,第147页。
⑥ 王仕敏、吕重祥:《新纂康县县志》卷14《物产》。
⑦ 王文治:《秦州述略》,《地学杂志》1914年第5期,第38页。
⑧ 汪左炎:《民初成县蚕桑会之概述》,《成县文史资料选辑》第1辑,第147页。

在陇中地区,光绪初皋兰县因"总督左宗棠自浙省购秧数百万株,给民分栽,于是始有叶大者。十三年,布政使谭继洵购葚子试种,成秧数十万株,令民移栽,叶较浙桑差小,俱葚少叶多"。① 民国时期临洮也曾大力推广植桑养蚕,"西北积年苦旱,似不宜普遍养蚕,但在洮河流域,水源富足,土壤尤属相宜。县城附近居民,间有栽桑饲蚕者,不过近于游艺。三十年(1941 年)度县政府派员计划往四川学习,学习回县后,以便普遍栽桑,家家饲养,正在切实推进中"。②

河西植桑养蚕的历史悠久,但清朝时期已很少见记载了,如武威"其地宜蚕织",后因兵燹使养蚕业近乎绝迹。③ 晚清时期,河西植桑养蚕业再次兴起,酒泉"咸丰年间,邻有树桑者,试令养蚕亦能成丝,因力劝大家种桑养蚕"。④左宗棠督甘期间,大力鼓励民间植桑养蚕,河西各县效法植桑,但效果不佳。民国时期东乐、临泽、高台、金塔等地也有植桑的记载。⑤

宁夏建省后,把植桑当作一项重要的事业来推广,1940 年成立了蚕桑试验室,试办养蚕,成绩尚佳,当年育苗 24 万株。1941 年计划"向外选购大量早生桑,及中生桑籽种,尽量播种,并令宁夏、宁朔、平罗、金积、灵武、中卫、中宁等七县农林试验场,各育桑苗一百万株,以后再施以嫁接之手术,以求得最优良之育苗,令该七县之农民,凡年在十二岁之男女,每人植桑十株,可供植桑五百余万株"。⑥ 宁夏在民国时期推广植桑力度较大,也取得了显著的效果。

(三) 烟草的种植

烟草是明朝后期逐渐在我国发展起来的种植业。烟草于嘉靖年间由菲律宾传入澳门、台湾,据有学者考证,1620 年烟草"始直接进口入我国内地。栽培之法,传布浸广,几遍全国。"⑦清朝时期,甘肃一些方志有了关于烟草种植的记载,如道光时期,皋兰县"五泉山水清土沃,性宜种水烟"。⑧ 随着西北外向型经济的出现,烟草的种植面积越来越大,光绪时期,皋兰各种烟草产量达 3 万余担,其中"棉烟,每

---

① 张国常:《重修皋兰县志》卷 11《舆地下·物产》,陇右善乐书局 1917 年石印本。
② 张慎微:《洮沙县志》卷 3《经济部门·农矿志》。
③ 张珌美、曾钧:《武威县志》卷 1《地理志·物产》,武威县志编纂委员会 1982 年影印本。
④ 光绪《肃州新志·康公治肃政略》。
⑤ 徐传钧、张著常:《东乐县志》卷 1《地理·物产》;王存德等:《创修临泽县志》卷 1《舆地志·物产》;徐家瑞:《新纂高台县志》卷 2《舆地·物产》;甘肃省中心图书馆委员会:《甘肃河西地区物产资源资料汇编》,第 307 页。
⑥ 宁夏省政府秘书处:《十年来宁夏省政要述·建设篇》第 5 册,第 297—298 页。
⑦ 张宗成:《中国之烟草事业》,《中国建设》第 1 卷第 6 期,1930 年 6 月 1 日,第 83 页。
⑧ 黄璟、秦晓峰等修:《皋兰县续志》卷 4《土产》,道光二十七年刻本。

岁约出七八千担,销路以四川为盛;绿色烟俗名碧条,每岁约出二万余担,销路以江苏为盛;黄色烟每岁约出二三千担,销路以广东为盛。每担重约在三百斤上下。"① 烟草业也是光绪时期榆中县农作物出产的大宗。② 光绪五年(1879年),德国人福柯在甘肃旅行,"到兰州约离一百里许,地势稍低,民间出产亦丰。四[田]圃尽载烟叶,大者每叶长三尺余,宽二尺。青条水烟,流通各省,为数甚巨"。③ 狄道"商务以黄烟为大宗,系烟叶造成,运销四川。分二路,一由阶州陆运之江油属之中坝场,一由秦州陆运之徽县之涪江,转为水运至川省重庆等处销售,每年出境约五千余担"。④ 随着烟草的种植,兰州水烟成为居民的重要吸食品,"土人无少长皆吃水烟,每逢市集,烟气四布,几不见人。"⑤由于消费水烟的人很普遍,促进了兰州烟草种植面积的扩大。

甘肃烟草产地分布以皋兰、临洮、榆中、靖远为最多,称之为甘肃烟草种植的四大中心,临洮、永靖、渭源、陇西、武山次之,天水、徽县、两当、西固、固原等地也产烟,但不占主要地位。⑥ 兰州郊区的烟草产地"多集中于黄河两岸,其中尤以附近之新城、郑家庄、东关镇、南园、十八滩出产最丰,而且品质最良。在抗战前,兰州附近可灌溉之田,小麦收后,全种烟草。"⑦因兰州城郊烟草著名,故兰州及其邻近地区加工的烟草,均称兰州水烟,"秋后霜前收获者,为绿烟叶,用以制青条烟丝。霜后粘黄收获者,为黄烟叶,用以制造棉烟黄烟丝"。⑧ 兰州烟草也引种到宁夏永宁的王泰堡、贺兰的大小礼拜寺等地,"唯无一定产量,均系附近小资本烟场特约种植者。王泰堡年植烟草七八百亩,均由于姓烟坊收购加工,其所制于字水烟,顷已畅销东蒙及绥西各地,行将与兰州王字烟并驾齐驱矣。"⑨

民初至20世纪30年代,甘肃烟草不论种植面积还是产量都呈下降趋势。表3—24是北洋时期各县烟草种植面积和产量调查表。

---

① 张国常:《重修皋兰县志》卷11《物产》。
② 光绪《金县新志稿·货属》。
③ 〔德〕福克:《西行琐录》,见《小方壶斋舆地丛钞》第6帙第4册,杭州古籍书店1985年影印本。
④ 联瑛、李镜清、陈希世:《狄道州续志》卷3《实业》,宣统元年刻本。
⑤ 张其昀:《中国经济地理》,商务印书馆1929年版,第43页。
⑥ 朱允明:《甘肃乡土志稿》第5章《甘肃省之农业》;张宗成:《中国之烟草事业》,《中国建设》第1卷第6期,1930年6月1日,第84页。
⑦ 甘肃省银行经济研究室:《甘肃之特产》,1944年印行,第38页。
⑧ 甘肃省政府:《甘肃省经济概况》,第37页。
⑨ 宁夏省政府:《宁夏资源志》,第99—100页。

表 3—24　甘肃烟草调查表

县名	烟类	种植面积（亩）	亩产量（斤）	年运销总数 数量（斤）	年运销总数 总值（元）	制造消费总值（元）	备考
皋兰	水烟	15496	180	5342106	16026318	4006579	
金县	水烟	10084	180	2051010	6153030	1538257	
狄道	水烟	11890	180	3110432	9331296	2332574	
靖远	水烟	11382	180	3142000	9426000	2356500	
陇西	水烟	5000	180	900000	270000	675000	
武山	水烟	5840	180	2251030	6753090	1688272	
小计	—	59692	—	16796578	47959734	12597182	
天水	旱烟	325	130	42250	101400	25350	
西和	旱烟	461	130	59930	143832	35958	
礼县	旱烟	461	130	59930	143832	35958	与西和同
合水	旱烟	310	130	40300	96720	24180	
高台	旱烟	245	130	31850	76440	19110	
小计	—	1802	—	234260	562224	140556	
总计	—	61494	—	17030838	48521958	12737738	

附注：烟草各县皆产，其产量畅旺成绩大宗者，不外上列各县。其余县份，均植旱烟，大半农家自行耕作，或于场圃隙地，或屋前庄后及播种五谷地边，间为栽植，均属零星少数，供给自用。

资料来源：谢学霖：《甘肃实业调查报告》，《劝业丛报》第 1 卷第 4 期，1921 年 4 月，第 60—61 页。

通过对皋兰等 6 县调查，1921 年甘肃水烟种植面积近 6 万亩，年产量 1679.7 万斤，产值 4796 万元，制造销售额为 1259.7 万元；通过对天水等 5 县旱烟种植的调查，种植面积 1802 亩，年产量 23.4 万斤，产值 56.2 万元，制造销售额 14.1 万元。合计烟草种植面积 6.1 万亩，年产量 1703.1 万斤，产值 4852.2 万元，制造销售额 1273.8 万元。表 3—25 是民国初年至 1930 年代中期甘肃水烟种植面积与产量的统计。

表 3—25　民国时期甘肃烟草栽培统计表

项目	1914 年[1]	1915 年[1]	1917 年[2]	1931 年[2]	1933 年[3]	1934 年[2]	1936 年[3]
面积（亩）	91799	91889	39948	38707	32000	37786	42000
产量（市担）	57301.2	49750.3	46560	42326	40000	35809	35460

资料来源：[1]《中华民国四年第四次农商统计表》，第 100 页；[2] 汪惠波：《甘肃省经济之检讨》，《新亚细亚》第 11 卷第 5 期，1936 年 5 月，第 18 页；[3] 陈鸿胪：《甘肃的资源生产》，《西北问题论丛》第 2 辑，1942 年 12 月，第 58 页。

从表 3—25 看，1914—1936 年的十二年内，甘肃烟草种植面积和产量均在逐年下降，1934 年的种植面积只有 1914 年的 41.2%，产量的 62.5%，抗战前夕的种植面积虽然有所提高，但产量仍然比较低。可见，20 世纪二三十年代，甘肃烟草种植一直未赶上之前的水平。是什么原因导致其下降？当时的一份调查能够说明问题。"当光绪年间,年产万余石,嗣后时局不靖,产量渐少,销路亦渐停滞。民国以来,迭遭天灾人祸,荒地遍野,人民流离失所,水烟产额缩减至数千石。而近数年来,纸烟充斥市面,夺取水烟销路,大有喧宾夺主之势,以致兰州水烟之产销情况,一落千丈。""绿烟向销东省营口一带,九一八以后,东省销路完全断绝……历年各销烟市场,均充斥纸烟,故水烟销路骤减,兰市金融以蒙相当影响。"①另有调查也说:"东南各省纸烟公司林立,爱好时髦者,复多吸食英美及各国烟草,公司又各得有特殊权利保障,销路极广,价值亦廉,故兰州条棉烟市场多被纸烟业夺取矣"。②"近年以来,纸烟充斥市场,逐致原有水烟,销路日渐缩小。烟商烟农,几濒破产"。③ 不仅外地人吸食纸烟,本地人也开始吸食纸烟,"人民差不多都染有吸烟卷的风气,因而兰州水烟之销路便受极大影响,烟商烟农,行将破产,甘肃农村经济也不免随之而崩溃"。④ 上述都说明,一方面,纸烟量的增加,占领了原来水烟的市场份额,另一方面东北沦陷也造成了水烟市场的萎缩,影响了烟叶的栽培,进而使烟商、烟农都受到了较大的影响。

抗战时期本区域烟草种植得到了一定程度的复苏。一是中国主要产烟地区如山东、河南相继沦陷,"当今豫战影响,我国产烟区域,泰半暂告沦陷,故本区域对烟叶之推广更感需要。"主要产烟区的沦陷,给兰州水烟的复苏提供了市场空间。于是甘肃当局在兰州及附近进行薰烟技术指导和资本扶持,如华陇烟草公司在兰州东乡骆驼滩等地农民试种烟草,传授薰烟方法。同时劝导组织合作社,"贷予必须之资金"。⑤ 二是禁种鸦片,原来栽培鸦片的土地用来栽培烟草。如靖远禁种鸦片以后,于是"往日以植鸦片为谋生活之大批人员,不得不另谋他业,以谋生计……昔年以植鸦片之良田,改植五谷者有之,改植杂粮者有之,改植烟叶者有之。烟叶之产量,才逐年增加"。⑥ 就全省而言,"自二十七年(1938年)鸦片禁绝后,一般烟田大多改种水烟,于是产量较战前增加。"⑦三是农家栽培水烟比种植粮食获得更多报酬,调动了农家种烟的积极性。据在靖远调查,在普通状态下,每亩烟田所需要的成本是:种子2元,肥料10元,工人工资37.7元,合计49.7元;每亩收获量平均

---

① 《兰州水烟业近况》,《中行月刊》第9卷第2期,1934年8月,第138页。
② 《抵制日货声中之兰州水烟》,《西北专刊》1932年第6期,第7页。
③ 吴治平:《兰州水烟之调查》,《拓荒》第2卷第2期,1934年4月10日,第32页。
④ 曹博如:《水烟事业在兰州》,《农林新报》第12卷第20期,1935年7月11日,第511页。
⑤ 黄瑞伦:《西北之烟类专卖事业》,《西北问题论丛》第3辑,1943年12月,第286页。
⑥ 李望潮:《甘肃靖远烟叶产销概况》,《西北经济通讯》第1卷第3期,1941年3月,第38页。
⑦ 甘肃省政府:《甘肃省经济概况》,第37页。

以 220 斤计算,每斤以 4 角计算,可获得 88 元的收益,减去成本,纯利润近 40 元。因此"以植烟与种其他粮食比较……烟叶之盈利,并不亚于其他农产物,虽栽烟多施肥料,但沿黄河两岸,土地既很适宜,又灌溉容易,故乡民均乐于栽植之"。① 陇西川区农户种植烟叶,每亩可产烟叶 500 斤,折合小麦约 1500 斤,种植 1 亩烟叶所获得的回报是 1 亩小麦的六七倍,"农民有利可图,愿意种烟叶"。② 这些因素促使抗战时期甘肃烟草种植有所恢复。

据抗战时期调查,各地水烟种植的情形是:兰州在"城关四乡及十八滩东西二乡,西乡自距城二十里之崔家崖起以西城关营、西柳园、西固城以至八十里之河口止,皆盛产之;东乡多在距城二十里之东岗镇以东至五十里之猪嘴止,亦盛产之。东乡多青烟,西乡多棉烟,两种共产约五百六十万斤。"③榆中主要种植绿烟,年栽培面积约 1 万亩,产烟 100 万斤;临洮以产黄烟著称,年种植面积不下 5000 亩,年产 90 万斤;靖远年产黄烟 20 万斤,绿烟 8 万斤;陇西年产 120 万斤,多销兰州、岷县、渭源等地;永靖年产 15 万斤,礼县年产 10 万斤。④ 据甘肃省税务局调查,1942 年报税烟,黄烟 301.7 万斤,棉烟 349.9 万斤,青条烟 348.8 万斤,麻烟约 210 万斤,合计 1210.4 万斤。⑤ 另据 1942 年调查,全省烟草栽培面积 4 万余亩,"每亩平均产烟叶 250 斤计,年共产约 1000 万斤,制成烟丝约 1200 万斤。"⑥可见,甘肃的烟草栽培比抗战前夕有较大的发展。

为了发展纸烟工业,当地也引种制造纸烟的烟草。1935 年,甘肃农事试验场向美国及河南许昌、山东潍县、烟台等地"征购制造纸烟之有名烟草种子",次年春,编写《种烟浅说》,分发平凉、成县、天水、甘谷、陇西、榆中、临洮、泾川等八县,"督饬农民试种"。试种结果"一市亩年能产烘干烟叶一百斤,约可售价三十元,除工本耗费十七八元外,约可得利十二三元"。⑦ 抗战时期,宁夏从河南引进许昌烟草进行种植。1941 年初,宁夏永宁的河西寨和王元桥开始引种许昌烟,至 1944 年"栽培几风靡全省"。同时,宁夏农林处为调剂农业生产,1943 年也在金积县设烟草场,

---

① 李望潮:《甘肃靖远烟叶产销概况》,《西北经济通讯》第 1 卷第 3 期,1941 年 3 月,第 38 页。
② 张映南:《陇西名产——水烟》,《陇西文史资料选辑》第 1 辑,1995 年印行,第 66 页。
③ 王觉吾:《甘肃水烟产制运销概况》,《甘肃贸易季刊》第 10—11 期合刊,1944 年 12 月,第 44 页。
④ 统计组:《甘肃各县局物产初步调查》,《甘肃贸易季刊》第 5—6 期合刊,1943 年 9 月,第 44、73、47、69、95 页。
⑤ 甘肃省政府:《甘肃省经济概况》,第 37 页。
⑥ 王觉吾:《甘肃水烟产制运销概况》,第 44 页。
⑦ 许显时:《甘肃省经济建设实施概况》,《实业部月刊》第 2 卷第 2 期,1937 年 2 月。

并试行加工。次年,估计全省栽培许昌烟面积约 320 万亩,"多在省垣附近,金灵两县试种者亦不少。现农林处金积烟草场,制纸卷烟,味尚醇美,以此推测,宁夏烟草种植前途,亦尚乐观焉。"[①]制造纸烟的烟草的种植,为新型纸烟业的发展提供了原料。

(四) 药材的栽培

黄河上游区域是中药材的主要产地。据调查甘肃药材品种有 180 余种[②],药材大多数属于野生,农民在农闲时间从事采集,只有少部分属于农家栽培,药材的采集和种植是农家副业生产的主要组成部分,亦在甘肃对外贸易中占主要地位,如表 3—26。

表 3—26　1932—1941 年甘肃药材出口贸易统计表

年　　份	1932	1933	1934	1935	1936	1937	1938	1939	1940	1941
总值(万元)	487.9	612.7	705.9	607.3	793.2	720.3	773.4	1652.0	2737.7	5943.1
百分比	33.3%	39.6%	33.2%	25.7%	31.4%	36.7%	27.3%	29.3%	25.3%	29.1%

资料来源:陈鸿胪:《论甘肃之药材》,《甘肃贸易季刊》第 2—3 期合刊,1943 年 1 月,第 43 页。

从上表可知,药材在甘肃每年出口贸易中占到 25%—40%,足见药材在甘肃经济中占有重要地位,药材不仅是本省主要输出货物,而且"直接可以富裕农村"[③]。种植的药材主要有大黄、党参、当归等,其他药材大部分为农闲时期采集而得。大黄"分家野二种,家者农人所种,每三四年收获一次,野者八九年始可采用,以野生者为佳,价值亦较贵。如用栽培方法生产,则因时间太长,且手续及费用亦昂,故除岷县、临潭、武都等地有一些栽培者外,鲜有种植者。秋后农民入深山中从事挖采"。野生大黄分布全省四十余县,而岷县、临泽、武威、文县、武都、夏河等所产最多,每年各在 50 万斤以上。[④] 党参野生不易采集,以家种者居多,两当、天水、徽县、西和、武都、岷县种植比较普遍,尤其两当、徽县"乡下农民十之五六多营此业"。当归"亦以种植为多",甘肃有 20 多县栽培当归,其中岷县、渭源、西和、两当、武都"每年各出产五十万斤以上"。[⑤]

陇东南是甘肃药材的主要采集和栽培地,产量也最为集中。据抗战时期调查,

---

① 宁夏省政府:《宁夏资源志》,第 100 页。
② 甘肃省政府:《甘肃省经济概况》,第 40 页。
③ 陈鸿胪:《论甘肃之药材》,《甘肃贸易季刊》第 2—3 期合刊,1943 年 1 月,第 43 页。
④ 甘肃省银行经济研究室:《甘肃之特产》,第 13 页。
⑤ 陈鸿胪:《论甘肃之药材》,第 45 页。

岷县种植当归之田亩约 6500 亩,武都约 5500 亩,文县约 1300 余亩。当归每亩约产在 170—260 市斤,全省年产量原来在 400 万—800 万斤,1942 年调查为 700 万斤。大黄岷县年产约 70 余万斤,武都、临潭年产 20 余万斤;党参武都年产约 80 万斤,临潭、文县约 30 万斤,两当约 20 万斤,岷县约 18 万斤。据 1942 年统计,从岷县通过邮政出口的药材 13300 件(每件 60 公斤),其中四川万县 12300 件,湘潭 500 件,湖南、碧口、西安各 100 件。①

药材在各地农村经济中占有主要地位。如渭源县"药材产量亦丰,为本县出口货物之大宗",主要销往四川、陕西等地。②漳县"药材产量颇丰",县内四族川、菜子川、三岔镇为药材集散地,驼运或人工背负运往陕西、四川销售。③临夏"药材亦有相当出产",据估计年产 300 余担,销往西安、兰州等地。④岷县"药材为本县特产,在本省出口物中,占有相当地位",年产当归 530 万斤,大黄 72 万斤,羌活 21 万斤,秦艽 19 万斤,党参 18 万斤,甘草 18 万斤,独根 16 万斤,黄芪 15 万斤,麝香 15 万斤,冬花 15 万斤。⑤武都"药材为本县主要副产物",黄芪、麻黄、猪苓等年产量都在 10 万斤以上。⑥两当"药材之收获亦为农村一大利源"。⑦据甘肃贸易公司 1942 年调查,甘肃年产 10 万斤以上的药材包括:当归 783.8 万斤,大黄 331.6 万斤,甘草 263.5 万斤,党参 244.4 万斤,羌活 166.5 万斤,麻黄 140.7 万斤,秦艽 91.4 万斤,知母 79.8 万斤,黄芪 31.2 万斤,柴胡 20.6 万斤,猪苓 15 万斤,黄芩 11.9 万斤,其他药材共计 2306.3 万斤。⑧

枸杞是宁夏特产,中宁是主要栽培地。其栽培方法分为播种和压条两种,"播种五年结实,压条三年结实,二者均须勤加人工,厚施肥料,然后始能繁荣滋长。"⑨中宁各乡均有枸杞园,其中以宁安堡为重要产地,该地"栽种枸杞之地,有三千余亩,每亩以最低限度之一百八十株计算,当在五十余万株上下"。据统计,1931 年产量 1200 担(每担 240 斤),产值 2.4 万元;1932 年产量 1300 担,产值 2.6 万元;1933 年产量 1800 担,产值 3.6 万元。⑩除宁安堡外,其他地方也种植枸杞,抗战前

---

① 王肇仁:《甘肃药材产制运销概况》,《甘肃贸易季刊》第 10—11 期合刊,1944 年 12 月,第 22—27 页。
② 同上书,第 32 页。
③ 同上书,第 34 页。
④ 同上书,第 66 页。
⑤ 同上书,第 76 页。
⑥ 同上书,第 85 页。
⑦ 同上书,第 88 页。
⑧ 甘肃省银行经济研究室:《甘肃之特产》,第 30—31 页。
⑨ 宁夏省政府:《宁夏资源志》,第 120—121 页。
⑩ 张中岳:《宁夏调查三则》,《开发西北》第 2 卷第 4 期,1934 年 10 月,第 78 页。

中宁"全县栽培面积约八千余亩,每亩平均年产枸杞子八十五市斤,合计全县年产量为六千八百市担"。抗战开始后,天津沦陷,"外销滞塞,价格大跌,农民多掘除改种普通作物,其栽培面积,减少约五分之四,现栽培面积,计一千六百余亩,至堪痛惜。现年产枸杞改运宝鸡,转运重庆,年约千担,较战前输出数,减少至多也。"①由于天津沦陷,市场的萎缩,导致宁夏枸杞的栽培减少了许多。

近代以来,由于出口贸易的增加,药材成为产地农家的主要种植业,一方面增加了农家收入,但同时一些地方毁林种药,"在白龙江上游林区、小陇山林区,多把种区林木全砍后,再行火化。林木毁后并不耕种,而是仅种党参一次,又复弃废。解放前两当、天水境内,每年可产党参一万五千余担,同时即毁灭森林数千亩"。②药材的种植带来了严重的环境问题,这是当时人们所没有认识到的。

(五) 麻及其他经济作物

麻是生产麻布、麻鞋、麻绳和造纸的主要原料,且在农村有广泛的用途。区域各地都有栽培,但作为主要产业分布并不广泛。表3—27是北洋时期对甘肃麻业的调查。

表 3—27　甘肃麻业调查表

县名	种　类	用　途	每斤价格(元)	面积(亩)	年产量(斤)
武山	大麻	麻鞋、各种绳索、扎绳	0.22	1030	123600
天水	大麻	同上,又麻纸	0.22	1030	123600
清水	大麻	同上,又钱索、小绳	0.22	800	96000
两当	大麻	同上	0.22	800	96000
徽县	大麻	同上	0.22	1000	120000
武都	大、苎、亚麻	麻布、口袋、褡裢	0.18	1000	168666
成县	大、苎、亚麻	同上	0.18	1020	288066
文县	大、苎、亚麻	同上	0.18	1020	288800
礼县	荨、苎、亚麻	同上	0.10	1005	345555
西和	荨、苎、亚麻	同上	0.10	1000	343000
漳县	荨、苎、亚麻	麻布	0.10	800	278000
岷县	大、荨、苎、亚麻	麻布、褡裢	0.10	1020	344000
临潭	荨、苎、亚麻	麻布、褡裢	0.10	800	278300
合计	—	—	—	12325	2893587

资料来源:谢学霖:《甘肃实业调查报告》,《劝业丛报》第1卷第4期,1921年4月,第62页。

---

① 宁夏省政府:《宁夏资源志》,第120—121页。
② 罗舒群:《民国时期甘宁青三省林业建设论略》,《社会科学》(甘肃)1988年第3期,第55页。

表 3—27 是对武山等 13 县植麻的调查,各县麻的种植面积从 800 到 1000 余亩不等,年产麻 289.4 万斤,合 144.7 万公斤,品种有大麻、苎麻、荨麻、亚麻等。农家植麻时,"膏腴之地,多产大麻;硗瘠之地,多产亚、苎、荨等麻"。农家为何做这种种植选择? 主要是"大麻消费多而受利亦多;其余亚、苎等麻用费小而收益亦小"。① 20 世纪三四十年代,随着棉花、布匹供给紧张,使本地区麻种植范围有所扩大,产量随之提高,麻业成为产地农家的主要经济收入。1930 年代,铁道部业务司商务科在陇海铁路沿线调查,各地麻产量是:"清水、武山、岷县等处之麻,每年共产 100 余万公斤,其中尤以清水之麻为最有名,质地既佳,产量亦丰,每年独产 64 万公斤。"② 年产量超过 10 万斤以上的县包括:张掖种植约 1000 亩,年产 15 万斤;③山丹大麻产于西南乡,年产 14.4 万斤;④武山大麻为主要农产品,年产 10 万斤,销售邻县及兰州约 7 万斤,占 70%;甘谷年产大麻 28 万斤;天水年产大麻 10 万斤;白麻是临夏特产,年产 20 万斤,每年输出兰州 2.5 万斤,夏河 1 万斤;成县年产大麻 18 万斤,多数制成麻布、麻鞋、麻绳,其中麻绳年产 5 万斤,麻鞋年产 9 万双,"皆销临近各县";礼县年产大麻 13.5 万斤。⑤ 根据 1934 年调查,甘肃全省植麻 7.6 万亩,产量为 173.8 万公斤。抗战时期调查,甘肃年产大麻 703.1 万斤,白麻 253.1 万斤,亚麻 279.6 万斤,合计 1235.8 万斤,"产量已相当可观"。麻不仅是农村主要经济作物,而且为农村副业的发展提供了原料,"用之发展工业,对本省布匹纸张等,有相当之补助"。⑥ 宁夏主要种植白麻,"其纤维粗硬,通常均用于制绳,近年乃以造纸,需用量始渐增。"宁夏各县均种麻,常年栽培面积 17740 亩,产量为 354.8 万斤。⑦

除了棉花、桑蚕、烟草、药材、大麻外,黄河上游区域还有一些其他传统的经济作物,近代以来都有大量的栽培。园艺作物有蒜苗、辣椒等各种蔬菜。张掖年产辣椒 8 万斤,高台县黑河沿岸是主要农菜区,其中花墙子、镇羌堡、黑泉为主要产地,年产洋葱约 1 万斤,行销张掖、酒泉;花墙子年种植甜瓜 150 亩,产量 4.5 万担,"前清时期曾以之代哈密瓜入贡";甘谷是著名辣椒产地,"色红味美",年产 46 万斤,销

---

① 谢学霖:《甘肃实业调查报告》,《劝业丛报》第 1 卷第 4 期,1921 年 4 月,第 62 页。
② 铁道部商务司业务科:《陇海铁路甘肃段经济调查》,第 21—22 页。
③ 王兴荣:《张掖经济概况》,《甘肃贸易季刊》第 2—3 期合刊,1943 年 1 月,第 53 页。
④ 统计组:《甘肃各县局物产初步调查》,《甘肃贸易季刊》第 5—6 期合刊,1933 年 9 月,第 16 页。
⑤ 同前书,第 35、37、39、66、92、95 页。
⑥ 王兴荣:《甘肃的棉麻生产》,第 152 页。
⑦ 宁夏省政府:《宁夏资源志》,第 98 页。

天水、临夏、武山、临洮、岷县、兰州等地约 36 万斤,占全部产量的 78.3%。[1] 酒泉年产蒜苗 5 万市石,主要销往张掖、金塔及关外各县约 2 万市担,[2] 占 40%。园艺作物大量种植,提高了农产品的商品化程度。

  经济作物的种植推动了本区域农村副业的发展。如棉纺织业成为农村主要副业之一,武都"因本县产棉,一般农民多在农暇从事纺织副业,据调查约有 50000 人,可称甘肃省各县纺织业最普通之县份"。[3]成县 1948 年"全县产棉估计 5 万担,家庭副业以织土布为大宗"。[4] 烟草的推广和种植,种烟和制造水烟、纸烟成为甘肃农村主要副业。如临洮全县烟坊约 70 家,城内约有 15 家,北乡及新添铺各约二三十家,所产水烟销于兰州、榆中、靖远,另外经过碧口向四川、云南、贵州输出烟叶 1000 余捆。[5] 华亭是甘肃植麻大县,年种植面积约 4 万亩,年产约 200 万—250 万斤,农民衣着、零用、赋税等依靠植麻收入来解决,"往往以种麻多寡为农民贫富之衡量标准",大多数农家植麻,"农民于大麻剥皮后,背负至市镇或县城,逢集出售于麻商,由麻商经营运销业务,麻商类多陕西客商,本县商店行号,竟以贩麻为副业,于价落时收进,价高时脱销……逢集则背麻赴市者络绎于道,终年不变,故麻市无显著的季节性"。[6] 植麻不仅是农家副业,也带动了华亭商业贸易和市场的发展。关于经济作物种植与农村副业、家庭手工业等问题在本书相关章节将有所论述,不再赘言。

---

[1] 统计组:《甘肃各县局物产初步调查》,分别见各县调查。
[2] 王世昌:《酒泉经济概况》,《甘肃贸易季刊》第 2—3 期合刊,1943 年 1 月,第 80、83 页。
[3] 统计组:《甘肃各县局物产初步调查》,第 86 页。
[4] 甘肃省中心图书馆委员会:《甘肃陇南地区暨天水市物产资源资料汇编》,第 6 页。
[5] 统计组:《甘肃各县局物产初步调查》,第 74 页。
[6] 王从中:《华亭经济概况》,《甘肃贸易季刊》第 2—3 期合刊,1943 年 1 月,第 69、70 页。

第四章 农业技术的传承与变革

　　近代黄河上游区域农业技术业处在变革的时期,在政府的倡导下,传统农业技术在发生变化,如砂田面积的扩大与改良、肥料的推广、农业技术的改良与推广、农作物病虫害的防治等,都是这个时期农业技术改良的主要内容。

　　农业技术改良是农业走上现代化道路的主要标志之一。[①] 自清末新政后,农业技术改良与推广一直是历届政府的主张。学术界对不同时期的技术改良和推广有不同的评价,如对晚清时期与北洋政府时期的农业技术改良普遍评价不高,认为在推动中国农业近代化和维护农民利益方面的作用是十分有限的。[②] 关于抗战时期的农业改良问题,学术界的研究有了许多肯定,如庄维民对近代山东农业科技的推广给予了中肯的评价,农业改良和推广使得传统农业具备了某些近代化的色彩,但却未能使传统农业实现近代化。[③] 但对其绩效评价并不高,如徐凯希认为尽管战时国民政府在湖北进行农业技术改良,并没有改变农村经济的困境,认为是"农村封建剥削关系依然存在,以及战事不断,天灾仍频,农民生活异常的痛苦"阻碍了国统区农业生产力进一步发展。[④] 大后方是抗战时期农业改良的重点,有学者研究认为一方面大后方的农业改良取得了巨大的成就,促使农业经济也获得了重要的发展,为抗战胜利做出了重要的贡献;另一方面农业改良和农业发展并未给农民

　　[①] "所谓农业现代化,以台湾的经验来说,至少应包括土地分配的合理化,改良品种,兴修水利,农业组织的改进,以机器耕种代替人畜耕种,改良品种,兴修水利,使用化学肥料,防治病虫害,土地充分利用等"。(张朋园:《湖南现代化的早期进展(1860—1916)》,岳麓书社2002年版,第330页)按照这个标准,农业技术改良应该属于农业现代化的一个方面。

　　[②] 如谢国兴在谈到安徽省从清末到抗战前的农业技术改良问题时指出:"皖省在清末至抗战前,先后设立过不少农事试验场,种类包括农、林、畜牧、垦殖,层级涵盖中央、省、县,部分不无成就,多数形式意义甚于实质贡献"。(谢国兴:《中国现代化的区域研究:安徽省,1860—1937》,台湾"中央研究院"近代史研究所1991年版,第323页)

　　[③] 庄维民:《近代山东农业科技的推广及其评价》,《近代史研究》1993年第2期,第80页。

　　[④] 徐凯希、张苹:《抗战时期湖北国统区的农业改良与农村经济》,《中国农史》1994年第3期,第71页。

带来多少利益。① 那么,黄河上游区域农业技术改良有什么成就,绩效如何?

一、砂田改良

足够的降水量是农业生产最基本的保证,而黄河上游河谷的甘肃、青海部分地区降水量稀少,对农业生产影响很大。为了弥补降水不足,"甘肃老农有砂田之发明,补救甚多",其方法是将大如鹅卵的石子,"铺盖于土层之上,然后耕作"的一种保持土壤水分的改良方法。② 近人对甘肃砂田的描述是:"甘肃田地向不加粪,三十年上石子一次,大者如碗,小如拳,覆田上,几不见土,烟苗麦芽即从石缝茁出,三十年石力尽,再易新者。陇阪向少大雨,五六月间亦仅霡霂廉纤,片时即止。石性最润,得微雨一过,便流注到根,石质属阴,虽烈日亦难灼透,可以障蔽炎氛,且性暖,中藏硫质能生物也。所以新石,必须挖取土内未见风日者,地上顽石不能用也。"③ 又据记载:"兰州多旱地,质含碱卤,雨潦则碱出于地,大为农民所苦。既而又砂地之法,取地中深湿之砂,匀铺土田,播种时疏砂而植之,仍覆以砂,砂覆土上,苗生于土中。著燠而苗不直受热光,大雨时行水俱透砂入土,碱卤不作。故砂田水旱皆无虞,力农之家莫不尽力致砂于地。"④ 清末甘肃财政调查中,也记述了砂田的情形:"砂田者,用河流石子满铺田中,厚三四寸。询之士人佥曰:甘地高燥,石气凉润,能御亢阳,不虞干旱。每铺砂一亩,工价约需十金,而熟砂地每亩价值较未铺砂者多值十数金,是铺砂之利显然。惜民力有未逮,不能遍铺。闻砂田之利,可五六十年,再久则砂润渐减,需除旧铺新。"⑤ 所以,有人说砂田"乃以卵石覆盖之田也"。⑥

铺砂的砂粒是有选择性的,农民对此积累了比较丰富的经验。"他们看了附近的山势和河流的情形,可以判断以往的山沟和河道的流向,和所挟带砂砾应冲击在什么地方,以及品质的好坏,一经挖取出来都不大错"。取砂的地方可分为 3 种,一是山砂,是从山根内挖取的砂粒;二是河砂,是从河边滩地挖取的砂砾;三是井砂,

---

① 郑起东:《抗战时期大后方的农业改良》,《古今农业》2006 年第 1 期,第 52—66 页;吴伟荣:《论抗战期间后方农业的发展》,《近代史研究》1991 年第 1 期,第 221—243 页;陆和健等:《西部开发的先声:抗战时期西部农业科技之推广》,《中国矿业大学学报》2005 年第 3 期。
② 孙友农:《甘肃砂田之研究》,《地政月刊》第 4 卷第 1 期,1936 年 1 月,第 87 页。
③ 裴景福:《河海昆仑录》,甘肃人民出版社 2002 年版,第 147 页。
④ 张维:《兰州古今注》,兰州古籍书店 1987 年印行,第 18 页。
⑤ 经济学会:《甘肃全省财政说明书》,经济学会 1915 年印行,第 3 页。
⑥ 章元义:《陕甘青等省保水保土及水利视察报告》(1943 年 11 月),油印本,藏中国第二历史档案馆,277/56/(2)。

是从平地向下挖取的砂粒。①但砂田是有一定的使用年限,"水砂田的寿命不到六年,旱砂田不到二十年"即须要重新铺砂,故甘肃砂田地区有"苦死爷爷,富死儿子,穷死孙子"的农谚。②也就是说祖父一辈辛辛苦苦铺砂,儿子坐享其成,孙子时代砂田已经老化。

从学理上看,砂田对农业耕作的意义是:"①凡土层上面铺有砂粒之田,虽受烈风酷日之吹晒,而土壤水分永可保存;盖地面砂有疏松碎砂一层,破坏黄壤之毛细管,阻止土壤水分之蒸发,作物赖以滋养,繁殖蓬勃。故压砂可以抗旱,以济雨量之不足,并可调剂其不匀。②压砂之田吸热极易,能接收日光之温度,介入土中,增高地底之温度,有改良气候之功效,故寒冷之地一经铺砂,诸物可栽矣。③甘肃土壤带有碱性,危害作物……压砂制止碱盐之上升,在同一地带(皋兰古城川),土壤里层之可溶性盐类砂田与水田相差二十余倍,(砂田土壤之可溶性盐类总量为0.095%,计氯化钠0.042%,碳酸钠0.013%,硫酸钠0.040%;水田土壤可溶性盐类总量为0.220%,氯化钠0.098%,硫酸钠0.122%),故砂田有解消土壤碱性之力。④压砂之田,土层湿润,不因霪雨而地表板滞,虽甘省秋雨连绵,无补农时,但因地面压有砂石,雨滴注入土内,固为封存,以备不时之需,故一经播种,发育早而且速。⑤农田能保持肥分不至流失,且能稳固作物根茎,加强抵抗风灾能力。⑥压砂之田,少生杂草。"③即土地铺砂有保墒、保热、保肥、抗碱、抗风等作用。据言"砂田蓄水力特强,得一次足雨来年即可丰收,如明春能再得雨一二次,则麦产每亩可得二市石之多"。④

据张波等人考证,砂田起源于明朝中期,距今大约四五百年的历史。⑤目前所

---

① 李清堂:《西北的砂田》,《水利委员会季刊》第3卷第2期,1946年6月30日,第56页。
② 王达文:《甘肃省农产畜牧概况》,《国际贸易导报》第8卷第12号,1936年12月15日,第165页。
这句农谚还有一个版本是:"父劳死,子饱死,孙饿死",即砂田是"十年经营,十年收获,再十年则地力尽矣"(范揖唐:《甘肃耕田与肥料调查》,《西北论衡》第9卷第4期,1941年4月15日,第49页)。
③ 魏宝珪:《甘肃之碱地铺砂》,《中农月刊》第4卷第2期,1943年2月,第67页。
④ 章元义:《陕甘青等省保水保土及水利视察报告》(1943年11月),油印本,中国第二历史档案馆藏,277/56/(2)。
⑤ 张波:《不可斋农史文集》,陕西人民出版社1997年版,第173页;又见李凤岐、张波:《陇中砂田之探讨》,《中国农史》1982年第1期,第34页。关于砂田的起源,有各种传说。一说是皋兰发生旱灾,有知县某人,下乡勘荒,见田畴之中,禾苗尽槁,仅有方尺之地,生长繁茂。乃细查其故,见土表有掌厚石子一层,且有野鼠穴居其中。归后因开地仿试,结果在同一环境下,铺石之田,确比不铺者收益增加,于是提倡推广,迄至今日,几成该区之普遍现象,农人受赐匪浅。(吉云:《皋兰石田》,《西北研究》第2卷第1期,1940年3月,第5页)一说是甘肃大旱时,田鼠窃麦储粮于洞穴中,在往来行走时,带动砂石,覆盖麦粒上,次年见麦苗盎然结实累累,经农家仿效实验和不断改良,发展成砂田;一说是在大旱之年,有一老农见一大青石下,上年散落的麦粒,发芽后变曲地从石旁长出,把石头搬开一看,见大石底下很湿润,于是悟出了压石保墒的道理。(高建国:《中国减灾史话》,大象出版社1999年版,第381页)

见甘肃砂田的记载有:康熙年间甘省大旱,草木俱枯,有人偶然发现田鼠挖的洞穴中,带出砂石堆积在地面上,"竟有绿色作物生长,引起农民之注意,乃试为仿行,竟有成效。嗣复经改良,遂渐次推广。"① 又有记载甘肃砂田创于清朝时期,"始创者不知其为何人,先于河北庙滩子、盐场堡试办有效,迨其后推而广之,由庙滩子至秦王川上下数百里间,砂卤多变为膏腴"。② 尽管属于传言,但自康熙以来,砂田逐渐成为黄河上游河谷从事干旱农业耕作的一种技术,使一些不毛之地可以开垦为农田。左宗棠督甘期间,见"兰州北山秦王川,昔称五谷不生者,近则产粮最多,省会民食取给于此"。③ 同光年间,左宗棠镇压回民反清斗争后,在恢复和重建甘肃农村经济的过程中,提倡仿照兰州北山秦王川方法推广砂田,"贷出协饷库银,令民旱地铺砂,改良土地。于是各地流行,成为甘肃特有之砂田。盛行于皋兰、景泰、永靖、永登、洮沙、靖远等县。利用荒滩僻壤,铺砂耕种。化不毛之地,成为良田。"④从现有的资料看,这是政府第一次大规模倡导推广砂田,为以后砂田的发展打下了基础。⑤

清末时期甘肃的砂田技术传到了宁夏中卫、青海等地。光绪年间,靖远人魏延孝、魏延悌兄弟和李绪君移居中宁养马湾,把甘肃的砂田技术传到中卫,铺砂成田,种植少量棉花,后来种植小麦、瓜果之类,"结果种啥成啥,收成很好,遇干旱年份,土田的作物焦枯,但砂田的棉花仍有收获。于是,当地人也学着压砂种棉种瓜"。1929年西北大旱期间,中宁地主王成绩雇棉农在白马种植压砂棉花200余亩,年产皮棉近万斤。随着更多的甘肃移民的增多,鸣沙、白马一带的砂田逐渐扩大。⑥

民国时期学者指出:1927年青海的乐都县砂田试验成功,"以后推广的情形不得其详"。⑦ 在1930年代的调查中,青海砂田主要分布在乐都县,民和也有但不多。⑧ 蒋经国在《伟大的西北》一书中写道:青海"还有一种砂田……每年只要播种,根本就不要施肥拔草,同时也不要灌水,所以也不怕旱,差不多每年都可丰收。"⑨

---

① 张宗汉:《甘肃中部之砂田》,第9页。
② 慕寿祺:《甘宁青史略正编》卷28,第36页。
③ 左宗棠:《左宗棠全集·书信三》第12册,岳麓社1996年版,第610页。
④ 秦翰才:《左文襄公在西北》,第195页。
⑤ 李凤岐、张波:《陇中砂田之探讨》,《中国农史》1982年第1期,第35页。
⑥ 阎福寿、秦鹏生:《压砂棉花与压砂西瓜》,《中宁文史资料》第2辑,1989年印行,第112—113页。
⑦ 李清堂:《西北的砂田》,第55页。
⑧ 汤惠荪等:《甘肃省农业调查》,《资源委员会季刊》第2卷第2期,1942年6月,第155页。
⑨ 蒋经国:《伟大的西北》,宁夏人民出版社2001年版,第31页。

民国初年,1914年8月,甘肃省农会会长王树中劝民改良砂田,以农田做抵押,由农会贷商款,分期归还。① 此次劝民铺砂结果如何,并无记载。1935年,中国农民银行兰州分行成立后,农行组织相关人员对砂田进行的调查。甘肃砂田主要分布在皋兰、景泰、永登、永靖、榆中、靖远等县,共约80余万亩,其中皋兰最多达24.6万余亩,约占1/3。② 在另一调查中,甘肃砂田分布在兰州、皋兰、榆中、靖远、景泰、永登、永靖、临夏、会宁、海源、固原、湟惠渠特种乡等地,砂田在有的县份农田中所占比例很高,如皋兰占22.5%,永登占14.4%,景泰占26.1%,靖远占4.1%。③ 按照砂田的使用寿命,光绪初年改良的砂田,到20世纪20—30年代已有五六十年,砂田已经老化,因"更换新砂需成本浩大,农民本身无能力",致使需要更换新砂的土地荒芜,据称甘肃"原有砂田荒废半数",④省城附近中山村合作社"社员数百人,全赖砂田为生,而砂田衰老之程度"占75%以上。⑤ 砂田老化程度已经十分严重。

抗战时期,在农民银行的支持下,对老化砂田进行改良。1942年冬季,中国农民银行开始举办土地改良铺砂放款,协助皋兰一带农民铺换新砂4000余亩,贷数为200万元,深受农民所欢迎。1943年度更扩大到兰州、靖远、洮沙等县市,贷数总额达1000万元,1944年开始增加为3300万元,区域亦扩大至兰州、皋兰、榆中、永登、靖远、景泰、临洮、洮沙、永靖等9县市,计截至7月底止已贷出2000余万元,铺成新砂地2万余亩。⑥ 甘肃铺砂贷款工作进行了4年(截至1945年6月)。举办的具体情形如下:①放款区域。主要集中在甘肃中部干旱少雨,有砂田传统的皋兰、靖远、榆中、永登、临洮、洮沙、景泰、兰州市及湟惠渠特种乡公所等地。②放款对象。以农民组织的信用合作社为对象,申请贷款的农民为参加合作社的社员。③贷款办法。凡申请贷款的社员,"须以改良之土地,交由合作社为向农行申请贷款之抵押担保",银行向社员发放贷款的条件是:"a.借款社员须为忠实勤恳并无不良嗜好之自耕农民。b.为顾及农民之资金及劳力供应起见,每社员每次最多得申请改良土地五市亩。经调查属实,始行贷放,并派员监察各社分别贷给各社员。"放款期限为2—3年,以分年平均等额的办法归还贷款,不同年份利息分别是:1942年月息8厘,1943年月息1分,1944年月息2分5厘。④放款数量。抗战时期通

---

① 慕寿祺:《甘宁青史略正编》卷28,第36页。
② 孙友农:《甘肃砂田之研究》,第90页。
③ 张宗汉:《甘肃中部之砂田》,第10页。
④ 汤惠荪等:《甘肃省农业调查》,《资源委员会季刊》第2卷第2期,1942年6月,第155页。
⑤ 孙友农:《甘肃砂田之研究》,第91页。
⑥ 张华民:《二年来之甘肃土地金融业务》,《甘肃地政》第2卷,1944年9月,第19页。

货膨胀,法币贬值,不同年份每亩放款数量不同,1942 年每亩 400 元;1943 年上半年 800 元,下半年 1200 元;1944 年上半年 1600 元,下半年 2000 元;1945 年上半年 2500—3000 元。各年贷款总额为:1942 年 114750 元,1943 年 10317468 元,1944 年 39426834 元,1945 年 76913551 元。① 表 4—1 是 1945 年各县贷款铺砂、土地改良面积统计表。

表 4—1　1945 年甘肃各县贷款铺砂统计表

县　份	土地信用合作社数	社员数	铺砂改良土地亩数(市亩)	贷款金额(元)
皋兰	99	3428	17624.31	24753811.00
靖远	77	3098	14416.50	25917000.00
榆中	24	799	4796.30	10787100.00
永登	27	587	2613.30	3409800.00
洮沙	21	538	1689.00	2798000.00
永靖	12	264	1080.00	2095200.00
景泰	15	403	2595.00	4154600.00
临洮	8	384	1124.74	1325800.00
兰州市	4	231	682.39	1192240.00
湟惠渠特种乡	1	88	160.00	480000.00
合计	288	9820	45781.5	76913551.00

资料来源:张宗汉:《甘肃中部之砂田》,第 39 页。

从表 4—1 看,1945 年中国农民银行在甘肃 10 个行政区组建了 288 个土地改良信用合作社,参加社员 9820 人,贷款 7691.4 万元,共计改良土地 4.58 万亩。根据当时调查,有 83 社 2489 名社员将第一次借款偿清后,续贷第二次借款;有 6 社 227 名社员还清两次借款,已贷第三次借款。合计放款次数累计 377 社,社员 14579 人次。以此计算,每亩平均放款 1744.08 元,每社每次贷放 204014.73 元,每社员平均贷放 5275.63 元,每社员平均铺砂亩数 3.208 市亩。②

抗战胜利后,地方政府继续利用合作贷款改良砂田,如 1947 年,甘肃合作金库贷款在兰州、皋兰、榆中、靖远、景泰、会宁、临洮、洮沙、永靖、永登、武威、湟惠渠等地办理贷款铺砂,受益农田 65664 亩。③ 随着物价的腾贵,货币贬值,农家铺砂的成本越来越高。1946 年 7 月对永靖县何家村的调查,新铺厚 3 寸的砂田 1 亩,从距离农田 100 米的地方运砂需要人工 120 个,每工单价为 800 元,即铺 1 亩砂田需要 9.6 万元。④

---

① 张宗汉:《甘肃中部之砂田》,第 39 页。
② 同前书,第 33—40 页。
③ 骆力学:《一年来甘肃之经济建设》,《新甘肃》第 2 卷第 2 期,1948 年 4 月,第 19 页。
④ 李清堂:《西北的砂田》,第 55 页。

尽管改良的砂田数量有限,但改良后的砂田取得了比较明显的效果。在砂田改良之前,一些老砂田"几无生产可言,遇雨水较多年份,仅能产糜谷四斗,且无地价,因此自田赋改征实物后,赋税负担已重,复有各种摊派,以率多以土地为标准,旱地或老砂地所有人收入不抵支出,致使农民望之生畏,甚且任其荒芜或抛弃其所有权,以避服役。"但经过改良后,情形发生了很大的变化,"农民将其土地铺砂后,多不愿出卖",地价也随之增长,"估计在兰州附近者,每亩可值三万元至四万元,其他各区亦值万元以上,如以平均二万五千元计,贷款铺砂土地之总价值,当在百亿元以上。"砂田改良后,地价大增,农民由原来"任其荒芜或抛弃其所有权"到地价很高也"不愿意出卖",说明铺砂取得了良好的效果。表4—2是各县市铺砂作物面积统计表。

表4—2　甘肃各县市贷款铺砂土地作物面积统计表(截至1945年6月)

地区\作物	小麦(市亩)	西瓜(市亩)	棉花(市亩)	蔬菜(市亩)	合计(市亩)
兰州市	—	341.19	—	341.19	683.39
皋兰	8812.15	4406.08	4406.08	—	17624.31
靖远	4324.95	2883.3	7208.25	—	14416.50
洮沙	1689	—	—	—	1689.00
临洮	—	663.00	—	662.00	1325.00
永登	2613.30	—	—	—	2613.30
榆中	2398.15	959.26	479.63	959.26	4796.30
景泰	2595.50	—	—	—	2595.50
永靖	1080.00	—	—	—	1080.00
湟惠渠特种乡	—	—	160	—	160.00
合计	23513.05	9252.83	12253.96	1962.45	47782.29
每亩产量	2市石	320个	30市斤皮花		
总产量	47026.1市石	2960905.6个	367618市斤	估计每季10万元	
单位价格(元)	7500.00	200.00	500.00		
总价值(万元)	35269.6	59218.1	18380.9	估计19620.0	132488.6

说明:价格以1945年7月价格计算。
资料来源:张宗汉:《甘肃中部之砂田》,第37—38页。

从表4—2来看,改良后的甘肃砂田主要用于种植小麦、西瓜、棉花和蔬菜,各自面积分别占50.3%、18.8%、26.2%和4.2%,即改良后的砂田主要用来种植小麦、棉花和园艺作物。1945年砂田的总产值达到132488.6万元,是放款总额的17倍。1946年中国农民银行贷款地域扩大到11个行政区,除了以前10县外,增加了会宁县。铺砂土地效果也十分显著,据统计,1946年11个县市贷款砂田作物面积119676市亩,其中种植小麦71957亩,产量142917市石;西瓜17631市亩,产瓜

564.2万个;植棉26345亩,产棉79035市斤;种菜3743亩。① 可见,砂田是经过改良后比较好的耕地,主要用来栽培小麦以及西瓜、棉花、蔬菜等经济作物。

黄河谷地的土地含碱较大,普通旱地只能种植糜谷等耐碱作物,其他经济作物如瓜、菜、棉以及小麦难以种植,但砂田能够栽培。砂田的产量也"常二三倍于普通旱田,若遇旱年,凡普通旱田皆无收获希望,在砂田仍有相当之收获"。但砂田也有很大的缺陷,一是成本比较高,如前文所言,1945年改造砂田每亩耗费1744元;二是需要劳动力多,据老农谈,"在施肥与播种,普通旱地,每亩只需一工(因用耧种),而砂田则需三工;中耕收获,普通旱地,每亩只需二工,而砂田需四工。然此尚系指栽培普通作物而言,若种瓜、菜、棉、烟等作物,则所费之人工,当更必多。"三是农具易损坏,修缮费大。② 尽管如此,砂田仍是甘肃中部黄河盆地干旱农民经营的一种很重要的技术。

从技术上来看,抗战时期铺砂与传统没有很大的区别,但在政府的倡导之下,银行资本与农业相结合,在改良砂田方面发挥了应有的作用,是值得肯定的。

二、肥料问题

农作物生长所需要的养分大部分取之于土壤,土壤里的养分,作物栽培一次就会消耗一部分,地力也随之减退,故如何恢复地力是进行农业再生产的主要问题。传统农业经营者,恢复地力的方法有两种:一是采取休闲办法以恢复地力,如前文所讲本区域有大量的休闲土地,其意义就在于恢复地力;一是给土地补充肥料以增强土地生产能力。故土地利用程度,除了受环境因素影响外,肥料的应用成为主要原因之一。

近代黄河上游区域农田使用的肥料包括土粪、厩肥、人粪饼、油渣、毛渣、野灰(草木灰)等。③ 土粪为农家自制肥,是使用最普遍的肥料,由"炕灰、垃圾、人粪尿及家畜排泄物混合而成者,似厩肥又似堆肥,俗称家粪。其主要成分为黄土与粪尿,故以土粪名之,最为适当。其制造法颇简单,于牛马羊猪等畜舍及厕所中,每隔数日填土一层,并时时用黄土更换炕灰,将换出之炕灰亦铺于厕所畜舍中,积约五六寸时,全部掘出放粪场,使之腐熟,翌春解冻时,用长柄木捶(俗称梛头)击碎,运

---

① 张宗汉:《甘肃中部之砂田》,第41—42页。
② 李清堂:《西北的砂田》,第55页。
③ 沈学年:《怎样使西北农业科学化》,《甘肃科学教育馆学报》第2期,1940年5月,第19—20页。

搬于附近田亩。"从学理上看,这种肥料含有农作物需要的氮、磷、钾,"黄土与炕灰系无机物(矿物)肥料,人畜粪尿系有机物(动植物)肥料。炕灰中所含钾质甚多,人畜尿及猪粪中,所含氮质甚多,羊马粪中含有相当磷酸,畜舍中之蓐草纤维质,腐烂后,均成腐殖质,是故钾、氮、磷、腐殖质等烘屎肥料要素,均包含于土粪中,无论何种土壤,何种作物,均称适宜。"①在黄河上游区域农业生产中,土粪肥使用最为普遍。野灰(灰粪,包括草木灰)"为烧土与草灰之混合物,其制法择山坡杂草丰茂之处,于秋季将草根连土掘起,成宽厚约5—6寸之立方体,排垒成行,以待风干,经过一冬后,于春初引粪块燃烧成灰,以作肥料"。②油饼,通常有菜籽饼、豆饼、棉饼,在本区域以菜籽饼居多,因菜籽有使作物免生害虫,适合于种植蔬菜、烟草时作为追肥。平凉、临洮、洮沙、天水等地使用比较多,"至于其他各县则甚少"。③青海所产油饼较多,主要用于牲畜饲料,并不作为肥料使用。④由此看出,油饼作为肥料使用并不普遍。

在长期的农业生产实践中,各地形成了不同的制作和使用肥料的方法。河西以养鸽积肥为特色,因鸽子肥含有机物30.8%,氮素1.36%,磷素1.78%,钾素1%,⑤是农村中十分优质的肥料,因此,河西养鸽农家较多,如永昌约占当地总户数50%,武威约占35%,民勤约占20%。

养鸽户农家多用鸽粪作为基肥或补肥,每亩约施150—200斤。不同作物施肥方法不同,农业栽培"多用为小麦或大麦之积肥,并不加腐败发酵之手续,以其小粪块行条施法。"园艺栽培"多用为西瓜、黄瓜、番瓜及茄、辣椒、芹菜等之补肥。"⑥河西3县的鸽子粪主要施于小麦和园艺作物。皋兰"肥料多用人粪、油渣、毛渣,制造时将粪聚于厕坑内,和以灰土而用之。麦豆类,每亩用该项粪60石;制造油渣时,将以取油之渣,砺碎而用之,多用于谷类,每亩用60石;制造毛渣时,将六畜皮毛腐烂而用之,多用于杂粮类,每亩用60石;烟地类,每亩用130石;蔬菜类,每亩用130石;棉类,每亩用150石",施肥方法"有散于播地内者,有与种子并下者"。⑦

---

① 李自发:《甘宁青三省的肥料问题》,《新青海》第3卷第6期,1935年6月,第17页。
② 汤惠荪等:《甘肃省农业调查》,《资源委员会季刊》第2卷第2期,1942年6月,第150页;陈希平:《甘肃之农业》,《西北问题论丛》第3辑,1943年12月,第311页。
③ 范揖唐:《甘肃耕田与肥料调查》,《西北论衡》第9卷第4期,1941年4月15日,第50页。
④ 范揖唐:《青海肥料调查》,《西北论衡》第9卷第11期,1941年11月15日,第59页。
⑤ 施忠允:《西北屯垦研究》(上),见萧铮主编《民国二十年代中国大陆土地问题资料》,第36540页。
⑥ 李扩清:《甘肃河西农村经济之研究》,萧铮主编:《民国二十年代中国大陆土地问题资料》,第26429—26430页。
⑦ 《皋兰农业之概况》,《农村经济》第2卷第6期,1935年4月,第103页。

兰州城市近郊农村以种植蔬菜为主,使用人粪饼比较多。"平时由城中运出人粪制为饼状,晒干储藏,用时捣碎与其他肥料混合使用于园艺作物"。因此兰州近郊农村有专门经营人粪饼粪夫,他们"将人粪尿运至城外,制成粪干,以便出售于农民,做时将粪尿混入污秽尘垢黏土,经晒干后除去水分,减小体积,贮藏便利且运送方便,故兰州附近之农民多常用之,每筐值洋50元(每筐约有粪干100片左右),有输往榆中及附近各处者。"①

草木灰、油渣、绿肥甘肃各地比较普遍。陇南"居民之燃料,均采用木柴,故有少量田地者,则施其家中之木柴残灰;其有大量田地者,则特别燃烧丛木或植物茎叶以施播之。此种灰肥,西和、成县大路旁之田地多用之。"②古浪、永昌、山丹、静宁、会宁、定西等县,因山地距离村庄较远,人畜粪运送不便,烧制野灰作为肥料。洮沙、临洮、平凉、天水使用比较多的是油渣、豆腐渣制作的肥料。张掖农家种稻使用一种绿肥,称之为"黄茅土",用一种多年生草本植物用作"培壅稻田",但这种植物产于山丹,"张掖农民,非由该县采来不可,据言稻田一亩,须壅'黄茅土'一车(500斤),约需银3元。"③从施肥情形看,距离城市较近的农田,从城市购买人粪饼作为肥料比较普遍,兰州郊区菜农多使用;在远离城市的乡村,主要使用畜肥、油渣、绿肥、灰粪等较多。

青海肥料主要有灰肥、厩肥和绿肥3种。灰肥是"夏秋间野草深茂之际,将带有多量草根之土块崛起,堆叠成行,使之风干,俟至明春,即以此土块,堆积成窑中,燃牛马粪,俟火稍升而封其口,经六七天而灰烬使热散发,即为灰肥,播种时就近散布田中";厩肥即牛、马、猪、羊等粪尿肥料,青海使用厩肥主要是传统农业区;绿肥多用野苜蓿及其他豆科植物,"其法多系将草晒干切碎,春后散入田中"。青海农作物栽培使用肥料比较落后,如厩肥的"腐热与否,以及堆积方法,却不加注意,致肥效大受损失。施肥次数,除蔬菜使用追肥,其余大都在整地之后,播种之前施肥一次……至骨肥及化学肥料,尚未见引用。本省东部为半农半牧,而西部皆为畜牧区域,肉食者多,牲畜骨骼,随地遗弃,不知利用,殊觉可惜"。④ 由于土地广阔,主要以休耕来恢复地力,故农家缺乏使用和收集肥料的知识与意识。

宁夏肥料与甘青没有多大区别,各县所使用之肥料有人粪尿、厩肥、草木灰、油渣、炕土、墙土、绿肥(芸苔、蒿草)等。作物"通常栽培麦类及糜子等所用者,均属土

---

① 汤惠荪等:《甘肃省农业调查》,第150页;陈希平:《甘肃之农业》,第310页。
② 杨拯华:《陇南自然状况调查记》,《西北论衡》第11卷第3期,1943年9月,第17页。
③ 汤惠荪等:《甘肃省农业调查》,第150页;陈希平:《甘肃之农业》,第311页。
④ 张翁艳娟:《青海省志资料》,第30—31页。

粪,即以家畜之排泄物混合炕土灰秽土而成,每市亩之使用量通常达千斤以上,均用为基肥,一次施用。栽培水稻所用者为绿肥作物。人粪尿多用作栽培蔬菜,人粪除各户自有外,不足之数,购自城镇,各百斤约值四十余元(抗战后期法币贬值时之粪价——引者注)。堆肥以落叶、杂草、粪尿堆污而成。厩肥则为牛马羊猪粪,多混合其他有机物或土以施用之,油饼仅少数重要作物使用"。[1] 只有种植小麦与莜麦时,使用厩肥、草木灰及油饼,其他作物如水稻、谷子、糜子、荞麦、高粱、豆类、胡麻等作物,主要使用厩肥与草木灰,大多数作物只是在下种时施肥一次,只有高粱、豇豆等使用追肥。[2] 表4—3是关于灵武、贺兰、平罗、磴口4县肥料使用的调查。

表4—3　宁夏各荒区肥料种类及使用方数量表

县　　别	肥 料 种 类	主要施肥作物	每亩施放量
灵武县	厩肥	糜子、水稻	10车(每车千斤内外)
	人粪	麦子、糜子	1担(100斤)
	油渣	麦子	100斤
贺兰县	厩肥	稻、糜、麦、豆类	10车(每车千斤)
	人粪	蔬菜	100斤
	灰粪(草木灰和人粪)	稻、糜、麦、豆类	10车(每车400斤)
平罗县	厩肥	麦、糜、豆类	8车(每车千斤)
	人粪	小麦、糜子	120斤
	马牛羊粪	麦、糜、豆类	8车(每车千斤)
	草木灰	同上	同上
磴口县	畜粪	麦、糜、豆类	8车(每车千斤)
	土粪	同上	同上

资料来源:胡希平等:《宁夏省荒地区域调查报告》,第23页。

从表4—3来看,宁夏各县使用肥料种类是传统的农家肥与畜肥,用作普通农作物的基肥,每亩约需8—10车,1万斤左右,这种肥料主要是农家牲畜自产;其次人粪,多用于蔬菜,间及小麦、糜子,每亩施肥100斤左右;再次是草木灰、油渣和土粪,油渣购买于油坊,每百斤30元,是比较昂贵的肥料,农家使用较少。可见,近代以来各地农业肥料完全是传统肥料,以农家肥为主,兼有绿肥、堆肥等,化学肥料尚未引起注意。

黄河上游区域普遍存在肥料不足的问题。以甘肃为例,每年栽培农作物面积3937.9万亩,保证农作物生长所需要的肥料三要素需要量是:氮肥26697.9万市

---

[1]　罗时宁:《宁夏农业状况概述》,《新西北》第7卷第10—11期合刊,1944年11月,第20页。
[2]　《宁夏重要农产品之灌溉耕耘下种收获施肥表》,《中国建设》第6卷第5期,1932年11月,第31—32页。

斤,磷肥23539.1万斤,钾肥26170.7万斤。本省肥料来源主要来源于堆污粪便和植物如油菜粕、亚麻粕、棉籽粕等,每年可出产之肥料三要素量,及所含有三要素的成分推算估计:约为氮素(N)18820万市斤,磷(P)5540余万市斤,钾(K)13180万市斤。[1] 实际产量与农业生产的需要量相比,每年肥料不足量氮肥为7880万市斤,占需要量的29%;磷肥17990余万市斤,占需要量的76.4%;钾肥12990余万市斤,占需要量的49.6%。有关研究表明,甘肃农田作物每亩仅有肥料37.1斤,购进肥料每亩仅有0.02元,仅及中国北部省份平均数的1/5。[2] 说明肥料的缺口十分巨大,投入也不足。

  造成肥料缺乏的原因主要在两个方面:一是燃料缺乏,大量可以做肥料的原料用作燃料,导致肥料减少。甘肃"除森林地区外,普遍缺乏薪炭,燃料不足,又加冬季寒冷的时间较长,燃料的需要加多,因此凡可以做燃料的,均用作燃料,杂草、落叶、田禾蒿秆,以及马、骡、驴等之畜粪,都做煮饭、煨炕之用,而夺取优良有机肥料的来源"。[3] 养羊的地方,有大量的羊粪,羊牧放时可供选择吃的饲草很多,其粪含有肥料的各种元素很多,是质量较高的农家肥。但"在燃料甚感缺乏之农村,则用作燃料,以便煮饭或煨烙[炕]取暖,使用纯粹之羊粪于田间者,通常甚少。"[4]青海"农民在习惯上多不以之做肥料,其大量用途,厥为供给燃料或煨烧,羊粪一经燃烧,所余灰烬,除钾质独存外,其他如磷酸、氮气等完全损失,殊为可惜。然青海气候寒冷,冬春秋三季,非炕不暖,煨烧之物,舍畜粪谷糠外无他求,因此肥料与燃料相冲突,此乃环境之限制也。"[5]本区域大部分地方冬季漫长,农家将大量可做肥料的柴禾、牛羊粪等用作取暖燃料,影响了肥料积累。

  二是农业耕作的粗放经营,使农家少有肥料收集和储藏的习惯。如河西农家不讲求厩肥的贮藏,堆肥的利用。[6] 由于农家不知如何利用和储藏肥料,严重地影响了土地利用和土地生产力,正如时人所言:甘肃"可垦而未垦之荒地,迄未开垦利用,其缘故不只一端,但肥料问题,恐占大部成分。农家已耕之地,常以肥料不足,地力衰退,施行轮流休闲,甚或放弃,对于土地面积之不能充分利用而增加生产,使地尽其利,实因肥料缺乏之所致。"[7]肥料的缺乏影响了土地利用率的提高,荒地无

---

[1] 侯同文:《甘肃农田肥料改进的商榷》,《新甘肃》第2卷第1期,1947年11月,第48页。
[2] 李中舒:《甘肃农村经济之研究》,《西北问题论丛》第3辑,1943年12月,第33页。
[3] 侯同文:《甘肃农田肥料改进的商榷》,第52页。
[4] 陈希平:《甘肃之农业》,《西北问题论丛》第3辑,1943年12月,第311页。
[5] 李自发:《甘宁青三省的肥料问题》,《新青海》第3卷第6期,1935年6月,第19页。
[6] 李扩清:《甘肃河西农村经济之研究》,第26430页。
[7] 侯同文:《甘肃农田肥料改进的商榷》,第47页。

法开垦,熟地被迫撂荒。青海在农作习惯上不需要通过添加肥料来恢复地力,"新垦的地,肥力本甚充足……不但即时不需施肥,且如此土壤,可供给三年的丰收。以后肥力减退,便给以休闲的机会。"青海拥有土地的农家,"每年总有五分之二的休闲地,以为次年可靠的田地"。① 主要通过土地休闲来恢复地力。因此,青海可以制造肥料的各种牲畜骨头,"惟农民不知利用,货弃于地,殊为可惜!"②农家也不讲究肥料的储藏与收集,"多半堆置肥料于空旷之粪场,任其日晒风袭雨冲,使养分或风化而逸去,或随水而流失",③造成肥料肥力损失,质量下降。宁夏平原也因引黄灌溉,"其中含养料甚丰,故普通农家对于施肥,极不重视"。④

抗战时期,为了增加粮食生产,政府开始倡导和制造肥料,进行肥料试验和推广。《甘肃省各县推广冬耕实施办法草案》中规定:"凡地力瘠薄,肥料缺乏,须一律督饬种植绿肥,代替空白休闲"。⑤ 根据以上规定,各县农业推广所"指导农家,自制堆肥,种植绿肥,购用枯饼、骨粉,增施肥料,以增加食粮食产。"⑥1942年平凉农业推广所曾试制骨粉,以便在农家推广;⑦徽县农业推广所"指导利用稻田休闲地,种植苜蓿、黑豌豆,备作来年绿肥";榆中推广所指导农民在"冬耕之际,将八月份种植之苜蓿耕翻土内,以增地力";张掖推广所"于各乡设置绿肥特约农户十户,经常指导,以资提倡"。⑧ 1947年,皋兰等5个推广所指导农家利用杂草、秸秆制造堆肥4765市担,约可施2500市亩耕地;并划定天水、张掖、徽县为绿肥示范推广区,3县参加示范的农户有39户,种植绿肥作物103亩。⑨

农林部在天水进行的水土保持试验中,也进行了绿肥的试验。其方法是:"种植绿肥在夏季多雨季节,可做地面覆被物以减少风雨之侵蚀而免水土流失,翻压后可使土壤多孔松,并易使雨水渗透入土。西北一带肥料缺乏,如能广种绿肥作物,肥料问题亦得解决。本项试验,冀求得适宜于天水之绿肥作物,以作推广之用"。⑩ 这项试验既有利于水土保持,又可以增加肥料。

宁夏农事改良所也试制骨粉、绿肥、堆肥、厩肥、油饼等。农场"收集牲畜骨骼,

---

① 秦万春:《青海农业概况》,《新青海》第1卷第5期,1933年3月,第34、35页。
② 李自发:《甘宁青三省的肥料问题》,第18页。
③ 范揖唐:《青海肥料调查》,《西北论衡》第9卷第11期,1941年11月15日,第60页。
④ 宁夏省政府秘书处:《十年来宁夏省政要·建设篇》第5册,第293页。
⑤ 《甘肃省各县推广冬耕实施办法草案》,《甘肃农推通讯》第1卷第5期,1942年11月,第17页。
⑥ 李中舒:《甘肃农村经济之研究》,第101页。
⑦ 高文耀:《平凉农业推广工作的开展》,《甘肃农推通讯》创刊号,1942年7月,第14页。
⑧ 匡时:《推广活动点滴》,《甘肃农推通讯》第1卷第5期,1942年11月,第13—14页。
⑨ 张桂海:《一年来之甘肃农业改进工作要》,《新甘肃》第2卷第2期,1948年4月,第73页。
⑩ 甘肃天水农林部水土保持试验区:《三年来之天水水土保持试验区》,1946年2月印行,第6页。

经过制造,变成骨粉,施于棉田、果树、枸杞田,成效显著,得增产百分之二十。"①宁夏农林处设立股份制造厂,大量制造骨粉,"推广与农民,以补土中磷素之不足,增进作物产量"。②1942年,宁夏在提倡传统肥料运动的同时,"从事于各县绿肥之提倡与推广"。在绿肥试验方面,农事改良所责成中山公园、八里桥、谢家寨三个农林场,采集附近可供绿肥之野生植物与普通绿肥(如苜蓿、蚕豆、扁豆等)作物做比较试验。在此基础上,农业主管部门饬令各县进行推广宣传,"使各乡村农民切实种植,以补肥料之不足,而增作物产量"。在此情形下,贺兰、永宁、宁朔、平罗、惠农、金积、灵武、中卫、中宁等县推广种植绿肥作物,其中苜蓿5300市亩,扁豆3190市亩,蚕豆2840市亩。在提倡传统肥料方面,规定贺兰等9县作为推广堆肥的县份,从1942年起每年可制造堆肥43.27万担。③

从上述资料来看,黄河上游区域各地农事试验场、农业推广所等积极倡导试制各种传统肥料,尚无化学肥料的引进和制造。即使传统肥料,大部分也尚处于提倡和推广阶段,并没有完全被农家所接受。因此,在黄河上游区域,肥料制造与推广,只是一个开端。

三、农事试验与推广

(一)甘肃农事试验与推广一般情形

近代本区域的农事试验肇始于清末新政时期。甘肃省设立了农工商矿总局后,该局"咨调晋省农林学堂毕业生二人来甘充当教习,并购地数十亩,辟为试验场,出示召集学生,令专心研究,以兴实业而开风气。"为了培养农业专门人才,创办了甘肃省中等农业学堂,颁布了《甘肃全省中等农业学堂开办章程》,规定的专业科目有土壤、肥料、作物、园艺、农产制造、养蚕、虫害、气象、林学大意、兽医学大意等。④另外,还设立了劝业公所,宗旨是振兴实业。下设农务科,其职责是:掌农田水利、渠工、屯垦劝导,分设农会,考察农业学堂、农事试验场成绩;掌管森林、畜牧、树艺,调查各种天然物产;掌管蚕桑、丝茶、棉麻并其他有益民生事项。⑤1906年

---

① 宁夏省政府秘书处:《十年来宁夏省政述要·建设篇》第5册,第293页。
② 罗时宁:《宁夏农业状况概述》,第20页。
③ 宁夏省农林处编:《宁夏省农政七年》,宁夏省农林处编1947年印行,第85—87页。
④ 彭英甲:《陇右纪实录》卷9《设农矿学堂》,甘肃官书局1911年石印本。
⑤ 彭英甲:《陇右纪实录》卷1《履任劝业道》。

3月,在兰州开办了农业试验场,设委员1名,雇用长工15名。① 1908年,皋兰县设立了农务总会,意在"讲求种植,振兴实业"。②

北洋政府时期,延续了晚清遗绪,在农业试验方面做了一些工作。根据《甘肃省农事试验场第一次报告》记载,试验的农作物有:春小麦、大麦、裸麦、粟、黍、玉米、大豆、蚕豆、扁豆、苴、芥、落花生、甜菜、烟草以及园艺如菠菜、芹菜、莴苣、韭菜、橄榄、南瓜、番瓜等。试验项目有品种、栽培、肥料、病虫害防治等。③ 甘肃一些县也设立了农事试验场,如灵台县1923年春,设立农会设立农事试验场,"以资提倡"。④ 西宁大通县1918年5月设立农事试验场,面积约10亩。⑤ 民国初期,张掖成立了农会,"有农业之学识、经验及有耕地、牧场、原野等土地者,皆得为会员",市乡也成立了年会组织。⑥ 1920年,民乐县在县城西南开办农事试验场,"地约十亩","购买美国棉籽、日本小麦、奉天梁豆、四川烟草及东南菜蔬多种"。⑦ 渭源县利用县城隍庙址成立农事试验场,种植谷类、小麦、蔬菜等十余种,植花木、果树十余株,但该场"成立不久,组织甫经就绪,试种各物均未收获"。⑧ 1926年,固原县农事试验场在清末试验场的基础上,辟地5亩余,种植棉花、茶树,惨淡经营2年多时间,"以地方多故,经费无着"而停办。⑨ 可见,清末、北洋时期各种农事试验成绩并不突出。

南京政府时期,甘肃在省城东郊雁滩设立了第一农事试验场,场地50亩,全年经费5500元,实验项目包括品种观察、肥料试验、土地与沙地试验和播种期试验。试验的农作物有棉花、烟草、小麦、蔬菜和花卉,并附带有家禽试验。1929年,该试验场引种试验江苏鸡爪棉和陕西三原棉获得成功,每亩分别收获皮棉112.8斤、97.8斤和净棉37.4斤、32.6斤。1935年进行推广语宣传,主要试种美国烟叶,将收获的种子连同编写的《种植烟草浅说》,分发于平凉、成县、天水、甘谷、陇西、榆中、临洮、泾川等8县试种。1936年进行了烟草、棉花两种作物试验,棉花由中央

---

① 杨绳信:《清末陕甘概况》,三秦出版社1997年版,第81页。
② 《农工商部奏甘肃兰州府设立农务总会请立案并发给关防折》,《政治官报》第310号,光绪三十四年九月初三日。
③ 鲁绍周:《甘肃省农事试验场第一次报告书》,1916年印行。
④ 杨渠统、王朝俊:《重修灵台县志》卷3《风土志·庶政·农林》,南京京华印书馆1935年铅印本。
⑤ 王昱、李庆涛编:《青海风土概况调查集》,青海人民出版社1985年版,第68页。
⑥ 白册侯、余炳元:《新修张掖县志》卷2《建置志》,1949年油印本。
⑦ 徐传钧、张著常:《东乐县志》卷1《建置·实业》。
⑧ 文廷美、高光寿:《渭源风土调查录》,第41页。
⑨ 固原县地方志办公室:《民国固原县志》上册,第553页。

棉产改进所提供棉种和在河南许昌征集美国优良烟种,分别播种。除了进行试验外,还进行各种改良宣传,"除将所得黑穗病,及各种虫害防治方法,随时编印浅说指导民间防治外,并于每年年终,刊发农场工作手册,分发各县农场公布,农民借作改良之考鉴。"①

南京政府前10年,甘肃有27县建立了农事试验场,②有25县设立苗圃。③县级农事试验场做了一些农业改良、引进和试验工作。灵台"趋重棉花试验";鼎新棉花"专重引种,借以改进本地土花";徽县"重于棉作育种试验";临夏"以改进白胡麻为主要试验";张掖"试验各种谷豆稻麦及瓜蔬";隆德"试验豆类、包谷、白胡麻等";平凉"分全场为三区试验,作物为棉花、花生、小麦、芝麻、豆类、白胡麻等";古浪"以蔬菜、谷米为试验主要作物";漳县"专注重烟草、棉花两种试验";临洮"偏重烟草引种试验";西固"半重农作物、半重柿树数百株";宁县"以改良本地麦豆为试验目的";武山"以稻、麻为试验中心";静宁"专以制粉面、粉条之扁豆为主要试验";甘谷"研究防治及消除害虫颇有成效,近派员赴各县调查特种农产,借资引种";民勤"以稻麦为试验中心";洮沙"专试种耐旱作物";高台棉种"多系新疆,品质不佳,为改良计,征集陕西、河南棉种,借以改良";金塔"试验各种谷类外,兼试种适于畜牧之草类";清水"以棉花、花生为主要试验作物";泾川"以马铃薯、棉花、花生、高粱等耐旱品种为试验目的";靖远"征购美国烟草、棉花种子,改进当地烟棉";通渭"专试验耐旱作物";华亭"试验芝麻、大黄颇有成效";礼县"偏重棉花育种试验";榆中"以稻麦为试验中心"。④从各县试验内容来看,选择适合本县种植的作物进行试验,以棉花、粮食作物为主,其他经济作物和畜牧业为辅。但也有的县成绩不佳,古浪县农事试验"开办有年,成绩方面实无可考",后来不得不停办。⑤

抗战时期是本区域改良农业技术,进行农业推广最为积极的时期,甘肃各省和大部分县设立了农事试验场和农业推广所(中心),形成了以省为中心的农业技术改良系统。1938年秋,甘肃省政府将原经济部西北种畜场、省第一农场和兰州小西湖苗圃等机构并组,成立了甘肃省农业改进所。内部组织分为5股,即农业股、植物病虫害股、森林股、畜牧兽医股、农政股,"专从事有关农业之研究"。⑥

---

① 秦孝仪主编:《十年来之中国经济建设》第18章《甘肃省之经济建设》,第1页。
② 同前书,第1—2页。
③ 《甘省各县现有苗圃面积调查》,《农学》第1卷第6期,1936年3月1日,第110—111页。
④ 秦孝仪主编:《十年来之中国经济建设》第18章《甘肃省之经济建设》,第1—2页。
⑤ 李培清、唐海云:《古浪县志》卷6《实业志·县农事试验场与苗圃》。
⑥ 李丛泌:《西北农业概况》,《新西北》第4卷第5期,1941年7月15日,第29页。

1940年,该所在陇南、陇东、天水、河西成立了4个农林试验场,试验内容包括区域试验、栽培管理试验、纯系育种试验、引种国内外园艺作物、作物病虫害试验等。①同年11月,甘肃省农业推广处成立,中心工作是推广小麦及杂粮良种,防治谷类黑穗病,改良薯窖,利用休闲地,开垦荒地,种植麦类、豆类,减少非必要作物,改种食粮,推广肥料等。②1942年,对基层农业技术推广机构进行了调整,将榆中推广试验县办事处(由省农改所与中央农业推进委员会合办)改为普通推广所,试验县改为天水;天水、临洮两推广所改为中心推广所;张掖、平凉为本省农业重点地区,各增设中心推广所1处;徽县、靖远为本省植棉重要地区,各增设普通推广所1处。中心推广所的职责是:"①健全本身组织,努力充实业务;②派员办理附近县份推广工作;③巡回辅导辖区各县推广所;④繁殖优良种苗,供辖区各县推广材料。"③为了加强农业推广力度,甘肃省还确立了督导制度,将全省划分为3个督导区,8个视导区。1942年春季,甘肃省派督导人员赴陇南建立县农业推广和辅导植棉,派员赴洮岷区督导增粮;8月,派员赴陇东、陇南及洮岷等区"巡回督导各增粮县份及推广所"。④督导制度的建立有利于农业推广工作的进行。

为了加强农业改良与推广,国民政府农林部在各省设立推广繁殖站,目的在于"集中农林部驻省各附属机关之人力、财力,协助省农业改进机关由分区供应推广材料入手,借以普遍策动增产事业"。在此背景下,1942年5月,农林部甘肃推广繁殖站在兰州成立,中心工作是"小麦育种与良种繁殖,马铃薯育种与栽培试验及良种繁殖,果苗良种繁殖与推广,甜菜良种繁殖及作物重要害虫之研究与防治示范等"。据1944年统计,该站有技术人员16人,事务人员9人;场地5000亩,其中自有3000亩,租用2000亩;经费102万元。⑤农林部甘肃繁殖站成为指导和参与本省农业改良与推广的重要机关。

1942年8月,农林部鉴于西北水土保持工作的重要,中央农林试验所与甘肃农业改进所洽商,次年4月,在天水设立了水土保持试验区。试验区在藉河南岸,吕二河之东,龙王沟之西建立了南山试验区,面积约3328市亩,主要进行水土保持试验。向天水县政府租借河北苗圃,用作牧草试验与苗木繁殖;向甘肃农业推进所

---

① 《农业改进所两年来工作报告》,《甘肃建设年刊》,1940年印行,第95—45页。
② 蒋杰:《一年来之省县农业推广》,《农业推广通讯》第6卷第1期,1944年1月,第24页。
③ 刘犁青:《半年来甘肃农推工作掠影(上)》,《甘肃农推通讯》创刊号,1942年7月,第11页。
④ 刘犁青:《半年来甘肃农推工作掠影(下)》,《甘肃农推通讯》第1卷第2期,1942年8月,第11—12页。
⑤ 何家泌:《三年来之各省推广繁殖站》,《农业推广通讯》第7卷第5期,1945年5月,第44页。

借藉河南岸旱地30亩,专司牧草繁殖。该试验区根据当地土地性质与坡度,气候环境,研究农林牧业的合理利用,以期增加生产。1943年进行的工作主要是保持水土、采集植物种子及苗木,选购应用农具,定购试验材料,举办水土保持训练班,组织附近3个村庄的农民,成立保土会。1944年的工作"举凡迳流小区试验,梯田沟洫,沟冲控制,柳篱挂淤,河滩造林,气象观测,地形测绘,以及保土植物之育种与繁殖"。1945年工作范围,逐渐扩大,"承各农林机关予以经费补助,或技术合作,三年以来稍具成果"。在农业推广方面,该试验区做了一些工作,1944年至1945年,试验区搜集各农事试验场的优良品种,"冀求得适于天水山田之优良品种,以便普遍推广,增加产量。"其中泾阳302小麦、武功白玉米和黄马齿玉米的推广取得了成绩。泾阳302小麦经过两年试验,其产量较本地青熟麦高18.31%,品质佳良且能耐寒,适于山地种植。1946年除了试验区种植20亩外,并在附近农家推广375亩。武功白玉米产量较本地玉米高18.34%,黄马齿玉米产量较本地高25.78%。进行试验的还有8个高粱品种,18个小麦品种。① 1944年,该试验区设立了兰山工作站,主要进行了三项试验工作。①保土试验与繁殖。在全家山播种牧草24种,每种一小区,观察生长情形以资繁殖,并于皋兰山四墩坪播种苜蓿,同时在中正山协助甘省农改所设计种植牧草试验。②农田水利。在皋兰山四墩坪一带开掘梯田水平沟430丈,树穴540个。协助甘省建设厅督导兰州市、皋兰、榆中、定西等县利用义务劳动试验水土保持工作,共计开掘水平沟2250丈。③农作保土试验。在全家山试验场内举行耕作方法、轮作试验,耕作方法分普通斜坡、上下坡、等高种等三区;轮作方法分马铃薯及小米、小麦、休闲等试验。② 这些试验,无疑有助于本区域农业技术的进步。天水水土保持实验区在河北苗圃(群众称之为"苹果园")进行苹果嫁接试验,聘请林果专家董新民、鄢列庆主持苹果苗选购和嫁接,取得较好的成绩,一是培训出了一批苹果育苗、嫁接和剪修技术人员;二是从1944年秋开始采集野生种子进行育苗,仅1945年就育出砧木1400多株进行嫁接,获得成功。③

(二)小麦优良品种的试验与推广

小麦是甘肃种植的主要农作物,栽培面积及产量在全省农作物中占首位,是抗战时期农业试验和推广的主要作物。为了检定小麦优良品种,甘肃省增粮督导团

---

① 甘肃天水农林部水土保持试验区:《三年来之天水水土保持试验区》,第1—2、6页。
② 傅焕光:《傅焕光文集》,中国林业出版社2008年版,第314页。
③ 农夫:《天水苹果探源》,《甘肃文史资料选辑》第42辑,甘肃人民出版社1996年版,第154页。

制定了《甘肃省检定麦作地方品种纲要》，作为选育优良品种的基本操作规则。根据《纲要》，1941 年甘肃省在岷县、临洮、皋兰、天水、榆中、平凉、泾川、徽县等 8 县进行小麦品种检定，共选出地方优良品种 28 个。1942 年，甘肃省粮食增产督导团制定了《四十一年度推广检定小麦品种暂行办法》。一方面在张掖、靖远两县继续进行小麦优良品种检定，另一方面对 1941 年检定的 28 个小麦品种进行复查，检查其分布面积、品种特性、亩产量、成熟期、病害种类及抗旱能力。① 在划定的县份，检定人员按照检定办法，做了比较细致的工作。如泾川县农业推广所首先选定检定范围和麦田，按照公布的检定办法，进行询问和田间调查，对全县早熟、中熟、晚熟的 12 个小麦品种的特征、优点、缺点、分布进行了仔细观察和记录。根据当地气候和地理环境，选出老筋麦和白麦为本地适宜推广的品种。② 张掖增粮指导团对本地 8 个乡的小麦做了检定，选出白大麦子、白小麦子、火穗子 3 个品种，并进行采穗购种和推广工作。"在各乡同品种之若干田中央采集无病害、茎秆坚韧、籽粒不自由脱落，成熟期适宜，及在同等环境下穗形较饱满的单穗共 600 个，每块田所采的 15—20 个单穗捆成一束，系一小牌，记以名称、采地、日期及麦田号数。同时在各乡选择纯而生长良好者，向其预约，在收获时，每种收买一市斗，一并分送甘农所及张掖农场试验。并指导特约农户 15 家，换种繁殖，繁殖亩数共 180 亩，以谋麦穗逐渐单纯化、优良化"。③ 张掖的做法是边检定边推广，是一种行之有效的办法。

　　为了增加粮食产量，甘肃粮产增进委员会成立后，一项重要工作就是推广鉴定优良小麦品种。根据该会《推广检定优良小麦品种工作专门报告》，各县检定优良品种，均采取换种方式，由检定员与农家约定存留时期自行换种，并由粮产增进委员会通知农业改进所所属各区农场及各县农业推广所进行比较试验，并在特约农家繁殖，以备下年推广。如岷县的蓝麦在 1941 年冬季推广种植 5575 亩，春麦可推广 2500 亩。在粮产增进会指导员的指导下，农家自行混留种共计 49943 亩，其中

---

　　① 《三十一年度推广鉴定小麦品种暂行办法》，《甘肃农推通讯》创刊号，1942 年 7 月。
　　② 农技人员在泾川检定与选育优良品种时，考虑了当地地理环境与居民生活、生产习惯等因素：一是地形地貌，老筋麦适合在原地种植，白麦适合川地种植。二是生活习惯，本地居民吃饭以面食和馒头为主，老筋麦适合做馒头，白麦适合做面条。三是农制，早熟、晚熟都需要种植，早熟小麦适宜种植在原地、川地，既可避免雨季的影响，还可种植小糜子；晚熟小麦种植可以调剂人工，即在小麦收割季节，本地农民组成"麦客"到陕西关中"赶场"，关中小麦收割后，正好本地小麦可以收割。综合了这些因素之后，决定选老筋麦和白麦为本地优良品种。（张清海：《泾川农家小麦品种检定报告》，《甘肃农推通讯》第 1 卷第 2 期，1942 年 8 月，第 15 页。）
　　③ 张掖增粮指导团：《张掖县小麦品种检定初步报告》，《甘肃农推通讯》第 1 卷第 3 期，1942 年 9 月，第 11—12 页。

洮沙县约 12040 亩,临洮 3420 亩,岷县约 26408 亩。① 另外,粮产增进委员会还指导皋兰等 9 县农家采收健全麦种另行储藏,以备下年播种。各县情况如表 4—4。

表 4—4　1941 年皋兰等 9 县采选健全麦种统计表

县　别	留种农户	选留种子数量(担)	约定播种亩数
皋兰县	61	700	586
榆中县	8043	84250	70217
定西县	4370	78660	65550
永登县	1505	36110	30090
张掖县	2426	34960	29137
武威县	3917	64320	53600
洮沙县	3092	38400	32000
临洮县	4080	57100	47580
岷县	17990	22162	184685
合计	45484	416662	513445

资料来源:王新之:《甘肃粮食产销之研究》,《粮政季刊》1947 年第 4 期,第 115—116 页。

在甘肃粮产增进委员会的指导下,1941 年,皋兰等 9 县共有 4.5 万余户农家,选留健全小麦种子 41.7 万担,约定播种小麦 51.3 万余亩。在小麦推广中,各地都试验推广产量高、抗病害强、抗倒伏较好的小麦,如 1942 年,张掖特约 3 户农家繁殖大穗子小麦品种,共计 18 亩;平凉推广长穗小麦 12 亩,红筋麦 10 亩;徽县推广老旱麦种 10545 市石,红麦 27 市石;岷县指导农民自动调换优良麦种蓝麦及洋麦;泾川引进"陕农廿七号(蚂蚱麦)"20 公斤,分发特约农户种植,同时引种老筋麦等 210 亩;榆中推广白麦 147 市亩。② 1941—1942 年甘肃农业推广所与平凉农场鉴定,平凉比较优良的小麦品种是红筋麦、白筋麦,其优点是"不脱粒,不倒伏、产量较高、品质较优"。③ 从 1943 年开始到 1945 年,陇东农林试验场先后在平凉等 9 县进行小麦优良品种鉴定,检定出一长条、红筋麦两个品种,并于 1944 年开始推广,"由平凉农民银行出款收购本场繁殖及经检定合格之纯种,以折价贷款方式贷给特约农户种植,每年示范推广时间,均由六月间开始进行决定地点、登记田亩、运粮、贷种、指导、调查、收获等工作"。截至 1946 年,共示范推广 16905 亩,种植农户 611 户,种植良种 1690 石。以每亩产量超过当地其他品种 40 斤计算,可增加产量

---

① 王新之:《甘肃粮食产销之研究》,《粮政季刊》1947 年第 4 期,第 115 页。
② 匡时:《推广活动点滴》,《甘肃农推通讯》第 1 卷第 5 期,1942 年 11 月,第 13—14 页。
③ 高文耀:《平凉农业推广工作的开展(续)》,《甘肃农推通讯》第 1 卷第 2 期,1942 年 8 月,第 16 页。

67.62万斤；以每斗15斤计算，合计508石，可增加农民收益9016万元。① 足见，在本地小麦优良品种检定和推广中，甘肃各地农林场都做了大量的工作，也取得了良好的成绩。

1943年后，甘肃省小麦选育与试验以引种省外优良品种为主。通过三年的试验，1945年选出适宜本地生长的小麦品种18个。特别是引进品种中的武功27、金大（即金陵大学）泾阳129、蓝芒麦泾阳302、泾阳60、陕农7号等6个品种，除泾阳302外，其他小麦与当地红筋麦比较，产量较低而且抗寒力差。② 因此，1944年以后的小麦引种与推广以泾阳302小麦为主。

泾阳302小麦是1923年由"金陵大学西北农事试验场在陕西渭南农田中选择之单穗"进行试验，截至1936年达13年之久。其优点是："①茎秆坚硬，不易倒伏；②成熟期早，产力强；③抗寒力、抗霜力均强；④抗病虫害力大；⑤籽粒大面色白；⑥出粉率高；⑦受市场欢迎"。③ 该小麦具备的这些优点，非常适合甘肃干旱、高寒地区种植。1942年，农林部中央农林试验所与各省合作办理"优良麦种及当地小麦比较示范试验"。1943年，甘肃农业改进所"征集国内外优良麦种于本所河西、洮岷、陇东、陇南各区农林试验场，分别举行区域试验，四年来之结果以泾阳302小麦在天水陇南区农林试验场试验之成效最显著，较当地品种不但年产高、品质佳，而且具有成熟早、病虫少、茎秆不倒伏及籽粒大等逐项优点，农民极为欢迎。在适应区域上言，陇南除天水区场举行试验外，并分别于秦安、清水、徽县、西和等县举行风土适应试验"。④ 在各种对比试验中，泾阳302麦显示出优良品质。如1945年天水特约繁殖及示范结果，平均每亩产量为1.68市石，同时调查3个乡镇18户农家平坦肥沃的土地，种植其他小麦平均每亩产量1.42市石，低于302麦0.26市石；1944年，陇东冬季气候寒冷，"外来麦种均受冻害，惟泾阳302麦未受冻害"；1946年甘肃小麦普遍发生锈病，但在天水推广的302麦"受病害较轻，每亩收量约为1.5市石，而当地青熟麦因遭锈病甚剧，每亩产量不及1.3市石"。⑤ 清水农业推广所试验的小麦品种有15个，产量以"泾阳302麦居首位，每亩合321.9市斤，超出本地青熟麦、蚂蚱麦、火麦"；秦安试验302

---

① 罗绪、郭世杰：《陇东冬小麦之检定与推广》，《农业通讯》第1卷第5期，1947年5月，第23页。

② 侯同文：《泾阳三〇二小麦在甘肃之适应与推广》，《农业通讯》第1卷第2期，1947年2月，第27页。

③ 同前书，第28页。

④ 同前书，第26页。

⑤ 同前书，第30页。

小麦"亦较当地品种生长为优";徽县试验的结果"泾阳302麦除次于当地老旱麦外,较其他品种均优"。① 这些均说明泾阳302麦具有产量高、抗病虫害和抗冻性能强的特点。如表4—5。

表4—5 泾阳302麦与本省优良冬麦三年试验产量比较表

品种名称	3年平均亩产量(斤)	泾阳302麦超过各品种之产量		
		每亩斤数	每亩斗数	百分数
泾阳302麦	271.9			
镇原一长条	243.5	28.8	1.87	11.8%
平凉红筋麦	241.5	30.0	2.00	12.4%
天水青熟麦	220.8	58.7	3.38	26.6%
泾川红齐麦	211.3	60.2	4.01	28.5%
岷县蓝麦	200.4	71.1	4.74	35.5%
镇原青蚂蚱	183.4	88.1	5.87	40.0%
泾川白筋麦	182.4	89.1	5.94	48.8%
平凉白忙麦	180.2	91.3	6.07	50.7%
平凉红急麦	176.7	94.8	6.32	53.7%
庆阳红忙麦	171.1	97.6	6.64	57.0%
平凉360	169.1	102.4	6.83	60.6%
宁县和尚头	157.6	103.9	6.73	65.9%

资料来源:侯同文:《泾阳三〇二小麦在甘肃之适应与推广》,《农业通讯》第1卷第2期,1947年2月,第28页。

从表4—5来看,泾阳302小麦产量均比各地原来小麦亩产量最低高出11.8%,最高高出65.9%,平均高出40.95%,极具推广价值。为了推广泾阳302小麦,必须有一定数量的品种,甘肃农业推广所采取两种繁殖品种办法。一是由农林试验场自己繁殖。1944—1945年由陇南区农林试验场种植90.96市亩,用种量9.2市石,选种量126市石。二是特约农户繁殖。为扩大种植面积以便大量推广起见,1944年秋季开始物色良种示范农家及特约农家举行示范栽培与繁殖,农业推广所与陇南农林试验场拟定推广繁殖办法,规定"一切须受农场及农业推广所之指导,农家所收获之麦,除自留种者外,陇南辅导区与中国农民银行得按市价加一收买,作为推广材料"。②表4—6是特约示范农家小麦繁殖数量统计表。

---

① 侯同文:《泾阳三〇二小麦在甘肃之适应与推广》,第27—28页。
② 同前书,第28—29页。

表 4—6　1944—1945 年度特约示范农家小麦繁殖数量统计表

类别	乡镇数	户数	繁殖面积（市亩）	收获量（市石）	自行留种（市石）	拨给附近农家（市石）	农行收购量（市石）	其他用量（市石）
特约繁殖农家	7	54	312.7	613.0	168.6	77.5	46.09	320.81
特约示范农家	7	42	42.0	72.9	36.6	26.6	4.20	5.50
合计	14	96	354.7	685.9	205.2	104.1	50.29	326.31

说明：原文计算可能有误，收获量一栏数据是笔者根据自行留种、拨给附近农家、农行收购量、其他用量重新计算而得。

资料来源：侯同文：《泾阳三〇二小麦在甘肃之适应与推广》，《农业通讯》第 1 卷第 2 期，1947 年 2 月，第 29 页。

特约繁殖农家与示范农家涉及陇南 14 个乡镇，共种植泾阳 302 麦面积 354.7 亩，收获量为 604.9 市石。在两种繁殖办法中，特约农家是泾阳 302 麦的主要繁殖者。按照事先约定，除了自行留种外，79.8％的品种或供给附近农家种植，或被农行收购，或用作推广。

泾阳 302 麦推广方法有两种。一种是贷种。此种办法通过中国农民银行办理，即以实物贷款的形式把泾阳 302 麦种贷放给农民，次年麦收后加 1 成或加 2 成归还。1944 年，在 7 个乡镇 96 家农户，贷放籽种 35.47 市石，播种面积 354.7 市亩，收回籽种 39.02 市石。麦种由农民银行陇南分站及陕西泾阳购置，次年按加 1 成收回种息。1945 年，在 10 个乡镇 107 户农家，贷放籽种 68.84 市石，播种面积 688.4 市亩，收回籽种 86.05 市石。籽种由农行向陇南农林场和陇南分站购买，次年按二成收回种息。二是换种。由农业推广所负责倡导农民向特约农家或示范农家换种，以普通小麦 1 市石 1 斗换泾阳 302 麦种 1 市石，同时"指导农民仿照办理三十四至三十五年（1945—1946 年）度约定特种农家以二分之一面积作为特约繁殖种子田，加工管理以备收获后供给农家换种，以达农业推广之目的"。据统计 1945 年陇南有 4 个乡镇换种 21.76 市石，播种面积 217.6 市亩，估计收获量为 326 市石。1944—1945 年，陇南区场推广 10 个乡镇，834 户，播种面积 4501.9 市亩，以每亩平均收获 1.5 市石计算，可收获小麦 6752.85 市石。[①]

自 1943 年泾阳 302 在甘肃试验推广以来，至 1946 年共推广 1037 户，5763 市亩。"按四年试验结果，平均泾阳 302 麦较当地农家良种，青熟麦每亩多 4.2 市斗。兹仅以多收 4 市斗计算，则四年来本品种在天水一带之实际增产，系为 2400 余市石，若于陇南各县大规模举行区域试验及扩大推广区域，则可达增产之目的，

[①] 侯同文：《泾阳三〇二小麦在甘肃之适应与推广》，第 30 页。

并实惠农民,借达促进农村经济繁荣之鹄的。"①可见,在甘肃小麦优良品种试验与推广中,泾阳302麦具有广阔的前景,对推动农业生产和农村经济有很大的意义。

抗战胜利后,甘肃在五年计划中,农业推广依然是发展农业的重点,包括.鉴定培育优良品种,防治病虫害,研究改进土壤肥料等内容。② 这期间,甘肃引种优良品种在冬麦区有302小麦,在春麦区有武功774号和美国玉皮两种,平均每亩可增产5市斗上下,1946年在天水、兰州、临洮等地开始推广,"颇受当地农民欢迎"。③ 1947年甘肃农业试验包括:①小麦方面主要做纯系育种、品种观察与比较试验、区域适应性试验、栽培试验四种。②燕麦试验主要与中农所合作,在平凉、岷县、雁滩、张掖等地举办,张掖以白燕麦,雁滩以美国127、131品种,岷县以黑皮,平凉以乌黑梢等为最优良,亩产最多可达到500余市斤。③甜菜进行栽培试验,兰州栽培的G.W,85,U.S.S.R.SPI1-8-00等三个品种最优良,亩产达到8500市斤;张掖以SPI1-8-00US215×21G产量最高,每亩达到7000市斤。还进行了大麦、马铃薯、棉花、牧草等试验。④ 在农业推广方面所进行的工作是:①在临洮、天水、平凉等地购配金陵大学西北"302号"、美国玉皮、武功"774号"及齐头麦等优良品种1509市石,用作推广;在皋兰、榆中、张掖等县推广优良麦种1351市亩。②与中央农业试验局及西北推广繁殖站合作举办冬小麦、马铃薯、玉蜀黍、大麦等改良试验成功进行。③推广甜菜,武威种植384亩,临洮200亩,湟惠渠张家寺40亩,"成绩甚佳"。⑤ 这些均说明农业推广不仅为农民所接受,而且效果显著。

(三) 宁夏农事试验与推广

宁夏第一农事试验场成立于1929年3月,试验用地20亩,温室5间,开展良种培育和施肥、病虫害防治工作试验。⑥ 次年,宁夏省建设厅成立了农业推广所,把整顿水利、改良畜牧、提倡蚕业以及添设各试验场、交换籽种、讲求种植、防除病虫害、举办农产副业等作为主要业务。但由于省政府刚刚建立,政局不稳,农民贫

---

① 侯同文:《泾阳三○二小麦在甘肃之适应与推广》,第26页。
② 赵从显:《甘肃经济建设原则之商榷》,《新甘肃》第2卷第1期,1947年11月,第24页。
③ 张柱海:《甘肃农林建设事业之商榷》,《新甘肃》创刊号,1947年6月,第34页。
④ 张桂海:《一年来之甘肃农业改进工作述要》,《新甘肃》第2卷第2期,1948年4月,第68—72页。
⑤ 骆力学:《一年来甘肃之经济建设》,《新甘肃》第2卷第2期,1948年4月,第19页。
⑥ 宁夏农业志编审委员会:《宁夏农业纪事》,宁夏人民出版社1993年版,第6页。

困,对农事试验和推广影响颇大,"以致此项农业推广,巨细各事,未能实行"。① 宁夏从 1933 年着手筹设县级农场,但成绩不佳。1935 年冬季,将省级农场加以整理扩充,在近城地方购买数百亩土地,设立农事试验场。经过建设厅的努力,1936年,除了盐池、豫旺、磴口三县外,其他七县均成立农事试验场,"各场圃皆选聘专门技术人员,从事研究试验,为民作导"。② 在经费方面,各县农场经费从 1936 年 1 月起"由财政厅统收统支",③以保证试验取得成效。1937 年,宁夏建设厅在经济建设总结中指出:"各场圃均延揽专才,事实研求,为民领导,现在倡导试种新产,试验土壤中,如棉花之试种结果,每亩最高产量,得十八至二十斤,现正继续推行。蚕桑实业,以前本省苦寒,故无人倡办,近因金灵各县,民间有自动试蚕者,蚕儿桑苗,均能发育,本厅以为颇有育蚕之可能性,因即培养省农场原有桑树,由豫冀各省,采买蚕卵试育,去年得茧十公斤,今年得茧四十公斤,蚕种亦能收获,经[结]过尚佳。"④

但因缺乏经费和专业人才,抗战前宁夏一些县级农事试验场成绩不佳。"本省为改良农业起见,曾于各县设立农事试验场,期收改进农业,以资倡率之效。惟因各县因或经费困难,类皆设备不全,因陋就简;为县长者,借此安置数人,敷衍场面而已,岂但无成绩可言,抑且由本厅发给之种子,尚有弃置而不种者,即已遵种之农场,间有将产物拍卖,得价自肥者,一遇上峰催缴成绩,彼等乃于农村中搜得若干,饰词以文其过,不曰土壤不良,即曰经济困难,蒙混一时,迨乎事过,彼等又因循如常矣。大抵办理农场之人,其思想惟在升官发财,而实心为社会服务,恪职尽责者殊觉寥寥。"⑤南京政府时期,相当部分的农事试验场作为不大,究其原因:一是经费缺乏,二是人才匮乏,三是责任心不够。

抗战时期随着国民政府重视农业问题,宁夏在原有的基础上在建设厅下设省农事试验场、各县农事试验场以及第一苗圃、渠口苗圃,1938 年,省政府设立农林总场。1940 年 1 月,省政府在建设厅下设农业改进所,下设宁夏、宁朔、平罗、金积、灵武、中卫、中宁推广中心。⑥ 农业改进所成立后,"收罗大批农业专门技术人才,从事农业之改进,并在各县皆派有棉业指导员,力谋各县农业之发达,自经政府

---

① 《各省市农业推广实施概况·宁夏省》,《农业推广》第 4 期,1933 年 6 月,第 10 页。
② 秦孝仪主编:《十年来之中国经济建设》第 21 章《宁夏省之经济建设》,第 1 页。
③ 宁夏省政府秘书处:《宁夏省政府行政报告》,1936 年 8 月,第 30 页。
④ 马如龙:《宁夏省近年来之经济建设》,《实业部月刊》第 2 卷第 2 期,1937 年 2 月,第 210 页。
⑤ 宁夏省政府秘书处:《宁夏省政府行政报告》1936 年 3—4 月,第 39 页。
⑥ 宁夏省农林局:《宁夏省农林经费报告书》,1942 年油印本。

倡导和补助农民以来,棉产量于近一二年,则有突然大增之势"。① 1943 年,宁夏农业改进所扩充为农林局,次年又成立了农林处,省政府主席马鸿逵兼任处长,罗时宁为副处长,②该处所属机构约有 31 个,包括农业经济调查所、农业试验场、农业加工试验场、灵武园艺试验场、中宁植棉示范场、卫宁植棉办事处、八里桥林牧场、农林处牛奶场,以及各地设立的农林场等。③ 这些机构的设置,在农业技术改良方面发挥了应有的作用。主要工作包括:①改良农具,有分离棉籽的铁木轧花机、预防农作物黑穗病的碳酸铜拌种机,播种器、中耕器、玉蜀黍脱粒器等,"对过去宁省之旧式农具,均有划时代之改革";②肥料试验,主要试验了骨粉、绿肥所适应的农作物;③种子改良,进行了各种作物的栽培、育种试验、本地小麦品种鉴定选择、引进甘薯、花生等;④推广蚕桑,在全省各县推广蚕桑"结果均稍成功"。④

宁夏农事试验的重点是小麦、水稻、棉花和杂粮品种的引进、培育和推广。小麦试验的目的是为测定改良品种系在本省的适应性。1940 年,宁夏农政机关与西北农学院、陕西农业改进所、金陵大学泾阳西北农场等科研院所,合作举办豫、陕、甘、宁四省大规模区域试验。历年试验结果,"已证明有十余种产量高品质佳,及抵抗病虫害诸优点品种,在本省试验,察其适应能力,择其成绩最优者,在本省推广之,并供将来举办推广事业之根据"。⑤ 农业改进所主要做了水稻插秧和播种期试验,小麦穗行、选种、品种比较试验,甘薯和花生的推广种植,都取得了初步成效。⑥ 在经济作物方面,推广花生、芝麻种植,1941 年从陕西购买花生优良品种 170 斤,芝麻籽种 1 石 2 斗,"据调查结果,成效尚佳"。⑦ 同年,宁夏农林试验场进行了麦作、稻作、杂粮三项试验。小麦的区域试验选择陕西、甘肃、河南、宁夏小麦 18 个品种,以地方 2 个品种做比较试验;杂粮选择玉米、大蚕豆、豌豆、荞麦等品种进行比较试验和大豆的播种期、收获期试验;水稻品种观察和比较试验,还进行小麦地方品种试验和黑穗病防治等试验。⑧ 水稻是宁夏主要粮食作物,占农作物栽培面积的 29%,是农作物试验的重点,水稻地方品种鉴定范围为宁朔、永宁、贺兰、金积、灵武等 5 个主要产地,鉴定方法分三步:①进行水稻地方品种访问;②进行水稻地

---

① 李丛泌:《西北农业概况》,《新西北》第 4 卷第 5 期,1941 年 7 月,第 30 页。
② 罗时宁:《一年来之宁夏农林建设》,《农业推广通讯》第 6 卷第 1 期,1944 年 1 月,第 35 页。
③ 秦晋:《宁夏到何处去》,第 32 页。
④ 同前书,第 45 页。
⑤ 宁夏省农林处编:《宁夏省农政七年》,第 62—63 页。
⑥ 宁夏省政府秘书处:《十年来宁夏省政述要·建设篇》第 5 册,第 294 页。
⑦ 罗时宁:《宁夏农林畜牧概况》,《新西北》第 6 卷第 1—3 期合刊,1942 年 11 月,第 46—47 页。
⑧ 宁夏农业志编纂委员会:《宁夏农业志》,第 452 页。

方品种生长优良田间之观察;③生长优良品种单穗采选与优良稻之采购。① 此次试验情形如表4—7。

表4—7　1941年宁夏农林试验场工作状况统计

种类	试验名称	试验目的	试验结果
麦作	陕甘豫宁小麦区域试验 小麦地方品种检选 小麦黑穗病防治	选择适应本省良种 检选当地良种以便积极推广 比较小麦黑穗病防治方法	以武功17、14号为最佳 以姚伏无芒为最佳 以高温浸种为最佳
稻作	水稻品种观察 水稻品种比较试验	选择省外优良稻种 选择省产优良品种	— 以叶升3号为最佳
杂粮	玉蜀黍品种比较试验 大豆品种观察	检选优良品种 选择适合本省之优良品种	— —

资料来源:秦孝仪主编:《革命文献》第105辑《抗战建国史料——农林建设(四)》,第330页。

1941年试验中,选择武功小麦17号、14号适合宁夏种植,地方品种以姚伏无芒最佳;防治病虫害以温汤浸种最佳,水稻以叶升堡3号农家种为最优良。这次"结果较二十九年明显,方法亦较二十九年精确"。② 可见,试验取得了比较理想的效果。在宁夏农事试验中,小麦、水稻和棉花试验是重点。在粮食、经济作物优良品种引进、选育的过程中,宁夏农业改进所采取了边试验边推广的方法③,取得了良好的成绩。

近代中国处于一个变革时期,在农业方面开始由"经验农业"向"实验农业"转变,现代生产技术开始应用于农业生产,推进了各地区的农业现代化进程。本区域农业技术也发生了变革,尤其优良农作物品种的引进和推广,对农业生产产生了很大的影响。正如时人评价甘肃农业推广时所说:抗日战争时期是改良农业技术的黄金时期,"本省农业推广工作可以说'别开生面',在甘肃农业推广史上留下了轰轰烈烈、足资纪念的事实"。④ 尽管有些溢美,但也反映了近代农业技术在延续传统的同时,也发生了较大的变革,是值得肯定的。农业推广人员在田间地头所做出的贡献,不仅得到当时农民的赞扬,也值得后人称道。

四、农作物病虫害的防治

黄河上游区域是农作物病虫害多发地区,各地都有一些常见的农作物病虫害。

---

① 秦孝仪主编:《革命文献》第105辑《抗战建国史料——农林建设(四)》,第331页。
② 同前书,第330页。
③ 同前书,第335页。
④ 高文耀:《平凉农业推广工作的开展》,《甘肃农推通讯》创刊号,1942年7月,第14页。

如小麦、高粱、糜子、大麦、燕麦、玉米等的黑穗病,小麦黄锈病、麦秆蝇,小麦、豌豆、水稻的麦象虫等,棉花角斑病、炭疽病、枯萎病、棉蚜虫等,马铃薯疫病,园艺作物病虫害有黄筋菜虫、猿叶虫、鹅绒金龟子、瓜守、豆金龟子、梨虫、栗色金龟子、跋虫、蝼蛄、苹果巢虫、卷叶虫等等。这些病虫害对农作物威胁很大,一旦发生,最直接的后果是导致农作物减产。如小麦一旦患有黑穗病,轻则叶发黄,重则全部枯死,受害麦株90%以上不抽穗,即便有穗也呈畸形。因此黑穗病是甘肃主要病害,据本省粮食委员会估计,麦类的黑穗病使每年的麦产量损失平均在22%以上。① 据当时临洮农校调查,黑穗病导致该县小麦平均年损失达20%。② 1941年全省14县发生黑穗病,平均损失17%,折合法币1亿5千万元。③ 天水、徽县、成县、平凉、泾川等地发生豆象虫害,导致豌豆减产50%左右;甘谷麦蛾虫导致小麦减产70%;漳县麦秆蝇侵害麦苗,受灾重者损失60%以上。④

  防治病虫害是增进粮食产量的主要方法。1939年,甘肃省农业推广所投资经费12万元,在陇南进行了蚜虫的防治,取得了一定的效果。⑤ 因小麦黑穗病危害最大,故1941年甘肃把防治黑穗病当做粮食增产的中心工作,选择14个县作为重点,自6月1日开始到7月1日结束。共防治黑穗病268.6万余亩,以平均减少麦产损失5%和本省常年平均产量1市担计算,被防治的14县共可减少粮食损失137800市担。但时人认为:"这次拔除黑穗实未达到增产的目的,最大的效果是使农民知道了黑穗病的名词,或是他们对黑穗病之为害多一层认识"。⑥ 尽管通过防治病虫害未必能达到目的,但增进了农民对病害的认识。根据工作报告,取得的成效如表4—8。

表4—8　1941年甘肃防治小麦病虫害统计表

项目县别	实际防治亩数(亩) 小麦	大麦	燕麦	合计	实际减少损失(市担)
皋兰	6710	2620	—	9330	462
榆中	385500	82500	—	468000	23400
定西	305278	41205	7420	353903	23295

---

 ① 李清堂:《西北的砂田》,《水利委员会季刊》第3卷第2期,1946年6月30日,第55页。
 ② 李茂:《陇南农作物病虫害调查报告》(1940年度),《甘肃建设年刊》,1940年印行,第118页。
 ③ 刘犁青:《半年来甘肃农推工作掠影(上)》,《甘肃农推通讯》创刊号,1942年7月,第12页。
 ④ 郭海峰:《甘肃省粮食作物之四种重要害虫及其防治方法》,《甘肃农推通讯》第1卷第3期,1942年9月,第5页。
 ⑤ 《农业改进所陇南治蚜报告》(1940年度),《甘肃建设年刊》,1940年印行,第115—116页。
 ⑥ 王新之:《甘肃粮食产销之研究》,第117页。

续表

项目县别	实际防治亩数(亩)				实际减少损失(市担)
	小麦	大麦	燕麦	合计	
永登	165000	3500	—	168500	8425
张掖	128551	31163	—	159714	7985
武威	273433	—	—	273433	13622
平凉	2013	44552	31613	78178	2815
泾川	26080	5590	—	31670	1584
天水	3221	779	—	4000	200
秦安	36812	357	2960	40129	2006
徽县	58552	1680	—	60232	3012
洮沙	60955	15105	5941	82001	4100
临洮	452363	182550	7809	642722	31186
岷县	308082	6095	—	314177	15708
合计	2212550	417696	55743	2685989	137800

资料来源:王新之:《甘肃粮食产销之研究》,《粮政季刊》1947年第4期,第112—114页。

1942年前季的重要工作是以兰州、皋兰等11县市为中心展开,其余56县局为普通工作县。总计防治麦病200万亩,防治高粱、小米、糜子等黑穗病84万亩。[①] 有文献记载,这年平凉预防黑穗病20万亩。[②] 防治的主要方法:一是教农民"实施温汤浸种与碳酸铜拌种";一是技术人员到田间动员农民"拔穗选种,拔穗防治散黑穗,选种防治腥黑穗"。[③] 1942年泾川县防治病虫害取得了如下成效:①拔除大麦坚黑穗。4月,农业推广人员在泾川一个庙会上拿着大麦坚黑穗让赶庙会的农民看,使农民知道什么是大麦坚黑穗及其危害。经过宣传"农民均能自动去拔除,共焚烧了三千余穗"。②防止小麦旱秆蝇。5月中旬,该县阮陵乡发生了旱秆蝇,农业推广人员前去宣传,动员拔除500亩,焚毁5万株,使其危害程度降低到1‰—2.5‰。③防止豌豆象虫。④拔除高粱黑穗。本年雨水不调,泾川高粱黑穗病达6.6%—30%不等,最严重的每亩要拔除200余株,从6月下旬到7月,集中全部精力指导农民防治该病害。[④] 临洮县玉井等乡镇98户农家的2000余亩麦田,经防治后,每亩比往年平均增收小麦0.15—0.2市斗。另有55户农家的110.5亩

---

① 刘犁青:《半年来甘肃农推工作掠影(上)》,《甘肃农推通讯》创刊号,1942年7月,第12页。
② 高文耀:《平凉农业推广工作的开展(续)》,第9页。
③ 刘犁青:《半年来甘肃农推工作掠影(上)》,第12页。
④ 张清海:《半年来的泾川农业推广》,《甘肃农推通讯》第1卷第4期,1942年10月,第14—15页。

大麦防治坚黑穗,每亩平均增收 0.17 市斗。① 据统计,1942 年全省防治麦病 200 万亩,防治高粱、小米、糜子等黑穗病 84 万亩。农业推广技术人员得到了农民的欢迎,亲切地称呼农业推广技术人员为"麦病先生",农民编出顺口溜赞扬这些农业推广技术员说:"麦病先生到咱家,不吸烟来不喝茶,下田寻着麦灰穗,口口声声喊着拔"。②

此外,《甘肃农推通讯》发表一些防治农作物病虫害的知识、经验和方法的文章。1942 年 8 月出版的第 1 卷第 2 期发表了《作物害虫之普通防治方法》,介绍了 11 种方法:①保护并利用天敌侵杀害虫;②勤于田间耕锄、除草、清洁、冬耕等,使害虫减少潜伏的机会;③灌水泡田以溺死土中和作物根部的害虫;④应用遮蔽法以隔绝害虫的聚集,如纸套、笼束果实,以胶质物涂在树干下部阻止害虫爬攀等;⑤徒手或利用器械扑打害虫;⑥寻找害虫群集的地方用火烧杀;⑦在树干周围用草束诱杀越冬的害虫,或刮除果树粗裂外皮,减少害虫越冬潜伏机会;⑧利用害虫的习性,分别施以光、色、食物、作物、气味或声音引诱害虫,以扑杀害虫;⑨采用药剂喷洒以窒息或毒杀害虫;⑩利用日光曝晒收获物(如储粮),使其充分晒干,以防侵入或生虫;⑪修建合理仓库,进行科学管理,以防潮、防热、防害虫和防雀、防鼠等。③ 有的以信箱的形式问答,如第 1 卷第 2 期的《答复洋芋疫病防治法》、《答复豆象防治法》;第 1 卷第 5 期的《小麦黄锈病防治法——答临洮孙威君》、《栗春橡之防治方法——答靖远增粮指导团》等。这些都有利于防治农作物病虫害知识的普及。

抗战时期宁夏在防治农作物病虫害方面也做了一些试验工作,而且取得了效益。如制造波尔多液防治葡萄白粉病,增加收入达 30%;用烟草调制烟草水防治棉虫,推广 1000 余亩,"已收相当成效"。④ 在病虫害防治中,小麦黑穗病最为要紧。1940 年该省农业改进所采用温汤浸种及碳酸铜拌种的方法防治,经试验可减少害虫 92%⑤。1941 年,划定贺兰、宁朔、平罗三县为防治区,一方面编发黑穗病防治浅说,一方面要求三县农林场长及农林指导员会同各乡建设主任协助指导农民,在下种前实行温汤浸种;在小麦成熟时,又指令上述人员督导农民实行选种,以防黑穗病的发生。三县共防治小麦田 5000 亩,据调查为害率较上年减少 4%。⑥

---

① 匡时:《农推活动点滴》,《甘肃农推通讯》第 1 卷第 4 期,1942 年 10 月,第 15 页。
② 刘犁青:《半年来甘肃农推工作掠影(上)》,第 12 页。
③ 郭海峰:《作物害虫之普通防治方法》,《甘肃农推通讯》第 1 卷第 2 期,1942 年 8 月,第 7 页。
④ 宁夏省秘书处:《十年来宁夏省政述要·建设篇》第 5 册,第 296 页。
⑤ 罗时宁:《宁夏农林畜牧概况》,《新西北》第 6 卷第 1—3 期合刊,1942 年 11 月,第 47 页。
⑥ 贺知新:《西北农业现况及其发展》,《经济汇报》第 8 卷第 5 期,1943 年 9 月,第 71 页。

这种方法在防治小麦黑穗病方面取得了一定成效。1945年中宁、陶乐发生蚕豆蚜虫"为害甚烈",中宁、平罗糜谷枯病"极为严重",中宁、中卫棉花蚜虫"大行猖獗"。农林处派出技术人员前往防治,蚕豆防治面积7200市亩,增产2016市担;糜谷防治面积8100市亩,增产2268市担;棉花蚜虫防治面积2495亩,亩产增加10—18市斤,总产增加36348市斤。① 凡是经过防治的农作物均获得了增产,但因人力、设备、药品不足,防治面积有限,病虫害的问题并没有完全解决。

抗战时期,本区域各种农业改良与推广仅仅是一个起步,没有完全展开,影响了改良的绩效。以甘肃为例,如引进适合甘肃种植的泾阳302小麦,在抗战时期和抗战后,只是陇南和陇东地区小面积种植,涉及农户只有1000余家,推广面积只有5000余市亩;棉花推广中,最高年份年产棉花6.7万市担,仅能满足全省需要量的12%;甘肃砂田面积80余万亩,抗战时期改良面积不足10万亩,仅占12.5%;肥料推广和病虫害防治也处于起步阶段。因此,抗战时期甘肃农业改良与推广存在绩效不足的问题。

通过对抗战时期农业改良与推广过程研究,我们发现造成绩效不足的主要因素包括:①农业改良时间短。尽管从晚清以来,甘肃农业改良工作已经开始,但一直处于"自生自灭"的状态。直到抗战进入相持阶段后,1941年,中央政府为了把西北建成坚持长期抗战的后方基地,把各种农业改良才提上日程,到抗战结束,短短四年时间,一些技术尚在试验阶段,无法全面推开。如泾阳302小麦优良品种,处于试验和特约农户种植状态,尚未在全省冬小麦区全面种植。②农业改良经费投入不足。抗战时期农业改良资金主要来源于国家银行的农贷和政府的补贴,因投入不足,难以形成大规模的经济效益。如砂田技术改良,以1945年货币值计算,改良1亩砂田需要1744元(法币),将剩余的70万亩砂田全部改良,需要122080万元,当年银行投资仅有7691万元,仅占需要量的6.3%。投资不足,影响了农业改良的效益。③农民农业技术知识不足。农业改良针对农民进行,而"农民的知识水准低,脑筋简单而固执,尤其对于农业□地是几千年来的传统习惯方法,如果有人对他经营的农业种子、技术、农具有所改变,他一定会惊起怀疑的目光,好奇的心理和藐视的态度"。② 农民的农业技术知识薄弱,在某种程度上影响了农业改良与推广的进行。④农业推广与农贷两个系统配合不默契。1942年10月,皋兰粮食

---

① 宁夏省农林处编:《宁夏省农政七年》,第79—81页。
② 董涵荣:《农业推广成功的第一个条件——人》,《甘肃农推通讯》第1卷第5期,1942年11月,第15页。

增产指导团与王家台等 5 家合作社商议收购小麦种 124.5 石,拟贷款 47139 元,可播种小麦 853 亩。但农行以合作社"保证责任贷款,超出保证金额"为由,不予放贷,①导致收购麦种搁浅,影响了来年小麦推广事业。

纵观近代黄河上游区域的农业技术改良与推广的发展历程,主要有以下几个特点:

第一,农业技术改良发轫于清末新政,经历了北洋政府时期,南京政府十年和抗日战争时期及国民政府统治大陆的最后几年。在几个不同的历史阶段中,抗战时期是取得成就最明显的时期。究其原因,归结于抗战时期国民政府的西北开发,在建设抗日后方基地和西北开发的口号下,加大了对本区域的农业投入力度,进行农业改良和推广,并取得了一定的成绩。正如魏宏运先生所言:"甘肃农业经济在战时的发展,是引人注目的,它走出了旧有的轨道"。② 尽管农业改良与推广存在绩效不足的问题,但毕竟使农业"走出了旧有的轨道",开始了由传统农业向现代农业转型,这是值得肯定的。因此,抗战时期是近代 100 余年中社会经济发展最好的时期就不难理解了。

第二,与全国农业技术改良一样,以政府为主导的农业推广机构起了重要作用,且以改良种子为核心。从晚清新政到北洋政府,及至抗战时期,在中央政府的倡导下,各省、县设立了农场、苗圃、农事试验场、农业改进所等一系列机构,所改良者以种子改良而已,而农业机械、化肥等在本区域的推广几等于零。在论及这个问题时,不同学者给予了不同的解释。庄维民认为:"主要是良种推广投入少,易见成效,即使在相同耕作条件下,收成也比普通品种明显提高,因而容易为农民所接受。而在当时贫弱的小农阶级基础上从事化肥、农药及新式农具的推广,因资金、技术等项原因,难度很大,而且在农业报酬方面风险也较大"。③ 王树槐认为:"①农业改良,须经过数年的研究与试验,一则需要有此知识的人才,一则需要有此经费的资助者。而试验结果之后,农民未必即能信之而接受。②中国人口多,劳力廉,农民多困难,连天然肥料尚难使用,更谈不上购买化学肥料,使用机械农具,因之改良农业,只能限于种子的改良"。④ 除了上述因素外,甘宁青深处内陆,交通不便,信息闭塞,受传统观念的影响等因素,也是农业改良只能从种子改良做起的原因。

---

① 匡时:《推广活动点滴》,《甘肃农推通讯》第 1 卷第 5 期,1942 年 11 月,第 14 页。
② 魏宏运:《抗日战争时期中国西北地区的农业开发》,《史学月刊》2001 年第 1 期,第 75 页。
③ 庄维民:《近代山东农业科技的推广及其评价》,《近代史研究》1993 年第 2 期,第 73 页。
④ 王树槐:《中国现代化的区域研究:江苏省,1860—1916》,台湾"中央研究院"近代史研究所 1985 年版,第 421 页。

第三,银行资本给农业改良提供了资金上的支持是抗战时期农业技术改良的最大特色。1941年后,农贷是国民政府发展农村经济的重要政策,而在农业贷款中,农业推广贷款是每年农贷政策必须强调的内容[①],农业改良与推广是农贷需要支持的主要对象之一。据统计,1941年,甘肃省政府联合中、中、交、农与省银行"组成增粮贷款团,共同投资于农村增粮事业",共计3000万元(法币,下同)[②],主要用于农业改良;1942年,金融机关向甘肃省发放农贷4600万元,其中农业推广100万元[③],占2.2%;1943年,四联总处给甘肃的农贷定额为8468万元,其中农业推广贷款700万元[④],占8.3%。

总之,抗战时期国民政府在建设抗日后方基地和西北开发的口号下,甘宁青设立了农事试验场和农业推广所(中心),农林部在各省建立了推广繁殖站,中央农林试验所在天水设立水土保持试验区,形成了以省农业改进所为中心,农林部和中央农产促进委员会督导,省农业推广委员会领导和县农业推广所(中心)具体负责,中国农民银行等提供了资金支持,由农会和合作社与农家相联系,建立比较完善的农业改良与推广系统。银行资本参与其中,为农业改良提供了资金支持。抗战时期农业改良,主要是为了解决居民吃穿的问题,重点在增加粮食产量和种植棉花,为此在小麦优良品种培养、砂田、肥料和棉花推广方面着力最多,并取得了一定的成绩。抗战爆发后,中国大部分地区遭到了日寇的蹂躏,"农产衰退,惟在大后方和解放区,颇有发展",[⑤]而抗战时期本区域农业发展为此提供了一个很好的例证。就中国经济整体而言,抗战时期中国农业经济比较发达的长江中下游、华北与黄淮平原地区农业发展完全处于停滞状态,中国经济举步维艰,但在国民政府各种农业政策影响下,黄河上游区域农村经济有了一定的发展,说明国民政府部分实现了大后方经济建设的战略目标。

[①] 《各种农贷暂行准则》,《农业推广通讯》第2卷第4期,1940年4月,第45—47页;《四联总处三十二年农贷方针》,《农贷消息》第6卷第9—10期合刊,1943年1月15日,第87页;郭荣生:《我国近年来之农贷》,《经济汇报》第10卷第9期,1944年11月,第76页。

[②] 成治田:《甘肃农贷之回顾与前瞻》,《中农月刊》第6卷第10期,1945年10月,第33页。

[③] 《四联总处三十一年度办理农业金融报告》,中中交农四行联合办事总处秘书处,出版年不详,第86—89页。

[④] 郭荣生:《我国近年来之农贷》,《经济汇报》第10卷第9期,1944年11月,第83页表1。

[⑤] 吴承明:《中国近代农业生产力的考察》,《中国经济史研究》1989年第2期,第73页。

第五章 农田水利的废兴

　　黄河区域属于典型的温带大陆性气候,年降水量稀少,而且分布不均匀,严重地制约了本区域农业和农村经济的发展。因此,兴修农田水利是发展本区域农村经济的关键。如清人刘献廷所言:"西北非无水也,有水而不能用也。不为民利,乃为民害……有圣人者出,疆理天下,必自西北水利始。水利兴,而后足食,教化可施也。"①郑观应也认为:"西北素缺雨泽,荫溉禾稼蔬棉,专赖渠水,渠水之来源,惟恃积雪所化及泉流而已。地亩价值高下,在水分之多少,水足则地价贵,水细则地价贱。盖自凉、甘、安、肃以达新疆,大致相若"。② 也就是说,要建设西北,必须重视水利。关于甘宁青水利,《财政说明书》有这样的论述:"全境山川山多田少,其田分川原山三等……凡河渠沟涧有水之处,皆由上游引之河干,灌下游之田。甘凉以西皆雪山融化之水,开渠灌田,天气愈晴亢,水源愈旺;天寒水涸,械斗争水之案,层见叠出。附近省城各属,多引沟涧水灌田,天旱水缺,讼案繁兴。惟南路巩(昌)、秦(州)、阶(州),水多田少,不虞缺乏。东路田高水利较少。宁夏府属田多砂渍,土脉松浮,得黄河泥沙灌溉,苗始勃兴"。③ 兴修农田水利不仅对农村经济的发展,而且对于巩固边疆安全和社会稳定有重要的意义,历代王朝都十分重视。从水资源利用来看,本区域农业灌溉用水主要是开发利用地表水,一是黄河及其支流水的利用,一是祁连山冰雪融水形成地表河流,用来发展灌溉农业。从地域分布来看,农田灌溉主要分布在河西走廊、宁夏平原、河湟谷地,同时渭河、泾河、洮河、祖历河等黄河支流的谷地也兴修了一些农田水利工程。

一、清代中期的灌溉系统

　　黄河上游区域灌溉农业主要分布在宁夏平原、河西走廊、河湟谷地,此外渭河

---

① (清)刘献廷:《广阳杂记》卷4,中华书局1957年版,第197页。
② 郑观应:《垦荒》,《清朝经世文三编》卷28,(台北)文海出版社1979年影印本。
③ 经济学会:《甘肃全省财政说明书》,第3页。

流域和其他一些地方也有水利灌溉。在研究近代本区域水利时,有必要对前近代时期这里的农田水利做一个简单的回溯,以便做比较研究。

清朝中期,本区域形成了比较良好的灌溉系统。河西走廊的水资源主要来源于祁连山脉的冰雪融水。"祁连山有许多峰峦在海拔 4000 米以上,终年积雪,并形成 2859 条大小不等的冰川。冬季时雪线降至海拔 1500 米,冰川面积达 1972.5 平方公里,贮水量为 1200 亿立方。这些冰川与雪峰,每年春夏之际融为大量雪水,形成 50 余条河流,每年流向山外平川地区的总水量超过 76 亿立方"。[1] 在降水量极小的河西地区,农民不喜欢有阴雨天连续存在,只希望多有晴天,太阳光强了,高山的积雪才能融化成大量的雪水流到山麓地带,引入农田灌溉。"少量的天然雨水根本不受人民重视,没有人工的灌溉,农业根本就不能存在"。[2] 所以,河西农业生产的根本在水利。从水系来看,主要有四大流域系统,即武威的三岔河(即石羊河)流域、张掖的黑河(又称张掖河)流域、酒泉的北大河流域、关西地区的布隆吉尔河(即疏勒河)流域。清朝时期在四大流域修建了渠、坝、沟、闸、渡槽、隧道、桥梁等水利设施。如武威黄羊渠、杂木渠、大七渠、金塔渠、怀安渠、永渠,以上 6 渠每渠分为 10 坝,各坝共计 11168 庄。[3] 雍正十一年(1733 年),在石羊河下游修建柳林湖灌溉系统,设总渠 1 条,然后分东、西、中 3 渠,在 3 渠中又开岔渠数十道,各长数十里不等,"地亩俱在渠身左右,编列字号,每号约以千亩为率"。[4] 张掖河流域以张掖、高台、山丹等县灌溉系统组成,其中张掖有 47 条水渠,灌溉面积达 4420 余顷。[5] 高台县有丰稔渠、站家渠、纳凌渠、定宁渠、新开渠、乐善渠、六坝渠、黑泉渠等。[6] 山丹有五条干渠,即草湖渠、暖泉渠、东中渠、童子渠、慕化渠,灌溉农田 1360 顷。[7] 北大河流域有两条支流,一条是讨赖河,一条是红水河,形成了北大河流域灌溉系统。[8] 关西有两条河流,即布隆吉尔河(即疏勒河,流经玉门盆地又称之为昌马河)与党河。清朝前期在关西地区大兴屯田,形成了昌马河与党河灌溉系统,大量的土地得到了灌溉。[9]

宁夏平原是西北地区农业开发比较早的地方,而且历代政府都十分注意宁夏

---

[1] 吴廷桢、郭厚安:《河西开发研究》,第 188 页。
[2] 王成敬:《西北的农田水利》,中华书局 1950 年版,第 11 页。
[3] 张玿美、曾钧:《武威县志》卷 1《地理志·水利图说》。
[4] 黄文炜、沈清崖:《重修肃州新志》,《肃州》第四册《水利·附载》。
[5] 钟庚起纂修:《甘州府志》卷 6《水利》。
[6] 黄文炜、沈清崖:《重修肃州新志》,《高台县》第一册《水利》。
[7] 《山丹县志》卷 5《水利》。
[8] 黄文炜、沈清崖:《重修肃州新志》,《肃州》第四册《水利》。
[9] 蒿峰:《清初关西地区的开发》,《西北史地》1987 年第 1 期,第 51—54 页。

渠工。如秦有秦渠,汉有汉渠、汉延渠,唐有唐徕渠,元有美利渠,明有通济渠、中济渠、七星渠、柳青渠、旧北渠等。清王朝对宁夏平原灌溉系统建设主要在两个方面:

一是对原有的渠道进行了修浚,如雍正九年(1731年)、乾隆四十二年(1777年)对唐徕渠的修浚;顺治十五年(1658年)、康熙四十年(1701年)、康熙五十一年(1712年)、雍正九年(1731年)、乾隆四年(1739年)、乾隆四十二年(1777年)对汉延渠进行了多次修浚;秦渠、美利渠、七星渠也在清朝多次进行了修浚。通过修浚,疏通了渠道,加宽了渠身,加固和增长了进水口,使渠道恢复和提高了灌溉能力。美利渠至清朝"康熙中,渠岸渐高,不能引水",经过康熙三十年(1691年)、四十年(1701年)、四十五年(1706年)的三次大修,使荒废了的土地复垦500余顷,"皆成稻田"。① 雍正九年(1731年)侍郎通智主持修浚唐徕渠,解决了渠口进水不多、闸座不固和渠身流水不畅的问题。② 乾隆四十二年(1777年),由于受黄河泥沙影响,唐徕渠的入水口黄河"频年东徙,唐渠之口入水不数尺",杜家嘴至玉泉一带受风沙影响"渠与地平"。王廷赞主持了唐徕渠的维修,采用了"束水攻沙"的调沙技术,使"河流潜引,直注渠口,积沙自徙"③,水渠的进水和流速都有了改善。汉渠经过康熙年间的数次修浚后,可灌田12.58万亩。④ 七星渠创修于明天启年间,清初已是"脉络之窒塞"、"污秽之为患"。雍正十二年(1734年)修浚后,"无水涝,无污莱,田益充,水益足"⑤,并开垦白马滩至张恩地3856亩。⑥

一是修建了新的渠道。清朝康、雍、乾时期在宁夏平原修建的大型水利工程主要有大清渠、惠农渠、昌润渠。康熙四十七年(1708年)宁夏水利同知王全臣主持修建大清渠,灌溉陈俊等村庄田地,共灌田1232顷。⑦ 雍正四年(1726年)七月,侍郎通智等人主持修建惠农渠,七年(1729年)五月竣工,渠长300里,支渠长七八里以至三四十里者百余道。⑧ 乾隆三年(1738年)十一月宁夏、宝丰、平罗发生地震,"沿河堤埂进行毁裂"⑨,惠农渠遭到严重破坏。乾隆五年(1740年)进行了修复,并

---

① 道光《中卫县志》卷1《地理考·水利》。
② 通智:《修唐徕渠碑记》,张金城、杨浣雨:《宁夏府志》卷20《艺文志》,宁夏人民出版社1992年点校本。
③ 张金城:《大方伯王公修渠记》,张金城、杨浣雨:《宁夏府志》卷20《艺文志》。
④ 张金城、杨浣雨:《宁夏府志》卷8《水利》。
⑤ 郑元吉:《续修七星渠碑记》,郑元吉、徐懋官:《中卫县志》卷9《艺文编》。
⑥ 道光《续修中卫县志》卷1《地理考·水利》。
⑦ 王全臣:《上抚军言渠务书》,张金城、杨浣雨:《宁夏府志》卷8《水利》。
⑧ 通智:《惠农渠碑记》,张金城、杨浣雨:《宁夏府志》卷20《艺文志》。
⑨ 刘源选编:《乾隆三年宁夏府地震史料·甘肃巡抚元展成为报赴宁夏查勘灾情起程日期事奏折,乾隆三年十二月十四日》,《历史档案》2001年第4期,第21页。

增长11里;乾隆九年(1744年)再次维修,又增长30里;乾隆三十九年(1774年),又改口于汉坝堡刚家嘴,至平罗县尾闸堡入黄河。经过震后多次修复和改口,惠农渠长262里,大小陡口136道,可浇灌宁夏、平罗二县农田4529.5顷。① 雍正四年(1726年),侍郎通智等主持修建了昌润渠,使惠农渠以东"无不溉之田"②。乾隆三年的地震使昌润渠也遭到破坏,乾隆八年(1743年)在陕甘总督黄廷桂的支持下,宁夏知府杨灏主持修复了昌润渠,"凿惠农渠东岸,建分水闸,甃之以石,引注昌润渠故道,至尾闸凡提百六里"。③ 乾隆三十年(1765年),知府张为旂主持改修昌润渠,解决了惠农、昌润两渠合用一进水口的问题,另由宁夏县通吉堡溜山子开口,至永坪堡归入黄河,长136里,大小陡口113道,灌平罗县埂外田1697.5顷。④ 除了三条有影响的大型水利工程外,宁夏平原还修建了一批小型水利工程,如中卫县镇罗堡的新北渠,灌溉15060余亩;永兴堡的新渠,灌溉16900余亩;张义堡的顺水渠,灌溉3600亩;铁桶堡的长永渠,灌溉2500余亩;宣和堡的羚羊峡渠,灌溉15300余亩⑤。可见清朝康、雍、乾时期,宁夏平原农田水利取得了很大的成就,时人说宁夏"水利之盛,未有如斯者也"。⑥ 根据王致中、魏丽英的统计,清朝时期宁夏平原有大小型水渠26条,总长度达到2161里,(1777年)农田灌溉面积198.6万余亩。⑦ 到嘉庆年间,宁夏平原的灌溉面积接近220万亩⑧,比明朝弘治时期增加约86万余亩(明弘治时的灌溉面积为133.5万亩⑨)。

在清朝之前,河湟谷地虽然已经有了灌溉农业,但是一种极为粗放式的灌溉,如贵德"所治地亩,向无渠道,皆决漫浇"。⑩ 到了清朝康、乾时期才有所改善,即"清乾隆六年,西宁道佥事杨应琚等创筑干支各渠,始复水利"。⑪ 在杨应琚的主持下,河湟谷地各县水利有了长足的发展,据地方文献记载,西宁县有水渠136条,长2438里,其中支渠270条,灌溉面积可下籽种6961.4石;碾伯县有干渠68条,长956.5里,支渠143条,灌溉面积可下籽种2435.5石;大通卫干渠4条,支渠11条,

---

① 张金城、杨浣雨:《宁夏府志》卷8《水利》。
② 通智:《钦定昌润渠碑记》,张金城、杨浣雨:《宁夏府志》卷20《艺文志》。
③ 黄廷桂:《重修昌润渠碑记》,张金城、杨浣雨:《宁夏府志》卷20《艺文志》。
④ 张金城、杨浣雨:《宁夏府志》卷8《水利》。
⑤ 道光《续修中卫县志》卷1《地理考·水利》。
⑥ 钮廷彩:《大修大清渠碑记》,张金城、杨浣雨:《宁夏府志》卷20《艺文志》。
⑦ 王致中、魏丽英:《明清西北社会经济史研究》,第151页。
⑧ 杨新才:《宁夏农业史》,第191页。
⑨ 同前书,第148页。
⑩ 杨应琚:《西宁府新志》卷6《水利》。
⑪ 刘郁芬、杨思:《甘肃通志稿》卷34《民政四·水利二》。

灌溉面积可下籽种 1517.6 石；贵德所干渠 4 条，支渠 40 条，灌溉面积可下籽种 677 石。① 乾隆初年西宁、碾伯二县和大通卫、贵德所共有水地 41.4 万余亩。居住在河湟谷地的少数民族也兴修水利，雍正时期少数民族地区灌溉面积达到了 17.2 万余亩，占民族地区农业耕地面积的 13.5%，乾隆三十七年（1772 年）前后水地达到 19.1 万亩，占少数民族地区耕地的 14.4%。②

除了上述地区外，一些地方还利用河谷流水修建了小型水利，发展灌溉农业。如皋兰县利用阿干水、水磨沟等河流修建小型水利工程近 20 处，灌溉田园约 2 万余亩；并利用泉水进行灌溉，有的灌溉数亩到数十亩，有的泉水灌溉达到 500 余亩。③ 乾隆三年（1738 年），河州"引广通河水开渠七道，灌田两万余亩"。④ 乾隆时期平番县在大通河两岸修建渠道 29 道，灌溉耕地 1161 顷 67 亩，"其余水灌地四百余段"。⑤ 金县在大夹河两岸修建水渠，轮流灌溉两岸农田。⑥ 洮河谷地是清朝时期陇中黄土高原灌溉农业最发达的地方，乾隆时期洮河及其支流谷地有干渠 16 条，支渠 24 条，共灌田 7 万余亩。⑦ 宁远"西起天衢镇，东至小洛门，横长百里，川谷傍入，水泉交通，用资灌溉，亦云便矣。"康熙时期宁远东路有水渠 13 道，浇灌 89 里（原资料用"里"表示浇灌农田的数量）；西路水渠 14 道，浇灌 71 里。⑧ 康熙二十五年（1686 年），平凉泾河干流修建了"普济渠"，长 25 里，灌溉平凉近郊农田。⑨

从上面的论述来看，清朝中期是历史上本区域水利发展比较好的时期，河西走廊、宁夏平原、河湟谷地等地方建立了比较完善的灌溉系统，如萧正洪所言，无论工程技术水平和管理制度，这一地区的水利管理制度和技术体系实际上是在乾隆初年以后才完善起来的。⑩ 由于灌溉系统的建立，各地农村经济得到了发展，如惠农、昌润二渠修建后"辟田万顷，安户万余家"⑪，沿渠两岸"筑庄建堡，村庄连云"。⑫

---

① 杨应琚：《西宁府新志》卷 6《水利》。
② 崔永红主编：《青海经济史》（古代卷），第 173、175 页。
③ 张国常：《重修皋兰县志》卷 11《舆地下·物产》。
④ 陈士桢、涂鸿仪：《兰州府志》卷 2《地理下·水利附》，道光十三年刻本。
⑤ 张玿美、曾钧：《平番县志·地理志·水利》。
⑥ 恩福、冒尭：《重修金县志》卷 3《地理志》。
⑦ 《狄道州志》卷 6《水利》，兰州古籍书店 1990 年影印本。
⑧ 冯同宪、李樟：《宁远县志》卷 2《河渠》，道光年间重刊本。
⑨ 王致中、魏丽英：《明清西北社会经济史研究》，第 177 页。
⑩ 萧正洪：《环境与技术选择：清代中国西部地区农业技术地理研究》，第 63 页。
⑪ 黄廷桂：《重修昌润渠碑记》，张金城、杨浣雨：《宁夏府志》卷 20《艺文志》。
⑫ 谢小华选编：《乾隆朝甘肃屯垦史料·甘肃巡抚黄廷桂为筹划宝丰屯户善后事宜等事奏折，乾隆十一年十月初九日》，《历史档案》2003 年第 3 期，第 34 页。

平罗得到灌溉后,"种地之家聚成村落,户口既繁,土田已广"。① 农村集市也建立起来,如中卫除了县城外,宣和堡、旧宁安堡、恩和堡、鸣沙州、白马滩、张恩堡、石空寺堡、枣园堡、广武堡都建立了集市,而且有了定期市集,如恩和堡每月三、六、九日集,鸣沙州每月一、四、七日集,白马滩每月二、五、八日集,张恩堡每月三、六、九日集。② 市镇经济十分活跃,"人烟稠密,商贾辐辏,交易经营",③呈现出比较繁荣的景象。

二、晚清灌溉系统的破坏与重建

同治元年至十二年(1862—1873年),陕甘两省发生了规模宏大的回民反清战争,给西北地区社会经济带来了巨大的破坏。④ 伴随着社会经济的破坏,清朝中期形成的灌溉系统也在这场战争中破坏了。

同治回民事变期间,河西走廊是战争的中心之一,社会动乱,人口减少,水利设施遭到了巨大的破坏,渠道失修,堤岸坍塌,水渠淤塞。同治十二年(1873年)左宗棠率大军"自垒口、武胜、镇羌,抵乌鞘岭,南水流经河口入大河,岭北之水会雪山之水经镇番入大河,计程七八百里,两水分流,漫布田野……乱后荒芜,村堡颓废,杳无人迹",⑤水利设施遭到了严重的破坏,居民弃村而逃。从地方志的记载中也可得到印证:"同治间逆回惊陇,民苦杀掠,堵御为艰,河患因之益剧"。⑥ 战后凉州、甘州、肃州"人民死亡既多,川原之地耕种不过十之三四,旱地更没有人过问。玉门和安西一带,孑遗之民力能自耕者,不过十之一二。敦煌人民存者不过十之三四,地亩荒废大半。"⑦酒泉水利在最盛时,讨赖河灌28万亩,清水河20万亩,洪水河30万亩,临水河14万亩,丰乐川23万亩,马营河32万亩,合共147万亩,"今常年所溉不及七分之一"。⑧ 由于水利遭到破坏,大量耕地得不到灌溉而被抛荒,"熟荒

---

① 谢小华选编:《乾隆朝甘肃屯垦史料·甘肃巡抚黄廷桂为报四堆子地方屯务事奏折,乾隆九年四月二十四日》,《历史档案》2003年第3期,第31页。
② 道光《续修中卫县志》卷3《贡赋考·税课》。
③ 《清代故宫档案》,乾隆十年十月初四日甘肃巡抚黄廷桂奏折,转引自杨新才:《宁夏农业史》,第211页。
④ 参看黄正林:《同治回民事变后黄河上游区域的人口与社会经济》,《史学月刊》2008年第10期,第84—87页。
⑤ 左宗棠:《左宗棠全集·书信二》第11册,岳麓书社1996年版,第406页。
⑥ 周树清、卢殿元:《续修镇番县志》卷4《水利考·河防》,1920年刻本。
⑦ 秦翰才:《左文襄公在西北》,第189页。
⑧ 沈百先:《考察西北水利报告》,《导淮委员会半年刊》1941年第6—7期合刊,第34页。

一望无际,长行三四十里,往往渺无人烟"。① 河西地区水田仅占 1/3,旱地占 2/3。②

宁夏平原是回民事变的重灾区,"经过十年的变乱,破坏很多,特别因为双方都曾利用渠水灌决敌人",③灌溉系统遭到了严重的破坏。同治八年(1869年)九月十四日半夜,回民军于"吴忠堡南决开秦渠,逼水东流,辰初,吴忠堡东南一带平陆成川",清军也"乘势将水漫沟坝头决开";④清军在进攻灵州附近低洼回民堡寨时,也采取堵塞河渠"筑坝蓄水"灌回军的战术。⑤ 同治九年(1870年)四月,"北路金积回决秦渠,灌湘军。湘军筑长堤拒之。会风涛大作,冲啮堤岸,势汹涌。军士列桩护堤,昼夜囊土巡防,堵塞决坏。越三日,风水消息,贼不得逞。"后来,清军也"决渠,反灌回营,回亦修堤堵之"。⑥ 秦渠的灌溉系统就这样被破坏了,有的被堵塞,有的堤坝被决口,或使水渠两旁的农田大面积被淹没,或使渠尾无水灌溉。宁夏各地的水利工程都遭到同样的厄运,如惠农渠"同治年间因地方变乱,居民流徙,渠工废弛,口亦沦没";⑦汉渠"同治年间,地方不靖,渠务因之废弛"。⑧ 水利设施的破坏,加之人口的减少,宁夏一片破败景象。宁夏"道咸以降,迭遭兵燹,同治之变,十室九空,宣统三年,又值匪乱,民之死亡,以数万计,户口凋零"。⑨ 又有记载:"宁夏在同治兵燹以前,人烟辐辏,商旅往来,塞北江南,为甘肃第一繁盛也。自经兵劫,化为邱墟,周余黎民,靡有孑遗"。⑩ 因水利灌溉遭到破坏,使宁夏平原失去了往日的繁富。

在平息了西北回民反清斗争后,督饬地方官员兴修水利,恢复农业灌溉系统是左宗棠在陕甘采取的一项重要的善后政策。在左宗棠看来,治理西北的出路在于兴修水利,也是"勤民之官"分内的事情。他说:"西北素缺雨泽荫盖溉,禾、稼、蔬、棉专赖渠水,渠之来源惟恃积雪所化泉水而已。地亩价值高下,在水分之多少,水足则地价贵,水绌则地价贱,盖自甘、凉、安、肃以达新疆,大致相若。治西北者,宜

---

① 陈赓雅:《西北视察记》上册,第254页。
② 陈正祥:《西北区域地理》,第25页。
③ 秦翰才:《左文襄公在西北》,第187页。
④ 左宗棠:《左宗棠全集·奏稿四》第4册,岳麓书社1990年版,第184页。
⑤ 同前书,第203页。
⑥ 憎毓瑜:《征西纪略》卷2,《回民起义》(三),上海人民出版社、上海书店出版社2000年版,第36页。
⑦ 宁夏省建设厅:《宁夏省水利专刊》,宁夏省水利厅1936年印行,第53页。
⑧ 同前书,第127页。
⑨ 马福祥等:《朔方道志》卷9《贡赋下·附户口》。
⑩ 慕寿祺:《甘宁青史略正编》卷23。

先水利,兴水利者,宜先沟洫,不易之理。惟修浚沟洫宜分次第,先干而后支,先总而后散,然后条理秩如,事不劳而利易见。"①正是基于这样的认识,左氏当政陕甘期间,在兴办水利方面,不遗余力。据秦翰才研究,左氏在陕甘任上,在各地都修复或重建一些水利工程,如在泾河流域、抹邦河等地兴建了一些水利工程。尤其在开凿抹邦河工程取得了显著成效,引抹邦河水入临洮南北川,"在南川一带,开挖支渠十一道;北川一带,开挖支渠七道。所有南北两川民田,均可以资灌溉。"②该项工程在甘肃水利史上有着重要的意义。在泾河流域的平凉,修建了湟渠,绕城五十余里;③还疏浚了利民渠。④ 在河西地区,"张掖开渠七道,又修复马子渠五十六里,灌田六千八百亩。肃州就临水河治七大坝,并以均差徭。抚彝厅报开挖渠道,支银一千七百七十五两有奇"。⑤ 在其他地方也多有建树,如"河州三甲集的新挖水渠四十余里,祈家集的新修水渠一道,狄道州的浚旧渠两道。地方官从事灌溉工程的,则又如固原和海城,文襄公都曾称许他们切实;而文襄公最赏识的吏材陶模,在秦州直隶州知州任内,就渠北引渭河水,创开陈家渠、张杨家渠、河边渠,连同乾隆朝所开石渠,共为五渠,灌田数千亩,更是一个显著的政绩"。⑥ 据《天水县志》记载,陈家渠可灌田1200亩,张杨家渠可灌田700亩,河边渠可灌田400亩,石渠可灌田400亩⑦,在原来水车灌溉的地方,左氏也督饬在"黄河两岸,制造水车,汲水灌田"。⑧ 晚清时期,黄河南岸、北岸和上游滩地均有水车灌溉,其中黄河南岸有水车80余架,灌田8800余亩;黄河北岸有水车40余架,灌田7000余亩;黄河上游诸滩有水车4架,灌田400余亩;黄河下游诸滩有水车近30架,灌田3900余亩。⑨ 这些都说明左氏在陕甘总督任上,践行他"治西北者,宜先水利"的思想,而且取得了一定的成绩,使一部分水利工程得以重建,农田得到了灌溉。但因经济破坏过于严重,加之国事维艰,管理混乱,重建工作难以达到预期效果。如清末时期宁夏平原农田灌溉面积"与康乾盛世相比,尚不足其时一半"。⑩ 河西、河湟谷地水利也未能恢复。

---

① 左宗棠:《左宗棠全集·书信三》第12册,第387页。
② 秦翰才:《左文襄公在西北》,第188页。
③ 郑惠文、朱离明:《平凉县志》卷1《地理》,1944年5月陇东日报印刷所印行。
④ 升允、长庚:《甘肃全省新通志》卷10《舆地志·水利》。
⑤ 秦翰才:《左文襄公在西北》,第189页。
⑥ 同前书,第190页。
⑦ 庄以绂:《天水县志》卷4《民政·水利》。
⑧ 成治田:《战时甘肃省小型农田水利概述》,《中农月刊》第5卷第9—10期,1944年10月,第44页。
⑨ 升允、长庚:《甘肃全省新通志》卷10《舆地志·水利》。
⑩ 杨新才:《宁夏农业史》,第224页。

左氏在陕甘总督任上,在水利工程技术方面有两点可圈可点。一是机器的使用。左宗棠主张在平凉修渠引泾水时,他的顾问德国技师说:"渠底多系坚石,人力施工困难,德国还有一种开石机器,如能办到,工程更可迅速。文襄公很以为然,遂命(胡)光墉去添办。"①这是本区域农田水利兴修中首次使用机械施工。一是炸药的使用。在引抹邦河(在狄道岚关坪之上,坪下就是洮河)水时,有一道长420丈,高35—36丈的石山,只有把该山"挖低二十五丈"才能引水灌田。该渠《龙王庙碑记》记载:"斯渠也,始造于同治十二年六月既望之翼日,以同治十三年五月晦日讫工。其长七十里,广丈有六尺。堤高三丈五尺,宽二十丈余。横亘两崖。糜金钱四百万有奇,火硝磺二千六百石。"②施工机械和炸药的首次使用,使本区域农田水利技术有了突破,在地质比较复杂的地区引水灌溉成为可能。

三、民国前期的农田水利

(一) 宁夏水利

1929年,宁夏省建立后,宁夏平原农田水利渐有起色,特别是马鸿逵担任宁夏省主席后面临农村经济破产的问题,把兴修水利作为恢复农村经济的主要任务。

一是建立新的水利管理机构,灌输新水利知识。清朝前期,宁夏设立水利同知专管水利,道光年间裁撤同知,水利归宁夏府管理,1927年甘肃省长薛笃弼设宁夏区水利总局,专管水利与河渠。③ 宁夏省政府成立后,将水利事务并归建设厅,下设两个管理机构专管水利问题,一个机构是宁夏省水利局,直辖九渠水利管理局(即唐徕渠、汉延渠、惠农渠、大清渠、云亭渠、灵武渠、金积渠、中卫渠、中宁渠、惠民渠),主要负责水利和渠道的管理;一个机构是水利工程设计组,下属宁朔平3县沟洞事务所和王洪堡河工处,主要负责水利工程的修建和维护。

1935年,宁夏再次改革水利管理系统,"将全省原有之各渠局,通同裁撤,同时另组各渠水利委员会,由农民选举素谙水利,公正廉明之士绅为委员"。④ 成立了汉延渠、大清渠、天水渠、汉渠、七星渠、唐徕渠、惠农渠、秦渠、美利渠、昌润渠、太平渠、羚羊渠、羚羊角渠、羚羊峡渠、新北渠、旧北渠、复盛渠、柳青渠、中济渠、长永渠、

---

① 秦翰才:《左文襄公在西北》,第186页。
②. 转引自秦翰才:《左文襄公在西北》,第188页。
③ 赵蕴华:《宁夏河渠水利沿革概况》,《文化建设月刊》第3卷第6期,1937年3月,第61页。
④ 马如龙:《宁夏省近年来之经济建设》,《实业部月刊》第2卷第2期,1937年2月,第202页。

康家滩渠、孔家滩渠、和合渠、新生渠、通济渠、田家滩渠、大滩渠等 28 个水利委员会,各委员会根据水渠灌溉区域大小由 5—4 人组成,并在其中选出常委 1 人,综理会务,其余各委员共同负责推进渠务工作;分水、做工时期须 3 人。① 为了使各渠管理人员掌握现代水利知识,1935 年 12 月至次年 3 月,宁夏省建设厅举办了四期培训班,第一期培训各渠水警 120 名,第二期培训各渠水警 60 名,第三期培训各渠文牍、会计、书记、事务员 30 人,第四期培训各渠委员、段长、会首 280 人。② 培训内容包括水利法则、渠务概要、渠道概要、会计法则、渠务须知、水利名言,培训期间还对学员进行军事训练。

二是修建新渠,以云亭渠与郑兴渠为代表。云亭渠是宁夏省政府主持修建的。因宁朔县杨和、李祥,宁夏县通宁、通朔、通贵、通昌等村庄至平罗县通吉村一带,长约 140 华里,有荒地 10 余万亩,"土质甚佳,因无水灌溉,从无人承垦"。省政府决定在宁、灵两县修建渠道。1934 年 9 月,宁夏省建设厅负责进行测量和设计,11 月动工修渠,先是征集宁夏、宁朔、平罗 3 县民夫,动工修筑渠口,随后调集第 15 路军士兵"开掘渠身工作"。③ 次年 5 月竣工,渠长 102 里,④ 当月 10 日举行引水典礼。宁夏兴修水利工程所需款项,基本上沿用"以渠养渠"之法,依据受水农户田亩数向其平均摊派统一征收。⑤ 但云亭渠的开凿经费,除宁夏自筹外,全国经济委员会拨款 20 万元修建,⑥ 这是民国以来宁夏获得中央政府比较大的水利补助经费。该渠是惠农渠比较大的一条支渠,可灌沿渠耕地 10 余万亩。⑦

---

① 《宁夏省各县渠水利委员会通则》规定:(一)唐徕渠水利委员会应设委员 7 人至 11 人;(二)汉延渠水利委员会应设委员 5 人至 9 人;(三)惠农渠水利委员会应设委员 5 人至 9 人;(四)大清渠、天水渠水利委员会应设委员 3 人至 5 人;(五)昌润渠水利委员会应设委员 3 人至 5 人;(六)金积县水利委员会应设委员 3 人至 5 人;(七)灵武县水利委员会应设委员 3 人至 5 人;(八)中卫县水利委员会应设委员 5 人至 7 人;(九)中宁县水利委员会应设委员 5 人至 7 人。(宁夏省建设厅:《宁夏省建设汇刊》第 1 期,本省法规,第 15 页)

② 《办理水利人员训练班之经过情形》,《宁夏省建设汇刊》第 1 期,1936 年 12 月,工作概况,第 9 页。

③ 秦孝仪主编:《十年来之中国经济建设》第 21 章《宁夏省之经济建设》,第 2 页;又见刘景山:《一年来之全国经济委员会西北各项建设事业实施简要状况》,《西北开发》第 3 卷第 1—2 期合刊,1935 年 2 月,第 186 页。

④ 《宁夏省渠道概要》,台湾"中央研究院"近代史所档案馆藏,馆藏号:26-00-56-001-04。

⑤ 张天政:《20 世纪三四十年代宁夏水利建设述论》,《宁夏社会科学》2004 年第 6 期,第 93 页。

⑥ 雷男:《宁夏省农田水利》,《资源委员会季刊》第 2 卷第 2 期,1942 年 6 月。

⑦ 叶祖灏:《宁夏纪要》,第 81—82 页。关于该渠灌溉面积还有两说:一说灌田 20 万亩,"民国二十三年(1934 年),又新筑云亭渠。借宁朔县惠农渠之二渠桥旁云亭渠口,经宁夏至平罗县属之通吉乡境内而入于河,民国二十四年(1935 年)完成,灌田二十万亩。"(郑肇经:《中国水利史》,商务印书馆 1939 年,第 274 页)一说灌田 50 万亩,"预计斯渠竣事后,年可多灌荒地五十余万亩"。(《宁夏云亭渠落成》,《农业周报》第 4 卷第 21 期,1935 年 5 月 31 日,第 734 页)

1935 年竣工的宁夏云亭渠

图片来源：邵元冲主编：《西北揽胜》，正中书局 1936 年版，第 138 页

  郑兴渠是 1934 年由当地绅士郑万福建议修建，在"惠农渠稍地，连接渠尾创开新渠一道，当由建设厅批准，派员帮助督工，不数月而竣工，取名郑兴渠，引流浇灌从未开辟之生荒约万余亩。又由郑绅纠集资本，召集逃亡，开凿支渠，自春徂秋，竭尽心力，计已垦出田地四千余亩，明年开春之时即可下种。其余六七千亩，再于明年春夏之间，招民垦辟。此次开出新地移来贫民之殖边工作，虽非大举，亦宁夏分建行省以来之创举也。现按移居之户约二三百户，如明春再行推广垦殖，则来居之民，必更日见增多。故石嘴山他日获得广土众民，蒸蒸日上者，均于此开新渠垦辟新地植基础矣。"[①]除了以上两渠，宁夏建省后，截至 1932 年还开挖了 8 条新渠，如表 5—1。

表 5—1　宁夏建设厅新开渠道一览表

渠　　名	开口机经过地点	年代	长度	开渠需工	荒地面积	已领面积
兴业渠	接唐徕渠支流，南渠稍延长 50 余里，经洪广、镇朔二村	1930 年	50 余里	9500 个	6 万余亩	工程未完竣，无人认领
第一民生渠	由惠农渠康乐闸开口，经杨河、西河二村	1930 年	25 里	6300 个	2 万余亩	1750 亩
第二民生渠	由惠农渠吉祥闸开口，经李祥、通宁、延朔三村	1930 年	30 余里	7200 个	2 万余亩	4400 亩
太子渠	由原渠延长 8 里至荒地	1931 年	8 里	1600 个	1000 余亩	750 亩
绍昌渠	由惠农渠开口，灌仇家滩地	1931 年	7 余里	1500 个	1000 亩	500 亩

[①]　王正中：《平罗石嘴山创开新渠之经过》，《中国建设》第 6 卷第 5 期，1932 年 11 月，第 49 页。

续表

渠　名	开口机经过地点	年代	长度	开渠需工	荒地面积	已领面积
绍兴渠	由惠农渠开口,灌包雷二滩地	1931年	7里	1400个	2000余亩	800余亩
龙华渠	由惠农渠通义村开口,于昌润渠架飞漕经通义、清水、通伏三村	1931年	15里	4500个	4000余亩	2400亩
天字渠	由惠农渠任春村开口经本村熟地至荒地	1932年	8里	2400个	3000余亩	240亩

资料来源:《宁夏建设厅新开渠道一览表》,《中国建设》第6卷第5期,1932年11月,第54—55页。

1930—1932年,宁夏省政府建设厅共修建新渠8条,全长148里,可开垦荒地近11万亩,居民已经认领和开垦面积10800余亩。

三是整理旧渠。与以往不同的是,宁夏省政府对旧渠道的修浚和改造基本上是建立在现代科学规划基础上进行的,如在改良斗口时,先做了科学测量和调查:"①土地测量,决定支渠灌溉范围;②调查该区内之土壤情形,作物种类;③根据各种作物之需水量及土壤情形,以定流量;④设计斗口及支渠断面及坡度"。另外对渠道"裁弯取直"、"渠口一首制"、"整理排水系统"等都进行了比较科学的考察。① 在此基础上对宁夏平原的水利工程进行了大规模的修浚,"举凡各渠之渠口渠身,闸、猈、桥、洞,以及河工码头,山洪水坝等重要工程,莫不大事兴修,竭力建设"。② 对一些临时决口的渠坝也进行了及时的修复,如1930年、1932年、1933年,位于中卫黄河南岸的七星渠溃决,为了保证渠道安全,省政府主席马鸿逵"派十五路军部队,建筑山河坝,绵亘六七里,费工数十万,军民合力,三年始竣。自后泉眼山下八道渠流之得免冲决,实赖此坝之保障也"。③ 旧渠修浚后,一些逃亡的农家也回来了,如汉延渠将多年淤塞之渠道"疏浚畅通"后,"渠稍各乡逃民,亦归故土"。④ 旧渠的修浚和周围环境的改善,使宁夏平原的灌溉能力有了改善和提高。

宁夏平原有三大灌溉系统,即金灵系,在黄河东岸,有汉渠、秦渠、天水渠等,灌溉金积、灵武两县耕地。夏朔平系,黄河出青铜峡,在黄河西岸开渠引水,有大清渠、汉延渠、惠农渠、云亭渠、昌润渠等大渠和漭渠、永惠、永润、西官、东官等中小水渠,灌溉宁夏、宁朔、平罗三县耕地。卫宁系,分河北、河南灌区,灌溉中宁、中卫两

---

① 宁夏省政府秘书处:《十年来宁夏省政述要·建设篇》第5册,第25—28页。
② 宁夏省建设厅:《宁夏省水利专刊》,第244页。
③ 同前书,第174页。
④ 同前书,第31页。

县耕地。中卫北岸有美利、太平、新北、旧北、复盛等渠,南岸有羚羊角、羚羊寿、羚羊峡等渠;中宁北岸有新生、中济、长永、丰乐等,南岸有七星、贴渠、李家滩渠、大滩渠、孔家滩渠、田家滩渠、康家滩渠等。① 表 5—2 是对宁夏平原十大渠 1920—1936 年灌溉能力的统计。

表 5—2　1920—1936 年宁夏平原十大渠灌溉面积统计表

渠名	统计年份	灌溉地域	渠长	支渠数量	灌溉面积
唐徕渠	① 1920 年代	宁夏、宁朔、平罗 3 县	320 里	12 条	279003 亩
	② 1936 年	宁、朔、平 3 县 42 个乡	423 里	大小 551 条	467800 亩
汉延渠	① 1920 年代	宁夏、宁朔	195 里		128150 亩
	② 1936 年	宁朔 15 乡、宁夏 7 个乡	230 里	大小 437 条	257000 亩
大清渠	① 1920 年代	宁朔县	75 里	16 条	16240 亩
	② 1936 年	宁朔县	74 里	117 条	60400 亩
惠农渠	① 1920 年代	宁夏县、平罗县	260 里	23 条	111471 亩
	② 1936 年	宁、朔、平 3 县 19 个乡	184 公里	大小 664 条	283200 亩
昌润渠	① 1920 年代	平罗	136 里	30 条	1697 分
	② 1936 年	附属溏渠、永惠、永润、西官、东官 5 渠,38 个乡	388 里	317 条	103100 亩
秦渠	① 1920 年代	灵武	120 里	26 条	700 余顷
	② 1936 年	金积四里,灵武 20 村	140.3 里	220 条	14.5 万亩
汉渠	① 1920 年代	金积	—	9 条	千余顷
	② 1936 年	金积第二第四区,并由 5 大支渠	221 里	289 条	10 万亩
天水渠	① 1920 年代	宁夏县河忠堡	30 余里	—	数千亩
	② 1936 年	河忠堡 1935 年归属灵武	36 里	72 条	1 万余亩
美利渠	① 1920 年代	中卫县河北	—		45000 亩
	② 1936 年	中卫县西黄河北岸	154 里	137 条	95000 亩
七星渠	① 1920 年代	中卫县河南	—		27890 亩
	② 1936 年	中卫县西黄河南岸	132 里	120 余条	57000 亩

资料来源:[1]马福祥等修:《朔方道志》卷 6,水利志,渠首建置。[2]宁夏省建设厅:《宁夏省水利专刊》,各渠考述;《宁夏省渠道概要》,台湾"中央研究院"近代史所档案馆藏,馆藏号:26-00-56-001-04。

从表 5—2 来看,1936 年宁夏著名的十大渠道的灌溉面积比《朔方道志》编写时采访所调查的灌溉面积均有所增加,即唐徕渠增加 18.9 万亩,汉延渠增加 12.8 万亩,大清渠增加 4.4 万亩,惠农渠增加 17.2 万亩,天水渠增加 3.5 万亩,美利渠增加 5 万亩,七星渠增加 2.6 万亩,其他各渠灌溉面积也有了大幅度增加。就全宁夏而言,1926 年编纂《朔方道志》采访时也仅只 78.8 万亩;②1922 年至 1924 年对

---

① 《宁夏省渠道概要》,台湾"中央研究院"近代史所档案馆藏,馆藏号:26-00-56-001-04。
② 杨新才:《宁夏农业史》,第 224 页。

宁夏 25 条水渠的调查,灌溉面积为 82.9 万亩,占全省耕地的 3/4。① 1937 年,宁夏各渠灌溉面积达到了 186.97 万亩。② 十年间增加了差不多 100 万亩。说明宁夏建省后,农田水利方面取得了不小的成绩。

宁夏惠农渠

图片来源:邵元冲主编:《西北揽胜》,正中书局 1936 年版,第 71 页

(二) 甘肃水利

1933 年 11 月,甘肃省政府编制了《甘肃省水利计划书意见书》,对兴办甘肃水利工程做出的计划是:①已开办而未竣之渠道可灌田 3.93 万亩;②新开渠道灌田 98.2 万亩;③修理河堤淤出水田 3.93 万亩,连同已有水田,全省水田可达到 377.35 万亩。④将来再增加水田 150 万亩,井水灌溉 50 万亩。这样,使甘肃水田增加到 570 万亩,"平均一人得水田一亩,甘省旱年民食,庶可解决"。③ 这是民国时期比较早的甘肃水利计划书,在该计划出台时,甘肃有水田 335 万余亩(其中黄土高原地区 128.55 万亩,河西走廊地区 206.7 万亩)④,距离计划尚差 235 万亩,这不能不说是一个比较庞大的计划,非一时之功可以完成。尽管如此,该计划的出台,成为甘肃省政府加大农田水利建设力度的标志。

20 世纪二三十年代,特别是国民政府西部开发和甘肃省政府水利计划书出台后,甘肃地方政府与士绅合作,在水利建设方面取得了一定的成绩。尤其国民政府开发西北的过程中,甘肃兴建和完成了一些水利工程,其中以临洮县最有成就,修筑 12 渠:①德远渠。1925 年呈准有甘肃省政府拨款 1 万元,赈务会 1000 元,地方

---

① 徐西农:《宁夏农村经济之现状(续)》,《文化建设月刊》第 1 卷第 3 期,1934 年 12 月,第 135 页。
② 白云:《宁夏水利壮观》,《西北论衡》第 9 卷第 2 期,1941 年 2 月。
③ 彭济群、徐世大:《甘肃水渠工程视察报告》,《水利》第 11 卷第 1 期,1936 年 7 月,第 29 页。
④ 沈百先:《考察西北水利报告》,《导淮委员会半年刊》1941 年第 6—7 期,第 34 页。

筹措 4000 元,不足之数 300 元由地方摊派。引抹邦河水,渠长 2.4 万米,宽 3—6 米,灌溉农田 1.5 万余亩。②工赈渠。引洮河水灌溉,由地方发起人担保借款 2 万元,"由受益田亩摊收归还"。渠长 1.2 万米,灌田 1.2 万余亩。③永宁渠。引洮河水,由该县河工局主办,经费源于拍卖水磨 5000 元解决,渠长 1.8 万米,灌田 1.5 万余亩。④富民渠。引洮河水,绅民发起和建设局协助,由灌溉区域按照地亩摊派 5000 元完成,灌田 1000 余亩。⑤新民渠。引洮河水,由新添铺绅民发起,由灌区按照受益地亩摊派 1 万元,渠长 1.2 万米,灌田 6000 亩。⑥洮惠渠。引洮河水,由地方筹办,工程费用按地亩摊派,渠长 9000 米,灌田 2200 亩。⑦柳林渠。引柳林沟水,由地方民众筹办,费用按地亩摊派,渠长 420 米,灌田 1000 余亩。⑧好水渠。引好水沟水,由地方民众筹办,费用按地亩摊派,渠长 3000 米,灌田 1000 余亩。⑨结河渠。引结河水,由地方民众筹办,费用按地亩摊派,渠长 3000 米,灌田 1000 余亩。⑩改河渠。引改河水,由地方绅士发起兴修,费用按地亩摊派,渠长 3100 余米,灌田 2000 余亩。⑪八洋渠。引八洋河水,由地方民众推选公正绅士开筑,费用由需水民众承担,渠长 6000 米,灌田 1000 余亩。⑫崔湾渠。引洮河水,由地方集资修建,渠长 3000 米,灌田 500 余亩。全县 12 条水渠,总长度 90 余公里灌溉面积 5.77 万余亩。①

洮河流域灌溉是 20 世纪 20—30 年代甘肃农田水利取得成就最显著的地区,地方士绅在修建水利方面起了重要作用,经费由受益农家按照灌田面积集资或摊派,只有小部分经费由政府投资。经过水利工程的兴建,"全县旱地二十余万亩,引开渠而培成良田者,实据三分之一。该县农民咸诵泄卤稻粱之歌,收获之宏,可为明证。"②另外,还测量了大通河流域的通惠渠、永靖县的永丰川渠、皋兰县的新古城渠,靖远县的北湾河工、条城黄河东滩护岸工程以及凿井灌溉等,预计这些工程完工后可以扩大农田灌溉面积,如测量中的通惠渠长 67 公里,贯通永登、皋兰两县,可灌田 14 万亩;永丰川渠长 29 公里,可灌田 3 万余亩;古城渠长 33 公里,可灌田 6 万余亩;北湾河工程修建后可灌田 1.8 万亩。③另外,甘肃陇中黄土高原地区河谷地带,保留下了一些历代兴修的水利工程,民国时期经过维修还发挥着一定的作用。据统计这些水渠有 144 条,分布在 31 个县,可灌田 128.6 万亩。④

黄土高原沟壑区川道狭小,沟深河浅,修渠困难,每条渠道灌溉面积多者上千

---

① 秦孝仪主编:《十年来之中国经济建设》第 18 章《甘肃省之经济建设》,第 14 页。
② 佚名:《甘肃水利过去情形及将来计划》,《新亚细亚》第 7 卷第 5 期,1934 年 5 月,第 44 页。
③ 许显时:《两年来甘肃建设之概观》,《中国建设》第 13 卷第 1 期,1936 年 1 月,第 135—136 页。
④ 沈百先:《考察西北水利报告》,《导淮委员会半年刊》1941 年第 6—7 期,第 32 页。

亩,少者数百亩甚至几十亩,灌溉上万亩的水渠十分稀少。据1934年汤惠荪等对全省33县调查,灌溉面积约337万余亩,其中陇中区36.4万亩,占10.8%;陇东区53.6万亩,占15.9%;陇南区15.3万亩,占4.5%;河西区232.1万亩,占68.9%。可见,甘肃灌溉农田主要分布在河西区,黄土高原沟壑区灌溉仅占31.2%。从各渠道的修建来看,"率多由各地绅民视力所及,由政府加以协助,开渠浚沟谋一方之利。"[①] "过去水利工程,率多视各地绅民能力所及,由政府加以协助"。[②] 以民间组织力量为主,政府大多处于协助的地位。如洮惠渠"干渠土工,征工挖掘,支渠由农民自理"。[③] 陇西县的仁寿渠为地方士绅王仲阳于1930年动员民众所修,可灌田2000亩。[④] 河西水利也是如此,"开渠浚修,悉由人民凭需要自动为之,地方官吏之贤明者,则从旁鼓励奖饬"。[⑤] 抗战以前,甘肃水利修建以民间组织与民间资本为主,政府的参与只是给予督促和奖励。

(三)青海水利

青海农业区的灌溉农业主要集中在河湟谷地。青海建省后,颁布了《青海省各县兴修水利办法》,规定各县设立水利局长,由县长兼任;沿河各村镇在水利灌溉方面彼此有关联时,由数镇或数村联合设立水利分局,督办水利。为了解决水利经费不足的问题,青海省政府一方面规定各县额粮经费项下,"取五分之一,以资兴办";一方面用"以工代赈"的办法,拨赈款兴修水利。其中西宁县5700元,乐都县3100元,大通县2640元,共和县2070元,门源县750元,贵德县700元。[⑥] 因采取了一定措施,青海的农田水利也有了新的发展。据1934年青海省政府调查,全省有184条渠道,共长5015.5里,可灌田631780亩。[⑦] 其中,西宁县有水渠21条,共长450里,可灌田12.4万余亩;乐都县有水渠30余条,共长730余里,可灌田6.8万余亩;湟源县有水渠20余条,长120余里,可灌田3.6万余亩;互助县有水渠250余里,可灌田12万亩;贵德县有渠道12条,全长2200余里,可灌田8.2万亩;化隆县有渠7条,全长170里,可灌田1.15万亩;共和县有新旧渠道16条,全长30余里,可灌田2万余亩;民和县有渠道30余条,全长180余里,可灌田2.1万余亩;都

---

① 汤惠荪等:《甘肃省农业调查》,《资源委员会季刊》第2卷第2期,1942年6月,第159页。
② 国民经济建设动员委员会:《中央暨各省市经济建设事业一览》,1937年2月印行,第81页。
③ 全国经济委员会西北办事专员办公处:《西北建设事业概况》,1937年印行,第34页。
④ 戴璠:《陇西民主人士王仲阳先生轶事》,《陇西文史资料选辑》第3辑,2001年2月,第76—77页。
⑤ 俞启葆:《河西植棉考察记(一)》,《农业推广通讯》第2卷第9期,1940年9月,第22页。
⑥ 安汉:《青海水利灌溉调查》,《新青海》第3卷第5期,1935年5月1日,第50—51页。
⑦ 罗舒群:《民国时期甘宁青三省水利建设论略》,《社会科学》(甘肃)1987年第2期,第125页。

兰县有渠道8条,全长80里,可灌田5000亩;同仁县有水渠7条,全长35里,可灌田4000亩;玉树县开渠3条,可灌田9000亩;循化县有渠道12条,水车1架,可资灌溉;门源县"水利未兴,灌地很少"。① 共计灌田50余万亩。在青海农田灌溉中,湟水流域的西宁、湟源、乐都、大通、互助、民和占69.3%。② 这里是青海主要农业区,耕地分布较多,也是青海人口密度最大和农村经济最发达的地区。另外,因地理环境的影响,河湟谷地一些地方不能修渠灌溉,利用水车进行灌溉(见下文)。

灌溉农业的发展,促使青海农村经济活跃起来。如"循化于黄河两岸,平畴广阔,村落栉比,为撒拉回族所居之区域。水利修明,农业称盛……循化有八工六沟之称,回民居八工,藏民居六沟,工字即由于水利工程,水渠纵横,绿树扶疏,渠畔植树,足以坚固渠身,并为薪柴之所取给,其农村风物,有若江南焉"。③ 水利兴修给农业和农村都带来了变化。

四、抗战时期的农田水利

(一) 农田水利机构

抗战时期,为了兴修水利,各省成立了专门的主持机关或机构。1941年4月23日,甘肃省政府与中国银行签订了《发展甘肃省农田水利及林牧实业合作办法》,根据该办法成立了"甘肃水利林木股份有限公司"。目的是"以科学方法,因地制宜,因势利导,从事甘肃农田水利之开发与森林畜牧之经营"。④ 该公司资本为法币1000万元,由省政府承担300万元,银行募集700万元;以办理农田水利为主要业务,森林畜牧为附属事业,而且规定"农田水利事业费,不得少于投资额之七成"。⑤ 公司成立后,在甘肃兴修了一系列大型水利工程。⑥

抗战时期宁夏水利由省政府建设厅主管。1937年由建设厅召集地方绅士组建了"全省水利公款稽核委员会",1938年该委员会改为"水利监察委员会",依次各县、乡均设立监察委员会。并颁布了《宁夏省河渠水利委员会组织简章》、《宁夏省

---

① 王克明:《青海省的交通、垦务、农田水利》,《西北向导》第17期,1936年9月11日,第10—11页。
② 王成敬:《西北的农田水利》,第59—60页。
③ 张其昀、李玉林:《青海省人文地理志》,第351页。
④ 沈怡:《一年来之甘肃水利建设》,《经济建设季刊》第1卷第3期,1943年1月,第276页。
⑤ 甘肃水利林木公司总管理处:《甘肃水利林木公司概况》,1942年7月印行,第2页。
⑥ 黄正林:《农贷与甘肃农村经济的复苏(1935—1945年)》,《近代史研究》2012年第4期,第88—90页。

各县渠水利委员会通则》《宁夏省各县渠水利委员会选举条例》《宁夏省各县渠水利委员会奖惩条例》《宁夏省各县渠估工办法》等,实行依法行政。1941 年,"为统一事权,增加行政效率计",将各县委员会"改为县水利局,省监委会改为省水利局",下设唐徕渠、汉延渠、惠农渠、大清渠、云昌渠、惠民渠以及灵武县、金积县、中卫县、中宁县等 10 个水利局,以主其事,所有局处主官,均为"富有水利经验之地方耆绅充任"。[①] 水政管理的现代化和依法行政,对增强水利管理的行政绩效是很有意义的。

1942 年,蒋介石视察西北后,为了推动甘肃、宁夏、青海等西北各省非黄河流域农田水利建设,国民政府行政院水利委员会成立了西北灌溉局,主要负责西北地区水利工程的勘察、测绘、设备、气象、工程审核、工程标准制定等事项。[②] 该局是抗战时期国民政府管理西北地区水利工程的专门机构。

(二) 农田水利贷款

为了建设抗战后方基地,国民政府在政策上开始发放农田水利贷款,特别是 1941 年国民政府农贷政策转变为国民经济建设之后,农田水利贷款成为农贷中最主要的组成部分。1940 年 1 月 4 日,四联总处规定农贷包括八种[③],第四种就是农田水利贷款,"凡供应一切灌溉排水等工程所需资金之贷款属之"。[④] 1941 年,太平洋战争爆发后,国民政府颁布的《政府对日宣战后处理金融办法》规定:"农业贷款,以举办农田水利工程,及能直接增加必需农产者为主,对于农村之一般信用贷款,应切实紧缩"。[⑤] 此后,农田水利贷款是历年贷款的主要内容。1942 年的农贷种类改定为农业生产、农田水利、农业推广、农村副业及农产运销五种,"并以农田水利贷款为中心业务"。[⑥] 1944 年农贷重点是农田水利贷款和农业推广贷款。农田水

[①] 宁夏省政府秘书处:《十年来宁夏省政述要·建设篇》第 5 册,第 14—15 页。

[②] 《西北灌溉局组织规程草案》,《水利委员会甘肃河西水利工程卷》,中国第二历史档案馆藏,377/486。

[③] 甲、农业生产贷款,凡供应一切农业生产资金之贷款属之;乙、农业供销贷款,凡供应购买农产品及加工运销等资金之贷款属之;丙、农产储押贷款,凡供应建仓设备及农民自有产品储押所需资金之贷款属之;丁、农田水利贷款,凡供应一切灌溉排水等工程所需资金之贷款属之;戊、农村运输工具贷款,凡供应农村运输必需之牲畜、车辆、船只资金之贷款属之;己、佃农购置耕地贷款,凡供应佃农购置自耕田地所需资金之贷款属之;庚、农村副业贷款,凡供应农民经营各种副业所需资金之贷款属之;辛、农业推广贷款,凡供应一切农事改良及推广所需资金之贷款属之。

[④] 《廿九年度中央信托局中国交通农民三银行及农本局农贷办法纲要》,《中央银行月报》第 9 卷第 3 号,1940 年 3 月,第 2011 页。

[⑤] 四联总处秘书处:《四联总处文献选辑》,1948 年印行,第 54 页。

[⑥] 《四联总处 1942 年度办理农业金融报告》(1943 年),中国第二历史档案馆:《中华民国史档案资料汇编》第 5 辑第 2 编《财政经济》(四),江苏古籍出版社 1997 年版,第 190 页。

利贷款"对于旧工程之修治,新工程之建设,应同样注重,并以鼓励农民利用农闲,就地取材,自动举办为主"。① 正因为有了这样的政策支持,才推动农田水利有了比较大的发展。

抗战时期只有甘肃、宁夏获得了大量农田水利贷款。1941—1945 年甘肃农业贷款的大致情形是:1940 年 12 月 31 日,省政府与四联总处签订了贷款合约,贷款 2000 万元,其中农田水利贷款 400 万元②,占农贷总额的 20%;1942 年甘肃省与金融机关签约贷款 6108.1 万元,农田水利贷款 2708.1 万元,占贷款总额的 44.3%;同年还给皋兰、武威、靖远、临夏、临洮、康乐、洵沙、武都、宁定、永定、漳县等发放小型水利贷款 308.1 万元。③ 1943 年贷款余额为 13280.8 万元,其中农田水利贷款 8776.7 万元④,占 66.1%;至 1945 年年底,甘肃各种贷款余额 79891.6 万元,其中大型农田水利 53580.8 万元,小型农田水利 3595.9 万元⑤,分别占 67.1%和 4.5%,共计占 71.6%。从 1941 年至 1945 年,甘肃农田水利贷款比例一直在增加,1943 年后占到了 60%以上,也就是说 1943 年以后国民政府发放到甘肃的农贷,大部分用于兴修水利。表 5—3 是 1941—1945 年甘肃兴办大型农田水利工程贷款统计表。

表 5—3　甘肃省兴办大型水利工程贷款一览表　　(单位:万元)

年度	贷款额	省政府配套	利率	期限	备　　注
1941 年	400	100	0.08	5 年	渠成放水利用后之次年起,于 5 年内清偿贷款本息。
1942 年	2000	500	0.08	5 年	—
1943 年 追加	3960 2700	440 300	0.12 0.15	7 年 7 年	所列条款中,虽列有按所列年限摊还本息及提前归还本息之一部或全部之规定,因实际不可能,现在电请欠照渠成利用后次年起规定逐年摊还。
1944 年 追加	4860 2610	540 290	0.25 0.25	5 年 5 年	渠成放水利用后之次年起,于 5 年内清偿贷款本息。
1945 年 追加	25650 702.6	2850 60	0.25 0.25	5 年 5 年	

资料来源:《农田水利工程概要》,甘肃省档案馆藏,馆藏号:38/1/11。

---

① 郭荣生:《我国近年来之农贷》,《经济汇报》第 10 卷第 9 期,1944 年 11 月,第 76 页。
② 《中中交农四行联合办事处三十年度农贷报告》,第 21—22 页。
③ 《四联总处 1942 年度办理农业金融报告》(1943 年),中国第二历史档案馆:《中华民国史档案资料汇编》第 5 辑第 2 编《财政经济》(四),第 241 页。
④ 郭荣生:《我国近年来之农贷》,第 82 页。
⑤ 《甘肃省统计总报告》(1945 年),甘肃省档案馆藏,4/3/72,第 196—197 页。

从表 5—3 来看,抗战期间用于兴修大型水利贷款共计 42882 万元,省政府配套 5080 万元,合计 47962 万元。另据统计,从 1941 年甘肃水利林牧公司成立到 1946 年,甘肃省共获得水利贷款 77760 余万元,获得拨款 42617 万元。[①]

宁夏水利贷款亦分小型与大型水利贷款。以前,宁夏的水利经费主要向受水农家征收,从 1939 年开始,国民政府开始给予补助 30 万元,作为水利建设经费。[②] 宁夏小型水利贷款始于 1942 年度,仅贷放给中宁县水车灌溉合作社 1 所,计贷款为 20800 元。[③] 宁夏大型水利贷款开始于 1943 年,省政府(甲方)与中国农民银行(乙方)签订了《宁夏省农田水利贷款合约》:①农贷总额为 200 万元;②贷款利率为月息 1 分 2 厘,期限暂定为 1 年,到期本息一并归还[④],实际贷款额为 180 万元。[⑤] 1944 年贷款 240 万元。[⑥] 这些贷款主要用于修浚汉延、唐徕、惠农、大清、云昌等渠,疏通灵武、中卫、中宁及河西各排水沟。

(三) 大型水利灌溉

抗战时期农田水利贷款分为大型水利工程与小型水利工程两种。

大型农田水利因工程浩大,费资较多,同时横跨数乡至数县,甘肃由水利林牧公司承担,"其中湟惠、溥济两渠各项建筑,虽已完成过半,而干支渠土方,所差甚多,爰经积极赶办,截至三十一年五月先后完成放水"。[⑦] 足见该公司在成立之初就收到了良好效果。由于获得国家银行农贷和政府拨款的支持,1941 年甘肃省政府计划修建水利工程 20 项,其中大型水利工程 11 项,即洮惠渠,1934 年测量设计,次年施工,1938 年完成,1942 年整理改善;靖丰渠,1940 年测量设计,次年 5 月开始施工;登丰渠,1942 年开始筹备测量;平丰渠,1940 年 3 月测量设计,次年筹备施工;永丰渠,1940 年 3 月测量设计,1942 年 1 月开工;永乐渠,1940 年 7 月初测,次年 5 月复测,1942 年 1 月施工;汭丰渠,1940 年 10 月测量设计,次年 5 月筹备施工;肃丰渠,1942 年 7 月筹备测量与施工;兰丰渠,1939 年 8 月测量设计,1942 年

---

① 《农田水利工程概要》,甘肃省档案馆藏,38/1/11。
② 朱耀初:《宁夏水利事业概况》,《经济汇报》第 7 卷第 10 期,1943 年 5 月 16 日,第 81 页。
③ 南秉方:《宁夏省之农业金融与农贷》,《新西北》第 7 卷第 10—11 期合刊,1944 年 11 月,第 35 页。
④ 《宁夏省政府(甲方)中国农民银行(乙方)洽订宁夏省农田水利贷款合约》,中国第二历史档案馆藏,399/638。
⑤ 宁夏省政府秘书处:《宁夏省政府工作报告》,1943 年 1—6 月,第 30 页。
⑥ 南秉方:《宁夏省之农业金融与农贷》,第 36 页。
⑦ 甘肃水利林木公司总管理处:《甘肃水利林木公司概况》,1942 年 7 月印行,第 8 页。

7月筹备施工；溥济渠，1938年12月测量设计，次年9月施工；湟惠渠，1938年测量设计，次年3月施工。[①] 在上述11渠中，除洮惠、肃丰、溥济、湟惠4渠属于整理外，其余7渠是新修的水渠。

甘肃大型水利工程主要分布在甘肃中部、东部、西南部和河西走廊地区。甘肃中部和陇东黄土高原地区，气候干旱，农业最需灌溉，因此在计划修建的大型水利工程中，湟惠渠、靖丰渠、兰丰渠、平丰渠、汭丰渠、登丰渠6条属于这一地区，据当时调查，上述6渠建成后，可增水田25.5万亩。甘肃西南部（民国时期一些文献称之为"岷洮区"）有4条，即洮惠渠、溥济渠、永丰渠、永乐渠，如以上四渠全部竣工，灌田可达29000亩。[②] 另外1项大型水利在河西走廊，即鸳鸯池水库。抗战时期11个大型水利工程办理情形如表5—4。

表5—4　1941年8月至1946年甘肃兴办大型农田水利工程统计表

名称	所在地	水源	渠长[1]（千米）	实际贷款（万元）[1]	办理情形[2]	灌溉面积（市亩）[2]
洮惠渠	临洮	洮河	28.30	819.97	1943年春竣工	27000[③]
湟惠渠	湟惠乡	湟水	31.27	663.27	1942年5月竣工	25000
溥济渠	临洮	洮河	19.29	525.42	1945年5月	35000
汭丰渠	泾川	汭河	13.14	808.00	1944年4月竣工	10000
永丰渠	永靖	黄河	25.02	2030.00	1944年竣工	23000
永乐渠	永靖	大夏河	25.00	991.93	1943年5月竣工	46000
靖丰渠	靖远	黄河	18.00	1975.00	1846年7月竣工	20000
兰丰渠	皋兰	黄河	75010	2131.00	1946年停工	—
平丰渠	平凉	泾河	83053	165.84	1942年停工	—
登丰渠	永登	大通河	7.55	56.00	1946年春竣工	4500
鸳鸯池水库（肃丰渠）	酒泉及金塔	讨赖河及洪河		3410.00	1946年5月竣工	70000

说明：实际贷款数是四行局水利贷款的实际数（即1944年11月15日实际贷款的累计数额）。

资料来源：[1]甘肃省政府秘书处：《甘肃省统计年鉴》，1946年印行，第143、147页；[2]赵宗晋：《甘肃农田水利概述》，《新甘肃》创刊号，1947年6月，第40—42页。

---

① 章元义：《陕、甘、青保水保土及水利视察报告》，《行政院水利委员会月刊》第1卷第2期，1944年2月，第47—48页。

② 《西北建设考察团报告书水利篇》，中国第二历史档案馆藏，377/782。

③ 1930年代设计洮惠渠时，计划工程灌溉面积为3.5万亩（何之泰：《甘肃洮惠渠工程计划》，《水利月刊》第9卷第3期，1935年9月）。

从表5—4来看,1941年至1944年12月通过农贷修建的大型水利工程中,抗战中完成6项,占全部工程的54.5%;抗战结束后竣工3项,停办2项。兰丰渠和平丰渠是其中停办的水利工程。究其原因主要来自两个方面:一是工程款无着落,如兰丰渠是1942年1月动工,工程浩大,1946年5月因"工款无着"而停办;二是水源争议引起工程拖延最终停办,如平丰渠1942年春开办,因陕西对于水源发生异议,导致停顿。同年11月,陕甘两省政府会同行政院水利委员会协商,由中央拨款在泾河上游修建蓄水库,调节陕西泾惠渠与平丰渠水量,水源问题得以解决。但"因物价上涨,工款无措,未能施工"。在上述原因中,最根本的原因是物价上涨,原预算工款无法满足工程要求,影响工程进度或增加工程困难。如时人所言:"各渠工款,均取给于农田水利贷款,由省政府向中中交农四行联合办事总处洽借,每因物价波动,各年货款不敷供应预定工程进度之用,往往影响工程进行,增加工作之困难"。[1]

各渠获得了较大的收益,地价也有提高,如永乐渠灌溉4.6万余亩,"每亩可增收小麦三斗六升,每斗以三十一年(1942年)市价五十元合算,则每年总计之收益值为八百二十八万元之谱……至地价之增益,尤为可观。"[2]洮惠渠"受益田亩为二万七千市亩,若尽种小麦,每亩增收以六斗计,全渠可增产粮食一万六千二百余市石"。[3]湟惠渠原设计灌溉面积1.5万亩,渠成后实际灌田2.5万亩[4],比设计多灌田1万亩。该渠在未给水前,"砂地每亩每年平均收获量为1市石,旱地多不生产,已给水后,每亩每年平均收获量为3.3市石,最低收获量为2市石,平均收获量为2.7市石,每亩每年平均收获量较前大增"。溥济渠"未给水前,每亩每年最高收获量为1.4市石,最低收获量为0.8市石,平均收获量为1.1市石;已给水后,每亩每年最高收获量为1.6市石,最低收获量为1市石,平均收获量为1.3市石,每亩每年平均收获量增加0.2市石"。[5]这些大型水利的建成,即使发生旱灾,灌区亦可保持粮食丰收,如1945年夏全省苦旱,湟惠渠"灌溉范围,禾苗挺秀,其产量且有增加"[6],

---

[1] 赵宗晋:《甘肃农田水利概述》,《新甘肃》创刊号,1947年6月,第42页。
[2] 甘肃省银行经济研究室:《甘肃之水利建设》,1945年4月印行,第66页。
[3] 同前书,第40页。
[4] 《湟惠渠工程》(1942年12月28日),甘肃省档案馆藏,38/1/11。
[5] 《四联总处1942年度办理农业金融报告》(1943年),中国第二历史档案馆:《中华民国史档案资料汇编》第5辑第2编《财政经济》(四),第200页。
[6] 赵宗晋:《甘肃农田水利概述》,第40页。

该渠地价也有了大幅度的增加。① 说明大型水利贷款发挥了较好的经济与社会效益,达到了预期的目的。

河西走廊占甘肃土地面积三分之一,有3万平方公里的可耕地②,这里降水量极少,有灌溉则有农业,无灌溉则无农业,老百姓是"有水则生,无水则死,有水则富,无水则贫"。因此,河西农田水利向来是甘肃水利建设的重点地区。1942年8月,国民政府主席蒋介石视察西北后,河西水利备受重视,国民政府行政院会议通过举办河西水利议案,"每年由中央拨款一千万元,以十年为限",该项工作由甘肃水利林牧公司具体承办。③ 甘肃省政府拟定了《甘肃开发河西水利十年计划》,分两期建设河西水利,第一期4年(1943—1946年),以整理旧渠,举办开辟新渠为基本工作,以查勘测量及水文气象之测验等为副;第二期6年(1947—1952年),全力开辟新渠工程,达到"扩大灌溉面积,增加食粮生产,保持现有人口,招徕外来移民"。④ 1943年秋,中央设计局在河西走廊考察后,认为原定整理旧渠过于迟缓,应从速提前完成。该局建议开发河西水利拟分为12年。第一期2年,目标着重养护旧渠;第二期10年,分前后各5年,前5年拟开辟新渠"增灌耕地二百万市亩",后5年"开辟新地三百万市亩"。⑤ 根据该建议,1944年5月,在国民党第五届中央执行委员会第十二次会议上,由朱绍良、谷正伦、沈鸿烈等联名提出,大会通过了《拟请确认开发甘肃河西农田水利为国家事业,所需经费由中央指拨,尽十二年加速完成案》,接着甘肃水利林牧公司制定了《甘肃河西水利十二年计划》,目标是在12年内整理旧灌区370万亩,开发新灌区500万亩,"全部经费由国库负担"。⑥ 为了实现上述计划,甘肃水利林牧公司在河西设立了酒泉、张掖、武威、敦煌四个工作站,除整理旧渠外,并办理测量,测勘水文与气象,主办新渠工程等,建测量工程队3个,水位站6处。⑦ 中国农民银行举办小型农田水利,甘肃省政府也"迭次发给公帑,分配各县,责其兴修'小型水利',其大部均用之疏浚工作"。酒泉、高台、金塔、鼎新、玉门、安西、敦煌等县参与了这一工作,各县主要动员民工义务参加修浚渠道工程,如1943年动员75835人工,1944年动员374180人工,1945年动员195339

---

① 黄汉泽:《湟惠渠灌溉区域扶植自耕农之实施》,《甘肃地政》第2卷,1944年9月,参看第28—29页表三《二十八年湟惠渠灌溉区内地价之调查》与表四《三十一年三月及六月份地价变动比较表》。
② 《水利委员会甘肃河西水利工程卷》(1942—1943年),中国第二历史档案馆藏,377/486。
③ 《西北建设考察团报告水利篇》,中国第二历史档案馆藏,377/782。
④ 赵宗晋:《甘肃农田水利概述》,第43页。
⑤ 行政院新闻局:《河西水利》,1947年8月印行,第10页。
⑥ 赵宗晋:《甘肃农田水利概述》,第43页。
⑦ 《西北建设考察团报告水利篇》,中国第二历史档案馆藏,377/782。

人工。① 整理旧渠也取得较大的成绩,1944年,先后完成整理旧渠74条,受益农田67万亩;1945年整理旧渠11条,受益农田面积149980市亩。② 甘肃水利林牧公司成立后,先后对武威、民勤、民乐、张掖、临泽、高台、酒泉、金塔、安西、玉门、敦煌等11县的沟渠进行了整修,使河西地区灌溉面积增加到313.9万亩③,比抗战前增加了81.8万亩。

为了救济金塔荒旱,解决酒泉、金塔两县争水纠纷④,在河西修建了鸳鸯池水库,"系蓄酒泉县讨赖河冬夏两季之剩水于佳山峡,以救济其北邻金塔县之荒旱。蓄水量为一千二百万立方公尺,受益田亩约十万市亩。为甘肃省近年较大型之水利工程,亦河西水利工程中首先完成之唯一大型工程。"该工程1942年9月测量,次年6月动工,1947年5月竣工,经费主要通过河西水利经费挪用和农业贷款解决。⑤ 该蓄水库建成后"酒金两县均沾灌溉之利,未再酿成斗争"。⑥

抗战期间宁夏水利贷款不是很多,但在维护原有渠道畅通方面起了一定的作用。表5—5是抗战时期宁夏渠道灌溉情形统计表。

---

① 甘肃省第七区行政督察专员公署:《甘肃七区纪要》,第40页。
② 行政院新闻局:《河西水利》,第11页。
③ 戴逸、张世明:《中国西部开发与现代化》,第607页。
④ 流经酒泉有三条河,即北大河、清水河和临水河,其下游为金塔县,三河为金塔县的水源。故金塔农田,赖酒泉余水,以资灌溉。每年自农历二月中旬河水融化后,至立夏(农历三月初),酒泉堵水前,尚有水流,直下金塔,引灌田亩,而资播种,是为引灌春水时期。酒泉立夏堵水后,至农历六月上旬或中旬山洪暴发前,是为两县需水最殷之时。此时酒泉,早已堵水,引灌田亩,未有余水,放注金塔。在此一月中,王子六坝,多遭干旱,是为酒金争水时期。历史上金塔、酒泉两县为争水,纠纷不断。如1936年芒种时期,省府饬令专署办理均水,"酒民闻讯,纷电反对。及金塔县府,率夫前往均水,酒民暴动,击石示威。结果金民逃避,点水未均"。1937年,均水期内,山洪暴发,酒民堤坝溃决,金塔地亩得以浇足,本年纠纷得以免除。1937年,均水期内,酒民纠集民众千余,强堵河口,坚不放水。金民致电省府,请求救济,省府饬令专署限期补浇,7月21日执行。是日,金酒两县县长会同驻军监放。但酒民聚众动武,金民逃散。此年均水期间,流入金塔水量仅1/2。1938年,6月22日(芒种)均水,专署会同金酒两县长及驻军两连,前往监放。但金塔放水民夫,被阻折回。7月13日,金塔民夫在驻军一营的保护下,前往均水。但酒民麋集千余人阻挡放水,经驻军开枪弹压,予以包围,始得开口八处流灌金塔。开口后,军队撤去,酒民便强行堵口。1940年,芒种时均水,酒民千余人持械抵抗,仅开一口,便起冲突,金民受伤24人,其财物、毛驴被洗劫一空。6月23日,有关方面协商时,酒民集结千余人,借口请愿,与保安发生冲突,金县赵县长被保护离开现场,但随同绅民多有受伤。7月23日,专署奉命率兵一团,前往放水,开挖工作由士兵担任,金塔才得补水灌田。1941年,芒种(6月8日)时,专员会同金酒县长、军阀处长率卫兵8人、士兵20名以及金民20名前往放水,到达时酒民已聚集600余人。金民开挖兔儿坝时,酒民蜂拥而上,双方冲突难免,士兵7人受伤,均水未果。1942年,在小满日,专员会同金酒两县长,率金塔民夫,前往均水。只开两口,便起冲突,在金塔警察掩护下,分水民夫才安全返回,均水未果。这就是抗战爆发前后金酒两县争水的大致经过。(见海涛:《河西新志资料集》,《新西北》第7卷第5期,1944年5月15日,第58—61页)
⑤ 行政院新闻局:《河西水利》,第12页。
⑥ 赵宗晋:《甘肃农田水利概述》,《新甘肃》创刊号,1947年6月,第42页。

表5—5 抗战时期宁夏省渠道灌溉情形统计表

渠名	位置	起止地点	长度(公里)	最大流量	灌溉面积(市亩)
唐徕渠	宁朔、永宁、贺兰	青铜峡—惠盛堡	210	75	600000
汉延渠	平罗、惠农	汉坝堡—李岗堡	110	60	450847
惠农渠	宁朔、永宁、贺兰	汉坝堡—石嘴山	184	40	421000
大清渠	贺、永、宁、平、惠	大坝堡—李俊堡	37	18	80000
云昌渠	宁朔	杨和堡—宝丰	145	—	101941
涝渠	永、贺、平、惠	通伏堡—外红岗	30	—	21098
永惠渠	惠农	玉香堡—东永惠堡	24	—	1496
永润渠	惠农	渠口堡—灵沙渠	20	—	11135
西官渠	惠农	东永惠堡—东堡	24	—	14500
东官渠	惠农	东永惠堡—盐场堡	16	—	5300
秦渠	金积、灵武	青铜峡—灵武县	72	—	268900
汉渠	金积	青铜峡—巴浪湖	40	—	176900
天水渠	灵武	巴浪湖—退水沟	18	—	20000
马家滩渠	宁朔	大坝—马家滩	4	—	21825
羚羊角渠	中卫	上河沿—枣林子	12	—	20436
羚羊寿渠	中卫	倪家滩—关麦营子	10	—	17740
羚羊峡渠	中卫	永康堡—姚家营子	24	—	36988
美利渠	中卫	沙坡头—胜金关	77	—	136835
太平渠	中卫	黑林滩—柔远堡	33	—	50678
新北渠	中卫	莫家楼—镇罗堡	20	—	17260
复盛渠	中卫	镇罗堡—油梁沟	13	—	2556
七星渠	中宁	泉眼山—干河子沟	60	—	84485
柳青渠	中宁	泉眼山—恩和堡	20	—	25778
通济渠	中宁	何家堡—高家嘴子	16	—	6334
新生渠	中宁	得胜墩—张义堡	38	—	35496
中济渠	中宁	石空—枣园堡	32	—	22255
长水渠	中宁	枣园堡东	8	—	5481
李家滩渠	中宁	泉眼山北	3	—	1703
大滩渠	中宁	泉眼山北	7	—	4478
孔家滩渠	中宁	泉眼山北	3	—	1170
田家滩渠	中宁	泉眼山北	4	—	2530
康家滩渠	中宁	泉眼山北	12	—	13103
新南渠	中宁	中宁县南	6	—	5292
黄辛滩渠	中宁	中宁县北	10	—	15231
丰乐渠	中宁	枣园堡—广武	37	—	19751
新渠	中宁	广武	7	—	2937
新北渠	中宁	中宁县东北	8	—	4074
合计	—	—	1394	—	2727533

资料来源:李翰园:《宁夏水利》,《新西北》第7卷第10—11期合刊,1944年11月,第72—73页。

据表 5—5 统计,宁夏共大小干渠 37 条,总长 1397 公里,灌溉面积 272.8 万亩。经过对旧渠的整修和新渠的开辟,宁夏平原的灌溉能力比清末民初乃至清朝乾、嘉时期都有所提高,如 1939 年底,宁夏平原灌区有灌溉能力的渠道有"四十二道,全长二千六百九十二里,支渠二千九百四十三道,子渠近万"。灌溉面积也在不断增加,1939 年灌溉面积为 228 万亩①,比 1926 年增加 194 万亩。抗战胜利后宁夏建设厅统计,干渠 1312 公里,灌溉面积达到 277.88 万亩②,比 1926 年增加 199 万亩,超过嘉庆年间 50 余万亩。抗战时期,宁夏农田灌溉面积超过了历史上最兴盛的乾嘉时期。

青海大型水利事业规划肇始于 1936 年,迟到 1942 年黄河水利委员会才勘查,做了工程预算,呈国民政府行政院水利委员会后,"准以水利贷款办理",农行贷款 5000 万元。③ 1943 年 10 月,青海省成立灌溉工程处,专职其事。在水利贷款的支持下,青海举办的大型水利工程包括:①互助县的芳惠渠(1947 年建),长 23 公里,灌溉面积 1.3 万亩;②贵德的曲格河渠(1942 年建),长 40 公里,灌溉面积 2000 亩;③兴海县的唐乃亥渠(1946 年建),长 10 公里,灌溉面积 5500 亩;④贵德的鲁仓渠(1946 年建),长 25 公里,灌溉面积 3.5 万亩,合计灌溉农田 6.3 万余亩。④ 据抗战时期调查,因青海海拔较高,修渠不易,加之经费有限,故在水利建设方面成就不显著。

(四)小型水利灌溉

抗战时期,中国农民银行秉承国民政府旨意,积极推进小型水利。小型水利贷款的对象是"①合法登记之合作社或专营水利合作社;②专办农田水利事业之农民组织,如水利协会等;③农民个人"。⑤ 由四联总处划拨专门贷款用于农田水利的兴修,在黄土高原河谷地区修建了一系列新式水利工程。该行投资的小型水利,主要包括凿塘浚塘、凿井淘井、开挖或整理沟渠、修建闸坝涵洞、修建堤圩、修治沟洫、保持农田表土及各种防冲过程、堵水蓄水工程、放淤成田、去碱或其他改善土壤工程、涸地排水工程、购置及建修汲水农具、拦蓄潜流及泉水和其他农田水利工程。

---

① 叶祖灏:《宁夏纪要》,第 74 页。
② 秦晋:《宁夏向何处去》,第 12 页。
③ 罗舒群:《民国时期甘宁青三省水利建设论略》,第 124 页。
④ 王成敬:《西北的农田水利》,第 62 页。
⑤ 《中中交农四行局办理各县小型农田水利贷款暂行办法》,《农贷消息》1942 年第 6 期,第 12 页。

贷款主要以农村登记的专营水利合作社及农民团体为对象,"社员以自耕农及业主为限"。① 表5—6是中国农民银行从1941年9月至1944年4月底在甘肃举办小型农田水利贷款统计表。

表5—6 抗战时期甘肃小型农田水利贷款统计表

年份	县别	合作社数	工程种类	受益田亩	贷款累计(元)	收回累计	结余
1941年	皋兰	4	水车	535	107460	—	107460
	靖远	2	水车	800	10000	—	10000
	临洮	1	放淤	9000	30000	—	30000
	小计	7	—	10335	147460		147460
1942年	兰州市	7	水车	3874	106000	—	106000
	靖远	17	水车、开渠	11616	492700	9575	483125
	临洮	6	开渠、淤地	10981	191200	—	191200
	洮沙	1	开渠	1112	20000	—	20000
	皋兰	26	水车、淤地	9542	414660	8000	406660
	小计	57	—	37125	1224560	17575	1206985
1943年	皋兰	36	水车、开渠、淤地	14746	949160	260368	688792
	兰州市	13	水车	6974	366000	29900	336100
	靖远	24	水车、开渠、淤地	19120	922925	19970.6	902954.4
	永靖	15	水车、开渠	6488.3	576000	—	576000
	天水	4	修渠	1559.6	207488	—	207488
	榆中	2	修渠	1674	120000	—	120000
	临洮	6	修渠、淤地	17150	297491.5	—	297491
	洮沙	2	修渠	2070	40546	—	40546
	泾川	1	修渠	5000	280000	—	280000
	张掖	1	整渠	20000	12000	—	12000
	高台	4	整渠	4860	61000	—	61000
	山丹	1	整渠	2500	64000	—	64000
	敦煌	1	修渠、凿井	1300	130000	—	130000
	武威	1	修渠、凿井	4200	70000	—	70000
	安西	6	修渠	5750	173000	—	173000
	宁定	1	淤地	3000	30000	—	30000
	甘谷	2	筑堤、护滩	323	60000	—	60000
	小计	120	—	116714.9	4359610.5	310239	4049371.9

---

① 咸治田:《战时甘肃省小型农田水利概述》,《中农月刊》第5卷第9—10期,1944年10月,第38页。

续表

年份	县别	合作社数	工程种类	受益田亩	贷款累计(元)	收回累计	结余
1944年（截至4月底）	皋兰	36	水车、开渠、淤地	17299.05	1697160	230928	1466232
	兰州市	16	水车、开渠	3924	841000	136800	704200
	靖远	25	水车、开渠、淤地	19000	989925	155693.2	834231.8
	永靖	18	水车、开渠	8480.8	736000	207000	529000
	天水	4	修渠	1559.6	207488	91800	115688
	榆中	2	修渠	1674	120000	—	120000
	临洮	8	修渠、淤地	39550	552852.8	14997.3	537855.5
	洮沙	4	修渠	8112	95368	—	95368
	泾川	1	修渠	5000	450000	—	450000
	张掖	2	整渠	21004	62000	—	62000
	高台	4	整渠	4860	61000	—	61000
	山丹	1	整渠	2500	64000	—	64000
	敦煌	2	修渠、凿井	2600	130000	—	130000
	武威	2	修渠、凿井	2500	40000	8100	31900
	安西	6	修渠	5750	173000	—	173000
	宁定	1	淤地	3000	30000	—	30000
	甘谷	2	筑堤、护滩	858	160000	30000	130000
	小计	134	—	147671.5	6409793.8	875318.5	5534475.3

资料来源：成治田：《战时甘肃省小型农田水利概述》，《中农月刊》第5卷第9—10期，1944年10月，第39—42页。

从表5—6来看，1941年9—12月，共贷出小型水利款147460元，受益农田10335亩；1942年全年贷出1224560元，受益农田37125亩；1943年全年贷出4359610元，受益农田116714亩；1944年1—4月底贷出6409793元，受益农田147671亩。小型水利主要修建小型渠道、淤地、凿井、筑堤、护滩、水车等方面。①小型渠道。泾川阮陵渠，全长6.2公里，灌溉面积5000亩，可增收2500市石。又可利用水力"发展农村副业——如纺织业、制革业、造纸业、面粉业等——利益亦必丰厚"。另外还有临洮城南的德远渠，长30余华里；该县西南乡的济生渠，渠长36华里，灌地1万余亩。②滩地。修建的滩地有两处，一处是靖远的广海滩。在县城东20里黄河东岸，滩上原有耕地5000亩。1937年河身变迁，将堤坝冲毁，"半数良田，颓入水中。该滩食粮，遂而锐减"。当地农民利用中国农民银行办理小型水利贷款，修筑堤坝，修滩地5000亩。另一处滩地是临洮城北的三十里铺。1941年，中国农行农贷员在临洮地方绅士的配合下，贷款6万元，修筑滩地2000余亩。③利用地下水灌溉。一是泉水利用，敦煌西南70公里南湖附近农民申请贷款13万元，筑坝一座，除灌溉周围农田外，还可灌溉新垦耕地1500亩。一是凿井，1942年

11月,农行贷款1万元,在靖远大坝渠凿井6处,利用辘轳汲水灌溉,灌田460余亩。④水车灌溉,下文专门论述。此外,在中国农民银行投资的小型水利还有河西的小型蓄水库、利用雪水灌溉以及沟洫整理、改良荒地等。① 这些都说明,抗战时期甘肃小型水利收到了应有的效果。小型农田水利成为黄土高原农田水利的模式,在抗战胜利后得到延续,如1947年甘肃合作金库兴办各种小型水利合作业务,在武威、平凉、榆中、靖远、敦煌、安西、天水、崇信、临夏、甘谷、康县、宁定、文县、景泰、泾川、酒泉、洮沙、山丹、张掖、临泽、高台等25县投资小型水利,受益农田14.5万亩,增产粮食123.5万石。②

除了金融机构投资兴建小型水利外,地方政府和民间社会共同投资兴建小型水利。如1942年静宁县修建东峡水利石坝时,所需费用1.4万元,其中7000元由地户按地亩分配负担,7000元由县政府设在行政罚款项下筹措补助。③

由于地理环境的影响,甘肃中东部沟壑纵横,一方面水资源不足,一方面可供灌溉农田面积狭小,适合发展小型农田水利。抗战时期在中国农民银行的投资下,兴修小型水利取得较好的成绩。因此,发展小型农田水利是黄土高原沟壑区灌溉农业的主要模式,这种模式为后来的小流域治理提供了借鉴。

五、水车灌溉④

水车灌溉是本区域农田水利的特色,故分专节进行论述。

黄河流经兰州、靖远等峡谷地,因河水冲刷,河床较深,在当时的技术条件下,"大渠水须由上游迎水至数十里,且非得有坚固渠口不能兴修,岁修石垻及挖挑渠身,亦非数百名工夫不能蒇事"。⑤ 在无法修建水渠的情况下,黄河谷地两岸出现了水车灌溉农田的技术。兰州黄河谷地利用水车灌田始于明朝嘉靖年间,"明以前

---

① 成治田:《战时甘肃省小型农田水利概述》,第43—44页。
② 翟大勋:《一年来之甘肃合作事业》,《新甘肃》第2卷第2期,1948年2月,第50—51页。
③ 李清德:《建国前静宁水利建设发展考证》,《静宁文史资料选辑》第1辑,1990年7月印行,第172页。
④ 关于水车起源,据云兰州东关段家牌坊记载:明朝时期,段鉴宦游中国南方,留意桑梓农田水利问题。在南方见水车对农田水利之贡献,"详加研究,归而仿效,初未成功,又函令其在南方之孙儿,再加改良,终底成功,从而至今甘肃黄河沿岸之农民,咸赖以生存"。(孙友农:《甘肃黄河沿岸水车之调查与研究》,《中国农民银行月刊》,第1卷第2期,1936年2月,第159页)民国时人李得贤根据地方志的记载,对甘肃水车创始人段绩、田呈瑞进行了考证。(李得贤:《创兴甘肃水利之段绩与田呈瑞》,《西北通讯》第3卷第6期,1948年9月30日,第19—20页)
⑤ 民国《靖远县新志》第4编《水利略》。

未能利用灌溉,嘉靖时州人段续创为翻车,倒挽河流灌田,沿河农民皆仿效为之。水车一轮,灌田多者二百亩,最少亦数十亩。车有大小,水势有缓急,故灌田亦有多寡,由是河南北岸上下百余里,无不有水车。"①"黄河两岸不能开渠之处,又有水车,其车形如轮,辐二三丈至四五丈不等,轮径小者四五丈,大者八九丈。用二木夹轴,高擎下入河流,上出河干,轮周围斜挂木桶,水激轮转,顺承倒泻,空中高架木槽,承水引入河干,分灌陇亩"。② 水车是在无法修渠情况下比较有效的灌溉工具,大者一轮可灌田七八百亩,小者一轮可灌田四五百亩,"农户竞相仿效,两岸排轮如雉堞"。③ 但制造一轮水车"大者动需千金,小者亦数百金,民力未逮,不能遍兴"。④ 尽管制造成本比较高,但对于干旱的黄河两岸居民来说十分实用。

黄河峡谷中,从青海贵德到宁夏中卫均有水车灌溉。⑤其中以甘肃的靖远、皋兰、永靖3县最为集中。如晚清时期,皋兰县黄河南岸有水车82轮,灌田8400余亩;北岸有水车23轮,灌田2900余亩;一条城有水车14轮,灌田4250余亩;黄河上游诸滩有水车4轮,灌田400余亩;下游诸滩有水车28轮,灌田3900余亩。⑥ 共计兰州黄河两岸有水车150余轮,灌溉园圃19850余亩,平均每轮灌田130余亩。民国初年统计,"河南凡八十四轮,河北凡四十一轮,上下流诸河凡三十三轮",⑦共计158轮。金县"北山之北,除什川堡、一条城数处用翻车引灌外,其余不能沾其涓滴"⑧,也就是说金县对黄河水的利用主要是用水车提灌农田。靖远"黄河沿岸各滩地率较河为高,多恃挑车灌溉,创始于卫守备房贵,贵系安徽庐州人,其当地有挑车,因仿造于靖,今县城北犹有房家车可征"。挑车即水车,民国时期靖远黄河两岸尚有60余轮,灌溉15500余亩。⑨ 据20世纪30年代调查,黄河两岸水车数量是:皋兰县176架,灌田29710亩;永靖县53架,灌田9639亩;靖远县24架,灌田10800亩;洮沙县1架,灌田100亩,合计水车254架,可灌田50249亩。⑩ 尽管各种统计不一,但在黄河两岸农村经济中发挥着巨大的作用,根据时人估算:以车数

---

① 张维:《兰州古今注》,第17页。
② 慕寿祺:《甘宁青史略正编》卷30。
③ 生入:《西北水利新考》,《东方杂志》第10卷第11号,1914年5月,第32页。
④ 经济学会:《甘肃全省财政说明书》,第3页。
⑤ 陈明绍:《黄河上游水车之初步研究》,《中农月刊》第2卷第12期,1941年12月,第58页。
⑥ 张国常:《重修皋兰县志》卷11,《舆地下·物产》。
⑦ 张维:《兰州古今注》,第17页。
⑧ 恩福、冒荚:《重修金县志》卷3,《地理志》。
⑨ 民国《靖远县新志》第4编,《水利略》。
⑩ 佚名:《甘肃水利过去情形及将来计划》,《新亚细亚》第7卷第5期,1934年5月,第44页;又见陈明绍:《黄河上游水车之初步研究》,《中农月刊》第2卷第12期,1941年12月,第58页。

254 架标准,每车平均以 3000 元计算,共值 762000 元;以灌田 50249 亩为标准,每亩以 100 元计算,共值 5024900 元;以田亩农产物价为标准,每亩以年产 20 元计算,共 1004980 元;若以人口计算,当有 50 万人赖此水车为养生之源。①

水车浇灌面积较小,主要用来浇灌园圃。兰州附近农民以种植蔬菜为主,所谓"环郡城之东西南北,为圃者什九,为田者什一,几百顷之灌溉,附郭之居民饔飧饮食,咸仰给焉"。② 园圃种植业逐渐成为近代黄河沿岸农村支柱型产业。时人评价兰州社会经济说:"地滨黄河,土质肥沃,四郊阡陌如绣,村落点点,水车罗列,引渠灌溉,农事之盛,甲于全省。"③ 虽有溢美之嫌,也说明水车对兰州农村经济的重要意义。

青海一些地方也有水车灌溉。时人李得贤回忆:"民十四五年间,今青海省主席马(步芳)及前柴达木屯垦督办马步青二氏,在本乡甘都川东西二川制修水车,余家无帮工,因应差往服役,始得观水车……民廿三年秋,余初经兰州,于兰西八盘、新城、瞿家庄以下,见河畔水车栉比,灌溉甚广,意殊羡之。"④ 在 20 世纪 30 年代,青海沿黄几个县有制造水车的记载,如循化县瓦匠庄新修水车 1 架,工程费 2500 元,引黄河水灌田;共和县民新修水车 1 架,工程费 2000 余元;民和县"官、享二庄兴修水车三架,引黄河水灌溉,计工八千一百余元;马场原兴修水车二架,引湟水灌田,计工二千五百元";贵德县汲汲滩兴修水车 1 架,工程费 2500 元,古录窑修水车 1 架,工程费 1500 元。⑤ 又据抗战时期调查,青海有水车 16 架,其中民和 6 架,贵德、循化、化隆各 3 架,共和 1 架。与甘肃相比,青海水车造价昂贵,而灌溉面积较小,"共和县水车,每亩摊得造价二十元,他处尤昂,如循化有二水车,共费三千元,灌田仅七十亩,每亩摊款达四十元之多……中型水车每具造价约五千元,灌田二百余亩,每亩负担二十五元"。⑥ 因物价上涨,水车造价比抗战前有了很大的提高。因此,对于普通农家而言,制造水车负担过重,水车并不是青海农田灌溉的首选。

抗战时期,宁夏中卫张家营一带,"原有水车七架,近多破坏不堪应用,致二百余家之旱农,生机失望,本年(指 1942 年——引者注)春,加以组织,介绍贷予

---

① 孙友农:《甘肃黄河沿岸之水车》,《农林新报》第 29 期,1935 年 10 月 11 日,第 721 页。
② 陈士桢、涂鸿仪:《兰州府志》卷 2《地理志下·山川水利附》。
③ 高良佐:《西北随轺记》,甘肃人民出版社 2002 年版,第 48 页。
④ 李得贤:《创兴甘肃水利之段续与田呈瑞》,《西北通讯》第 3 卷第 6 期,1948 年 9 月 30 日,第 19 页。
⑤ 秦孝仪主编:《十年来之中国经济建设》第 22 章《青海省之经济建设》,第 3 页。
⑥ 沈百先:《考察西北水利报告》,《导淮委员会半年刊》1941 年第 6—7 期,第 11 页。

资金,使原有者加以整理,并加长其引水坝,使流量与水速加大",①重新获得灌溉。

水车制造成本颇高,除少数富户外,很少有一家一户能负担水车制造。因此,水车管理和灌溉形成了比较完善的民间习惯。甘肃是由"附近各庄堡之绅耆即出而担任其事,集股开办,公举一人为车头,渠长,管理一切事务。无论绅耆、乡约、保正均可充当头人。"②如果两家以上共有水车,"每人应灌田若干亩,以修理时各佃人出资多寡为标准"。③ 按照农户用水次数与时数,"摊派修造工费,以水费方式缴纳"。④

兰州附近黄河谷地主要灌溉工具——水车

图片来源:邵元冲主编:《西北揽胜》,正中书局1936年版,第71页

下面是1930年代孙友农关于甘肃水车管理、用水、费用等方面的调查:

农民管理水车之组织,普通公推车头一人,副车头一人,负责管理水车一切事物。小头数人,负责收款,每年十一月改推一次。

对于农民用水之先后,亦照一定次序,视用水田亩之多寡,与水车供水量之多少,将田灌完,是谓一周,周而复始,辗转供水,纷争毫无。

---

① 《三十一年宁夏省建设厅合作事业总报告》,1943年1月印行,第19页。
② 《皋兰民情风俗》三《水利》,清宣统年间抄本。
③ 《甘肃民商事习惯调查会第一期报告》,《司法公报》第140期,1921年5月30日,第102页。
④ 沈百先:《考察西北水利报告》,《导淮委员会半年刊》1941年第6—7期,第11页。

每年整理石坝之出工,照用水多寡,而定每户出工、出车拉石之数,也能秩序井然。

至于水费之摊派,每昼夜以十二点钟计算(或十二根香计算),每点钟以半个水计算,亦有算分数者。至年终结算,以水车制造费用之总数,与用水个数或分数相除,即知水户应纳水费之数矣。①

黄河两岸居民在水车使用和管理上形成了严密的制度,这种制度使水车的推广和普及使黄河两岸农田灌溉成为可能。

在20世纪二三十年代之交,甘肃农村经济破产,农村金融枯竭,农家"无款修理水车,任其损坏(十分之三水车被破坏)以致水田供水不足",原来的水田"有改变为旱田之倾向"。② 因此,农民银行农贷员孙友农在皋兰的调查中建议,"政府应负责指导统制此关系甘肃五十万人民赖以生活之水车,以合作方式,扩大人类互助之本能,使其最低利之贷款,以重置久已破坏之水车"。③ 这一建议在抗战时期得到了实施,农民银行通过合作社发放农贷,在皋兰、靖远、永靖等地发放水车贷款,发展小型农田水利。如1942年春,甘肃农业推广所雁滩推广试验区指导农民组织合作社2处,贷款2万余元,修建水车两座,共能灌溉1100亩。④ 再看表5—7。

表5—7　抗战时期甘肃水车工程统计表

合作社名称	工程概况	受益面积(亩)	贷放金额(元)	贷放日期	每亩工价(元)
皋兰陈家营	新建水车	375	30000	1941年11月	80
皋兰李家庄	新建水车、修理水车	1077	40000	1942年5月	37.2
皋兰翟家营	修理水车3辆	2757	16000	1942年5月	5.8
皋兰河家乡	修理水车1辆	500	4500	1942年8月	9
靖远营陵滩	新建水车1辆,修理1辆	2000	30000	1942年9月	15
靖远尚志村	新建水车1辆	1000	15000	1942年11月	15
皋兰蒋家河	新建水车2辆	1473	120000	1943年5月	81
皋兰吴家河	新建水车	1400	150000	1943年2月	107

---

① 孙友农:《甘肃黄河沿岸水车之调查与研究》,《中国农民银行月刊》第1卷第2期,1936年2月,第161页。

② 孙友农:《皋兰之农村经济》,《中国农民银行月刊》第1卷第2期,1936年2月,第96页。

③ 孙友农:《甘肃黄河沿岸之水车》,《农林新报》第29期,1935年10月11日,第721页。

④ 《黄河上游水利之一》,《甘肃农推通讯》第1卷第2期,1942年8月,第5页。

续表

合作社名称	工 程 概 况	受益面积(亩)	贷放金额(元)	贷放日期	每亩工价(元)
靖远王家滩	新建水车1辆	800	40000	1943年3月	50
永靖冯堡村	新建水车1辆	600	40000	1943年3月	66
永靖配塔村	修理水车1辆	1100	40000	1943年3月	36.4
合计	—	13082	525500	—	—

资料来源：成治田：《战时甘肃省小型农田水利概述》，《中农月刊》第5卷第9—10期合刊，1944年10月，第44—45页。

抗战时期中国农民银行共向皋兰、靖远、永靖3县投资53.6万元，受益田亩1.3万余亩。据当时甘肃水利林牧公司统计，沿黄河4县有水车163座，以"平均每座水车约可灌溉五百亩"计，[①]水车可灌溉面积达到81.5万亩。水车是甘肃小型水利的一部分，在农民银行的资金支持下，这种传统灌溉技术发挥了应有的作用。

六、水利与农村经济

水利是比较宽泛的概念，包括的基本内容是灌溉、排水、放淤、垦泽，以及以农业、交通运输、航运等为前提的治河过程。本文研究的是农村经济问题，故这里之简单谈谈水利与近代黄河上游区域灌溉农业与农村经济之间的关系。

第一，农田水利影响着黄河上游区域的土地利用率。黄河上游区域农田水利主要分布在宁夏平原和河西走廊的绿洲上，因此宁夏与河西走廊主要是"靠河吃饭"。宁夏平原的土地利用和农业完全以黄河水利为基础，当地居民称"靠河吃饭"就是这个意思，因此宁夏平原6县大部分是水田，利用黄河水资源，土地利用比较充分。[②] 河西走廊"河川水量的多寡，可以决定耕地面积的广狭"[③]祁连山雪水融化后形成河流流入河西走廊形成了绿洲，居民沿河"拦截引渠，灌溉农田，到河水用尽为止"[④]，即有河水才能开垦农田。阿拉善旗农业也是依赖接近黄河的乌拉河，"掘渠引水，以资灌溉"，但近代因风沙原因，该渠"渠口时有变迁，水量多寡不定，兼

[①]《黄河上游水利之一》，第5页。
[②] 徐西农：《宁夏农村经济之现状（续）》，《文化建设月刊》第1卷第3期，1934年12月，第133—134页。
[③] 陈正祥：《西北区域地理》，第24页。
[④] 王成敬：《西北的农田水利》，第44页。

以管理不善,渠道多已淤塞,灌溉面积,日渐减少,遂致膏沃田地,大都荒废"。① 宁夏平原与河西走廊,水利与土地利用成正比,一旦水利失修,农田就被抛荒,甚至变为荒漠。

黄土高原广大地区除了分布在河谷的耕地外,主要是"靠天吃饭",特别是黄土高原丘陵沟壑区,只有极小部分河谷有狭小的灌溉,而大多数地区则不能灌溉。历史上每逢干旱天气,黄土高原地区的农业和农村经济都面临一次沉重的打击。在每次旱灾发生后,土地利用率大为下降,甚至土地无法耕种,农作物绝收,粮价飞涨,饿殍遍野,农村经济凋敝。② 因此,大力提倡兴修农田水利,是提高黄河上游区域土地利用率的关键所在。

第二,农田水利对农村人口分布、市镇形成产生了很大的影响。尽管黄河上游区域土地广袤,但适宜人居的环境并不是很多,而适宜于发展灌溉农业的地区是该区域生态环境好的地区,也是该区域人居环境比较好的地区。因此,黄河上游区域人口主要集中分布在农田水利条件较好的地区。如洮沙"人口最密之地约在沿洮河流域,水田较多,出产略丰,人民谋生较易,故户口极密"。③ 河西走廊十地九沙,平均人口密度不足10人,但该地区的人口主要分布在有灌溉农业的绿洲上,耕地人口密度极大,如表5—8。

表5—8 民国时期河西走廊水利、耕地、人口统计表

项目 县名	主要河川	沟渠数	耕地面积(km²)	耕地占总面积比例	耕地人口密度(km²)	水田面积(km²)	水田占耕地比例
民勤	白亭河	16渠	204	2.1%	554	101	49%
古浪	古浪河	3渠17沟	292	9.6%	148	51	17%
永昌	郭河	3渠35沟	415	3.4%	110	135	32%
武威	沙河	10渠41沟	698	9.9%	464	172	25%
山丹	山丹河(弱水支流)	8渠17沟	302	4.9%	133	93	31%
民乐	洪水(弱水支流)	8渠	388	24.4%	60	111	29%
张掖	弱水(张掖河)	54渠	446	12.0%	384	179	40%
临泽	弱水	10沟	223	9.4%	227	73	33%
高台	弱水	6渠25沟	113	1.8%	493	95	84%
鼎新	弱水及临水	—	19	1.2%	609	15	79%

① 马成浩:《阿拉善旗农业概况》,《边疆通讯》第4卷第1期,1947年1月,第12页。
② 参看袁林:《西北灾荒史》,第438—618页相关内容。
③ 民国《洮沙县志》卷3《经济部门·人口志》。

续表

项目 县名	主要河川	沟渠数	耕地面积（km²）	耕地占总面积比例	耕地人口密度（km²）	水田面积（km²）	水田占耕地比例
金塔	临水（北大河）	8沟	61	1.0%	403	34	56%
酒泉	临水	6渠48沟	441	5.0%	262	135	31%
玉门	疏勒河	6渠	215	1.4%	132	9	4%
安西	疏勒河	6渠	105	0.3%	197	22	21%
敦煌	党河（疏勒河支流）	10渠	125	0.2%	216	88	70%
合计		146渠183沟	4047	平均占5.8%	平均292.8	1313	平均占40.1%

资料来源：马凡：《河西的水利问题》，《西北通讯》第3卷第9期，1948年9月，第14—15页。

表5—8反映的是河西走廊人口与耕地的关系，从而反映出水利对当地农村经济的影响。就全河西地区而言，耕地人口密度平均达到了每平方公里292.8人。说明在有良好灌溉的绿洲地区，土地利用最好，集中了河西走廊的耕地、人口、市镇。所谓"沃野为河西精华之所在，沟渠纵横，灌溉便利，阡陌交织，农业发达，河西全部人口，十分之九均集中于沃野之上，都市聚落亦即于其间。"[①]宁夏平原也存在类似的问题，"大概稻作区域内，人口密度常较种麦区域为高。盖以稻米价值高，产量多，获利较丰故。如贺兰、永宁丰稔之年，稻米每亩可收二石，小麦仅能收六七斗，碾磨后，稻谷两石，可得白米八斗，小麦六斗，可得面粉四斗，而售价又大相悬殊。因此稻田每亩所能容养人口之数目，自较麦田为多。宁夏灌溉渠人口之稠密，职是之故。若再进而计算本省灌溉区域之人口密度，则凡稻田最多之县，灌溉区域内人口密度亦最大，中宁、中卫、金积、灵武四县，每方公里达四百人左右，换言之即每人约得耕田四亩。贺兰、永宁、宁朔、平罗、惠农五县，仅有三百人上下，即每人约得耕地五亩。"[②]因此，河西走廊与宁夏形成了以水渠为核心的经济、政治、文化、人口发展模式，农村经济完全以水利为核心而展开。

第三，农田水利与本区域农业的兴衰。黄河上游区域"农作物之丰歉，视得水之多寡为转移"，凡是水利得到发展、水利设施保护完整并得到及时修复的时期，农作物得到及时灌溉，农业和农村经济就得到发展。如康熙、乾隆时期，黄河上游区域农业、人口之所以得到迅速发展，就是因为各地兴建和修复了大量的农田水利，形成了比较完善的水资源使用和管理制度。晚清以降，农村经济凋敝，农民离村严

---

① 陈正祥：《西北区域地理》，第27页。
② 叶祖灏：《宁夏纪要》，第52页。

重(特别是河西走廊和宁夏平原),水利设施失修,农田得不到灌溉是最根本的因素。20世纪30年代中期,黄河上游区域各地相继修复了一些农田水利设施,农村经济才得以缓慢地恢复。如宁夏平原"至民十六年以后,渠务渐至废弛,农村经济频告破产。二十二年春,省政府鉴于水利事业为宁民之命脉,锐意整顿,嗣后至二十八年始,中央复协助费款,整饬重要工程,十余年来,宁省水利事业,非但恢复旧观,亦且多有改进"。[①] 可见,农田水利是黄河上游区域农业和农村经济发展和繁荣的保障。

---

① 李翰园:《宁夏水利》,《新西北》第7卷,第10—11期合刊,1944年11月,第70页。

第六章 畜牧业、草场权属与牲畜租佃关系

黄河上游区域自古以来就是游牧民族活动的大舞台,是我国畜牧业最为发达的地区之一。如近人所言:"我国畜牧区域以西北为最重要,如陇、青、绥、宁诸省莫不以畜牧为主要作业,其自然环境与社会形态亦最宜畜牧。畜牧之经营,即在适宜于农业之区域,亦有非常重要之地位,农人于其种作物之余,每兼事饲畜,以裕经济,以维富源,若在一切条件不宜农作之区域,如我国之西北者,则牧业之重要,更自毋庸申述。"[①]在畜牧业中,占主导地位的是少数民族游牧业,此外,还有一些地方属于半农半牧的状态,"或者以农为主,农牧并重;或者以牧为主,农牧并举。"[②]近代以来,游牧业的生产方式依然滞留于传统的"逐水草而牧"的状态;而半农半牧地区的经济方式并没有多大变化,牧业在居民生活中依然占有重要地位。在传统农业区,因农业肥料、耕作动力、居民穿衣等依靠牲畜畜产品,因此畜牧业作为农家副业而存在。1941年国民政府农贷转变为以经济建设为中心后,畜牧业成为甘宁青经济建设的主要内容。国家银行与地方银行组建畜牧合作社,成为推动畜牧事业发展的新的因素,合作社成为畜牧业经营的一种新方式。

一、草场与牲畜

(一)草原的分布与变迁

畜牧业的适宜与否和地理环境有很大的关系,地质、气候、牧草、地形都是影响畜牧业的重要因素。"凡适宜牧畜之地方,均须有广阔之地面,家畜原由野种驯养而得,故须有广平之场所,以供其运动,而牧草之轮种,寒暖干湿之适宜,疾病之隔离,牝牡之隔牧,均须有广大之面积。"据有学者研究,1头成年牲畜日需要草量为:牛1头(马同)日须吃草15斤,年须干草5400斤;羊1头每日须吃草8斤,年须干

---

① 王栋:《西北牧区之草原问题》,《中国边疆建设集刊》创刊号,1948年3月,第14页。
② 杜常顺:《明清时期黄河上游地区少数民族经济浅论》,《青海社会科学》1995年第4期,第80页。

草 2880 斤。如每亩牧地年产干草 300 斤计,1 头牛须草地 18 亩,1 只羊须草地 9.6 亩。① 也就说,发展畜牧业,必须要有广阔的草场和丰富的草资源。就环境而言,本区域具备畜牧业的发展条件,"①天气寒冷,刺激畜体,助其消化;②水中含矿物质较多,使皮革骨骼发育旺盛;③西北地多碱性,水中含有盐分,促进牲畜消化"。② 在 3000 米以上的地带,气候寒冷,虽不适宜栽培农作物,但草类丛生,多禾本科植物,养分充足,牧草品质优良。据调查牧草与草皮作物主要有扁麦、鹅冠草、绿毛鹅冠草、雀草、白草、宾草、厚穗宾草、爬根草、糙米茅、狼尾草、紫云英、胡枝子、天蓝、苜蓿、白花草木犀、黄花草木犀、葛藤、白刻针、草藤、苕子、大苕子、栽种草藤、三齿草藤、双蛰草。③ 其优点包括:"①青草干草皆富于养分,易于消化;②茎叶纤细,消化容易;③不含有害无用之杂草;④有种子或根茎,均可繁殖,虽受牲畜踩踏,或刈取,均不易减绝;⑤少受土地影响,无论何处,皆可发育,且耐旱力强,虽终年无雨,翌年仍能繁殖"。④ 本区域具备这些条件的地方很多,青海"巴颜喀拉山斜贯中部,祁连山脉蜿蜒于北,境内岗陵起伏,地势高燥,草野弥漫,盐质特富,形成一天然之大牧场,全省人口以畜牧为业者占大多数";甘肃"地处高原,牲畜最富,洮、导河两岸及西北部一带,居民多以牧羊为业,永登县属之岔口驿以善出走马见称,惟惜体躯过小耳,洮州为马匹交易之集市,青海南番之马多由此以输出"。⑤ 从青藏高原到河西走廊,从蒙古高原的西南部边缘到甘肃南部,成为我国最主要的畜牧经济区之一。

黄河上游区域游牧区大致可分为七个草原区,即蒙古高原区、祁连山区、青海环海区、柴达木区、巴彦喀拉山区、玉树区和陇南及西倾山区。

从宁夏东北部到西蒙属于蒙古高原牧区,囊括了宁夏的大部分地区。这里的牧场可分为平地牧场、山地牧场、坡地牧场、盆地牧场、滩地牧场和沙漠牧场。贺兰山以东牧场分布在黄河两岸,海拔在 1030—1300 米,属于平地牧场,其中黄河两岸滩涂为滩地牧场;海拔 1500—2000 米属于山地牧场;在平地牧场与山地牧场之间,海拔在 1300—1500 米,坡度在 15°,属于坡地牧场;盆地牧场大致在海拔 1300—1600 米;沙漠草地主要分布在贺兰山以西阿拉善、额济纳两旗以及

---

① 李式金:《河曲——中国一极有希望之牧区》,《地学集刊》第 4 卷第 1—2 期合刊,1946 年 9 月,第 49 页。

② 蒙民:《开发西北与牧畜》,《开发西北》第 1 卷第 5 期,1934 年 5 月,第 41 页。

③ 章元义:《陕甘青保水土及水利视察报告》,《行政院水利委员会月刊》第 1 卷第 2 期,1944 年 2 月,第 29 页。

④ 蒙民:《开发西北与牧畜》,第 41—42 页。

⑤ 封志豪:《西北畜牧业改进刍议》,《农学》第 4 卷第 2 期,1937 年 6 月,第 21 页。

黄河以东的沙漠地带。上述各种牧场，以山地牧场所占面积最大，坡度大都在 70°以内，其中在 50°以内者可以牧马，在 30°以内者可以放牧骆驼，所有牧地均可牧羊。①

祁连山牧区主要分布在尚未开垦的高山宽阔的谷地，这里有很多坝子可以提供丰富的水源，野草平铺，适宜放牧。如大马营高度约 3000—3500 米，倾斜度小，南北约 20 里，东西百余里，曾是清朝的官营牧场；乌鞘岭位于兰州、凉州之间，大半为"堆"生的芨芨草原；松山居祁连山尾闾，北部与蒙古草地连接，虽干旱少雨，但受冰雪融水影响，地下水资源较为丰富，故成主要草原，亦为"堆"式的芨芨草滩，且芨芨草极为茂盛，民勤、古浪、永登等靠北牧地都是这样。祁连山牧区牧草种类有针叶莓系、莓串草、开怀茅草、六月霜等。② 就草原类型而言，以高山草原和亚高山草原为主，前者大抵位于 3200 米左右，适宜夏季放牧；后者则在 2500—3200 米，适宜冬季放牧。③ "牧人每年需迁徙一次，以求利用各地牧草，夏季登山，冬季下山，形成规则的'季动畜牧'"。④ 祁连山东部属于亚高山草原，海拔在 2500—3200 米，草种丰富，具有优良牧草的品质，⑤是甘肃畜牧最发达的地区之一。有调查者指出："兰山区以永登所属之连城松山滩一带为最盛，因藏民每户饲养牛马常至数千，绵羊达 1 万—2 万故也，此外如乌鞘岭、金枪驿、岔口驿、大柴沟、石门峡一带，亦为有名牧区，尤以金枪驿、岔口驿之马为西北名产。"民勤的北海、武威的荒城滩、山丹的焉支山"均为极好牧场"，永昌"所属祁连山麓大马营，范围尤为宏大，古时匈奴歌曰：'亡我祁连山，使我六畜不蕃息'，亦可见其重要之一斑。"⑥河西走廊西段祁连山麓是藏民游牧区，有两个比较大的牧场，一是西海子，在酒泉县境内，距酒泉城东 120 里，藏民牧区，"东起回回沙梁，南至喇嘛台，西至库月井子，北至西番泉、条湖黄土梁，据下盐池三十里。其地湖泊，东西一里，南北三里，四周沙梁，水色澄绿，位于明海之西，故称西海子"。一是东海子，在西海子东 100 余里，"位于高台县西北境，东至红柳沟东墩，西至回回沙梁，南至三道岭，北至旧大道南，地有明海，周围一

---

① 韩在英：《宁夏羊毛产销概况》，《中农月刊》1945 年 5 月 30 日。
② 顾兼吉：《西北畜牧调查报告及设计》，《资源委员会季刊》第 2 卷第 1 期，1942 年 3 月，第 337 页。
③ 何景：《祁连山之牧场草原》，《新甘肃》第 1 卷第 3 期，1947 年 8 月，第 49 页。
④ 邹豹君、刘德生：《甘肃走廊的经济建设与移民问题（续）》，《边政公论》第 7 卷第 4 期，1948 年 12 月，第 1 页。
⑤ 何景、申葆和：《祁连山东段之牧场草原》，甘肃省档案馆藏，30/1/389。
⑥ 汤惠荪等：《甘肃省农业调查》，《资源委员会季刊》第 2 卷第 2 期，1942 年 6 月，第 157 页。

里,水清见底"。① 这两处有丰富的牧草和水源,是比较理想的牧场。

马鬃山位于安西县境内,西邻新疆,东部是宁夏,南部与酒泉、玉门、安西诸县犬牙交错,"周围约二千余里,以天山余脉之马鬃山脉斜亘中部故名",平均海拔皆在2000米以上。② 马鬃山自然环境适宜畜牧,"自清末以来,东至额济纳,西至土尔扈特,北至喀尔喀,及安西一带之汉民,多相率徙牧其地。山中之五墩明水,锅锅井,优莫图,长流水河,北大泉河,墩墩山,滚坡泉,沙井子,石板墩,银窝井,三星堡井,伊克高鲁等地,皆宜牧之区,大约可牧驼一万,牧羊十万,亦不致缺乏水草"。③

距拉卜楞50华里的甘家滩草场

图片来源:张元彬:《拉卜楞之畜牧》,《方志》第9卷第3—4期合刊,1936年7月,第210页

甘肃西南游牧区主要分布在夏河、临潭、岷县、卓尼等地。其特点是海拔在3000米以上,为高山丘陵地貌,气候寒冷,有"地高天寒,六月飞雪"之称,不适宜农作物栽培。但"土黑而肥,形成满山遍地之丰美野草……牲畜品种适于能吃苦抗寒之土种而已,自夏河以西,青海东南,四川松潘之极西,绵延而成广大之丘陵草地,皆在纯牧区之范围内"。④ 牧草种类丰富,常见的牧草有翻白草、鹅观草、天蓝、节

---

① 蒙藏委员会调查室:《祁连山北麓调查报告》,1942年4月印行,第9页。
② 蒙藏委员会调查室:《马鬃山调查报告书》,第1页。
③ 同前书,第20页。
④ 张松荫:《甘肃西南之畜牧》,《地理学报》第9卷,1942年,第68页。

节草、桴狐草、羽茅、野豌豆等,"大概禾本科较多,豆科次之,而鹅观草牲畜尤喜食之。"① 卓尼"全境水草肥美,随处适于牧畜,牲畜以牛马羊为大宗"。② 顾兼吉称该地"牧草丰美,全西北最好之草原,仅次于大马营。然其面积之大,草原成分之一致,则驾于大马营之上,为西北一切牧地之冠"。③ 被称之为最有希望的牧区,是甘肃最著名的畜牧区之一。牲畜主要为所产犛牛(牦牛)、犏牛、黑羊等,生活在这里的藏民"无家不牧"。④

黄河、长江、澜沧江发源于青藏高原,还有柴达木河、布恰河及青海湖等湖泊,养育了肥美的水草,形成天然牧地。草原面积十分广阔,可分为环青海湖牧区、柴达木牧区、巴颜喀拉牧区、玉树牧区和祁连山牧区。

环青海湖牧区以青海湖(下面青海即指青海湖)为中心,东部以日月山为界,南部以大河坝到巴颜喀拉山脉,西界都兰以接柴达木盆地,北至祁连山麓,是天然大牧场,如近人所言:"扬子江上流、黄河上流、大通河上流、布恰河及青海湖四周之地,海拔一万三千尺以下至一万尺内外之地,河流纵横交错,美草茂生,蒙藏人民移迁往来,天幕麇集,所养之马、驼、牛、羊特别繁殖"。⑤ 草原"大半系芨芨草滩,阔叶草占少数",主要有芨芨草、莓串草、垂头莓串草、西藏雀麦、骆驼草、开怀茅草等,⑥ 是青海最好的牧场之一。牧畜以藏羊为最多,牦牛次之,马比较少,西南与柴达木接壤之地,有黄牛及骆驼。牧民大部分为藏族,以环海八族为主,刚察族驻牧地在青海北岸伊克乌兰河上源,都秀族驻牧地在青海南岸窝约一带,千卜勒族驻牧地在青海东岸倒淌河一带,公洼塔尔代族驻牧地在郭密之北,汪什代海族驻牧地在青海西北岸沙尔池及布恰河流域,阿曲乎族驻牧地在青海南岸大坝河一带,熟安族驻牧地在青海西部,阿里克族驻牧地在青海北部弥勒河沿岸一带。⑦ 靠祁连山北麓则为蒙古族游牧地。

都兰以西至甘、新边界,南至巴颜喀拉山,称之为柴达木区域,"平原千里,一望无垠,地暖土肥,颇宜农牧"。⑧ 通称五柴达木,即可可、柯洛格、太吉乃、宗家、巴

---

① 李式金:《河曲——中国一极有希望之牧区》,第49页。
② 中国银行岷县办事处:《旧城镇夏河县商业调查及卓尼经济概况调查报告》,甘肃省档案馆藏,56/1/42。
③ 顾兼吉:《西北畜牧调查报告及设计》,第342页。
④ 汤惠荪等:《甘肃省农业调查》,第157页。
⑤ 张元彬:《青海蒙藏牧民之畜牧概况》,《新亚细亚》第5卷第6期,1933年6月,第66页。
⑥ 顾兼吉:《西北畜牧调查报告及设计》,第338页。
⑦ 马鹤天:《青海蒙藏二族之以往与现在(续)》,《开发西北》第1卷第5期,1934年5月。
⑧ 马福祥:《蒙藏状况》,蒙藏委员会1931年10月印行,第115页。

隆,也有将柴达木东北部半山地驻牧的青海王、茶卡、克鲁札萨克合在一起称之为八柴达木。该区南部为柴达木河流域,水草丰美,牧民状况较佳;其北部自都兰起,西行二百里即为盐碱地,只生长碱性牧草,以宾草、芦草为主,适宜放牧骆驼,是青海骆驼主要产区。① 该区四周为高山,中部低湿平原,沼泽积水之地比较多,是青海主要牧区之一。因地理环境因素,草原"只有长碱性之芦草、芨芨草、马莲草、虎尾草、柽柳、白刺之类生长颇茂,如畜类中之黄牛、马群、绵羊、山羊、骆驼,均适于饲养"。② 柴达木牧民除了香日得寺为蒙藏人民杂居,为班禅大师的差民外,其余均为蒙古游牧民族。

巴颜喀拉牧区北以柴达木盆地为界,东迄黄河以北积石山地,南界玉树以北之长江北部。全部为高原细草,"凡水分较多之处,完全成一草茵状态,至冲刷过度,或由地鼠侵蚀而成之沙砾地带,始有多量阔叶草之生长。草原受侵蚀之二大主因,一为地鼠之极度侵害,复经灰熊之掘土寻食地鼠;一为每日冰雪融冻无常,以致冲刷。总之此种草原,仅有二三个月之生长期,自盛夏以迄初秋,即趋枯槁。且草木高度,平均不及五寸,故无论如何,只可为秋冬游牧之用"。③由于海拔在4000米以上,生长季短,只有一季牧草,牧畜仅有羊及牦牛。在这里游牧的藏族主要是玉树25族中的白力登马、娘嗟及玉树(右首)四族之一部。

玉树牧区位于巴颜喀拉山之南,通天河(金沙江上游)两岸为其主要区域,南部与西康石渠县(今四川甘孜州石渠县)接壤,东迄积石山之南,西至唐古拉山与西藏相接,其地南部为雅砻江、杂曲等河的发源地,多为"重山叠岭深沟高谷之地",其地东北部为巴颜喀拉山南麓,平缓而宽阔,但气候比较寒冷。玉树草原分山坡与谷地两类,"玉树以南之山坡,为大森林之起点地,以达西康川边,林木茂密,不能畜牧"。谷地"则全为'草茵'式生长草原,牧草之高度不及一英尺,然俱与'阿尔伯新'草原(Arpinemeadow)之性相近,堪为羊与牦牛之良好牧场"。④ 是玉树25族游牧之地。玉树25族境内,"西北一带荒寒,积雪千里,人民皆以游牧为业,插帐而居,寻逐水草,迁徙无定"。在东南部的高山深谷的阳坡地带的居民从事农耕,即便如此"绝无全事农业之家,故仍以牧畜为主,农业为副,以其祈由畜牧社会而进于农业社会也"。⑤ 在玉树25族中,畜牧是主要产业,即使在东南部农业垦殖的地方,农业

---

① 常英瑜:《甘青两省畜牧概况》,《新亚细亚》第14卷第1期,1944年7月,第44页。
② 顾兼吉:《西北畜牧调查报告及设计》,第339页。
③ 同前书,第340页。
④ 同前书,第341页。
⑤ 蒙藏委员会调查室:《青海玉树囊谦称多三县调查报告书》,第26—28页。

也是副业。

青海东部民和、乐都、化隆、同仁、贵德、湟源、共和、大通、门源诸县也是主要牧地，属于祁连山牧区。"山谷中居住之藏民，皆耕牧兼营"，即山谷平地已开垦为农田，山坡和高原仍然为牧场。① 共和县面积 2.4 万余方里，总户数为 4270 余户，"地广人稀，滩广草茂，清流灌过其间，为天然牧场，其地悉为蒙藏两族居住，以游牧为生，一仍上古时代"。② 该地牧草与甘肃西南部相似。

除了以上比较集中的大片牧场外，农牧兼营的地区也有一定数量的小范围牧场。如陇东的镇原、固原到隆德的关山西北沟、泾川的川河庄及平凉、庆阳、环县一带"均为著名之牧场"。陇西的首阳山，文县的马厂"亦颇有名"。③ 张掖"境内水草丰美，为天然之畜牧场所，故畜牧事业尚称发达"。④ 宁夏除阿拉善、额济纳二旗外，黄河"沿岸沃野，水草丰茂，实为天然之大牧场"。⑤ 中卫的香山，宁夏的洪广营等地，"农家完全以牧羊为主……羊群多者 200—300 只，普通 50—60 只不等。"⑥ 靖远境内的屈吴山东西 140 公里，南北百公里，为天然良好牧场，1920 年海原大地震前，屈吴山上"布满羊群，其头数竟达一百万之多，自地震以后，羊群损失大半，然仍不失为一大牧场"。⑦ 在农牧兼营地区，草场分布在未开垦的荒山地区，呈孔状分布，面积不如游牧区那样广大，牲畜数量及畜牧产品也是有限的。

由于人类活动的加剧，农业垦殖的提倡，近代以来本区域牧场面积有逐渐缩小的趋势。据民国初年周希武调查，玉树 25 族活动范围的几条河的流域，河谷平坦之地开垦为农田，通天河流域"自协曲水口以下，沿河两岸及固察、称多、拉布、歇武、义曲、结古曲诸水滨，皆有田"；子曲河流域"自吹灵多多寺以下，始有田。姜云、药曲、曹曲等水滨，皆有田"；杂曲河流域"自拉觉寺以下，始有田，以强喜云为最多"；鄂穆曲河流域，"自村沙百长属地以下，始有田"。⑧ 玉树牧区河流谷地从近代开始被开垦为农田。1919 年，在兰州设立青海屯垦使，1923 年在西宁设立了甘边宁海垦务总局，下属西宁、湟源、大通、循化、贵德、都兰、玉树、囊谦、大河坝、拉加寺

---

① 李玉润：《青海畜牧事业之一瞥》，《新青海》第 4 卷第 1—2 期合刊，1936 年 2 月，第 23 页。
② 《青海省共和县兽疫之调查》，《新青海》第 4 卷第 1—2 期合刊，1936 年 2 月，第 86 页。
③ 汤惠荪等：《甘肃省农业调查》，第 157 页。
④ 高良佐：《西北随轺记》，第 114 页。
⑤ 傅作霖：《宁夏省考察记》，第 124 页。
⑥ 汤惠荪等：《宁夏省农业调查》，《资源委员会季刊》第 2 卷第 2 期，1942 年 6 月，第 361 页。
⑦ 顾少白：《甘肃靖远之羊毛与皮货》，《西北经济通讯》创刊号，1941 年 1 月，第 20 页。
⑧ 周希武：《玉树调查记》，青海人民出版社 1986 年版，第 92 页。

10个垦务分局,[①]垦殖的地域主要是青海各个牧区的草地。1927年,青海道林竞设立道属垦务总局,至1929年该局共放荒28280亩,同时查获私垦8914亩。[②]青海建省后,将青海道属垦务总局改为青海省垦务总局,各县设立分局,办理垦务,在一年时间里共放荒和查处私荒207750亩。[③]湟源境内"新垦之地,约共二千余石";共和及恰布恰约1000石(指可下种1000石籽种的土地,下同),黄河南磨渠沟约200余石,共约3000石。[④] 1930—1940年代,柴达木盆地农业区域有了较大的扩展,马喀河流域、巴因河流域、柴达木河流域的巴隆、宗家、香日、德格等处已经开垦;在有条件垦殖的盐湖附近,也出现了小片农田。[⑤] 但一些地方雨量有限,故新垦的山地,头两年大都有十成的收成,而"过了四五年之后,却完全成了不毛之地,连牲畜的草之生长也受了妨碍"。[⑥] 农田的开垦,不仅破坏了生态环境,而且连原有的草场也破坏了。

由于农业的开垦,牧区逐年减少,据民国时期学者所言,甘宁青三省"原均系良好牧场之区域,近因人口增加,凡能开垦之区域,均已垦种。故现在之畜牧区,只限于不能开垦之荒地,此为牧区缩小原因之一。"另外,牧区燃料缺乏,"牧民多掘草根及牛羊粪煮茶",使牧草难以生长,也是导致草原面积减少的原因。除了人为因素外,还有自然因素,青藏高原多山,长期风化山石松动,"每遇骤雨山上碎石随流而下,良好草原均被埋没,因而形成一大石积平原(即戈壁)",[⑦]成为草原缩减的自然因素。在各种因素中,农业垦殖是草原面积缩减的主要原因。

(二) 牲畜种类与品质

蒙藏游牧区豢养的牲畜主要有羊、牛、马,其次是骆驼。

马主要产于青海海南八族、柴达木、门源、大通,甘肃山丹、武威、张掖、永登,宁夏定远营和宁夏县。青海马又分为南番马、番马、玉树马、柴达木马等数种,"南番马系指青海黄河南一带之马种而言,马体躯干高大,颇为雄壮,并适宜于山岳高耸之地,且富于耐久劳役,最适军用。青海军马多采选此马,此为该军多年培植骑兵

---

① 汪公亮:《西北地理》,第438—439页。
② 青海省情编委会:《青海省情》,第63—64页。
③ 青海省志编纂委员会:《青海省历史纪要》,第320页。
④ 高良佐:《西北随轺记》,第83页。
⑤ 张保见等:《青海近代的农业垦殖与环境变迁(1840—1949)》,《中国历史地理论丛》2008年第2期,第71—72页。
⑥ 丘咸:《青海农村经济概观》,《新青海》第3卷第9期,1935年9月,第8页。
⑦ 常英瑜:《甘青两省畜牧概况》,第45页。

之经验。番马为环青海及浩门河流域所产之马,形体较南番马小,惟精敏灵秀,勇敢善驰,且性赋驯良,教调较易,无论军用民用,均为合宜,其中以浩门河一带之马,以善走迅速见称。玉树马为青海玉树二十五族及果洛诸族之产品,马体之大小,赋性之灵活,均差于番马,惟其耐寒跋山,力役等能力,则为青海马产之冠。柴达木马,因生长于柴达木区平原,很少越山机会,故其蹄质较软而大,不适于山地应用,惟其跋行洳地陷泥,行走沙漠,粗食耐渴等能力,非他种马所能胜任"。① 因军事需要,马成为青海蒙藏游牧民族放牧的主要牲畜之一,历史上中原王朝用茶叶与这里的少数民族做马的生意,即所谓的茶马贸易。民国时期有学者对青海马种类和数量做了估计。①西宁马区,沿祁连山一带,包括甘肃之西北以至兰州,南及青海之贵德藏民区域,以西宁及湟源与塔尔寺为中心。西宁马善走,体格较高,适宜于山行,数量约在 10 万匹以上。②南部藏族马区,包括西宁东南,甘肃与四川交界的地区,西至黄河果洛北部,东迄甘肃岷洮一带,比西宁马高约二三寸,长亦多三寸余,是中国最高大的马种,数量约 10 万匹以上。③果洛马区,在南部藏区以西,果洛三族地方,该地马最宜山行,适于高地,数约 2 万匹。④玉树马区。以玉树为中心,该马"适于山行,约二万匹"。② 上述 4 个产马区饲养马的数量达到 24 万匹以上。

甘肃全省有马 15.7 万匹,黄河及其支流流域约 12 万匹,内陆流域约 3 万匹,嘉陵江流域约 0.7 万匹,大夏河流域有 8 万匹(属于上述的南部藏族马区),是甘肃的产马中心。③ 河西也是甘肃著名的产马区,永登境内北部五佛寺、乌鞘岭、定羌驿、岔口驿、大柴沟、石门硖一带,"均为牧畜区域,尤以定羌驿、岔口驿之马为西北名产,各地畜养走马者,咸采种与斯。该地牧马者,深知育种之法,惜严守秘密,不为外人道也。"④此处马种比较优良。

宁夏马大多数为混杂种,各县都有分布其中及阿拉善居民饲养最多。据 1943 年调查,全省大约 4.2 万匹,本省居民养马"多用于耕作挽车"。⑤

牛是游牧区放牧的主要畜类,各地均产,比较重要的产地是青海全省,甘肃皋兰、张掖、陇西,宁夏中卫和金积等地。各地牛的品种不同,功能也有所不同,如青

---

① 李玉润:《青海畜牧事业之一瞥》,《新青海》第 4 卷第 1—2 期合刊,1936 年 2 月,第 24 页;参看青海同学:《青海之马种及改进之要点》,《兽医畜牧杂志》创刊号,1942 年 6 月 30 日。
② 顾兼吉:《西北畜牧调查报告及设计》,第 315—316 页。
③ 张心一:《甘肃农业概况估计》1945 年 9 月,甘肃省档案馆藏,38/1/10。
④ 李扩清:《甘肃河西农村经济之研究》,载萧铮主编:《民国二十年代中国大陆土地问题资料》,第 26432 页。
⑤ 宁夏省政府:《宁夏资源志》,第 72 页。

海"东部诸县,农家蓄养黄牛为耕役主畜;柴达木蒙古游牧族,亦以畜养黄牛、牡牛为平时驮役或供杀食之用,牝用(牛)为其主要乳用畜。其中柴达木黄牛,体躯高大,肉质佳良,与直、鲁、豫产黄牛有同样价值也。牦牛为环海及浩门河一带诸蒙藏族、黄河南诸蒙藏族、玉树二十五族及果洛诸藏族之役用、乳用、肉用之主畜,其中以果洛族牦牛以体格高大见称。牦牛富于冒险性,善于跋山、履石、涉水、走冰、冲雪等优点,牡牛为高寒山区交通之宝,牝牛乳汁富于脂肪,藏民取乳制造黄油,饮食所是赖也。玉树及果洛诸族畜养牦牛数量较他族为多,故亦以屠杀牦牛为主要食品。犏牛为牦牛与黄牛之间生种,牝者乳量特多质佳,牡者能任重役远行,兼有黄牛牦牛之长。其中以黄牡与牦牝交配所生之犏牛,比较以牦牡与黄牝交配所生之犏牛为佳。凡畜养牦牛群之牧民,家室比较殷实者皆饲有一二黄牡为种牛与牦牝作交配以滋生犏牛也。在青海浩门河放牧的阿里克藏族、黄河北岸之阿粗呼藏族、黄河南岸之鲁仓藏族及黄河南四蒙旗所产之犏牛,颇为著名"。① 甘肃西南是产牛主要地区,以"牦牛最多,犏牛次之,黄牛甚少"。② 牦牛、黄牛、犏牛是游牧区和农区的主要牲畜,各地经济结构和居民生活需求不同,牛的种类和用途不同。

羊是游牧区饲养最广泛的牲畜,凡游牧区均有羊的放牧。青海的"蒙藏民族,现仍多为游牧生活,所以衣食住及行一切日常用品,无一不直接或间接仰给于牧畜之生产。其所养之牲畜,尤以羊为主要家畜。"③青海羊的种类有柴达木羊、玉树羊和小尾羊3种,据青海建设厅1934年调查,全省有羊215万余只。④ 小尾羊为甘青游牧区的特产,因产地可分为普通小尾羊和玉树小尾羊两种:普通小尾羊产于甘青两省各大河沿岸,青海巴颜喀拉山南部一带藏民以牧养小尾羊为主,每年每羊可产毛5斤,毛泽润滑,细长适度,"纺织呢绒,最为合宜"。玉树小尾羊产于玉树25族,俗称"藏羔子",产毛虽少,"但毛长且细,其曲缩度,则在普通羊之上,惟产额极少"。⑤ 山羊的饲养地在农业区和半农半牧区,游牧区山羊极少。

西北交通不便,尤其沙漠戈壁难行,骆驼适于沙漠、戈壁行走,故在经济上有重要的地位。阿拉善、马鬃山和柴达木盆地是骆驼的主要产区。"骆驼为沙漠居民主要之家畜,兼之阿旗水硬草咸,甚宜饲驼,故全旗所产驼数,约有十二三万只,每年

---

① 李玉润:《青海畜牧事业之一瞥》,第24—25页。
② 张松荫:《甘肃西南之畜牧》,《地理学报》第9卷,1942年,第74页。
③ 《青海畜产种类及分布概况》,《新青海》第4卷第5期,1936年6月。
④ 丁逢白:《青海概况》,《蒙藏月报》第6卷第2期,1936年11月,第7页。
⑤ 查树基:《改进西北畜牧事业之检讨》,《西北论衡》第9卷第4期,1941年4月,第38页。

驼毛产量颇丰,约有五六十万斤"。① 马鬃山牧区也产骆驼,内地民众入山,许多是专门放牧山羊与骆驼。② 柴达木盆地巴颜喀拉山以北、柴达木盟旗牧地、都兰、都秀、郭密、汪什代海各藏族牧地和甘肃的鼎新、张掖也产骆驼。③

(三) 牲畜数量估计

牲畜是蒙藏民族的主要财富,但其数量对于蒙藏牧民来说具有私密性,不愿意让外人知道。"蒙民习惯,不喜欢细数其牲畜,尤不喜人言其确数,即其自己羊归时亦不细数,故山中牲畜之总数及各户平均数目,均只能用间接方法推知其约数"。④ 俞湘文在西北藏区进行调查时也遇到这样的情形,"当问到他们的牲口数目时,仍不免逞露惊惧之色,故若更进一步询问他们有多少金银财宝,则更将引起他们的惊疑与恐惧,反而阻碍了调查工作的进行,所以对于金银财宝方面,不敢询问了"。⑤ 要对游牧区牲畜的数量有精确统计是比较困难的。

抗战时期,有学者对本区域(包括游牧区和农业区)牲畜数量有一个大致的估计,青海有羊1000万只,牛200万头,马、骡、驴100万匹(头),骆驼10万头。⑥ 甘肃有绵羊约375万只,分布在黄河及其支流流域约220万只(其中大夏河流域有120万只,黄河干流流域54万只,洮河流域18万只),内陆流域140万只,嘉陵江流域7万余只;山羊120万只,其中黄河及其支流流域92万只,内陆流域23万只,嘉陵江流域6万余只。牛134万余头,分布在黄河及其支流流域120万头,内陆流域约8万头,嘉陵江流域约5万头。驴38万头,分布在黄河及其支流流域30万头,内陆流域6万余头,嘉陵江流域1万余头。马15.7万头,骡子4.8万头。⑦ 宁夏有羊89.9万只,牛9.8万头,马4.2万匹,骆驼16.4万峰,驴10.6万头,骡0.9万头。⑧ 总计各种牲畜约为2115.5万头。上述统计并不是一个精确统计,只是当时的调查者的一个概算。再看表6—1的统计。

---

① 王建章:《阿拉善旗小志》,《西北论衡》第10卷第8期,1942年8月,第10页。
② 蒙藏委员会调查室:《马鬃山调查报告书》,第20页。
③ 汤惠荪等:《青海省农业调查》,《资源委员会季刊》第2卷第2期,1942年6月,第282页;封志豪:《西北畜牧业改进刍议》,《农学》第4卷第2期,1937年6月,第22页。
④ 蒙藏委员会调查室:《马鬃山调查报告书》,第20页。
⑤ 俞湘文:《西北游牧藏区之社会调查》,第65页。
⑥ 封志豪:《西北畜牧业改进刍议》,第21页。
⑦ 张心一:《甘肃农业概况估计》1945年9月,甘肃省档案馆藏,38/1/10。
⑧ 宁夏省政府:《宁夏资源志》,第62—77页。

表 6—1　本区域牲畜数量统计表

族　　别	马	牛	骆驼	绵羊	山羊
宁夏蒙族	15000	3000	90000	450000	150000
柴达木区蒙藏族	27950	52300	23300	625000	640000
环海及附近诸蒙族	20700	62750	—	403500	35500
环海及附近诸藏族	79800	198500	—	3030000	361000
隆务12藏族	24000	62400	—	688000	96000
拉卜楞及附近蒙藏族	45350	133250	—	2094000	36000
玉树25族	31300	352000	—	1689500	89000
合计	244100	864200	113300	8980000	1407500

资料来源：顾谦吉：《西北畜牧调查报告及设计》，《资源委员会季刊》第2卷第1期，1942年3月，第344页。

通过表 6—1 来看，黄河上游区域游牧区有牲畜 1160.9 万头，游牧区牲畜占全部牲畜数量的 54.9%。在各种牲畜中，马 24.4 万头，占 2.1%；牛 86.4 万头，占 7.4%；骆驼 11.3 万头，占 1%；绵羊 898 万只，占 77.4%；山羊 140.8 万只，占 12.1%。游牧区就牲畜数量而言，绵羊最多，其次是山羊、牛、马和骆驼。在不同牧区，各种牲畜所占比例不同，就青海全省而言，羊占 75% 左右，牛占 23%，马占 1%，其他占 1% 左右；就海西牧区而言，羊占 89%，牛占 8%，马占 2%，骆驼占 1%；就海南牧区而言，羊占 86%，马占 8%，其他占 6%；就果洛牧区而言，羊占 57%，牛占 40%，马占 2%，其他占 1%。[①] 羊牛是游牧区放牧的主要牲畜，也是牧民经济生活的主要来源。

（四）影响牲畜数量的因素

近代以降，黄河上游区域牲畜数量发生了比较大的变化。据调查，民国初年，青海牲畜总头数为 753 万头，1937 年达到 1230 万头，以后下降徘徊在 700 万至 800 万头之间。[②] 另据调查，1936 年与 1939 年，除甘肃外，宁夏、青海羊的数量都有大幅度的减少。[③] 是什么原因导致牲畜减少？时人总结为三个方面："①维持饲料水准不充分，以致罹病；②由近世纪以来，饲养牲畜者多不注意管理与家畜卫生，以致传染病相继遗传而来；③缺乏近代家畜疾病预防及医药常识"。[④] 这些也是西

[①] 芈一之：《芈一之民族研究文集》，民族出版社 2008 年版，第 284 页。
[②] 同前书，第 284 页。
[③] 曾广益：《西北羊毛事业推广之我见》，《农业推广通讯》第 5 卷第 2 期，1943 年 2 月，第 34 页。
[④] R. G. Johnson 著，盛彤笙译：《宁夏畜产考察报告》，《畜牧兽医月刊》第 5 卷第 3—4 期合刊，1945 年 4 月，第 31 页；又见蒋森：《宁夏省畜牧考察报告》，1944 年印行，第 3 页。

北牲畜减少的主要因素,导致大批牲畜死亡和减产。综合前人研究成果,导致牲畜减少的原因具体表现在以下 4 个方面。

第一,牲畜疾病流行,导致牲畜减少。近代以降,流行于农牧区的畜疫有牛瘟、羊瘟、骡马瘟、骡马黑汗风、骡马结症、骡马黄病、牛漏蹄、牛泻症、羊泻症、炭疽、羊痘、疥癣等多种疫病。① 1932—1935 年,西北各地大面积发生炭疽、口蹄疫、羊痘等。1935 年甘青发生畜疫,据调查甘肃临洮"死畜达一万五千头之多"。青海大通、乐都、同仁、贵德等县畜牧业受到重创,"波及之牲畜,达四万二千头"。口蹄疫主要发生在青海门源与甘肃河西,"所遭受此疫之损失,据报已达一万五千头"。② 因兽医落后,发生疫情的地方,牲畜的感染率与死亡率都比较高,如共和县染口蹄疫的牛占总数的 40%—60%,死亡率为 5%—10%。羊的口蹄疫流行极广,"所至之处,均为传染区域,每有羊因口蹄疫而不能采食,亦有口蹄疫而晚不能归宿,至跪行采食者触目皆是,总计患羊不下十二万只,占总数百分之六十以上,死亡率百分之五,数亦在六千余只"。1935 年 6 月在该县新水滩发生羊痘,死亡羔羊约 500 余只,死亡率达 40%。③ 甘坪寺流行羊下痢,染病羊只死亡率在 10%以上;泽亲庄有羊约 2000 只,死亡 300 余只,死亡率 15%;晒经滩有羊 4 万余只,死亡 4000 只,死亡率 10%;甘家滩有羊 2 万余只,死亡 3000 余只,死亡率 15%;瓜什济有羊 4 万余只,死亡 5000 余只,死亡率 12.5%。④ 1938 年宁夏贺兰发生牛瘟,死亡率达 90%。⑤ 1942 年夏,青海东部农业区和环海牧区普遍发生霜冻,秋后又出现早霜,气候异常导致青海牧区发生牛瘟,先从汪什代海部落发生,蔓延到海北、海东和海南地区,9—10 月间又传染至贵德、同仁、同德以及柴达木、大河坝和祁连山等牧区。10 月,青海蒙古左翼长索诺恩旺济勒电告蒋介石与蒙藏委员会:"统计各地数字骇人听闻,截至现在已愈卅万头";随后青海省主席电告蒋介石与吴忠信:"旬日之内竟毙牛五十余万头,现仍在蔓延中"。⑥ 据当时《青海民国日报》报道,此次牛瘟死亡牛达 110 万头以上。⑦ 畜疫的不断发生,导致牲畜大量死亡,尤其是大量母畜的死亡,影响了畜群的扩大。

第二,牧民的经营与管理不善,影响了牲畜的健康和繁殖能力。在传统牧业生

---

① 栗显倬:《西北畜牧之调查》,《中国实业杂志》第 1 卷第 7 期,1935 年 7 月 15 日,第 6 页。
② 刘行骥:《西北畜牧事业之展望》,《新经济》第 4 卷第 3 期,1940 年 8 月 1 日,第 62—63 页。
③ 《青海省共和县兽疫之调查》,《新青海》第 4 卷第 1—2 期合刊,1936 年 2 月,第 86 页。
④ 《甘坪寺一带兽疫之调查》,《新青海》第 4 卷第 1—2 期合刊,1936 年 2 月,第 87 页。
⑤ 宁夏省政府:《宁夏资源志》,第 70 页。
⑥ 转引自杨智友:《1942 年青海牛瘟案述评》,《中国藏学》2006 年第 3 期,第 93 页。
⑦ 青海省志编纂委员会:《青海历史纪要》,第 445 页。

产中,牧民过"居无定址,牧无定区"逐水草而居的生活。这种迁居方式是按照一年四季的变化,选择牧场,在冬季将牲畜赶上避风的山坡(又称"冬窝子");春季来临时,将牲畜赶到平地牧草和水源丰富的地方,以便家畜得到生长;及至夏季,又将牲畜移至有水、有草、有凉风的山地;一入秋季,则移牧至春季放牧草地;十月霜降,畜群又被赶至山中,以便越冬。① 这是居住在青藏高原游牧民族传统的游牧方式②。由于牲畜"多无畜舍,日夜露宿,一旦连日霪雨,无厩舍避其侵害,难免冻馁之苦,最易消瘦",这些对羊毛的毛质、奶牛的乳量、马体的大小都有影响;同时,霜降之后,露宿在野外的妊娠母畜噬带霜野草,易导致母畜流产,但"此情而青海游牧民族,则皆不知"。③ 这些都影响了牲畜的繁殖。在草场的使用上分冬夏季草场,但在使用中,"并未全体遵守放牧制度,到处乱牧抢牧。牲畜不赶圈,到处可卧,又加保护不周,常致草场失火……因此常感草原不够",也造成牲畜减少,如1941年尕加娘科尔有羊800余只,因春天缺草病死羊300多只。④ 宁夏"羔羊生产率不过百分之六十,以西欧标准判断之,尤以春冬两季缺乏饲料时期为甚"。⑤ 草场过度放牧与春冬季缺草,导致牲畜减产。

在牲畜的管理方面,既不知牧草营养,也不知储藏牧草,牲畜越冬缺乏安全保障。牲畜繁殖需要健康的体魄,尤其幼畜生长发育需要大量的营养,特别是钙、磷和蛋白质3种,不仅孕畜需要而且"亦为胎儿所亟需"。但西北各地传统牧畜对此尤不注意,导致牲畜营养水准极低,进而"对疾病之抵抗力自弱,畜体矮小,生产率亦低,出售之盈余不足以偿饲料之消耗"。⑥ 尤其到了冬季,并不知给牲畜喂料,只是"将家畜驱入四面环山之向阳处……预备冬眠。在冬眠地方,既无饮水,又无干饲,家畜渴则吃雪霜,饥则嚼枯草,故至是时,孕畜流产者甚多"。⑦ 宁夏牧区亦如此,游牧于贺兰山以西的蒙古族牧民,"均携帐幕,逐水草而居,家畜根本无厩舍之

---

① 吴兆名:《西北畜牧业概述》,《中国实业》第1卷第12期,1935年12月15日,第2292页。
② 移牧是青藏高原蒙藏游牧民族放牧的传统,据徐珂《清稗类钞》记载:"平时逐水草而居者,论其暂则数迁其地,论其常则四时有一定之地。夏日所居曰夏窝子,冬日所居曰冬窝子。夏窝子在大山之阴,以背日光,其左右前三面皆旷开朗,水道倚巨川,而尤择树木阴密之处。冬窝子在山之阳,以迎日光,山不在高,高则积雪,又不宜低,低不障风,左右宜有两碛道,迂回而入,则深邃而温暖也。"(第5册,商务印书馆1984年版,第2215页)
③ 王连生:《发展青海畜牧事业应注意之几点》,《新青海》第4卷第1—2期合刊,1936年2月,第29页。
④ 青海省编辑组:《青海省藏族蒙古族社会历史调查》,第34页。
⑤ 蒋森:《宁夏省畜牧考察报告》,第2页。
⑥ R. G. Johnson著,盛彤笙译:《宁夏畜产考察报告》,第31页。
⑦ 乔玉琇:《西北畜牧业之检讨》,《新青海》第4卷第5期,1936年5月,第37页。

隐蔽,不分昼夜冬夏,不管风霜雨露,皆千百成群于旷野,任其采食天然野草,冬不储青,夏不刈绿,每至冬季降雪后,家畜以蹄掘雪,食枯草充饥,因此家畜体质疲弱,至冬末春初时,则死亡枕藉"。① 阿拉善牧区,"牧人每日早餐后,即驱牛羊群到野外放牧。傍晚将羊群收回,安置蒙古包附近羊圈内,任其休息,羊每隔三日饮水一次,须天天有人看管,骆驼与马则可任意散牧野外,听其自息自食,每二三日照料饮水一次"。② 甘肃藏族游牧区在冬春季节,"每日上午九时,由帐幕之侧,驱羊至地势较低之牧场放牧,日暮始归。即遇风雪,亦不另喂干草或其他饲料;有时风雪连绵,羊群饥饿,叫苦连天,以致母怀羔者,往往流产;已产之羔,则因冻饿而死,为数极众。"在夏秋两季,"每晨七时许,即驱羊群之草地放牧,中午在烈日炎炎之下,亦不返回休息,仅将羊群聚于通风之地,羊即自动将其头部伏于他羊之腹下,呼吸闪闪,严若一大圆形之生物体也。至午后二时许,始渐散开逐食牧草,黄昏乃归。"③ 从一年四季的放牧过程来看,在游牧区,牲畜完全是一种粗放的乃至自生自灭的经营方式。由于任牲畜在冰天雪地觅食残草,导致牲畜体质羸弱,许多牲畜因冻馁而死。特别在越冬季节,正是母畜身孕期间,得不到照料,导致流产比较多,影响了牲畜的产量。

第三,牲畜缺乏科学繁殖,导致种群退化。在西北各地传统牧畜生产中,牲畜繁殖完全是自然生息,一般情形是家畜配种过早,死亡率也高。每年春夏季是牲畜蕃息的主要时期,"发情牲畜发育完全与否? 能否有作种畜之价值,牧民毫不顾问,任其自行交配"。④ 有调查者说:"西北绵羊,千百成群,临时随地,任意交配,牧民既不依据其用途、体型加以限制,复不以年龄、季节而定其交配时期,致羊种庞杂,毛之质量日递,且交配年龄过小,母羊乳稀,羔羊羸弱,所蒙损失,自属难免。又因交配季节不适,母羊多不能于春季生羔,天寒无草,冬羔难育,以致死亡枕藉,目不忍睹。"⑤ 这种现象在西北各地比较普遍,阿拉善旗游牧区,"家畜之繁殖,则任其自由交配,且蒙民习惯,多将优良牲畜去势,以供服役,并冀获售高价,因此体质不良者得大量繁殖,故家畜品种日趋退化,数量减少,实为宁夏畜牧之最大危机"。⑥ 甘肃"家畜配种,向不注意,所有牧畜,率多阉之而作为力畜,以其性顺而力大,故农村

---

① 宁夏省农林处编:《宁夏省农政七年》,第101页。
② 陈国钧:《阿拉善旗经济状况》,《经济汇报》第9卷第11期,1944年6月1日,第68页。
③ 于启民:《甘肃羊群调查》,《贸易月刊》1943年第11期,第28页。
④ 乔玉琇:《西北畜牧业之检讨》,第36页。
⑤ 曾广益:《西北羊毛事业推广之我见》,第34页。
⑥ 宁夏省农林处编:《宁夏省农政七年》,第101页。

牧[种]畜,异常缺乏,每遇牡畜发情,极难获良好牝畜交配。所引用之牡畜,非发育不全,即恶劣不堪,故所生之仔代,很少健全矣。亦有投机分子,专备牡畜,以供民间交配,而图营利,惟其品种欠佳,交配太繁,结果不但难得良好之仔畜,且往往传染许多生殖器之病,又如未成年之牝(畜)亦多交配受孕,终致发育不全"。①任其自由交配繁殖与配种不当,导致牲畜种群退化,据调查,"蒙古马平均体尺尚有四呎四吋,最近体尺平均已减至四呎二吋"。②在牲畜繁殖过程中,任其自然繁殖,导致种群日益退化,影响了牲畜数量的增加。

第四,不合理的制度也是导致畜牧业衰落的原因。一方面,草山分配不平衡,一些千百户占有大量的草山,"形成牧主的牲畜有吃不完的牧草",但贫苦牧民的牲畜在冬、春严寒季节发生较严重缺草,造成了牲畜"秋肥冬瘦、春死亡"的现象。③另一方面,地方政府对畜牧业的管理主要是征收各种税收,成为遏制牧业发展的主要因素。河西走廊大靖营征收驼捐后,各有驼县仿照征收,被财政厅改为地方税后,各县知事又加征附加税1成,导致驼户负担加重,驼数减少,即所谓"向之养驼者,今其十不存一"。④青海牧区的税收种类名目繁多,包括马款、牛款、羊税、羊毛税等,"西北畜牧衰落之最大原因,即为地方政府之摧残,使牧民不能随意发展。如青海购买牲畜之征收税,马每只为四元至十元,骡每只为六元至十元,牛每头为二元至三元,羊每只为四角。民间杀一猪自食时,纳血税一元,羊四角。故人民买卖牲畜时,往往税价超过原价"。⑤除了各种赋税,还有一种现象是支差,青海省政府与地方政府,每当需用马、驼、牛时,均从牧民中征用,"每年每户平均被征常在三次以上",此外,本地各牧区驻军,如需家畜,"均征之于牧民……牧民所畜较好之马匹,常因被拉,去而不返。故牧民少畜体格较大能力较好之马匹,在驻军区(甘肃河西各县)内欲购能力较强之马匹,极为困难。在此情形下,欲使家畜数量不减少,又何可得也。"⑥政府采取重税政策和任意拉牧民牲畜支差,农牧民饲养牲畜,得不偿失,影响了生产积极性,也是导致蓄养牲畜数量减少的主要原因之一。

---

① 戴亚英:《甘肃畜牧事业之前途》,《陇铎》1940年第4期,第17页。
② 封志豪:《西北畜牧业改进刍议》,第25页。
③ 四川民族调查组、青甘小组:《甘青两省藏族地区社会调查综合材料汇编》,第34页。
④ 慕寿祺:《甘宁青史略正编》卷28,第5页。
⑤ 乔玉琇:《西北畜牧业之检讨》,第37页。
⑥ 常英瑜:《甘青两省畜牧概况》,第47、45页。

二、游牧区的畜牧业

(一) 经营方式

游牧区牲畜主要通过放牧来经营,放牧方式有自牧、租牧、代牧、雇牧、合群轮牧等。

自牧表现为家庭内经营。藏族居民"大多以牧畜为主,惟其牛羊之饲料,纯赖天然草场中之野生植物,黎明放牛羊于山,日落则驱之而归"。① 这种自牧和农家自耕农生活一样,日出而作,日落而息。在牲畜占有权不集中的游牧部落,自牧是主要经营方式,如同德县夏卜浪部落百户希加,有马6匹,牛27头,羊800余只,分别由他的4个儿子放牧。② 甘肃牧区也以家庭经营为主,"甘肃牧业,大都由于人民独家饲养,随地生息,牧畜公司或合众牧畜场之类的组织甚少"。③ 一家一户的放牧是游牧区的主要经营方式。

拥有大量牲畜牧主则采取租牧制度,即牧主将牲畜租给他人放牧收取租金的一种经营方式。青海兴海县河卡乡牧主千户切本拥有羊1.1万余只,牛3000多头,马1000多匹,最高时出租过7000只羊,2000多头牛;牧主文本出租牲畜1000余头,在其家庭收入中,牧租收入占37.96%。游牧区出租的牲畜主要是羊和牛。①羊租。一般混合群,租羊百只,三年本利交250只或300只。由于租额重,不少牧民因此而破产。1941年,牧民羊桑租文本240只羊(其中1岁80只,2岁80只,3岁80只),3年本利要缴纳600只,后因繁殖数量少,只交了500只,被迫黑夜逃跑,牧主文本将其帐房、财产全部没收。②牛租。主要是缴纳酥油,不同部落每年所缴纳的酥油数量是不一样的,兴海县河卡习惯是每头犏母牛交酥油30藏秤斤(折市秤约45斤),每头牦母牛交20藏秤斤(合市秤约30斤),千户力加本每年出租牛250—300头,年收酥油8000余斤。④ 寺院的牲畜也采取租牧方式经营,青海阿曲乎寺院有牛马250余头,三位活佛有牲畜折羊950余只,这些牲畜除了用于乘

---

① 何景:《祁连山之牧场草原》,《新甘肃》第1卷第3期,1947年8月出版,第49页。
② 《同德县夏卜浪千户部落基本情况》,青海省编辑组:《青海省藏族蒙古族社会历史调查》,第37页。
③ 《依赖天然之甘肃畜牧现状》,《西北导报》第1卷第6期,1936年6月,第20页。
④ 《兴海县河卡乡解放初期社会经济状况》,青海省编辑组:《青海省藏族蒙古族社会历史调查》,第12页。

用之外,全部出租,租率比一般部落的要高出许多。① 牧租经营方式比较复杂,下文有专门的讨论。

代牧是牧区另一种经营形式。夏卜浪部落赛湾族的青佩,是红教本钵子,经常被人请去做经事,没有时间从事放牧,他家的牲畜主要由别人代牧。代牧的方式是1头犏牛1年交酥油30—40斤(年产50—60斤),1头牦牛交20斤(年产30斤左右)。② 在代牧中,农牧只获得畜产品的30%—40%作为劳动报酬,其中大部分要交给畜主。从缴纳酥油的比例来看,这种代牧的经营方式与出租牲畜在本质上没有多大区别,畜主不仅不给牧民代牧的酬劳,而且代牧牲畜的人还要给畜主上交一定数量的畜产品。

雇牧是游牧区普遍存在的经营方式。在青海游牧部落中,拥有数千头(只)牲畜的千百户,除了将一部分牲畜出租外,还有一部分雇人放牧。游牧区的许多贫苦牧民,在无生产资料的情形下,缺吃少穿,主要依靠出卖劳动力维持生存,这是雇工的主要来源。这种雇牧制度在游牧部落比较常见,如拉仓部落是以畜牧业为主的单一经济结构,有298户帐幕,其中37户牧主和富裕牧户雇有长短工,占12.4%。③ 建日科贫苦牧民本什测给贡工麻部落牧主本巴什结家当牧工,放牧马、牛、羊,此外还做鞣制皮子等零活。一年的工资是100元,8张皮子(合48元),8斤羊毛(做成毡衣合8元),两双靴子(合30元),布裤子2条(合5元),共计191元;此外每天伙食费5角,计180元。④ 在牲畜占有权不集中的部落,一般牧民或富裕牧民因劳动力缺乏,也雇用牧工放牧。夏卜浪族瓜什则官人楚头,家有马8匹,牛30头,羊200余只,雇有长工1人放牧。该部落"长工工资同其他地区比较略高。如一个长工一年除管吃、管穿外,净付白洋二十五至五十元不等。"⑤ 根据部落习惯法规定,牧工有长工与短工之分。长工以年度计算,牧民给牧主干活12个月为1年,不满12个月以短工计算报酬;短工以季节或半年来计算,3个月以上为短工。⑥ 在果洛部落,长工一般负担放牧、剪毛等工作,年限有1年、2年和3年,甚至有更长的时间。一些临时性的劳动如畜产品加工和杂活,主要雇用短工,有月工、

---

① 《兴海县河卡乡解放初期社会经济状况》,第14页。
② 《同德县夏卜浪千户部落基本情况》,第37页。
③ 《泽库县和日千户部落所属拉仓百户部落解放前后牲畜发展及各阶层经济情况》,青海省编辑组:《青海省藏族蒙古族社会历史调查》,第57页。
④ 《同德县牧业区贡工麻部落社会调查》,青海省编辑组:《青海省藏族蒙古族社会历史调查》,第44页。
⑤ 《同德县夏卜浪千户部落基本情况》,第37页。
⑥ 张济民主编:《青海藏区部落习惯法资料集》,第16—17页。

临时工等。① 雇牧的工资根据放牧的数量和水平来付给,青海泽库县拉仓百户部落规定:一般牧羊在 1000 只以上者为一等牧工,年实际工资为 12 只母羊,另外补贴 15 只大羊和 5 只小羊的羊毛(约合 35 斤)、羔皮 2 张;放牧羊群在 800 只左右者为二等牧工,年实际工资 10 只母羊,另外补贴 10 只羊的羊毛和羔皮 1 张;放牧羊群在 400—700 只的为三等牧工,年实际工资 6 只母羊,另补贴 6 只羊的羊毛和羔皮 1 张;放牧羊群在 100—400 只的为四等牧工,年实际工资为 4 只母羊,另补贴 4 只羊的羊毛和羔皮 1 张。除了上述工作外,在 1 至 3 年内付给牧工一定数量的生活用品,1948 年拉仓百户部落付给牧工皮袄、腰带、帽子、裤子、靴子、毡雨衣共计 6 件,折合白洋 16 元,可以购买青稞 640 斤。②

宁夏阿拉善牧区也雇人放牧。西蒙一带的蒙民"凡中等以上之家,多雇用汉人放牧",受雇的牧夫主要来源于甘肃民勤。普通牧夫 1 人,可放牧羊二三百只,骆驼四五头。一般汉人受雇放牧,工资多以年龄大小、年限多少为标准,主人供给食宿,"一小孩初到第一年,每月工资三四元,以后渐增至七八元不等。但年龄在二十五(岁)左右者,初来第一年工资每月十元不等,以后再酌量增加"。③ 其雇牧的形式、组织方式如何?因资料有限,无法知晓,有待进一步挖掘资料,进行研究。

合群轮牧是游牧区经营比较多的一种方式,主要发生在穷困牧民之间。一些贫苦牧民牲畜比较少,为了节省劳动力,采取合群轮流放牧的方式,几家或一个小部落形成放牧共同体。这种共同体有长期的,也有临时的。如贡工麻部落,洛夫旦和娘格日两户牧民共有羊 200 余只,两家合群放牧有 5 年的时间;牧民索才与巴加,平时各自放牧,如果有一户有事时,两户则合群放牧。④ 在果洛藏区的贫穷牧民有一种传统的互助组织,具体方式是:①把各家牲畜集中由一人放牧,其他人从事家庭副业或其他劳动,以工顶工;②参加互助的各家牲畜集中,轮流放牧;③各家牲畜集中,其余各家出物资或钱作报酬。⑤ 这种合群经营方式类似于农业区的互助合作。除牧户之间的合群轮牧外,一些部落从习惯法上规定部落各家牲畜合群轮牧,果洛藏区就有"夏季各分部马匹合群,以户轮流放牧"的规定。⑥ 这种形式是生活在一个帐圈里的牧户,不论牲畜多少,一律实行分户轮牧。合群轮牧使牲畜比

---

① 《果洛藏族社会历史调查》,青海省编辑组:《青海省藏族蒙古族社会历史调查》,第 90 页。
② 《泽库县和日千户部落所属拉仓百户部落解放前后牲畜发展及各阶层经济情况》,第 58 页。
③ 陈国钧:《阿拉善旗经济状况》,《经济汇报》第 9 卷 11 期,1944 年 6 月 1 日,第 68 页。
④ 《同德县牧业区贡工麻部落社会调查》,第 45 页。
⑤ 《果洛藏族社会历史调查》,第 88 页。
⑥ 张济民:《青海藏区部落习惯法资料集》,第 38 页。

较少的贫苦牧户吃亏,因而有时候牲畜多的牧户也给牲畜少的牧户一些代牧的报酬,但数量很少。①

骆驼放牧与马牛羊有所不同,有专门放牧骆驼的组织——驼帐。马鬃山位于包头至新疆商路的要道上,该地牧草又适合放牧骆驼,因而放牧骆驼的主要是一些晋商或玉门、安西的养驼专业户,每当夏季牧草茂盛时,这些人就"驱驼入山就食,兼以运驮货物,草尽则又他往"。夏季是牧草最为茂盛时期,对骆驼放牧十分主要,"即于此四十日内将驼牧肥,则此驼终年健壮,否则待之冬季,驼必羸瘦,甚至有生命之危"。因此,放牧骆驼是一件十分重要的事情,商人或驼户一般要组织一个由大头、二头、厨夫、牧人组成的放牧共同体经营。不同角色分工有所不同,大头就是大掌柜的,总揽全部事务,包括寻找水源、牧地草料采买、送驼至新的牧地等;二头即二掌柜的,是大头的助手;厨夫专门负责粮食管理和做饭;牧人俗称"受苦的",一般由9人组成,分为3班,每班3人,轮流作息、值牧和拾柴火。大头、二头的工资大致每月五六元,其余则二三元不等。② 可以看出,驼帐的经营方式比其他牲畜要复杂得多。

(二) 草山权属问题

游牧区草山的权属是一个比较复杂的问题,不同地区和不同部落关于草场占有和使用都有不同的习惯。藏区"草山的地权,大概说来,其最高的主权,大都属于寺院,也有一部分是属于土官头目的,而所有草地的使用权,却完全属于各部落的藏民"。③ 藏族游牧区草山所有权可以分为以下几种。

一是属于部落公有。根据部落习惯法规定,每个藏族部落都有属于部落公有的草场,如甘加思柔、仁青部落(今夏河县甘加乡境内)规定"草原归部落所有,凡是本部落的属民都有放牧权;部落头人有优先使用草场的权力……甘加地区草山由各部落统一轮流放牧,每个部落放牧的地点及时间,由'郭哇'会同'格尔岗吾'组织研究划定,然后由'秋德合'组织通知各户群众。"④ 果洛的牧场也"属于占有牧场的部落和寺院公有。然牧场分配权属于部落头人(红保)和寺院上层喇嘛……部落的牧民,是红保的百姓,他们只有承担向头人交税、支差等义务,才能从头人那里获得

---

① 《泽库县和日千户部落所属拉仓百户部落解放前后牲畜发展及各阶层经济情况》,第59页。
② 安泉:《马鬃山一瞥》,《蒙藏月报》第6卷第2期,1936年11月,第4页。
③ 顾少白:《甘肃西南边区之畜牧》,《西北经济通讯》第1卷第7—8期合刊,1942年2月,第31页。
④ 张济民:《青海藏区部落习惯法资料集》,第169页。

分到牧场放牧的权科。谚语说:'没有不属部落的土地,没有不属头人的百姓。''牧场的骨头是头人的,牧场的毛是牧民的'……但是,包括头人在内任何人不许出卖部落的牧场。"①该部落习惯法规定:"部落之草场水流为公有,四季草水居地由长官召集各佐及什长商议,妥善划分。"②果洛藏族部落,草场的所有权属于部落和寺院公有,草场的支配权虽然完全掌握在部落头人手里,但没有权力买卖属于部落的草山。尽管草山为部落公有,头人除了不能买卖部落的草场外,对草场有绝对支配的权力,牧民在草山的生产和生活受到一定的限制。

二是草山的支配权完全属于部落头人。清政府在玉树推行土司制度时,"就确定了玉树草山和农田为玉树千百户所有的封建领主性质",因此,千百户不仅有草山的优先使用权和对属民的分配权,而且"对外有买卖、出租、赠送、抵偿等支配权。这些集中到一点,都反映了千百户对本部落草山的所有权。"③久而久之形成了玉树部落的草山权属的习惯法:"①草山牧场由千百户长支配,可任其买卖、出租、赠送、抵偿,并有优先使用权。②搬迁四季草场,更换放牧场所,由部落首领择定良辰吉日统一搬迁。如迟搬、早搬或随意落帐,则要受到处罚。处罚方式为罚打、罚款或没收财产。"④因此,一些游牧区草山占有制度与清政府赋予土司的特权有很大的关系。

三是寺院占有相当数量的草场。藏区的寺院有两种类型,一种是完全的政教合一的寺院,如甘南的拉卜楞寺,不仅有许多下属的寺院,而且有属于寺院的部落,这样的寺院占有大量的耕地和草山,民国时期的"夏河县所有土地权,亦尽归寺院所有"⑤,也就是说夏河附近的农田和草山所有权均归拉卜楞寺。一种是部落的属寺,这类寺院的土地和草山由部落头人无偿赠送的。据1954年调查,青海省"有的地方占当地总人口4%的上层僧侣及寺庙,占草场总面积的42%左右,占牲畜的39%以上。"⑥可见,寺院占有青海牧区草场面积达三分之一以上,反映了寺院经济在藏区占有很突出的地位。

在藏族牧区,草山权属问题不仅表现在对草山的所有权上,而且还表现在对草山的使用权方面。一方面,头人和贵族占有部落最好的草山。如青海阿曲乎部落

---

① 《果洛藏族社会历史调查》,第83页。
② 张济民:《青海藏区部落习惯法资料集》,第38页。
③ 本书编写组:《玉树藏族自治州概况》,第42、44页。
④ 张济民:《青海藏区部落习惯法资料集》,第47页。
⑤ 马无忌:《甘肃夏河藏民调查记》,第10页。
⑥ 况浩林:《近代藏族地区的寺庙经济》,《中国社会科学》1990年第3期,第138页。

"最好的四片草场(措田、都台、三四外、龙哇奴合当),都被切本加(部落头人,千户——引者注)占着,这四片草场都是水好、草好的地方,牧民不能随便进去放牧,否则就要受处罚。除他家的牲畜放牧的范围以外,牧民才能放牧牲畜。"①青海年乃亥部落在搬迁牧帐时,部落头人的牲畜"都走在前面,占了水草比较丰富的好草场……他们住的草原,均比一般群众的草原距水源近。搬入冬窝子后,牧主友年、郭浪的冬窝子又比其他人的冬窝子好,既适宜养羊,又适宜养牛。"②汪什代海部落也规定"千百户住地周围别人不得落帐放牧,搬迁帐房由千百户命令统一行动,搬迁的日期和地点由部落头人决定;千百户长拥有大量的牲畜和劳力,按习惯,优先迁帐,使用水草丰美的草场,一般牧民不得入内放牧。"③青海千卜录部落规定气候温暖、水草丰美的优质草场为头人牧地,不准牧民进入放牧,凡擅入者要受罚;部落属民只能在"公用草场"上放牧,不得擅自越界;部落属民必须按规定的时间、地点搬帐房,迟搬、早搬、错搬都要受到处罚;牲畜越界(指分季草场界和部落头人、寺院固定草场界)吃草要受到处罚,重则罚50个"求德合"吃一顿饭或罚"旦未绸"(1匹马和1领氆氇衫),轻者罚1头牛或1只羊。④青海阿曲乎部落,"千户切本加家族四户,占着全部落最好的冬春草场的三条大沟和夏季草场的一条大沟,约占全部可用草场面积的三分之一以上。"⑤在康乐牧区,"夏秋两季牧草较足,多为公共草场,但由于贫苦牧民驮畜困难,往往进场时间较迟,好草场多被牧主大户的牲畜抢先吃光"。⑥可见,即使属于部落的公共牧场,部落头人、贵族有优先使用权,而且有能力放牧最好的草山,部落习惯法对部落头人和寺院的草山所有权和使用权给予严格的保护,不允许部落属民有丝毫的侵犯。

另一方面,部落头人有进行草山分配的绝对权力。果洛部落草场分配权属于"红保",分配的方式有两种:一种是世袭的草场使用权,如"贡麻仓、康干、康赛、然洛仓等,开始时红保把牧场分到各所属小部落,再分配给各家各户,各户在自己分到的牧场内按季轮放。各家都可以从祖辈承袭固定的牧场使用权。"对于这类草场

---

① 《兴海县阿曲乎部落制度的调查》,青海省编辑组:《青海省藏族蒙古族社会历史调查》,第24页。
② 《同德县年乃亥地区阶级关系调查》,青海省编辑组:《青海省藏族蒙古族社会历史调查》,第46页。
③ 张济民:《青海藏区部落习惯法资料集》,第89页。
④ 同前书,第60页。
⑤ 《兴海县河卡乡解放初期社会经济状况》,青海省编辑组:《青海省藏族蒙古族社会历史调查》,第10页。
⑥ 甘肃省编辑组:《裕固族东乡族保安族社会历史调查》,第14页。

的"重新分配、没收等权力,都操在红保手中。"一种是无固定草场使用权,如德囊、莫巴、周纪雪花等部落没有固定的世袭草场。"在这些部落,每到按季轮换牧场时,由红保召集所属小部落头人,宣布迁移的日期和区域。红保自己居住的地方与牧场首先指定,其他各小部落用抽签或别的方法各分一定区域。小部落头人又在本部落的区域首先指定自己的居处与牧场,把好的牧场分配给其他牧主和富裕户,剩下偏僻处及不好的草山分配给一般牧民使用。"① 民主改革前,藏区部落头人对草山有绝对的支配权,而且部落草山分配存在着不均衡的问题,部落头人、贵族和富裕户分到最好的草山和最多的草山,而部落属民集体使用的草山质量差而且面积也不大。以上两个方面说明,民主改革前,藏区草山权属部落公有制只是一种表面形式,实际上是部落头人、贵族和权力阶层领有部落草山的制度。

在青海甘肃交界处的祁连山牧区,部落势力相对比较弱小,草山权属与纯藏族部落游牧区有所不同。据对祁连山东部调查,"南北两麓之大部草地,均为军牧场所圈划,几占全面积三分之二,所余者多为有权势之不在畜主所领有,致贫民借放牧为生者,处境异常窘迫……南麓自老虎沟河起,至白水河止,为青海骑五军牧场;自景阳岭至俄博,为青海八十二军牧场。北麓自大马营至大河坝,为山丹军牧场之范围。皇城滩虽允自由放牧,然实际仍限于特殊势力者。西北垦殖励进社及河西实业公司,在彼处设有放牧站,但时与当地发生争执,甚至有死伤者,足见情势之严重也。"② 从该项调查来看,祁连山东部草山权属大部分为马氏军事集团所占有,农业垦殖公司也占有部分草山,而祖祖辈辈在这里放牧的蒙藏人民北麓有 100 余户,南麓有 10 余户,他们的生存空间越来越狭小,为了与垦殖公司争夺草地经常发生流血冲突。这些都说明在祁连山牧区,草山权属主要集中在马氏军事集团手中,另外一部分权属的界限不明确,成为导致流血冲突的主要原因。

(三)部落牲畜占有关系

在藏族游牧部落,牲畜是最基本的生产资料,从部落头人到属民大多数都有属于自己的牲畜。牲畜的占有量是藏民富裕与贫穷的象征,"青海游牧人民,其衣食住行生活上之所需,俱取给于牲畜,故马牛羊等畜遂成为蒙番人民之主要产业。以畜产之多寡,定家财之贫富"。③ 和草山使用权一样,藏族部落里牧主与牧民的牲

---

① 《果洛藏族社会历史调查》,第 83—84 页。
② 申葆和:《祁连山东段家畜疾病及畜牧概况》,甘肃省档案馆藏,30/1/389。
③ 韩宝善:《青海一瞥》,《新亚细亚》第 3 卷第 6 期,1932 年 3 月,第 76 页。

畜所有权也是不平衡的。

　　据1950年代调查,青海上阿曲乎部落,1949年有133户,牲畜总头数折合绵羊36384只,其中折羊1000只以上只有5户,占部落总户的3.7%,却占有部落牲畜总数的47.2%,平均每户占有3433只。最大的5户牧主均属千户切本加的家族,而千户切本加一家就占有羊8700只,牛2100头,马800匹。而88户贫苦属民,占总户数的66.3%,而占有的牲畜仅有9.6%,其中有17户没有牲畜,有36户牧民,每户平均占有的牲畜只有13只绵羊。不富裕牧户30家,占总牧户的22.5%,每户占有牲畜折羊303只,每人平均折羊60只,比全部落每人平均少8只。① 上阿曲乎部落,贫困牧民和不富裕牧民占部落总户数的88.8%,仅占部落牲畜的34.6%;而占总户数11.12%的部落上层,却占有部落牲畜的65.4%。

　　青海年乃亥部落有牧主6户,占总户数4.3%;人口25人,占总人口的3.9%;占有牲畜(折合绵羊)7755头,占总牲畜的15%;户均牲畜1292.5头,人均310.2头。牧民132户,占总户数的95.7%;人口623人,占总人口的96.1%;占有牲畜(折合绵羊)43952头,占总牲畜的85%;户均牲畜333头,人均70.5头。② 在年乃亥部落,牧主户均占有牲畜的数量是牧民的3.9倍,人均是牧民的4.4倍。

　　民主改革前的果洛部落,"占有牲畜折羊千只以上的户约占总户数的5%,占有牲畜为牲畜总头数60%以上。而占牲畜在六百只羊以下的牧民约占总户数的90%,占有牲畜却不到牲畜总头数30%。其余5%的牧户为富裕户,占有牲畜约为牲畜总头数10%左右。"部落中"将近30%的牧民基本上丧失了生产资料,靠做牧工以至流浪、乞讨维持生活,或者做寺院塔哇与头人的家奴。"③ 可见,果洛部落10%的上层和富裕户占有部落牲畜总数的70%以上,而占总户数90%的牧民只占有部落牲畜总数的30%。玉树列驿百户部落有47户,部落百长和活佛两家就占有本部落马匹的53%,牦牛的62.23%,绵羊的57.7%。④ 在甘青藏族游牧区,占有人口10%的牧主,占有牧区60%的牲畜;牧民占总户数的90%,只占有牲畜的40%。⑤

　　通过上述事例来看,民主改革前甘青藏族部落牲畜分配不平衡,占部落户口不足10%的牧主(部落头人、寺院)阶层占有部落牲畜总量的20%—50%,有的部落

---

① 《兴海县河卡乡解放初期社会经济状况》,第11页。
② 《同德县年乃亥地区阶级关系调查》,第48页。
③ 《果洛藏族社会历史调查》,第85页。
④ 本书编写组:《玉树藏族自治州概况》,第66页。
⑤ 四川牧民调查组、青甘小组:《甘青两省藏族地区社会调查综合材料汇编》,第1页。

高达 60% 以上；占部落户口 60% 以上的贫苦牧民只占有部落牲畜 20% 左右，甚至许多贫苦牧民不占有牲畜。

蒙古族游牧部落的牲畜分配也不平衡。据解放初期调查，占蒙古族总人口 10% 的王公札萨克和宗教上层，占有牲畜总数的 60%；而占有人口 90% 的牧民，只占有牲畜总数的 40%。① 牧民占有的牲畜数量比较少。据对马鬃山 54 户牧民调查，上户 6 户，平均每户有羊 200 只，骆驼 10 峰；中户 29 户，平均每户有羊 80 只，骆驼 6 峰；下户 19 户，平均每户有羊 10 只，骆驼 2 峰，此外还有赤贫者 6 人。② 祁连山东部的牧区主要是蒙藏牧民，南麓有百余户，大都为中产以下的贫苦牧民，平均每户仅有牦牛 20 头，绵羊三四百只，"仅足维持一家四五口之生计，且须经常负担繁重之征捐及徭役"。北麓牧民主要居住在大河坝、皇城滩约十余户，牧主苏护（蒙古族）拥有牛马各千余头，其余牧民比较贫困。③ 与马鬃山相比，祁连山东部的牲畜占有关系并不十分集中。

（四）牲畜租佃关系

民主改革前藏族部落牲畜占有是不平衡的，正是这种不平衡导致了牲畜租佃关系的发生。占有牲畜的牧主将牲畜出租给牲畜不足或没有牲畜的牧民，而牧民则通过租牲畜的方式来获得少量的生活和生产资料。在游牧部落，牧主和寺院的牲畜主要通过出租的方式来经营，牧主、寺院和活佛收取高额的牧租。果洛部落把牧主与牧民之间建立的租佃与借贷关系称之为"放收"。所谓"放收"，即放出收回之租与贷，招来付出之酬劳，其部落习惯法规定"无论贫富高下，彼此租贷之约皆须遵守。"④ 因此，出租牲畜是藏族游牧部落租佃关系的主要内容。下面就其牲畜出租的一些问题进行讨论。

1. 牲畜的租佃关系形式

藏族部落通常流行的牲畜租佃形式有两种：一种是"协"，一种是"其美"。所谓"协"的租佃形式是租额根据出租牲畜的存栏数量相应地增减，藏语称为"吉约其约"（汉语意为"有生有死"）。在这种租佃关系中，"畜主将牲畜（多为母畜）交给承租者，由其放牧，每年根据不同牲畜的产奶量等向畜主交纳一定数量的畜产品及繁

---

① 《青海蒙古族社会调查》，青海省编辑组：《青海省藏族蒙古族社会历史调查》，第 139 页。
② 蒙藏委员会调查室：《马鬃山调查报告书》，第 22 页；安泉：《马鬃山一瞥》，《蒙藏月报》第 6 卷第 2 期，1936 年 11 月，第 3 页。
③ 申葆和：《祁连山东段家畜疾病及畜牧概况》，甘肃省档案馆藏，30/1/389。
④ 张济民：《青海藏区部落习惯法资料集》，第 31 页。

殖的全部幼畜。承租期间牲畜一旦死亡,则可在一定范围内和条件下予以注销,不再由经营者赔偿。"所谓"其美"的租佃形式是在承租中,牲畜增减,租额不变,藏语称为"杰美其美"(汉语意为"不生不死")。在这种租佃关系中,"畜主将牲畜交给牧户,由其放牧经营,不论牲畜数量增加(繁殖)或减少(死亡),租额固定不变。"①两种租佃关系本质的区别在于:一是收获物的分配不同,"协"的租额随着牲畜的增加而增加,繁殖的幼畜一律归牧主;而"其美"的租额是固定的,与牲畜增加、减少无关,除交租外,剩余的幼畜归佃户,不足的由佃户垫交。二是风险责任的分担不同,"协"在一定的范围内和条件下(如牲畜正常死亡),牲畜死亡后能够注销,并免交牧租,即租佃风险由主佃双方共同承担;"其美"租佃的风险由佃户全部承担,即使出租的牲畜全部死亡,佃户也要按规定缴纳牧租,不得拖欠。两种牲畜租佃形式在藏族部落实行的比例情况,因资料缺乏,尚不清楚,还需要进一步研究。

2. 出租牲畜的种类和年限

酥油与奶是藏族民众不可缺少的生活用品,酥油的生产原料是牛奶,牦乳牛和犏乳牛是青藏高原主要产奶的牲畜,藏族部落出租的牲畜以这两种乳牛为主。此外,犏乳牛因少而且牧租高出租的很少,还有公牦牛、羊群等出租。

根据藏族部落的习惯,牲畜不同出租的期限则不同,一般牛以1年为期,如果洛部落"贷放时间以一年计";②莫坝部落出租牲畜"以年度计算,每年春季,牧主租出牲畜由牧民经营管理"。③ 如果主佃双方需要时,再续租佃关系,商议的时间一般在春季。出租羊群以3年为期,阿曲乎部落羊租规定"一般混合群,租羊百只,三年本利交二百五十只或三百只。"④牧区也流行永久性租佃关系,"实行其美租佃,租期多为永久性,一旦承租,子子孙孙,不能退租。也有少数地区其美牧租有一定期限,届满后交清牧租,重新承租。"⑤这种不同期限的规定既与藏族部落的租佃习惯有关,也与牲畜的饲养难易程度、产值和价值有关,牛比较难养,而且产值和价值都比较高,租期一般较短;羊则相对比较好养,产值和价值相对都比较低,租期一般较长。

3. 租率和其他产品的分配

藏族部落出租牲畜以酥油作为主要牧租,犏乳牛、牦乳牛产奶量不同,牧租不

---

① 张济民:《青海藏区部落习惯法资料集》,第255、256页。
② 《果洛藏族社会历史调查》,第95页。
③ 张济民:《青海藏区部落习惯法资料集》,第17页。
④ 《兴海县河卡乡解放初期社会经济状况》,第12页。
⑤ 张济民:《青海藏区部落习惯法资料集》,第256—257页。

同,不同的部落也有不同的规定。如果以一头犏乳牛年生产60斤酥油、一头牦乳牛年生产30斤酥油计算,各部落牧租率大致情况是:阿曲乎部落规定"每头犏母牛交酥油三十斤(藏秤,折市秤四十五斤左右);每头牦母牛年交酥油二十斤(折市秤三十斤左右)。千户力加本年出租二百五十至三百头奶牛,年收酥油八千余斤。"① 佃户要把所产酥油的70％以上交给牧主。夏卜浪千户部落"一头犏牛一年交酥油三十至四十斤(年产五十至六十斤),一头牦牛交二十斤(年产三十斤左右)"。② 佃户要把所产酥油的60％以上交给牧主。拉仓部落"出租一头犏乳牛,年交租酥油四十八斤,一头牦乳牛,年交租酥油二十四斤。"③佃户交给牧主酥油占收获量的80％以上。可以看出,租率一般在60％—80％以上。

有的部落根据牲畜产奶能力规定了不同的牧租。果洛部落规定:"畜租带当年犊的母牦牛,一般收租标准如下:最高交租酥油十五斤;中等十二斤;下等十斤。产犊已隔一年的牦母牛折半,即七斤半、六斤与五斤。若出租牦母牛群,取平均数,一律当年产犊收租油十二斤,上年产犊母牛收租油六斤。出租当年产犊犏母牛,一般收租标准如下:最高标准收租酥油三十斤;中等收租酥油二十五斤;下等收租油二十斤。上年产犊母犏牛收租折半,即十五斤、十二斤、十斤。"④产犊的母牛,因怀孕和喂养牛犊,产奶较低,收租也较低。

除交纳牧租酥油外,其他产品如牛犊、皮毛也要进行分配。青海莫坝部落习惯法规定,牧主向租畜户收取牧租方法有8种:"①酥油、曲拉、牛羊绒等产品50％归牧民,所繁殖的牛犊、羊羔全部归牧主;②酥油、曲拉、牛羊毛、牛羊绒、牛羊皮等产品70％归牧主,30％归牧民,所繁殖的牛犊、羊羔全归牧主;③租出当年产犊犏母牛1头,收租酥油30斤;④租出隔年产犊犏母牛1头,收租酥油15斤;⑤租出头胎犏母牛1头,收租酥油25斤;⑥租出当年产犊牦母牛1头,收租酥油10斤;⑦租出隔年产犊牦母牛1头,收租酥油5斤;⑧租出头胎牦母牛1头,收租酥油7—8斤。"⑤刚察部落规定租放头人、牧主和寺院的牲畜,租金为"1头犏牛年交20斤酥油;1群绵羊,年交15斤酥油;幼畜及畜产品全部上缴出租者"。⑥ 以1头犏牛年产60斤酥油计,租率为33.3％,表面上看比其他部落轻一些,但如果佃户要把所有的

---

① 《兴海县河卡乡解放初期社会经济状况》,第13页。
② 《同德县夏卜浪千户部落基本情况》,第37页。
③ 《泽库县和日千户部落所属拉仓百户部落解放前后牲畜发展及各阶层经济情况》,第59页。
④ 《果洛藏族社会历史调查》,青海省编辑组;第95页。
⑤ 张济民:《青海藏区部落习惯法资料集》,第18页。
⑥ 同前书,第97页。

畜产品交给出租者,估计租率也在50%以上。果洛部落规定"出租公牦牛,有的拔下的牛毛与畜主对半分;有的租畜户仅能留下一少部分,大部分归畜主。牦母牛也可拔毛,一般是由租畜户给牛犊配齐绳具,不再交牛毛给畜主。出租羊群,每十只羊,要交九只羊的毛给畜主,租畜户仅能留下一只羊的毛。"①这些资料表明,牧民租牛收入约50%—80%都用来交租,而属于佃户获得的只有20%—50%。而能得到50%收获物的佃户只占少数,绝大多数佃户只能得到不足30%的收获物。从租率来看,牧主对牧民的剥削是很沉重的。

4. 工役畜租

在牲畜租佃关系中,还有一种叫作工役畜租,租畜户以工役顶付畜租。在阿曲乎部落,女牧民哇力家"解放前租千户力加本七头犏乳牛一年,除交酥油租外,她(十三岁)还被力加本老婆仁者要去,做了一年苦役,不付任何报酬,说是顶在租额以内了。"②有的租户如不能足额或按时纳租,也被强迫从事劳役来顶替牧租,租户为了能够租到牧主的牲畜,不得不接受这种额外的剥削。在藏族部落,这种因牲畜租佃关系而产生的劳役是比较普遍的。

5. 牲畜租佃关系中的风险分担办法

青藏高原气候严寒,环境恶劣,经常发生灾害性天气,如雪灾使牲畜被冻饿死亡、雹灾使牲畜被打死、旱灾使牲畜的奶量减少等。藏族部落畜牧医疗条件很差,经常会发生各种牲畜疾病和瘟疫,如口蹄疫等。另外,一些藏族部落习惯法保护本部落成员劫掠另一个部落的牲畜等财富,常常会发生牧民牲畜被外部落成员抢劫,导致损失。这些不仅给藏族部落的畜牧业发展带来了很大的危害,而且使牲畜租佃关系存在着很大的风险。主佃双方在牲畜租佃关系中如何分担风险?尽管在租佃关系中"协"和"其美"明确了租佃风险的分担责任,但不同部落有不同的风险分担办法。大致有三种情况:第一种,如果牲畜死亡是客观原因造成的,佃户不负赔偿责任;如果是主观原因造成的,佃户要负赔偿责任。但无论如何,佃户的牧租是不能少的。莫坝部落租户要"承担牲畜病疫和责任事故,凡牛羊非正常死亡者将皮和肉交给牧主,并按牲畜原价折款另行赔偿。"③第二种,由佃户承担完全责任。如果洛部落"牲畜和母畜所产犊羔都不许伤损死亡,否则一律要赔偿。死一头牦母牛赔六十斤酥油;一头牛犊赔三十斤酥油。"④第三种,牲畜正常死亡,由主佃双方共

---

① 同前书,第95页。
② 《兴海县河卡乡解放初期社会经济状况》,第13页。
③ 张济民:《青海藏区部落习惯法资料集》,第17页。
④ 《果洛藏族社会历史调查》,第95页。

同承担风险。不管哪一种分担风险责任的办法,总是对牧主有利的。

6. 租佃关系中的保证

在牧主与佃户建立牲畜租佃关系时,牧主为了保证牧租的获取,要指定保证牲畜。果洛部落,牧主"往往在出租牲畜时即在租畜户自有牲畜中指定保证的牲畜,若租畜有死亡,即以指定的自有牲畜抵偿。所以完全无牲畜的赤贫户,往往不能租赁牲畜放牧"。① 这种在租佃中指定保证牲畜的办法实际上是一种抵押租佃制。在藏族部落牲畜租佃关系建立的过程中,贫苦牧民自始至终都处于被动地位,而没有牲畜做保证的赤贫户无法租到牲畜,他们只有依靠当雇工来维持生活。

从以上几个方面来看,在藏族部落牲畜租佃关系中,佃户完全处于不利的地位。如果遇上风调雨顺,佃户还可以获得一些曲拉、少量的酥油、喝一些鲜奶。如果遇到灾年,水草不好,影响牛的产奶量或牲畜非正常死亡,佃户还要通过其他途径来完成牧租,有时被逼迫家破人亡。如青海年乃亥部落"牧民英允租牧主普化牛四头,每头牛租额酥油五十斤,共为二百斤,因未产够二百斤酥油,还赔本四十斤,要靠搞副业去归还。"②1941 年,阿曲乎部落牧民羊桑租千户文本"羊二百四十只(其中一岁八十只、二岁八十只、三岁八十只),三年本利交六百只。后因繁殖少,只交五百多只,逼迫黑夜逃跑,文本即将其帐房、财产全部没收。"③佃户如果不能当年交清牧租,剩余部分折算利息来年付清,或转化成为高利贷。1950 年代调查,工贡麻千户部落"出租犏牛的租额仍同解放前一样。如贫牧柔结力去年(指 1953 年——引者注)租入安木拉两头犏牛,租额酥油一百斤,交了八十斤,欠二十斤,利息八斤,今年七月还本二十斤。今年的租额酥油仍是一百斤,交了五十五斤,下欠四十五斤。因而安木拉以本利五十三斤酥油,牵去柔结力牦雌牛一头,并找回三十三元。"④可见,民主改革前藏族游牧部落的牲畜租佃关系对佃户的剥削是很沉重的,有些佃户因此而倾家荡产,有的甚至沦落为"娃子"(奴隶)。这种现象在藏族游牧部落并非少见。

通过对青海、甘肃藏族部落草山权属、牲畜占有和牲畜租佃关系的论述,可以看出大多数藏族部落实行的是草山所有权与使用权分离的制度,有的部落草场属于公有,牧民对草场只有使用权而无所有权,甚至部落头人对草场只有支配权和使用权,也没有所有权;有的部落草场属于土司的领地,草场所有权属于土司,属民只

---

① 《果洛藏族社会历史调查》,第 95 页。
② 《同德县年乃亥地区阶级关系调查》,第 47 页。
③ 《兴海县河卡乡解放初期社会经济状况》,第 12 页。
④ 《同德县牧业区贡工麻部落社会调查》,第 44 页。

有向土司承担一定的义务才能获得草山的使用权；只有少数部落草山的所有权与使用权是一致的。而且在一些部落内部出现了草山权属的流转，使原来属于部落公有的草山变为私有草山。民主改革前藏族部落牲畜分配也不平衡，占部落户口不足10％的牧主（部落头人、寺院）阶层占有部落牲畜总量的20％—50％，有的部落高达60％以上；占部落户口60％以上的贫苦牧民只占有部落牲畜20％左右，甚至许多贫苦牧民不占有牲畜。在藏族部落的牲畜租佃关系中，部落属民处于非常不利的地位。这种农奴制的租佃关系，是导致藏族部落牧民贫困的原因之一。

从草场权属、牲畜占有量和牲畜租佃关系来看，部落土司、头人、贵族和宗教上层通过对草山的占有权和支配权，对部落属民进行经济的和超经济的剥削，这一问题一直到1950年代后期新中国对藏区进行了民主改革后才得以解决。[①] 因此，笔者认为新中国对藏族地区的民主改革是完全必要的。只有废除农奴制度，解决草山权属和牲畜分配问题，废除农奴制度下的租佃关系，使农牧民有了属于自己的草山和牲畜，才使蒙藏族地区广大农牧民获得了真正的解放，才能解放生产力和促进蒙藏地区社会经济的发展。

三、农业区的畜牧业

（一）"农牧并重"的延续

黄河上游区域历史上就是我国农牧交错的地区，故除了游牧区外，在以农业为主的地区，牲畜既是农家不可缺少的劳动力和肥料的生产者，也是农家衣食的主要来源，农牧兼营是传统农村经济的主要特色。明清地方志对重视"耕牧"多有记载，明朝嘉靖《宁夏新志》记载宁夏风俗"重耕牧"；乾隆《重修肃州新志》："大都以织毛褐，勤耕牧为本业……中产之家，颇富孳牧"；道光《兰州府志》："致耕之外，惟资于牧，而牧以羊为盛"。《朔方道志》记载："耕殖而外，多务畜牧"。牧畜不仅是农家耕作的需要，也是农家的主要副业，农家穿衣和日常生活用品主要依赖皮毛来解决。因此畜牧业仅次于种植业，是农村经济的重要部门。

近代以降，依然延续了"农牧并重"的经济特色，尤其在农牧交错带，这种特

[①] 黄正林：《民主改革前后甘川青藏族地区社会变迁研究》，《中共党史研究》2009年第10期，第118页。

色十分明显,故有"凡历经西北农村者,莫不见家家饲养牛马"的景象。① 民国时期"甘肃畜牧,以祁连山附近如临泽、山丹、永昌、武威、民勤、永登以及海源、固原、会宁、夏河、西固、文县等地为最盛"。② 这些地方养殖牲畜大多数作为家庭副业而存在。河西一带因祁连山冰雪融水,河流交错,水草丰美,"畜牧事业向称发达,羊类因气候之适宜,环境之需要,饲养者众,故其生产额较大。各种主要牲畜产量总额,以羊占第一位,马、驴、骆驼则依次递减",河西畜牧业除了永登、古浪部分少数民族集聚地为牧区外,"其他处畜牧仅为农家副业,其方式多为定牧"。③ 一些生活在绿洲边缘的农家,也大量豢养牲畜,"举凡马牛驴骡猪,尽为优良之家畜,山丹、永登向以名马著称,武威之驴及黄牛亦数著名,张掖、鼎新则以产驼为名。约计牲数为,马四万余匹,牛六万余头,骆驼四千余匹,驴三万余头,骡万余头,羊总在五十余万只"。④ 酒泉是河西重要的农牧区,抗战时期调查,随着社会的稳定和经济的好转,畜牧业较之30年代有了发展,全县有牛1万头,羊5.7万只,马5000匹,骡3600头,驴6200头,骆驼800峰,猪7400头,年产羊毛约12万斤,皮革约2万张。⑤ 古浪"通县民所生息,以羊为大宗,皮毛出口,岁亦不少"。⑥ 表6—2是20世纪40年代后期关于河西各县牲畜数量的统计。

表6—2 甘肃河西走廊各县家畜统计表

县别	马	骡	驴	牛	山羊	绵羊
古浪	785	640	1192	2182	4553	7873
武威	5000	1620	15776	13993	28000	850000
永昌	8000	700	3000	7300	45000	150000
民勤	222	560	6825	7270	5657	1593
山丹	4650	480	2640	5570	30000	100000
民乐	3068	312	2500	6318	35000	120000
张掖	4278	1282	8230	5390	82000	96000
临泽	90	75	1510	2664	25	4989
高台	423	275	2655	5402	222	5160

---

① 王连生:《发展青海畜牧事业应注意之几点》,《新青海》第4卷第1—2期合刊,1936年2月,第27页。
② 武镛:《战时西北物产供销问题》,《西北资源》第1卷第4期,1941年1月,第62页。
③ 李扩清:《甘肃河西农村经济之研究》,第26430、26432页。
④ 高黎夫:《甘肃省河西区物产概论》,《甘肃贸易季刊》创刊号,1942年6月,第40页。
⑤ 之元:《酒泉概况》,《新西北》第5卷第4—6期合刊,1942年6月,第133页。
⑥ 民国《重修古浪县志》卷6《实业志·物产》。

续表

县别	马	骡	驴	牛	山羊	绵羊
酒泉	1750	696	7404	10383	22551	17624
金塔	156	93	1747	3620	5989	4613
鼎新	51	13	722	669	2305	963
玉门	488	159	3632	4647	6148	24495
安西	763	120	2581	5169	6787	16747
敦煌	332	72	2598	2864	4738	7760
共计	30056	7097	63012	83441	278975	1407817

资料来源：邹豹君等：《甘肃走廊的经济建设与移民问题（续）》，《边政公论》第 7 卷第 4 期，1948 年 12 月，第 2 页。

在河西各种家畜中，绵羊、山羊数量最多，其次是牛和驴。武威驴在西北很有名气，"凉州为产驴名地，与大通马为西北二宝，其优点甚多，以黑身白腹者为最佳，多用乘骑，其他杂色为运输或耕田之重要工具，行山路崎岖之处，如履康庄，任重耐劳，他处不可及也。"①据表 6—2 来看，武威是河西养驴最多的地区，占整个河西的 25%。

陇南及陇海铁路沿线各县农家以养殖羊、牛、驴、骡、马和猪为主，其次有鸡鸭、蜜蜂等，均为农家副业。如"农作地带如陇东南各县之牧羊，不过属于农村之副业，至多三五十为一群，随地野牧，或取其毛，或食其肉"。② 天水"牛马豕骡驴之属，各乡均有之，惟西南部水草肥美，故畜牧较盛于他处。然皆仅为农家之副业，无大规模之繁殖"。③ "副业以畜牧赶雇帮工为多，大约每个农家，均畜育牛羊，牛羊获利亦厚"。④ 定西农家以养羊为副业，"东乡、北乡产羊最多，质美而肥，据调查所得每村平均六十家，每家平均约畜羊十只，以本县一万六千户计，全县羊数至少在十五万只以上。"⑤ 岷县"农民所饲养牲畜均以能辅助垦耕之犏牛、黄牛为主，山羊之饲养，仅在利用农庄附近之荒山草坡，或利用田间之作物残株"。⑥ 渭源县农家所养牛马"仅敷耕种之用，并无以此为利者"，农家所养牲畜只有绵羊做肉食和供给皮毛之用。⑦ 据陇海铁路沿线 15 县调查，"一般农民则咸以畜牧为副业，各户零星蓄养牛羊若干头，放食于荒山田野之间，取其利以为补助，虽然属零星蓄养，但以普遍之

---

① 李扩清：《甘肃河西农村经济之研究》，第 26433 页。
② 陈驿声：《西北羊毛之研究》，《甘肃科学教育馆学报》第 1 期，1939 年 5 月，第 50 页。
③ 士升：《甘肃天水概况》，《西北开发》第 1 卷第 2 期，1934 年 2 月，第 70 页。
④ 李国珍：《天水农村之鸟瞰》，《中国农民银行月刊》第 1 卷第 2 期，1936 年 2 月 29 日，第 81 页。
⑤ 甘肃省银行经济研究室：《甘肃省各县经济概况》，第 21 页。
⑥ 周光宇：《甘肃岷县畜牧概况（上）》，《行总农渔》1947 年第 10 期，第 13 页。
⑦ 文廷美、高光寿：《渭源风土调查录》，第 42 页。

故,其总数亦颇有可观也"。表 6—3 是 1934 年各县畜产量的调查。

表 6—3   1934 年陇海铁路甘肃段各县畜产量调查表

县别\名称	牛(头)	羊(只)	马(匹)	驴(头)	猪(头)	骡(头)	牛羊皮(张)	羊毛(斤)	蜂蜜(斤)	猪鬃(斤)
皋兰	50	20000	100	200	100	500	—	12000	—	—
洮沙	200	36000	80	—	—	120	—	—	—	—
临洮	1000	3000	700	—	20000	700	—	7000	—	3750
渭源	450	14872	540	360	5845	—	—	10000	—	—
岷县	500	5000	800	—	—	—	17636	28000	230400	5530
漳县	500	5000	150	500	1000	—	—	326	—	2880
陇西	280	10000	190	400	11000	250	3000	—	1000	13000
武山	130	8000	30	60	5000	20	—	10000	—	500
甘谷	50	1000	60	100	600	—	—	—	—	—
天水	1200	30000	700	1800	11000	650	—	—	100000	560
清水	3000	20000	70	1000	—	100	—	—	—	—
秦安	—	2000	100	—	15000	—	3000	—	—	6440
通渭	520	2000	—	760	—	—	1560	25000	950	—
定西	70	83500	—	550	1500	—	80000	6000	5000	—
榆中	230	2100	50	1800	5500	50	1150	6000	—	—
合计	8180	242472	3570	7530	76545	2390	106346	104326	337350	32660

资料来源:铁道部业务司商务科编:《陇海铁路甘肃段经济调查报告书》,第 34—35 页。

从表 6—3 来看,陇海铁路沿线 15 县的调查,羊各县均产,以皋兰、洮沙、渭源、天水、清水、定西为最多,全线年产 24 万余只;其次是猪,年产 7 万余头,牛、马、骡、驴也有养殖,但数量较少。羊主要供给农家肉食,"牛为耕田之用,宰杀颇少"。畜产品主要是皮毛,全线年产羊毛 10.4 万斤,牛羊皮 10.6 万张,主要产于岷县、定西。[①] 说明牧畜是陇海铁路沿线各县农家的主要副业之一。

庆阳各县畜牧业也颇发达,除了耕畜外,以养羊为主,羊及其皮毛为农家主要产业。清末调查,镇原牲畜有 11 种,而以羊为大宗,"每年羊市甚大",皮毛也成为农家出产的大宗货物,因此有"邑人仰事俯畜,赖羊者居多"之说。每年运售西安、汉中的羊 5400 余只,价值 1.4 万元;出产羊皮 1.7 万余张,羊毛 7 万余斤。[②] 又有调查,甘肃农家多养羊,"尤以镇原、镇(正)宁、宁县等地之农民为甚,羊有两种,白

---

① 铁道部业务司商务科:《陇海铁路甘肃段经济调查报告书》,第 33 页。
② 宋运贡、王柄枢纂修:《镇原乡土志》,清末抄本。

色无角者为绵羊,黑色有角者为山羊。最近(1933年——引者注)山羊、绵羊所售价目,均约二三元之谱,西安羊贩选羊者,均在镇原、宁县等地购买,一年四季,陆续不断,营业颇为畅旺"。① 除养羊外,牛、驴是陇东农家主要家畜,如据抗战初期调查,庆阳有羊38233只,牛8383头,驴7487头;② 又据抗战时期调查,庆阳有绵羊70000只,牛约940头,马约170匹,骡约50头,驴约5000头。③ 在另外一份资料中,各县牲畜数量是:羊,镇原56550只,庆阳83338只,宁县18500只,正宁2200只,共计16万余只;牛,镇原26300头,庆阳9400头,正宁1500头,宁县2150头,共计近4万头;驴,镇原25100头,庆阳5000头,宁县2662头,正宁250头,共计3万余头。④ 可见,羊、牛、驴是陇东畜牧的大宗。

甘肃西南夏河、临潭、卓尼、岷县等地是农牧交错地带,这里的谷地与山坡,"大半成垦,居民以农作为主,畜牧为副"。⑤ "家畜以绵羊为最多,农户饲育四十余头者不多,惟以十头左右较为普遍,养户居十之七八,牛之养户多于绵羊,每户多则十余头,少则二三头,骡马之养户大致与牛相似,惟每户鲜有养十头以上者"。⑥ 拉卜楞寺所属十三庄,已由游牧生活转为定牧,"以耕作青稞为主业,兼事畜牧"。⑦ 岷县"以畜牧为主要职业之居民甚少,但借畜牧为副业者,则达八千八百三十二户,足证畜牧一项,不失为岷县农民经济上重要之一环"。⑧ 说明这些传统畜牧地区,在近代以来随着农业开发,畜牧业也逐渐成为副业。

青海河湟谷地从事农业的蒙藏等民族,畜牧业也是农家副业。如共和县"县府左近,居民(番族)改牧为农者,几数十年,畜牧已成副业,牛羊皆不成群"。⑨ 东部化隆县的经济来源"大半靠农牧",距离县城较近的地方从事农业生产,"离县城较远的人们,多以农牧为生,家畜有牦牛、犏牛、黄牛、马、骡、驴、羊等,回教不食猪肉,养猪者甚少,回教中养鸡的数目也不小"。⑩ 牛是青海农家养殖的主要牲畜,"用途范围宽,除吃肉、取乳、耕用、驮运、拉车外,牛粪取作主要燃料……故牛在青海农民

---

① 《甘肃畜牧概况》,《农业周报》第2卷第14期,1933年4月3日,第191页;《甘肃皮毛》,《检验月刊》第3期,1934年3月,第13页。
② 罗人骥:《庆阳县概况》,庆阳市档案馆藏,4/4/6,第82页。
③ 统计组:《甘肃各县局物产初步调查》,《甘肃贸易季刊》第5—6期合刊,1943年9月,第56页。
④ 甘肃省银行经济研究室:《甘肃之特产》,第66、105、96、118—119页。
⑤ 张松荫:《甘肃西南之畜牧》,《地理学报》第9卷,1942年,第68页。
⑥ 同前书,第73页。
⑦ 张元彬:《拉卜楞之畜牧》,《方志》第9卷第3—4期,1936年7月,第208页。
⑧ 王志文:《甘肃省西南部边区考察记》,第64页。
⑨ 李自发:《青海共和县考察记》,《新青海》第2卷第12期,1934年12月,第45页。
⑩ 德馨:《青海化隆印象漫谈》,《新青海》第5卷第5期,1937年5月,第25页。

经济上颇占重要地位"。此外，驴、骡、猪也是青海农家养殖比较多的牲畜，大都在青海东部各县，如西宁、湟源、乐都、民和、互助、贵德、化隆、循化、大通等。① 驴的力量虽不如马，但驴性情温和，饲养方便，成为农家不可缺少的畜力，青海"小农家乘骑耕田，运送肥料全靠的是驴，日常使用较骡马特别便利"，②因此，驴是青海农家普遍养殖的畜类。骡子"体壮力大，适于重役远骑，为较殷实之农家所必饲之主要牲畜，且骡子生后达一岁后，即可轻骑役使，故其价值较普通役用马倍之，农民专养骡马以牡驴交配，生产骡子，每年售于藏商，可得较高之代价，裨益经济收入也"。③ 因骡子运输能力强，为商人所喜欢，故农家专门饲养骡子出售给藏商，以获得高额利润。

宁夏除了阿拉善、额济纳两旗外，平原地区"农民以畜牧为副业"，④"牧羊为农家副业，产额少，消费大"。⑤ 南部山区，畜牧业比较发达，也是农村副业，如海原"有少数畜牧之家，亦不过农事之副业，并无专赖畜牧生活者"；"畜羊之家尚多，但不过系农业之辅助耳，要以全赖畜牧牛羊为生活者，甚属寥寥"。⑥牛以蒙古黄牛为主，"骨细肉轻，颇似乳用牛，四肢强健，皮毛粗硬，性甚温和，唯动作则较迟缓"，宁夏农村黄牛主要用于耕作，全省养牛9.8万余头。⑦ 在农业种植区，畜牧业是农村副业。表6—4是对宁夏农家畜牧业状况的调查。

表6—4 宁夏畜牧业概况统计表

种类	饲养匹数	饲料及饲育方法	成本及卖价	牧夫待遇
马	大户四五匹，中户三四匹，小户二三匹	每年专用草类及豆菽类饲养，大多人工饲养	每匹每日草料价三四角	除每日管伙外，月给工资洋五六元
牛	同上	同上	同上	同上
羊	专户、大户五六千只，中户二三千只，小户一二千只	普通多用放牧，冬季用畜草饲养	因放牧，故不一定	同上

---

① 《青海畜产种类及分布概况》，《新青海》第4卷第5期，1936年6月，第73、75页。
② 张建基：《青海畜牧之纵横剖视》，《新青海》第4卷第4期，1936年4月，第22页。
③ 李于润：《青海畜牧事业之一瞥》，《新青海》第4卷第1—2期合刊，1936年2月，第24页。
④ 宁夏省农林处编：《宁夏省农政七年》，第101页。
⑤ 吴兆名：《西北畜牧业概述》，《中国实业杂志》第1卷第7期，1935年7月15日，第2297页。
⑥ 《甘肃省海原县要览》，刘华编：《明清民国海原史料汇编》，宁夏人民出版社2007年版，第189、191页。
⑦ 宁夏省政府：《宁夏资源志》，第69页。

续表

种类	饲养匹数	饲料及饲育方法	成本及卖价	牧夫待遇
猪	每户不论大小有数只		每头年产二三十头，每头售价20余元	无
骡	与马牛同	与马同	与马同	除每日管伙外，月给工资洋五六元
驴	小户专养，多则三四头，少则二三头不等	同上	同上	同上
骆驼	专户、大户三四百头，中户二百头，小户四五十至七八十不等	同上	同上	同上

资料来源：《宁夏省畜牧概况表》，《中国建设》第6卷第5期，1932年11月，第110页。

从表6—4来看，除了专业户外，马、牛、羊、猪、骡、驴和骆驼是农家的主要家畜，饲养比较普遍。

宁夏建省后，政府重视对农村畜牧业的管理，采取措施鼓励发展畜牧业，"每年秋季举行家畜促进会，经会考核，如激增额数合于奖励标准者，由政府奖给匾额、锦标、银牌、奖金之类"。规定：①人民每户每年曾养马3匹，牛3头，猪10头，驼10只，羊30只（或每百羊年产羔羊30只）以上者；②人民合办或官民合办牧场，每年增殖牛20头，驼20只，羊百只以上者；③各牧场每年每百只羊中，有身体高大，毛色华丽，生殖能力强的种羊达20只以上，足供繁殖之用者；④凡各牧场，皆负改良责任，如试验成绩优良，"除奖励外，并将所得经验，临时通知各牧户，借资改良"；⑤每年年终，所有牲畜未生病疫，无死亡1只者；⑥人民及各牧场，每年豢养"护羊犬"5条至10条者。① 符合以上各款中的一项就可以获得政府奖励。发展畜牧业的奖励政策，落实得如何？尚无相关资料佐证。但从1934年以来对宁夏牲畜数量的统计来看，本省牲畜数量的确增加了。如1934年，汤惠荪等调查，宁夏有牛2.5万头，驴7.7万头，马2000余匹，骡子4000余匹，骆驼1.33万峰，羊约15.7万只，猪8000头。② 1941年，农林部宁夏农业考察团统计，宁夏有羊93.58万只，牛10.6万头，马4.4万匹，骆驼16.28万峰，另有驴11.27万头，骡子0.9万头。③ 表6—5是1946年的统计。

---

① 秦孝仪主编：《十年来之中国经济建设》第21章《宁夏省之经济建设》，第6页。
② 汤惠荪等：《宁夏省农业调查》，第360页。
③ 秦晋：《宁夏向何处去》，第69页。

表 6—5　1946 年宁夏农区各县牲畜数量统计表

县名\种类	绵羊(只)	山羊(只)	牛(头)	马(匹)	骆驼(峰)	骡(头)	驴(头)
贺兰	39379	5592	11884	1404	552	810	860
永宁	20750	3415	8277	2559	3364	5247	519
宁朔	31138	7822	9342	2958	233	9843	584
平罗	18471	11653	6873	4041	754	9750	726
惠农	20918	11928	4714	366	880	12016	884
金积	37240	32080	6121	2937	742	8720	740
灵武	70560	62060	9702	5972	1970	10300	970
中卫	60560	56360	11350	3802	242	12500	240
中宁	51362	48502	9871	2916	205	9800	320
同心	61860	54060	6720	1920	640	8705	410
盐池	38890	35270	3600	2010	1100	5800	1100
陶乐	30059	27250	1850	546	851	1200	121
磴口	37802	27781	3892	1604	1421	841	206
总计	518989	383773	94196	33035	12954	95532	7680

资料来源：宁夏省政府：《宁夏资源志》，宁夏省政府 1946 年印行，第 61—78 页。

表 6—5 只统计了农业区的牲畜的数量，不包括阿拉善与额济纳两旗。在农业区域中，绵羊、山羊、驴、牛、骆驼等占有重要地位，是农村的主要养殖业。如果加上这两旗的牲畜，宁夏牲畜数量大部分超过 1941 年的统计。关于《宁夏资源志》的统计，秦晋认为是宁夏农林 6 年最精心的工作之一，"以专门家而对宁夏有此长久关系，吾信其所列数字，当较正确"。[①] 从上述三次调查来看，在 20 世纪 30—40 年代随着社会的稳定，宁夏的畜牧业有了一定的发展。

(二) 牲畜所有权的分配

在黄河上游区域农业区，畜牧业是副业，一般农家养殖数量都是很有限的。据抗战时期统计，甘肃有 2792060 家畜单位[②]，居全国第七位；平均每平方公里 7.38

[①] 同前书，第 71 页。
[②] "家畜单位"是计算牲畜数量的依据。各地牲畜种类不一，多少不一，价值不一，作比较研究颇为不便。因此根据家畜之身材体重、饲料消耗量规定各类家畜单位，如牛、马、骡、骆驼每头为 1 个家畜单位，驴每头为三分之二家畜单位，猪、羊每 10 头为 1 个家畜单位，鸡每百只为 1 个家畜单位，鹅、鸭每 50 只为 1 个家畜单位。

家畜单位,在全国排在第九位;平均每人有0.41家畜单位,居全国第三位。① 甘肃是一个农牧交错的地区,就本身而言,牲畜数量不足,但与当时全国状况相比较,人均拥有家畜数量算是比较高了。榆中36户农家中,有各种牲畜356头,平均每家10.46头,换算成家畜单位则每家为2.51头,其中牛为0.94,羊0.49,驴0.38,骡马0.55。② 文县"人民家养马骡驴羊者,为数无多,能喂骡马二三头,羊百头者均鲜……通常农家蓄牛三四头,马一匹,羊数十只足矣"。③ 皋兰县每户平均只有牲畜0.31头。④ 大多数农家牲畜数量不足。

和游牧地区一样,在以畜牧为副业的地区,牲畜分配也是不均衡的。如保安族聚居的大河家地区高赵李家村全村110户,其中地主富农12户,占10.9%,其余为中农和雇农。地主每家养羊20—30只,中农养8—10只,贫农有的养1只或两家合养1只。全村有骡马82头,地主富农占有51头,占总数的62.2%;耕牛144头,地主富农有62头,占43.1%;驴128头,地主富农有30头,占23.4%。⑤ 仅占总户数10.9%的地主富农占有40%以上的大牲畜。在农业区的许多地方,贫穷的农家牲畜不足,往往数家合养一头,如成县"富有之户,饲养骡、马三二匹,牛三二头;贫苦乡村,多三五户共养一马或一牛。"⑥ 康县"人口逾十万,各乡所畜耕牛仅约两千头之普,往往有三四农家合饲一牛者。"⑦ 陇西县平均每户牲畜羊2—3只,马不到半匹,牛不到半头,畜产收入占田场总收入4%。⑧ 据1940年代后期调查,无牲畜的农户,山丹县的卢家铺占32.84%,魏机寨占45.71%,秦安县的辛家沟占92.49%,锥家川占81.98%,会宁县的韩家集占19.01%。⑨ 在调查的5个村子中,只有韩家集牲畜分配情形稍好,尤其辛家沟、锥家川80%以上农家无牲畜。

导致牲畜分配不均的原因是多方面的。经历了1928—1930年的大旱灾和

---

① 汪国舆:《甘肃畜牧事业之前途》,《中央畜牧兽疫汇报》第1卷第2期,1942年10月,第134页。
② 陈景山:《甘肃榆中农家田场经营调查之分析》,《西北经济通讯月刊》第1卷第2期,1941年2月,第15页。
③ 李秉璋、韩建笃:《文县要览·经济·农业》,1947年石印本。
④ 孙友农:《皋兰之农村经济》,《中国农民银行月刊》第1卷第2期,1936年2月,第98页。
⑤ 甘肃省编辑组:《裕固族东乡族保安族社会历史调查》,第176页。
⑥ 民国《成县要览》四《经济》。
⑦ 民国《康县要览》五《经济》。
⑧ 张之毅:《西北农业的区域研究》,《农业经济季刊》创刊号,1944年7月,第55页。
⑨ 李化方:《甘肃农村调查》,第39—40页。

国民军对牲畜的大量掠夺后,牲畜减少,极大地影响了牲畜的数量。酒泉是河西重要的农牧区,据 20 世纪 30 年代调查,农民 1754 户,共有牲畜:马与骡 144 头,占 3%;牛 1680 头,占 32%,其中能耕地者 55%,不能耕地者 45%;驴 750 头,占 14%;羊 11680 头,占 51%。其中大牲畜 2474 头,每户平均 1.4 头,羊每户平均 6.7 头。据调查者言:酒泉"原来牲畜数目,极为众多"。减少的原因是被兵匪拉去者占 70%,因负担捐款而变卖者占 30%。① 靖远"各家牲畜,几死亡殆尽,骡马牛驴等,皆供不应求"。② 另外,饲养牲畜与农家经济能力、田场面积(即占有土地的多少)也有一定的关系,耕地多的农家有能力多饲养牲畜。如会宁县小土地或无地户占有很大的比例,表现出耕畜分配不均衡。③ 因此,赋税、差役、灾害、田场面积等是导致牲畜分配不均的主要原因。经历了灾荒与拉差后的农村,有相当一部分农家牲畜比较缺乏,是造成农家贫穷和农村破产的主要原因。

牲畜不足,对农家经济和生活产生的影响较大。秦安县由于牲畜缺乏,"佃农与半自耕农,多以人力代替牛马耕种"。④ 会宁牲畜不足的农家,要从事农业生产,或以人力代替畜力(主要是一些只有六七亩地的小农场这样从事生产),或雇用耕牛耕种,或人工换牛工(会宁 10 个人工换 1 个牛工),或与有牛之家进行伙种。⑤ 河西有农谚云:"家有一对牛,无地也不愁;家有一斗地(约一亩半),无牛也讨气,干犁土块湿犁泥(意不能依农时)。""无种无牛,白田白地(无肥料)。"在农村,同样一块田地,有牛有羊的农家能有十分收成,而无牛无羊的农家顶多有五六分的收成。⑥ 耕畜的多少与农家经济生活有很大的关系,据对会宁县韩家集调查,"凡无耕畜或仅有耕畜一头者,所佃入的土地,每户平均只有六亩;有耕畜五六头者,所佃入的土地每户平均则有三十三亩,这要超过前者五六倍。"⑦

在农业区,牲畜占有量不同,获得畜产值也有很大的差距。表 6—6 是青海不同农家占有牲畜产值调查统计表。

---

① 《甘肃粮库剪影》,《经济研究》第 1 卷第 8 期,1940 年 4 月 1 日,第 3 页。
② 宋涛:《甘肃靖远县调查概况及改进意见》,《开发西北》第 3 卷第 4 期,1935 年 4 月 30 日,第 56 页。
③ 李化方:《甘肃农村调查》,第 42 页。
④ 秦安办事处:《秦安经济概况》,《甘行月刊》第 6 期,1941 年 12 月,第 41 页。
⑤ 李化方:《甘肃农村调查》,第 40 页。
⑥ 谷苞:《河西农村的崩溃》,《新路周刊》第 1 卷第 23 期,1948 年 10 月 26 日,第 19 页。
⑦ 李化方:《甘肃农村调查》,第 42 页。

表 6—6 青海农村副业农户每年畜产价值统计表　　　　（单位:元）

项目	县份	贵德	大通	循化	门源	互助	湟源	西宁	化隆	民和	乐都	共和	全省合计	全省平均
地主	家畜	44.2	106	100	290	140	—	4	445	58	300	147	1634.2	148.6
	肉畜	21.4	50	150	216	262	—	—	254	30	75	48	1106.4	100.58
	家禽	5.5	6.8	10	4	5.35	—	—	2.5	6	15	4.8	59.95	5.5
自耕农	家畜	45	54	95	200	15	17	11	260	44	64	91	896	81.5
	肉畜	13.2	14	100	155	5.5	21	10	114	20	23	27	502.7	45.7
	家禽	5.5	2.8	10	3	1.2	1.8	1	2	5	10	2.5	44.8	4.1
半自耕农	家畜	24.3	18	50	160	5.6	11	5	73	30	38	67	481.9	43.8
	肉畜	8.2	6	62	100	8	2.8	4	40	14	14	22	284	25.8
	家禽	2.9	1.3	5	2	2.4	1.6	1	1.7	4	6	2	29.9	2.7
佃农	家畜	10	7	50	90	9	14	3	18	20	16	27	264	24
	肉畜	5	6.3	33	66	9	14	1	6.7	10	8	11	170	15.5
	家禽	2	1	3.5	1.5	2	1	0.7	4	4	1.25	21.95	2

资料来源：丘咸初：《青海农村经济》，青海省党务特派员办事处 1934 年 11 月印行，根据第 3—73 页相关内容编制。

从表 6—6 来看，青海农村不同的阶层所拥有的牲畜量有很大的差距，家畜年产值地主是 254.68 元，自耕农是 131.3 元，半自耕农是 72.3 元，佃农是 41.5 元。牲畜产值地主是佃农的 6.3 倍，是半自耕农的 3.5 倍，是自耕农的 1.9 倍；地主的肉畜拥有量是佃农的 6.5 倍，是半自耕农的 3.9 倍，是自耕农的 2.2 倍。这些数据充分说明农业区牲畜拥有量存在较大的不平衡性。因此，农家牲畜的不足，也是影响农村经济的主要因素之一。

（三）饲养与经营方式

与游牧区相比，农业区或半农半牧区，畜牧业的饲养比较精细。宁夏牛、马、骡、驴等大家畜，春、夏、秋三季"放牧于湖滩荒地中"，冬季采取舍饲，粗饲料有稻草、麻秆、谷草、芦苇青苗（秋季储藏者）等，精饲料为豌豆、大麦、黑豆、高粱等，冬季在风和日丽时也放牧，将牲畜驱赶到"旷野河滩，晚收早出"。羊的饲养则有所不同，终年在河滩田埂之间放牧，在冬春季节补充一些精饲料。[①] 一般在农忙季节，牲畜使用频繁，体力消耗较大，喂养更精细一些。在宁夏，农家平时以糜子、谷子、

---

① 宁夏省农林处编：《宁夏省农政七年》，第 101—102 页。

稻麦等为基干饲料,但"在农忙季节,尤须加饲黑豆、豌豆、荞麦、高粱"等。① 皋兰放牧牲畜要在野外"因陋就简地搭成厩圈,做收牧夜宿的歇地,骡马等大畜,每夜归厩时,必添喂麸料夜草一次,牛羊仅在冬季雪天里喂给夜草,草料多在秋初时在山中割下长草,运藏房舍里,储备雪夜喂养的需用。"一些农家十分注意牲畜冬季经营,一般均给添加夜草和食料,尤其对出力的牲畜和孕畜倍加照顾,"骡马喂料——小豆、燕麦参半合成,和麸各二斤,草三斤;出群良马,每日麸料兼喂,普通马却是喂料不给麸,喂麸不给料的。牛在冬雪时,备喂夜草三斤,不喂麸而且忌用,怕吃了伤脾;产犊后留圈七日,饲豆瓣面汤,使易下乳。羊在雪夜里喂以草一斤又半,产羔后留在圈里三天,喂食草及面汤使下乳。骆驼每日需吃小豆三斤,青盐半斤。上述数量,系就仅皋兰县境所调查,其他各县或小异而大同。"② 耕畜是农业区的主要劳动力,牲畜对于农家来说具有十分重要的意义,饲养比较重视和精细。

半农半牧地区比较重视牧羊的技术和方式,在不同季节选择不同环境的牧场进行放牧。甘肃农家"一百五十头以上的大羊群,率多冬春季放牧于较低之平坦牧场,夏秋季放牧于较高之山地牧场。春冬每早五时许出牧,十一时许返回休息一次,至下午二时以后再行出牧,日落返圈"。冬春季节草原枯萎,正是青黄不接之时,重视对老弱羊在大雪封山时的留圈饲养,"①每届冬末春初或春末夏初,羊群中如有老弱病乏者,则留之圈侧,喂以农作物之藁秆叶等,或放于羊圈附近,借资休息。②每当风雪之晨,则整个羊群悉留圈内,日喂农作物之藁秆叶等二次或三次。"在饲养方面,还注意对母羊产后和羔羊的照顾,"母羊产羔后,必须留圈数日,借以修养,并喂较好之草料,或豆类、马铃薯及油渣等,以期早日恢复元气。如遇母羊乳汁不足者,即须经常喂以特别饲料,至羔羊断奶乃止。"为了保证羔羊存活,照顾须十分细心,"如母羊乳不足者,多用熟油麦面汁或面汤喂养,直至产后四十日羔羊渐习食草时,则多用干燕麦草喂。"如果牧草中所含碱性不足,羊体缺乏盐分时,及时喂盐以补充盐分,"固原、景泰以至宁夏中卫之羊群,每至夏秋在较高之淡性牧场放牧时,每隔四五日喂食盐一次,每羊约喂市秤二钱左右。"③ 宁夏滩羊放牧讲求方法,"每日清晨,即驱羊出圈,使在旷场休息,俗称'凉羊',至八九点钟时,牧夫手持木梗以口哨为号策羊前行,与草丰之处任其自由采食,不使休息。近午给水,在山多饮沟水,在草原则饮井水;夏季每日饮水一次,冬季每隔一日饮水一次,饮毕使其

---

① 胡希平等:《宁夏省荒地区域调查报告》,第24页。
② 《依赖天然之甘肃畜牧现状》,《西北导报》第1卷第6期,1936年6月,第21页。
③ 于启民:《甘肃羊群调查》,《贸易月刊》1943年第11期,第27页。

休息一二小时,午后继续牧放,至日落始归"。① 从甘肃、宁夏牧羊的事例来看,与游牧区相比,农区或农牧并举的地区牧羊比较讲求技术与方法。

农家拥有牲畜数量不大,一家一户的牧养方式比较普遍,此处不再赘述。有许多地方农家以雇牧和合群放牧的方式经营,"西北牧业繁盛,马牛羊群遍野皆是,或有一群,非属于一主,乃由农民各以数头,交付牧人,汇集而成者。故一群之中,各畜均有特异之标志,以便识别"。② 河西永昌县"畜牧是由农民雇用牧人于荒山放牧,每农所有牲畜三四或六七头不等"。③ 羊是农业区数量比较多的牲畜,农家如有羊数十只或数百只以上,往往雇人放牧。又如嘉庆十八年(1813年),灵州(今灵武)人虎进有被盐茶厅(今海原县)杨仲智、罗文有、张起贵3家共同雇用,牧羊109只,每年工钱4000文。④ 岷县"养羊百头以上者常自行雇人放牧,百头以下者则数家或十家合雇一人放牧。牧夫习俗将牧期分为两季,四月初至十月底为一季,十一月初至三月底为一季。一季完毕,即重新商议工资或更换牧夫"。一位可放牧100至300只羊的牧夫,"一季所获工资在三千元左右,工资多一次给清。"牧夫所牧羊的数量与工资的关系是"羊数愈多则每头羊应摊之工资愈少,反之亦然,盖与牧夫无关也"。除工资外,羊主要给牧夫管饭,如果是数家雇用一位牧夫,则牧夫的伙食由各家根据牧羊的数量轮流负担,"有两头供食一日者,有五头供食一日者,盖随自定"。⑤

青海农区牲畜经营有两种,一种是雇人放牧,主要是牲畜较多的人家"必专雇牧丁,每年工资若干,预先言定,大约二十元至三十元,分四季支使,每群羊约在一百头以内为限,多则需另加人"。一种是寄托放牧,即牲畜比较少的农家,独立雇人放牧不合算,于是实行寄托放牧,即将自家牲畜"寄托牧丁,代为放牧,牧丁又联合其他农家,集合六七十只,即可有一人管理。若在百只以上,须另觅助手一人,多以孩童充之"。寄托放牧收益分配方式是,所产之羔类及粪土,为畜主所有;每年所剪的毛为牧丁所有。另外如孳生完全时,需要付给牧丁工资。⑥

在甘肃农牧交错区,在每年的10月至次年的2月农地休闲期间,农户多将役

---

① 张载泽:《宁夏省滩羊产区访问记》,《西北农牧》1943年第2期,第36页。
② 汪德章、张天才、罗清生:《畜牧组调查报告》,《农学杂志》1919年第1期,第1页。
③ 《永昌地方状况》,《西北专刊》1932年第8期,第8页。
④ 杜家骥主编:《清嘉庆朝刑科题本社会史料辑刊》第3册,天津古籍出版社2008年版,第1451页。
⑤ 周光宇:《甘肃岷县畜牧概况(上)》,《行总农渔》1947年第10期,第14页。
⑥ 陆亭林:《青海省帐幕经济与农村经济之研究》,萧铮主编:《民国二十年代中国大陆土地问题资料》,第20751页。

用家畜牛、马委托藏民代牧，"每头牛给麦子三十斤，马便加倍酬劳"。①

陇南少数地方采取合作放牧的经营方式，办法是居住在一个村子的农家，"公雇牧夫一名，全村绵羊或牛马，由该牧夫负放牧之责，每晨七时，以牛角吹号，全村农户，闻声驱羊于门外，集合各户羊群，赶放上山，迄晚归来，仍以牛角吹号，羊过家门儿停止，遂由羊主赶回家中，罕有错误者。"牲畜主不仅要按照牲畜数量付给牧夫工钱，还要管饭，工钱以羊群的大小为准，如"岷县每羊一只，年给工资二元四角，在临潭年给三角，因前者羊群自数十头至百余头，而后者常达数百头"。也就是说，在雇牧中，放牧的羊只越多，分摊在每只羊身上的工价越低。牧夫吃饭由羊主各家挨户供给，标准与羊只数量也有关系，一般地"绵羊十只，月给膳食一天，五头二月一天"。② 这种合作雇牧的方式，只适流行于住在同一个村落，而且以养羊为副业的农家。

居住在祁连山中的居民从事农业为副业，给人代牧牲畜为主业。居住在山下的居民，每至春日，即驱赶牛羊入山，委托山民代其放牧，秋季领回，酬劳以小米为标准。放牧一季（只春去秋回）羊 1 只小米 4 市升，牛 1 头小米 1 斗 4 升，马 1 匹小米 2 斗 8 升。羊毛及新生家畜"仍归原主"。一个 5 口之家，如能代放羊 500 只，牛百头，其收入足够全家一年食用。因此，虽然是富有山民，"亦不肯舍弃此种职业"。③

宁夏半农半牧地区，也是合作雇牧。放牧在贺兰山的羊群，差不多都是雇牧的羊只组成，"虽然一群也不过四五百头羊，而都是一家十余只四五十只集合而成群，然后共同雇一个牧人去放牧的。"雇牧的责任分两部分，一是羊群远离了主家在贺兰山深处草场时，雇牧要对羊群负全权责任；一是羊回到主家后，牧人只负一半责任，每年春季（一般是阳历 5 月）雇牧要把羊群赶回剪春毛，这时牧人在每天早晨把分散在各家的羊群集合起来，在附近的田间或草地上放牧。剪毛之后，被雇用的牧羊人"便开始离开了茅舍草原，亲戚朋友，手里执着长鞭，骑着消瘦的驴子，驶着水桶干粮，向隐约的青山出发。"到 8 月份以后，羊的膘和毛都长了，牧人就驱赶着羊群通过收割后的农田，回家剪秋毛，同时给地里采粪积肥，一个月后，牧人再次"驱羊出发。这次不但要越过半干燥地，并且要越过夏季放牧的草原，走上山坡，或进入山谷，觅他们的年年驻扎过的据点，那向阳的凹地"。这种放牧方式类似藏区的夏窝子和冬窝子。在贺兰山放牧的雇牧工资由三个条件决定："第一，看他牧羊的

---

① 刘鸿勋：《甘肃省畜牧和兽疫的概况》，《畜牧兽医季刊》第 1 卷第 3 期，1935 年 9 月，第 140 页。
② 张松荫：《甘肃西南之畜牧》，《地理学报》第 9 卷，1942 年，第 73 页。
③ 何景：《甘肃祁连山植物调查旅行记》，《新西北》第 7 卷第 4 期，1944 年 4 月 15 日，第 49 页。

经验,第二,看他吃苦耐劳的精神,第三,看羊主的慷慨与吝啬"。以1946年情形而言,一个雇牧一年的工钱4—14万法币,以当时的物价水平只够买两套粗布衣服与供给食粮而已。① 宁夏牧工的待遇比较低下。

四、畜牧业的现代化

(一)兽疫防治机构与防疫

20世纪二三十年代本区域发生了大规模的畜疫和牲畜死亡,对畜牧业和牧民经济生活产生了很大的影响②,引起了国民政府的注意。1934年,全国经济委员会常务委员宋子文在考察西北期间,认为发展西北地区畜牧事业的根本问题在防疫,并在经费上给予支持,拨款30万元作为兽医及改良畜牧的经费。③ 此年,内政部卫生署与全国经济委员会卫生实验处决定在兰州设立西北防疫处,工作范围定在甘肃、宁夏、青海三省。规定了各机关分工合作的原则,即(甲)兽用血清疫苗之制造由中央防疫处负责;(乙)兽疫之实地调查防治由西北防疫处负责;(丙)防治兽疫之推广事宜,由西北卫生机关负责。④ 次年8月1日,西北防疫处在兰州小西湖成立,其职责之一是"掌理兽疫之调查扑灭及兽疫血清疫苗之制造"。⑤ 根据分工原则,该处成立之初,主要做了基本建设与疫情调查工作,中央防疫处拨款五六万元,在兰州设立牛马厩舍,准备制造血清应需之器材;西北防疫处成立第二科,杨守绅为兽医科科长,负责兽疫的调查与扑灭。⑥

截至1935年年底,该处的工作成绩如下:①兽医防治工作。1935年1月,在兰州设立兽医门诊部,免费诊治病畜,截至10月诊治各种牲畜1307头。②马鼻疽检诊与预防。1月,对兰州驻军马匹进行健康检查,共体检马匹755匹,发现鼻疽病20余匹,进行了隔离等诊治工作;并制造诊治与预防鼻疽菌素280公撮,炭疽苗1600公撮。③牲畜情况调查。为了调查清楚甘宁青的牲畜数量与疫病情况,向各

---

① 李任之:《贺兰山边牧人的生活》,《新甘肃》第2卷第2期,1948年4月,第102—106页。
② 毛光远:《20世纪40年代甘宁青畜疫防治析评》,《中国农史》2009年第4期,第23—35页。
③ 秦孝仪主编:《革命文献》第88辑《抗战前国家建设史料——西北建设(一)》,中国国民党中央委员会党史史料编纂委员会1981年版,第357页。
④ 《西北兽医工作概况》,《卫生半月刊》第2卷第8期,1935年4月30日,第31页。
⑤ 《西北防疫处暂行组织章程》1933年6月2日,内政部编:《内政法规汇编》第2辑,1934印行,第48页。
⑥ 《西北兽医工作概况》,第31—32页。

省分发了调查表,截至 10 月,甘肃有 37 县、青海有 3 县按照要求填写了调查表。④派员赴甘肃、青海、宁夏各县调查,对发生在各地的畜疫进行了摸底。⑤办理西北畜牧兽医推广人员训练班,在甘宁青招生初中毕业生 20 名,培训 1 年,半年在兰州授课,半年在牧场或田间实习。⑥参加皋兰保甲训练。在省民政厅对乡保长培训期间,为宣传防疫工作,技正杨守绅前去演讲,内容包括个人卫生、公共卫生、人类传染病、兽类传染病等,并组织受训人员到西北防疫处参观学习。① 从西北防疫处成立至 1936 年 9 月,在防疫防治方面取得的成绩包括:①免费检验人医病理材料 5766 件;②免费治疗家畜疾病 3191 头;③1936 年 8—9 月免费治疗乡村病人 555 人;④预防天花免费接种牛痘 7120 人,⑤预防白喉免费注射白喉毒素 1335 人,⑥预防马疽免费检验军马 1600 匹,注射疫苗 850 匹;⑦制造血清疫苗 5 种。②

1936 年对甘宁青各地进行了调查,包括甘肃省的夏河、永登、临洮三县,宁夏省的宁夏、宁朔、平罗、磴口等县及阿拉善旗,青海省的西宁、湟源、大通、门源、八宝、都兰等六县及环海八族、蒙古二十九旗。在调查中发现,"三省牛马之疫病死亡率平均达百分之二十,最烈者达百分之五十,其死亡原因在牛马炭疽、鼻疽为最多,而牛肺疫流行于八宝县之阿里克族;在羊及山羊体内寄生虫为最多,其种类有钩虫、肝蛭、肺丝状虫、条虫、胃虫、球虫等,而炭疽、疥癣、羊痘次之,又宁夏之山羊,因肺炎而死者亦不少"。③ 这次调查基本上摸清了甘宁青畜疫发生的原因和常发地点。

为了加强畜疫防治,西北防疫处成立了基层机构。①甘肃省平城堡兽医防治所。1936 年 8 月 1 日成立,主要办理松山牧区防疫医疗事宜,当因地方不靖,10 月底撤回兰州。②青海省西宁家畜保育会。1936 年 8 月 7 日成立,主要办理训练、宣传、防疫、巡回医疗事宜。③甘肃省皋兰县乡村建设试验区事务所兽医防疫组。1936 年 10 月 1 日成立,主要承担兽医防疫责任,但地方不靖,年底撤回。④青海省门源兽医防治所。青海南北各蒙藏游牧地区发生畜疫,根据左翼盟长索难木大悉等报告,西北防疫处派兽医师张逢旭 5 月至青海,到乐都、海南、海北等地进行防治,还到门源阿力拉族防治牛瘟。同年 10 月 15 日成立门源兽医防治所。11 月,因地方不靖,撤回兰州。⑤宁夏省洪广营兽医防治所。1936 年 12 月 1 日成立,主要办理宁夏县北乡防疫、医疗事宜。④ 除了西北防疫处设置的机构外,地方政府也

---

① 陈宗贤、杨守绅:《西北防疫处之沿革设施及防治兽疫工作》,《中国实业》第 1 卷第 12 期,1935 年 12 月 15 日,第 2225—2226 页;又见《西北开发》第 4 卷第 6 期,1935 年 12 月 30 日,第 35—37 页。
② 许显时:《甘肃省经济建设实施概况》,《实业部月刊》第 2 卷第 2 期,1937 年 2 月,第 198 页。
③ 《西北防疫处二十五年工作概况》,《公共卫生月刊》1937 年第 9—10 期,第 735—736 页。
④ 《西北防疫处二十五年工作概况》,《公共卫生月刊》1937 年第 9—10 期,第 736 页;《西北建设事业概况》,全国经济委员会西北办事专员办公处,1937 年 7 月印行,第 52 页。

设立了相应的机关,防治畜疫、宣传畜牧知识。1936年,青海省卫生实验处内设兽医诊断室,从牧区、农区采取病料,进行病源分析,鉴定出10余种牲畜病种。次年,在门源、湟源、共和、贵德4县设立兽医防治所,每年防治牧畜约3万头。并进行家畜疾病诊断与防治,畜疫防治常识宣传,调查畜疫发病规律和畜病。① 尽管部分机构因社会动荡而无法正常工作,但毕竟是国家与地方政府畜牧防疫开始在基层牧区社会建立,是以前不曾有过的。

抗战时期,为了加强西北地区的畜疫的控制与防治,1941年2月,西北防疫处与蒙绥防疫处合并,在兰州成立了西北兽疫防治处,直属国民政府农林部。主要职责是负责调查与防治西北各省的兽疫,制造兽疫的血清疫苗,训练兽医人员。② 1942年,成立了甘肃省兽疫防治大队,下设洮岷、天水两个分队,巡回治疗畜疫。③ 同年秋,青海牛瘟蔓延,农林部沈鸿烈奉命去青海游牧区视察,组建了青海省兽疫防治大队,在湟源建立了临时血清制造厂,以供防疫需用;1944年1月,青海兽疫防治大队改组为青海兽疫防治处。④ 西北兽疫防治处还在甘肃平凉、永登、夏河和宁夏银川、青海湟源设立了5个兽疫防治站;1943年在兰州、永登、平凉建成了3个血清厂,专门制造防疫药品;设立了宁夏、酒泉、永登等工作站。⑤ 另外,农林部西北羊毛改进处也下设兽疫部,以防治羊病为中心工作。⑥ 这些机构的设立,使甘宁青兽疫防疫系统有了雏形。

西北兽疫防治处成立后,在预防和治理畜疫方面做出了一定的成绩。如表6—7。

表6—7 抗战期间西北兽疫防治处工作成绩统计

年　份	防治牲畜(头)	牛瘟脏器苗(CC)	抗牛瘟血清(CC)	其他血清(CC)
1941.2—1942.8	牛瘟20942	244713	215685	—
1942.9—1943.8	15709	191554	135908	38050
1943.9—1944.9	16694	—	744107	—

资料来源:秦孝仪主编:《革命文献》第102辑《抗战建国史料——农林建设(一)》,第164页。

---

① 翟松天:《青海经济史(近代卷)》,第91页。
② 《西北兽疫防治处组织条例》,《农业推广通讯》第7卷第2期,1945年2月,第67页。
③ 戴逸、张世明主编:《中国西部开发与现代化》,第613页。
④ 秦孝仪主编:《革命文献》第102辑《抗战建国史料——农林建设(一)》,中国国民党中央委员会党史史料编纂委员会1985年版,第145、190页。
⑤ 同前书,第163页。
⑥ 毛光远:《20世纪40年代甘宁青畜疫防治析评》,第30页。

从表 6—7 看,该处自成立至 1944 年 9 月,防治牛瘟 5.3 万余头,附设的血清制造厂制造各种血菌苗 157 万 CC。另外在 1942 年至 1943 年青海发生牛瘟期间,青海兽疫防治大队组织防疫分队驰往疫区加紧防治,1943 年 1—8 月防治牛瘟 7096 头,制造血清菌苗 136551CC;1943 年 8 月至 1944 年 9 月,青海兽疫防治处防治牲畜 4934 头,制造血清 1825CC。① 由于从中央到地方在牛瘟防治方面互相配合,发生于 1942 年的青海牛瘟得到了比较妥善的解决,以此为契机,也建立起了青海畜疫防治机构。平凉、宁夏、兰州等兽疫工作站也做了不少工作,尤其是抗战胜利后,这些工作站在帮助农民防治畜疫方面做出了应有的贡献,对此毛光远有比较深入的研究,不再赘述。②

西北羊毛改进处主要做了羊病的防治工作。1947 年,该处陇南站在岷县间井镇一带,为当地居民的羊群进行绵羊炭疽免疫注射,先后接种免疫羊 6974 只;各站向民间推广药浴,洗羊 7333 只;宁夏站为中宁居民 7494 只羊进行炭疽免疫注射;陇东站派员在靖远一带推广药浴,防治疥癣羊 4462 只。各站还根据当地羊群发病情况,提出了一些行之有效的防治方法,如宁夏站针对羊寄生虫病的试验研究,提出两种防治办法:①预防的方法是用 5% 的硫黄混合液及腌韭菜水;②寄生虫病一般发生在冬春二季,故在春秋剪毛后对羊进行药浴,并在冬季以添加饲料,使羊维持最低营养,可避免寄生虫病的发生。③ 这些都说明西北羊毛改进处在防治羊病方面的工作是值得肯定的。

畜牧防疫是畜牧业经营与管理走向近代化的主要标志之一,本区域畜疫防治起步较晚,而且因经费与人员不足,影响了防疫工作④,使农村畜疫问题没有得到彻底解决。

(二) 畜牧业的改良

如前文所言,近代以来本区域一些地方牲畜数量呈下降趋势,一个重要原因是牲畜缺乏科学繁殖,导致种群退化。当时,一些学者呼吁改良西北畜牧事业,认为改良畜牧事业从定牧、调查、设立畜种改良场、牧政、举办畜种比赛、推广、管理、设

---

① 秦孝仪主编:《革命文献》第 102 辑《抗战建国史料——农林建设(一)》,第 164、190 页。
② 毛光远:《20 世纪 40 年代甘宁青畜疫防治析评》,第 29—30 页。
③ 毛光远:《论 20 世纪 40 年代西北羊毛改进处》,《中国农史》2008 年第 3 期,第 58—67 页。
④ 1942 年青海等地发生牛瘟期间,医治 1 头瘟牛,需要 3 元,当时各地发生牛瘟约百万头,即需要 300 万元。但防治处每年经费 56 万元,每月 4 万余元,尚要划出数千元为宁夏、青海两分处开支,足见经费捉襟见肘。(李烛尘:《西北历程》,见蒋经国《伟大的西北》,第 74 页)

立兽疫防治所、组织畜产品制造厂、培养畜牧及兽医人才等几个方面着手。① 在有识之士的呼吁下,20世纪30年代国民政府甘宁等地成立的种畜场以及农业改进机关,均参与了畜牧改良事业。

1934年6月,全国经济委员会在甘肃夏河县甘坪寺设立西北畜牧改良场,主要职责是家畜繁殖与改良、家畜纯种的饲养与保护、家畜杂交育种试验、畜种比较试验、饲料营养试验、饲料作物栽培、民间畜配种、种畜推广及指导、畜产调查研究、牲畜产品运销合作等。② 第三年8月,该场被实业部接管,改名为西北种畜场,重新颁布条例,划定职责,即家畜繁殖与改良、纯种饲养与保护、种畜比较试验、畜产制造、饲料作物栽培、种畜品评、民间牝畜配种、种畜推广及指导、畜产调查、家畜卫生及医疗等。③

该场位于甘肃与青海两省之间的甘坪寺,又称甘坪寺种畜场,西至同仁90里,北距循化130里,东距临夏190里,南距夏河拉卜楞寺约50里,这里"青山绿水,碧草萋萋,飞鹰走兔,帐篷点点(藏民所居),家畜则黑白相间,逸然自食,偶来此者,不禁别有天地之感。"④ 这里是一处良好牧场,也是设立种畜场比较理想的地方。西北种畜场的主旨有六端:

(1) 改良羊种,就本国原有之滩羊,加以选种改良,使国内冬季普通应用之服装皮料,生产增加,品质改良,并可推销于国内。羊乳为食料中之重要物品,较之牛乳,滋养力尤大,惟因品种不良,产乳不多,国内除蒙番人民外,鲜有有用之者,亟待加以改良,推广用途。羊毛为西北大宗输出品,第以品质恶劣,不能与西洋毛产竞衡,近年本国产出口日渐衰略,而国内毛织业,日见发达,亟宜引用外洋优良羊种,与本国有希望之羊种支[交]配,改良毛质。

(2) 改良牛种,以求增加肉用牛、乳用牛之生产,同时注意皮革之改良,使西北所产之牛皮,适合近世制造家之需要。

(3) 改良骡马驴种,使农民及军队均得引用拖负力强大之牲畜。

(4) 饲料及饲养之方法,均须由切实之改良,方可生产优良之畜种,故牧草种类之增加、耕种培植之方法,与夫青饲干料之储藏,均有改良推广之必要。

---

① 王高才:《改良西北畜牧之管见》,《寒圃》1933年第3—4期合刊,第15—17页。
② 《全国经济委员会农业处西北畜牧改良场暂行章程》(1934年9月26日),全国经济委员会:《全国经济委员会章则汇编》第3集,1934年11月印行,第87页。
③ 《西北种畜场暂行组织条例》,台湾"中央研究院"近代史所档案馆藏,馆藏号:17-27-238-01。
④ 朱桦:《西北的畜牧》,《东方杂志》第37卷第6号,1940年3月16日,第29页。

(5) 欲求畜牧事业之发展,必须有预防治病疫之设施,此项工作,已由卫生试验处通盘筹划,所有畜牧场内,均附有牲畜防疫之设备。

(6) 俟畜牧总场筹办确有成绩后,即在甘肃、宁夏、陕西各省,择适宜处所,设立分场,以为繁殖及推广之中心。①

西北畜牧改良场建立后,各项工作逐渐开展起来。1935 年,在改良品种方面,该场选购优良牡马 157 匹,牝马 5 匹;②在青海南部选购种牛、种羊,在泾川、平凉、镇原等地选购黄牛、种驴等。③ 1936 年在上海何丽园乳牛场购买荷兰乳牛 15 头,在石门山种畜寄养所饲养。④ 该场引进的种畜,在为游牧区民间畜牧业服务方面也发挥了一定的效能,从 1941 年至 1946 年,牧民借用种畜场种畜交配母马 323 匹。⑤

在牧草试验方面,选定青海的八角城,甘肃的兰州、平凉、临潭、松山、天水、山丹等作为牧草试验地点。⑥ 从美国购到牧草种子 15 种,分别在甘坪寺、兰州、松山、宁夏的洪广营等地做比较试验,"以观各种子在西北适应之能力,然后再行推广"。⑦ 在甘青设立了两个苜蓿采种园,一个是八角城采种园,位于青海甘家川附近,"将来种子,可供沿黄之清水县、大夏河、洮河等流域推广之需";一个是松山采种园,位于甘肃永登,"将来种子,可供黄河由循化至中卫间之山坡土岭,及沿黄河支流如湟水、大通河、镇羌河、山水河等流域推广之用。"各场所需苜蓿籽种主要来源于秦安、天水一带。⑧ 在抗战前,西北种畜场处于建设阶段,在基础设施建设、种畜购买、牧草繁殖方面取得了初步的成绩。

抗战时期是黄河上游区域畜牧改良的重要阶段,中央、地方政府努力致力于畜牧改良,而且取得了一定的成绩。1940 年 8 月,农林部在甘肃岷县设立了西北羊毛改进处,其主要任务是:"①关于绵羊品种之选育改良及推广繁殖事项;②关于绵羊饲养管理之改进及指导推广事宜;③关于绵羊疫病防治方法之研究及指导推广

---

① 刘景山:《一年来之全国经济委员会西北各项建设事业实施简要状况》,《西北开发》第 3 卷第 1—2 期合刊,1935 年 2 月,第 191 页。

② 《西北畜牧事业之进行》,《政治成绩统计》1935 年第 8 期,第 141 页。

③ 《西北畜牧事业之进行》,《政治成绩统计》1935 年第 5 期,第 160 页。

④ 《西北畜牧事业之进行》,《政治成绩统计》1936 年第 5 期,第 115 页。

⑤ 罗舒群:《民国时期甘肃农林水牧事业开发状况研究》,《社会科学》(甘肃)1986 年第 3 期,第 100 页。

⑥ 《西北畜牧事业之进行》,《政治成绩统计》1935 年第 9 期,第 156 页。

⑦ 《西北畜牧事业之进行》,《政治成绩统计》1935 年第 8 期,第 141 页。

⑧ 《西北畜牧事业之进行》,《政治成绩统计》1935 年第 12 期,第 134—135 页。

事宜;④关于牧草饲料及牧原管理之研究改进事项;⑤关于羊毛剪取、分级包装处理之研究改进及推广事项;⑥关于羊毛贷款之介绍推广事项;⑦关于羊毛改进推广人员训练事项;⑧关于羊毛事业之调查事项"。① 1944年9月,西北羊毛改进处迁至兰州。为了推广良种与防治羊病,西北羊毛改进处选择河西永昌、陇东海原、陇南岷县、夏河、临潭和宁夏中宁成立了6处推广站。该处建立那年的秋季,先后采购河西大尾巴羊8000只,夏河甘加细毛羊7000只;1941年年初,以每只400元买回澳大利亚美利奴细毛公羊2只,开始了优良品种的培育与繁殖工作。1942年将实习生分成两组,第一组到申都,第二组到间井的古岭、阳洼等地,每组1只公羊进行人工繁殖。所产羊羔一年重量可达30斤左右,比当地品种多10余斤;毛细,年可产5—7斤,比本地羊多产3—5斤。② 根据宋仲福、毛光远等的研究,西北羊毛改进处在羊种改良方面取得了不错的成绩。如在总场成立之初,鉴定优良土种羊5.2万只,购进新西兰纯种毛用羊150只,推广美利奴羊种及达字羊480只,"开展蒙藏羊、岷羊等优良土种之纯系育种、杂交育种及繁殖";截至1942年年底,共指导牧户11187户,改良羊毛698140斤,受益羊只432031只,特约推广示范羊群931户;1944年1月,新疆省政府给西北羊毛改进处赠送兰布尔纯种羊及五代改良种羊110只,在永昌、岷县推广站分别采用人工授精技术,为民间配种母羊1748只;1947年7月,以人工授精技术推广良种221只,指导牧民保留羔种48只;推广药浴受益羊3514只,指导牧民改善羊群卫生,受益羊5300只。据同年10月统计,西北羊毛改进处共饲养成年公羊202只,母羊1300只;幼年公羊332只,母羊433只,总计2267只。③ 另外,西北羊毛改进处先后举办畜牧兽医推广人员训练班4期,每期1年,招收学员50—60人。④ 这些学员毕业后大都去了青海、河西、海原、靖远等地,为这些地区畜牧业的发展发挥了应有的作用。西北羊毛改进处还在牧区建立畜种改进会,指导牧民进行畜种改良,但尚处于试办阶段,效果不显。

抗战以来,宁夏开展了畜牧改良工作。1939年11月,宁夏畜牧总场成立,负责改进牲畜品种、饲养管理、牧区调查、家畜登记、病畜防治等事宜。贺兰山麓的镇

---

① 《农林部西北羊毛改进处组织条例》,《农业推广通讯》1946年第4期,第30页。
② 马新斋口述:《国民党农林部西北羊毛改进处始末》,《岷县文史资料选辑》第2辑,1990年印行,第70页。
③ 宋仲福:《西北通史》第5卷,第561—562页;毛光远:《论20世纪40年代西北羊毛改进处》,《中国农史》2008年第3期,第62页。
④ 马新斋口述:《国民党农林部西北羊毛改进处始末》,第71页。

北堡北区水利尚未开发,不宜种植农业,省政府就划定此地为畜牧事业试验场,场地面积广大,东西约 50 里,南北约 100 里。该场成立之初,在省内及绥远购买牛 370 余头,从陕西购买种牛 18 头,省内购买羊 5000 余只,从西宁、绥西、省内购买马 260 余匹,有从甘宁青绥等地购买种马,进行品种改良试验。在改良饲养方法、防止兽疫传染方面做了一些工作,如总场"规定放牧时间,限制补助饲料,管理用科学方法,畜舍力求光线充足,空气新鲜清洁";为保障牲畜健康,编写防疫须知,广为散发,并对总场牧夫和农民进行培训。①

宁夏农林处也参与了畜牧改良。1943 年,甘肃科学教育馆向宁夏农林处赠与了 5 只"软不来"种羊,与本地选出 200 只母羊杂交,先后培育出新种牝羊 177 只;该处还与西北羊毛改进处合作,在中宁县成立了宁夏羊毛改进推广站,以中卫、中宁为改良区。② 羊毛品质的改良,其实质是通过对羊品种的改良达到出产优质羊毛的目的。在牧草推广方面,通过调查,1941 年选择富含营养、生长力强、适宜栽培推广的苜蓿、芨芨草、芦草、施风草、锁木子草、狗尾草、莎鞭、碱蒿、马莲草、红柴和登苏等品种,在八里桥牧场、谢家寨林场和张政桥农场等地栽培试验,面积达 150 余亩。③

抗战期间国民党军政部种马场也在岷县落户,进行马匹改良。1934 年 1 月,国民党在广东惠阳成立了"广东第一畜牧团",1936 年 11 月由国民党军政部接管,更名为"军政部惠阳种马牧场"。抗战爆发后,该场开始内迁,先后迁至广西、贵州和四川等地。1941 年 3 月,该场从成都全部迁至甘肃岷县,次年 10 月改名为"军政部岷县种马场",1946 年 12 月又更名为"联合勤务总司令部岷县种马场"。该场 1942 年在临洮、临夏、宕昌、徽县、临潭设立了 5 处民马配种场。该场在岷县的牧场东至岷县巴仁、西至舟曲大介山顶,北至青泥沟,面积 83.5 平方公里,耕地 2300 亩。饲养有阿拉伯、洋杂种、半血种、澳洲种、日本杂种、伊犁种等多种马千匹左右,繁殖成活率为 46.5%。④ 通过改良,牲畜的品种有所提高,如青海贵德军牧场选种马匹,1946 年较 1942 年体高平均增加 1.92 厘米。⑤

从上面的论述来看,本区域畜种改良始于 1930 年代,在抗战时期得到比较多的关怀与重视,也开始注意民间家畜的改良问题,基本上建立起了本地区初步的牲

---

① 宁夏省政府秘书处:《十年来宁夏省政述要・建设篇》第 5 册,第 342 页。
② 宁夏农政处:《宁夏省农政七年》,第 118、122 页。
③ 杨新才:《宁夏农业史》,第 262 页。
④ 岳兆雄:《甘肃岷县种畜场简史》,《岷县文史资料选辑》第 2 辑,1990 年印行,第 60—61 页。
⑤ 翟松天:《青海经济史》(近代卷),第 94 页。

畜改良体系,为地区畜牧业的发展培养了一批人才,这是值得肯定的。但因各种因素的影响,畜牧改良的绩效是十分有限的,如西北羊毛改进处在推广细毛羊方面始终没有取得比较好的进展,"从一九四二年开始,首先将正在申都、间井等地搞人工配种的两只种公羊调去兰州,人员除负责人外,二十名推广员全部随羊调去。同时,夏河、临潭旧城的两个推广站也撤了,夏河站的负责人姚仲吾去兰州自找了工作。临潭的负责人郭生保,由奔直寺马场聘去搞农业。野人沟总场,从河西、夏河采购的一万五千只试验羊,因不服水土和管理不善死亡严重,仅剩四百多只"。① 也就是说,种羊和技术人员的不足,水土不服和管理不善等,成为西北羊毛改进处业务难以完成的主要因素。

(三) 畜牧业合作社与畜牧公司

畜牧业是抗战时期西北经济建设的主要内容,1941年国民政府农贷政策转变后,开始发放畜牧业贷款,以合作社经营畜牧业。1941年,四联兰州分处与夏河拉卜楞寺保安司令部合作,在拉卜楞寺管辖的范围内发放"畜牧贷款",到期以蒙藏牧民所出皮毛和各种土产作价归还。② 8月,中行在该县撒合儿庄组建合作社,"纯系藏民",贷款2100元,用于购买牛马羊等。③ 同年,岷县申都村草场面积15里,水草繁茂,适宜畜牧,有牛107头,马3匹,羊100只,该地牧民组织畜牧合作社,向中行申请贷款,购买母牛19头,母羊300只。④ 居住在祁连山里的藏民,"牛羊为其主要财产,畜牧为其主要工作"。1941年春,组建合作社,社员25人,"借款一千六百元以作繁殖牛羊之需,至期本利清偿,恪守信用,去冬该社欣然来本行继续申请贷款,当予二千五百元,以协助其牛羊之繁殖"。⑤ 可见,抗战时期国家银行比较重视投资畜牧事业。不仅国家银行投资畜牧实业,甘肃省银行1943年业投资畜牧实业。甘肃省合作处选定岷县、海原作为畜牧贷款县,分别发放贷款30万元和50万元。⑥ 表6—8是抗战期间甘肃各县推进畜牧合作实业概况统计。

---

① 马新斋口述:《国民党农林部西北羊毛改进处始末》,第71页。
② 《四联农贷简讯》,《中行农讯》第2期,1941年8月25日,第17页。
③ 《本行各省农贷工贷业务动态》,《中行农讯》第4期,1941年10月25日,第23页。
④ 《本行各省农贷工贷业务动态》,《中行农讯》第3期,1941年9月25日,第21页。
⑤ 《本行各省农贷工贷业务动态》,《中行农讯》第9期,1942年3月25日,第21页。
⑥ 《合作消息》,《甘肃合作通讯》第1卷第2期,1943年5月1日,第7页。

表 6—8 甘肃各县推进畜牧实业概况(截至 1944 年 10 月)

县名	贷于单位	贷款用途	金额(元)	期限	备注
皋兰	合作社 15 个	绵羊生产	1428000	1—2 年	
靖远	农会小组 14 个,经营会 4 个	绵羊生产	3890000	1 年	
永登	合作社 6 个	牛羊生产	561320	1—2 年	
榆中	合作社 1 个	牛羊生产	150000	1 年	
岷县	经营会 4 个,合作社 2 个	绵羊改良	339000	12—20 月	岷县贷款系于西北羊毛改进所合办。
临泽	合作社 4 个	牛羊生产	110000	1 年	
卓尼	合作社 3 个	马牛羊生产	70000	1 年	
临夏	合作社 7 个	马牛羊生产	721000	1 年半	
和政	合作社 9 个	马牛羊生产	965000	1 年半	
永靖	合作社 3 个	马牛羊生产	330000	1 年	
宁定	合作社 1 个	马牛羊生产	150000	1 年半	
临洮	合作社 8 个	绵羊生产	854000	1 年半	
洮沙	合作社 2 个	绵羊生产	100000	1 年半	
康乐	合作社 4 个	绵羊生产	320000	1 年半	
渭源	合作社 6 个	绵羊生产	358000	1 年半	
崇信	合作社 1 个	耕牛繁殖	180000	1 年半	
海原	合作社 4 个	绵羊生产	500000	1 年半	
张掖	合作社 3 个	绵羊生产	177000	1 年半	
山丹	合作社 4 个	牛羊生产	138000	1 年半	
永昌	改进会 1 个	耕牛推广	700000	1 年半	
总计	105 个单位	—	12041320	—	

资料来源:成治田《甘肃农贷之回顾与前瞻》,《中农月刊》第 6 卷第 10 期,1945 年 10 月,第 44—45 页。

据表 6—8 统计(截至 1944 年 10 月),农行在甘肃 20 县举办畜牧放款,占全省县数的 29%。贷款对象为合作社与畜牧经营会、农会小组、畜牧改进会等单位,其中合作社 83 所,农会小组 14 个,畜牧经营会 8 个,改进会 1 个,共计贷款 1204.1 万元。畜牧合作社饲养羊、牛、马、猪等 106249 头,总值 7744 万元[①],产值是贷款额的 6.4 倍。除甘肃外,1944 年 3 月,青海组织畜牧生产合作社,以改良畜牧品种及制造方法,并借以提倡农村副业。[②]

1941 年国民政府农贷转变为以经济建设为中心后,畜牧业是经济建设的主要内容。国家银行与地方银行组建畜牧合作社,成为推动畜牧事业发展的新的因素,合作社成为畜牧业经营的一种新方式。但银行投资太少,合作社在畜牧业生产方

---

① 《甘肃省合作事业推行概况》手抄本,甘肃省图书馆西北文献阅览室藏。
② 罗舒群:《抗日战争时期甘宁青三省农村合作社运动述略》,《开发研究》1987 年第 3 期,第 58 页。

面的作用尚未被认识,因此带动本地区畜牧业发展的效果十分有限。

黄河上游区域以公司方式经营畜牧业起步比较晚。抗战时期,甘肃水利林牧公司成立后,1942年4月,在岷县成立了陇南牧场,将夏河奶品制造厂、岷县奶牛场、岷县养蜂场均归该公司管理,资金陆续增至500万元,"以繁殖优良杂种奶牛"和收购鲜奶为主。① 1946年1月,甘肃民间成立了"昆仑畜牧股份有限公司",在兰州、永登、靖远3县设立畜牧场,以改良牲畜品种,经营畜牧产品的加工制造和运销为主要业务。该公司资本总额1000万元,股份总额1万股,每股1000元,一些股东以牲畜做股款加入公司,如刘念祖以牛10头抵作股款15万元,马2匹抵作股款14万元;高尧天以马2匹抵作股款14万元;杨思善以牛12头抵作股款18万元;刘志先以马2匹抵作股款10万元;刘昌祖以骆驼7匹抵作股款42万元;杨清以牛8头抵作股款12万元;金联明以骡马抵作股款24万元;范慎行以骆驼6匹抵作股款36万元,共计185万元,占全部股金的18.5%。该公司成立时,永登牛场1处,有大小牛30头;靖远马场1处,有马6匹;景泰驼场1处,有骆驼21匹,雇用牧夫4人放牧。② 因物价上涨,1000万元股金难以应付局面,因此,该公司经营十分困难。

五、畜牧业与社会经济变迁

在传统社会中,在游牧区,畜牧业主要是为牧民解决衣食住行等问题;在农业区,作为副业的畜牧业主要为农家提供畜力、肥料、肉食和手工业原料。也就是说,在传统社会,经营畜牧业主要是为了满足自身消费的需要。自进入近代社会以来,畜牧产品皮毛、羊肠等成为出口的主要商品,引起了本区域社会经济的变化。

第一,近代畜牧业改变了本区域社会经济的封闭状态,开启了这一区域社会经济现代化的先河。前近代时期,本区域不管是农业还是畜牧业经济与外部交往极少,完全处于封闭状态,这种封闭状态在近代被皮毛贸易所打破。近代以来,随着天津(1860年开放)和其市场腹地扩大到本区域,皮毛作为出口商品通过天津和新疆各口岸运销到欧美、日本、俄罗斯等地,使其在国际市场上有了一定的声誉,如克拉米希夫说:"中国最良羊毛皆出自此省(甘肃省——引者注),市场上有两种最良

---

① 罗舒群:《民国时期甘肃农林水牧事业开发状况研究》,《社会科学》(甘肃)1986年第3期,第102页。
② 《昆仑畜牧股份有限公司》,台湾"中央研究院"近代史所档案馆藏,馆藏号:18-23-01-06-01-001。

羊毛,特别适合于欧美之出口。第一种曰西宁羊毛,以其纤维之长及线细显著;第二种曰甘州羊毛,质较粗,但特别适合于世界市场。除此以外,尚有平番羊毛及武威羊毛,为织地毯之特品,输出为织毯之用。"① 通过羊毛的出口,把本区域市场与国际市场联系起来,使得农牧民从昔日"弃之于地"的羊毛中获得利益。

市场上的商人构成也发生了变化。在羊毛出口前,活跃在黄河上游区域的商人主要是晋陕商帮和本地商人(以回商为主),随着羊毛与国际市场连接起来,天津等地的外国洋行在这里开设了许多分支机构,在光绪初年,英、德洋行陆续到河州设行收购皮毛。② 西宁有英商仁记、新泰兴、瑞记、礼和,美商平和等洋行;在丹噶尔有英商新泰兴、仁吉、怡和,美商平和,德商美最时、瓦利等洋行。③ 1905年《甘肃官报》记载,英国商人深入到宁夏、海城、平远、巩昌等地,德国商人深入到临夏等地购买皮毛。④ 这些洋行不仅收购皮毛,也带来了工业品,如丹噶尔市场有洋布、大布、羽绫、洋缎等工业品。⑤ 所有这些打破了本区域传统经济的封闭状态,使黄河上游的区域市场与国际市场逐步连接起来,增加了社会经济发展的现代化因素。

第二,近代畜牧业经济提高了本区域畜牧业的商品化程度。黄河上游区域畜牧业产品主要是皮毛,尽管在明清时期就形成了区域性皮货市场,如天津、张家口、归化城等是主要的皮货市场。⑥ 由于国内毛纺织业不发达,只有毡房收购少量羊毛,兰州"毡行所用之羊毛,多于秋季剪毛时,迳赴兰州附近产区,向牧户直接取购,但为数甚少,大部羊毛货弃于地"。⑦ 在广大的牧区,牛羊毛除了织毛布、做帐篷等消费外,进入市场交易的牛羊毛数量比较少,有大量皮毛"货弃于地"。近代以来随着皮毛的出口,增强了畜牧业的商品化程度。先看本区域的羊毛产量,据1942—1943年国民经济部调查的情况是:青海羊毛年产量约800万斤,⑧ 甘肃年产绵羊毛1090万市斤,⑨ 宁夏各种毛年产量在130万—155万斤。⑩ 三省合计共产羊毛2045万

---

① 克拉米息夫:《中国西北部之经济状况》,第32页。
② 王致中:《明清西北社会经济史研究》,第389—390页。
③ 青海省志编纂委员会:《青海历史纪要》,第89页。
④ 《甘肃官报》第50册,光绪三十一年(1905年)10月,第5—6页。
⑤ 张廷武、杨景升:《丹噶尔厅志》卷5《商务出产类》。
⑥ 姜守鹏:《明清北方市场研究》,东北师范大学出版社1996年版,第146—147页。
⑦ 李屏唐:《兰州羊毛市场之调查》,《贸易月刊》第4卷第8期,1943年3月,第43页。
⑧ 中国第二历史档案馆:《经济部西北工业考察通讯(上)》(胡元民,1943年),《民国档案》1995年第4期,第62页。
⑨ 中国第二历史档案馆:《经济部西北工业考察通讯(下)》(胡元民,1943年),《民国档案》1996年第1期,第50页。
⑩ 宁夏省农林处编:《宁夏省农政七年》,第103页。

斤左右,抗战前每年出口羊毛1500万斤左右,①商品率为73.3%。本区域农家以养羊为副业,其中一项重要的收入就是出售羊毛,如靖远县年产各种羊毛30.3万关斤,每年外销量20.5万关斤,②商品率为67.7%。平凉县"农民产有羊毛者,多委托毡店制毡自用外,余则出售,售毛之场合大都在毛价昂贵之时,自用与出售之比例约各占半数。海原、固原等县,农家畜羊较多,剩余羊毛为量亦巨,故其商品化程度约在百分之七十以上。"游牧区域的牧民所生产的羊毛,"除织毛带、帐幕自用少量外,几全部出售"。另据张之毅调查,甘宁青三省年羊毛产量为1720万斤,其中农村区域产毛720万斤,游牧区产毛1000万斤;在市场上流通的羊毛为1330万斤,商品率为77.3%;其中农村区域羊毛进入市场的为430万斤,商品率为59.7%;游牧区羊毛进入市场的为900万斤,商品率为90%。③ 从上述各种调查来看,农业区的羊毛商品率在70%左右,游牧区羊毛的商品率在90%左右,游牧区羊毛的商品化程度远远高于农业区。除了羊毛外,牲畜和其他畜产品也进入市场,如牲畜和各种牲畜皮张、羊肠等,也作为商品在市场上大量销售,或销往城市、农村,或出口海外。如岷县闾井镇左右方圆90里以内的猪,"俱属优良之腌肉猪,每年由陇西县腌肉客收购者,约占该区总产量40%"。④ 因此,随着外向型经济的兴起,近代畜牧业经营的商品化程度比过去有了很大程度的提高。

第三,近代畜牧业经济推进了本区域的城市化进程。随着皮毛、羊肠等畜牧产品商品化程度的提高,在本区域逐渐形成了一些以畜牧产品出售为中心的专门市场。在甘肃、青海蒙藏民族聚居的地区,一些寺院市场逐渐成为著名的商业市镇。如西宁的湟源、大通、贵德、上五庄、鲁沙尔镇、同仁、门源,⑤甘肃的拉卜楞等蒙藏民族聚居区的寺院市场或县城等,因畜产品贸易而成为著名市镇。在农业区或畜产品运输的必经之地,宁夏的石嘴山、磴口、吴忠堡、宁安堡、花马池,甘肃的张家川、西峰镇等是近代因畜产品贸易而成为中心市场⑥。还有一些市镇如平凉、肃州因清朝同治年间回民事变遭到毁灭性的破坏,但在畜产品的贸易中,再次恢复了集散市场的地位。城市的空间布局也随着畜产品贸易而发生变化,在本区域原来的城市以古老的"丝绸之路"为轴线来布局的,如天水、陇西、河西四郡县(张掖、武威、

---

① 朱桦:《促进固海羊毛生产事业刍议》,《新西北》第3卷第3期,1940年10月。
② 顾少白:《甘肃靖远之羊毛与皮货》,《西北经济通讯》创刊号,1941年1月,第21页。
③ 张之毅:《西北羊毛调查》,《中农月刊》第3卷第9期,1942年9月,第50页。
④ 周光宇:《甘肃岷县畜牧概况(下)》,《行总农渔》1947年第11—12期合刊,第13页。
⑤ 赵珍:《近代青海的商业、城镇与金融》,《青海社会科学》2002年第5期,第89页。
⑥ 钟银梅:《近代甘宁青民间皮毛贸易的发展》,《宁夏社会科学》2007年第3期,第90页;黄正林:《近代西北皮毛产地及流通市场研究》,《史学月刊》2007年第3期,第107—111页。

酒泉、敦煌)历来为西北最重要的集散市场和城镇,但近代以来随着畜产品贸易的兴起,这种结构发生了变化。一些新兴城市是按照畜产品流动的方向而布局的,如沿黄河水运(皮筏)为轴线,[1]新兴市镇主要分布在黄河及其支流两岸以及畜产品贸易的必经之路。

第四,畜牧业使本区域农村经济结构呈现出多元化的格局。在本区域传统经济结构中,畜牧业是支柱产业之一,其产品主要是皮毛。农家所生产的皮毛除出售外,"即自行消费或加工,有捻线者,有织毛褐者,亦有制毡毯者。"[2]因此,畜牧业为本区域农村"半工业化"提供了原料,使畜牧业产品比较集中的地区农村经济结构发生了变化,不再赘述。

---

[1] 胡铁球:《近代西北皮毛贸易与社会变迁》,《近代史研究》2007年第4期,第101—102页。
[2] 周光宇:《甘肃岷县畜牧概况(下)》,《行总农渔》1947年第11—12期合刊,第12页。

第七章 社会变革中的乡村手工业

在中国传统社会经济发展的过程中,家庭手工业是不可或缺的内容。在关于中国近代经济史的研究中,家庭手工业是学者关注的主要内容,而且随着研究的不断深化,人们关于家庭手工业研究的内容、角度和关注的问题也在不断变化。如19世纪80年代以前,受革命史观和领袖经典论著的指导,"学术界较多强调外国商品倾销对乡村手工业破坏的一面,以证明帝国主义经济侵略的恶果和农村经济的危机"。[①] 这种观念在20世纪二三十年代就已经出现,一些左翼经济学家和革命领袖在对农村经济的研究中,农村手工业的衰落是最基本的判断。19世纪80年代以来,关于中国传统手工业的研究发生了变化,最基本的认识是手工业并不是完全没落与衰败,就手工业行业而言有的衰落了,有的发展了,是"兴衰互见";有的地方甚至保持了强劲的生命力,在农村经济中占有重要的地位,甚至出现了"半工业化"的现象。在中国传统手工业延续与发展的大格局下,黄河上游区域农村手工业也有所变化。

一、手工业概况

(一) 传统手工业概况

根据地方志与晚清时期调查,黄河上游区域的传统手工业有制瓷、土纸、烧酒、皮革、毛织品、草编品、麻织品、木制品、水烟、金属制品、石制品等。各种手工业产地及市场状况是:[②]

> 粗瓷器,皋兰之阿干镇、靖远之瓷窑儿,平番之窑街,平凉之华亭产,销本省;

[①] 李金铮、邹晓昇:《二十年来中国近代乡村经济史的新探索》,《历史研究》2003年第4期,第177页。
[②] 彭英甲:《陇右纪实录》卷8《办理农工商矿总局》,第24—25页。

纸,分黑白麻纸枸皮纸三种,秦州、阶州各属产,销本省;

烧酒,甘南一带产,销本省及四川之广元,陕西之汉中,(值)万余两;

玫瑰酒,宁夏产,销本省及山陕,(值)万余两;

皮货,省城、秦州、宁夏产者多,销本省、四川、陕西、汉口、上海等处,(值)二十余万两;

滩羊皮货,宁夏之平罗产,销本省及外省各口岸,(值)四万余两;

栽绒毯,宁夏产,销本省及外省,(值)数千金;

褐布,秦安、庆阳、平番产者多,销售本省、四川、陕西,(值)万余金;

毛毡,宁夏,庆阳、平番产者多,销本省、陕西,(值)数万金;

毛口袋,宁夏、秦安、甘州、巴燕戎格产,销本省、陕西,(值)四万余两;

皮胶,凉州产;

竹席,宁远产,销本省;

草帽,宁远、伏羌产,销本省;

粗麻布,宁远产,销秦州及陕西至凤翔,(值)数千金;

麻鞋,宁远、伏羌产,销巩昌府一带;

毡鞋,俗名鸭窝子,肃州产,销本省、陕西,(值)三千余金;

木器,秦州人以黄杨木、核桃木造桌凳及帽架,文房器具亦极精巧,销本省及陕西之凤翔,值四千余金;

皮器具,省城产为佳,销本省;

竹器,华亭产,销平凉一带,(值)三千余金;

水烟,分棉烟、条烟、黄烟、生字烟数种,省城、靖远、狄道、河州均产,销(本)省、四川、陕西、浙闽、上海等处,(值)四十余万两;

水磨镫,凉州双塔镇产者佳,销本省、山陕、北京各处,(值)数千金;

折花刀,西宁产,销本省各番族;

药香,狄道之临洮镇产,销新疆、陕西,(值)四千余两;

丝线,徽县、文县、成县皆产,然不多,销本省;

铁器,锅、壶、铧,徽县、西和产,销本省,(值)五千金;

各种食品,甘州挂面、果丹皮、庆阳火腿、巩昌腊肉、中卫炒米、西宁奶饼、番族酥油、平番窝窝面,销本省;

屏石,有黑白二种,肃州人制作插屏、桌面、酒杯、文房器具,销本省新疆。

从该项调查来看,本区域传统手工业种类比较多,涉及生产和日常生活的各个方面,但各种手工业产品产值较低,除了水烟、皮货、毛织品外,很少有产值在万两以上的。同时还有一些特色手工业,如毛织业、水烟业、皮货等市场扩大到沿海城市和通商口岸。

地方志和地方文史资料也记载了民国初年各地手工业状况。《甘肃通志稿》记载,手工业"攻金、攻木、攻皮、攻鞋及其他零星手工,仅供各地日用需要。而以羔裘、羊毛、野生皮为大宗,水烟次之,棉、毛、麻等布及瓷器、铁器、纸张等类又次之"。① 各县除了简单的金属加工、木器制造外,还有特色或占优势的手工业,如敦煌有棉纺织业、草编业等类。② 华亭居民"为工业者甚少,故衣物需用恒多取给于客商",但制造粗瓷是其手工业特色;③临泽有铁匠铺、缝纫业、锥鞋业、织袜是其特色;④岷县的拣药、织席、编筐等是特色手工业,"不过专役职事,聊以糊口耳"。⑤ 各地传统手工业以日常生活与生产工具为主,毛织业是本区域手工业的特色,但大部分是就地取材的农村副业,没有形成独立产业。手工业生产不以市场为目的,商品化程度比较低。

宁夏盛产皮毛,毛编和皮革是其手工业特色。据 20 世纪 30 年代调查,宁夏以制造炕毡、毡帽、毡鞋比较普遍,该省"出产皮毛甚多,制皮工业尚属发达,每年可制滩皮 20 余万张,约值 50 万元"。⑥ 各县也都有一些手工业,如灵武产狐裘、羊裘、毛毡、毛毯、毛袜、毛带、芦席和芨芨草席等,产量均不丰富。平罗年产毛毡 1300 余块,毛鞋 1200 双。盐池有毛手套、毛袜、草帽、毛毡等。宁朔年产皮袄一百余件,麻绳 1200 余斤,其他如毡鞋、毡袜、毡褥等均不多。中卫年产毛毡 300 余条,毛口袋四五百条,毛毯 200 余块。⑦ 上述各种调查数量显小,笔者认为只是在某年中投入市场的产量,而北方农家睡觉以土炕为主,有土炕必铺毡席,毡的用量很大。如 1930 年代初调查中卫有 14864 户农家⑧,每户每年以使用 1 条毡计算,需要近 1.5 万条,年产 300 条无论如何难以满足需求。故上述调查极有可能只是投放市场的数量,如果将农家自用的各种产品的数量计算在内,数

---

① 刘郁芬、杨思:《甘肃通志稿》卷 28《民族八·实业》。
② 《敦煌县乡土志》卷 2《实业》,民国时期抄本,年代不详。
③ 张次房、幸帮隆:《华亭县志》第 5 编《礼俗志·生业》,1933 年石印本。
④ 马丰林:《解放前临泽县旧县城及其工商业概况》,《临泽县文史资料》第 1 辑,1991 年印行,第 104 页。
⑤ 《岷州续志采访录·实业》,见《岷州志校注》,岷县志编纂委员会办公室 1988 年点校本,第 437 页。
⑥ 郑思卿:《最近宁夏商业金融概况》,《中行月刊》第 11 卷第 3 期,1935 年 9 月,第 27 页。
⑦ 萧梅性:《兰州商业调查》,陇海铁路管理局 1935 年 2 月印行,第 94—96 页。
⑧ 徐西农:《宁夏农村经济之现状》,《文化建设月刊》第 1 卷第 2 期,1934 年 11 月,第 105 页。

量应当不菲。但从中也可以看出,当时手工业主要依附于家庭,商品化程度是比较低的。

青海的传统特色也以毛织和皮革为主。《西宁府新志》记载当地人"以织毛褐为业"、"用褐为衣"。① 《清稗类钞》中记载:青海比较著名的手工业产品有氆氇、毡毯、毛布、乳酥、皮帽、皮靴等。此外,各地都有一些本地的产品,如丹噶尔位于进入蒙藏区要道上,手工业以供给蒙藏民族用品为主,如生产木器、银器、皮革、铁器、挂面为大宗,"皆有资于蒙番",从业者约 2000 余人。② 玉树有类似之处,但没有丹噶尔手工业发达,而且从业者多为川人,本地人只能制作粗毛毡。③ 其他各地都有手工业,但没有多少差别与特色,如大通、湟源"出品以售与口外番人为大多数"。④ 青海各种手工业产品"多供蒙番之用",如"挂面为蒙番必需食品,每年制造约五十余万斤;小木筲每年约三十余件,售于蒙番,用于盛油醋各物;木箱子每年约三千余件……皮鞋即用蒙番牛皮,经工匠制成仍售蒙番,每年约出万余双。余如小刀年出三千把,铁器三千余斤",均以游牧区为销售市场。⑤

游牧区手工业以毛制品和奶制品为主,其他手工业十分稀少。共和县"所属各部落,或织毛袋,或作衣料,或作毛鞋,近来汉民中亦有用羊驼毛栽绒毛毯者,他若木匠、泥水匠之小手工业,大概均系汉人,土、回人民,虽有但不多见"。⑥ 在纯牧区,藏民所从事的手工业比较简单而传统。表 7—1 是 1930 年代对青海藏区手工业产品的调查。

表 7—1　1930 年代调查青海手工业种类统计

品名	原　料	用　途
褐子	用羊毛或驼毛,纺成毛线织成,织法过笨,每日可织数尺而已,宽约尺余,每匹长约五丈	衣料
氆氇	毛织品,有细绒,宽约七寸至九寸,每匹长七丈至九丈不等,为青海毛织工业之优良者	纯为女性之衣料
毡带	毛线织成,质甚密,宽约五六寸,每匹长约六七丈	缝制盛粮食用之口袋
毡子	毛织品,又名毛布,亦家庭手工业	衣料
毛线	完全以羊毛捻成	编绒衣手套、毛袜等
毛绳	有羊毛、牛毛两种,牛毛者粗大而性硬,羊毛者细小而性柔	青海不产麻,以其代绳

---

① 杨应琚:《西宁府新志》卷 8《地理·风俗》。
② 张廷武、杨景升:《丹噶尔厅志》卷 5《实业》。
③ 周希武:《玉树调查记》卷下,商务印书馆 1920 年版,第 29 页。
④ 王昱、李庆涛编:《青海风土概况调查集》,第 68、165 页。
⑤ 蔡元本:《青海乡土志》,《新青海》第 3 卷第 1 期,1935 年 1 月,第 31 页。
⑥ 《青海共和县土汉回三族性情生活之调查》,《西北专刊》1932 年第 10 期,第 22 页。

续表

品名	原 料	用 途
毡毯	毡用牛毛或羊毛铺于板上,以重物压其上而成;毯用羊毛制成,亦名栽绒毯,精致美观	铺垫用品
毛绒	羊毛或驼毛用木槌捶成或弹成	可做棉衣
毡衣	羊毛制成	衣服
故绒	选择细软羊毛,纺织而成	可代皮裘
衣皮	羊皮及其他野生皮	衣服
酥酪	牛羊乳制成	饮料
乳饼	黑面粉调酥油制成	食品
乳脯	用牛羊肉熬而成粥,晒干制成	食品
浊酒	用酥油制成,味酸而腥,略有酒味	饮料
糌粑	亦名炒面,青稞与酥油拌成	食品
酿酒	亦名烧酒,青稞蒸成	饮料
骨粉	兽骨、石炭、草木灰制成	肥料
石灰	矿石烧成	粉墙造炉
制皮	羊皮、马皮、牛皮所制,未制称血皮	衣服、皮箱
制革	亦用牛马驼羊皮所制	靴子、皮鞋、皮篓之类
制刀	钢铁所制,犀利无匹	兵器
藏香	各种香木及金沙香	宗教用品

资料来源:易海阳:《青海概况(续)》,《边事研究》第 2 卷第 4 期,1935 年 9 月,第 65—66 页。

通过表 7—1 来看,游牧部落的经济比较落后,手工业还没有从家庭副业中分离出来,主要是生产酥油、织帐篷、鞣制皮子和缝制皮袄、皮帽、皮靴等。酥油是牧民生活中的必需品,是藏族部落妇女人人都必须做的工作,生产工具主要是木桶,通过用木棍搅拌使酥油从奶液中分离出来。由于木桶在牧区稀少,一头牛才能换一只木桶,许多牧民用羊皮或牛肚子(牛胃)制成口袋通过揉搓使酥油与奶分离。青海没有专门从事乳业生产的工厂,"市上所出售的牛奶油、牛奶乳酒、乳脯等,皆为自用外多余部分"。[1]在正常情况下,每位妇女每天可以加工 200 斤奶,产出 15 斤左右的酥油。帐篷是游牧民族不可缺少的生活用品,织造帐篷是游牧部落比较大的工作,一般是由需要帐篷的牧民家庭提供原料,多个牧民之间进行协作才能完成一顶帐篷的生产。1 个好的劳动力,每天只能织 1 尺宽、1.5 丈长,织一顶帐篷需要几个月甚至半年时间。鞣制皮子是牧民最主要的家庭手工业,牧民的皮袄、皮帽以及小皮件所需要的皮子一般都是牧民自己鞣制的,每个牧民家庭都要从事鞣制皮子的工作。缝制皮袄、皮帽、皮靴,编制毛口袋、搓毛绳、割制牛皮带等都属于

---

[1] 张菊生:《青海的经济现状》,《边事研究》第 7 卷第 5 期,1938 年 7 月,第 29 页。

每户牧民的家庭手工业生产,在游牧部落比较普遍。① 但在牧区,也有一些从事上述手工业技术比较高的男子,牧民在织帐篷、缝皮袄、制靴子时被请为匠人,成为专门的手工业生产者。

藏民妇女在打酥油
资料来源:《良友》第 123 期,1936 年 12 月 15 日

从清朝中叶到 20 世纪 30 年代前期,黄河上游区域手工业技术没有多少实质性的变化。如青海纺毛线技术完全处于原始状态,"先将羊毛洗净晒干,以手扯松,然后以极简单之坠子,初以两手握少许羊毛,同时并用两手,一方使羊毛成线状,一方套在箸端之螺旋处,即转动木条使成迅速之自动状,立将已成线之羊毛绞紧下垂,将及地面,则手随坠子之速率,将羊毛随搓随放,至三尺许时即停止其转动,而已成之毛线缠于木条之上,又复如前搓动之状"。足见纺毛线尚处在原始状态。褐子织法也相当落后,"在南部一带,尚有木制土机,北部一带,则并土机而无之。乃将线平牵地上,拴其线鬃向上一移,穿过纬线,再以一极光滑而长滑之石块紧之,复将经线下移,再穿过纬线以石块压牢,如是循环不已。织法过笨,每日可织数尺而已"。② 甘肃农村纺毛的方法有三种:一为手捻,一为用手摇车,一为用旧式脚踏车。生产效率十分低下,普通用手捻毛线,每人每日可捻 4—5 两;用手摇车每人每日可纺 10 两至 1 斤(指 16 两老秤——引者注);用旧式脚踏车每人每日可纺 1 斤至 1 斤 4 两。所织的毛褐,宽约 8—9 寸,每人每日可织 1 丈多点。③ 宁夏农村最重要的手工业是制造毡毯,"几乎全部是极不进步的家庭手工业,间或与邻近或有感

---

① 《果洛藏族社会历史调查》,青海省编辑组:《青海省藏族蒙古族社会历史调查》,第 81—82 页。
② 黎小苏:《青海之经济概况(续)》,《新亚细亚》第 8 卷第 2 期,1934 年 8 月 1 日,第 21—22 页。
③ 傅安华:《西北工业概况》,《西北资源》第 1 卷第 1 期,1940 年 10 月,第 50 页。

情的同行,互相帮忙赶活,但离着协作还很远……往往生产一块几尺长的毡子,也要花费半个月以上"。① 由于技术陈旧,设备落后,产量也十分低下。

20世纪20—30年代,有些手工业出现了衰落的情形。如染坊是本区域普遍存在的手工业,主要漂染土布、毛褐等。礼县县城和永兴、盐官、罗堡、石家山、石桥等乡镇染坊比较多,原料主要是自种的靛蓝。但到"三十年代后用进口(德国)'快靛',颜色多种。随着外地花色多样的纺织品的增多,四十年代染坊已所剩无几"。② 染坊因新兴手工业的兴起而逐渐失去了竞争力走向了衰落。

（二）抗战时期的手工业

抗日战争爆发后,东部主要工业城市相继沦陷,因工业品供应不足,为后方乡村手工业成长提供了市场空间。如时人所言:"迨抗战军兴,后方人口增加,消费且巨,关于生活必需品,需要孔殷,因之小规模工商等业,应运而生。"③ 为了建立坚持长期抗战的后方基地,国民政府经济部制定了五项方针:①从技术上加以改良,以增加生产;②尽量筹设小型铁工厂,以供制造各项生产工具;③由农本局尽量举办手工业贷款,以利发展;④扶导组织农村手工业合作社,调整产销;⑤动员民众,从事农村手工业生产。为求得农村小工业的发展,1939年2月25日,经济部颁布了《小工业贷款办法》,规定凡国内人民经营纺织、造纸、金属制造、陶瓷、化学、农村产品等工业,资本总额在5万元以下1万元以上的,其收益额达到50%以上的给予贷款。贷款办法是:①出品能做军用或运销国外或为民生所必需者;②原料全部或大部分为本国产品者;③制造用现代方法或已经改良的土法者;④设厂计划为切实易行,可于短期内筹备完竣者;⑤营业上确有发展希望者。贷款分年归还,以5年为限,利息为3厘至5厘。④ 国民政府支持农村副业政策出台后,中国工业合作协会、中国农民银行、中国银行开始发放贷款,为本区域农村手工业注入资金。

中国银行主要在陇东南扶持农村手工业。如天水附近的毛家村农家"多赖纺织副业之收入,维持生计。因限于资金、原料等常感周转不敷",中行便协助村民组织纺织合作社,"各社社员所经营之纺织副业,一律成立纺织部,订定业务规则及土布合销办法,以扩张其生产"。⑤ 1941年年底成立纺织社12家,社员429人,纺车

---

① 徐西农:《宁夏农村经济之现状》,《文化建设月刊》第1卷第2期,1934年11月,第102页。
② 王志轩:《民国时期礼县的行业》,《礼县文史资料》第2辑,第123页。
③ 天水分行:《天水》,《甘行月刊》第1卷第2期,1941年4月,第49页。
④ 陈禾章:《中国战时经济志》,世界书局1941年版,第60—61页。
⑤ 《本行各省农贷工贷业务动态》,《中行农讯》第4期,1941年10月25日,第22页。

676台,织机462架,社员家庭纺织980人,共贷款11万元,供销贷款9.8万元。① 该行还在两当县城区创办机器纺织社,"训练技术人员,以及改良旧式织机"。② 岷县清水沟等地村民以铸铜器为主要副业,有铜炉12座,中行农贷人员帮助成立铜器生产合作社,每座铜炉贷款5000元,③解决了资金缺乏的问题。秦安的纺织合作社"资本最多者七八千元,少至一二千元者,多系中国农民银行贷款。"④渭源县成立纺织合作社后向农行贷款4万元。⑤ 1943年,甘肃省合作社通过农行贷出纺织款380万元,其中皋兰纺织合作社50万元,天水三阳川300万元,兰州市30万元。⑥ 1945年,农行给天水三阳川贷款3000余万元,甘谷毛编业贷款835.5万元。⑦ 这些贷款部分地解决了当地土布生产和毛编织业发展的资金问题。

抗战期间,中国农民银行(下文简称"农行")与"工合"联合发放农村副业贷款。1943年4月,农行与"工合"签订了农村工业合作贷款协议,其中给甘肃兰州、天水、平凉发放毛纺织业贷款,贷款对象是生产合作社。贷款原则是"①利用当地廉价农产品原料者;②利用当地剩余农民劳力者;③生产战时军民必需品者;④生产国际贸易品者"。⑧ 根据协议,农民银行给兰州毛纺织合作社贷款200万元,天水毛纺织合作社贷款100万元,平凉毛纺织合作社贷款150万元。⑨ 1945年4月,双方协议给甘肃毛纺织贷款2400万元,其中兰州、天水各800万元,平凉、岷县各400万元。⑩ 农行与"工合"联合推进农村工业的贷款协议生效后,农村副业由双方共同投资。如1945年岷县8个合作社贷款215万元,其中"工合"贷款140万元,占65.1%;农行贷款75万元,占34.9%。⑪

随着棉花种植的推广,轧花成为一种新兴的农村副业,但农家通过商人购买轧花机每架16万余元,远远高于市场价格。因此,1943年12月,农行派员赴西安购

---

① 《本行各省农贷工贷业务动态》,《中行农讯》第9期,1942年3月25日,第20页。
② 《本行各省农贷工贷业务动态》,《中行农讯》第4期,1941年10月25日,第22页。
③ 《本行各省农贷工贷业务动态》,《中行农讯》第5期,1941年11月25日,第22页。
④ 秦安办事处:《秦安经济概况》,《甘甘月刊》第6期,1941年12月,第41页。
⑤ 《渭源县政府合作指导室指导员郭其淦工作总报告》(1943年8月),手抄本,甘肃省图书馆西北文献阅览室藏。
⑥ 《合作消息》,《甘肃合作通讯》第1卷第2期,1943年5月1日,第7页。
⑦ 农行天处:《三十四年度天处陇南区农贷报告》,甘肃省档案馆藏,55/1/46。
⑧ 《中国工业合作协会(会方)中国农民银行(行方)农村工业合作贷款推进办法协议书》(1943年4月1日),甘肃省档案馆藏,46/1/264。
⑨ 《本行三十二年度工业合作贷款区域种类及贷额表》,甘肃省档案馆藏,46/1/264。
⑩ 《中国工业合作协会(会方)中国农民银行(行方)农村工业合作贷款推进办法协议书》(1945年4月1日),甘肃省档案馆藏,46/1/198。
⑪ 陈联佑:《岷县工合简况》,《工业合作》第19期,1945年9月,第7页。

买轧花机12部,以每部8.66万元(含市场价、运费、贷款利息)贷给靖远各合作社,深受农家欢迎,故"未贷各社,纷纷来请,意极恳挚",故1945年,农行再购买13部,贷放给靖远各社。① 1944年11月至次年1月,农行天水分处收购棉花16337市斤,按照市价9折贷给武都、礼县、西和3县的纺织合作社,该项棉花贷款"每市斤可使农民节省七十元"。② 实物贷款不仅帮助农家副业组织了货源、原料,也节省了成本,方便了农家的生产与生活。

正因为有市场空间和政府政策、银行资本支持,抗战时期成为黄河上游区域乡村手工业获得短暂发展的"黄金时期"。关于抗战时期各地手工业水平,甘肃省银行、甘肃省贸易公司、行政院第八战区经济委员会等进行了调查。甘肃省银行的调查侧重于手工业行业的调查,在调查中指出:甘肃现有各部门工业,"大概可以分为纺织工业、化学工业、土石制造工业、皮革工业、食品工业、烟草工业、造纸印刷工业、机器金属织品工业及洗毛工业等类。而纺织工业中,又分为毛织业、棉织业、麻织业等;化学工业则包括制酸业、火柴制造业、制药业、皂烛业、制碱业及油墨制造业等;土石工业中,有水泥业、玻璃业、陶瓷业、砖瓦石灰业等;皮革工业在本省可分为制革与皮裘硝制两种;食品工业中分面粉制造业、榨油业、酿造业等;烟草工业有纸烟业及水烟业;机器及金属制品工业,有机器业、电气业及金属冶炼业等;以及造纸、印刷、洗毛工业等,计分十大类,总计调查七百六十余家工厂与作坊。"③在这些工业行业中,不仅有传统手工业,还出现了一些新兴手工业,如棉纺织业、化学工业、纸烟业、洗毛业、火柴业等。

甘肃省贸易公司的调查则侧重于对各地手工业状况的调查,反映了各地手工业发展的一般水平。如武威是河西手工业比较发达的县份,产品有纺织品、皮革、毛织、土纸等。张掖建立的工厂有西北抗建实业社、振兴肥皂实业社、民生纺织厂、裕华纺织生产合作社、关帝庙肥皂产销社等,此外还有毛鞋业、造纸业、草编业、胰碱业、挂面业以及乡村毛毡业和纺织户。永昌县手工业产品有毛织品、棉织品、粗瓷器、豆粉面、粉条、铜器、铁器等。甘谷"手工业及农村副业发达,男农在农闲时间出外营商,咸受苦力,妇女多从事织布、毛编、草麻编等"。④ 秦安县"手工业及半机器工业等均发达,农村副业以纺织业为主,其他酿造、手编等亦极普遍"。郭嘉镇织

---

① 成治田:《甘肃农贷之回顾与前瞻》,《中农月刊》第6卷第10期,1945年10月,第47页。
② 农行天处:《三十四年度天处陇南区农贷报告》,甘肃省档案馆藏,55/1/46。
③ 王树基:《甘肃之工业》,甘肃省银行总行1944年印行,第1—2页。
④ 统计组:《甘肃各县局物产初步调查》,《甘肃贸易季刊》第5—6期合刊,1943年9月,第37页。

褐"驰名省内外",为本县主要特产。① 天水"交通便利,工商繁荣",纺织业为农村主要副业,产品有土布、造纸、毛编、皮革等。② 临夏县"手工业较为发达,手工业产品极充足,且能供应邻近各县"。③ 临洮位于农业区向游牧区的过渡地带,是兰州通往临夏、甘南的必经之地,工商业比较发达,以线香、酥糖、水烟业、榇油木器、纺织业著称。④ 岷县位于川甘交通枢纽,受此影响,有比较发达的工商业。传统手工业如瓦器业、麻布业、皮革业、榨油业、金属制造业、食品业等,还有新兴手工业如火柴业、纺织业等。⑤ 武都手工业以农家副业为主,有棉布、丝线、木梳、榨油等业。该县是甘肃主要棉产区,一般农民多在农暇从事纺织副业,据调查从业者约5万人,年产土布50万匹,土棉纱63万斤,其中45万匹土布运销岷县、文县、临夏、兰州、临潭等地,占90%;有纺织合作社6家,参加者约100余人,年产5000匹,另有毛褐、麻布、棉被胎、毛巾、线袜等产品。⑥ 在甘肃贸易公司的调查中,各地不仅延续了传统手工业,还有一些新兴手工业出现。

手工业资本比较少,绝大多数属于小本经营。就比较发达的棉毛纺织业而言,除了政府和银行投资的厂家外,凡私人或合作社出资经营的工厂,"最多不过三百万元,最低仅数千元,普通约在五万元至十万元之间,约占全省棉毛纺织厂百分之五十以上"。⑦ 据行政院第八战区经济委员会在抗战时期对甘肃51家手工业的调查,其中资本在5万元以下的作坊或小工厂占54.9%,其余资本在5万元以上的工厂占45.1%。在这51家手工业工厂中,有8家为政府直接投资经营,其资本总额占到46.32%,说明官营手工业的资本比其他经营方式的资本要大许多。就手工业部门而言,棉毛纺织占资本总额的33.3%,化学工业包括皮革、火柴、造纸、玻璃、颜料、制药、酿酒、卷烟等占45.1%;机器工业占5.28%;印刷出版业占7.84%;其他营造业占7.84%。⑧ 从上述调查来看,甘肃手工业资本比较缺乏,大部分尚未脱离家庭工业形态,规模较大的手工业工厂比较少。

在大部分地方,手工业仍然是农村副业而非主业,诚如甘肃省银行调查所言:

---

① 统计组:《甘肃各县局物产初步调查》,《甘肃贸易季刊》第5—6期合刊,1943年9月,第39页。
② 同前书,第30页。
③ 同前书,第67页。
④ 同前书,第73页。
⑤ 同前书,第76页。
⑥ 同前书,第86页。
⑦ 王树基:《甘肃之工业》,第2页。
⑧ 行政院第八战区经济委员会:《甘肃省手工业之调查》,《西北经济通讯》第1卷第4—5期合刊,1941年12月,第83页。

"甘肃新式工厂工业,目前尚在初步发展之时期,所有工业生产,其大部尚赖血汗手工。因此,甘肃经济及自然环境,向以农业为重心,社会财富亦均以农牧山林之产品输出而积聚,故手工艺品在制造业中,虽占最重要之地位,但在甘肃整个社会经济中,却为一般农民主要副业,而非主业,诚亦有手工艺品之销路较大,制造者常视其为专业之主业,而反将其原有之耕作,视为副业,但其原料大都依赖于农村供应,制造者又多为农村子弟,且制造仅恃手工,不能大量生产,故虽能独成一业,仍不能为农业在社会经济上占绝对重要之地位。因此,目前甘肃之一般手工业,仍为一种农村家庭工业之状态"。[1] 也就是说,即使在抗战时期甘肃工业有了长足的发展,但还以农村副业方式存在,尚未形成独立的乡村工业体系。

二、传统手工业的延续与发展

(一) 铁器业

传统的铁器手工业被称之为"攻金"或"铁匠",以制造铁农具和其他生活用品为主。这类手工业各地大同小异,如陇东各县的金属制造业有铧、䥽土、犁辕、铡刀、铁叉、镰、铁锨、镢头、锄、斧、各种刀以及日用小工具等,其次制造武器如长矛、大刀、土炮、土枪等,尤其以锻造农业生产工具最多。[2] 河湟谷地铁器有农具和日用工具,有铧、镰刀、锨、镢头、锄、铲、耙等,由于铁器原料比较昂贵,故河湟谷地铁器产量较小,"不敷邑人之用",故铁器从兰州运来的较多,本地铁匠所做的事情是"修补其破坏者而已"。日用品有小刀、锅叉、马镫、钟磬、火盆以及其刀、锥、斧、凿等。除了制造生产、生活用品外,还生产兵器如马刀、长矛等,销售于蒙、藏游牧民族地区。[3] 近代以来,随着青海南部农业开发,这里的五金制造业也兴起来,铁匠"主要集中在农区城镇",以加工铁器和铜器为主。[4] 为了获得铁,近代曾在哈拉哈精、乌兰代克山、大小柴达、和硕特北右末旗等地建立冶铁业。[5]

据抗战时期调查,甘肃铁器手工业从业人员有 4000 余人,产品的数量有了增加,并出现铁器生产比较集中的地区。如武威全县铁器业不下百余家,全年产量不

---

[1] 王树基:《甘肃之工业》,第1页。
[2] 镇原县志编辑委员会:《镇原县志》(下),内部资料1987年印行,第590页;张精义:《庆阳县志》卷4《民族志》,甘肃文化出版社2003年版,第300页。
[3] 张廷武、杨景升:《丹噶尔厅志》卷4《矿物》。
[4] 毕发忠:《解放前海南地区的手工业》,《青海文史资料集萃·工商经济卷》,第417—420页。
[5] 刘郁芬、杨思:《甘肃通志稿》卷28《民族八·实业》。

下70万件,尤以铁锁著名;临潭是藏区铁器的供应地,陇南地区的两当、西和、徽县、成县的铁器业各约在三四十家,出产各种大小铁器不下百万件,除了销售本省外,还销售到川北一带。① 平凉的铁工有70余户,一种是小型铁匠炉子,约30余户,生产各种农具、饰品和日用品;一种是铁掌工,约20余户,专门制作马掌、掌钉;一种是镔铁工,约10余户,生产各种镔铁用品。② 尽管铁器制造业有了发展,但仍不能满足需求,技术含量比较高的铁器仍依赖于外面输入。

铁器制造业规模的扩大,推动了冶铁业的增长,各地出现了一些土法冶铁作坊,如皋兰、天水、两当、徽县、成县、西固有土法炼铁厂十数家,"规模小,设备尤属简陋,即以燃料而言,多用木炭代替焦炭。"产量低,年产量只有810吨,就具体铁厂而言,规模最大的铁厂年产量只有150吨,最小的仅年产5吨。③

(二) 毛织业

毛织品以羊毛为原料,因本区域的羊毛出产丰富,毛纺织业是这一地区农村最具特色、最传统和比较普遍的手工业。毛织业以生产毛褐为主,相传临潭的毛褐始于明太祖洪武二年(1369年),徐达西征吐蕃后,军中安徽凤阳人居多,"皖人习纺织,乃渐传渐广"。④ 清朝时期,织褐成为本地最普遍的家庭内工业,地方志多有记载。如皋兰农家的纺织产品多为"细褐、粗褐"。⑤ 陈奕禧在《皋兰载笔》中说:毛褐"兰州所产,惟绒褐最佳。择羊毛之细软者纺线,斜纹织之为绒;毛之粗者,亦以织之为褐也"。⑥ 静宁"故多彝裔,饶畜牧,织褐"。⑦ 庄浪"男勤务农,女勤织褐"。⑧ 临泽"以羊毛捻线织成毛布,其上洒铺细戎,用水洗之,则成戎褐"。⑨ 岷县"褐有二种:一系自捻毛线织成,颇不堪粗;一系自洮而来,厥品最下,每青蚨三百可得一袍。细褐,近在临兰,价亦甚廉,谓其易败,故富厚者亦不服"。⑩ 另外,清朝时期隆德、金县、陇西、靖远、伏羌、礼县、庆阳、甘州、永昌、庄浪、平罗等府、州、县志及《甘肃通

---

① 陈鸿胪:《甘肃省之固有手工业及新兴工业》,《西北问题论丛》第3辑,1943年12月,第112页。
② 张文蔚:《平凉手工业之兴起》,《平凉文史资料》第2辑,1991年印行,第115—116页。
③ 陈鸿胪:《甘肃省之固有手工业及新兴工业》,第109—110页。
④ 王树基:《甘肃之工业》,第36页。
⑤ 吴鼎新、黄建中:《皋兰县志》卷8《风俗志·附土产》,乾隆四十三年刻本。
⑥ 转引自王致中、魏丽英:《明清西北社会经济史研究》,第252页。
⑦ 王煊:《静宁州志》卷3《赋役志·风俗》,乾隆十一年刻本。
⑧ 王钟鸣、卢必培:《庄浪县志》卷7《礼仪门·风俗》。
⑨ 王存德等:《创修临泽县志》卷1《舆地志·货类》。
⑩ 汪元絅、田而穟:《岷州志》卷11《风俗·服饰》,康熙四十一年刻本。

志》均有关于"褐"的记载,质地有羊毛、驼毛,①说明织褐在本区域之普遍。据民国初年调查,甘肃有毛纺织户211家,从业者680人,年产值38899元。② 不管从业者还是产值,都说明甘肃的毛纺织业十分落后。

青海藏民居住地区虽然是羊毛主要产区,但毛纺织业并不普遍。③ 丹噶尔有少量的毛褐、毛口袋生产,④玉树也生产毛褐,但比较粗糙。⑤ 据1930年代对玉树结古市场的调查:手工业有毛织、毯子等,但赢利属于西康人,"缘康定一带毛织作坊主人,以结古毛价极贱,且工资低廉,故多在结古设立作坊,雇工就地制造,运康销售。以前毛织作坊达二十余家,本地人赖此作[做]工生活,多至数百人。"⑥

据抗战时期调查,甘肃全省每年产毛褐在35万匹左右。⑦ 其中秦安、临夏是甘肃毛褐生产最为集中之地,形成了规模生产。秦安为甘肃生产毛褐的中心,全县有织褐木机5000架,直接工人5000人,间接工人1000人。⑧ 该县所产毛褐精致而平滑,"上等货堪与毛呢媲美",而且色彩较多,有青、红、蓝、灰、草绿等数种,因此在兰州、天水、汉中、广元、西安等处市上出售的毛褐,大半为秦安所产。临夏毛褐从1939年开始增产,原因是"纺织毛褐之农民,因感织褐之利益,于是积极经营,遂使蓬蓬勃勃之现象",年产1.1万匹。但和秦安毛褐相比,临夏毛褐的市场仅局限于兰州,销售于外省的并不多。⑨ 其他如天水、靖远、通渭、武山、临洮、庆阳、岷县、甘谷、静宁、永靖、临潭、张掖、永昌、民勤、和政、武威、酒泉、榆中、皋兰、漳县等30余县也有毛纺织业,年产约在29.7万匹。⑩ 1940年代是甘肃毛纺织业发展比较好的时期,从事各类毛纺织工业生产的工厂有135家,其中大部分为手工业或半手工业生产。⑪

毛毡是西北农家普遍使用的一种生活用品,有毡衣、毡袜、毡鞋以及藏族所用的毡帐等,在各地农村,都有制毡坊或制毡匠。如当时调查者所言:毡子"为家庭手

---

① 参看王致中、魏丽英:《明清西北社会经济史研究》,第259—261页。
② 农商部总务厅统计科:《中华民国三年第三次农商统计表》,1924年7月刊行,第173—175页。
③ 蒋乃镛:《中国纺织染业概论》,中华书局1946年增订本,第220页。
④ 张廷武、杨景升:《丹噶尔厅志》卷4《动物·动物制造产》。
⑤ 康敷镕:《青海记》,第33页。
⑥ 方范九:《青海玉树二十五族之过去与现在》,《新亚细亚》第9卷第1期,1935年1月1日,第59页。
⑦ 王树基:《甘肃之工业》,第36—38页。
⑧ 杨志宇:《通渭秦安天水甘谷四县手工纺织业概况》,《甘肃贸易季刊》第10—11期合刊,1944年12月,第70页。
⑨ 王树基:《甘肃之工业》,第36—38页。
⑩ 陈鸿胪:《甘肃省之固有手工业及新兴工业》,第142页。
⑪ 夏阳:《甘肃毛纺织业史略》,《社会科学》(甘肃)1985年第5期,第85页。

工业所生产……西北各省均以之铺在炕上作坐卧或垫地板之用,贫苦者及番民亦有以之缝衣者,用途甚广"。① 抗战时期甘肃有毡坊250余家,从业者500人,农民兼营者600家,约1000人,年产大小毛毡45万斤;毡帽、毡套、毡袜、毡鞋等年产约30万只(双)。② 其中张掖专业制毡有7家,大半由乡民农暇时制造,年产量约2000余条,"劣者多供本县制作毛鞋、毡套之用,优者输往酒泉一带,"输出约占30%;另有制毡鞋作坊6家,资本在8000—20000元,均以"手工制造"。③ 武威制毡完全是农村副业,"惟较其他各县普及而已",年产量4万页,毡鞋2万双;临夏毛毡业也纯是农村副业,主要集中在县北乡村,"每年夏秋季为动员制毡季节,本地熟练制毡技术农民颇多",年产毡3.5万页,产品远销西安、四川平坝及省内兰州、天水、平凉各地。岷县、平凉、庆阳、酒泉等地毡制品产量也不小。④

宁夏以栽绒制毡最为普遍,"普通家庭妇女均可为之",毡有粗工细工两种,粗工旷野御寒,细工多孔,可以御暑。⑤ 其中毡坊是宁夏十大手工业之一,银川毡坊在最盛时期,有34家之多,工人近300名,主要生产炕毡、毡鞋、毡帽,产品除供本地消费外,销往包头、临夏、兰州、西宁,一些精品还销往太原、西安、北京、天津等大城市,省内外来银川毡坊订货的大小商人络绎不绝。抗战爆发对银川的毡房产生了比较大的影响,包头是宁夏对外贸易的咽喉之地,宁夏的毛毡主要通过包头运销到华北一些城市,日军占领包头后,宁夏毡坊生意萧条,抗战初期银川仅余毡房8家,年产值约四五万元;生产毡鞋、毡帽作坊14家,年产值约4万元。吴忠有毡房3家,年产值1.5万元;毡房6家,年产值约3万元。⑥ 1945年抗战结束,银川毡坊剩下21家,工人下降到170人,分别比1931年减少了38.2%和43.3%。⑦

毛编织业各地均有,产品有毛衣、毛袜、手套、毛鞋、毛口袋等,是农家解决穿衣和日用品不足的主要途径。抗战时期因布料供应困难,毛线编织业出现了繁荣的势头,甘肃陇西、陇东、河西是毛线编织集中生产的地区。⑧ 据调查武威年产毛袜1.1万打,毛衣2万件,毛裤5000件,毛背心1万件;⑨张掖年产不同毛鞋1万双,

---

① 《甘肃手工业之概况》,《开发西北》第4卷第1—2期合刊,1935年8月31日。
② 陈鸿胪:《甘肃省之固有手工业及新兴工业》,第137—138页。
③ 王兴荣:《张掖经济概况》,《甘肃贸易季刊》第2—3期合刊,1943年1月,第55页。
④ 王树基:《甘肃之工业》,第38—45页。
⑤ 蒋乃镛:《中国纺织染业概论》,第220页。
⑥ 易海阳:《宁夏省经济概况(下)》,《西北论衡》复刊第3期,1937年12月,第69页。
⑦ 刘士勋:《毡坊和纸坊》,《宁夏文史资料》第17辑,宁夏人民出版社1987年版,第75页。
⑧ 夏阳:《甘肃毛纺织业史略》,第85页。
⑨ 统计组:《甘肃各县局物产初步调查》,《甘肃贸易季刊》第5—6期合刊,1933年9月,第12页。

市场在兰州、酒泉、武威等地。① 临夏年产毛口袋 1800 条,毛衣 4000 件,毛裤 2000 件,毛袜、手套 8 万件,毛线 7000 斤。② 甘谷是甘肃毛编织品生产量最大的县,年产毛衣 23 万件,毛袜 35 万双,输出量分别达到 20 万件和 34 万双,"多由本地商人,直接运销川陕,此为甘谷秋季货物大宗出品"。③ 羊毛织品是抗战时期本区域发展较快的一种农村手工业。

(三) 面粉加工业

西北居民以面食为主食,磨面成为农村最普遍、最传统的手工业。磨面的主要工具是旱磨和水磨,旱磨主要是用畜力或人力挽磨转动;水磨是用水力挽磨转动。

水磨坊,又可分为两种,一种是固定的,安置在沿河一带,修筑一定宽度和坡度的沟渠,引水为动力打动转盘,带动磨盘旋转,磨制面粉;一种是流动的,将磨盘安置木船之上,这种水磨可以根据水势大小而移动。④ 水磨"工作能力较大,官厅依其生产能力之大小分别等级,登记税收"。⑤ 一般是四季轮转为上等磨,每盘原征税 5 钱,清末时"加增倍半",年征银 1 两 2 钱 5 分;两季轮转者为下等,原征税 3 钱,清末"加增一倍",年征银 6 钱。⑥ 水磨有比较高的效率,每盘磨一昼夜能"磨粉千余斤"。⑦ 因其加工效率较高,"除机器面粉厂外,在甘肃没有比它效率更高的加工工具",⑧ 受到人们的青睐,使其成为农村手工业的特色。但因本区域河流绝大多数在冬季是封冻的,加之灌溉用水,使水磨工作有较强的季节性,如兰州的水磨沟、方家原、五泉山的水磨,一年只能利用七八个月,"通常在四月以后的几个月中,正是禾苗盛长,田中需水的时候,水都引灌在田中,水磨自然是无法转动了。又在天气最冷的时候,流水结冰,也需要停歇一个相当时期,以待解冻之后"。⑨ 因此,水磨加工业有很大的局限性。

尽管我们无法考证前近代时期本区域面粉生产能力的大小,但能够从征收磨课的数量来说明这一区域的面粉加工业情况。清朝同治以前,西宁府各县、卫

---

① 同前书,第 20 页。
② 同前书,第 67 页。
③ 杨志宇:《通渭秦安天水甘谷四县手工纺织业概况》,1944 年 12 月,第 78 页。
④ 王新之:《甘肃粮食产销之研究(续)》,《粮政季刊》第 5—6 期合刊,1947 年 9 月,第 106 页。
⑤ 铁道部业务司商务科:《陇海铁路甘肃段经济调查报告书》,第 40 页。
⑥ 杨绳信:《清末陕甘概况》,第 37—38 页。
⑦ 沈百先:《考察西北水利报告》,《导淮委员会半年刊》1941 年第 6—7 期,第 11 页。
⑧ 王新之:《甘肃粮食产销之研究(续)》,第 105 页。
⑨ 同前书,第 108 页。

就有一定数量的水磨、旱磨。乾隆时期,西宁县征收磨课1568盘,碾伯共登记纳税的磨有1307盘,大通卫计水、旱磨320盘。① 共计西宁府有水旱磨3195盘。随着面粉需求市场的逐渐扩大,特别是蒙、藏游牧民族每年需要大量的糌粑,主要依靠西宁府农业区磨面供给。同治回民事变前,西宁府有各类磨3436盘②,比乾隆时期增加了241盘。说明从乾隆到同治前夕,西宁府的面粉加工业一直处于增长趋势。

1910年皋兰县境内的水磨

图片来源:《1910,莫理循中国西北行》下册,福建教育出版社2008年版,第36页

甘肃各地亦有数量可观的水磨。如礼县有上等磨90轮,中等磨80轮,下等磨100轮;③岷州按照水力的来源将水磨分为川水磨、山水磨和天水磨三种,共计有水磨1154轮;④狄道州康熙时期水磨原额为400轮,乾隆二十八年(1763年)增加为532轮,如果加上"接管临洮已归并水磨一百六十九轮,接管岷州以归并水磨二百三十一轮,接管兰厅水磨三十六轮",共计水磨926轮;⑤洮州水磨、油坊共677轮。⑥ 有的虽然没有磨的数量,但有磨课的征收的统计,甘州府"水磨一

---

① 杨应琚:《西宁府新志》卷16《田赋·岁榷》。
② 邓承伟等:《西宁府续志》卷4《田赋志·岁榷》。
③ 方嘉发:《礼县志》卷8《赋役·磨课》,乾隆二十一年刻本。
④ 汪元絅、田而穟:《岷州志》卷8《田赋上·厅属杂税》。
⑤ 乾隆《狄道州志》卷6《水利》。
⑥ 张彦笃、包世昌:《洮州厅志》卷4《赋役·附洮水磨油坊数》,光绪三十三年抄本。

盘课银全者五钱,半者二钱五分,减二钱"。① 高台县"磨课粮六十二石,新增磨课粮八斗";肃州"额征磨课粮六十石二斗,新增磨课粮八斗"。② 庄浪"水磨岁课额银二两二钱,遇润加银一钱八分"。③ 金县"磨课额银四两一钱二分一厘"。④ 秦安"磨课银八两一钱,遇润加征六钱七分五厘"。⑤ 皋兰乾隆时期"磨课银七两二钱",⑥道光时期增加到"三十八两一钱六分",⑦磨课税净增加 30.9 两,是康熙时期的 4 倍多。从水磨数量和磨课的多少反映出清朝康、乾时期由于人口迅速增加,对面粉需求量的不断增加,促进了面粉加工业的增长,使磨面成为重要的手工业。

同治回民事变,给各地水磨加工带来了很大影响,一是战争使一些磨坊遭到了破坏;一是人口急剧减少,市场对面粉的需求减少,使水磨数量和面粉加工业均大幅度减少。如西宁县"经兵燹后,已焚拆、被水冲废者,水磨、油梁六百五十六盘条";碾伯"兵燹后,以焚拆者山水磨二百八十二盘,小水磨一百五十四盘";丹噶尔厅"兵燹后已焚拆磨一十五盘"。⑧ 说明同治回民事变,是导致本区域的面粉业遭到巨大破坏的主因。经过光绪 30 余年的恢复,甘宁青的面粉业有所恢复。据清末调查,各县水旱磨数量是:狄道州 869 座,陇西县 216 座,宁远县 35 座,安定县 6 座,通渭县 4 座,西和县 82 座,洮州厅 603 座,武威县 433 座,永昌县 168 座,古浪县 84 座,平番县 41 座,甘州府 265 座,平罗县 4 座,西宁县 1294 座,碾伯县 886 座,丹噶尔厅 127 座,循化厅 106 座,海城县 81 座。⑨ 上述甘宁青领贴征税水旱磨有 5259 座,如果加上一些隐瞒未报的水旱磨,数量会更多一些,说明清末面粉业有一定程度的恢复。

20 世纪以后,中国已经有了机器面粉业,据有学者研究 1936 年,全国面粉总量中机器面粉厂产量占 18.4%,机器磨坊及小厂的产量占 2.2%,土磨坊产量占 25.7%,农家自磨占 53.7%。⑩ 对于比较闭塞的甘宁青来说,机器面粉工业兴起比

---

① 钟庚起纂修:《甘州府志》卷 6《食货·赋役》。
② 黄文炜、沈清崖:《重修肃州新志》第 3 册《肃州·杂税》。
③ 王锺鸣、卢必培:《庄浪县志》卷 3《财赋门·税课》。
④ 恩福、冒蕖:《重修金县志》卷 6《田赋志·杂税》。
⑤ 严长宦、刘德熙:《秦安县志》卷 4《食货》。
⑥ 吴鼎新、黄建中:《皋兰县志》卷 9《赋额》。
⑦ 陈士桢、涂鸿仪:《兰州府志》卷 5《田赋志·杂税》。
⑧ 邓承伟等:《西宁府续志》卷 4《田赋志·岁榷》。
⑨ 经济学会:《甘肃全省财政说明书》,第 66—69 页。
⑩ 巫宝三:《中国国民所得:1933》下册,中华书局 1947 年版,第 128—130 页。

较晚,如 1936 年宁夏才有机器面粉厂,①1940 年甘肃才有机器面粉加工厂,②而且生产量较低,以供应政府部门和军队为主。因机器磨粉业不发达,给传统磨坊留下了很大的市场空间,在 20 世纪三四十年代,甘宁青大部分地方还是以传统生产方式为主。甘肃仍以水磨为主,1930 年代估计,全省约在 2 万处以上。③ 仅陇海铁路甘肃段全线"有水磨者 7 县,共有从业工人 9000 余人,年出面粉 11 万余吨,价值 1100 余万元",④礼县就有 3000 多座。⑤ 天水有水磨 1377 座,其中县城附近 52 座,东乡 426 座,三岔 73 座,南乡 296 座,西乡 331 座,北乡 199 座。⑥

1940 年代后期,有学者根据水磨征捐数量估甘肃全省水磨数量,1936 年 9376 座,1937 年 9424 座,1938 年 9698 座,1939 年 9945 座。很多水磨是围绕着市镇的周围分布,如兰州距城 30 里范围内有水磨 215 座,其中西关水磨沟有 55 座,五泉山(距城 3 里)有 30 座,方家原(距城 30 里)有 10 座,向水子(兰州东 20 余里)有 120 座。⑦ 其他各县靠近水流之农家多有水磨装置,据调查渭源有 150 座,陇西有 170 座,甘谷有 300 座,武山有 1400 座,天水有 1500 座,⑧平凉县城北约有水磨 30 余处。⑨ 与抗战前相比,甘肃水磨数量有所增加,原因是城市人口增加和面粉需求量的上升,如"兰州人口增加,面粉需求量骤增,而土磨坊供不应求;再者水磨坊的加工能力,无疑较土磨坊为大,是以近年兰州附近的水磨坊有日渐增加的趋势"。⑩

据民国时期调查,青海沿河农村"均设水磨,用以磨面,其价值颇廉,约三百元,可置一处,农家所需之麦面、稞麦面等,均由水磨磨之,用畜力推磨者殊少。由水磨

---

① 徐世雄:《银川机器面粉厂记略》,政协甘肃省文史资料委员会:《西北近代工业》,甘肃人民出版社 1989 年版,第 418 页。
② 甘肃机器面粉工业的情况是:"至二十九年,始有西北面粉厂之设,该厂以资本十万元,在萃英门,甘肃机器厂旧址后开设,动力用电,洗麦及烘干尚赖人工及阳光,仍非完善之机器工业。三十一年夏,永兴公司兰州面粉厂设立,资金五百万元,经营全部机器磨面,本省方有完善之机(器)粉厂。至三十二年,复有民生电力面粉一家以二万元资本,用电马达牵引石磨磨粉。今日兰州仅以机粉业三家,其他尚未建立。"(陈鸿胪:《甘肃省之固有手工业及新兴工业》,第 135 页)
③ 虬:《甘肃手工业之概况》,《开发西北》第 4 卷第 1—2 期合刊,1935 年 8 月 31 日。
④ 铁道部业务司商务科:《陇海铁路甘肃段经济调查报告书》,第 40 页。
⑤ 王志轩:《民国时期礼县的行业》,《礼县文史资料》第 2 辑,第 123 页。
⑥ 庄以绥:《天水县志》卷 4《民政·水利》。
⑦ 王新之:《甘肃粮食产销之研究(续)》,第 105—106 页。
⑧ 陈鸿胪:《甘肃省之固有手工业及新兴工业》,第 135 页。
⑨ 王珩铎:《平凉县巡礼》,《西北向导》第 16 期,1936 年 9 月 1 日,第 25 页。
⑩ 王新之:《甘肃粮食产销之研究(续)》,第 106 页。

磨面,农家将食粮运去,自行照料磨之,磨主仅取手续费,每石约一元"。① 青海各县均有水磨,如大通县水磨分布在河东川六堡、河西川八堡、河南川十堡、河北川八堡及红山堡,共计523盘。② 贵德"农村的富户家一般都有水磨",有112盘,另有带油坊的水磨38盘,"全部进行粮油加工",每年生产"番面"(即粮食加工过程中不取二面、不取麸皮的"一拉面",专供牧区)30万—50万斤。③ 甘青藏区周围磨面业之所以长期不衰,原因是邻近藏区的面粉需求量比较大,使磨面业成为农村的主要副业和手工业。

水磨的设备,各处大都相同,在溪流或水渠上建立房屋数间,装有磨盘轮齿、水轮、冲水槽、箩筐等。据调查抗战时期修建一座水磨约需要1万元。水磨的建设费用不是一般穷人家庭所能承担的。因此,水磨的所有权一般分为两类,一类是比较富有的人家私人所建,一类是政府的公产。私有的水磨主要是自给经营,接受他人的委托代人磨面;公有水磨一般是租与他人经营,收取一定的租金。④

湟水之上的水磨坊

图片来源:《良友》第171期,1941年10月15日

---

① 陆亭林:《青海省帐幕经济与农村经济之研究》,萧铮主编《民国二十年代中国大陆土地问题资料》,第20758页。
② 刘运新:《大通县志》卷1《地理志·附水磨》,1919年铅印本。
③ 解成林:《解放前的贵德工商业》,《贵德文史资料》第1辑,2000年印行,第49页。
④ 王新之:《甘肃粮食产销之研究(续)》,第109页。

除水磨外,在黄河上游区域各地最普遍的面粉加工工具是石磨[1],大量分布在市镇与农村,尤其是农村几乎每个农户家里都有一台,即是蒙、藏游牧民族的帐篷里也有直径一尺大小的石磨。除了各农户家里自备的石磨外,各地还建有专门磨坊,称之为土磨坊(有的地方称之为旱磨)。在农村主要是农家的小石磨,以自给为主;在城市中,多以加工面粉为营业的工具,如宁夏面粉加工以土磨坊为主,主要使用人力或畜力推磨。[2] 与水磨坊相比,土磨坊效率较低,一盘直径3尺2寸的大磨,1头驴子牵拉每日只能磨7.5市斗;一盘直径2.2寸的小磨,一头驴子每日仅能磨面4.5斗。每个市镇都有很多土磨坊,"分布在较为偏僻的地方,替城中居民尽着粮食加工的役务"。据不完全统计,这样的土磨坊在平凉有200余家,西峰镇登记在册的有80余家,各地土磨坊还建有同业工会。[3]

土磨坊经营分为两种,一种是专业的,专以此为生,因之磨盘多而大,牲畜(通常都是驴子)也多而健壮,极力招揽生意,不使有空闲。除利用家庭经营外,还有雇工。如银川磨坊有冷、热之分,"冷磨坊专门加工小麦,磨成面粉出售,价格根据市场变化浮动,也可来料加工,副产品麸皮、黑面顶加工费,不再另收其他费用,只给顾主交净粉,即每百斤小麦交70斤面粉为最高。"加工能力最大的磨坊"有石磨4盘,毛驴6头,自己劳动兼雇工1人至2人,每天昼夜轮换,日产面粉约百斤左右。"热磨坊是"自己加工面粉,做成熟食或半成品出售,如饼子、面条、蒸馍等,也有冷热混合经营的,但多数是经营冷磨坊"。[4] 一种是副业式的,这类磨坊完全是家庭式经营,"他们虽有石磨与牲畜,但小而弱。他们别有职业或收入的来源,有人委托磨面,就承担下,无人委托,也不出去招揽生意,视磨面为一种副业。可有可无的,完全利用家庭劳动"。[5]

从上面论述来看,20世纪三四十年代黄河上游区域的面粉加工业完全沿袭了传统手工业的生产与经营方式,没有任何改变。

(四)酿酒业

酒水是民间婚丧嫁娶和节日、祭祀等活动必用之物,因此酒的生产源远流

---

[1] 这种石磨,构造十分简单,两块磨盘上下重叠,傍边系一木棍,用牲畜牵拉或人力推动。
[2] 徐西农:《宁夏农村经济之现状》,《文化建设月刊》第1卷第2期,1934年11月。
[3] 王新之:《甘肃粮食产销之研究(续)》,第109页。
[4] 董万鹏:《银川斗行与粮食加工作坊》,《宁夏文史资料》第20辑,宁夏人民出版社1997年版,第146—149页。
[5] 王新之:《甘肃粮食产销之研究(续)》,第109页。

长。酿酒的主要原料是大麦、青稞、高粱、酒糜子、糯谷子等。黄河上游区域各地均有种植,如金县"有黄糜、有红糜、有黑糜,亦有可酿酒者为黏糜"。① 靖远"酿酒以粟米,而不用秫糯"。② 古浪"大麦有黑、白两种,成熟颇早,酿酒甚佳"。③ 高台"一种名'京大麦',状似小麦而肥大,面食堪食,碾去皮,可作麦仁饭,亦堪酿酒"。④

根据地方文献的记载,酿酒在黄河上游区域比较普遍。甘州"酒有数种:酒肆煮米和曲,酿成者曰黄酒;以稞、麦、糜、谷和曲,酿成者曰汾酒;以糯、稻和曲,内入汾酒酿成者即绍兴、玉兰、金盘、三白诸色酒。又有缸子酒者,煮大麦和曲成,装坛内,入黄酒鸡汤,截芦为筒,各吸饮之。此杜工部所谓芦酒是也"。⑤ 岷县"逢佳节及婚嫁、丧葬、飨宾诸事,始作酒,煮青稞拌曲为之,三四日可熟"。⑥ 合水"富家做酒,贫者沽于肆。夏日则浑酒,味亦极薄,壶值二厘"。⑦ 青海"互助民间就能用土法酿酒。他们将青稞煮熟做原料,用当地草药做成酒曲拌和,经过发酵后,烧出一种白酒,称之为酩馏酒。这种酒,一般度数不高,每百斤青稞,可酿酒七八十斤"。⑧ 丹噶尔酒"以大麦制者最佳,能治胃疾。大半用青稞制成,土人谓之酩流[馏]酒,味力亚于烧酒"。⑨ 酩馏酒"农家皆能制造,亦专制专沽者。乡间婚娶酒席皆资焉。年终熬制不下二千余缸,每缸以六钱计,共银一千二百两"。⑩ 西宁的酒坊在清朝时期最多时达100余家。⑪ 宁夏"酿造等均散处乡间,无足称者。惟玫瑰酒,色味俱佳,为本省特产之一。以金积县'张寡妇'所酿制者为最佳,俗称'张寡妇酒'。"⑫

据1914年统计,甘肃有349户从事酿酒,从业人员2743人,产品有黄酒,年产102.7万斤,产值2.6万元;烧酒144.4万斤,产值19.4万元;高粱酒14.2万斤,产值2.1万元;另有药酒等,各种酒共计年产264.2万斤,产值24.8万元。⑬ 又据

---

① 恩福、冒藁:《重修金县志》卷7《食货志》。
② 张之骥:《靖远县志》卷5《物产》。
③ 李培清、唐海云:《古浪县志·物产》。
④ 黄文炜、沈清崖:《重修肃州新志》,《高台县》第4册《物产》。
⑤ 钟庚起纂修:《甘州府志》卷4《地理·风俗》。
⑥ 汪元绚、田而穊:《岷州志》卷11《风俗·饮食》。
⑦ 陶奕增:《合水县志》下卷,国立北平图书馆1933年抄本。
⑧ 韩焕文:《互助酒琐记》,《青海文史资料选辑》第12辑,1984年印行,第414页。
⑨ 张廷武、杨景升:《丹噶尔厅志》卷4《植物》。
⑩ 张廷武、杨景升:《丹噶尔厅志》卷5《商务出产类》。
⑪ 刘景华:《清代青海的手工业》,《青海社会科学》1997年第6期,第80页。
⑫ 叶祖灏:《宁夏纪要》,第86页。
⑬ 农商部总务厅统计科:《中华民国三年第三次农商统计表》,第173—175页。

《甘肃通志稿》记载,天水每年产烧酒240担,徽县250担,成县300余担,宁夏5万担,酒泉、西宁、静宁各5000斤,平凉1万斤;玫瑰露酒宁夏产3000斤;青稞酒武威产3万斤,古浪2万斤;黄酒张掖产1000斤,酒泉产1万斤;酪馏酒,张掖产12000斤。① 甘肃酒业最盛时期是在1920年代初,每县有制酒作坊100余家,每年约产3000余万担,产值约360万元。20世纪二三十年代之交,由于社会动荡经济凋敝,"制酒事业已减去六七成"。②

青海酿酒业以互助县威远堡为最著名,晚清时期山西商人创办了"六合凝"烧酒坊,以青稞为原料生产烧酒,所产的酒"质量稳定,讲究信用,受到城乡顾客好评"。随后,威远堡的酒坊逐渐多了起来,至1929年,威远堡的烧酒坊发展到10多个,有天佑德、文合永、永胜合、义兴成、文玉合(原六合凝)、永庆和、聚顺合、统顺德、长丰和、兴义德等。③ 表7—2是青海互助县烧酒产量调查表。

表7—2 青海互助县烧酒产量调查表

制造所	资本(元)	需青稞量(石)	产酒量(斤)	每担值(元)	总产值(元)
天佑德	12000	200	30000	20	6000
义合永	10000	180	26000	20	5200
永庆和	9000	150	23000	20	4600
永盛源	8000	130	20000	20	4000
天泰合	6400	100	16000	20	3200
义心成	6000	100	14000	20	2800
长丰和	4800	80	12000	20	2400
世裕德	3200	60	8000	20	1600
合计	59400	1000	149000		29800

说明:[1]运销地点只有本省西宁、大通、湟源、乐都、民和等县及蒙藏各地;[2]每担青稞产酒150斤;[3]每担酒为100斤。

资料来源:陆亭林:《青海省帐幕经济与农村经济之研究》,萧铮主编《民国二十年代中国大陆土地问题资料》,第20754—20755页。

20世纪三四十年代,随着社会经济的恢复,酒的产量有了增加。陇海铁路沿线"沿渭河之各县,气候较暖,出产高粱,地方人民乃用以酿酒。各县每年共出烧酒八十六万余公斤,价值二十六万余元。各地所产之酒皆自东南运往西北方

---

① 刘郁芬、杨思:《甘肃通志稿》卷37《财赋二·捐税榷运》。
② 林天吉:《甘肃经济状况》,《中央银行月报》第3卷第6期,1934年6月,第1277页。
③ 韩焕文:《互助酒琐记》,《青海文史资料选辑》第12辑,第415—516页。

向各地销售,而以兰州销售为最多。"①1941年,甘宁青税务局调查全省约产烧酒"二百五十万斤,约用食粮五十万石";同年甘肃贸易公司调查,全省年产酒"三百九十万斤,约用食粮七十万石"。② 另有调查,甘肃年产酒300万斤以上,再加上徽县、成县的烧酒和永登的黄酒,每年产酒应在400万斤以上。③ 税务系统调查的是上税部分,贸易公司调查的是全部产量,故贸易公司的调查更接近实际产量。主要产区是:

> 徽县有酒坊三十家,共有一百二十窖,其中大锡涌已有五十余年历史,宽玉成、玉厚生、兴义源资力亦大,每年全县共计产酒约有九十万斤,销汉中、天水、兰州者约六十万斤。
>
> 成县横川镇、抛河镇、小川镇,有酒坊二十家,共约四十窖,年产量可达三十万斤,运销省内各地者约达二十万斤。
>
> 武山有酒坊二十四家,约有九十窖,年产量约五十六万斤,运销兰州、岷县、临潭、西宁者,约达四十万斤。
>
> 秦安有酒坊七家,约有三十窖,年产量约为二十万斤,输出兰州、临洮、陇西等地约十五万斤。
>
> 平凉有酒坊十一家,约有四十窖,年产烧酒三十五万斤,向附近各县输出十五万斤。④

从上述资料看,甘肃烧酒主要产于高粱产地的陇南地区,其中徽县、武山、成县、秦安等地所产约占全省总产量的60%以上,该等地区邻近陕西名酒产地凤县,故酒风盛行。"本省各杂货店或海菜铺门首多悬挂'徽凤名酒'、'横川烧酒'、'秦州美酒'等招牌。所谓徽凤即陕西凤县及本省徽县中隔西北公路关节之双石镇,所谓横川即成县之横川镇,所谓秦州即指天水、秦安、武山、甘谷一带而言,可见该地产酒既美且多焉。"全省计有酒坊160余家,从业人员约2000人,依照1943年年底市价计算营业值约3万万元。⑤

酿酒需要大量的粮食,抗战时期本区域的甘肃、青海、宁夏农业都有了一定程

---

① 铁道部业务司商务科:《陇海铁路甘肃段经济调查报告书》,第43页。
② 陈鸿胪:《甘肃省之固有手工业及新兴工业》,第135页。
③ 张君实:《西北的经济现状(上)》,《中国公论》第4卷第1期,1940年10月1日,第27页。
④ 陈鸿胪:《甘肃省之固有手工业及新兴工业》,第136页。
⑤ 同上,第137页。

度的发展,促使造酒业的发展。如"互助以酒业著名,即因青稞过剩,销路滞塞,故多制酒出售"。① 各地造酒业的发展,也从一个侧面反映出农业和农村经济在抗战时期有了一定程度的恢复和增长。但酿酒需要消耗大量粮食,"有损国力,当局明令禁制",②对各地酒业也有影响。

(五)榨油业

在传统的农村社会生活中,因食用和照明的需要,油料作物的种植比较广泛,就黄河上游区域而言,有胡麻、菜籽和麻籽,另有少量的蓖麻、芝麻、花生等。

榨油业是各地传统手工业。榨油最基本的器具是油梁,以地方志关于油梁数量的记载来看清朝时期农村榨油业的状况。雍正、乾隆年间,西宁县"原额油梁一百八十九条",新增"油梁一百五十二条";碾伯县"大油梁原额五十三条,每条征银三钱。新增小油梁六十条,每条征银一钱五分";大通卫"油梁原额三十七条,每条征银二钱五分。雍正十三年,新增油梁十二条。乾隆三年,又新增油梁四条,共征银一十三两二钱五分"。③ 雍、乾时期西宁府共计有大、小油梁459条。嘉、道时期,西宁榨油业有了一定程度的发展,油坊有了增加,据统计,西宁县大油梁有186条,小油梁258条;碾伯县大油梁49条,小油梁54条;大通县大油梁42条,小油梁46条;新建大油梁6条,小油梁4条;丹噶尔厅原有小油梁16条,新建5条,④共计666条,比乾隆时期增加了207条。其他地方志也有关于榨油业的税收的记载,如岷州"油坊则须四五间,内设锅灶及木槽等器……居民以菜籽作油,则就油房,房主所获,每石一升有奇,为蒸榨之费。"⑤乾嘉时期榨油业达到了一定的规模。

民国时期,各地延续了传统榨油业。据1914年统计,甘肃有榨油户2944家,从业人员6.1万余人,年产麻油120万斤,产值10.4万元;菜油616.4万斤,产值65万元;另有桐油、棉油等,各种油总计产量739.2万斤,产值75.7万元。⑥ 以生产麻油与菜油为主。

宁夏"过年过节,回民开斋日和日常生活都以胡麻油为炸制食品的主要用

---

① 张其昀、李玉林:《青海省人文地理志(续)》,《资源委员会月刊》第1卷第6期,1939年9月,第434页。
② 王兴荣:《张掖经济概况》,《甘肃贸易季刊》第2—3期合刊,1943年1月,第56页。
③ 杨应琚:《西宁府新志》卷16《田赋·岁榷》。
④ 邓承伟等:《西宁府续志》卷4《田赋志·岁榷》。
⑤ 汪元绚、田而穟:《岷州志》卷11《风俗·贸易》。
⑥ 农商部总务厅统计科:《中华民国三年第三次农商统计表》,第167—170页。

油……炸油技术设备陈旧,都以铁榔头、木楔子、大油梁等工具用人力炸油,每百斤胡麻籽可出油30多斤。"①青海省农村均设有油坊,榨油是农村的主要副业,"农家将油籽运去榨油,每石油籽,出油约二百斤,油坊主征收十分之一手续费,油渣则归原主。因农家皆以油渣饲牛,故甚重视,如油渣归油坊时,则可不纳手续费"。②甘肃洮沙油坊"每榨须油子十石,谓之一付,通常两日一付,紧急时三天可榨两付,其原料供给略分胡麻、菜籽、蔓菁、黄烟子等类。惜县境内所差不多,供不应求,大部分仰给于临洮之新添铺。县属既无大量之资本,又无合作之组织,油房虽多,大半闲置"。③陇海铁路沿线各县都有油坊,"有全为农民副业者,亦有自打自售者,亦有专代他人打油者。其从业人数,除全属农民副业不可计算者外,共约五千余人。"④几乎每个村子就有一个油坊,每1500人中有1人从事榨油业。说明民国时期,土法榨油业依然是农村的主要副业和主要手工业。表7—3是抗战时期对甘肃省部分县榨油业工厂的调查。

表7—3 甘肃省榨油业工厂调查(1944年5月)

厂商名称	成立时间	地址	资本(元)	人数	设备	年产量
甘谷榨油合作社	1939年10月	甘谷东街董家祠堂	80000	12	压榨器2付、碾盘1付	豆油1.5万斤 豆饼1.2万块
东顺乡(1处)	—	武山县城东	60000	5	榨油器1套、碾磨各1	2000余斤
山丹镇(8处)	—	武山县城西	每处20000	5	同上	1.6万余斤
高楼镇(2处)	—	武山县城西	每处20000	8	榨油器2套、碾磨各2	6000斤
李窑乡(7处)	—	武山县城北	每处20000	20	榨油器4套、碾磨各4	1.2万斤
蓼阳乡(4处)	—	武山县城东	每处25000	16	榨油器4套、碾磨各4	8000斤
韩川乡(3处)	—	武山县渭河北	每处30000	12	榨油器3套、碾磨各3	8000斤
马刀镇(14处)	—	武山县城西	每处20000	40	榨油器10套、碾磨各10	1.8万斤

① 董万鹏:《银川斗行与粮食加工作坊》,《宁夏文史资料》第20辑,第146—149页。
② 陆亭林:《青海省帐幕经济与农村经济之研究》,第20758页。
③ 张慎微:《洮沙县志》卷3《经济部门·工商志》。
④ 铁道部业务司商务科:《陇海铁路甘肃段经济调查报告书》,第43页。

续表

厂商名称	成立时间	地　址	资本(元)	人数	设　备	年产量
鸳鸯镇(8处)	—	武山县城西	每处30000	32	榨油器8套、碾磨各8	1.6万斤
龙泉镇(2处)	—	武山县城西	每处20000	8	榨油器2套、碾磨各2	4000斤
滩歌镇(17处)	—	武山县城南	每处25000	50	榨油器17套、碾磨各17	3.5万斤
洛门镇(7处)	—	武山县城东南	每处25000	28	榨油器7套、碾磨各7	1.4万斤
四门镇(12处)	—	武山县东南	每处20000	50	榨油器12套、碾磨各12	2万斤
高楼乡(11处)	—	武山县城南	每处20000	40	榨油器10套、碾磨各10	1.7万斤
万生油店	1941年	清水张家川中街	200000	4	榨油器3套、碾磨各2	6000余斤
万盛油店	1931年	清水张家川东街	80000	5	榨油器2套、碾磨各1	5000余斤
万盛生	1941年	同上	70000	7	榨油器3套、碾磨各3	8000余斤
天顺油店	1935年	同上	50000	4	榨油器全套	5000余斤
林兴福	1940年	同上	60000	5	同上	1万余斤
胡家油坊	1939年	漳县兴寺镇	30000	5	同上	2万余斤
天兴吉油坊	1934年	庆阳西峰镇西街	5000	3	同上	3000余斤
高崇修油坊	1924年5月	海原古城镇	7000	3	铁锅1口,压榨器1付,瓦缸5个	3000余斤
陈世杰油坊	1940年2月	同上	7000	3	同上	3000余斤
郭翰青油坊	1925年1月	海原西安镇	12000	5	铁锅2口,压榨器1付,瓦缸10个	5000余斤
张吉鹏油坊	1930年3月	海原间芳乡	5000	3	铁锅1口,压榨器1付,瓦缸5个	2000余斤
王芳油坊	1935年2月	海原新民乡	5000	3	同上	2000余斤
田齐顺油坊	1929年2月	同上	10000	4	铁锅2口,压榨器1付,瓦缸10个	4000余斤
杨满贵油坊	1942年2月	海原正气镇	5000	3	铁锅1口,压榨器1付,瓦缸5个	3000余斤
合计	—	—	273.6万	383	压榨器110套 碾磨106付	27万余斤

资料来源:王树基:《甘肃之工业》,第143—145页。

从上表中我们可以看出,抗战时期榨油业不论经营方式、资本等均比以前有所发展。上述 28 个乡镇的榨油合作社、作坊,大部分成立于抗战时期,生产规模、设备、人数、产量都比传统的以农村副业为主的榨油业有所发展。不仅生产方式发生了变化,产量也有所提高,据 20 世纪 40 年代调查,甘肃"榨油坊有三千二百家,从业者有五千人,大半数为农民兼营",①年产清油 5600 万斤,胡麻油及其他杂油 1850 万斤,平均每家作坊年产 2.3 万斤。甘肃还形成了专门的清油产区,一是临夏、岷县及附近各县,年约 1500 万斤;二是平凉、静宁及附近各县,年约 1200 万斤;三是皋兰、靖远、景泰、永登、定西、临洮及附近各县,年约 1000 万斤;四是天水及附近各县年约 900 万斤。胡麻油及杂油自武威以西皆有大量生产,年约 1000 万斤;陇南、西和、礼县、岷县、西固、漳县年约 500 万斤;陇东、海原、华亭、宁县、正宁,年约 300 万斤。②各地形成了特色产品,陇东以清油为主,河西以杂油为主,洮河及河湟谷地的杂油和清油的生产量比较大。

榨油业的发展,使植物油成为一些县的主要外销产品。永昌年产各种食用油 64 万斤,运销民勤、武威、张掖约 20 万斤,占总产量的 31.3%;③平凉年产清油 35 万斤,向附近各县销售 10 万斤,占总产量的 28.6%;④静宁年产清油 138.3 万斤,运销兰州 24.5 万斤,天水、秦安 34.5 万斤,平凉约 10 万斤,共计外销 69 万斤,占总产量 49.9%。⑤临夏年产清油 55 万斤,胡麻油 27 万斤,杂油 10 万斤,每年向兰州输出 26 万斤(清油 15 万斤,胡麻油 11 万斤),夏河输出清油 15 万斤,输出量共计 41 万斤,占总产量的 44.6%。⑥说明榨油业的商品化程度有了很大的提高。榨油业的发展,反映出经济作物种植在逐渐改变着农村的产业结构,不仅为乡村手工业的发展提供了原料,也加快了农业商品化的进程。

(六)麻织业

麻的用途很广,故种麻是农家的传统副业,麻织业是农村传统手工业。地方志有大量关于麻及其用途的记载,如肃州产三种麻,"子麻,收麻子可为腐。苋麻、野麻,野地蔓生,麻色红,可作绳"。⑦"线麻,缉为缕,织作布,亦可御寒,并缝为口袋,

---

① 甘肃省政府:《甘肃省经济概况》,第 93 页。
② 陈鸿胪:《甘肃省之固有手工业及新兴工业》,第 136 页。
③ 统计组:《甘肃各县局物产初步调查》,《甘肃贸易季刊》第 5—6 期合刊,1933 年 9 月,第 16 页。
④ 同前书,第 54 页。
⑤ 同前书,第 58 页。
⑥ 同前书,第 66 页。
⑦ 黄文炜、沈清崖:《重修肃州新志》第 6 册《肃州·物产·杂植类》。

用甚广。子麻……皮可作绳"。① 乾隆时期酒泉用线麻做绳,光绪时期用线麻织布。高台县种植火麻,"拔其茎沤而取之,可制麻布、绳索"。② 康县产优质麻,史载"麻,全县产,南区最多,清明下种,六月中刈获,入水沤之,经旬余,去其纤维,弃其茎干,结成束捆,即为净麻,其质优良,每岁除本地自做麻布、麻鞋、麻绳"。③ 该县麻"除本邑需用外,其销售武都、汉中者,为数不少,每年约销售洋几近万元"。④ 岷、漳两县农家妇女闲时兼织麻布,"自纺自织,质地颇佳;未经漂白,颜色灰黄,但洗涤之后,渐变洁白可爱,而经久耐用,为其特长。惟出产数量不多,岷县年出三万匹,漳县不过七百余匹,两县共价值约五万元。此种麻布,系土机所织,每匹宽约一尺,长二丈半,重约一公斤三公两之谱。"⑤ 礼县是甘肃生产麻布最多的县,该县居民普遍穿麻布衣裳,外地人称礼县人为"麻郎"。但"民国二十年以后,土布及外地各种宽面布不断增多,麻布的生产日减,衣料大部分以棉布代替了"。⑥ 20世纪二三十年代,随着棉布的大量销售和棉花种植的推广,土布成为人们穿衣的来源,麻布生产日益走向衰落。

抗战时期,甘肃极力推广麻的种植,取得了一定的成效。据资源委员会调查,全省种植亚麻498437亩,各县栽培面积比较大的是通渭58367亩,其次是渭源、静宁、永昌、定西、会宁、山丹等县,栽培面积在2万亩以上。⑦ 以麻为原料的手工业产品有麻布、麻鞋、麻绳、麻袋等。甘肃"所产大麻俱用以纺绳,胡麻(即亚麻皮)俱用以织布。麻布纯为农村中之纺织副业,以洮河流域及陇南各县较发达,麻布为制麻袋之原料,以为包装货品(如面粉、红枣、瓜子、蘑菇等)之材料,乡村农民,用以缝制衣服者甚多,麻布普通宽一尺,长以丈计,或以匹计,或以卷计。"由于中国东部主要棉产区沦陷,棉花与棉布供应短缺,纺织麻布得到提倡与扩大。据调查,岷县年产麻布45万丈,文县3万丈,漳县2万丈,西固8万丈,西和1.2万丈,宁县1.5万丈,清水8万丈,礼县16万丈,成县1.4万丈,康县1.5万丈,徽县2万丈,两当5万丈,宁定1万丈,武威5万丈,民勤5万丈,高台3万丈,上述16县共计年产麻布近110万丈,占全省麻布产量(150万丈)的73%。⑧ 抗战时期是甘肃麻布发展的

---

① 光绪《肃州新志·物产》。
② 徐家瑞:《高台县志》卷2《舆地·物产》。
③ 王仕敏、吕重祥:《新纂康县县志》卷14《物产》。
④ 同前书,卷10《工商》。
⑤ 铁道部业务司商务科:《陇海铁路甘肃段经济调查报告书》,第22页。
⑥ 王志轩:《民国时期礼县的行业》,《礼县文史资料》第2辑,第121页。
⑦ 张之毅、王文灿:《甘肃岷县的亚麻布》,《农本》第52期,1941年,第24页。
⑧ 陈鸿胪:《甘肃省之固有手工业及新兴工业》,第143页。

小高峰。农家生产的麻布,大都留作自用,小部出售,"其商品化程度为百分之三十至四十"。① 农家手工业的发展,在某种程度上增进了农业生产的商品化程度。

搓麻绳是农村的主要传统手工业,尤其在抗战时期发展比较快。甘肃全省有麻绳业 400 余家,从业者 800 余人,多为农民兼营,年产粗细麻绳约有 400 万斤,清水一县可达 15 万斤。② 平凉有麻绳行 30 余家,从清水、华亭购买原料,生产各种绳索,如打包大绳、车用套绳、榨油包绳、家用井绳和农用的各种绳索,销路很大。③ 由于其用途很广,市场广阔,搓麻绳成为农村经久不衰的手工业。

(七)皮革业

黄河上游区域盛产各种皮张,以皮为原料的皮革业是该区域最具特色的手工业。皮子的熟制和缝合都需要一定的技术,"并非各县农民之兼营生产品",而是以作坊经营为主,但因用量较大使各地分布"相当普遍"。④ 据民国初年统计,甘肃从事皮革户数 352 户,从业人口 1876 人(其中男工 1452 人,女工 451 人),年产值 1425 元。⑤ 下面来看各地皮革生产状况。

青海是西北最大的皮货销场之一,皮革业发达。民国初年,因皮货在各通商口岸如上海、汉口等地市场广阔,利润丰厚,西宁出现了一些皮革作坊,"北关街各巷道,差不多都有小作坊"。1949 年前夕西宁东关及城内有 150 多家皮货作坊,"有专做羔皮的,有专做野生动物皮的,还有缝缝补补的毛毛匠,还有专门做反缝老羊皮大衣的,还有专做藏民皮袄(熟拉)的等"。⑥ 在东部各县乡村中,化隆、贵德、湟源、乐都一带,"均有皮靴及皮衣之小规模手工业"。⑦ 湟源的皮靴在清咸丰以前,每年销往牧区的有 1 万余双,每年上缴政府的税银 648 两,产量和经营都达到了一定的规模。光绪初年以后,发展到年产 10 万双,不仅供应环青海湖蒙藏牧民,而且远销果洛、玉树、西藏及宁夏、甘南等地,还有蒙藏商人到湟源成批定做,运至牧区坐地贩卖。⑧ 1949 年前夕,湟源鲁沙尔镇从事藏靴制作的有 50 余户,大多数是回民。他们制作的藏靴不仅出售给朝拜的蒙藏牧民,而且远销西藏、玉树、果洛、甘南

---

① 张之毅、王文灿:《甘肃岷县的亚麻布》,《农本》第 52 期,1941 年,第 24 页。
② 陈鸿胪:《甘肃省之固有手工业及新兴工业》,第 137 页。
③ 张文蔚:《平凉手工业之兴起》,《平凉文史资料》第 2 辑,第 118 页。
④ 陈鸿胪:《甘肃省之固有手工业及新兴工业》,第 157 页。
⑤ 农商部总务厅统计科:《中华民国三年第三次农商统计表》,第 452、454 页。
⑥ 穆建业:《回忆西宁皮货作坊》,《西宁市文史资料》第 4 辑,1986 年印行,第 102 页。
⑦ 傅安华:《西北工业概况》,《西北资源》第 1 卷第 1 期,1940 年 10 月,第 57 页。
⑧ 林生福:《湟源藏靴的今昔》,《湟源文史资料》第 2 辑,1996 年印行,第 90 页。

等地。① 贵德以产皮靴、皮衣著名,1936年前后年产皮靴6000余双,皮衣7000余件。② 1949年前夕全县有营业执照并开设固定铺面的鞋匠有50多户,大部分资金充足,规模较大,有专设的缸院(用来熟皮子)和工坊,市场在贵南、同德、泽库、果洛等地。③

平凉是甘肃东部著名的皮毛市场,泡制加工皮裘是有名的传统工艺,有"宁夏皮子平凉熟"的说法。民国初年,平凉商会会长吴久如开设的锡裕丰商号,以收购、加工皮毛而闻名,被称之为东皮行,后来又有了西皮行、北皮行。1930年代,又陆续开了瑞盛魁、毓庆祥等皮行。抗战时期,在迁移到平凉的难民中,以河南孟县桑坡回民最多,他们之中有很多人都有鞣制、加工皮裘的技艺,给平凉皮革业的发展带来了大量的劳动力和技术资源,出现了大小皮行30多户,皮毛作坊100多处,以生产皮裘最为出名,市场扩大到北京、天津、上海、武汉等地。④ 除了平凉城里的皮革业外,河南桑坡村的回民难民分布在平凉周边的红照壁沟、郑家沟、南北沙石滩、六盘磨等乡村,建立了一些皮革家庭小作坊,为数不下百户。他们具有泡皮、熟皮、制作老羊皮大衣、皮衣、皮帽、皮袜、手套、耳套等成品的熟练技术。⑤ 这些具有传统皮革工艺的河南回民难民为平凉的皮革业注入了活力,促进了抗战时期平凉皮革业的发展,使平凉皮革业经营达到空前鼎盛时期。

皮衣、皮靴是甘肃皮革的主要产品。据抗战时期调查,除兰州外,甘肃有13个皮革中心。①平凉有皮货店30家,年产3万件,销往陕、豫、川及兰州。②武威有皮坊约40家,年产皮衣2.5万件,市场在兰州和当地。③临潭皮坊9家,年产2万件,大部分销售本地,小部分销售四川。④岷县有10家,年产1.4万件,大部分销售当地,少数销售四川。⑤秦安年产皮衣7000件,以生产毛皮手套著称,年产5000双,主要运销天水、兰州、汉中。⑥清水皮衣作坊30家,大半在张家川,年产黑羔皮衣5000件,白羔皮衣3000件,老羊皮衣5000件,狐皮大衣100件,水獭领100件,市场主要在省外。⑦酒泉皮衣作坊20家,年产羔皮统4000件,老羊皮衣8000件。⑧陇东皮衣制造以西峰镇、海源、固原、靖远为中心,约有皮衣作坊60家,年产皮衣1.5万件。⑨景泰为兰州皮衣业仓库之一,有皮坊20余家,年产白羔

---

① 张生佑、赵永年:《建国前鲁沙尔镇的工商业概况》,《青海文史资料选辑》第17辑,1988年12月印行,第87页。
② 解成林:《解放前的贵德工商业》,《贵德文史资料》第1辑,第48页。
③ 张志忠:《民国时期贵德的靴匠业》,《贵德文史资料》第1辑,2000年印行,第54页。
④ 李云宾等口述:《解放前平凉回民经济发展概述》,《平凉文史资料》第1辑,1989年印行,第30页。
⑤ 张文蔚:《平凉回民经营皮毛业的状况》,《平凉文史资料》第3辑,1993年印行,第60页。

皮衣 4000 件,老羊皮衣 3000 件,其他皮衣 1000 件。⑩永昌有皮坊 9 家,年产羔皮衣 3000 件,老羊皮衣 5000 件。⑪张掖有皮坊 8 家,年产 3000 件。⑫临夏各地(包括宁定、和政、永靖)皮坊 25 家,年产 8000 件,产品主要运销四川,少量运往西安。⑬天水有皮坊 15 家,年产 4000 件。陇西、武都、成县、徽县、静宁、敦煌、永登等县各有皮衣坊二三家。① 临夏以制鞋为主,集中在县城及西川、南川,每年可销售 20 万双以上。② 甘南藏区制靴也比较多,如白崖寺旁边的村子"居民十五六户,其三分之一为靴匠,每人每日可成藏靴一双,售价二元五角,能得八角之利"。③ 皮革业甘肃分布普遍,且多为家庭副业。

(八)草编、木编业

编制业主要是以竹子、草秆、藤条、柳条为原料,编成各种器皿或日用品,也是本区域农村的主要副业。河西绿洲之上生长有大量的芦苇、红柳和芨芨草,乾隆时期甘州就有以其为原料编制"筐、筥、畚、箒"等。④ 秦安在清朝时期,就有草帽、竹席、筐篓、料笼、草墩(用麦秆瓣成的小坐墩)、草鞋、草扇、窖转(用麦秸瓣成粗长瓣,一层层围起来屯粮)等草柳竹制品,颇为兴盛。其中以草帽最多,1895 年,秦安的安伏、郭嘉、吊湾、莲花、魏店等乡镇的一些村庄普遍从事草帽加工业。民国时期,由于草帽市场的扩大,编制草帽成为农家的主要副业。⑤ 河湟地区以当地所产之芨芨草,编制物有背笼、土笼、凉帽,"以席萁编成者佳。间用柔软柳条做成,则稍粗矣。此多为农家所为。"凉帽"以席萁为之,足敷本境夏季服用,间以售于境外。此工多甘沟庄人为之。""囤""以席萁为之,所以盛粮。农家置之,以代箱冱"。⑥ 镇原编制品有"竹、藤条编制的笼、背篓、粪筐、藤耙及用芦苇编制的芦席、蒸笼盖等"。⑦ 礼县有木编,是将野柳沤去皮,编成簸箕、栲栳、提篮等,是山林地区一项重要的经济收入。⑧ 编制业是比较普遍的传统手工业,但在很多地方尚未形成生产规模。

20 世纪三四十年代,编制业有了比较快的发展,尤其是草编和竹编比较发达。

---

① 陈鸿胪:《甘肃省之固有手工业及新兴工业》,第 159 页。
② 李式金:《甘肃临夏地理志(下)》,《西北论衡》第 7 卷第 13 期,1939 年 7 月,第 10 页。
③ 王树民:《游陇日记》,《甘肃文史资料选辑》第 28 辑,第 254 页。
④ 钟庚起纂修:《甘州府志》卷 6《食货·市易》。
⑤ 何增祥:《秦安县草编工艺的流源与发展》,《天水文史资料》第 7 辑,1994 年印行,第 169—170 页。
⑥ 张廷武、杨景升:《丹噶尔厅志》卷 4《植物·宫室用物类》。
⑦ 镇原县志编辑委员会:《镇原县志》下,第 590 页。
⑧ 王志轩:《民国时期礼县的行业》,《礼县文史资料》第 2 辑,第 129 页。

河西一些县的草编形成了生产规模。如临泽草编有草帽和芦席,"草帽业所用原料为麦秆,秋收后开始编制,年产约 100000 顶;编席业所用原料为芦苇等,农民于秋收农闲时编制,年产 50000 页"。① 苇编和柳编分别是张掖、民勤的特产,"苇编以张掖最盛,年产苇席八万页,柳编以民勤最盛,年产柳(编)30 万件,皆可运销数百里。"② 甘谷年产草帽 8 万顶,销售邻县及兰州等地,在编制业比较发达的地方,商品化程度比较高。但大多数农家的编制业只是农家自产自用,泾川农妇在农暇之余,"编制草帽,品质恶劣,产量无多,只能供应本处一般苦力农民使用,并不外销"。③

嘉陵江、渭河及洮河流域产竹,附近农民以编竹器为副业,产品有竹席、药筐、油篓、酒篓、竹篮、竹筐、竹笼、竹扫帚等。以成县、武山等地为最集中,"虽无正式厂坊专营,就此二地以此生者至少有一千人",全省从事竹编者超过 3000 人。④ 武山农民农闲时在"南大山一带,多伐木编小竹器、竹席等,年产二万件"。⑤ 永登年产竹席 3 万页,筐 2.6 万个,筛子 1.5 万个,扫帚 10 万把,⑥ 市场在兰州及附近各县。此外,平凉有竹篾行 30 余户,主要编制箩筐、筛子、竹席、竹帘等。⑦ 蒸笼、箩是农家必备日常用品,抗战时期从事蒸笼和箩的编制户 200 余家,编制匠 500 余人,年产蒸笼 13 万件,箩 15 万件,还有一些走乡串户的匠人从事这一工作。⑧ 不论生产规模还是商品化程度都比抗战前有了较大的提高。

(九) 瓷器业

黄河上游区域瓷器业主要在皋兰县的阿干镇、华亭县的安口镇、山丹的碗窑沟、玉门县的安口窑、青海大通县和宁夏石嘴山镇等地。河南技师对甘肃瓷器业有较大影响,巩县瓷器工匠"长驾远驭,各率匠徒分投陕西、甘肃各州县,远抵兰州以西,设窑制瓷,获利颇巨。每年春往冬归,习以为常"。⑨ 1919 年,河南瓷工陈群阳在玉门安口窑发明了半细瓷,年产五六千担。⑩ 1930 年代调查,阿干镇、秦安各乡

---

① 王树基:《甘肃之工业》,第 15 页。
② 陈鸿胪:《甘肃省之固有手工业及新兴工业》,第 115 页。
③ 《甘肃省各县经济概况·泾川县经济概况》,第 153 页。
④ 陈鸿胪:《甘肃省之固有手工业及新兴工业》,第 115 页。
⑤ 王树基:《甘肃之工业》,第 19 页。
⑥ 同前书,第 12 页。
⑦ 张文蔚:《平凉手工业之兴起》,第 119 页。
⑧ 陈鸿胪:《甘肃省之固有手工业及新兴工业》,第 137 页。
⑨ 王国璋等纂修:《巩县志》卷 7,民政,实业,1937 年刻本。
⑩ 傅安华:《西北工业概况》,《西北资源》第 1 卷第 1 期,第 56 页。

村、武山、渭源4处共有窑工400余人,年产大小器皿100万件,价值11万元。① 抗战以来我国大部分产瓷区域沦陷,为了满足市场需求,本区域各省瓷器业得到了发展。

石嘴山瓷器业。该地的黑瓷烧制始于1842年,山西保德州陶瓷匠人陈老大发现石嘴子泥土适宜烧瓷,干起了"拍缸捏碗的黑陶营生",开始了石嘴山的黑瓷业。直至20世纪20年代,这里的黑瓷业一直是小规模经营。抗战时期,黑瓷业才有了较快的发展,先后有陈家、郭家、李家、崔家等5家烧窑,每家都有三四盘出瓷的手搅轮子、捻子、打捻陶土等,全镇的烧窑工达到200多人。"远近几百里的村村寨寨,运瓷远销的人畜车辆,络绎不绝",陶瓷产品远销河东、后套地区。②

华亭瓷器业。该县窑镇的瓷器生产历史比较长,据顺治《华亭县志》记载"安口镇,出瓷器"③,但直至20世纪二三十年代仍然是家庭副业,即农家"业农而兼营瓷器",种类有土瓷、砂瓷、琉璃瓷、宜兴瓷、半细瓷、干泥瓷、瓦瓷等。④ 抗战期间,国民政府和甘肃政府开始重视华亭瓷器,并进行改良和扩大生产规模,资源委员会设立了电瓷厂,省政府设立了华亭陶瓷职业学校,从湖南、江西、四川、河南、陕西等地聘请技术工人,建立了同业公会,促进了华亭瓷器业的发展。据统计有瓷窑50余家,陶瓷贩卖店34家,年产值约400万元。⑤ 又有调查,全镇有瓷业会员120余人,技术工人千余人,辅助技工约2000余人,窑50余座,每月平均烧50窑,1200余万件,价值法币360余万元。⑥ 另据口述资料,1945年,山西陶瓷技师李友恒等到安口,研制出具有当地特色的粗瓷、普瓷、琉璃瓷、紫砂瓷和电瓷产品,以及彩绘和色瓷,推动了陶瓷业的发展,工厂增加到142家,其中生产缸类系列的有43家,碗类系列的有89家,瓷器商店7家,上述139家属私人企业,另有国家电磁厂1家,资本家瓷厂1家,瓷器实习厂1家。从业人员增至3000人,有瓷窑50多座。产品有传统的日常生活用品,如缸、盆、碗、罐、碟、茶具、小杂件等;新兴材料如低压电磁、耐火材料等10大类50余种,年产量达700多万件。⑦ 安口陶瓷业销售方法也发生了变化,由客商来镇订购,市场在西宁、宁夏、兰州、武威、天水、平凉以及陕西部分地方。

---

① 铁道部业务司商务科:《陇海铁路甘肃段经济调查报告书》,第48页。
② 武习文:《石嘴山区黑陶瓷小考》,《石嘴山文史资料》第7辑,1992年印行,第38页。
③ 武全文等纂修:《华亭县志》卷上,镇堡,顺治十六年钞本。
④ 郑震谷等修:《华亭县志》第5编《经济志·生业》;第1编《地理志·物产》,1933年石印本。
⑤ 王从中:《华亭经济概况》,《甘肃贸易季刊》第2—3期合刊,1943年1月,第71页。
⑥ 朱志明:《华亭陶瓷业产销状况》,《甘肃贸易季刊》第8—9期合刊,1944年6月,第46页。
⑦ 中共华亭县委统战部:《安口的陶瓷业》,《华亭文史资料》第1辑,1999年印行,第43页。

青海大通瓷业。为了解决青海日用瓷器不足的问题,1943年开始筹设大通缸厂,并从甘肃窑街聘请匠人20余人,马步芳从部队中抽调300人,其中150人在缸厂当学徒。缸厂投产后,年产量为8.1万多件,其中缸7000多件,盆1.8万件,其他小器皿5.6万余件。① 所有生产程序均为手工操作,如用畜力拉碾子将原料碾碎,用筛子筛出粉末,用脚踏、棒压、手揉的方法调和原料,手工拉坯成型,上釉、装烧窑等都是手工作业。

甘肃其他一些县也生产瓷器,据《甘肃通志稿》记载:瓷器出兰州永登、玉门、岷县、华亭,产品都是一些日常生活用品。② 如皋兰县阿干镇生产黑瓷,道光《兰州府志》记载"黑瓷器出皋兰"。③ 又光绪《重修皋兰县志》记载:在县西南40里的阿干山有"阿干峪,其土宜陶,经久不裂";④该地出产的陶器有两种:一种是黑瓷,一种是陶罐、甑(蒸饭器具)、茶酒壶等,"旧时尚少,同治以后始多"。⑤ 即阿干镇的瓷器生产在近代才有增加,到民国时期已经有了大幅度增长。1930年,甘肃在岷县创办了厚生瓷炭公司,利用当地耳阳沟瓷土,生产瓷器。⑥ 据抗战时期调查,"出品日增,现兰州市所售者,大部分为该镇所产"。永登窑街产品有缸、盆、瓮、碗,"年产百万余件",市场扩大到青海、临夏、夏河、兰州等地。山丹有窑6座,年产缸5000个,碗5万只,瓶3600个,缸砖10万块,市场在酒泉、武威一带。⑦ 景泰陶瓷年产缸、壶、碗、碟等约50万件,市场在河西、青海一带。⑧ 武威、成县、漳县、靖远等地的陶瓷业都有不同程度的发展。

(十) 盐业

盐是居民日常生活是不可缺少的用品,市场广阔,故在黄河上游区域凡有盐根、盐苗之地,居民均生产食盐。清朝初年,宁夏灵州、盐州有盐井402眼,坝夫数百,年产盐67440石,销地主要在陕甘地区。⑨ 青海湖西南产青盐,"盐系天成,取之无尽。蒙民用铁勺捞取,贩至市口贸易,郡民赖之。"⑩"凡青海蒙古以及西宁一

---

① 杨宝贵:《四十年代的大通缸厂》,《青海文史资料选辑》第16辑,1987年印行,第142—144页。
② 刘郁芬、杨思:《甘肃通志稿》卷14《物产·货物》。
③ 陈士桢等纂修:《兰州府志》卷5,物产,道光十三年刻本。
④ 张国常纂修:《重修皋兰县志》卷10,山川,光绪十八年稿本。
⑤ 同前书,卷11,物产,货类。
⑥ 许显时:《两年来甘肃建设之概观》,《中国建设》第13卷第1期,1936年1月,第140页。
⑦ 王树基:《甘肃之工业》,第113页。
⑧ 统计组:《甘肃各县局物产初步调查》,《甘肃贸易季刊》第5—6期合刊,1943年9月,第7页。
⑨ 宁夏通志编纂委员会:《宁夏通志·工业卷》第6卷(下),方志出版社2007年版,第931页。
⑩ 杨应琚:《西宁府新志》卷4,"地理·山川"。

部郡所食之盐,皆取给于此"。① 该地青盐,在光绪三十三年(1907年)改为官盐,"初由兰州委员开局试办",②结束了由蒙古贵族垄断的历史。海原县有干盐池,"居民先筑池盛水,将地犁平,划分成块,块面以池水均匀洒之,隔夜盐生……岁约出盐十万至二十万斤,本地土著贩往固、平一带销售"。③ 陇西武阳产井盐,生产从掘井、熬盐到销售等都是由当地65家灶户各自经营,即"井盐旧碑载,秦汉以来盖以有之,初由民掘,故六十五家自熬自销。""校水有班,依次轮流,每日十四、五班,冬间水旺或十六、七班,班水九桶,三桶为一锅,熬盐八块、十二块为一担。"盐熬成后,65家灶户"各以印记标识其上"。④ 定西民间生产土盐,其方法是"先掘盐土,盛于竹笼,滴水土中,下支盆静沉数日,取清者煮之,即成土盐"。⑤ 青海循化回民也生产土盐,"取黄河北山下一带碱土,以水泡之,经夜,去土将水入锅熬成方块……民间多食土盐,至今无课无税"。⑥ 土盐主要是贫苦人家买不起食盐而进行的家庭生产。

民国时期盐产地的分布状况是:在甘肃省有临夏池,皋兰县有石门沟、八盘、达家川,漳县的盐井镇,西和的盐关,河西的高台池,民勤的苏武山、马莲泉、汤家海,靖远的小红沟,海原的甘盐池,永登的哈家嘴、刘家湾,景泰的白墩子;宁夏产地有盐池县的花马池,灵武县的惠安池;青海有湟源的新盐池、茶卡池等地。⑦《甘肃通志稿》记载,皋兰年产数十万斤,红水(1933年改名景泰县)年产约500余万斤,销兰州、西宁、陇南、汉中一带;靖远年产约16.8万余斤,销陇东及陇南一带;海原年产约产300余万斤;灵武年产2万数千斤;永登年产约480万—490万斤;民勤年产约600万斤;山丹年产青盐120余石,红盐100余石,白盐50余石;漳县年产约310余万斤;西和县年产80万—90万斤;平罗县年产约8万—9万斤;武山县年产240余万斤。另有盐池、临夏、高台、固原也有大量食盐出产。⑧ 在甘宁青未分省前,甘肃产盐地20余处,每年出产食盐至少30余万石,甘宁青分省后,将原属甘肃管辖的22个榷运分局中的9个划归青海,甘肃仅存13个,影响了甘肃食盐产量。

---

① 张德馨:《青海改建行省刍议》,《中国地学杂志》1912年第3—4期合刊,第3页。
② 邓承伟等:《西宁府续志》卷10,志余,田赋志,盐法。
③ 《打拉池县丞志》,光绪三十四年抄本,藏甘肃省图书馆。
④ 《陇西分县武阳志》卷2《物产·盐法》。
⑤ 甘肃省中心图书馆委员会:《甘肃中部干旱地区物产资源资料汇编》,第318页。
⑥ 邓承伟等:《西宁府续志》卷4,"田赋志·盐法"。
⑦ 王永炎:《西北食盐》,甘肃省银行1947年印行,第5页。
⑧ 刘郁芬、杨思:《甘肃通志稿》卷28《民族八·实业》。

在20世纪二三十年代之交的3年,平均年产额约17万石,仅能供给全省居民之需。①

宁夏是西北产盐比较丰富的省份。据1933年宁夏榷运局调查,中卫盐税局收盐63万斤,销售54.8万斤;同湖池收盐61.7万斤,销售62.3万斤(其中可能包括上年未售完的0.6万斤);红盐池收盐92.1万斤,销售92.1万斤;花马池收盐268.4万斤,销售234.6万斤;惠安堡收盐343.2万斤,销售272.6万斤;定远营收盐101.3万斤,销售117.4万斤,以上合计收盐929.7万斤。② 调查者言:"上列数字,仅官方出入盐斤之概数,至每年走私者,尚不知有若干万斤"。③ 也就是说,当时宁夏食盐的真实产量比调查要大得多。④ 1935年9月,宁夏建设厅调查,宁夏倭波池、狗池、北大池、惠安池产盐57.4万担,宁朔的和屯池、中卫的擦汗池产盐值11.5万元(按在盐场每500斤1元计算,产盐5750万斤)。⑤ 宁夏是产盐大省,但当时没有对产额有精确的统计。

青海盐产主要分布在湟源与柴达木盆地。湟源有大小盐池,大池是位于该县西约620里的茶卡盐池,小池位于该县西南约百里,都兰寺西南约60里有塞什克盐池等。茶卡盐池储量丰富,据抗战时期调查储量约在三亿四千万吨左右。⑥ 因此,青海盐产有"取之不尽,亦无定额"之说,每年产额约六七千石(每石重1500斤),其中运销内地2000石,西藏2000余石。⑦ 茶卡盐池是青海最大的盐池,盐层由上而下分为4层:①盐盖系白色盐碱等晶体,厚约八九公分;②碎盐色白,纯盐正方结晶,形体稍小,厚约六十公分至二尺;③大盐或青盐,晶体较大,内含黑泥质,色微青,厚约一公尺至数公尺,为现时采掘之主要盐层;④黑泥质极细,性黏,有臭气。

---

① 林天吉:《甘肃经济状况》,《中央银行月报》第3卷第6期,1934年6月,第1275页;又见薛桂轮:《西北视察日记》,上海申报馆1934年版,第29页。
② 侯德封:《中国矿业纪要》第5次,1932—1934年,实业部地质调查研究所,国立北平研究院地质研究所1935年印行,第339页;又见张中岳:《宁夏调查三则》,《开发西北》第2卷第4期,1934年10月,第77页。
③ 张中岳:《宁夏调查三则》,《开发西北》第2卷第4期,1934年10月,第78页。
④ 如有文献记载:花马池年产盐四五千万斤,安池盐湖年产盐1000余万斤,狗池盐湖年产盐五六千万斤,烂泥池年产盐三四千万斤,莲花池湖年产盐三四千万斤,阿拉善盟旗擦汗盐湖年产约1亿斤。(周廷元《发展宁夏省四大特产工业计划》,《中国建设》第6卷第5期,1932年11月,第84—85页)
⑤ 《宁夏省金属及非金属矿产额与价值约计表》1935年9月,《宁夏省建设汇刊》第1期,1936年12月,统计,第4—5页。
⑥ 袁见齐:《西北盐产调查实录》,财政部盐政总局1946年6月印行,第71页。
⑦ 黎小苏:《青海现状之一斑》,《新亚细亚》第5卷第4期,1933年4月,第52页。

该池"盐盖坚实,车马行于其上,无陷落之虞。击破盐盖,即可用长柄铁勺取盐"。①用十分简陋的工具就可以进行盐的生产。

青海茶卡盐池的生产情形
图片来源:一真《从陕甘到青海的通路》,《旅行杂志》1949 年第 10 期

民国时期,各地盐业生产是手工作业,工具简陋,工作程序简单。如青海茶卡盐湖采挖食盐,雇用当地蒙民为挖盐工人,使用的工具非常简单,每人只用一个长柄铁质马勺,每天一勺一勺地从盐湖的卤水里向上掏盐,"掏出的盐堆放在盐盖上,以备运户就地装运"。②每挖盐 100 斤,工资法币 1 元,每人每日可生产一千六七百斤。③甘肃一条山擦沟布鲁克盐池"盐成于天然,不假人工制造,采取之时,崛起卤盖,只用长柄铁勺,捞堆池旁,一经风日,即凝成粒"。白墩子盐池每年 4—10 月是产盐期,生产方法是在盐滩挖有盐池 8000 余个,每个深约二三尺,制盐时先将池内清扫干净,将卤水灌入池中,经暴晒数日,即可成盐。漳县井盐生产方法是先人工打井,再从井中取卤水,倒入锅内熬煮,制成火盐(质地干燥者)和水盐(质地较湿者)。④雅布赖盐池生产方法是选择盐滩适当位置,挖长 3.2 米,宽 0.55 米的小

---

① 李承三、周廷儒:《甘肃青海地理考察纪要》,《地理》第 4 卷第 1—2 期合刊,1944 年 6 月 1 日,第 5—6 页。

② 沈桐清:《解放前青海盐务的回顾》,《青海文史资料选辑》第 7 辑,青海人民出版社 1980 年版,第 116 页。

③ 李承三、周廷儒:《青海茶卡之盐矿》,《地理》第 3 卷第 1—2 期合刊,1943 年 6 月 1 日,第 7 页。

④ 李亦人:《甘肃盐产概况》,《钱业月报》第 14 卷第 9 号,1934 年 9 月 15 日,第 7—10 页。

池,数十小池排列成行,各池间隔 0.50 米。盐工每 2 人分为一组,一人持铁锨,捣松池中盐粒;一人持铁勺,捞取盐粒。盐工每人日可捞取食盐 10 余担。高台盐池生产盐时,盐工赤脚入池,选择盐粒堆积较厚之处,用木铲剖去盐粒,装于筐内,"一筐即满,顶于头上,涉水登岸;水中往返,工作甚苦!"每人每日可捞 10 担左右,运交盐仓,每担可得工资 6 元 5 角。① 不管是晒盐还是煮盐及直接刮取,其生产方法都是手工作业。

抗战时期,中国东部产盐地区大部分沦陷,特别是芦、淮、鲁盐生产受到很大影响,或沦陷,或因运输阻梗,使后方各地程度不同出现了盐荒,东部盐荒给本区域盐业的发展带来了市场空间。为了救济豫陕等地盐荒,国民政府采取措施,加强甘宁青盐业生产,包括:①加强场产管理。1938 年夏,将甘宁青产盐区域,划分为三陇、中条、凉州、青海、宁夏五区,各设场公署,就近督导各盐池生产与运输。②修复并开放封禁的盐池。1939 年,将哈家嘴、刘家湾等废池,一律修复;开放巴音池,恢复循化、享堂等处熬制土盐。③贷款修池。从 1939 年起,白墩子、马莲泉、苏武山等地盐池,均贷款给盐户进行整修。④加工捞制雅布赖、擦汗俺、茶卡、和屯等蒙池成盐。② 为了将生产的食盐运输出去,1941 年,西北盐务局向享堂筏运户发放贷款 20 万元,制作牛皮筏 100 个③,专供食盐运输。这些措施,有利于抗战时期本区域食盐的生产。

由于采取上述措施,抗战时期各地盐产量有所增加。如自抗战军兴,民勤县的盐"产量特增,雅布赖、汤家海、马莲泉等盐池,均加工汲取,赖以供给陕甘豫鄂之用"。④ 据统计雅布赖盐池年产颇丰,仅每年运输武威就达 5 万余担;苏武山盐池有 2500 余个,都比较狭小,年产盐 3000 担;马莲盐池有大小盐池 3090 个,年产约 15000 担;汤家海盐池,年产白盐 15000 担;临夏,大小盐池五百余畦,年产约 1 万担;皋兰东北石门沟产雪花盐,"为农民就卤土熬制所得,年产三四百担,色白味苦,多用以洗制皮革";靖远的小红盐池,年产约七八十担。海源有小池 550 个,年产约一万二三千担;永登有小池 130 个,年产 1800 担;红水县所产盐含硝,是兰州制青条水烟的重要原料,年产约二三万担;陇南主要出产井盐,如漳县有盐井 4 个,年产

---

① 袁见齐:《西北盐产调查实录》,财政部盐政总局 1946 年 6 月印行,第 64、66 页。
② 田秋野、周维亮:《中华盐业史》,台湾商务印书馆 1979 年版,第 497—498 页。
③ 芈一之:《黄河上游地区历史与文物》,重庆出版社 2006 年版,第 509 页。
④ 贡沛诚:《巡视西北走廊——甘肃第六行政区纪要》,《边政公论》第 1 卷第 9—10 期合刊,1942 年 5 月 10 日,第 80 页。

18000 担。① 表 7—4 是 20 世纪三四十年代甘青食盐产量调查。

表 7—4　民国时期甘肃、青海食盐产量调查表　　（单位：市担）

年份 省份	1935年	1938年	1939年	1940年	1941年	1942年	1943年	1944年	1945年	1946年	1947年 1—6月
甘肃	—	464000	767000	802000	676000	1817773	1501609	1090537	616699	159183	375918
茶卡	17100	35965	—	69496	96025	34050	48544	80000	—	—	—

资料来源：[1]甘肃食盐的资料来源许继儒《甘肃食盐之分析》，《西北论坛》1948年第3期，第20页；[2]1935年资料来源于马鹤天的《甘青藏边区考察记》第2编，第212页；[3]1942—1943年资料来源于王永炎的《西北食盐》，第46页；[4]1944—1946年资料来自沈桐清《解放前青海盐务的回顾》，《青海文史资料选辑》第7辑，第116页。

甘肃食盐从抗战初期的 46.4 万市担，增加到 1943 年 150.2 万市担，最大增加量达到 3 倍多。说明抗战时期甘肃食盐有了比较大的增加。青海盐产量也有增加。据财政部官方统计，青海最大的食盐产地茶卡池产量是：1936 年 1.8 万石，1937 年 2.3 万担，1938 年 3.1 万担，1939 年 4.8 万担，1940 年 5.63 万担，1941 年 7.55 万担。② 表 7—4 反映出，抗战时期青海盐业也有了发展，1935 年只有 17100 担，1938 年就增加到 3.6 万担，1941 年达到 9.6 万担。说明日军侵占东部盐产区以后，西北的盐业显得十分重要，促进了盐业的发展，但随着抗战的胜利，东部盐市场的收复，甘青食盐产量又降低了。另外，鞣制皮革、生产水烟等手工业也需要盐，随着皮革和烟草工业的发展，盐的市场需求量增多，也成为这里盐业生产增加的一个主要因素。

抗战时期，宁夏食盐产额亦无精确统计。叶祖灏根据《中央日报》的报道，指出抗战后宁夏盐业"迭加整理，产量大增，年产约一百四十万公担，占西北各省（新疆除外）盐产总量三分之二强"。③《宁夏资源志》估计，宁夏盐产量最低为 200 万市担，"如运输便利，出产尚不只此，即此比较，年产量为甘肃盐产之三倍"。④ 上述两项估计都包括了盐池县的盐产，不过，在抗战时期盐池县的盐场堡、北大池、烂泥池、莲花池、狗池、倭波池等为中共抗日根据地，盐的生产、管理、运输、销售、税收都为中共陕甘宁边区政府负责，⑤对宁夏食盐产量也有很大的影响。

---

① 韩清涛：《西北食盐产销问题》，《西北资源》第1卷第3期，1940年12月，第79—80页。
② 李承三、周廷儒：《青海茶卡之盐矿》，第7页。
③ 叶祖灏：《宁夏纪要》，第59页。
④ 宁夏省政府：《宁夏资源志》，第50—51页。
⑤ 黄正林：《抗战时期陕甘宁边区的盐业》，《抗日战争研究》1999年第4期，第120—137页。

（十一）造纸业

纸是农民日常生活必不可少的产品，在传统社会除了读书写字用纸外，各种食品包装、农家祭祀活动都需要大量的纸张。明清以来，河陇地区的造纸业分布比较广泛，明嘉靖《徽郡志》、清康熙《兰州府志》、《金县志》、《河州志》、乾隆《狄道州志》等均有记载。[①] 尽管造纸业是本区域的传统手工业，但只有少数地方所产，没有形成规模生产，产量也不高。据1914年统计，甘肃有造纸户58家，年产值只有1.7万元，[②]平均每家产值不足300元，平均每家日产值不足1元。生产纸的规模小，产值低，质量差，使本区域纸张供应长期仰赖于外纸输入，如宁夏城内有19家纸坊，只能生产丧葬和清明节用的烧纸，纳鞋底用的草纸，银川的机关报表、布告、商号账本、学生用纸等主要依靠天津输入。[③] 本地生产的麻纸，质量较差，难与外来纸争胜。[④]

1930年代，甘肃有一些粗糙的纸开始向外输出。如临洮县南乡唐家集一带，以燕麦草与石灰生产草纸，年产值1000元；两当县所属地二、三、四、五等区，以谷皮、石灰等为原料造纸，年产值1.4万元，运销兰州、新疆、天水、陕西凤翔、兴平等地；清水县第一区窑洛村以麻绳、麻鞋等为原料，制造烧纸，年产值200元；天水县高桥镇、党家川、花庙子等制造白麻纸、黑纸、烧纸等，年产值5500元，运销陇南各县；民勤县第一、三区制造麻纸、烧纸等，年产值2000元；平凉城南纸坊生产麻纸、烧纸，年产值1500元。总计全省（康县、武都未调查）年产纸总价值2.4万元。[⑤] 青海大通产纸，年产草纸30万张，"均售于兰州、西宁各地"。[⑥] 与民国初年相比，纸的产值有所提升，但纸质依然如故，以民间使用的烧纸和食品包装纸为主。

抗战时期，甘肃造纸业在地域和规模都有一定程度的扩大。如临洮的唐家集、清水县第一区的窑洛村、天水县的高桥镇、党家川及花庙子等、民勤县属第一、三区、平凉县的南纸坊等，延续了1930年代生产规模。[⑦] 华亭以生产麻纸为主，主要集中在九龙镇、王峡口、张天河等村镇，有纸户30余家，有纸池50—60"瀚"（纸坊特制的水池曰"瀚"），每瀚每天可出纸2000张（长1尺2寸，宽8寸），日可得净利

[①] 肖遥:《明清西北城市手工制造丛考》,《兰州学刊》1987年第4期。
[②] 农商部总务厅统计科:《中华民国三年第三次农商统计表》,第240、242页。
[③] 刘士勋:《毡坊和纸坊》,《宁夏文史资料》第17辑,第77页。
[④] 马福祥等:《朔方道志》卷3《舆地志下·物产》。
[⑤] 虬:《甘肃手工业之概况》,《开发西北》第4卷第1—2期合刊,1935年8月31日。
[⑥] 《青海大通县之社会概况》,《新青海》第2卷第6期,1934年6月。
[⑦] 傅安华:《西北工业概况》,《西北资源》第1卷第1期,1940年10月10日,第55页。

润 50 元。全县日产纸约 10 万—12 万张。① 康县县治南岸门口造纸户有五六十家,"每家制造之纸少则三四千合,多则七八千至万一二千合不等。以五十家计,平均每家造一千合,共计约出纸五万合",以平常价 40 元计算,共值洋 20 万元。县北大堡子一带有造纸户二三十家,出产四裁纸,全年不下 1000 余担。县东窑坪等处有 10 余家,生产经板纸,年产 1000—2000 担,年售价十一二万元。以上 3 处共计售价约 40 万元,"其余零星制造之纸均未计入"。② 酒泉有造纸业 11 家,每家有工人十数人至二十人,有纸槽三五付不等,每槽每日可出纸 2000 张,每年产值 10 余万元。③ 据 1943 年调查,甘肃新式纸厂及农村纸坊,大小共计 2000 余家,从业者约有 7500 人。④ 所产纸有 8 种,白麻纸 253700 刀(每百张为一刀,纸张大小各地规格不一,大致宽 1 尺,长 1 尺 2 寸至 1 尺 8 寸不等);黑麻纸 208350 刀,烧纸 1341150 刀,草纸 51150 刀,毛头纸 24600 刀,改良纸 161400 刀,仿麻纸 1000 刀,土报纸 25280 刀。⑤ 共计年产纸 206.7 万余刀。天津被日本占领后,外纸无法进入宁夏,使其纸业有发展的空间。银川的纸坊发展到 33 家,67 个纸浆池。产品除了原有的烧纸和草纸外,还开始生产白麻纸。⑥ 与抗战前相比,纸的产量和种类都有增加,而且有了可供书写、记账的白麻纸和印刷书籍的土报纸等。

在一些产纸比较集中的地区,形成了纸的专门市场。如康县的窑坝"为一纸集散市场,该地四周之居民,以制成之纸,运此贸易,亦有以现款交易者,间时由外来之脚夫,以所运之食盐、水烟,在此卸货,销售后再购运此纸至临夏、临洮、兰州等地出售"。⑦

(十二) 水烟业

兰州水烟最迟在乾隆时期就已开始制作。民国时期学者考证,乾隆时期,兰州就有了不同于旱烟的一种烟,"铸铜为管,贮水而吸之",这种烟就是后来所称的水烟。在兰州兴起后,开始向四周扩散,靖远水烟业始于道光年间,至咸丰最盛,"烟坊不下三十余家,制烟工人约二三万人"。⑧ 这种烟叶产于兰州及周边地区,通称

---

① 王从中:《华亭经济概况》,《甘肃贸易季刊》第 2—3 期合刊,1943 年 1 月,第 71 页。
② 王仕敏、吕重祥:《新纂康县县志》卷 10《工商》。
③ 陇行:《甘肃酒泉概况调查》,《交通银行月刊》1941 年第 1 期,第 62 页。
④ 甘肃省政府:《甘肃省经济概况》,第 143 页。
⑤ 王树基:《甘肃之工业》,第 166 页。
⑥ 刘士勋:《毡坊和纸坊》,《宁夏文史资料》第 17 辑,第 77 页。
⑦ 王玉芬:《甘肃的土纸生产》,《甘肃贸易季刊》第 5—6 期合刊,1943 年 9 月,第 158 页。
⑧ 陈鸿胪:《甘肃省之固有手工业及新兴工业》,第 184、191 页。

为兰州水烟。

兰州水烟加工需要5道工序:第一道工序是去筋,即将原始烟叶运送到工厂后,由妇女、儿童抽去烟筋,晾干堆放备用;第二道工序是加药料,将晒干的烟叶喷洒少许水使其柔软,接着喷洒煮沸的胡麻油,撒入姜末(染色)、食盐(防腐),再加入各种香料如灵香、排草、川芎、苍术、当归、薄荷、冰片、麝香等,制造黄烟、绿烟所加药料不同。第三道工序是杆榨成捆,即将拌好药料的烟叶进行压榨处理,成为坚硬的烟捆。第四道工序是用刨丝工具将压榨过的烟捆进行刨丝。第五道工序是出风装箱,出匣后的烟丝块有出风匠进行吹风晾干,然后包装入箱,即可出售。① 制作水烟工序繁多,属于劳动密集型手工业,为闲散劳动力提供了就业的机会。

20世纪初期,甘肃"省城及狄道、靖远、秦州等处广产烟叶,制造棉烟、条烟、黄烟、生字烟,每年约产一万数千担"。② 水烟以颜色与制作工艺分为黄烟和绿烟,"绿烟以色泽鲜绿丰美为佳,故制作多在冬春寒冷时期,炎热时色泽易变,至初夏即竣工。黄烟随时可制造,惟制作者多在冬春二季,因该时为农民闲期,可利用闲暇之农民,以节省工资。当春季制烟时,四乡农民,麇集而来,因历年如斯,故手术精熟。"制烟前期工作需要大量的劳动力,因此不仅男工参加,也有大量的女工和童工。③ 制烟前期需要大量的劳动力撕捡烟叶,给农民提供了农闲时就业的机会,成为农村的主要副业。据民国初年调查,甘肃从事烟草生产918户,从业5.7万余人,其中女工3.3万人,占57.9%;年产旱烟24.8万斤,产值1.6万元;年产水烟2096.2万余斤,产值75.4万元。全年烟产值77万元,水烟占97.9%。④ 水烟在本区域烟草生产中占有绝对优势。

20世纪20—30年代,水烟制造业是近代最为发达的时期。1923年前后,兰州水烟生产达到极盛时代,当时开厂营业者达到一百三四十家。⑤ 在1930年代的调查中,陇海铁路沿线皋兰、洮沙、临洮、陇西、武山、甘谷、榆中等7县,共有从业工人16000余人;每年共产水烟及黄烟800余万公斤,价值200余万元。其中皋兰县有从业工人13000余人,约占陇海线甘肃段烟业工人的48%;年产水烟540余万公

---

① 肖遥:《明清西北城市手工制造丛考》,《兰州学刊》1987年第4期。
② 《甘肃商务情形说略》,见彭英甲《陇右纪实录》卷8《办理农工商矿总局》。
③ 舒联营、焦培桂:《兰州水烟之产销与制造》,《农业推广通讯》第5卷第10期,1943年10月,第75页。
④ 农商部总务厅统计科:《中华民国三年第三次农商统计表》,第182—183页。
⑤ 姜忠杰、聂丰年:《兰州水烟业概况》,《甘肃文史资料选辑》第2辑,甘肃人民出版社1987年版,第177页。

斤,约占 67%;价值 120 余万元,约占产值的 64%。① 兰州水烟销售市场除了本省外,主要在北京、天津、东北及江、浙、闽、粤、赣、湘、云、贵等省。② 除甘肃外,宁夏烟草的种植也比较多,在永宁、贺兰等县也开设有烟坊。③ 青海乐都县湟水两岸适宜种植烟草,各乡村有很多烟坊,制造黄烟、绿烟,销西宁、贵德一带。④ 乐都县在民国时期曾开设烟坊三四家,其中以上烟坊比较著名。⑤

从九一八事变到抗战时期,东北、华北、华南等地沦陷,导致水烟市场萎缩,水烟的生产量也有下降。如当时调查者所言"历年来,内受经济影响,外遭纸烟倾销,因而不能周转,以致歇业者,接踵而至,故近来兰州制烟商家,仅有三十五处",每年产量绿烟、黄烟 2031 吨。⑥ 兰州水烟失去了东北市场后,生产呈萎缩状态,与民国初年相比,从九一八事变到抗战时期,水烟生产处于下降状态。据调查,兰州有生产青条烟作坊 23 家,棉烟作坊 10 家,共计 33 家,年产青烟约 100 万斤,比抗战前有所减少。榆中水烟作坊大部分集中在金家崖,有作坊 28 家(小规模作坊未列入),年产青烟约 210 万斤。永靖有专门制烟作坊 5 家,农民附带制造者十数家;陇西有作坊 23 家,土客烟坊共产 50 万斤;临洮有专制黄烟作坊约 20 家,在城内约 15 家,此外在临洮北乡、新添铺各有作坊约 30 家;洮沙有小规模作坊 3 家;陇西有作坊 30 余家;永靖有作坊 5 家。⑦ 生产规模、经营方式等也有了变化,"水烟之制造,非农村副业,多为小型工厂(土称烟坊),各烟坊资力甚大,都能经营数千里之业务。"⑧ 从总体上来看,甘肃水烟制造业没有恢复到以前的水平。但也有个别地方制烟手工业有增长,如陇西水烟业在清末民初只有几家,30 年代发展到 20 多家,产品只有黄烟丝,只在附近渭源、岷县、漳县、通渭等销售;40 年代增加到 60 多家,年产量为 6000 担(每担 240 市斤),生产黄丝、绿丝、红丝水烟 3 种,市场扩大到陕西汉中、安康,四川广元,湖南衡阳,江苏南通以及云南、上海等地。⑨

除了上述手工业外,还有一些生产日用品和工艺品的手工业行业,如木器、金

---

① 铁道部业务司商务科:《陇海铁路甘肃段经济调查报告书》,第 41 页。
② 王觉吾:《甘肃水烟产制运销概况》,《甘肃贸易季刊》第 10—11 期合刊,1944 年 12 月,第 54 页。
③ 李凤藻:《解放前的宁夏商业》,《宁夏文史资料》第 22 辑,宁夏人民出版社 1999 年版,第 215—216 页。
④ 张其昀、李玉林:《青海省人文地理志(续)》,第 434 页。
⑤ 林中厚:《乐都上烟坊始末》,《青海文史资料选辑》第 17 辑,1988 年印行,第 110 页。
⑥ 《兰州水烟业近况》,《中行月刊》第 9 卷第 2 期,1934 年 8 月,第 139、140 页。
⑦ 王觉吾:《甘肃水烟产制运销概况》,第 44—53 页。
⑧ 陈鸿胪:《甘肃的资源生产》,《西北问题论丛》第 2 辑,1942 年 12 月,第 59 页。
⑨ 张映南:《陇西名产——水烟》,《陇西文史资料选辑》第 1 辑,第 65 页。

银器、铜匠、弹毛、砖瓦、烧炭、食品等多种,工艺品有制砚、石器、玉器、漆器等。如洮砚历史悠久,北宋诗人黄庭坚有"旧闻岷石鸭头绿,可磨桂溪龙文刀"(《刘晦叔许洮河绿石砚》)的诗句。制作洮砚的原料洮砚石产于洮河喇嘛崖,"西临洮水,蹬道盘空,崖半横凿一径,缘崖而过,其石即于径侧,凿坑取之。向犹浅,今则渐深,用力倍难"。① 民国时期,临潭的南沟、扁都、刘旗、下川等地都出产石砚,统称为洮砚,大者盈尺,小者仅二三寸,年产大砚500件,小砚3500件。②

酒泉南山"所产肃州石,质料似玉,颜色鲜美,土民采取城外河滩中为山水冲下之卵石,用手工制造酒杯、笔筒、图章、棋子等物",全县以此为业者10余家。③ 徽县白水江出产彩石,县城有石器作坊4家,将彩石雕刻成笔筒、笔架、鼎、香炉、水盂、花瓶、玩具等,年生产约84.6万市斤。④

天水盛产漆器,年产漆手杖4000余个,漆盘1000余个,桌椅500余件,其他漆器约千余件,销售兰州、陕西、四川一带。髹漆器为临洮的特产,县城有髹油木器店50家,主要盛产桌、椅、木箱、盘、盒等,年产髹油器8500多件。⑤ 木器以临夏最为发达,该县在甘青宁三省工作者不下万人;天水、徽县、临洮也是木工比较发达的地方。抗战时期调查,全省各种木器制造业有1800余家,从业者19000余人。⑥ 青海农家在农闲时,制造木器,"每俟年节集会之时,即持往城市求售,以资经济之补助"。⑦

甘肃传统的金银饰品制造主要由钱庄经营,分布在府州城市,除兰州外,天水、平凉、甘州、凉州、肃州等地较多。随着现代金融业的兴起和钱庄的衰落,金银楼成为专门的饰品生产者,抗战时期全省有金楼30余家,银楼300余家,产品也逐渐由饰品转移到制造一些奢侈品,如银筷、银碗、银杯、银叉、银勺、舌刮、表链等。⑧

甘青是藏传佛教地区,寺院林立,香的需求量较大,促进了香产业的发展。如临洮全县有线香作坊60余家,县城25家,西乡30家,南乡10家,各香坊资金额不下300万元,从业者不下5000人,有香业公会组织。上品香以纸盒或木匣包装,年

---

① 张彦笃,包世昌:《洮州厅志》卷2《物产》。
② 王肇仁:《甘肃的小工艺品》,《甘肃贸易季刊》第5—6期合刊,1943年9月30日,第170—171页。
③ 陇行:《甘肃酒泉概况调查》,《交通银行月刊》1941年第1期,第68页。
④ 王肇仁:《甘肃的小工艺品》,第170页。
⑤ 同前书,第171页。
⑥ 陈鸿胪:《甘肃省之固有手工业及新兴工业》,第115页。
⑦ 陆亭林:《青海省帐幕经济与农村经济之研究》,第20764页。
⑧ 陈鸿胪:《甘肃省之固有手工业及新兴工业》,第113页。

产 12.5 万盒；一般香用木匣或锡筒包装，年产 10 万余匣；普通以斤计算，年产 3 万余斤，线香市场遍及甘宁青各地。①

在食品加工方面，张掖以挂面著名，专营者有 15 家，年产 20 万—30 万斤，运销祁连山内蒙藏游牧民族和酒泉、武威、兰州等地。② 卤肉各县均有制造，年产 800 万斤，"商品化者约三百万斤"，占 37.5%。其中，陇西有专营火腿者 15 家，年产约 50 万斤，市场在陕甘宁川等地；西峰镇经营火腿十余家，年产 30 万斤。③ 腌肉是陇西特产，年产 26.4 万斤，其中出售兰州 18.45 万斤，天水 2.52 万斤，商品率达到 79.8%，"每年旧历年后，由腌户开始起运，至立春后即上市售卖，六月间即收拾返县，获利颇厚"。④ 临洮以生产酥糖著名，原料为青稞、大麦、胡桃仁等，全县糖坊不下 70 户，年产 30 万斤，主要运销兰州及附近各县。⑤ 在游牧民族生活的地区，酥油、奶酪、奶皮、曲拉等，"乡村农家，率皆制造，以备自用。距城市较近者，且多担往销售，以所得之资，购买衣料等用品"。⑥ 另有酱菜、豆腐、豆粉等，各地均有经营。

三、新兴手工业

近代以降，随着西北地区外向型经济的形成以及与国际市场往来越来越广泛，本区域出现了新兴的手工业部门。可以分为四类，一是国内有而本区域较少或没有，如随着棉花的种植和输入的增多，形成了棉纺织业和弹花业；二是国外的机器工业品引进后，在国内形成以手工业方式生产和经营的手工业，如火柴、玻璃、肥皂、纸烟、水泥等；三是因对外贸易的发展而形成的手工业，如洗毛业、猪鬃、打包业和羊肠衣等；四是以进口原料所进行的手工业，如白铁业等。

（一）棉织业和弹花业

棉纺织业在本区域原来有少量存在，如敦煌自"雍乾以来，棉花一种土产甚广，男女互相纺织，俱在本境销售，然花质较细，而布纹太粗，较之陕西客布，各色货低价减，不便外销。"⑦ 毗邻四川的成县，在"前明万历间，县尹王公三锡，劝民纺织，自

---

① 统计组：《甘肃各县局物产初步调查》，《甘肃贸易季刊》第 5—6 期合刊，1943 年 9 月，第 73 页。
② 王兴荣：《张掖经济概况》，《甘肃贸易季刊》第 2—3 期合刊，1943 年 1 月，第 55 页。
③ 陈鸿胪：《甘肃省之固有手工业及新兴工业》，第 133—134 页。
④ 王树基：《甘肃之工业》，第 18 页。
⑤ 统计组：《甘肃各县局物产初步调查》，第 20 页。
⑥ 陆亭林：《青海省帐幕经济与农村经济之研究》，第 20763 页。
⑦ 《敦煌县乡土志》卷 2《实业》。

是以来,耕读外多务此,利甚薄"。① 武都地方志也有棉布的记载。② 又据晚清时期调查,"甘肃地方瘠苦,当变乱之先,居民十室九贫,无论寒暑,皆衣毛褐毡袄之类,甚至隆冬严寒,尚有十余岁男女小儿,赤身露体者。自光绪初年平定之后,陕西各布商渐次运布来甘销售,计最旺之年,约销十余万卷"。③ 晚清时期甘肃棉布消费主要来自外地,本地并不生产棉布。关于棉纺织业,地方志只有少量的记载,绝大部分农家不从事棉纺织业。对本区域来说,棉纺织业是一种新的手工业。

甘肃提倡棉纺织业肇始于道光元年,皋兰县创办了纺织公所,并造纺车数十架,散布民间劝民织布。④ 光绪四年(1878年),左宗棠在皋兰设立纺织局,给民间妇女传习纺织技术,但收效甚微。⑤ 民国建立后,各地创办民生工厂,以发展新式纺织业。1926年,甘肃省政府拨款500元在兰州萃英门设立甘肃第一民生工厂;次年,以冬季粥厂经费移办济贫工厂,主要经营纺织业,分为3个分厂,但不久因经费困难而停办。1928年,甘肃省政府督饬各县办理贫民工厂,先后有临洮、临夏、洮沙、陇西、渭源、定西、岷县、临潭、天水、秦安、武山、甘谷、清水、西和、庆阳、酒泉、敦煌等17县办理民生工厂,⑥主要经营新式纺织业。这些工厂因技术、资金等问题,大多数相继停办。

从20世纪二三十年代开始,一方面,随着陕西棉花种植的扩大,陕棉开始进入甘肃东部市场,陕西灾民也流入甘肃各地,带来了棉纺织业技术;另一方面,甘肃东南部和西部原有少量的棉花种植,一些地方有小规模的棉布手工纺织业,用简陋的木机从事家庭纺织生产。如泾川县农村棉纺织业兴起于1920年代,一些陕西灾民流入泾川,落居乡间,主要靠纺织土布维持生活,在他们的影响下,本县农村也开始学织土布,该县南北二原与川区从事纺织的农户占到60%—70%。⑦ 礼县1920年开始有了棉织业,棉花来自陕西、天水等地,棉花纺织业均由农妇操作,以罗堡、宽川、石家山、横河一带为最多,到抗战时期土布占领了礼县布匹市场。⑧ 天水的山阳镇、秦安的一些乡镇"农村妇女皆以农闲织棉布,天水每年可产三十六万匹,秦安产七万匹,两共值五十八万元……天水、秦安织布所用之棉纱,或为自纺自织,或专

---

① 黄泳第:《成县新志》卷3《物产·附论》。
② 林忠、毛琪麟等:《直隶阶州志》卷下《物产三》,乾隆元年刻本。
③ 《甘肃商务情形说略》,见彭英甲《陇右纪实录》卷8《办理农工商总局》。
④ 陈鸿胪:《甘肃省之固有手工业及新兴工业》,第146页。
⑤ 秦翰才:《左文襄公在西北》,第196页。
⑥ 陈鸿胪:《甘肃省之固有手工业及新兴工业》,第146页。
⑦ 吕建基:《解放前的泾川纺织业》,《泾川县文史资料选辑》第4辑,1997年印行,第83页。
⑧ 王志轩:《民国时期礼县的行业》,《礼县文史资料》第2辑,第121页。

纺不织，或则专织不纺，而纱与布相易。而甘谷县各乡村农妇有百分之三十皆以余闲专事纺纱。其所用棉花系由川北或陕南输入天水，而在天水市场购买者；其纺就之纱则以之至天水之沿河镇(纱布市场)易布以归。该县每年可以纺出棉纱二十余万公斤，价值二十四万余元。"①天水、秦安、甘谷的棉纺织业的商品化程度已经比较高了。

抗战爆发后，来自沿海口岸的洋布，湖北、湖南的土布断绝。为了解决民众穿衣问题，棉花种植面积和产量的提高，解决了土布生产的部分原料，各地土布代之而起，形成了甘肃等地土布发展的黄金时期。土布生产原本是农家主要副业，抗战爆发后"因洋布来源困难，土布业更增繁荣，乡民赖以沾惠者殊不少"。② 由于棉花种植的推广，一些县棉纺织取代了毛纺织，如金塔的传统纺织业以驼毛、羊毛为主，用线椆捻线，手工编织衣物。棉花推广后，"盛行棉花纺织业，主要是手工生产，工具有轧花手拧子、弹花弓、手摇纺车、木制织布机等。一般农户都有手工纺线车，部分有手工织布机，土纺、土织遍及农村……民国三十二年(1943年)，全县生产土布已达8万匹。"③也有大量棉花来自外面，如秦安、岷县的纺织原料多来自陕西三原、咸阳等地。④甘肃形成了三个较大的土布生产区：①渭河区，包括漳县、渭源、通渭、陇西、武山、甘谷、清水、天水，年产土布104万匹，天水、甘谷、秦安土布成为农村最普遍的家庭手工业。②甘南区，包括文、徽、成、康、礼、武都、两当、西和、西固等县，年产土布63.2万匹。③河西区，各县均有棉纺织业，年产土布56.2万匹，其中以民勤、张掖为集中地。除了上述各县外，其他地方也有土布生产，但不成规模，商品化程度较低，如陇东各县，"农民感觉需要时，便自织自用，不向外县销售"。⑤和中国其他地方的农村手工棉纺织业相比，本地比较落后，"所用纺纱车之构造，与各地相同，每日每人能纺纱三四两。布机之构造，不如他地之灵敏，梭子用两手传递，非如他处之用手拉，故工作至为缓慢，每日每人仅能织布四五尺，布阔仅一尺二三寸"。⑥

天水、甘谷、秦安的土布生产尤为可观。天水手工纺织业比较发达的乡镇是三阳川、东乡的马跑泉一带，从业人员中纺手约3万人，织手约8000人；纺车2.9万架，织机约6000架，每日可生产棉纱2300余斤，织布1100余匹，纺织最忙的季节

---

① 铁道部业务司商务科：《陇海铁路甘肃段经济调查报告书》，第44—45页。
② 天水分行：《天水经济概况》，《甘行月刊》第3期，1941年5月出版，第34页。
③ 张文质、许汉杰：《民国时期金塔的工业》，《金塔文史资料》第2辑，1993年印行，第87页。
④ 潘中光：《甘肃秦安县经济概况》，《农本副刊》第5期，1942年6月，第27页。
⑤ 王玉芬：《土布在甘肃》，《甘肃贸易季刊》第10—11期合刊，1944年2月，第38页。
⑥ 俞启葆：《陇南植棉之考察》，《农业推广通讯》第4卷第10期，1942年10月，第47页。

在每年的5—9月之间。甘谷手工纺织业比较发达的是北乡金山镇、渭阳镇一带,有纺手1.8万人,织手2500人;纺车1.5万架,织机1000架,每日纺纱2800余斤,织布900余匹。[①] 秦安县妇女纺纱已成普遍现象,平均每户有纺车1辆,平均每4家就有织机1部。[②] 该县纺织最集中的是北乡的莲花镇、陇城镇、龙山镇、中山镇以及西乡郭嘉一带手工纺织业比较发达,从业人员中有纺手50500人,织手36200人,纺车4万架,织机21000架,每日可纺纱1万余斤,织布5000余匹。[③] 上述三县纺织业之所以发展,除了有比较好的纺织传统外,主要原因是:一是交通条件比较好,三县均位于兰天(兰州至天水)公路的沿线上,原料和产品的运输比较便利。二是合作社组织的因素,三县是抗战时期西北工合和甘肃省合作事业推广的重点地区,乡村均有各种合作社组织,手工业合作社组织其生产,信用合作社为其提供资金帮助,运销合作社帮助运销原料和产品,对推动本地手工纺织业的发展起了很好的作用。三是商人介入,如甘谷纺织业发达的市镇有棉花商3家,纱布商10余家,一些花客将陕棉运销到本地出售给纺织户。秦安县城内有大花店4家,小花店14家,还有一些外地的布贩子到本地收购土布。

弹花业是随着棉花的输入和种植而新兴的一种手工业。民国时期,陕西棉花大量生花输入后,需要弹成熟花方能使用;甘肃推广植棉后,棉花需要榨籽,这两类对棉花的处理均称之为弹花业。据抗战时期调查,甘肃年产200万斤棉花需要榨籽,从陕西输入900万斤生花需要弹熟,因此此省弹花业从业人员有3200余人。[④] 弹棉花作为一种新的手工业行业和农村副业,主要分布在棉纺织业比较发达的地区,如抗战时期对弹花作坊调查,临洮6家,从业24人;甘谷16家,从业40人;天水15家,从业48人;秦安5家,从业12人;武都5家,从业20人;西和2家,从业6人;临潭2家,从业4人;宁定(今广河)1家,从业6人;成县11家,从业64人;镇原5家,从业18人;张掖7家,从业35人;临泽20家,从业50人;武威7家,从业35人;兰州19家,从业51人。上述14县中,有弹花作坊121家,从业413人,平均每个作坊3.4人。随着弹花业的发展,弹花工具和经营方式也在改变,1941年,中国工业合作社在秦安设立了大成弹花生产合作社,以木机弹花,"可谓新式弹棉花之起始"。[⑤] 合作弹花经营方式在这里并不多见,在广大农村仍然是以个体和作坊经

[①] 薛瑞华:《陇南天水甘谷秦安三县手纺调查》,《农本》第35期,1941年8月,第21页。
[②] 潘中光:《甘肃秦安县经济概况》,《农本副刊》第5期,1942年6月,第27、28页。
[③] 薛瑞华:《陇南天水甘谷秦安三县手纺调查》。
[④] 陈鸿胪:《甘肃省之固有手工业及新兴工业》,第138页。
[⑤] 甘肃省政府:《甘肃省经济概况》,第96—97页。

营为主。

(二) 火柴业

甘肃火柴制造业始于民国初年。1914年,邓隆等集资7.6万元,在兰州黄河北岸设火柴厂,"纯以手工制造",①这是本区域火柴制造业之嚆矢。产品有阴火、阳火、保险火等,年产量达到7000余箱。②随后甘肃一些市镇开始兴起了火柴制造业。1918年,静宁中和火柴公司成立,地址在城内东街,占地面积约5亩,职工30人左右,生产过程全是手工操作。③1920年,天水建立炳兴火柴公司,1928年曾停办,次年续开,资金2万元,大工15人,小工10人,年产火柴47500箩。④1921年,岷县成立了中和火柴公司,"资本定额为十万元,实募为三万元,工友四十余人,计全年可出产火柴七百余担,平均每月可产六十担,均系手工作业"⑤,主要销售岷县、漳县、武山、临潭、卓尼、渭源等县。⑥1924年,平凉创办了陇东火柴公司,总厂在平凉东关,分厂在华亭城外,年产销6000余箱。⑦1928年,庆阳呈请由商人投资建立振华火柴股份有限公司,总厂设在庆阳县城,外场设在合水县城,资本为1.5万元。⑧1929年设立了伏羲火柴生产合作社。1934年前后,天水年产火柴500担,产值3.5万元,销售陇南各地。⑨1936年,天水县成立了永和火柴两合公司,资本为法币5000元。⑩1932年9月,青海创办了光明火柴公司分厂,资本1.5万元,主要雇用妇女和童工进行生产,年产量19万余包。⑪

火柴工业初创,就有很广阔的市场。如炳兴火柴公司投产后,销路日广,陇南、陇东各县及河西一带,往来贩运者不绝于途,"刺激产量上升,最高时每月达九百箱";生产的雄鸡牌黄磷火柴燃点低、发火慢,适用于农村及多风地区,"极受用户欢迎"。⑫火柴作为新式的引火产品,受到用户欢迎,有广阔的市场前景。

---

① 王树基:《甘肃之工业》,第79页。
② 慕寿祺:《甘宁青史略》卷29,第47页。
③ 张悦铭:《静宁县火柴厂史简介》,《静宁文史资料选辑》第1辑,1990年印行,第153页。
④ 徐桂林:《甘肃天水社会概况》,《明耻半月刊》第2卷第4期,1935年9月1日,第41页。
⑤ 岷县分行:《岷县经济概况》,《甘行月刊》第1卷第4—5期合刊,1941年7月,第30页。
⑥ 王志文:《甘肃省西南部边区考察记》,第74页。
⑦ 慕寿祺:《甘宁青史略》卷29,第47页。
⑧ 《振华火柴股份有限公司》,台湾"中央研究院"近代史所档案馆藏,馆藏号:17-23-01-06-10-001。
⑨ 士升:《甘肃天水县概况》,《开发西北》第1卷第2期,1934年2月,第67页。
⑩ 《天水永和两合火柴公司》,台湾"中央研究院"近代史所档案馆藏,馆藏号:17-23-01-10-002。
⑪ 秦孝仪主编:《十年来之中国经济建设》第22章《青海省之经济建设》,第4页。
⑫ 政协甘肃省文史资料委员会:《西北近代工业》,第519页。

据抗战时期调查,本区域有火柴厂9家,其中宁夏1家,日产火柴24箱;①青海1家,属于半机器生产②;甘肃7家,即兰州2家,天水3家,静宁1家,临洮1家。火柴的生产量也有所增加。天水炳兴火柴公司,1941年有工人80人,资本12500两,月产火柴百余箱,永和公司资本5000元,工人八九人,月产火柴50箱。③ 1943年调查(发表文章时间)炳兴公司有工人260人,资本12万元,年产火柴1375箱(每箱240包,每包10盒),人员和产量都有所增加。另外,天水光华火柴厂,工人103人,资本60万元,年产660箱;伏羲火柴合作社,工人22人,资本4500元,年产440箱;岷县中和火柴厂,工人56人,资本80万元,年产500箱;临洮华兴火柴厂,工人45人,资本40万元,年产180箱。④

火柴业是本区域一项新兴手工业行业,从业人数不多,产量也不高,只能部分解决该地区民众的需要。抗战时期火柴属于管制经济,政府实行专卖政策,各厂生产的火柴由政府采取调节手段进入市场。根据1942年规定,各厂火柴销售配置情形是,兰州年产火柴1192箱,该市年需要量为1452箱,缺260箱,"由岷县及天水两区余数运销,以补其不足";天水年产火柴2475箱,本区域14县销售1610箱,所余855箱则配销于平凉及兰州;岷县年产500箱,本区域销售372箱,余数销售兰州。⑤甘肃火柴业还十分幼稚,不能满足本地市场的需求。

(三)肥皂、玻璃、纸烟、水泥

在新式肥皂尚未出现之前,本区域洗涤主要用碱胰子和羊胰子。碱胰子"乡村农家,均能自己制造",兰州、天水、平凉、酒泉等地经营"斯业者颇多"。随着羊胰子的输入,碱胰子开始衰落,"营业已大不如前,其所以能苟延残喘者,以其尚能保持河西一部之销路也。"羊胰子是从新疆信仰伊斯兰教的民族(近代被称之为"缠头回")传入甘肃的,因此被称之为"缠头皂",兰州、武威为生产地。抗战爆发后,外来肥皂减少,使"羊胰子一跃而为肥皂之惟一代替品,销路日广,制造者益众,大有一日千里之势"。⑥ 羊胰子在抗战期间有了比较快的发展,兰州及附近各县所产缠头皂亦有增产,"惟该业纯为家庭手工业,且多兼营,估计全省以造胰为生活者,至少

---

① 晓波:《战时宁夏工业概况》,《新西北》第7卷第10—11期合刊,1944年11月,第57—58页。
② 陈显泽:《海阳化学厂概况》,《青海文史资料选辑》第17辑,1988年印行,第69页。
③ 天水分行:《天水县经济概况》,《甘行月刊》第1卷第3期,1941年5月,第34页。
④ 陈鸿胪:《甘肃省之固有手工业及新兴工业》,第169页。
⑤ 水寄梅:《甘肃的火柴制造事业》,《甘肃贸易季刊》第7期,1943年12月,第20—21页。
⑥ 王树基:《甘肃之工业》,第89页。

有四千人,每年生产各式旧式肥皂,不下一百万斤"。①

抗战期间,黄河上游区域肥皂业开始发展起来。"抗战前甘肃各地肥皂,几乎全部为沿海各地所输入。"②抗战以后,工厂内迁给本区域肥皂制造带来了技术,兰州、天水、平凉、武威、张掖等地设立了小型工厂,生产肥皂,如时人所言"近一二年来,甘肃之肥皂工业,因厂数之急增,品质等之竞争,大有不可同日而语之势",③肥皂成为抗战时期甘肃增长最快的工业之一。张掖有8家肥皂制造业,④平凉肥皂作坊最初只有三四户,后来很快扩大到十四五户。⑤宁夏在银川及各县设有肥皂厂8家,日产肥皂4000块。⑥其经营方式虽然是工厂或公司制,但完全是手工生产方式,"肥皂之制造,各厂均以土产碱油为原料,碱以宁夏及本省民勤所产者为主,牛羊则取给兰州及河西各地,他如胡麻油、松脂等亦均采由本省所产者。制法普通先将牛羊油溶化之后,再加入麻油、松脂少许,及土碱制成之适度苛性碱,熬煮一昼夜后,舀入内锁马口铁之木箱,冷却之后,取出切成小块,再施以打印取屑手续即成"。⑦从制作过程来看,完全是手工业生产。

玻璃业是我国近代新兴的手工业,在本区域始于抗战时期。1940年10月,青海建成了玻璃厂,厂房面积500平方米,有技术人员和工人30余名,产品以医用与日用品为主,有酒瓶、药瓶、花瓶、茶杯、烧管、装盐酸的坛等。⑧另外兰州、天水也有玻璃制造业。

本区域纸烟始于20世纪30年代。1933年,兰州商人发起成立了华陇烟草股份有限公司,有小型卷烟机两部,每日可出纸烟10万余支。⑨此后,兰州、天水先后兴建了纸烟厂,截至1944年2月全省有纸烟厂18家,其中天水有5家,即松茂家庭工业社、云茂长烟号以及祥茂昌、西北、天庆长3家烟厂,资本总额4.9万元,全部为"手工制造"。⑩

水泥业主要在甘肃永登,有两家工厂生产,一家是西北公路局在永登窑街设立的洋灰公司,每日仅出1桶(每桶170公斤)。一家是1941年春,由资源委员会、中

---

① 甘肃省政府:《甘肃省经济概况》,第133页。
② 王树基:《甘肃之工业》,第90页。
③ 李士春:《甘肃肥皂工业改进刍议》,《甘肃贸易季刊》第7期,1943年12月,第30页。
④ 陈鸿胪:《甘肃省之固有手工业及新兴工业》,第166页。
⑤ 张文蔚:《平凉手工业之兴起》,《平凉文史资料》第2辑,第119页。
⑥ 叶祖灏:《宁夏纪要》,第85页。
⑦ 王树基:《甘肃之工业》,第90页。
⑧ 陈显泽:《海阳化工厂概况》,第72页。
⑨ 广远:《西北工业一瞥》,《中国工业》第9期,1942年9月。
⑩ 王树基:《甘肃之工业》,第164页。

国银行、交通部及甘肃省政府按照 4∶3∶2∶1 的投资比例,在窑街投资兴建的,名称为甘肃省水泥股份有限公司,设计生产能力每日可生产 100 桶。① 该厂的生产为半机械半手工业,投产后的生产能力为每日 40 桶。②

(四) 洗毛、打包、猪鬃和羊肠衣

洗毛、打包、猪鬃和羊肠衣等是随着对外贸易和出口的需要而兴起的手工业。近代以降,西北羊毛开始运往天津港口出口,因羊毛未经清洗,粪便、泥土、油脂等沾于羊毛之上,影响了羊毛的价格,也不便于运输。因此,随着羊毛出口数量的增加,在一些羊毛集散地出现了洗毛、打包业。1915 年,石嘴山英商洋行新泰兴、仁记开始了打包业,各地都把羊毛运到石嘴山进行清洗、打包后再运往天津出口市场。在羊毛出口最盛时期,每年在石嘴山从事打包的工人(包括大工、小工、童工) 1500 余人。③ 1940 年,著名实业家刘鸿生出面与复兴商业公司合资在兰州兴建了西北洗毛厂,从事洗毛和打包,除了洗毛、拖水为机械工作外,其余均是手工业生产,这些手工业生产差不多是招收农民临时工进行的。④ 1945 年投产的青海洗毛厂,其中的洗毛是半机器生产,而打包则完全是手工生产。⑤

猪鬃业也是随着外贸发展而兴起的一个新兴行业。养猪是本区域农业经济区比较普遍的副业,抗战时期统计,甘肃有猪 106.9 万头。猪鬃也成为农家的副业之一,据甘肃贸易公司调查估计,甘肃年产猪鬃约 19 万市斤;又据贸易委员会调查 1938 年产量为 15 万市斤。本省猪鬃除了制造鞋刷,剩余输出,占产量的 90%。⑥ 集中市场以兰州、武威、天水、甘谷、陇西、临洮、洮州为最多,其次在夏河、张掖、酒泉、平凉、西峰镇、靖远等地,⑦被誉为甘肃六大特产之一。猪鬃在输出时要进行梳理,将生鬃通过各种工序进行加工,打包输出。打包工作分别由青海、兰州和石嘴山等主要集散地的工厂来做,如甘肃复兴公司每年洗制熟猪鬃 200 余箱(每箱猪鬃净重 100 海关斤)。⑧

---

① 陈鸿胪:《甘肃省之固有手工业及新兴工业》,第 120 页。
② 郭仲阳:《回忆甘肃水泥公司》,《甘肃文史资料选辑》第 8 辑,甘肃人民出版社 1980 年版,第 125 页。
③ 刘廷栋:《帝国主义洋行在石嘴山》,《宁夏文史资料》合订本第 1 册,宁夏人民出版社 1988 年版,第 79 页。
④ 政协甘肃省文史资料委员会:《西北近代工业》,第 311—313 页。
⑤ 徐全文:《解放前的青海洗毛厂》,《青海文史资料选辑》第 17 辑,1988 年 2 月印行,第 76 页。
⑥ 王世昌:《甘肃的六大特产》,《甘肃贸易季刊》第 5—6 期合刊,1943 年 9 月,第 127 页。
⑦ 李敏斋:《甘肃猪鬃生产及制销情形》,《甘肃贸易季刊》第 7 期,1943 年 12 月,第 37 页。
⑧ 王树基:《甘肃之工业》,第 184 页。

羊肠衣原来主要是做灌肠等食品之用,在医学上可制作为缝合伤口的线。近代以降,羊肠衣成为最主要的出口产品,而养羊是本区域的主要产业,肠衣业也随之兴起,主要从天津出口,运销英美等国。就甘肃而言年产羊肠衣22.8万根,①宁夏年产约15万根以上,②手工制作的方法是除净黏膜,用食盐腌制以防腐烂。

(五)白铁业

白铁业即洋铁业,是依靠洋铁皮发展起来的手工业。中国传统的器皿主要以瓷器、木器和各种金银铜等为主,但自近代以来随着洋铁的进口,出现了以洋铁为原料的手工业产品,如火炉、烟筒、洋铁壶、油灯、油壶、油提、漏斗、喷壶等日用品。抗战以来,随着铁皮来源的断绝,该业主要利用废弃的煤油、汽油或酒精的铁桶为原料进行生产。因原料来自进口,本区域的白铁业主要分布在都市和较大的市镇里,除兰州外,天水、岷县、临夏、平凉、武威、张掖、酒泉均有白铁手工业,据调查甘肃有100余家,从业人员约400余人。③

此外,本区域新兴手工业还有机器制造业,主要分布在兰州,天水、酒泉创办。工合运动在西北兴起后,在家庭纺织业比较发达的地方成立了机器合作社,生产家庭用的纺毛、织布机,如甘谷北街机器社业务为制造弹花机和毛衣横机。④

总之,20世纪三四十年代是黄河上游区域手工业发展较快的时期,特别是抗战期间,由于政府提倡和民众生活需要,出现了一些新兴手工业,给这里的社会经济和民众生活注入了新的内容。

四、手工业的经营方式

近代本区域手工业经营方式由传统的家庭经营、作坊经营方式转变为多元经营方式,也就是说,除了传统的经营方式外,还有官营、合作社等经营方式。抗战时期,行政院第八战区经济委员会对甘肃省51家手工业进行了调查,属于公司性质的工厂6家,其中火柴业3家,卷烟、营造、酿酒各1家;合伙经营的手工业22家,

---

① 甘肃省银行经济研究室:《甘肃之特产》,第93页。
② 孙翰文:《宁夏地理志》,《西北论衡》第5卷第6期,1937年6月,第24页。
③ 陈鸿胪:《甘肃省之固有手工业及新兴工业》,第113页。
④ 吴锐锋:《视察秦甘两县合作社报告》,《工业合作》第41期,1948年2月,第7页。

大多数属于资金缺乏,规模甚小;独资经营 4 家,其中棉纺织 1 家,针织毛线类 1 家,印刷业 2 家;合作社性质的工厂 11 家;地方政府经营的手工业 8 家。① 可见,民国时期本区域手工业经营与投资方式都发生了变化,手工业由家庭、商人投资转变为多方投资的方式,银行资本与手工业相结合,造就了本区域经营体制的多元化。

(一) 家庭经营

尽管近代以降,黄河上游区域的手工业得到了发展,但就生产方式而言,各种手工业家内经营方式仍然占主要地位,作为农村副业而存在。河西走廊的手工业,"仅仅限于农家的副业,其中以高台的土布,行销较广,比较重要。此外山丹的陶器,酒泉的石器工业,民乐及张掖的造酒业等"。② 即这些手工业以家庭内生产为主。一些传统手工业和技术简单、设备简陋的行业,如棉毛纺织业、造纸业、制鞋、食品、酿造等,以家庭经营为主。康县岸门口以造纸为业者五六十家,"大都每年三时务农,农隙方事纸业"。③ 尽管该地造纸有一定规模,但农家仍是在农闲时造纸,农忙时务农。临泽农民"以农业为主,纺线、织布、织褐、编织毛衣及草帽缏为农村之副业"。④ 通渭"出产之毛衣毛线,全系农村副业",尤其是平壤镇 970 户,能生产者 4316 人,平均每户从业 4.5 人,每户有木板钩针 1—2 个,"不论男妇老幼、商店学徒、纸烟摊贩、卖饼小儿,亦各手执木板钩针",即可从事此项工作。⑤ 秦安"毛褐系农民于农闲时期,以木机穿梭土法所织",⑥ 显然不管是通渭的毛线还是秦安的毛褐,都是以家庭生产为主要方式。即使新兴的土布业,大多以家庭经营的方式而存在,如天水民众"大多业农,而以织造土布,为其主要副业。"⑦造纸技术简单,设备简陋,经营方式多为农村副业,天水"大宗生产,完全为农村经营";清水"皆系家庭副业";两当"四乡农民皆有兼营"。⑧ 1928 年旱灾后,晋陕灾民逃荒到泾川,以纺

---

① 行政院第八战区经济委员会:《甘肃省手工业之调查》,《西北经济通讯》第 1 卷第 4—5 期合刊,1941 年 12 月,第 89 页。
② 邹豹君、刘德生:《甘肃走廊的经济建设和移民问题》,《边政公论》第 7 卷第 3 期,1948 年 9 月,第 18 页。
③ 王仕敏、吕重祥:《新纂康县县志》卷 10《工商》。
④ 王存德等:《创修临泽县志》卷 2《民族志·农工商矿林牧》。
⑤ 杨志宇:《通渭秦安天水甘谷四县手工纺织业概况》,《甘肃贸易季刊》第 10—11 期合刊,1944 年 12 月,第 66、67 页。
⑥ 杨志宇:《通渭秦安天水甘谷四县手工纺织业概况》,第 69 页。
⑦ 天水分行:《天水经济概况》,《天行月刊》第 3 期,1941 年 5 月。
⑧ 甘肃省政府:《甘肃省经济概况》,第 139 页。

织土布为生。在他们的影响下,本地约有60%的农户在农闲从事纺织业,主要是自给,剩余出售的布不过3%。① 即使手工艺要求比较高的栽绒地毯,"尚无专事栽绒之厂家,大都为家庭工业,及毛织厂之副业,因规模极小,多为'定活'出品"。② 栽绒地毯因市场狭小,只能局限于家庭生产,有的农家向工厂"定活"后,生产场地在家内。尽管乡村手工业大多数属于家庭副业经营方式,但与传统家庭经营有所不同,20世纪三四十年代的家庭手工业与市场有了紧密的联系,即生产不完全是为了满足家庭内消费而进行,而是具有了商品生产的性质。

一些市镇上的手工业也有相当行业属于家庭作坊经营。华亭安口镇的砂器生产多以家庭院落为生产场地。作坊主大多数是农业和手工业兼营,每年八九月至次年的正二月为生产旺季,其余时间为厂家务农季节。③ 贵德县制靴工具十分简单,两把裁刀、大小3把锥子、一副夹板、一把烙铁、几副楦头就足够了。在县城的制鞋作坊与家庭住房合二为一,鞋匠在铺面前设门市部,后院为工场;没有铺面的在炕头、屋檐下都可从事工作。这种现象在青海制靴业中普遍存在。鲁沙尔镇鞋匠中,中户尽管有作坊,也属于家庭生产,除了自己熏皮加工皮靴外,妻子儿女还打麻绳做帮工,边制作边出售。这类家内手工业生产,大多数以自产自销为主,不经过商人环节。靴匠不论是在街道有铺面的,还是其他鞋匠户,他们的生产为了满足市场的需求,"有门市的在门市销售,没有门市的拿现货(到)街头销售。有的皮靴生产(者)直接和某些寺院、部落挂钩成交,以靴换取畜产品的较多,且获利也高"。只有在皮靴需求的淡季,皮匠才与商人联系。如农牧区每年正月到五月是皮靴需求的淡季,那些"小本的靴匠,因家务生计无法安排,把所生产的皮靴卖给经营皮靴的大商号,这些大商号则压价收购,一般比正常市价低百分之三十左右。"这种经营方式,贵德皮靴匠称之为"跳崖"。④ 小皮靴作坊在经营淡季,商人居间压价收购,影响了他们的收入。

在比较发达的市镇,手工业家庭经营更为普遍。平凉手工业"为本市人民之副业,而若能统计其数字,则当不减各工厂之数字。盖凡居家住户,无论贫富,平均每户至少有纺毛线之手摇机一部,街头巷尾到处都是,足证其手工业之发达矣。皮革

---

① 吕建基:《民国时期的泾川农民生活状况》,《泾川文史资料选辑》第4辑,1997年11月印行,第71—72页。

② 第八战区经济委员会:《甘肃省手工业之调查》,《西北经济通讯》第1卷第4—5期合刊,1941年12月,第84页。

③ 易芳口述,冯天言整理:《安口砂石器》,《华亭文史资料》第1辑,1999年,第49页。

④ 张志忠:《民国时期贵德的靴匠业》,《贵德文史资料》第1辑,第54页。

类大抵由海原、固原、中宁一带收购而来,经以手工制造始成皮衣、皮箱等,售于来自外出之商贩,以皮衣而论,每年不下万余件"。① 平凉的家庭手工业者与商人联系比较紧密,原料来自商人,产品也通过商人出售到各地,这些商人大都是上门服务,即到手工业生产者家里出售原料和购买成品。在平凉市镇上活跃着的这些与家庭手工业者有密切联系的商人,具有包买商的性质。

(二) 挑贩经营

所谓挑贩经营,即手工业者利用农闲时间挑着工具到农家去生产,这种经营方式主要存在于工具轻巧和技术含量较低的手工业之中,属于家庭雇佣生产的一种方式,大多数是为了满足自需的生产。如平凉有一些铁匠炉、接铧匠、小炉匠,不设铺面,大多数属于家庭作业或走乡串户,"做一些修修补补的行当"。② 陇南及河西的制箩匠"挑贩较多,固定设铺经营者尚少"。③ 陇南是麻纺织业比较集中的地方,有的农家妇女只能纺线不能织布,因此在春季"常有织匠负机下乡专织麻布,细者一角一丈,粗者一角一丈二尺,熟手每人每日能织五丈。"④ 还有一些农家在"农民闲暇之时,捻毛为线,俗称褐线,待织褐匠来时,交给织褐匠"。临洮、渭源、陇西、甘谷等地专门有一些织褐匠走乡串户,甚至远走他乡从事织褐,他们"自己携带简单器械,巡游各地兜揽织褐,或计日付给工资,或计件付给。此种情形以临潭、和政、永靖、洮沙、宁定、皋兰、榆中,尤为普遍"。⑤ 甘肃"棉工携带弹弓周游农村或市场兜揽工作,以斤计价,今日此处,明日彼处,或三五成群,或一人独行,无固定生产据点,兰州、平凉、天水、武威以及各产棉区,多有此项棉工之足迹",这种经营方式占60%。⑥ 东乡族农村雇工经营的手工业"无一定工作场所,有时在自己家中,有时在雇主家中。如在雇主家中,则应供应食宿"。⑦ 这种经营实际上是一种挑贩经营的形式。

农牧兼营的地区,也有大量挑贩经营。青海"农家虽有羊毛,但多不习制毡,往往邀请毡匠到家,供给食宿,每日造作,并按件数,另计工资,每条四六毡,约需工资

---

① 梁道庆:《平凉工业概况》,甘肃省档案馆藏,52/2/302。
② 张文蔚:《平凉手工业之兴起》,《平凉文史资料》第2辑,第116页。
③ 陈鸿胪:《甘肃省之固有手工业及新兴工业》,第137页。
④ 傅安华:《西北工业概况》,《西北资源》第1卷第1期,1940年10月,第52页。
⑤ 王树基:《甘肃之工业》,第35—36页。
⑥ 甘肃省政府:《甘肃省经济概况》,第96页;陈鸿胪:《甘肃省之固有手工业及新兴工业》,第137页。
⑦ 甘肃省编辑组:《裕固族东乡族保安族社会历史调查》,第106页。

八角。制成之品,除自用外,余均出售"。① 制毡比一般的毛纺工艺要复杂一些,"工序分为弹毛、擀毡、洗毡等,其中弹、洗需要一定技术。"② 而且擀毡需要一定的体力,不是每个农家都可以做的,故农家往往将毡匠请到家里,提供羊毛等原料,进行生产。在藏区织毛毡、褐子雇佣是比较常见的,王树民在甘南草地旅行时,就"在帐房中见藏妇织牛毛毡者,甚迅速。女工可雇用,供饭之外,每月仅需工资三元"。③ 贵德农村有分散的个体鞋匠,"走农户串帐房,加工靴子、皮鞋,修理缝补,这种工匠有 100 多人",占全县从业人数的三分之一。④ 鲁沙尔镇靴匠中的下户"一般没有资金,每年到牧区走串帐房,由牧民管吃、管喝、管住,并由牧民供给材料,制作、修补靴鞋,做完一家,再去一家,有的以各自换取羊毛、皮张等畜产品,带回出卖,维持生活"。⑤ 可见,匠人走家串户的经营方式在各地普遍存在,在乡村社会经济中发挥着不可或缺的作用。

(三) 作坊经营

中国传统的作坊经营方式有两种,一种是师徒制,即作坊主作为师傅带领学徒从事生产;一种是雇工经营,即作坊主雇用工人进行生产,这两种经营方式,在黄河上游区域均大量存在。东乡族的手工业经营中,家庭手工业比较少,主要是作坊手工业,一种是学徒制,"清代已有学徒,民国时增加不多。学徒一般一家不超过两人,期限为三年,在学徒期内仅供食宿"。一种是雇工经营,"作坊主拥有生产资料,雇用工人劳动。此种形式清代已有。东家与工人要签订合同,规定工作年限,分红比例等。东家也参加劳动,做些零活。在东乡手工业中,染坊的雇佣关系较普遍"。⑥ 酒泉有一家纺织业,以毛织品为主,设备有木机 4 架,师傅 2 人,学徒 10 余人。⑦ 这家纺织作坊沿袭了手工业作坊师徒制的传统。贵德的靴匠业,作坊主除了参加劳动外,还招收学徒,雇请短工,"这些人既做工又务农,农忙分农,工忙分工"。⑧ 湟源鲁沙尔镇靴匠中的上户,"一般有较厚的资金,雇用匠人,设有缸院,建

---

① 陆亭林:《青海帐幕经济与农村经济之研究》,第 20760 页。
② 甘肃省编辑组:《裕固族东乡族保安族社会历史调查》,第 106 页。
③ 王树民:《游陇日记》,《甘肃文史资料选辑》第 28 辑,第 252 页。
④ 张志忠:《民国时期贵德的靴匠业》,《贵德文史资料》第 1 辑,第 54 页。
⑤ 张生佑、赵永年:《建国前鲁沙尔镇的工商业概况》,《青海文史资料选辑》第 17 辑,第 87—88 页。
⑥ 甘肃省编辑组:《裕固族东乡族保安族社会历史调查》,第 106 页。
⑦ 之元:《酒泉概况》,《新西北》第 5 卷第 4—6 期合刊,1942 年 6 月,第 134 页。
⑧ 张志忠:《民国时期贵德的靴匠业》,《贵德文史资料》第 1 辑,第 54 页。

缸熟皮,缝制上樏,批量生产销售"。① 和传统作坊经营相比,抗战时期一些作坊已经完全摆脱了家庭副业,并向半机器化生产转变。

从资本构成来看,作坊经营有独资经营,也有合伙制经营。生产工具简单、生产规模比较小的作坊一般是独资经营,在技术、设备比较复杂与生产规模较大的作坊,则采取合伙经营。行政院第八战区经济委员会对51家手工业工厂的调查中,独资经营的只有2家,而合伙经营的有22家,占43.1%,占到全部调查工厂的五分之三强。调查的22家合伙经营的手工业,"大部因资金缺乏,规模甚小,领东一人,往往身兼工头与经理两种职务,合伙经营22家,其资金仅占总额19.66%"。② 这种合伙制占有较高的比例。

合伙制经营的形式多种多样。有的是商人与商人之间的合伙,如礼县"元生吉酒店"是一家合伙制酒坊,有5家股东。最大股东是陈应凯,1924年当选为礼县商会会长,1940年创办元生吉酒店,资本6000元,其中陈应凯入股2200元,崇德堂商号入股1500元,独见吉入股1300元,张耀宗入股600元,张耀祖入股400元,年产白酒1万余斤,市场在陇南、兰州、河西等地。有的是家族或亲戚之间合伙经营,该县元庆合汾酒局成立于1944年2月,由李元龙与其姐夫陈庆荃合伙经营,资本10万元。③ 一些手工业采取以技术、劳力入股等合伙形式。石嘴山"黑陶瓷生产,一直沿用着以技术、劳力、出资'七股'为份子的分红形式(即每出一瓷器,提供泥、炭、运输费用的窑主得三股半瓷器;匠人得一股半瓷器;揉泥、搅轮子的小工各得一股瓷器)"。④

20世纪三四十年代,黄河上游区域成立的许多工厂,从表面上看是公司制或工厂体制,但其生产关系包含了职工、雇工、学徒等多种内容,实质上是传统作坊经营与现代经营体制的一种结合。如岷县厚生瓷碳公司,省外工匠5名,实行工资制,每月30元;本省工匠10名,"暂不支薪,俟出品后",以"人股"作为报酬。艺徒10名,"每月支零用一元,三年期满,由厂中带给谢师费,每名各七十元",苦工10名。⑤ 这是传统社会向现代社会转型过程中出现的经营方式,即传统的手工业经营方式如学徒制尚未完全退去,而新的公司制度尚未完全建立的情形下出现的

---

① 张生佑、赵永年:《建国前鲁沙尔镇的工商业概况》,第87页。
② 行政院第八战区经济委员会:《甘肃省手工业之调查》,《西北经济通讯》第1卷第4—5期合刊,1941年12月,第90页。
③ 王小一:《礼县酿酒史料拾遗》,《礼县文史资料》第1辑,1992年印行,第265、276页。
④ 武习文:《石嘴山区黑陶瓷小考》,《石嘴山文史资料》第7辑,第38—39页。
⑤ 赵增礼:《甘肃岷县之瓷业》,《西北问题》第1卷第3期,1935年5月,第107—108页。

一种经营模式。从生产管理、资本构成来看,一些作坊手工业在工业化方面迈出了一大步,或者是一些新建立的工厂既有作坊手工业的影子,也掺和着现代企业经营的因素。

(四)官营手工业

尽管官营手工业在中国历史悠久,但作为地方政府新政的一部分是近代才有的。黄河上游区域地方政府经营手工业始于清末新政期间。光绪三十二年(1906年),兰州道彭英甲开办了甘肃劝工局,设有提调1员,坐办1员,督工3员,稽查、收管、支发各1员,"督率工匠学徒,经管材料成品"。除上述人员外,有工匠20名,学徒100名,杂役20名。因该工厂具有推广手工业的责任,招收的学徒除了做工外,"必须兼习书算,以启其智,故附设匠徒夜学堂,委教习一员,体操教习一员"。①除甘肃劝工局外,各地均设立了类似工厂,如甘(州)凉(州)工艺教养局、织布厂,宁夏设有工艺学堂,阶州设有习艺厂,泾州有女工艺所,安化(1913年改名为庆阳,2002年更名为庆城县)、玉门、镇原、合水、平凉、成县、正宁等县设有工艺局,"至习艺所,则各州县相继设立"。②据光绪三十三年(1907年)《陕甘总督兼管巡抚衙门督办各属习艺所统计表》记载,清末各州县组织犯人成立官办工艺所,从事手工业生产,共有71处,犯人1197名,产品多就地取材,以羊毛、麻、草为原料,生产毛织品和草编产品等。③这些劝工局、习艺厂、工艺学堂、教养局、工艺所等均为官办,属于官营手工业,也是衙门式管理。

1928年,甘肃省政府督饬各县办理民生工厂,先后有临洮、临夏、洮沙、陇西、渭源、定西、岷县、临潭、天水、秦安、武山、甘谷、清水、西和、庆阳、酒泉、敦煌等17县设立民生工厂。④这些民生工厂一般由建设局长任厂长。如陇西平民工厂,由建设局局长兼任厂长,生产毛织、纺织、栽绒3种,经费由县政府筹拨,1929年改为民生工厂。⑤庆阳县平民工厂经费由牙行下抽洋640元开办,设纺纱、编织两科⑥,有厂长、技师各1人,学徒14人,每日授课2小时,做工8小时。⑦这个时期创办的官营手工业工厂,既有生产任务,也有培养手工业人才的任务。中原大战

---

① 谢学霖:《甘肃实业调查报告(续)》,《劝业丛报》第2卷第2期,1921年10月,第48页。
② 彭泽益:《中国近代手工业史资料1840—1949》第2卷,中华书局1962年版,第566页。
③ 杨绳信:《清末陕甘概况》,第80页。
④ 刘郁芬、杨思:《甘肃通志稿》卷28《民族八·实业》。
⑤ 王振纪:《陇西解放前小手工业的见闻》,《陇西文史资料选辑》第1辑,1995年印行,第61页。
⑥ 刘郁芬、杨思:《甘肃通志稿》卷28《民族八·实业》。
⑦ 张精义:《庆阳县志》卷4《民族志》,第297页。

后,因经费无着落,平民工厂多数停办了。

南京政府建立后,甘肃建设厅会同民政厅"令饬各县政府认真筹办贫民工厂,关于原料虽云不丰,然毛织与手工业二项,以足为本省中心制造"。根据这一政策,各地先后创办了以毛纺织为主兼及其他的平民(民生)工厂,如清水县设立织布工厂一处,固定基金2000元;组织基金保管委员会,"除县长任当然监督外,另推地方神耆七人,为保管委员"。张掖民生工厂设毛织、编物两科,制造编织、栽绒、毛毯等,"试办业已数月,成绩甚有可观"。① 古浪县知事张庆瑜为鼓励民间纺纱,设立纺织厂一所,"造机购料,聘工师,招学徒,令其习学纺纱,为人民之模范,复造纺纱车数十具,并棉发给贫民,令其纺纱交厂,以期将来家家纺织,到处有机声为目的。"②

抗战爆发后,天津、上海、汉口各地先后沦陷,黄河上游区域的工业品出现了严重的短缺。解决工业品供应成为各级政府面临的重要问题。在此背景下,各地相继创办了官营民生工厂,截至1940年开工的有天水第三厂,古浪第四厂第一分厂,酒泉第五厂,安西第五厂第一分厂,鼎新第五厂第二分厂,敦煌第五厂第三分厂,金塔第五厂第二分厂,临夏第六厂,临洮第六厂第一分厂。③ 这些工厂均属于官营手工业,均以羊毛纺织为主业。

宁夏官营手工业始于抗战时期。"抗战军兴,交通阻塞,自生工业在宁省之萌生,亦时势所趋,经当局之不懈努力",从1937年起,宁夏创办了12家官营工厂,"采取手工业为方式,竭力对省内日用品,使其自给自足"。④ 有的官营手工业是从商办工厂改制而成的,如宁夏毛织工厂成立于1936年7月,由私人经营,资本5000元,"营业不堪发达",1938年改为官营后,"资本增加,各项出品,均感供不应求"。⑤ 该厂由私营改为官营后,生产有了较快的发展。

青海在抗战时期也建立起了官营手工业,有火柴厂、玻璃厂、毛纺厂、机械厂、三酸厂、皮革厂、洗毛厂、牛奶厂,即所谓"八大工厂"。⑥ 这些工厂从资金的来源看,"不是股份集资,又非官方股金,及非国营企业投资,而是亦军亦政亦商,公私难分,工厂属于政府,政府即马家(马步芳家族)"。工厂内部协作简单,属于手工作坊

---

① 许显时:《两年来甘肃建设之概观》,《中国建设》第13卷第1期,1936年1月,第140页。
② 李培清、唐海云:《古浪县志》卷6,《实业志·工业》。
③ 傅安华:《西北工业概况》,《西北资源》第1卷第1期,1940年10月,第50页。
④ 秦晋:《宁夏到何处去》,第13—14页。
⑤ 宁夏省政府秘书处:《十年来宁夏省政述要·建设篇》,第152页。
⑥ 陈显泽:《海阳化学厂概况》,《青海文史资料选辑》第17辑,1988年12月印行,第69页。

生产,个别属于手工工场性质,"属于封建性超经济剥削,其产品主要供给官府使用"。① 这是近代青海官营手工业的主要特点。

官营手工业的经营方式采取的工厂制,厂长一般由该县建设局局长兼任,资本来源有政府拨款、税收和银行投资等。官营手工业的提倡和创办,在工业发展中具有示范和引领的作用,生产技术比作坊手工业有很大的提高,部分产品使用机器生产,不论资本、生产规模还是产量都大于作坊生产。如宁夏普利面粉公司资本2万元,宁夏毛织厂资本5000元,宁达棉铁厂资本5万元,义兴织染厂资本2万元,兴灵纺织厂资本5万元,中和纺织厂资本1.5万元,富有被服制革厂资本5万元,宁夏电灯公司资本5万元,宁夏造纸厂资本1万元,木炭厂资本5000元,绥宁酒精厂资本80万元,光宁火柴厂资本2万元,利宁甘草膏制造厂资本40万元。② 即使县立平民工厂,资本、设备和生产规模也比手工业作坊大,产品数量也多。如1940年成立的岷县平民教养工厂,资本1.6万元,银行投资3000元,有铁布机2架,木机13架,栽绒机1架,每月可出产毛毯400余条,人字呢60匹,宽白布60匹,毛巾100打。③ 从生产关系来看,以平民工厂或民生工厂面目出现的手工业,既有学徒,也有雇工,如甘肃省第三区难民工厂,全厂工人50人,学徒10人。④ 这种经营模式在各县官办工厂中比较普遍,可以看作是传统手工业经营模式的延续。就资本筹措而言,官营手工业有独资经营,也有官商合办,抗战期间设立的庆阳县民生工厂资本3万元,属于官商合股。⑤

(五)合作社经营

1938年8月,"中国工业合作协会"(下文简称"工合")在汉口成立,目的是"要把大批熟练技工,以及转徙四方失业的手工业者组织起来,以资金援助他们,发展地方小型工业,以补工业产品的不足"。⑥ 同月,"工合"西北办事处在宝鸡成立。天水、陇南成为西北工合运动的重点,原因在于:①出产丰富,原料来源不成问题;②手工业比较发达,尤其是纺织业、造纸业,便于组织而且收效较快;③交通比较便利,地接川陕,原料方便取给和成品方便对外运销;④地近宝鸡,便于工业合作协会

---

① 芈一之:《芈一之民族历史研究文集》,民族出版社2008年版,第294页。
② 秦晋:《宁夏到何处去》,第13—14页。
③ 岷县分行:《岷县经济概况》,《甘行月刊》第1卷第4—5期合刊,1941年7月,第30页。
④ 甘肃省银行经济研究室:《甘肃省各县经济概况》,第95页。
⑤ 同上。
⑥ 田家英:《抗战中的工业合作运动》,《解放日报》1941年12月8日。

西北办事处的协助;⑤从军事地理上看,这里比较安全。①

1939年4月,"工合"在天水成立事务所,"天水之工业(包括小手工业、半机器工业及机器工业)乃呈蓬勃发展之象,两年来天水成立之合作社已数十家"。② 截至次年5月,在甘肃建立合作社29处,其中天水21处,秦安4处,甘谷、兰州各2处。③ 到年底,天水67处,社员516人;兰州35处,社员274人。④ 这些合作社把原来分散的手工业者组织起来进行生产,如甘谷传统手工业户"各自为业,毫无组织,自工业协会甘谷通讯处成立以来,提倡指导各合作工厂……极受社会一般人士之欢迎",成立了甘谷中心工厂、榨油合作社、北关生产社、机器合作社、裕华合作社、北街合作社、毡帽合作社、明新合作社、中兴工厂、东街合作社等10家,生产毛布、土布、豆油、豆饼(肥料)、弹花机、轧花机、毡鞋、毡帽等。⑤ 1942年12月,岷县工业合作社成立,次年5月纺织社、木器社和烛皂社成立,1945年有8个不同的合作社,社员110人。⑥ 有学者统计,在工合运动中,仅兰州、平凉、天水三地就有毛纺织合作社60多家。⑦ 工合运动在推动合作社手工业方面起了重要作用。

除了工合组织手工业合作社外,甘肃省合作领导机关、农民银行等推行合作事业,从1941年开始,先后建立了一些手工业合作社。如榨油合作社推广到5县,经营榨制清油、香油、植物油等业务;纺织合作社推广到14县,有177社,经营棉毛纺织业务;采冶合作社推广到7县,有7社,经营冶矿业务;皮毛加工合作社推广到7县,有7社,经营制造皮革、服装等业务。⑧ 1942年3月统计,有社188所,社员5327人;⑨1943年12月统计,有社229所,社员7891人。⑩ 1944年12月统计,专营工业合作社287所,社员9107人,分布在43个县,即占全省县数62.3%。手工业合作社主要分布在农村手工业比较发达的各县,如秦安51社,兰州40社,天水

---

① 罗子为:《工业合作社之重要与甘肃工业合作社推进之刍议》,《甘肃科学教育馆学报》第1期,1939年5月,第89页。
② 天水分行:《天水经济概况》,《甘行月刊》第3期,1941年5月。
③ 郑长家:《西北区工业合作之业务》,《西北工合》第2卷第1—2期合刊,1939年7月,第52页。
④ 卢广锦:《四年来的西北工合》,《工业合作》第3卷第1—2期合刊,1942年8月,第36页。
⑤ 甘肃省银行经济研究室:《甘肃省各县经济概况》,第103—104页。
⑥ 陈联佑:《岷县工合简况》,《工业合作》第19期,1945年9月,第7页。
⑦ 裴庚辛:《民国甘肃手工纺织业研究》,《西北民族大学学报》2010年第6期,第61页。
⑧ 《甘肃省合作事业推行概况》,手抄本,从内容上推断应为1945年,甘肃省图书馆西北文献阅览室藏。
⑨ 《甘肃省合作事业推行概况》,手抄本,甘肃省图书馆西北文献阅览室藏。
⑩ 李仲舒:《甘肃农村经济之研究》,《西北问题论丛》第3辑,1943年12月。

37社,皋兰21社,平凉20社,徽县14社,靖远、通渭各10社,①上述各县占全部手工业合作社的70.7%。

宁夏合作事业起步较晚。1940年宁夏省政府建设厅设立合作科,随着业务的增加和合作社事业益受重视,改合作科为合作管理处,同时按照中央经济部的要求,在各县设立了合作指导室。在合作运动的推动下,宁夏各县也以合作社的方式组织手工业生产,各乡镇合作社经营的手工业有纺织、榨油、造纸、皮毛、畜产制造、陶瓷等。如中卫上下河沿为宁夏瓷土产区,经营陶瓷业的有20余家,在合作社兴起之后,成立陶瓷生产合作社,经营有了很大改观。宁夏"衣料来源,向赖包头与平凉输入,自抗战军兴,交通困难,来源缺乏,致布价上涨,而本省妇女向不从事纺织,本厅曾立妇女纺织传习所,各县合作社利用受训人员指导加入合作组织并按其所需,贷以机械与原料,现正进行开展业务者,有永宁县眷和乡暨宁朔县瞿靖堡等合作社"。②

1944年至1945年上半年,青海省在西宁、湟中、乐都、民和、互助、大通、湟源设立合作指导室,督导成立专营合作社。青海工业合作社以生产各种毛纺织品、皮革如皮衣、皮鞋、皮毛为大宗。湟中县加牙庄栽绒合作社是青海规模最大的手工业合作社,有社员320人,资金2000万元,生产绒毯、绒裤、地毯、垫褥等。③ 抗战胜利前后,合作社也成为青海组织工业生产的一种方式。

手工业合作社有集中经营和分散经营两种方式。集中经营是将"多数工人集合在一起,互相协助进行工作,其中有的施行着较科学的分工,有的是单纯的合作。社的组织以七人为最低法定名额,社员中推定监理事各一人,全体劳动者在理事主持下进行工作"。分散经营"是把工作分散,由农家或独立手工业者个别进行,这种往往为集中经营的补充形式。纺织工业很多是采取这种形式,社员多以参加合作社为副业。"在本区域,分散经营最为普遍,散居各处的农民、手工业者在家内进行操作,社是无形的,"理事则担任统购原料,收集成品,按工给资的职务";在一些比较独立分散经营的合作社,"理事将贷款平均分给各社员后,自行购办原料,成品是由社员收兑"。④ 宁夏建设厅《纺织生产合作社指导纲要》规定:合作社生产方式"分集中生产方式及个别生产方式两种。合作社得依社员环境需要自动选择,凡生

---

① 甘肃省政府:《甘肃省统计年鉴》,第236页。
② 宁夏省建设厅:《宁夏合作事业(2)》,1942年1月油印本,第11页。
③ 罗舒群:《抗日战争时期甘宁青三省农村合作社运动述略》,《开发研究》1987年第3期,第58页。
④ 田家英:《抗战中的工业合作运动》,《解放日报》1941年12月8日。

产工作之一部需采用集中生产方式始称经济者,则该部分生产原料于集中生产后,再分配于各社员个别生产。""采用个别生产方式者,合作社应将原料交由社员在家各个生产,收回成品。"合作社盈余分配"依社员所缴纳生产品之价款或取得之工资比例分配之"。① 甘肃一些农村手工业合作社大多数属于分散型的,如天水三阳川合作社纺织联合供销处,主要"负担各社员原料之供给,成品之推销,以及改良纺织机具,训练纺织技术等"。该合作社自1941年12月成立以来,先后购买10支纱85包,发给各社员作经线之用;另外改良机具多由合作社办理,先后购得木机梭1000个,竹杼1000个,分别发给社员;在推销方面,已收社员生产的白布10178匹,运销陇西、岷县等地。② 从事手工业的农家分散各地,独立生产,合作社所做的工作就是提供原料、贷款和收集成品。

手工业合作社集中经营在市镇比较普遍。如平凉在抗战时期是容纳河南难民比较多的市镇,为了安置这些难民,县政府召集难民中有手艺的手工业者,采取自愿组合的办法,办起了各种手工业合作社。最先兴办的有六盘磨、二道渠毛织合作社,入社的大多数是河南巩县、偃师一带难民,所产毛衣、毛裤、毛背心、毛线毯等,畅销西北各地。接着新办了两所棉织合作社,用脚踏机纺织土布;郑家沟一带难民创办了3个呢帽合作社,主要生产礼帽、毡帽;南河道、北沙石滩一带的河南桑坡难民创办了3个皮毛合作社,另外还有铁器、木器、食品合作社各1个。③ 合作社也是救济难民的一种手段。

手工业合作社的组织以保证责任为主,资本来自两个方面,一是银行贷款,一是社员集股。如陇西襄武村生产合作社成立于1940年10月,系保证责任,股份为600股,每股10元。④ 秦安有42家生产合作社,均属于保证责任,认购社股47542085元,银行贷款192151元。甘肃省银行调查该县工业时说:"本地除合作实验区及工业协会,去年(指1940年——引者注)所举办之几处纺织合作社外,无其他工厂设立,此种合作社之组织,规模狭小,设备简陋,资本最多者七八千元,少至一二千元者,多系中国农民银行贷款。"⑤ 手工业合作社是银行资本与农村家庭工业相结合比较好的形式。

---

① 宁夏省建设厅:《宁夏合作事业(2)》,第57页。
② 常文熙:《天水三阳川合作社标准国布之产销》,《中行农讯》第11期,1942年5月25日,第6页。
③ 李云宾等口述:《解放前平凉回民经济发展概述》,《平凉文史资料》第1辑,第30页。
④ 甘肃省银行经济研究室:《甘肃省各县经济概况》,第57页。
⑤ 秦安办事处:《秦安经济概况》,《甘行月刊》第6期,1941年12月,第41页。

五、手工业与农村经济变迁

在以往的研究中,学术界普遍认为进入近代社会以来随着西方列强的入侵,中国自给自足的自然经济被破坏的同时,农村手工业也完全破产了。但近些年来,学术界的研究认为除了少数传统手工业衰落外,大多数行业不但维持下来,而且有的行业还得到了发展,甚至出现了一些新兴的手工业行业,农村出现了"半工业化"。[①] 本区域是一个落后闭塞的地区,尽管各地都有一些手工业,但大多数是以家庭副业的形式存在。随着20世纪三四十年代南京国民政府西北开发和抗战时期西北经济建设,手工业的发展,引起了农村经济的变化。[②]

第一,手工业的发展使黄河区域出现了"半工业化"的新气象。在20世纪20年代以前,本区域农村手工业主要以家庭副业而存在,从30年代国民政府西北开发和抗战时期西北经济建设,农村出现了"半工业化"的新气象,如皮革制造的技术有了变化,除了使用原来的水缸、木桶,一些比较大的作坊和工厂开始使用抽水机、磨皮机和缝纫机等。[③] 秦安乡村纺纱织布,生产方式比过去有较大改进,"各纺织合作社间有用手拉梭者,对幅面密度疋头,均有不少改良"。[④] 尤其是市镇及其周围的农村和交通比较方便的农村形成了较大的生产规模。如土布在天水、甘谷、秦安为农村最为普遍的家庭手工业。秦安木机"最少有一万架,直接工人一万人,间接工人三万人,全年可产土布五十余万匹"。天水三阳川有纺织合作社56所,约有7000人,有织布机6000余架,"为一天然工业区,家家户户,纺织机声,震耳不绝,居民万余户,农村副业,全以纺织手工业为主。"是抗战时期土布生产比较集中的村落。武都"普通山地与平原,多能植棉,且纤维细长,光泽洁白,宜于纺纱,故本县乡村副业,以纺织布为主,平均每户有纺纱机一架,十户有织布机一架,乡村妇孺均能任之"。民勤的"手工纺织业,在甘肃农村各县副业中,为最发达,平均每户至少有

[①] 参看彭南生:《半工业化——近代中国乡村手工业的发展与社会变迁》(中华书局2007年版)一书的相关内容。

[②] 笔者曾尝试用"原始工业化"的理论与概念来解释20世纪三四十年代黄河上游区域部分地区的手工业发展与农村经济问题,但对该论文掌握不够准确,放弃了这种解释尝试。尽管如此,这个时期一些地方的农村手工业已经具备了"原始工业化"的某种特征,如生产的市场化,在某些手工业发达的农村农民从事手工业生产的收入已经超过了从事农业生产的收入等。

[③] 王树基:《甘肃之工业》,第124页。

[④] 杨志宇:《通渭秦安天水甘谷四县手工纺织业概况》,《甘肃贸易季刊》第10—11期合刊,1944年12月,第69页。

织布机一架",年产土布 35 万匹;张掖有纺织户 2000 余户,纺纱机 2000 架,织布机 1600 余架,年产土布 9 万匹。① 这些农村,土布由原来的家庭副业发展为家庭手工业,在社会经济中占有重要地位。

随着手工业的发展,出现一些手工业比较发达的市镇。位于天兰公路沿线的甘谷、秦安、通渭等是陇东南家庭副业和手工业最发达的县。据抗战时期调查,甘谷年产土布 8 万匹,毛褐 5000 匹,销武山、陇西;麻布 2000 匹,土纱 30 万斤,半毛呢 3000 匹,棉布 1 万匹,多供自用;毛衣裤 10 万件,毛袜 6 万双,毛缠 1000 卷,毛毡 1000 页,毛线 2 万斤,运销陕西、四川、兰州等地;草帽年产 8 万顶,麻鞋 1 万双,销邻县及兰州等地。手工业的经营方式也有变化,成立了生产合作社 10 家,其中毡鞋 1 家,年产 1500 双,毡帽 100 顶,榨油 1 家,年产豆油 2 万斤;机器生产合作社 1 家,出产弹花机 3 架,轧花机 15 架;纺织合作社 7 家,年产木机布 6000 匹,毛布 1000 匹。② 手工业的发展也带动了其他产业的发展,如华亭安口镇陶瓷业发展起来后,"该镇各种事业,均以瓷业兴败为转移,人口近万,银行邮局亦次第开幕",③该镇成为甘肃东部重要的瓷器市场和商业市镇。

合作运动在推动农村"半工业化"的过程中发挥了至关重要的作用,一些素无工业的地方发展起了工业。如时人所言:"工合事业在陇南(只洮岷流域言)说它是沙漠中的一点青草或一股清泉,实在是当之无愧的。洮河流域的资源虽然异常丰富,然在过去'工业'二字根本谈不到,就连手工业也算在内。自工合西北区于岷县设所后,积极提倡手工业以来,在洮河流域才始嗅到一些工业的气息。"④合作社也带动了传统手工业的发展,中卫上下河沿地方,是宁夏瓷土产地之一,有 20 余家从事陶瓷生产。在传统生产中,"产品不能适应现代社会之需要,且各陶业间缺乏联合,资金亦复不足,'寅吃卯粮',一窑没成,而出品已典售一空,所谓'熄火穷',生计艰苦之至。"因此当地有识之士提倡建立合作社,以融资和改进技术。合作社成立后,贷款 1 万元,"从原料与生活必需品供给起,继而统销其产品,半年余,各陶户对于合作社组织发生信仰,并由社方向靖远、平凉聘用优良技师,指导其技术,并试验各种原料,以谋产品之时尚"。通过组建合作社,使中宁的陶瓷生产有了很大的改观,并成为人们认识生产合作社的典范,对此有这样的评价:"利用各地方之固有经

---

① 王玉芬:《土布在甘肃》,《甘肃贸易季刊》第 10—11 期合刊,1944 年 2 月,第 38、39 页。
② 统计组:《甘肃各县局物产初步调查》,《甘肃贸易季刊》第 5—6 期合刊,1933 年 9 月,第 37—38 页。
③ 王树基:《甘肃之工业》,第 107 页。
④ 陈联佑:《岷县工合简况》,《工业合作》第 19 期,1945 年 9 月,第 6 页。

济特质,加以合理之组织,增加其生产,发展社会经济,以弘合作社组织之效果,该社组织为本省合作事业动向一大转变"。①

第二,手工业为农村剩余劳力提供了就业机会,改善了部分农民生活。一些手工业工厂的设立和发展,为农家提供了更多的从事副业的机会,农家利用农闲时间进城或在市镇作坊打工,剩余劳力得到了使用。如宁夏火柴厂建立后,招"临时女工若干,工作繁忙时可招之入场,做火柴盒,贫户闲之一种副业"。② 天水炳兴火柴公司成立后,"一时失业工农,纷纷投入工厂做工。当时除内厂、山厂雇有固定个人外,其余糊盒、排签、装盒、包封等工序均雇用临时工,其中以女工居多"。③ 兰州同生火柴厂也雇用了一些临时工,其中"装火柴的女工二十余人",另有糊盒工约六七十人,"西园一带的妇女在家中劳动"。④ 静宁中和火柴公司投产后,该县"穷家子女拾火柴、粘纸匣者日辄数百人,借以养家,免致流离失所"。⑤ 烟坊在加工烟叶时要将腐败烟叶拣去,并抽去烟叶中的粗筋,这项主要由手工操作完成,为农家提供了副业的机会。兰州水烟厂和作坊的工人,"大多是来自农村的农民,由于烟厂开工的季节在冬季和春季,农民便利用这一农闲时间,进城到各烟厂做临时工,一般多在旧历十一月以后到第二年五六月收获以前……此外,有杂工、撕溜工(撕溜工一般是女工和童工,多为烟厂附近的妇女和儿童),是在有活时临时雇用的。"这些进城打工的农民,来自天水、秦安一带农民叫南路帮,来自兰州、榆中一带的叫本地帮。⑥ 在靖远做这项工作的"大都系女工,工资极廉,按选取烟叶之多寡,计算工资,在今年年初(指1941年——引者注),每日工作七八小时,约能得工资三角左右。"⑦ 兰州西郊一农村纺织合作社组建后,"该村男女老幼一二千人,全能手纺毛线。据说,他们的收入也比过去好得多,这是利用劳力的结果"。⑧ 青海加牙成立栽毯工厂后,"附近农村妇女,大小率能纺线,以供栽毯之用"。⑨

---

① 宁夏省建设厅:《宁夏省政府建设厅三十年度合作事业概况》,油印本1942年1月,第19—20页。
② 晓波:《战时宁夏工业概况》,《新西北》第7卷第10—11期合刊,1944年11月,第58页。
③ 张石父:《解放前天水火柴业的概况》,《甘肃文史资料选辑》第4辑,甘肃人民出版社1987年版,第131页;又见政协甘肃省文史资料委员会:《西北近代工业》,第519页;又见虎客:《甘肃天水妇女的概况》,《申报月刊》第4卷第7期,1935年7月15日,第199页。
④ 陆星桥:《同生火柴股份有限公司》,《甘肃文史资料选辑》第4辑,甘肃人民出版社1987年版,第128—129页。
⑤ 慕寿祺:《甘宁青史略正编》卷29,第46页。
⑥ 姜忠杰、聂丰年:《兰州水烟业概况》,《甘肃文史资料选辑》第2辑,第184页。
⑦ 李望朝:《甘肃靖远烟叶产销概况》,《西北经济通讯》第1卷第3期,1941年3月,第39页。
⑧ 徐旭:《论西北工业建设》,《中国工业》第5期,1942年5月。
⑨ 栗显倬:《西北畜牧之调查》,《中国实业杂志》第1卷第7期,1935年7月15日,第6页。

尤其是手工业合作社的兴起,给部分妇女提供了就业机会。为倡导妇女生产教育及推动社员福利事业起见,宋美龄向西北工合捐款2万元,设立了妇女工作部,并在天水、兰州事务所设立妇女工作股,指导成立专门的妇女合作社和识字班。在天水、兰州等地成立纺毛站,发动妇女参加纺毛工作,陕甘两省先后卷入纺毛运动者达四五万人以上。因此,合作社不仅使"少数妇女学得技能,使生活独立,同时开发各地,以教育一般妇女在学得技能,其作用甚大"。① 甘肃兰州、天水等地手工业纺织社"所用毛纱,大部分由秦安、通渭、甘谷等县农村零星收购。此种毛纱,多系乡村妇女利用余暇纺成"。② 但这种情形只是发生在建立了合作社的乡村,只有这些地方的纺织妇女受惠。

由于农家耕地面积狭小和季节因素,农村有大量的剩余劳力,手工业发展也为这些剩余劳力提供了就业机会。一些大型手工业工厂与工场,如盐场、砖瓦等工场,水烟、瓷器等作坊,以及新兴的手工业工厂等,这些工场吸纳了不少农民工。宁夏阿拉善旗的吉来泰、擦汗布鲁克、和屯、雅布赖、昭化、同湖等盐池都是采用雇工生产,有雇用十多人、几十人或上百人不等。雇工一般来自盐池临近地区的农民,如吉来泰盐池招雇工人多为甘肃民勤人,其次为宁夏人,再次为蒙古人;和屯盐池除了民勤、宁夏人外,还有山西人。③ 说明手工业为部分农村剩余劳力提供了就业机会。

由于手工业的提倡和农村副业的发展,维持了部分农民的生活。渭源农民以务农为主业,"富裕之家,率多兼营商业,抗战以还,谋利尤易,新旧商人,多获厚利,以故富者生计无不优裕,贫穷之家,间有从事手工纺织者,或有伐木、卖柴、采药及佃猎者,因劳役获利,尚可免维生计"。④ 固原县盛产羊毛,"城乡男女织毛编物,以维持生活者亦不乏人"。⑤ 工合在兰州盐场堡成立了织布合作社,随着业务的发展,加入合作社的社员生活状况有了保障,"社员们都有一种共同的感觉,觉得合作社就是他们的第二家庭,只要合作社能够存在,他们的生活永远是有保障的。"⑥ 保安族有经营手工业的传统,也是农家生活的主要补充,"多数是一半时间经营农业,一半时间经营手工业,农业收入不够全年食用,以手工业收入作补充"。如马依不

---

① 卢广锦:《四年来的西北工合》,《工业合作》第3卷第1—2期合刊,1942年8月,第44页。
② 国民政府行政院第八战区经济委员会:《甘肃省手工业之调查》,《西北经济通讯》第1卷第4—5期合刊,1941年12月,第84页。
③ 《西北民族宗教史料文摘·宁夏分册》,甘肃省图书馆1986年印行,第143—151页。
④ 甘肃省银行经济研究室:《甘肃省各县经济概况》,第37页。
⑤ 固原县地方志办公室:《民国固原县志》上册,第194页。
⑥ 安永裕:《兰州市盐厂堡东街织布合作社》,《工业合作》第4期,1944年9月。

拉,在1945—1946年时,全家7口人,10.5亩地。一年收入杂粮麦子总共1400斤,除去公粮2斗(160斤麦子),种子4斗,学粮5升(40斤)外,还剩850斤,尚缺8个月口粮,必须买进二石三四斗粮食(1斗粮价格是2.5—3元)。当时马依不拉和两个儿子,每年正月到夏河去干活,五月农忙时回,一年打铁收入是80元,用50元买粮食,还剩30元,作为衣服、日用品等费用。① 通过从事手工业生产,农民的生存状态获得了一些改善。

  第三,手工业的发展促使农村经济结构发生了变化。本区域农村传统经济结构主要表现为农业种植与游牧或农牧相结合的经济结构。但随着乡村手工业的迅速发展,这种结构在20世纪三四十年代开始有了变化,手工业产值开始在国民经济中占有一定的份额。如据1947年甘肃省统计,"在全省普遍推进民生必需品的产制,如土布、毛褐、毛毯、毛衣、皮革、榨油、缝纫、碾米等生产业务,本年度总值79323463420元,占省全年总产量之13.85%"。② 青海在建省之前只有简单的手工业,经过抗战时期的发展,到1949年手工业占到社会总产值的11.04%,居第2位。③ 宁夏在20世纪30年代以前"几无工业之可言,惟有栽绒毯、羊皮角、炕毡、毛带等小手工业"。④ 新宁夏省成立后,开始重视工业发展,到抗战时期,发展起了毛纺织、火柴、瓷器等手工业,逐渐改变了宁夏的经济结构。

---

① 中国社科院民族研究所等:《保安族调查资料汇集》,1963年印行,第34页。
② 翟大勋:《一年来之甘肃合作事业》,《新甘肃》第2卷第2期,1948年2月,第50页。
③ 芈一之:《芈一之民族历史研究文集》,第292页。
④ 马如龙:《宁夏省近年来之经济建设》,《实业部月刊》第2卷第2期,1937年2月,第210页。

第八章 传统金融业与借贷关系

在黄河上游区域,传统金融机构主要是当铺、银号、钱庄、钱店等。当铺出现在清朝时期,钱庄、银号、钱店等出现是在清末民初。"光绪二十四年(1898年)陕甘总督令在甘肃设立昭信分局,发行昭信股票。在此期间,兰州、天水、平凉、武威等地出现了一些钱庄、钱市和当铺等。"[①]这些传统金融机构在民间借贷活动中曾发挥过重要的作用,但在农村金融枯竭的近代,传统金融业大多演变为高利贷者,危害农村经济不浅。

一、农家借贷的一般情形

(一)农家的负债问题

农家负债包括两方面的内容,一是负债率,一是负债额。

负债率是指负债者占总户数或总人数的比率。据1933年中农所调查,"西北区的农家,负债者最多,借款的利息也最大"。[②] 其中,甘肃农家负债率为63%,宁夏为51%,青海为56%,3省平均为56.7%,高于全国平均数(56%)0.7个百分点;借粮户数甘肃为53%,宁夏为47%,青海为46%,3省平均为48.7%,高于全国平均数(48%)0.7个百分点。[③] 甘肃有的地方负债率远远高于全省平均数,如对酒泉1754户农家调查,不负债者仅占0.5%,不能负债者占12.5%,负债者占87%。[④] 在对榆中5个村庄的162家合作社社员的调查中,有146家负债,[⑤]负债

[①] 甘肃省地方志编纂委员会:《甘肃省志》第44卷《金融志》,甘肃文化出版社1996年版,第5页。
[②] 张心一:《一九三三年中国农业经济概况》,《中行月刊》第8卷第1—2期合刊,1934年2月,第53页。
[③] 严中平等编:《中国近代经济史统计资料选辑》,科学出版社1955年版,第342页;余流柱:《中国农村经济问题的基础及其救济的方策(续)》,《农村经济》第2卷第3期,1935年1月1日,第34页。
[④] 孙友农:《甘肃河西酒泉金塔之农村经济》,《乡村建设》第6卷第1期,1936年8月,第5页;《甘肃粮库剪影》,《经济研究》第1卷第8期,1940年4月1日,第4页。
[⑤] 洪谨载:《榆中县信用合作社及社员经济状况调查》,《甘肃科学教育馆学报》第2期,1940年5月,表4。

率高达90%。皋兰县农家负债率为65%。① 对礼县1925户农家调查,不负债者占28.1%,不能负债者占19.6%,负债者占52.3%。② 又据对天水、武威、平凉3县155户农家调查,平均负债率分别为54.3%、63.83%和73.08%。③ 1933年调查,宁夏农家负债率为49.2%,④青海农家平均负债率为48.38%;⑤对西宁县的32个乡的调查,负债率最高达到90%,最低在40%—60%之间,平均负债率为70%。⑥ 就整个西北而言,负债农家约占86.9%。⑦ 除了农业区,游牧区牧民的负债率也很高,如青海阿曲乎寺院周围有108户牧民,有90%的牧民欠有寺院的债。⑧ 可见在20世纪30年代,高负债率是黄河上游区域各地的普遍现象。表8—1是青海农家借贷情形统计表。

表8—1　1933年、1937年青海省各县农家借贷情形统计表

县别 \ 项别	1933年息(%) 现金	1933年息(%) 食粮	1933年① 农民负债率	比1932年增减趋势①	1937年② 农家负债率	增减趋势 (1938年)②
西宁	30	20	77%	+20%	70%	+20%
互助	30	20	77%	+40%	50%	+20%
大通	25	10	14%	−10.6%	14%	−11.6%
亹源	25	—	23%	未详	23%	−12%
乐都	40	20	70%	+42%	70%	+50%
民和	36	20	56%	+6%	20%	+5%
循化	27	20	23%	+30%	23%	+30%
化隆	28	—	28%	+2%	28%	+2%
贵德	45	—	75.2%	+21.3%	75.2%	+21.3%
共和	30	—	12%	+5%	12%	+4.5%
湟源	50	20	77%	+57%	77%	+57%
平均	33.27	18.57	48.38%	21.27%	42.2%	16.93%

资料来源:[1]汤惠荪等:《青海省农业调查》,《资源委员会季刊》第2卷第2期,1942年6月,第292页;[2]张菊生:《青海的经济现状》,《边事研究》第7卷第5期,1938年7月,第30页。

---

① 孙友农:《皋兰之农村经济》,《中国农民银行月刊》第1卷第2期,1936年2月,第98页。
② 李甲忠:《礼县西和县之农村经济实况》,《新西北》第1卷第5—6期合刊,1939年7月,第31页。
③ 李中舒:《甘肃农村经济之研究》,《西北问题论丛》第3辑,1943年12月,第47页。
④ 汤惠荪等:《宁夏省农业调查》,《资源委员会季刊》第2卷第2期,1942年6月,第367页。
⑤ 同前书,第292页。
⑥ 鲁鲁:《本省的农村经济·西宁县农村经济》,《青海评论》1934年第25期,第16页。
⑦ 崔平子:《论西北经济及其前途(下)》,《力行》第2卷第1期,1940年7月,第70页。
⑧ 青海省编辑组:《青海省藏族蒙古族社会历史调查》,第14页。

表 8—1 反映的是 1933 年和 1937 年青海农家负债的动态变化过程，就总体趋势而言，1933 年为 48.38%，1937 年降为 42.2%，说明随着社会经济的发展，农家负债率有所减轻。但就某些年份而言，负债率不平衡，如 1933 年比 1932 年平均增长 21.27%，其中湟源、乐都、互助县分别达到 57%、42% 和 40%，故时人称青海"借贷户数之增加，已呈极显著之现象"。① 但有的地方农家负债率也有降低，如 1932 年湟中上五庄农家借贷者占 70%，1933 年降低了 10 个百分点。主要原因是湟源榷运局将食盐借贷给农家贩卖，农民借 100 斤盐，可获得 3 元利润。"在榷运局方面，正是推销食盐的好方法；在农民生活方面，也为此沾惠不浅"。② 但这种情形在本区域少之又少。

据 1930 年代学者对全国农民负债情形的研究，西北地区负债特高。③ 导致本区域农家负债的因素主要是：一是天灾人祸频频发生的结果。如甘肃"自民国十五六年以后，兵燹匪患相继频仍，政繁赋重，闾阎凋残，加以旱荒连年，五谷无收，向所谓小康之家，皆兴仰屋断炊之叹，贫穷小户更无论矣，故一般除重息称货外，实无他图"。④ 在灾荒发生年份，农家不得不举债维持生计。

二是苛捐杂税逼迫农家负债。民国建立至 1930 年代，农家的负担越来越重，迫使农家不得不举债缴纳捐税。如陆洪涛督甘和刘郁芬任甘省主席，征收烟亩罚款，提款委员到提款之时，贫寒之户无法应付，只得向富户、商人和土客（鸦片烟贩）借贷。放贷之人不说本息，只说收新烟时交几两烟土，一般借洋 1 元，收新烟时少则 6 两，多则 8 两，价值 4—5 元。⑤ 抗战时期，岷县"摊派捐税，名目繁多，无告贫民，不得不向人借贷，一般土豪从中高利盘剥，亦属难免"。⑥ 农家为了缴纳捐税而负债，在近代比较普遍，如表 8—6 所列，甘肃全省平均 25.63% 的农家借贷是为了交税，河西走廊 70% 的债务是由苛捐杂税形成的。

三是因日常生活困难而借贷。如岷县"当地私人借贷，多系贫穷农民，春夏购买籽种农具，秋冬购置冬衣，均需款项，故不得不向人借贷。其借贷时多不立文约，

---

① 汤惠荪等：《青海省农业调查》，第 292 页。
② 似旭：《各县巡回宣传视察队日记（七）》，《青海评论》第 12 期，1934 年 1 月 11 日，第 11 页。
③ 徐雪寒在《中国农村的高利贷》一文中根据中央农业试验所的相关报告，计算出各地区的农民的负债率，西北区（察、绥、陕、甘、宁 5 省）为 68%，北方区（晋、冀、鲁、豫 4 省）为 57%，中部（湘、鄂、赣 3 省）为 62%，东部区（苏、浙、皖 3 省）为 66%，西南区（川、云、贵 3 省）为 59%，东南区（闽、粤 2 省）为 60%。（中国经济情报社：《中国经济论文集》第 2 辑，上海生活书店 1936 年版，第 139 页）
④ 汤惠荪等：《甘肃省农业调查》，《资源委员会季刊》第 2 卷第 2 期，1942 年 6 月，第 169 页。
⑤ 张中式：《民国时期的张掖农业》，《张掖文史资料》第 4 辑，1994 年 8 月印行，第 65 页。
⑥ 岷县分行：《岷县经济概况》，第 35 页。

甚至不觅中人,但以农作物为抵,如食粮、药材、油籽、蜂蜜等,俟各物成熟或变价偿还"。① 固原传统借贷多用于"经商、购买牲畜、婚丧疾病"等。②

四是农家负债率与农家占有土地多少相关。据对 155 家农户调查,负债农家占全体农家之成数,武威小农场组负债农家最多,占 83.33%;农场愈大,所占成数愈小,3 县平均,小农场组为 66.53%,中农场组为 72.73%,大农场组为 39.19%。③ 也就是说,农家占有土地越多,负债率越低,反之占有土地少的农家,负债率较高。即在本区域负债的绝大多数是那些土地不足或没有土地的贫困农家。

抗战期间,本区域社会经济有所恢复,但农家负债率并未减低,如抗战时期对甘肃平凉、武威、天水调查,农家负债率以平凉最高,为 73.08%;武威次之,为 63.83%;天水最低,为 54.3%。三县平均为 63.74%,与 1933 年中农所的调查相同。④ 1942 年调查,各省农家的负债率宁夏 59%,青海 50%,甘肃 60%。⑤ 有的地方还有所上升,如青海(表 8—1)1938 年比上年增长了 16.93%。1948 年调查,山丹县卢家铺负债率 77.37%,魏机寨负债率 84.28%;秦安县的辛家沟负债率 25.88%,雒家川 27.92%;会宁县的韩家集负债率 55.63%。⑥ 农民负债率与农村经济发展程度密切相关,天水是甘肃农村经济尤其是手工业相对比较发达的地区,农家负债率比较低;平凉社会经济比较落后,农家的负债率较高。

负债额是指负债者现有的负债总量。据抗战前对酒泉 1754 户农家调查,共负债 75300 元,平均每农家负债 42.93 元,每人负债 4.14 元,其中负债数量在 10—50 元者占 60%,50—100 元者占 30%,100—200 元者占 7%,200—300 元者占 3%。⑦ 山丹县卢家铺负债额为 4.46 市石,魏机寨负债额 10.71 市石;秦安县的辛家沟负债额 96.4 元(银元),雒家川负债额 60.77 元(银元);会宁县的韩家集负债额 30.53 市石。⑧ 表 8—2 是对礼县 1925 农家负债情形的调查统计。

---

① 岷县分行:《岷县经济概况》,第 35 页。
② 固原分行:《固原经济概况》,《甘行月刊》第 1 卷第 3 期,1941 年 5 月,第 52 页。
③ 李中舒:《甘肃农村经济之研究》,第 49 页。
④ 同前书,第 47 页。
⑤ 《民国三十一年各省农村放款机关及放款期限统计》,《中农经济统计》第 3 卷第 4—5 期,1943 年 5 月,第 16 页。
⑥ 李化方:《甘肃农村调查》,第 53 页。
⑦ 孙友农:《甘肃河西酒泉金塔之农村经济》,《乡村建设》第 6 卷第 1 期,1936 年 8 月,第 5 页。
⑧ 李化方:《甘肃农村调查》,第 53 页。

表 8—2　礼县农家负债额调查表

金　　额	1—29元	30—59元	60—89元	90—119元	120元以上	合计
农家户数	589	292	65	45	19	1010
户数所占比例	58.4%	29%	6.5%	4.5%	1.6%	100%
负债额(元)	8417	11213	4210	4800	3510	32150

资料来源:李甲忠:《礼县西和县之农村经济实况》,《新西北》第1卷第5—6期合刊,1939年7月,第31页。

从表8—2来看,礼县农家负债率为52.4%;就负债额而言,借款29元以下的农民占58%强,借款120元以上的农民只占1.6%。从中反映出农民需要钱,但却借不到钱,或者是借到的数量极其有限。"百分之九十的农家因为太穷了,又找不到承还保证人,想借而无人借"。① 抗战开始后,由于物价上涨和农家借贷来源的增多(主要是合作社),农家负债额有所增加,如对天水、平凉、武威3县的调查,以全年借入款额分组来看,农家所占百分比,在百元以下者占2/3,百元以上者占1/3。其中武威50元以下,几占1/2,百元以下占4/5;平凉百元以下亦几达4/5;天水百元以下仅占1/2,而百元以上至50元却占1/3。② 另对榆中5个信用合作社中的162户农家调查,平均每农家负债179.98元,其中孟家庄社328.4元,金家圈社270.18元,裴家堡社141.03元,杨家庄社125.06元,小桥村社99.15元。这是平均情形,有的农家负债是相当高的,如孟家庄有一农家负债高达2735元,占全村合作社社员负债总数的39%。就负债额的分布而言,150元以下者83家,占负债总农家(146户)56.8%;150—300元35家,占24%;300元以上者28家,占19.2%。③ 皋兰农家负债额100—500元占33%,500—1000元占40%,1000—3000元占20%,3000—5000元占7%。④ 农家负债率高而负债额大多数相对比较低,原因是农家土地狭小和贫困造成的,如当时的调查者所言:"凡农民愈贫穷,而其土地亦愈瘠薄,是欲以如此极微薄之资产,而借到大量之资金,亦为困难"。⑤ 由于借贷难和借贷额不足,因此,农家只有在生活难以为继、婚丧嫁娶等急需时才借贷。

---

① 李甲忠:《礼县西和县之农村经济实况》,《新西北》第1卷第5—6期合刊,1939年7月,第31页。
② 李中舒:《甘肃农村经济之研究》,第47页。
③ 洪谨载:《榆中县信用合作社及社员经济状况调查》,《甘肃科学教育馆学报》第2期,1940年5月,表4。
④ 孙友农:《皋兰之农村经济》,《中国农民银行月刊》第1卷第2期,1936年2月,第98页。
⑤ 洪谨载:《榆中县信用合作社及社员经济状况调查》,第112页。

(二) 农家借贷来源

黄河上游区域的债权人,主要是商人(商店)、富户和军人阶层。据《申报年鉴》对甘肃21县的统计,农家借款来源地主占3.2%,富农占42.6%,商家占17.8%,钱局占4.8%,其他占30.4%;粮食借贷亲友占8.5%,地主占5.1%,富农占56.3%,商家占13.5%,其他占13.6%。① 榆中农家借贷主要来源于亲友、商号。② 宁夏商店占57.45%,本乡富户占41.17%,亲戚等占1.28%。③ 青海门源放高利贷的主要是地主、官僚、宗教上层人士、商人和富农。④ 酒泉的借款主要来源于富农和商人,"今河西官吏,对农民重利盘剥,其数目竟至40%"。⑤ 保安族聚居的高赵李家村"放高利贷的有7户,都是地主富农。此外,商业上获利的中农、清真寺、阿訇、有财产之鳏寡老人等也放高利贷"。⑥ 皋兰县借贷来源商店占60%,亲友占30%,本村互助占10%。⑦ 皋兰县放贷者主要是富农,榆中放贷者是商人,靖远放贷者是巨商、富户,永登放贷者为典当业和私人,平凉放贷者为商号、富农,武威放贷者为商号、回商,张掖放贷者为商号、回商、富农。⑧ 就整个西北而言,农家借贷来源以商人最多,平均占35%,"富农、地主次之"。⑨ 表8—3是对甘肃、宁夏、青海3省贷款来源的调查。

表8—3　甘宁青农家借贷调查

项目	报告县数	借款来源(%)								信用方法(%)		
		银行	合作社	典当	钱庄	商店	地主	富农	商人	个人信用	保证信用	抵押信用
宁夏	4	—	—	—	—	21.8	14.3	28.6	35.2	15.7	42.9	21.4
青海	5	—	—	6.3	—	14.9	23.5	17.0	38.3	10.2	39.5	50.3
甘肃	21	—	1.3	2.6	—	16.0	21.3	22.7	36.1	22.5	40.4	37.1

资料来源:[1]实业部中央农业实验所:《民国二十三年农情报告汇编》,1934年印行,第70页;[2]朱壮梅:《中国农村金融轮廓画》,《农村经济》第2卷第11期,1935年9月1日,第15页;[3]崔平子:《论西北经济及其前途(下)》,《力行》第2卷第1期,1940年7月,第70页。

---

① 申报年鉴社:《申报年鉴》,1935年印行,(K)第45页。
② 洪谨载:《榆中县信用合作社及社员经济状况调查》,表4。
③ 汤惠荪等:《宁夏省农业调查》,第367页。
④ 青海省编辑组:《青海省回族撒拉族哈萨克族社会历史调查》,第22页。
⑤ 孙友农:《甘肃河西酒泉金塔之农村经济》,《乡村建设》第6卷第1期,1936年8月,第5页。
⑥ 中国社科院民族研究所等:《保安族调查资料汇集》,第24页。
⑦ 孙友农:《皋兰之农村经济》,第98页。
⑧ 汤惠荪等:《甘肃省农业调查》,第169页。
⑨ 日生:《西北农村经济的真相》,《西北向导》第15期,1936年8月21日,第7页。

在表8—3的调查中,本区域农家借贷来源主要来源于商人,宁夏占35.2%,青海占38.3%,甘肃占36.1%;其次是富农,宁夏占28.6%,青海占17%,甘肃占22.7%;再次是地主,宁夏占14.3%,青海占23.5%,甘肃占21.3%;在商店借贷中,宁夏占21.8%,青海占14.9%,甘肃占16%。此外,青海和甘肃有典当借贷,分别占6.3%和2.6%,合作社借贷仅甘肃占1.3%,新式银行尚未与农家建立借贷关系。一省之内,各地又有差异,如表8—4。

表8—4 甘肃农家借贷来源调查表

项目区别	商号(%)	富户(%) 本乡	富户(%) 外乡	其他(%)	合计(%)	附注
兰山	59.92	21.17	6.62	12.29	100	
陇东	59.09	28.68	8.39	3.84	100	其他指钱庄、亲戚、邻家等而言。
陇南	33.06	38.05	2.78	26.11	100	
洮西	20.36	45.54	1.78	32.32	100	
河西	85.95	10.43	—	3.57	100	
平均	51.68	28.78	3.91	15.63	100	

资料来源:汤惠荪等:《甘肃省农业调查》,《资源委员会季刊》第2卷第2期,1942年6月,第169页。

从表8—4的调查来看,甘肃借贷来源商号占51.68%,富户占32.69%,其他占15.63%。在表8—3中,商店与商人合计为52.1%,地主与富农合计为44%,前两项可视为商店,与表8—4的调查差不多,后两项可视为富人,与表8—3的富户相差较大,不过表8—3的调查没有亲戚、邻家的调查,在地主、富农、商人、商店等项中可能包含了表8—3的"其他"内容。因此,两调查虽有差异,但基本能够反映甘肃借贷来源的问题。在农家借贷中,即使同一省份,各地也有差异,如在商号借贷中,如河西达到86%,兰山、陇东均接近60%,陇南、陇西则比较低;在富户借贷中,洮西、陇南则比较高,与这里的地权比较集中有很大的关系;其他借贷主要指钱庄、亲戚和邻家,洮西和陇南也比较高。亲友之间的借贷与其他借贷有较大的差别,如陇东亲戚之间的借贷"绝大多数不计利息,不立契约,不请担保",[①]是一种互助性质的借贷关系,但所占比例极小。

民国时期本区域是一个以军阀统治为主的地区,因此,债权人中军人及与军人有关系者占有重要地位。据安汉等人的调查,债权人"多系回人(汉人约百分之十五),但无论回人、汉人,施放高利贷者,不出下列数种:地主、城市商人、中产农人、富绅、军人(军佐以及退伍军人在内)、小康市民、与军人有关系者",与此相关者甘

---

① 庆阳地区志编纂委员会:《庆阳地区志》第2卷,兰州大学出版社1998年版,第844页。

肃占36%,青海占35%,宁夏占29%。① 其他的调查同样说明军人在借贷关系中的地位,如宁夏"商店、富户之中,大致均为回教徒与军人之有关系者,盖彼等具有特殊势力,可做高利贷之经营故也"。② 河西也如此,"商号富户之在河西者,多为客籍,(临夏)之回民,因青海军队(亦多回民)驻防本区域后,彼等随之俱来,散居城乡经营高利贷,盖彼等借其优越地位及财力,以应汉民挖肉补疮之策,而又莫能与之抵抗故也"。③ 也就是说,在河西商号借贷中,有相当部分来源于回民军人或与军人相关的商人所放的高利贷。青海的"德兴海"就是军阀马步芳创办的商号,放贷是其经营的业务之一,该商号以银元、粮食、茶布等商品贷放,"民和县马学德,在民国三十五六年之间,曾在西宁乐家湾当兵。以自己多病,为保全个人性命,不惜在民和德兴海以二十分的高利月息,借到银元六百元,雇兵顶替。就此前后给德兴海共归还了银元二千多元,直到解放时还欠八十多元。"该县农民马氏于1943年2月"借德兴海小麦三斗,到民国三十四年(1945年)冬,本利共还给了一石七斗四升,才算结清欠账"。④ 官商经营高利贷是20世纪本区域民间借贷的一个特点。

寺院是蒙藏少数民族地区最大的高利贷者,几乎所有寺院及寺院上层都是高利贷债权人。玉树结古寺"有商业资本白洋十五万元,而称多拉卜寺的商队在康、藏及玉树囤积居奇,进行黑市交易,偷漏税收,牟取暴利,经常垄断生活资料,迫使牧民群众债务重重,深受其害"。⑤ 拉卜楞市场,一般小商人"每以重利向寺中喇嘛借贷,月利往往五分至十分"。⑥ 塔尔寺仅吉索一处,放高利贷和做生意的白银就有3万多两,银元宝数百个(每个重50两),⑦贷放的种类有白洋、元宝、纹银、酥油等,"利息最低者七八分"。⑧ 位于大夏河南岸的沙沟寺"寺僧多放高利贷,取大一分之息,商民受其盘剥殊甚。四年前(指1934年——引者注)曾为大佛所禁,规定最高年利每百元可取十五至二十元,实际上阳奉阴违"。⑨ 佑宁寺除了地租、房租收入外,很大一部分收入来源于高利贷,"一般是月利二十分,并且是利上加利,这叫'黑驴滚',也就是头一月里借十元,到二月还十二元,三月更得还十四元四角,四月即得还十六元八角八

---

① 安汉、李自发:《西北农业考察》,第52页。
② 汤惠荪等:《宁夏省农业调查》,第367页。
③ 汤惠荪等:《甘肃省农业调查》,第169页。
④ 青海省工商联:《马步芳官僚资本的企业机构》,《青海文史资料选辑》第1辑,1963年印行,第66页。
⑤ 王岩松:《藏语系佛教对青海地区的社会影响》,《青海文史资料选辑》第10辑,第69页。
⑥ 马鹤天:《甘青藏边区考察记》第1编,第68页。
⑦ 况浩林:《近代藏族地区的寺庙经济》,《中国社会科学》1990年第3期,第145页。
⑧ 王剑萍:《青海塔尔寺事略》,《青海文史资料选辑》第5辑,1979年6月印行,第30页。
⑨ 王树民:《游陇日记》,《甘肃文史资料选辑》第28辑,第264页。

分。以此类推,剥削非浅。"佑宁寺众僧的本钱"有白洋三千四百元左右,粮债有五十石。钱债月息二分半(即年息30%),按月计息,若年终还不上,即本利合计息。粮债一般加四计息(即一斗年利四升),按年计算。"①除了寺院放贷外,寺院喇嘛也放贷,如塔尔寺的"许多喇嘛有余资,经常放利吃息,利息约四五分。放利对象为农民、小商户及贫苦喇嘛"。② 寺院高利贷因有宗教的外衣,比世俗高利贷危害更大。

传统的借贷机构如社仓、义仓等继续承担着民间借贷的职能。青海农区各县有县仓、义仓及社仓等,借贷方式是在"每年春季,由各区村长,负责调查各该村借粮户数,拟其所需数量,呈报管仓人筹算,定期开仓,由区村长应名负责承借,然后转贷于农民,至秋后加二偿还"。在正常情形下,这种借贷不仅解决了农家在青黄不接时期的困难问题,而且利息比较轻。但是近代以来,这种传统借贷往往"因官绅把持,上下盘剥,不亏于公即病于民"。③ 在社会秩序紊乱的情形下,社仓、义仓等传统救济机构变味了。

抗战时期,随着现代金融业和合作社向农村的延伸,农家有了新的借贷来源。据抗战初期调查,甘肃的借贷主要有5种:①私人借贷,此种借贷在农村借贷中占70.96%,平均月利3分6厘;②土地抵押借贷,占借贷的17.88%,平均月利1分7厘,期限3年;③店铺赊账,占7.31%,平均月利3分,期限3—6个月;④当铺质典,占0.36%,平均月利3分,期限分3、10、18个月三个时期;⑤信用合作社借贷。④ 岷县放款主要有两种,一种是信用合作社,一种是私人借贷。⑤ 合作社成为农村一种新的借贷机关,而且随着合作社的普及,合作社在借贷中所占的地位越来越重要,如表8—5。

表8—5 1942年甘宁青农村放款机关统计

省别	报告县数	借款农家(%)	银行	钱庄	典当	商店	合作社	政府	私人	合计(%)
宁夏	6	59	20	—	—	20	20	10	30	100
青海	6	50	13	—	4	40	9	4	30	100
甘肃	46	60	24	1	4	8	48	1	14	100

资料来源:《民国三十一年各省农村放款机关及放款期限统计》,《中农经济统计》第3卷第4—5期,1943年5月,第16页。

---

① 王剑萍:《互助佑宁寺概况》,《青海文史资料选辑》第10辑,第95—96页。
② 王剑萍:《青海塔尔寺事略》,第33页。
③ 汤惠荪等:《青海省农业调查》,第292页。
④ 钟圭一:《抗战期中甘肃省狭义的经济设施之管见》,《新西北》第1卷第5—6期合刊,1939年7月,第122页。
⑤ 李茂:《岷县农业调查报告》,《甘肃科学教育馆学报》第2期,1940年5月,第54页。

通过表8—5来看,除了传统的钱庄、典当、商店、私人借贷外,抗战时期银行、合作社和政府机关也介入到农家借贷中来。银行、合作社与政府在全部借贷中,甘肃占73%,宁夏占50%,青海占26%,可见在合作社比较发达的省份,新式借贷所占比例较高。

值得一提的是抗战时期,随着合作社的普及,合作社在农村借贷中发挥着重要作用。如榆中县农家借贷包括私人与合作社两种,在对5个合作社的162户农家的调查中,借贷来源合作社占24.33%,私人占75.67%,合作社借款占到四分之一。在被调查的5个村子中,情况各不相同,借贷中合作社所占比例孟家庄为13.92%,金家圈17.53%,裴家堡24.24%,杨家庄49.19%,小桥村35.15%。[①] 有的村庄合作社借贷占到了近半数。又对平凉、武威、天水3县的调查,农家借贷来源,按借贷人次数说,平凉以合作社为第一,占80%;商店占15%,富户占5%;天水以富户为第一,占73.69%,合作社占18.42%,商店占7.89%;武威以合作社为第一,占53.13%,富户占40.61%,商店占百分之6.13%。[②] 如果将3县借贷来源平均计算,合作社借款占50.52%,富户占39.77%,商店占9.67%。这些均说明合作社逐渐成为农家借贷的主要来源之一。

抗战时期,宁夏的"军粮贷种"是政府救济民众的一种新的借贷方法与借贷来源。据调查这种借贷的起源与方法是:"宁夏农民大多贫困,每春播种时粮价高涨,常超秋季一倍,而合作贷款之数太少,无济于事,民颇苦之。同时宁夏军粮局所存军粮,一时吃用不尽,入春之后,颇易霉烂,觉得存库待霉不如借给农民,至秋收换新粮。地方当局有鉴于此,乃行军粮贷种之法,农民按保甲不分贫富,一律贷给。以地亩计数,每亩贷小麦一市斗,十亩以上,每亩五升,无息贷借,秋收后仍照原数归还,军民两便"。该项借贷始于1942年,当年借贷小麦16500市石,豌豆4125市石;1943年借贷小麦320728市石,借贷主要是灌溉农业区的各县。[③] 这虽是军队为了更换新粮而实施的一种无息借贷,作为一种新的借贷方式,解决了农民青黄不接时粮食困难的问题。

通过以上论述,我们看出近代以来本区域农村借贷关系发生了明显的变化。大致以1935年为界,之前,农村借贷来源以钱庄、当铺、商店、私人为主,之后农村借贷来源呈多元趋势,银行、合作社、政府逐渐在农村借贷中发挥着越来越重要的

[①] 洪谨载:《榆中县信用合作社及社员经济状况调查》,表4。
[②] 李中舒:《甘肃农村经济之研究》,第48页。
[③] 董正钧:《宁夏农业经济概况(上)》,《中农月刊》第8卷第2期,1947年2月,第45页。

作用。同时,由于国家金融机构深入乡村社会的能力有限,一些地方即使建立了新式金融机关,民间传统借贷仍占重要地位,如阿拉善旗的定远营,宁夏省银行设有办事处,但"主要工作为收买驼羊毛及皮子等,不办农村放款,故阿旗农民经济上之往来,均以私人间或向商号告贷为最多"。① 正因为这样,高利贷在广大乡村仍有很大的活动空间。

(三) 借贷用途

农家借款用途包括生产性借款与非生产性借款两个主要方面。生产性借款主要是指再生产与扩大再生产,经营农工商业;非生产性借款包括生活、婚娶、丧葬、治病、还债等方面。临潭"实物借贷多系籽种、口粮、借粮还粮,平借高还",②既有生产性借款也有非生产性借款。酒泉缴纳税款与生活是借贷的主要用途,据调查50％为缴纳税款,40％为口粮,10％为杂用,③以非生产性借款为主。渭源县借贷用途为生产、结婚、丧事、经商与偿债等。④甘肃保安族聚居的高赵李家村借贷关系有4种情形:"甲、借高利贷经商。借的多是货物,包括牲口、枪支、大烟、布匹、麝香、刀子、盐、茶等。债主以最高之价格折给债务人,债务人之抵押品多是土地房屋,其值比所借之货要低数倍,如借100元,其抵押品之值则是30—40元不等。乙、借高利贷经营手工业。铁匠要到藏区做铁活,便向债主借钱,其利息是30％。丙、借粮食。春季青黄不接,粮价高,所借粮食按当时粮价折成钱,秋收后,粮价低了,而债主仍按春季之粮价收钱。债务人因此要交很多粮食,甚至一倍。丁、为应付苛捐杂税和兵款马款而借高利贷。当时兵款马款,多落在一般中贫农身上,一个兵价800—1000元(1948、1949年),被派兵人家只好借高利贷来雇人当兵,以土地房屋作为抵押。"⑤保安族借贷为了从事生产、经营、度饥荒和缴纳捐税。1948—1949年中共开始了解放西北的战争,国统区雇人当兵也成为借贷的主要用途。在一些地方农家借贷主要用于应付各种摊派,如据农民银行孙友农调查,皋兰县的各种摊派有:过往军队的马草供应,农民损失,共有四千元之巨;修筑西兰公路至摊派;农村每年各项杂支费用如招待、供给等,都得由农家承担。因此,皋兰农家各种

---

① 马成浩:《阿拉善旗农业概况》,《边疆通讯》第4卷第1期,1947年1月,第18页。
② 临潭县志编纂委员会:《临潭县志》,第341页。
③ 孙友农:《甘肃河西酒泉金塔之农村经济》,第5页。
④ 甘肃银行经济研究室:《甘肃省各县经济概况》,第42页。
⑤ 中国社科院民族研究所等:《保安族调查资料汇集》,第24页。

摊派与捐税借贷占 45%,其次旱灾购买粮食占 40%,购买生产设备仅占 15%。①诉讼也是主要用途,如抗战时期调查,武威有一农家,借款"全为诉讼费用"。②

表 8—6 是 20 世纪 30 年代对甘肃农家借贷用途做的调查。

表 8—6 甘肃各地农家借贷用途调查表

地区	衣食杂用	婚嫁	丧葬	纳税	买牲畜	种子	农具	工资	经商	还债	其他
兰山	46.53	18.63	5.69	15.69	4.86	—	—	1.26	2.34	—	5.00
陇东	61.8	4.17	—	10.41	4.17	—	1.04	—	13.89	1.39	3.12
陇南	48.94	3.33	14.57	12.52	2.96	—	2.56	2.22	12.90	—	—
洮西	46.55	2.38	3.57	19.64	14.17	1.87	—	—	4.76	4.77	2.38
河西	11.99	10.01	2.27	69.89	—	—	—	—	—	1.14	3.56
平均	43.17	7.7	5.22	25.63	5.23	0.36	0.72	0.92	6.78	1.46	2.81

资料来源:汤惠荪等:《甘肃省农业调查》,《资源委员会季刊》第 2 卷第 2 期,1942 年 6 月,第 170 页。

从上述调查来看,甘肃农家借贷用于维持生活占 43.17%,缴纳赋税占 25.63%,婚嫁占 12.92%,直接用于农业生产和经商的是买牲畜、种子、农具、付给雇工工资、经商等几项只占 14.01%。从各地区的分布情形来看,除河西外,甘肃其他地区农家借贷用于家庭衣食杂用比例较高,足见大部分农家生活还是比较困难。陇东、陇南的借贷占用于经商所占比例为 13%—14% 左右,说明这里的农家经营小本生意的较多。河西位于交通要道,20 世纪二三十年代驻有大量军队,尤其是马仲英在此盘桓较久,农家负担加重。因此,在调查中河西农家 70% 的借贷用于缴纳赋税。宁夏农家借贷用途最多为衣食支出占 75%,籽种只占 11%,捐税等占 14%,"实则衣食及籽种之借入并非由于生产不足,乃全由于层出不穷之捐税逼迫,不得不事先变卖自己之生产品,以应此急需"。③ 换句话说,农家把赖以糊口的农产品变卖缴纳了赋税,为了生存又不得不借贷。因此,宁夏农家借贷主要还是为了缴纳赋税。

抗战时期,随着新式银行与合作社的建立,新式金融机构开始延伸到农村,农家借贷用途发生了一些变化。如对平凉、天水、武威 3 县的农家借贷用途调查中,主要从借入次数与借入款额两个方面做了调查,"从借入次数说,各县均以用作日常生活费者占最多,此则用做农业生产资本,再次在平凉为还债,在天水为纳税,在武威为婚丧与经商等",3 县平均日常生活费占 56.81%,农业生产资本占 28.47%,纳

---

① 孙友农:《皋兰之农村经济》,《中国农民银行月刊》第 1 卷第 2 期,1936 年 2 月,第 98 页。
② 李中舒:《甘肃农村经济之研究》。
③ 汤惠荪等:《宁夏省农业调查》,第 367 页。

税占 4.54%，还债占 3.52%。"从借款额来说，大致与就借入次数所分析者相同"，3 县平均日常生活费占 48.97%，农业生产资本占 24.35%，纳税占 5.44%，还债占 4.16%。① 抗战时期农家借贷用途仍然为生活、生产、缴纳赋税与还债。抗战前甘肃用于生产（包括经商）占借款用途的 14%，抗战期间用于农业生产的占到 24%。说明用于农业生产的贷款比抗战前提升了 10 个百分点，这种情形的出现与合作社参与农村借贷有很大的关系。

如果把抗战前后黄河上游农家借贷情形进行比较，主要发生了两个方面的变化，一是新式借贷机关如银行、合作社参与到农家借贷中来，而且有的地方占到了很大的比例，甚至成为农家借贷的主要来源；二是农家借贷用途有了变化，尽管消费性借贷在整个借贷中仍占较高的比例，但农家借贷中用于农业生产的比例有所提高，这种变化与国家农业金融政策有很大的关系。

二、传统借贷之一：典当业

（一）当铺的消长

1. 清朝时期的当铺

典当业是我国最古老的一种民间借贷组织，是以动产如物品，或不动产如土地、房屋等作为质押的一种民间借贷活动。在传统借贷关系中，"典"与"当"是有区别的，有内涵的不同，形式上的不同，如"典"对质物的价值与价格，不论其大小，"典铺决不能以财力不及，拒而不收"；"当"对于质贷物品的价格是有限制的，"逾其额限之数，虽值多数倍，当铺可婉言却质"。在利息高低与期限长短也有区别，"凡二分取息，二十个月满当者，为典；其余取息稍重，即称当"。到了近代以来，两者统称为"典当"。② 本文的讨论不再区分"典"与"当"以及不同类型的问题。

由于资料的限制，笔者无法对本区域典当数量做精确的考证，仅从典当业的一些事例来反映典当业在乡村借贷关系中的地位。从现有的资料来看，典当业在清朝初期并不发达，顺治时期编修的方志在"赋税"项下很少有关于当铺或当税的记载，到了康熙、乾隆时期编修的方志多有该项记载，说明典当业从这个时期开始复苏。如狄道"原报当铺一座，每年额征税银五两"。③ 肃州"当税，原额当铺六十座。

---

① 李中舒：《甘肃农村经济之研究》，第 48 页。
② 中国联合准备银行：《北京典当业之概况》，1940 年 7 月印行，第 6 页。
③ 李观我：《狄道县志》卷 1，《食货考》。

自雍正八年起,至乾隆元年止,陆续新增一十九座,共当铺七十九座,每座每岁额征税银五两,共征税银三百九十五两"。① 甘州府"当税每帖税银五两"②;高台"额征当税银二十二两";③庄浪县"当税,十两",④静宁州"当税银五两"。⑤ 金县年征收"当税银一百五两",⑥秦安县征收"当税银一百六十五两",⑦华亭"当税银十两",⑧乾隆年间平番县城和集镇有当铺 31 家。⑨ 据道光《兰州府志》记载,当税银皋兰县 660 两,狄道县 460 两,渭源县 55 两,河州 195 两,靖远县 275 两。⑩ 以每座当铺征银 5 两计算,上述甘肃各地当铺数量是:高台 4 处,庄浪 2 处,静宁 1 处,金县 21 处,秦安 33 处,华亭 2 处,皋兰 132 处,狄道 92 处,委员 11 处,河州 39 处,靖远 55 处。乾隆时期,"宁夏县现在当铺四十四座,岁收课银二百二十两。宁朔县现在当铺四十八座,岁收课银二百四十两。平罗县现在当铺二十二座,岁收课银一百一十两。灵州现在当铺五十座,岁收课银二百五十两。中卫县现在当铺四十一座,岁收课银二百五两"。⑪ 清朝中期,宁夏府共有当铺 200 余座。道光时河湟谷地有当铺 30 余家。⑫ 从各地县志的记载来看,同治回民事变前,在一些商业比较发达的县当铺多达 50 余座,说明典当业是当时农村借贷的主要来源。

同治回民事变后,社会经济遭到巨大的破坏,当铺大半歇业。如河湟谷地的当铺"经同治兵燹,城关及威远堡尚剩八九家。"⑬当铺比道光以前减少了 20 余处。光绪时期,随着社会经济的复苏,各地又陆续建立了一些当铺,光绪十六年(1890年),陇西分县武阳城设"德胜当","每年征税银二十五两"。⑭ 临泽"前清时全县共领当帖八张"。⑮ 西宁开设当铺 2 处,一处在官井街(今民主街),为山西董姓商人开设,光绪年间歇业;一处在仓门街,光绪年间开业,清末歇业。⑯ 静宁在清朝末年

---

① 黄文炜、沈清崖:《重修肃州新志》第 3 册,《肃州·杂税》。
② 钟庚起纂修:《甘州府志》卷 6《食货·赋役》。
③ 黄文炜、沈清崖:《重修肃州新志》,高台县,第 2 册,《田赋·续增》。
④ 邵陆:《庄浪县志》卷 7《田赋》,乾隆三十四年抄本。
⑤ 王煊:《静宁州志》卷 3《赋役志·课税》。
⑥ 耿喻、郭殿邦:《金县志》卷 6《杂税》,康熙二十六年抄本。
⑦ 严长宦、刘德熙:《秦安县志》卷 4《食货》。
⑧ 赵先甲:《华亭县志》第四《田赋》。
⑨ 周树清:《永登县志》卷 1《地理志》,民国抄本,台湾成文出版社 1970 年影印本。
⑩ 陈士桢、涂鸿仪:《兰州府志》卷 5《田赋志·杂税》。
⑪ 张金城、杨浣雨:《宁夏府志》卷 7《田赋·杂税》。
⑫ 邓承伟等:《西宁府续志》卷 10《志余·钱法》。
⑬ 邓承伟等:《西宁府续志》卷 10《志余·钱法》。
⑭ 光绪《陇西分县武阳志》卷 1,贡赋。
⑮ 民国《临泽县采访录》,财赋类,当帖税。
⑯ 陈邦彦:《西宁当铺业简况》,《西宁文史资料》第 5 辑,1988 年印行,第 80、81 页。

县城设有2家当铺,"一曰'六兴当'(秦安人经营),在县城东街;一曰'中兴当'(也称党家当铺,系威戎党志振家开办),在后街,经营金银首饰、珠宝、衣物、文物字画、工艺美术品,家具器皿、古董玩物等的典当。"① 固原亦有大当1处和中小当多家。② 湟中在光绪末年开设当铺1家。③ 甘肃西南藏族地区商业比较发达的市镇在晚清时期也兴起了典当业,如临潭县在光绪年间建有当铺4家。④ 宣统二年(1910年)调查统计甘肃(包括宁夏府、西宁府)"全省当铺现有四百二十四座"。⑤ 可见,光绪时期本区域的典当业稍有恢复。另从清末《甘肃全省调查民事习惯问题报告册》的相关内容来看,大多数县都有当铺,典当业在本区域比较普遍。

2. 民国时期典当业的消长

民国建立以后,当铺依然是本区域的主要金融机关。1915年调查,兰州有典当行22家。⑥ 1922年,西峰镇最大的商号"永城店"开办"永和当",经营典当业10余年。⑦ 高台"城乡当商四家"。⑧ 临泽县有"丙等当商三家,年纳税共法币一百二十元,又领乙等当帖者一家"。⑨ 渭源的清源、会川、莲峰三地共有典当业5户;⑩ 其中莲峰有3家,元亨当,清光绪时开业,资本20000元;义盛当,民国初年开业,资本70000元;天心当,1919年开业,资本20000元。⑪ 1921年以前,甘谷有4家当铺和1家钱庄兼营当铺。⑫ 礼县1926年以前县城有恒丰当、世顺当、致远秀,盐官有渊源当等。⑬

---

① 戴谦恭:《静宁县金融业的诞生及发展》,《静宁县文史资料选辑》第2辑,第55页。
② 赵振汉:《解放前固原的金融概况》,《固原文史资料》第4辑,1992年印行,第166—167页。
③ 张生右、赵永年:《建国前鲁沙尔镇的工商业》,《湟中文史资料选辑》第1辑,1989年印行,第54页。
④ 临潭县志编纂委员会:《临潭县志》,甘肃民族出版社1997年版,第341—342页。
⑤ 经济学会:《甘肃全省财政说明书》次编上,1915年印行,第71页;又《甘肃通志稿》卷37《财赋二·税捐》:"宣统二年调查,全省领下帖当商共四百二十四家"。
⑥ 《调查员武汇东、武骥调查甘肃省垣经济情形报告书》,《中国银行业务会计通信录》第12期,1915年12月,第27页。
⑦ 庆阳县志编纂委员会:《庆阳县志》,第186页。
⑧ 徐家瑞:《新纂高台县志》卷3,《田赋·税捐》。
⑨ 王存德等:《创修临泽县志》卷7《财赋志》。
⑩ 温让:《清末民初的渭源典当业》,《渭源文史资料选辑》第1辑,1999年印行,第137页。
⑪ 王子安口述,陆进贤整理:《莲峰解放前三十余年工商业兴衰情况》,《渭源文史资料选辑》第1辑,第143页。
⑫ 王天佐:《晚清至民国时期甘谷商业略述》,《甘谷文史资料》第7辑,1992年7月印行,第48页。
⑬ 王志轩:《民国时期礼县的行业》,《礼县文史资料》第2辑,第141页。

青海"民国初年起,西宁当铺开始处于全盛时期,当时西宁当铺业前后共六处";①1931年前后湟源有大当3家,②化隆县先后有"积福当"、"三顺当"、"永兴当"3家当铺。③

宁夏平罗"县属当铺二十座,岁收课银一百两"。④ 宁夏瞿靖镇(今属青铜峡市)有"清泰当"和"吉星当"2处。⑤

此外,一些地方还活跃着小押当。1921年前后,西宁有小押当10余家,⑥乐都先后有小押当五六家。⑦ 这种小押当与当铺不同之处在于,当铺是经过政府登记并颁给"帖"(类似营业执照)后方可经营,而小押当政府不给"帖",政府只要备案就可以经营了。小押当在当期、利息等方面也与当铺有所不同。一些小押当依附于大当铺,做"代当"生意。西宁有依附于积成当的小押当,"他们利息高,当期短,往往利用地域性天灾,上门收押,预扣利息,当期一个月。小押当票,期满不赎当,转押给积成当,由积成当开给当票,付给当价。小押当将当票转给当户,换回小当票,当户迳向积成当赎当"。⑧

从1920年代开始,黄河上游区域的典当业开始衰落。如泾川县城的"永积当"1922年开业,1924年歇业;"两益当"1924年开业,1926年停业。⑨ 固原"典当业于民国12年后陆续歇业,至民国20年(1931年)已无典当业"。⑩ 1926年成书的《创修渭源县志》记载:"原额当税八十五两,现在全荒"⑪,当铺已无从征税。西宁当铺大部分在1930年以后歇业。⑫

1929年是甘肃典当业的分水岭。"甘肃在民国18年以前,各县所设立之典当业甚多,嗣因频遭兵燹,益以灾祲,民生凋敝日甚,典当之停业者甚多"。⑬ 1934年

---

① 陈邦彦:《西宁当铺业简况》,第80页。
② 赵珍:《近代青海的商业、城镇与金融》,《青海社会科学》2002年第5期,第89页。
③ 赵继贤:《化隆的当铺》,《青海文史资料选辑》第16辑,1987年12月印行,第153—154页。
④ 《平罗县志》,"杂赋",国立北平图书馆1932年抄本。
⑤ 吴兴安、刘天福口述:《瞿靖当铺》,《青铜峡市文史资料》第1辑,1988年印行,第99页。
⑥ 陈邦彦:《西宁当铺业简况》,第80页。
⑦ 滕继河:《乐都的估货业和积成号当铺》,《青海文史资料集萃·工商业卷》,第262页。
⑧ 同前书,第266页。
⑨ 泾川县志编纂委员会:《泾川县志》,甘肃人民出版社1996年版,第378页。
⑩ 赵振汉:《解放前的固原金融概况》,《固原文史资料》第4辑,第167页。
⑪ 陈鸿宝:《创修渭源县志》卷3《建置志·税课》。
⑫ 陈邦彦:《西宁的典当业》,《青海文史资料集萃·工商经济卷》,青海省政协2001年11月印行,第254页。
⑬ 黎迈:《甘肃金融业之过去与现在》,《西北资源》第2卷第2期,1941年5月10日,第47页;又见中央银行经济研究处编:《中国农业金融概要》,第142页。

调查时,甘肃只有 7 个县有当铺,酒泉 3 家,临夏 3 家,永登县 4 家,敦煌 3 家,武威 1 家,天水 4 家,张掖 10 家,①其中天水 4 家均为小押当,张掖有 5 家为小押当。② 该调查与《甘肃省志》的记载相吻合,即甘肃全省仅有 7 县有当铺共计 28 家,加上兰州当铺 10 家,共计不过 38 家,③尚不及清末的 1/10。有的地方小押当继续存在,如礼县有资本数百千元的小押当 2 所,西和县 5 所,利率月息 8—10 分,有时候高到 30 分;当期 3—7 月,"期满不赎,即行拍卖"。④ 抗战时期有的地方当铺有所回升,如张掖当铺增加到 19 家,"以区区一县,不可谓不多。规模大者资本约二十万元,小者约五千元",大当当期 1 年,利息 5 分;小当当期半年,利息 6 分。⑤ 尽管如此,从 1930 年代以后,典当业不再是农村的主要借贷机关了,如据抗战时期对本区域农家借贷来源调查,甘肃、青海在当铺借贷只占 4%,宁夏则无当铺借贷(参看表 8—5)。

典当业的衰落不仅表现在数量上,还表现在资本的减少。晚清至民国初年,一些新开张的当铺资本比较充足,渭源天心当,1919 年开业,资本 2 万元;义盛当,民国初年开业,资本 7 万元;元亨当,清光绪时期开业,资本 2 万元。⑥ 青海当铺"资本雄厚,皆为银币万元上下"。⑦ 比较大的当铺资本差不多都在万元以上,但到 1930 年代之后,当铺的资本减少了许多,据 1934 年调查,兰州 13 家典当业中,资本 5000 元 1 家,3000 元 2 家,2000 元 10 家。⑧ 兰州典当业尚且如此,各县典当业亦可见一斑了。新中国成立前夕,甘肃仅有当铺 15 家,资本也很小,最多不超过 5000 元。⑨ 而且"普通人当之物无甚珍贵货物,因之典当业无大资本者,乃甘肃各地典当均名为中档,直类南方之小押店耳"。⑩ 说明甘肃典当业资本严重不足。

当铺衰落的原因多种多样,归纳起来有以下几个方面:

(1) 经营不善导致当铺停业。化隆的积福当成立于 1902 年,东家贾玉山是当

---

① 中央银行经济研究处编:《中国农业金融概要》,商务印书馆 1936 年版,第 141—142 页;又见《甘肃各县典当业》,《中国农村》第 1 卷第 3 期,1934 年 12 月,第 98 页。
② 宓公干:《典当论》,商务印书馆 1936 年版,第 252 页。
③ 甘肃省地方志编纂委员会:《甘肃省志》第 44 卷《金融志》,第 57 页。
④ 李甲忠:《礼县西和县之农村经济实况》,《新西北》第 1 卷第 5—6 期合刊,1939 年 7 月,第 31—32 页。
⑤ 王兴荣:《张掖经济概况》,《甘肃贸易季刊》第 2—3 期合刊,1943 年 1 月,第 57 页。
⑥ 赵振汉:《解放前的固原金融概况》,《固原文史资料》第 4 辑,第 167 页。
⑦ 陈邦彦:《西宁当铺业简况》,第 80 页。
⑧ 佚名:《兰州之金融与货币》,《新亚细亚》第 7 卷第 6 期,1934 年 6 月,第 68—69 页。
⑨ 甘肃省地方志编纂委员会:《甘肃省志》第 44 卷《金融志》,第 57 页。
⑩ 黎迈:《甘肃金融业之过去与现在》,第 47 页。

地著名的缙绅,经营当铺得法,生意兴隆,当铺先后延续20余年。到1920年代贾玉山去世后,其子不善经营,管理不善,账房先生吸食鸦片,店员赌博酗酒,使当铺失去信用,最后破产停业。①

(2) 币制不稳定与货币贬值导致当铺停业。如渭源的元亨当,清光绪时期开业,1923年甘肃将麻钱改为砂元后币值贬值而倒闭。②武威当铺"昔以钱为主,近年用银元。银贵钱贱,资本大耗,加之生活过高,入不敷出,十余家大当相继倒闭,仅存一家";兰州当铺也因受西北银行纸币的影响大部分倒闭;③青海"制钱改铜元以来,民国十五、十六两年,银价日昂,各家私人资本化为乌有,不能支持。因将各项公款全数归还,前后相继歇业。"④

(3) 宗教原因导致当铺停业。青海"三顺当"系闻氏、冶氏、孟氏三姓回民在化隆西关开设的当铺。1927年,由于马麟推行"伊赫瓦尼"新教,阿訇马禄认为回民开设当铺与伊斯兰教义不合,作为穆斯林放账吃利是"亥拉木"(使不得),故勒令停业,将其业务归给了"永兴当"。⑤本区域回民商人开设当铺者甚少。

(4) 自然灾害与社会动荡导致当铺停业。1920年,发生了海原大地震,导致了一些当铺的停业,静宁县中兴当于1920年海源大地震后倒闭。⑥1929年西北发生了百年不遇的大旱灾,导致了大量的当铺歇业。1926年,渭源莲峰镇遭到土匪抢劫,此后该镇的当铺就开始衰落或倒闭了。⑦1928年,马仲英在临夏起事,马氏在反对国民军的旗帜下洗劫了甘肃、宁夏、青海的许多市镇,同时期,西北发生了百年不遇的大旱灾,社会经济遭到了严重的破坏,这些天灾人祸导致了典当业的衰落。正所谓"在民国十八年(1929年——引者注)前,各县所设立之典当甚多,嗣因频遭兵燹,益以灾祲,浩劫迭来,民生凋敝,而典当之倒闭者遂多,今仅存者,已无几矣。"⑧甘肃典当业"在民国十八年前,各县设立尚多,后因频遭匪害,多数倒闭"。⑨另外,红军长征经过一些市镇,没收当铺财物,如1935年9月27日红军陕甘支队占领通渭县城后,"在城里没收了几家当铺",⑩这也是导致当铺衰落的原因。因

---

① 赵继贤:《化隆的当铺》,《青海文史资料选辑》第16辑,第154页。
② 王子安口述,陆进贤整理:《莲峰解放前三十余年工商业兴衰情况》,第143页。
③ 宓公干:《典当论》,第252页。
④ 邓承伟等:《西宁府续志》卷10《志余·钱法》。
⑤ 赵继贤:《化隆的当铺》,第154页。
⑥ 戴谦恭:《静宁县金融业的诞生及发展》,《静宁县文史资料选辑》第2辑,第55页。
⑦ 王子安口述,陆进贤整理:《莲峰解放前三十余年工商业兴衰情况》,第146页。
⑧ 潘益民:《兰州之工商业与金融》,商务印书馆1936年版,第72页。
⑨ 《甘肃各县典当业》,《中国农村》第1卷第3期,1934年12月,第98页。
⑩ 萧锋:《长征日记》,上海人民出版社2006年版,第113页。

此,20世纪二三十年代之交,是本区域典当业的分水岭。

(二) 典当业的经营

1. 抵押物

典当业在经营中最基本的是以动产和不动产作为抵押,发生借贷关系。动产主要以衣物、金银首饰、珠宝、农具以及日常用品等作为抵押换取现金,不动产主要是土地和房屋为抵押换取现金。如泾川的典当有两种形式:一是不动产典当,以土地、房屋等作质押换取现金,可不付利息,到期还款,收回原物。一是动产典当,当铺"抵当什物上至珠宝古玩、狐裘羔褂,下至农具炊器、匠工器具"等换取现金,要付利息,到期还款、清息、还物。① 湟中鲁沙尔镇缙绅汪玉才开设德胜当,资本白银1000多两,经营家具、农具、衣物等;民国初年,西宁的源益当除了不当单据外,其他如金银、珠宝、玉器、首饰、钢铁器、农具都当;有少数当铺还当不动产,如土地、房屋、青苗等。② 临泽当铺"典当的物品大部为日用器具、农具、较值钱的衣服等。金银首饰及其他大件物品间或也有,但为数不多。故春夏季当的多为铜、铁制的火盆、皮袄、棉袍等,秋冬当的多为生铁犁铧等。有时开销紧了,有的农民不得已还将吃饭锅也拿来当掉,以解燃眉之急"。③ 临潭当铺动产质押有衣物、玉器、古董、器皿等。④ 1930年代调查,各地当品天水为"农器、衣服等物",永登为"货物、衣服、日用器物",武威为"衣服、各种铁器农具等",张掖为"衣服、农器什物",酒泉为"衣服、银器、首饰、铁器、农器各物",临夏为"衣服、被褥、布匹、铜铁银器及各项什物"。⑤ 从以上调查来看,农家典当物品主要为日用生活品与农闲时期闲置的农具。

由于西北农村贫困,抵押物品中大部分为普通衣物,很少有贵重物品作抵押。兰州市"当业组织简单,规模甚小,与东南各省迥殊。盖西北风俗简朴,衣裳多系布制,皮衣价亦不昂,故普通可入质库之物不多,珍贵饰品如珠、钻、翠、宝石之属,殊不易见。各典当每月上架之货,多系破烂不堪之物。"⑥ 兰州市尚且如此,其他地方贵重物品就更少见了。在距离市镇较远的农村,粪土也可以作为抵押品进行借贷,在青海,山西商人董氏开设的当铺在西宁郊区农村,"该当铺除收当一般衣物、农

---

① 泾川县志编纂委员会:《泾川县志》,第683页。
② 赵珍:《近代青海的商业、城镇与金融》,《青海社会科学》2002年第5期,第90页。
③ 马丰林:《"集义当"兴衰记》,《临泽文史资料》第2辑,1993年印行,第190—191页。
④ 临潭县志编纂委员会:《临潭县志》,第341—342页。
⑤ 宓公干:《典当论》,第252页。
⑥ 潘益民:《兰州之工商业与金融》,第71页。

具、生活器具外,还收当农民生产资料——粪土(肥料),粪土在原地内不动,成交之后,当铺在粪堆上插一木牌,上写已收当字样,另外给一'当票'为据,俟春耕时,农民将粪土再赎回。"①

在当铺借贷中,抵押物品有一定的限制。如西宁当铺在柜台的牌子上书写"军器不当,裕国便民"八个字,②拒绝兵军用品作为当物。甘肃华亭、隆德、甘谷等县军装是不能作为抵押品的;也就是说军用品是在禁止之列,但也有一些地方的小押当当物中有军用品,如灵武、张掖"无论军装、爆发物、动物、植物均得抵押,然皆小押当所为,亦习惯也"。③

2. 当期

当期是典当业的主要内容,直接反映了当铺与当户利益,"典当的满当期限,关系到典当的利息,关系到当户的赎取及其生产生活"。④ 黄河上游区域各地当期有所不同,也随着时代的变化而变化。在清末民事习惯调查中,大多数地方"典当以二十个月或三年为度,不赎则变卖,此通例也。物主于期满时,须将利银还清,换票转当。若不转当,未有能出三年外者,自余抵押皆得展缓,年期不必与当典一例"。⑤ 也就是说,在本区域当期通例是24个月或36个月,但若不能赎当,可以换票转当,延长当期。根据清末民事习惯调查,各地当期如表8—7。

表8—7 清末本区域典当期限调查表

典当期限	流行县份	数量	比例
以3年为期	河州、海城、徽县、阶州、成县、武威、镇番、永昌、安西、肃州	10	19.2%
以4年为期	渭源、狄道、靖远、静宁、安化、宁州、崇信、化平、正宁、通渭、西和、宁远、安定、会宁、洮州、秦州、清水、秦安、文县、宁夏、宁灵、灵州、循化、张掖、董志、陇西、花马池、沙泥、王子庄	29	55.8%
以5—6年为期	固原、红水	2	3.8%
以7—8年为期	西宁、碾伯、玉门	2	3.8%
以10年为期	皋兰、金县、隆德、环县、伏羌、宁朔	6	11.5%
以15年为期	庄浪	1	1.9%
以20年为期	泾州、灵台	2	3.8%

资料来源:佚名:《甘肃全省调查民事习惯问题报告册》,第71—72页。

---

① 陈邦彦:《西宁当铺业简况》,第80页。
② 陈邦彦:《西宁的典当业》,第255页。
③ 佚名:《甘肃全省调查民事习惯问题报告册》,见《中国西北文献丛书》总120册,第63页。
④ 李金铮:《民国乡村借贷关系研究》,第238页。
⑤ 佚名:《甘肃全省调查民事习惯问题报告册》,第70页。

从表 8—7 来看,在清末民事习惯调查中,黄河上游区域当期在 3—4 年的县占到 75%,只有 25% 的县当期超过 5 年。此外岷县的期限更长,"岷州之抵押物无一定年期,不动产有至四五年取赎者"。① 这种现象至少说明在本区域的借贷关系中,因农村贫困,很多农民无力清偿债务,赎回自己的物品,只好一再展期。另外,西北地区地瘠民贫缺少珠宝与较为值钱的衣物,以不动产作为当物的比较多,也是典期长的一个原因,如临潭"以房屋、土地、店铺、水磨等固定资产为主,典期一般较长"。②

民国初年,当期延续了传统 24 个月的成例,如兰州、化隆、武威等以 24 个月为满,③也有比较长的,如礼县、泾川 30 个月出当。④ 但随着典当业的衰落,当期越来越短,民国时期甘肃典当业"满当期限,有三月、一年、二年三种。过此期限,当户不赎取其当品,则由典当没收"。⑤ 据 1934 年的调查中,酒泉 10 个月出当,临夏县 18 个月出当,永登县 12 个月出当,敦煌县 10 个月或 12 个月出当,天水县 12 个月出当,张掖县 12 个月出当。⑥ 一些小押当,当期更短,如礼县的小押当 3 至 7 个月出当。⑦ 与清朝比较,当期明显缩短。1934 年,甘肃省政府曾经进行干涉,"召集当商讨论,令将月息减为三分,取赎期延长为一年半",但没有结果。据抗战时期调查,天水、永登、张掖、敦煌的当铺当期仍为 12 个月,兰州、临夏、酒泉为 18 个月,只有武威为 24 个月。⑧ 在典当业中,当价由当铺决定,当价只及当品的一半或三分之一,如果当户无力赎取,则由当铺变卖。因此,当期的缩短,有利于当铺而不利于当户。

满当后如何处理当物,是典当业的重要内容。在清末民事习惯调查中,本区域满当后如何处理当物各地有不同的习惯,如靖远、河州、平凉、伏羌"皆不能变卖,俟有力时再赎";宁州(宁县)、泾州(泾川)、西和、环县"皆以至期无力赎取,或由业主亲族取赎,否则押主以原价转押他人,但不得擅自变卖";固原、渭源的习惯是"至期

---

① 佚名:《甘肃全省调查民事习惯问题报告册》,第 72 页。
② 临潭县志编纂委员会:《临潭县志》,第 341—342 页。
③ 《调查员武汇东、武骥调查甘肃省垣经济情形报告书》,《中国银行业务会计通信录》第 12 期,1915 年 12 月,第 27 页;赵继贤:《化隆的当铺》,《青海文史资料选辑》第 16 辑,第 155 页;《甘肃各县典当业》,《中国农村》第 1 卷第 3 期,1934 年 12 月,第 98 页。
④ 王志轩:《民国时期礼县的行业》,《礼县文史资料》第 2 辑,第 141 页;泾川县志编委会:《泾川县志》,第 683 页。
⑤ 杨允康:《甘肃金融建设论》,《陇铎》第 2 卷第 2 期,1942 年 1 月,第 16 页。
⑥ 《甘肃各县典当业》,《中国农村》第 1 卷第 3 期,1934 年 12 月,第 98 页;张掖县当期又见《各地典押当业习惯资料调查表》,甘肃省张掖县政府填,台湾"中央研究院"近代史所档案馆藏,馆藏号:18-23-00-025。
⑦ 王志轩:《民国时期礼县的行业》,第 141 页。
⑧ 黎迈:《甘肃金融业之过去与现在》,第 47 页。

无力取赎,有卖于押主者,有卖于他人而付清押主本利者,有央人求押主展期者"。① 但大部分还是按照当票内容约定,如满当不赎取任凭当铺折卖,被称之为"打当"。有的当铺还设有专门处理超期当物的门面,如青海积成当在"临街面有5间用作撤当之物销售拍卖的……这个铺面一般也称之为估衣铺或估货铺,实际是一个小型旧货市场。"②当物的议价时,往往只有实际价格的一半甚至更低,而满当出卖时则按照原价出赎。"打当"是当商赚钱的主要手段。

3. 典当利率

利息是典当业获得收益的主要途径,当息是典当业的核心内容。下面是清末本区域各地典当利率调查情况:

> 高兰县,每年每两息银至少一钱二分,至多三钱,平准二钱一分;
> 金县,每年每两息银至少一钱二分,至多三钱六分,平准二钱四分;
> 渭源县,每年至少一分,至多三分,平准二分;
> 沙泥州判,照官例每月以三分为率,冬腊月减一分,则以二分为率矣;
> 红水县丞,每月二分,亦有二分五者,平准二分二厘五毫;
> 狄道州,每年至少八厘,多至二分,平准一分四厘;
> 靖远县,每年至少一钱二分,至多三钱六分,平准二钱四分;
> 河州,至多三分,至少一分二厘,平准二分一厘;
> 平凉县,每年至少一分,至多三分,平准二分;
> 隆德县,每年至少二分,至多四分,平准三分;
> 庄浪县丞,每年至少一分五厘,至多三分,平准二分二厘五毫;
> 静宁州,每月至少二分,至多五分,平准三分五,此小押习惯,大当不然;
> 安化县,少则一分,多则三分,平准二分;
> 董志县丞,每年至少二分四厘,多则三分六厘,平准三分;
> 宁州,每年至少二分四厘,至多三分六厘,平准三分;
> 环县,每年至多三分,至少一分五厘,平准二分二厘五毫;
> 泾州,每年至多三分六厘,至少一分二厘,平准二分四厘;
> 灵台县,每年至多三分六厘,至少一分二厘,平准二分四厘;
> 崇信县,每年至少一分,至多三分六厘,平准二分三厘;

---

① 佚名:《甘肃全省调查民事习惯问题报告册》,第73—74页。
② 滕继河:《乐都的估货业和积成号当铺》,《青海文史资料集萃·工商业卷》,第263页。

固原州,至少一分,至多三分五厘,平准二分二厘五毫;

化平厅,无一定规则;

海城县,每年至多三分,至少一分,平准二分;

正宁县,满年多则三分,少则二分,平准二分五厘;

通渭县,每年至少二分,至多三分半,平准二分半厘五毫;

岷州,利息极重,普通习惯按月三分;

伏羌县,每月一分,多者三分,平准二分;

宁远县,与伏羌同;

安定县,每月三分为率,至冬月减去一分,平准二分;

洮州厅,至少二分,至多三分,平准二分五厘;

清水县,每年每两三分为率;

秦安县,至少一分,至多三分,平准二分;

阶州,每月至少二分,至多三分,平准二分半;

文县,每年有一分五厘者,有二分、三分者;

灵州,每年二分三分不等;

花马池同州,至多不过五分,至少二分,平准三分五厘;

宁灵厅,至少二分,至多三分,平准二分五厘;

循化厅,至少二分,至多三分,平准二分五厘;

西宁县,至少一分,至多二分五厘,平准一分七厘五毫;

碾伯县,至少二分,至多三分,平准二分五厘;

武威县,每年利息与碾伯同;

镇番县,至少二分,至多四分,平准三分;

永昌县,至少二分四厘,至多三分六厘,平准三分;

抚彝厅,每年至少一分,至多三分,平准二分;

张掖县,每年至少七八厘,至多五分,平准二分五厘;

王子庄州司,至少一分,至多二分,平准一分五厘;

肃州,至少一分,至多二分,平准一分五厘;

玉门县,至少二分,至多三分,平准二分五厘。[①]

通过上述调查看出,清代本区域典当利率月利在 2‰—3‰ 之间,但也有个别

[①] 佚名:《甘肃全省调查民事习惯问题报告册》,第 74—78 页。

地方利率比较高,有的小押当利率最高达 30%—50%。甘肃民间借贷习惯一般是"当铺利息通常以三分为率,但至冬腊两月得减为二分"。① 每至年关是当铺年终结账之时,为了加快当铺资金周转,一般放宽行息利率。从民事习惯调查中看出,有的地方冬腊月减 1 分,以 2 分行息。但也有一些地方违令加息,"甘肃利息颇重,违禁过取之事亦所时有,市侩以此居奇,乡曲因而垄断,民间鲜有攻讦者,习惯使然。"② 人们已经习惯了高利贷的剥削,对此已经司空见惯了。

民国时期,典当利率超过了晚清时期。如化隆县每月 3 分行息,③年利率达到 36%;西宁的当铺月息均在当价的 3.3%;④礼县当价月息 8—10 分,最高 30 分;⑤在 1934 年的调查中,各县当铺利率有增无减,酒泉月利息 6 分,临夏月利息 5 分,永登月利息 6 分或 8 分,敦煌月利息 6 分或 8 分,武威月利息 3 分,天水月利息 2 分,张掖月利息 5 分。⑥ 在上述各县中,只有天水、武威 2 县典当业月利息为 2 分,其余均在 5 分以上。又抗战前调查,皋兰县当铺月息 5 分、酒泉 6 分、永登 5 分、敦煌 6—8 分。⑦ 除了利息外,有的典当行还有其他费用,如临夏的当铺要贴印花税票,"每三元贴用二分"。⑧ 典当利率的增长,一方面,反映出社会经济萎缩,农村金融的枯竭,当铺减少,居民借贷无门;另一方面,在社会动荡的情况下,典当业处于失范的状态,典当业成为高利贷者谋取暴利的行业。

在中国传统借贷关系中,当铺发挥着重要的作用,有利于农村经济和农民生活,当铺经营有一定规范,利率有定额,当物有期限,信用可靠,当赎方便,尤其在青黄不接和遭遇天灾人祸之际,当铺可以解决农家的燃眉之急。因此,不论是近代还是当代研究典当业的学者均给予比较高的评价。⑨ 经济学家马寅初认为典当利率月息在 2%—3%有其学理与事实上的根据。⑩ 以此观之,清朝时期典当业利率大致属于民众可以接受的范围,但到民国时期利率一路攀升,"典当业之在今日,显为

---

① 《甘肃当铺例规》:"凡质物以三十六个月为期满,故利率较他省为重。每年十一十二两个月,由官厅发布告示,利息减为二分,以期赎取踊跃也。"《甘肃民商事习惯调查会第二期报告》,《司法公报》第 176 期,1923 年 4 月 30 日,第 57 页。
② 佚名:《甘肃全省调查民事习惯问题报告册》,第 78 页。
③ 赵继贤:《化隆的当铺》,第 155 页。
④ 陈邦彦:《西宁的典当业》,第 256 页。
⑤ 王志轩:《民国时期礼县的行业》,第 141 页。
⑥ 《甘肃各县典当业》,第 98 页;张掖县当息又见《各地典押当业习惯资料调查表》,甘肃省张掖县政府填,台湾"中央研究院"近代史所档案馆藏,馆藏号:18-23-00-025。
⑦ 东亚经济调查局:《最近甘肃经济概况》,《西北向导》第 10 期,1936 年 6 月,第 24 页。
⑧ 宓公干:《典当论》,第 252 页。
⑨ 李金铮:《民国乡村借贷关系研究》,第 257 页。
⑩ 宓公干:《典当论》,马寅初序。

高利贷之一种,因其利息最普通者,以月利二分起,甚至有月利六分者。"①使其完全演变成为高利贷的性质,甚至有的地方典当业利率高到让民众难以活命的地步。这是一些学者呼吁改进典当业和革命者痛斥典当业的主要根源所在。

三、传统借贷之二:钱庄与民间借贷

(一) 钱庄

钱庄在黄河上游区域创立比较迟,发育缓慢,文献中记载不多。西宁在光绪时期"有钱铺七八家,各出五百文钱票若干,人咸称便。"②以后很快倒闭,再也没有恢复。故有人说青海建省前,"向无银号、钱庄之设,一般金融活动全赖商业信贷、商业汇兑(俗称拨兑)为之调剂"。③甘肃钱庄"始于前清初年,尔时通货概为生银与制钱两种,钱庄交易范围限于兑换,对于各地汇兑业务,完全操于票号之手,且各钱业资本额类皆薄弱,营业状况无足记述。至辛亥革命之后,票号相继倒闭,钱业乃形发达,家数亦日见增加,最多时全市计有二三十家,市上一切汇划,统归钱业办理"。④也就是说,钱业兴起后,因票号的制约而发展缓慢,辛亥革命后,随着票号的衰落,钱业有了一定的发展,一些县开始出现了钱庄。民国初年,镇原县城开设了钱庄"文顺恩",又有田某经营的钱庄,"资本数额较大,兼收镇原全县课税";1931年,镇原县城"广顺吉"钱庄开业,"前期以银元为主,后期为法币。其放款利率为月息1分至3分。"⑤表8—8是1916年北京政府农商部对甘肃钱庄的统计。

表8—8 民国初年甘肃钱庄统计表

年份	钱业户数					资本金额	各户存款额	纸币发行额	公积金额
	官钱局	银号	钱庄	其他	合计				
1912年	1	—	11	5	17	195307	294400	2419	5650
1913年	2	—	18	1	21	654870	202303	88770	12683
1914年	—	—	21	—	21	126500	3141	2390	10135
1915年	—	1	26	5	32	238880	8102	5550	20367
1916年	—	—	4	—	4	61050	4920	200	—

资料来源:农商部总务厅统计科:《中华民国五年第五次农商统计》,中华书局1919年版,第488页。

---

① 杨允康:《甘肃金融建设论》,《陇铎》第2卷第2期,1942年1月,第16页。
② 邓承伟等:《西宁府续志》卷10《志余·钱法》。
③ 王殿瑞:《解放前青海的银行》,《青海文史资料集萃·工商经济卷》,第238页。
④ 中国银行总管理处经济研究室:《中华民国二十五年全国银行年鉴》,(M)第42页。
⑤ 庆阳地区志编纂委员会:《庆阳地区志》第2卷,第788页。

从表 8—8 来看,甘肃钱业在民国初年的总趋势是在增长着,1912 年有 11 家,1914 年 21 家,1915 年增加到 26 家。1916 年只有 4 家,即渭源有钱庄 3 家,资本 56050 元,平均每家 1.9 万元;金积 1 家,资本 5000 元。① 这年的统计甘肃只有 4 家钱庄,和 1915 年以及 1920 年代相比差距太大,估计该项统计有误。1920 年代,随着京包铁路通车,西北逐渐成为天津等开放口岸的市场腹地,金融市场也随之扩大,甘肃钱业一度出现了上升较快的局面,"自清末至民国 20 年(1931 年)前,最多时有钱庄、银号 53 家,资本额 35.82 万元。"②

甘肃钱业的兴盛只是昙花一现,20 世纪 30 年代开始,钱业开始衰退。据中央银行 1930 年代中期调查,甘肃有钱庄 28 家,除 5 家以汇兑为主,资本无定额外,资本总额为 29.8 万余元。不论从钱庄数量还是资本总额来看,1930 年代和以前 10 年相比,银钱业处于衰退状态。现存的 28 家钱庄中,建立于晚清的 5 家,1910 年代的 3 家,1920 年代的 8 家,1930 年代的 12 家;其中总号在山西的 3 家,陕西的 8 家,天津的 1 家,其余为省内商人所办。资本 5 万元 2 家,3 万元 2 家,2 万元 3 家,1 万元 4 家,共计 11 家,占 39.6%;其余资本为 1500 元至 6000 元不等。从统计来看,资本在 1 万元以上的 11 家钱庄大多数为晋陕商人所办,5 家汇兑钱庄全部为晋陕商人和天津商人所办。③ 可以看出民国时期晋陕商人执甘肃钱庄牛耳。从抗战前夕的中国银行和 1945 年中央银行的统计中来看,甘肃的钱庄又减少了许多。如表 8—9。

表 8—9　1930—1940 年代甘肃钱庄数量统计表

1936 年统计①			1945 年统计②		
庄号	设立时间	资本	庄号	性质	成立时间
蔚成永钱庄	1932 年 9 月	10000 元	宏泰兴钱庄	总庄	1945 年 8 月
明德银号	1933 年 1 月	50000 元	德义兴钱庄	总庄	1936 年 4 月
义兴隆钱庄	1916 年 1 月	10000 元	义兴隆钱庄	总庄	1916 年 1 月
永和泰钱庄	1933 年	10000 元	德盛恒钱庄	总庄	1933 年 2 月
中和德钱庄	1924 年	10000 元	魁泰兴钱庄	总庄	1937 年 2 月
天福公钱庄	1920 年	10000 元	天福公钱庄	总庄	1920 年 2 月

资料来源:[1]中国银行总管理处经济研究室:《中华民国二十五年全国银行年鉴》,(M)第 40 页。[2]中央银行稽核处:《全国金融机构一览》,1947 年 3 月增订版,第 294—295 页。

① 农商部总务厅统计科:《中华民国五年第五次农商统计》,第 503 页。
② 甘肃省地方志编纂委员会:《甘肃省志》第 44 卷《金融志》,第 56 页。
③ 中央银行经济研究处:《甘青宁经济纪略》,1935 年 1 月印行,第 47—50 页。

表 8—9 的统计 1936 年中国银行的数据只有 6 家,1945 年中央银行的数据也是 6 家,可能有遗漏。在 1940 年代初的调查中,平凉就有两家钱庄,即文盛裕和祥泰裕。① 另据中国农业银行调查,1941—1942 年兰州有钱庄 19 家②,比表 8—9 的统计多出了 13 家。尽管如此,甘肃钱庄在衰落是无疑问的。银钱业的延续性也不是很强,在 1936 年的钱庄名录中,晚清成立的钱庄都不存在了,1910 年代的只有 1 家,1920 年代的只有 2 家,1930 年代的有 3 家。也就是说,晚清至 1930 年代成立的钱庄大多数都关张了。在 1945 年的数据中,只有 2 家是 1936 年的 6 家延续下来的,其余 4 家是新成立的,从中也可以看出甘肃银钱业衰落的一斑。

钱庄衰落的原因有三:一是传统金融业不能满足社会经济发展的需要。"钱庄不论是独资还是合伙经营,资力都是有限的,不足以满足当时社会经济对金融资本的需求"。二是钱庄经营不善,如调查者所言:钱庄经营中,一切事务均由经理一人决策,"故整个钱庄之命运,即寄予经理一人,若经理苟不慎,即使全庄倒闭"。钱庄放款在于个人信用,一旦遇到信用风险,"钱庄既未获得物资上之担保,钱庄将随其后而动摇失败"。③ 三是新式金融业的兴起,使钱业的生存空间越来越小,即所谓"近年来因银行设立,市面不佳,钱业又形衰落"。④

除钱庄外,本区域农村还活跃着钱店,如皋兰"钱店十八家,资本最大者一万元,普通者五千元,最少者一千元,每月利息三分。私人放款者占百分之五,资本最大者五六百元,普通者二百元,最少者数十元,每月最高利息三分,普通二分,最低利息一分半。其放款方法,以田地房屋作保,放款期限,以一年或数月不等"。⑤ 这种钱店资本更小,从事农村小额借贷。

(二) 民间借贷组织

近代以降,黄河上游区域农村社会活跃着各种民间借贷组织,如钱会、合会、拔会、孝义会等,承担着民间的借贷功能。

钱会,有地方称之为"请会",有的地方称之为"合会",有地方称之为"拔会"或"摇会"。"中产及无产之家,一旦遇有紧急用途,每借此以资挹注,所以这是亲友间

---

① 《平凉经济调查》(1942 年 9 月),《陕行汇刊》第 7 卷第 3 期,1943 年 6 月,第 57 页。
② 《一年来各地银钱业变动比较》,《中农经济统计》第 2 卷第 2 期,1942 年 2 月,第 42 页。
③ 杨允康:《甘肃金融建设论》,《陇铎》第 2 卷第 2 期,1942 年 1 月,第 17 页。
④ 中国银行总管理处经济研究室:《中华民国二十五年全国银行年鉴》,(M)第 42 页。
⑤ 《皋兰农业之概况》,《农村经济》第 2 卷第 6 期,1935 年 4 月,第 104 页。

以互助之精神为基础而组成的一种变相的借贷事业"。① 其目的是为了抵制高利贷剥削,由农民、小商贩自发组织的一种临时性信用借贷形式,有的地方有利息,有的地方没有利息,是民间的一种低息或贴息借贷。

　　各地请会的运作方式大同小异,参与请会的人员名目各地有所不同,为了防止烂会或烂会后有人承担责任,一般请会均有保人。如宁县"一般由有困难的人'请会',称为'会主'。按需钱多少决定请会规模。参加的人称'押会'。'押会人'在第一会按集体约定的数目,给会主集资,叫'老会'。会主在每1月或数月集会一次,每会偿还一家之款。得还款者叫'得会'。得会多以掷骰子决定。这种请会无利息,但第一会和会尾要吃酒席,费用由会主负责。会主须请保人,如发生拐骗、偿还不起等'烂包'问题,保人负有完全替赔的责任……请会的多为务正的庄稼人,一般可使一个人办一件大事,如婚、丧、做经营资本等。"②庆阳的"请会规模多为12人(即12个月为1期),每人押会4至5元不等。民国三十四年(1945年),庆阳县城一商人经商急需用钱,发起请会成为会主,参加押会的20人,每人交会资银元50个,共计1000元。从第二月开始用掷骰子决定得会,每月偿还借款,请会开始和结束备酒席酬谢,并请有保人,以防烂会后替赔"。③ 庄浪请会"钱、粮均有。急需者按所需数量('会底'),向经济宽裕的亲朋发出邀请,称为'请会'。请会者称为'会东',应邀者称'垫会'。征得同意后,会东择日备酒席,请垫会者赴宴,称为'过会'。会上,议定会期(一般一年二三会)、'卖头'(以后各会最高融资限额,一般不超过会底);会后,按所请数目付给会东。第二次过会,仍由会东备酒,垫会采取投标办法(形式有捏手、抓豆等),竞争取得融资资格,以较卖头让出最多者为胜,称为'得会'。会后,垫会者按中标数付给得会者……垫会者各有一次得会机会,均得会后宣告结束"。④ 静宁的请会主要发生在亲朋好友之间,得会也没有其他地方那样竞争激烈。"某人有困难时,就出面做东,请众亲友(一般为10人),各出同等数额(由请会人提出)的钱物(粮食、布帛等),解决东家的困难。会期多为1年,但也有半年一个月的,会东按期过会,定额还清。得会次序多为互助协商,急需者先得。每过会,会东按原议定数归还一股或两股,不得会者,同样拿出一股交本期得会者,如此轮流过完还清,互不付息,会东在请会与过会时,必须设筵席宴请随会者。得会次序如协商不通,则另以'耍稍子'(或叫'耍卖头')决定,其形式相似投标。'稍子'越

---

① 南作宾:《建设甘肃农村经济的途径》,《陇铎》1940年第5期,第22页。
② 宁县志编委会:《宁县志》,甘肃人民出版社1988年版,第342页。
③ 庆阳地区志编纂委员会:《庆阳地区志》第2卷,第844页。
④ 庄浪县志编纂委员会:《庄浪县志》,中华书局1998年版,第307页。

长,则得会,但实得钱少。这实际形成各随会者之间的贴息借款,只有最后一个得会者可得全会,不贴息而获其利"。① 泾川县请会主要发生在亲朋挚友之间,"穷人在经济上有困难,备酒席约亲朋挚友筹款,名曰'栽桩'。事先言定筹款总数,每股数额和还款方式。还款谓之'投会',会友竞争投标,优胜者得会,谓之'座桩',逐年轮流,以账清为了"。② 各种请会主要发生在亲朋、邻里之间,是一种互助性的借贷行为。

河西有一种民间借贷组织"合会",其方法是召集亲朋若干人,组成一个合会,"每人出资数目,以需款者需要之多少而定。此种办法,赋予合作互助精神,较优于借贷与典当两种,各县甚为普遍"。③ 民间的具有互助性质的借贷组织,抵制了高利贷的剥削。

西宁民间借贷组织形式有"拔会"和"摇会",其形式和请会大同小异,所不同者是除"首会"外,其他"得会"之人要付利息。其形成和借贷过程是:"如某甲为需款迫急而发起一百元的会,则甲为'会首',请乙丙等十人为'会友',合计十一人组织之。第一次由各会友各出十元,合计百元,借与'首会';首会为发起人,对于所借的款不纳利息,但以酒食招饮会友。第二次首会仅有填会义务,而无拔会权利,乃由其余十人,各自秘密写其所愿担负的利息于纸片上,放在碗里去捻,然后当众同时打开各人所捻的纸片,以其负担利息最多者为'得会'。例如乙捻着的上面写的六角,而丙丁以下则为五角及三角等,乙便为得会者,乙应收进九十四元六角,而当作一百元的收进。因为乙既承认负担六角利息,所以丙丁等九人便出九元四角,合计八十四元六角,连首会所出的十元,共为九十四元六角。这就是说,借款百元纳息五元四角的意思。摇会之利,和拔会相仿佛,不过从第二次起,由会员次第摇骰子,计得点数最多者,即为得会;以后皆如上例开会,一直到第十一次满会时为终了。"④

不论何种钱会,其本意是为了解决农民经济困难的融资行为,但有些地方的钱会也有变味,一些会友为了"得会",在"耍稍子"或"掷骰子"时有意抬高利息,使钱会演变为高利贷组织。如静宁"稍子(卖头)长短由得会者自己投标而定,一般为5分左右,但竞争激烈时也有高达20分的"。⑤ 西宁的拔会和摇会通过"抓阄"或"投

---

① 静宁县志编纂委员会:《静宁县志》,第308—311页。
② 泾川县志编纂委员会:《泾川县志》,第378页。
③ 李扩清:《甘肃河西农村经济之研究》,萧铮主编:《民国二十年代中国大陆土地问题资料》,第26481页。
④ 《青海合作运动研究(续七)》,第62页。
⑤ 静宁县志编纂委员会:《静宁县志》,第311页。

骰子"后,使会友名义上各纳十元而事实上仅出六七元,也就是说利息达到了30%—40%,"其利息之大,已足骇人。如是原为互助性之团体,一变而为重利盘剥欺骗榨财之组织。"①说明一些地方的钱会已经变种为高利贷剥削了。

另外,庆阳还有一种民间借贷组织——"孝义会",发生借贷关系的主体是家里有老人的农民,因办理丧事困难而成立的互助借贷组织。如"民国初年正宁县山河镇东关村组织孝义会6个,参加人数占全村有老人农户的90%。杨园子孝义会,规定每户1斗小麦,5升荞麦,100斤硬柴。第一户老人去世后成为会柱子,各成员拿出小麦、荞麦、硬柴,去当执客,直至丧事完毕。第二户老人去世后,由会柱子发出帖子,通知各户,秤粮过柴,交给事主。各户仍参与丧事依次类推。这个孝义会历经40余年,到1951年终会。"②这种组织既有借贷的性质,也有社会救济的性质。

除了上述钱庄、银号以及民间各种钱会外,一些商号也兼营钱业。光绪初年,西宁有七八家大商号,各发行五百文钱票流通市面,同时民间的闲散资金也多交商号生息。③ 宁夏境内外汇兑业务一直操纵在八大家(巨商敬义泰、天成西、隆德裕、合盛恒、百川江、庆隆发、福新店、永盛福)商行之手。④ 西峰是陇东的商业中心,也是金融中心。西峰镇的"同盛林"、"广裕永"、"福茂店"、"通顺店"、"世丰源"、"德兴店"、"三溢店"、"兴盛店"、"日兴店"、"聚义店"、"永城裕"、"渭川永"、"祥泰生"、"天生爵"、"永成魁"、"日兴成"等30多家商号都兼放贷款,有的商号还经营过银票兑换券。1931年前后,庆阳"恒义兴"、"永茂隆"、"复兴李"3家大商号也曾经经营放款和汇兑业务,放款利率为月息1—3分。⑤ 1938年新式银行在定西出现之前,只有山西商帮兼营钱庄业务,如"厚致福"商号资力雄厚,"分支号遍设西北重要市镇,金融网之条件已具备,以前所有本县之汇兑、收解,均麇集于该商。向复对于军政界,广事交接,以收巨量存款,再以高利贷出⋯⋯实际俨然一山西票庄"。⑥ 在近代黄河上游区域,商号承担着借贷的功能。

据抗战时期调查,商人借贷在平凉比较盛行,甚至左右着地方金融。平凉"商业市场有一特殊现象,以农历每月二十五日为标期,一切商业交易拨清存欠,皆在

---

① 周振鹤:《青海》,第155页。
② 庆阳地区志编纂委员会:《庆阳地区志》第2卷,第844页。
③ 青海省志编纂委员会:《青海历史纪要》,第299页。
④ 姜宏业:《中国地方银行史》,湖南出版社1991年版,第542页。
⑤ 庆阳县志编纂委员会:《庆阳县志》,第186页。
⑥ 《甘肃省定西县金融市场调查》,甘肃省档案馆藏,27/3/284。

是日过拨。商号为活动资金,吸收存款,其黑市利率以商业市场之活动与否为转移。每月利息均在月息十至十五分之间,故市面游资以及当地各机关之资金,大半均集中于各商号,以获厚利"。① 说明即便是新式金融机构深入到市镇,商号的金融活动依然能够左右当地的金融市场。其原因包括三个方面,一是民间游资与政府机关资金存入商号,能获得较高的回报;二是新式银行毕竟是新生事物,尚未被民众所认可;三是银行借贷手续繁杂,不如商号方便。

(三) 不动产抵押借贷

以土地、房屋等不动产作为抵押物进行借贷是黄河上游区域民间借贷的特征之一,所谓"甘肃民间借贷,大都以土地或房屋做抵押"。② 华亭借贷关系,"多以田地契约为质,名曰指地借款。即借方之契约,质于贷方,始准将钱引渡于借方也。倘因借贷发生纠葛,则贷方而有管理所指土地权。"③尤其是在20世纪三四十年代的甘肃农村,"因频年匪害,典当铺户今已多半倒闭,其存有者多居城市治安稳定的地方,所以农村中物品典当极不通行,但土地典当倒很流通,农民经济一时不能周转时,暂将自己的一部分土地典当于别人耕种(至少以收获一季为限),以济一时之困"。④ 因此,以不动产抵押在当时农村比较普遍。河西地区"农民为应付急需,一时无法借贷时,将田地出典于人,以通融款项。此种典田制度,与土地抵押不同,即出典人与典户双方将典价及年限讲妥,邀请中人写立字据,载明上述一切事项,至期由出典者随意赎回,如不能赎回,即由典户急需耕种,以后出典者仍可以随时赎取"。⑤ 这种借贷,立有字据,皋兰县的程式中写道"立抵押契据人某因为紧急将自置(祖遗)庄园、田地、房屋、铺面地基、水磨,父(母)子商议情愿抵押某人名下为业,同中得受时值抵押价银(钱)若干,比交无欠。其四至、道路书明,照古通行。嗣后有银(钱),无论年限远近,任抵押主抽赎。无银(钱),由抵押人常年管业,恐后无凭,立此抵押契据为证"。⑥ 青海"典田典物之制,青海各地颇为盛行;典价普通多为卖价十分之四至十分之七,典期无限定。典后地主给予典价,而原主则交付所典

---

① 《平凉金融概况》,甘肃省档案馆藏,52/2/302。
② 东亚经济调查局:《最近甘肃经济概况》,《西北向导》第10期,1936年6月,第24页。
③ 施沛生:《中国民事习惯大全》第2编第1类,第25页。
④ 南作宾:《建设甘肃农村经济的途径》,第22页。
⑤ 李扩清:《甘肃河西农村经济之研究》,萧铮主编:《民国二十年代中国大陆土地问题资料》,第26480页。
⑥ 佚名:《甘肃全省调查民事习惯问题报告册》,第79页。

之土地房屋,典主当可自由耕作或居住,又可转租或转典给人。"[1]庄园、土地、房屋、铺面、水磨等都可作为抵押品发生借贷关系,这是黄河上游区域典当业的主要特征。

以不动产抵押赎当的年限各地也不相同,有的短至一二年,有的长达四五十年。青海循化"民间当地,其取赎年限,最长不过三年,地主届期无力取赎,若能付清利息,尚得再请展期,否则此地即归典主所有"。[2] 而有的地方更长,如西和、沙泥州判、海城、抚彝厅可长达"数十年百年以至子孙者"。[3] 有的地方取赎年限比较灵活,如民勤土地抵押时,"取赎年限亦不拘定"。[4] 各地不动产抵押年限习惯如表8—10。

表8—10 黄河上游区域不动产抵押期限调查表

年限 县别	1—2年	3年	5—6年	7—8年	10年	14—15年	20年	30年	40—50年	数十年以上
	中卫 陇西	狄道 崇信 循化 安西 宁灵 伏羌 肃州	红水 灵州 固原 花马池	成县 碾伯	河州 平凉 安化 环县 泾州 玉门 灵台 化平 秦安 永昌	董志 庄浪 安定 洮州 秦州 清水	皋兰 金县 正宁	靖远 宁州 合水 通渭 宁夏 张掖	西宁 武威 王子庄 肃州	西和 沙泥 隆德 海城 抚彝
数量	2	7	4	2	10	6	3	6	4	5
比例	4.1%	14.3%	8.2%	4.1%	20.4%	12.2%	6.1%	12.2%	8.2%	10.2%

资料来源:佚名:《甘肃全省调查民事习惯问题报告册》,第85—86页。

在晚清调查的49县中,不动产当期在10年以内的有25县,占51%;当期超过10年的24县,占49%。可见,不动产的当期比普通典当的当期要长得多,这是由不动产的特质所决定的。

在土地抵押借贷中,赋税是最关键的问题,各地习惯不同,一般情况下,钱粮"由押主完纳"。但有少数县由"业主完纳",如陇东的平凉、庄浪、静宁、安化、合水、泾州,陇南的清水,宁夏的中卫、花马池,河西的永昌,西宁的循化。还有个别县如

---

[1] 周振鹤:《青海》,第156页。
[2] 施沛生:《中国民事习惯大全》第2编第2类,第20页。
[3] 佚名:《甘肃全省调查民事习惯问题报告册》,第86页。
[4] 施沛生:《中国民事习惯大全》第2编第2类,第20页。

陇南的文县由"押主、业主各纳一半"。① 河西土地出典后,"杂项差徭随地,应与地主无涉"。这些内容在当票上都有所反映。经营土地等不动产的除了当铺,还有一些商号和地主,如西宁近代"典田物之制"各地十分盛行,"典价普通多为卖价十分之四至十分之七;典期无限定,典后,典主给予典价,而原主则交付所典之土地房屋;典主可自由耕作或居住,又可转租或转典给人。是以土地或房屋出典以后,生产者恒变为失业者,家境更形支绌,而成先典后卖之惯例,无形中促进土地房屋等产业日形兼并之趋势,贫富阶级之悬殊,亦日甚一日。"② 有些商号通过经营土地典当兼并了大量的土地,庆阳八大家中的"恒义兴"、"裕茂隆"等,通过经营土地典当吞并了大量的土地,使华池二将川、白马川、荔原堡、林镇庙一带90%的土地为两家所有。③ 以土地为质押的典当,导致农民失去了土地,成为部分地区地权集中,农民贫困化的主要原因。

四、借贷利率

(一)借贷利率的一般状况

在借贷关系中,债权人的目的是为了获得利息,而利率的高低决定着获得利息的多少,也反映出了债权人对债务人的剥削程度。因此,利率是农村借贷关系的核心问题。

20世纪二三十年代,随着传统金融机关当铺、钱庄的衰落,借贷利率普遍比较高。表8—11是20世纪30年代黄河上游各地利率情况调查统计表。

表8—11 甘宁青三省农家借款月息比例统计表

省别	报告县数	报告次数	1—2分	2—3分	3—4分	4—5分	5分以上
宁夏	4	7	—	—	28.5%	14.2%	57.3%
青海	5	21	—	42.9%	19.0%	14.2%	23.9%
甘肃	21	36	2.7%	22.3%	19.4%	27.8%	27.8%

资料来源:[1]朱壮梅:《中国农村金融轮廓画》,《农村经济》第2卷第11期,1935年9月1日,第17页;[2]朱其华:《中国农村经济的透视》,第404—405页;[3]徐廷瑚:《改进中国农业之管见》,《中国实业杂志》第1卷第1期,1935年1月15日,第14页;[4]从天生:《西北知识讲话》(续),《西北向导》第17期,1936年9月11日,第20页。

---

① 佚名:《甘肃全省调查民事习惯问题报告册》,第85页。
② 周振鹤:《青海》,第156页。
③ 庆阳地区志编纂委员会:《庆阳地区志》第2卷,第843页。

从上表所反映的内容来看，宁夏无月息 3 分以下的借贷，月息 4 分占 28.5%，月息 5 分占 14.2%，月息 5 分以上占 57.3%，是一个高利贷极发达的地区。青海借贷以月息 3 分为主，占 42.9%，月息 5 分与 5 分以上占 38.1%。甘肃以月息 5 分和 5 分以上为主，占 55.6%。黄河上游区域借贷利率特征主要表现在以下几个方面：

第一，一般民间借贷习惯为月息 1 分 5 厘至 3 分之间，但到了 20 世纪二三十年代利率已经高达 10 分甚至更高。从下面各地借贷利率的状况就能看出来。

静宁县"农村借贷利率一般为每个银元，月息 3 分，低者 2 分"；粮食"一般利息为 5 分，1 石（约 75 公斤）粮 10 个月出利 5 斗，归还时本利共 1 石 5 斗。也有 3 分、4 分、6 分的，但很少。到期如不归还需另立契约，利上加利。"①庄浪县"利息低者三分（30%），高者五分（50%）"。② 甘谷借贷利息"最轻者月息三分至十分"。③ 镇原县城及附近乡村的借贷，商业借贷利率比较高，平均在 50%—60% 左右；私人借贷利率在 5%—20% 之间；平常借贷利率在 4%—18% 之间。④ 靖远县的"利息最高者达三十二分之大，其他如每月十二三分者，视为不希奇的现象"。⑤ 陇西"近年以来受天灾人祸，社会日益颓废，地方金融极感困难，高利贷遍地皆是，利息由高至百分之一百五十者，至于百分生息之'驴打滚'，在在皆是，未足为奇，农民终年劳苦，难得一饱"。⑥ 陇东南地区的宕昌"向无金融机构关之设备，交易货款之调拨，除一部分由出入口货互相抵冲外，多来岷县调兑。乡村最高利率月利 100%，最低 30%，一般村民尚在高利贷压迫之下，残喘图生"。⑦

影响借贷利率的高低有多种因素。如西和、礼县铺借贷利息一般在月息 3—10 分，"债主贷款并不按同一之利息，常视举债人财产的多寡，需款的急缓，保人的实虚"等有差别。⑧ 如遭遇自然灾害，利率也普遍提升。如 1936 年榆中夏季遭遇雹灾，秋收不佳，"农民借贷所认利息，以五分为最流行，十分之高利，亦颇不少"，⑨

---

① 静宁县志编纂委员会：《静宁县志》，第 135—136 页。
② 庄浪县志编纂委员会：《庄浪县志》，第 307 页。
③ 王天佐：《晚清至民国时期甘谷商业略述》，《甘谷文史资料》第 7 辑，第 48 页。
④ 镇原县志编辑委员会：《镇原县志》（下），第 655 页。
⑤ 国立暨南大学西北教育考察团：《西北教育考察报告书》，1936 年 7 月印行，第 17 页。
⑥ 《甘肃省农村与合作情报·陇西农村艰苦近况》，《农友》第 4 卷第 11 期，1936 年 11 月，第 18 页。
⑦ 中国银行岷县办事处：《宕昌商业调查》，甘肃省档案馆藏，62/1/42。
⑧ 李甲忠：《礼县西和县之农村经济实况》，《新西北》第 1 卷第 5—6 期合刊，1939 年 7 月，第 31 页。
⑨ 《甘肃省农村与合作情报·榆中农村概况》，《农友》第 4 卷第 10 期，1936 年 10 月，第 29 页。

利率高达 50%—100%。

民国初期,据司法行政部民商习惯事例调查,宁夏借贷不满百串者,其利率可多至 3 分;若多至百串者,则 1 分至 2 分不等,一般私人借贷大多数为月息 3 分。利息的计算方法,大部分以 1 月为单位,"自每月开始日起,若经过五日,即作为一月计算"。债务人到期不能偿还本利,或无期债权利息 1 年不能清偿时,"债权人要求债务人将利息滚入母金计算。又这年债权,利过于本,债务人至清偿时,除已付利息不计外,得跟一本一利履行"。[①] 但 20 世纪三四十年代,利率涨了许多,私人借贷多在月息 7—10 分左右,甚至高达 12 分。[②]

青海各地普通利率是:贵德 4—5 分,大通 2—3 分,循化 2 分半至 3 分,门源 2—3 分,互助 3 分,湟源 5 分,西宁 3 分,化隆 2 分半至 3 分,民和 3 分 6 厘,乐都 4 分,共和 2 分半至 3 分半。[③] 这只是各县的普通借贷,有的利息也很高,如门源普通利息 3 分,但也有个别地方超过 10 分。[④] 表 8—12 是抗战爆发初期对青海农村借贷利率的调查。

表 8—12　青海农村借贷利率统计表

县名	贵德	大通	西宁	循化	门源	互助	湟源	化隆	民和	乐都	共和	平均
利率	45%	27%	20%	30%	30%	30%	50%	28%	30%	40%	30%	33%

资料来源:张菊生:《青海的经济现状》,《边事研究》第 7 卷第 5 期,1938 年 7 月,第 30 页。

从表 8—12 来看,青海全省年平均借贷利率是 33%,除了西宁为 20%外,大部分地区在 30%以上,湟源、贵德、乐都高达 40%—50%。可见,与 1930 年代初期比较,青海借贷利率有所提高。新中国成立后的调查和民国时期的文献可以相互印证。如大通县"放债利率在 1938 年以前一般月息 10%—12%;1942 年后增加到 20%—40%;1946 年以后有的月息高达 100%",[⑤]借贷利率之所以增加,主要是赋税繁重,灾害损失,粮价跌落,地价低廉等因素造成的。

甘宁青各地盛行"印子钱"等高利贷,放贷者临时根据借贷者的亟需与否,利息由 10 分起,甚至五六十分不等。在借贷时债权人采取先扣利息的做法,"例如某人借款十元,言明月利三元,则债权人于付款时将三元利息扣下,实际借款负十元之

[①] 郑恩卿:《最近宁夏商业金融概况》,《中行月刊》第 11 卷第 3 期,1935 年 9 月,第 27 页。
[②] 董正钧:《宁夏农业经济概况(上)》,《中农月刊》第 8 卷第 2 期,1947 年 2 月,第 46 页。
[③] 陆亭林:《青海省帐幕经济与农村经济之研究》,第 20795—20796 页;国立暨南大学西北教育考察团:《西北教育考察报告书》,第 18 页。
[④] 《青海门源之社会概况》,《新青海》第 2 卷第 8 期,1934 年 8 月,第 57—58 页。
[⑤] 本书编写组:《大通回族土族自治县概况》,青海人民出版社 1986 年版,第 13 页。

债,而仅得七元。"张掖各地有一种"日利债",每元每日利息铜元20枚,放债者每月可收对本利,"次月就可放两元之债"。① 又如"山丹县,竟有三十分之利率(即十元每元利率三元),比之各省最高二分计算,多至十五倍。若又以银行贷款之利率八厘相较,则至四十余倍"。② 这种"驴打滚"的高利贷是十分可怕的,"据称此种利率,放债者多属市井无赖或乡区痞棍之徒,其法多系月中结算一次,将其本利一次收回,又分别零整贷于他人,小商人及乡村农人,因积欠此种(高)利贷,而致倾家破产者,到处可见。"③西和流行"集账",借1元照集算息,"三日逢一集,一集至少一角"。④ 从上述论述来看,20世纪二三十年代黄河上游区域是高利贷盛行的时期。

第二,鸦片、粮食借贷利率比借钱利率高。如宁夏借粮月息11.7%,年息140.4%;青海借粮月息5.1%,年息61.2%;甘肃借粮月息7.3%,年息87.6%。在西北地区,借粮的利息平均达借本112.1%。表8—13是本区域部分地区借钱、借粮利率比较表。

表8—13　20世纪30年代甘宁青利率调查统计表

地域	每月利息	粮债利率	其他
平凉	10分至20分	春借1斗秋还斗半	—
皋兰	2分至5分	—	有以复利计算者
临洮	10分至15分	—	—
洮沙	10分	—	—
永登	2分至10分	—	—
古浪	3分至5分	—	—
山丹	30分	春借1斗秋还5斗	有借本1元年还50元者
天水	10分	—	有借本1元年还30元者
酒泉	5分至10分	春借1斗秋还斗半	—
西宁	2分至4分	—	有复利
湟源	10分至30分	—	—
贵德	5分至20分	—	—
临夏	5分至10分	春借1斗年还5斗	—

资料来源:安汉、李自发:《西北农业考察》,第53—54页。

通过表8—13来看,借粮利率高于借钱利率是比较普遍的现象。同时,各地借粮以及还贷利息又有不同,有"借粮还粮"、"借粮还钱"、"借粮折银或还粮折银"等,

---

① 从天生:《西北知识讲话》(续),《西北向导》第17期,1936年9月11日,第19页。
② 安汉、李自发:《西北农业考察》,第53、55页。
③ 同上。
④ 李甲忠:《礼县西和县之农村经济实况》,《新西北》第1卷第5—6期合刊,1939年7月,第31页。

不同还贷方法利息有所不同。

陇东静宁的货币借贷利率为20%—30%，粮食借贷利率高达50%以上；①又据记载，该县粮食"一般利息为5分，1石（约75公斤）粮10个月出利5斗，归还时本利共1石5斗。也有3分、4分、6分的，但很少。到期如不归还需另立契约，利上加利。"②陇南礼县春借粮1斗，一是折价借贷，如时价2元8角，立约时债主规定写成3元，至秋后归还，"通常秋收后粮价低落，债主本利又合成粮食"；一是借粮还粮，春借玉米1斗还小麦1斗；三是"支账"，借款5元，预定数月后还小麦2斗；借款10元还药材200斤，类同"预买"，利息在"一倍以上"。③

青海农村借粮还贷方式有3种，而利息各有不同。一种是"借粮还粮"，即春借小麦1斗，秋还小麦2斗；二是"借粮还银"，即春借小麦1斗，按时作价，如时价2元，则加利息作价3元，秋收后即还银3元；三是"借粮折银还粮折银"，及春借小麦1斗，时价2元，即作价2元，每元言明利息1斗。秋收时仍还以粮，则又按时折银，如时价每斗5角，则原借粮折银2元，现又折为4斗，再加利息2斗，共计须还6斗，"借一还六，利率之高，殊堪惊人"。④又有资料表明，青海春借小麦1斗，秋还小麦1斗5升或二三斗不等；如果借粮还钱，则是春借小麦1斗，时市价20元，即作价30元或20几元，秋收后无论如何得"还银三十元"。⑤互助县农家借贷，分为有限与无限，有限借贷是以农作物为利息，在春季借贷，秋后本利交还，"计每元利息为二升小麦"。⑥该县三川土族粮债一般都是"加五行息，即借一斗粮食，还1斗五升，加四或加三是最轻的例子"。⑦循化撒拉族聚居区，借贷利息一般分为粮息和银息，"粮息，借三十元，年息一石，也有借二十元，年息一石者不等；借粮年息二分。银息，一般为二分五到三分，个别也有七分到十分的"。⑧大通县春借青稞1斗，秋还小麦2—3斗；民和县春借麦1斗，秋还麦1.5斗。⑨

河西地区借粮的利率有两种：一为"加五"，一为"对斗子"。所谓加五就是春借1斗，秋还斗半；所谓对斗子就是春借1斗，秋还2斗。还有"大加五"，即春借黄米

---

① 施沛生:《中国民事习惯大全》第2编第1类，第25页。
② 静宁县志编纂委员会:《静宁县志》，第135—136页。
③ 李甲忠:《礼县西和县之农村经济实况》，第31页。
④ 陆亭林:《青海省帐幕经济与农村经济之研究》，第20791页。
⑤ 星:《青海合作运动研究（续七）》，《新青海》第2卷第3期，1934年3月，第62—63页。
⑥ 《青海互助县之社会概况》，《新青海》第2卷第8期，1934年8月，第56页。
⑦ 青海省编辑组:《青海土族社会历史调查》，第22页。
⑧ 青海省编辑组:《青海省回族撒拉族哈萨克族社会历史调查》，第98页。
⑨ 邹国柱:《青海农村现状及复兴之意见》，《新青海》第2卷第3期，1934年3月，第10页。

1升,秋还谷子1斗,1斗谷子可碾米6升。① 利率50%—100%。河西有一种借钱还粮的借贷关系叫"支粮",春荒时,农民向债主告贷,债主所借为现金,尽管所借的钱仅能购买粮食5升或3升、甚至只能买1升,但借约上写明借粮1斗,"秋后须还粮1斗"。② 鼎新高利贷主要是放粮,"利息约为春间借一斗,秋季收获后还一斗五升",③利率50%。《东乐县调查商事习惯报告书册》记载,民国初年"人民之间借贷,商定利息,同保人立据,借钱人在自己名下亲自画十字为押,以后不论时间长短,以立定文约为据,其利率银以2分,钱以3分,粮以4分为准;人民向商人借贷利率钱2分,粮4分,因银根紧缩,银利至少不下2分。商人借贷利率以银1分、钱2分、粮3分为定。"④粮食借贷一般都发生在春季青黄不接,利息相对较高。

在20世纪二三十年代,烟禁大开后鸦片借贷利率是最高的。如张掖借贷情形是"一二三月借账,五六月还账",不到半年的时间借贷利率高到惊人的地步,借现金50%的利率是最轻的,借鸦片利率为300%,借粮食利率为100%。⑤临泽县乡村"农人于初夏借银一元,秋收时须还本利烟土六两——当地烟土价每元二两";敦煌乡村"夏借银一元,三月后甚至须还本利烟土十二两——烟土平均每元三两"。⑥

第三,赊账、预卖的利率普遍高于一般借贷。如西宁借贷,俗称赊账,如"某甲在某商店赊买布一匹,市价五元者,在某甲账项内即记欠银六元,秋后如数偿清;或赊茶一包时,记为欠小麦一斗者亦有之"。以上两项借贷一般不立契约,而由"个人人格及铺号信誉为担保",实际上是一种口头信用担保。又据另一份调查显示:大通赊茶、布,秋后须还洋5元或小麦2斗。⑦有的地方农民在贫困时借不到钱,以预卖农副产品获得借贷,如海城县"小户于春季取洋行之银,夏季以羊毛相抵,每斤值百文之毛,被洋行以五六十文得去"。⑧这种借贷等于春季借钱50—60文,秋季还100文,半年内利息高达60%左右。

第四,寺院是游牧区主要的高利贷者。寺院利率有三种:"年利百分之四十为

---

① 谷苞:《民族研究文选》(三),第314页;又见李化方:《河西的高利贷》,《经济周报》第7卷第25期,1948年12月23日,第7页。
② 李化方:《河西的高利贷》,《经济周报》第7卷第25期,1948年12月23日,第7页。
③ 海涛:《河西新志资料集》,《新西北》第7卷第9期,1944年9月15日,第69页。
④ 民乐县志编纂委员会:《民乐县志》,第431页。
⑤ (范)长江:《中国的西北角》,天津大公报馆1936年,第202页。
⑥ 国立暨南大学西北教育考察团:《西北教育考察报告书》,第17页。
⑦ 邹国柱:《青海农村现状及复兴之意见》,《新青海》第2卷第3期,1934年3月,第12页;又见朱其华:《中国农村经济的透视》,第443页;《青海合作运动研究(续七)》,《新青海》第2卷第3期,1934年3月,第63页。
⑧ 杨金庚等纂修:《海城县志》卷7《风俗志·实业》,光绪三十四年抄本。

'白利息';百分之八十为'黑利息';百分之二十为'花利息'。投放高利贷的办法有两种:一是贫苦牧民向寺院或上层僧侣说情告贷;二是寺院通过部落头人向富裕户硬性摊派放贷。如还债时,只能还息,不能还本,这样'母生子,子生孙',利上生利,祖祖辈辈永远还不清"。① 寺院与属民之间发生的借贷关系,不仅利息高,而且具有很大的强制性。拉卜楞寺的借贷关系主要发生在小商贩与寺僧之间,"一般小商人在市面非常活动之际,辄以重利向寺僧借贷……往往月利有五分至十分者"。②

第五,高利贷放贷群体以地主、官僚、军阀为主,还有一些市井无赖以放贷为生存手段。如岷县私人借贷主要来源于商人、退伍军人和富农,商人借贷月息5—6分,富农月息3分,退伍军人月息以8分最多,甚至10分。③ 河西一带新式金融机关未建立前,普通借贷利率以信用担保者约在1分2厘至1分5厘或2分为最高;在农村则无一定标准,通常约在3分上下;如因急需或有特殊情形者则利率有高至50%者,"此种非法之高利贷多系外来游客及当地土劣所为"。④ 靖远县有一种高利贷叫"加五息",月息12分,甚至高达32分,放债人主要是山西商人与土豪劣绅。⑤

(二) 高利贷盛行的原因

关于高利贷,前人有两方面的界定,一是从法理上,是指借贷利率或报酬超出法律所规定界限;二是从学理上,是指贷款所获取的利息或报酬超出贷款所能获得利益。⑥ 按照《中华民国民法》第205条规定,借贷利率不得超过年息20%,超过此利率则为不当得利。⑦ 根据法律规定和借贷获得报酬的情形看,本区域大约90%以上的借贷,不仅超出了民国法律所界定的利率范围,也远远超出了借贷所能获得的利益,因此,绝大多数借贷属于高利贷。导致近代本区域高利贷横行主要有三个方面的原因:

一是乡村权力失衡。近代以来,由于本区域陷入了周期性的社会动荡,国家政权对一些地方失去了控制,造成了乡村权力失衡。地主、商人、富绅、军人等地方强

---

① 王岩松:《藏语系佛教对青海地区的社会影响》,《青海文史资料选辑》第10辑,第69页。
② 丁德明:《拉卜楞之商务》,《方志》第9卷第3—4期,1936年7月,第219页。
③ 李茂:《岷县农业调查报告》,《甘肃科学教育馆学报》第2期,1940年5月,第54页。
④ 李扩清:《甘肃省县实习调查日记》,第93442页。
⑤ 宋涛:《甘肃靖远县调查概况及改进意见》,《开发西北》第3卷第4期,1935年4月30日,第63页。
⑥ 张珏:《农村之高利贷》,《中国农民银行月刊》第1卷第9期,1939年9月。
⑦ 徐百齐:《中华民国法规大全》第1册,商务印书馆1936年版,第45页。

人不仅把持着乡村权力,而且还控制着乡村经济。有人指出劣绅把持农村权力,危害有八端:一是勾结土匪,分赃自费;二是高利借贷,以苦农民;三是垄断农村政治,吞没公款;四是擅自逮捕农民,用刑勒索;五是勾结军阀与贪官污吏,肆意作恶,从中渔利;六是破坏和妨碍地方公益,反对农村改良;七是包办公产买卖,从中取利;八是从农民中征收金钱,组织民团,维护自己及少数亲友,压迫农民。① 尤其在1928—1930 年大旱灾期间,一般劣绅土豪,趁农民借贷无门之机,"勾结官吏,以张声势,高利借贷,以饱私囊,农民急于救生,只得饮鸩止渴,以任彼等之欺诈和剥削,于是农村秩序愈形纷乱"。② 如时人所言:"经济的流动至为迟钝而窄狭,政治上的榨取极度的迅速而扩大,因而造成了高利贷剥削贫民的好机会"。有一种叫"牛犊账",债期以集市为限,每逢二、五、八或三、六、九或一、四、七的日子为集市,1 集 1 元计息,到期不还,将利归本起息,"这种苛刻的借贷的出现,大部分是为了无力纳款"迫不得已的行为。③

二是农民负担沉重,不得不以借贷为生,或缴纳各种捐税。近代黄河上游区域发生了多次社会动荡,频繁的战争和战争动员加重了农民的负担,许多地方农民负担在 30 种以上,④农民种地的收入几乎不够纳赋,为了生存和交纳赋税,不得不借高利贷。甘肃"在数年前普通为月息三分,近因迭经匪扰,公款孔急,故各县中颇多高至月息五六分以上。"⑤金塔县"农民每年负担公款七八万元之巨,全赖农产品之抵当变卖。但在二三四三个月,正在开始耕作,播种施肥,在在需要资本。五六两月,适值青黄不接,衣食维艰,农民素无余款储蓄,政府催迫极紧,农民无法,以五分利至二十分利借贷,或以五六两烟土支洋一元,以纳公款。地方无公共金融机关为之挹注,政府禁止亦无效,且一面派人向农民逼款,一面派人禁止高利借贷,事实上亦办不通。故苛敛繁征之一日不减轻,则高利盘剥一日不能解除也"。⑥ 在河西"公款紧急的时候",村长先"向各处借债缴纳,其利息约在三十分左右。公款应付过去以后,即以原数分摊于老百姓身上"。如果村长贪占便宜,也趁此机会"搭便车",利息会更高。⑦ 青海"近年以来,公家之摊派,胥吏之苛刻,层出不穷,均须由农民负担,但在青黄不接之际,或适有粮无款之时,催征严重,急于星火,农民于此,

---

① 廖兆骏:《复兴甘肃农村经济问题》,《新亚细亚》第 10 卷第 4 期,1935 年 10 月 1 日,第 68 页。
② 口成章:《谈谈甘肃的农村》,《农林杂志》第 2 期,1933 年 6 月 1 日,第 5 页。
③ 南作宾:《建设甘肃农村经济的途径》,《陇铎》1940 年第 5 期,第 21 页。
④ 张鄂、石作柱:《漳县志》卷 4《田赋志》,1928 年石印本。
⑤ 中央银行经济研究处编:《中国农业金融概要》,第 141 页。
⑥ 周志拯:《甘肃金塔县概况》,《开发西北》第 2 卷第 4 期,1934 年 10 月,第 67 页。
⑦ 明驼:《河西见闻记》,中华书局 1934 年版,第 6 页。

设非向高利贷者告借,再有何法可想"。① 宁夏自国民军到来,居民负担越来越重,"人民为应付政府急如星火之征收罚款,和春耕食量种子的不及,高利贷的发展也随之猛进,月息曾达百分之三十至五十"。② 因此,范长江认为国家赋税沉重是造成高利贷的主要原因,"政府一定要钱,农民没有,只好促成高利贷的产生了。"③

三是农村金融枯竭。国家金融业延伸到农村的能力有限,有的地方延伸下去了但资本不足,使高利贷资本乘虚而入。黄河上游区域是一个生态环境十分脆弱的地区,一旦发生自然灾害,自身修复能力很差。而近代以来黄河上游旱灾频发,导致农业绝收或歉收,政府没有救助能力,农村经济自我修复能力不足,农村金融枯竭,高利贷乘虚而入。如青海"旱、涝、雹、霜、虫害、病害,几于无时无地不有,估计二十三年(1934年)农产之收获,除二三县外,其余能达六成者,已属客观,则生产不敷开支,只得借贷以弥补"。导致农村金融枯竭的原因还有粮价跌落,如1930年代青海粮价低落,每石小麦不过20元左右,1元法币能购买30斤小麦面和40斤青稞面,"农民勤劳所得,不足以偿其消费,则势之所迫,不得不告贷于人"。④ 因此,本区域高利贷最横行时期并不在清朝,而是在国民政府统治时期的20世纪20—30年代,各地农民负债率比较高,据1934年调查青海乐都农民负债率增加到70%,民和县增加到50%。⑤ 从农民负债率的情况就可以看出,20世纪30年代本区域农村经济面临着严重的问题。

---

① 陆亭林:《青海省帐幕经济与农村经济之研究》,第20799页。
② 包特:《宁夏近二十年间开放烟禁的影响》,《西北论衡》第6卷第5期,1938年3月15日,第85页。
③ (范)长江:《中国的西北角》,第201页。
④ 陆亭林:《青海省帐幕经济与农村经济之研究》,第20800页。
⑤ 国立暨南大学西北教育考察团:《西北教育考察报告书》,第18页。

第九章 新式金融业与农村借贷

黄河上游区域新式银行出现于晚清时期,到20世纪三四十年代,具有国家银行性质的中央、中国、交通、农民四大银行相继在甘肃等地建立分支机构,此外,甘肃、宁夏、青海地方银行也相继建立,并在所属各县或比较大的市镇建立了分支机构。随着新式金融机构的建立,新式借贷关系也随之产生。合作社是南京政府复兴农村经济、"金融下乡"的主要举措之一,到抗战时期合作社已经成为农村金融和农村借贷关系中的重要组成部分。

一、新式银行的建立与普及

1897年,中国通商银行成立,标志着中国开始出现了现代金融机构,经历了晚清和民国时期发展,到20世纪二三十年代形成了一定的规模,1936年底全国各类银行(包括官办、官商合办与商办)共计164家。[①] 黄河上游区域新式银行也出现于晚清时期,到20世纪三四十年代,中央、中国、交通、农民四大银行相继在甘肃等地建立分支机构,此外,甘肃、宁夏、青海也相继建立了地方新式银行,并且在所属各县或比较大的市镇建立了分支机构,形成了以新式银行、合作社为核心的金融网络。

(一) 新式银行的萌生

黄河上游区域地方新式金融机构的出现可以追溯到晚清时期。光绪三十二年(1906年),甘肃创办官银钱局,资本10万两,并从中拨出2万两在西宁、平凉、凉州、宁夏设立分局。民国建立后,1913年,甘肃省计划将官营钱局改名为甘肃省银行。[②] 该项计划落空后,次年6月又改称甘肃官银钱号,以财政厅长潘多寿为监理官,郑虎臣为总办,资本40万元,在天津、宁夏、西宁设有分号,主要业务为"代理金

[①] 洪葭管:《中国金融通史·国民政府时期》第4卷,中国金融出版社2002年版,第2页。
[②] 周宝鉴:《中华银行史》第五编《地方银行》,商务印书馆1923年版,第40页。

库,发行钞票,并作汇兑,存放款项"等,①发行银票 1 两、2 两、5 两、10 两四种,"十足兑现,信用最佳,其发行数额在四百余万两左右,该银号资本虽由省库拨付,而业务之经营,并不受政府干涉,金融与财政完全分立",②经营状况良好。甘肃官银钱号在宁夏设立分号,资本为兰平银 1174.04 两,共发银票 3 万两,钱票 3 万串。③ 1920 年 9 月,甘肃省财政厅因军事浩繁向官银号透支 300 余万两,绅士郭某以私人名义借款 20 万两,均未按期归还,④使官银号举步维艰。在此情况下,1922 年,在官银号的基础上改筹甘肃省银行,规定资本 100 万元,发行 1 元、5 元、10 元三种,每元值兰秤 7 钱 1 分,发行额达到 50 万元,"当时因银元缺少,故以七一为定额,兑银兑洋,均无不可",⑤而且经营状况尚好,即"十三四年营业颇盛"。⑥ 1927 年,甘肃省银行在西宁设立办事处,开始办理汇兑、储存业务,并发行"七一洋票"一种,每票洋 1 元兑兰平银 7 钱 1 分,发行额达 2 万元,以此吸收市面现银达一万四五千两。⑦ 西宁办事处的设立,是青海建立现代金融机构之始。

1925 年,国民军入甘后,打断了甘肃省银行的正常营业秩序,所谓"行内人事,受政局之影响,屡经变更,营业遂一蹶不振"。⑧ 为了控制甘肃的金融业,国民军主办的西北银行⑨随之在甘肃、宁夏、青海设立分行。该行兰州分行成立后,发行 1 元、5 元、10 元大洋票 3 种,全省发行最高额为 250 万元。⑩ 宁夏"民国十八年未建省以前,原为甘肃之一道治,彼时现代金融机关之银行,尚未普及,荒僻之西北,沟通金融者,仍为旧式商号货栈,专营性质之钱庄,亦甚稀少……至民国十六年,该行设西北银行宁夏分行,从此偏远之宁夏,始有现代金融形态之钞票出现"。⑪ 西北银行在宁夏发行的钞票有 1 元、5 元、10 元三种银元券和 20 文、50 文、100 文三

---

① 《调查员武汇东、武骥调查甘肃省垣经济情形报告书》,《中国银行业务会计通信录》第 12 期,1915 年 12 月,第 26 页。
② 潘益民:《兰州之工商业与金融》,第 161 页。
③ 胡迅雷:《民国时期宁夏金融币政史略》,《宁夏大学学报》1994 年第 4 期,第 33 页。
④ 潘益民:《兰州之工商业与金融》,第 161 页。
⑤ 林天吉:《甘肃经济状况》,《中央银行月报》第 3 卷第 6 期,1934 年 6 月,第 1263 页。
⑥ 郭荣生:《五年来之甘肃省银行》,《财政评论月刊》第 12 卷第 6 期,1944 年 12 月,第 74 页。
⑦ 青海省志编纂委员会:《青海历史纪要》,第 300 页。
⑧ 郭荣生:《五年来之甘肃省银行》,第 74 页。
⑨ 西北银行成立于 1925 年 3 月,总行设在张家口。国民军入甘后,同年 12 月在兰州设立分行,资本无定额,发行 1 元、5 元、10 元三种大洋票,全省发行最高额为 350 万元,1930 年因中原大战停止兑现,次年改组为富陇银行。富陇银行于 1932 年春停止营业。
⑩ 林天吉:《甘肃经济状况》,第 1263—1264 页。
⑪ 宁夏省政府秘书处:《十年来宁夏省政述要·财政篇》第 3 册,第 291 页。

种票面的铜元券,先后共计发行35万元。① 青海建省后,西北银行西宁支行设立,"西宁市面即通行西北银行发行的钞票,原甘肃省银行西宁办事处随之撤销"。② 1929年,将甘肃省银行改组为甘肃省农工银行,由西北银行管理。该行"专发铜圆票,将甘肃省银行所发银元票尽数收回。铜圆票发行额最高达二百三十余万串,合大洋六十余万元之谱"。③ 原甘肃银行西宁办事处改名为甘肃农工银行西宁办事处,发行1元、5元、10元"大洋券"及各种"铜元券"。④ 国民军入甘既推动了本区域金融现代化,又试图通过建立西北银行的金融体系来控制该区域的经济命脉。

1929年秋,蒋冯矛盾尖锐,冯玉祥极力扩充军队,为了弥补军费不足,将收回的银元票再次抛向市场,补助军费20余万元。这一举动给甘肃金融业带来了混乱,尤其是1930年中原大战爆发后,"国民军东下,因西北银行银元票三百五十万元停兑,农工银行钞券,受牵连影响,遂亦停兑,全省金融,紊乱异常"。⑤ 中原大战冯系失败后,西北银行和农工银行停止兑换,所发行的银元票由财政厅按每元1角5分收回,铜元票在市面继续流通,但价格跌至40余串换现银1元。⑥ 西北银行倒闭给宁夏社会经济也造成了巨大的影响,一些商号、厂家倒闭破产,市面上一度出现了萧条。⑦ 昙花一现的国民军和西北银行,给甘宁青社会经济和人民生活带来了巨大的损失。

1930年代,甘宁青各省都在寻求建立自己的金融系统。甘肃省为了稳定金融市场,1932年,省财政厅重新设立市平官钱局,1935年4月规定原农工银行旧钱票40串折换新钱票4串,另加贴水铜元6枚,兑现洋1元。⑧ 甘肃省平市官钱局行政系统分为三级,即总局、分局和办事处。抗战前在兰州、凉州、甘州、肃州、平凉、天水、陇西设立了7个分局,在岷县、永登、靖远、西峰、镇定设立了5个办事处。1938年,在临洮、临夏设立了2个分局;在徽县、碧口、泾川、张家川、渭源、甘谷、静宁、秦安设立8个办事处。1939年,先后增设武都、礼县、安西、夏河、武山、固原、榆中等8个办事处,在甘肃省平市官钱局改制前,有30个分支机构。⑨ 尽管如此,这个阶

---

① 胡迅雷:《民国时期宁夏金融币政史略》,第34页。
② 王殿瑞:《解放前青海的银行》,《青海文史资料集萃·工商经济卷》,第238页。
③ 郭荣生:《五年来之甘肃省银行》,第74页。
④ 青海省志编纂委员会:《青海历史纪要》,第321页。
⑤ 郭荣生:《五年来之甘肃省银行》,第74页。
⑥ 甘肃省银行经济研究室:《甘肃省银行小史》,1944年6月印行,第3页。
⑦ 胡迅雷:《民国时期宁夏金融币政史略》,第34页。
⑧ 郭荣生:《五年来之甘肃省银行》,第74页。
⑨ 梁敬锌:《抗战三年来之甘肃财政与金融》,《经济汇报》第2卷第1—2期合刊,1970年7月,第130页。

段各分局、办事处因"资本不足,惨淡经营,进展极微"。①

1930年初,马鸿宾任宁夏省主席后,着手建立宁夏省银行。次年1月,经国民政府财政部批准,宁夏省银行正式成立。该行成立之初,接收西北银行发行的35万元加盖"宁夏省银行"印章的银元券在市面流通,并发行10元、5元、1元及5角、2角、1角钞票,临时维持券、金融维持券等,在宁夏流通。② 1933年,马鸿逵任宁夏省主席,接收宁夏省银行后,进行了一系列整顿,颁布了新的金融政策,焚毁杂钞,发行新钞,规定"凡商民借贷现款,及军队汇兑,统由省行办理",通过这些措施"市面金融,稍稍稳定"。③ 宁夏省银行还在主要市镇如中卫、金积、宁朔、灵武设立了办事处,④以拓展业务。这些均说明宁夏在建立自己的金融系统方面取得了一定的成效。

1931年10月,青海省金库成立,开始以省金库名义发行4种面值的"青海省金库维持券",另发行每枚20文的铜圆作辅币。⑤ 同时,还成立了"青海省平市官钱局",发行"临时维持券"。这是近代以来第一次以青海省名义发行的钞票,但发行目的主要是为了解决军费和财政困难,最终引起贬值而失去市场信誉,也导致了青海金融市场的混乱和青海省平市官钱局的撤销,使"青海金融业出现了短暂的空白"。⑥ 与甘、宁相比,青海新式银行建立是不成功的。

综观从晚清到20世纪30年代中期,是本区域地方新式金融催生时期,各省为建立新式银行做出了一定的努力。如甘肃省新式银行经历了官银钱局(1906—1913年)、甘肃官银号(1913—1922年)、甘肃省银行(1922—1929年)、甘肃农工银行(1929—1932年)、甘肃平市官钱局(1932—1939年5月)5次比较大的转变,这些转变虽然有了现代银行的因素,但在地方经济建设方面发挥作用甚少。如时人所言:已往的各种名称的变换,"业务中心都不过是发行钞,作地方政府的财政尾闾,因此其内容多不健全,从未踏上金融的正轨"。⑦ 又言甘肃地方银行"无论哪一方面,都是说不上现代银行的楷模,其时唯一的任务,不过是为政府发行纸币,做了财政手段的尾闾,一到纸币发行得不值一文钱的时候,便来一次倒闭改组的玩意

---

① 甘肃省银行经济研究室:《甘肃省银行小史》,第3页。
② 宁夏省政府秘书处:《十年来宁夏省政述要·财政篇》第3册,第291页。
③ 同前书,第293页。
④ 各办事处设立的时间是:中卫办事处1933年6月,宁朔1933年7月,金积1933年8月,灵武1934年5月。(《中华民国二十五年全国银行年鉴》,(Q)第18页)
⑤ 青海省志编纂委员会:《青海省历史纪要》,第33页。
⑥ 赵珍:《近代青海的商业、城镇与金融》,《青海社会科学》2002年第5期,第90页。
⑦ 洪铭声:《第六年的甘肃省银行》,《工商青年月刊》第1卷第9期,1945年7月,第10页。

儿,重换一个名目,再行开张……其原因便由金融与政治的关系原是十分密切的,政治没有上轨道,金融业只好乌七八糟"。① 也就是说,抗战爆发以前,甘宁青地方银行除了为政府的财政服务外,很少进行实业方面的投资,尤其是在调剂农村金融,发展农村经济方面未发挥应有的作用。

(二) 新式银行向农村的延伸

抗战时期是黄河上游区域新式银行发展的重要时期,现代金融体系开始建立起来,国家银行与地方银行开始向乡村社会延伸。

国家银行在本区域建立分支机构可以追溯到 20 世纪 20 年代。1924 年 10 月,中国银行汉口分行在兰州设立支行,以汇兑、放款、存款为宗旨,1929 年,该行总行"以西北各省中国银行受时局影响,损失颇巨,业务亦未发展,遂一律裁撤"。② 1933 年 12 月,中央银行兰州支行成立。1935 年,农民银行在兰州设立支行,在天水、平凉设立办事处。故在抗战前,黄河上游区域只有甘肃有 1 家中央银行和 3 家农民银行的分支机构③,而"宁夏、青海各地均告缺如"。④ 抗战前,因国家对此地控制能力有限(如青海、宁夏属于西北马氏集团的地盘)和本地经济落后等原因,使国家金融机关在本区域建立十分缓慢。

抗战初期,国民政府为充实基层金融起见,经与四联总处商议拟定西南、西北金融网计划,责成中、中、交、农四行就西南和西北各省重要地点,并拟定分期推进办法,"以三个月为一期,每一期内应遵照规定设立若干行处,且指定四行中某一行应设立之地点,自二十八年一月起至十二月底止,共分四期完成"。⑤ 在此基础上,1940 年 3 月,四联总处又增订《第二第三期筹设西南西北金融网计划》,确定建立西北金融网的原则是:①四行在西北、西南设立分支机构,力求其普遍,且勿陷于重复;②凡与军事交通及发展农工商业有关,以及人口众多之地,四行中至少有一行前往筹设分支行处;③凡地位极重要,各业均兴蓬勃,而人口锐增,汇兑储蓄等业务特别发达之地,得并设三行乃至四行,以应实际上的需要;④已设有银行或商业银

---

① 洪铭声:《介绍一个边省银行——甘肃省银行的史迹与展望》,《西康经济季刊》第 9 期,1944 年 9 月,第 98 页。
② 潘益民:《兰州之工商业与金融》,第 164 页。
③ 李京生:《论西北金融网之建立》,《经济建设季刊》第 2 卷第 4 期,1944 年 4 月,第 156 页。
④ 士心:《抗战四年来的西北财政与金融》,《甘行月刊》第 1 卷第 4—5 期合刊,1941 年 7 月,第 16 页。
⑤ 戴铭礼:《十年来之中国金融》,《经济汇报》第 8 卷第 9—10 期合刊,1943 年 11 月 16 日,第 91 页。

行之地,如无必须,四行可不必再往增设行处;⑤因抗战关系,使其地位益形重要之地,四行之应有一行前往筹设分支行处。1942 年 9 月,四联总处又通过一个专门针对西北的《扩展西北金融网筹设原则》,规定:①兰州为建设西北的出发点,四行在此原有之机构及人员,应逐渐加强充实,俾可随时应付;②陕西、甘肃、宁夏、青海、新疆五省境内,依经济、军事、交通等需要,会同当地主管机关,派员实地调查后,斟酌认定进行筹设;③各行局新设行处或作其他布置而需增添人员时,应就云南、浙江、江西、福建等省撤退行处人员,尽先调用。① 上述 3 个筹设原则,虽各有异,但目的相同,就是在西北建立国家金融网络。

通过抗战以来的建设,西北金融网初具规模,国家银行在黄河上游区域逐年增加,一些商业都市与市镇有了国家银行的分支机构。1941 年,各国家银行在西北增设的分支、办事处,约在 20 处左右。② 1943 年 6 月底,本区域国家金融机构有 39 处,其中甘肃 29 处(其中 25 处为抗战后建立),宁夏 4 处,青海 3 处;在抗战期间成立的银行分支机构中,中国银行 11 处,农民银行 8 处,交通银行 6 处,中央银行 7 处。③ 抗战时期是国家银行在黄河上游区域布网的重要时期。

农民银行是在本区域建立分支最多的国家银行,也是与农村建立密切借贷关系的银行。1932 年冬季,南京国民政府在第三次围剿红军失败后,以豫鄂皖三省"剿总"的名义发布训令,创办豫鄂皖赣四省农民银行。次年 4 月 1 日,四省农民银行在汉口正式成立,以负责调剂农村金融,扶助农民恢复生产,"倡导合作事业以期复兴农村经济为宗旨"。④ 1935 年 4 月 1 日,四省银行改组为中国农民银行。农民银行成立后,在各地相继设立分支机构,到 1937 年分支机构增加到 87 处。抗战时期是农民银行发展比较快的时期,1941 年底,农民银行有分行 13 处,支行 9 处,办事处 96 处,分理处 34 个,农贷所 25 个,简易储蓄处 49 处,合作金库 246 处,农业仓库 2 个。⑤ 随着农民银行业务展开,开始在本区域设立各种分支机构。

早在 1933 年 10 月,蒋介石就过问四省农民银行在甘肃设立分行之事。⑥ 在蒋介石的过问下,次年 12 月开始筹备兰州分行;1935 年 2 月,筹备成立天水办事

---

① 李京生:《论西北金融网之建立》,《经济建设季刊》第 2 卷第 4 期,1944 年 4 月,第 154 页。
② 士心:《抗战四年来的西北财政与金融》,第 16 页。
③ 李京生:《论西北金融网之建立》,第 156 页。
④ 中国农民银行总行:《中国农民银行之农贷》,1943 年印行,第 1 页。
⑤ 姚公振:《十年来之中国农民银行》,《经济汇报》第 6 卷第 11 期,1941 年 12 月,第 35 页。
⑥ 《蒋介石电催筹设四省农民银行甘肃省分行》(民国二十二年十月十一日),中国人民银行金融研究所:《中国农民银行》,中国财政经济出版社 1980 年版,第 50 页。

处,5月,中国农民银行兰州支行和天水办事处相继成立,12月成立了平凉办事处(随后撤销)。① 1936年至1937年,蒋介石也曾多次过问和催促在宁夏、青海设立四省农民银行分支机构,②但宁夏、青海两省当时并未设立中国农民银行的分支机构。

中国农民银行兰州支行开幕纪念

图片来源:《农友》第4卷第5期,1936年5月

抗日战争时期,农民银行将业务转向了大后方的西南和西北各省。1937年,平凉办事处重建;1938年,农民银行宁夏、西宁支行建立。截至1941年底,农民银行在黄河上游区域有支行3处,天水、平凉、武都设有办事处,天水、临洮、陇西、礼县、甘谷、秦安、靖远、定西、泾川、静宁、敦煌、海原、固原、文县、武都、武威16县设立分理处。③ 这些分支机构的设立,为农村新式借贷关系的产生奠定了基础。

抗战时期也是地方银行发展的一个重要时期。1939年,经财政部核准,甘肃省政府将甘肃平市官钱局改组为甘肃省银行,6月1日,甘肃省银行正式成立,原平市官钱局设立在各处的分局一律改为甘肃省银行分行或办事处,将原来的"课"改为处,设总务、业务、发行、稽核四处,其中业务处分设仓库、农贷、营业三股。银

---

① 《中国农民银行成立后增设各分行处》,《中国农民银行月刊》第1卷第1期,1936年1月。
② 《蒋介石电令中国农民银行在宁夏、青海设立机构》(民国二十五年十一月十六日)、《蒋介石电令中国农民银行筹设青海分行》(民国二十五年十二月三日)、《蒋介石电催中国农民银行速设宁夏、青海分行》(民国二十六年六月十二日),中国人民银行金融研究所:《中国农民银行》,第55—56页。
③ 姚公振:《十年来之中国农民银行》,第35页。

行股本也有了扩大,1940年6月修订的甘肃省银行章程规定资本额为500万元。经财政部核准,当年7月增拨150万元,1941年6月续拨100万元,1942年拨足500万元,财政部为增强地方银行实力,增拨300万元,使甘肃省银行实收资本为800万元。① 改组后的甘肃省银行,由原来的主要为地方财政服务的职能转变为具有现代银行的职能,其业务上包括存款、放款、汇兑、贴现、押汇、买卖公债、储蓄、信托等各个方面,其中信托部1939年8月1日开业,核定资本20万元,以收购物资、销售货物、平衡物价及代理保险等为首要业务。② 次年7月1日,原常务董事水梓任董事长,徐元琛为总经理,更加完善了组织制度,使银行面貌焕然一新。因此,这次改组,标志着甘肃省银行完成了向现代金融机构的转变。

甘肃省银行也在基层建立了分支机构,形成地方金融网络。在平市官钱局时期,甘肃各地有分支机构20余处,改组成立甘肃省银行后,继续增设分支机构。1939年,甘肃省各地分行有兰州(1943年裁撤,合并于总行)、天水、平凉、凉州、岷县、临洮等7处;办事处有定西、榆中、靖远、永登、临夏、夏河、秦安、甘谷、礼县、张家川、成县、徽县、陇西、固原、泾川、西峰镇、甘州、碧口、武都、渭源等21处;汇兑所有清水、武山、安西等3处。③ 1940年设海原、敦煌2个汇兑所;1941年设景泰、华亭办事处,西和、通渭、临潭3个汇兑所;1942年设文县、西固、高台、镇原、会宁5个汇兑所,拓石镇、窑街、安口镇、临潭新城4个办事分处;1943年设民勤、大靖、永昌3个办事处,康乐、民乐、洮沙、临泽、康县、庄浪、古浪、官堡、灵台、早胜镇、崇信、化平(今泾源)、和政、山丹、漳县、隆德、两当等17个汇兑所;1944年增设8个办事处(同时裁撤1个分理处);1945年增设分理处1个,截至抗战结束,甘肃省银行在全省的分行、分理处、办事处、汇兑所等机构共78个。④ 通过抗战时期的发展,到1947年,甘省银行分支机构已经遍布全省,除了中共建立政权的各县外,主要市镇都有分支机构,实现了金融业向乡村社会的延伸。

抗战时期,因原宁夏省银行发行钞票过多,"行基空虚,钞价跌落。省府为谋稳定金融,树立财政基础,"⑤决定改组银行。1938年6月1日,改组后的新宁夏银行正式成立,马鸿逵兼任董事长,为官商合办,共筹集资金150万元,其中官股100万

---

① 郭荣生:《五年来之甘肃省银行》,《财政评论月刊》第12卷第6期,1944年12月,第75页。
② 徐学禹、邱汉平:《地方银行概论》,福建省经济建设计划委员会1941年印行,第88页。
③ 洪铭声:《介绍一个边省银行——甘肃省银行的史迹与展望》,第100页。
④ 洪铭声:《第六年的甘肃省银行》,《工商青年月刊》第1卷第9期,1945年7月,第11页。
⑤ 郭荣生:《抗战期中之省地方银行》,《经济汇报》第8卷第6期,1943年9月。

元,商股 50 万元。① 该银行"负有吸收商民存款,融通金融之责,更负有协助本省生产建设之重大使命",为此目的,银行在开业之初,在本省各个商业中心如吴忠堡、中宁县、黄渠桥、定远营设立办事处。②

早在 1935 年 12 月,马步芳就授意青海商会向国民政府建议成立青海省银行,直到 1944 年才予批准,次年 11 月开始营业,1946 年 1 月正式成立青海省银行,并在湟源、湟中、民和设立分行,在西宁乐家湾设办事处。③ 1947 年,以湟中实业公司资金白洋 3.5 万元为准备金,成立青海实业银行作为该公司的附属机构。与甘肃相比,宁夏、青海经济较为落后,两省银行因资力有限,加之得不到国民政府的有力支持。因此,新式金融机关没有像甘肃那样遍布各县。

随着各种新式银行分支机构的设立,一些县也开始筹建银行。1940 年,国民政府颁布了县银行法,督促各县积极筹设银行,并责成中央银行设立县乡银行业务督导处,负责县乡银行的业务指导与资金辅助。④ 1944 年 3 月,临洮政府根据《县银行法》与《甘肃省县银行设立大纲》等,成立了县银行筹备委员会,决定成立县银行,资本为 300 万元(法币),由县公益基金管理委员会认购 1 万股外,其余在县境内商民招股。⑤ 1946 年春季,宁县成立了银行筹备委员会,资金按照乡的大小来摊派,"一面收集,一面放贷"。这是民国时期庆阳国统区最早筹建的县级银行,1949 年 5 月,因受法币贬值和内部挪用的影响而停办。⑥ 1946 年 2 月,武威县银行建立,资本 2000 万元(法币),其中县政府认购 1000 万元,县境内商民认购 10000 万元。该银行以"调剂地方金融,扶助经济建设,发展合作事业"为宗旨。⑦ 1947 年 1 月和 2 月,临洮县、天水县银行分别建立,清水县也建立了县银行。各地筹办县级银行,主要面临的资金问题,业务的开展和维持都十分困难。⑧ 民国时期只有少数县建立了县银行,对社会经济所起作用十分有限。

总之,抗战期间是国家和地方银行向基层的延伸主要时期,使各地相继有一些新式银行,甘肃 68 个县、宁夏 5 个县和西宁建立了各种金融机构。据 1942 年统

---

① 胡迅雷:《民国时期宁夏金融币政史略》,《宁夏大学学报》1994 年第 4 期,第 37 页。
② 宁夏省政府秘书处:《十年来宁夏省述要·财政篇》第 3 册,第 323 页。
③ 青海省志编纂委员会:《青海省历史纪要》,第 489 页。
④ 戴铭礼:《十年来之中国金融》,《经济汇报》第 8 卷第 9—10 期合刊,1943 年 11 月 16 日,第 91 页。
⑤ 《临洮县银行股份有限公司》,台湾"中央研究院"近代史所档案馆藏,馆藏号:18-23-01-06-23-005。
⑥ 宁县志编纂委员会:《宁县志》,第 339 页。
⑦ 《武威县银行股份有限公司》,台湾"中央研究院"近代史所档案藏,馆藏号:18-23-01-06-23-009。
⑧ 赵从显:《甘肃地方金融机构一元化问题》,《西北论坛》第 1 卷第 4 期,1948 年 1 月,第 11 页。

计,黄河上游区域有金融机关 98 家,其中 77 家成立于抗战时期,占 78.6%。① 尤其是甘肃,到抗战结束后,新式金融机关遍布全省各县(除陇东中共占领区外)一些市镇有多家金融机构,如天水有 14 家,酒泉有 6 家,武威有 7 家,平凉有 10 家,张掖有 4 家。② 随着抗战时期新式金融业向基层社会延伸,势必带来农村经济的新变化。正如一份调查中所言:甘肃省平市官钱局自 1939 年改为省银行以来,"对于地方工商各业均有大量之辅助与推进,五年来之努力,地方得以欣欣向荣"。③ 尽管有溢美之嫌,但随着国家金融机构深入乡村,给乡村农业、手工业与活跃农村金融方面还是起到了应有的作用。④

二、合作社的兴起与普及

(一)合作社的兴起

合作运动于 19 世纪中叶兴起于西欧,⑤20 世纪初相继在欧美、日本、印度等蔓延,逐渐成为一种思潮。近代中国的合作运动发轫于五四运动后,在一些热衷于合作运动的学者(如薛仙舟)的倡导下,逐渐被国人所接受。1923 年 6 月,华洋义赈会在河北省香县创办中国第一个信用合作社,是信用合作社在中国之滥觞。⑥ 南京政府成立后,合作事业开始在全国兴起,首先在江苏、安徽等地举办合作社,结束了合作社在河北省一花独秀的局面,参与合作事业不仅有社会团体,政府和银行也开始在倡导与发展合作事业方面发挥着越来越重要的作用。1931 年,华洋义赈总会受南京政府的委托,在皖赣湘 3 省组织赈灾互助社,1933 年 3 月上海商业储蓄银行添设了农村贷款部,4 月,四省农民银行在汉口成立,"这些可以作为信用合作

---

① 李京生:《论西北金融网之建立》,《经济建设季刊》第 2 卷第 4 期,1944 年 4 月,第 157 页。
② 中央银行:《全国金融机构一览》,1947 年 3 月印行,第 389—391 页。
③ 《甘肃省临洮县三月份金融经济调查》,甘肃省档案馆藏,27/3/284。
④ 黄正林:《农贷与甘肃农村经济的复苏(1935—1945 年)》,《近代史研究》2012 年第 4 期,参看第 90—96 页。
⑤ 合作社运动最早兴起于英国。19 世纪中叶前后,资本主义经济在英国发展的结果,出现了财富的集中和分配不均衡的问题,资本家不劳而获,劳动阶层终日辛劳仅得温饱,使劳资之间形成严重的对立,社会动荡不安。为了解决新出现的社会问题,英国出现了工团主义与合作主义思潮。前者主张以激烈的手段,组织劳工组织与资本家抗衡;后者主张以和平方式,建立新的经济组织,消极抵抗资本家的压迫,减弱资本家的经济实力,进而改善资本主义社会。于是,合作经济的主张被政府与社会所接受,在英国成为一种社会思潮。
⑥ 蔡勤禹:《民间组织与救荒救治——民国华洋义赈会研究》,商务印书馆 2005 年版,第 227 页。

社在中国农村金融中渐渐起着较强作用的指标"。① 到1933年,合作社已经发展到全国16省市,有6946社,社员数233541人,股本额2339644元。合作社主要有信用、生产、利用、消费、保险、储藏、运销、消费、综合等多种类型,在各种合作社中,"以信用合作社为最多"。②

从合作运动的发展过程来看,中国合作运动起初是由社会救济团体所办,到南京政府时期,"合作运动已为政府提倡,人民所努力办理的了。所以初期的合作运动,乃民间的合作社运动;后期的合作运动,是有政府参加的,乃变为一种政策的推行"。③ 本区域的合作事业正是在政府的倡导和积极组织下兴起的。

以抗日战争爆发为界限,黄河上游区域合作社大致可以分为两个阶段,1935年5月至1937年9月底,是合作社事业的创办时期。这个时期,甘宁青三省只有甘肃创办了合作社,而且完全是在中国农民银行推动下建立的。这个时期又可分为两个阶段,1935年6月至1936年12月,主要是办理合作社,"一切贷款均按一般合作社贷放办法办理";因甘肃地方社会不堪安定,农村救济无法进行,农贷从1937年6月开始至1938年2月,主要组织互助社。④

1935年5月,中国农民银行兰州支行成立后,在农行的支持下,开始兴办合作社。指导甘肃举办合作社的是孙友农和亢复汉两人。孙友农为金陵大学专修科毕业,在安徽乌江从事合作组织5年;亢复汉在山东邹平从事乡村建设3年,两人在举办合作事业方面均有经验,"下乡时极多,农民对之颇为信仰"。⑤ 在中国农民银行兰州支行的指导下,1935年6月5日,皋兰县天都乡晏家坪无限责任信用合作社正式建立,有社员24人,这是甘肃创办第一个信用合作社。⑥ 该合作社成立的时候,农民最初是"冒险试验",抱着试一试的态度参加合作社。但当农家"以信用借款方法借到了他们认为的'官钱',打破了高利贷的铁链,以轻微的利息而得到不少的帮助。这样,铁的事实证明了合作社是扶助农友们的利器。如是,再有一般渴望救济的农友也想试试,再办第二个合作社,第二个成功,便又推行到第三个四个

---

① 洛耕漠:《信用合作社事业与中国农村金融》,《中国经济论文集》第2辑,上海生活书店1936年版,第119页。
② 申报年鉴社:《申报年鉴》,1934年印行,合作事业,(T)第1页。
③ 寿勉成、郑厚博:《中国合作运动史》,正中书局1947年版,第35页。
④ 朱绍良:《甘肃农村合作事业之过去、现在与将来》,《新西北》第1卷第5—6期合刊,1939年7月,第8页。
⑤ 邹枋:《进展中之陕甘合作事业》,《实业部月刊》第1卷第7期,1936年10月,第115页。
⑥ 《皋兰合作近讯》,《农友》第3卷第7期,1935年7月,第29页。

五个,以至十余个"。① 就是通过这样的方法在皋兰、榆中推广合作社。截至1935年12月底,两县共组建合作社50所,社员3078人,②这是甘肃创办的第一批合作社。其中榆中县仅有合作社3所,社员170人,分别占6%和5.5%,其余均在皋兰县。榆中合作社之所以少,一方面"地方闭塞,推行不易",一方面农行"工作人员太少,榆中距离较远,推行不无困难"。③ 故第一批合作社大部分在兰州的郊区,最远的合作社距兰州170里,最近10里。④ 尽管举办合作社只有2县,数量也不多,"但合作种子,已在西北边疆发芽,而引起一般农民之欢迎与社会人士的注意了"。⑤

农行兰州分行在皋兰、榆中举办合作社的第二年,甘肃省地方政府开始承担创办合作社的责任,成立了合作社的专门领导机关。1936年3月28日,甘肃农村合作社事业委员会(1939年改组为甘肃省合作委员会,由省政府主席任主任,建设厅长任常务委员。下文简称"合委会")成立,由民政厅长刘广沛(委员长)、建设厅长许显时、农行兰州分行经理顾祖德、省党部代表凌子惟、民政厅秘书赵石萍5人为委员,直属省政府。为培养合作人才,省合委会举办了一期合作训练班,参加人员为中学毕业生,另有甘肃学院专修科毕业生5人,共计学员64人。学员通过训练后,"分发各县担任组社工作,其经费由各县支给,已列入各县地方预算中……各县政府负责人员,对于合作多无甚接触,然省内则以灾荒频仍,对于合作组织之需要,甚望极力提倡之"。⑥ 同时,各县也设立合作指导所或县合作指导员。1937年5月,合委会决定采取向县政府直接委派及流动指导的办法,"各县指导人员仅由合委会临时在核考受训人员中派驻工作,分指导员与助理指导员两级"。1937年至1939年农贷的发放与合作社的创办过程中,先后在靖远、皋兰等64县设立合作指导处。⑦ 在合作事业兴起过程中,甘肃省政府起了推动作用,是有作为的。

省合委会成立后,配合农行的逐步扩大合作社区域。1936年,将合作社推广到陇西、临洮、酒泉、金塔、定西、天水、平凉、靖远等8县,共组织合作社229个,社员

---

① 熊子固:《甘肃合作事业发展的现状》,《农友》第4卷第9期,1936年9月,第7页。
② 成治田:《甘肃农贷之回顾与前瞻》,《中农月刊》第6卷第10期,1945年10月,第30页。
③ 罗子为:《甘肃省农村合作运动之回顾与前瞻》,《农友》第5卷第1期,1937年1月,第15—16页。
④ 中国农行:《中国农民银行民国二十四年度各省之农村合作事业》,《农村合作月报》第1卷第6期,1936年1月,第145—147页表。
⑤ 顾祖德:《甘肃省合作事业与农业金融》,《中农月刊》第1卷第4期,1940年4月,第127页。
⑥ 邹枋:《进展中之陕甘合作事业》,《实业部月刊》第1卷第7期,1936年10月。
⑦ 陈永寿:《甘肃合作事业之过去与将来》,《陇铎》1941年第3期,第9页。

13707 人。① 尽管推广只有 8 县,但覆盖了全省东西南北与中部各地,因此其"影响所及却非至八县"。② 即使最边远的河西走廊也有了合作社,"相距兰州一千八百里的西陲——酒泉、金塔等处都有合作社的组织,并且社员对于合作,都有相当信仰"。据统计,两县有合作社 24 个,社员有 967 人,共放款 26830 元。③

1937 年 7—9 月,继续举办农贷和组建互助社,第一期扩大到 15 县。即"甘六年夏,蒋委座鉴于甘肃省地瘠民贫,待救孔急,特令农行拨款五十万元,作为救济贷款。农行当即照拨,此项贷款,利息月息七厘,还期以二十七年大收为准,以岷县、临泽、漳县、渭源、陇西、通渭、临洮、定西、会宁、景泰、靖远、静宁、海原、古浪、永登十五县为贷款区域。"④在这次农贷与合作社组建过程中,甘肃合委会派往各地的指导员"负调查组社责任",农行派往各地人员"负调查放款责任"。该项工作从 6 月开始,9 月底结束,组织互助社 409 个,社员增至 18205 人,贷款 495245 元。⑤在上述合作社中,在省合作委员会登记满 1 年的 105 社,社员 6263 人,其中皋兰县 60 社,社员 3610 人;榆中县 11 社,社员 526 人;酒泉县 14 社,社员 535 人;金塔县 10 社,社员 441 人;平凉县 10 社,社员 1151 人。这些合作社中,只有皋兰有水利、住宅合作社各 1 所,"其余皆为信用合作社",⑥占 98.1%。

(二) 合作社的普及

抗日战争时期是黄河上游区域合作社普及的主要阶段,不仅甘肃合作事业有了比较快的发展,而且宁夏、青海的合作事业也开始发展起来。

1. 甘肃省

为推动合作事业的发展,农行与合委会做出了相应的政策调整。一是制定了《扩大甘肃农村合作事业纲要》,以推动和规范合作社⑦;二是调整了组社办法,决定"合作推行暂时停止,开始建成互助社,普遍各县救济贷款"。⑧ 经过政策调整后,农民没有缴纳股金的顾虑,提高了入社积极性,即所谓"全省农民闻风兴起,纷

---

① 罗子为:《战时甘肃的合作事业》,《今日评论》第 4 卷第 10 期,1940 年 9 月 8 日,第 154 页。
② 罗子为:《甘肃省农村合作运动之回顾与前瞻》,第 16 页。
③ 熊元固:《甘肃合作事业发展的现状》,《农友》第 4 卷第 9 期,1936 年 9 月,第 7 页。
④ 林嵘:《七年来中国农民银行之农贷》,《中农月刊》创刊号,1940 年 1 月,第 98—99 页。
⑤ 顾祖德:《甘肃省合作事业与农业金融》;顾祖德:《五年来甘肃合作事业之回顾与今后之展望》,《甘肃合作》第 2 卷第 4—6 期合刊,1940 年 6 月 30 日,第 8 页。
⑥ 邹枋:《进展中之陕甘合作事业》,第 114 页。
⑦ 敬之:《最近农贷情报》,《农友》第 6 卷第 3—4 期合刊,1938 年 4 月,第 19 页。
⑧ 顾祖德:《甘肃省合作事业与农业金融》,第 128 页。

请组贷,中央亦于是时鉴于抗战时期后方与前方同样重要,增拨贷款百万元,普遍救济,贷款增加,区域亦随之扩大"。①

1938年1月开始举办第二期农贷,3月完成组社工作,共在41个县组建互助社926所,社员50815人。② 同年5月,开始举办第三期农贷,从此期农贷开始,"一律组织信用合作社",主要原因是:①为适应抗战期间加紧发展农村经济组织的方针;②为节省日后改互助社为合作社纸张的耗费;③符合当时合作社的发展状况。③ 第三期贷款分两批组社完成,第一批仍为41县,共组建信用社1492社,社员77696人,股金16.4万元,贷款188.3万元。同年8月开始举办第二批农贷,为剩余的26县,次年2月结束,共组建1259社,社员54669人,股金12.5万元,放贷152.6万元。④ 经过三期农贷的办理,同年底甘肃省合作社已经普及到各县,全省"除环县及肃北设治局情形特殊,未能举办外,全省各县局,均已办理,共计六十七县局",⑤合作社数量已经达到4650社,社员232447人,其中信用社4645所,占99.9%;其余为住宅公用4社,水车供给1社。⑥ 在合作社举办比较早的榆中县,参加合作社的农户占总农户的45.12%。⑦ 就全省而言,社员人数几乎占到全省人口的四分之一。⑧ 截至1940年4月,全省有合作社6535所,社员351454人。其中信用社6321所,社员341843人;生产社171所,社员5162人;公用社3所,社员425人;消费社26所,社员3480人;供给社6所,社员318人;运销社8所,社员326人。在各种合作社中,信用社占绝对地位,社数与社员分别占全部合作社的96.7%和97.3%。1942年3月统计,全省有合作社6641所,社员366824人,其中信用社6400所,社员356066人,分别占96.4%和97.1%。⑨ 在各种合作社中,信用社占绝对优势,一份调查也指出甘肃合作社中,"信社占百分之九十以上"。⑩ 足见,合作社在普及方面收到比较好的效果。

---

① 甘肃省合作委员会:《甘肃合作事业》,1942年印行,第5页。
② 顾祖德:《五年来甘肃合作事业之回顾与今后之展望》,第9—11页。
③ 朱绍良:《甘肃农村合作事业之过去、现在与将来》,《新西北》第1卷第5—6期合刊,1939年7月,第8页。
④ 顾祖德:《五年来甘肃合作事业之回顾与今后之展望》,第9—11页。
⑤ 陈永寿:《甘肃合作事业之过去与将来》,《陇铎》1941年第3期,第12页。
⑥ 顾祖德:《甘肃省合作事业与农业金融》,第132页。
⑦ 洪谨载:《榆中县信用合作社及社员经济状况调查》,《甘肃科学教育馆学报》第2期,1940年5月,第106页。
⑧ 李中舒:《甘肃合作事业之过去、现在和将来》,《西北经济通讯月刊》第1卷第4—5期合刊,1941年12月,第18页。
⑨ 甘肃省合作委员会:《甘肃合作事业》,第6—7页。
⑩ 《甘肃省合作社事业推行概况》,手抄本,甘肃省图书馆西北地方文献阅览室藏。

值得一提的是,在合作社普及的过程中,少数民族各县也建立了合作社。在藏民聚集区举办合作有许多困难,比如社员多不识字,账目无法记载;藏民80%以上过着游牧生活,居无定所,办理合作社"颇感不易";藏民使用硬币,"对法币因不识汉字……喜以白银或铜元交易"。① 尽管如此,农贷员还是克服重重困难,举办合作社事业,并取得进展。如1939年3月,中国农民银行开始在拉卜楞举办农村信用贷款合作社,到1941年底合作社增加到24社,贷款额度为43万元,其中纯藏民合作社12社,占半数。② 后又增加到31所,"其中纯番民(藏民)组织的有12社,社员594人,大多是沿大夏河的农耕番民"③,占该县合作社的38.7%。临潭县1937年10月,举办第一期贷款时就组织互助社17社(包括卓尼2社),社员714人;1938年7月第三期第二次农贷举办后,组信用社63社(卓尼16社),社员2467人。④ 又据统计,1939年中国银行受省政府邀请接办岷县、卓尼、临潭、西固4县农贷,至1940年底除旧社272所外,建立新社198所,共贷款126万元;1941年又组建信用社35所、生产社7所,联合社1所,岷洮区有合作社达到520所,共贷款181万元。⑤ 在回族比较集中的固原、化平(今泾源)、静宁、华亭、临夏等地组社时,"特别将回教徒与汉民合组合作社"。⑥ 藏族地区的合作社受到农贷员的高度评价,认为夏河藏民社员"信用可靠"、"借款用途正当"、"社员忠厚热忱"。⑦

虽然合作社已经在全省普及,但大多数合作社还是不健全的,原因来自两个方面,一是"由于先天者如农民文化水准太低";二是"由于后天者诸如合作社顺乎自然的发展,"如果不加整理,"势必有流于畸形发展之可能"。⑧ 使合作社在组建过程中出现了一些流弊,如有空架子合作社、账目不清、没有按照应有的程序建立合作社、业务单纯等。⑨ 因此,1941年开始甘肃省合作事业的重点不再是推广而是改造。在合作行政方面,4月,甘肃省政府正式成立合作事业管理处,

---

① 《本行各省农贷工贷业务动态》,《中行农讯》第3期,1941年9月25日,第21页。
② 陈圣哲:《拉卜楞经济概况》,《甘肃贸易季刊》第2—3期合刊,1943年1月,第62页。
③ 李京生:《论西北金融网之建立》,《经济建设季刊》第2卷第4期,1944年4月,第159页;徐旭:《甘肃藏区畜牧社会的建设问题》,《新中华》复刊第1卷第9期,1943年9月,第49页。
④ 陆泰安:《临潭县的合作事业》,《西北通讯》第8期,1947年10月15日,第30页。
⑤ 《本行各省农贷工贷业务动态》,《中行农讯》第9期,1942年3月25日,第22页。
⑥ 李中舒:《甘肃农村经济之研究》,《西北问题论丛》第3辑,1943年12月,第85页。
⑦ 《本行各省农贷工贷业务动态》,《中行农讯》第3期,1941年9月25日,第21页。
⑧ 李中舒:《甘肃合作事业之过去、现在和将来》,第24页。
⑨ 《安西县政府办理各合作社调整工作总结》1942年4月16日,手抄本,甘肃省图书馆西北地方文献阅览室藏。

各县政府的合作指导机关也陆续建立起来。1943年4月,合作处成为省政府的直属单位,使其地位与省农业改进所等建设厅的附属单位相当。合作行政健全与管理体制上的变化,说明合作事业逐步走上正轨与成熟。在业务方面,派员分区视导,"着重整理旧社,加强管制,使组织合理化";积极充实社务业务活动,"推行产销合作,使由金融流通阶段与新县制配合,实施国民经济建设"。① 省合作事业管理处共派出合作管理处视察员5人,督导员10人,各级指导员342人,银行农贷员50人,②参加各地合作社整理工作。

  在省合作事业管理处的督导下,各县进行了合作社的调查和整顿。通渭县以前合作社均未办理登记,这次整顿中,指导员分别督促各社办理登记,截至1941年8月已登记95社,并进行业务指导;利用民房指导各信用社建立合作简易仓库1所。③ 渭源县分派指导人员赴各乡召集合作社社员,"讲习整理意义及收粮手续,并应用实验办法,使人民切实了解与认识,工作甚为努力,收效亦甚宏大"。④ 崇信县在整理中,主要帮助合作社整理账目,"查本县合作社,多无记账常识,因之所记账册多有未合,经饬令合作指导人员,分别前往各社指导,务期记载分明,以杜流弊"。⑤ 整理后,该县有保社76个,消费社1个,社员2963人。"每社整理后,经指导员考核共列为甲、乙、丙、劣四等",甲等20社,"其内容合乎工作须知之标准";乙等34社,"稍差于甲等,然经整理后,内容亦可大观";丙等15社,"因社内职员多系不识字,办社极感困难",而且不易改进;其余为劣等,即不合格的合作社。⑥ 安西县针对合作社业务不振、账务不清的问题,一面代为处理,一面详细阐述,"使社内职员俾能领会真义,而能自动经理"。⑦ 镇原在整理过程中,一是充实各级合作社的社务与业务;二是加强了对合作社职员的训

---

  ① 甘肃省合作委员会:《甘肃合作事业》,第7页。
  ② 李中舒:《甘肃合作事业之过去、现在和将来》,第24页。
  ③ 《通渭县政府五六七八四个月工作报告》,《甘肃省政府公报》第511期,1941年9月15日,第81页。
  ④ 《渭源县政府十月份重要工作报告》,《甘肃省政府公报》第516期,1941年11月30日,第58页。
  ⑤ 《崇信县政府九十两月重要工作报告》,《甘肃省政府公报》第516期,1941年11月30日,第54页。
  ⑥ 《崇信县政府合作指导室三十年度工作总结报告》(1942年1月),手抄本,甘肃省图书馆西北地方文献阅览室藏。
  ⑦ 《安西县政府办理各合作社调整工作总报告》(1942年4月16日),手抄本,甘肃省图书馆西北地方文献阅览室藏。

练;三是侧重在各地组建生产合作社。① 各地基本上按照上级要求,对合作社进行了不同程度和不同方面的整理,使合作社更适合农民的需要,更有利于农村经济的发展。

通过整顿后,甘肃省合作社由比较单一的信用社向多层次、多种类的方向发展。一类是乡镇保社,以全部保民为社员范围,经营的事业以全部保民共同需要的经济或公益事业为范围,例如卫生、植树、食盐供销、农业推广等;一类是专业合作社,以各种生产、运销等事业为经营对象,例如水利、纺织、造纸等时期,凡有利害关系的人加入为社员,无关系的人不必加入。② 据统计,1944 年 12 月,全省有 10 种不同层次的合作社,其中省联社 1 个,社员数 41 人;县联社 41 个,社员数 1025 人;乡镇社 454 个,社员数 93902 人;保社 2628 个,社员 241136 人;运销社 17 个,社员 862 人;供给社 1 个,社员 24 人;消费社 125 个,社员 27593 人;公用社 2 个,社员 376 人;生产社 739 个,社员 38933 人;信用社 1720 个,社员 107429 人。③ 共计有各类合作社 5728 个,其中信用社只占 30%,完全改变了 1942 年以前以信用社为主的局面。

抗战胜利后,甘肃合作社在整理中继续发展。据 1946 年底统计全省合作社的情形是:省联社 1 个,县联社 59 个,乡镇社 594 个,保社 2525 个,乡保社共有社员 469263 人;专营社联合社 6 个,农工业生产、运销、公用、信用等专营社 1507 个,社员 111860 人。这个时期合作社重点是发展经济,因此农工业生产、农村副业、土地改良、小型水利和农产运销等占重要地位。如土地改良的铺砂 348 个,分布 9 县;水利 183 个,分布 23 县;畜牧 123 个,分布 25 县;纺织 208 个,分布 36 县;榨油 65 个,分布 9 县;另有烟叶 22 个,药材 3 个。④ 1947 年,新设立县联社 3 个,乡镇社 14 个,保社 91 个,运销社 8 个,农业生产社 136 个,工业社 36 个,军公教育等社 137 个,城市信用社 89 个,共计 514 个。一些不合要求与空壳合作社被解散,其中乡镇社 5 个,保社 96 个,乡村信用社等 276 个,总计 377 个。经过整顿后,全省有合作社 5849 个,比上年增加了 137 个。有社员 655313 人,增加了 71590 人。⑤ 可见,自从合作社在甘肃兴起后,合作事业一直

---

① 《甘肃省镇原县合作事业报告书》(1943 年 8 月),手抄本,甘肃省图书馆西北地方文献阅览室藏。

② 甘肃省政府秘书处:《甘肃省三十一年全省行政会议汇刊》,出版年不详,第 112 页。

③ 《甘肃省合作事业推行概况》,手抄本,从内容上推断应为 1945 年,甘肃省图书馆西北地方文献阅览室藏。

④ 赵从显:《甘肃合作事业的检讨和展望》,《新甘肃》创刊号,1947 年 6 月,第 21 页。

⑤ 翟大勋:《一年来之甘肃合作事业》,《新甘肃》第 2 卷第 2 期,1948 年 4 月,第 48—49 页。

是政府复兴农村经济的一项重要政策,而且取得比较好的成绩。

2. 宁夏省

宁夏合作事业兴起较晚,原因是"宁夏偏处西鄙,各项建设正在整饬时期,合作事业,过去未能在宁省建设事项中占一席地。中国农民银行虽于二十七年来在宁设立支行,但过去因受时局之影响,及人员之缺乏,对于合作事业未能积极倡办"。[①] 也就是说,宁夏合作社起步晚是与地缘、时局和人员缺乏有很大关系。中国农民银行在宁夏支行建立两年后,1940年1月,省建设厅才增设合作科,开始兴办合作事业。为了培训合作指导员,遴选合作指导员3名,保送中央合作管理局受训,"借资深造";并于春秋二季招聘初中毕业生30人进行培训。[②] 建设厅将培训过的人员组织为合作登记队,7—10月,先后分赴宁夏、平罗、宁朔、金积、灵武、中卫、中宁等7县开展工作,共组织信用合作社189个,社员16918人,认购社股16014股,股金32028元。[③] 宁夏合作社已经初具规模。

为了更好推广合作事业,1941年,宁夏对合作行政做了调整。一是在永宁、贺兰、惠农、磴口4县成立合作指导室;二是将全省划分为4区,一区是中宁、中卫,二区是金积、灵武,三区是贺兰、宁朔、永宁,四区为平罗、惠农、磴口、陶乐等;三是派视察员到各区视事,并聘任农民银行宁夏支行农贷人员任视察员,由双方商洽相关事宜;四是甄别合作社等级。1942年,根据行政院公布的各省合作事业管理处组织规定,宁夏省合作事业管理处成立,直属省政府。并制定了六项工作原则:"①健全各级合作组织……②联合党政双方力量,加强管理机构,实行严营严训。③配合粮食增产及物价管理政策,按农作季候,贷放实物,发展农业生产。④实施全民入社,鼓励社员储蓄,增加社有资金,以树立农村经济之基础。⑤普遍三民主义之讲习,提高社员政治意识,以增强抗战力量,并实施业务、会计、技术等训练。⑥于各社中建立党团组织,实行小组训练,陶冶社员思想。"[④]在宁夏,合作社不仅是经济与金融组织,还是政治组织,该省政府利用合作社进行民众动员。

[①] 丁慕尧:《宁夏省农业金融与胚胎中之合作事业》,《中农月刊》第1卷第4期,1940年4月,第124页。

[②] 朱耀初:《宁夏省三十年度推行合作事业概况》,《经济汇报》第6卷第6期,1942年9月16日,第36页。

[③] 《宁夏省政府建设厅二十九年推行合作事业概况》,宁夏省建设厅1941年1月印行,第4—5页。

[④] 马继德:《宁夏之合作事业》,《新西北》第7卷第6期,1944年6月,第39页。

从 1940 年宁夏合作事业兴起后，合作社逐年发展。1941 年共有合作社 357 个，合作社从上年的 7 县发展到 10 县，其中贺兰 48 个，宁朔 30 个，永宁 43 个，平罗 43 个（内有 18 个尚未经营），惠农 20 个，金积 38 个，灵武 31 个，中卫 45 个，中宁 50 个（内有 15 个尚未经营），磴口 9 个（全系新社）。[1] 同时还对合作社进行了等级评定，其中甲等社 75 个，乙等社 81 个，丙等社 61 个，丁等社 23 个，其余合作社未定等级。[2] 1942 年，增加到 468 社，社员 6 万余人，股金 64 万余元。[3] 宁夏合作社种类包括县各级合作社有县联社、乡镇社、保社；专营业务合作社是信用社、消费社、生产社。表 9—1 是 1943 年对各种合作社统计。[4]

表 9—1　宁夏各县各种合作社统计表（截至 1943 年底）

县\区别	县联社	乡镇社	保社	专营社	合计
贺兰	—	1	7	47	55
永宁	—	11	82	10	103
宁朔	—	7	40	4	51
平罗	—	1	42	6	49
惠农	—	8	51	2	61
金积	—	—	—	41	41
灵武	—	—	11	24	35
中卫	—	—	50	42	92
中宁	—	1	50	32	83
同心	—	—	36	—	36
盐池	—	6	18	—	24
陶乐	2	1	8	—	11
磴口	1	—	12	1	14
省垣区	—	—	—	12	12
定远营	—	—	—	1	1
合计	3	36	407	222	668

资料来源：马继德：《宁夏之合作事业》，《新西北》第 7 卷第 6 期，1944 年 6 月，第 40—41 页。

宁夏合作事业从信用社开始，逐渐推进，相继建立了各种合作社共计 668 个，其中专营社（包括信用社、生产社）222 个，占 33.2%；保社 407 个，占 60.9%；乡镇

---

[1] 《宁夏省政府建设厅三十年度推行合作事业概况》，第 8 页。
[2] 朱耀初：《宁夏省三十年度推行合作事业概况》，第 37—38 页。
[3] 董正钧：《宁夏农业经济概况（下）》，《中农月刊》第 8 卷第 3 期，1947 年 3 月，第 22—23 页。
[4] 关于 1943 年宁夏合作社数量，还有一组数字：即全省有合作社 740 社，社员 8.1 万人，股金 149.8 万元，平均每县区约 50 社。（董正钧：《宁夏农业经济概况（下）》，《中农月刊》第 8 卷第 3 期，1947 年 3 月，第 23 页）

社36个，占5.4%；县联社3个，占0.4%。上述合作社有社员69014人，股金2001899元。宁夏合作事业从1940年开始，截至1943年底，四年之内，已有相当规模，全省13县已经全部普及，以每家社员1人计，每1社员代表5口之家，覆盖人口达到35万人左右，占全省人口的半数。

3. 青海省①

青海省的合作事业是本区域起步最晚的。1940年，青海省在职业学校设立"农村合作社事业人员训练所"，目的是培训人才，发展各县合作事业，但并未见开展工作。1942年初，青海游牧区发生畜疫，马步芳请求国民政府拨款救济，国民政府农林部部长沈鸿烈到疫区视察灾情后，准拨畜牧贷款约2000万元。② 为了发放这笔畜牧贷款，1943年初，成立了"青海省合作事业管理处"，6—10月，派员在蒙藏游牧区组成合作社37社。③ 当年全省26县局共组社54所，1944年增加2所，1945年增加189所，1946年增37所，全省共有合作社282所，社股67599股，股金18010009元。④ 这期间合作社注重生产与消费社的经营，并普遍设立了信用部，以流通农村金融，促进生产。但与甘肃和宁夏合作社相比，青海合作社推广并不尽如人意。

三、合作金库

合作金库，是"经济上之弱者或经济上各弱者自身之合作组织经营金融业务"的一种金融组织，⑤是合作金融的主要体系，是以调剂合作事业资金为宗旨，分为中央金库及各省（市）分金库、县（市）合作金库两级。⑥ 抗战时期，中国农民银行以及其他银行、各省政府、合作机关和地方银行都相继附设了合作金库。

甘肃省合作金库动议早，成立较晚。1936年，甘肃省计划由省政府筹备基金10万元筹议成立合作金库⑦，但因种种原因一直未能成立。1943年10月，甘肃成

---

① 关于青海省合作社设立情形参看张天政等《20世纪40年代青海少数民族聚居区的新式农贷》《青海民族研究》2013年第3期，第106—117页）相关内容。
② 赵长年：《解放前青海的合作事业》，《西宁市文史资料》第4辑，1986年12月，第97页。
③ 《三十二年度各省合作事业工作报告》，社会部合作事业管理局印行，第121页。
④ 罗舒群：《抗日战争时期甘宁青三省农村合作社运动述略》，《开发研究》1987年第3期，第58页。
⑤ 河南省训练团：《县合作金库簿记》，1947年3月印行，第1页。
⑥ 《合作金库条例》（1943年9月18日国民政府公布），《中农月刊》第4卷第9期，1943年9月30日，第130页。
⑦ 和保萃：《三年来之甘肃合作事业》，《服务月刊》第8卷第4期，1944年4月，第41页。

立了省合作金库,资本由三部分构成,省政府认提倡股 800 万元,甘肃省银行认股 500 万元,各县认股 40 万元(截至 1944 年底)。①

1939 年,甘肃合作社委员会与农民银行兰州分行商洽,"决定分期普遍设县合作金库,再设立省合作金库,以完成合作金库系统,并设班训练合作金融工作人员"。② 计划在天水等 23 县设立合作金库,由农行认购提倡股 10 万元,必要时以抵押透支的方式,供给各金库资金。1940 年,甘肃省第一期合作金库成立,共计 20 个,涵盖地区包括 37 县。③ 后来,平凉县合作金库因业务不振结束,剩余 19 所由 1 局 3 行铺设,即中央信托局及农民银行铺设 15 所,中国银行 2 所,交通银行 2 所。④ 后来,静宁、泾川、海原、固原、宁县合作金库交由交通银行辅设,张掖合作金库改由中国银行辅设。1942 年,农民银行统一办理农贷后,将中国银行、交通银行辅设的金库接收,经过整顿后,停办了海原、固原的金库,合作金库剩余 17 所。⑤ 表 9—2 是各县合作金库成立时和 1944 年尚存的金库状况统计。

表 9—2　1940 年甘肃各县合作金库状况统计表[1]

库　　名	业务区域(县)[1]	资本总额(元)[1]	社股百分比[1]	社数[2]	放款数(元)[2]
皋兰合库	皋兰	100000	7.24%	300	
海原合库*	海原	100000	11.48%	—	
临洮合库	临洮、洮沙、康乐	100000	9.46%	370	
张掖合库	张掖、民乐	100000	19.59%	169	100000
定西合库	定西	100000	3.74%	13	
临夏合库	临夏、永靖、和政、宁定	100000	5.35%	345	
礼县合库	礼县、西和	100000	5.69%	161	719000
平凉合库*	平凉、化平	100000	22.89%	—	
泾川合库	泾川、崇信	100000	10.01%	351	713110
静宁合库	静宁、庄浪、隆德	100000	10.62%	293	831200
秦安合库	秦安	100000	4.65%	53	100000
甘谷合库	甘谷、武山	100000	5.64%	80	1634600

---

① 《甘肃省合作事业推行概况》,手抄本,形成年不详(根据内容大约在 1945 年),甘肃省图书馆西北地方文献阅览室藏。
② 王从中:《甘肃合作金融之回顾与前瞻》,《西北论衡》第 11 卷第 1 期,1943 年 3 月,第 18 页。
③ 和保萃:《三年来之甘肃合作事业》,第 41 页。
④ 章少力:《我国农贷事业之过去与现在》,《经济汇报》第 8 卷第 6 期,1943 年 9 月,第 94 页。
⑤ 和保萃:《三年来之甘肃合作事业》,第 41 页。

续表

库　名	业务区域(县)[1]	资本总额(元)[1]	社股百分比[1]	社数[2]	放款数(元)[2]
陇西合库	陇西、漳县、渭源	100000	12.02%	310	—
武都合库	武都	100000	5.13%	126	100000
靖远合库	靖远	100000	5.20%	100	160800
文县合库	文县	100000	3.36%	97	100000
敦煌合库	敦煌、玉门、安西	100000	4.72%	110	631812
武威合库	武威、古浪	100000	4%	410	233367.52
固原合库*	固原	100000	4.55%	—	—
酒泉合库	酒泉	100000	—	106	101640
合计	37县	2000000	8.12%	3394	5425530

说明：带有"*"的县是停办的合作金库。
资料来源：[1]王从中：《甘肃合作金融之回顾与前瞻》，《西北论衡》第11卷第1期，1943年3月，第18—19页；[2]甘肃省政府秘书处：《甘肃省统计年鉴》，第241页。

从表9—2来看，甘肃合作金库涉及37个县的业务，合作社3394个，股金占合作社总股金的8.12%。据1942年调查，合作金库现状如下：

武都金库，二十九年十一月改信贷所，对产销社不愿贷款，农行办事处成立后，信贷所结束，曾为多收利息拼命组信贷社。秦安合库，社股一五九三〇元，二十九年十一月改信贷所，三〇年纯盈余一六四三·五元，社员一八五社，贷所成立，直接贷款后，合库遂名存实亡，无收益无支出。礼县合库，信贷所之前身为合作金库。静宁合库，贷区移交后，股金改为二十万元，社员二四九社，社股二六三〇〇〇元，理监事共十六人，合作社代表六人，余为交行代表。固原合库，贷区移交行后合库停办。交行接办后，中农信贷所取消，贷款由县府代收代付。平凉合库，原为农行办事处代办，二九年底合作社代表大会决议取回自营，贷区变后，由交行接收，不许合作社自营，致成纠纷，现停顿中，近于本年六月七日代表大会决议解散。泾川合库，原为中农辅设，贷区变后移归交行，社员二三三社，社股一五〇〇〇〇元(此数恐有误)，提倡股九五四六〇元。武威合库，合库并中农所后，一切均由农贷所代办，开支由贷所负担，放款以十万元为限。张掖合库，原为中农辅设，现改为中行辅设，经理非中行人员兼任，另设库址，社股将达半数，贷款均由合库转放，但需中行同意。敦煌合库，改信贷所后，农行因其业务欠佳，而致折本之故，拟于撤销。陇西合库，信贷所成立后，代办各处业务，社员二六六社，二九年纯益一五九三〇·三九元，三〇年纯益一八七一九·〇九元（该库合作社正酝酿收回自营中）。甘谷合库，社员七〇社，社股一一九四〇元，二九年纯益四六四六元，三〇年纯益七七四元。①

抗战时期，全国合作金库以1942年为分水岭，之前各省、县建立了合作金库，1943年后，"不仅新库设立者为数无多，其原设各级合作金库已成难于维持"。1945年以后，"不仅新设县市合作金库极少，即原有者，亦多因入不敷出，而呈萎靡不振的状态"。② 甘肃也不例外，通过1942年的调查来看，甘肃最初成立的如临洮、定西、临夏、靖远、文县"合库均由农民信用贷款所代理其业务，合库本省就剩了一个名义和一个牌子"。③ 从1944年甘肃省合作管理处统计的资料来看，在剩余的17个金库中，能够开展贷款业务的只有12家。1945年，甘谷、礼县、文县、武都四处合作金库，"均经奉命改为委托库，各种业务均未承办，各库理监事因无集会必要，亦未举行会议"。④ 合作金库没有起到组织农村金融的作用，也背离了创设者的初衷。究其原因，根本在于"合作金库规程立法精神及其内容，实未能迎合社会经济发展的趋势及适应合作事业的要求"。⑤ 具体到甘肃，表现在以下几个方面：

（1）合作金库没有成为真正的"弱者"的金融组织。各合作金库都是由主办银行代办一切，合作社没有说话的余地。

（2）没有以发展合作事业为最终目的。合作金库是金融机关农村投资的代办所，过分注重资金的安全与利息，农民的需求与合作事业的发展反被弱化。

（3）合作金库未能形成统一的体制。各县金库属于不同的银行所办，有中国银行的，有农民银行的，也有交通银行的，各行的贷款方针与传统不同，导致合作金库各自为政，互不往来，甚至为了利益相互对立。

（4）合作金库与地方合作行政机关没有建立关系，使其在业务上无法得到地方的配合。正因为这样，甘肃合作金库继续萎缩，到抗战胜利后，有省合作金库1所，县合作金库只有天水、平凉、宁县、湟惠渠管理局合作金库4所。⑥

抗战胜利后，南京政府再次推动了合作金库的发展。早在1941年12月国民党五届九中全会上，陈果夫等人就提议设立中央金库，经过差不多五年的筹划，

---

① 王从中：《甘肃合作金融之回顾与前瞻》，第19—20页。
② 寿勉成：《我国合作金库之沿革与将来》，见朱斯煌主编《民国经济史》，银行周报社1948年印行，第19页。
③ 王从中：《甘肃合作金融之回顾与前瞻》，第20页。
④ 农行天水办事处：《三十四年度天处陇南区农贷报告》，甘肃省档案馆藏，55/1/46。
⑤ 寿勉成：《我国合作金库之沿革与将来》，第19页。
⑥ 翟大勋：《一年来之甘肃合作事业》，《新甘肃》第2卷第2期，1948年4月，第49页。

1946 年 11 月 1 日,国民政府中央金库成立。中央金库的成立被视为"我国合作金融制度开一新纪元,立一新基础",是我国合作事业值得庆幸的一件事情。① 中央金库成立后,甘肃在合作金库方面也有所作为,除了将原有的 4 所金库巩固外,1947 年商请中央金库同意,计划将甘肃合作金库改为中央分库,拟定在全省分期添设新的金库,第一期计划在兰州、榆中、灵台、陇西、文县设 6 所合作金库。② 从上述论述来看,甘肃的合作金库在活跃农村金融和推动农村经济发展方面作用不大。

四、农村新借贷关系

随着甘肃金融与农贷体系的建立,形成了"政府—银行—合作社—农户"的农贷模式,政府为农贷政策的制定者,银行为农贷资金的提供者,合作社为农贷的实施者,农户居于终端,是农贷的受益者。下面主要讨论在新借贷关系中的借贷对象、借贷用途与信用等问题。

(一)贷款对象

不论是新式银行还是合作社在农村借贷关系中,农贷终极对象都是农家,但二者在具体操作的过程中有所不同。银行与农家之间是一种间接借贷关系——银行往往先贷给合作社或农民借贷所、合作金库,再由这些组织或直接或间接转贷给农民。"农行成立以来,对农村合作,素极注意,而农村放款,以合作社为主要之对象。盖农村合作社为农民所组织,放款于合作社,转贷于社员,即可以流通农村金融,活跃农村经济"。③ 如李金铮所言,合作社虽然是一种中介机构,但与农家却是直接的借贷关系。④

农民银行,在农村放款中,以合作社为主要对象。四省农民银行成立后,其条例规定放款对象为"农民组织之合作社及各级合作社联合会"。⑤ 四省农民银行改为中国农民银行后,延续了该规定,《中国农民银行条例》(1935 年 6 月公布,1937 年 6 月、1941 年 9 月先后修正)关于农村放款对象,规定"放款于农民组织之合作

---

① 寿勉成:《我国合作金库之沿革与将来》,第 21 页。
② 翟大勋:《一年来之甘肃合作事业》,第 50 页。
③ 林嵘:《七年来中国农民银行之农贷》,《中农月刊》创刊号,1940 年 1 月,第 78 页。
④ 李金铮:《民国乡村借贷关系研究》,第 344 页。
⑤ 《豫鄂皖赣四省农民银行条例及章程》,《银行周报》第 17 卷第 15 期,1933 年 4 月 25 日。

社及合作联社"。① 时人总结农民银行农贷对象主要包括 6 种："①合作社放款：放款对象为合作社、合作社预备社、互助社、假登记合作社及合作社联合社等；②合作金库放款：放款对象为合作金库；③农仓放款：放款对象为自办农仓，合作社农仓及合办农仓等；④农场放款：放款对象为农场；⑤农民动产抵押放款：放款对象为农贷所及典当；⑥农田水利贷款"。② 农贷发放的实践中，"多以合作组织或其他农民团体为贷款对象，至如农场、林场、牧场等所需生产贷款，亦酌于贷放"。③ 农民银行扶助农村金融主要从两个方面着手，一是直接派员指导组建合作社，并给予资金上的援助；二是贷款给各地合作行政主管机构组建的正式农村合作社，以扶助其业务上的发展。④ 如农行最初在甘肃放款，当时"省内虽提倡合作，然以财政所限，尚无专款或基金，省内从事互助社放款者，由中国农民银行兰州分行"实施。⑤ 农民银行通过建立互助社将农贷发放到农家手中。

抗战时期，国民政府扩大农村贷款范围，农贷对象也随之扩大，规定"凡经放款机关承认之农民组织，亦得为贷款对象"。⑥《四联总处农贷办法纲要》规定，贷款对象为：凡依法登记之各级合作社；凡依法登记之农会、水利协会及合法组织，经政府登记之农民团体等组织；凡以改进农业为目的的省县机关、学校及水利机关等；凡依法登记之农场、林场、牧场及具有研究推广性质而有成效之农业组织。⑦ 1940 年的农贷分为 8 种，贷款对象均为各种合作社、各种农业团体、政府涉农机关以及农民个人。⑧ 1940 年以后，随着国民政府农贷政策的转变，贷款对象也发生了变化，如农田水利贷款的对象为省政府，农业改良的贷款对象为农业主管机构，农业生产、农村副业等仍以合作社为对象。合作社整顿与规范后，农民银行优先贷款给那些制度比较健全的合作社，如 1943 年的农贷方针规定："各级新旧合作社组织，及其他农民团体之贷款，必须择其组织健全，经营合理者，优先贷放，凡新组织之合作社团，由信用合作业务改营生产业务之旧合作社，以切实从事于生活必需品之生

---

① 中国农民银行经济研究处：《农村经济金融法规汇编》，1942 年印行，第 290 页。
② 姚公振：《十年来之中国农民银行（续）》，《经济汇报》第 6 卷第 12 期，1942 年 12 月 16 日，第 59 页。
③ 中国农民银行总管理处：《中国农民银行之农贷》，第 6 页。
④ 《中国农民银行之沿革及其推行农村合作之概况》，《农村合作》第 1 卷第 12 期，1936 年 7 月，第 81 页。
⑤ 邹枋：《进展中之陕甘合作事业》，第 115 页。
⑥ 中国农民银行经济研究处：《农村经济金融法规汇编》，第 323 页。
⑦ 中国农民银行总管理处：《中国农民银行之农贷》，第 18 页。
⑧ 《廿九年度中央信托局中国交通农民三银行及农本局农贷办法纲要》，《中央银行月报》第 9 卷第 3 号，1940 年 3 月，第 2010 页。

产者,尽量予以贷款之便利"。① 《行政院水利委员会、中国农民银行会同推进各省农田水利联系办法》规定的贷款对象是"原则上应以受益田亩地主或农民组织之团体",未成立上述团体或组织不健全时,"以省政府为贷款对象"。② 如表9—3。

表9—3 宁夏中国农民银行历年各类贷款统计表(截至1944年6月10日)

年度	县数	贷款种类	贷款对象	数额(元)	期限
1940	7	农业生产	信用合作社	362340	9—12月
1941	10	农业生产	信用合作社	1480366	9—12月
1942	10	农业生产	信用、保、生产合作社	2642155	9—12月
		农田水利	灌溉生产合作社	20800	两年摊还
		农村副业	陶瓷生产合作社	10000	12月
1943	13	农业生产	保、畜牧生产合作社	7018846	9—12月
		农田水利	省政府	1800000	12月
		农村副业	掏盐、纺织合作社	82000	9—12月
		农业推广	农林处	7000	12月
1944	13	农业生产	保、垦殖生产合作社	9634872	9—12月
		农田水利	省政府	2400000	12月
		农村副业	榨油生产合作社	40000	6月
		农业推广	农林处	100000	12月
		土地改良	省政府	2600000	五年摊还

资料来源:南秉方:《宁夏省之农业金融与农贷》,《新西北》第7卷第10—11期合刊,1944年11月,第36—37页。

表9—3说明,有关农业生产、农田水利、农业推广、土地改良等放款对象主要是合作社和省政府的相关机构,很少针对个人放款。解放战争时期,农民银行的贷款对象依然以"合法组织的农民团体为主",如合作社、农会以及其他经政府登记的农民合法团体。③ 1947年,农民银行核定贷款26亿元(物价上涨结果),约三分之二以合作社为对象;省银行农村副业贷款8亿元,省金库种子贷款4万斤。④ 在对农家的贷款中,合作社仍为主要媒介。

除农民银行外,中国银行、交通银行等发放农业贷款,也是通过合作社或合作金库贷给农家。1939年7月,颁布办理甘肃农贷及陇东八县贷款办法后,中国、交通、农业3行及合作委员会,"根据此项办法,将全省六十九县,划为四区,除陇东八县因特殊情形,由三行共同投资外,其余三区,由各行招收农贷人员施以短期训练,

---

① 《四联总处三十二年农贷方针》,《农贷消息》第6卷第9—10期合刊,1943年1月,第87页。
② 中国农民银行总管理处:《中国农民银行之农贷》,第39页。
③ 四联总处秘书处:《三十七年上半年度农贷报告》,1948年7月印行,第27页。
④ 赵从显:《甘肃合作事业的检讨和展望》,《新甘肃》创刊号,1947年6月,第21页。

协同合作行政机关,用统一步骤,负责推进"。其中中国银行推行区域包括天水等13县,交通银行推进区域包括静宁等9县,3行共同推行区域包括镇原、庆阳、环县、正宁、宁县、合水、海原、固原等9县。① 为了保证陇东8县贷款的顺利进行,规定贷款对象为"依法登记之互助合作社及各种合作社农场"和"农会借款协会以及其他合作供销代营处"。② 1940年,宁夏"各社成立伊始,资金有限,其对社员之放款,仍须仰给外来资金,本省为供给此种需要,曾与中、中、交、农及农本局之代表行中国农民银行,协定贷款合约",③ 放款比例为中央信托局15%,中国银行25%,交通银行15%,农民银行45%。④ 岷县属于中国银行贷款区域,据1940年7月统计,岷县有信用合作社281社,其中由合作指导处成立144社,中国银行倡导137社。⑤ 中国、交通银行及农本局对农家放款的前提条件是组织合作社、合作金库及农业团体,很少针对农家个体进行放款。

合作社、合作金库及农贷所放款的主要对象是农户。中国农民银行规定"贷款必须达到确需贷款之农民"之手,⑥ 各种银行的农贷主要针对合作社和农业团体,因此农户要获得贷款,首要条件是加入各种合作机关或农业团体。按照合作社相关法规规定,农民认缴股金才能为社员,"各社每人至少认购一股,也有二股三股不等,但每股均为二元"。⑦ 即通过认缴股金取得社员资格后,方能获得农贷。

我们再从合作社社员构成来看农贷的对象。1935年6—12月,甘肃皋兰县最初创办合作社时,"社员的成分自耕农占60%与佃农占36%,地主仅占4%"。⑧ 在甘肃建立的第一批合作社中,自耕农与半自耕农就占了96%。文县合作社社员中,自耕农占60%,半自耕农占25%,佃农占6%,雇农占4%,地主占5%。⑨ 1936年组建的合作社中,通过对皋兰、榆中、酒泉、金塔、陇西、临洮、定西7县合作社社员调查,佃农占2.05%,半自耕农占11.02%,自耕农占82.13%,半地主占1.08%,地主占0.45%,其他(包括工、商、学者)占1.48%,不明身份占0.64%。⑩

---

① 成治田:《甘肃农贷之回顾与前瞻》,《中农月刊》第6卷第10期,1945年10月,第32页。
② 《甘肃省政府办理陇东八县农贷办法》,《甘肃省政府公报》第498期,1941年2月28日,第42—43页。
③ 《宁夏省政府建设厅二十九年推行合作事业概况》,第5页。
④ 罗时宁:《宁夏省农林畜牧概况》,《新西北》(甲刊)第6卷第1—3期合刊,1942年11月。
⑤ 《合办岷县合作社》,手抄本,1940年8月印行,前言。
⑥ 中国农民银行总行管理处:《中国农民银行之农贷》,第27页。
⑦ 《调查皋兰县东南乡小雁滩等信社概况及建议事项》,甘肃省档案馆藏,63/1/46。
⑧ 孙友农:《甘肃之农村合作事业》,《农友》第4卷第1期,1936年1月,第73页。
⑨ 李秉璋、韩建笃:《文县要览·经济·合作组织》。
⑩ 罗子为:《甘肃省农村合作运动之回顾与前瞻》,《农友》第5卷第1期,1937年1月,第21页。

又据对皋兰、榆中、酒泉、金塔 4 县 5112 户农贷调查,地主 17 户,占 0.33%;半地主 35 户,占 0.68%;自耕农 4333 户,占 84.76%;半自耕农 536 户,占 10.49%;佃农 97 户,占 1.90%;其他 94 户,占 1.84%。① 从当时的调查来看,甘肃合作社社员以自耕农占绝对大多数,半自耕农位居第二,佃农占第三位,地主只占极少数。1938 年,甘肃发放第一期农贷后,通过对陇西等 15 县合作社社员的调查,自耕农占 68.9%,半自耕农占 20.32%,半地主占 4.75%,佃农占 4.45%,雇农占 0.4%,地主占 0.15%,其他占 1.03%。② 第二期农贷后,据 1938 年对武山调查,该县合作社社员 943 人,其中半地主 23 人,占 2.4%;自耕农 559 人,占 59.3%;半自耕农 285 人,占 30.2%;佃农 70 人,占 7.4%;雇农 3 人,占 0.3%;其他 3 人,占 0.3%。③ 武山县农贷以自耕农和半自耕农为主。1939 年甘肃合作社社员,自耕农占 56%,半自耕农占 34%,佃农占 7.7%,半地主占 1.4%,雇农占 0.6%,地主占 0.3%。④ 1940 年,对全省 21918 户农贷社员调查,自耕农占 82.28%,半自耕农占 11.24%,佃农占 4.26%,半地主占 1.55%,地主占 0.12%,其他(指小商人、小手工业者等)占 0.56%。⑤ 其中自耕农和半自耕农占 93.52%。1941 年,合作社经济处调查结果是自耕农约占 82.27%,半自耕农占 11.24%,佃农占 4.26%,半地主占 1.55%,地主占 0.22%,其他(包括商人、工匠、教师、学生等)占 0.36%。⑥ 在农贷的发放中,政府十分强调对自耕农和贫苦农民的贷款,"贷款须适应农时,期限应适合农业经营,数额应适合需要,手续力求简单,放款要以自耕农、贫农为对象"。⑦ 一些县也是这样,农民银行在皋兰、榆中两县首次举办互助社,"颇少发现土劣之操纵"。⑧ 甘肃的合作社主要有自耕农、半自耕农组成,也就是说贫困农家是合作社的基础。加入合作社的主要是自耕农和半自耕农,发放农贷的对象也主要是这两个阶层。诚如时人所言:甘肃农村合作基础"已建立在纯正农民身上"。⑨ 此话不无道理。

---

① 《甘肃省农村合作概况》,《河南统计月报》第 2 卷第 7 期,1936 年 7 月,第 177 页。
② 《甘肃省第一期陇西等十五县社员分级百分表》,《甘肃统计季报》第 2 卷第 1—4 期,1938 年 11 月,民政,第 20 页。
③ 程应昌:《武山县二期农贷工作总报告》,1938 年抄本,甘肃省图书馆西北地方文献阅览室藏。
④ 顾祖德:《甘肃省合作事业与农业金融》,《中农月刊》第 1 卷第 4 期,1940 年 4 月,第 132 页。
⑤ 李中舒:《甘肃合作事业之过去、现在和将来》,第 18 页。
⑥ 甘肃省合作委员会:《甘肃合作事业》,第 8 页。
⑦ 成治田:《甘肃农贷之回顾与前瞻》,《中农月刊》第 6 卷第 10 期,1945 年 10 月,第 35 页。
⑧ 中国农行:《中国农民银行民国二十四年度各省之农村合作事业》,《农村合作月报》第 1 卷第 6 期,1936 年 1 月,第 147 页。
⑨ 《甘肃省农村合作概况》,《河南统计月报》第 2 卷第 7 期,1936 年 7 月,第 177 页。

在关于甘肃农贷的研究中,有学者认为地主、富农把持农贷,农民获益极小。如有学者指出"1945年甘肃省有合作社社员54.3783万人,占全省农业总人口292.4251万人的18.6%,那么其余81.4%的农民就不能享受低息农贷款了"。并认为"大量的农贷被土劣获得,而贫苦农民则获得贷款甚少"。[①] 上述关于农贷获益农民比例的算法本身就是错误的。合作社社员并不是所有农民都可以参加,而是以家庭为单位,也就是说每农家不管人口多寡,只有1人成为社员。因此,计算农贷受益比例,应以农户为单位。如1941年全省总户数是109.1万户[②],以甘肃农户占全部户数的77.1%计算[③],农户数量为84.1万户,当年社员数为35.1万人,合作社社员占全部农户应为41.7%。1944年甘肃农户总数为79.3万户,[④]合作社社员为54.4万人,占全部农户的68.6%。也就是说,在甘肃农贷中,至少有半数以上农家参加了合作社,农贷的主要对象还是自耕农。再来看合作社社员的土地占有状况,如表9—4。

表9—4 甘肃皋兰等7县合作社社员土地调查表

地亩数	30亩以下	30—50亩	50—100亩	100亩以上	无地	不明	总计
社员数	4325	1142	1031	340	167	45	7050
百分比	61.35%	16.2%	14.6%	4.8%	2.4%	0.64%	100%

资料来源:罗子为:《甘肃省农村合作运动之回顾与前瞻》,《农友》第5卷第1期,1937年1月,第21页。

表9—4是对皋兰、酒泉、榆中、金塔、定西、临洮、陇西等7县合作社社员土地占有情形的调查。合作社中有30亩以下土地的社员占61.3%,30—50亩占16.2%,50—100亩占14.6%,有100亩以上土地的社员仅占4.8%。诚如当时调查者所言:"甘肃村庄疏散,土质恶劣,生产量薄弱,此种农民若不遇天灾与人祸,仅足维持其生活,能有余积者极少。由此便可证明甘肃农村合作社社员大半为中小农民,尤以小农占多数,这就是说甘肃农村合作运动的效用,已经达及一般经济地位较弱者的农民身上"。[⑤] 另外,如果仔细研究农贷的过程,以1941年

---

① 裴庚辛:《民国时期甘肃小额农贷与农业生产》,《甘肃社会科学》2009年第3期,第224页。
② 甘肃省档案馆:《甘肃历史人口资料汇编》(第二辑),下册,甘肃人民出版社1998年版,第310页。
③ 汤惠荪等:《甘肃省农业调查》,《资源委员会季刊》第2卷第2期,1942年6月,第135页。
④ 国民政府主计处统计局:《中华民国统计提要》,1945年印行,第15页。
⑤ 罗子为:《甘肃省农村合作运动之回顾与前瞻》,《农友》第5卷第1期,1937年1月,第22页。

为界限,之前国民政府发放农贷主要属于农村救济贷款,以信用借款为主,全部贷款通过合作社贷于农家。而此后的贷款主要是进行国民经济建设,尽管大型农田水利贷款并不针对农家,但获益的农田仍是农家的土地,通过对甘肃农贷的研究中可以看出,小型水利、土地改良和副业等贷款,还是以合作社为基础,受益的主要是农民。

(二)农贷的用途

关于农贷用途,金融机关有明确规定,仅限于购置种子、肥料、食粮、饲料、防治病虫害药剂与器械、耕畜、农具及其他与生产有关的必需费用。在四省农民银行成立时,就明确规定农贷的用途为"①购办耕牛、籽种、肥料、畜种及各种农业原料。②购办或修理农业应用器具。③农业品之运输及囤植。④修造农业应用房屋及场所。⑤其他与农业有密切关系而认为必要事件"。[①] 在此基础上,每年农贷用途方针都不偏离其左右。如1941年农贷规定农贷的用于农业生产、灌溉水利及排水工程和工具、购置农田、农村副业和农业推广。[②]

农家从合作社贷款,基本上按照政府农贷的要求来做。甘肃首批农贷发出后,"社员借款,皆能用于生产"。[③] 另一调查也说"社员借款,又都能用于生产,这是很庆幸的"。[④] 据顾颉刚对临洮县杨家村农村信用合作社考察,该村百余户,社员40余人,1936年贷款1260元,"社员贷款,主买肥料,牲畜与农具次之"。[⑤] 第二期农贷发放后,武山"社员借到后,多用于生产方面,浪费者绝少,并无以高利贷转放情事"。[⑥] 但也有例外,如临洮农家贷款以购买牲畜、肥料、偿还高利贷及做小本生意为最多。[⑦] 临洮部分农家把农贷用作偿还高利贷和经商,未全部用于农业生产。表9—5是顾祖德与李中舒对甘肃贷款用途的统计。

---

① 《鄂豫皖赣四省农民银行条例及章程》,《银行周报》第17卷第15期,1933年4月25日,第29页。

② 《三十年度中央信托局中国交通农民三银行农贷办法纲要》(1941年5月26日),《甘肃省政府公报》第504期,1941年5月31日,第12页。

③ 中国农行:《中国农民银行民国二十四年度各省之农村合作事业》,第147页。

④ 孙友农:《甘肃之农村合作事业》,《农友》第4卷第1期,1936年1月,第73页。

⑤ 顾颉刚:《西北考察日记》,甘肃人民出版社2002年版,第182页。

⑥ 程应昌:《武山县二期农贷工作总报告》,1938年抄本,甘肃省图书馆西北地方文献阅览室藏。

⑦ 李自发:《甘肃临洮信用合作社概况及其改进》,《新青海》第5卷第6期,1937年6月,第19页。

表 9—5 甘肃各县合作社社员借款用途统计表

用途	牲畜	籽种	土地	农具	食粮	肥料	小贩	还债	纳款	付工钱	其他
甘肃统计季报[1]	36.96%	5.62%	2.26%	2.86%	20.28%	0.29%	1.21%	4.6%	4.67%	17.5%	3.75%
顾祖德统计[2]	30.2%	20.0%	—	8.2%	1.2%	1%	15%	9.4%	6.0%	—	—
李中舒统计[3]	44.4%	13.7%	5.72%	4.96%	17.1%	3.48%	—	—	—	—	9.88%

说明：李中舒一栏，其他指还债和婚丧。

资料来源：[1]《甘肃省第一期陇西等十五县贷款用途百分表》，《甘肃统计季报》第 2 卷第 1—4 期，1938 年 11 月，民政，第 20 页；[2] 顾祖德：《甘肃省合作事业与农业金融》，《中农月刊》第 1 卷第 4 期，1940 年 4 月，第 133 页；[3] 李中舒：《甘肃合作事业之过去、现在和将来》，《西北经济通讯》第 1 卷第 4—6 期合刊，1941 年 12 月，第 19 页。

表 9—5 中，《甘肃统计季报》是对 1937 年 15 县农户贷款用途的统计，顾氏和李氏是对 1939 年前后的统计。从中看出，购买牲畜、籽种等是农贷的主要用途，分别占到农贷的半数以上。直接用于生产的款项（包括牲畜、籽种、农具、购买土地、肥料、小贩等），甘肃统计季报占 49.2%，顾氏占 83.4%，李氏占 72.25%；用于非生产性贷款（如购买食粮、还债、纳款、婚丧等），甘肃统计季报占 50.8%，顾氏占 16.6%，李氏占 27.1%。从上述 3 家统计来看，从 1937 年到 1940 年农贷用于农业生产的比例有了较大的提高。又如对临潭 69 个合作社的 13.83 万元农贷款的调查中，用于生产（购牲畜、籽种、农具、土地、建筑）9.5 万元，占 68.7%；用于副业（小工业、小商业、洮石林业）1.5 万元，占 10.8%；用于消费等（购粮、还债、婚丧、纳公款）2.83 万元，占 20.5%①，前两项共占 79.5%。这些说明随着甘肃农贷的普及，农贷的 70%—80% 以上能够用于农业和副业生产。

中国农民银行在给宁夏农村放贷时，国民政府的农贷政策已经转变为国民经济建设，因此，农贷主要是以农业生产、农田水利、农村副业、土地改良为目的。除了农田水利、农业推广外，其他贷款依然通过合作社借贷给社员。宁夏合作社对社员贷款用途管理比较严格。1941 年，该省贷款 300 万元，其中用于农业生产 200 万元，农村副业与农村运输工具各 40 万元，农村供销与水利共 20 万元。各项贷款"按实际需要与农贷业务应推行之方针，厘定实施步骤，分陈各有关机关，以作推行监督稽核之查考"。② 1942 年春季贷款时，每贷放一社均由建设厅与农行工作人员共同监放，"每社必召集全体社员到社，先由监放人员讲解合作社之组织要点，及贷款之用途，继按贷款清册逐一发放……贷放后一月内，再由指导人员分别至各社，

---

① 陆俊光：《临潭之生产概况与合作事业》，《新西北》第 6 卷第 1—3 期合刊，1942 年 11 月，第 205 页。
② 朱耀初：《宁夏省三十年度推行合作事业概况》，第 37 页。

抽查其贷款用途"。① 据统计截至 1943 年底,宁夏贷款历年农贷分配是:农业生产贷款 980 万元,占 65%;农业推广贷款 20 万元,占 1.33%;农田水利贷款 200 万元,占 13.33%;农村副业贷款 100 万元,占 6.67%;畜牧贷款 200 万元,占 13.33%。② 宁夏的农贷是不是用于所规定的贷款用途,先看表 9—6 的调查。

表 9—6 1942 年宁夏信用合作社贷款用途统计表

用途种类	籽种	耕畜	食粮	农具	肥料	家畜	赎地	租地	买布	总数
调查人数	668	289	101	39	113	40	144	85	15	1494
占百分比	44.7%	19.3%	6.8%	2.6%	7.6%	2.7%	9.6%	5.7%	1%	100%
备注	①调查社数计有永宁、平罗、贺兰、宁朔、中宁等 6 县,每县调查 2 社;②购买耕畜用途计包括购买牛、马、驴 3 种;③食粮用途中亦有借款交国防粮者;④家畜用途中以购买羊为最多,猪次之;⑤赎地贷款以永宁为最多;⑥租地贷款中包括典田。									

说明:原资料对肥料、农具所占比例计算有误,笔者重新做了计算和更正。
资料来源:《三十一年宁夏省建设厅合作事业总报告》,1943 年 1 月印行,第 22 页。

1942 年的农贷中,宁夏发放农贷共计 200 万元,获得农贷的社员 30808 人,③表 9—6 就是对当年获得农贷其中的 1494 家社员贷款用途的调查,用于非农业生产(购买食粮和买布)只占 7.8%,用于购买籽种占 44.7%,耕畜占 19.3%,土地(赎地和租地)占 15.3%,肥料占 7.6%,家畜占 2.7%,农具占 2.6%。也就是说宁夏农贷中,90% 以上的农家能将贷款用于农业生产。

农民银行在青海发放农业贷款的各种用途如表 9—7。

表 9—7 1945 年青海省 4 县合作社贷款用途分配统计表

县份\用途比例	农业及副业						其他用途		
	肥料	籽种	农具	耕畜	副业	合计	还债	消费	合计
西宁县	15%	40%	20%	10%	5%	90%	5%	5%	10%
乐都县	20%	35%	15%	20%	5%	95%	3%	2%	5%
民和县	15%	45%	20%	8%	5%	93%	3%	4%	7%
湟源县	10%	35%	20%	15%	10%	90%	5%	5%	10%
平均	15%	38.75%	18.75%	13.25%	6.25%	92%	4%	4%	8%

资料来源:根据张天政等的《20 世纪 40 年代青海少数民族聚居区的新式农贷》(《青海民族研究》2013 年第 3 期第 114 页)表 11 整理。平均与合计为笔者计算所加。

通过表 9—7 来看,青海农贷主要用于购买籽种,占全部农贷的 38.75%,其次购买农具,占 18.75%,肥料占 15%,耕畜占 13.25%,副业占 6.25%,农业生产及

---

① 《三十一年宁夏省建设厅合作事业总报告》,第 23—24 页。
② 马继德《宁夏之合作事业》,《新西北》第 7 卷第 6 期,1944 年 6 月,第 42 页。
③ 《三十一年宁夏省建设厅合作事业总报告》,第 21 页。

副业占全部农贷的92%。非生产用途主要是还债与消费,平均各占4%。

(三) 农贷的信用方式

按照农民银行的规定,农贷需要一定的信用保证,"除以借款人依法律规定对外应负之经济责任外,必要时应以实物担保或由政府机关、技术机关或贷款机关认可之其他保证人担保"。① 也就是说,借款信用主要有两种方式:信用贷款与抵押贷款。

信用放款根据保证责任不同,有3种方式:一是直接贷款,即合作社请求放款时,由农行进行考核后与合作社签订借款合约,贷给款项,到期后由农行自行催还;二是介绍贷款,即农行与合作行政机关共同核放,双方先订立合约,并约定每年贷款总额,合作社请求借款时,由合作行政机关转函农行核放,到期双方共同负催还责任;三是委托放贷,即农行事先与合作行政机关订立合约,并约定贷款总额,合作社请求借款时,由合作行政机关函请农行照拨,借款期限到后,由合作行政机关负保证催收责任。② 在上述3中方式中,第一种主要是由银行自己承担责任风险,在各地合作行政机关未建立之前,往往由银行自己组建合作社,自己放款,1935—1937年,农行在甘肃举办贷款时就采取这种方式。③ 第一种方式,农行所承担的风险与成本都比较高,农行主要采取第二、第三种方式。按照农行的说法,"第一种方式最不经济,耗费既大,信用未必确实,而第二三种则最为合理,既省耗费,复能与合作行政机关保持极和谐之关系。故近来农行放款,已由最初的第一种方式,逐渐采取第二第三种方式矣。"④因此,农行为了节约成本和降低风险,主要以与地方合作行政签约为主,1940年,农行与甘肃、宁夏等13省签订了农贷合约,⑤宁夏农贷通过合作行政机关与农行签订协议,然后再贷放给农民。⑥ 这种信用方式农民乐意接受,使农贷放还比较顺利。农民银行举办借贷的工作人员,对甘肃农家的信用称赞有加,孙友农

---

① 中国农民银行总行管理处:《中国农民银行之农贷》,第6页。
② 林嵘:《七年来中国农民银行之农贷》,《中农月刊》创刊号,1940年1月,第78页。
③ 1935年6月,农行在甘肃皋兰、榆中组建合作社,推广农贷,直到1938年"农行为划分事权,尊重合作行政完整起见,始将以前所指导组织之社,移转合委会管。"(林嵘:《七年来中国农民银行之农贷》,《中农月刊》创刊号,1940年1月,第97页。)
④ 林嵘:《七年来中国农民银行之农贷》,第78—79页。
⑤ 四行联合办事处农业金融处:《中中交农四行联合办事处三十年度农贷报告》,第2页。
⑥ 宁夏合作社成立后,"资金有限,其对社员之放款,仍须仰给外来资金,本省为供给此种需要,曾与中中交农及农本局之代表中国农民银行,协定贷款合约一种,金额定一百万元,社员借款额,每人不得超过六十元。"(《宁夏省政府建设厅二十九年度推行合作事业概况》,1941年1月印行,第5页)"宁夏省农贷合约,于民国二十九年六月七日签订,期限一年,贷款额一百万元。民国三十年续订新约,贷款额增为三百万元,期限仍为一年,由四行局联合贷放。"(四行联合办事处农业金融处:《中中交农四行联合办事处三十年度农贷报告》,第24页)

总结最初在甘肃创办农贷说:"据我们在甘肃农村短期的观感,知道甘肃的农村农民,是有道德的。"①在1936年的河西农贷中,农民能按期归还农贷,"没有拖欠的事情,信用上还很好"。②农家信用良好,也是合作社能在甘肃很快普及的因素之一。

由政府做信用担保,是民国时期农村借贷一种比较常见的方式。如1947年,甘肃为增加粮食产量,"俾免高利贷盘剥农民起见,经与有关机关商定办法,加强贷放各县春耕籽种,规定春贷秋收……本年春种,已放贷者:计由实贷处贷放二万五千七百三十六石,与政府兑拨贷放二千八百石;由政府在田赋项下,拨借贷放三万六千三百一十三石;由积谷余粮及籽种息项,贷放四万三千五百一十三石,又贷放冬耕籽种五千五百石,春冬籽种两(项)共贷放一十二万四千八百九十三石。一般缺乏籽种之贫农,均感便利"。③政府信用担保和实物借贷,解决了农民面临的一些实际困难。

抵押贷款又分为两种:一种是动产抵押放款,即以农民动产为抵押品进行放款,有自办与委托两种方式,自办是自设农贷所,自营业务;委托是"与农民动产抵押之商号(如与典当等组织)签订经营合同,贷予资金,共同经营"。关于动产抵押品,农民银行有专门的规定,能作为抵押品的有金银首饰、被服、布匹、农产品的仓单、提单等。④牲畜也可以作为动产抵押担保借款,如在宁夏畜牧贷款中,"凡各社员有牲畜五头以上者,得以其牲畜做担保,借款另购母畜,以供繁殖之用"。⑤不能作为抵押品的包括:"①珠宝、古玩、字画及一切难于鉴别保管暨非农家所恒有者;②破烂过甚,无法估值,或难于长期保管者;③神袍、戏衣、军服、旗帜、西装、旗袍、瓦器及一切违禁物品,非通常所服用者;④本行认为形迹可疑,或来历不明者;⑤包裹或封箱,不经本行开启点验者"。抵押方法"由押款人持押品至农行,农行允受后,即由押款人填具借据,由农行给予押品收条为凭"。⑥

一种是不动产抵押,是以扶持自耕农为目的的土地抵押放款,"此项押款承借人,农行规定限于农民所组织之合作社"。⑦不动产抵押是以正在耕种的自有的土地为抵押品,"其他不动产不属于放贷之范围"。不动产抵押的原则是以"合作社转贷社员为原则……合作社不得转放于非社员"。⑧宁夏合作社兴办后,颁布了《宁

---

① 孙友农:《甘肃之农村合作事业》,《农友》第4卷第1期,1936年1月,第73页。
② 熊子固:《甘肃合作事业发展的现状》,《农友》第4卷第9期,1936年9月,第7页。
③ 吕综祐:《一年来之甘肃粮政》,《新甘肃》第2卷第2期,1948年4月,第29页。
④ 《农村合作社联合办事处抵押放款规则》,《农友》第3卷第11期,1935年11月,第9—11页。
⑤ 四行联合办事处农业金融处:《中中交农四行联合办事处三十年度农贷报告》,第24页。
⑥ 《本行农民动产抵押暂行章程》《农友》第2卷第6期,1934年6月,第16页。
⑦ 林嵘:《七年来中国农民银行之农贷》,第76页。
⑧ 林嵘:《七年来中国农民银行之农贷(续完)》《中农月刊》第1卷第3期,1940年3月,第89页。

夏省借贷农本暂行办法》,规定"农民借贷农本,准用土地房产所有权书状,作为抵押品"。① 但在实际操作中,由于佃农没有土地,不动产抵押不向佃农开放。故在新式借贷关系中,农民抵押借贷主要以动产抵押借贷为主。

抵押放款主要由农贷所承担,1936年11月与1937年7月分别成立天水、平凉农贷所,相继开始了抵押贷款,1937年,甘肃抵押贷款余额为36688.7元;②1938年10月统计,甘肃抵押放款余额是72679.5元。③ 在农贷中,两种信用方式占多大比例?1939年,两种信用贷款总额为4775046元,其中合作贷款4757889元,占99.6%;抵押放款17156元,仅占0.4%。④ 1940年2月,农民银行放款余额为1798.2万元;中国银行放款余额为776.4万元,其中生产放款679.4万元,占87.5%;抵押放款3.4万元,占0.4%;水利放款92.4万元,占11.9%;消费放款1.2万元,占0.2%。⑤ 1941年农贷中两项合计为3553.5万元,其中合作社贷款3324.3万元,占93.6%;抵押贷款229.2万元,只占6.4%。⑥ 说在抗战时期的甘肃农贷中,主要以合作放款为主,抵押放款所占比例较小。

地方银行放款信用方式包括各种信用与抵押,据1941年甘肃下期放款统计,活存信用透支占10.9%,小工业信用透支占0.6%,合作贷款占0.24%,定期信用占0.7%;抵押放款包括小商号抵押贷款占0.24%,活期抵押占0.11%,小工业活期抵押占0.08%,小工业定期抵押占0.07%,定期抵押占30.66%,活存抵押占10.56%,小商业定期抵押占0.24%,小商业活期抵押占0.13%。⑦ 从上述各种贷款来看,甘肃地方银行贷款以抵押方式为主。

五、新式借贷的绩效与问题

关于国民政府时期的农贷,以往的研究形成了两种观点。一种是对国民政府的农村借贷完全持否定的态度。如姚会元认为南京国民政府推行农贷,"不是为了

---

① 丁慕尧:《宁夏省农业金融与胚胎中之合作事业》,《中农月刊》第1卷第4期,1940年4月,第125页。
② 林嵘:《七年来中国农民银行之农贷(续完)》,第87页。
③ 鸿编:《中国农民银行贷款统计》(1938年10月份),《农友》第6卷第10—11期,1938年11月,第38页。
④ 林嵘:《七年来中国农民银行之农贷(续完)》,第92—93页。
⑤ 杨子厚:《对甘肃农贷之实质建议》,《新西北》甲刊,第6卷第1—3期合刊,1942年11月。
⑥ 姚公振:《十年来之中国农民银行(续)》,第64、66页。
⑦ 郭荣生:《五年来之甘肃省银行》,《财政评论月刊》第12卷第6期,1944年12月,第79页。

培植农村经济，而是为了宣泄垄断金融资本的过剩资金"。① 韩德章认为新式金融机关在农村建立，不但没有解除高利贷对农民的剥削作用，而是"助长了农村高利贷与商业投机的作用"，甚至认为"新式农业金融事业的兴起，只不过是给帝国主义、官僚资本主义和农村封建势力开辟了剥削中国农民的新途径"。② 也有学者认为新式农贷是在地方豪绅的把持下，"异化成集团高利贷的基金，成为掠夺农民的新手段了"。③ 一种是对新式金融与农贷有褒有贬，如于治民、刘桢贵等人对新式金融与农村借贷进行了研究，他们的研究与彻底否定观有所不同，一方面肯定了银行资本"在农村的某些地方产生了积极影响"，另一方面十分强调地主豪绅把持农贷，使农贷的实际效果大打折扣，④实际上认为新式农贷是"过大于功"。李金铮对式金融与农村借贷进行了客观研究，认为新式金融机构有四个方面的绩效，即新式借贷是乡村借贷关系转型与现代化的标志，新式借贷在农村借贷中的地位不断上升，在一定程度上冲击了高利贷剥削，救济了农民生活，刺激了生产，增加了农民收入。同时，新式借贷业显示出许多不足，最突出的就是"尚未形成一个有效的借贷系统，远不能满足农民的生产生活需要，未能取代传统借贷尤其是高利贷的优势地位，借贷过程的种种弊端也大大影响了农贷的效果"。⑤ 上述研究是基于对东部地区农贷的认识，下面主要讨论黄河上游区域农贷的绩效与问题。

从1930年代开始，开发西北是国民政府一项重要的政策，建立新式金融机构与发放农贷是其中的主要措施之一，该项措施所带来的社会效益主要表现在以下几个方面：

第一，黄河上游区域建立了新式金融网络，推动了农村借贷关系的现代化。如前文所言，本区域新式银行出现于晚清时期，但从中国、中央、交通、农民四大银行在全国的分布来看，新式金融事业发展极为缓慢。据有学者研究，1937年统计，全国银行分支机构1627家，西北九省一市（指四川、西康、云南、贵州、广西、陕西、甘肃、宁夏、青海和重庆市）仅有254家，只占15.6％。就国家银行而言，政府虽想将银行的分支机构向西部派设，但因当时西部地区大小军阀形成实际割据，中央政权难以进入，

---

① 姚会元：《国民党政府"改进农村金融"的措施与结局》，《江汉论坛》1987年第3期，第65—67页。

② 韩德章：《民国时期的新式农业金融》，《中国农史》1989年第3期，第79页。

③ 侯德础：《中国合作运动的缘起于初试》，《档案史料与研究》1995年第2期。

④ 于治民：《十年内战期间中国农村金融状况》，《民国档案》1992年第2期，第77—84页；刘桢贵：《略论抗战时期四联总处在大后方的农贷政策》，《档案史料与研究》1997年第2期，第50—58页；黄立人：《论抗战时期国统区的农贷》，《近代史研究》1997年第6期，第103—136页。

⑤ 李金铮：《民国乡村借贷关系研究》，第369—374、394页。

加上地方经济不发达,交通闭塞,国家银行在西部设立较少。截至抗战前夕,四大银行在西部各省设立分支行处 64 所,本区域仅甘肃有 4 处,宁夏、青海仍属空白。①

抗战时期是本区域新式金融网络建立的重要时期,不仅在交通比较发达的市镇建立了新式金融机关,即使在比较偏远的地方也有新式金融机关,此外还有数以千计的合作社与合作金库在各地建立。新式银行、合作社与合作金库,构成了新的金融网络和农村借贷关系,标志着农村借贷关系的现代化转型。正如李金铮所言:新式借贷体系的建立,"不管其力量多么弱小,不管其有多少缺陷,它总是传统借贷格局的一种异质力量,它提供了历史上所不曾有过的先进的东西,因此,在中国经济尤其是农村现代化中应占有一席之地"。② 这种"异质力量"对经济落后的地区尤为重要。抗战时期本区域的农村借贷关系中,破除了传统金融业"一统江山"的局面。在新式金融未在甘肃建立前,甘肃农民借贷私人及商店占 96% 以上,利率 1 分至 3 分者占 25%,3 分以上者占 75%。随着"近数年来合作社普设,对此二点已大改善",就借贷来源合作社已占到 24.33%,利率降至 3 分以下,"此种结果不可谓非合作委员会及农民银行工作之成效"。③ 又有调查表明,新式金融业在农村建立后,甘肃农家借款来源中,银行放款占 22%,钱庄占 2%,典当占 8%,商店占 8%,合作社占 40%,政府机关占 3%,私人占 17%。④ 也就是说,甘肃新式金融机关在农村借贷中所占的份额达到 60% 以上。

第二,新式农贷在农村经济恢复与发展方面发挥了应有的作用。关于新式金融业建立新的农村借贷所取得绩效,主要表现在两个方面:一是救济了农村金融,使枯竭的农村金融有所缓解;二是发展了农业与农村经济,而且在这两个方面都取得了一定的成绩。据统计,1941 年甘肃发放增粮贷款 36 县,额度为 2226.4 万元,建立农仓 3006 所,增储粮食 28.4 万石。1942 年,甘肃省与金融机关签约贷款 6108 万元,年底实际贷款额分别为:农业及副业贷款 2900 余万元;农田水利贷款 1500 余万元;农业推广 100 万元;边区贷款 113 万元,共计 4600 余万元。⑤ 1943 年,

---

① 杨斌、张士杰:《试论抗战时期西部地区金融业的发展》,《民国档案》2003 年第 4 期,第 94 页。
② 李金铮:《绩效与不足:民国时期现代农业金融与农村社会之关系》,《中国农史》2003 年第 1 期,第 92—93 页。
③ 洪谨载:《榆中县信用合作社及社员经济状况调查》,《甘肃科学教育馆学报》第 2 期,1940 年 5 月,第 116 页。
④ 《民国三十年各省农村现金借贷调查表》,中央银行经济研究处:《三十年下半期国内经济概况》,出版年不详,第 164 页。
⑤ 《四联总处三十一年度办理农业金融报告》,中中交农四行联合办事总处秘书处,出版年不详,第 86—89 页。

四联总处给甘肃的农贷定额为8468万元,其中农田水利贷款7768万元,农业推广贷款700万元;贷款余额分别是农业生产贷款3084.2万元,农田水利贷款8776.7万元,农业推广贷款63.4万元,农产运销贷款290.6万元,农村副业贷款1065.6万元。① 截至1945年底,甘肃各种贷款余额79891.6万元,其中农业生产贷款12450.7万元,大型农田水利53580.8万元,小型农田水利3595.9万元,农业推广107.1万元,农业运销2913.9万元,农村副业5663万元,边区贷款305.9万元,农业投资1143.7万元。② 从各年农贷看出,农业生产、农田水利和农村副业是农贷重点,如1941年增粮贷款占60%;1942年农业及副业贷款、农田水利贷款占97.2%;1943年农田水利贷款占91.7%;1945年农贷余额中,农业生产贷款占15.6%,大型农田水利贷款占67.1%。在小型水利贷款方面,1941年9—12月,共贷出小型水利款147460元,受益农田10335亩;1942年全年贷出1224560元,受益农田37125亩;1943年全年贷出4359610元,受益农田116714亩;1944年1—4月底贷出6409793元,受益农田142090亩。1941—1943年,甘肃水车贷款累计525500元。③ 在农村副业方面,主要发展以棉毛纺织为中心的家庭手工业,在全省40县建立了纺织合作社177所,经营棉毛纺织业务。④ 在推进改良畜牧方面,在皋兰等20个县放款1203.23万元。⑤ 在土地改良方面,1942—1945年中国农民银行累计贷款7691.3万元,共计改良土地4.7万亩。⑥ 甘肃省银行也为支持地方经济发放贷款,甘肃省银行1939年自办农贷只有2个县,1941年就增加到30个县,贷款额度也由2.3万元增加到133.4万元。1941年的农贷包括农业生产放款59.8万元,占45%;手工业合作社放款43.5万元,占33%;消费合作社放款26.6万元,占19%;信用合作社放款3.5万元,占3%。⑦ 此外,该银行还贷给水利林牧公司195万元,溥济渠水利工程2.4万元。还有工业贷款,包括煤矿机器厂8万元,造纸公司5万元,华亭瓷业公司4万元,印刷公司5万元,华西建设公司5万元,兴陇工业公司180万元,裕陇仓库50万元,增粮放款300万元等。⑧ 农贷的发放,刺激

---

① 郭荣生:《我国近年来之农贷》,《经济汇报》第10卷第9期,1944年11月,第82—83页。
② 《甘肃省统计总报告》(1945年),甘肃省档案馆藏,4/3/72/196—197。
③ 成治田:《战时甘肃省小型农田水利概述》,《中农月刊》第5卷第9—10期,1944年10月,第44—45页。
④ 《甘肃省合作社事业推行概况》,手抄本,甘肃省图书馆西北地方历史文献阅览室藏。
⑤ 成治田:《甘肃农贷之回顾与前瞻》,《中农月刊》第6卷第10期,1945年10月,第45页。
⑥ 张宗汉:《甘肃中部之砂田》,第33—40页。
⑦ 《甘肃省银行之农贷业务》,《农贷消息》第6卷第3期,1942年6月15日,第27页。
⑧ 郭荣生:《五年来之甘肃省银行》,《财政评论月刊》第12卷第6期,1944年12月,第80—81页;朱迈沧:《甘肃省银行概况》,《金融知识》第1卷第6期,1942年11月,第101—103页。

了农村经济的发展,如天水"数年以来,农民银行举办农贷,成绩昭然。农村合作社员,普遍四乡,更以社团健全,颇收贷款宏效,农产物品,年年有增。其于战时军粮民食,贡献至巨"。① 说明农贷对活跃村经济发挥了一定的作用。

抗战时期,宁夏农贷种类主要有农业生产、农田水利、农业推广、农村副业、土地改良等几个方面(见表9—6)。农业生产贷款用途为购买籽种、农具、肥料、牲畜;农村副业用途为协助和鼓励农民利用农闲时间经营各种副业,以增加农民收益和调剂市场供需。② 除了政府兴修大型水利贷款外,其余均通过合作社贷给农民。各项贷款取得了较大的成效,据估算,农田水利贷款,"每年平均可增产粮食三至五万石";生产贷款以畜牧贷款与耕牛贷款居多,约占60%以上。此项贷款,每年增产羔羊8万只,产皮4万张,产毛40万斤;又据历年统计,耕牛贷款全省贷3500余头,"对于农业生产上之助力,不可言喻"。农业推广贷款,大部分用于推广植棉种及优良稻麦,自推广棉花后,中卫、中宁年收获棉花1400余石;推广优良稻麦,每亩可增收1—2斗,"此皆直接间接受农贷支持者不少"。至于农村副业、农产供销等贷款,大部分用于纺织、榨油及棉花运销等事业,"对此种手工业之扶持及减轻运销剥削诸事,均得有相当成果"。③ 在局部利益方面,合作社所取得绩效也颇受农民欢迎,宁夏中卫张家营举办水车合作社后,利用贷款修复了水车,"使二百余家之旱农,感合作力量之伟大,并引起附近农民对于合作社发生兴趣,本省小型水利事业之发展亦借此倡导焉"。④ 海原县1936年以前,"农村破产,全县经济顿陷枯竭",抗战期间,"经政府组办合作社,贷款于民,而全县稍显活跃"。⑤ 随着农贷的发放,农村金融枯竭的局面也有所好转,农村金融逐渐活跃起来。⑥

青海农贷在农牧业建设方面也发挥了应有的作用。据张天政的研究,1943年开始的青海农贷,涉及畜牧业、农业、乡村集市贸易及副业等方面,从最初的4县,很快扩大到全省农业生产区域的14县,贷款收益田亩、因贷款净增的农产品产量及时值、农民受益情况均呈现同步扩大的良好态势。⑦

抗战胜利后,国民政府的农贷在地方经济建设中继续发挥重要作用。1948年

---

① 天水分行:《天水》,《甘行月刊》第1卷第2期,1941年4月,第49页。
② 南秉方:《宁夏省之农业金融与农贷》,《新西北》第7卷第10—11期合刊,1944年11月,第36页。
③ 秦晋:《宁夏向何处去》,第50—51页。
④ 《三十一年宁夏省建设厅合作事业总报告》,第19页。
⑤ 《海原县文献调查》,刘华编:《明清民国海原史料汇编》,第173页。
⑥ 《宁夏省政府建设厅二十九年度推行合作事业概况》,1941年1月印行,第5页。
⑦ 张天政等:《20世纪40年代青海少数民族聚居区的新式农贷》,《青海民族研究》2013年第3期,第116页。

上期农贷中,中国农行发放粮食生产贷款547.07亿元;棉花贷款112.55亿元;烟叶贷款54.34亿元;其他农业生产贷款甘肃437.46亿元,青海182.2亿元,宁夏165.8亿元;水利贷款甘肃989.85亿元,宁夏96亿元;农村副业贷款甘肃314.87亿元,宁夏12.8亿元。各项贷款在推进农村经济方面发挥了一定的作用,如农田水利贷款在宁夏用于水利岁修工程,保证了宁夏灌区271万亩良田的灌溉问题。甘肃修建3处水利工程,山丹的截引地下水,可灌田2万亩;永靖的永乐渠,可灌田4.6万亩;金塔的肃丰渠二期工程,可灌田10万亩。① 说明凡是获得农贷支持的事业,效果还是比较明显的。

第三,新式银行借贷,利息比民间借贷的利率低出许多,对抵制高利贷方面起了不小作用。按照农民银行规定,银行贷款给合作社月息7厘(互助社贷给社员月息1分),②合作社贷给社员利息8厘。在实际放贷中也按照8厘行息,据调查,如酒泉"利息甚低,仅有年息八厘左右";③金塔"利率以月息8厘"。④ 1941年以后,农贷利息增加,农民银行规定,合作社贷款,1年以内者月息8厘,2年以内者月息9厘,3年以内者月息1分;合作社贷款给社员,利息1年以内者不得超过1分2厘,3年以内者不得超过1分3厘,⑤尽管如此,利息还是比民间借贷低了许多。在1942年调查中,本区域的信用放款、抵押放款、保证放款和合作社放款中,合作社的利率最低。⑥ 1942年以前,宁夏合作行政机关向农行贷款月息7厘,在贷给合作社时增加1厘,作为合作行政经费;合作社贷给社员时,加收3厘,作为合作社日常开支,也就是说社员获得贷款时利息为1分1厘。⑦ 1943年调查,鼎新信用合作社从农行贷款月利1分3厘,各社转放社员月息1分5厘,⑧增加了2厘。天水"银行放款利率大抵为一分一厘至一分二厘之间,期间并无特殊升降,有之则视雇主之信用及贷款保障情形而略定高下。"⑨地方银行的贷款利息也比较低,如甘肃平市官钱局"农村放款利率月息六厘,放款期限为一年"。⑩ 甘

---

① 四联总处秘书处:《三十七年上半年度农贷报告》,第49—66页。
② 林嵘:《七年来中国农民银行之农贷》,第99页。
③ 之元:《酒泉概况》,《新西北》第5卷第4—6期合刊,1942年6月,第132页。
④ 《金塔县采访录》,1941年抄本,甘肃省图书馆西北文献阅览室藏。
⑤ 姚公振:《十年来之中国农民银行(续)》,第69页。
⑥ 《民国三十一年各省农村放款利率统计》,《中农经济统计》第3卷第4—5期,1943年5月,第18页。
⑦ 董正钧:《宁夏农业经济概况(上)》,《中农月刊》第8卷第2期,1947年2月,第45页。
⑧ 海涛:《河西新志资料集》,《新西北》第7卷第9期,1944年9月16日,第69页。
⑨ 天水分行:《天水经济概况》,《甘行月刊》第3期,1941年5月。
⑩ 南秉方:《甘肃平市官钱局之发展》,《新西北》第1卷第5—6期合刊,1939年7月,第70页。

肃省银行"利率通常不足一分,普通贷款,最高利率亦不超过一分五厘为准"。① 在对靖远县的调查中,农贷利率最初为月息9厘,后来增至1分2厘;生产建设贷款1分5厘,抵押贷款由1分8厘增至2分;同时期的私人借贷月息由3分涨至5—6分。② 青海农贷利率较高,如1945年月息为2分5厘,1947年提升到3分6厘。③ 尽管1940年代的农贷利率比抗战初期有所提高,但与民间私人借贷利率比较,还是低了不少。

这种低利贷款,遏制了农村高利贷横行的局面。如陇南的白龙镇、荔川镇没有现代金融机关的时期,金融多由岷县调剂,"乡村利率每月每百元利息十元,自我行来岷进行农放后,乡村利率已逐渐减低"。④ 在河西地区,农贷对遏制高利贷"尤见成效"。⑤ 张掖在未建立新式借贷制前,每至青黄不接的二三月间,遇有急用只得求助高利贷者或将农产预卖,不仅价格低廉而且利息颇高,"为农村一大病象"。自各行在张掖建立贷款机构后,"对人民有低息放贷之规定,此种病象,已渐减少,高利借贷亦可渐趋消灭"。⑥ 农贷对寺院高利贷也是一个打击,如卓尼禅定寺有1万多元的公积金,"这笔钱常常放贷到穷苦的藏人佃农牧户中,利率没有一定,每年的利润亦非局外人所能确切地计算出来的,不过自去年(指1940年——引者注)卓尼举办了两万元农贷之后,这万多元的寺院贷金很受了些影响"。⑦ 临洮县杨家村合作社举办农贷后,"高利贷为之减少"。⑧ 青海的农贷也对当地的高利贷形成了挑战,即传统借贷所占市场份额逐年走低,农贷的市场份额逐年抬升。1943年发放新式农贷,1944年就发生了变化,新式农贷比重占38%,传统借贷占62%;到1946年,新式农贷增加到46%,传统借贷下降至54%。⑨ 由于新式银行的利率低于民间的各种有息借贷利率,因此,凡是农贷所及之处在一定程度上遏制了高利贷。

第四,以合作社为社会动员的手段,在改良社会方面发挥了作用。为了改良社会,合作社贷款给社员,附有一定的条件。如农民银行在甘肃举办合作社,成为合

---

① 朱迈沧:《甘肃省银行概况》,《金融知识》第1卷第6期,1942年11月,第103页。
② 《甘肃省靖远县金融市场调查报告》1943年4月20日,甘肃省档案馆藏,27/3/284。
③ 张天政等:《20世纪40年代青海少数民族聚居区的新式农贷》,第112页。
④ 中国银行岷县办事处:《白龙镇荔川镇商业调查报告》,甘肃省档案馆藏,56/1/42。
⑤ 甘肃省第七区行政专员兼保安司令公署:《甘肃七区纪要》,第65页。
⑥ 王兴荣:《张掖经济概况》,《甘肃贸易季刊》第2—3期合刊,1943年1月,第57页。
⑦ 明驼:《卓尼之过去与未来(续)》,《边政公论》第1卷第2期,1941年9月,第53页。
⑧ 顾颉刚:《西北考察日记》,第182页。
⑨ 张天政等:《20世纪40年代青海少数民族聚居区的新式农贷》,第112页。

作社社员的条件是:"①不论有无土地,凡能以劳力或技能独立谋生而有家庭之负担者,均得加入合作社为社员。②有鸦片烟嗜好之乡农拒绝入社,但能觅有社员二人以上之担保,允于三个月以内戒除者,予以记名社员之名义,此项用意,实以人之好坏,大半由于环境使然,从其'能坏'之一点来看,就可以知其亦'能好',故采取此种办法,系予人以自新之路。③蓄有发辫之乡农,非剪去不能加入合作社为社员,旨在改革乡农不改之旧习惯,以转变其旧观念,此事似小,然其含义却很重大"。①对于种植和吸食鸦片的农民,不准其加入合作社,但如果能接受戒除吸食劝导,经人担保在3个月内戒除鸦片,才能加入合作社。② 这种有条件加入合作社的办法,起了改良社会的作用。宁夏省举办合作社主要有3个任务:一是救济农村,复兴农村经济,"为复兴农村经济与增加生产,必先流通金融,资助其资金,故本省兴办合作社第一任务为寓救济农村于恢复农村生产中";二是通过组建合作社把"散漫"的农民组织起来。宁夏农民多沿着水渠散居,无较大村落,平时缺少联络,"欲使农民彼此发生密切联系,必有赖于以经济为核心之合作组织,方能补救自然环境散漫之缺点……故本省推行合作之第二任务,为使农民发生密切关系,进而建设新农村,以便解决乡村建设之各种问题"。三是通过合作组织,消除民族隔阂,"宁夏农民因宗教信仰不同,习惯互异,每有不必要之隔阂发生,以致行道难趋统一,力量未易集中。故本省推行合作社的第三任务,为使人民在同一需要所组织之经济机构中,而消灭其相互之隔阂,俾民众行动力量,趋于统一集中"。③ 因此,时人在评价合作社的绩效时说:"合作事业之功用,非特调剂农村金融,增加农业生产而已,其于国民知识之启迪,组织意识之养成,收效颇宏"。④ 可见,新式借贷机构在农村建立新的借贷关系,其绩效除了经济上之外,还表现在社会方面,即在组织与动员农民方面发挥应有的作用。

我们在肯定了新式借贷绩效的同时,也要看到绩效不足的问题。影响农贷绩效不足的因素比较多,主要包括以下几个方面:

首先,新式银行对农村的贷款,不仅数量少,而且只有一部分农家能够享受农贷政策。一方面,贷款数量过少,且农户借贷数量均有规定。1936年,甘肃发放农

---

① 罗子为:《甘肃省农村合作运动之回顾与前瞻》,《农友》第5卷第1期,1937年1月,第15页。
② 《甘肃省农村合作概况》,《河南统计月报》第2卷第7期,1936年7月,第177页。
③ 《宁夏省政府建设厅三十年度推行合作事业概况》,1942年1月油印本,第2页。
④ 甘肃省第七区行政专员兼保安司令公署:《甘肃七区纪要》,第65页。

贷时规定"每社社员借款额不得超过五十元,平均数不得超过三十元"。① 贷款数量过少,对于经历了长期贫困和战乱的民众来说无疑是杯水车薪,如临泽县"惨遭民廿五之兵燹,农村破产,经济枯竭,良田荒芜",但当时贷给社员"款额有限,仍不能救济农民贫苦,发展农村经济"。② 宁夏第一年放贷规定,"社员借款额,每人不得超过六十元"。③ 这些贷款在物价平稳时期还能解决一些问题,但随着物价的飞涨,愈来愈显得农贷数量的不足。宁夏农贷开始于 1940 年,当时四联总处已经开始收缩农贷,贷款数量较少,况且在该省发放贷款的只有农民银行 1 家,"深感金融紧缩,计二十九年农贷总额仅三十六万元,后虽逐年增加,至三十二年仅增至一百一十万余元,平均每社员约合一百三十七元,以战时物价高贵之程,百余元何济于事"。④ 尽管 1944 年前后,农贷有所提高,"每户贷款最高达七百元,最低者一百元,普通多为三百元。"但在物价飞涨的时期,仅仅依靠百余元贷款解决不了问题,"贷款用途虽定为生产之用,而询之农民亦答为生产,实则因数量太小,多零星用去,甚有为领此一二百元之贷款,奔走数十里,在外吃一二餐饭,致旅费超过贷款数量者,故农民对合作贷款,多乐其利息之薄,惜其数量之微,而厌其手续之繁,常裹足不前"。⑤ 也就是说,随着物价飞涨,数百元的贷款已经引不起农民的兴趣,失去了对农贷初期的积极性。临洮规定"社员分子以有田二三十亩之中农为主体,富者恐被贫民所代累(无限责任),不愿加入;赤贫者无人与彼合作,殊少入社之机会"。⑥ 那些没有土地的赤贫的农民,难以获得农贷的支持,只有继续忍受高利贷者的剥削。

其次,地方军阀侵吞农贷,使农贷难以发挥应有的效益。最严重的事件是青海马步芳将 1943 年发放该省的畜牧贷款侵吞。1942 年青海发生畜疫后,国民政府准拨 2000 万元畜牧贷款,马步芳命令牧区的千百户王公到西宁领中央贷款,限期 3 年归还本息,千百户王公不敢贷款,并请马步芳处理。于是"马步芳盗用千百户王公畜牧信用合作社、千卜勒畜牧信用合作社、独秀畜牧信用合作社、阿去乎族畜牧信用合作社、夏卜浪畜牧信用合作社、汪什代海畜牧信用合作社等名义,命令合作处办理合约手续,从西宁农民银行领出巨额现金。马步芳掠吞其

---

① 林嵘:《七年来中国农民银行之农贷》,第 99 页。
② 王存德等:《创修临泽县志》卷 4《民生志·农贷》。
③ 《宁夏省政府建设厅二十九年度推行合作事业概况》,1941 年 1 月印行,第 5 页。
④ 董正钧:《宁夏农业经济概况(下)》,《中农月刊》第 8 卷第 3 期,1947 年 3 月,第 23 页。
⑤ 董正钧:《宁夏农业经济概况(上)》,第 45 页。
⑥ 李自发:《甘肃临洮信用合作社概况及其改进》,《新青海》第 5 卷第 6 期,1937 年 6 月,第 20 页。

大部,以少许给少数牧民,以掩盖耳目"。① 也就是说,大部分被军阀马步芳所侵吞,使政府的畜牧贷款没有发挥应有的作用。② 个别乡村土豪劣绅把持农贷,也成为农贷绩效难以发挥的因素。③ 不过这种情形比较少,不是构成农贷绩效不足的主因。

---

① 赵长年:《解放前青海的合作事业》,《西宁市文史资料》第 4 辑,第 100 页。
② 关于 1943 年青海 2000 万元畜牧贷款发放的问题,张天政根据中国农民银行总行和西宁支行档案的最新研究显示:放款至 1944 年 8 月 3 日,总账余额为 2000 万元,计 37 社,每户最多为 150 万元,最少为 10 万元,"均系畜牧社放款,均以蒙藏地区之游牧民族为对象……各种放款契约经核符合手续"。他认为这笔贷款至少已发放到合作社。(《20 世纪 40 年代青海少数民族聚居区的新式农贷》,《青海民族研究》2013 年第 3 期,第 107—108 页)这笔贷款究竟下落如何,还需考证。
③ 如海原县 1940 年,"农行辅导设立海原县合作金库一所,股金十万元,增拨贷款二十万元,连前共计三十五万元。因负责人办理不善,多数贷款为富商土劣所把持"。(《甘肃省海原县要览》,刘华编:《明清民国海原史料汇编》,第 174 页)

第十章 田赋、捐税与农家生活

赋税与徭役是农民对国家承担的主要义务,也是农家主要的负担,对农村经济与农家生活影响甚大。晚清时期,清政府开始征收田赋附加税和各种捐税,民国建立后田赋、捐税、差役有增无减,尤其是陆洪涛督甘后,大开烟禁,征收烟亩罚款,该项捐税是20世纪二三十年代甘肃最大的弊政。国民军入甘后,苛捐杂税、兵差摊派、烟亩罚款,不胜枚举,成为20世纪甘宁青农民生活最为苦难的时段之一。高额的捐税不仅使农家入不敷出,而且成为制约农村经济和影响农家生活的主要因素。

一、田赋与农民负担

(一)田赋额征与实征

在中国传统赋税征收中,田赋占有重要的地位,也是国家向农民的主要征派。清朝的田赋分为地丁、漕粮、租课和附加税等。地丁为土地税与人头税,康熙五十二年(1713年),清政府宣布康熙五十年以后增加的人口,"永不加赋";清雍正四年(1726年),随着人口增加,原有定额的人丁税难以确定征收,随将丁税废止,一律摊入田亩中。地丁税则按照土地肥瘠分为上中下三级,每级三等。同时,将清初时期列为禁例的耗羡亦征收归功,为官吏的养廉银,此后耗羡与正供并重。[1]"甘肃地多硗瘠,产米有限,且远在边陲,故无所谓漕运",[2]甘肃属无漕省。但田赋征收中有草束,原本是供给绿营兵所需,"向与粮石列杂收入中,积习相沿,始终未改",1913年改在田赋项下征收。因此,清朝时期,甘肃的田赋主要有三项,即地丁、本色粮和草束。

田赋征收以地亩为标准,然本区域地域广袤,因习惯不同而亩法不同,土地面

---

[1] 孙左齐:《中国田赋问题》,新生命书局1935年版,第24页。
[2] 何让:《甘肃田赋之研究》,见萧铮主编《民国二十年代中国大陆土地问题资料》,第10148页。

积计算有亩、斗、石、段、块、垧等。① 亩以旧制,以 5 方尺为弓,240 弓为亩。但在本区域民间对土地面积的计算各地有所不同,有的以斗、石为计算单位,即"以播种下籽多少而言",如临夏、宁定、永靖各县称"石",每石地约合 15 亩;有的地方大宗田地称"块",如景泰等地,每块数十亩或百余亩不等;有的地方小宗田地称"段",每段七八亩或十二三亩不等;藏民田地以"段"计算面积,"官方估计多以三段为二亩";以"垧"计算面积比较多,俗话说"合算不合算,一垧二亩半",其实只是概数,各地"垧"颇不一致,有 500 方步为 1 垧,有 480 方步为 1 垧,450 方步为 1 垧,400 方步为 1 垧。有的地方以上粪多少计算"垧",多者以 10 堆粪为 1 垧,少者以五六堆粪为 1 垧。② 在一县之内,亩法也不尽一致,如同治十三年(1874 年),为了平均屯田、民田赋额,皋兰县清丈田亩,划一科则,"在上等川地或一亩半折合册亩一亩,在中等原地或二亩折合一亩,在下等山地或三亩四亩折合一亩不等。"不同地貌耕地肥瘠不同,差异很大。尤其官田"分段纳租,其地段大小不明,亩额不可靠可知矣"。另外,皋兰县田额不以亩垧计算,而以升、斗计算,地亩大小全凭老农经验。这种计算方法的缺陷在于不同耕地下种不同,如"水田肥美之地,不耗籽种,当然下籽种少而地多;反之山田瘠薄之地,籽种消耗太大,当然下籽多而地少。然究竟上地下籽种若干,是若干亩;下地下籽种几何,是几多地亩,此又因气候、土质之差一处与一处不同。问之老农,莫能定也"。③ 亩法计算方法不同,给田赋征额的确定带来了很大的困扰。因此,尽管田赋是按亩征收,但实际上在征收过程中亩额与征额有一定距离。

田赋赋率,在我国习惯上称之为科则。我国田赋科则并不完全统一,有"南方粮重而役轻,北方役重而粮轻"的说法。④ 按照甘肃粮册,实行摊丁入亩后,田赋科则分河东河西,河东的兰州、巩昌、平凉、庆阳等府和秦州、阶州、泾州、固原、化平等州厅,"所属粮轻丁多,每银一两,摊丁银一两五钱九厘三毫;遇闰每银一两,加征银一钱七分四厘八毫"。河西的甘州、凉州、西宁、宁夏等府及安西、肃州等,"所属粮

---

① 甘肃地亩有 4 种计算方法:"一曰亩,合二百四十方步。二曰垧,合二亩半。三曰粪堆,以厩肥之'堆'做田地多寡之计算。四曰种子,以下种之多寡作田地之计算。大概水田与沙地,因比较精耕关系,均以亩为计算单位。川地多以垧为计算单位。山地与原地,均以下种多寡为单位,如几石几斗地是也。至于以粪堆计算者,为特殊地域之特殊情形,不甚普遍。再就地域而言,河西一带,以种子计算者最为普遍,即水田亦有以种子计算者。陇东陇南,则以垧为计算单位者较多,旧兰山道属,比较以亩计算者为多"。(王智:《甘肃农村经济现状的解剖(续)》,《西北杂志》第 1 卷 4 期,1936 年 1 月,第 41 页)
② 何让:《甘肃田赋之研究》,第 10144 页。
③ 张联渊:《皋兰田赋之研究》,见萧铮主编《民国二十年代中国大陆土地问题资料》,第 7082 页。
④ 孙左齐:《中国田赋问题》,第 69 页。

重丁少,每银一两,摊丁银一分六厘零,遇闰不加征",尤其是玉门、敦煌等县"根本无所谓地丁,而仅有粮额,盖初地皆荒凉,奖励开垦,而敦煌等处人口,皆由内地移殖,故赋额皆屯租而无丁银"。① 这是河西与其他地区不同之处。即便是同一地区,科则也不一致,如庆阳府宁州与正宁、安化、合水3县接壤,"硗瘠相同,而科赋独重"。② 征赋不问田亩质量和所种农作物种类,也存在很大的问题,如甘肃宁州(今宁县)"每地一亩,科银五分六毫",比上述3县高出数倍。当地"稻谷不生,惟借荞麦为种"。荞麦不仅产量低,而且市场价也低,"每石荞麦仅卖市价一钱,每地一亩大熟之年,仅收籽粒三斗,以三斗之获卖银三分,而完五分六毫……之正供,民力已难办纳。"③也就是说需要种植1.8亩的荞麦才能完成每亩5分6毫的科银。青海有"番粮",即蒙藏民族耕种的土地,大多数纳粮之地为土地田地,这类土地只纳粮不纳草。其科则为每斗地纳5升或1斗,至多纳2斗余。科则不同,各地农民负担也轻重不一,如"番地"纳粮比屯田轻,故"其地价较高于其他田地,因之富豪之家,多种此地,而贫农无力耕种矣。以致富者愈富,贫者愈贫,此乃田赋不平均之流弊,影响于农村社会"的原因。④

据《甘肃全省财政说明书》记载,甘肃田额包括民地、屯地、土司地、监牧地等共235366顷21亩,地丁银319200余两,遇闰加征1700余两;粮484900余石,草4577100余束。⑤ 到了清代中叶,因陆续开垦升科,原额增至235736顷83亩,又有"番地"(藏民居住区的土地)22307段,共额征地丁正银284171两余,正粮492437石余。⑥ 在经历了近代同治回民事变之后,人口减少,土地荒芜,田赋减少了许多。据光绪三十年(1904年)册报,甘肃成熟民屯、更名等田187805顷27亩,官荒滩地20处,番地22307段,征银不征粮番地215559段又603顷66亩。应征正银224578两,遇闰加征4105两;粮342221石,草3633689束。与四年前相比,田赋正额少征银59553两,粮150215石,草822563束。⑦ 从上述统计来看,从康乾盛世到清末,随着甘肃耕地面积减少,地丁正赋也在减少。租课是租种官田所缴纳的地租。按照清朝乾隆年间的惯例,一般租种官田按照"官四民六之例"缴纳租赋,但不

---

① 经济学会:《甘肃全省财政说明书》次编上,第6页。
② 《巡抚华善题减浮粮疏》,升允、长庚:《甘肃全省新通志》卷17《建置志·赋税下》。
③ 《国朝傅宏烈请免庆属钱粮第一疏》,升允、长庚:《甘肃全省新通志》卷17《建置志·赋税下》。
④ 连生:《青海田赋之探讨》,《新青海》第1卷第2期,1932年12月15日,第25页。
⑤ 经济学会:《甘肃全省财政说明书》次编上,第6页。
⑥ 党家驹:《从清末到国民党统治时期甘肃田赋概况》,《甘肃文史资料选辑》第8辑,第208页。
⑦ 经济学会:《甘肃全省财政说明书》次编上,第7页。

同学者有不同的解释,前文已有所讨论。①

民国初年,田赋征额沿袭前清定制,依然根据《清会典》所载田额,②每年正赋额征数为:民地粮折银193102两,民地赋银3774两,屯地赋银14104两,粮折银9871两,草折银2两,更名地赋银2456两,养廉地赋银679两,监地赋银6458两,民丁屯丁银67386两,杂赋银22103两,学田租银65两;民田本色粮并溢额粮24671石,屯田本色粮446622石,杂赋本色粮23石,养廉地本色粮150石,学田本色粮812石;番地本色粮12762石;共本色草4679044束。③ 但与前清也有不同之处,即所谓"民国以还,额征多仍旧,不过盈余耗羡归公,已估正额百分之七十左右,而粮石向以本六折四征收,即六成征收本色,四成改征折色;草束亦有大束小束之分,大者每束十八斤,小者每束七斤"。从1915年起,草束一律按照7斤征收。④

由于地亩与人口的变化,以及具体操作过程存在的问题,田赋额征与实征有一定的差距,在实际征收中很少"有收足额"。1933年田赋额征为1994257元,实征1901603元,较额征短少92654元,占4.6%;1934年额征2065369元,实征1808949元,交额征少收256420元,占12.4%。⑤ 1936年,青海各县田赋额征数与实征数存在差距,如西宁额征17647石,实征16742石,少905石,占5.1%;大通县额征7274石,实征6873石,少401石,占5.5%;互助县额征7392石,实征6983石,少409石,占5.5%;乐都县额征4712石,实征3821石,少征891石,占18.9%;民和县额征4530石,实征3912石,少618石,占13.6%;化隆县额征677石,实征589石,少88石,占13%;循化县额征405石,实征379石,少26石,占6.4%;湟源县额征916石,实征897石,少19石,占2.1%;亹源县额征225石,实征214石,少11石,占4.9%;共和县额征320石,实征29石,少291石,占90.9%;同仁县额征4014元,实征3384元,少630元,占15.7%;玉树县额征321石,实征32石,少289石,占90%;囊谦县额征259石,实征232石,少27石,占10.4%。⑥ 说明在田赋征收中,民欠是田赋征收中比较普遍的现象。主要原因:一是近代以来,黄河上

---

① 参看本书第二章和王希隆《清代西北屯田研究》一书的相关内容。
② 即民田91963顷85亩,屯田62729顷56亩,更名田4637顷30亩,养廉地778顷86亩,监地6978顷62亩,兰州、巩昌、凉州、西宁四府番地408顷17亩又215559段。(贾士毅:《民国财政史》上,第232页)
③ 贾士毅:《民国财政史》上,第261—262页。
④ 何让:《甘肃田赋之研究》,见萧铮主编《民国二十年代中国大陆土地问题资料》,第10150—10151页。
⑤ 何让:《甘肃田赋之研究》,第10160—10161页。
⑥ 《青海省各县二十五年份田赋正附税额征数及实收数目表》,《青海省政府公报》第63期,1937年10月,第20页。

游区域灾荒严重,影响了农业生产和农家的收入,如光绪年间的"丁戊奇荒",1920年海原大地震、1928—1930年的大旱灾等,加之社会动荡不安,导致人口减少,土地荒芜;二是田赋征收积弊很深,附加繁重,兵差频繁,影响了农民缴纳田赋;三是在地权转移过程中,未能"推收"[①]或推收存在问题。[②] 因此,田赋实征的"民欠"并不意味着农民真正欠赋,也不表明农民因"欠赋"使负担有所减轻。

(二)田赋附加税

征收田赋附加是历代统治者增加财政收入的主要手段,古已有之。清代的耗羡、平余、漕耗、漕项、润耗、公费等都是含有田赋附加税的性质。[③] 耗羡是明朝沿袭下来的一项田赋附加,明朝实行"一条鞭法"后,田赋征银渐多,所征细碎银两按照规定成色融化成银锭上交,其中的损耗及解运费称为"火耗"。到清代征收田赋时也借口粮谷归仓后受雀、鼠等损耗,故在正额之外征收附加,称为"耗羡"。雍正初年,一些地方把耗羡列入正粮附加,所加征耗羡粮抵补实际耗损后的余粮,一部分为地方官吏所有,名曰"养廉",一部分解缴上级官署。[④] 从雍正六年(1728年)开始,甘肃各地普遍征收火耗,"自雍正六年奉文,凡屯科、秋站每征正粮一石,随征耗羡二斗,内扣社仓五升,其一斗五升照额征分数拨支公用及养廉之项"。[⑤] 针对征收耗羡,"当时有识者,谓今日正赋之外,又加正赋,将来恐耗羡之外,又加耗羡。故一百五十年以来,钱粮耗羡,有增无减,不出前人所虑。盖贪官污吏视所加者为分内应得之数,所未加者为设法巧取之款也"。[⑥] 有学者指出:"清代耗羡,自始为州县之私行抑派,偿厉禁而不能止,则征示其意而为之限,限之而不能,乃明定其额而归公。嗣是征额有定,支用有定章,但如遇有额外之需,则仍不得不另行征派矣"。[⑦]

光绪二十七年(1901年),《辛丑条约》签订后,各省为应付朝廷筹款,于是"纷纷

---

① "推收"即旧时民间田宅典当买卖时,报请官府办理产权和赋税的过户手续。1935年,甘肃各县开始厉行推收过户,厘定实施甘肃各县推收办法。
② 张联渊:《皋兰田赋之研究》,第7140页。
③ 从翰香主编:《近代冀鲁豫乡村》,第486页。民国时期就有学者指出:"以上所举火耗、平余、漕折三者,均为□□田赋征收银钱时所发生之损失,虽为附加税至滥觞,然与后世田赋附加税至发生,尚无直接关系"。(姜作周:《中国田赋附加税之现状及其整理》,《南大半月刊》(中国经济专辑)第13—14期合刊,1934年6月18日,第2页)
④ 赵珍:《清代西宁府田赋考略》,《青海师范大学学报》1991年第4期,第112—113页。
⑤ 杨应琚:《请免西碾二邑马粮议》,杨应琚《西宁府新志》卷34《艺文志·条议附》。
⑥ 钟琦辑录:《皇朝琐屑录》卷27《征粮附杂赋三十三则》。
⑦ 马大英等:《田赋会要》第2编《田赋史(下)》,第322页。

以增加田赋为财源，名曰粮捐或亩捐，遂成日后之附加税"。① 另外，清末新政后，每举办一项新政，都需临时筹款，"即随时在田赋内附，久而久之，沿袭成法，遂一变而为一种永久之田赋附带赋项"。② 晚清时期形成了真正意义上的田赋附加税。

民国初年，田赋附加成为解决地方财政困难的主要手段。1914年11月，黄河在濮阳决口，山东、直隶两省呈请北洋政府批准随田赋正税收10％的附加税作为河工费用，是民国时期设立附加税的开端，并规定田赋附加税不得超过正税的30％。③ 山东、河南田赋附加税作为成例被各地援引，如张广建督甘期间(1914—1920年)，"复将一五耗羡及药味、朝觐、茜草等项，假借名目，归并田赋项下，重行征收。并咨呈内务部存案，每正银一两征库平银一两七钱，又按照地丁银每两附收经费五分"。④ 这等于收了双重税，因原田赋及附带征收的款额不变，又附加教育经费、军费杂款等，即原来缴纳1两者，现在增至40元。⑤ 1925年，国民军入甘后即"将皋兰划分五区，后又改为六区，委区长以负承上接下之专责，办理一区之事，遂有乡公所之设立，各乡公所费用，月支多寡不一，向所属村庄分区按粮摊收"。⑥ 这是"乡公所费"征收之始，也是乡附加税之始。

1927年，南京国民政府建立后，一方面，在地方行政改革中，除充实旧有的各种机关外，增加了许多新的行政机关和组织，使地方经费大为膨胀。如民国时期研究者所言："原附加税之课征，为暂时性质，不意自民国十六年以来，实行改革地方行政，除充实旧有各机关外，更增加许多行政组织，大为膨胀，再加裁厘以后收入顿少。一般地方行政官吏，不思开辟税源，因循敷衍，昔日依赖厘金或厘金附加之经费，今则改向田赋附加一项筹措，于是田赋附加税之征收便成为各地方政府办理财政之不二法门，良以随粮代征，简而有效，旧税上附加，较诸创设新税轻而易举，且上既无严格之监督，下复无些微之抵抗，避难就易，因循将事，是以制造现在此种病民之制度"。⑦ 另一方面，南京政府将田赋划为地方税后，"各省皆滥用征税权而任

---

① 孙左齐：《中国田赋问题》，第155页。
② 姜作周：《中国田赋附加税之现状及其整理》，《南大半月刊》第13—14期合刊，1934年6月18日，第2页。
③ 从翰香主编：《近代冀鲁豫乡村》，第492页；任树椿：《中国田赋之沿革及其整理之方案》，《东方杂志》第31卷第14号，1934年7月16日，第100页；刘世仁：《中国田赋问题》，上海商务印书馆1935年版，第163页。
④ 慕寿祺：《甘宁青史略正编》卷29。
⑤ 《甘肃解放前五十年大事记》，《甘肃文史资料选辑》第10辑，甘肃人民出版社1981年版，第57页。
⑥ 张联渊：《皋兰田赋之研究》，第7160页。
⑦ 姜作周：《中国田赋附加税之现状及其整理》，第1页。

增田赋"①,一切地方行政如自治、教育、卫生、建设、警察、保卫、筑路、公益、测量等,"几无不取给于田赋附加,其间固不乏必要之费,然滥支滥收,亦比比皆是。此外人畜货物之抽税,摊款派款之诉求,兵队粮秣之征发,驻军临时之勒借,情形不一,名称各别"。② 所有费用都从田赋中想办法。

甘肃田赋附加税"省有省附加,县有县附加,甚至各地间有乡区附加"。省附加承袭了前清时期的附加税,如在正赋中"加收一五附加",即耗羡,源于清朝的"火耗"。1915年,甘省财政厅将各项陋规,一律化私为公,"每正银一两,又加收银五钱五分,谓之盈余,合上耗羡银共每两加征七钱,大致全省一致,永为定例"。这样省附加包括耗羡与盈余,甘肃粮多银少,故耗羡每正粮1石随加征粮1斗5升,盈余则系由原征粮陋规项下之验粮土粮等化私为公,合并而成。各县陋规沿革不同,而盈余轻重不同。盈余最终为临夏、和政、永靖等县,征收"九七盈余",即每正粮1石附征盈余粮7斗9升;盈余征收最轻的有庄浪征"八升盈余",泾川征"六升盈余"等。③

甘省将耗羡、盈余等田赋陋规"化私为公"和杂赋上缴省库,而县所办事业如教育、警察、司法、自治以及地方建设等费用,只有从田赋上想办法,由是有了县附加。"县地方之田赋附加,正如地方新兴事业,日渐繁荣滋长,县附加税,既视地方举办事业与所需经费而定,故各县附之附征方法不同,而附加之税率亦异,即用途亦未必完全相同也。查各县附加税之通途,以泰半用之于教育、公安、司法者为最多"。县附加征收方法也不同,如临夏、临洮、宁定、临潭按粮石征收,定西、会宁、漳县、渭源等县按银两征收;和政、靖远、泾川、灵台、镇原等按粮按银征收,正宁、环县按地亩征收。④ 1934年开征保甲费,如皋兰县每保月支经费10元,书记1名月津贴3元,由保长"向所属各甲(按)户摊收"。⑤

随着行政机关的扩张和费用的扩大,田赋附加税的种类也越来越多。如天水县的附加税有9种,其中办公费1875.32元,警学费6370元,里老规费3150元,屯折盈余7190元,地丁盈余2499670文,丁粮串票31050000文,土粮9140升,验粮3820升,二五斗面粮179764升。⑥ 金塔县耕地58680余亩,正赋粮1303石7斗,草29150束,折合594.69元。附加税3种,即每石附收耗粮1斗5升,盈余粮2斗

---

① 程树棠:《中国田赋之积弊与其整理问题》,《申报月刊》第4卷第7号,1935年7月15日,第88页。
② 姜作周:《中国田赋附加税之现状及其整理》,《南大半月刊》第13—14期合刊,1934年6月18日,第1—2页。
③ 何让:《甘肃田赋之研究》,第10197—10198页。
④ 同上,第10207页。
⑤ 张联渊:《皋兰田赋之研究》,第7160页。
⑥ 士升:《甘肃天水县概况》,《西北开发》第1卷第2期,1934年2月,第65—66页。

5升,百五经费粮5升。各种正赋杂税全年负担8.6万余元,以全县人口2.1万余人,人均负担月4.1元,"农村经济破产,农民生活困难,其结症即在于此"。[①]陇西全县缴纳田赋3200石,每亩合7升,折合3角3分;每纳粮1斗,附加地方摊款6角3分;缴纳禁烟罚款3.17元,全县共计9.5万元,"临时摊派和胥吏勒索,尚不在内"。[②]田赋附加税,有的是通过财政厅的固定摊派,有的是临时附加,甚至是随意征收。再以皋兰县为例,来看省县地方附加税征收的各种名称与数量,如表10—1。

表10—1　皋兰田赋附加税一览表

类别	附税名称	起征年份	带征方法	全年额征	用途
省附加税	地丁耗羡	均系沿有陋规为1926年公开保留者	随上忙地丁征收	1243.5元	解省金库
	地丁盈余		同上	2135.8元	同上
	四成粮折耗余		随上忙粮折征收	5308.8元	同上
	六成本色耗羡		随下忙本色与斛底面合并征收	535.6石	听候省财政厅命令拨支
	斛底面			535.6石	
	验粮		同上	44.6石	或折价
	土粮		同上	17.9石	同上
县附加税	地丁百五经费		随上忙丁银征收	241.5元	该县纸张印刷
	四成粮折百五经费		随上忙粮征收	1436.3元	弥补该县经费
	六成粮折色百五经费		随下忙本色征收	178.5石	弥补该县公费
	额粮手续费		分上忙四成下忙六成征收	897.7元	田赋股人员生活费
	大小分数粮		随下忙征收	39.3石	该县属三仓经费
	串票工本		随上下忙征收	2000元	印刷串票
	东西军并水夫租银耗余及经费手续费	此2项系沿有之隐匿,1934年呈报财厅公开	随上忙征收	23.3元	用于政务警察之服装旅费
	东西军并水夫租银耗余及经费		随下忙征收	3.92石	—
地方附加	乡公所费	1925年	按粮摊收	7200元	乡公所经费
	保甲费	1934年	按粮摊收	25920元	保甲费及书记津贴
合计	各耗余经费工本洋	—	—	46406.9元	
	各耗余经费分数粮	—	—	1355.4石	

资料来源:张联渊《皋兰田赋之研究》,萧铮主编《民国二十年代中国大陆土地问题资料》,第7161—7163页。

[①] 周志拯:《甘肃金塔县概况》,《开发西北》第2卷第4期,1934年10月,第61—62页。
[②] 《陇西县社会概况》,《西北向导》第11期,1936年7月11日,第25页。

皋兰县捐税有 17 种,其中省附加税 7 种,县附加税 8 种,乡地方附加 2 种,征收各种附加税 46406.8 元,粮 1355.4 石。附加税在田赋税中占有很高的比例,如 1934 年皋兰县正赋折合 78718.1 元,附加税银粮折合为 62600 元,占正赋的 79.5%。① 两项合计为 141318 元,以 1932 年皋兰县 223945 人计算②,仅田赋 1 项人均负担 0.63 元。

宁夏建省前,所征田赋附加税有"耗羡、盈余、陋规、百五经费、验粮、看粮、五五盈余、一五耗羡、头尖、斛头"等,地方官吏借口兴办公益,就地筹措经费,附加于田亩,名目又有"担头税、地亩捐、糶糴捐、乡镇费、民团费、粮石附加、地丁附加"等。③ 1929 年,宁夏建省后,"赋制一仍清例,当以军政费无着,乃以整顿税收为名,将一切陋规,改为正式附加,归省库随粮带征,更借口禁绝鸦片,加征清乡费一百八十万元(初名烟亩罚款),此外加以各县私征之串票、踏费等名色,已使贫农竭终年之劳力,不足供官府无厌之诉求"。因附加税的增加,每亩土地的负担也在增加,1926 年每亩负担 1.3 元强,1929 年增加到 3.8 元强。④ 据 1934 年对宁夏 7 县⑤调查,赋税总额为 445.78 万元,其中正税 156.7 万余元,占 35.15%;鸦片税 155.7 万元,占 34.9%;附加税 133.3 万元,占 29.9%。其中鸦片税与附加税占到全部税收的 64.8%,宁夏财政主要依靠鸦片税与附加税来维持。以上述 7 县人口与耕地计算,平均每户负担 80.95 元,平均每亩分摊 2.30 元。⑥ 宁夏建省后,田赋附加税既继承了甘肃的旧附加,又有新附加。1935 年,宁夏省颁布了《宁夏省征收田赋附加税暂行章程》,规定附加税按地等征收,税率为:一等地附税 1 元 2 角,二等地附税 1 元 1 角,三等地附税 1 元,四等地附税 9 角,五等地附税 7 角,六等地附税 4 角。田赋附加税"与正税合并征收"。⑦ 但附加税的问题并没有得到解决。据统计该省的预算收入中,1935 年赋税、捐税总收入 361.4 万元,田赋附加税 106.6 万元,占 29.5%;1936 年总收入 440.5 万元,田赋附加税 106.6 万元,占 24.2%;1937 年总收入 496.9 万元,田赋附加税 53.3 万元,占 10.7%。⑧ 田赋附加税比例

---

① 张联渊:《皋兰田赋之研究》,见萧铮主编《民国二十年代中国大陆土地问题资料》,第 7165 页。
② 方荣、张蕊兰:《甘肃人口史》,甘肃人民出版社 2007 年版,第 450 页。
③ 宁夏政府秘书处:《十年来宁夏省政述要》第 3 册,第 167 页。
④ 宋同福:《宁夏省地方税捐近况》,《财政评论》第 5 卷第 2 期,1941 年 2 月,第 89 页。
⑤ 7 县是:中卫、中宁、金积、灵武、宁朔、宁夏、平罗。
⑥ 汤惠荪等:《宁夏省农业调查》,《资源委员季刊》第 2 卷第 2 期,1942 年 6 月,第 365—366 页。
⑦ 宁夏政府秘书处:《十年来宁夏省政述要》第 3 册,第 160 页。
⑧ 宋同福:《宁夏财政之剖析》,《经济汇报》第 2 卷第 12 期,1940 年 12 月 1 日,第 1327 页。

虽然在下降，但至少在 1936 年以前还在征收。

据 1930 年代调查，青海田赋附加"已经呈准有案者，唯有司法经费一项，随粮附征，大约每屯番粮一石，附征四角上下，各县亦不一律，甚有多至七角九分五厘者，专供省垣高地两法院之用"。全省 12 个县征收田赋附加税，占全省县数的 80%，共征收 14634.5 元。① 1934 年 12 月，南京国民政府进行田赋改革，"青省秉承中央整理田赋之旨，将附加额洋一万四千六百余元"废除，②但 1936 年该项附加继续征收，用于司法经费。③ 此外还有师范学校经费、警察口粮、百五经费等附加。其中百五经费按正粮随征 0.05 石，司法经费每屯番粮 1 石，附征 0.375—0.495 元。④

（三）田赋的征收积弊

康雍乾以来，随着屯田民地化和土地流转，开始出现了"地粮不清"的问题，有的农家有粮无地，有的有地无粮，这种现象从清朝前期就有了。如康熙《河州志》记载："河州地粮不清，里甲混乱，书手里长任意飞诡，民输无地之粮"。⑤ 乾隆《陇西县志》记载：该县"土瘠山多，开垦隐占渺不可稽，以今正赋较之原额减三分之二，然争田夺产，讼狱纷然"。在土地兼并与流转过程中，出现了"强者地多粮少，弱者地少粮多"。⑥ 道光《会宁县志》记载："会邑土瘠民贫，陋弊种种不一，而门则之设，为害尤甚。其始以丁粮不均，私立门则，继而以门则之朦涽，巧称涔进，某人丁粮竟不注某人名下，有总名而无花名，有旧名而无新名"。⑦ 为什么会出现这种情形？主要原因是在清朝的土地买卖中，普遍存在"卖地不卖粮"，⑧这种情形在甘肃等地也存在，如在康熙中叶以前，东乡还存在着所谓卖地不卖粮的传统，即土地所有者把土地卖给别人后，公粮仍然在自己名下交纳，⑨因此出现了"有地土已更数主，而银粮仍系原主"的现象。⑩ 这种习惯一直沿袭到近代，"甘肃习惯，向有卖地不卖粮之

---

① 陆亭林：《青海省帐幕经济与农村经济之研究》，第 20807—20811 页。
② 孔祥熙：《全国各省市减轻田赋附加废除苛捐杂税报告书》，1934 年 12 月印行，第 16 页。
③ 《青海省各县二十五年份田赋正附税额征数及实收数目表》，《青海省政府公报》第 63 期，1937 年 10 月。
④ 汤惠荪等：《青海省农业调查》，《资源委员会季刊》第 2 卷第 2 期，1942 年 6 月，第 290—291 页。
⑤ 王全臣：《河州志》卷 2《田赋》。
⑥ 鲁廷琰、田吕叶：《陇西县志》卷 4《官政志·徭赋》，乾隆元年刻本。
⑦ 徐文瑨：《革门则清丁粮记》，毕光尧《会宁县志》卷 11《艺文志》，兰州古籍书店 1990 年影印本。
⑧ 梁治平：《清代习惯法：国家与社会》，中国政法大学出版社 1996 年版，第 110 页。
⑨ 甘肃省编辑组：《裕固族东乡族保安族社会历史调查》，第 93 页。
⑩ 王全臣：《河州志》卷 2《田赋》。

恶习",其结果是导致"田赋凌乱"。① 如河西地区的田赋状况是"绅士所有之上等土地,大半无税或所出粮税无多;而无势力之农民,只有一点零星中下等土地,反而上粮税非常之多"。② 因"地粮不清"使那些已经失去土地的农家仍然承担着赋税。还有的一种情形是在地户为逃户负担钱粮。屯田户因不堪田赋沉重,逃往他处,以致土地荒芜,但钱粮仍由在地户完纳。庆阳府的情形比较严重,宁州"无征钱粮万余,责成活户包纳";安化县"荒粮二千余两,载在全书,遗累活户包纳";合水县顺治初年招游民垦荒,照例起科征赋,但康熙元年将招垦流民赶回原籍,"遗下荒粮六百余两,未经减免,节年俱责活户包纳,以致活户亦逃,熟地亦荒,民难生聚"。③

在"地粮不清"的情况下,田赋征收出现了混乱状况。自唐代中叶以来,国家田赋的征收,"即多假手于吏役之手,至清则更甚。咸同而后,其势愈大,而作恶或其危害国家与人民之处亦令人咋舌。"④ 如康熙时期,河州知州的王全臣指出了其中的弊端:"河州之田地,丁粮混乱不清,至矣极矣!旧制额分三十一里,每里设有里长、书手等役,一切银粮,俱归掌握,百姓任其鱼肉,官司亦无从稽查,奸弊丛生,莫可究诘。总缘地无顷亩定则,百姓并不知种地若干,该完银若干,每年止凭里长摊派。"王全臣在河州任上所见亦是如此:

> 衙门并无地亩清册,亦不知某花户种地若干,该完粮若干,该完银若干。每年止凭书手造报。其造报之册,名曰红簿。簿内止开载某里某甲一户,某人额粮若干,额银若干,并不注明地丁细数。而所谓一户某人者,又非现在种地本人名,俱系数百年老户名,奸胥里积,遂定为朋户当差之例。如一户有人丁若干,不分种地之多寡,竟将一老户名之银粮,照人数摊派。当人丁众多,地土广大之时,遂派为定额。及人丁外亡,地土荒芜,所存者仅一二茕茕之孑遗,而苦赔数十丁之差徭。甚至张姓种地而户名则李姓也,或种地者不下数十姓,而所纳银粮止一户名也。且一老户名下,列地银若干,站银若干,停免银若干,丁银若干,按丁加引银若干,加增七分银若干,其数若凿凿有据,然无地丁细数。何由而知此一户名内,该某某项若干乎!无非奸积多立名目色,以愚惑蚩氓,是以借此做奸,任其诡寄飞洒。富者巧为买嘱,则银粮日益加减;贫者不遂

---

① 朱镜宙:《一年来之甘肃财政回顾》,《中央周报》第 404 期,1936 年 3 月 2 日。
② 李扩清:《甘肃河西农村经济之研究》,见萧铮主编《民国二十年代中国大陆土地问题资料》,第 26459 页。
③ 《国朝傅宏烈请免庆属钱粮第一疏》,升允、长庚:《甘肃全省新通志》卷 17《建置志·赋税下》。
④ 马大英等:《田赋会要》第 2 编《田赋史(下)》,第 222 页。

贪欲,则银粮日益加增。以致彼种无粮之地,与赔无地之粮。年复一年,富豪之欺隐欲多,而乡愚之赔累欲甚。①

王全臣所反映的问题是:第一,在"地粮不清"的状况下,河州的科则不清,民众不知道自己应种多少地,完多少银粮,是一笔糊涂账;第二,河州银粮缴纳并不是按照政府的赋税制度来完纳,而是操纵在里长、书吏的手中,居民纳赋多少完全由这些人说了算。在清政府的田赋征收中,一些州县采取"包收"制度,此业多为书吏和衙役把持,他们掌管着田赋记录,知县要履行职务,必须得到书吏的协助。但书吏有家人、亲戚、朋友,他们世世代代生活在这一地区,在涉及亲戚朋友事务上的个人利益,必然导致在税收、徭役、诉讼等方面的偏私枉法;②第三,有地不纳银粮,纳银粮无地的现象在河州十分严重。这种情形不仅仅是在河州,全省均有:"甘肃丁赋之弊,大率如全臣所言。且不仅河州一隅为然,而有清一代,从未加以整理,洎乎今日,丁赋额征之数虽日削,而人民仍不免于流离逃亡之苦,积弊之深,可以概见"。③宁夏府"擅黄河之利,号称沃野。然方舆数千里,入额之田仅二万三千二百余顷,其中高者沙砾,下者斥卤,膏腴之壤实不及半。而且近山多风沙覆压,频河则浊浪冲崩。悬赋浮租,往往而有",一些地方存在"田去粮存"。④中卫县毗邻黄河,乾隆五年至十五年(1740—1750年),黄河冲崩耕地4028亩,赔纳银12两1钱,赔粮309石9斗;乾隆十五年至二十一年(1750—1756年),河崩沙压耕地6500亩,这些耕地"赋役无着,实属民累"。⑤土地或被沙压或被水冲,居民依然照旧缴纳银粮,给农民造成了很大的负担。针对这种现象,有学者指出田赋制度的僵化是造成科则畸重畸轻的主要原因,明清至民国科则不变,但人口、经济、土壤都发生了很大的变化,"膏腴已成硗瘠,砂渍变为良田",而"陵谷久迁,税率不改"。⑥税率不均,负担不公平是当时的普遍现象。

在清朝的田赋征收中,为了降低收税成本,往往派书吏住在乡下逐家征收。这种办法有两个缺陷:一是书吏与衙役们巧立名目,从纳税人,特别是那些没有文化胆小怕事的人身上榨取超出科则许可范围外的钱财;二是他们还可能挪用一部分

---

① 王全臣:《河州志》卷2《田赋》。
② 瞿同祖:《清代地方政府》,法律出版社2011年版,第59页。
③ 朱镜宙:《甘肃财政之过去、现在与将来》,第57页。
④ 张金城、杨浣雨:《宁夏府志》卷7《田赋》。
⑤ 黄锡恩:《上各宪言河崩沙压请除差粮书》(乾隆二十一年),郑元吉:《续修中卫县志》卷9《文艺编》。
⑥ 郑起东:《转型时期的华北农村社会》,上海书店出版社2004年版,第209页。

税款,在上报时谎称这部分钱没有收到。① 书吏"搭顺车"的做法,在赋税征收中比较常见,也比较普遍。如洮州"蠹吏收粮违例肥己,甚堪痛恨"。② 会宁县"催头包收一里,大户包收一甲。指三科十,任意高下,里长肆行侵渔,花户无从查考"。③ 河州居民不能自行缴纳赋税,必须经里长之手,"如百姓种地一块,下籽一斗者,认完粮仓升二三升至七八升不等。里长讨取,每升必收市升二升,合算不啻四倍。其正赋银两,当日原系照粮起科,迄于今已无定数,每粮一升,任其科收三四分不等,外又借端苛派,不一而足。及包收入己,又不即行完纳,任意花费,复又勒令花户重完,往往一倍完至数倍,若百姓力穷无出,即强夺其牲畜,折算其田产,甚且逼令卖男鬻女,小民不敢不为惟命是听。"④书吏、里长把持政府征收赋税的源头和乡村居民缴纳赋税的通道,加重了农民负担。地方官员在征收中,或擅定折色或借口多征。如甘肃古浪知县黄炳辰,"于征收额粮,擅定折色六成,勒令农民每石交银二两六钱,浮收过倍。农民纳本色粮过四成者,竟令退粮补银,或拒而不收,多方留难。其征收草束,亦全改折色,每束勒取钱九十文。审理词讼,借城工为名,动辄科罚钱百数十千不等,悉饱私囊"。⑤ 官员浮收钱粮,主要是为了中饱私囊。

清政府的财政制度有着双重结构,一方面,政府制定了比较严格的制度来管理财政活动,主要是征收赋税,尤其是负责公共财政的官员行使职权时必须严格遵守朝廷的各项财政制度;另一方面,由于法律制度的不完备,缺乏弹性,无法满足不断增加的财政需要,于是必然产生一种非正规管理体制——以各种名目收费的做法:有些是朝廷允许的,有些是地方政府赞成的,有些是遵循先例或习惯。正因为这种非正规管理体制的存在,便出现了"非法定"的地方财政收入——各种附加。尤其近代以来,随着财政问题的凸显,各种附加也越来越多。有学者把近代以来的各种附加分为4个组:第一组,为行政管理征收的附加税,包括:①一般行政管理所用的耗羡、平余(余银)、公费、余粮;②为税收及上交所用的征费或征收费用(收税费用)、解费(上交税款的支出)、催粮费(为催缴税款的支出);③为书吏和衙役所用的饭食银(膳食费)、串票费或票费(交税收据的费用)、房费或柜费(支付衙门中书吏所需费用)、纸笔饭费(文具食品费用);④为替代劳役所用的差徭(劳役)、夫马(劳力和马匹)。第二组,地方福利所用的附加税,包

---

① 〔美〕王建业著,高风等译:《清代田赋刍论(1750—1911)》,人民出版社2008年版,第54页。
② 张彦笃、包世昌:《洮州厅志》卷10《职官·名宦》。
③ 徐文贲:《革门则清丁粮记》,毕光尧《会宁县志》卷11《艺文志》。
④ 王全臣:《河州志》卷2《田赋》;又见升允、长庚:《甘肃全省新通志》卷16《建置志·贡赋上》。
⑤ 李文治:《中国近代农业史资料》第1辑,第329页。

括积谷捐(为地方社仓被灾的捐款)、河工捐(为维护河道的捐款)、塘工捐(为维护沿海堤防的捐款)。第三组,义和团赔款的附加税,包括粮捐或随粮捐(随田赋一起征收的捐款)或丁漕加捐(随地丁税和漕粮一起征收的捐款)。第四组,现代化发展所用的附加税:①为建立现代化学校和警察部队所用的附加税,包括亩捐(按亩加收的捐款)、学捐或学堂捐(建立学校的捐款)、巡警捐(建立警察部队的捐款);②为修建铁路所用,包括铁路捐(铁路修建的捐款)、租股(从地租中拿出来的捐款);③为训练军队所用的团费或团练费;④为筹备自治政府所用的自治捐。① 清朝前期,田赋额外征派一是为了筹集军饷,一是为了一般的行政管理费用。大规模的额外加征是在晚清时期,"清末田赋科则盛繁,全省数百则或百十则,固数常事,而一县之中,亦有数十则之多者";由于田赋项目繁多,即便是胥吏也"多不能辨其由来,明其标准"。②

民国时期依然存在田赋征收之乱象,当时学者就总结出田赋征收的弊端有55种。③ 如有学者指出,青海田赋征收的紊乱"已登峰造极"。主要表现为:①政府只以获得收入为目的,只管征收不管土地,导致"地粮不清",故在很多情况下"赋税的征收完全与土地的性质脱离了关系",使田赋负担不均。②田赋成为地方官吏营私舞弊的工具,他们对于上级政府"多报荒地以减免其赋税",对于人民则"强制登记新辟土地,以增加税收",其结果是人民承担的赋税并未减少,政府的收入并未增加,所征赋税"完全为地方官吏所中饱"。④ 有些附加征收十分随意,以满足官府需要为准绳,如青海营买粮、营买草,顾名思义政府要付给农家一定价钱,但征收中完全变味。时人言:营买粮草是"青海特有之现象,任何省市莫可比也。民国十八年前,对人民所纳该项粮草,尚能有几成代价予人民,农民虽辛苦远道运载粮草,而得此几成之代价,尚能微慰其心。近年以来,营买粮草乃变为'营收粮草',农民只尽量上纳,官方无若何报酬,且此种粮草无一定额,任官方自便,何时官方心满意足,农民始能停纳,否则,派兵催纳,违者重刑"。⑤ 也就是说,1929年后,营买粮草就演变成苛政了。

1930年代,甘省在实行屯田民地化的过程中,也反映出田赋征收的混乱,如皋

---

① 〔美〕王建业著,高风等译:《清代田赋刍论(1750—1911)》,第63、65—67页。
② 马大英等:《田赋会要》第2编《田赋史(下)》,第354、397页。
③ 邹枋:《中国田赋积弊之形形色色》,《建国月刊》第10卷第1期,1934年1月,第1—4页。
④ 岚汀:《对于青海田赋清理之商榷》,《新青海》第1卷第3期,1933年1月,第22页。
⑤ 松干:《青海农村经济破产的几个主要原因》,《新青海》第3卷第5期,1935年5月1日,第1页。

兰县存在的问题有七端：

① 少写粮额。普通人民卖地，少写赋额以求售主，买主贪其粮轻，则喜欢购买，以粮重则避之不愿……以此之故，往往穷家小户将地卖完，而银粮仍剩有余额，契既不载，推收未行，官方无从查惩。日久人亡，既报为荒粮或绝户，因之田赋收数，无形减少。

② 以整化零。又曰分户包尾，其法如丁粮红薄内花户原为一斗，今分三斗过割，课征田赋以颗粒为单位，三股共计三升三合三勺三撮三圭三粟三粒三颗。然粮房借此尾数化零，则花钱多者纳粮时为三升三合；花钱少者则为三升四合，声明尾数剩余，不能不加，诸如此类，不胜枚举。

③ 移挪掏空。一曰登载荒粮，推收既无制度，由业户请，任房书提，是以将有主之粮额，借提粮之便，而登载于私簿，所收之款即纳入私囊，对上则呈报荒粮或绝户，责成粮头、甲总以包赔之，此等作为，在皋兰屡见不鲜，是其惯技。

④ 户名不实。人民田地买卖，多沿用旧户名而纳粮或分成，即继承析产，亦属如是；即或申请提粮过户，亦不立真实姓名，以致红簿无真实姓名可查，粮户欠赋，非假手粮差，无法追催。

⑤ 房书诈索。房书兼办推收过户，无手续费之规定，一任房书自由苛索，多少不定，谓之润笔资、茶水资，视业户势力之强弱及肥瘦以为盈缩，乡民若稍拂其意，则即留难提单，或小尾大卷，以留列入私册之步骤。

⑥ 保证白契。推粮过户，与契税关系至为密切，皋兰提粮，由房书兼办，时间既不限制，契税不相关联，并无造表核对，田地买卖，私行推收，是与保证白契何异？人民之所以敢于讨逆税契者，提粮房书，不能辞其咎也。

⑦ 飞洒诡寄。以某户之粮，暗中分派于他户之中，乡愚一次受其蒙混，以后即须永远照例完纳，而该项飞去之粮，即永为房书中饱矣，此为之飞寄。以有着之粮，寄于无着之户，曰诡寄。此种弊窦各省各县如出一辙，为一般之现象，非皋兰一隅已也。①

不仅甘肃田赋征收中乱象丛生，宁夏也是如此。宁夏弊端有四："①田地之征税，各县胥吏，每有任意轻重，上下其手，而不察其实际真相，土豪劣绅横暴乡曲者，往往不尽纳粮之责，而享有土地收益之利。②民间买卖田地，固亦常有，但县府红

---

① 张联渊：《皋兰田赋之研究》，第7140—7142页。

册,所载姓名,仍系道咸之时,而农民又多狃于买田不买粮之恶习,致成有田无赋或有粮无地之弊。③各县土地附征,多无限制,而多奇重,致农民弗堪负担,相率逃往。④河崩沙压之地,固属应予免征之列,但事实上往往以少报多,更有假借学田之名,以遂豁免之计,致成土地发展畸形之病"。① 在上述四端,都影响到田赋征收,造成农民负担加重者莫过于两端:一是土豪劣绅与官府勾结,规避田赋,把田赋转嫁于贫民,如宁夏"自民国以来,地方绅士之力甚张,往往侵凌贫弱,兼并田产,以致富者田连阡陌,贫者几无立锥之地,驯至富绅大户,交接官署,遇有报荒之机会,捏报荒款,免去田赋,而实在荒芜之地,以及平民耕种零星之坵,反得蒙其重科,于是土地昧其真相,赋额失其准则,此以人事而启负担之不平"。② 二是在田赋征收过程中,县衙的书办、斗级,乡村的里长、单头、里差,从中贪墨是常有之事。如甘肃礼县每完纳白银1两,规定交制钱2串180文(1枚为1文,1000文尾1串),农民实际要缴纳3串;交小麦,规定每仓斗折合为3升3合,农民实际要交8市斗,多交近2倍。③ 农民另外一种负担是征款人员的索取。定西县南二十里村,被派借款25元,经手人员竟索取190元。④ 像这种现象在当时田赋征收中是司空见惯的。

二、名目繁多的捐税

(一) 晚清时期

咸丰六年(1856年),甘肃藩署内设立劝捐局,开始征收绅捐、民捐、商捐、房租捐、田亩捐,是近代甘肃各种附加税之滥觞。甘肃厘金始于同治五年(1866年),"为军兴助饷而设,节节稽征,为商旅所苦"。光绪三十一年(1905年)"划出百货中之大布",改办百货统捐。⑤ 各地征收百货统捐,名目繁多,征收也不一致,如宁夏府"初征百货,兼收土药,其牲畜、皮毛尚归府县代收。嗣又分设土药局,皮毛局,后因烟禁森严,土药改为禁烟局"。⑥ 据《甘肃全省财政说明书》记载,晚清时期甘肃

---

① 梁敬锌:《宁夏辎轩录》,《东方杂志》第31卷第10号,1934年5月16日,第75页。
② 宁夏省政府秘书处:《十年来宁夏省政述要》第3册,第145页。
③ 邱玉恒:《民国时期礼县土地税变革》,《礼县文史资料》第2辑,1995年10月印行,第149页。
④ 朱其华:《中国农村经济的透视》,第268页。
⑤ 刘郁芬、杨思:《甘肃通志稿》卷37《财赋二·税捐》。
⑥ 马福祥等:《朔方道志》卷9《贡赋下·统捐》。

各种附加、捐税已达 60 种,其中国家税 57 种,地方税 3 种。[①] 如表 10—2。

表 10—2　清末甘肃国家地方税项简表

税　项	起征年	内容(税则、征额等)	性质及用途
地丁正赋	传统田赋	见前文	国家税
地丁耗羡	传统陋规	每正粮 1 石加耗粮 1 斗 5 升,应征耗粮 48834 石	地方附加税
朝觐、课程、年例料价	1792 年	岁收朝觐银 56 两,课程银 707 两,年例料价银 13 两,均随地丁征收	拨作兵饷
屯丁草价	1646 年	收银 31 两 6 钱 1 分,编入地丁征收	国家税
匠价		康熙三十六年,将匠价摊入地亩征收,清会典载年收 764 两 2 钱,现收 12 两 8 钱	国家税
丁站、农桑		仅西固同州解丁站银 2 两 5 钱,农桑银 3 两 6 钱	国家税
药味并脚价		岁正银 302 两 8 钱,随地丁征解	国家税
茜草折价、铺店、脚价		额解茜草 3316 斤,折银 43 两 6 钱;铺店银 1 两 1 钱,茜草脚价银 7 两 3 钱,共额征 52 两 2 钱	国家税
花红旗匾		为赏给岁贡之费,岁征 28 两 5 钱	国家税
屯租	无可考	阶州一处向征屯租银 8 两,雍正五年改归成县 5 两 7 分,西和 1 两 3 钱,阶州只征 1 两 6 钱	与田赋正供无殊,国家税
房租		平番有铺房 28 间,岁征 3 两 4 钱;宁夏年收租银 120 两,遇闰正银 130 两。光绪后,宁夏在棉花税项下每担加抽银 5 钱,不足库平	国家税
厂租	无可考	宁夏、平罗等厂地征收,每亩科租银 3—5 分,随地丁征收。	与地丁正赋无异,国家税
贡马价		肃北口外、武威、古浪、永昌藏民年纳贡马银,每匹八两,宣统时年征马价 80 余两	与贡赋无异,充兵饷之用,国家税
盐课、盐课加增		食盐产地以引地征课,共计盐引 72688 张,课银 19841 两;嗣后摊入丁粮征收,民粮 1 石摊征 2 分 9 厘至 1 钱 3 分 5 厘不等,屯粮 1 石摊征 6 厘。1901 年,为筹赔款,两当、马关州判开征盐课加增	《辛丑条约》赔款征收盐课加增
盐税、盐税加增		盐税为土盐征税,税银 574 两,随地丁钱粮奏销;1901 年,为筹赔款,高台、平远加征盐税。1906 年,改盐税加增为统捐。盐税并加增岁征 680 两	《辛丑条约》赔款征收盐税加增

---

① 经济学会:《甘肃全省财政说明书》次编上,第 2—5 页;以下关于各种附加除注明外,均出自该文献。

续表

税项	起征年	内容（税则、征额等）	性质及用途
盐厘	1874年	左宗棠改盐课为厘金。1901年，为赔款从川盐厘金项下加增银48两，1906年，归统捐局征收	兵饷与《辛丑条约》赔款
盐帖税、盐帖税加增	1858年	凡商人请领盐帖要交捐输帖本银两，繁盛之区领帖1张，纳捐输银1000两，帖本1钱，偏僻之区领帖1张纳700两，帖本1钱。1901年，为筹赔款，每帖1张加银5两；1910年，由统捐局发给执照	兵饷与《辛丑条约》赔款
盐斤加价	1908年	盐捐外每斤抽钱4文，2文解部，2文留本省备拨。岁收银9500两又钱47350余串	国家税，部分留作地方使用
商课	1858年	招商引帖，每年纳课银16000两。回民事变至1872年，商课积欠15万余两，左宗棠奏请豁免后，改课抽厘。1906年，改为统捐。年征盐课28800两	国家税、兵饷与新政
斗分①	1907年	甘肃总督出银1万两租卡汉布鲁克盐池，3000两租昭化等8个盐池，100两租同湖各盐池，以每百斤收斗分8分，若尔土布鲁池每百斤钱225文。	国家税
官本②、余利、称捐	1906年	中卫、一条山在统捐外每百斤收余利2钱3分，白墩子每石（1800斤）收利1串100文；固原局在统捐之外加抽称捐，每百斤收钱210文	归还官本之用称捐作为该局工薪局费之用
各盐统捐	1906年	将盐引、盐课、盐厘等，不论官办、商包或官督商销与民间自行运销，一律改收统捐	国家税
茶课	起征于北宋时期，1874年以票代引	甘肃原额茶引28996道，每道茶引100斤征银3两9钱。1874年，左宗棠以票代引，每票4000斤；1904年，因销伊犁、塔城道路遥远，成本过重，以5720斤为1票。每票纳课银150两。	国家税
茶厘	1874年	茶叶运销按引征课后，又征养廉银4钱3分2厘，捐助银7钱3分2厘，官礼银4分，九成改折银2两7分。1874年左宗棠征茶厘，每引纳银2两；以票代引后，于课外纳银72两	养廉银、捐助银、官礼银等为陋规；茶厘为兵饷
茶厘加抽	1894年 1901年	于茶厘每票征银72两外，1894年为筹兵饷，每票1张加抽2成，银14两4钱；1901年为支付赔款加抽1成，银7两2钱。1票正厘共计93两6钱	筹集兵饷与《辛丑条约》赔款

① 卡汉布鲁克盐池、若尔土布鲁盐池归阿拉善王管辖，蒙民在上述盐池捆盐，每斗（180斤）给银8分，是为斗分。

② 1906年，创办官盐时，盐总局拨发官本，中卫、一条山两局共领银10万两，按中6条4分拨，是位官本。

续表

税　项	起征年	内容(税则、征额等)	性质及用途
散茶捐	1906年	散茶指私茶,以往采取取缔与禁绝政策。1906年,对进入甘肃各地私茶征收统捐,年收银4500两	与茶课、茶厘无殊,国家税
百货统捐	1905—1907年	由厘金发展而来。1905年,将大布改办统捐,行之有效;次年试办百货统捐,1907年,在此厘定章程,设局收捐。收捐货物包括出口8类,入口14类①	除水烟、皮毛划入地方税外,其余均为国家税
木料统捐	1906年	以前木料只收杂费,同治初年开始征收厘金,1906年改办统捐,每年筹银2900两	地方税充地方河桥之用
三原大布统捐	1905年	由厘金发展而来。1866年,甘肃创办厘金,由每卷(32匹)抽银7钱。1905年改办大布统捐。	国家税
担头②	同治初	由脚货抽捐发展而来,1906年改征统捐后照旧抽收,省局岁抽银约1万两,府局岁抽银2000两	原为兵差车价之用,1910年甘州留作地方学堂、巡警费用
磨课	传统税种	民赋奏销向有,编审之例已久。分为5等,长流水磨课大磨2两,中磨1两5钱;暂流水磨课大磨1两,中磨7钱,小磨5钱	地方税
契税、契税加增	同治年间	左宗棠清账土地后,实行的田房交易税,年征收约1495两;又征收加增契税银2243两	地方税内拨还国家税
当税	传统税种	当税税则原额每产征银5两,1897年,清政府决定每座当铺征银50两,因甘肃兵燹后元气未复,减半征银25两,外加5两	地方税
牙帖	传统税种	包括牙帖正收、牙帖加增、牙帖捐输,纳帖包括10行,正收由来已久;1901年,为筹集赔款加增税则。牙帖捐输税则分为三等,繁盛之地每张上等捐钱700串,中等350串,下等210串;偏僻之地上等420串,中等140串,下等70串;每串折银6钱,年收银1550余两。	地方税牙帖加增、牙帖捐输为《辛丑条约》赔款
畜税、畜税加增、猪羊税、马税、架税	传统杂税晚清加增	畜税原额每价银1两收税银3分,1898年、1901年,为筹款的议加增。中卫县有猪羊课税,岷州、河州有马税、凉州有架税(又名宰杀税)	地方税、畜税用于学堂、巡警等政府支出

① 出口类包括水烟、丝绸、杂货、纸张、药材、土梵、皮毛货、布匹;入口类包括牲畜、绸缎、洋缎、洋货、布匹、海菜、杂货、纸张、药材、棉花、瓷器、估衣、皮货、古玩玉器等。(经济学会:《甘肃全省财政说明书》次编上,第54—57页)

② 据《甘肃通志稿》记载:"同治初年兵兴,因转运徭役繁重,车价无从筹措,由皋兰县在省城内设局,就脚货抽捐,专供兵差之用。省外甘凉二府仿照省局同时举办,甘州又名抽帮。"(《甘肃通志稿》卷37《财赋二·税捐》)

续表

税　项	起征年	内容(税则、征额等)	性质及用途
商税、商税加增、山货税		商税分过境税与落地税,年征 2500 余两。1898 年以公用不敷,开征商税加增;1901 年为筹集赔款,一律加增,年征 5600 两,皋兰县有山货税名目	地方税,办公费用与《辛丑条约》赔款
闇斗①税	1729 年	中卫县杂税项下列有闇斗税,年解 65 两	地方税
煤税	光绪初年	每 1 煤洞,征银 4 钱;清末新政后,按值百抽 5 征收	国家税
药税、药税加增	光绪初年	光绪初年开征药税;1901 年,为筹集赔款,在产药地征收药税加增	地方税,《辛丑条约》赔款
褐毯税	20 世纪初		地方税
西税②	1805 年	惟凉州府征收,无定额。	地方税
集税	无可考	西和册报有集税,每年解银 5 钱	地方税
枸杞税		中卫县册报有枸杞税,岁解正银 31 两 3 钱,多加银 49 两 7 钱,此外每担抽钱 800 文,名曰担头	担头专供县城学堂、巡警之用
夷税	无可考	平罗县设夷税,每年报解正银 12 两,盈余银 35 两,每货价银 1 两收税银 3 分	地方税
羊皮税	无可考	永昌、镇番、硝河城册报有此税,每皮价 1 串收钱 20 文;1898 年与 1903 年,永昌县先后请立羊皮税,凉州府一定税则,每担羔皮(240 斤)税银 3 钱	地方税
就地筹捐	20 世纪初	由官捐(捐廉、盈余、规费)、商捐(户铺捐、抽帮卷)、民捐(富户捐、公产捐),岁收 60020 两	办理巡警、学堂、禁烟、自治、工艺

资料来源:根据经济学会《甘肃全省财政说明书》次编上与次编下整理。

表 10—2 比较全面反映了清朝特别是晚清时期,甘肃各种捐税的实况。第一,回民反清起事后,是黄河上游区域各种捐税征收的开始。清朝前期除田赋外,所征捐税包括盐课、当税、牙帖、畜税、磨课、药味等项,但自咸丰六年劝捐局设立之后,各种名目繁多的捐税接踵而至,各种赋税达到 60 余种。甚至巧立名目,进行征收,如盐税之外,有盐课加增,随丁粮摊征,地丁银 1 两摊征银 6 厘至 1 钱 5 分不等;民粮 1 石摊征银 2 分 9 厘至 1 钱 3 分 5 厘不等;屯粮 1 石摊征 6 厘。③ 另有"夷税"

---

① 甘肃境内长城绵亘,隔绝中原与边疆,凡留门通出入之路,名曰闇斗。
② 1854 年,凉州知府所解不足正额,甘肃布政使驳饬其补足,为此征收皮货、棉花、杏皮、席子、粽叶,每驴担税银 1 钱 7 厘,"其名为西税者,或指西口来货而言,惟土货一并征收"。(经济学会:《甘肃全省财政说明书》次编上,第 76 页)
③ 经济学会:《甘肃全省财政说明书》次编上,第 27 页。

"闹斗""褐毯税""枸杞税""山货捐"及其"担头"等,名目繁多而且混乱。车捐、船费等征收,以致运粮车船不敢来本地,导致"省中粮价每石向售十二三金,今竟涨至二十余金之多",①各种捐税不仅给市场也给人民生活带来了很大的影响。

第二,税种繁多而混乱。如庆阳县厘金局"虽设于咸丰时期,实自同治间始行开办,其办法不善,征无定率,司收者自为低昂,致商民无所遵循"。② 有的在百货统捐中征收,仍另行征税。光绪三十二年(1906年),甘肃试办百货统捐,包括22类货物,次年,又征收木材统捐和三原大布统捐。在统捐征收中,各处情形不同,办法亦异,如各盐统捐有"统捐""加价""余利""商课""照费改课""斗分""脚价""称捐"等。

第三,税率增加。如宁夏花马池传统盐税以1石为1引,每引征银1钱1分5厘,同治年间废票改厘,"比较无定额";光绪时期盐厘改为统捐后,每盐1石抽银1钱5分,后逐渐增至1两2钱。③ 晚清甘肃的当税比咸丰之前增加了6倍,其他税率也有所增加,或以其他名义增加。各种捐税加重了农民、商人、手工业者的负担。如茶叶贸易中除了茶课外,征收茶厘和茶厘加抽,茶厘是每引除纳正课3两外,纳养廉银4钱3分2厘,捐助银7钱3分2厘,官礼银2钱4分,九成改折银2两7分,加上茶厘加抽,各种杂项合计"每茶一票,完正加厘共九十三两六钱"。茶税附加"多于正课,茶商苦之"。④ 宁夏废除茶引改征厘金后,以50引为1票,以3年为期,每票纳课银150两,厘银72两,又于茶厘议增案内每票加银21两,在领票之期先缴课银,导致茶商"连年亏累"。⑤

清末捐税增加的主要原因,一是兵饷的增加,主要是镇压西北回民反清斗争的费用。如同治元年,回民反清起事后,"因兵差车价无从筹措,由皋兰县在省城设局,就脚货抽捐,专供往来兵差车价之用",凉州、甘州也同时举办。原章程规定:凡货运出城,无论车载驴驮,粗货细货,以240斤为1担,抽收市凭银3钱。甘州则规定每正厘银1两,抽收银4钱。⑥ 同治五年(1866年),甘肃开始征收厘金"以济军饷",沿途要隘节节设卡,每过1卡抽厘1次。⑦ 从陕西途经狭长的甘肃到达新疆,过往军队、政府官员的增多,也导致捐税增多。"甘省东西两路,自陕达关外,差务

---

① 《加税粮车(甘肃)》,《重庆商会公报》第92期,光绪三十四年四月十八日。
② 张精义:《庆阳县志》第6卷《财赋志·税捐》。
③ 马福祥等:《朔方道志》卷9《贡赋下·盐法》。
④ 经济学会:《甘肃全省财政说明书》次编上,第50—51页。
⑤ 马福祥等:《朔方道志》卷9《贡赋下·茶法》。
⑥ 慕寿祺:《甘宁青史略正编》卷20。
⑦ 经济学会:《甘肃全省财政说明书》次编上,第53页。

络绎,承平时民力已不可支。军兴以来,军饷军装,虽有粮台雇运,而一切杂差,仍不得不借资民力。乱后户口凋残,东路尤甚……查东路自泾州至皋兰各州县,岁征地丁银不过三万九千余两,西路自平番至肃州各厅县,岁征粮只一十三万九千余石,少派则不足用,多派则民力不堪……查差徭之累,西北皆然,而地瘠民贫,以甘省为最"。① 晚清时期,左宗棠用兵西北,成为甘肃军饷、差徭增加的主要原因。

二是战争赔款的负担。1901 年中国签订了丧权辱国的《辛丑条约》,赔款银4 亿 5000 万两,分 39 年还清,本利共计银 9 亿 8000 万两,通称庚子赔款。该项赔款本年本利银 18829500 两,分摊各省,其中每年摊派给甘肃 30 万两。② 其中司库分认 17 万两,以加征罂粟地税为归款;厘金局分认 13 万两,以加筹烟酒税及土税解司归款。③ 为缴纳此款,甘肃在盐、茶、牙帖等正税外,均有加增。

三是新政费用的增加。随着清政府的改革和各种机构的成立,所需经费浩繁,各种附加也在增加。光绪三十二年(1906 年),甘肃各地试办巡警,其经费多系"就地抽捐",唯巩昌、甘州二府及清水县由统捐项下支付。巩昌府原保甲费由漳县盐商成本内每盐 1 斤筹保甲钱 1 文,改办巡警后,该府由盐捐正项外每斤加抽巡警钱 1 文。甘州府在同治十二年(1873 年)筹办城防,在百货厘金正项外每厘金 1 两加抽银 4 钱,成为后来该州巡警经费来源。清水县巡警非由统捐之费,其巡丁口食、灯油等费另由铺捐开支。④ 其他如牛痘局、医学馆、咨议局、政法学堂等均在统捐款项中支付。也也有官员趁机中饱私囊,如有学者指出:晚清举办新政,"清廷听各省自由筹款,充地方经费,各省罗掘所及,皆以田赋为人民所惯纳,反抗少而征收易。于是以举办新政为名,附加税至再至三,层出不穷。自此以后,各省征收附加,毫无忌惮,名目纷繁,种类复杂,至税率用途,以及征收方法",各有不同。⑤

四是行政管理费用的增加。晚清时期,随着机构的增加,管理人员也随之增加,需要支出的工薪和办公经费也在增加。如 1906 年,甘肃开始征收统捐,截至1910 年全省共有总分局 65 处,总局委员 12 名,年支薪 34560 两;各分局委员 65名,支薪 29539.2 两;司巡人员 851 名,支薪 47519.3 两;各总分局杂支 26165.5

---

① 李文治:《中国近代农业史资料》第 1 辑,第 381 页。
② 《行在户部奏分派各省合力统筹摊还赔款疏》,《万国公报》1901 年第 156 期,第 18 页。
③ 经济学会:《甘肃全省财政说明书》三编上,第 4 页。
④ 经济学会:《甘肃全省财政说明书》三编下,第 2 页。
⑤ 刘世仁:《中国田赋问题》,第 161 页。

两,①总计需经费 137784 两。又如书吏口食、余平津贴、洋务局经费、清理财政局等,均需支付工薪与办公费用。

(二) 北洋政府与国民军时期

北洋时期赋税一方面沿袭了清朝遗脉,另一方面不断增加新税。张广建督甘时,军费开支占有很高的比例,致使财政入不敷出。② 为了解决财政困难,张广建除了开征田赋附加税,就是开征各种苛捐杂税。如 1913 年 6 月,开征田产、房产、验契税,"每百两按六成上税";③1915 年 12 月,开征验契税、屠宰税、印花税、烟酒公卖税、农具税、茶捐、鸦片通过税等;④1916 年 4 月,西宁向藏民开征草头税,"岁收三十余万两";11 月,征收黄河铁桥捐,"所有大小车辆、往来骡马,纳资掣票,验而放行"。⑤ 1918 年,马麒在青海藏民地区设立粮茶局,征收税款,茶按块征税,粮食按驮征税,并开征草头税、皮毛税,每户每年征收 5 两;⑥1919 年 12 月,开征散茶税。⑦ 此外地方官员为补经费不足,私设关卡征收税捐。如大靖营私设骆驼捐,规定"凡甘凉骆驼起厂赴后套、察哈尔等处,由大靖地界经过,每驼一只收制钱二枚。驼户呈诉省政府,久未见批。东西路各县知事私设驼捐局,每年所收补助县政府经费。嗣后化私为公,每驼收洋一元,财政厅列为地方费,县知事又附加一成"。会宁县仿照大靖营征收驼捐例,征收羊捐,每羊 1 只抽收制钱 400 文,获现洋 1 角。⑧ 民国初年的重税政策,加重了民众的负担。如《平凉县志》记载:"科耗羡盈余七钱于正额,比旧额加征百分之七十,屯粮亦如是科加,而民始困。重以契税、驼捐、百货、邮包、牲畜、烟酒、印花等税之征收,为数倍蓰丁粮,而民重困,又有公安、教育、建设费之征派,数比丁粮加多,而民不堪命矣。"⑨

---

① 经济学会:《甘肃全省财政说明书》三编上,第 45—51 页。
② 张广建时期,每年军费支出所占比例是:1915 年占 54.9%,占岁入的 51.2%;1916 年占支出的 58%,占岁入的 61.3%;1917 年占支出的 67%,占岁入的 76.7%;1918 年占支出的 70.5%,占岁入的 79.6%;1919 年占支出的 63.3%,占岁入的 78.1%。(根据刘郁芬、杨思《甘肃通志稿》卷 41《财赋六·会计》有关数据计算)
③ 慕寿祺:《甘宁青史略正编》卷 28,第 2 页。
④ 《甘肃解放前五十年大事记》,《甘肃文史资料选辑》第 10 辑,第 57 页。
⑤ 慕寿祺:《甘宁青史略正编》卷 29,第 5,8 页。
⑥ 《甘肃解放前五十年大事记》,第 68 页。
⑦ 慕寿祺:《甘宁青史略正编》卷 30,第 11 页。
⑧ 慕寿祺:《甘宁青史略正编》卷 28,第 5 页。
⑨ 郑惠文、朱离明:《平凉县志》卷 1《赋税》。

1925 年初,甘肃政局动荡,段祺瑞政府任命冯玉祥兼任甘肃军务督。[①] 10 月,冯玉祥任命刘郁芬代行甘肃军务督办,率国民军第 2 师到达甘肃。国民军治甘时期,正是冯玉祥积聚力量的时期,在西北招兵买马,最大限度扩充实力。国民军入甘时只有 1 个师,很快扩编为 3 个师。[②] 1919 年甘肃军队人数为 2.4 万人,1923 年增至 5 万人,1925 年又增至 7.7 万人。[③] 冯氏五原誓师时不过数千人,"及入甘肃,则有数万人,后更扩充至二三十万人。试问此种力量,出于何处?敢断言出于甘肃者十之七八。冯初恐一省养兵十余万,为中央指斥,乃强割青海、宁夏为二省,以便军队之分配。其实军饷也,马匹也,粮秣也,壮丁也,几乎完全出之于甘肃"。[④] 随着军队的扩编,军费成为甘肃财政的主要支出,如 1925 年财政实支 334 万元,军费支出 177 万元,占 53%;1926 年财政实支 498 万元,军费支出 347 万元,占 69.7%;1927 年财政实支 755 万元,军费支出 521 万元,占 69%。[⑤]

国民军庞大的军费开支靠什么解决?1924 年冯玉祥问吴佩孚,吴氏回答说:"你们只管走到哪里吃到哪里,不但自己省却许多麻烦,地方上官绅士也是万分欢迎的"。[⑥] 曹之杰说冯氏国民军在甘期间"军费所需,或经由各部队直接提款,大县刻期取数十万,雷厉风行,不待粮赋及烟款之收集,派摊乡民预交。数年之间,全省人民差徭之多,负担之重,困苦过于往时"。[⑦] 这就是"走到哪里吃到哪里",即通过增加田赋、赋税、差役和烟亩罚款来满足军需。据时人所言,自刘郁芬入甘,"苛捐尤加,劫后余烬,岂堪重负?然彼丧心者尚何顾及民命,于是接踵敲剥,五花八门,不一而足,如所谓地亩捐、人口捐、烟捐、房捐、验契捐、道路捐、清乡捐、警察捐、牲畜捐(凡养有牛马者皆按数纳捐,如每马一匹洋五元,牛一头洋三元等)、特派捐、富户捐、宰杀捐(如杀一猪一羊,则捐洋一二元)、此皆类于农民者。其于小贩行商,索取尤力,其种类之多,罄竹难书,至衙役差事,更属小民所难免者,如强拉民间车马

[①] 冯玉祥之所以能够接受甘肃军务督办职务,原因是:一是甘肃为边荒之地,可以作为开拓和经济开发的试验基地;二是甘肃的鸦片税是笔大宗收入,对于财政拮据的冯玉祥来说,是梦寐以求的;三是甘肃走廊自古是通往新疆及中亚的贸易通道,又是另一个重要的财源;四是控制甘肃,可以进一步保证国民军与苏联交通路线的畅通;五是当时冯玉祥正在与奉军进行殊死搏斗,倘若国民军失败西撤,甘肃是比较理想的去处。(〔美〕薛立敦著,邱权正等译:《冯玉祥的一生》,浙江教育出版社 1988 年版,第 243 页)
[②] 张寿龄:《国民军第二师入甘和刘郁芬在甘肃的统治》,《甘肃文史资料选辑》第 9 辑,甘肃人民出版社 1980 年版,第 139 页。
[③] 陈志让:《军绅政权——近代中国的军阀时期》,生活·读书·新知三联书店 1980 年版,第 86 页。
[④] 《甘肃之现状与需要》,《开发西北》第 1 卷第 6 期,1934 年 6 月,第 114 页。
[⑤] 刘郁芬、杨思:《甘肃通志稿》卷 41《财赋六·会计》。
[⑥] 冯玉祥:《我的生活》,上海教育书店 1947 年版,第 499 页。
[⑦] 曹之杰:《冯玉祥部国民军入甘纪略》,《文史资料选辑》第 27 辑,第 32 页。

驮驴,及壮夫为之运输粮草,每一行军,民间即大为骚动……经四五年之敲剥榨取,甘民已肝脑涂地,致值兹年荒,除坐以待死外,更有何求,盖牛马生活,亦不得过矣"。① 仅皋兰县从1925—1930年,按亩摊派的杂款名目就有学兵、兵站、羊皮采买、烟亩捐、公债、借款、车马费、验契等,共计570余万元,"每年皆超过一百万元之数,皆远过田赋额十倍以上"。② 据调查该县甘里铺村农村78户人家,赖以生存的主要是驮炭的牲畜,但拉去有300头以上;连塔沟村47户人家,兵站、学兵损失"亦足万元"。当地农民有歌谣言"愿叫土匪拉个票,不愿军队把款要"。③ 表10—3是国民军时期甘肃的征兵、差役、杂项统计表。

表10—3　1928—1930年国民军在甘肃的征兵与摊派

县名	年份	征兵	各 种 摊 派
皋兰	1926—1930年	261人	粮秣费12万元
榆中	1926—1931年	2000人	骡马578匹,粮秣无可考,大车390辆
临夏	1926—1931年	1370人	20余万元
永靖	1926—1931年		征兵费650元,征发骡马费480元,粮秣费6500元
夏河	1926—1929年		征发粮秣费17676元
定西	1926—1931年	3600人	粮秣费300万元,摊款5万元
静宁	1926—1928年	1746人	粮秣费42643元
泾川	1926—1931年	499人	摊款117000元,征小麦9100石,豆1500石,花料7600石,草120万斤
宁县	1926—1931年	1150人	摊款113800元,征粮12400石
甘谷	1926—1931年	2000人	摊款280010元,征发粮秣费32万元
清水	1926—1931年	1800人	征发骡马六七百匹,粮秣费14497元
永昌	1926—1929年	1040人	征发粮秣费20万元
金塔	1926—1929年		摊款1300元,征发粮秣费12600串文,1930—1931年失考
鼎新	1926—1931年	241人	征发粮秣费31932元
宁朔	1926—1928年	400余人	捐粮5000余石
中卫	1926—1927年	1300人	征发粮秣费83485人
灵武	1926—1928年	750人	征白面750356斤,小麦711石,大米1579石,豆870余石,麸子960余石,柴草70余万斤,油1500斤,礦炭45万余斤,老羊皮袄300件,大车94辆,骆驼1100头,牛车40辆
盐池	1925—1928年		征兵及粮价共值14050元

资料来源:刘郁芬、杨思《甘肃通志稿》卷40《财赋五·差徭》。

---

① 秦含章:《中国西北灾荒问题》,《国立劳动大学月刊》1930年第4期,第35—36页。
② 何让:《甘肃田赋之研究》,第10218—10219页。
③ 孙友农:《皋兰之农村经济》,《中国农民银行月刊》第1卷第2期,1936年2月,第95页。

表10—3只反映了部分县的征兵与摊派,因该志成书于国民军治甘时期,对于自身的横征暴敛可能有所避讳。尽管如此,已经从上表所列各种能够看出兵差和摊派的沉重。其实当时征兵和摊派的县远远超过上述各县,如据1929—1930年统计,甘肃66县中,有51县有兵差,占77.3%;青海每县都有兵差。[①]青壮年农民被征兵后"或死豫鲁,或死秦晋,十不返一"。[②] 1930年中原大战时,青海每村(有50户者)征兵3名,征马2匹,每兵500元,每马70元,"因当时各县勒纳兵马,故兵马价值特昂,虽有重金尚不能得。后因要兵过多,乃下令改缴现款,每兵六百元,每马八十元。本来农民缴兵马,可能在村通融,若直勒缴现款,农民自无现款可缴,因此而迫命自杀者不知凡几"。[③] 宁夏"自民国十五年以来,叠驻重兵,供应甚巨,加之匪祸频仍,民间既罗掘一空"。[④] 兵差与摊派是国民军统治甘宁青时期居民的主要负担。

从民国建立到冯玉祥国民军治甘时期,农民赋税日益沉重,生活一天不如一天。有学者云:"查民国初年,甘肃太平无事,驻军万余,就足维持治安。嗣因中原多故,影响及于甘肃,故甘肃的督军也就开始招兵买马,逐年增加军队,因此各种苛捐杂税也就随之而起。这个时候农民元气未伤,还能负担。到了民国十年左右就呈不能支持的状况,农村穷苦的呼吁渐有所闻,饮鸩止渴的鸦片也已种开了。到民国十六年冯玉祥入甘,省库无法支付军费,就向老百姓硬派了。派而不缴,就令军队到农村,将窖藏的粮食尽量掘出,载入城中,堆积如山,作为军食"。[⑤] 人们普遍把国民军的到来,看做是本区域祸乱与贫穷的开始。

> 西北军入甘,实为甘肃祸乱贫穷之开始。徭役繁兴,征赋无度,总计四年间,丁壮被征者十数万人,驼马牲畜十余万头,悉索敝赋,达六千余万元,而士兵望户就食,予取予求之数,且倍蓰焉。因为征发丁壮,所以生产减少;因为赋敛繁多,所以农民力竭,以致全省财政凋敝破产,形成稀有之穷困。[⑥]

民国十四年,冯玉祥打着开发西北的旗子,进入了西北的大门——宁夏,当时有一句口号是:"不扰民,真爱民",但兵站粮台,相继成立,苛捐杂税,无不

[①] 王寅生等:《中国北部的兵差与农民》,"国立中央研究院"社会科学研究所1931年,第10页。
[②] 梁敬锌:《一月来之灾情与匪患》,《时事月报》第4卷合订本,1931年1—6月,第53页。
[③] 松干:《青海农村经济破产的几个主要原因》,《新青海》第3卷第5期,1935年5月1日,第1页。
[④] 梁敬锌:《一月来之灾情与匪患》,《时事月报》第5卷第7—12号合订本,1932年,第10页。
[⑤] 李只仁:《目击甘肃农村之现状及救济办法》,《农业周报》第4卷第11期,1935年3月23日,第366页。
[⑥] 《甘肃财政前途之展望》,《西北问题季刊》第1卷第3期,1935年5月15日,第4页;《甘肃财政现状》,《银行周报》第18卷第43期,1934年11月6日,第4页。

出现,明取暗夺,日甚一日,过境的军队,每到一村,粮食牲畜,搜刮一空。而兵站粮台上,每天要派军人下乡催粮要草,老百姓远远看见"东军"一来,无不四散逃跑。最主要的是,将牲畜藏到那僻静之处,使"东军"不能发现,但那都是徒然的,民间的骡马,无一幸存。这时,人民才知道,"不扰民"是"不饶民"的错写,"真爱民"是"真害民"的错读。①

因此,国民军时期是黄河上游区域赋税与农民负担最重的时期,也是当地居民生活最苦难的时期。

(三) 南京国民政府时期

中原大战结束后,国家和地方政府的捐税征收并没有因战争结束得到缓解。青海的捐税分省税、县税与杂税3种。①省捐税。1931年,厘金裁汰后,青海省改征产销税;1933年,开征百货临时维持费、屠宰税、驼捐、卷烟特捐,每年收银三十八九万元余;在经过蒙藏地方各要隘设有出入山税局(旧称粮茶局),征收出入蒙藏的皮毛、百货、茶等税,每年征收十五六万元;经各县政府征收的捐税有帖捐、当帖、年税、磨帖捐、磨帖年税、卖契税、典契税,每年约收两万四五千元。此外,还有附加各税,如三成教育费、二成义务捐、四成之一军费,以及担头费、羊肠专利费、筏捐等约收十三万三四千元,以上为省财政厅征收的捐税共计34种捐税,年收70万元以上。②县捐税。各县征收的捐税"随时摊派者,更属层出不穷",包括各乡区摊款、商铺捐、店捐、卫生捐、牲畜捐、油煤梢子捐、油梁附捐、担头附捐、牲畜附捐9种,年征收量12.14万元。尽管如此,"各县尚多未呈报"。以上两种捐税及田赋,"共计农耕区人民,无论男妇老幼,平均每人应负担银三元三角一分"。③杂税。该省地方在征收上述两种捐税不敷应用时,"往往随时摊派杂捐,以资补助,因此各县人民除照例应纳以上所列赋税外,尚有额外附加及临时摊派之款"。如1932年乐都县临时摊派的杂税22种,达228550元。以乐都人口66400余人分配,每人又须负担3元4角5分。② 从上述来看,乐都县田赋、省捐税、县捐税和杂税30余种,每人负

---

① 马福龙:《伊斯兰在宁夏》,《西北通讯》1948年第2卷第8期,1948年4月30日,第8页。
② 陆亭林:《青海省帐幕经济与农村经济之研究》,第20819—20831页。据调查,乐都县各种杂税和征额是:司法经费2400元,县党部经费800元,公安局经费4700元,建设局经费860元,各区公所经费5000元,县政府粮秣柴草股经费800元,县立小学及留学补助经费2000元,修理仓院法署费500元,电话局补助费200元,省立师范学校补助费200元,县政府警服装费1900元,政警队长教练生活费800元,县府催款委员费300元,县立中学校经费2000元,支应粮3090元,支应款70000元,县长交际费1000元,兵价费60000元,土地执照费29000元,印花费8000元,支应柴20000元,支应草15000元,合计228550元。(资料来源同上,第20829—20830页)

担 6 元 7 角 6 分,摊派在每亩耕地的杂税达到正税的 11 倍(如表 10—7)。

自冯玉祥的国民军离开甘肃后,驻军并未减少。1931—1932 年甘肃驻军如表 10—4。

表 10—4　1931—1932 年甘肃驻军调查表

驻军番号	主官名称	驻地	入甘时期及离甘或被消灭时期
绥靖公署特务三营	邓宝珊	兰州	不祥
骑兵 1 师	马麟	兰州	1930 年春入甘,驻甘州
新 7 师	马鸿逵	靖远	1931 年 8 月入甘,后调入宁夏
新 8 师	雷中田	兰州	该师由国民军旧部扩充而成,1932 年 1 月被 17 师消灭
新 9 师	马步芳	甘州	1932 年入甘,后来大部调宁夏,一部仍驻甘州及关外 3 县
新 13 师	陈珪璋	平凉	原为活动在庆阳的民团,先后被国民军和南京政府改编,1932 年 2 月被 17 师消灭,大部分投诚 14 师
新 14 师	鲁大昌	岷县	1930 年驻岷县一带
17 师	孙蔚如	兰州	1930 年奉命靖乱,1932 年奉命撤退,有一部驻平凉
警备部队	马清苑	天水	与 17 师同时入甘,1932 年秋被 17 师收编
中央军第 1 师	胡宗南	天水	1932 年冬入甘,后驻兰州、天水一带
新 36 师	马仲英	肃州	1930 年冬重新复起,占肃州,1933 年入新疆
新 11 旅	石秀英	不祥	原驻甘肃
新 10 旅	李贵清	不祥	原驻甘肃
陇东交通司令	马锡武	不祥	原驻甘肃

资料来源:王智:《整理甘肃财政》,《拓荒》第 2 卷第 2 期,1934 年 4 月 10 日,第 14 页。

中原大战后,甘肃驻军有 14 支之多,有中央军,有本省、宁夏、青海、陕西 4 省的军队,有"甘肃一省,须养四省之兵"的说法[1],致使出现了驻军"几无县不有"的局面。[2] 1932 年后,新 8 师、新 13 师和警备部队先后被解决外,尚有 7 师 2 旅和 1 个交通司令部,若合其他零星部队,总计不下八九师,据估计最少当有 9.5 万人。以全省 620 万人口计算,平均每 65 人须养 1 士兵;每 1 士兵每年服装、给养、枪械费须 150 元,全省每年人均负担 2.3 元;另外骑兵 1 师和其他马匹约为 3.3 万匹,以每匹每日给养 0.4 元计,全年需要 480 万元,每人负担又增加 0.8 元,全省养活

---

[1] 《甘肃之现状与需要》,《开发西北》第 1 卷第 6 期,1934 年 6 月,第 113 页。
[2] 何让:《甘肃田赋之研究》,第 10221 页。

军队费用人均为3.1元。①

驻军几乎一切费用都向当地居民摊派。河西走廊各县驻军"举凡军队之一切需要,如粮秣、草料、柴煤、木料、皮毛等,至一针一线之微,完全无代价地直接征发于民间……此种数量庞大、种类繁多的实物征发,经年累月地继续。而征发中又经过县、区、保、甲等层层手续,额外征收又往往超出军队正式征发数量一二倍以上"。② 据调查,当时甘肃年财政收入在800万元左右,在各种支出中军费占700万元以上,加之其他经费每年不敷有100万元。在收支不敷的情况下,于是出现寅吃卯粮和乱提款的现象:"①各县全年赋税,未及半年,早被省财政机关支付净尽。②支付不足,预征预借以及金库券等,——临时摊派继之。③解缴不及,一面由省财政机关派员到县催促,一面指拨各部队使其直接到县催提。④省财政机关需款孔急时,不顾各县收入已否支付净尽,依然令其筹拨"。③ 因此,各机关、军队到各县提款的委员络绎不绝,1933年冬季,武山县政府中来提款的"有财政厅,有亩款处,有卅八军,有十四师,有骑兵团——大大小小之提款委员,共计四十二人,随从尚在外不计,而同时集合于西和县政府坐守之提款委员,则有卅一人,委员们除执行各自唯一任务而外,日惟雀战连宵,围炉清谈,而生活所需——饮食、炭火、烟纸、鸦片、洋烛,以至于雪花膏、生发油等,应有则有——则完全取给于县政府"。④ 支付超过收入是当时的普遍现象。以玉门县为例,全年财政收入为28527元,1932年7月至1933年7月,该县支出新36师维持费28858元,新9师维持费7500元,解省库3300元,省督学公费300元,县政府9个月薪俸5996.7元,看守所费528元,视察员公费70元,合计50552.7元,其中军队款36358元,占71.9%。尽管如此,该县尚欠15398.99元,其中新36师夏季服装费2727元,烟亩罚款1万元,省督学公费371.99元,县政府2月薪俸1300元。⑤ 被征收与欠款合计为65951.7元,是该县财政收入的2.3倍,平均每人负担3.3元。⑥ 这种情形在当时比较普遍。表10—5是1933年甘肃部分县驻军借款与征发粮草统计表。

---

① 何景元:《西北问题的严重性》,《新西北》第1卷第3—4期,1932年12月30日,第23页。
② 李扩清:《甘肃河西农村经济之研究》,第26462页。
③ 孙晓村:《废除苛捐杂税报告》,《农村复兴委员会会报》第12号,1934年5月20日,第191页。
④ 徐正学:《农村问题》上册,中国农村复兴研究会1934年印行,第82页。
⑤ 明驼:《最近甘肃的财政与社会》,《新中华》第2卷第6期,1934年3月25日,第30页。
⑥ 1933年玉门县人口为2万人。(见甘肃省档案馆:《甘肃历史人口资料汇编》(第二辑)上册,第100页)

表 10—5　1933 年甘肃 10 县驻军临时借款及征发粮草统计表

县别	款名	调查数目	合计(元)	人口	人均(元)	备 注
秦安	军队临时借款	1—5 月.150900 元	150900	189976	1.26	其中有 25000 元未收拨
海原	军款 军粮 军草	每月征款 5000 元 每月正粮 300 石 每月征草 300 万斤	246000	68554	3.59	粮每石以 20 元计,草每百斤以 1 元计
临洮	军粮及柴	1—7 月 93000 元	93000	134200	0.69	
庆阳*	军款	每月 8000 元	48000	87862	0.55	随粮丁摊派
酒泉*	军费	每月 50000 元	300000	85156	3.52	
镇原	军费	全年 60000 元	60000	117072	0.51	军粮超过丁粮 3 倍,丁粮 20000 元
固原	军粮 军菜 军款	每月 540 石 每月 1620 元 每月 1600 元	84520	56136	1.50	每石粮以 20 元计
正宁	军部提粮 借粮 军款	每月 500 石 1005 石 每月 5000 元	29100	121380	0.24	—
高台*	新纳地丁、军费杂款	全年 400000 元	400000	46208	8.66	—
靖远	军用	每月 30000 元	180000	96921	1.86	全县全年负担在六七十万元以上
合计	—	—	1591520	1003456	—	

说明:[1]凡"调查数目"为每月者,"合计"以六月计,非每月;[2]有"*"者,其似有正款,非纯为驻军征发之款;[3]人均由笔者计算。

资料来源:王智:《廿一年度甘肃民众负担概算(续)》,《拓荒》第 2 卷第 1 期,1934 年 3 月 10 日,第 18 页;人口资料源于甘肃省档案馆:《甘肃历史人口资料汇编》(第二辑)上册,第 99—100 页。

以上 10 县,驻军在半年至 1 年的征粮、征款、征草折合款项达 159.2 万元之巨,其中高台人均全年负担 8.66 元,酒泉、海原半年内人均负担达 3.5 元以上,10 县人均半年负担 1.59 元。因马仲英第 36 师驻酒泉一带,周边乡村成为军事摊派的重灾区。1932 年 3—7 月,安西县第四区负担军队摊派 7182 元,包括 16 个项目:军人演戏费 280 元,军人挨户搜枪需索 2800 元,摊派兵站清油 120 斤计 60 元,送军人礼洋 56 元,办公处办公费 562 元,抓兵勒赎价 580 元,兵站柴草 200 车计 200 元,兵站粮料 222 石计 666 元,送营部羔子皮 120 张计 120 元,端阳节送礼 111 元,铁锅 10 口计 50 元,送查马长 60 元,送放马军人羊 15 只计 60 元,送副司令羊 20 只计 80 元,预借烟亩款 720 元。[①] 仅军事摊派一项人均负担如此之高,驻军摊

---

① 明驼:《最近甘肃的财政与社会》,第 31 页。

派是居民一项沉重的负担。

除了上述军款、借粮外,还有养马干等征发①,驻甘各部队月需养马干共计42.9万元,"依照各县所收正杂数目多寡,按月依此比例分配各县负担"。如临洮1932年4—7月加征马干2.42万元。另据《平凉日报》记载,养马干负担皋兰为145761元,临夏为184949元,临洮125479元,和政18043元,渭源34755元,榆中49179元。就养马干一项,其实不止上述9县,"至少有三分之二县份有此摊款"②,"皆远超过该县田赋正额数倍"。③ 1933年1—2月,甘肃财政无法应付,征养马干48万元,预征当年地丁田赋百余万元,发行金库券100万元,"以资挹注"。④ 养马干是全省比较普遍的负担。

除驻军摊派外,地方还征收各种维持费、临时支应费等。临时费以"地方县政府,以环境不良,固谈不到为地方做事,又以本身经费有限,不敷开支,虽有所谓维持费者,几无县无之,大抵皆借口摊派,巧立名目,按区分派,而各区又上行下效,滥支公帑,故致每一区公所之月支经费,辄逾数千,各区合计,全年不下数万"。⑤ 1933年1—7月敦煌县各种支应达36项,包括驻军临时支用现款12017.8元,地方支应(兵站)杂费11770元,新36师烟土39340两,小麦、谷米373石,石炭2050斤,熟棉花43斤,苇席340张,干面5865斤,花料1205.8石,麸子533.2石,木柴48万斤,草55.2万斤,毡子127条,羊毛150斤,木料1298根,以及日常生活用品、牲畜、生产资料等。同年6—8月,民乐县除膳宿、草料等外,共支应37次,平均每2天半就有1次;其中县政府30次,军差7次,共计87.75元。⑥ 表10—6是部分县费用征收统计表。

表10—6　甘肃10县临时摊派维持费调查表

县名	庄浪	镇原	崇信	隆德	正宁	平凉	庆阳	海原	灵台
用费名称	支应费	维持费	维持费	地方费	维持费	支应费	维持费	特别费	招待费
数额	半年 7500元	全年 28440元	全年 6800元	每月 7000元	全年 12000元	半年 33975元	全年 10000元	50000元	12000元

资料来源:王智《廿一年度甘肃民众负担概算(续)》,《拓荒》第2卷第1期,1934年3月10日,第19页。

---

① 以前甘省军费不足,议决每月随地征洋24万元,作为补助,名为养马干。
② 王智:《廿一年度甘肃民众负担概算(续)》,《拓荒》第2卷第1期,1934年3月10日。
③ 何让:《甘肃田赋之研究》,第10221—10222页。
④ 朱镜宙:《甘肃财政之过去、现在与将来》,第52页。
⑤ 何让:《甘肃田赋之研究》,第10224页。
⑥ 明驼:《最近甘肃的财政与社会》,第31—32页。

从上表来看,维持费、支应费是当时民众的主要负担,最高的如隆德每月高达7000元,以此计算,年达 8.4 万元,以当时隆德 60750 人口计算,人均负担 1.38元;最低崇信全年 6800 元,人均也须缴纳 0.22 元。① 隆德位于西兰大道上,维持费比较多;崇信距离西兰大道较远,维持费比较少,也就是说位于交通要道各县的负担远远高于偏远各县。居民不仅受到军队临时摊派的掠夺,还要受到地方各级胥吏的层层盘剥。1934 年,甘肃省政府派田崐山到陇东视察,他在调查中了解到当地田赋征收的状况,"省政府派款一万元到各县,而各县府浮派二三千元到各镇区。村长、区长再浮派二三千元。加上催款委员之招待费,老百姓所交百元,其实公家连五十元也得不到"。② 如时人所言:"甘肃情况复杂,驻军县长区长之类,似皆有任意派款之权,甚至商人村长等辈,私向人民以某种名义派款者,亦时有所闻。如驻军征收给养费、开拔费、维持费、兵站费;县政府征收维持费、招待费;区村长摊派催款委员下乡支应等费,不一而足。"③

青海附加在粮内征收的有法院费、公安及行政警察费、学校经费、县长应酬费、支应粮、乡区公所经费、农会费、卫生检验费、管狱所经费、县政府附设备机关经费、县政府各项杂款、地粮附加税、地草附加税、委员供应费、喇嘛口禅粮等。④ 另据调查,青海的杂捐既有传统的耗羡粮(按正粮随征 0.16 石)、平余粮(按正粮随征 0.09 石),还有晚清以来新增的杂捐,如营买粮、营买草⑤、支应粮(省防军征收)、支应草、支应柴(往来公务人员及公所粮)、屯草折价(每束草征银 0.055 元)、粮草串票(县府征收)、契税、验契税、地照价(水田 6 段征 1 元,山田 5 斗征 1 元)、牲畜捐、租仓粮、斛底、差徭、骡差兵价等。⑥ 1928 年 10 月,南京政府财政部颁布了《限制田赋附加税办法》,规定田赋正税附加税的总额"不得超过现时地价百分之一",田赋

---

① 隆德、崇信两县 1933 年的人口数见甘肃省档案馆编《甘肃历史人口资料汇编》(第二辑),上册,第 99—100 页。
② 命拙:《甘肃就是这个样儿》,《拓荒》第 2 卷第 6 期,1934 年 9 月,第 106 页。
③ 王智:《廿一年度甘肃民众负担概算(续)》,《拓荒》第 2 卷第 1 期,1934 年 3 月 10 日,第 15 页。
④ 丘咸:《青海农村经济概观》,《新青海》第 3 卷第 9 期,1935 年 9 月,第 9 页。
⑤ 陆亭林在《青海省帐幕经济与农村经济之研究》(萧铮主编《民国二十年代中国大陆土地问题资料》,第 20812 页)一书中把营买粮、营买草列入田赋附加税中。营买粮源于清末光绪时期,当时刘锦棠镇压西北回民时驻军西宁,因军粮缺乏,也不易购买,故向农村摊派粮秣。农民则以计正赋的多少,平均负担。军营收粮机关,亦按市价发价,并不折扣,其实等于买卖。在回民事变被镇压后,此例相沿难除,年年按例征收,然升斗之轻重多寡,由收粮者的意志而定,并纳营买草,其秤无度,一车之重,有准 10 斤者。后来仅发半价,或者完全难以领到。(连生:《青海田赋之探讨》,《新青海》第 1 卷第 2 期,1932 年 2 月 15 日,第 25—26 页)
⑥ 汤惠荪等:《青海省农业调查》,《资源委员会季刊》第 2 卷第 2 期,1942 年 6 月,第 291 页。

附捐的总额不得超过旧税总额。① 但当时中央政府对地方约束力十分有限,青海田赋、杂税征收完全不受此法约束,附加税超过正税数倍乃至十数倍。如表10—7。

表 10—7 青海每亩耕地正税与附加税比较表

项　目	贵德	大通	循化	亹源	互助	湟源	西宁	民和	乐都	共和
正税(元)	1.21	0.126	0.15	0.015	0.14	0.12	0.8	0.58	0.1	0.08
附加税(元)	3.12	0.35	0.15	0.01325	0.7	0.8	1.8	1.8	1.1	0.16
超过倍数	2.6	2.8	—	0.9	5	6.7	2.3	3.1	11	2

资料来源:丘咸:《青海农村经济概观》,《新青海》第3卷第9期,1935年9月,第9页。

在青海每亩耕地所缴纳的各种杂税,除大通、循化或等于正税或低于正税外,其他各县均超过正税,乐都达到11倍,有的地方每亩耕地的产值不过3.9元,缴纳的各种杂税达到2.6元,占土地产值的66.7%,"一大半成了捐税了"。② 军队和政府的无限制扩张,吞噬了农民一年大部分劳动成果。

三、烟禁大开与烟亩罚款

(一)鸦片的种植

明末清初,河西走廊等地就有罂粟种植,《重刊甘镇志》记载"罂粟,有五色"③,但种植范围不广,仅记载在方志的"物产,花类"中。罂粟在本区域大范围种植是在乾隆中后期,即在"广土"传入甘肃之后。"广土"是罂粟中的上品,毒性比本地所种罂粟大,价钱也高,"于是有人从广东买罂粟种子来在陕西试种,成绩很不差。甘肃立刻仿种,凉州和甘州一带生产最多,品质最浓,这是道光朝的现象。咸丰朝以后,罂粟花满布于陕甘各县"。④ 关于"广土"传入河西又见于《镇番遗事历鉴》记载,乾隆二十五年(1760年)"邑人胡欲昌经商陕中,是年,自彼土携烟籽二斗二升,散于乡里,令试种之,赊秋熟还其价。讵料既种则成,成则事半功倍,市人颇获厚利,爱之益甚。几经鼓吹,于是乎阖邑田家越明年种之连畛"。⑤ 由于鸦片种植获利丰厚,传播也非常快,仅百余年时间,"到咸丰年间,罂粟毒苗已遍及河西各地"。⑥ 除

---

① 刘世仁:《中国田赋问题》,第164页。
② 丘咸:《青海农村经济概观》,《新青海》第3卷第9期,1935年9月,第9页。
③ 顺治《重刊甘镇志》,地理志,物产,甘肃文化出版社1996年标点本。
④ 秦翰才:《左文襄公在西北》,第180页。
⑤ 转引自杨兴茂:《鸦片入甘及其流毒史实纪略》,《兰州学刊》1994年第2期,第45页。
⑥ 杨兴茂:《鸦片入甘及其流毒史实纪略》,《兰州学刊》1994年第2期,第45页。

了河西种植外,黄河上游区域农业生产条件较好的地方也大量种植鸦片。如秦州"道光末年,始有种者。咸丰以后,吸者日多,种者亦日众,利厚工省,又不泽土之肥瘠,故趋之若鹜焉"。① 宁夏平原"大多数的良田,都栽着罂粟,到处都开着娇艳的罂粟花"。② 左宗棠镇压陕甘回民起义后,在推广植棉和蚕桑的同时,禁止种植鸦片,也收到了一定的效果,但并没有完全禁绝。

光绪七年(1881年)陕甘总督署奏请清中央政府重抽烟厘,事实上承认了罂粟种植的合法化,使黄河上游区域种植罂粟之风再次兴盛。光绪二十七年(1901年)《辛丑条约》签订后,为赔偿庚款,开征罂粟地税与土药税③,无疑是鼓励鸦片种植。如1908—1909年一支外国考察队发现有大片耕地种植鸦片,"一路上走过来,我们注意到一个有趣的现象,在普通中国人耕作的地方,最好的耕地通常都种植罂粟;然而回民在其所有土地上都种植谷物、汉麻以及其他有用的农作物"。④ 据清末调查,甘肃年产鸦片6403两。⑤

1922年春,甘肃督军陆洪涛⑥"欲照陆军章程编练甘肃第一师,以购置枪械、置备服装无款可筹,乃大开烟禁,许各县广种鸦片,按亩征收罚款,及四五月间……军官见种烟者寥寥,于是商同各县知事,不论已种未种,按亩摊款。其不宜种烟之地,勒令出款,名曰懒务"。⑦ 并规定各县在上交的烟亩罚款中抽5%作为县长"办公经费"。⑧ 实际上是对县长的私人奖励,鼓励罂粟种植。次年,从甘肃东北部通过中部直到平凉和省会兰州,以及遍及西北部直到安西以外的戈壁边境,"种鸦片的规模已大大地增加"。包括宁夏"中卫盆地几乎是一片大鸦片田……凡目力所及之处都是盛开着的白罂粟花"。1924年许多县份已经发展到"十亩地有八亩种鸦片"的地步了。⑨ 因此,自烟禁大开后,"三陇道上,罂花遍地,每当夏初清和之际,倘一至郊外,则红白灿烂,远近映辉,大有芙蓉天地之象,收获之后,村里人谈及烟亩收成

---

① 光绪《秦州直隶州新志》,天水市地方志编印服务部1992年影印本。
② 秦翰才:《左文襄公在西北》,第180页。
③ 《甘肃解放前五十年大事记》,《甘肃文史资料选辑》第10辑,第6页。
④ 〔美〕罗伯特·斯特林·克拉克等著,史红帅译:《穿越陕甘——1908—1909年克拉克考察队华北行纪》,第80页。
⑤ 茶圃:《各省禁烟成绩调查记》,《国风报》第1年第18号,宣统二年七月初一日,第54页。
⑥ 陆洪涛(1866—1927年),江苏铜山人。字仙槎。天津北洋武备学堂炮科毕业,清末到甘肃任新军督操官,历任甘肃常备军第一标第一营管带、第一标标统,凉州镇总兵,1913年任陇东镇守使。1920年12月31日,北京政府任命蔡成勋为甘肃督军兼省长,在未到任前,由陇东镇守使陆洪涛护理督军。次年5月6日,被正式任命为甘肃督军。
⑦ 慕寿祺:《甘宁青史略正编》卷30,第47页。
⑧ 张慎微:《靖远的烟场》,《甘肃文史资料选辑》第13辑,甘肃人民出版社1982年版,第88页。
⑨ 章有义:《中国近代农业史资料》第2辑,生活·读书·新知三联书店1957年版,第630—631页。

若干,烟税输去多少,亦罔不称赞官厅之能体恤小民难苦,而使其增加岁收,甘民之由鸦片获利者固不少,然开放甘肃烟禁远贻祸根于今日之罪人,则陆氏当万死不能辞其咎"。①

国民军治甘期间,尽管冯氏在甘肃做了一些禁烟的表面功夫,颁布了禁烟法令,但还是借助鸦片税获得更多财源,增强自己的实力。②刘郁芬不仅没有禁止鸦片种植,反以鸦片为筹款的根本,"农民稍有地亩,既非种烟不可,已种者征以税曰'烟亩罚款',不种者派以捐曰'懒款'"。③冯氏的做法与陆洪涛并无二致,如时人所言"勒收盐捐,甚于往昔;种吸售运,一如从前"。④1928年甘肃发生旱灾,但各地种烟亩数并未减少,如伏羌种烟20万亩,比上年增加约20%,以平均每亩产烟50两计,可获纯利20余元,全县年产烟1000万两以上。榆中县种烟1.2万亩,以每亩产烟二三十两至四五十两计,全县可产烟42万两;宁夏种烟近10万亩,每亩产烟八九十两左右,可产烟800万两以上。⑤1929年旱灾继续,甘肃省政府"仍依来年惯例,对种植罂粟之田地,征收捐税。岷县十八年度应缴捐税为十四万元。至于他县,虽惨遭饥馑之灾,饿莩遍野,十室九空,然政府征收罂粟捐税,一如往昔,未准稍减"。⑥有报纸报道冯氏治甘期间,甘肃年产鸦片8400万两,超过230吨,⑦以每亩产30—39两计算,需要农田215—280万亩,占当时甘肃农田的9.1%—11.9%。⑧

1930年初期到1935年,甘宁两省地方政府仍依赖烟捐维系财政,鸦片种植还在继续。据1934年调查,甘肃有57县种植鸦片,面积50万—58万亩,年产量在

---

① 野马:《甘肃鸦片问题鸟瞰》,《西北言论》第1卷第2—3期合刊,1932年11月25日,第17页。甘肃督军陆洪涛鸦片开禁后,"其时西宁道尹黎丹反对弛禁甚力,乃商之镇守使马麒,将西宁道属各县及青海全境依然禁种"。因此,在甘肃宁夏广种鸦片时,"青海西宁为一片干净土"。(黎小苏:《青海现状之一斑》,《新亚细亚》第5卷第4期,1934年4月,第48页)
② 尚季芳:《民国时期甘肃毒品危害与禁毒研究》,第23页。
③ 野马:《甘肃鸦片问题鸟瞰》,第17页。
④ 《甘肃强迫种烟之惨闻》,《拒毒月刊》第31期,1929年5月,第52页。
⑤ 中华国民拒毒会:《中国烟祸年鉴》第3集,1929年12月印行,第68页。
⑥ 《西人函报甘肃烟祸》,《拒毒月刊》第32期,1929年6月,第59页。
⑦ 陈洪进:《鸦片问题与中国农村经济破产之趋势》,《世界与中国》第2卷第4—5期合刊,1932年5月1日,第3页。
⑧ 耕地面积见何让:《甘肃田赋之研究》,第10132页。民国时期有文献认为甘肃"种烟田亩占全省田亩四分之三了"(中华国民拒毒会《中国烟祸年鉴》第2集,1928年7月印行,第15页;罗运炎:《中国鸦片问题》,兴华报社、协和书局国民拒毒会1929年版,第189页)。这条资料的可信度还需要进一步考证。

1480万—2000万两之间①,以当时甘肃耕地2351万亩计算,鸦片种植面积占2.1%—2.5%。酒泉鸦片种植占耕地的10%,金塔占2.7%。② 宁夏种烟面积达20万亩,占全省粮田10%。③ 即便是1935年禁种鸦片后,甘肃"名为禁种,实则只就交通便利之地,略加铲除,其他各县仍迫令农民一律种烟,不论是否种植,均须抽收亩款"。④ 直到1940年代,鸦片在甘肃、宁夏并未禁绝。

民国时期有学者说这种现象的造成,"一方面由于官方之征抽烟税,一方面由于民方之贪图小利"。⑤ 真的是农民贪图小利吗？据调查如土地1亩,种鸦片年收七八十两,可换大洋三四十元,除烟捐20元外,"尚可余半数,一家生计,勉强维持"。如果种植麦谷,则每亩仅有三四斗之收成,最多换洋一二十元,"以之纳捐,尚虞不足,全家数口之生计,将更无所出"。⑥ 1934年5月,《申报》记者在达家川采访一农家,有地7亩,粮税50元,如果种麦子值洋70余元,交税后只余20元；如种罂粟可收500两,值250元,除粮税和肥料外,尚余140元,"故农人多种烟,而不种麦"。⑦ 农民不是贪图小利,而是生活所迫,在苛捐杂税的重压之下,不得不种鸦片。

（二）烟亩捐的征收

为了征收亩款,甘肃省政府设立了禁烟善后局,各地也设立了分局,主要征收烟税。甘肃的烟税包括5种：①烟亩罚款。最初规定凡种烟之田,每亩课以10元,乃至20—30元的捐款,由县长勘察登记,谓之"烟亩罚款"。后来又规定"凡可种烟而不种烟之田亩,皆须罚款"。②烟苗捐。每亩抽五六角至1元不等,为县长私人或县政府的收入。③烟土查验捐。凡烟土装运出省,经禁烟善后局查验,每百两抽15元(后减至12元)。④卖膏执照费。凡在本地零售烟膏(名曰"营业处",此项营

---

① 据尚季芳估算,甘肃鸦片种植面积58万亩,产量1480万两(《民国时期甘肃毒品危害与禁毒研究》,第28页);苏智良以每亩产39两计,甘肃年产1900万两(《中国毒品史》,上海人民出版社1997年版,第379页);民国时期报刊统计甘肃年产鸦片1723.7万两。(《甘肃各县烟土产量》,《拓荒》第2卷第3期,1934年5月,第66页);另一文献中说:"甘省除一二县不种植外,其余各县多种罂粟,每年全省产量约二千万两左右,约计值银一千三百万元左右,一半销于本省,一半销于外省"。(林天吉:《甘肃经济状况》,《中央银行月报》第3卷第6期,1934年6月,第1277页)
② 孙友农:《甘肃河西酒泉金塔之农村经济》,《乡村建设》第6卷第1期,1936年8月,第3、6页。
③ 宁夏省政府秘书处:《十年来宁夏省政述要》第2册,第226页。
④ 章有义:《中国近代农业史资料》第3辑,生活·读书·新知三联书店1957年版,第45页。
⑤ 中华国民拒毒会:《中国烟祸年鉴》第2集,1928年7月印行,第15页；罗运炎:《中国鸦片问题》,第189—190页。
⑥ 林鹏侠:《西北行》,甘肃人民出版社2002年版,第43页。
⑦ 陈赓雅:《西北视察记》上,第178—179页。

业处满街皆是,即便三五户的农村也有),由禁烟善后局按级纳捐,从 5 元到 10 元不等。⑤烟灯捐。即零售烟馆,每灯每月纳捐 2—8 元不等,此捐权归各地军警外水收入。①

所谓"烟亩罚款"照字面意思是禁止种烟,如果谁家种了鸦片烟就得惩罚,使之不敢再种。但事实上是政府敲诈农民的一种手段,"政府先视财政支出及各种税收不足各有多少,然后定一主观上的总额。根据此种总额,分配于各县,必令县长如数征收,并不一定要种烟而后始有烟亩罚款。"这种罚款从开征就具有很大的欺骗性和强迫性。如"高台县前二三年,农民因烟亩罚款之压迫,曾请求政府自动禁种鸦片,而政府非但不允许,且强迫征收烟亩罚款。"②就是不管是否种鸦片,"政府非要这笔款子不可。并且给县长一种'提成'的办法,就是县长经收罚款,可以有百分之五的报酬,收数多些,提成的实数也随着大些,自然当县长的乐于努力。"③所以有人评论这种政策是当时的经济"不能应付政治型态改更以后的政治榨取,于是促成畸形的变——开烟禁"。④

烟亩罚款开征后,强迫各县征收额度一年高过一年。临夏最初每亩以 6 元征收,1923 年共征收 59400 元;1924 年农民畏税过重,烟亩骤减,每亩征收 22 元,共征 6 万余元;1925 年征收亦在 6 万元以上。这仅仅是正税,还有各种附加和额外负担,自罂粟苗出土到收割,"官府最少要派两三次委员,带同吏役,到种烟土区,核实地亩",农民对这些委员不仅要供应丰盛的酒食和吸食烟土外,还要送给酬金。1924 年该县县长派吏员鲁桂芳到北乡掩歌集查烟,烟农怕多报亩数,就借金条两根,送给鲁氏一行。"全年这种费用,要超过正额亩款半数以上"。⑤ 1924 年,张掖的烟亩罚款定额为 40 万元,其中 40% 上缴省政府,60% 用于张掖驻军费用(包括 8% 的地方"维持费")。⑥ 靖远县黄河两岸水地肥沃,适合种植罂粟。陆洪涛亲信赵兆平专门为禁烟来靖远任县长,他成立了禁烟会,会议决定靖远上交烟亩罚款 18 万元,地方"公益费"3 万元,年收烟款 21 万元。靖远县长成为肥缺,被陆洪涛视为"招财童子",一年一换,罚款也是一年一涨,1922 年为 24 万元,1923 年为 36 万元,1924 年有叫万朝宗的人"自告奋勇,说他能办到五十万元",就被陆任命为县

---

① 野马:《甘肃鸦片问题鸟瞰》,第 18—19 页。
② 李扩清:《甘肃河西农村经济之研究》,第 26457—26458 页。
③ 长江:《中国的西北角》,第 199 页。
④ 王智:《甘肃农村经济现状的解剖》,《拓荒》第 2 卷 3 期,1934 年 5 月,第 23 页。
⑤ 王德清等:《解放前鸦片烟在临夏地区的流毒》,《甘肃文史资料选辑》第 13 辑,第 78 页。
⑥ 谢继忠:《民国时期鸦片在张掖的泛滥》,《张掖文史资料》第 4 辑,1994 年 8 月印行,第 95 页。

长,这年该县的烟款为50万元。① 陇东镇守使张兆钾自1923—1925年3年中每年向各县征收烟亩罚款,按地摊派,"无论人民种烟与否,均须负担。此项收入一时无法估计。"②烟禁大开后,甘肃烟税"每年在数百万元以上"③,陆洪涛"主甘五年,军政等费全赖此支持,而甘肃人民贫苦根源,从此愈扎愈深"。④ 财政军费保障有了,但人民生活却越来越苦了。

1925年10月,冯玉祥的国民军之所以来到西北,其原因之一就是看中甘肃的大宗鸦片税收入。⑤ 有人说冯玉祥在大西北的军费除了捐税之外"要算迫种鸦片,征收鸦片特税,为最大的来源了"⑥,此言不谬。为了把持各地烟捐和其他税收,刘郁芬把能够抓钱的机构都揽到自己手里,并派专人到盛产鸦片的靖远、武威等地坐收烟亩罚款;把陇东、陇南地区的县长、厘卡等局的局长都换成了国民军的人员。⑦ 各地每年都有大量的烟捐上交,如甘谷年收烟捐22万元,全县有烟店200家,每家每月纳烟捐2—5元;宁夏有烟店千余家,每家每月纳烟捐6.7元、10元至20元不等。⑧ 宁夏附近某小城"每年缴纳烟税一百五十万元,亩捐每亩二十六元,灯捐每年自二元至五元以至于十五元不等"。陇东农民无论种烟与否,每亩须缴纳烟税5角;陇中烟土种植颇广,由省当局与军事当局征税。烟税总额约占"生产量价值百分之八十"。⑨ 1926—1930年,"因军费开支过大,宁夏八县属烟亩罚款数由七八十万增至一百五十万,后来复到二百万之数"。⑩

鸦片巨额的利润,驱动了国民军更大贪婪,"一方面用强迫的手段推广种植,以谋得较大的利益;一方面用暴力榨取,供当时军政活动的需求"。⑪ 1928—1930年,陕甘发生了罕见的大旱灾,冯氏不但没有对民众生怜悯之心,反增高烟捐。如1929年,皋兰县绅民鉴于旱灾,粮食困难,请求将烟田改种粮食,不但没有获准,反

---

① 张慎微:《靖远的烟场》,《甘肃文史资料选辑》第13辑,甘肃人民出版社1982年版,第88页。
② 魏绍武:《张兆钾盘踞陇东》,《甘肃文史资料选辑》第4辑,1964年印行,第53页。
③ 中华国民拒毒会:《中国烟祸年鉴》第2集,1928年7月印行,第15页。
④ 魏绍武:《陆洪涛督甘始末》,《甘肃文史资料选辑》第1辑,甘肃人民出版社1986年版,第65页。
⑤ 〔美〕薛立敦著,邱权正等译:《冯玉祥的一生》,浙江教育出版社1988年版,第243页。
⑥ 秦含章:《中国西北灾荒问题》,《国立劳动大学月刊》1930年第4期,第36页。
⑦ 张寿龄:《国民军第二师入甘和刘郁芬在甘肃的统治》,《甘肃文史资料选辑》第9辑,第139页。
⑧ 中华国民拒毒会:《中国烟祸年鉴》第3集,1929年12月印行,第68—69页。
⑨ 梅公任:《亡国灭种的鸦片烟祸》,民友书局1935年版,第270—271页。
⑩ 包特:《宁夏近二十年间开放烟禁的影响》,《西北论衡》第6卷第5期,1938年3月15日,第84页。
⑪ 王智:《甘肃农村经济现状的解剖》(续),《拓荒》第2卷3期,1934年5月,第23页。

将"十九万之亩捐,骤增二十万元,作为每年定额"。① 农民种烟越少,摊入亩款越高。如抚彝县 1925 年种烟 12000 亩,每亩罚款 12 元;1926 年种烟 7000 亩,每亩罚款 15 元,1927 年种烟 3000 亩,每亩罚款 21 元。② 甘肃省政府当局征收烟捐迫不及待,"烟土没有到收获的时候,烟捐便须缴清,因此有一般农民多把自己的儿女去抵押,拿来偿清烟捐,还有将家中所有的一切,预付明年的烟苗捐"。③ 除了征收鸦片税捐外,还购买鸦片,据一当事人回忆:"中原大战期间,冯玉祥竟指定由甘肃每月以烟土筹集大量款项,作为其部队出潼关,从事内战的军费。据我们所知,当时曾由当时的省政府主席刘郁芬每月拨款 20 万元,交贺笑尘经营的世裕号,再由该号委托兰州市各烟土店收购烟土,此项收入每月约四五十万两,由国民军解交其潼关总部,转售河南"。④ 国民军治甘 5 年,祸害甘肃如此,可谓罪恶滔天。

中原大战结束后,烟捐仍为甘肃财政收入的主要来源。如表 10—8。

表 10—8　1932—1937 年甘肃财政收入统计表

年　　　份	1932 年[1]	1934 年[2]	1935 年[2]	1936 年[2]	1937 年[3]
财政总收入(元)	9102248	—	8017983	8714392	7580036
鸦片税收入	3710000	4524000	2619550	3272041	1532320
烟捐占财政收比例	40.8%	51%	32.7%	37.5%	20.2%

资料来源:[1]《甘肃财政状况》,《工商半月刊》第 4 卷第 21 期,1932 年 10 月 30 日,第 16 页。[2]尚季芳:《民国时期甘肃毒品危害与禁毒研究》,第 263—265 页。[3]《甘肃统计季报》第 2 卷第 1—4 期,1938 年 11 月,财政,第 10—21 页。

抗战前鸦片税在甘肃财政上占有较高的比例,1932 年占 40.8%,1934 年 51%,1935 年禁种鸦片后仍占 32.7%,1936 年比上年上升了 4.8 个百分点,1937 年仍占 20.2%。因此,烟亩罚款与烟捐仍然是甘肃农村的主要负担。如靖远县烟亩款 24.8 万元,保安大队经费为亩款的 1/10,即 2.48 万元,共计 27.28 万元。⑤

---

①　《甘肃灾况有加无已,本年雨量缺少夏收又绝望,肥腴之地多种烟苗》,天津《大公报》1931 年 5 月 11 日。

②　中华国民拒毒会:《中国烟祸年鉴》第 2 集,1928 年 7 月印行,第 15 页;罗运炎:《中国鸦片问题》,第 189—190 页。

③　陈洪进:《鸦片问题与中国农村经济破产之趋势》,《世界与中国》第 2 卷第 4—5 期合刊,1932 年 5 月 1 日,第 12—13 页。

④　聂丰年等:《鸦片为祸甘肃的回忆》,《甘肃文史资料选辑》第 13 辑,甘肃人民出版社 1982 年版,第 73—74 页。

⑤　宋涛:《甘肃靖远县调查概况及改进意见》,《开发西北》第 3 卷第 4 期,1935 年 4 月 30 日,第 62 页。

1933年,玉门县全年财政收入28527元,烟税7872元,占27.6%。① 烟亩罚款的危害还不尽在此,烟亩罚款导致灾荒的发生,因官方为增加税收强迫农民种鸦片,农民为了缴纳赋税,"不得不改稻麦田为鸦片田,于是食粮耕种面积减少了,所余下的,勉强种植谷子之类,但以地质瘠薄,地位偏僻,雨量一有不均,于是灾荒立即发生"。② 烟亩罚款导致高利贷盛行,如1930年代前期,"甘省客军林立,供给维艰,迫不得已,始任民种烟,征收罚款,以充军费。每届初春,烟未下种,即收烟款。县府未雨绸缪,更不得不预为摊派,此项烟款向由禁烟会及财政厅分摊各县,将数目送往绥靖公署,分配各军队,直接派员,分赴各县提取,军需万急,刻不容缓。县长即向各区摊收交提,中上之家,尚可缴纳,贫寒之户,无法应付,只得转向富户商人哀求借贷,不说利息几分,只说支土几两。普通借洋一元,至收新烟时,少则支土六两,多则八两……至收烟时,债主麇集田畔,持秤索债,或竟抢收烟浆,以致争斗时闻"。③ 鸦片之害,罄竹难书。故烟亩罚款是20世纪二三十年代最大的弊政,给民众带来了深重的灾难,也是农村经济破产的主要因素之一。

四、农家收支与生活

(一) 农家收支的一般状况

近代黄河上游区域农家收入包括两部分,一部分是农场收入,一部分是副业收入。据对榆中县调查,农家收入包括的项目有:①农场作物收入。34户农家调查,每1农场主作物收入为304.78元,其中出售总值占49.49元,家用总值占255.29元。②牲畜及其产品收入,包括鸡蛋、皮、毛、乳、肥料等。有该项收入的为31家,其家用总值(所出产的肥料除出售外,剩余均为自家田场使用,不计入家用产品内)为243.8元,平均每家为7.86元;出售总值为276.12元,平均每家为8.91元;牲畜出售值65.6元,平均每家2.11元。③农场杂项收入,包括秸秆、水果、柴草、家庭工业等。据35家有此项收入的调查,杂项收入为:作物秸秆846.8元,水果286.6元,树木360元,柴草565元,家庭工业295.6元,共计2354元,每家平均67.26元;其中家用部分1229.6元,每家平均35.13元;出售部分1124.4元,每家平均32.1元。④其他收入,有31户农家有此项收入,包括佣工994元,房租

---

① 明驼:《最近甘肃的财政与社会》,《新中华》第2卷第6期,1934年3月25日,第31页。
② 秦含章:《中国西北灾荒问题》,《国立劳动大学月刊》1930年第4期,第36页。
③ 《甘肃各县的"拨款制度"》,《中国农村》第1卷第3期,1934年12月,第96页。

31元,行医50元,经商1671元,公务员322元,其他443元,总计3511元,每家平均113.2元。① 榆中农家平均总收入为571.4元,在各种收入中,农场作物收入最多为53.3%,杂项收入占23.6%,其他收入占19.8%,牲畜及其产品收占3.3%。

另据对陇东南各县调查,甘谷县有十四五亩土地的农家,全年收入约170—190元,其中农作物(小麦为大宗,糜谷、罂粟次之)收入150—160元,占84.2%—88.2%;副业(以毛编物为大宗,其他有草帽、土盐、牲畜等)20—30元,占11.8%—15.8%。② 武山县有30亩土地的自耕农,全年收入153元,其中农作物(以种植糜谷为大宗,另有小麦、水稻、罂粟等)收入108元,占70.6%;副业(包括山货如木料、木锨、木叉、木炭、草帽、麻鞋以及蔬菜、果园、牲畜、土盐等)收入45元,占29.4%。漳县有30亩耕地的自耕农,年收入103元,其中农作物(各种粮食)96元,占93.2%;副业(牲畜,蔬菜,编织等)收入7元,占6.8%。礼县农家种地约二三十亩,年收入90—120元,其中农作物收入70—100元,占80%左右;副业收入20余元,占20%左右。西和县通常农家有30亩耕地,年收入120元,其中农作物(小麦、玉米、鸦片等)收入100元,占83.3%;副业(割卖柴草、纺织土布等)收入20元,占16.7%。③ 从对榆中县和陇东南5县的调查,农家收入主要来源于农作物种植,占80%—90%以上,副业收入只占很少部分。

据李中舒对天水、平凉、武威的155户农家调查,平均每农场全年收入武威524.97元,天水492.72元,平凉399.62元,平均472.44元。田场的收入由现金和非现金收入构成,非现金收入占2/3,现金收入占1/3。农场的非现金收入平凉占80.79%,天水占66.4%,武威占55.92%④。结合本书表3—5来看,在农场收入中,农家田场面积越大,非现金收入的比重越高。对榆中农家的调查中,每场主平均的作物收入为304.78元,每地主平均收入16.25元,合计每农场收入为321.03元⑤。农家除了田场收入外,还有副业收入。在上述被调查的155户农家中,副业收入平均为123.50元⑥,加上作物收入,平均每农家收入为576.54元,副业收

---

① 陈景山:《甘肃榆中农家田场经营调查之分析》,《西北经济通讯》第1卷第2期,1941年2月,第14—17页。
② 《甘肃甘谷县社会概况》,《西北向导》1936年第6期,第14页。
③ 李显承:《甘肃武山等五县农村概况》,《农业周报》第4卷第12期,1935年3月29日,第412—416页。
④ 李中舒:《甘肃农村经济之研究》,《西北问题论丛》第3辑,1943年12月,第39、40页。
⑤ 陈景山:《甘肃榆中农家田场经营调查之分析》,第14页。
⑥ 李中舒:《甘肃农村经济之研究》,第40页。

入占21.4%,作物收入占78.6%。因此,以农业生产为主的地区,农家生活收入的80%左右依靠作物的收入,20%依靠副业收入。

在农家经济收入中,佃农与自耕农有很大的差距。在上述155户农家调查中,自耕农收入最多为480.81元,半自耕农为414.03元,佃农为126.74元[①]。佃农经营的农场收入只是半自耕农的30.61%,自耕农的26.36%。这只是毛收入,在租佃制度之下,佃农的纯收益与自耕农和半自耕农相比少得可怜,在155户农家中,自耕农平均为176元,半自耕农为152.6元,佃农仅为12.74元,"自耕农较佃农高出十四倍,各县虽有差异,但自耕农优于佃农则均一致。"[②]表10—9是自耕农与佃农经营每亩耕地的支出和收入的比照表。

表10—9 甘肃农田使用工本与收益比较表(以旧亩1亩为单位)

田别	支出	收益	价值	实益	备考
水地	种子:1.5元 肥料:5.0元 田租:10.0元 粮3.7升(折洋1.58元) 粮赋:2.15元 统计:自耕农8.65元 佃农18.65元	麦:32.0升 稻:20.0升 杂粮:45.0升	麦:16.0元 稻:28.0元 杂粮:15.75元 平均:19.92元	自耕农:11.27元 佃农:1.27元	1. 本表各项数字以省会所在地皋兰县为标准; 2. 粮赋系根据赋役全书规定之等折中填注; 3. 肥料价就仅皋兰附近农村购施情形而言,实则大多数普通农家均系自营,用钱购买者不多见也。
旱地	种子:1.0元 肥料:4.0元 田租:3.5元 粮2.7升(折洋1.35元) 粮赋:1.55元 统计:自耕农6.55元 佃农10.05元	麦:20.0升 杂粮:35.0升	麦:10.0元 杂粮:3.25元 平均:6.625元	自耕农:4.605元 佃农:0.655元	

资料来源:甘肃省政府建设厅:《甘肃农业概况》,《甘肃省建设季刊》1934年7月至12月会刊,调查,第4页。

从表10—9来看,每亩水地支出中,自耕农为8.65元,佃农的支出为18.65元,收获价值平均为19.92元,自耕农获益为11.27元,佃农获益为1.27元,佃农获益只是自耕农的11.27%;每亩旱地支出中,自耕农为6.55元,佃农的支出为

---

① 李中舒:《甘肃农村经济之研究》,《西北问题论丛》第3辑,1943年12月,第39页。
② 同前书,第44页。

10.05元，收获价值平均为6.625元，自耕农获益为4.605元，佃农获益为0.655元，佃农获益仅是自耕农的14.22%。该表把粮赋算在佃农支出中，但实际上在甘肃的租佃关系惯例中，粮赋一般是由地主承担的。如果把粮赋从佃农的支出中减去，那么佃农的获益水地为3.42元，旱地为2.21元，这样佃农获益水地是自耕农的30.35%，旱地47.99%。笔者认为该比例与155户农家调查比较接近，也符合甘肃的租佃关系惯例。总之，在农场收入中，佃农的收入只是自耕农收入的1/4到1/3，旱地佃农收入比例达到1/2弱。在租佃关系中，无论地主如何仁慈，地租率多低，佃农劳动总是有一部分被地主所剥削，这是毫无疑问的。

青海每亩土地的产值上等田为5.3元，中等田为3.9元，下等田为2.7元，平均3.97元。以自耕农5口之家耕种25亩土地计算，土地产值为99.3元；自耕农和半自耕农的家畜产值平均为102.1元，除去自家耕田所用牲畜价值的半数，剩余51元为家庭收入。土地产值与牲畜产值相加，农家共计收入150.3元。农家支出部分是：农业生产支出约需47元，5口之家食粮、穿衣、杂用等约需75元，各种捐税每亩以1元计需25元，共计147元，与收入相抵尚余3元。如果支出仅仅如此，农家尚可维持生计，但农家支出中还有门兵帮价、六成折征、委员及警察的脚钱等不可计算的支出，这样农家就入不敷出了。所以青海大部分农家收入"一天天地减少了，支出却一天天增加起来"。[①]

我们再看甘肃西南边区民族地区农家的收支状况（表10—10）。

表10—10 岷县、临潭、卓尼、夏河农户收支统计表

项目 县别	收入（元）				农场支出（元）					家庭支出（元）					合计（元）
	作物	副业	牲畜	合计	肥料	种子	农具	饲料	田捐	饮食	衣服	婚丧	教育	其他	
岷县	1057.0	455.0	990.0	2502.0	174.0	103.0	75.0	391.0	199.0	1250.0	370.0	12.0	7.0	85.0	2666.0
百分比	42.2	18.2	39.6	100	6.5	3.9	2.8	14.7	7.5	46.9	13.9	0.5	0.3	3.2	100
临潭	912.0	388.0	900.0	2200.0	150.0	100.0	50.0	350.0	200.0	1000.0	350.0	10.0	5.0	70.0	2285.0
百分比	41.5	17.6	40.9	100	6.6	4.4	2.2	15.3	8.8	43.8	15.3	0.4	0.2	3.1	100
卓尼	950.0	250.0	915.0	2115.0	102.0	121.0	41.0	405.0	120.0	1105.0	240.0	50.0	—	50.0	2234.0
百分比	44.9	11.8	42.3	100	4.6	5.4	1.8	18.1	5.4	49.5	10.7	2.2	0	2.2	100
夏河	920.0	120.0	1250.0	2290.0	95.0	157.0	35.0	440.0	135.0	1150.0	120.0	50.0	—	70.0	2252.0
百分比	40.2	5.2	54.6	100	4.2	7.0	1.6	19.5	6.0	51.1	5.3	2.2	0	3.1	100
平均	959.8	303.3	1013.8	2276.8	130.3	120.3	50.3	396.5	163.5	1126.3	270.0	30.5	6.0	68.8	2359.3
百分比	41.2	13.3	44.5	100	5.5	5.1	2.1	16.9	6.9	47.7	11.4	1.3	0.2	2.9	100

说明：[1]收入中的"牲畜"包括牲畜及副产品；[2]农场支出中的"田捐"是指田赋及捐税；[3]家庭支出中的"其他"包括杂费及其他；[4]各县百分比、各县平均值与总百分比均由笔者计算。

资料来源：根据王志文《甘肃省西南部边区考察记》第55—61页的统计制成。

---

① 丘咸:《青海农村经济概观》,《新青海》第3卷第9期,1935年9月,第8—10页。

甘肃西南边区是一个农牧兼营的地区,农家经济收入主要来源于作物、副业与牲畜及副产品,四县平均收入为2276.8元,其中作物占41.2%,副业占13.3%,牲畜及副产品占44.5%。可见,在甘肃西南边区农家收入主要来源于作物与牲畜养殖。作物收入卓尼最高占44.9%,夏河最低占40.2%;副业收入岷县最高占18.2%,夏河最低占5.2%;牲畜及其副产品夏河最高占54.6%,岷县最低占39.6%。在各县农家的收入和支出中,除了夏河略有盈余外,其他各县都是入不敷出,各县差额卓尼为5.3%,临潭为3.7%,岷县为5.2%。尽管西南边区农家支出与收入不敷的差额很小,但教民消费有其特殊性。甘肃西南边区是一个宗教信仰十分盛行的地区,当地藏族农家还有一项支出,即农牧民家有疾病和死亡后无不花大量的钱财央请寺院喇嘛念经,宗教活动是该地农牧民家庭的一项主要支出,但在该项统计中没有。因此,如果加上各种宗教活动的支出,这里农家收入与支出的差额会更大。

(二) 农牧民家庭收支个案

1. 青海蒙古族家庭收支

表10—11是对生活在青海蒙古族富有家庭经济状况的调查估计,纯农区是一个假定8口之家,男子3人从事农业生产,其余老幼等人从事牲畜放牧与管理;半农牧区是一个假定7口之家,男子2人从事农耕,其余人员管理牲畜;纯牧区假定也是一个7口之家,除1人外其他人从事畜牧业经营。[①] 不同家庭的产业、收入和支出状况如表10—11。

表10—11 青海蒙古族牧民家庭产业与年收支状况估计

区别	家庭产业 项目	价值	家庭收入 项目	价值	家庭支出 项目	数量
纯农区	房屋	约500元	小麦	约800元	食料、衣料、种子	约900元
	车辆(2辆)	约50元	粟	约1120元	雇工	约80元
	农具	约45元	荞麦	约200元	租税	约50元
	家具	约300元	杂谷	约130元	寺院寄宿及喇嘛念经	约60元
	馔具	约50元	蔬菜	—	房屋修缮、农具补充	约100元
	耕地	约2050元	猪羊	200	燃料(洋油等)	约50元
	牲畜6头	约800元				
	合计	约3795元	合计	约2450元	合计	约1240元

---

① 滨海鸥:《青海蒙民之家庭经济状况》,《西北论衡》第9卷第11期,1945年11月15日,第54—56页。

续表

区别 \ 项目	家庭产业 项目	家庭产业 价值	家庭收入 项目	家庭收入 价值	家庭支出 项目	家庭支出 数量
半农牧区	房屋家具	约880元	农产物	1915元	食料	517元
	牛20头	约1000元	牛	165元	衣料	706元
	羊30头	约1200元	羊	1150元	家具	20元
	马5匹	约1500元	马	600元	住房修缮、农具补充	60元
	合计	约4580元	合计	3830元	合计	1303元
纯牧区	房屋家具	约1250元	牛	约230元	食料	约802元
	牛40头	约2000元	马	约9600元	衣料	约1320元
	马80头	约24000元	羊（羊毛）	约3450元	家庭用具补充	约30元
	羊100头	约4000元			蒙古包及车辆修缮	约73元
	合计	约31250元	合计	约13280元	合计	约2225元

资料来源：滨海鸥：《青海蒙民之家庭经济状况》，《西北论衡》第9卷第11期，1945年11月15日，第54—56页。

从表10—11的3个家庭可知，纯农区要缴纳税收，其他两个家庭则没有税收负担。纯农区收入2450元，其中农作物收入2250元，占全部收入91.8%，而粮食收入中"除粟专用为一家的食量外，其他谷物大都运于市场出售"；牧业收入只有200元，占8.2%；在半农牧区家庭中，总收入3830元，农作物与畜牧业收入均为1915元，各占50%；纯牧区的家庭收入全部来自牲畜。3家蒙古族农牧民家庭产业纯农区是6440元，半农牧区5080元，纯牧区为27250元。因3家比较富裕，每年的收入除开支外尚有剩余，农业区家庭剩余1140元，占总收入的48.5%；半农牧家庭除开支外尚余2527元，占总收入的66%；纯牧区家庭中除开支外尚余11055元，占总收入的83.2%。这只是对富裕家庭的调查估计，一般农牧民家庭牧业并没有这么好的收入。另外，在该项调查估计中，不知调查者出于什么原因，牧民的宗教支出没有计算在内。因为宗教活动是牧民最主要的一项支出，如果加上该项目的话，牧民的剩余可能会减少很多。

2. 河西自耕农家庭收支

表10—12反映的是一个拥有50亩田场的自耕农的收支情况。[①]

[①] 李扩清：《甘肃河西农村经济之研究》，第26453页。

表 10—12　河西地区农家收支状况统计表

农　家　收　入	农　业　支　出	家　庭　支　出
(1)麦收 24 石,每石 8 元,值洋 192 元	肥料:20 元	饮食:84 元
(2)谷收 5 石,每石 5 元,值洋 25 元	农具:12 元	衣服:21 元
(3)糜 4 石,每石 5 元,值洋 20 元	家畜:8 元	燃料:12 元
(4)马铃薯 540 斤,每百斤 1 元,值洋 5.4 元	饲料:12 元	医药:3 元
(5)鸦片收 30 两,每两 0.3 元,值洋 9 元	种子:20 元	交际:2 元
	工资:24 元	其他:1 元
	田赋及捐税:90 元	
	合计:186 元	合计:123 元
收入合计:251.4 元	支出共计:309 元	

资料来源:李扩清:《甘肃河西农村经济之研究》,见萧铮主编《民国二十年代中国大陆土地问题资料》,第 26453—26455 页。

从表 10—12 可知,该农家每年作物的收入为 251.4 元,支出为 309 元。仅从农场收入来看,拥有 50 亩耕地的农家单凭作物的收入满足不了生活的需要,尚缺 57.6 元,缺额为 18.6%。如果以前文 155 户农家和榆中农家副业占农家收入的 20%为例来计算,该农家副业收入应为 62.9 元,总收入为 314.3 元。因此,拥有 50 亩耕地的自耕农如果加上家庭副业是可以勉强维持生活的。

3. 武威半自耕农家庭收支

表 10—13 是一个半自耕农的收支情况。被调查的农家位于武威县南乡,种地 1 石,家有 5 口人。① 各种收入为 73.3 元,有 3 项大的支出,即农业支出 51.6 元,赋捐支出 34.7 元,家庭支出 82 元,共计 168.3 元。该农家收支相抵后尚缺 95 元,占总支出的 56.4%,一年的收入不足家庭支出的半数需要,即使有一定的副业收入也很难维持温饱。

表 10—13　武威县南乡一农家收支统计表

收　入	农　业　支　出	赋　捐　支　出	家　庭　支　出
小麦:种 5 斗,收 3 石,值 24 元	小麦种:7.2 元	赋粮:4.5 元	食费:70 元
谷子:种 2.5 斗,收 7.5 石,值 2.25 元	谷种:0.375 元	赋草:1.05 元	衣料:7 元
大烟:种 1.5 斗,收烟 50 两,值 30 元	马铃薯种:4.5 元	烟亩罚款:15 元	杂用:5 元
马铃薯:种 1 斗,收 1000 斤,值 5 元	肥料:10 元	粮草串粟小帖:0.1 元	

① 国立暨南大学西北教育考察团:《西北教育考察报告书书》,第 14 页。

续表

收　入	农业支出	赋捐支出	家庭支出
麦草:收60束,值3元	青工:7.5元	警察司法费:0.3元	
谷草:收50束,值5元	收工:12元	县差费:1.3元	
烟子:收5斗,值4元	畜料:10元	乡约杂费:0.4元	
		车马差役:0.56元	
		乡区公所费:2.5元	
		其他杂项:9元	
合计:73.3元	合计:51.6元	合计:34.7元	合计:82元

资料来源:国立暨南大学西北教育考察团:《西北教育考察报告书》,第14—16页。

另有一项关于武威农家生活的调查,普通农家人口在15口左右,成年男子都以务农为业,女子除缝衣做饭、照顾小孩外"再无一技之长"。佃农以小麦、青稞为主要收入,"年约收三十市石,除复租资、衣食等项外,常感入不敷出";自耕农以小麦、青稞、豌豆为大宗收入,"每年收入六十石之谱,除支出公款及各项差务外,只够自己衣食之用";穷农以小麦、青稞为主要收入,"但种地不多,出产亦微,加以差务繁重,每年收入仅足半年之用,因而年轻力壮者,多被雇用,老弱者逼迫流离失所,冻馁死亡者,时有所闻"。[①] 武威自耕农可勉强维持温饱,而半自耕农入不敷出,雇农家庭收入主要来源于给地主拉长工、打短工和出苦力来维持。

4. 宁夏自耕农家庭收支

表10—14是对抗战结束后宁夏平罗县自耕农的收支状况。调查的农家是该县7保5甲农民俞占魁,有耕地33亩,[②]属于自耕农。

表10—14　宁夏平罗农家收支统计表

农家收入		农家支出			
项　目	数值	农场开支	数量	家庭生活开支	数量
农作物收入	31600元	长工(2名)、短工	35000元	食粮、肉菜	24000元
牲畜及畜产品收入	4640元	地租	500元	衣服(20丈布)	40000元
各项副产收入	5000元	畜工、饲料	4000元	教育、医药	4000元
其他副业收入	2000元	种子、肥料及其他	4500元	祭祀、婚丧	5000元
		房舍修缮、农具补充	2500元	交际、娱乐及其他	6500元
合计	42640元	合计	46500元	合计	79500元

资料来源:董正钧:《宁夏农业经济概况(上)》,《中农月刊》第8卷第2期,1947年2月,第41页。

---

① 《甘肃西康农民生活调查》,《地方自治》第1卷第3期,1946年8月1日,第54页。
② 董正钧:《宁夏农业经济概况(上)》,《中农月刊》第8卷第2期,1947年2月,第41页。

表 10—14 反映出,宁夏的自耕农家庭收入由 4 项构成,一是农作物栽培,其中种植小麦 20 亩,糜子 10 亩,豆子 2 亩,共计收入 31600 元,占总收入的 73.1%;二是牲畜及产品;三是各项副产收入;四是家庭副业收入,后 3 项收入为 11640 元,只占 26.9%。支出共计 12.6 万元(法币贬值所致),其中:农场支出 46500 元,占总支出的 36.9%;家庭生活支出 79500 元,占总支出的 63.1%。收支相比,不敷达 83360 元,也就是说当时经营 33 亩土地的农家要亏损 8.3 万元。当然农家支出只是依据经济学原理进行理论上的计算,实际情形是该农家不必雇用长工(自家劳动力不必除工资,可节省 3 万元),土地和家畜均为己有(不必出畜工和地租 2500元),衣服也不必每年添置(以旧衣服替代,节省 4 万元),如此计算每年少开支 7.25 万元,农场实际支出为 5.35 万元,不敷之数仍有 1 万余元。这项调查中尚未计算"战时应有之各项税捐、劳役等负担",如加上该项"亏损之数必不至此"。[①] 因此,在当时情形下,在宁夏即便有 30 余亩地的自耕农维持生活也是十分困难的。

通过表 10—9 至表 10—14 所反映的各地农家收支情况个案来看,①农家收入以农作物及其副产物为主,如表 10—11 的青海蒙古族纯农区占到 90% 以上,表 10—14 所反映的宁夏农业区占 70% 以上。②农家支出中,家庭生活消费支出高于农业生产投资。表 10—12 的自耕农生活消费为 123 元,农业投资(除赋税外)为 96 元,分别占总支出的 39.8% 和 31.1%;表 10—13 的半自耕农家庭消费支出为 82 元,农业生产支出为 51.6 元,分别占家庭总支出的 48.7% 和 30.7%;表 10—10 西南边区民族地区 4 县的饮食和服装平均为 1396.3 元,占支出总量的 59.1%,农业投资 697.4 元,占 29.3%。如果对表中的农家支出平均计算,家庭支出中,农业投资和税收占 57.5%,家庭支出只占 42.5%。农家生活消费支出低于农业投资支出是近代本区域农家消费的主要特点,说明农家生活维持在一个非常低的水平。

(三) 农牧民生活

农业生活是农村经济的主要组成部分,既能看到农民的生活程度,又能够折射出社会经济的整体发展水平。黄河上游区域属于地瘠民贫之地,经济不发达,农家的日常生活本身就比较困苦,即便在清朝康乾盛世时期,大部分居民依然处于贫饥状态。"甘省土地瘠薄,前因小民口食维艰,恐借耀缓征,亦未能周普。曾降旨以甘省距口外不远,莫若劝令贫民出口觅食,如实在无力者,或地方官量为欣助,俾得就

[①] 董正钧:《宁夏农业经济概况(上)》,第 42 页。

食丰区,已豫为筹办之一法"。① 每遇青黄不接时,都面临着口粮和籽种困难,如常钧的《敦煌随笔》记载:"每年青黄不接之时,俱需借给户民籽种、口粮"。②《甘肃新通志》记载的"大饥"或"饥",道光年间5次,咸丰年间2次。③ 据民国《东乐县志》记载,"境多碱土,常缺雨泽,全恃山水、泉水以资灌溉。恃山水者,居五分之四,两旬不雨,即抱旱尤。岁止一获,且多间年歇种者。秋稼后,即急翻犁以谋春种,十冬月又碾场、运粪。人工、牛力终岁弗少息,计所获实无几也。一切完粮、纳草、丧葬、婚嫁、往来应酬,胥于农获取资。往往中户以下,农事一毕,食种两缺,虽丰岁有不免者。"④会宁县普通农家,以杂粮粗食为主要食品,"麦面非有余之家,鲜有食者"。⑤ 农民辛苦一年,到头来所剩无几。如据有学者研究,从清初到民国300年间,以反映"风调雨顺"的丰收年占18.8%;以干旱为主的饥馑年占18.2%。⑥ 说明饥饿在黄河上游区域农民生活中是经常发生的事情,尤其在每年青黄不接的季节,正是农民挨饿的时期。如河西山丹县一个比较富裕的村庄有130余户,1948年农历五月青黄不接的时候,能够吃饱肚子的人家不过十二三户,"其余的大多数人家靠着少量的谷物和大量的野草,吊着一口断不了气的命"。⑦

农家生活是否富裕与占有土地数量有很大关系。地主占有较多的土地,是农村生活比较优裕的阶层。如占有五六百亩水田或数千亩旱地的大地主,年收粮千担不算稀奇,"他们掘起地窖,屯起半生的粮食来,遇荒年昂价,以吸收土地,生活当然优越";⑧拥有数百亩良田的大地主坐享其成,将农场交给总管经营,"由总管支配雇农工作,年终将收获情形,大略报告地主,地主完全成为消费者"。⑨ 天水有"百余垧(一垧合二亩五分)地者,百家中不过十家而已,即一般人所谓为殷实之家。十垧至二十垧者尚视为小康,则生活水准之低落与饥饿现象之普遍可想而知,人民对于生命之挣扎力甚强,故'吃苦'有其独到之处。百余垧殷实家,除收麦时间能吃白面外,平时只限吃包谷、高粱等杂粮,穷困人家买不起油盐,收集白菜、萝卜根煮

---

① 陈振汉等:《清实录经济史资料·农业编(四)》,北京大学出版社2012年版,第1653页。
② 常钧:《敦煌随笔》下卷《积粮》,1937年铅印本。
③ 道光元年,皋兰、静宁、西宁及秦巩属"大饥";十四年,庄浪及秦州属"饥";十八年,永昌、山丹"大饥,道殣相望";二十二年,清水"大饥";二十六年,平凉"大饥"。咸丰二年,金县"大饥";七年,平凉"饥"。(升允、长庚《甘肃全省新通志》卷2《天文志》,宣统元年石印本)
④ 徐传钧、张著常:《东乐县志》卷4《风俗·四民执业》。
⑤ 白眉初:《秦陇羌蜀四省区域志》第4卷《甘肃省志》,第38页。
⑥ 冯绳武:《祁连山及周围地区历史气候资料的整理》,《西北史地》1982年第1期,第16页。
⑦ 谷苞:《河西——农民的地狱》,《新路周刊》第1卷第19期,1948年9月28日,第15页。
⑧ 南作宾:《建设甘肃农村经济的途径》,《陇铎》1940年第5期,第22页。
⑨ 汪惠波:《甘肃省经济之检讨》,《新亚细亚》第11卷第5期,1936年5月,第20页。

熟,贮存罐中,待共酵化,再和煮包谷面散饭,其味酸腻,亦能维持自身上之营养!"① 陇南地权分配不均的地区,那些"赤贫无产者"无力租种土地人,"多是由佃户而沦为乞丐"。② 黄河上游区域农业区是一个以自耕农为主的社会,自耕农一般占有土地多则数十亩,少则十余亩,"因其生活极为刻苦、简朴,虽值二八农闲时,多翻掘荒地或打草绳以为副业,用以博取蝇头微利,鬻换零碎日用品。山地之农户更勤苦,虽在严冬,冰雪遍地,恒往山中斫柴,一冬约可积蓄柴草数十担。除自家烧用外,尚可挑至街上出售,每担柴草可售数百铜钱"。③ 河西一些贫苦农民以捡拾野谷、野菜,或采集沙漠中的芨芨草编筐、帽等补贴生活。④ 一般自耕农、半自耕农需要从事副业补贴家用,尤其在土地不足的地方,只有通过从事副业才能维持最低生活。⑤ 佃农与半自耕农占有耕地不多,即是"非常勤劳,亦往往不得温饱"。⑥ 除了地主外,其他阶层生活处于生活困难状态。

在游牧区,牲畜是牧民的衣食之源,也是游牧区的物质基础。蒙藏民众饮食普遍以糌粑、牛羊肉、牛奶、茶、酒为主,在富裕之家尚有糖果(洋糖)、罐头、挂面等。但生活在社会底层的贫困"掘取蔓荆、草根等物品及奶渣,以为充饥之用"。⑦ 尤其那些没有牲畜或牲畜不足的牧民,生活十分困难,通过做工役维持最低生计,如鞣制几张皮子换几碗炒面,或搓几根绳子换一小碗奶子等。⑧ 因牲畜占有关系不平衡,贫苦牧民因牲畜不足家庭生活困难,"要依靠做短工、长工来补充家庭经济不足,甚至有相当大的一部分贫苦牧民要依靠做长工或乞讨度日"。⑨ 不同阶层的生活有天壤之别。

雇农是那些除了劳动力外"一无所有"的农民,他们受雇于别人,尽管"食宿由雇主供给",但是农村中"工作极苦,工资极低"的群体。⑩ 甘肃地广人稀,农民耕地距家较远,"雇农人为运送肥料等工作,常须每日工作至十八小时之久。所得工资,

---

① 《甘肃天水社会调查》,《西北向导》1936年第12期,第23页。
② 李化方:《陇南一隅的佃农》,《经济周报》第7卷第21期,1948年11月25日,第12页。
③ 汪惠波:《甘肃省经济之检讨》,《新亚细亚》第11卷第5期,1936年5月,第20页。
④ 施忠允:《西北屯垦研究》(上),见萧铮主编《民国二十年代中国大陆土地问题资料》,第36540页。
⑤ 参看黄正林:《民国时期甘肃农家经济研究——以20世纪30—40年代为中心》,《中国农史》2009年第1期,第36—40页。
⑥ 南作宾:《建设甘肃农村经济的途径》,《陇铎》1940年第5期,第22页。
⑦ 陆亭林:《青海帐幕经济与农村经济之研究》,第20667页。
⑧ 青海省编辑组:《青海省回族撒拉族哈萨克族社会历史调查》,第12页。
⑨ 同前书,第88页。
⑩ 南作宾:《建设甘肃农村经济的途径》,第22页。

各县不一,少者每年不过一二十元,多或至三四十元。"① 青海雇农分为长工与短工,长工年最高工资为31元(互助县),年最低工资21元(循化县);短工最高工资在农忙时为0.4元/日(共和),平时为0.2元/日(共和);最低工资农忙时为0.15元/日,平常为0.1元/日。牧羊儿童,全年工资只有2元至5元不等,"均须给以宿食";雇工1个月最高工资3元,最低2元;女工工资最低,日仅二三百文,不到0.1元。② 据1930年代中期调查,雇农年平均工资甘肃为22.65元,宁夏33元,青海31.5元。③ 在游牧区那些没有牲畜的牧民,唯一的生活出路是给牧主当雇工,生活十分贫困,"牧工在雇主家吃住,畜产品旺季吃得好一些,平常一天吃两次饭,每一次给一小碗炒面,给一块如火柴盒大小的酥油"。④ 不管是雇农还雇牧,都是农村居民中生活最贫困的阶层。

  普通农民穿着也一般。敦煌农民"常则用布褐,夏则单衫,冬惟羊裘,无奢靡之服"。⑤ 张掖地气寒冷,居民以羊裘、褐布为衣,所不同的是"富者白羔裘",即用白羔羊皮制成的裘衣;普通农家一般穿皮氅衣,"或无面者,庶民胥以御寒";夏季"富户以丝帛,庶民以褐布"。⑥ 邻县临泽也是如此,"羊裘,富者以羔皮,贫者用老羊皮,不着衣面"。⑦ 礼县普通农家"衣服多系麻布",富有之家"夏葛冬皮"。⑧ 青海衣着材料"多以熟皮做之……中人之家,皮衣之上,多罩之以布,以示美观;然富者则绸缎叠叠,以红黄色为最所好"。只有王公、土司、贵族之家,穿衣考究。因本地是农牧并举的经济结构,盛产羊毛和羊皮,农家以羊毛织成褐布,以羊皮做皮袄。不同的是富人之家或以羔皮做裘,或皮衣做有面子;而穷人穿不做面子的老羊皮袄。贫困的藏族牧民衣服"简单到了无以复加的地步,冬季和夏季通常都穿着一件羊毛在内侧的羊皮长袍,一般没有裤子,脚上穿着长筒皮靴"。⑨

  近代以降,随着皮毛市场的兴起,土布也随之大量进入西北市场,⑩ 加之甘肃

---

 ① 中央银行经济研究处编:《中国农业金融概要》,第140页。
 ② 范家标:《中国雇农的经济生活(续)》,《光华大学半月刊》第3卷第4期,1934年11月25日,第67页。
 ③ 费畊石:《雇农工资统计及其分析》,《内政统计季刊》创刊号,1936年10月,第81页。
 ④ 青海省编辑组:《青海省回族撒拉族哈萨克族社会历史调查》,第91页。
 ⑤ 苏履吉、曾诚:《敦煌县志》卷7《杂类志·风俗》。
 ⑥ 钟庚起纂修:《甘州府志》卷4《地理·风俗》。
 ⑦ 王存德等:《创修临泽县志》卷4《民生志·衣服》。
 ⑧ 白眉初:《秦陇羌蜀四省区域志》第4卷《甘肃省志》,中央地学社1926年版,第53—54页。
 ⑨ 〔英〕台克满著,史红帅译:《领事官在中国西北的旅行》,第122页。
 ⑩ 王翔:《传统市场网络的近代变形——近代冀南与西北"土布换皮"贸易初探》,《近代史研究》2011年第2期,第49—64页。

等地土布业的兴起,到 20 世纪三四十年代,粗土布逐渐成为穿着的主要材料,如定西农民"所穿衣以土布为主,即亦有用洋货者"。① 皋兰"农民所着之衣服在夏季通常着用蓝粗布,或白粗布之短汗衫与短单裤;在春秋两季所着者为夹裤褂或小袄,大部均为青蓝粗布货有用土褐及麻布者;冬季着用之衣,男子大多穿无面老羊皮袄,妇人及小孩均着青蓝粗布之棉袄;亦有少数贫农着用毛毡做成之小袄、鞋、帽、袜等用品。"武威"一般农民主要衣被如长衫、衬衣、衬裤、夹衣、棉衣、皮衣、帽、鞋、被褥、枕头等,其品质都为丝、布、土布之类,长衫、衬衣、衬裤需用于夏天,棉衣、夹衣需用(于)春天或秋天,皮衣用于冬天。但抗战军兴,来源短缺,一切用品,供不应求,故农民生活之衣被等类极感不足"。② 固原县富者穿衣以各种细布居多,亦有绸缎衣服,中等之家"服粗布衣裳",贫者"毡袄羊皮掩其身体,间有粗布衣者。棉衣则夏改成单衣,单衣至冬又补成棉袄"。③ 尽管穿衣有了些许变化,但衣料缺乏是当时的常态,遇到灾荒年馑,"农民穿的都是破烂不堪"。④

住屋也比较简单,主要有两种,一种是房子,一种是窑洞,不论哪种居住形式,都是比较简陋的。如灵台县"城乡民户率多倚崖掏穴,连壁接往,间有土墙瓦屋"。⑤ 房屋建筑材料多是就地取材,建筑比较简单,如皋兰农民所居房屋"大多数均土房,做成简单木架然后以上做泥基,用顽石做根基,泥基做墙身,顶覆小木椽,上盖篱笆,再覆以泥土而成"。武威"富农家多住瓦屋,中农住土房,贫农住窑房"。⑥ 又有记载,甘肃居民房屋多是"搭木为架,筑土为墙,上盖泥土,内置土炕,不分贫富,都是一样。不过在陇南方面常有瓦屋,以避淫雨之祸"。⑦固原县富有之家"居瓦舍深堂,宽房大院",中等之家"居瓦屋土房",但以上只是少数,大多数为贫者,"居土窑、箍窑(依崖穿穴为土窑,土基砌成洞样为箍窑),或有居茅庵草舍,或滚木房也搭椽者,椽小而细,故为此式,取其构造简单便利;或家徒四壁,人畜统居一处"。⑧ 陇南地区许多乡村贫穷的农家既盖不起瓦房,也住不起土坯与木架结构的房子,只能在"棚屋"里居住,有许多由"棚屋"组成的村庄。⑨ 河西因四时少雨,普

---

① 甘肃省银行经济研究室:《甘肃省各县经济概况》第 1 集,第 21 页。
② 《甘肃西康农民生活调查》,《地方自治》第 1 卷第 3 期,1946 年 8 月 1 日,第 53、54 页。
③ 固原县地方志办公室:《民国固原县志》上册,第 205—206 页。
④ 李只仁:《目击甘肃农村之现状及救济办法》,《农业周报》第 4 卷第 11 期,1935 年 3 月 23 日,第 364 页。
⑤ 杨渠统、王朝俊:《重修灵台县志》卷 1《风俗》。
⑥ 《甘肃西康农民生活调查》,《地方自治》第 1 卷第 3 期,1946 年 8 月 1 日,第 53、54 页。
⑦ 李只仁:《目击甘肃农村之现状及救济办法》,第 365 页。
⑧ 固原县地方志办公室:《民国固原县志》上册,第 205—206 页。
⑨ 〔英〕台克满著,史红帅译:《领事官在中国西北的旅行》,第 112 页。

通农家建屋"不瓦不甓,架木为楹"。① 因农家住屋简陋,若遇地震、暴雨、泥石流等自然灾害,常常造成巨大财产损失和人员伤亡。据1920年海原大地震后调查,"①甘肃东部地形,为一深受侵蚀之黄土高原,土质疏松,遇震极易崩塌。建屋于其上,或其附近之村庄,往往全村覆没,无一幸免。②东部既多黄土之山,居民为省便计,筑窑而穴居,地震后窑多塌倒,窑内之居人,鲜有逃出者。③居民房屋构造太不稳固,类多黄土之围墙,覆以木椽,其用坚实之支柱者甚少,故遇震即塌"。② 以陇东各县为例看这次地震窑洞、房屋崩塌情形,如宁县"房屋倒塌十分之六七,窑洞塌陷不计其数",压死4000余人;③环县地处山丛,"民间习惯多住崖窑,此次地震及剧烈,时约五六分钟之久",窑洞、房屋倒塌者2299间,压死牲畜3.3万余头,死亡2016人,"至于民间物财米粮,深埋山谷之中者,难以估计";庆阳"震塌窑、房一万五千余间,民庄一千二百余处";合水"倒塌房、窑十分之六";④固原"房倒墙塌,死者万余人"。⑤ 可见,因房屋简陋和穴居,是此次地震造成大量人员死亡和农家财产损失的主因。

近代时期,黄河上游区域农民生活有两个时期特别困苦。一是同治回民事变后,社会经济遭受到重创,加之灾荒频发,饥饿成为一种普遍现象,而且成为"常态"。如同治七年(1868年),甘肃各地普遍发生饥荒,"春,皋兰县大旱,饥;闰四月,泾州大饥,人相食,新瘗死尸,食之殆尽;秦安县亦大饥,斗粟钱十千有余,十室九空,草根树皮撅食净尽,死者无数"。⑥ 饥饿与死亡时时刻刻都威胁着广大民众。事变结束后,各地又陷入了长期贫困,如"庆郡僻远,轮蹄艰阻,移粟出境,运价倍于粮价,商贩裹足。他邑谷贵,莫来购取。农民逋负累累,轻粟重银,贱粜偿债。或辇至城市,求售不得,辇还苦无赀,竟向坊肆易一饭而归。或以饲豕,驱贩邻境。年书大有,十室九空,猝遇饥馑,不能移粟入境,死亡接踵。同治季年,庆阳面价斤值钱五六文。光绪二三年大旱,即便绝粮,盖小民穷极,无力囤贮"。⑦ 本来就十分贫困的农村,又一次次遭受旱灾,农家生活可谓雪上加霜。

一是在20世纪二三十年代之交,西北进入了一个大灾难时期。1920年代初,

---

① 徐传钧、张著常:《东乐县志》卷4《风俗·庐舍》。
② 谢家荣:《民国九年十二月十六日甘肃及其他各省之地震情形》,《地学杂志》第13年第8—9期合刊,1922年9月,第6—7页。
③ 宁县志编委会:《宁县志》,第142页。
④ 甘肃省赈灾救济会:《甘肃地震灾情调查表》,1921年印行,第40页。
⑤ 固原县地方志办公室:《民国固原县志》上册,第38页。
⑥ 升允、长庚:《甘肃全省新通志》卷2《天文志》。
⑦ 陶保廉:《辛卯侍行记》,甘肃人民出版社2002年版,第203页。

陆洪涛大开烟禁,尤其是国民军入甘后,苛捐杂税层出不穷,百年不遇的西北大旱灾、马仲英等军阀的烧杀掠抢,古浪地震等,这些事情都发生在国民军统治甘宁青时期。因此,国民军入甘是社会经济遭到严重破坏,农村经济凋敝和人民生活苦难的节点。首先,导致大量人口死亡,以甘肃为例,死亡人口达240余万,其中死于荒年者140余万,死于疾疫者约60万,死于兵匪者30余万,死于其他者(1927年古浪地震)6万余人。① 其次,经历了这次变乱之后,农村彻底破产了,在甘肃"不论走东、走南、走西、走北,都可看见许许多多的残墙破屋及无人住的空房。到这一县农村的情形是如此,到那一县的农村也是如此,就到每县的城里城外去看看,也莫不是如此。"② 再次,农民生活更为苦难。有一镇原县在外任职的人说:"我的家庭,在我们敝县,虽列不到一等地位置,二等位置绝对够得上哩。民国七八年至十二三年,家中穷苦,家中供给两个中学生的经济,尚能办得到,绝不至于发生危险的。现在呢?不但连一个小学生供给不起,即家庭全年的费用都无法维持,就是我们家中虽有数百亩良田,全年所得到的血汗,垫全年的公款还不够,非向别的地方再找些钱不可的"。③ 一个有数百亩土地,数一数二的地主家庭尚且如此,一般贫民生活可想而知。灾后普通农家"食物久绝,灾民多服芝麻、核桃、黄蜡所制造之避谷丹以度日,每丹重三四钱,服后可忍饥三日。惟服食未久,一食谷类,即肚胀而死,全省灾民因此要命者,达十分之二以上"。④

宁夏的农家也出现了贫困化的趋势。1932年春,宁夏全省农民"因无籽种,不得春耕者,约占十分之四。而乡间极贫之民,无米为炊者,约占十分之三……据最近之调查,宁夏灾民之无衣无食者,已达数十万人之多,号哭连天,死亡载道,惨不忍闻。"灾民在走投无路的情形下,不得不走上死亡的绝路,仅1931年冬至1932年,中卫县"人民之投河、堕井、自缢、自刎、服毒及因冻饿而死者,不下八千余人"。⑤ 灾后数年内农村元气难复,依然贫困景象,如《申报》的一位记者在宁夏中卫营盘水的投宿之家看到,"家中陈设,一目了然,计有土灶一个,粪草一堆,沙缸一对,中置发菜数卷,并无鼠耗之粮,缺角土炕一个,置破麻袋二条、小黄羊皮三张,是即居停之卧具,余无长物。""另至一家,房顶洞穿,瓦椽拆毁,徒有四壁。询乃大军

---

① 《甘肃天灾人祸迭起》,《时事月刊》第4卷合订本,1931年1—6月,第85页。
② 李只仁:《目击甘肃农村之现状及救济办法》,第365页。
③ 宁捷三:《甘肃镇原县农村破产之原因及家庭经济困苦状况》,《拓荒》第2卷第6期,1934年10月,第105页。
④ 梁敬锌:《一月来之灾情与匪患》,《时事月刊》第4卷合订本,1931年1—6月,第123—124页。
⑤ 梁敬锌:《一月来之灾情与匪患》,《时事月报》第5卷第7—12期合订本,1932年,第10—11页。

过境时,取为燃料,露天住宿,实不得已也。"①许多农民的衣服"冬不能御寒,夏不能蔽体,甚至无裹身者,比比皆是",吃"非用树皮充饥,即用草根糊口",住则以"草屋茅舍,为栖身之所"。② 这种景象在1930年代初到西北旅行者的笔下比比皆是。

  为了解西北农村经济困局,20世纪30年代国民政府开始西北开发,一方面,为了救济农村,国家金融机关深入农村,合作社广泛建立,发放农村救济贷款;另一方面,国民政府加大了对甘宁青的投入,尤其是抗战时期农村救济贷款转变为国民经济建设贷款后,各项事业有所发展,农村经济有所复苏,抗战时期成为自鸦片战争以降农村经济最好的时期。但农民的生活状况如何?

  一方面,普通农民生活的确有了一定程度的改善。从粮食总产量和人均粮食产量来看,以1943年为例,人均粮食产量为597.4市斤(见前文),缴纳田赋是农家的主要赋税,甘肃征实田赋160万石③,人均征粮为0.24石,约折合36市斤,除缴纳赋税外,尚余561.4斤。据1942年调查,甘肃人均常年粮食消费量是627.4市斤④,以此计算,尚缺66市斤。也就是农业产量的增加能够解决农民粮食需求量的89.5%,尚有10.5%的不足。由于发放副业贷款,鼓励发展农村副业,故不足部分主要通过农家副业来补充,如1940年代陇西"手工业生产合作事业的发展,促进了地方经济的发展,给一些贫穷家庭的男女劳动力开辟了一条出卖劳动以谋生的门路"。⑤临夏"本地人民使用简单,衣服朴素,住房简陋,虽产品无多,而生活尚称裕□。所有市面之繁荣,农村经济之发展,实赖民风之崇尚勤俭,强力经营之所致。"⑥兰州西郊一农村"因工业纺织合作社之组织,该村男女老幼一二千人,全能手纺毛线。据说,他们的收入也比过去好得多。"⑦农贷发放后,各地农家生活趋于稳定,即"自民国廿五年政府举办农贷以来,农村生产渐形恢复,人民生活日趋稳定"。⑧永登县"农村经济颇能因而调剂,农民亦多额手称庆"。⑨ 从20世纪二三十

---

  ① 陈赓雅:《西北视察记》上册,上海申报馆1936年印刷,第145页。
  ② 顾执中、陆诒:《到青海去》,商务印书馆1934年版,第261、262页。
  ③ 《甘肃省政府三年来重要工作报告》(自1940年12月6日起至1944年4月15日止),1944年5月,第31页。
  ④ 根据《民国三十一年各省食粮消费概况》,《农报》第8卷第7—12期合刊,1943年4月10日,第140页表计算。
  ⑤ 王振纪:《关于陇西解放前小手工业的见闻》,《陇西文史资料选辑》第1辑,1995年1月印行,第64页。
  ⑥ 甘肃省银行经济研究室:《甘肃省各县经济概况》,第131页。
  ⑦ 徐旭:《论西北工业建设》,《中国工业》第5期,1942年5月,第7页。
  ⑧ 甘肃省银行经济研究室:《甘肃省各县经济概况》,第37页。
  ⑨ 永登办事处:《永登》,《甘行月刊》第1卷第2期,1941年4月,第53页。

年大饥荒过来的农民,已经觉得日子比以前好多了,现在看来农村至少不是饿殍载道的情景了。

另一方面,农民生活尚未脱离贫穷状态。抗战结束后,有学者曾选择甘肃省16县居民2937人的营养状况进行了调查,其中学生1335人,占45.5%;农民745人,占25.4%;商人264人,占9%;工人153人,占5.2%;公务员134人,占4.6%;无业人员176人,占6%,其他130人,占4.4%。在被调查的县中,岷县、临洮、成县、天水、徽县、文县6县地方比较富足,陇西、永昌、武山、泾川、民勤5县属于中等县份,宁县、永登情形一般,鼎新、临泽比较贫苦,黑错属于藏区。调查结果,营养状况良好者601人,占20.5%;营养中等者2039人,占69.4%;营养状况不良者297人,占10.1%。① 说明80%以上的生活还没有得到改善,有10%的人处于饥饿状态。这种情形从当时居民的食物结构中也能看出来,晚清至民国时期,农民赋税奇重,为了缴纳赋税换取现金,最普遍的做法是"把良好的食物出卖,而滋养不足的农产品则留作自用"。② 因此,小麦虽是甘肃主要农作物,但农民吃小麦的机会较少。如岷县农家"生活至为简单,食则以山芋、青稞等杂粮充饥"。③ 因此造成营养不良。许多地方农民生活处于困难状态,如定西农民"衣服食住多不讲求,但求衣蔽体食果腹而已……食料以普通小麦、豆类、糜、谷等物为主,中上等农民,多食麦米,然每饭有蔬菜者则数少数";④陇西"农民经济生活极为艰苦。"⑤秦安"全县多佃农、半自耕农,且无论贫富,食则高粱淡饭,衣则土布粗服,每人全年衣食住各费平均一百元,少则七八十元"。⑥ 甘谷是甘肃编织副业比较发达的县,从年轻妇女到龙钟老太"手不停编",但生活依然维艰,"一般农民终年劳动,仅得粗食布衣,生活之艰苦宛如其他县份之一般农民也";⑦文县碧口"往往一年之经营,不足供半载之所需,其生活困苦之情况,概可知矣"。⑧ 由于药材市场萎缩,以致文县"农村经济亦随之顿形枯竭,农民生活寒苦万状,每日食用一次者,比比皆是"。⑨

---

① 杨作华:《甘肃临泽等十六县人民营养体格调查报告》,《新甘肃》第2卷第1期,1947年11月,第55—57页。
② 范家标:《中国雇农的经济生活(续)》,《光华大学半月刊》第3卷第4期,1934年11月25日,第70页。
③ 甘肃省银行经济研究室:《甘肃省各县经济概况》第1集,第11页。
④ 同前书,第21页。
⑤ 同前书,第57页。
⑥ 同前书,第66页。
⑦ 同前书,第103页。
⑧ 同前书,第139页。
⑨ 同前书,第144页。

泾川农民"生活状况甚为疾苦"。① 抗战时期平凉"物价飞涨,农业收入多不富足,兼之各种负担较重,故生活均极贫苦。"②固原农民"终年辛苦所得,除供给纳款外,其所余不敷应用。"③榆中"大部分农家所入不敷所出,能自给自足者即为小康之家。"④在半牧半农的藏区,"一般藏民女耕男牧,终年辛苦,结果还是身上只有一件土货老羊皮的大衣,来过四季,吃的还只是很简单的酥油和糌粑,就可以知道他们多数还是入不敷出的"。⑤ 大部分农牧民还处于半温饱甚至饥饿状态。

总之,通过抗战时期的农贷和农村经济建设,农业和农村副业都有了一定程度恢复与发展,尽管农村尚未摆脱贫困,但绝大多数农家已经过上比较稳定的生活,甘肃农村至少已经不是以前饿殍遍地的状况了。

五、农家贫困的根源

在以往的研究中,把农村破产和农民生活贫困的主因归结于地权分配不均、人地关系紧张和租佃关系等方面。民国时期甘肃农村经济破产和农家生活贫困是没有疑问的,但农家生活贫困化的主因是什么?是人地关系紧张问题,抑或是租佃关系问题,还是另有原因?

如前文所言,甘肃农家有半数以上存在耕地不足的问题,但耕地不足与农村经济破产和农家生活的贫困是否一定有决定性的因果关系?其实,1949年以前甘肃人地关系最紧张之时并不在民国,而在乾嘉时期。乾隆初年,由于人口大幅度增长,甘肃农家因土地缺少时有争讼发生,"丁口愈盛,食指愈繁,田地贵少,寸土寸金,奸民觊觎,借端争控,哓哓不已。"⑥嘉庆二十五年(1820年)甘肃(包括今宁夏和青海)实有耕地为3414万亩,人口为1523.9万,人均耕地仅有2.24亩,而兰州、巩昌、庆阳、阶州、肃州的人均耕地还不足1.5亩,这是甘肃人地关系最紧张的时候,农家生活虽然贫困,但还不像民国时期那样严重。⑦ 但经过了同治年间甘肃社会大动荡后,到光绪三十四年(1908年)实有耕地为27477.6万亩,人口为509.4万,

---

① 甘肃省银行经济研究室:《甘肃省各县经济概况》第1集,第153页。
② 《平凉经济调查》,《陕行会刊》第7卷第3期,1943年6月。
③ 陈言:《陕甘调查》(下),第78页。
④ 陈景山:《甘肃榆中农家田场经营调查之分析》,《西北经济通讯》第1卷第2期,第22页。
⑤ 徐旭:《甘肃藏区畜牧社会的建设问题》,《新中华》复刊第1卷第9期,1943年9月,第46页。
⑥ 清高宗实录卷175,乾隆七年九月乙酉。
⑦ 参看高杰《河西农村一角》相关内容,《西北论坛》第1卷第7期,1949年3月。

人均耕地为 5.39 亩①,是嘉庆时期人均耕地的 2.4 倍。由于人口锐减,人地关系紧张的矛盾得到缓解,但社会频繁动荡,农家的日子并不因人均耕地成倍地增加而有所好转,反而日益贫困化。据 1930 年代统计,甘肃的耕地面积为 2351 万亩②,人口为 607.5 万人③,人均耕地为 3.9 亩,仍比嘉庆时期高 1.66 亩。经过国民政府西部开发后,甘肃的耕地面积有了很大的增加,1944 年耕地面积为 3819.1 万亩,人口为 656.5 万④,人均耕地 5.8 亩,是嘉庆时期的 2.4 倍。尽管 1944 年甘肃耕地面积的统计可能偏高,但至少能够说明民国时期甘肃人地关系比乾嘉时期好了许多。按理说,人口减少了,土地并没有减少,人均土地增加,人口压力减轻了,农家生活应该有所好转。但事实并非如此,"当农家失去了再生产的资本与劳动力时,土地增多了不但对于生活没有裨益,相反的它倒是一种累赘。"⑤李金铮也认为,不论从维持最低粮食消费还是从最低生活的角度看,现有的耕地也能够满足农民需要,再加上副业农民生存是没有多大问题,因此"农民生活的贫困主要不是人口压力",而是另有原因。⑥

从土地租佃关系的视角来看,地主对佃农的剥削是不争的事实,但是否足以导致农村经济破产和农家贫困?就甘肃而言,如前文所述,地租率是比较低的,地主收过地租后,在正常年景佃农尚可维持最低生活水平。如清水是甘肃少有的地主对农民剥削较重的地区,佃农"每年地租支出,为其最重负担,终年碌碌,仅足糊口,故丰年尚勉能仰事俯畜,凶年则难免冻饿之忧。"⑦佃农只有在凶年才有"冻馁之忧"。固原地主对佃农剥削稍轻,小麦每亩平均纳租 6 斤,杂粮每亩普通纳租 4.5 斤。小麦以亩产 70 市斤计,租率为 8.6%;杂粮以每亩 70 市斤计,租率为 6.4%,不仅地租率低,佃户还有可能获得属于自己的土地。⑧这虽属于特例,不能代表普遍现象,但作为一个例证说明地主对农民的剥削程度是有限度的。河西的租佃关系不发达,"其租佃者仅限于鳏寡孤独及少数不在地主,故河西租佃问题并不严重。"地主对佃农的剥削仅限于收租,"无其他义务",而且"河西一带之定额物租,因

---

① 石志新:《清代后期甘宁青地区人口与耕地变量分析》,《中国农史》2000 年第 1 期,第 78 页。
② 实业部中国经济年鉴编纂委员会:《中国经济年鉴》,(F)第 2 页。
③ 葛剑雄主编,侯杨方著:《中国人口史》第 6 卷,1910—1953,第 134 页。
④ 《农户与耕地》(1944 年)、《户口分布》(1944 年 3 月),甘肃省政府:《甘肃省统计年鉴》,第 97、51 页。
⑤ 谷苞:《河西农村的崩溃》,《新路周刊》第 1 卷第 23 期,1948 年 10 月 26 日,第 19 页。
⑥ 李金铮:《也论近代人口压力:冀中定县人地比例关系考》,《近代史研究》2008 年第 4 期,第 149 页。
⑦ 甘肃省银行经济研究室:《甘肃省各县经济概况》第 1 集,第 160 页。
⑧ 同前书,第 47 页。

年成丰歉而有伸缩之余地,租额每亩普通为五市斗,歉年则可请业主按田地实产量均分或酌减租额。"①这些都说明在租佃关系中,虽然地主对农民进行剥削,但还没有到使农家经济濒临破产的地步,也不是导致农家生活贫困的主因。因此有学者指出:"在河西若仅从土地的再分配上着眼,即使达到了'耕者有其田'的目的,仍然是解决不了农村问题的。"②可谓一语中的。那么,导致民国时期甘肃农家经济贫困的主因是什么?

从农家支出来解释农家生活贫困的原因。除了农场必需的生产支出外,农家通常支出包括两项,一是维持生活的衣食住行和交际、婚丧等费用,一是租赋与公款等费用。武山县拥有30亩耕地、6口之家的自耕农,年收入153元,年需支出207元,其中赋税63元,占年收入的41.2%,占支出的30.4%;甘谷县拥有十四五亩耕地、8口之家的自耕农,年收入约180—190元,年支出230元,其中赋税公款30元,占收入的15.8%,占支出的13%;漳县拥有30亩耕地、6口之家的自耕农,年收入103元,年支出147元,其中赋税公款51元,占收入的49.5%,占支出的34.7%;礼县拥有二三十亩耕地、10口之家的自耕农,年收入最高120元,年支出340—360元,赋税公款60元,占收入的50%,占支出的16.7%;西和县拥有30亩耕地,年收入120元左右,年支出140元,赋税公款50元,占收入的41.7%,占支出的35.7%。③表10—12反映自耕农家的总支出为309元,其中田赋和税收为90元,占29.1%,而占总收入的35.8%。表10—13反映半自耕农的家总支出为168.3元,其中田赋和税收为34.7元,占总支出的20.6%,而占总收入的47.3%。又据1933年调查,临泽县沙河镇有土地10亩的农家,收入只有92元,而支出有28项,计166元。其中农业和家庭支出8项,计115元;其所有收入全部维持生产和生活尚且困难,缺额达23元。此外还要负担田赋和捐税达20项之多,共计51元④,占总支出的30.7%,占家庭全部收入的55.4%。从上述事例来看,农家所承担的田赋和捐税占到收入几乎半数之多,占农家日常支出的1/3,可见自耕农大多数是入不敷出。为说明问题,我们再看表10—15。

---

① 施忠允:《西北屯垦研究》(上),第36527—36529页。
② 高杰:《河西农村一角》,《西北论坛》第1卷第7期,1949年3月。
③ 李显承:《甘肃武山等五县农村概况》,《农业周报》第4卷第12期,1935年3月29日,第412—416页。
④ 李扩清:《甘肃河西农村经济之研究》,第26463—26465页。

表 10—15 河西金塔大坝村、敦煌南湖村、临泽县沙河村农家负担统计表

(单位:元)

村别	敦煌南湖村	金塔县大坝村	临泽县沙河村杂款
项目	36师军马9匹:360.00 差车死牛16头:500.00 来往军队吃羊235只:400.00 粮秣供应56担:1500.00 军装费:717.00 军粮、棉花、洋铁:280.00 征兵价、补官价:1040.00 烟土(军用)1800两:1260.00 军用牛羊皮:153.00 军用品人情杂项:820.00 本色折粮64石:1560.00 折色草价:358.00 指粮借价:120.00 金库券:320.00 种烟罚金:2300.00	36师借款:725.82 雇兵费:30.00 烟亩罚款:2924.00 提头借款:320.00 三成借款:291.00 金库券:540.00 军用车价:166.00 7个月警费:151.20 印花摊款:40.00 报存烟土摊款:264.00 区公所补助费:40.00 夏季警装费及兵站费:229.00 司法经费及师校经费:620.78 欢迎9师旅长费及粮价:143.00 建训所学员旅费:13.40 采买军粮:32.8担 9师军粮:20.52担 9师马料:5.20担	请客海参席24桌:384.00 赏厨子:10.00 请邵县长与戏班子茶资:8.00 宋代表张家戏班子定钱:20.00 宋代表在甘费用:20.00 各界代表赴甘送德政旅费:49.15 各界代表赴高台旅费:5.00 委员借旅费:100.00 骑2师康副官旅费:10.00 送礼茶叶44箱:88.00 送礼罐头36罐:44.00 送礼糖果36罐:79.20 送礼洋蜡20箱:25.00 送礼绵羊30只:150.00 送礼山羊42只:147.00 送礼黄鱼10对:20.00 送礼包杏仁30斤:27.00 送礼白葡萄30斤:21.00 送礼大红缎1.5丈:39.20 送礼青迥绒1丈:15.00 送礼桃红布1.5丈:5.00 裁羝工资:15.00 派员赴甘来往旅费:15.00 零用:3.00
合计	11688.00	钱:6498.2元;粮:53.32石;料:5.20担	1299.55

资料来源:明驼:《河西见闻记》,分别见第5、48、65页。

表10—15反映的是1932年敦煌南湖村和1934年1—7月金塔大坝村的农家负担。敦煌南湖村共有农户60余家,1932年全村"有账可稽的支应项目"包括军队10种,政府4种,共计11688元,平均每户194.8元。实际上有支应能力的只有24户。平均每户487元,而每户地的收获量不过谷物64石左右,其总价值以最高

价格计算,亦不过 256 元左右。农家在"饭可以不吃,款不可不缴"的情况下,"只能种几亩鸦片烟来应付款项,而没有出产鸦片烟的人家,那就倒霉,非借债便卖身、卖物以相偿。总之,没有特殊势力可以不缴款的,便只好由中人之产,慢慢地变为贫家,等而下之,贫家的结果便是家破人亡!"①大坝村 1934 年 1—7 月的负担种类为 18 种,其中地方政府 10 种,驻军 8 种。而该村前 7 个月的负担分摊在每亩耕地上的钱 6.126 元,粮 5.68 升,料 0.53 升,合计达 8 元之多,"可是此间老百姓全年每亩谷物的收获量总价值,最多亦换不上八元。"②如前文所述,地方政府经费不足,一切费用均摊派于农民;当地驻军和过往军队的军粮、费用乃至运输费等,也均由农家负担,正如时人所言:"农村中的居民,除了少数有特权者之外,自自耕农以下,都得负担极重的公款,其每年总额,相当于农作物收入价值的百分之七十以上"。③

　　从农民离村的原因来看,赋税过重是造成农民离村的主要原因之一。1930 年代,河西农民离村已成普遍现象,如安西"近年天灾人祸,纷至沓来,农村经济破产,农民日见逃亡",布隆吉原有"居民七八百户,今仅残余十分之一。农商负担日增,逃户时有所闻,盖皆不胜捐税之剥削。"小湾子村"水丰土沃,农户向来甚多,今因捐款繁重,亦多弃耕而逃。今春有一王姓中户,携眷图逃。村长恐加重未逃者之负担,将彼追回。王云无种子、耕牛,村长原为大户,慨然借之,勉强支撑至秋,又复星夜潜逃。"二工村"民国十六年前,有农民五十户,去岁尚有十一户,现在仅剩五户。此逃亡者之田地,完全荒芜,其所应负担之粮款,一半摊于他村,一半由此五户负担。"全县在"同治兵燹前,有两千四百余户,至民国十年为九百余户",1934 年尚有 700 余户,1935 年仅余 600 余户,"且在继续逃亡中"。④ 农家不堪各种捐税,有 70%—90% 的农户逃亡了。八工村"最近数年来逃跑了六十四家,抛下来任其荒芜的田地一千三百二十亩。"六工村"最近数年来逃跑了三十一家,抛下来任其荒芜的田有八百三十七亩"。⑤ 从抛荒面积来看,八工村逃亡农家平均有土地 20.6 亩,六工村逃亡农家平均每家有土地 27 亩。民勤宁远堡原有编户三甲,1940 年冬逃往哈密的 22 家,东湖逃往阿拉善旗的 4000 人以上,以致民勤成为河西兵役成绩最劣

---

① 明驼:《河西见闻记》,第 5—6 页。
② 同前书,第 48—49 页。
③ 同前书,第 28 页。
④ 《安西农民的"逃村"》,《中国经济》第 1 卷第 3 期,1934 年 12 月,第 95—96 页。
⑤ 明驼:《河西见闻记》,第 29 页。

的县份。① 山丹县城南四十里的某村庄，在1919年以前有200余户，1948年调查时只剩70余户了，"三十年来的兵连祸接以及高利贷的盘剥，迫使着三分之二的农家做了'逃亡绝户'，能够依然立足在村中的仅仅是三分之一的劫余残生了"。② 可见，农家离村并不是没有土地耕种，而是忍受不了苛捐杂税的盘剥。另外，1935年10月中央农业试验所对甘肃省25县的调查，全家离村的农家达到41875户，占报告县农户的10.5%。从离家农户的性质来看，地主占21.0%，自耕农占42%，佃农占23.6%，其他占13.2%，地主和自耕农占63%，说明农家离村并不完全是由土地分配不均造成的。从离村农家的去向来看，到城市工作和住家的只占26.3%，而到城市逃难、到城市谋生、到别村逃难、到别村务农、迁居别村占66.7%。因寻找新职业或改变居住环境的所占不足1/3，而在原住地无法生存另谋生路的占到2/3。在农家离村的原因中，农村经济破产占1.7%，水灾占7.6%，旱灾占18.5%，匪灾占15.1%，贫穷而生计困难者占11.7%，捐税苛重占19.3%，农产歉收占10.1%，农产价格低廉占1.7%，求学占1.7%，改营商业或其他职业占0.8%，其他灾患占5.9%，其他原因占5.9%。没有因"耕地面积过小"、"乡村人口过密"、"租佃率过高"、"副业衰落"而逃亡的。③ 在各种离村原因中，"捐税苛重"所占比例是最高的。

1928—1930年大旱灾之后，宁夏居民"因为繁重的负担及天灾人祸之结果，就有了弃地远逃之事实"。④ 抗战时期农民负担过重，"农场经营，入不敷出，农村资金相继外流，农业金融，日益窘迫，农民日穷，而生活日艰，甚有弃土离乡而另谋职业者"。⑤

青海农民离村，也是因不堪赋税沉重。如门源"新县成立伊始，差夫苛重，一日三付，尚尤不足，而人夫马夫，日夜逐是，于是所食者，移于税，所藏者，移于食，及至开犁，地无籽种，人无暇工，牛马充拉夫之用，器械作徭赋之当。至秋收时，则虽天年丰满，而所收无一；甚或天年凶灾，更难预料，而差捐杂税，分文难免，叫嚣堕突，饿殍载道，巷呼途哀，惨忍难堪。据民国二十二年之调查，每村逃往他乡糊口者，居十之五以上，平均总计全县不下数百家以上（全县户口1866）。向来朱门富豪，及

---

① 贡沛诚：《巡视西北走廊——甘肃第六行政区纪要》，《边政公论》第1卷第9—10期合刊，1942年5月10日，第79页。
② 谷苞：《河西农村的崩溃》，《新路周刊》第1卷第23期，1948年10月26日，第19页。
③ 《各省农民离村调查》，《农情报告》第4卷第7期，1936年7月，第190—196页。
④ 包特：《宁夏近二十年间开放烟禁的影响》，《西北论衡》第6卷第5期，1938年3月15日，第85页。
⑤ 董正钧：《宁夏农业经济概况（上）》，《中农月刊》第8卷第2期，1947年2月，第36页。

今粮大差重,不能支持,而将屋地承人耕居,又求之不得,于是深夜闭门,一遁不留,次早影踪何地,冥然不知。而所遗地粮,仍由该村负担,年愈如是,则虽任何力量,亦难支持,此其经济破产之最大原因"。① 乐都县"人民全年负担,已至无法纳清之境,一般贫困农民,离农村奔往城市,及他乡逃荒形势,日渐严重"。② 总之,从农民离村的原因来看,并不是因为土地分配不均、耕地不足与地租率过重的原因,而是苛捐杂税过重,正如谷苞所言:"逃与亡的根本原因是穷,然而穷是从什么地方来的呢?造成穷困的渊薮是兵匪的骚扰,政府土劣的捐派,以及长期高利贷的盘剥。农家正常的收益是有限的,然而榨取的部门即多且苛"。③ 因此,从居民离村的原因来看,政府的苛捐是农家经济贫困的根本原因。

可见,民国时期导致甘肃农家贫困原因除了土地分配不均、人地关系紧张、租佃关系中地主对农民的剥削以及各种自然灾害而外,主要是苛捐杂税。通过对甘肃农家经济的研究,我们认为尽管农家经济自身存在着各种各样的制约因素,如土地面积狭小、租佃关系中地主对佃户的剥削以及农家副业发达与不发达等问题,甚至各种自然灾害,但这些只是制约农家经济和影响农民生活最表面化的东西。也就是说,民国时期的甘肃,地主与农民的矛盾、土地与人口的矛盾并不是导致农民贫困的根本原因。而代表国家权威的地方政府与农民的矛盾才是造成农民贫困的根本原因,国家征收了农家收入的 30%—50% 的财富,这才是造成农村经济破产和农家生活贫困的真正原因。正如近人所言:"甘肃自鼎革以还,即为军阀割据之地,历年横征暴敛,惟供于内战的消耗;兼以水旱各灾,货币纷乱,农村经济遂一蹶不振。民众生活于水深火热之中,苦不堪言!凡举地方庶政,如行政教育建设等,在昔日军阀时代,只有摧残破坏,未有一二建树,如雷马之变,西北军之蹂躏,仅纸币一项,甘省人民负担到数千万元,余如每月负担军费八十余万元,军队就地征发粮秣,使全省六百万人民的生计,日渐短促。到现在因于生产减少而负担日渐加重的场合下,人民无法生活,遂不得已铤而走险,别谋一线的生计!"④ 又有民国时期学者指出:农民所受痛苦:一是战争蹂躏,二是苛捐杂税繁重,三是强迫种植鸦片以征重税,四是预征钱粮,五是滥发纸币,六是派征兵差,七是不法官吏的勒索。⑤

---

① 岳永泰:《设县后之青海门源》,《新青海》第 3 卷第 1 期,1935 年 1 月,第 41 页。
② 李伯玉:《苛政压迫下青海乐都县人民负担调查》,《新青海》第 3 卷第 6 期,1935 年 6 月,第 44 页。
③ 谷苞:《河西农村的崩溃》,第 19 页。
④ 张君实:《西北的政治现状(中)》,《中国公论》第 2 卷第 4 期,1940 年 1 月 1 日,第 133 页。
⑤ 廖兆骏:《复兴甘肃农村经济问题》,《新亚细亚》第 10 卷第 4 期,1935 年 10 月 1 日,第 68 页。

由于国家实行的是"损下益上"的财政政策,而国民政府制定的公共造产政策,推动地方政府"创收","这就更直接地把财政负担转嫁到农民头上,使损下益上达到了高峰。"①正是这种政策使地方政府权力无限膨胀,苛捐杂税孕育而生,使农家经济和农民生活蒙上了很大的阴影,导致了民国时期农村经济破产和农民生活日益贫困化。

---

① 郑起东:《近代中国国家与农民的关系》,中国经济史论坛,网址:http://aconomy.guoxue.com/aticle.php/11063。

第十一章　农村市场及其演变

位于黄土高原、内蒙古高原和青藏高原交汇处的陕甘青是一个集农业、牧业的地区,处于传统的农牧交错带上,在这个少数民族集聚的地区,由于居民的生产方式、生活方式和宗教信仰不同,农村市场的构成也不同。以农业经济为主的地区以集市贸易为主,以牧业经济为主的地区则利用寺院会集进行贸易,庙会、花儿会作为农村市场的补充形式而存在。近代甘宁青农村市场在市场构成、市场层级等方面,既有全国农村市场的共性,也有区域市场的特性。晚清至民国时期,市场既有凋敝时期,也有恢复时期。

一、市场类型

(一) 集市

明清时期,集镇已经成为本区域的主要市场,许多县都有集市的记载。如漳县的盐井镇自唐宋以来建设城池为县治所在,"且以盐井产盐运贩踵至,故每日为集,交易麦豆、杂货,而以盐与薪为大宗";新寺镇始于明嘉靖七年(1528年)设立市镇,以每年4月8日为集期,交易粮食、杂货、药材、山货等。[①] 清朝庆阳府城有市集5处,即"府前市,每月六市;卫前市,每月六市;十字街市,每月六市;北门市,每月六市;南关市,每月六市",另有村集11处。[②] 合水县除了县城5处集市外,尚有镇市和村市16处,进入近代以来这些乡镇集贸市场,仍然大多是地方货物的周流集散之地。[③] 宁夏贺兰县的立刚堡,自明代有堡寨以来,就是"北营的重镇之一,很早就有集市","自清代到民国以来,冀、鲁、豫、湘、鄂、陕、甘、青客商落户经营工商业者较多。"[④] 彭阳县沟口集市成立于清同治十二年(1873年),集日为二、五、八日,1913

[①] 张鄂、石作柱:《漳县志》卷2《建置志·市镇》。
[②] 赵本植:《庆阳府志》卷5《城池·附市集》,乾隆二十七年刻本。
[③] 夏阳:《近代甘肃市场的初步发育及时代特征》,《甘肃社会科学》1994年第6期,第83页。
[④] 杜长荣:《贺兰县历史重镇立刚堡》,《贺兰文史资料》第1辑,1985年印行,第42—43页。

年,由哥老会坐地大爷马宝清等人承头,将集日改为双日集。① 宁夏中卫恩和堡,每月三、六、九日集;鸣沙洲,每月一、四、七日集;白马滩,每月二、五、八日集;张恩堡,每月三、六、九日集。② 有的集市,形成了比较大的规模,白马滩下集场在"清同治以前,下集场住户栉比,三天一集市。黄河南岸的鸣沙、白马、彰恩,河北岸的铁桶、渠口、广武等地群众都来下集场赶集,以其所有,易其所无,比较繁荣"。③ 青海碾伯集市在明朝就有了,以前每月6集,清朝康熙十三年(1674年)改为每月9集,"米、粮、菜、果,则日有集。"④贵德市集始于清朝,据记载贵德"向无市集,不使银钱,军民商贾,咸称不便。经金事杨应琚、知府刘洪绪、所千总彭韫创设。每旬以三八为期,一月六集。"⑤清朝是集市发展的重要时期,成为农村的主要市场。

民国时期,集镇仍然是农村主要贸易市场,凡人口较多或辐射能力较强的城镇农村,都开设集市,而且各县都有一定数量的集市。据对甘肃39县统计,共有集市422处,⑥平均每县10.8处。如清水县张家川镇、恭门镇、白沙镇以及县城都是该县主要集镇,张家川镇"皮毛货店七八家,花布匹头十五六家,土布摊、染坊十四五家,药材铺八九家,山货、农器摊铺二十余家,鞍仗铺八九家,铁匠炉五六家,脚骡客店十数家。"该镇是陇东南主要的集散市场,市镇上经营的商品主要有匹头、细洋布、棉花、土布、皮毛、药材、食盐、茶叶、粮食、食用油、杂货等,以上货物除了在本镇销售外,还有一部分转售于附近下级市场。每逢集日,四乡民众将农副产品、牛羊等运至市镇出售,还有晋豫陕等商帮"驻栈收购狐皮、牛羊皮、羊毛"等。清水县城也是主要集市,有河南客商四五家经营匹头、洋布,布店、染坊一二十家,药材铺十五六家,零货、纸张、农器铺十五六家,油盐香醋铺二十余家,饭馆、茶摊、客店十余家,"食粮集较张家川小过十倍,牲畜每集有猪羊二三十口"。白驼镇是清水县主要粮食集散市场,"粮食集较县城为大,多出贩于天水西路一带"。⑦ 礼县最大集市为盐官、白河,其次为永兴、宽川、大潭、永坪等地。集市贸易的特点:商品种类多,数量大,产销两便,产销互促,成交额大。并有一些小型的专业市,有骡马集、粮食集、山货集、猪羊集、柴碳集、蔬菜集、瓜果集、木料集等,其中"盐官的骡马集最大,为全

---

① 徐文昭:《城乡集市贸易》,《彭阳文史资料》第2辑,1999年12月印行,第61页。
② 郑元吉、徐懋官:《中卫县志》卷3《贡赋考·税课》。
③ 张儒铭:《白马滩"下集场"的兴衰》,《中宁文史资料》第2辑,1989年印行,第140页。
④ 李天祥:《碾伯所志·市集》,《青海地方旧志五种》,第99—100页。
⑤ 杨应琚:《西宁府新志》卷9,《建置志·城池》,街市附。
⑥ 王智:《甘肃农村经济现状的解剖》(续),《拓荒》第2卷第7期,1934年11月,第27页。
⑦ 刘福祥等:《清水县志》卷5《民政志·禁政》。

县大家畜的集散地,陕晋豫顾客络绎不绝"。① 漳县除了形成比较早的盐井镇、新寺镇外,还有三岔镇每月逢三、八日交易,主要有粮食、牲畜、药材等物;四族镇每月逢二日交易,多药材、兽皮等物;西关集每月逢五、十日交易;柯寨集原来每年腊月二十六日开集一次,称之为花货集,光绪年间改为每月一、六日集;草滩集每月逢二、七日集,以当归、芸薹交易为主;马兰集每月逢七日交易。② 河州回民善于经商,凡回民聚居较大的市镇,均有集市,如韩家集分上、中、下三庄,有800余户,除汉民十余户外,其余均为回民,"上庄有三街,各长里许,集期为二、五、八之日,数十里以内之农民皆来交易";居家集"集期为二、五、八之日,交易品以粮食及牛驴牲畜为主";刘家集居民约80户,回民多是同治以后从陕西迁来,有新建清真寺一所,"集期为一、四、七之日,交易品以山货及土产之白盐为主"。③ 隆德县有集镇10处,除县城每日上午、平分镇逢单日交易外,其余市镇均为每月9集。④ 循化县的县城积石镇是比较早的民族贸易中心,1936年后该县出现了新的集市,有城东的白庄集,集期为三、六、九日;城西的街子集,集期为一、四、七。⑤ 马鸿逵统治宁夏时期,设石嘴山、黄渠桥、宝丰3个集市,以三、六、九或二、五、八为集期。⑥

藏族聚居的寺院周围也形成了集市。位于甘南的黑错寺"本身就像一座小型城镇,正如在这一边疆地区通常所见的那样,附近有一座汉人的小村落或者主要由穆斯林经营的一条商业街——巴扎"。⑦ 这是民国初年的记载,到了20世纪三四十年代时,已经发展为南北并列街道两条,居民130—140户,藏民30余户,汉回各50余户,铁匠铺四家,主要制造藏刀。黑错寺也形成了集市,每月集市3次,集期为阴历初八、十五、二十九等日,"逢期时数十里以内藏民均来交易。交易品除粮食、土产及日用品外,更有特殊货品即武器军火,此项货品不公开陈列,但凭中议定价格后,银货两交而已"。⑧ 与传统农业区不同,这里的集市每月只有3次,开市频率较低,集市除了一般日用品外,还有地下军火交易。

表11—1是20世纪20—30年代初期该区域集镇数量及相关信息的统计。

---

① 王志轩:《民国时期礼县的行业》,《礼县文史资料》第2辑,第139页。
② 张鄂、石作柱:《漳县志》卷2,《建置志·市镇》。
③ 王树民:《游陇日记》,《甘肃文史资料选辑》第28辑,第276—283页。
④ 桑丹桂、陈国栋:《重修隆德县志》卷1《建置·县市》,1935年石印本。
⑤ 田雪原主编:《中国民族人口》第2册,中国人口出版社2003年版,第869页。
⑥ 马宗正、吴静:《明清时期宁夏集市发展初论》,《宁夏社会科学》2005年第6期,第114页。
⑦ 〔英〕台克满著,史红帅译:《领事官在中国西北的旅行》,第122页。
⑧ 王树民:《游陇日记》,第234页。

表 11—1 民国时期甘宁青集市数量分布表

经济区	陇东	陇右	陇南	河西	宁夏	青海
面积(平方公里)	39158	52347	35034	100502	35699	91588
统计县数	17	14	15	16	8	7
村数	1104	1036	1153	756	—	681
集数	157	110	174	81	37	21
户数	184061	316892	373544	192517	66100	99564
人口	1103812	1576710	1648984	1082640	449813	428605
人口密度	28.2	30.1	47.1	10.8	12.6	4.7
每县平均集数	9.2	7.9	11.6	5.1	4.6	3
每个集市社区户数	1172.4	2880.8	2146.2	2376.8	1786.5	4741.1
每个集市社区村数	7.0	9.4	6.6	9.3	—	32.4
每个集市社区人口	7030	14334	9477	13366	12157	20409
每个集市社区面积	249km²	476km²	201km²	1241km²	965km²	4361km²

资料来源:民国《甘肃通志稿》、民国《朔方道志》、民国《重修镇原县志》、民国《漳县志》、民国《创修渭原县志》、民国《重修隆德县志》、《豫旺县志》、民国《华亭县志》、民国《重修灵台县志》、《民勤县志》、《永登县志》、民国《新纂康县志》、民国《天水县志》等。

说明:[1]本表所统计的县数、村数、户数、人口以民国《甘肃通志稿》卷 16《建置一·县市》、卷 25《民族五·户口》统计;集市数量主要采用了民国《甘肃通志稿》卷 16《建置一·县市》的统计,参看了其他方志的统计。

[2]本文所有关于集市的统计包括各县县城在内。兰州、西宁和银川的人口、街市未统计。

[3]各个经济区的面积根据民国《甘肃通志稿》卷 5《舆地五·疆域》中各县的面积计算,原面积为方里,笔者换算成平方公里。宁夏经济区的 8 个县、青海经济区的 7 个县的资料见中华民国内政部编《中华民国行政区域简表(第十一版)》。① 由于行政区划的变动,原资料统计的面积和现在疆域面积有比较大的出入。

表 11—1 反映了 20 世纪二三十年代本区域集市水平。陇东、陇右、陇南经济区,集市的发育程度比较高,平均每个县拥有集市数分别为 9.2 个、7.9 个和 11.6 个;平均每个集市社区的户口和村庄的数量是:陇东分别为 1100 余户、7000 余人和 7 个村庄,陇右分别为 2800 余户、14000 余人和 9 个村庄,陇南分别为 2100 余户、9400 余人和近 7 个村庄。河西和宁夏是半农半牧经济区,集市发育程度较低,平均每个县拥有集市数分别为 5.1 个和 4.6 个;每个集市社区的情况是:河西为 2300 余户、9.3 个村庄和 13000 余人;宁夏为 1700 余户、12000 余人。青海是一个由农业区向牧业区过渡的地区,集市水平最低,平均每个县仅拥有 3 个集市。表 11—2 是各县集市数量分布的情况统计。

---

① 中华民国内政部编:《中华民国行政区域简表(第十一版)》,第 152—157 页。

表 11—2　民国时期各县集市分布统计表

项目	20个以上	15—19个	10—14个	5—9个	4个以下	合计
数量	3	6	10	31	27	77
比例	3.9%	7.8%	13%	40.3%	35.1%	100%

资料来源：同表 11—1。

表 11—2 反映出，集市数量在 20 个以上的县仅有 3 个，占 3.9%；全省累计只有 19 个县的集市数量超过 10 个，仅占全省集市的 24.7%。有将近 76% 的县拥有的集市数量不足 10 个，其中 35% 的县不足 5 个集市。我们再把甘肃的集市同江南、华北进行比较：表 11—1 看出，一个集市社区面积陇东是 249 平方公里（km^2）、陇右是 476km^2、陇南是 201km^2、河西是 1241km^2；而在近代江南约 36km^2 就有一座集镇，华北每 193km^2 就有一座集镇。① 在甘肃只有陇东和陇南地区接近华北地区，但就全省而言，平均 541km^2 有一个集镇，江南是甘肃的 15 倍，华北是甘肃的 2.8 倍。这说明近代西北农村市场发育程度是比较低的，不仅远远落后于江南地区，也落后于华北地区。

（二）寺院会集

在少数民族集聚的游牧经济区，牧民主要依靠每年定期的寺院会集进行贸易。在牧区，"每个大的寺院一年中要举行两三次专门的宗教表演，寺院周围迅速地出现集市"。② 寺院寺集的兴起，一是宗教文化的昌盛和宗教活动日益丰富多彩，促使众多僧侣和信徒聚集一处，成为寺集形成的社会条件。二是寺庙进行宗教文化活动时，吸引了远近民众，一些行商坐贩及寺院喇嘛乘时陈肆沽贩，赴会的群众也往往带有礼拜与交换的双重目的。久而久之，在一些寺院的周围形成了村庄和市镇，正如于式玉所言："各处寺院建立起来以后，一部分老百姓为了供应活佛差役，也就离开了游牧大队，到寺旁定居下来，内地商人，为供给寺院用品……也同他们一起住下来。后来，收购皮毛的商人，也从四方聚居到此。百姓、商人乃形成了今日寺旁的村庄"。③ 寺院贸易市场的职能在明清时期就开始形成了，如拉卜楞寺、卓尼寺、结古寺、塔尔寺、隆务寺等寺集都是这个时期就有了，并由此而孕育成

---

① 见单强：《近代江南乡镇市场研究》，《近代史研究》1998 年第 6 期，第 119 页。
② 〔比〕Louis Schran 著，李美玲译：《甘青边界蒙古尔人的起源、历史及社会组织》，青海人民出版社 2007 年版，第 183 页。
③ 于式玉：《于式玉藏区考察文集》，中国藏学出版社 1990 年版，第 44 页。

城镇。①

近代以来,寺集在蒙藏民族地区商业贸易中扮演着越来越重要的地位。如 20 世纪 30 年代一些学者的调查所言:"南部番人(指藏民——引者注,下文同)会市多聚集于寺院,凡会期将届,商贩不速而来,所市之物皆番地土产,皮张、茶、糖、布匹尤为大宗。凡番人所需要者类皆有之,寺院会集,俱有定期。"②拉卜楞寺"平日寺前市场贸易颇盛,遇有会期,则香客云集,商贾辐辏,皮毛出口,此为总会,故拉卜楞不特为一宗教中心,亦政治经济之都会。"③该寺全年有 6 个会期,即正月初一至十五,二月初三至初八,七月初一至十五,九月二十至二十九日,十月二十三日,十月二十五日至二十七日,"这六个会期,主要是宗教上的集会,但因集会的人很多,渐渐地兼有商业集会的性质。会的日期,以宗教的会期为准,但视商业的繁荣与否,而有伸缩"。④玉树"番族生活甚低,交通不便,居民往往以实物相交易,结古为玉树二十五族走集之地,然商贾多川边客番及川、陕、甘汉人,土人经商者甚少,各族亦无长设市场。其交易也,约有一定之时间、地点,略如内地乡镇之集会焉。"⑤游牧在黄河南岸的"果洛番每年运牛羊、酥油、羊毛、牛皮等物,前往卡布恰、郭密、丹噶尔、塔儿寺等处贸易,回运青稞、布匹等物。"⑥塔尔寺是青海藏区著名寺院,每年有四次会集,正月十五日、四月十二日、六月六日、九月二十二日,"每届会期……远近蒙、藏族男女来集。故有临时市场,帐幕如街。所售多喇嘛及蒙藏男妇之用品,如红黄紫色布匹,铜壶、铜盂、念珠、护身佛、马鞍、皮靴、妇女装饰等,而日货居多。闻拉萨藏人来此经商者,每年旧历正、二月来,约七八十帮(藏名瓦卡),每帮七八人至十余人不等。来时带藏货,如氆氇、红花等,每年五六月回藏,去时买骡马或少数茶叶。"⑦故塔尔寺所在的鲁沙尔镇"为一宗教集市,每年蒙藏人民至塔尔寺礼拜,乘便在此交易货物"。⑧据 1940 年代后期调查,塔尔寺每届会期,"不下五六万人,据说最盛时曾达五十万人,这批人在名义上为朝拜,而实际上多为交易,以其所有,

---

① 杜常顺:《明清时期黄河上游地区的民族贸易市场》,《民族研究》1998 年第 3 期,第 71—72 页。
② 黎小苏:《青海之经济概况(续)》,《新亚细亚》第 8 卷第 2 期,1934 年 8 月 1 日,第 24 页。
③ 张其昀:《洮西区域调查简报》,《地理学报》第 2 卷第 1 期,1935 年 3 月,第 7 页。
④ 顾少白:《甘肃西南边区之畜牧》,《西北经济通讯》第 1 卷第 7—8 期合刊,1942 年 2 月,第 35 页。
⑤ 周希武:《玉树土司调查记》卷下,商务印书馆 1920 年版,第 29 页。
⑥ 周希武:《宁海纪行》,甘肃人民出版社 2002 年版,第 38 页。
⑦ 马鹤天:《甘青藏边区考察记》第 2 编,第 246—247 页。
⑧ 张其昀、李玉林:《青海省人文地理志(续)》,《资源委员会月刊》第 1 卷第 6 期,1939 年 9 月,第 436 页。

易其所无,交易而退,各得其所"。① 青海同德县夏卜浪部落主要利用寺院的各种集会进行交易,"每年旧历四月十五日(宗教上四月十五是仰乃节),以前,各部落各草哇三、五一帮,各自驮上畜产品——羊毛、皮张、酥油或赶上牛羊到夏河、贵德等地出卖,或与商人直接交换所需要之物(主要是粮食,其次是布、茶、腰带、铁罐、花碗及生产上的牛毛剪子等)"。② 临潭旧城的交易季节主要在旧历的六月及十月两个会,会期不一定,主要进行贸易活动。③ 可见,每年定期的寺院会集是牧区牧民最主要的交易方式。有的寺院的会集周期比较长,如民和县大龙山能仁寺的"麻地沟在城西二十里,每三年演剧一次,人民会聚,商贾云集,自正月初起,至十五六日。"④ 麻地沟的会集每3年一个周期,每次会集的时间长达半月左右。由于寺院在青海蒙藏民族生活中有着特殊的地位,每族都有一个或数个寺院。青海牧区蒙古29旗、玉树25族以及环海(指青海湖)及黄河南北各藏族的总户数为74470户,"就最著名及素所知者而记载之共计三百一十五寺",⑤ 平均每个寺院社区有牧民230余户。

除了定期的会集外,寺院也从事商业活动,"青海各大寺院,均有自营商业。其法系按年由寺中喇嘛选举经理经营之,有利则除公积外,其余分于大小喇嘛,亏失则由经理者负赔偿之责。"⑥ 玉树(即结古)"市上较大商店,约三十余家,资本大者约十万元,系寺院资本,走前藏拉萨及西康,以茶为主。"⑦ 寺院的商业活动与寺院定期的会集互为补充,以满足牧民和僧侣对日用品的需求。

游牧地区的牧民,除了在寺院参加会集交易外,还到农牧交错区进行互市。互市肇兴于唐宋时期,原来是一种官方贸易,清朝时期在农牧界线上也出现了类似的市场。如《岷州志》记载:明朝时在"西营旧城设番厂,番人居货与此,与汉民贸易"。清朝时期,岷州"城南片壤,惟与理川、良恭诸处同为集场而已。"⑧ 这种集场主要是藏族与农业区居民互市之地。又如《秦边纪略》载:位于湟河之西的多巴形成大市,"土屋比连,其厘居逐末,则黑番也。出而贸易,则西宁习番语之人也。驮载往来,

---

① 《拉布楞与塔尔寺的商场》,《西北经济》第1卷第4期,1948年6月。
② 青海省编辑组:《青海省藏族蒙古族社会历史调查》,第38页。
③ 顾少白:《甘肃西南边区之畜牧》,第35页。
④ 《民和风土概况》,《西北专刊》1932年第7期,第12页。
⑤ 青海省政府民政厅:《最近之青海》,第249—251、306—331页。
⑥ 黎小苏:《青海之经济概况(续)》,《新亚细亚》第8卷第2期,1934年8月1日,第29页。
⑦ 马鹤天:《甘青藏边区考察记》第2编,第375页。
⑧ 汪元绹、田而穟:《岷州志》卷4《建置·街市》。

则极西之回与夷也。居货为贾,则大通河、西海之部落也。"① 这种互市的贸易方式一直沿袭到民国时期,如民国时期居住在(青)海北的蒙古族,"于每年秋冬二季,至湟源、亹源、大通一带互市,春夏二季则在本境以内集市,数百里间皆来赶集,就旷野为市场,物贵者蔽于帐,贱者暴于外,器物杂陈,汉商所贩者,大抵皆茶糖布匹木器及供佛应用之零星物件,土人所出卖者,则全为本地产物,交易由双方拣择估价至相当价值而止,每次凡20余日乃散。"② 之所以形成这样的交易方式,是由于蒙藏是游牧民族,无固定居所,也无常设置商店,因此选择和沿袭了传统的互市的交易方式。由于半农半牧区、农牧交错区和牧区地广人稀,集市稀少,因此,一个集市社区面积相当大,如民乐县"每逢集市之日,张掖、山丹、青海门(亹)源等县的农牧民纷纷前来赶集,交换农畜产品,购买日杂百货。"③

(三)庙会与花儿会

庙会是农村市场的另外一种形式。庙会起源于对神的祭祀,如岷县神禹庙,每年六月初六日,民间会祭;东岳行祠,每年三月二十八日,民间会祭;二郎神庙,每年六月二十六日,民间设醮会祭;雹雨龙王,每年四月十四日起至八月十四日止,每月十四、三十日,"里民备羊一,致祭于二郎山";黑松宗祠,每年五月十五日,民间会祭;元妙观,每年正月初九日,民间设醮赛会;观音漱池,每年五月初十日起至十二日止,民间赛会。④ 庙会不仅是当地居民祭祀各种神灵、文化娱乐的场所,而且是村民进行贸易、互通有无之地。在一些交通要道的庙会,逐步发展成为规模相当宏大的骡马大会。如环县老城外的娘娘庙,最迟在晚清就形成了每年一次的娘娘庙会,农历七月十二日晚挂灯起会,会期少则3日,多则5日。⑤ 永昌城乡庙会盛行,县城每年"正月十六日、打春、清明、四月八日、端阳节,四乡农民都进城过会",乡镇如"宁远堡、红山窑、新城子、永宁堡都是开展这种活动的兴盛之地。"⑥ 民国时期的平凉城,"三教九流都有各自的祭祀庙宇,仅城区一带就有大小庙院40余处,各庙每年都有一定的会期,届时酬神献戏,赶会者从四面八方蜂拥而至,其盛况不亚于

---

① 梁份:《秦边纪略》,青海人民出版社1987年版,第68页。
② 许公武:《青海志略》,第80页。
③ 民乐县志编纂委员会:《民乐县志》,第553页。
④ 康熙《岷州志》卷7《秩祀·合祀》,《岷州志校注》,第148—149页。
⑤ 笔者2002年6月随同陕西师范大学西北环境与社会发展中心"近1000年来黄土高原小城镇发展与环境影响因素研究"课题组在环县采访环县文化馆原馆长李仰锋先生所得。
⑥ 永昌县志编纂委员会:《永昌县志》,甘肃人民出版社1993年版,第666页。

今日之农村集市。"① 礼县"各地庙会,一年四季接连不断……各地庙会贸易均具有地方特色,如县城正月十六日到后牌转寺,这天北关及寺周围摆满各种山货,为专卖农具日。这意味着春节、元宵节已过,该是准备农具,开始新的农事活动的时候了。"② 岷县除了集市外,主要的是场是庙会和骡马大会,"前者常演旧戏借广招徕,后者则纯属家畜交易之集会",庙会一般为3日,骡马大会会期一般是7日。③

宁夏各地有许多寺庙,每有庙会必然有商贩前来贸易。如银川城隍庙在清明节,关帝庙在五月十三日,西塔在六月初六日,北塔在七月十五日,玉皇阁在九月初九日,还有岳王庙、红圣庙、娘娘庙等均有庙会。④ 各种庙会都伴随着商业活动,如宁夏县每年三月二十八日"东门外为东岳庙会,前后三日,市陈百货相贸易,老幼男女进香游观,道为拥塞"。⑤ 宁夏各地庙会分布密集,如中卫县城关有保安寺、牛王寺、净土寺、太平寺、准提寺、圆通寺、观音寺、高庙、文庙、武庙、老关庙、城隍庙、财神庙、大庙、鲁班庙等寺庙30余处,每处都定期举办庙会。各个庙会会期一般是3天,不仅有宗教活动,戏剧演出,而且有商业贸易活动,如城隍庙会"规定清明节这天,又可作为农副产品交易会。届时献戏三天,城乡男女多来逛会,为全县最热闹的庙会"。⑥ 青海各地也有一些庙会、戏会等,每年农历二月二、三月三、四月八、五月十三、六月六等都是举行庙会的日期,期间商贾云集,交易活跃。⑦ 青海元朔山(位于西宁与大通县之间)每逢6月庙会,会期商贩尤多,烟、酒、茶等,"应有尽有"。⑧

有的庙会随着商贸的增加,会期长,覆盖地区广袤。酒泉城西南30华里处的文殊山庙会每年农历四月初一至初八为庙会,附近各地商人"搭棚撑帐,摆摊设点,把日用杂货、农具也在庙会上出售,各地有独特风味的小吃也在这里开馆设摊,让人们品味,一些富有地方特色的赛马、民族舞蹈、杂耍、曲艺也为游人添兴。另外,还有各地的工业、农业、手工业产品,也在庙会上展出。庙会与商品交易相融,实为

---

① 梁受百:《三十年代平凉的庙会》,《甘肃文史资料选辑》第31辑,甘肃人民出版社1990年版,第134页。
② 王志轩:《民国时期礼县的行业》,《礼县文史资料》第2辑,第140页。
③ 周光宇:《甘肃岷县畜牧概况(下)》,《行总农渔》1947年第11—12期合刊,第13页。
④ 南秀璞:《宁夏银川集市贸易及商业发展概况》,《宁夏文史资料》第25辑,宁夏人民出版社2001年版,第115页。
⑤ 马福祥等:《朔方道志》卷3《舆地志下·风俗》。
⑥ 张睿:《解放前中卫县城关寺庙及庙会概况》,《宁夏文史资料选辑》第19辑,宁夏人民出版社1990年版,第308—315页。
⑦ 赵珍:《近代青海的商业、城镇与金融》,《青海社会科学》2002年第5期,第88页。
⑧ 张有魁:《元朔山的庙会》,《西北通讯》第26号,1948年8月30日,第24页。

一项传统特色。"①与文殊山庙会可媲美的还有高台县仙姑庙会,"每年的仙姑庙会也带动了商业经营活动的开展,这里成了物资交流集散之地。每逢四月初一左右,各地商贾陆续从四面八方云集到此。庙会高峰期,朝庙的、经商的人数多达四五万人,有上千辆铁轮、木轮大篷车在沙窝中拥挤不堪,往来行人川流不息,可谓盛况空前。"市场上商品"从绫罗绸缎到土产山货,从湖笔徽墨到儿童玩具,物资琳琅满目,应有尽有。一九四五年日本投降后,《台儿庄大捷》、《花木兰从军》画张,色彩绚丽,令人赏心悦目,抢购者甚多。有中英苏美四国旗帜图案的小圆镜,游会的人几乎都要买一个。卖黄杨木小木碗、茶筒、蒜窝、擀杖以及娃娃玩具的小摊,一片黄色,引人注目……玻璃茶杯、玻璃碗还是第一次见到,红蓝铅笔是学生娃娃的抢手货"。每年农历四月初一日各地商家陆续赶来,初八日为庙会高潮期,除有张掖、山丹、民乐、高台部分群众参加外,远道而来的还有武威、酒泉、阿拉善右旗等地民众。②可见,本区域各地均有不同内容的庙会,这些庙会发挥着农村初级市场甚至集散市场的功能,对活跃农村市场有重要的意义。

庙会和集市一样均为定期的市场,不同的是庙会一年一次或两、三次,但每次会期的时间比较长,有3天、5天、7天、10天不等,如成县农历"四月十八日,传系城隍受封日,邑人争持羊、酒庆祝,四方商贾以百货贸易,经十余日。"③庙会的交易时间长,适合于长途贩运的客商,故庙会的市场覆盖范围比集市要大得多。如环县兴隆山在民国时期"香火旺盛,每逢会期,周围几省的商民、游客和信男善女云集于此。"④

花儿会是我国西北独有的一种农村文化娱乐形式,以寺庙为依托,说唱为形式的一种民间传统节日。这种"民间的游艺是有季节的,按期举行迎神赛会,或开骡马大会、赌博会,是交易而兼娱乐的性质。"⑤花儿会主要分布在黄河上游的两大支流湟水、洮河流域以及渭河源头地区。如甘肃康乐县有12处,临洮县有24处,渭源县有7处,临潭县有52处,卓尼县5处,岷县24处。⑥ 花儿会虽然是一种民间文化集会,但也具备市场的一般功能,属于农村市场的一种形式。

除了庙会、花儿会外,还有一些民间会具有市场的功能。如大通的青苗会每年

---

① 陈能智:《文殊山庙会》,《酒泉文史资料》第9辑,1996年印行,第232—233页。
② 周国瑞:《仙姑庙会追记》,《临泽文史资料》第2辑,1993年印行,第156、160页。
③ 黄泳第:《成县新志》卷2《风俗》。
④ 庆阳地区编纂委员会:《庆阳地区志》第3卷,第937页。
⑤ 张亚雄:《花儿集》,中国文联出版社1986年版,第95页。
⑥ 汪鸿明、丁作枢:《莲花山与莲花山"花儿"》,第298—304页。

农历三月中旬至五月中旬进行,一般 3 至 5 天。会期各地商贩挑着针头线脑、茶叶布匹和一些日用杂品借机前来做生意,各类商品、农需品应有尽有。①

从上面的论述我们可以看出,近代甘宁青的农村市场是一个多元的结构,不同的经济区域有不同的贸易方式,即在农业和半农半牧经济区,主要有两种形式,一是集市,一是各种各样的庙会。在农牧交错经济区,集市、定期的寺院会集和花儿会都是居民从事交换的场所。在牧区,寺院会集是牧民从事交换的主要场所。各种不同类型的市场形式,构成了本区域农村市场的网络体系。

二、市场开放的周期

正如施坚雅所言,农村市场通常是定期而不是连续的,每隔几天才集会一次②,也就是说,市场开市一般具有周期性。一般地,集市因开市情况不同,分为常市、定期市、不定期市等。这里讨论的集期主要是定期集市的集期。关于中国农村集市的集期谱系,施坚雅已经有了精彩的描述。③ 西北地区集期体系和全国没有多大差别,即有常市、间日集、一旬 3 集、一旬 2 集、一旬 1 集等。在集期排列方法上甘宁青地区同全国没有多大的差异,即每旬 2 次的集期体系表示为一、六,二、七,三、八,四、八,五、十;间日集分单、双日;每旬 3 次的集市一般为一、四、七,二、五、八,三、六、九等;每旬 1 次的逢一、逢五、逢十等。集期的分布是有一定的时间和空间概念的,比如岷县的集期分布情形是,县城为农历每逢一、六集,梅川镇为二、七日集,闾井镇为四、八日集,"境内各乡镇中每距二十里左右即可有一个集点"。④ 因此,农村集市的分布考虑到空间分布,以方便农家进行交换。

西北集期的时间表也有特殊的组成方法。甘肃清水县包括县城在内有 8 个集市,县城是常市,其余 7 个有 3 个是一、三、五开市,4 个是二、四、六开市。⑤ 很明显该县集市每旬的后 4 天即农历初七至初十日无集市。这种集期在甘肃是唯一的,在全国也是罕见的。这样的集市时间表可能与其地方特有的风俗相关,由于资料的缺乏,还不能明其真实原因。还有一个典型事例,在集期的时间表组成上表现出明显的政府干预,1943 年民乐县政府规定全县三个集市从当年 10 月起开市日期

---

① 桑热赛多:《大通农村青苗会的演变》,《中国土族》2010 年秋季号,第 56 页。
② 〔美〕施坚雅:《中国农村的市场和社会结构》,第 11 页。
③ 同前书,参看第 14—20 页。
④ 周光宇:《甘肃岷县畜牧概况(下)》,《行总农渔》1947 年第 11—12 期合刊,第 13 页。
⑤ 刘郁芬、杨思:《甘肃通志稿》卷 16《建置一·县市》。

是:永固农历初一、初二、初七、十一、十四、十七、二十一、二十七日,南固三、六、九日,六坝二、五、八日。① 三地以县城为中心构成了一个等腰三角形,南固在正西、六坝在西北是两底角,永固在正东偏南为顶角,底端两个集市开市日期分别为三、六、九,二、五、八,位于顶角的永固就应为一、四、七,但在政府的规定中没有这样做,使集期显得无规律可循。尽管如此,三个集市的开市日期几乎没有重合。少数民族地区的集市也有比较固定的开市日期,即所谓"蒙藏人民集市,于某月某日至某日,在某地集市,俱有一定。大概各市镇十日之中,集市三次,其日期定三、六、九,或二、五、八,或一、四、七等日,每三日一市"。② 可见,在集市体系中的时间表构成上,西北和全国既有共性,也有特性,共性是主要的。下面我们再分析甘宁青农村集市集期分布情况,如表11—3。

表11—3 民国时期甘宁青农村集镇的集期分布

项目 区域	常市 数量	比例	间日集 数量	比例	一旬3次 数量	比例	一旬2次 数量	比例	不定期 数量	比例	一旬1次 数量	比例	合计
陇东经济区	11	7%	23	14.6%	69	44%	10	6.4%	44	28%			157
陇右经济区	18	16.4%	15	13.6%	38	34.6%	3	2.7%	36	32.7%			110
陇南经济区	12	6.9%	30	17.2%	72	41.4%	3	1.7%	57	32.8%			174
河西经济区	47	58%	—	—	—	—	—	—	34	42%			81
宁夏经济区	20	54.1%	—	—	15	40.5%	—	—	2	5.4%			37
青海经济区	6	42.9%	—	—	—	—	1	7.1%	7	50%			14
合计	114	19.80%	68	11.80%	194	33.70%	17	3.00%	180	31.30%	3	0.5%	576

资料来源:同表11—1。

在全省的各种不同的集期中,常市114个,占20%;间日开市的集市68个,占11.8%;每旬开市3次的集市194个,占33.8%;不定期的集市180个,占32.8%;每旬开市两次的集市只有17个,每旬开市1次的集市仅有3个。通过分析看出,甘宁青集市以每旬三次、不定期的集市为主,其次是常市和间日集市。在农业经济区,集市贸易以每旬三次集市为主,陇东、陇右、陇南分别占到44%、34.6%、41.4%;间日开市的集市均分布在农业经济区,而且在人口密集、商业化程度较高的区域。在半农半牧和农牧过渡的地区,集镇以常市和不定期市为主。常市基本还维持着每日定期开市的传统习惯,如夏河县城"在寺院前空场还设有一个市场,远近番民,都用牦牛运其过剩的东西,如牛羊毛等,到市场换取需要的物品。所以每天早晨,在寺院前陈设许多小摊,大都是卖的佛珠、红布、麦、酒、盐和马匹等。这

---

① 民乐县志编纂委员会:《民乐县志》,第553页。
② 张其昀、李玉林:《青海省人文地理志(续)》,第436页。

许多东西,都是番民逐日必需的生活品,及至下午一时,各摊都拆卸了。所谓日中为市,大概就是这样的情形吧。"①

在甘宁青的 114 个常市中,在农业区的有 41 个,只占 35.9%;而在半农半牧和农牧过渡地区有 73 个,占 64.1%。在河西经济区的张掖有集镇 4 个(包括县城,下同),民乐县有 5 个,山丹县有 5 个,这些县的县城和乡镇市场均为"常市"或"常集"。② 这种现象的出现,一方面,与河西地区的地理环境和地理位置有很大的关系。河西地区的北边是腾格里沙漠和巴丹吉林沙漠,南边是祁连山脉,中间是长约 1000 公里、宽数公里到 100 公里不等的河西走廊,"幅员狭隘,十地九沙",③多为戈壁,绿洲断续相连。西汉时期丝绸之路开通以来,这里一直是内陆通往新疆、南亚和中西亚的主要商路,散布在绿洲上的城镇成为过往商旅的歇脚之所,形成为"常市"。另一方面,是河西地区市场体系发育不足的表现,西北许多地区特别是半农半牧地区集市发育还达不到"使最大量的条件较差的村民能够在一段合适的时间赶集"的水平。④ 在青海农牧交错区也是县城为常市,而"乡镇多有肆无集",或有集无期。⑤ 在地广人稀的半农半牧区,虽然集市少,但辐射半径很大,吸纳的村庄和人口比较多(见表 11—1)。因此,农牧地区群众赶集要经过周密的准备工作,如准备足够几天甚至十几天的干粮、水、草料,由马匹或骆驼驮载,对于游牧的牧民尤其如此。因此,在河西、宁夏、青海(主要是农牧交错区)常市在集市中占的比例很高,分别为 58%、54.1%和 42.9%(见表 11—3)。这是农牧交错地区集市不同于农业区的一个特点,也是西北集市不同于全国其他地区的特点。

宁夏农村的传统集市主要为常市和定期市两种,常市约占 54.1%,定期市约占 40.5%,其他约占 5.4%。⑥ 常市每天开市,如宁夏县的杨和堡、许旺堡,宁朔县城,中卫县城和宣和堡、鸣沙洲,平罗县的李刚堡、广洪堡,灵武县的横城,金积县的县城、秦坝堡、忠营堡、汉伯堡,盐池县的县城、宝塔、惠安堡等集市都是"列市数十处,逐日交易"。定期市开市日期有的一、四、七日交易,如宁朔的瞿靖堡、平罗的头

---

① 张文郁:《拉卜楞视察记》,1935 年初版,《中国西北文献丛书》第 124 册,1990 年版,第 389 页。
② 刘郁芬、杨思:《甘肃通志稿》卷 16《建置一·县市》。
③ 张之浚、张珆美:《五凉考治六德集全志》卷 2《镇番县志·风俗志》。
④ 施坚雅认为,"在中国农区的大多数地区,特别是在 18 世纪以前这个国家农村人口相对稀少的时候,维持一个每日市场所需的户数会使市场区域过大,以致边缘地带的村民无法在一天之内往返赶集,然而,一个每 3 天或 5 天开市一次的市场,即使它下属区域内的村庄数目下降到 1/3 或 1/5,也能够达到必要的需求水平。这样,当市场是定期而不是逐日开市时,集镇就可以分布得更为密集,以使最大量的条件较差的村民能够在一段合适的时间赶集。"(施坚雅:《中国农村的市场和社会结构》,第 12 页)
⑤ 刘郁芬、杨思:《甘肃通志稿》卷 16《建置一·县市》。
⑥ 黄正林:《近代甘宁青农村市场研究》,《近代史研究》2004 年第 4 期,第 133 页。

闸、灵武县城等,有的二、五、八日交易,如宁朔的李俊堡、中卫的白马滩、灵武的崇兴寨等;有的三、六、九日交易,如宁夏的叶升堡和金贵堡、中卫的恩和堡、平罗的黄渚桥、灵武的吴忠堡、盐池的大水坑、镇戎县城等;有的是双日交易,如平罗县城。① 豫旺县城"列肆十余处,三六九日交易";韦州堡"列肆十余处,逐日交易";同心城"列肆十余处,逐日交易";豫旺城"列肆十余处,逐日交易"。② 豫旺县除了县城为三、六、九日交易外,其余3个市镇均为"逐日交易"。可见,宁夏集市的开市周期比较短,没有一旬开市的集市。高频度的开市日期,弥补了集市数量不足的弊端。

庙会作为定期市场的一种,其会期又是如何排列的?我们以庆阳、张掖为例来看甘肃农村庙会的会期状况,如表11—4。

表11—4 民国时期庆阳、张掖传统庙会会期分布统计

月份	一	二	三	四	五	六	七	八	九	十	十一	合计
庆阳	8	12	34	18	3	2	20	4	1	—	—	102
张掖	5	3	3	2	4	3	6	3	2	3	2	36

资料来源:[1]《庆阳地区志》第3卷,兰州大学出版社1999年版,第936—938页;[2]《张掖市志》第29卷,甘肃人民出版社1995年版,第86页。

表11—4反映庆阳地区庙会主要集中在每年农历二、三、四月和七月,可见传统庙会的形成和农时有着直接的关系。全区有记载的传统庙会102个,平均每月有大约13个地方举行庙会,平均2天半就有一个庙会起会,如果每个庙会会期以3天计,全区每天都有一个地方在过庙会,这对于行商是很有利的。与陇东不同的是,河西走廊张掖的庙会各月分布则比较均匀,除了一、六两月外,其他各月庙会2—3次。这种布局可能与农业生产有关,正月正是春耕前期,要做春耕的准备工作,需要在庙会上购买农具、耕牛、籽种等;六月正是夏收之后,农民需要把农产品卖出去。

在一定的区域内,各种庙会的日期是相互错开,以保证每月都有庙会起会。如民国时期的平凉"城区几乎每月都有庙会,届时,总伴有戏曲演出等娱乐活动,游人云集,买卖活跃。花所、白水、四十里铺、安国、崆峒、草峰等农村集市也均有特定时间的庙会,人们在'跟会'的同时进行商品交易。遍及城乡的庙会主要有风神、火神、三官、城隍、关帝、娘娘、玉皇、三清、观音、龙王等庙(殿)会,时间在农历正月十五日、二月二日、三月二十日、四月八日、五月五日、六月六日、七月二十日、八月十五日、九月九日、十月二十日、十一月八日、腊月初三日等。"③ 一个县的范围内,庙

---

① 马福祥等:《朔方道志》卷5《建置志下·市集》。
② 朱恩昭:《豫旺县志》卷2《建置志·市集》,1925年抄本。
③ 平凉市志编纂委员会:《平凉市志》,中华书局1996年版,第293页。

会总是排列在不同的月份,其意义与集市的插花是一样的。

作为一种定期的文化贸易会集,花儿会的会期和庙会的会期十分相似。花儿会"最盛行的季节是从锄草(青苗时节)至拔田(收割时节)的过程中。"①表11—5统计6县的124个花儿会中,分布情况是5月56个,占45%;6月27个,占21.8%;4月12个,占9.7%;正月11个,约占9%弱,从统计来看,花儿会主要集中在农历的五月和六月。花儿会是一种民间游艺活动,与寺庙的节日和民间传统节日紧密相连,其会期并不像固定集市一样插花,受民间传统节日的影响,同时起会的很多。如临潭花儿会正月十五日4处,二月初二日2处,四月初八日5处,五月初五日4处,五月十二日2处,六月初一日3处,六月初六日3处。花儿会的会期以1天为主,如果伴有骡马大会则有3天或更长时间的会期,表11—5的124个花儿会中,会期在3天以上的有34个。

表11—5 甘肃6县传统花儿会会期分布统计

月份	正月	二月	三月	四月	五月	六月	七月	八月	九月	合计
康乐	1	—	1	1	6	3	—	—	—	12
临洮	—	—	1	2	13	4	3	1	—	24
渭源	—	—	1	—	5	1	—	—	—	7
临潭	7	2	2	8	16	13	1	1	2	52
卓尼	2	—	—	—	1	1	1	—	—	5
岷县	1	—	2	1	15	5	—	—	—	24
合计	11	2	7	12	56	27	5	2	2	124

资料来源:汪鸿明等:《莲花山与莲花山"花儿"》,甘肃人民出版社2002年版,第298—304页。

在游牧地区,寺院的会集也是定期举行,即所谓"南部藏人集市,多在寺院有定期"。② 也就是青海南部藏区寺院会集有固定的日期,有的一年一次,有的一年两次或者多次,根据寺院的节日而定。表11—6是对玉树牧区各寺院会集的日期和次数的统计。

表11—6 玉树寺院会集地点日期(旧历)表

寺 院 名	次数	每年会集日期	寺院名	次数	每年会集日期
札武寺	2	正月12—15日 3月28—29日	尕藏寺	2	3月27—29日 11月11—15日
残古寺	1	5月12—15日	东周寺	1	4月7—10日
新寨寺	1	12月12—15日	周均庄寺	1	9月6—10日

① 张亚雄:《花儿集》,第95页。
② 张其昀、李玉林:《青海省人文地理志(续)》,第436页。

续表

寺院名	次数	每年会集日期	寺院名	次数	每年会集日期
色鲁马寺	2	2月11—15日 6月5—10日	布拉寺	2	2月11—15日 5月7—10日
坎达寺	1	9月7—12日	安冲庄	1	11月11—15日
班庆寺	1	6月11—15日	结载寺	1	12月12—15日
德格寺	1	8月11—15日	得色提寺	1	7月10—15日
布庆寺	1	10月7—10日	邦牙寺	1	3月12—15日
登喀色庄寺	1	3月12—15日	喀耐寺	1	正月12—15日
龙喜寺	1	7月27—29日	竹节寺	1	9月7—10日
龙夏寺	1	5月11—15日	青错寺	1	4月17—20日
吹灵多多寺	1	12月11—15日	休马寺	1	11月27—29日
惹尼牙寺	1	2月12—15日	歇武寺	1	3月17—21日
迭达庄寺	1	正月11—15日	直布达寺	1	7月2—5日
格拉寺	1	6月5—9日	作庆寺	1	2月17—21日
作勒寺	1	9月18—20日	扎西拉霍寺	1	6月4—7日
觉拉寺	1	正月11—15日	合计	37	—

资料来源:黎小苏:《青海之经济概况(续)》,《新亚细亚》第8卷第2期,1934年8月1日,第24—25页。

表11—6的33个寺院中,其中只有4个寺院每年会集2次,仅占12%,其余88%的寺院每年只会集1次。在各寺院共计37次会集中,会期最长6天,最短2天,会期2天的只有1次,会期3天的4次,会期4天的15次,会期5天的14次,会期6天的3次,即会期在4—5天的会集占到80%。在时间安排上,除了八月、十月会集1次、四月2次外,其他各月都3次以上,应该说会集的会期分布是比较均匀的。由于寺院会集随从宗教节日进行,因此,各寺院会集日期有的同时进行,如正月十一至十五日有3个寺院同时会集,二月十一至十五日有2个,五月十一至十五日有2个,十一月十一至十五日有2个,十二月十一至十五有3个。在农牧交错的一些地方,有的寺院会集时间长达10天,或半月,如卓尼"三月会集、七月会集,二会集在本城南门外为卖骡马牲畜之所,演戏,半月为期。六月寺集为买骡马牛之所,十月寺集亦然。此二集俱在卓尼,六月寺在六月初旬,十月寺在十月下旬,皆十日为期。"① 在个别具有中心地位的寺院会集的会期一年4次,如拉卜楞寺每年正月、二月、七月、十月举行法会,"此时各地藏民前来围观,人群拥挤,寺东市场非常热闹,是拉卜楞地区的盛会。"② 互助县的佑宁寺每年正月(初二日至十五日)、六月(初二日至初九日)举行两次大法会,四月十五日的释迦成佛日,腊月二十九日的"跳神"会,在"这

---

① 张彦笃、包世昌:《洮州厅志》卷3《建置·墟市》。
② 绳景信:《记四十年代我的甘南藏区之行》,《甘肃文史资料选辑》第31辑,第1页。

些节日或'法会'时,各族群众前往做生意,土族参加赛马等活动,极为热闹。"①

由于寺院的会集每半年或 1 年举行 1 次,牧民每半年或 1 年才进行 1 次交换,他们用自家的牲口(主要是马和牦牛)驮载着积累了半年或 1 年的皮毛、酥油等到会集上去,换回足够全家使用半年或 1 年的食物(主要是糖、茶)和其他用品。寺院的集会之所以有如此长的周期,是因为寺院的腹地十分广阔,人口稀少,游牧地区的居民大多是逐水草而居,但这种交易给牧民的运输、储藏等都带来不便。到了近代,随着羊毛贸易的兴起,游牧民族与市场的联系越来越频繁,如出产的羊毛、皮张不再随意扔掉而是用来交换,促使牧区市场也在发生变化。有的寺院的旁边逐渐出现了固定的集市,如黑错寺"每月有市集三次,期为阴历初八、十五、二十九等日,逢期时数十里以内之藏民均来交易。"②拉卜楞寺旁边的临时市场在夏河建立设治局(1926 年设局,1928 年设夏河县)后,逐渐形成了"自日出起,至日中止,终年不断"的常市,"市民每日所需,均由朝市购买,故各种民族,男妇老幼均有,拥挤不堪。"③游牧区这种固定的、集期比较密集的集市的出现,说明民国以降,随着少数民族地区政治结构、社会结构、经济结构、生产方式和生活方式变迁,民族地区的市场结构、贸易方式也在发生变化。

三、市场层级问题

(一) 市场层级的一般状况

施坚雅(G. William Skinner)应用德国学者 G. W. 克里斯塔勒的"中心地理论"(centralplace theory)来研究中国的农村市场,他的模式(即六边形市场系统)在西北地区很难得到印证,因为 G. W. 克里斯塔勒的"中心地理论"所提出的地理环境、人口、生产方式与技能、经济构成等虚拟条件不能与西北地区相吻合。但施坚雅根据"中心地理论"提出的中心市场(Central market)、中介市场(Intermediate market)、标准市场(Standard market)的市场结构体系对我们研究西北市场问题很有借鉴意义。

早在明清时期,西北农业经济区的农村市场就表现出一定的市场层级,如明嘉靖《庆阳府志》把当时的市场分为市集、村市和小集。市集一般在州县城以上的中

---

① 王剑萍:《互助佑宁寺概况》,《青海文史资料选辑》第 10 辑,1982 年 9 月,第 92 页。
② 王树民:《陇游日记》,《甘肃文史资料选辑》第 28 辑,第 234 页。
③ 马鹤天:《甘青藏边区考察记》第 1 编,第 53 页。

心城市,有固定的交易日期,村市在乡镇,没有集期,比乡镇更小的市场称为小集①,与施坚雅所说的"小市"是一致的,即位于居民点的市场。② 由此可以看出,农村市场由小集、村市、市集三个层级构成。清代乾嘉时期,市场发育逐渐成熟,州县城市成为区域性中心市场,许多居于交通要道上的村市发展成为集镇,一些集镇有了固定的集期。③ 晚清至20世纪40年代,本区域市场基本上由三个层级构成:分布在乡村的集市构成了初级市场;位于交通要道的镇和部分县城成为中间市场,成为联系集市与中心市场的纽带,在"商品和劳务向上下两方面的垂直流动中都处于中间地位";而中心通常在流通网络中处于战略性地位,"有重要的批发职能。它的设施,一方面,是为了接受输入商品并将其分解到它的下属区域去;另一方面,为了收集地方产品并将其输往其他中心市场或更高一级的都市中心"。④ 每个经济区有一个或多个中心市场与外部市场保持着密切的联系,沟通低级市场与更高级别市场的联系。如西北羊毛市场形成独特的市场层级,如青海畜产品市场,初级市场为牧区,拉卜楞、湟源、贵德、鲁沙尔镇、上五庄、永安等处为中心市场,以西宁为集散地,由黄河及其支流顺流而下至宁夏石嘴山,宁夏羊毛以中卫、香山堡、五佛寺为主要集散地,通过石嘴山经包头、归化城,至天津出口。⑤ 故有学者把皮毛市场分为产地市场(Country market)、转运市场(Transit market)与终点市场(Terminal market)。产地市场为牧民或农民出售羊毛以及各种商人收购羊毛的市场,转运市场为由产地市场吸收羊毛转运到终点市场,天津、上海等港口城市为终点市场。⑥ 下面简单看看本区域不同层级市场的大致状况。

一些传统的府州县城是主要的中间市场与中心市场。河西走廊"有生产而无市场,而以各县城为集散之市场,如系特用作物或经济价值较高之作物,则由县城运销他处,故武威垦区即以武威为市场,而其所产之米或蔴,则远销于兰州及其他各县。张掖、酒泉亦同"。⑦ 岷县位于四川入甘的重要通道上,北宋时期就是茶马贸易的主要场所,县城是重要的中间市场,此外白龙镇为药材市场,宕昌镇为木材市场,荔川镇粮食及木材市场,闾井镇是清油市场。⑧ 临洮县城是兰州与临夏之间

---

① 傅学礼:《庆阳府志》卷4《坊市》,甘肃人民出版社2001年版,第82—86页。
② 〔美〕施坚雅:《中国农村的市场和社会结构》,第6页。
③ 赵本植:《庆阳府志》卷5《城池·附市集》。
④ 〔美〕施坚雅:《中国农村的市场和社会结构》,第7页。
⑤ 吴兆名:《西北畜牧业概述》,《中国实业杂志》第1卷第7期,1935年7月15日,第2296页。
⑥ 张之毅:《西北羊毛调查》,《中农月刊》第3卷第9期,1942年9月,第52页。
⑦ 张丕介等:《甘肃河西荒地区域调查报告》,第17页。
⑧ 叶岛:《怀甘南古城——岷县》,《东方杂志》第24卷第14号,1946年7月15日,第51页。

的重要交通枢纽,"是水烟与木方板贸易中心,木材采伐自青海的森林,扎成木筏顺洮河漂流至此"。天水县是本区域最重要的集散市场,甘肃、陕西、四川的巨额贸易都在这里进行交易,输出的商品都是本区域的土产,如羊毛、皮革、药材、烟草、鸦片,输入的商品有丝绸、茶业、布匹等。洮州在甘肃市场上的地位"相当于打箭炉和松潘(sungp'an)在四川的地位,是汉藏土产交易中心。在洮州,交易的商货包括大麦粉、布匹、茶叶、烟草等。汉人运来各类商品,如马具、靴子、枪支、毛毡等,用于交换羊毛、兽皮、皮制品、沙金、药材、鹿茸、藏香以及其他高原特产,这里利润丰厚的贸易主要掌握在穆斯林手中"。① 宁夏一些县城随着羊毛贸易成为中间市场,如磴口原为"汉蒙贸易之点",羊毛贸易兴起后,凭借黄河水运成为中间市场,"有木船,专往来于宁夏包头间,装运皮毛、木料、煤炭、洋货、布匹、粮食之类";市街有商店 20 家,皆事蒙古贸易,内有栈房 4 家,专为运转东西货物,全市贸易额 20 余万。米、面、油、茶砖、酒、洋布、粗布为大宗。"春冬以骆驼载货至牧地,秋令易皮毛以归。乃将皮毛转售于天津,岁以为常"。② 另外,吴忠堡、宁安堡、石嘴山、黄渚桥等县城所在地"当孔道,通商贩,虽难于郡城并论,而市集之盛,要亦不在自郤以下矣"。③ 如吴忠堡原属灵武县,是 19 至 20 世纪之交才兴起的市镇,1913 年设金积县。光绪末年,山西商人在吴忠开设了"自立忠"、"自立长"、"天心协"、"自立兴"等商号,这些商号的资本大都在二三千两到五六千两不等。在晋商的带动下,民国初年,吴忠本地商人也办起了商号,规模比较大的有"天成和"、"福顺安"、"万生财"、"永兴隆"等,资本也多在二三千两。抗战前夕吴忠在西北地区有了举足轻重的地位,"当金灵两县之要冲,地濒黄河,为水陆交通孔道。商业之盛,远过县城,仅次于省城,为本省第二商埠",④成为宁夏仅次于银川著名商业市镇。据当时商会统计,白洋在 20 万元以上的 2 家,资本在 15 万—20 万元的有 5 家,资本在 10 万—15 万元的有 4 家,资本在 10 万元以下的有 10 余家。⑤ 宁安堡临黄河东岸,舟楫航行便利,"市肆栉比,商贸繁茂,城内有大小商号三百四十余家,居民两千六百余户,为北路羊毛集中之地,有专收羊毛行四家"。⑥ 这些集市既负有初级市场的功能,又起着集散市场的作用。

---

① 〔英〕台克满著,史红帅译:《领事官在中国西北的旅行》,第 109、110、117 页。
② 林竞:《西北丛编》,第 68、66 页。
③ 马福祥等:《朔方道志》卷 5《建置志下·市集》。
④ 叶祖灏:《宁夏纪要》,第 29 页。
⑤ 李凤藻:《解放前的宁夏商业》,《宁夏文史资料选辑》第 22 辑,宁夏人民出版社 1999 年版,第 214—215 页。
⑥ 黄震寰:《宁夏省南境门户之中宁县概况》,《边事研究》第 5 卷第 6 期,1937 年 5 月,第 17 页。

处于市场末端的农村集市是初级市场,是农牧生产物直接交换的场所,这些集市在前文已经述及,不再赘言。需要说明的是在市场史的研究中,人们一般把县城作为中心市场看待,但由于甘宁青地区经济落后,农牧业产品的商品化程度低,加之晚清以来周期性的社会动荡和自然灾害,人口锐减,经济萧条,直到 20 世纪 40 年代,许多县城市场尚未完全得到恢复,在市场层级上仍处于初级市场的地位。合水县城(今合水县老城镇)东西二街,居民二百余户,有旅店数家而已[1],红水县城仅有小商数家,[2]这样的县城在本区域不在少数。从交易的商品看,主要是地方土产和日用品,如民乐"县城东关、西关设粮食市场,南街设牲畜、土特产品市场,东街设蔬菜、百货市场,每日晨集市,日中始散。"[3]民勤"商贾,多土著士民,远客不过十之一、二,行旅则时有之,无盐、茶大贾,亦无过往通商,廛市率民间常需,一切奇巧好玩不与焉。"[4]隆德县集市"所售者不过杂粮、畜类及零星物件,无富商大贾之往来,亦无大宗货物之起落"。[5] 在这样一些县城市场上,发生交易货物几乎都是为了满足农民及小生产者的日用品,很少见到如绸缎等高级消费品和"奇巧好玩"的奢侈品,市场上只是一些资本十分有限的小商小贩。

在游牧经济区,市场的层级与寺院层级是一致的,中心寺院具有中间市场或中心市场的地位,主要承担的是商品中转与集散功能。如拉卜楞寺虽地处偏僻,"而在商业上确为牧地货物输出之集合地,又是腹地货物输入之分散地",每年出口货值 55.4 万元,输入货值 38.4 万元。[6] 玉树的结古,在地方行政机构建立前,是玉树藏区的宗教中心,后来由于每年的寺院汇集在寺院的旁边兴起了一条东西约 1 里,宽处不过百步的街道,市民约 200 余户。[7] 尽管市面狭小,由于从四川、甘肃、青海、西藏有 5 条大道通向结古[8],通过 5 条商业通道,各地的货物不断被运到结古,一部分进入西藏(如川茶),一部分被分流到各寺院会集上和牧民聚落。各地输入和本地输出的主要商品有(周希武 1914 年的调查):"商货输入品有西藏来者,曰氆氇、藏红花、靛、阿味、磠砂、鹿茸、麝香、茜草、野牲皮(生)、羊皮(生)、羔皮(生)、藏糖、硼砂、桦文椀、藏枣、乳香、藏香、雪莲、蜡珀、铜铁丝、铜铁板及条、铜锅、铜壶、

---

[1] 陶奕增:《合水县志》上卷。
[2] 刘郁芬、杨思:《甘肃通志稿》卷 16《建置一·县市》。
[3] 民乐县志编纂委员会:《民乐县志》,第 553 页。
[4] 马福祥、王之臣:《民勤县志·风俗志·士农工商执业》,台湾成文出版社 1970 年影印本。
[5] 桑丹桂、陈国栋:《重修隆德志》卷 1《建置·县市》。
[6] 丁德明:《拉卜楞之商务》,《方志》第 9 卷第 3—4 期,1936 年 7 月,第 217 页。
[7] 周希武:《宁海纪行》,第 48 页。
[8] 周希武:《玉树土司调查记》,附《玉树二十五族简明图》。

颜料、药材、小刀、碱灰(自三十九族来者岁至数千担,番用以和茶)、桑皮纸、经典、洋瓷器(菜盒、碗、钟杓之类,皆自印度传来)、洋斜布、洋缎、洋线、鱼油、蜡、纸烟(以上六件皆印度货)、帽子皮、呢绒布、坎布(以上三件皆俄[国]货)。有自四川打箭炉来者,曰茶(岁至十万驮;多数运销西藏)、洋布、绸缎、纸类、生丝类、哈达(类白色粗绪,番用贽见物)、酱菜、海菜、糖、瓷器、白米、熟牛皮、纸烟、孔雀石(出陕西)。自有甘肃、西宁洮州来者,曰铜铁锅、铜火盆、锅撑、白米、麦面、大布、挂面、葡萄、枣、柿饼、粉条、瓷器。其特别输出土产,曰鹿茸(各族皆有,玉树娘磋、格吉最多)、麝香(各族都有)、冬虫草、大黄、知母、贝母、野牲皮、羊毛、金……结古过载货以茶为主,茶产四川古雅州府六属(俗名穷八站地方),销售西藏及海南各番族。贩茶者多系川番伙尔族人,其资本皆出自番寺。……据结古商人称,每年运往拉萨者约在五万驮以上,是多半销于西藏,而少半销于川边及海南各番族也。"①结古既是联系川藏贸易的中间市场,又是玉树地区的中心市场,兼具双重功能。

　　游牧民族集居地的初级和中心市场主要以贩卖皮毛和销售蒙藏牧民日常生活用品为主。如在马鬃山做"蒙古生意"者,多系天津、绥远、山西等地以及马鬃山附近各地之小本汉商,他们"善蒙语,入山后,饮食起居,皆如蒙人,惟衣服则仍从汉俗,货物多由临近之酒泉、安西、玉门、三道沟等地购运,交换所得之毛皮,多运至酒泉销售,亦有再运往天津、绥远等地者,自货物入山至皮毛出山,须时甚久,最少亦须十余月"。② 小贩事先从中心市场的店铺赊买一些蒙、藏民需要的杂货,如藏刀、珠串、木碗、鼻烟、腰带等,带到牧民集居区,换取皮毛和其他土产。③ 以经营猪鬃为例,"小贩多系挑运杂货,往来四乡,或以杂货换取猪鬃,或以金钱收买,为数零星,随地交易"。④ 蒙藏民族也参与到不同层级的市场进行交易,如每年秋、冬、春三季(即阳历七月至翌年三月底),青海蒙藏农牧民"将羊毛运至附近集市如贵德、湟源、大通、夏河、临夏等地,与汉民交换获茶、布匹、青稞等生活用品"。⑤ 一些牧民"每于寺庙会期为交易之地,平、晋皮商前来坐庄收货者,年数十家。牧地人民,以皮易粮及日用物,价值甚廉,鞣制成熟,每超过原值数倍"。⑥ 拉卜楞寺街头的藏民中"一少部分头脑清晰的,做一点中间人的买卖,取些微利。比如草地的羊毛来

---

① 周希武:《玉树土司调查记》卷下,第31—32页。
② 蒙藏委员会调查室:《马鬃山调查报告书》,第38页。
③ 政协青海省委员会文史资料委员会:《青海文史资料选辑》第8辑,1981年印行,第37页。
④ 甘肃省银行经济研究室:《甘肃之特产》,第110页。
⑤ 李屏唐:《兰州羊毛市场之调查》,《贸易月刊》第4卷第8期,1943年3月,第46页。
⑥ 《青海皮业调查》,《中行月刊》第9卷第6期,1934年12月,第100页。

了,他于卖主买主之间来往跑几趟,等交易成功,他可取些中人钱。资本多些的,天天带上几元或几十元走到'从拉'(即集市),见到各种兽皮、麝香之类便买到手,立刻拿到内地来收货的人面前卖出,在经手之间,他从中取些利而已"。①

不论在初级市场还是中心市场上,回商都扮演着重要的角色。一方面,回商活跃在市场的最底端,把粮食等日用品供应给底层消费者,一方面从底层消费者手中获得大量的皮毛、药材等农副产品,运输到高一级市场。平凉是陇东小麦区一座中心市场,但"与甘肃大多数城镇一样,城内空旷寂寥,但是,穆斯林集居的东关城却热闹忙碌,商货丰盈的店铺鳞次栉比",②回民居住的东关是平凉的商业中心,支撑了其作为中心市场的地位。固原之所以能够成为"一大片广袤区域的集散中心",决定其地位的一是区位优势,一是"在城区和周边地区居住着大量的回教教徒"。③庆阳城、平凉城、固原城同为陇东集散市场,也同时遭受回民事变的破坏,但庆阳因无回民居住而难以复苏,而其余两城复苏较快,而且继续保持着集散市场的地位,回商是最主要的因素。在甘宁青其他市镇,回商也发挥着至关重要的作用,如循化回民商贩将粮食运往附近藏民聚落,"易换羊毛、羊皮、羊只等物"。④岷县回商主要从事川甘贸易,"贩皮于川,而来以绉绸等货"。⑤夏河拉卜楞寺皮毛商人中"占十分之八"的是回民商人,⑥到1940年代,回商依然执夏河皮毛贸易之牛耳,"夏河境内多畜牧,每年毛产额平均在二百三十万斤以上,故毛商甚多,十之八为临夏回商"。⑦回商不仅在本地市镇从事皮毛贸易,还从事藏区贸易,以临夏为中心,辐射到周边游牧地区。在藏区贸易中,回商成功地扮演了中间商的角色。⑧临潭活跃着一支回民商队,"每年春秋二季,西道堂商队一批批向草地进发,到处都有他们活动的市场,商队归来时,就是洮州旧城皮毛市场最活跃的时候"。⑨因此,邻近青海的商业贸易"几乎完全掌握在穆斯林手中,即使是在有汉人参与商贸活动的地方,也是通过穆斯林中介机构完成的,这些中介机构被称之为歇家(Hsiehchia)。穆斯

---

① 李安宅、于式玉:《李安宅—于式玉藏学文论选》,中国藏学出版社2002年版,第322页。
② 〔英〕台克满著,史红帅译:《领事官在中国西北的旅行》,第96页。
③ 〔美〕罗伯特·斯特林·克拉克等著,史红帅译:《穿越陕甘——1908—1909年克拉克考察队华北行纪》,第63页。
④ 谢再善编:《甘肃回族五次反清斗争资料》,西北民族学院1981年印行,第24页。
⑤ 佚名:《光绪岷州乡土志·人类》,《中国地方志集成·甘肃府县志辑》第39册,凤凰出版社2008年版,第255页。
⑥ 丁德明:《拉卜楞之商务》,第218页。
⑦ 马鹤天:《甘青藏边区考察记》第1编,第61页。
⑧ 马平:《近代甘青川康边藏区与内地贸易的回族中间商》,《回族研究》1996年第4期,第64页。
⑨ 明驼:《卓尼之过去与未来(续)》,《边政公论》第1卷第2期,1941年9月10日,第57页。

林商人活跃在更向西去的藏民们中间,用汉人的商货换取藏人的土产,特别是羊毛"。① 在羊毛贸易中,甘宁青回族商人扮演了中间人的角色,他们利用本民族的社会关系,垄断了购买、储藏、运输羊毛的经营活动,从而把中国西北最偏僻的牧场与国际市场联系起来。②

在青海的初级和中心市场上,"歇家"的角色不可或缺。③ 早在明清时期藏区就形成"歇家"经营方式,"青海蒙古番子(番子指藏民——引者注)来至西宁,各城内向设官歇家,容留住宿。该蒙番等贸易粮茶,均系官歇家为之经理"。④ 徐珂在《清稗类钞》中也记载,在青海一些主要市镇,"有行户,曰歇家。蒙番出入,群就之卸装,盖招待蒙番寄顿番货之所也。完纳赋税,歇家为之包办;交易货物,歇家为之介绍……歇家之赴番地也,彼族待为上宾,不敢稍拂其意。其家属亦能操蒙番语,常衣蒙番衣,亦有私相结婚者,其人在不蒙不番不汉之间,杂于毳衣革履中。指为蒙,若亦蒙;指为番,若亦番。丹城歇家都凡四十余户,若欲开设行栈必当同行业互相作保,青海办事长官再给予执照。亦有与蒙人合股谋利者"。⑤ 也就是说歇家最初主要为蒙藏民族在西宁、丹噶尔等市镇进行贸易提供各种服务的。近代以来,随着天津开埠,英美俄等国洋行派人到青海皮毛集散市场收购羊毛,与当地"歇家"直接接洽,"歇家"成为羊毛生产者与洋行之间的主要中介机构,"歇家为产地市场中对番民交易之中心组织"。⑥ 在初级市场,歇家有着独特的地位,洋行离开"歇家"的联系,难以直接收购大宗羊毛和皮张,牧民没有"歇家"也更无法与外商成交,"歇家"的身价随之提高。"洋行外商为交结'歇家',时常登门拜访,请客送礼……凡蒙、藏牧民驮运来的羊毛、皮张等,除零星出售少许外,全部卖给自己住处的'歇家',其他'歇家'也不能过问,成为'歇家'彼此间遵守的一条行规。牧民们将羊毛、皮张出售后,又托原'歇家'买回一年所需的青稞、面粉、挂面、茶叶、馍馍等生活资料。"⑦没有歇家参与,洋行难以在青海市场上立足。

随着与外商接触和"歇家"见识增多,"歇家"逐渐由中介人演变为中介、经营为

---

① 〔英〕台克满著,史红帅译:《领事官在中国西北的旅行》,第128页。
② 李晓英:《近代甘宁青羊毛贸易中的回族商人及其贸易网络》,《西北师大学报》2008年第4期。
③ 关于"歇家",胡铁球有比较深入的研究,他认为"歇家牙行"经营的核心理念是:提供食宿、买卖中介、商品交易场所以及运输、借贷和纳税等多项服务,其中食宿、库存和中介是其核心。参看其《"歇家牙行"经营模式的形成与演变》(《历史研究》2007年第3期)、《"歇家牙行"经营模式在近代西北地区的沿袭与嬗变》(《史林》2008年第1期)等论文。
④ 那彦成:《平番奏议》卷1。
⑤ 徐珂:《清稗类钞》第17册,农商类·青海歇家,第76—77页。
⑥ 张之毅:《西北羊毛调查》,《中农月刊》第3卷第9期,1942年9月,第53页。
⑦ 蒲涵文:《湟源的"歇家"和"刁郎子"》,《青海文史资料选辑》第8辑,1981年11月印行,第37页。

一体的商人,"歇家有时以贩运商(Shipper)姿态在市场出现,自己收毛,转贩他市"。① 如近人所言"湟源、贵德、大通等处之'歇家',因与洋商发生羊毛交易,获利甚丰,乃不售毛与洋商,而自行输送与天津等处,出售与洋商,再行出口,而以其所获,复购运大批之砖茶、布匹、瓷器等归而出售。如此往返贸易,多获巨利,故此时亦可称之为青海羊毛之全盛时代"。② 可见,"歇家"对青海市场的繁荣起了一定的作用。

(二) 部分中心市场的兴衰

在近代社会经济变迁中,本区域的中心市场也发生了巨大的变化。笔者选择酒泉、碧口镇、西峰镇、石嘴山、吴忠堡、磴口、湟源(丹噶尔)、拉卜楞、临潭等市镇,来看近代本区域中心市场的兴衰变化。

1. 酒泉

酒泉位于河西走廊西端,是西汉时期设立的河西四郡之一,是内地与新疆交往的必经之地,因其地理位置的重要,成为河西商业重镇。

清朝时期,酒泉是清政府批准的新疆各部的"贡使"团与内地贸易的主要场所。③ 各部到酒泉交易的货物主要为牲畜、皮毛等,如乾隆八年(1743年)准噶尔部交易的货单是:马545匹,骆驼726峰,牛260头,羊2.6万余只,貂皮765张,沙狐皮2.8万余张,银鼠皮6.2万余张,灰鼠皮12624张,豹皮289张,狼皮576张,猞猁皮648张,扫帚皮2600张,羊皮4.5万张,黄狐皮6.5万余张。从关内交换的商品有手工业品、农产品等日常生活用品,如乾隆九年(1744年)清朝提供给准噶尔的商品是:绸缎、布匹及其制品价值31437两(白银,下同),茶叶价值4218两,大黄价值1545两,佛金、哈达等宗教用品价值562两,烟、闽姜、冰糖、瓷器、皮箱等生活及日用品738两,现银2667两。④ 各种商品总额价值为41164两,其中绸缎、布匹占到76.2%,是清政府提供关外各部的大宗商品。随着官方"贡使"贸易展开,民间贸易也发展起来,关内、关外的商人集中在这里交易,形成了相当规模。"然各省商旅,咸聚于此,西无所往,东无所阻,市之鬻贩不拘时,黎明交易,日暮咸休,市法平价,众庶群集。以此极边之地,而有如此之富庶,正如《书》所谓:'贸迁有无,化居蒸民,乃粒是也'"。⑤ 由于商业贸易的繁盛,"市集商贾"成为肃州的八景之一,"城

---

① 张之毅:《西北羊毛调查》,《中农月刊》第3卷第9期,1942年9月,第53页。
② 《青海羊毛事业之现在及将来(续)》,《新青海》第1卷第5期,1933年3月,第70页。
③ 张羽新:《肃州贸易考略(上)》,《新疆大学学报》1986年第3期,第24页。
④ 同前书,第68页。
⑤ 黄文炜、沈清崖:《重修肃州新志》第2册,《景致》。

内街市宏敞,车马骈阗,胡贾华商凫集,麇至毂击肩摩,五音嘈杂,每登鼓楼四望,但见比屋鳞次,炊烟簇聚,货泉繁盛,人物殷富,边地一大都会也。"①前近代时期酒泉是一个很繁华的市镇。

同治回民事变期间,酒泉街市遭到了严重的破坏,成为废墟。②清光绪七年(1881年)开埠为通商口岸,在经历了清末和民国初年的商业贸易,恢复了集散市场的地位。1919年3月13日,林竞对酒泉有这样描述:"商贾往来,蔚成大观……输入品由东大道来者,以陕西之大布及纸张为大宗。由包头经蒙古草地来者(四十五日可达宁夏),以洋货(火柴、布匹、手巾、化妆品)、砖茶为大宗。由西路来者,新疆则有葡萄干、杏干、杏仁、棉花,而以葡萄干为最多,敦煌则以棉花为主。而青海蒙番则以毛皮、牲畜、换米、面、布匹以往"。本地输出的货物主要是粮食、煤炭及南山所产玉石为大宗。当时,酒泉城内大小商店300余家,大商店百余家,专办京津货物者4家,在商人群体中,以晋商为主,其次为陕商、津商和土著商人,有新疆商人60余家,以贩卖葡萄干和制造蜡烛、肥皂为业。③王金绂的《西北地理》也记载了酒泉商业恢复的状况。④酒泉与西北各地市场互为腹地,在内地与新疆贸易往来中发挥着应有的作用。

1930—1933年,马仲英来往甘新之间,与青海、新疆军对峙,不但阻断商路而且曾一度占据酒泉,⑤马仲英军队纪律极差,杀人越货的事件经常发生,导致商人裹足不前,对市场产生了影响,"酒泉商业,因绥远、新疆来货,向例交汇于此,原甚发达。嗣经亢旱为灾,地方多故,商旅裹足,负担增重,于是商业衰微,势成一落千丈。年内地方安谧,交通无阻,虽渐有复苏征象,究以经济枯竭,实难立起沉疴。"⑥从近人的记载来看,酒泉因居于交通要道而在每次变乱之后有所恢复,抗战前还没有恢复到清朝鼎盛时期的水平。

抗战时期因东部沿海口岸被日军占领,西北成为接受苏联军援和对外贸易的主要通道,给酒泉市镇经济的发展带来了机遇。据抗战时期统计,活跃在酒泉市场上的商人主要是陕西、山西、河南以及新疆商人,共有商铺百余家,其中京货铺24家,布匹铺11家,杂货铺17家,药店7家,摊子64家,皮毛店1家。1941年进口土

---

① 吴人寿:《肃州新志》名胜,街市,全国图书缩微中心1994年影印本。
② 黄正林:《同治回民事变后黄河上游区域的人口与社会经济》,《史学月刊》2008年第10期,第86页。
③ 林竞:《西北丛编》,第186—187页。
④ 王金绂:《西北地理》,第432页。
⑤ 予扶:《记马仲英事(续)》,《瀚海潮》第2卷第2—3期合刊,1948年9月15日,第33—37页。
⑥ 陈赓雅:《西北视察记》上册,第256—257页。

酒泉街市

图片来源:邵元冲主编:《西北揽胜》,正中书局1936年版,第82页

布1025担,洋布280担,棉花14400担,官茶800封,棉烟40担,皮革制品6担,西药4担,杂货350担,青盐13500担,总值54万元;从酒泉市场出口的货物包括羊毛30万斤,驼毛8万斤,羊皮2万张,羔子皮3万张,纸(白麻纸、包货纸)8万刀,蒜苗2万担,药材1.2万担,小麦1.2万斤,总值36万元。[①] 酒泉市场有所恢复,再次成为河西走廊西部的主要集散市场。

2. 碧口镇

碧口镇地处甘陕川三省交界之处,白龙江、清水河合流于玉叠桥头,东流经碧口镇,为该镇商业提供了航运方便。清朝中期以前,甘川贸易中心不在碧口,而在该镇与以东的行店里相距38里,期间有一险滩名大麒麟,"无数巨砾堆于江底,并且排列成一整齐之行列,与水流方向正相垂直,因此逼水澎湃,自巨砾下倾,高差几及一公尺,木船万难通过,是以药材交易不得不在滩下集中成市"。这样行店里就成为白龙江上游航运的终点,"白龙江上游及洮河之上游所出药材及棉烟(普通称为水烟)等特产均用骡马运集行店里交易,由川商收购改用木船运川销售"。乾隆年间,为了开通碧口航运,在麒麟滩左边近岸处"开通一漕,水势稍杀,船乃勉强可以通过,从此上游药材商贩为减轻陆运里程计乃在今碧口地方成立市场,药材交易中心乃随航运终点之改变自行店里上移碧口,于是行店里日形萧条,碧口日形发

[①] 王世昌:《酒泉经济概况》,《甘肃贸易季刊》第2—3期合刊,1943年1月,第82—83页。

达"。① 自碧口通航后,逐渐发展为川甘交界处的重要市场,"载甘南农产品入川,即转运川东北手工业产品入甘。"碧口又是甘川陆路交通要道,原驿道"北抵皋兰,南趋成都,因而形成小小商场,在陇南几首屈一指。晚清末年,渝埠畅销陇南药材,洮岷亦普销川产糖、布,往来转运,于此集中,市面颇极一时之盛。"民国建立后,因受第一次世界大战的影响,"药材市场趋于没落"。同时随着陇海铁路的不断向西拓展,"豫、鄂之布,浙、广之糖,重以舶来之品,逐渐抵塞川货销路"。② 碧口镇市场因陇海路向西延展而渐趋衰落。

抗战时期,大片国土沦陷,"甘肃日常所需,不能不仰给于四川,所产药材与水烟,亦不得不以四川为唯一销市,由是货物转运,络绎不绝,本市商业,有恢复昔日繁荣之概"。③ 碧口镇再次繁荣起来。据1940年3月统计,碧口"有五百六十八户,男女共四千二百五十九人,其中正式商铺在三分之二以上,最多又最占重要位置的为药材生意,计纯药材庄,即完全经营药材生意者在五十户以上,而兼营他项生意或按季节经营药材生意者又在五十户以上,总计大小药材庄号在百户以上;次为棉烟庄,计纯棉烟庄在四十户上下,而兼营他项生意者亦有三十户之多,故大小棉烟庄号约七十户。除以上两种外,有与上述两种商号关系最为密切之房栈十余户,骡马大小店五户,规模均甚大,而且生意均甚发达。此外则以杂货铺为多,经营四川土布及附近所产之土货生意,茶糖及饭馆次之,再次为洋货铺经营洋布、丝织品及外来日用品生意。至于半生意半住宅性质之住户则多住于市场之边缘部分"。④

碧口是川甘边界一个规模较大的集散市场,尤其是临潭、武都、卓尼、西固、天水、渭源、陇西等地的药材,先集中在岷县,而后运往碧口,通过成都、重庆转运上海、香港等地。⑤ 碧口不仅是药材的出口地,也是外地各种杂货进入甘肃的主要通道,"进口货物以茶叶、卷烟、纸张为大宗,而出口货物则以药材、水烟占多数。凡是由岷县、武都等处运去的药材,除少量由肩贩陆运至四川中坝销售外,大多系在碧口加工、改装,交船南运。临洮水烟,则多驮骡径运入川。进口货除糖、茶外,纸张和卷烟,多在碧口转销。同时,也有许多忍劳耐苦的四川人,由中坝直接肩挑一些卷烟、糖、纸及花生至武都销售,然后由武都购买药材、棉花或土布至碧口销售"。⑥

---

① 王成敬:《碧口——川甘商业交通之枢纽》,《地理》第2卷第1—2期合刊,1942年6月,第33页。
② 甘肃省银行经济研究室:《碧口经济概况》,《甘肃各县经济概况》第1集,第137页。
③ 同上。
④ 王成敬:《碧口——川甘商业交通之枢纽》,第34—35页。
⑤ 向达之:《论近代西北动植物资源开发的若干主要方向》,《甘肃社会科学》1992年第6期,第105页。
⑥ 洪文瀚:《谈甘肃的商港——碧口》,《甘肃贸易季刊》第4期,1943年3月,第47—48页。

表 11—7 是 1939—1940 年碧口进出口商品统计表。

表 11—7　1939—1940 年碧口输出入货物统计表

出入口	货物类别	货物名称	1939 年数量（斤）	1940 年数量（斤）	1939 与 1940 年之比
出口货	药材[1]	当归	399894	357566	100∶89
		黄芪	29922	8741	100∶29
		党参	472235	181733	100∶38
		大黄	367662	349665	100∶95
		杂药	288936	178240	100∶62
		小计	1558649	1075945	100∶69
	畜产品[1]	牛羊皮	50660	135	110∶0.3
		猪鬃	4852	1197	100∶25
		小计	55512	1332	100∶02
	农产品[2]	棉花	8666	12080	100∶139
		蜂蜜	1089	1193	100∶110
		水烟	450000	100000	100∶22
		小计	459755	113273	100∶25
	合计		2073916	1190550	100∶57
入口货	服用类[1]	土布	123455	66151	100∶54
		洋布	84221	97924	100∶116
		小计	207676	164075	100∶79
	食品类[1]	红糖	606813	514957	100∶85
		白糖	1270954	452331	100∶36
		冰糖	299724	104202	100∶35
		花生	62248	45900	100∶74
		清油	75671	14842	100∶20
		胡麻油	21037	17259	100∶82
		小计	2336447	1149491	100∶49
	药材类[1]	杂药	386617	170288	100∶44
	嗜好品[1]	茶	176141	141282	100∶80
	纸类[1]	表纸	659141	386762	100∶59
		火纸	91417	70008	100∶82
		纸张	218733	302883	100∶133
		小计	969291	759653	100∶78
	用具类[1]	铜铁器	116398	54182	100∶47
	矿产品[2]	盐	250000	—	—
	合计		4442570	2438971	100∶55

资料来源：[1]王成敬《碧口——川甘商业交通之枢纽》，《地理》第 2 卷第 1—2 期合刊，1942 年 6 月，第 42—43 页。

[2]林超等：《嘉陵江流域地理考察报告》，《地理专刊》第 1 号，1946 年 6 月，第 88—89 页。

从表11—7来看,1940年碧口的进出口货物比1939年减少大约四成,药材减少近31%,畜产品减少98%;在输入品中,除了洋布与纸张外,其余全部有所减少,土布减少46%,食品减少51%,杂药减少56%,茶减少20%,纸类减少22%,铜铁器减少53%,食盐1940年未有输入,有可能是统计疏漏。就进出口总量而言,出口货物减少了43.6%,进口货物减少了45%。又据调查,1941年1—6月,从碧口输入棉花154800斤,土布49428匹,洋布1921匹,红糖351639斤,白糖389974斤,冰糖39789斤。① 除了棉花、冰糖外,各种货物均不及1939年的数量。

碧口进出货物减少的原因在于抗战之艰难。1938年广州、武汉失守后,"碧口药材销长江中游各省者,亦不得畅销,继而滇越铁路封锁,宜昌失守,碧口输出之药材不但向国外销售者无法出口,即国内亦只限于四川一省之零星销售矣。凡由嘉陵江下运之大批药材均在重庆及附近之地储存,至于三十年四月碧口当地米价亦高出战前约十八倍之多,而药材价格则虽只高出二三倍,仍无顾主大量收购,所售出者均系挑运小贩,在四川各县推销者也"。② 碧口是一个以药材为主要出口商品的市镇,随着药材市场的低迷,其他商品也受到了极大的影响。也就是说,广州、武汉失守以及长江中游被日军占领,使药材市场萎缩,影响了碧口市场的繁荣。

活跃在碧口的商人大多是川商与甘肃商人,该镇上"四川商人实占十之七八以上……住户中,川商最活跃者为药材业,全碧口药材庄号,可谓完全由四川商经营",四川商人又多为嘉陵江沿岸各县商人,如碧口船户多为南部、阆中、苍溪及昭化各县商人;杂货铺商人多系南充商人,而"南充各县出土布甚多,远销甘肃者均以碧口为其集散中心";碧口药材业主要由重庆合川、武胜等县商人经营,原因是碧口药材凡向四川以外地区销售,"均在重庆集散,故重庆专营国药生意者,多派专人前往碧口收购药材"。棉烟商多为甘肃临洮商人,因碧口棉烟以临洮出产最多。碧口向南出口的货物,一部分在四川成都及附近各县销售,大部分运销到嘉陵江沿岸各县,"而以重庆为集散中心,故碧口在四川最重要之商圈即在碧口、成都及重庆地带之三角形地区以内及附近之各县,而输甘之川货亦多出于此地以内"。③ 碧口是仅有四千余人的小镇,但其市场职能却完全超出普通集镇,具有大商镇的性质,从碧口输出的货物不限于本地及附近出产的货物,其输入的货物也不限于供给本地市场的需求,而是川甘边界的一种重要集散市场,在甘肃进出口贸易中有着重要的

---

① 陈鸿胪:《谈甘肃省内销货物》,《甘肃贸易季刊》创刊号,1942年6月,第31—36页。
② 王成敬:《碧口——川甘商业交通之枢纽》,第42页。
③ 同前书,第35页。

地位。

3. 西峰镇

西峰镇位于陕甘交界的陇东,清朝时属于安化县,是同治回民事变后兴起来的商业市镇。"自同治兵燹后,附近六里,合立集市,后渐畅旺。分之为六:北关斗、太平斗俱在旧城东门内;六冢斗在旧城西门内;张百户斗在南大街;高庄斗在西大街;彭原斗在北大街。平斗日过粮数十石不等,每斗内外抽收斗佣钱各十文至三十文不等,亦随粮价为转移。"[1] 最初兴起的集市,以粮食交易为主。随着西北皮毛市场的兴起,西峰镇因周边盛产皮毛而逐渐发展成为陕甘交界的商业市镇,皮毛交易开始兴盛。光绪三十一年(1905年)就有洋行来西峰收购山羊板皮、猾皮及小毛羔皮,运往天津出口,其运销之区域在周围各县。1929年以前,山羊板皮、猾皮价格甚高,市场畅旺,产量也多。[2] 该镇市场腹地一度扩大到了陇东各县,"以及泾川、灵台、镇原、固原等县,以上各县之皮毛商贩,均将皮毛运至西峰镇销售。时值每年八月,北平、天津、山西等处大毛客商贩,携带巨款,成伙结群,先后纷至西峰镇,整年坐贾,大批购办,分批陆续东运,是故西峰镇皮毛商市,异常畅旺,地方金融情形,固甚流动,亦甚活跃,所有皮毛庄十余家,莫不生气勃勃,每家雇伙计四五十名,均甚忙碌,市面金融活跃,各商利赖。"[3] 显然,西峰镇成为陇东的皮毛集散地。

据1930年代中期调查,该镇有人口6500余人;设有特税局,年征税2万余元。时人对西峰镇物产与市场做了如下描述:

> 土沃草茂,故多牧畜,牛、羊、猪、驴、鸡,均繁衍。猪羊肉极肥美,鸡子颇大,羊肉每元十五六斤,猪肉每元十斤,鸡每元三四只,鸡子每元百余个。皮毛及羊、猪、牛、驴,为输出大宗,麦谷亦有输出,北售宁夏,南销陕西。贩运皮毛猪羊者,带回土布、酒、油、米、糖、粉条等物。赴宁夏者,带回盐池之盐,此盐色白质干,且甚可口。所有本镇华洋杂货,绸缎布匹,均自西安输入,惜现尚无正确统计,惟由宁夏输入之盐,每年约六百万斤。庆阳东川所产甘草药材,及合水太白镇之药材,亦多输入,甘草甚大,如南方小竹。外商在北平、天津、顺德等处之皮毛洋行,每年来此收买皮毛。据调查民国十五年以前,年约二十万元,近年仅数万元而已。手工业有制羊皮,织驼羊毛毡毯,粗红哔叽,织猪毛口

---

[1] 张精义:《庆阳县志》卷6《财赋志》,第354—355页。
[2] 顾少白:《甘肃陇东羊毛皮货初步调查报告》,《西北经济通讯》第1卷第4—5期合刊,1941年12月,第55页。
[3] 文萱:《两月来之西北》,《西北开发》第4卷第1—2期合刊,1935年8月,第141页。

袋、褡子,织染丝线纲巾,制毛衣袜,及线手巾者。毡毯花色均未改良,价值亦不贱,故无多大销路。本镇系陇东货物出入集中之地,故商业为各县之冠,大小商店约三百家,以盐商、皮毛商占大部分,其次杂货商、鸦片商。近自军队过往驻扎,军衣庄、饭馆、理发铺,添设不少,摊贩尤多增加,营业均颇不恶。①

20世纪二三十年代,由于自然灾害、社会动荡和国际经济危机,给西峰镇市场带来了巨大的影响。庆阳"年来饥馑并臻,市面商务,日成衰落状态。城内商业,略能维持现状者,寥寥无几。自开春后,各商号跌本过多,灾象太重,人民购买力短,纷纷歇业,加之久旱不雨,人心恐慌,商务起色,诚属困难。"②随着社会经济的衰落,市场也出现了不景气。西峰镇是因皮毛兴起的集散市场,随着皮毛市场的疲软而衰落。1929—1933年世界经济危机之后,世界皮毛市场萎缩,中国天津、北平等地"皮毛行倒闭者十之八九,皮毛商裹足不前",西峰镇皮毛市场"日渐疲惫,一落千丈,各庄渐次倒闭"。③1936年以前,西峰镇竟出现了无皮毛大庄的局面。

抗战时期,西峰镇皮毛市场再次兴起。"自平津沦陷,包头路塞,陕北三边一带之皮毛,亦来峰镇转销,因长庆公路告成,合水、环县之羊,镇原之猪,亦来峰镇为交易中心"。据估计,每年从西峰出口的羔子皮约8000张,羊皮30000斤,羊毛5000万斤,羊绒2000斤,牛皮12万斤,猪火腿18万斤,毛毡3000方,小麦20万市石。转口货物以布匹、食盐、猪羊、皮毛为最多,"抗战以前,布匹多由平(北京)津(天津)沪(上海)汉(汉口)而来。迨后沪汉沦陷,交通阻梗,多购自洛阳、漯河、西安,分销于合水、环县、镇原,按转口货物销场范围之人口统计,每年总值约三百五十余万元。至食盐一项,多购自宁夏省属之花马池,及陕北之定边,在本镇集中,然后转销于西安、凤翔一带,当潞盐、淮盐来路未断以前,峰盐每百斤售价九元,今年已涨至每百斤一百二十元。据调查每半年由峰镇出口之盐平均为四万九千二百担,每担合一百二十七市斤,其总值当为六百五十三万余元。"可见,食盐在西峰的转口贸易中占有很大的份额。牲畜、皮毛也是西峰最主要的出口和转口贸易之一,"猪为每年随时外销之物,羊则以七、八、九、十、十一等月为最旺盛;猪盛销于三原一带,羊则销于西安、泾阳、富平等地。据最近调查,猪羊转口总值,洋约一七三万余元。"出口和转口的皮毛主要有老羊皮、山羊皮、猾子皮、黑山羊皮、白羊皮、白羊毛、黑羊毛等,"陕西之洛川,往年行销于平津,今则运销于兰州,现欧战爆发,销路停滞,转口

---

① 董佩实:《赴西峰镇琐记》,《西北向导》1936年第19期,第24—25页。
② 《甘省各县商业凋敝》,《西京日报》1933年3月29日。
③ 文萱:《两月来之西北》,第141页。

总值年仅一百六十余万元,计重七十余万斤。"①陇东羊毛集中市场为平凉和西峰镇,其中"西峰镇为庆阳、合水、环县、镇原、盐池等县羊毛集中之地",因此,抗战以来羊毛交易数量有很大增加,如1937年11万斤,1938年5万斤,1939年34.4万斤,1940年18.4万斤,1941年43.5万斤。② 1941年比1937年增加了32.5万斤。从当时的调查资料中可以看出,抗战时期西峰镇是陕北、宁夏盐池和庆阳皮毛转运的主要市场。

4. 石嘴山

石嘴山位于平罗县东北70里,左依山岗,右临黄河,明清时期是黄河上的主要渡口。③ 在雍正四年(1726年),清朝将平罗柔远市口移至石嘴山,设置"夷场",每月三集,④成为蒙古民族和内地商人进行贸易的主要场所。乾隆二十五年(1760年)立有一碑:"蒙古一二月出卖皮张,三四月卖绒毛,五六月羊,七八月马牛,九月茶马毕,岁以为常"。⑤ 清朝时期石嘴山是以交易皮毛和牲畜为主的贸易市场。

天津开埠后,石嘴山最早成为外国洋行首先进入西北市场的据点。光绪六年(1880年),外国列强开始在石嘴山设立洋行,收购西北皮毛,先后设立的洋行有英商8家,即高林洋行、仁记洋行、新泰兴洋行、天长仁洋行、平和洋行、聚立洋行、隆茂洋行、明义洋行,德国洋行2家,即瑞记洋行(一战后为英商接收)、兴隆洋行。各洋行总庄都在天津,石嘴山为分庄,大行约有四五十人,小行约二三十人。主要业务为收购皮毛,市场腹地范围很大,内蒙古阿拉善旗、额济纳旗和伊克昭盟各旗;宁夏银川、花马池、惠安堡、韦州、半个城、下马关、中卫、中宁等;甘肃靖远、五坊寺、大庙、平番、海原、固原、黑城子;陕西三边和青海西宁等地,⑥都属于其市场腹地。因洋行设庄,西北皮毛市场的兴起,石嘴山逐渐发展成为以皮毛集散为主的著名市镇,20世纪二三十年代时,"居民七百余家,多来自秦晋……大小商店二十余家,有巨商三四家,专营蒙古贸易"。西北各地羊毛"集中于此,待梳净后,包装,以骆驼或木船载赴包头。岁约皮百万张,毛三千万斤左右。此间,黄河有木船七百余只,往来包头、中卫之间。赴中卫,上水十天,下水四天。赴包头,上水十二天,下水八天。其往来包头者,下水多运皮毛、甘草、枸杞、麻之类,上水则运洋货、糖、茶、土瓷

---

① 甘肃省银行经济研究室:《甘肃省各县经济概况》,第96页。
② 甘肃省银行经济研究室:《甘肃之特产》,第81页。
③ 陈琦主编:《黄河上游航运史》,第121页。
④ 马宗正、吴静:《明清时期宁夏集市发展初论》,《宁夏社会科学》2005年第6期,第114页。
⑤ 林竞:《西北丛编》,第73页。
⑥ 刘廷栋:《帝国主义洋行在石嘴山》,《宁夏文史资料》合订本第1册,第74页。

等。"① 甘宁青皮毛在这里集中后,进行洗净和打包,再运往包头,故被近代学者描述为"驼队成群,仓栈林立,帆船络绎,商贾接踵"的景象。② 抗战开始后,天津沦陷,毛皮市场衰落,石嘴山也随之衰落,"羊毛为统制物品之一,且天津出口断绝,故石嘴子市面已大不如昔"。③ 一个因皮毛兴起的市镇,随着皮毛市场的衰落而衰落。

5. 拉卜楞

拉卜楞位于甘肃、青海、四川、西康四省的通衢,是甘肃西南藏区的著名市镇。兴起的原因有两个:"一因收买羊毛、羊皮者之汉商,多来此地;一因朝拜嘉木样活佛之藏人,多不远数千里而来,故成今日之廛市"。④ 也就是说,拉卜楞寺因地理上处于农业区与牧业区的结合处,又是著名的宗教中心,由此而成为"从拉"(集市),但在前近代时期只是季节性市场,并没有形成市镇,如近人所言:拉卜楞地区产羊毛,"而无售羊毛之所。有制毡房,而无售毡之商店。产各种兽皮,而无硝皮售皮之商店"。⑤ 也就是说这里盛产羊毛和皮张,生产毛毡,但除了"从拉"外,无专门的销售的商店。

近代以来随着天津开埠,西北皮毛市场兴起之后,随着藏区与内地商贸往来的频繁,拉卜楞的市场地位日显重要。在皮毛贸易的推动下,民国时期成为甘青川交界藏区的著名商镇,具有比较强的集散功能。甘青藏区"地高气寒,仅产少量之青稞,大米、小麦等均不能种植,故食粮亦不能自足,须由外运入,油、盐、菜蔬,亦非仰给邻地不可。因社会之需要,输入均为布匹、食粮及日用品,而土产之牛、马以及羊毛、牛羊皮、牛羊油、羊肠衣等,均为输出之大宗"。⑥ 一方面从大都市和农业区运来藏民需要的粮食和生活用品,一方面将藏族游牧区的皮毛通过拉卜楞市场输出到天津、汉口等地。

据抗战前调查,拉卜楞商行资本 10 万元以上有 3 家,1 万元以上者不足 20 家,其他杂货小商号 217 家。比较大的商业门类是皮商、毛商、盐商、面粉、屠户等。以皮商资本最大,分为三类:一类是收购各种皮张运输天津处出口,大多系平津一带的富商,每年 9 月挟款运货而来,翌年 4 月运载皮张而返;一类是晋陕甘商人,多

---

① 林竞:《西北丛编》,第 73—74 页。
② 汪公亮:《西北地理》,第 220 页。
③ 叶祖灏:《宁夏纪要》,第 119 页。
④ 马鹤天:《青海考察记》,第 191 页。
⑤ 马鹤天:《甘青藏边区考察记》第 1 编,第 69 页。
⑥ 邹维枚:《发展拉卜楞之商榷》,《安多月刊》创刊号,1947 年 1 月,第 6 页。

收购黑白羔皮,运销大同、天水、西安等地;一类是本地小资本商家,主要加工熟皮做成皮衣,运销上海、汉口等地,有 32 家。毛商以临夏回商为主,占 80%;面粉主要从临夏、临潭、岷县、循化、保安运来,每年平均输入 20.56 万斤;屠户在拉卜楞占有重要地位,占全部商户的 13% 强,均为"临夏移来之回民"。①

拉卜楞寺院前的市集

图片来源:丁德明《拉卜楞之商务》,《方志》第 9 卷第 3—4 期,1936 年 7 月,第 219 页

作为集散市场,拉卜楞输出的主要是皮毛,输入的主要是粮食和日用品。据 1939 年 6 月调查,输出品包括羊毛 200 万斤,猞猁皮 8300 张,水獭皮 2850 张,狐皮 4500 张,哈拉皮 5 万张,小白羔皮 64500 张,老羊皮 3 万张,胎羔皮 1 万张,熟白羔皮 1000 张,豹皮 13000 张,狼皮 1200 张,黑二毛羊皮 4000 张,酥油 2 万斤,羊肠 3 万根,狗皮 1400 张,黑小羔皮 1500 张;输出的牲畜有马 1500 匹,羊 1500 只,牛 1500 头,另有药材等。输出的各种货物总价值 160 余万元,其中皮毛占 81.9%,牲畜及其产品占 17.6%,其余如药材、农产品不到 1%。输入的商品主要是粮食及其制成品,如面、大米、挂面、小米等,嗜好品如茶、烟、糖、酒等,两项共计 27.2 万元,占 32% 左右;其次为布匹和棉花值 9.7 万元,约占 11.5%;再次为杂货如纸张、洋蜡、瓷器、铜具等值约 6 万元,占 7.1%;另外有油盐等 0.97 万元,占 1.6%。② 1940 年拉卜楞市场交易的皮毛数量是:羊毛 150324 斤,牛毛 1494 斤,生牛皮 880 张,老羊皮 16024 张,马皮 124 张,哈尔皮 6434 张,狗皮 1811 张,狼皮 554 张,雌狐皮 1332 张,沙狐皮 146 张,山羊羔皮 100 张,獾皮 100 张,猞猁皮 10 张,猪鬃 850 斤;

---

① 丁德明:《拉卜楞之商务》,《方志》第 9 卷第 3—4 期,1936 年 7 月,第 218 页。
② 李式金:《拉卜楞之商业》,《边政公论》第 4 卷第 9—12 期合刊,1945 年 12 月,第 44、47 页。

进口的大宗货物包括面粉 250 万斤,青盐 8 万斤,清油 3 万斤,糖类 5115 斤,粗茶 3190 斤,挂面 4000 斤,酒 5000 斤,另有布匹、棉花、铜器、纸张等,总计价值 227.8 万元。1941 年 1—9 月输出的皮毛数量是:羊毛 911696 斤,牛毛 2691 斤,马尾 476 斤,白羔皮 9471 张,老羊皮 2523 张,生皮 1511 张,马皮 1800 张,狗皮 1105 张,狐皮 918 张,哈尔皮 9876 张,狼皮 28 张,皮毛输出价值占全部输出的 92.15%;进口货物以白面、食盐为大宗,分别达 700 万斤和 20 万斤,另有其他日用品,总计价值 811.7 万元。① 通过对 1939—1941 年拉卜楞市场的输出、输入品来看,该市场是甘肃西南藏区最主要的皮毛和粮食、茶业、食盐等集散地。即使在平日里,市场也比较繁荣,"衣食住行之用品,无不具备,衣类有红蓝绸布,羊皮獭皮,牛皮氆氇等;衣食类有青稞麦面,牛油牛奶,腊肉青菜等,并有账房内应用各物及骡马等。其他如装饰品,有藏妇用之假珊瑚、玛瑙、珠玉,及喇嘛用之念珠、哈达、铜器等,五光十色,应有尽有。各商人或列高架,或陈地上,布帛用品,多为汉商,骡马多为回商,牛奶柴草,多为藏妇……市民每日所需,均由朝市购买,故各种民族,男妇老幼均有,拥挤不堪。"② 从"无售羊毛之所"到各种货物"无不具备",拉卜楞是一个依靠寺院成长起来小市场,因皮毛贸易发展成为藏区的著名市镇。

6. 临潭旧城

临潭旧城又称洮州旧城,去卓尼 40 里,至临潭县城 60 里,西北至黑错、陌务一带,南至双岔郎木寺、拱巴寺一带,北至北山一带。据《洮州厅志》记载,临潭旧城(下文简称"旧城")"其地西控生番,北枕番族,南通迭部,惟正东一面毗连新城,洵洮州之门户,华夷之枢纽"。正因为有着这样的地位,早在明朝洪武七年(1374 年),曾在旧城设立茶马司,是明政府与当地少数民族进行茶马贸易的场所。洮州旧城不大,周围只有里许,但其西关、南关颇大,为民间贸易的发生提供了足够的场所。尽管随着洮州卫城建成后,茶马司迁移到新城,但该地的民间商业贸易延续数百年,成为甘肃西南地区主要市镇,"不独为该县商业中心,抑且为卓尼之转口市场"。③

1929 年,马仲英军攻破旧城,"房舍被焚,市容残破,所有殷实商号多迁于岷县、临夏等地,旧城市面逐日形萧条。"④ 又据记载旧城西门外"本为繁华中心,遭变

---

① 王志文:《甘肃省西南部边区考察记》,第 90—96 页。
② 马鹤天:《甘青藏边区考察记》第 1 编,第 53 页。
③ 王志文:《甘肃省西南部边区考察记》,第 87 页。
④ 中国银行岷县办事处:《旧城镇夏河县商业调查及卓尼经济概况调查报告书》,甘肃省档案馆藏,56/1/42。

后已成一片瓦砾"。① 社会动荡导致了20世纪20—30年代之交旧城市场的衰落。

抗战开始后,1938年春甘肃省政府设立了卓尼设治局,社会治安逐渐恢复,"各地商号亦逐渐归来",②旧城的集散市场地位逐渐恢复,该城西关被破坏后,南关逐渐成为商业中心,"旧城商业中心在南关外,房屋新建,市场栉比,蔚为临潭商业之重心"。③ 因位居牧区与农区交错地带,旧城商业贸易以走藏区为主,"以其所需之物往,而易其所产之物归",商人携带到藏区的货物主要是布匹、铜器及日用品,换来的主要是皮毛、药材和牲畜。④ 又据抗战时期金融机构调查,旧城"商业以深入番地贩卖牛马及皮毛为主,其次为采运木材,其他土布杂货,多由皮毛行兼营。全镇大小商行共计一百余家,已入商会者六十家,资本一百万以上者一家,二十万以上者三家,十万以上者三家,小商号九十余家。"入口货物主要有布匹、食盐、杂货等,年价值91.5万元;出口货物主要为皮毛、药材、木材、青稞等,年价值379.8万元。⑤ 旧城是甘肃西南藏区的主要皮毛市场,每年输出的皮张包括:大毛羊皮12万张,小毛羊皮20万张,狐皮5000张,狼皮2000张,猞猁皮100张,獭皮8万张,獾皮2000张,黄鼠皮2万张,水獭皮60张,扫雪皮40张,羊毛40万斤,猪鬃3万斤,羊肠20万根。⑥ 皮毛贸易是该城的特色。抗战时期再次成为重要的集散市场,"各处蒙藏人民皆集中此地贸易,故临潭旧城乃卓尼汉回行商庄号所在,为临潭、卓尼贸易之枢纽,番地输出入以此为集散地"。⑦

7. 湟源

湟源原名丹噶尔,以著名黄教寺院栋科尔寺(丹噶尔是栋科尔的异译,藏语"市镇"的意思)而得名,位于湟水之上源,距西宁以西百余里,其西面是日月山,是蒙藏民族进入河湟谷地的主要通道,其优越的区位环境,成为农牧交界地的商业重镇。该城的商业贸易可以追溯到唐朝时期的茶马贸易,到明朝末年,"商贾渐集,与蒙番贸易,有因而世居者",明末有一些商人开始在这里的定居,附近的藏族也"渐次开垦,牧而兼耕,各就水土之变,筑室家成村落焉"。⑧ 清朝平定了罗卜藏丹津叛乱后,雍正五年(1727年),清政府在丹噶尔筑城,次年6月竣工,周长558丈,设东西两座

---

① 王树民:《游陇日记》,《甘肃文史资料选辑》第28辑,第202页。
② 中国银行岷县办事处:《旧城镇夏河县商业调查及卓尼经济概况调查报告书》。
③ 倪锴:《临潭旧城——商业中心》,《边疆通讯》第3卷第7期,1945年7月,第5页。
④ 王树民:《游陇日记》,《甘肃文史资料选辑》第28辑,第207—208页。
⑤ 中国银行岷县办事处:《旧城镇夏河县商业调查及卓尼经济概况调查报告书》。
⑥ 明驼:《卓尼之过去与未来(续)》,《边政公论》第1卷第1期,1941年9月,第56页。
⑦ 倪锴:《临潭旧城——商业中心》,第5页。
⑧ 张廷武,杨景升:《丹噶尔厅志》卷1《历史》。

城门。① 这里原本就有集市,故城成后,将原来在日月山进行的蒙藏与内地互市贸易迁入城内。②

随着民族贸易的兴起,丹噶尔逐渐成为青海农业区与游牧区交界处的主要贸易场所。乾隆年间,丹噶尔多次进行过大规模互市活动。如乾隆六年(1741年),"西宁镇总兵许仕盛,西宁道杨应琚同镇海营参将王大章、西宁府知府申梦玺,在东科尔办理交易事务,收买各项夷货。除硫黄四十五斤、香牛皮三百四十二张已在西宁变价外,先后共收买黄狐皮八万四千九十六张,沙狐皮三万三千五百九十二张,白羊羔皮二万九千九百四十二张,狼皮三千八百二十张,黑羊羔皮三千五百六十二张,野狸皮三百张,卤沙二万二千三百二斤,葡萄四千八百斤,羚羊角八万五千九百六十三枝。"③乾隆八年(1743年),准噶尔部又组织了312人的商队来湟源交易,仅皮货一项,交易额就达到七八万两。④ 如此大规模的交易活动的举行,可见丹噶尔已经具备了集散市场的功能。

嘉道时期是丹噶尔集散市场形成,并为最兴盛的时期。"昔嘉庆、道光之际,以丹地商业特盛,青海、西藏番货云集,内地各省客商辐辏,每年进口货价至百二十万两之多。故当时奏请改主薄为同知,为理商也"。⑤ 随着集散市场的形成,市场腹地的扩大,丹噶尔的人口也在不断增多,以回族商人与山陕商人居多,"道光、咸丰之际户口较胜于今者,以有回籍数千户也,且其时丹地商务极盛"。⑥ 同治三年(1864年)编查户口时,汉族人口达到1.5万余人,⑦"半系山、陕、川、湖或本省(指甘肃——引者注)东南各府银工商业到丹,立家室,传子孙,遂成土著。"⑧光绪二十六年(1900年),山陕商人在后街茶店地址上建立了山陕会馆。⑨ 又据地方史载:"湟源的民族贸易在嘉庆、道光年间,极为繁荣昌盛,西藏及广大牧区的羊毛、皮张、药材、青盐及硼、铅、硫等矿产品,云集丹城。内地各省商客辐辏,来自京、津、山、陕、川、鄂等地的茶、糖、布、绸缎、瓷器等大宗商品,每年入境的各类货物金额约达白银120万两,还有来自省内和本县的粮油、铁木铜器、皮靴等各种生活用品,年终

---

① 陈新海:《清代青海的城市建设与商业经济》,《青海民族学院学报》1997年第2期,第65页。
② 杜常顺:《清代丹噶尔民族贸易的兴起和发展》,《民族研究》1995年第1期,第61—62页。
③ 《甘肃布政使徐杞为报东科寺所买准噶尔货物变价事奏折》乾隆六年十二月二十六日,中国第一历史档案馆:《乾隆前期准噶尔部与内地的贸易史料(上)》,《历史档案》1992年第2期,第39—40页。
④ 任玉贵:《清代湟源民族贸易的兴起与发展》,《湟源文史资料》第4辑,1997年印行,第15页。
⑤ 张廷武、杨景升:《丹噶尔厅志》卷6《商务出产类》。
⑥ 张廷武、杨景升:《丹噶尔厅志》卷3《户口》。
⑦ 杜常顺:《清代丹噶尔民族贸易的兴起和发展》,第63页。
⑧ 张廷武、杨景升:《丹噶尔厅志》卷6《人类》。
⑨ 邓承伟等:《西宁府续志》卷10《志余·地理志》。

贸易总额白银达 250 万两。其中，商品进货总额中，蒙藏牧区进货约占百分之六十，内地进货约占百分之二十八，本地产品约占百分之十二。总销售额中，销往牧区的约占百分之十七，销往内地的约占百分之五十八，本地销售约占百分之二十五，比当时西宁的贸易总额高六七倍"。① 随着商业贸易的发展，清政府也在这里设立了政府官衙。乾隆九年(1744 年)设简缺主簿；道光二年(1822 年)改简缺和繁缺；道光九年(1829 年)，陕甘总督杨遇春因汉藏回等族商人麇集，商业发达，事务繁杂，请设丹噶尔厅，改主簿为同知，标志着丹噶尔的城市功能发生了较大的变化。

在经历了同治回民事变后，对该地商业产生了极大影响，"番货委积，顾问无人，丹地商业之衰，未有甚于当时者也"。② 清末羊毛市场兴起后，湟源成为皮毛集中之地，蒙古 29 族之羊毛"均必由此经过"。③ 天津等地商人和外国洋行遂进入西北羊毛市场，来湟源驻庄的外商有英美俄等国商行 8 家，④"嗣因收买羊毛之商来着日多，各项皮货贩者亦众，故货价皆蒸蒸日上，视囊昔似大有进步矣。"⑤丹噶尔市场开始恢复，继续扮演了集散市场的角色。尽管市场交易量不如嘉道时期，但货物的种类、来源有了比较大的变化。商品从货源上可以分为三类，即本地土产和手工业品和内地工业品及周边农产品、手工业品。在该市镇销售的货物中，土产以牲畜及畜产品为主，尤其以羊毛为大宗，每年由蒙藏区各地运输来价值达 20 万两白银的羊毛，从这里转售各市场和口岸。来自南方的茶叶和京广杂货，汇集在丹噶尔后，由那些小商小贩或前来交易的牧民带往游牧蒙藏地区。⑥ 尽管与嘉道时期相比，贸易量减少了许多，但丹噶尔的市场货物的销路与来源比以前有了很大的变化，覆盖青海藏区、河湟谷地、河西走廊的广大范围。不仅如此，通过天津、汉口等口岸城市与国际市场有了联系。

民国初年，因国际市场毛价上涨，促使丹噶尔的商业继续呈上升趋势。山西、天津商人不断驻庄湟源，如山西商号瑞凝霞、德胜魁、恒庆栈、世诚当、日新盛 5 家，天津商号天长仁、华北洋行两家。使湟源形成了拥有数十万两白银资本的商家。这些商号或坐店经营，或派员直接深入牧区收购皮毛。由于外商及内地商人多集中于湟源，他们的货物也直接到湟源卸货，故包括西宁在内的青海省内的商人也在

---

① 林福生：《湟源民族贸易概况》，《湟源文史资料》第 17 辑，油印本，出版年不详，第 11 页。
② 张廷武、杨景升：《丹噶尔厅志》卷 5《商务出产类》。
③ 李烛尘：《西北历程》，见蒋经国《伟大的西北》，第 87 页。
④ 林福生：《湟源民族贸易概况》，《湟源文史资料》第 17 辑，第 11 页。
⑤ 张廷武、杨景升：《丹噶尔厅志》卷 5《商务出产类》。
⑥ 同上。

湟源进货,"市场呈现一片繁荣景象,因之,湟源被誉为'小北京'。当时每年集散的羊毛总额约达四百万斤以上,各类皮张三十多万张。湟源县城大中小商及手工业者共达一千余户。资金总额约在白银五百万两以上"。著名商号有万盛奎、宝盛昌、福兴源、顺义庆、福兴连、忠兴昌,山西坐商德盛奎、恒庆栈、日兴盛、世诚当等12户,每家拥有资本白银10万—40万两,其中德兴诚、忠兴昌等8户,大量收购羊毛,直接运往包头、天津等。1927年,湟源输出羊毛750万斤。①

20世纪二三十年代之交,由于马仲英之乱以及世界经济危机、九一八事变和商人负担过重等原因,湟源开始衰落了。1929年2月15日(农历正月初六日),湟源县城被马仲英攻破,烧杀掠抢,居民死难者2000余人,财产被劫掠一空。②使湟源商业遭到了巨大的打击。接着,发生了九一八事变,国际羊毛市场的萎缩也影响到湟源市场,据调查自"九一八事变后,皮毛销售大遭衰败,遂致一般皮毛商人赔累过巨,加之年来青海财政困难,商民负担甚重",导致湟源县多家皮毛商栈闭门歇业,"市面顿成萧条景象"。③这种萧条一直延续到抗战时期,再也未恢复到20世纪20年代以前的水平。

四、晚清以降市场的发展趋势

近代本区域农村市场的发展趋势大致可以分为两个阶段。

第一阶段,19世纪六七十年代,本区域市场遭到了巨大的破坏。同治回民事变是黄河上游区域市场的转折点,在此次事变后,各地市场出现了萧条景象。陇东是回民事变的中心,市场破坏严重。光绪时期人们描述合水市镇情况时说:"斗大山城,何堪屡破,计回匪之乱距今已近四十年矣,而市镇萧条,人烟稀少,旷土犹多,而招垦不易,元气之复,究何日哉?"④泾州位于陕甘交界处,本是"陇东一大都会",经回民事变打击到光绪时期,"市井萧条,富商大贾渺焉,无闻常年贸易者,仅寻常日用之需,无奇货,无殊品"。⑤镇原县城"自同治兵燹后,城内一片焦土,所有东西街商肆皆乱后复兴建筑,几经建筑,垂六十年,元气稍复"。⑥ 固原不仅是军事重

---

① 林福生:《湟源民族贸易概况》,《湟源文史资料》第17辑,第29页;又见廖霭庭:《解放前西宁一带商业和金融概况》,《青海文史资料选辑》第1辑,1963年印行,第100页。
② 青海省志编纂委员会:《青海历史纪要》,第312页。
③ 《青海湟源市面顿成萧条景象》,《西北专刊》1932年第3期,第13页。
④ 陶奕增:《合水县志》卷下。
⑤ 张元瀎:《泾州乡土志·商务第十五》,全国图书馆文献缩微中心2002年影印本。
⑥ 钱史彤、邹介民等:《重修镇原县志》卷3《建置志》,兰州华俊书局1935年铅印本。

镇,而且商业之盛名冠甘肃,布店街、米粮市、山货市、牲口市等都十分繁荣,但经过同治回民事变后,地方元气大伤,"昔日之繁华景象从此消失"。① 陇西县城区面积很大,"但由于在穆斯林起义期间遭到了战火摧残",到民国初年"大半个城区仍是废墟一片"。② 庆阳城在嘉道以前"一度富庶繁荣",但经历了回民事变后,这座城市"元气大伤,一蹶不振"。城内"大部分建筑都成了废墟,在很多地段,宽阔的街道上杂草丛生;寺庙和官署也都年久失修,居民人数不多,及其贫困……现如今,在城区甚至连一家铁匠铺都没有,以至于考察队的几匹马和骡子不得不在没有铁掌的情况下,继续行进到延安去换掌"。③ 克拉克考察队经过庆阳的时间大致是1909年8月份,这时距离清军与回民军鏖战庆阳已经过去了40余年,依然是一片废墟,没有恢复到嘉道以前的水平。

河西走廊一些市镇遭到巨大破坏,商业萧条,至光绪晚期还不能复苏。肃州在回民事变前,"城内街市宏敞,车马骈阗,胡贾华商凫集,縻至毂击肩摩,五音嘈杂,每登鼓楼四望,但见比屋鳞次,炊烟簇聚,货泉繁盛,人物殷富,边地一大都会也",④因此,"市集商贾"被列为肃州"后八景"之一。⑤ 但同治回民事变后破坏很大,"昔日豪华之地竟成瓦砾之场,"战争结束后商业恢复缓慢,即所谓"大难之后,骤难复原"。酒泉的其他市镇也遭到了巨大的破坏,如临水战前"为过往商旅歇脚之处,客民千余家,贸贩亦盛",战后"惟余一片焦土,今虽复业日众,而旷尚多,欲如曩时之盛,非数年休养不能";嘉峪关战前"凡仕宦、商旅出口入关,必宿于此。铺户、栈房、茶寮、酒肆、旅店、牙行约千余户,军民数千家",战后"庐舍零落,仅存十余橼。近来关门已启,客路畅通,西域行旅络绎不绝,列市陈货者已渐来集,但未能如旧耳";金塔战前"凡北草地大库仓以及包头、归化城等处远贩入内,必以此为住栈,故货殖充牣,生意畅旺,权子母操其赢者不下千余家",战后"城虽幸保,而关厢荡为平地,惟存颓墙数堵而已。近来有兵戈已息,招聚者只有流民三四余家以败堵寄寓,作小贸贩。元气大丧,一时难望兴复矣"。一些初级市场和战前相比更为冷清,如清水、下清河、红水坝、天仓、红沙滩、柴门、野麻湾、双井、盐池、河西坝、红崖、毛目等市镇在光绪时期仍十分萧条,有的"无街道与居民,交易铺户十余家",有的"旅

---

① 李敬:《解放前固原的商业概况》,《固原文史资料》第3辑,1989年印行,第167—168页。
② 〔英〕台克满著,史红帅译:《领事官在中国西北的旅行》,第109页。
③ 〔美〕罗伯特·斯特林·克拉克等著,史红帅译:《穿越陕甘——1908—1909年克拉克考察队华北行纪》,第83页。
④ 吴人寿:《肃州新志》,《名胜·街市》。
⑤ 吴人寿:《肃州新志》,《名胜·后八景》。

店二三家,商人三四家"。① 古浪安远堡"破垣颓墙,触目皆是,盖自回事后已久不成市集矣。"②回民事变后河西市场遭到了毁灭性打击。

民族贸易市场也受到了很大的冲击。如丹噶尔是河湟谷地的商业重镇,在清朝"嘉庆、道光之际,以丹地商业特盛,青海、西藏番货云集,内地各省客商辐辏。每年进口货价至百二十万两之多,故当时奏请改主薄为同知,为理商也"。③ 自咸丰末年开始,丹噶尔地方穆斯林群众因宗教纷争而引发反清斗争,在长达十余年的战乱中,使繁荣的丹噶尔民族贸易急剧萎缩和萧条。④ 据地方志记载:"至咸丰、同治……丹地商业之衰,未有甚于当时者也……每年进口之货,推其报数约四十余万,较之曩昔,仅三分之一耳",⑤晚清时期的贸易额只有嘉、道时期的33.3%。湟源在"前清嘉、道之际为最盛时代,伊时[青]海[西]藏之货,云集辐辏,每年进货价值至120万两,咸、同兵燹以后,番货滞积,商业遂衰"。⑥

有的市镇在这次战争中消失后再也没有获得恢复的机会,特别是受回民事变打击比较严重的地区。同治年间陕西回民军于同治二年底至三年初进入甘肃董志原建立了十八大营,到同治八年二月败退,期间长达5年多时间,其军队及家属共约20万之众,⑦主要依靠攻掠周围市镇、农村维持军队给养和家属生计,对市镇的破坏可以想见。乾隆时期庆阳府安化有村市11处,环县有村市16处,宁州(宁县)有村市15处,正宁有村市10处,⑧而民国时期庆阳有市集7处,环县有4处,宁县9处,正宁5处,⑨即没有恢复的市集庆阳有4处,环县有11处,宁县有6处,正宁有5处。清末一支外国考察队从陕北进入庆阳,"沿途到处是被毁坏、废弃的村落——可以肯定,这是由回民起义以及严重的饥荒造成的"。⑩ 这种境况,集市是无法恢复的。漳县"东南旧有青瓦寺、滂沙镇等集,自清同治兵燹后皆废。又黄家河每月逢一、五日集,以废于兵燹之余"。⑪ 渭源县蒙儿里"同治回乱后,市场变成

---

① 吴人寿:《肃州新志》,《名胜·街市》。
② 陈万里:《西行日记》,1916年初版,出版社不详,甘肃人民出版社2002年版,第59页。
③ 张廷武、杨景升:《丹噶尔厅志》卷5《商务出产类》。
④ 杜常顺:《清代丹噶尔民族贸易的兴起和发展》,第63页。
⑤ 张廷武、杨景升:《丹噶尔厅志》卷5《商务出产类》。
⑥ 周希武:《宁海纪行》,第19页。
⑦ 丁焕章:《中国西北回民事变斗争史》,中国科学文化出版社2003年版,第344页。
⑧ 赵本植:《庆阳府志》卷5《城池》。
⑨ 刘郁芬、杨思:《甘肃通志稿》卷16《建置一·县市》。
⑩ 〔美〕罗伯特·斯特林·克拉克等著,史红帅译:《穿越陕甘——1908—1909年克拉克考察队华北行纪》,第60页。
⑪ 张鄂、石作柱:《漳县志》卷2《建置志·市镇》。

邱墟",民国时期"犹未恢复"。① 永登的安远堡"破垣颓墙,触目皆是,盖自回事后久已不成市集矣"。② 可见,同治回民事变是本区域市场衰落的转折点,许多集市的消失与衰落都由同治回民事变开始的。

晚晴时期武威街市仍然是萧条景象

图片来源:《1910,莫理循中国西北行》下册,第50页

第二阶段,从晚清到20世纪40年代中期是本区域市场的复苏与曲折发展的时期。天津开埠,其市场腹地逐渐延伸到西北,使西北羊毛市场在晚清到民国时期骤兴,在某种程度上带动了本区域市场的复苏。如时人所言:"天津为中国羊毛出口之第一港口,现今中国青海甘肃蒙古及北方各省之羊毛,大半由此出口,每年约四十六万九千担左右,可见其盛况,然羊毛之数量,亦因内外经济情形不等,在欧战前六年间,平均约三十三万担;战争勃发之后四年,平均约四十六万担;其后五六年间,以致最近平均约三十五万担左右"。③ 随着皮毛贸易的兴起,甘肃、宁夏、青海皮毛出口在对外贸易中地位日益重要,如甘肃1932年皮毛输出值708.9万元,

---

① 张兆钾、陈鸿宝:《创修渭源县志》卷2《舆地志》,平凉新陇书社1926年石印本。
② 陈万里:《西行日记》,第56页。
③ 自强:《中国羊毛之探讨(续)》,《新青海》第2卷第12期,1934年12月,第27页。

1933年为664万元,1934年为1005.8万元,分别占本省出口总额的48.4%、43.1%和52%。① 宁夏1934年出口皮毛总值为90万元,占输出总值的40%。② 青海1932年输出皮毛总值为159.3万元(其中毛147.7万元,皮11.6万元),占本省输出总值的92.2%。③ 从上述各种资料来看,皮毛贸易成为本区域对外贸易的主打产品。因此,推动了各地市场的复苏,如湟源"近年(指民国初期——引者注)以贩皮毛者渐多,商务稍有起色,然每年进口之货,推之极数不过七十余万,较之以前,尚差四五十万之多"。④ 通渭县在1920年代有集市20处,⑤1940年代增加到集市35处,⑥导河县(1913年由河州改名,1918年改名临夏县)在清中期有集市6个,同治后为5个,1940年代增加为13个。⑦ 平凉的花所镇,"旧有粟布交易,居民颇以为变,同治兵燹后,集场废",民国时期当地士绅柳映泮多方招徕客商,使其有所复兴,"迄今成县东一大市场,客商云集辐辏,肩挑负贩者踵相接,贫民多借以谋生。"⑧ 有的骡马大会也有所恢复,如1934年青海乐都的骡马大会"年久停办,今始骤然恢复,各乡观众尚为踊跃,惟骡马交易,殊形冷落"。⑨ 乐都的罗马大会不如以前繁荣,说明这些市场即使有所恢复,也未能达到应有的水平。

从20世纪30年代中期开始,随着国民政府西北开发和甘宁青政治局势的稳定,社会经济有所发展,农村市场也逐渐恢复,有了上升的局势。1937年5月,青海省政府决定在各县人口比较集中和交通便利的地方,"筹设市镇,定期集会,俾民众有就近交易之场所,而农村经济,亦可赖以调节"。筹设集市的程序包括:"①令各县政府,会同当地公正绅耆,负责组织。②由省政府布告民众周知。③由省政府暨各厅处局遴派妥员,前往宣传。④设市时期,由省政府派员指导"。筹设的集市包括:西宁县5处,小峡为一、四、七日,平戎驿二、五、八日;总寨四、七日,上新庄二、五、八日,后子河三、六、九日;乐都县6处,高庙子一、四、七日,老鸦城二、五、八日,瞿昙寺一、四、七日,河滩寨一、四、七日,新堡子一、四、七日,大潭二、五、八日;民和县6处,下川口一、四、七日,享堂二、五、八日,巴州一、四、七日,古鄯二、五、八

---

① 朱镜宙:《甘肃最近三年间贸易概况》,《中国实业杂志》第1卷第7期,1935年7月15日,第1440页。
② 张其昀:《宁夏省人文地理志》,《资源委员会月刊》第2卷第1期,1942年3月。
③ 顾执中、陆怡:《到青海去》,第304—306页。
④ 周希武:《宁海纪行》,第19页。
⑤ 刘郁芬、杨思:《甘肃通志稿》卷16《建置一·县市》。
⑥ 通渭县志编纂委员会:《通渭县志》,兰州大学出版社1990年版,第336页。
⑦ 本书编写组:《东乡族简史》,甘肃人民出版社1984年版,第59页。
⑧ 郑惠文、朱离明:《平凉县志》卷3《人物》。
⑨ 陈赓雅:《西北视察记》上册,第228页。

日,马营三、六、九日,官亭一、四、七日;湟源县1处,哈喇库托一、四、七日;大通县2处,新城一、四、七日,衙门庄二、五、八日;贵德县1处,康家下山一、四、七日;互助县4处,张家寨二、五、八日,红崖子沟三、六、九日,哈拉直沟一、四、七日,长宁堡二、五、八日;循化县2处,街子一、四、七日,何隆堡二、五、八日;化隆县3处,扎坝一、四、七日,甘都二、五、八日,群科尔三、六、九日。① 这些集市是在抗战时期陆续设立的。如1943年初,时值农历腊月,青海省主席马步芳巡视了化隆、循化两县后,认为甘都地处化隆、循化和同仁3县交界处,为"繁荣农村经济,便利民众贸易",决定在甘都成立集市,首次开集日期是农历正月初七日(阳历2月11日),指派化隆、循化两县县长李复泰、王祝三和省政府处长马汉章等人筹办,为了鼓励农民能在集市上交易,对甘都(今青海甘都镇)方圆40里以内的贫民和商户发放小本贷款法币20万元;省政府还硬性规定集市附近30里以内,资本在千元以上的商号,迫移至集市居住营业,除开集日期外,要求当地商人一律闭门歇业,禁止各乡货郎、小贩营业。每个市集一般设柴草市、骡马市、粮食市、山货市、食品市、布匹市和杂货市。集市选正副集长,负责维持集市秩序,调解纠纷。各集市开集后,商业贸易比较繁荣。如平戎驿第一次开集,就有2万余人,当天的成交量达到13万余元(法币);第二次开集估计当天参加交易的资本总额达到100余万元,成交额在15万元以上。上市的货物有河南土布和当地粮食作物如小麦、豌豆、青稞、燕麦,牲畜有牛、马、驴、骡,还有农具、山货、食品等。② 省政府通过行政力量来推动农村集市的发展,取得了一定的成绩。通过政府的努力倡导,到20世纪40年代青海集市数量增加到80个,比民国初年增加了50余个。③

随着市场的复苏,有的地方因处于交通要道或因新型工业的发展而成为中心市场。固原三营是1929年的灾荒而形成的集市,据称"民国十八年苦遭年馑,哀鸿遍野,饿殍载道,三营街上突然出现了许多粜粮的摊点,买米的穷人,讨饭的灾民,比比皆是。继而因饥饿而出卖牲畜的人也不断增多,但交易不旺。乡绅们便倡议成立二、五、八集制。民国十九年,农历二月初二日,三营集市正式诞生,特邀戏班演戏庆贺,招来远近大量农民及客商。为了管理方便,划定粮食、牲畜等市场。主管粮食市场的叫'斗行',主管牲畜市场的称'牙行'。流动小商、蔬菜瓜果及皮毛肉

---

① 《布告民众本府为便利人民繁荣地方起见筹设集市仰周知由》,《青海省政府公报》第58期,1937年5月,第52—54页。
② 程起骏、毛文炳:《青海解放前一些地区的集市贸易》,《青海文史资料选辑》第17辑,1988年印行,第92页。
③ 勉卫忠:《近代青海民间商贸与社会经济扩展研究》,第83页。

类等自由摆设,不收任何费用。之后,每逢集日,四面八方农民来三营赶集,行商到三营买卖。过往运输的骆驼、车辆及脚户接连不断。多种小货铺、骆驼场、车马店、驴骡店、单人店、饭馆以及吆喝卖小吃食的急剧增加。"三营集最初形成时是一个以买卖农产品和牲畜的初级市场,在1940年代逐渐发展成为皮毛市场。[①] 玉门自"油矿开发以来,成为西部之一大消费市场,所有永昌以西各县之粮食、蔬菜、衣料等,均以此为中心"。[②] 玉门因石油开采而成为河西的一个新的中心市场。

尽管晚清至20世纪三四十年代,本区域市场有所恢复,但许多地方并没有恢复到清朝中期的水平。表11—8、表11—9分别是清代中期和民国时期、清末(光绪、宣统朝)和民国时期同一地区集市数量对比统计表。

表11—8 清朝中期和民国时期12县集市数量变化表

时代\县份	镇原	会宁	秦安	中卫	庆阳	环县	宁县	合水	正宁	皋兰	成县	静宁
清朝中期	18	10	16	9	15	15	31	11	11	5	8	19
民国时期	8	13	13	7	7	4	9	11	5	4	10	23
增减变化	-10	+3	-3	-2	-8	-11	-22	0	-6	-1	+2	+4

资料来源:乾隆《庆阳府志》(包括庆阳、环县、合水、正宁、宁县)、道光《会宁县志》、道光《镇原县志》、道光《秦安县志》、道光《中卫县志》、民国《甘肃通志稿》、民国《朔方道志》、民国《重修镇原县志》、新编《静宁县志》、新编《成县志》。

说明:清朝中期指乾隆至道光时期;民国时期指1920—1930年代。

表11—9 清末和民国时期8县集市数量变化表

时代\县份	合水	陇西	临潭	岷县	会宁	泾川	庄浪	肃州
清朝末年	8	7	4	12	11	9	8	15
民国时期	11	8	3	12	13	9	8	11
增减变化	+3	+1	-1	0	+2	0	0	-4

资料来源:光绪《合水县志》、光绪《泾州乡土志》、光绪《洮州厅志》、《庄浪县志》、光绪《续采陇西县志草》、光绪《岷县续志采访录》、民国《甘肃通志稿》、光绪《肃州新志稿》(肃州包括酒泉、金塔、高台三县)、新编《会宁县志》。

说明:民国时期指20世纪20—30年代。

表11—8、表11—9反映了近代甘宁青集市的动态发展过程。从这个动态的过程来看,近代甘宁青地区的集市发展是极不稳定的,从表11—8统计的12个县的情况来看,从清代中期到民国时期这一地区集市数量在减少,特别是庆阳府的5

---

① 李英夫:《三营集市发展沿革》,《固原文史资料选辑》第6辑,第112—113页。
② 张丕介等:《甘肃河西荒地区域调查报告》,第17页。

个县,乾隆时期有 83 个集市(包括村市),①而民国时期该地区仅有 36 个集市,减少了 47 个。静宁县从数量上来看增加了 4 个,但曹务店、计都、新集、门扇川等四个集市在民国时期已变得萧条了,实际等于没有增加。② 表 11—9 的 8 个县的情况则反映了从清末到民国时期集市的停滞状态,8 县在清末时期集市为 74 个,在民国时期为 75 个,即使一些县的集市数量有所增加,如表 11—8 的会宁、成县、静宁,表 11—9 的合水(恢复到清朝中期的数量)、陇西、会宁,但幅度并不是很大。两个统计表反映出民国时期甘宁青大多数地区的集市在数量上和清末持平,没有恢复到清朝中期的水平。从集市社区来看,乾隆时期庆阳府一个集市社区平均为 164 平方公里,20 世纪 20—30 年代平均扩大到 378 平方公里。

不仅数量上不足,而且就现有集市有相当部分仍然是一种萧条景象。如平凉向以甘肃东部的旱码头而著称,在 20 世纪 30 年代,"农村破产,商务一落千丈",③ 尤其是经历了 1928 年大旱灾和孙蔚如与陈珪璋的战争的破坏后,失去了集散市场的地位。④ 丹噶尔亦是如此,前清时期,"城内商民千余家,连各关商民,共约三千余家,地当青藏民族出入之要道,故商业特盛,尤以前清嘉、道之际为最"。⑤ 但"自十八年马仲英攻陷,商店多被烧毁,兼以数年来毛皮滞销,青海钞票跌落,倒闭甚多"。⑥ 洮州旧城在"河州事变"(1928 年)前,商人有千余家,其中外省的大商帮约 20 家,资本约 100 万元,在事变后,直到抗战时期也没有恢复到这个水平。⑦ 临夏是甘青交界处的重要商镇,据 1936 年调查,"在民国十七年前,全城商号有二千余家,现仅存二三百家,山、陕商号前三十余家,约六百人,现仅四五家,约百人。又山、陕帮商号,从前家数虽不甚多,而资本甚大,握商界之牛耳。如晋帮自立和,资本四五十万元;敬信义,资本五六十万元;陕商德和生,资本六十万元以上,现均倒闭"。⑧ 这是中心市场萧条的一般情况。

一些县域的中心市场也走向衰落,或萧条,或消失。泾川县城是西兰大道上一个中间市场,在道光十七年(1837 年)有商户 176 家,光绪年间有坐商 50 家,行商 20 家,摊贩 36 户,民国初年六七十户,1920 年大旱之后大部分倒闭。民国二十三

---

① 赵本植:《庆阳府志》卷 5《城池》。
② 刘郁芬、杨思:《甘肃通志稿》卷 16《建置一·县市》。
③ 林鹏侠:《西北行》,甘肃人民出版社 2002 年版,第 31 页。
④ 陈赓雅:《西北视察记》下册,第 426 页。
⑤ 马鹤天:《青海视察记》,甘肃人民出版社 2003 年版,第 166 页。
⑥ 马鹤天:《甘青藏边区考察记》,甘肃人民出版社 2003 年版,第 241 页。
⑦ 王树民:《陇游日记》,《甘肃文史资料选辑》第 28 辑,第 224 页。
⑧ 马鹤天:《甘青藏边区考察记》第 1 编,第 18 页。

年(1934年)开始恢复,至民国三十三年(1944年)有商号107家。直到1949年,有坐商88家,行商17家,摊贩33户,合计商户138家。① 自同治回民事变后,泾川县城市场一直没有恢复到道光十七年的水平。康乐县的果园集明清时期形成,"民国消失";辛家集明代形成,农历二、五、八日逢集,民国十七年因"社会动乱,逐渐消失";高家集清朝一、四、七日逢集,"民国初年消失。"② 灵台县在民国二十年(1931年),兴修灵泾(川)、灵长(武)、灵凤(翔)等车道,外商往来较多,县城市面始见起色,但境内各集仍寥落如昔。③ 定西一些集镇也是"因商务衰落,集市荒废"。④ 据1934年调查,环县县城"久经兵燹匪祸以后,一切行政机关及铺户等皆迁移至距县城九十里曲子镇,城现空虚,仅有贫寒人家十六户,一百四十二口";全县仅曲子镇有4家小铺户,9家小货摊,"每岁销售以蓝、白、黑、红、绿、紫各色粗布为大宗",货物主要从西峰镇商号购置,"多为本国制造之粗布,亦有带卖外国洋斜布线、哔叽等,很少销售,甚为滞销,营业萧条,极形衰败"。⑤ 即便是一些集市继续存在,但如康县22个集市,尽管可以称之为"星罗棋布",但每集人数不足百人的有8个,100—200人的有12个,200人以上的集市只有2个。⑥

随着集市最一般功能的衰退,因集市而兴起的其他功能也随之消退,如钱铺(钱庄)、当铺——在集市贸易和调节农村金融市场等方面起着重要的作用——或因经济衰退,集市萧条,或因社会动荡而消失。清末民初泾川有钱铺6家,民国十八年(1929年)后"陆续停办。"⑦这些钱铺(钱庄)、当铺的消失,对农村集市的发展也产生了一定的影响,使一些商贩失去了从事集市贸易资本借贷的来源。

慈鸿飞以1933—1934年国民政府内政部《内政调查统计》的资料反映出甘宁青区域65县有集镇934个(其中镇465个,集469个),⑧似乎集镇有了大幅度的增加,和笔者根据地方志的统计差距很大。其实,这只是一个虚像,许多地方只有镇名而无市无集,或将几个集市合并为一个,在同时代成书的地方志真实记录了这一市场现状。如华亭县"各区有镇,镇或有市有集,或有镇名而无市无集、有市无集者……四条镇、高山镇则无市无集,麻庵镇、砚狭镇、九龙镇、窑头镇、主山镇、柴坻镇、

---

① 泾川县志编纂委员会:《泾川县志》,第319页。
② 康乐县志编纂委员会:《康乐县志》,三联书店1995年版,第170页。
③ 灵台县志编纂委员会:《灵台县志》,1987年印行,第182页。
④ 定西县志编纂委员会:《定西县志》,甘肃人民出版社1990年版,第616页。
⑤ 《甘肃省环县社会调查纲要》,抄本,甘肃省图书馆西北文献阅览室藏。
⑥ 孙述舜主编:《康县要览》,抄本,1947年,甘肃省图书馆西北文献阅览室藏。
⑦ 泾川县志编纂委员会:《泾川县志》,第378页。
⑧ 慈鸿飞:《近代中国镇、集发展的数量分析》,《中国社会科学》,1996年第2期,第35页。

新店镇、王天镇均有市无集。亦有此镇无集而与接近之彼镇或彼市合集者,如高山镇、尚武村、麻林村则以月之三、七、十日而合集于下关村,窑头镇则以月之二、五、九日而合集于红山镇,四条镇则以月之四、八日而合集于上关村。"①这种现象在20世纪30年代考察家的笔下也多有记述。也有一些新增加的集市也有因市场萧条而停止的,如陇西县曾在1944年后在原有8个集市的基础上在"高埻、汪家坡、何家河、何家门、乔家门等地相继设立集市,终因地区偏僻,当地出产不多,集市萧条,与高窑集陆续停止。"②

因此,笔者认为,尽管从晚清到20世纪40年代,一些地方局部市场有所增加,甚至因皮毛贸易出现了短暂的繁荣,青海省政府也动用行政力量推动集市的发展,但从整个区域的市场状况来看,晚清以来到20世纪40年代,本区域市场不论从数量上还是繁荣程度上来看,并不是有学者估计的那样乐观。市场盛衰,"当以生齿之繁减,地域之广狭,距离之远近,交通之便否为标准。"③笔者主要从人口、社会经济和居民生活等方面讨论造成晚清至20世纪40年代甘宁青农村市场难以繁荣的原因。

第一,周期性的社会动乱和自然灾害,社会经济遭到严重破坏,人口减少,消费水平和购买力降低。近代以来,本区域经历三次比较大的战争。即1862年至1873年的陕甘回民事变,1895年的河湟地区的"乙未事变",1914年河南"白狼"洗劫陇东南,1928年的马仲英"河州事变"。自然灾害多次发生,如光绪五年(1879年)五月,甘肃武都、天水等地发生地震④;1920年12月甘肃海原(今属宁夏)发生8.5级大地震;1928—1929年西北大旱灾。每次战争与灾害过后,都带来社会经济破坏和人口的锐减。

首先,发生在近代的战乱与灾害造成了大量的人口损失。同治回民事变是近代甘肃人口减少的主要事件。根据地方志记载,嘉庆末年,甘肃(包括西宁府、宁夏府)有2208344户,15238974人,经过这次事变后,甘肃的人口大约只有443933户,3086963人,分别比嘉庆末年减少了176.4万户,1215.5万人,在同治十一年间的战乱中,甘肃人口年均递减率为－0.11822。⑤ 此后,大约每隔25年就发生一次

---

① 郑震谷等修:《华亭县志》第2编《建置志·区村附镇堡寨》。
② 陇西县志编纂委员会:《陇西县志》,甘肃人民出版社1990年版,第360页。
③ 郑震谷等修:《华亭县志》第2编《建置志·区村附镇堡寨》。
④ 赵世英:《甘肃地震简志》,《甘肃文史资料选辑》第20辑,甘肃人民出版社1985年版,第248—250页。
⑤ 方荣、张蕊兰:《甘肃人口史》,第377页。

大规模的社会动荡,造成人口锐减。如1895年的河湟地区的"乙未事变"结束后,户数减少85033户,比1894年下降10.87%;人口减少882134人,下降18.79%,两年中年均递减率为-0.09883。①1920年的海原大地震,导致23.4万—24.6万人死亡。②1928—1930年西北大旱灾,使甘肃人口在此遭到重创,死亡人口总数在250万以上。③甘肃人口恢复也十分缓慢,光绪末年才达到509万,只是嘉庆末年的33.4%。④民国十七年(1928年)666.5万,⑤是嘉庆末年的43.7%。嘉庆末年时,甘肃每平方公里40人,1928年时,每平方公里17.8人,减少了55.5%。由于人口减少,使市镇失去了复原的机会,如"庆阳府城曾经是一座雄阔繁华的城市,但是由于回民起义中大量人口被屠杀,元气大伤的庆阳城再也未能恢复从前的繁荣景象"。⑥按照施坚雅的观点,基层市场体系大小与人口密度呈反方向变化。在人口稀疏分布的地区,市场区域必须大一点,以便有足够的需求来维持这一市场。⑦这一论点结合我们对近代甘肃人口及其密度的分析,正好能够说明晚清以来西北集市减少和市场衰落的原因。

其次,社会经济也遭到严重破坏。清政府镇压了同治回民反清事变后,办理剿抚的官吏张集馨从陕西进入陇东所看到的是:"村镇皆瓦砾,田亩悉荆榛。城中尚有未烬之屋,为兵勇难民所占住,满街瓦砾,断井颓垣,不堪言状。"⑧镇压回民暴动的清政府大员左宗棠所看到的景象是:"平(凉)、庆(阳)、泾(州)、固(原)之间,千里荒芜,弥望白骨黄茅,炊烟断绝,被祸之惨,实为天下所无。"⑨关于这次事件对社会经济的破坏,前文已经多次提到,不再赘述。河南"白狼"军洗劫了陇东南的一年后,一支外国考察队"沿着他们的路线行进,看到沿途市镇断壁残垣,村落一片瓦砾,衙门荡为灰烬。在对那一带富庶的秦州、伏羌以及其他城镇大肆抢掠之后,白狼叛军继续向西进发,穿越山脉前往邻近青海的岷州和洮州……他们对城中居民

---

① 方荣、张蕊兰:《甘肃人口史》,第382页。
② 谢家荣:《民国九年十二月十六日甘肃及其他各省之地震情形》,《地学杂志》第13年第8—9期合刊,1922年9月,第8页。关于这次大地震死亡人口,有不同的统计。翁文灏指出:死亡24.6万人是不是一个靠得住的数字。(翁文灏:《民国九年十二月十六日干的地震》,《科学》第7卷第2期,第109—110页)
③ 方荣、张蕊兰:《甘肃人口史》,第413页。
④ 石志新:《清末甘肃地区经济凋敝和人口锐减》,《中国经济史研究》2000年第2期。
⑤ 刘郁芬、杨思:《甘肃通志稿》卷25《民族五·户口》。
⑥ 〔美〕罗伯特·斯特林·克拉克等著,史红帅译:《穿越陕甘——1908—1909年克拉克考察队华北行纪》,第61页。
⑦ 〔美〕施坚雅:《中国农村的市场和社会结构》,第42页。
⑧ 张集馨:《道咸宦海见闻录》附录,《日记》,中华书局1981年版,第353页。
⑨ 石志新:《清末甘肃地区经济凋敝和人口锐减》。

大肆杀戮,将洮州城夷为平地。在一年以后我们考察途经此地时,城内还是一片废墟,看不到一座完好无损的房屋"。白狼从陇东南退出后,"沿途的市镇、村落都已经寥落废弃了"。① 1928年大旱灾发生后,一位外国传教士在给华洋义赈会的信函中说:"甘肃遍地皆旱,因历次歉收,饥馑死亡甚众,即以灾情较轻之兰州而论,每日饿死达三百人。"② 河西饥民遍地,无以为食,"掘草根,剥树皮,与皮革共煮,勉以果腹。"③ 人祸是指"河州事变"和中原大战,在这期间市镇经济遭到了严重的破坏,如1929年2月,马仲英攻破青海商业重镇湟源县城,进行了劫掠,共杀害4000人,伤残3000人,财产损失400万元,烧毁房屋3000余间。④ 同年6月13日,攻破宁夏城,"将城外商号及民家财物,金银乃抢劫无余,其损失在百万元以上"。1930年中原大战爆发后,国民军为筹集军费,劫掠了许多市镇,如3月初,某师"开至天水,驻十余日,搜刮百余万";某师接防后,"仍行刮剥三十余万"。国民军离开甘肃后,地方军阀也趁势劫掠,如4月6日,马廷贤部"民众欢迎进城,杀五六人,淫掠一夜……奸淫死少妇幼女三百余人,烧死肉票二百余人",随后又进占天水,"在西关焚掠,一时火光迸天,尸骸枕藉,啼泣呻吟,哀声四起,满街满巷,杀人如麻……五六日后,城中财帛一空";7月10日至8月10日,攻破礼县县城,抢劫一空,"过后居民无十元以上之家产者"。在这期间,一些市镇还遭到了土匪的抢劫,如位于陇西县南部的洛镇,是该县有名的中心市场,1929年12月遭到土匪抢劫,"一个好好的镇子,弄成天翻地覆,真令人目不忍睹"。⑤ 青海的上五庄(邦巴)是回民集居的市镇,也是通往蒙藏地区的要道,在晚清时期到20世纪20年代是青海皮毛的重要市场,但自从1929年的马仲英事件后,"已经一蹶不振,现在的邦巴的街道已十分冷落不堪"。⑥ 经历了历次社会动荡和自然灾害,整个社会系统几乎完全紊乱了,原有的行政、防灾等体系完全瘫痪,⑦ 既不能有效地控制社会秩序和防止灾害的发生,更无法做到战后或灾后重建。因此,在这种周期性的动荡和灾害的打击下,市镇凋敝,难以恢复元气。

第二,地方军阀横征暴敛,商人裹足不前或搬离本地,而农民则丧失了购买力。

---

① 〔英〕台克满著,史红帅译:《领事官在中国西北的旅行》,第106—107页。
② 《上海华洋义赈会披露豫陕甘大旱之奇缘》,《申报》1929年4月28日。
③ 陈赓雅:《西北视察记》下册,第400页。
④ 自奋:《青海近年之灾况》,《陇钟》第6号,1931年7月10日。
⑤ 康天国:《西北最近十年来史料》,西北学会1931年印行,第13—20页。
⑥ 似旭:《各县巡回宣传视察队日记(六)》,《青海评论》第11期,1934年1月1日,第19页。
⑦ 西宁府"自同治元年以后,兵燹屡起,城乡社仓,为贼焚掠,迄今盖无一存矣。"(《重建西宁社仓碑记》,《西宁府续志》卷9《艺文志》)

3月7日 四十里堡典型的废墟。
Tsu Shih Li Pu. Characteristic ruins. March 7.

清末时期河西走廊破败的村庄

图片来源:《1910,莫理循中国西北行》下册,第 60 页

特别是 20 世纪 20 至 30 年代军阀混战期间,居民遭殃最大。如前文所言,为了维持庞大的军费开支,不得不巧立名目,征收捐税。国民军在甘期间,征收的捐税多达 20 余种,如教育、善后、剿匪、军事、营房、赈灾、借捐、富户捐、地亩捐、烟亩罚款、懒捐、建设捐、警察捐、清乡捐、房屋捐、汽车捐、开垦捐、车辆捐、船筏捐、牲畜捐、筵席捐等,不仅征收当年的,还预征数年的,据称 1930 年甘肃预征"已至五年以上"。① 受到军阀重税的压迫,青海著名商号如济远长、济成亨、义成昌、自立公、自立正等羊毛商或布商,为减少负担和目标,"借口累赔,将省外各地的分庄、分号先后撤销,归并于本号,缩小营业;也有的商号停止营业;有的商号把资产转移到农业,或将现金藏起来,缩小了业务范围;还有的出逃外省。"② 在重赋之下,许多农民家徒四壁,一贫如洗。一位旅行家在青海湟源考察后这样写道:"耕者多系佃农,年纳租额约十分之六,而复供给各寺之柴草,并有捐税等等之剥削,农民终年血汗,所得且有不能自给者。沿途所见,有天灾,兵灾,官灾,匪灾及寺、地主之灾,民之生机亦几微矣!"③ 贫困是当时本区域社会的主要问题。

本区域是一个农业社会,社会购买力主要来自农民,而贫困的农民降低或完全

---

① 康天国:《西北最近十年来史料》,第 28 页。

② 向达之:《近代后期西北地区工商业经济的严重萎缩》,《甘肃社会科学》1993 年第 6 期,第 136 页。

③ 林鹏侠:《西北行》,第 97 页。

丧失了购买力。如有人讲到泾川工商业衰落的原因时说:"官府无止境的勒粮索款,主要消费者农民贫穷不堪,消费水平太低,社会购买力微弱,商号有货常年积压,推销不出。'邦盛福'、'恒益裕'算是大号生意,而每年购进的黑白糖,每号最多1000余斤,农民购买多则一两,少则半两,买斤者极为罕见。茶叶、白酒,除有红白大喜事买一、二斤外,平常问津者很少。再从'同兴福'(武建勋经营的杂货铺)等几个常年雇主看,便是社会购买力的缩影。杨柳湾的农民李兴益,8口之家,种有10亩菜园,是富裕农户,但每年最多购买土布2匹(尺码5.2丈),每匹价值2元(折合硬币),连同油、盐、茶、糖、火柴、纸张、烟、酒等各种日常用品,总计起来这个户全年只能向这一商号支付七八十元(按硬币折算)。郑家沟郑拴贝也是8口之家,兼营贩卖煤炭,手头活便,不缺钱花,购买上述同样货物,全年向这个商号只能支付三四十元。宫山洼赵怀娃是个家有5口人的贫困农户,购买上述货物,全年向这个商号支付能力不足10元。"①青海农村经济不景气,"民众非日常必需的生活品,多不置备,甚至连此也极力节省,因是市场缩小,影响商业的不景象[气]"。②一个地区市场的繁荣程度与居民的购买力有很大关系,购买力的大小取决于居民在经济生活中依赖市场的程度。而许多农民丧失了购买力,成为市镇衰落的主要原因,如时人所言:"在西北各城市,因为受不了重重叠叠的负担,于是停业、倒闭、关门"③,西北许多市镇因此而完全衰退。

第三,受国际市场和战争的影响。自近代天津开埠以来,随着天津腹地扩大,本区域的外向型经济形成后,皮毛成为西北市场上主要的出口产品,而国内皮毛市场受国际市场的影响颇大。特别是1929—1933年世界经济危机期间,西方国家大量倾销羊毛,占领中国羊毛的国际市场,如时人所言:"世界经济惨败,欧美毛制品山积,久苦滞销即向欧西之澳洲羊毛产区,亦感原料甚少出路,而有转向远东倾售之势,此因为羊毛不振之原因,综计二年以来,无时不为逐步下跌之中。"由于世界经济危机的影响,国际羊毛市场的萎缩,造成了本区域皮毛市场的衰落,如青海"各县的业毛商人十之八九,都是因为毛价的跌落,不能将所存的羊毛出售,而继续图营业的活动"。由于羊毛市场的衰落,影响到了各阶层民众的生活,"青海产毛的牧民,以及业毛的商人,既已全部陷入危困之境,全省整个经济基础,急剧地破裂,这

---

① 武建勋、许恒丰:《解放前泾川商业概述》,《泾川文史资料选辑》第2辑,1991年12月印行,第135—136页。
② 张菊生:《青海的经济现状》,《边事研究》第7卷第5期,1938年7月,第26页。
③ 康天国:《西北最近十年来史料》,第25—26页。

样以来,人民生活日益艰难,其惨苦情形真不堪言状!"①羊毛市场的衰落,农家所产皮毛卖不出去,农民收入减少,购买力也随之下降。

抗战爆发后,随着天津、汉口的沦陷,其市场腹地也受到了极大的影响,尤其是皮毛出口的阻滞,本区域的市镇也开始衰落,如拉卜楞是蒙藏汉回各族贸易的中心市场,被藏胞称之为"小北京",抗战前还是比较繁荣的,"这里住有几国的'洋行',天津和成都的大商人,也在这里扎庄,确是够繁荣的。自从日本人在卢沟桥燃起了侵略的烽火,外国的'洋行'搬走了,各地的商帮星散了。因此,市面便一天一天地萧条起来"。②

通过对近代甘宁青农村市场的论述,我们认为由于地理环境、经济结构、生产方式和生活方式的不同,甘宁青市场有自己的地域特点。皮毛、药材、水烟的输出在西北乃至全国市场上占有极为重要的地位。但自清朝同治以来,由于周期性的社会动荡、自然灾害和军阀横征暴敛,甘宁青市场的数量和规模都是在走向衰退,这种状况直到1940年代末中共取得政权前夕也没有多大改观。因此,一个地区社会政治的稳定程度和农民负担的轻重程度,极大地影响着这一地区的经济和市场的繁荣。

---

① 张元彬:《一蹶不振的青海羊毛事业》,《新青海》第1卷第9期,1933年9月,第8页。
② 刘耕吾:《拉卜楞鳞爪》,《安多月刊》第2期,1947年2月。

结　　语

在以往对近代本区域的农村社会经济研究中,给人一种"满目疮痍"的感觉,社会经济破败不堪,民不聊生。如魏丽英认为,近代后期我国西北地区在财政金融极度危机及城市工商业严重萎缩的同时,农村经济完全陷入破产的境地。尤其是近代后期"农村经济以罕见的酷烈程度破产,是近代西北社会经济全面破溃的一个必然组成部分,亦是旧时代行将结束的一个重要标志"。[①] 向达之认为近代后期,由于政治腐败、战乱、天灾频仍,超经济剥夺的极端发展等诸多因素合力所致,西北社会经济总体出现崩溃趋势。[②] 蒋致洁一方面认为抗战时期甘肃的开发建设在近代西北开发史中应当占有重要地位,另一方面从制度与政策上否定了国民政府在甘肃的经济建设,对国民政府抗战时期甘肃工业建设做了研究,他认为:首先,"开发西北、建设甘肃并非国民党政府特别是其最高统治集团的真正意图。国民党政府是在半壁河山沦丧、正面战场急需后方经济支撑的窘境下匆忙进行后方建设的,也就是说,此期甘肃的工业建设是在特殊历史背景下被迫上马的战时政治经济的产物"。其次,"抗战时期,国民党集团打着'非常时期'的幌子,实行了一系列反动的经济政策,造成包括甘肃在内的国统区经济不断恶化乃至于全面崩溃"。再次,"国民党最高统治集团利用政治、军事特权,在抗战时期大发国难财,使国家垄断资本借抗战之名,完成了它在经济方面的垄断和独占"。[③] 从这些研究看出,上世纪八九十年代中国史学研究的价值取向,在学术性增强的同时,深受意识形态话语的影响,难以客观评价近代以来本区域的社会经济发展水平。

随着学术环境的宽松和研究视野的扩大,学界开始从现代化视野考察近代中国农村经济问题,开始肯定民国时期西北地区社会经济得到一定程度的发展。[④]

[①] 魏丽英:《论近代后期西北农村经济的破产及其主要原因》,《甘肃社会科学》1992年第5期。
[②] 向达之:《论近代末期西北地区的金融财政危机》,《甘肃社会科学》1994年第5期,第98—103页。
[③] 蒋致洁:《略论抗战时期甘肃的工业建设》,《兰州学刊》1988年第6期,第92—96页。
[④] 魏宏运:《抗战时期中国西北地区的农业开发》,《史学月刊》2001年第1期;慈鸿飞:《1912—1949年西北地区农业资源开发》《中国经济史研究》2004年第2期,第61—68页。

笔者正是从这个视角出发,考察近代以来尤其是民国时期本区域农村经济问题。如果以现代化为视角,本区域社会农村经济发生了比较大的变化。主要表现在以下几个方面:

第一,近代本区域农村经济有衰退时期也有发展时期。关于近代中国农业和农村经济发展与衰落的问题,学术界曾有过热烈的讨论,大致形成两种不同的观点,一种观点认为近代以来直到民国时期,中国农业和农村经济完全处于破产状态;一种观点认为农业和农村经济有一定的发展。[①] 近代本区域农村经济经历了三次比较大的自然灾害与社会动荡,把本地区的经济推到了最低谷。第一次是发生于清朝同治年间的回民事变,造成了该地区人口锐减,农村经济遭到严重破坏。第二次是1920年的海原大地震,凡涉及到的地方大量房屋倒塌,牲畜死亡,是对本区域社会经济的一次毁灭性的打击。第三次是1928—1929年甘肃发生了百年不遇的大旱灾,1928年全省有65个县受灾,连续两年的旱灾,加之冯氏国民军横征暴敛,对甘肃农村经济影响极大,田亩荒芜,民生凋敝,饿殍相望。在这期间,马仲英发动了河湟事变,在甘宁青攻城略地,许多市镇遭到洗劫。接着,1930年中原大战爆发,甘肃等地军需浩繁,征兵征粮,把这里的民众推向了苦难的深渊。因此1862—1870年代是本区域经济从乾嘉以来的最低谷;1920年的海原大地震是又一个低谷;1928—1930年代初期是第三个低谷。三个低谷是黄河上游农业与农村经济严重衰退阶段。

在这三次大灾之间,都有一个短暂的恢复阶段。左宗棠在镇压回民事变之后,在陕甘等地采取了一些有利于农业和农村经济发展的善后措施,推广砂田、兴修水利、禁绝鸦片、植棉种桑,使本区域的社会经济缓慢恢复,人口也有所增加。中原大战之后,朱绍良主政甘肃,宁马、青马表示服从中央,甘宁青社会经过了长期大动荡之后出现了相对稳定的状态,为社会经济恢复创造了条件。九一八事变之后,国民政府开始关注西北,开始了西北开发,为本区域社会经济复苏带来了契机。1935年5月,中国农民银行兰州分行成立,开始组建合作社,在甘肃发放农村救济贷款,1938年合作社已经普及全省。1941年国民政府的农贷政策从农村救济转变为国民经济建设,发放水利、农业生产、农业推广、农村副业等贷款;同时期宁夏也获得了大量的农业贷款。由于国民政府加大了对农村资金的投入力度,不但恢复了旧灌渠,还新修了一批新渠,农业技术得到了提高,使粮食产量有所提高,农村经济得

[①] 参看李金铮的《二十年来中国近代乡村经济史的新探索》,《历史研究》2003年第4期,第174页。

到发展。抗战时期成为近代以来本区域农业和农村经济发展状况最好的时期。

第二,农业、手工业、畜牧业生产商品化程度有了较大的提高。就农业而言,清朝前期,本区域各地由于农村市镇经济的发展和非农业人口的增加,推动了农业生产商品化趋势的出现,如面粉、榨油、酿酒、制糖等部门所需要的粮食以及手工业生产所需要的部分原料主要来自本地区的农业生产。道光以降,本区域农业种植结构发生了一些变化,高产作物玉米、马铃薯等的推广,土地利用率的提高,使农村有了比较多的剩余土地种植烟草、棉花、麻、桑蚕等经济作物,使经济作物成为种植区农村的主要副业。农村副业贷款和抗战时期"工合"运动的开展,手工业生产规模扩大,与市场的联系越来越紧密。如兰州的水烟不仅在全国市场上销售,而且进入国际市场。天水、甘谷、秦安等地的毛编织业行销到陕西、四川等地。在农村手工业的发展中也形成了地区之间的相互协作的关系。专门化、商品化和市场化是20世纪三四十年代本区域手工业生产的主流,尤其在市镇周边农村表现十分明显。近代以来,随着天津开埠,西北外向型经济的形成,羊毛、皮张、猪鬃、羊肠衣成为主要的出口产品,促进了本区域畜牧业产品的商品化,而且远远高于农业和手工业。

第三,银行资本与农村经济相合是20世纪三四十年本区域社会经济发生变化最明显的特点。尽管本区域现代银行制度建立比较早,但发展缓慢,在抗战以前,本区域只有1家中央银行、3家农民银行的分支机构和少量的地方银行的分支机构。抗日战争时期是国家与地方银行深入农村社会的重要时期,不仅不同层次的银行机关深入农村,作为银行与农家联系的桥梁——合作社普及各地,甘宁青地区建立起了现代金融网络。在银行资本的参与下,一方面,改变了传统的借贷关系,建立了以合作社为主的新式借贷关系;一方面,20世纪三四十年代,合作社成为组织农业、手工业和畜牧业生产的一种新的方式。新式借贷关系的建立和工农业经营方式的改变,表明农村社会经济有了现代化的气息。

第四,地权分配、租佃关系是农村经济史研究的主要内容。传统观点认为占乡村人口不到10%的地主、富农占有70%—80%的土地,而占乡村90%以上的雇农、贫农、中农仅占有20%—30%的土地。这一观点在上世纪就受到质疑,章有义、郭德宏等前辈学者的研究表明,农村地权关系并非以前估计的那样严重。[①] 在本区域,地权关系同样表现得不像传统观点所说的那样严重,占人口10%—20%的地主、富农占耕地的30%—40%左右,而占农村人口80%的自耕农和贫雇农占有土地约60%—70%。5%—10%的人口没有耕地,15%—20%的人口耕地

---

① 李金铮:《二十年来中国近代乡村经济史的新探索》,第169—170页。

不足,需要租种别人的土地维持生活。但在本区域内,土司、寺院占统治地位的地区,土地均为土司、寺院所有,地权集中程度比较严重。地租率不仅反映在租佃关系中业佃双方所获得的报酬,也反映出地主对农民的剥削程度。与全国其他地方相比,本区域地租率是比较低的,在租佃关系中,如果地主没有投资种子、耕牛、农具等生产资料,地租率大约在30%;如果地主投资了种子、耕牛和农具等,地租率则达到40%以上,超过50%的极少。

第五,农村市场发生了变化,区域市场网络基本建立起来,并且和全国及国际市场有了比较密切的关系。本区域的农村市场形式多样,有集镇、有寺院会集、有庙会、有花儿会等。本区域的市场体系表现出很强的层级关系,在清朝前期就表现为小集、村集、市集三个层级。随着区域市场的形成以及和全国市场联系的紧密,市场层级和功能都发生了变化,即包括初级市场、中间市场和高级市场,各种层级的市场表现出不同的功能,而且分工比较明显。这种体系发端于清朝前期,即清朝雍正、康熙年间本区域各地的集镇相继建立起来,形成于道光、同治时期。近代以来,随着天津以及北方其他城市开埠,中国逐渐成为列强掠夺原料的市场,西北皮毛成为列强在中国掠夺的原料之一,由此本区域的皮毛作为出口商品通过天津和新疆各口岸运销到欧美、日本、俄罗斯等国家和地区。在西北皮毛的市场链中,以产地市场为基础,以中转市场为枢纽,以出口市场为尾闾,形成了比较完整的市场体系。即随着皮毛进入国际市场,加强了本区域市场体系与全国市场和国际市场的联系。

从清代到民国时期本区域农村经济发生了一些比较明显的变化,但是这种变化不是剧烈的,而是缓慢的,因此我们认为在中国社会经济处于转型时期,而本区域社会经济现代化进程缓慢,处于慢变量状态。

征引文献

(以作者或文献开头字母为序排列)

一、档案资料

D

《宕昌商业调查》,甘肃省档案馆藏,56/1/42

《调查皋兰县东南乡小雁滩等信社概况及建议事项》,甘肃省档案馆藏,63/1/46

G

《甘肃省定西县金融市场调查》,甘肃省档案馆藏,27/3/284

《甘肃省靖远县金融市场调查报告》1943年4月20日,甘肃省档案馆藏,27/3/284

《甘肃省统计总报告》(1945年),甘肃省档案馆藏,4/3/72

《甘肃省临洮县三月份金融经济调查》,甘肃省档案馆藏,27/3/284

《甘肃省农业改进所、合作管理处三十二年度办理棉花推广合作办法》,甘肃省档案馆藏,27/1/118

《各地典押当业习惯资料调查表》,甘肃省张掖县政府填,台湾"中央研究院"近代史所档案馆藏,馆藏号:18-23-00-025

H

《湟惠渠工程》(估计1942年12月28日),甘肃省档案馆藏,38/1/11

何景、申葆和:《祁连山东段之牧场草原》,甘肃省档案馆藏,30/1/389

J

《监察御史姜图南题酌议开垦监地以利牧政事本》顺治十年十月二十九日,《历史档案》1981年第2期

K

《昆仑畜牧股份有限公司》,台湾"中央研究院"近代史所档案馆藏,馆藏号:18-23-01-06-01-001

L

梁道庆:《平凉工业概况》,甘肃省档案馆藏,52/2/302

罗人骥:《庆阳县概况》,庆阳市档案馆藏,4/4/6

《临洮县银行股份有限公司》,台湾"中央研究院"近代史所档案馆藏,馆藏号:18-23-01-06-23-005

M

《民勤县自然环境及其改造问题》,甘肃省档案馆藏,38/1/36

N

《农田水利工程概要》,甘肃省档案馆藏,38/1/11

农行天水办事处:《三十四年度天水陇南区农贷报告》,甘肃省档案馆藏,55/1/46

《宁夏省政府(甲方)中国农民银行(乙方)洽订宁夏省农田水利贷款合约》,中国第二历史档案馆藏,399/638

《宁夏省渠道概要》,台湾"中央研究院"近代史所档案馆藏,馆藏号:26-00-56-001-04

P

《平凉金融概况》,甘肃省档案馆藏,52/2/302

S

申葆和:《祁连山东段家畜疾病及畜牧概况》,甘肃省档案馆藏,30/1/389

《水利委员会甘肃河西水利工程卷》,中国第二历史档案馆藏,377/486

T

《天水永和两合火柴公司》,台湾"中央研究院"近代史所档案馆藏,馆藏号:17-23-01-10-002

W

《武威县银行股份有限公司》,台湾"中央研究院"近代史所档案馆藏,馆藏号:18-23-01-06-23-009

X

《西北建设考察团报告书水利篇》,中国第二历史档案馆藏,377/782

《西北种畜场暂行组织条例》,台湾"中央研究院"近代史所档案馆藏,馆藏号:17-27-238-01

Z

章元义:《陕甘青等省保水保土及水利视察报告》(1943年11月),中国历史第二档案馆藏,277/56/(2)

张心一:《甘肃农业概况估计》1945年9月,甘肃省档案馆藏,38/1/10

赵维梅:《调整皋兰合作社第二期工作报告》1940年9月,甘肃省档案馆藏,63/1/47

中国银行岷县办事处:《旧城镇夏河县商业调查及卓尼经济概况调查报告》,甘肃省

档案馆藏,56/1/42

中国银行岷县办事处:《宕昌商业调查》,甘肃省档案馆藏,62/1/42

中国银行岷县办事处:《白龙镇荔川镇商业调查报告》,甘肃省档案馆藏,56/1/42

中国第二历史档案馆:《经济部西北工业考察通讯(上)》,《民国档案》1995 第 4 期

中国第二历史档案馆:《经济部西北工业考察通讯(下)》,《民国档案》1996 第 1 期

《振华火柴股份有限公司》,台湾"中央研究院"近代史所档案馆藏,馆藏号:17-23-01-06-10-001

二、地方志(以省、府、州、厅、县开头字母为顺序)

C

《成县新志》,黄泳第纂修,乾隆六年刻本

D

《敦煌县志》,苏履吉、曾诚纂修,道光十一年刊本

《重修敦煌县志》,吕光纂修,甘肃人民出版社 2001 年标点本

《东乐县志》,徐传钧、张著常纂修,1923 年石印本

《狄道州志》,呼延华国纂修,兰州古籍书店 1990 年影印本

《狄道州续志》,联瑛、李镜清、陈希世纂修,宣统元年刻本

《丹噶尔厅志》,张廷武、杨景升,甘肃省官报书局 1910 年排印本

《敦煌县乡土志》,民国时期抄本,年代不详

《大通县志》,刘运新修,1919 年铅印本

《打拉池县丞志》,光绪三十四年抄本,甘肃省图书馆藏

《定西县志》,定西县志编纂委员会,甘肃人民出版社 1990 年版

F

《伏羌县志》,周铣、叶芝纂修,乾隆三十五年刊本

G

《甘肃通志稿》,刘郁芬修,杨思等纂,中华全国图书馆文献缩微中心 1994 年影印本

《甘肃全省新通志》,升允、长庚监修,宣统元年石印本

《甘肃乡土志稿》,朱允明撰,1961 年抄本

《甘肃省志》,白眉初撰,中央地学社 1926 年版

《甘肃省志》第 13 卷《气象志》,甘肃省地方志编纂委员会,甘肃人民出版社 1992 年版

《甘肃省志》第 41 卷《民航志》,甘肃省地方志编纂委员会,甘肃人民出版社 2003 年版

《甘肃省志》第 18 卷《农业志》,甘肃省地方志编纂委员会,甘肃文化出版社 1995 年版

《甘肃省志》第44卷《金融志》,甘肃省地方志编纂委员会,甘肃文化出版社1996年版

《古浪县志》,台湾成文出版社公司1976年影印本

《古浪县志》,李培清、唐海云,河西印刷局1939年铅印本

《皋兰县志》,吴鼎新、黄建中纂修,乾隆四十三年刻本

《皋兰县续志》,黄璟、秦晓峰等纂修,道光二十七年刻本

《重修皋兰县志》,张国常,陇右善乐书局1917年石印本

《新纂高台县志》,徐家瑞,1925年铅印本

《甘州府志》,钟庚起纂修,乾隆四十四年刻本

《重刊甘镇志》,甘肃文化出版社1996年标点本

《民国固原县志》,固原县地方志办公室,宁夏人民出版1992年版

《巩县志》,王国璋等纂修,1937年刻本

H

《河州志》,王全臣纂修,康熙四十六年刻本

《华亭县志》,武全文等纂修,顺治十六年钞本

《华亭县志》,郑震谷等修,1933年石印本

《合水县志》,陶奕增纂修,国立北平图书馆1933年抄本

《会宁县志》,毕光尧纂修,兰州古籍书店1990年影印本

《海城县志》,杨金庚等纂修,光绪三十四年抄本

J

《靖远县志》,张之骥纂修,道光十三年刻本

《靖远县志》,范振绪纂修,见《靖远旧志集校》,甘肃文化出版社2004年版

《直隶阶州志》,林忠、毛琪麟等纂修,乾隆元年刻本

《阶州直隶州续志》,叶恩沛、吕震南纂修,兰州大学出版社1987年版

《金县志》,耿喻、郭殿邦纂修,康熙二十六年抄本

《金塔县采访录》,1941年抄本,甘肃省图书馆西北文献阅览室藏

《重修金县志》,恩福、冒蕖,道光二十四年刻本

《静宁州志》,王煊纂修,乾隆十一年刻本

《静宁县志》,静宁县志编纂委员会,甘肃人民出版社1993年版

《泾州乡土志》,张元漈编,全国图书馆文献缩微中心2002年影印本

《泾川县志》,泾川县志编纂委员会,甘肃人民出版社1996年版

K

《新纂康县县志》,王仕敏、吕重祥,1936年石印本

《康县要览》,抄本,1947年

《康乐县志》,康乐县志编纂委员会,三联书店1995年版

L

《重修两当县志》,德俊等纂修,道光二十年抄本

《隆德县志》,常星景等纂修:隆德地方史志编纂委员会1987年印行

《重修隆德县志》,桑丹桂、陈国栋纂修,1935年石印本

《兰州府志》,陈士桢、涂鸿仪纂修,道光十三年刻本

《礼县志》,方嘉发纂修,乾隆二十一年刻本

《创修临泽县志》,王存德等纂修,兰州俊华印书馆1943年铅印本

《重修灵台县志》,杨渠统等修,王朝俊等纂,南京京华印书馆1935年铅印本

《临潭县志》,临潭县志编纂委员会,甘肃民族出版社1997年版

《灵台县志》,灵台县志编纂委员会,内部资料,1987年印行

《陇西县志》,鲁廷琰、田昌叶纂修,乾隆元年刻本

《陇西县志》,陇西县志编纂委员会,甘肃人民出版社1990年版

《两当县新志》,德俊等纂修,《中国地方志集成·甘肃府县志辑》第23册,凤凰出版社2008年版

M

《岷州志》,汪元绸、田而毯纂修,康熙四十一年刻本

《岷州志校注》,岷县志编纂委员会办公室1988年点校本

《光绪岷州乡土志》,《中国地方志集成·甘肃府县志辑》第39册,凤凰出版社2008年版

《民乐县志》,民乐县志编纂委员会,甘肃人民出版社1996年版

《民勤县志》,马福祥、王之臣纂修,台湾成文出版社1970年影印本

N

《宁夏农业志》,宁夏农业志编纂委员会,宁夏人民出版社1999年版

《宁夏府志》,张金城、杨浣雨纂修,宁夏人民出版社1992年标点本

《宁夏通志·工业卷》第6卷,宁夏通志编纂委员会,方志出版社2007年版

《宁夏资源志》,宁夏省政府1946年印行

《宁远县志》,冯同宪、李樟纂修,道光年间重刊本

《宁县志》,宁县志编委会,甘肃人民出版社1988年版

P

《平凉府志》,赵时春纂修,明万历年间刻本

《平凉县志》,郑惠文、朱离明纂,1944年5月陇东日报印刷所印行

《平番县志》,张珩美、曾钧纂修,乾隆十四年刻本

《平罗县志》,国立北平图书馆 1932 年抄本

《平凉市志》,平凉市志编纂委员会,中华书局 1996 年版

Q

《青海记》,康敷镕,台湾成文出版社 1968 年影印本

《青海地方旧志五种》,青海省民委少数民族古籍整理规划办公室,青海人民出版社 1989 年版

《秦安县志》,严长宦、刘德熙纂修,道光十八年刻本

《清水县志》,刘福祥等纂修,1948 年石印本

《秦州直隶州新志续编》,姚展、任承允纂修,兰州国民印刷局 1939 年铅印本

《庆阳地区志》,庆阳地区志编纂委员会,兰州大学出版社 1998 年版

《庆阳县志》,庆阳县志编纂委员会,甘肃人民出版社 1993 年版

《庆阳县志》,张精义纂修,甘肃文化出版社 2004 年版

《庆阳府志》,赵本植纂修,乾隆二十七年刻本

《庆阳府志》,傅学礼纂修,甘肃人民出版社 2001 年版

S

《朔方道志》,马福祥等纂修,天津泰华印书馆 1927 年铅印本

《重修肃州新志》,黄文炜、沈清崖纂修,乾隆二十七年刻本

《山丹县续志》,黄璟、谢述孔纂修,道光十五年刻本

T

《洮州厅志》,张彦笃、包世昌纂修,光绪三十三年抄本

《洮沙县志》,张慎微纂修,1943 年油印本

《天水县志》,庄以绥、贾缵绪,兰州国民印刷局 1939 年铅印本

《通渭县志》,通渭县志编纂委员会,兰州大学出版社 1990 年版

W

《五凉考治六德集全志》,张之浚、张珩美纂修,乾隆十四年刻本

《文县新志》,长赟、刘健,政协文县委员会 1988 年印行

《文县要览》,李秉璋、韩建笃,1947 年石印本

《武威县志》,张珩美、曾钧纂修,武威县志编纂委员会 1982 年影印本

《创修渭源县志》,张兆钾、陈鸿宝纂修,平凉新陇书社 1926 年石印本

X

《西宁府新志》,(清)杨应琚纂修,青海人民出版社 1988 年版

《西宁府续志》,邓承伟等纂修,青海印刷局1938年铅印本

《夏河县志》,张其昀纂修,民国抄本,台湾成文出版社1970年影印本

《夏河县志》,夏河县志编纂委员会,甘肃文化出版社1999年版

《西和县志》,邱大英纂修,乾隆三十九年刻本

《循化志》,龚景翰纂修,青海人民出版社1981年排印本

Y

《永昌县志》,永昌县志编纂委员会,甘肃人民出版社1993年版

《永登县志》,周树清纂修,民国抄本,台湾成文出版社1970年影印本

《豫旺县志》,朱恩昭纂,1925年抄本

Z

《中卫县志》,黄恩锡纂修,乾隆二十六年刻本

《中卫县志》,郑元吉、徐懋官纂修,道光二十一年刻本

《重修镇原县志》,钱史彤、邹介民等纂修,兰州华俊书局1935年铅印本

《镇原乡土志》,宋运贡、王柄枢纂修,清末抄本

《镇原县志》,镇原县志编辑委员会,内部资料1987年印行

《镇番县志》,张之浚、张珆美纂修,乾隆十四年刻本

《续修镇番县志》,周树清、卢殿元纂修,1920年刻本

《新修张掖县志》,白册侯原纂、余炳元续纂,1949年油印本

《张掖市志》,张掖市志编修委员会,甘肃人民出版社1995年版

《庄浪县志》,王锺鸣、卢必培纂修,康熙年间刊本

《庄浪县志》,邵陆纂修,乾隆三十四年抄本

《庄浪县志》,庄浪县志编纂委员会,中华书局1998年版

《漳县志》,张鄂、石作柱纂修,1928年石印本

《碾伯所志》,《青海地方旧志五种》,青海人民出版社1989年版

三、资料汇编、调查报告

A

《安西县政府办理各合作社调整工作总结》1942年4月16日,手抄本,甘肃省图书馆西北地方历史文献阅览室藏

B

本书编委会:《青海省情》,青海人民出版社1986年版

白寿彝编:《回民起义》,上海人民出版社、上海书店出版社2000年版

D

杜家骥主编:《清嘉庆朝刑科题本社会史料辑刊》,天津古籍出版社 2008 年版

中国第一历史档案馆:《乾隆前期准噶尔部与内地的贸易史料(上)》,《历史档案》1992 年第 2 期

F

方裕谨选编:《顺治年间有关垦荒劝耕的题奏本章》,《历史档案》1981 年第 2 期

G

葛全胜主编:《清代奏折汇编——农业·环境》,商务印书馆 2005 年版

高长柱:《边疆问题论文集》,正中书局 1941 年版

甘肃省图书馆:《西北民族宗教史料文摘·甘肃分册》,1984 年印行

甘肃省图书馆:《西北民族宗教史料文摘·宁夏分册》,1986 年印行

甘肃省档案馆:《甘肃历史人口资料汇编》(第二辑),甘肃人民出版社 1998 年版

甘肃省银行经济研究室:《甘肃省各县经济概况》,1942 年印行

甘肃省中心图书馆委员会:《甘肃中部干旱地区物产资源资料汇编》,1986 年印行

甘肃省中心图书馆委员会:《甘肃陇南地区暨天水市物产资源资料汇编》,1987 年印行

甘肃省中心图书馆委员会:《甘肃河西地区物产资源资料汇编》,1986 年印行

甘肃省政府:《甘肃省统计年鉴》,1946 年印行

甘肃省政府秘书处:《甘肃省三十一年全省行政会议汇刊》,出版年不详

甘肃省编辑组:《裕固族东乡族保安族社会历史调查》,甘肃民族出版社 1987 年版

甘肃省赈灾救济会:《甘肃地震灾情调查表》,1921 年印行

《甘肃省农商统计调查表》,1920 年印行,甘肃省图书馆西北文献阅览室藏

《甘肃海原县风俗调查纲要》,1932 年 11 月手抄本,甘肃省图书馆西北文献阅览室藏

《甘肃省环县社会调查纲要》手抄本,甘肃省图书馆西北文献阅览室藏

国民经济建设运动委员会总会:《中央暨各省市经济建设事业一览》,1937 年 2 月印行

H

河南省训练团:《县合作金库簿记》,1947 年 3 月印行

《合办岷县合作社》,手抄本,1940 年 8 月印行

J

经济学会编:《甘肃全省财政说明书》,1915 年印行

L

梁方仲:《中国历代户口、田地、田赋统计》,上海人民出版社 1980 年版

刘华:《明清民国海原史料汇编》,宁夏人民出版社 2007 年版

李文治:《中国近代农业史资料》第1辑,生活·读书·新知三联书店1957年版
罗运炎:《中国鸦片问题》,兴华报社、协和书局国民拒毒会1929年版

N

宁夏省建设厅:《宁夏省建设汇刊》,中华书局1936年版
宁夏省政府秘书处:《十年来宁夏省政述要》,1942年印行
宁夏省政府秘书处:《宁夏省政府行政报告》,1936年3—4月
宁夏省政府秘书处:《宁夏省政府行政报告》,1936年8月
宁夏省政府秘书处:《宁夏省政府行政报告》,1936年10月
宁夏省政府秘书处:《宁夏省政府行政报告》,1936年12月
内政部编:《中华民国行政区域简表》(第11版),商务印书馆1947年版
内政部统计处:《战时内务行政应用统计专刊》第二种《保甲统计》,1938年印行
南京国民政府司法行政部:《民事习惯调查报告录》上册,中国政法大学出版社2000年版
农商部总务厅统计科:《中华民国三年第三次农商统计表》,1924年7月刊行
农商部总务厅统计科:《中华民国四年第四次农商统计表》,1917年12月刊行
农商部总务厅统计科:《中华民国五年第五次农商统计》,中华书局1919年版
农林部棉产改进咨询委员会:《中国棉产统计》,1947年印行

O

欧亚航空公司编:《欧亚航空公司开航四周年纪念特刊》,1935年印行

P

彭英甲:《陇右纪实录》,甘肃官书局1911年石印本
彭泽益:《中国近代手工业史资料1840—1949》第2卷,中华书局1962年版
彭雨新:《清代土地开垦史资料汇编》,武汉大学出版社1992年版

Q

秦孝仪主编:《十年来之中国经济建设》,中国国民党中央委员会党史史料编纂委员会1976年影印本
秦孝仪主编:《革命文献》第88辑《抗战前国家建设——西北建设(一)》,中国国民党中央委员会党史史料编纂委员会1981年版
秦孝仪主编:《革命文献》第89辑《抗战前国家建设——西北建设(二)》,中国国民党中央委员会党史史料编纂委员会1981年版
秦孝仪主编:《革命文献》第102辑、第105辑《抗战建国史料——农林建设》(一)(四),中国国民党中央委员会党史史料编纂委员会1985年、1986年版

青海省编辑组:《青海省藏族蒙古族社会历史调查》,青海人民出版社 1985 年版
青海省编辑组:《青海土族社会历史调查》,青海人民出版社 1985 年版
青海省编辑组:《青海省回族撒拉族哈萨克族社会历史调查》,青海人民出版社 1985 年版
青海省志编纂委员会:《青海历史纪要》,青海人民出版社 1987 年版
全国经济委员会:《全国经济委员会章则汇编》第 3 集,1934 年 11 月印行

S

实业部中国经济年鉴编纂委员会:《中国经济年鉴》第 1 册,商务印书馆 1935 年版
实业部中央农业实验所:《民国二十三年农情报告汇编》,1934 年印行
四川民族调查组、青甘小组:《甘青两省藏族地区社会调查综合材料汇编》,1960 年 6 月油印本
施沛生:《中国民事习惯大全》,上海书店出版社 2002 年版
申报年鉴社:《申报年鉴》,1934 年、1935 年印行

W

王昱、李庆涛编:《青海风土概况调查集》,青海人民出版社 1985 年版
王昱主编:《青海方志资料类编》,青海人民出版社 1987 年版
吴景山:《甘南藏族自治州金石录》,甘肃人民出版社 2001 年版
汪鸿明、丁作枢:《莲花山与莲花山"花儿"》,甘肃人民出版社 2002 年版
《渭源县政府合作指导室指导员郭其淦工作报告》1943 年 8 月,手抄本,甘肃省图书馆西北地方历史文献阅览室藏

X

许道夫:《中国近代农业生产及贸易统计资料》,上海人民出版社 1983 年版
新疆维吾尔自治区编辑组:《哈萨克族社会历史调查》,新疆人民出版社 1987 年版
谢小华选编:《乾隆朝甘肃屯垦史料》,《历史档案》2003 年第 3 期
徐百齐:《中华民国法规大全》第 1 册,商务印书馆 1936 年版

Y

佚名:《甘肃全省调查民事习惯问题报告册》,见《中国西北文献丛书》总 120 册,兰州古籍书店 1990 年印行
余振贵、雷晓静:《中国回族金石录》,宁夏人民出版社 2001 年版
严中平等编:《中国近代经济史统计资料选辑》,科学出版社 1955 年版
杨绳信:《清末陕甘概况》,三秦出版社 1997 年版

Z

章有义:《中国近代农业史资料》第 2 辑、第 3 辑,生活·读书·新知三联书店 1957 年版

中国科学院民族研究所、甘肃少数民族社会历史调查组:《甘肃回族调查资料汇集》,1964 年印行

中国科学院少数民族研究所、青海少数民族社会历史调查组编:《撒拉族简史简志合编》(初稿),1963 年印行

中国科学院少数民族研究所、甘肃少数民族社会历史调查组合编:《东乡族简史简志合编》,1963 年印行

中国科学院民族研究所等:《保安族简史简志合编》,1963 年印行

中国社科院民族研究所等:《保安族调查资料汇集》,1963 年印行

中国第二历史档案馆:《中华民国史档案资料汇编》第 5 辑第 2 编,江苏古籍出版社 1997 年版

中国人民银行金融研究所:《中国农民银行》,中国财政经济出版社 1980 年版

中国农民银行经济研究处:《农村经济金融法规汇编》,1942 年印行

中国经济情报社:《中国经济论文集》第 2 辑,上海生活书店 1936 年版

中央银行:《全国金融机构一览》,1947 年 3 月印行

中央银行经济研究处:《三十年下半期国内经济概况》,出版年不详

中央银行经济研究处编:《中国农业金融概要》,商务印书馆 1936 年版

中华国民拒毒会:《中国烟祸年鉴》第 2 集,1928 年 7 月印行

中华国民拒毒会:《中国烟祸年鉴》第 3 集,1929 年 12 月印行

政协甘肃省委员会文史资料委员会:《西北近代工业》,甘肃人民出版社 1989 年版

张济民主编:《渊源流近——藏族部落习惯法规及案例辑录》,青海人民出版社 2002 年版

张济民主编:《诸说求真——藏族部落习惯法专论》,青海人民出版社 2002 年版

张济民主编:《寻根理枝——藏族部落习惯法通论》,青海人民出版社 2002 年版

张济民主编:《青海藏区部落习惯法资料集》,青海人民出版社 1993 年版

张含英编:《黄河志》第 3 编《水文工程》,"国立编译馆"1936 年版

张翁艳娟:《青海省志资料》,台北"国防研究院"1961 年版

张维:《兰州古今注》,兰州古籍书店 1987 年印行

张亚雄:《花儿集》,中国文联出版社 1986 年版

四、近代报刊资料

A

安永裕：《兰州市盐厂堡东街织布合作社》，《工业合作》第 4 期，1944 年 9 月

安泉：《马鬃山一瞥》，《蒙藏月报》第 6 卷第 2 期，1936 年 11 月

《安西农民的"逃村"》，《中国经济》第 1 卷第 3 期，1934 年 12 月

B

本刊资料室：《甘肃之藏族》，《新甘肃》第 1 卷第 2 期，1947 年 7 月

卜宪基：《甘肃农家土地利用之分析》，《西北问题论丛》第 2 辑，1942 年 12 月

白云：《宁夏的地政与农垦》，《西北论衡》第 9 卷第 1 期，1941 年 1 月

白云：《宁夏水利壮观》，《西北论衡》第 9 卷第 2 期，1941 年 2 月

包特：《宁夏近二十年间开放烟禁的影响》，《西北论衡》第 6 卷第 5 期，1938 年 3 月 15 日

滨海鸥：《青海蒙民之家庭经济状况》，《西北论衡》第 9 卷第 11 期，1945 年 11 月 15 日

《本行农民动产抵押暂行章程》，《农友》第 2 卷第 6 期，1934 年 6 月

《包头宁夏间河运概况》，《中央银行月报》第 3 卷第 8 号，1934 年 8 月

《布告民众本府为便利人民繁荣地方起见筹设集市仰周知由》，《青海省政府公报》第 58 期，1937 年 5 月

C

曹博如：《水烟事业在兰州》，《农林新报》第 12 卷第 20 期，1935 年 7 月 11 日

从天生：《西北知识讲话》，《西北向导》第 16 期，1936 年 9 月 1 日；第 17 期，1936 年 9 月 11 日

陈希平：《甘肃之农业》，《西北问题论丛》第 3 辑，1943 年 12 月

程纯枢：《黄土高原及西北之气候》，《地理学报》第 10 卷，1943 年

程树棠：《中国田赋之积弊与其整理问题》，《申报月刊》第 4 卷第 7 号，1935 年 7 月 15 日

陈通哉：《陇南物产志略》，《西北论衡》第 10 卷第 6 期，1942 年 6 月

陈秉渊：《青海历史之演变》，《新西北》第 2 卷第 1 期，1939 年 8 月

陈正祥：《甘肃之地理环境与农业区域》，《边政公论》第 2 卷第 6—8 期，1943 年 8 月

陈正祥：《西北的沃野农业》，《中农月刊》第 5 卷第 5—6 期合刊，1944 年 6 月

陈景山：《甘肃榆中农家田场经营调查之分析》，《西北经济通讯》第 1 卷第 2 期，1941 年 2 月

陈圣哲：《拉卜楞经济概况》，《甘肃贸易季刊》第 2—3 期合刊，1943 年 1 月

陈鸿胪：《甘肃的资源生产》，《西北问题论丛》第 2 辑，1942 年 12 月

陈鸿胪：《论甘肃之药材》，《甘肃贸易季刊》第 2—3 期合刊，1943 年 1 月

陈鸿胪：《甘肃省之固有手工业及新兴工业》，《西北问题论丛》第 3 辑，1943 年 12 月

陈明绍：《黄河上游水车之初步研究》，《中农月刊》第 2 卷第 12 期，1941 年 12 月

陈国钧：《阿拉善旗经济状况》，《经济汇报》第 9 卷第 11 期，1944 年 6 月 1 日

陈宝全：《甘肃的一角》，《西北论衡》第 9 卷第 6 期，1941 年 6 月

陈联佑：《岷县工合简况》，《工业合作》第 19 期，1945 年 9 月

陈驿声：《西北羊毛之研究》，《甘肃科学教育馆学报》第 1 期，1939 年 5 月

陈宗贤、杨守绅：《西北防疫处之沿革设施及防治兽疫工作》，《中国实业》第 1 卷第 12 期，1935 年 12 月 15 日

陈永寿：《甘肃合作事业之过去与将来》，《陇铎》1941 年第 3 期

陈洪进：《鸦片问题与中国农村经济破产之趋势》，《世界与中国》第 2 卷第 4—5 期合刊，1932 年 5 月 1 日

成治田：《战时甘肃省小型农田水利概述》，《中农月刊》第 5 卷第 9—10 期，1944 年 10 月

成治田：《甘肃农贷之回顾与前瞻》，《中农月刊》第 6 卷第 10 期，1945 年 10 月

常英瑜：《甘青两省畜牧概况》，《新亚细亚》第 14 卷第 1 期，1944 年 7 月

常文熙：《天水三阳川合作社标准国布之产销》，《中行农讯》第 11 期，1942 年 5 月 25 日

查树基：《改进西北畜牧事业之检讨》，《西北论衡》第 9 卷第 4 期，1941 年 4 月

崔平子：《论西北经济及其前途（下）》，《力行》第 2 卷第 1 期，1940 年 7 月

《崇信县政府九十两月重要工作报告》，《甘肃省政府公报》第 516 期，1941 年 11 月 30 日

蔡元本：《青海乡土志》，《新青海》第 3 卷第 1 期，1935 年 1 月

茶圃：《各省禁烟成绩调查记》，《国风报》第 1 年第 18 号，宣统二年七月初一日

D

丁逢白：《青海概况》，《蒙藏月报》第 6 卷第 2 期，1936 年 11 月

丁慕尧：《宁夏省农业金融与胚胎中之合作事业》，《中农月刊》第 1 卷第 4 期，1940 年 4 月

董正钧：《宁夏农业经济概况（上）》，《中农月刊》第 8 卷第 2 期，1947 年 2 月

董正钧：《宁夏农业经济概况（下）》，《中农月刊》第 8 卷第 3 期，1947 年 3 月

董涵荣：《青海湟源县》，《新青海》第 4 卷，第 1、2 期合刊，1936 年 2 月

董佩实：《赴西峰镇琐记》，《西北向导》1936 年第 19 期

戴铭礼：《十年来之中国金融》，《经济汇报》第 8 卷第 9—10 期合刊，1943 年 11 月 16 日

戴亚英：《甘肃畜牧事业之前途》，《陇铎》1940 年第 4 期

德馨：《青海化隆印象漫谈》，《新青海》第 5 卷第 5 期，1937 年 5 月

东亚经济调查局:《最近甘肃经济概况》,《西北向导》第10期,1936年6月

《抵制日货声中之兰州水烟》,《西北专刊》1932年第6期

《调查员武汇东、武骥调查甘肃省垣经济情形报告书》,《中国银行业务会计通信录》第12期,1915年12月

F

冯绳武:《甘肃省地形概述》,《西北论衡》第8卷第2期,1940年1月

范揖唐:《甘肃耕田与肥料调查》,《西北论衡》第9卷第4期,1941年4月

范揖唐:《青海肥料调查》,《西北论衡》第9卷第11期,1941年11月

范家标:《中国雇农的经济生活(续)》,《光华大学半月刊》第3卷第4期,1934年11月25日

傅焕光:《西北水土保持考察记》,《农业推广通讯》第6卷第3期,1944年3月

傅安华:《西北工业概况》,《西北资源》第1卷第1期,1940年10月

方范九:《青海玉树二十五族之过去与现在》,《新亚细亚》第9卷第1期,1935年1月

封志豪:《西北畜牧业改进刍议》,《农学》第4卷第2期,1937年6月

藩:《甘肃财政前途之展望》,《西北问题季刊》第1卷第3期,1935年5月15日

费畊石:《雇农工资统计及其分析》,《内政统计季刊》创刊号,1936年10月

G

谷苞:《甘肃藏民的支派》,《新甘肃》第2卷第1期,1947年11月

谷苞:《甘肃番民的宗教生活》,《和平日报》1948年7月25日

谷苞:《汉人是怎样定居于卓尼番区》,《西北论坛》创刊号,1947年7月

谷苞:《卓尼番区的土司制度》,《西北论坛》1948年第3期

谷苞:《会宁县农家经济概述》,《西北论坛》第1卷第7期,1949年3月

谷苞:《河西——农民的地狱》,《新路周刊》第1卷第19期,1948年9月28日

谷苞:《河西农村的崩溃》,《新路周刊》第1卷第23期,1948年10月26日

高文耀:《平凉农业推广工作的开展》,《甘肃农推通讯》创刊号,1942年7月

高文耀:《平凉农业推广工作的开展(续)》,《甘肃农推通讯》第1卷第2期,1942年8月

高杰:《河西农村一角》,《西北论坛》第1卷第7期,1949年3月

高黎夫:《甘肃省河西区物产概论》,《甘肃贸易季刊》创刊号,1942年6月

顾兼吉:《西北畜牧调查报告及设计》,《资源委员会季刊》第2卷第1期,1942年3月

顾少白:《甘肃西南边区之畜牧》,《西北经济通讯》第1卷第7—8期合刊,1942年2月

顾少白:《甘肃靖远之羊毛与皮货》,《西北经济通讯》创刊号,1941年1月

顾少白:《甘肃陇东羊毛皮货初步调查报告》,《西北经济通讯》第1卷第4—5期合

刊,1941年12月

固原分行:《固原经济概况》,《甘行月刊》第1卷第3期,1941年5月

顾祖德:《甘肃省合作事业与农业金融》,《中农月刊》第1卷第4期,1940年4月

顾祖德:《五年来甘肃合作事业之回顾与今后之展望》,《甘肃合作》第2卷第4—6期合刊,1940年6月

郭荣生:《我国近年来之农贷》,《经济汇报》第10卷第9期,1944年11月

郭荣生:《五年来之甘肃省银行》,《财政评论月刊》第12卷第6期,1944年12月

郭海峰:《甘肃省粮食作物之四种重要害虫及其防治方法》,《甘肃农推通讯》第1卷第3期,1942年9月

郭普:《天水农推工作的"新攻势"》,《甘肃农推通讯》创刊号,1942年7月

广远:《西北工业一瞥》,《中国工业》第9期,1942年9月

贡沛诚:《巡视西北走廊——甘肃第六行政区纪要》,《边政公论》第1卷第9—10期合刊,1942年5月10日

贡曲哲喜:《河曲藏区概况小志》,《西北论衡》第10卷第5期,1942年5月

《甘肃建设新交通》,《道路月刊》第35卷第2号,1931年11月15日

《甘肃民商事习惯调查会第一期报告》,《司法公报》第140期,1921年5月30日

《甘肃民商事习惯调查会第二期报告》,《司法公报》第176期,1923年4月30日

《甘肃粮库剪影》,《经济研究》第1卷第8期,1940年4月

《甘肃汽车公路调查》,《新青海》第2卷第6期,1934年6月

《甘肃省西和等三十二县马铃薯产量统计表》,《甘肃统计季报》第2卷第1—4期合刊,1938年11月

《甘肃棉业概况调查》,《拓荒》第2卷第2期,1934年4月10日

《甘肃农业概况》,《甘肃建设季刊》,1934年7月至12月汇刊

《甘肃甘谷县社会概况》,《西北向导》1936年第6期

《甘肃各县典当业》,《中国农村》第1卷第3期,1934年12月

《甘肃省政府指令》(财二辰第3292号),《甘肃省政府公报》第67—68期合刊,1936年5月21日

《甘肃畜牧概况》,《农业周报》第2卷第14期,1933年4月3日

《甘肃省农村与合作情报·陇西农村艰苦近况》,《农友》第4卷第11期,1936年11月

《甘肃省农村与合作情报·榆中农村概况》,《农友》第4卷第10期,1936年10月

《甘肃省政府办理陇东八县农贷办法》,《甘肃省政府公报》第498期,1941年2月28日

《甘肃省银行之农贷业务》,《农贷消息》第6卷第3期,1942年6月15日

《甘肃省农村合作概况》,《河南统计月报》第 2 卷第 7 期,1936 年 7 月

《甘肃省第一期陇西等十五县社员分级百分表》,《甘肃统计季报》第 2 卷第 1—4 期合刊,1938 年 11 月

《甘肃省各县推广冬耕实施办法草案》,《甘肃农推通讯》第 1 卷第 5 期,1942 年 11 月

《甘肃官报》第 50 册,光绪三十一年(1905 年)10 月

《甘坪寺一带兽疫之调查》,《新青海》第 4 卷第 1—2 期合刊,1936 年 2 月

《甘肃强迫种烟之惨闻》,《拒毒月刊》第 31 期,1929 年 5 月

《甘肃之现状与需要》,《开发西北》第 1 卷第 6 期,1934 年 6 月

《甘肃各县烟土产量》,《拓荒》第 2 卷第 3 期,1934 年 5 月

《甘肃财政现状》,《银行周报》第 18 卷第 43 期,1934 年 11 月 6 日

《甘肃财政状况》,《工商半月刊》第 4 卷第 21 期,1932 年 10 月 30 日

《甘肃各县的"拨款制度"》,《中国农村》第 1 卷第 3 期,1934 年 12 月

《甘肃天灾人祸迭起》,《时事月刊》第 4 卷合订本,1931 年 1—6 月

《甘肃皋兰县社会概况》,《西北向导》第 1 期,1936 年 1 月

《甘肃灾况有加无已,本年雨量缺少夏收又绝望,肥腴之地多种烟苗》,天津《大公报》1931 年 5 月 11 日

《皋兰合作近讯》,《农友》第 3 卷第 7 期,1935 年 7 月

《皋兰农业之概况》,《农村经济》第 2 卷第 6 期,1935 年 4 月

《各省市农业推广实施概况·宁夏省》,《农业推广》第 4 期,1933 年 6 月

《各省农民借贷调查》,《农情报告》第 2 年第 4 期,1934 年 4 月

《各省农民离村调查》,《农情报告》第 4 卷第 7 期,1936 年 7 月

H

侯德封、孙健初:《黄河上游之地质与人生》,《地理学报》第 1 卷第 2 期,1934 年 12 月

胡焕庸:《黄河流域之气候》,《地理学报》第 3 卷第 1 期,1936 年 3 月

胡振铎:《酒泉之气候概况》,《气象学报》第 19 卷,第 1—4 期合刊,1947 年 8 月

虎客:《甘肃天水妇女的概况》,《申报月刊》第 4 卷第 7 期,1935 年 7 月 15 日

洪坤、李辑祥:《西北交通初步计划》,《建设》(西北专号)第 11 期,1931 年 4 月

洪铭声:《第六年的甘肃省银行》,《工商青年月刊》第 1 卷第 9 期,1945 年 7 月

洪铭声:《介绍一个边省银行——甘肃省银行的史迹与展望》,《西康经济季刊》第 9 期,1944 年 9 月

洪文湘:《甘肃驿运之今昔》,《建设评论》第 1 卷第 4 期,1948 年 1 月

洪谨载:《榆中县信用合作社及社员经济状况调查》,《甘肃科学教育馆学报》第

2期,1940年5月

贺知新:《西北农业现况及其发展》,《经济汇报》第8卷第5期,1943年9月

黄瑞伦:《西北之烟类专卖事业》,《西北问题论丛》第3辑,1943年12月

黄汉泽:《湟惠渠灌溉区域扶植自耕农之实施》,《甘肃地政》第2卷,1944年9月

黄震寰:《宁夏省南境门户之中宁县概况》,《边事研究》第5卷第6期,1937年5月

侯同文:《泾阳三〇二小麦在甘肃之适应与推广》,《农业通讯》第1卷第2期,1947年2月

侯同文:《甘肃农田肥料改进的商榷》,《新甘肃》第2卷第1期,1947年11月

韩清涛:《西北食盐产销问题》,《西北资源》第1卷第3期,1940年12月

韩宝善:《青海一瞥》,《新亚细亚》第3卷第6期,1932年3月

韩在英:《宁夏羊毛产销概况》,《中农月刊》1945年5月30日

何家泌:《三年来之各省推广繁殖站》,《农业推广通讯》第7卷第5期,1945年5月

何之泰:《甘肃洮惠渠工程计划》,《水利月刊》第9卷第3期,1935年9月

何景:《祁连山之牧场草原》,《新甘肃》第1卷第3期,1947年8月

何景:《甘肃祁连山植物调查旅行记》,《新西北》第7卷第4期,1944年4月15日

何景元:《西北问题的严重性》,《新西北》第1卷第3—4期,1932年12月30日

海涛:《河西新志资料集》,《新西北》第7卷第5期,1944年5月15日

海涛:《河西新志资料集》,《新西北》第7卷第9期,1944年9月15日

和保萃:《三年来之甘肃合作事业》,《服务月刊》第8卷第4期,1944年4月

鸿编:《中国农民银行贷款统计》(1938年10月份),《农友》第6卷第10—11期,1938年11月

《黄河上游水利之一》,《甘肃农推通讯》第1卷第2期,1942年8月

《合作消息》,《甘肃合作通讯》第1卷第2期,1943年5月1日

《合作金库条例》(1943年9月18日国民政府公布),《中农月刊》第4卷第9期,1943年9月30日

J

竟凡:《青海之政治区域》,《开发西北》第4卷第1期,1935年

蒋杰:《一年来之省县农业推广》,《农业推广通讯》第6卷第1期,1944年1月

姜作周:《中国田赋附加税之现状及其整理》,《南大半月刊》第13—14期合刊,1934年6月18日

季云:《甘肃植棉之展望》,《新西北》第1卷第4期,1939年5月

敬之:《最近农贷情报》,《农友》第6卷第3—4期合刊,1938年4月

K

〔美〕克兰普著,张其昀译:《黄河游记》,《史地学报》第 1 卷第 4 期,1922 年 8 月

匡时:《推广活动点滴》,《甘肃农推通讯》第 1 卷第 5 期,1942 年 11 月

口成章:《谈谈甘肃的农村》,《农林杂志》第 2 期,1933 年 6 月 1 日

L

黎小苏:《青海之民族状况(续)》,《新亚细亚》第 7 卷第 2 期,1934 年 2 月

黎小苏:《青海现状之一斑》,《新亚细亚》第 5 卷第 4 期,1933 年 4 月

黎小苏:《青海之经济概况》,《新亚细亚》第 8 卷第 1 期,1934 年 7 月 1 日

黎小苏:《青海之经济概况(续)》,《新亚细亚》第 8 卷第 2 期,1934 年 8 月 1 日

黎小苏:《青海建省之经过》,《新亚细亚》第 8 卷第 3 期,1934 年 9 月

黎小苏:《甘肃棉业概况》,《经济汇报》第 8 卷第 3 期,1943 年 8 月

黎迈:《甘肃金融业之过去与现在》,《西北资源》第 2 卷第 2 期,1941 年 5 月 10 日

栗显倬:《西北畜牧之调查》,《中国实业杂志》第 1 卷第 7 期,1935 年 7 月 15 日

李进禄:《甘肃邮区邮政事务概况》,《中华邮工》第 2 卷第 4 期,1936 年 4 月 30 日

李安宅:《拉卜楞寺概况》,《边政公论》第 1 卷第 2 期,1941 年

李祖宪:《甘宁青之水利建设(续)》,《新西北》第 6 卷第 1—3 期,1942 年 11 月 15 日

李承三、周廷儒:《青海茶卡之盐矿》,《地理》第 3 卷第 1—2 期合刊,1943 年 6 月 1 日

李承三、周廷儒:《甘肃青海地理考察纪要》,《地理》第 4 卷第 1—2 期合刊,1944 年 6 月 1 日

李亦人:《甘肃盐产概况》,《钱业月报》第 14 卷第 9 号,1934 年 9 月 15 日

李中舒:《甘肃农村经济之研究》,《西北问题论丛》第 3 辑,1943 年 12 月

李中舒:《甘肃合作事业之过去、现在和将来》,《西北经济通讯》第 1 卷第 4—5 期合刊,1941 年 12 月

李式金:《甘肃临夏地理志(下)》,《西北论衡》第 7 卷第 13 期,1940 年 7 月

李旭旦:《陇南之地理环境与土地利用》,《新西北》甲刊第 6 卷第 1—3 期合刊,1942 年 11 月

李式金:《河曲——中国一极有希望之牧区》,《地学集刊》第 4 卷第 1—2 期合刊,1946 年 9 月

李式金:《拉卜楞之商业》,《边政公论》第 4 卷第 9—12 期合刊,1945 年 12 月

李翰园:《宁夏水利》,《新西北》第 7 卷第 10—11 期合刊,1944 年 11 月

李得贤:《创兴甘肃水利之段续与田呈瑞》,《西北通讯》第 3 卷第 6 期,1948 年 9 月 30 日

李清堂:《西北的砂田》,《水利委员会季刊》第 3 卷第 2 期,1946 年 6 月 30 日

李自发:《甘宁青三省的肥料问题》,《新青海》第 3 卷第 6 期,1935 年 6 月

李自发:《青海共和县考察记》,《新青海》第 2 卷第 12 期,1934 年 12 月

李自发:《甘肃临洮信用合作社概况及其改进》,《新青海》第 5 卷第 6 期,1937 年 6 月

李宅安:《拉卜楞寺概况》,《边政公论》1941 年第 1 卷第 2 期,1941 年 9 月

李甲忠:《礼县西和县之农村经济实况》,《新西北》第 1 卷第 5—6 期合刊,1939 年 7 月

李化方:《陇南一隅的佃农》,《经济周报》第 7 卷第 21 期,1948 年 11 月 25 日

李化方:《河西的高利贷》,《经济周报》第 7 卷第 25 期,1948 年 12 月 23 日

李士春:《甘肃肥皂工业改进刍议》,《甘肃贸易季刊》第 7 期,1943 年 12 月

李敏斋:《甘肃猪鬃生产及制销情形》,《甘肃贸易季刊》第 7 期,1943 年 12 月

李望朝:《甘肃靖远烟叶产销概况》,《西北经济通讯》第 1 卷第 3 期,1941 年 3 月

李玉润:《青海畜牧事业之一瞥》,《新青海》第 4 卷第 1、2 期合刊,1936 年 2 月

李任之:《贺兰山边牧人的生活》,《新甘肃》第 2 卷第 2 期,1948 年 4 月

李屏唐:《兰州羊毛市场之调查》,《贸易月刊》第 4 卷第 8 期,1943 年 3 月

李茂:《岷县农业调查报告》,《甘肃科学教育馆学报》第 2 期,1940 年 5 月

李国珍:《天水农村之鸟瞰》,《中国农民银行月刊》第 1 卷第 2 期,1936 年 2 月 29 日

李茂:《陇南农作物病虫害调查报告》(1940 年度),《甘肃建设年刊》,1940 年印行

李丛泌:《西北农业概况》,《新西北》第 4 卷第 5 期,1941 年 7 月 15 日

李京生:《论西北金融网之建立》,《经济建设季刊》第 2 卷第 4 期,1944 年 4 月

李只仁:《目击甘肃农村之现状及救济办法》,《农业周报》第 4 卷第 11 期,1935 年 3 月 23 日

李显承:《甘肃武山等五县农村概况》,《农业周报》第 4 卷第 12 期,1935 年 3 月 29 日

李伯玉:《苛政压迫下青海乐都县人民负担调查》,《新青海》第 3 卷第 6 期,1935 年 6 月

廖兆骏:《复兴甘肃农村经济问题》,《新亚细亚》第 10 卷第 4 期,1935 年 10 月 1 日

梁炳麟:《现在的都兰》,《新青海》第 1 卷第 5 期,1933 年 3 月

梁好仁:《甘肃固原概况及其发展之途径》,《西北论衡》第 8 卷第 19—20 期合刊,1940 年 10 月

梁敬錞:《抗战三年来之甘肃财政与金融》,《经济汇报》第 2 卷第 1—2 期合刊,1970 年 7 月

梁敬錞:《宁夏牺轩录》,《东方杂志》第 31 卷第 10 号,1934 年 5 月 16 日

梁敬錞:《一月来之灾情与匪患》,《时事月刊》第 4 卷合订本,1931 年 1—6 月

陆俊光:《临潭之生产概况与合作事业》,《新西北》第 6 卷第 1—3 期合刊,1942 年 11 月

陆泰安:《洮州农业及其歌谣》,《西北通讯》第 10 期,1947 年 12 月 15 日

陆泰安:《临潭县的合作事业》,《西北通讯》第8期,1947年10月15日
鲁鲁:《本省的农村经济》,《青海评论》1934年第12、13、14、16、19、21、22、24、25、27期
刘世超:《西北经济建设与土地利用》,《西北经济通讯》创刊号,1941年1月
刘犁青:《半年来甘肃农推工作掠影(上)》,《甘肃农推通讯》创刊号,1942年7月
刘犁青:《半年来甘肃农推工作掠影(下)》,《甘肃农推通讯》第1卷第2期,1942年8月
刘耕吾:《拉卜楞鳞爪》,《安多月刊》第2期,1947年2月
刘景山:《一年来之全国经济委员会西北各项建设事业实施简要状况》,《西北开发》第3卷第1—2期合刊,1935年2月
刘行骥:《西北畜牧事业之展望》,《新经济》第4卷第3期,1940年8月
刘鸿勋:《甘肃省畜牧和兽疫的概况》,《畜牧兽医季刊》第1卷第3期,1935年9月
雷仕俊:《陇南农民状况调查》,《东方杂志》第26卷第16号,1927年8月
雷男:《宁夏省农田水利》,《资源委员会季刊》第2卷第2期,1942年6月
罗藏三旦:《青海土族的来源》,《边事研究》第6卷第2期,1937年7月20日
罗时宁:《宁夏植棉问题》,《陕行会刊》第9卷第2期,1945年6月
罗时宁、张圻:《宁夏植棉之展望》,《新西北》第7卷第10—11期,1944年11月
罗时宁:《宁夏农林畜牧概况》,《新西北》第6卷第1—3期合刊,1942年11月
罗时宁:《宁夏农业状况概述》,《新西北》第7卷第10—11期合刊,1944年11月
罗时宁:《一年来之宁夏农林建设》,《农业推广通讯》第6卷第1期,1944年1月
罗子为:《工业合作社之重要与甘肃工业合作社推进之刍议》,《甘肃科学教育馆学报》第1期,1939年5月
罗子为:《甘肃省农村合作运动之回顾与前瞻》,《农友》第5卷第1期,1937年1月
罗子为:《战时甘肃的合作事业》,《今日评论》第4卷第10期,1940年9月8日
骆力学:《一年来甘肃之经济建设》,《新甘肃》第2卷第2期,1948年4月
卢广锦:《四年来的西北工合》,《工业合作》第3卷第1、2期合刊,1942年8月
林天吉:《甘肃经济状况》,《中央银行月报》第3卷第6期,1934年6月
林嵘:《七年来中国农民银行之农贷》,《中农月刊》创刊号,1940年1月
林嵘:《七年来中国农民银行之农贷(续完)》《中农月刊》第1卷第3期,1940年3月
林超、楼同茂等:《嘉陵江流域地理考察报告》,《地理专刊》第1号,1946年6月
吕综祐:《一年来之甘肃粮政》,《新甘肃》第2卷第2期,1948年4月
连三:《青海田赋之探讨》,《新青海》第1卷第2期,1932年12月15日
《论中国治乱由于人口之众寡》,《东方杂志》第1卷第6期,1904年8月
《兰州水烟业近况》,《中行月刊》第9卷第2期,1934年8月

岚汀:《对于青海田赋清理之商榷》,《新青海》第1卷第3期,1933年1月

《拉布楞与塔尔寺的商场》,《西北经济》第1卷第4期,1948年6月

《陇西县社会概况》,《西北向导》第11期,1936年7月11日

M

马福龙:《伊斯兰在宁夏》,《西北通讯》第2卷第8期,1948年4月30日

马鹤天:《青海产业之现状与其将来》,《新亚细亚》第1卷第2期,1931年2月

马鹤天:《西北考察记(续)》,《西北开发》第4卷第6期,1935年12月

马成浩:《阿拉善旗农业概况》,《边疆通讯》第4卷第1期,1947年1月

马如龙:《宁夏省近年来之经济建设》,《实业部月刊》第2卷第2期,1937年2月

马继德:《宁夏之合作事业》,《新西北》第7卷第6期,1944年6月

马凡:《河西的水利问题》,《西北通讯》第3卷第9期,1948年9月

明驼:《卓尼之过去与未来》,《边政公论》第1卷第1期,1941年8月10日

明驼:《卓尼之过去与未来(续)》,《边政公论》第1卷第2期,1941年9月10日

明驼:《最近甘肃的财政与社会》,《新中华》第2卷第6期,1934年3月25日

命拙:《甘肃就是这个样儿》,《拓荒》第2卷第6期,1934年9月

蒙民:《开发西北与牧畜》,《开发西北》第1卷第5期,1934年5月

慕寿祺:《甘肃山水调查记》,《拓荒》第2卷第4—5期合刊,1934年7月

《民国二十四年各省佃农之分布及其近年来之变化》,《农情报告》第5卷第1期,1937年1月

《民国三十一年各省农村放款机关及放款期限统计》,《中农经济统计》第3卷第4—5期合刊,1943年5月

《民国三十一年各省农村放款利率统计》,《中农经济统计》第3卷第4—5期合刊,1943年5月

《民和风土概况》,《西北专刊》1932年第7期

岷县分行:《岷县经济概况》,《甘行月刊》第1卷第4—5期合刊,1941年7月

N

宁夏分社:《中国回教协会宁夏省分会会务概况》,《新西北》第7卷第10—11期合刊,1944年11月

《宁夏之公路》,《中国建设》第11卷第6期,1935年6月

《宁夏建省增设县治之困难》,《边疆半月刊》第2卷第6期,1937年3月31日

《宁夏重要农产品之灌溉耕耘下种收获施肥表》,《中国建设》第6卷第5期,1932年11月

《宁夏省畜牧概况表》,《中国建设》第 6 卷第 5 期,1932 年 11 月

《农林部宁夏农业调查团工作概况》,《中华农学会通讯》第 47—48 期合刊,1945 年 4 月

《农林部西北羊毛改进处组织条例》,《农业推广通讯》1946 年第 4 期

《农业改进所植棉推广报告》(1940 年度),《甘肃建设年刊》,1940 年

《农业改进所两年来工作报告》,《甘肃建设年刊》,1940 年

《农业改进所陇南治蚜报告》(1940 年度),《甘肃建设年刊》,1940 年印行

《农村合作社联合办事处抵押放款规则》,《农友》第 3 卷第 11 期,1935 年 11 月

《廿九年度中央信托局中国交通农民三银行及农本局农贷办法纲要》,《中央银行月报》第 9 卷第 3 号,1940 年 3 月

南秉方:《宁夏省之农业金融与农贷》,《新西北》第 7 卷第 10—11 期合刊,1944 年 11 月

南秉方:《甘肃平市官钱局之发展》,《新西北》第 1 卷第 5—6 期合刊,1939 年 7 月

南作宾:《建设甘肃农村经济的途径》,《陇铎》1940 年第 5 期

倪锴:《临潭旧城——商业中心》,《边疆通讯》第 3 卷第 7 期,1945 年 7 月

宁捷三:《甘肃镇原县农村破产之原因及家庭经济困苦状况》,《拓荒》第 2 卷第 6 期,1934 年 10 月

P

《平凉经济调查》,《陕行汇刊》第 7 卷第 3 期,1943 年 6 月

潘中光:《甘肃秦安县经济概况》,《农本副刊》第 5 期,1942 年 6 月

彭济群、徐世大:《甘肃水渠工程视察报告》,《水利》第 11 卷第 1 期,1936 年 7 月

Q

奇客:《黄正清与杨复兴分治下的"安多藏民区"》,《西北通讯》1947 年第 5 期

秦化行:《近四年来甘肃之雹》,《气象杂志》第 11 卷第 1 期,1935 年 7 月

秦万春:《青海农业概况》,《新青海》第 1 卷第 5 期,1933 年 3 月

秦含章:《中国西北灾荒问题》,《国立劳动大学月刊》1930 年第 4 期

秦安办事处:《秦安经济概况》,《甘行月刊》第 6 期,1941 年 12 月

虬:《甘肃手工业之概况》,《开发西北》第 4 卷第 1—2 期合刊,1935 年 8 月 31 日

乔玉琇:《西北畜牧业之检讨》,《新青海》第 4 卷第 5 期,1936 年 5 月

丘咸:《青海农村经济概观》,《新青海》第 3 卷第 9 期,1935 年 9 月

青海同学:《青海之马种及改进之要点》,《兽医畜牧杂志》创刊号,1942 年 6 月

《青海互助县之社会概况》,《新青海》第 2 卷第 8 期,1934 年 8 月

《青海门源之社会概况》,《新青海》第 2 卷第 8 期,1934 年 8 月

《青海畜产的种数及分布概况》,《新青海》第 4 卷第 5 期,1936 年 6 月

《青海共和县土汉回三族性情生活之调查》,《西北专刊》1932年第10期

《青海将增设六县治》,《西北专刊》1932年第3期

《青海各县之区村自治概况》,《新青海》第1卷第9期,1933年9月

《青海共和金矿》,《新青海》第3卷第4期,1935年4月

《青海贵德县之社会概况》,《新青海》第2卷第5期,1934年5月

《青海民和县之社会概况》,《新青海》第2卷第5期,1934年5月

《青海大通县之社会概况》,《新青海》第2卷第6期,1934年6月

《青海省共和县兽疫之调查》,《新青海》第4卷第1—2期合刊,1936年2月

《青海皮业调查》,《中行月刊》第9卷第6期,1934年12月

《青海湟源市面顿成萧条景象》,《西北专刊》1932年第3期

《青海省各县二十五年份田赋正附税额征数及实收数目表》,《青海省政府公报》第63期,1937年10月

R

任美锷:《中国北部之黄土与人生》,《中国建设》第12卷第4期,1935年10月

任承宪:《拉卜楞之农业》,《方志》第9卷第3—4期,1936年7月

任承统:《甘肃水土保持实验区之勘察》,《西北研究》第3卷第6期,1941年2月1日

任树椿:《中国田赋之沿革及其整理之方案》,《东方杂志》第31卷第14号,1934年7月16日

日生:《西北农村经济的真相》,《西北向导》第15期,1936年8月21日

R. G. Johnson著,盛彤笙译:《宁夏畜产考察报告》,《畜牧兽医月刊》第5卷第3—4期合刊,1945年4月

S

孙翰文:《宁夏地理志》,《西北论衡》第5卷第6期,1937年6月

孙翰文:《青海民族概观(下)》,《西北论衡》第5卷第5期,1937年5月

孙福康:《青海省县行政概况》,《边疆半月刊》第2卷第10期,1937年5月31日

孙福绥:《陕甘豫三省之粮食增产》,《农业推广通讯》第6卷第12期,1944年12月

孙友农:《甘肃黄河沿岸之水车》,《农林新报》第29期,1935年10月11日

孙友农:《甘肃黄河沿岸水车之调查与研究》,《中国农民银行月刊》,第1卷第2期,1936年2月

孙友农:《皋兰之农村经济》,《中国农民银行月刊》第1卷第2期,1936年2月

孙友农:《甘肃砂田之研究》,《地政月刊》第4卷第1期,1936年1月

孙友农:《甘肃河西酒泉金塔之农村经济》,《乡村建设》第6卷第1期,1936年8月

孙友农:《甘肃之农村合作事业》,《农友》第 4 卷第 1 期,1936 年 1 月

孙友农:《甘肃农业问题回顾(一)》,《农业推广通讯》第 5 卷第 3 期,1943 年 3 月

孙友农:《甘肃农业问题回顾(三)》,《农业推广通讯》第 5 卷第 5 期,1943 年 5 月

孙晓村:《废除苛捐杂税报告》,《农村复兴委员会会报》第 12 号,1934 年 5 月 20 日

沈百先:《考察西北水利报告》,《导淮委员会半年刊》1941 年第 6—7 期合刊

沈怡:《一年来之甘肃水利建设》,《经济建设季刊》第 1 卷第 3 期,1943 年 1 月

沈学年:《怎样使西北农业科学化》,《甘肃科学教育馆学报》第 2 期,1940 年 5 月

沙学浚:《甘肃省之历史地理的背景》,《西北文化》创刊号,1947 年 5 月 15 日

沙凤苞:《地形气候与西北畜牧事业》,《西北论衡》第 8 卷第 21 期,1940 年 11 月

《上海华羊义赈会披露豫陕甘大旱之奇缘》,《申报》1929 年 4 月 28 日

生入:《西北水利新考》,《东方杂志》第 10 卷第 11 号,1914 年 5 月

士升:《甘肃天水概况》,《西北开发》第 1 卷第 2 期,1934 年 2 月

士心:《抗战四年来的西北财政与金融》,《甘行月刊》第 1 卷第 4—5 期合刊,1941 年 7 月

施之元:《甘肃河西农业环境概况》,《西北论衡》第 10 卷第 9—10 期合刊,1942 年 10 月

似旭:《各县巡回宣传视察队日记(六)》,《青海评论》第 11 期,1934 年 1 月 1 日

似旭:《各县巡回宣传视察队日记(七)》,《青海评论》第 12 期,1934 年 1 月 11 日

松干:《青海农村经济破产的几个主要原因》,《新青海》第 3 卷第 5 期,1935 年 5 月 1 日

宋荣昌:《玉门农村经济概况》,《中农月刊》第 5 卷第 11 期,1944 年 11 月

宋同福:《宁夏省地方税捐近况》,《财政评论》第 5 卷第 2 期,1941 年 2 月

宋同福:《宁夏财政之剖析》,《经济汇报》第 2 卷第 12 期,1940 年 12 月 1 日

宋涛:《甘肃靖远县调查概况及改进意见》,《开发西北》第 3 卷第 4 期,1935 年 4 月 30 日

舒联营、焦培桂:《兰州水烟之产销与制造》,《农业推广通讯》第 5 卷第 10 期,1943 年 10 月

水寄梅:《甘肃的火柴制造事业》,《甘肃贸易季刊》第 7 期,1943 年 12 月

《四联总处三十二年农贷方针》,《农贷消息》第 6 卷第 9—10 期合刊,1943 年 1 月

《四联农贷简讯》,《中行农讯》第 2 期,1941 年 8 月 25 日

《三十年度中央信托局中国交通农民三银行农贷办法纲要》(1941 年 5 月 26 日),《甘肃省政府公报》第 504 期,1941 年 5 月 31 日

T

谭文印:《西北之黄土与人生》,《西北论衡》第 10 卷第 9—10 期合刊,1942 年 10 月

田家英:《抗战中的工业合作运动》,《解放日报》1941 年 12 月 8 日

汤惠荪、雷男、董涵荣:《青海省农业调查》,《资源委员会季刊》第 2 卷第 2 期,1942 年 6 月

汤惠荪、雷男、董涵荣:《甘肃省农业调查》,《资源委员会季刊》第 2 卷第 2 期,1942 年 6 月

汤惠荪、雷男、董涵荣:《宁夏省农业调查》,《资源委员会季刊》第 2 卷第 2 期,1942 年 6 月

涂长望著,卢鋈译:《中国气候区域》,《地理学报》第 3 卷第 3 期,1936 年 9 月

天水分行:《天水县经济概况》,《甘肃银行月刊》第 1 卷第 3 期,1941 年 5 月

天水分行:《天水》,《甘行月刊》第 1 卷第 2 期,1941 年 4 月

统计组:《甘肃各县局物产初步调查》,《甘肃贸易季刊》第 5—6 期合刊,1943 年 9 月

《通渭县政府五六七八四个月工作报告》,《甘肃省政府公报》第 511 期,1941 年 9 月 15 日

《本行各省农贷工贷业务动态》,《中行农讯》第 3 期,1941 年 9 月 25 日;《中行农讯》第 4 期,1941 年 10 月 25 日;《中行农讯》第 5 期,1941 年 11 月 25 日;《中行农讯》第 9 期,1942 年 3 月 25 日

W

王克明:《青海省的政治组织、政治机构、财政、教育》,《西北向导》第 16 期,1936 年 9 月 1 日

王克明:《青海省的交通、垦务、农田水利》,《西北向导》第 17 期,1936 年 9 月 11 日

王从中:《华亭经济概况》,《甘肃贸易季刊》第 2—3 期,1943 年 1 月

王兴荣:《张掖经济概况》,《甘肃贸易季刊》第 2—3 期合刊,1943 年 1 月

王兴荣:《甘肃的棉麻生产》,《甘肃贸易季刊》第 5—6 期合刊,1943 年 9 月

王新之:《甘肃粮食产销之研究》,《粮政季刊》1947 年第 4 期

王新之:《甘肃粮食产销之研究(续)》,《粮政季刊》第 5—6 期合刊,1947 年 9 月

王觉吾:《甘肃水烟产制运销概况》,《甘肃贸易季刊》第 10—11 期合刊,1944 年 12 月

王肇仁:《甘肃药材产制运销概况》,《甘肃贸易季刊》第 10—11 期合刊,1944 年 12 月

王肇仁:《甘肃的小工艺品》,《甘肃贸易季刊》第 5—6 期合刊,1943 年 9 月 30 日

王文治:《秦州述略》,《地学杂志》1914 年第 5 期

王达文:《甘肃省农产畜牧概况》,《国际贸易导报》第 8 卷第 12 号,1936 年 12 月 15 日

王世昌:《酒泉经济概况》,《甘肃贸易季刊》第 2—3 期合刊,1943 年 1 月

王世昌:《甘肃的六大特产》,《甘肃贸易季刊》第 5—6 期合刊,1943 年 9 月

王正中:《平罗石嘴山创开新渠之经过》,《中国建设》第 6 卷第 5 期,1932 年 11 月

王匡一:《甘肃西南边区之农业》,《西北经济通讯》1942年第1卷第7—8期,1942年2月
王智:《甘肃农村经济现状的解剖》,《拓荒》第2卷第3期,1934年5月
王智:《甘肃农村经济现状的解剖(续)》,《拓荒》第2卷第4—5期合刊,1934年7月
王智:《甘肃农村经济现状的解剖(续)》,《拓荒》第2卷第7期,1934年11月
王智:《甘肃农村经济现状的解剖(续)》,《西北杂志》第1卷第4期,1936年1月
王智:《廿一年度甘肃民众负担概算(续)》,《拓荒》第2卷第1期,1934年3月10日
王智:《整理甘肃财政》,《拓荒》第2卷第2期,1934年4月10日
王玉芬:《甘肃的土纸生产》,《甘肃贸易季刊》第5—6期合刊,1943年9月
王玉芬:《土布在甘肃》,《甘肃贸易季刊》第10—11期合刊,1944年2月
王栋:《西北牧区之草原问题》,《中国边疆建设集刊》创刊号,1948年3月
王建章:《阿拉善旗小志》,《西北论衡》第10卷第8期,1942年8月
王连三:《发展青海畜牧事业应注意之几点》,《新青海》第4卷第1—2期合刊,1936年2月
王高才:《改良西北畜牧之管见》,《寒圃》1933年第3—4期合刊
王从中:《甘肃合作金融之回顾与前瞻》,《西北论衡》第11卷第1期,1943年3月
王珩铎:《平凉县巡礼》,《西北向导》第16期,1936年9月1日
王成敬:《碧口——川甘商业交通之枢纽》,《地理》第2卷第1—2期合刊,1942年6月
文萱:《两月来之西北》,《西北开发》第4卷第1—2期合刊,1935年8月
汪时中:《河西地理概要》,《西北论衡》第9卷第4期,1941年4月
汪惠波:《甘肃省经济之检讨》,《新亚细亚》第11卷第5期,1936年5月1日
汪国舆:《甘肃畜牧事业之前途》,《中央畜牧兽疫汇报》第1卷第2期,1942年10月
汪德章、张天才、罗清生:《畜牧组调查报告》,《农学杂志》1919年第1期
魏慎:《宁夏省地方行政概况》,《边疆半月刊》第2卷第10期,1937年5月
魏铭涵:《宁夏省公路修筑之实况》,《中国建设》第6卷第5期,1932年11月
魏宝珪:《甘肃之碱地铺砂》,《中农月刊》第4卷第2期,1943年2月
魏宝珪:《湟惠渠灌溉区之扶持自耕农》,《人与地》第3卷第7—8期合刊,1943年8月
邬瀚芳:《西北经济全貌》,《陕行汇刊》第7卷第5期,1943年10月
吴治平:《兰州水烟之调查》,《拓荒》第2卷第2期,1934年4月10日
吴锐锋:《视察秦甘两县合作社报告》,《工业合作》第41期,1948年2月
吴兆名:《西北畜牧业概述》,《中国实业》第1卷第12期,1935年12月15日
武镛:《战时西北物产供销问题》,《西北资源》第1卷第4期,1941年1月

《渭源县政府十月份重要工作报告》,《甘肃省政府公报》第516期,1941年11月30日

X

谢学霖:《甘肃实业调查报告》,《劝业丛报》第1卷第4期,1921年4月
谢学霖:《甘肃实业调查报告(续)》,《劝业丛报》第2卷第2期,1921年10月
谢家荣:《民国九年十二月十六日甘肃及其他各省之地震情形》,《地学杂志》第13
    年第8—9期合刊,1922年9月
向浩然:《甘肃回民纵横谈》,《申报月刊》复刊第2卷第5号,1944年5月16日
徐旭:《甘肃藏区畜牧社会的建设问题》,《新中华》复刊第1卷第9期,1943年9月
徐西农:《宁夏农村经济之现状》,《文化建设月刊》第1卷第2期,1934年11月
徐西农:《宁夏农村经济之现状(续)》,《文化建设月刊》第1卷第3期,1934年12月
徐书琴:《河西垦区之土地问题》,《人与地》第3卷第2—3期合刊,1943年
徐廷瑚:《改进中国农业之管见》,《中国实业杂志》第1卷第1期,1935年1月15日
徐桂林:《甘肃天水社会概况》,《明耻半月刊》第2卷第4期,1935年9月1日
许宗舜:《黄河上游的皮筏》,《旅行杂志》第18卷第9期,1944年9月
许显时:《两年来甘肃建设之概观》,《中国建设》第13卷第1期,1936年1月
许显时:《甘肃省经济建设实施概况》,《实业部月刊》第2卷第2期,1937年2月
许继儒:《甘肃食盐之分析》,《西北论坛》1948年第3期
星:《青海合作运动研究(续七)》,《新青海》第2卷第3期,1934年3月
薛瑞华:《陇南天水甘谷秦安三县手纺调查》,《农本》第35期,1941年8月
薛维宁:《我国战时后方之佃农概况》,《农业推广通讯》第7卷第12期,1945年12月
晓波:《战时宁夏工业概况》,《新西北》第7卷第10—11期合刊,1944年11月
行政院第八战区经济委员会:《甘肃省手工业之调查》,《西北经济通讯》第1卷第
    4—5期,1941年12月
《行在户部奏分派各省合力统筹摊还赔款疏》,《万国公报》1901年第156期
熊子固:《甘肃合作事业发展的现状》,《农友》第4卷第9期,1936年9月
《西北防疫处二十五年工作概况》,《公共卫生月刊》1937年第9—10期
《西北兽医工作概况》,《卫生半月刊》第2卷第8期,1935年4月30日
《西北兽疫防治处组织条例》,《农业推广通讯》第7卷第2期,1945年2月
《西人函报甘肃烟祸》,《拒毒月刊》第32期,1929年6月

Y

《玉树之行》,《青海评论》第6期,1933年11月11日
意芬:《青海人的迷信喇嘛》,《申报月刊》第4卷第6号,1935年6月15日

易海阳:《青海概况》,《边事研究》第 1 卷第 6 期,1935 年 5 月

易海阳:《青海概况(续)》,《边事研究》第 2 卷第 4 期,1935 年 9 月

易海阳:《宁夏省经济概况(下)》,《西北论衡》复刊第 3 期,1937 年 12 月

瑛梦:《甘宁青绥农村经济背景的特点》,《西北论衡》第 5 卷第 1 期,1937 年 1 月

业:《青海羊毛事业之现在及将来(续)》,《新青海》第 1 卷第 5 期,1933 年 3 月

叶岛:《怀甘南古城——岷县》,《东方杂志》第 24 卷第 14 号,1946 年 7 月 15 日

杨汝南:《河北省二十六县五十一村农地概况调查》,《农学月刊》第 1 卷第 5 期, 1936 年 2 月

杨志宇:《通渭秦安天水甘谷四县手工纺织业概况》,《甘肃贸易季刊》第 10—11 期, 1944 年 12 月

杨子厚:《对甘肃农贷之实质建议》,《新西北》甲刊,第 6 卷第 1—3 期合刊,1942 年 11 月

杨拯华:《陇南自然状况调查记》,《西北论衡》第 11 卷第 3 期,1943 年 9 月

杨允康:《甘肃金融建设论》,《陇铎》第 2 卷第 2 期,1942 年 1 月

杨钟健:《甘肃地震情形》,《晨报》1921 年 9 月 15 日

杨友墨:《甘肃藏民民情述略》,《开发西北》第 3 卷第 5 期,1935 年 5 月 31 日

杨作华:《甘肃临泽等十六县人民营养体格调查报告》,《新甘肃》第 2 卷第 1 期, 1947 年 11 月

佚名:《甘肃水利过去情形及将来计划》,《新亚细亚》第 7 卷第 5 期,1934 年 5 月

佚名:《兰州之金融与货币》,《新亚细亚》第 7 卷第 6 卷,1934 年 6 月

野马:《甘肃鸦片问题鸟瞰》,《西北言论》第 1 卷第 2—3 期合刊,1932 年 11 月 25 日

俞启葆:《河西植棉考察记(一)》,《农业推广通讯》第 2 卷第 9 期,1940 年 9 月

俞启葆:《河西植棉考察记(二)》,《农业推广通讯》第 2 卷第 10 期,1940 年 10 月

俞启葆:《陇南植棉之考察》,《农业推广通讯》第 4 卷第 10 期,1942 年 10 月

于启民:《甘肃羊群调查》,《贸易月刊》1943 年第 11 期

余流柱:《中国农村经济问题的基础及其救济的方策(续)》,《农村经济》第 2 卷第 3 期,1935 年 1 月 1 日

姚公振:《十年来之中国农民银行》,《经济汇报》第 6 卷第 11 期,1941 年 12 月

姚公振:《十年来之中国农民银行(续)》,《经济汇报》第 6 卷第 12 期,1942 年 12 月 16 日

予扶:《记马仲英事(续)》,《瀚海潮》第 2 卷第 2—3 期合刊,1948 年 9 月 15 日

《依赖天然之甘肃畜牧现状》,《西北导报》第 1 卷第 6 期,1936 年 6 月

《一年来之甘肃财政》,《四川经济月刊》第 5 卷第 1 期,1936 年 1 月

《一年来各地银钱业变动比较》,《中农经济统计》第 2 卷第 2 期,1942 年 2 月

《永昌地方状况》,《西北专刊》1932年第8期
《豫鄂皖赣四省农民银行条例及章程》,《银行周报》第17卷第15期,1933年4月25日
Z
邹豹君、刘德生:《甘肃走廊的经济建设和移民问题》,《边政公论》第7卷第3期,1948年9月
邹豹君、刘德生:《甘肃走廊的经济建设与移民问题(续)》,《边政公论》第7卷第4期,1948年12月
邹枋:《进展中之陕甘合作事业》,《实业部月刊》第1卷第7期,1936年10月
邹枋:《中国田赋积弊之形形色色》,《建国月刊》第10卷第1期,1934年1月
邹国柱:《青海农村现状及复兴之意见》,《新青海》第2卷第3期,1934年3月
邹维枚:《发展拉卜楞之商榷》,《安多月刊》创刊号,1947年1月
张丕介、徐书琴:《河西之经济状况及社会情形》,《西北论衡》第12卷第1期,1944年2月15日
张中微:《阿拉善旗之概观》,《边政公论》第1卷第3—4期合刊,1941年11月10日
张中岳:《宁夏调查三则》,《开发西北》第2卷第4期,1934年10月
张德馨:《青海改建行省刍议》,《中国地学杂志》1912年第3—4期合刊
张其昀、李玉林:《青海省人文地理志》,《资源委员会月刊》第1卷第5期,1939年8月
张其昀、李玉林:《青海省人文地理志(续)》,《资源委员会月刊》第1卷第6期,1939年9月
张其昀:《洮西区域调查简报》,《地理学报》第2卷第1期,1935年3月
张其昀:《宁夏省人文地理志》,《资源委员会季刊》第2卷第1期,1942年3月
张其昀:《甘宁青三省之商业》,《方志》第8卷第11—12期合刊,1935年12月1日
张元彬:《青海蒙藏两族的生活(续)》,《新青海》第1卷第3期,1933年1月
张元彬:《青海蒙藏两族的经济政治及教育》,《新青海》第1卷第10期,1933年10月
张元彬:《青海蒙藏牧民之畜牧概况》,《新亚细亚》第5卷第6期,1933年6月
张元彬《拉卜楞之畜牧》,《方志》第9卷第3—4期合刊,1936年7月
张元彬:《一蹶不振的青海羊毛事业》,《新青海》第1卷第9期,1933年9月
张之毅:《西北农业的区域研究》,《农业经济季刊》创刊号,1944年7月
张之毅:《西北羊毛调查》,《中农月刊》第3卷第9期,1942年9月
张之毅、王文灿:《甘肃岷县的亚麻布》,《农本》第52期,1941年
张松荫:《甘肃西南之畜牧》,《地理学报》第9卷,1942年
张华民:《二年来之甘肃土地金融业务》,《甘肃地政》第2卷,1944年9月

张桂海:《一年来之甘肃农业改进工作述要》,《新甘肃》第 2 卷第 2 期,1948 年 4 月

张柱海:《甘肃农林建设事业之商榷》,《新甘肃》创刊号,1947 年 6 月

张心一:《一九三三年中国农业经济概况》,《中行月刊》第 8 卷第 1—2 期合刊,1934 年 2 月

张心一:《战时中国农业问题》,《是非公论》第 26 期,1936 年 12 月 15 日

张清海:《半年来的泾川农业推广》,《甘肃农推通讯》第 1 卷第 4 期,1942 年 10 月

张渭渔:《一九三五年之中国农事概况》,《农村经济》第 3 卷第 10 期,1936 年 9 月 1 日

张建基:《青海畜牧之纵横剖视》,《新青海》第 4 卷第 4 期,1936 年 4 月

张载泽:《宁夏省滩羊产区访问记》,《西北农牧》1943 年第 2 期

张宗成:《中国之烟草事业》,《中国建设》第 1 卷第 6 期,1930 年 6 月 1 日

张菊生:《青海的经济现状》,《边事研究》第 7 卷第 5 期,1938 年 7 月

张君实:《西北的经济现状(上)》,《中国公论》第 4 卷第 1 期,1940 年 10 月 1 日

张君实:《西北的经济现状(中)》,《中国公论》第 4 卷第 2 期,1940 年 11 月 1 日

张君实:《西北的政治现状(中)》,《中国公论》第 2 卷第 4 期,1940 年 1 月 1 日

张有魁:《元朔山的庙会》,《西北通讯》第 26 号,1948 年 8 月 30 日

张珏:《农村之高利贷》,《中国农民银行月刊》第 1 卷第 9 期,1939 年 9 月

赵从显:《甘肃经济建设原则之商榷》,《新甘肃》第 2 卷第 1 期,1947 年 11 月

赵从显:《甘肃地方金融机构一元化问题》,《西北论坛》第 1 卷第 4 期,1948 年 1 月

赵从显:《甘肃合作事业的检讨和展望》,《新甘肃》创刊号,1947 年 6 月

赵宗晋:《甘肃农田水利概述》,《新甘肃》创刊号,1947 年 6 月

赵蕴华:《宁夏河渠水利沿革概况》,《文化建设月刊》第 3 卷第 6 期,1937 年 3 月

赵增礼:《甘肃岷县之瓷业》,《西北问题》第 1 卷第 3 期,1935 年 5 月

周昌芸:《青海北部及甘肃河西之土壤与农业》,《土壤》第 1 卷第 4 期,1941 年 4 月

周宪文:《东北与西北》,《新中华》1933 年第 11 期

周志拯:《甘肃金塔县概况》,《开发西北》第 2 卷第 4 期,1934 年 10 月

周光宇:《甘肃岷县畜牧概况(上)》,《行总农渔》1947 年第 10 期

周光宇:《甘肃岷县畜牧概况(下)》,《行总农渔》1947 年第 11—12 期合刊

周廷元:《发展宁夏省四大特产工业计划》,《中国建设》第 6 卷第 5 期,1932 年 11 月

朱绍良:《甘肃农村合作事业之过去、现在与将来》,《新西北》第 1 卷第 5—6 期合刊,1939 年 7 月

朱镜宙:《甘肃最近三年间贸易概况》,《中国实业杂志》第 1 卷第 7 期,1935 年 7 月 15 日

朱镜宙:《一年来之甘肃财政回顾》,《中央周报》第 404 期,1936 年 3 月 2 日

朱镜宙:《甘肃财政之过去、现在与将来》,《西北问题》第 1 卷第 3 期,1935 年 5 月 15 日
朱耀初:《宁夏水利事业概况》,《经济汇报》第 7 卷第 10 期,1943 年 5 月 16 日
朱耀初:《宁夏省三十年度推行合作事业概况》,《经济汇报》第 6 卷第 6 期,1942 年 9 月 16 日
朱允明:《新青海省之鸟瞰》,《新亚细亚》第 2 卷第 4 期,1931 年 7 月
朱志明:《华亭陶瓷业产销状况》,《甘肃贸易季刊》第 8—9 期合刊,1944 年 6 月
朱桦:《促进固海羊毛生产事业刍议》,《新西北》第 3 卷第 3 期,1940 年 10 月
朱桦:《西北的畜牧》,《东方杂志》第 37 卷第 6 号,1940 年 3 月 16 日
朱迈沧:《甘肃省银行概况》,《金融知识》第 1 卷第 6 期,1942 年 11 月
朱壮悔:《中国农村金融轮廓画》,《农村经济》第 2 卷第 11 期,1935 年 9 月 1 日
朱壮悔:《中国土地问题的现状(续)》,《农村经济》第 1 卷第 12 期,1934 年 10 月 1 日
庄学本:《青海考察记(二)》,《西陲宣化使公署月刊》第 1 卷第 6 期,1936 年 4 月
翟大勋:《一年来之甘肃合作事业》,《新甘肃》第 2 卷第 2 期,1948 年 2 月
翟克:《中国农贷之发展与问题》,《中农月刊》第 7 卷第 9—10 期合刊,1946 年 9 月
钟圭一:《抗战期中甘肃省狭义的经济设施之管见》,《新西北》第 1 卷第 5—6 期合刊,1939 年 7 月
郑思卿:《最近宁夏商业金融概况》,《中行月刊》第 11 卷第 3 期,1935 年 9 月
郑长家:《西北区工业合作之业务》,《西北工合》第 2 卷第 1—2 期合刊,1939 年 7 月
之元:《酒泉概况》,《新西北》第 5 卷第 4—6 期合刊,1942 年 6 月
自强:《中国羊毛之探讨(续)》,《新青海》第 2 卷第 12 期,1934 年 12 月
自奋:《青海近年之灾况》,《陇钟》第 6 号,1931 年 7 月 10 日
智珠:《甘凉采风记》,《地学杂志》1914 年第 1 期
曾广益:《西北羊毛事业推广之我见》,《农业推广通讯》第 5 卷第 2 期,1943 年 2 月
章少力:《我国农贷事业之过去与现在》,《经济汇报》第 8 卷第 6 期,1943 年 9 月
章元义:《陕、甘、青保水保土及水利视察报告》,《行政院水利委员会月刊》第 1 卷第 2 期,1944 年 2 月
中国农行:《中国农民银行民国二十四年度各省之农村合作事业》,《农村合作月报》第 1 卷第 6 期,1936 年 1 月
《中国农民银行之沿革及其推行农村合作之概况》,《农村合作月刊》第 1 卷第 12 期,1936 年 7 月
《中国农民银行兼办土地金融业务条例》,《经济汇报》第 4 卷第 7 期,1941 年 10 月
《中国农民银行成立后增设各分行处》,《中国农民银行月刊》第 1 卷第 1 期,

1936年1月

《中中交农四行局办理各县小型农田水利贷款暂行办法》,《农贷消息》1942年第6期

《中国国民党中央执行委员会通令》(1928年10月26日),《中央党务月刊》第5期,1928年12月

五、专著

A

安汉、李自发编著:《西北农业考察》,国立西北农林专科学校丛书1936年印行

《安西县政府办理各合作社调整工作总报告》(1942年4月16日),甘肃省图书馆西北文献阅览室藏

B

本书编写组:《回族简史》,宁夏人民出版社1987年版

本书编写组:《东乡族简史》,甘肃人民出版社1983年版

本书编写组:《保安族简史》,甘肃人民出版社1984年版

本书编写组:《土族简史》,青海人民出版社1982年版

本书编写组:《肃南裕固族自治县概况》,甘肃民族出版社1984年版

本书编写组:《阿克塞哈萨克族自治县概况》,甘肃民族出版社1986年版

卜凯主编:《中国土地利用》,商务印书馆1937年版

卜凯:《中国农家经济》,商务印书馆1937年版

布瑞:《中国农业史》,(台湾)商务印书馆股份有限公司1994年版

本书编写组:《玉树藏族自治州概况》,青海人民出版社1985年版

本书编写组:《循化撒拉族自治县概况》,青海人民出版社1984年版

本书编写组:《大通回族土族自治县概况》,青海人民出版社1986年版

C

从翰香等:《近代冀鲁豫乡村》,中国社会科学出版社1995年版

陈育宁主编:《宁夏通史》(古代卷、近现代卷),宁夏人民出版社1993年版

崔永红、张得祖、杜常顺主编《青海通史》,青海人民出版社1999年版

崔永红:《青海经济史》(古代卷),青海人民出版社1998年版

崔永红、张生寅:《明代以来黄河上游地区生态环境与社会变迁研究》,青海人民出版社2008年版

陈舜卿:《陕甘近代经济研究》,西北大学出版社1994年版

陈玮:《青海藏族游牧部落社会研究》,青海民族出版社1998年版

陈正祥:《西北区域地理》,商务印书馆1946年版

陈正祥:《甘肃之气候》(国立中央大学理科研究所地理学部专刊第五号),1943年4月印行

陈赓雅:《西北视察记》(上、下册),上海申报馆1936年印行

陈言:《陕甘调查记》,北方杂志社1937年版

陈琦主编:《黄河上游航运史》,人民交通出版社1999年版

陈泽湉:《宁夏省经济概要》,中国殖边社1934年

陈万里:《西行日记》,甘肃人民出版社2002年版

陈恩凤等:《青海省中部荒区调查报告》,农林部垦务总局1942年印行

程应昌:《武山县二期农贷工作总报告》,1938年抄本,甘肃省图书馆西北地方文献阅览室藏

陈禾章:《中国战时经济志》,世界书局1941年版

陈志让:《军绅政权——近代中国的军阀时期》,生活·读书·新知三联书店1980年版

程纯枢主编:《中国的气候与农业》,气象出版社1991年版

常钧:《敦煌随笔》,1937年铅印本

〔日〕长野朗:《支那土地制度研究》,北京学艺社1942年印行

蔡勤禹:《民间组织与救荒救治——民国华洋义赈会研究》,商务印书馆2005年版

《崇信县政府合作指导室三十年度工作总结报告》(1942年1月),手抄本

D

丁焕章主编:《甘肃近现代史》,兰州大学出版社1989年版

党诚恩:《甘肃民族贸易史稿》,甘肃人民出版社1988年版

邓振镛等:《陇东气候与农业开发》,气象出版社2000年版

戴逸、张世明主编:《中国西部开发与现代化》,广东教育出版社2006年版

F

方行、经君健、魏金玉主编:《中国经济通史·清代经济卷》,经济日报出版社2000年版

方荣、张蕊兰:《甘肃人口史》,甘肃人民出版社2007年版

樊前锋:《马麒传》,青海人民出版社2013年版

冯绳武:《甘肃地理概论》,甘肃教育出版社1989年版

冯和法:《中国农村经济资料》,上海黎明书店1935年版

冯玉祥:《我的生活》,上海教育书店1947年版

傅焕光:《傅焕光文集》,中国林业出版社2008年版

傅作霖:《宁夏省考察记》,南京中正书局1935年版

〔德〕福克:《西行琐录》,见《小方壶斋舆地丛钞》第 6 帙第 4 册,杭州古籍书店 1985 年影印本

(范)长江:《中国的西北角》,天津大公报馆 1936 年版

G

郭厚安、陈守忠主编:《甘肃古代史》,兰州大学出版社 1989 年版

顾执中、陆怡:《到青海去》,商务印书馆 1934 年版

葛剑雄主编,侯杨方著:《中国人口史》第 6 卷,1910—1953 年,复旦大学出版社 2001 年版

顾颉刚:《西北考察日记》,甘肃人民出版社 2002 年版

龚学遂:《中国战时交通史》,(上海)商务印书馆 1947 年版

龚荫:《中国土司制度》,云南民族出版社 1992 年版

贡保草:《拉卜楞"塔娃"的社会文化变迁》,民族出版社 2009 年版

谷苞:《民族研究文选》(三),兰州大学出版社 2005 年版

高建国:《中国减灾史话》,大象出版社 1999 年版

高良佐:《西北随轺记》,甘肃人民出版社 2002 年版

洪葭管:《中国金融通史·国民政府时期》第 4 卷,中国金融出版社 2002 年版

国民政府主计处统计局:《中国土地问题之统计分析》,正中书局印行 1946 年沪版

国民政府主计处统计局:《中华民国统计提要》,1945 年印行

国民政府主计处统计局:《中国租佃制度之统计分析》,正中书局 1946 年沪版

国立暨南大学西北教育考察团:《西北教育考察报告书》,1936 年 7 月印行

甘肃省政府:《甘肃省政府三年来重要工作报告》(1940 年 12 月 6 日—1944 年 4 月 15 日),1944 年 5 月

甘肃省政府:《甘肃省经济概况》,1944 年印行

甘肃省政府:《甘肃省湟惠渠特种乡公所土地整理报告》,1946 年 3 月油印本

甘肃省政府:《甘肃省试办扶植自耕农初步成效报告》,1946 年 6 月印行

甘肃省第七区行政督察专员公署:《甘肃七区纪要》,1946 年 10 月印行

甘肃省合作委员会:《甘肃合作事业》,1942 年印行

甘肃省银行经济研究室:《甘肃之水利建设》,1945 年 4 月印行

甘肃省银行经济研究室:《甘肃之特产》,1944 年印行

甘肃省银行经济研究室:《甘肃省银行小史》,1944 年 6 月印行

甘肃天水农林部水土保持实验区:《三年来之天水水土保持实验区》,1946 年 2 月印行

甘肃民族研究所:《拉卜楞寺与黄氏家族》,甘肃民族出版社 1995 年版

甘肃公路交通史编写委员会:《甘肃公路交通史》第 1 册,人民交通出版社 1987 年版

《甘肃省合作社事业推行概况》,手抄本,甘肃省图书馆西北地方历史文献阅览室藏

《甘肃省镇原县合作事业报告书》(1943 年 8 月),手抄本,甘肃省图书馆西北文献阅览室藏

《皋兰民情风俗》,清宣统年间抄本,河北大学图书馆藏

H

黄宗智:《华北小农经济与社会变迁》,中华书局 2000 年版

黄宗智:《长江三角洲小农家庭与乡村发展》,中华书局 2000 年版

何一民:《20 世纪中国西部中等城市与区域发展》,四川出版集团、巴蜀书社 2005 年版

何让:《甘肃田赋之研究》,见萧铮主编《民国二十年代中国大陆土地问题资料》,成文出版社有限公司,(美国)中文资料中心 1977 年版

胡平生:《民国时期的宁夏省(1929—1949)》,台湾学生书局 1988 年版

胡希平:《宁夏省荒地区域调查报告》,农林部垦务总局 1942 年 12 月印行

侯丕勋、刘再聪主编:《西北边疆历史地理概论》,甘肃人民出版社 2007 年版

侯德封:《中国矿业纪要》第 5 次,1932—1934 年,实业部地质调查研究所,国立北平研究院地质研究所 1935 年印行

J

金宝祥主编:《甘肃史稿》,甘肃师范大学 1964 年印行

蒋经国:《伟大的西北》,宁夏人民出版社 2001 年版

蒋乃镛:《中国纺织染业概论》,中华书局 1946 年增订本

蒋森:《宁夏省畜牧考察报告》,1944 年印行

姜守鹏:《明清北方市场研究》,东北师范大学出版社 1996 年版

姜宏业:《中国地方银行史》,湖南出版社 1991 年版

K

克拉米息夫:《中国西北部之经济状况》,商务印书馆 1933 年版

康天国:《西北最近十年来史料》,西北学会 1931 年印行

孔祥熙:《全国各省市减轻田赋附加废除苛捐杂税报告书》,1934 年 12 月印行

L

〔美〕理查德·哈特向:《地理学的性质——当前地理学思想述评》,商务印书馆 1996 年版

李金铮:《借贷关系与乡村变动——民国时期华北乡村借贷之研究》,河北大学出版

社 2000 年版

李金铮:《民国乡村借贷关系研究》,人民出版社 2003 年版

李金铮:《近代中国乡村社会经济探微》,人民出版社 2004 年版

李化方:《甘肃农村调查》,西北新华书店 1950 年版

李清凌:《西北经济史》,人民出版社 1997 年版

李清凌主编:《甘肃经济史》,兰州大学出版社 1996 年版

李烛尘:《西北历程》,见蒋经国《伟大的西北》,宁夏人民出版社 2001 年版

李扩清:《甘肃河西农村经济之研究》,见萧铮主编《民国二十年代中国大陆土地问题资料》,成文出版社有限公司,(美国)中文资料中心 1977 年版

李扩清:《甘肃省县实习调查日记》,萧铮主编《民国二十年代中国大陆土地问题资料》,成文出版社有限公司,(美国)中文资料中心 1977 年版

李希圣:《庚子国变记》,见翦伯赞、荣孟源等《义和团》第 1 册,上海人民出版社 1957 年版

林竞:《西北丛编》,神州国光社 1931 年版

林永匡等:《清代西北民族贸易史》,中央民族学院出版社 1991 年版

林鹏侠:《西北行》,甘肃人民出版社 2002 年版

喇秉德、马文慧、马小琴等:《青海回族史》,民族出版社 2009 年版

吕建福:《土族史》,中国社会科学出版社 2002 年版

陆亭林:《青海省帐幕经济与农村经济之研究》,《民国二十年代中国大陆土地问题资料》,成文出版社有限公司,(美国)中文资料中心 1977 年印行

刘进:《中心与边缘——国民党政权与甘宁青社会》,天津古籍出版社 2004 年版

雷清溶:《黄河中游甘肃中部农作物生产技术》,科学出版社 1957 年版

刘永成:《中国租佃制度史》,文津出版社 1997 年版

刘世仁:《中国田赋问题》,商务印书馆 1935 年版

鲁绍周:《甘肃省农事试验场第一次报告书》,1916 年印行

梁治平:《清代习惯法:国家与社会》,中国政法大学出版社 1996 年版

梁份:《秦边纪略》,青海人民出版社 1987 年版

〔比〕Louis Schran 著,李美玲译:《甘青边界蒙古尔人的起源、历史及社会组织》,青海人民出版社 2007 年版

〔美〕罗伯特·斯特林·克拉克等著,史红帅译:《穿越陕甘——1908—1909 年克拉克考察队华北行纪》,上海科学技术文献出版社 2010 年版

M

勉卫忠:《近代青海民间商贸与社会经济扩展研究》,人民出版社 2012 年版

慕寿祺:《甘宁青史略正编》,兰州俊华印书馆 1936 年印行

牟钟鉴、张践:《中国宗教通史》,社会科学文献出版社 2003 年版

明驼:《河西见闻记》,中华书局 1934 年版

马敏、王玉德:《中国西部开发的历史审视》,湖北人民出版社 2001 年版

马少青:《保安族文化形态与古籍文存》,甘肃人民出版社 2001 年版

马鹤天:《甘青藏边区考察记》第 1—3 编,商务印书馆 1947 年版

马鹤天:《青海视察记》,甘肃人民出版社 2003 年版

马无忌:《甘肃夏河藏民调查记》,文通书局 1947 年版

马福祥:《蒙藏状况》,蒙藏委员会 1931 年 10 月印行

马啸:《左宗棠在甘肃》,甘肃人民出版社 2005 年版

马大英等:《田赋会要》第 2 编《田赋史(下)》,正中书局 1944 年版

蒙藏委员会调查室:《青海玉树囊谦称多三县调查报告书》,蒙藏委员会调查室 1941 年 12 月印行

蒙藏委员会调查室:《马鬃山调查报告书》,1938 年 6 月印行

蒙藏委员会调查室:《祁连山北麓调查报告》,1942 年 4 月印行

芈一之:《黄河上游地区历史与文物》,重庆出版社 2006 年版

芈一之:《芈一之民族历史研究文集》,民族出版社 2008 年版

宓公干:《典当论》,商务印书馆 1936 年版

梅公任:《亡国灭种的鸦片烟祸》,民友书局 1935 年版

Mildred canble,Francesca French:《西北边荒布道记》,文海出版社有限公司 1988 年版

莫理循:《1910,莫理循中国西北行》,福建教育出版社 2008 年版

N

宁夏农业志编审办公室:《宁夏农业纪事》,宁夏人民出版社 1993 年版

农林部垦务总局:《青海中部荒地调查报告》,1942 年 12 月编印

宁夏省建设厅:《宁夏省政府建设厅三十年度合作事业概况》,1942 年 1 月油印本

宁夏省建设厅:《宁夏省水利专刊》,宁夏省水利厅 1936 年印行

宁夏省农林处编:《宁夏省农政七年》,宁夏省农林处 1947 年印行

宁夏省农林局:《宁夏省农林经费报告书》,1942 年油印本

宁夏省建设厅:《宁夏省政府建设厅二十九年推行合作事业概况》,1941 年 1 月印行

宁夏省建设厅:《宁夏合作事业(2)》,1942 年 1 月油印本

P

彭震伟主编:《区域研究与区域规划》,同济大学出版社1998年版

蒲文成:《甘青藏传佛教寺院》,青海人民出版社1990年版

裴景福:《河海昆仑录》,甘肃人民出版社2002年版

彭南生:《半工业化——近代中国乡村手工业的发展与社会变迁》,中华书局2007年版

潘益民:《兰州之工商业与金融》,商务印书馆1936年版

〔美〕珀金斯著,宋海文等译:《中国农业的发展,1368—1968》,上海译文出版社1984年版

Q

秦翰才:《左文襄公在西北》,商务印书馆1947年版

秦晋:《宁夏到何处去》,天津益世报1947年版

丘咸初:《青海农村经济》,1934年11月印行

青海省民政厅:《最近之青海》,新亚细亚学会1934年版

瞿同祖:《清代地方政府》,法律出版社2011年版

全国经济委员会西北办事专员办公处:《西北建设事业概况》,1937年7月印行

R

任放:《明清长江中游市镇经济研究》,武汉大学出版社2003年版

冉棉惠、李慧宇:《民国时期保甲制度研究》,四川大学出版社2005年版

寿勉成、郑厚博:《中国合作运动史》,正中书局1947年版

S

〔美〕施坚雅著,史建云、徐秀丽译:《中国农村的市场和社会结构》,中国社会科学出版社1998年版

施忠允:《西北屯垦研究》(上),见萧铮主编《民国二十年代中国大陆土地问题资料》,成文出版社有限公司,(美国)中文资料中心1977年印行

宋仲福主编:《西北通史》第5卷,兰州大学出版社2005年版

宋忠福、邓慧君:《甘肃通史·中华民国卷》,甘肃人民出版社2009年版

孙左齐:《中国田赋问题》,新生命书局1935年版

〔日〕森田成满:《清代中国土地法研究》,法律出版社2012年版

〔日〕斯波义信:《宋代江南经济史研究》,江苏人民出版社2001年版

史念海、曹尔琴、朱士光:《黄土高原森林与草原的变迁》,陕西人民出版社1985年版

邵元冲:《西北揽胜》,正中书局1936年版

《三十一年宁夏省建设厅合作事业总报告》,1943年1月印行

《三十二年度各省合作事业工作报告》,社会部合作事业管理局印行

《四联总处三十一年度办理农业金融报告》,中中交农四行联合办事总处秘书处,出版年不详

四联总处秘书处:《三十七年上半年度农贷报告》,1948年7月印行

四行联合办事处农业金融处:《中中交农四行联合办事处三十年度农贷报告》,1942年印行

T

〔英〕台克满著,史红帅译:《领事官在中国西北的旅行》,上海科学技术文献出版社2013年版

唐致卿:《近代山东农村社会经济研究》,人民出版社2004年版

田秋野、周维亮:《中华盐业史》,台湾商务印书馆1979年版

田雪原:《中国民族人口》第2册,中国人口出版社2003年版

陶保廉:《辛卯侍行记》,甘肃人民出版社2002年版

铁道部业务司商务科编:《陇海铁路甘肃段经济调查报告书》,《中国近代史料丛刊》三编第51辑,文海出版社1989年版

W

〔美〕沃尔特·艾萨德著,陈兴宗等译:《区域科学导论》,高等教育出版社1991年版

吴承明:《经济史:历史观与方法论》,上海财经大学出版社2006年版

吴承明:《中国的现代化:市场与社会》,生活·读书·新知三联书店2001年版

吴廷桢、郭厚安主编:《河西开发研究》,甘肃教育出版社1993年版

吴传钧:《中国粮食地理》,商务印书馆1946年版

巫宝三:《中国国民所得:1933》下册,中华书局1947年版

王笛:《跨出封闭的世界——长江上游区域社会研究(1644—1911)》,中华书局2001年版

王劲:《甘宁青民国人物》,兰州大学出版社1995年版

王树槐:《中国现代化的区域研究:江苏省,1860—1916》,台湾"中央研究院"近代史研究所1985年版

王致中、魏丽英:《中国西北社会经济史研究》(上、下),三秦出版社1992年版

王致中、魏丽英:《明清西北社会经济史研究》,三秦出版社1989年版

王金绂:《西北地理》,立达书局1932年版

王成敬:《西北的农田水利》,中华书局1950年版

王志文:《甘肃省西南部边区考察记》,甘肃省银行经济研究室1942年版

王树基:《甘肃之工业》,甘肃省银行总行 1944 年印行

王希隆:《清代西北屯田研究》,兰州大学出版社 1990 年版

汪公亮:《西北地理》,正中书局 1936 年版

王永炎:《西北食盐》,甘肃省银行 1947 年印行

王寅生等:《中国北部的兵差与农民》,国立中央研究院社会科学研究所 1931 年版

〔美〕王建业著,高风等译:《清代田赋刍论(1750—1911)》,人民出版社 2008 年版

魏永理:《中国西北近代开发史》,甘肃人民出版社 1993 年版

闻钧天:《中国保甲制度》,商务印书馆 1935 年版

文廷美、高光寿:《渭源风土调查录》,1926 年 12 月印行

X

徐安伦、杨旭东:《宁夏经济史》,宁夏人民出版社 1998 年版

徐学禹、邱汉平:《地方银行概论》,福建省经济建设计划委员会 1941 年印行

徐正学:《农村问题:中国农村崩溃原因的研究》上册,中国农村复兴研究会 1934 年印行

萧正洪:《环境与技术选择:清代中国西部地区农业技术地理研究》,中国社会科学出版社 1998 年版

星全成、马连龙:《藏族社会制度研究》,青海民族出版社 2000 年版

许公武:《青海志略》,商务印书馆 1943 年版

萧锋:《长征日记》,上海人民出版社 2006 年版

新西北通讯社南京总社:《边疆异俗漫谈》,1935 年印行

西北实业调查团:《青海调查报告》,西北实业调查团 1940 年 6 月印行

行政院新闻局:《河西水利》,1947 年 8 月印行

谢佐:《瞿昙寺》,青海人民出版社 1982 年版

谢国兴:《中国现代化的区域研究:安徽省,1860—1937》,台湾"中央研究院"近代史研究所 1991 年版

萧梅性:《兰州商业调查》,陇海铁路管理局 1935 年 2 月印行

薛桂轮:《西北视察日记》,上海申报馆 1934 年版

〔美〕薛立敦著,邱权正等译:《冯玉祥的一生》,浙江教育出版社 1988 年版

Y

虞和平主编:《中国现代化历程》,江苏人民出版社 2001 年版

杨懋春:《一个中国村庄:山东台头》,张雄等译,江苏人民出版社 2001 年版

杨劲支:《建设甘宁青三省刍议》,京华印书馆 1931 年版

杨魁孚:《中国少数民族人口》,中国人口出版社 1995 年版

杨新才:《宁夏农业史》,中国农业出版社1998年版

杨肇遇:《中国典当业》,商务印书馆1929年版

尹伟宪主编:《西北通史》第4卷,兰州大学出版社2005年版

袁林:《西北灾荒史》,甘肃人民出版社1994年版

袁见齐:《西北盐产调查实录》,财政部盐政总局1946年6月印行

严重敏:《西北地理》,上海大东书局1946年版

闫丽娟:《民国时期西北少数民族社会变迁及其问题研究》,中国社会科学出版社2012年3月版

叶祖灏:《宁夏纪要》,正论出版社1947年版

俞湘文:《西北游牧藏区之社会调查》,商务印书馆1947年版

于式玉:《于式玉藏区考察文集》,中国藏学出版社1990年版

余天休:《西北情形讲义》,1933年朝阳农学院讲义

Z

赵俪生主编:《古代西北屯田开发史》,甘肃文化出版社1997年版

赵鹏翯:《连成鲁土司》,甘肃人民出版社1994年版

张佩国:《地权分配·农村家庭·村落社区:1900—1945年的山东农村》,齐鲁书社2000年版

张宗汉:《甘肃中部之砂田》,中国农民银行土地金融处1947年印行

张其昀:《中国经济地理》,商务印书馆1929年版

张波:《不可斋农史文集》,陕西人民出版社1997年版

张丕介等:《甘肃河西荒地区域调查报告》,农林部垦务总局1942年5月印行

张集馨:《道咸宦海见闻录》,中华书局1981年版

张联渊:《皋兰田赋之研究》,见萧铮主编《民国二十年代中国大陆土地问题资料》,成文出版社有限公司,(美国)中文资料中心1977年版

张朋园:《湖南现代化的早期进展(1860—1916)》,岳麓书社2002年版

朱其华:《中国农村经济的透视》,中国研究书店1936年6月印行

章有义:《近代徽州租佃关系案例研究》,中国社会科学出版社1988年版

朱斯煌主编:《民国经济史》,银行周报社1948年印行

翟松天:《青海经济史》(近代卷),青海人民出版社1998年版

周三立:《中国农业地理》,科学出版社2000年版

周希武:《玉树土司调查记》,商务印书馆1920年版

周希武:《宁海纪行》,甘肃人民出版社2002年版

周振鹤:《青海》,商务印书馆1938年版

周宝鉴:《中华银行史》,商务印书馆1923年版

郑肇经:《中国水利史》,商务印书馆1939年版

郑起东:《转型时期的华北农村社会》,上海书店出版社2004年版

中国联合准备银行:《北京典当业之概况》,1940年7月印行

中央银行经济研究处:《甘青宁经济纪略》,1935年1月印行

中国农民银行总行:《中国农民银行之农贷》,1943年印行

祝中熹:《甘肃通史·先秦卷》(刘光华主编),甘肃人民出版社2009年版

扎扎:《拉卜楞寺的社会政教关系》,青海民族出版社2002年版

智观巴·贡却乎丹巴绕吉著,吴均等译:《安多政教史》,甘肃民族出版社1989年版

六、文史资料(文史资料均为各地政协文史委员会编纂)

C

陈显泽:《海阳化学厂概况》,《青海文史资料选集》第17辑,1988年印行

陈邦彦:《西宁当铺业简况》,《西宁文史资料》第5辑,1988年印行

陈邦彦:《西宁的典当业》,《青海文史资料集萃·工商经济卷》,2001年11月印行

陈能智:《文殊山庙会》,《酒泉文史资料》第9辑,1996年印行

程起骏、毛文炳:《青海解放前一些地区的集市贸易》,《青海文史资料选辑》第17辑,1988年印行

曹之杰:《冯玉祥部国民军入甘纪略》,《文史资料选辑》(27),文史资料出版社1980年版

D

党家驹:《从清末到国民党统治时期甘肃田赋概况》,《甘肃文史资料选辑》第8辑,甘肃人民出版社1980年版

董万鹏:《银川斗行与粮食加工作坊》,《宁夏文史资料》第20辑,宁夏人民出版社1997年版

戴谦恭:《静宁县金融业的诞生及发展》,《静宁县文史资料选辑》第2辑,1992年印行

戴瑶:《陇西民主人士王仲阳先生轶事》,《陇西文史资料选辑》第3辑,2001年2月印行

杜长荣:《贺兰县历史重镇立刚堡》,《贺兰文史资料》第1辑,1985年印行

G

《甘肃解放前五十年大事记》,《甘肃文史资料选辑》第10辑,甘肃人民出版社1981年版

郭仲阳:《回忆甘肃水泥公司》,《甘肃文史资料选集》第8辑,甘肃人民出版社1980年版

高森:《基督教在平凉的传入与演变》,《平凉文史资料》第3辑,1993年4月印行

H

韩焕文:《互助酒琐记》,《青海文史资料选辑》第 12 辑,1984 年印行

何增祥:《秦安县草编工艺的流源与发展》,《天水文史资料》第 7 辑,1994 年印行

J

蒋若芝、王文举:《石空大佛寺土地占有情况》,《中宁文史资料》第 2 辑,1989 年印行

姜忠杰、聂丰年:《兰州水烟业概况》,《甘肃文史资料选辑》第 2 辑,甘肃人民出版社 1987 年版

L

李静斋:《临夏黄河筏运业简述》,《临夏文史资料》第 2 辑,1986 年 8 月印行

李清德:《建国前静宁水利建设发展考证》,《静宁文史资料选辑》第 1 辑,1990 年 7 月印行

李云宾等口述:《解放前平凉回民经济发展概述》,《平凉文史资料》第 1 辑,1989 年印行

李英夫:《三营集市发展沿革》,《固原文史资料选辑》第 6 辑,1887 年印行

李凤藻:《解放前的宁夏商业》,《宁夏文史资料》第 22 辑,宁夏人民出版社 1999 年版

林生福:《湟源藏靴的今昔》,《湟源文史资料》第 2 辑,1996 年印行

林中厚:《乐都上烟坊始末》,《青海文史资料选辑》第 17 辑,1988 年印行

刘静山、张崇:《天主教传入中宁及发展》,《中宁文史资料》第 3 辑,1990 年印行

刘士勋:《毡坊和纸坊》,《宁夏文史资料》第 17 辑,宁夏人民出版社 1987 年版

刘廷栋:《帝国主义洋行在石嘴山》,《宁夏文史资料》合订本第 1 册,宁夏人民出版社 1988 年版

吕建基:《解放前的泾川纺织业》,《泾川县文史资料选辑》第 4 辑,1997 年印行

吕建基:《民国时期的泾川农民生活状况》,《泾川文史资料选辑》第 4 辑,1997 年 11 月印行

陆星桥:《同生火柴股份有限公司》,《甘肃文史资料选辑》第 4 辑,甘肃人民出版社 1987 年版

梁受百:《三十年代平凉的庙会》,《甘肃文史资料选辑》第 31 辑,甘肃人民出版社 1990 年版

M

马骥:《天主教在陇东的发展》,《平凉文史资料》第 1 辑,1989 年印行

马丰林:《历史上临泽的农业概况》,《临泽文史资料》第 1 辑,1991 年印行

马丰林:《"集义当"兴衰记》,《临泽文史资料》第 2 辑,1993 年印行

马新斋:《国民党农林部西北羊毛改进处始末》,《岷县文史资料选辑》第 2 辑,

1990年印行

穆建业:《回忆西宁皮货作坊》,《西宁市文史资料》第4辑,1986年印行

N

农夫:《天水苹果探源》,《甘肃文史资料选辑》第42辑,甘肃人民出版社1996年版

南秀璞:《宁夏银川集市贸易及商业发展概况》,《宁夏文史资料》第25辑,宁夏人民出版社2001年版

聂丰年等:《鸦片为祸甘肃的回忆》,《甘肃文史资料选辑》第13辑,甘肃人民出版社1982年版

Q

乔高:《民国时期岷县田赋概况》,《岷县文史资料选辑》第2辑,1990年印行

青海省工商联:《马步芳官僚资本的企业机构》,《青海文史资料选辑》第1辑,1963年印行

邱玉恒:《民国时期礼县土地税变革》,《礼县文史资料》第2辑,1995年10月印行

S

绳景信:《甘南藏区纪行》,《甘肃文史资料选辑》第31辑(民族宗教专辑),甘肃人民出版社1989年版

沈桐清:《解放前青海盐务的回顾》,《青海文史资料选辑》第7辑,青海人民出版社1980年版

T

滕继河:《乐都的估货业和积成号当铺》,《青海文史资料集萃·工商业卷》,2001年11月印行

W

王树民:《游陇日记》,《甘肃文史资料选辑》第28辑,甘肃人民出版社1988年版

王志轩:《民国时期礼县的行业》,《礼县文史资料》第2辑,1995年印行

王海峰、潘金生:《张掖的农谚》,《张掖文史资料》第4辑,1994年印行

王岩松:《藏语系佛教对青海地区的社会影响》,《青海文史资料选辑》第10—12辑合订本,1988年印行

王剑萍:《互助佑宁寺概况》,《青海文史资料选辑》第10辑,1982年印行

王剑萍:《青海塔尔寺事略》,《青海文史资料选辑》第5辑,1979年6月印行

王天佐:《晚清至民国时期甘谷商业略述》,《甘谷文史资料》第7辑,1992年7月印行

王小一:《礼县酿酒史料拾遗》,《礼县文史资料》第1辑,1992年印行

王振纪:《陇西解放前小手工业的见闻》,《陇西文史资料选辑》第1辑,1995年印行

王子安口述:《莲峰解放前三十余年工商业兴衰情况》,《渭源文史资料选辑》第1辑,1999年印行

王殿瑞:《解放前青海的银行》,《青海文史资料集萃·工商经济卷》,2001年11月印行

王德清等:《解放前鸦片烟在临夏地区的流毒》,《甘肃文史资料选辑》第13辑,甘肃人民出版社1982年版

汪左炎:《民初成县蚕桑会之概述》,《成县文史资料选辑》第1辑,1994年印行

武习文:《石嘴山区黑陶瓷小考》,《石嘴山文史资料》第7辑,1992年印行

武建勋、许恒丰:《解放前泾川商业概述》,《泾川文史资料选辑》第2辑,1991年12月印行

温让:《清末民初的渭源典当业》,《渭源文史资料选集》第1辑,1999年印行

吴兴安、刘天福口述:《瞿靖当铺》,《青铜峡市文史资料》第1辑,1988年印行

魏绍武:《陆洪涛督甘始末》,《甘肃文史资料选辑》第1辑,甘肃人民出版社1986年版

魏绍武:《张兆钾盘踞陇东》,《甘肃文史资料选辑》第4辑,1964年印行

X

许恒丰、焦宏明:《解放前的泾川农业耕作制简述》,《泾川县文史资料选辑》第4辑,1997年印行

解成林:《解放前的贵德工商业》,《贵德文史资料》第1辑,2000年印行

谢继忠:《民国时期鸦片在张掖的泛滥》,《张掖文史资料》第4辑,1994年8月印行

徐全文:《解放前的青海洗毛厂》,《青海文史资料选辑》第17辑,1988年2月印行

徐文昭:《城乡集市贸易》,《彭阳文史资料》第2辑,1999年12月印行

Y

杨占玉:《平罗县基督教概况》,《平罗县文史资料》第8辑,1997年印行

杨宝贵:《四十年代的大通缸厂》,《青海文史资料选辑》第16辑,1987年印行

阎福寿、秦鹏生:《压砂棉花与压砂西瓜》,《中宁文史资料》第2辑,1989年印行

易芳口述,冯天言整理:《安口砂石器》,《华亭文史资料》第1辑,1999年印行

岳兆雄:《甘肃岷县种畜场简史》,《岷县文史资料选辑》第2辑,1990年印行

Z

张仕全:《川口的筏运行业》,《青海文史资料》第13辑,1985年印行

张尚武:《中宁植棉》,《中宁文史资料》第2辑,1989年印行

张映南:《陇西名产——水烟》,《陇西文史资料选辑》第1辑,1995年印行

张文蔚:《平凉手工业之兴起》,《平凉文史资料》第2辑,1991年印行

张文蔚:《平凉回民经营皮毛业的状况》,《平凉文史资料》第3辑,1993年印行

张文质、许汉杰:《民国时期金塔的工业》,《金塔文史资料》第2辑,1993年印行

张生佑、赵永年:《建国前鲁沙尔镇的手工业概况》,《青海文史资料选辑》第17辑,1988年12月印行

张志忠:《民国时期贵德的靴匠业》,《贵德文史资料》第1辑,2000年印行

张悦铭:《静宁县火柴厂史简介》,《静宁文史资料选辑》第1辑,1990年印行

张石父:《解放前天水火柴业的概况》,《甘肃文史资料选辑》第4辑,甘肃人民出版社1987年版

赵振汉:《解放前固原的金融概况》,《固原文史资料》第4辑,1992年印行

张生右、赵永年:《建国前鲁沙尔镇的工商业》,《湟中文史资料选辑》第1辑,1989年印行

张寿龄:《国民军第二师入甘和刘郁芬在甘肃的统治》,《甘肃文史资料选辑》第9辑,甘肃人民出版社1980年版

张儒铭:《白马滩"下集场"的兴衰》,《中宁文史资料》第2辑,1989年印行

张中式:《民国时期的张掖农业》,《张掖文史资料》第4辑,1994年8月印行

张慎微:《靖远的烟场》,《甘肃文史资料选辑》第13辑,甘肃人民出版社1982年版

张睿:《解放前中卫县城关寺庙及庙会概况》,《宁夏文史资料选辑》第19辑,宁夏人民出版社1990年版

赵继贤:《化隆的当铺》,《青海文史资料选辑》第16辑,1987年12月印行

赵世英:《甘肃地震简志》,《甘肃文史资料选辑》第20辑,甘肃人民出版社1985年版

赵长年:《解放前青海的合作事业》,《西宁市文史资料》第4辑,1986年12月

周国瑞:《仙姑庙会追记》,《临泽文史资料》第2辑,1993年印行

中共华亭县委统战部:《安口的陶瓷业》,《华亭文史资料》第1辑,1999年印行

七、今人论文

A

艾冲:《清代雍乾时期陇中地区的水利开发与土地利用》,《中国历史地理论丛》2002年第3辑

B

卜凤贤、李智:《清代宁夏南部山区雨养农业发展述略》,《古今农业》1996年第1期

字鹏旭:《马铃薯传入甘肃初探》,《古今农业》2012年第2期

C

陈新海:《清代青海的城市建设与商业经济》,《青海民族学院学报》1997年第2期

慈鸿飞：《1912—1949年西北地区农业资源开发》，《中国经济史研究》2004年第2期
慈鸿飞：《近代中国镇、集发展的数量分析》，《中国社会科学》1996年第2期
曹树基：《玉米和番薯传入中国路线新探》，《中国社会经济史研究》1988年第4期
崔永红：《近代青海举办垦务的经过及意义》，《青海民族学院学报》2007年第2期
崔永红：《清初青海东部的兴屯开荒和屯田民地化问题》，《青海社会科学》1991年第4期
蔡培川：《甘肃天水马铃薯种植历史初考》，《中国农史》1989年第3期

D

戴鞍钢：《清末民初西部农业困顿探析》，《云南大学学报》2006年第3期
杜常顺：《明清时期黄河上游地区的畜牧业》，《青海师范大学学报》1994年第3期
杜常顺：《明清时期黄河上游地区少数民族经济浅论》，《青海社会科学》1995年第4期
杜常顺：《明清时期黄河上游地区的民族贸易市场》，《民族研究》1998年第3期
杜常顺：《清代丹噶尔民族贸易的兴起和发展》，《民族研究》1995年第1期
杜常顺：《清代青海蒙旗人口与经济问题探析》，《青海师范大学学报》1996年第3期
杜常顺：《清代青海的盟旗制度与蒙古族社会的衰败》，《青海社会科学》2003年第3期
丹珠昂奔：《藏区寺院的社会功能及其改造》，《中央民族学院学报》1992年第6期
达惠中：《甘肃水利林牧公司始末》，《水利史志专刊》1988年第4期

F

樊如森：《开埠通商与西北畜牧业的外向化》，《云南大学学报》2006年第6期
房建昌：《历史上柴达木的盐业》，《柴达木开发研究》1996年第1期
房建昌：《近代宁夏盐业小史》，《盐业史研究》1997年第1期
房建昌：《历史上青海省的盐业》，《盐业史研究》1996年第4期
冯绳武：《祁连山及周围地区历史气候资料的整理》，《西北史地》1982年第1期

G

高占福：《回族商业经济的历史变迁与发展》，《宁夏社会科学》1994年第4期
高占富：《丝绸之路上的甘肃回族》，《宁夏社会科学》1986年第2期
高石钢：《民国时期新式金融在西北的农贷活动绩效评价》，《中国农史》2009年第3期
高石钢：《民国时期西北农村地区农户高利借贷行为分析》，《宁夏师范学院学报》2007年第1期
郭永利：《甘肃永登连城蒙古族土司鲁氏家族的衰落及其原因》，《青海民族研究》2004年第3期
郭松义：《古籍所载有关玉米别称的几点辩证》，《中国农史》1986年第2期

H

黄立人:《论抗战时期国统区的农贷》,《近代史研究》1997年第6期

黄正林:《农贷与甘肃农村经济的复苏(1935—1945年)》,《近代史研究》2012年第4期

黄正林:《近代甘宁青农村市场研究》,《近代史研究》2004年第4期

黄正林:《民主改革前后甘川青藏族地区社会变迁研究》,《中共党史研究》2009年第10期

黄正林:《民主改革前安多藏族部落的草山权属与牲畜租佃关系》,《中国农史》2008年第2期

黄正林:《民国时期宁夏农村经济研究》,《中国农史》2006年第2期

黄正林:《同治回民事变后黄河上游区域的人口与社会经济》,《史学月刊》2008年第10期

黄正林:《抗战时期陕甘宁边区的盐业》,《抗日战争研究》1999年第4期

黄正林:《民国时期甘肃农家经济研究——以20世纪30—40年代为中心》,《中国农史》2009年第1—2期

黄正林:《民国时期甘肃农田水利研究》,《宁夏大学学报》2011年第2期

黄正林:《近代黄河上游区域地权问题研究》,《青海民族研究》2010年第3期

黄正林:《清至民国时期黄河上游农作物分布与种植结构变迁研究》,《古今农业》2007年第1期

黄正林:《近代西北皮毛产地及流通市场研究》,《史学月刊》2007年第3期

胡铁球:《"歇家牙行"经营模式在近代西北地区的沿袭与嬗变》,《史林》2008年第1期

胡铁球:《近代青海羊毛对外输出量考述》,《青海社会科学》2007年第3期

胡铁球:《近代西北皮毛贸易与社会变迁》,《近代史研究》2007年第4期

胡迅雷:《民国时期宁夏金融币政史略》,《宁夏大学学报》1994年第4期

韩恒煜:《试论清代前期佃农永佃权的由来及性质》,《清史论丛》第1辑,中华书局1979年版

韩德章:《民国时期的新式农业金融》,《中国农史》1989年第3期

霍丽娜:《民国时期宁夏的农业发展和措施》,《宁夏社会科学》2010年第6期

蒿峰:《清初关西地区的开发》,《西北史地》1987年第1期

J

结古乃·桑杰:《甘肃藏区寺院经济探析》,《西藏研究》1997年第2期

蒋致洁:《略论抗战时期甘肃的工业建设》,《兰州学刊》1988年第6期

蒋耘:《民国时期西部的邮路建设》,《民国档案》2003年第1期

K

况浩林:《近代藏族地区的寺庙经济》,《中国社会科学》1990年第3期

L

李金铮:《绩效与不足:民国时期现代农业金融与农村社会之关系》,《中国农史》2003年第1期

李金铮:《也论近代人口压力:冀中定县人地比例关系考》,《近代史研究》2008年第4期

李金铮:《二十年来中国近代乡村经济史的新探索》,《历史研究》2003年第4期

李云峰、曹敏:《抗日战争时期的国民政府与西北开发》,《抗日战争研究》2003年第3期

李刚:《明清时期山陕商人与青海歇家关系探微》,《青海民族研究》2004年第2期

李晓英:《近代甘宁青羊毛贸易中的回族商人及其贸易网络》,《西北师大学报》2008年第4期

李晓英:《民国时期甘宁青的羊毛市场》,《兰州大学学报》2010年第1期

李海英、李峰:《近现代青海地区清真寺寺院商品货币经济形态浅析》,《青海师范大学学报》2003年第3期

李凤岐、张波:《陇中砂田之探讨》,《中国农史》1982年第1期

罗舒群:《民国时期甘肃农林水牧事业开发状况研究》,《社会科学》(甘肃)1986年第3期

罗舒群:《民国时期甘宁青三省水利建设论略》,《社会科学》(甘肃)1987年第2期

罗舒群:《抗日战争时期甘宁青三省农村合作社运动述略》,《开发研究》1987年第3期

罗舒群:《民国时期甘宁青三省林业建设论略》,《社会科学》(甘肃)1988年第3期

陆和健:《西部开发的先声:抗战时期西部农业科技之推广》,《中国矿业大学学报》2005年第3期

刘正美:《抗战前的西北交通建设》,《民国档案》1999年第2期

刘继华:《民国时期甘肃土司制度变迁研究》,《甘肃教育学院学报》2003年第2期

刘进宝:《唐五代敦煌棉花种植研究——兼论棉花从西域传入内地的问题》,《历史研究》2004年第6期

刘桢贵:《略论抗战时期四联总处在大后方的农贷政策》,《档案史料与研究》1997年第2期

刘景华:《清代青海的手工业》,《青海社会科学》1997年第6期

刘景华:《清代青海的商业》,《青海社会科学》1995年第3期

刘斌、胡铁球:《失之东隅 收之桑榆——近代以来中国西北地区回族商业发展述

略》,《青海民族研究》2008 年第 1 期

M

毛光远:《20 世纪三四十年代民国政府对甘宁青畜牧业的开发述论》,《开发研究》2007 年第 2 期

毛光远:《抗战时期甘南藏区畜牧业开发刍议》,《西藏研究》2008 年第 3 期

毛光远:《20 世纪 40 年代甘宁青畜疫防治析评》,《中国农史》2009 年第 4 期

毛光远:《论 20 世纪 40 年代西北羊毛改进处》,《中国农史》2008 年第 3 期

勉卫忠:《近代青海商业贸易中的交易方式》,《青海民族大学学报》2013 年第 1 期

马明忠、何佩龙:《青海地区的"歇家"》,《青海民族学院学报》1994 年第 4 期

马志荣:《论元明清时期回族对西北农业的开发》,《兰州大学学报》2000 年第 6 期

马学贤:《回族在青海》,《宁夏社会科学》1987 年第 4 期

马宗正、吴静:《明清时期宁夏集市发展初论》,《宁夏社会科学》2005 年第 6 期

马平:《近代甘青川康边藏区与内地贸易的回族中间商》,《回族研究》1996 年第 4 期

芈一之:《青海汉族的来源、变化和发展(下)》,《青海民族研究》1996 年第 3 期

P

裴庚辛、郭旭红:《民国时期甘肃河西地区的水利建设》,《北方民族大学学报》2008 年第 2 期

裴庚辛:《民国时期甘肃小额农贷与农业生产》,《甘肃社会科学》2009 年第 3 期

裴庚辛:《民国甘肃手工纺织业研究》,《西北民族大学学报》2010 年第 6 期

R

任放:《施坚雅模式与中国近代史研究》,《近代史研究》2004 年第 4 期

S

尚季芳:《国民政府时期的西北考察家及其著作述评》,《中国边疆史地研究》2003 年第 3 期

孙滔:《封建社会回族经济初探》,《宁夏社会科学》1986 年第 6 期

石志新:《清代后期甘宁青地区人口与耕地变量分析》,《中国农史》2000 年第 1 期

石志新:《清末甘肃地区经济凋敝和人口锐减》,《中国经济史研究》2000 年第 2 期

申晓云:《三十年代国民政府西北开发模式考论》,台北《近代中国》第 156 期,2004 年 3 月

司俊:《清前期西北少数民族封建土地所有制结构的大转换》,《甘肃社会科学》2000 年第 6 期

司俊:《近代西北少数民族土地所有制结构的发展趋势》,《甘肃社会科学》2001 年

第 5 期

史建云:《近代华北平原地租形态研究——近代华北平原租佃关系探索之一》,《近代史研究》1997 年第 3 期

桑热赛多:《大通农村青苗会的演变》,《中国土族》2010 年秋季号

单强:《近代江南乡镇市场研究》,《近代史研究》1998 年第 6 期

T

佟屏亚:《试论玉米传入我国的途径及其发展》,《古今农业》1989 年第 1 期

W

吴承明:《中国近代农业生产力的考察》,《中国经济史研究》1989 年第 2 期

吴伟荣:《论抗战期间后方农业的发展》,《近代史研究》1991 年第 1 期

魏宏运:《抗日战争时期中国西北地区的农业开发》,《史学月刊》2001 年第 1 期

魏丽英:《论近代西北市场的地理格局与商路》,《甘肃社会科学》1996 年第 4 期

魏丽英:《论近代后期西北农村经济的破产及其主要原因》,《甘肃社会科学》1992 年第 5 期

吴忠礼:《宁夏建省溯源》,《宁夏大学学报》1984 年第 2 期

王先明:《"区域化"取向与近代史研究》,《学术月刊》2006 年第 3 期

王聿均:《抗战时期西北经济开发问题》,《中华民国建设史讨论集》,台北《中华民国建设史讨论集》编辑委员会 1981 年 10 月版

王社教:《历史时期我国沙尘天气时空分布特点及成因研究》,《陕西师范大学学报》2001 年第 3 期

王培华:《清代河西走廊的水资源分配制度》,《北京师范大学学报》2004 年第 3 期

王致中:《明清时期甘肃矿业考》,《社会科学》(甘肃)1985 年第 6 期

王致中:《清代甘宁青市场地理考》,《西北史地》1986 年第 2 期

王致中:《"歇家"考》,《青海社会科学》1987 年第 2 期

王永飞:《民国时期西北地区交通建设与分布》,《中国历史地理论丛》2007 年第 4 期

王永亮:《西北回族经济活动史略》,《回族研究》1996 年第 2 期

王平:《论民国时期的河州牛帮商队》,《西北第二民族学院学报》2008 年第 6 期

王正儒:《论民国时期甘宁青回族的皮毛运输》,《回族研究》2010 年第 4 期

王琦:《拉卜楞上下塔娃解放前经济结构和政治状况》,《西北史地》1986 年第 3 期

王颖:《近代西北农村金融现代化转型初论》,《史林》2007 年第 2 期

王翔:《传统市场网络的近代变形——近代冀南与西北"土布换皮"贸易初探》,《近代史研究》2011 年第 2 期

X

萧正洪：《清代青藏高原农业技术的地域类型与空间特征》，《中央民族大学学报》2003年第6期

萧正洪：《清代西部地区的人口与农业技术选择》，《陕西师范大学学报》1999年第1期

萧正洪：《清代西部地区的农业技术选择与自然生态环境》，《中国历史地理论丛》1999年第1辑

萧正洪：《论清代西部农业技术的区域不平衡性》，《中国历史地理论丛》1998年第2辑

夏阳：《甘肃毛纺织业史略》，《社会科学》（甘肃）1985年第5期

夏阳：《近代甘肃市场的初步发育及时代特征》，《甘肃社会科学》1994年第6期

肖遥：《明清西北城市手工业制造丛考》，《兰州学刊》1987年第4期

向达之：《近代后期西北地区工商业经济的严重萎缩》，《甘肃社会科学》1993年第6期

向达之：《论近代西北地区的土地租佃制度》，《甘肃社会科学》1991年第4期

向达之：《论近代末期西北地区的金融财政危机》，《甘肃社会科学》1994年第5期

徐万民：《八年抗战时期的中苏贸易》，《近代史研究》1988年第6期

徐凯希、张苹：《抗战时期湖北国统区的农业改良与农村经济》，《中国农史》1994年第3期

徐秀丽：《近代华北平原的农业耕作制度》，《近代史研究》1995年第3期

谢亮：《西北商路衰败之灾荒、战乱因素考察》，《兰州交通大学学报》2012年第5期

Y

雍际春：《论明清时期陇中地区的经济开发》，《中国历史地理论丛》1992年第4期

姚兆余：《清代西北地区农业开发与农牧业经济结构的变迁》，《南京农业大学学报》（社会科学版）2004年第2期

姚兆余：《明清时期西北地区农业开发的技术路径与生态效应》，《中国农史》2003年第4期

姚兆余：《明清时期河湟地区人地关系述论》，《开发研究》2003年第3期

姚会元：《国民党政府"改进农村金融"的措施与结局》，《江汉论坛》1987年第3期

杨智友：《1942年青海牛瘟案述评》，《中国藏学》2006年第3期

杨兴茂：《鸦片入甘及其流毒史实纪略》，《兰州学刊》1994年第2期

杨斌、张士杰：《试论抗战时期西部地区金融业的发展》，《民国档案》2003年第4期

于治民：《十年内战期间中国农村金融状况》，《民国档案》1992年第2期

Z

周伟洲：《关于土族族源诸问题之管见——兼评〈土族简史〉的有关论述》，载《西北

民族文丛》,西北民族学院历史系民族研究所 1983 年印行

张力:《近代国人的开发西北观》,台北《"中央研究院"近代史研究所集刊》第 18 期,
　　1989 年 6 月

张天政:《20 世纪三四十年代宁夏畜牧业经济述论》,《中国农史》2004 年第 3 期

张天政:《20 世纪三四十年代宁夏水利建设述论》,《宁夏社会科学》2004 年第 6 期

张天政等:《20 世纪 40 年代青海少数民族聚居区的新式农贷》,《青海民族研究》
　　2013 年第 3 期

张保见等:《青海近代的农业垦殖与环境变迁(1840—1949)》,《中国历史地理论丛》
　　2008 年第 4 期

张保见:《民国时期(1912—1949)青海畜牧业发展述论》,《古今农业》2011 年第 3 期

张羽新:《肃州贸易考略》(上、中、下),《新疆大学学报》1986 年第 3、4 期,1987 年第 1 期

张克非:《清代西北回族经济结构初探》,《西北史地》1987 年第 1 期

张宗祜:《我国黄土高原区域质地地貌特征及现代侵蚀作用》,《地质学报》1981 年
　　第 4 期

庄维民:《近代山东农业科技的推广及其评价》,《近代史研究》1993 年第 2 期

郑传斌:《清代西北回民起义中的人地关系》,《文史哲》2003 年第 6 期

郑起东:《抗战时期大后方的农业改良》,《古今农业》2006 年第 1 期

郑炳林:《晚唐五代敦煌地区种植棉花研究》,《中国史研究》1999 年第 3 期

钟银梅:《近代甘宁青民间皮毛贸易的发展》,《宁夏社会科学》2007 年第 3 期

钟萍:《近代西北的农田水利》,《古今农业》1999 年第 1 期

赵珍:《清代西北地区的农业垦殖政策与生态环境变迁》,《清史研究》2004 年第 1 期

赵珍:《清代黄河上游地区民族格局演变浅探》,《青海民族研究》1997 年第 4 期

赵珍:《近代青海的商业、城镇与金融》,《青海社会科学》2002 年第 5 期

赵珍:《清代西宁府田赋考略》,《青海师范大学学报》1991 年第 4 期

赵冈:《唐代西州的布价——从物价看中国古代的棉纺织业》,《幼狮月刊》1977 年
　　第 6 期

朱显谟:《黄土高原水蚀的主要类型及其有关因素》,《水土保持学报》1981 年第 3 期

朱金瑞:《区域性历史研究中的几个理论问题》,《中州学刊》1995 年第 3 期

朱立芸:《近代西北金属矿业开发简论》,《开发研究》2000 年第 5 期

八、其他文献

张廷玉:《明史》,中华书局 2000 年标点本

赵尔巽等:《清史稿》,中华书局 1977 年版

梁份著,赵世盛等校注:《秦边纪略》,青海人民出版社 1987 年版

左宗棠:《左宗棠全集》第 4、11、12、14 册,岳麓书社 1986 年、1990 年、1996 年版

刘献廷:《广阳杂记》,中华书局 1957 年版

徐珂:《清稗类钞》,商务印书馆 1984 年版

钟琦:《皇朝琐屑录》,国家图书馆出版社 2011 年影印本

《清实录·高宗实录》,中华书局 1986 年版

《清朝文献通考》,浙江古籍出版社 1988 年版

《清朝通典》,浙江古籍出版社 1988 年版

《大清律例汇辑便览》,道光十一年刻本

致　　谢

本书是笔者在博士论文《黄河上游区域农村经济研究(1644—1949)》的基础上修改完成的，也是国家社科基金项目"近代黄河上游区域农村经济与社会变迁研究"(06BZS032)的最终成果，二者合而为一，机缘使然。

本书从2003年秋开始查阅资料到2013年秋杀青，十年中，为查资料，为写作与修改，获得过许多人的无私帮助。借这本书付梓之机，表达我真诚的谢意。

攻读博士学位，与两位老师有直接关系，一位是李金铮教授，一位是李华瑞教授。

金铮教授是我的博士生导师。我与金铮师第一次见面是在世纪之交，即1999年12月30日至2000年1月2日中国社会科学院近代史研究所举办的"1949年的中国"国际学术研讨会上，此后并无交往。过了一年余，2001年9月山西大学举办"华北乡村史学术研讨会"，那次学术会议，我们结下了缘分。从山西大学到五台山旅行，我俩均住一屋，可谓一见如故，有时候聊天到深夜两三点。在会议结束的那一个晚上，他说："你如果有博士学位，我就把你调到河北大学去"。说者可能有意，作为听者绝对无意，之后也没有什么联系。又过了一年，2002年8月12日，突然接到李老师的电话，希望我能去河北大学工作，我在忐忑不安中答应了。一年前，对我来说似乎是一句"调侃"话，变成了现实，至今想来，仍犹如梦境一般。到河北大学后，听从李华瑞教授建议，我考取了金铮教授的博士研究生。从此，我开始了身份的转换——由朋友变为学生，按照学生的礼数行事，要求自己。三年寒往暑来，朝夕相处，我们共同度过了人生最难忘的一段时光，保定、北京、长春、沈阳、大连、上海、南京、开封、西安、成都、石家庄、天津、厦门留下了我们共同的足迹，使我对金铮教授有了更多了解，一路行走，谈史论学，谈到一些学术问题，使我犹如醍醐灌顶，豁然开朗。他的睿智与毅力，为师与为友，为学与为人，有口皆碑。金铮师的学术研究不仅有很强的问题意识，而且善于接受新的史学思潮，同时又不被"新潮"所左右，堪称新史学思潮与实证研究相结合的典范。"学术是一生值得追求的事业"，是金铮师在《近代中国乡村社会经济探微》"自序"里的一句话。每当翻开此书，我都会品味这句话的分量与内涵。他是这样说的，也是这样做的，是一位真正把学问与人生融为一体的学人。当下中国,这样的学人已不多见。人到中年,能遇到金铮教授这样的老师与朋友,一生足矣!

　　李华瑞教授是我的大学班主任,也是把我带进学术殿堂的领路人。1984年秋季,我考入西北师范学院(1988年改名西北师范大学)历史系读书,系里安排了两位研究生给我们班当辅导员(不同于现在大学管理学生的辅导员),一位是李华瑞老师,一位是徐斌老师。李老师负责我们的学术活动,徐老师负责思想政治(徐老师硕士毕业后,再未见面,但对他的业绩,我也时有耳闻)。李老师毕业留校,又担任我的班主任一年。李、徐两位老师给我们班当辅导员,有两件事情可圈可点:一件是在大学一年级时,李、徐两位老师给我们班组织了一次学术讨论会,我写的文章虽未引起老师注意,但这次讨论会对我走上学术道路影响至深;一件是在当时的《兰州青年报》上,李、徐两位老师为我们班开辟了一个栏目:"在新的起跑线上"。我虽没有在上面发文章,但激发了我写作与"投稿"的激情。李老师颇有口才,谈学术,谈时政,谈人生,谈理想,给同学们留下了深刻的印象。我们班有几位同学走上了学术道路,与李老师、徐老师有很大的关系。我到河北大学工作时,李老师时任该校人文学院院长。在大学读书的时候,懵懵懂懂,李老师把我引上了学术道路;人到中年,李老师又指点迷津,让我在学术道路上继续坚定地走下去。在人生旅途中,能与李老师两次相遇,获得帮助,一生向学,真乃幸事也。

　　读博期间,与金铮师商量选题时,他希望我能重新开辟研究领域,也征求了华瑞师的意见,最后选取《黄河上游区域农村经济研究(1644—1949)》作为博士论文选题,并于读博第一学期撰写了《近代甘宁青农村市场研究》一文,发表于《近代史研究》2004年第4期,并被人大报刊复印资料《中国近代史》全文转载,增强了我把这个题目做下去的信心。但读博期间,却很难静下心来认真读书和思考。一是继续写作《陕甘宁边区社会经济史(1937—1945)》,这是我2002年申请到的国家社科基金项目,需要结题;二是协助金铮师申报河北大学中国近现代史博士点,尤其是2004—2005年很多时间跟随金铮师奔波在路上。这两件事情都做出了眉目,但却耽搁了学业。三年博士学习,很快就结束了。因心有旁骛,以致博士学位论文"草草"完成。金铮师在审读我提交的论文后,说:"论文没有达到应有的学术水平"。我想推迟毕业以便修改,但金铮师主张通过答辩后再做认真修改。他的宽容使我很感动,也常常鞭策自己,把该做的事情做好。博士论文答辩之后的这些年,不敢稍有懈怠,尽量搜集相关资料,数年下来,获得相关资料上千种(其中征引文献800余种),装订成200余册;论文的字数也从答辩时的25万字增加到70余万字,观点也发生了变化,可谓"面目全非"了。在修改中,对金铮师和答辩委员提出的问题,力图做认真思考,尽量做到回答圆满,这是花7年时光修改论文想要达到的愿望。但这毕竟只是"愿望"而已,论文能否达到一定水准与期许,还需要时间的检验和读者的评判。

时光荏苒,毕业整整7年了,河北大学校园里的人与事,物与景,草与木,点点滴滴,都难忘怀。在攻读博士学位期间,多次听李华瑞教授、刘秋根教授、姜锡东教授、郭东旭教授、王凌凌教授的授课与讲座,受益匪浅。河北大学宋史研究中心有良好的学术氛围,在这里聆听过许多名家的学术讲座,也和同窗好友谈论学习心得,获益良多,都是值得回味的。

河北省社会科学院的孙继民教授、杨倩苗教授,河北师范大学的邢铁教授、孟繁清教授,中国政法大学的李晓教授是我的博士论文答辩老师。他们不仅给论文较高的评价,也提出了中肯的批评和建设性的建议,博士论文的修改在很大程度上吸收了他们的批评和建议。

在查阅资料的过程中,中国社会科学院近代史所图书馆馆长闵杰教授、张秀青研究馆员,国家图书馆张廷银研究员,青海师范大学杜常顺教授、白文固教授,甘肃省图书馆历史文献部张丽玲女士以及甘肃省档案馆、庆阳市档案馆等诸先生、女士,都为我查阅资料提供了方便。鲍梦隐、王闯、耿磊等同学跟我读硕士学位期间,温艳博士进博士后流动站后,他们帮我搜集了不少资料;毛光远博士通读了书稿,校勘了书稿中的错误。

这本小书能够成为今天的样子,我要特别感谢中国社会科学院近代史研究所研究员曾业英先生。7年前,我约请曾公为我的小书写序,他欣然应允,同时,要求我给他阅读的时间。2012年4月,我将完成的书稿呈送给曾公,曾公花了近半年时间将我500余页的书稿审读了两遍,9月5日审读结束。把对书稿的意见和建议用铅笔、黑笔、红笔三种颜色批注,从书稿的扉页到最后一页,几乎页页都有批注,并写了一篇7000余言的序。在审读过程中,曾公发来短信对我书中不应出现的错误提出过严厉的批评,写完书序后又约我去北京面谈,主要指出书稿的不足。曾公的建议概括起来有三点:一是调整书稿结构,二是提出质疑与修改意见,三是增补田赋、捐税、摊派与农民生活的内容。对我来说。这是一次终身难忘的面对面谈话,曾公的批评是严肃的,但我内心是很兴奋的。按照与商务印书馆所签协议,原定本书2013年3月出版。曾公约我谈话后,我与商务印书馆编辑部主任郑殿华先生商量,推迟出版日期,获得允许。在推迟出版的一年里,我逐字逐句阅读了曾先生的批语,对书稿进行了全面修改。又根据曾公建议,增补了田赋、捐税、摊派和农民生活等问题,并调整了书稿的结构。但也有难以修改的问题,如关于"现代化"、资料引用的问题等，不是不愿意修正，而是本人学养不足，功力不逮，或者还没有找到更为合适的史料。如果说本书对西北社会经济史研究还有点贡献的话，是听从曾公的建议和意见的结果。如果说我的学术事业上还有所长进的话，与曾公的鼓励与支持是分不开的。

商务印书馆于殿利先生、郑殿华先生以及责任编辑卢煜女士为本书出版付出了心血。本书获得"2012年度陕西师范大学优秀著作出版基金资助"以及人事处高层次人才引进经费的资助。借论文出版之机，对给我提供过帮助的老师、领导、同学和朋友，表示最真诚的感谢。

文月琴女士不仅操持家务，照顾我的生活，而且帮忙订阅刊物，收发信件，使我能够在轻松愉快的家庭环境中进行研究工作。她为我的付出，难以用一个"谢"字道尽。

2008年8月，在新疆乌鲁木齐参加中国社会科学院近代史研究所举办的社会经济史学术会议，会后游历天池。那天阳光明媚，天山积雪在太阳的照射下格外耀眼，游人如织，熙熙攘攘。我与金铮师，闹中取静，坐天池岸边，谈天说地。仰望雪线下的松林，呼吸天池中飘上来的清新空气，享受的是另一番景致。天山池水与雪线松林交相辉映，湛蓝的天空不时有雄鹰展翅翱翔。此时此刻，此地此景，美轮美奂，人情绵长，独金铮师与我知矣！

"学术是一生值得追求的事业！"我将铭记于心，穷毕生而不舍。

2013年9月10日
于陕西师范大学雁塔校区驽马书屋